대혜보각선사어록 6

大慧普覺禪師語錄

A Translation and Annotation on The Ta-Hui Tsung-Kao's Text

2012년도
대한민국학술원 선정
우수학술도서

이 도서는 대한민국학술원에서 선정한
"2012년도 우수학술도서"로서 교육과학기술부의
지원으로 구입 배부한 것임.

지은이 **대혜종고**(大慧宗杲; 1089~1163)는 중국 송대(宋代) 선승(禪僧). 임제종(臨濟宗) 양기파(楊岐派). 자는 담회(曇晦), 호는 묘희(妙喜) 또는 운문(雲門). 담당문준(湛堂文準)의 제자로 있다가 담당이 죽자, 그 유언에 따라 원오극근(圜悟克勤)을 찾아가서 크게 깨닫고는 원오의 법을 이어받았다. 조동종(曹洞宗) 굉지정각(宏智正覺)의 묵조선(默照禪)을 비판하면서, 간화선(看話禪)을 창시하여 크게 선양하였다. 효종(孝宗)에게 대혜선사(大慧禪師)라는 호를 하사받음. 시호는 보각선사(普覺禪師). 『정법안장(正法眼藏)』(6권), 『대혜어록(大慧語錄)』(30권) 등의 저서가 있다.

옮긴이 **김태완**(金泰完)은 무심선원 원장(www.mindfree.net)이다. 부산대학교에서 「중국 조사선의 연구」로 박사학위 받았다. 저역서로는 『조사선의 실천과 사상』, 『선으로 읽는 금강경』, 『바로 이것』, 『선으로 읽는 대승찬』, 『선으로 읽는 신심명』, 『마조어록』, 『임제100할』, 『선문염송염송설화』가 있다.

대혜보각선사어록大慧普覺禪師語錄 **6**

1판 1쇄 발행 2011년 3월 30일 **1판 2쇄 발행** 2012년 8월 30일

지은이 대혜종고 **옮긴이** 김태완 **펴낸이** 박성모 **펴낸곳** 소명출판
등록 제13-522호 **주소** 137-878 서울시 서초구 서초동 1621-18 (란빌딩 1층)
대표전화 (02) 585-7840 **팩시밀리** (02) 585-7848
이메일 somyong@korea.com **홈페이지** www.somyong.co.kr

ISBN 978-89-5626-558-2 94820 값 43,000원,
ISBN 978-89-5626-552-0(전 6권)

이 책은 2005년도 정부(교육인적자원부)의 재원으로 한국연구재단의 지원을 받아 번역, 주석된 것임
(KRF-035-2005-1-A00063)

대혜보각선사어록 6

大慧普覺禪師語錄

대혜종고 지음
김태완 옮김

소명출판

일러두기

1. 이 책은 대혜종고(大慧宗杲; 1089~1163) 선사(禪師)의 어록(語錄)인 『대혜보각선사어록(大慧普覺禪師語錄)』 30권의 완역본이다. 제5권 대혜서(大慧書) 이외의 책은 모두 처음 번역되었다. 대혜종고 선사는 『벽암록』의 저자인 원오극근의 제자로서, 중국 송대(宋代) 임제종(臨濟宗)을 대표하는 선승이며 간화선(看話禪)의 창시자이다. 이 책의 번역으로서 우리는 대혜종고 선사의 가르침을 모두 접할 수 있게 되었는데, 우리나라의 선불교가 간화선 일색인 것을 감안한다면 이 책의 완역은 각별한 의미가 있다고 할 수 있다. 이 책은 한국연구재단의 지원을 받아 2005년부터 만 5년 동안 번역하였다. 이 책은 원래 중국 송대 속어(俗語)인 백화문(白話文)으로 씌어진 것이므로, 당송대(唐宋代) 백화문 사전(詞典)을 일차적인 참고로 하여 한어사전(漢語詞典)·선어사전(禪語辭典)·불교사전·중국어사전 등 현재 입수할 수 있는 모든 사전을 참고로 하여 가능한한 완전한 번역을 하려고 노력하였다. 특히 불경(佛經)이나 앞선 선사들의

어록에서 인용한 문장들이 수없이 나오는데, 빠짐없이 그 원전을 찾아 보고 확인하여 번역의 정확성을 도모하였다. 또 번역의 편의를 위하여 사전이나 참고문헌에서 찾아본 모든 용어들을 애초부터 사전으로 만들면서 번역 작업을 진행하였는데, 부록에 이 사전을 포함시킴으로써 원문과 번역문을 대조하여 보려는 사람들에게 참고가 되도록 하였다. 그런 과정에서 기존의 선어록 번역에서 잘못 번역된 용어들도 여럿 찾아내었다. 물론 이 책에도 잘못된 번역이 있을 것이다. 눈 밝은 독자들의 지적을 기다리겠다.

2. 본 번역에 사용한 『대혜보각선사어록』의 판본(板本)은 『대정신수대장경』 제47권에 실려 있는 것이다. 여기에 실린 판본은 일본(日本) 동경(東京) 증상사(增上寺) 보은장(報恩藏)의 명본(明本)을 저본(底本)으로 한다고 되어 있다. 명본은 곧 가흥장(嘉興藏) 혹은 경산장(徑山藏)이라고 부르는 것으로서, 명(明) 신종(神宗) 만력(萬曆) 7년(1579)에 밀장환여(密藏幻余)가 발원(發願)하여, 만력 17년(1589)에 경산적조암(徑山寂照庵)과 흥성만수사(興聖萬壽寺)에서 처음 간행된 것이다. 또 여기에서 들고 있는 대교본(對校本)은 일본 궁내성(宮內省) 도서료장(圖書寮藏)의 오산판(五山版)과 덕부저일랑씨장(德富猪一郎氏藏)의 오산판(五山版)이다. 여기에서는 궁내본(宮內本)과 덕부본(德富本)으로 약칭하여 표시하였다. 한편 원문을 교정함에는 명(明) 태조 영락(永樂) 8년(1410)에 시작하여 영종(英宗) 정통(正統) 5년(1441)에 완성한 『영락북장(永樂北藏)』 제156책(冊)에 수록된 『대혜보각선사어록(大慧普覺禪師語錄)』(북장본(北藏本)으로 약칭)과 1994년 대만에서 간행된 『불광대장경(佛光大藏經)』 「선장(禪藏)」 어록부(語錄部)의 『대혜선사어록(大慧禪師語錄)』(불광본(佛光本)으로 약칭)을 참고하였다. 『불광대장경』의 『대혜선사어록』은 『명판가흥대장경(明版嘉興大藏經)』(가흥본(嘉興本)으로 약칭)에 실린 『대혜보각선사어록』을 저본으로 하고, 『대정신수대장경』(대정본(大正本)으로 약칭)과 『대일본교정훈점대장경(大日本校訂訓點大藏經)』을 대교(對校)하

여 표점(標點)을 찍고, 현대에 잘 사용되지 않는 이체자(異體字)는 동일한 뜻을 가진 글자로 바꾸어 읽기 쉽도록 편집한 것이다. 본 번역에서 사용한 판본은 『대정신수대장경』의 『대혜보각선사어록』을 저본으로 하고, 『영락북장』과 『불광대장경』의 『대혜보각선사어록』을 대교본(對校本)으로 하여 교정한 것이다. 대정본과 불광본에서 이미 교정한 내용을 주석으로 나타낸 것을 여기에서도 동일하게 각주에서 나타내 주었고, 대정본과 다른 내용이 불광본에 있을 경우에는 역시 '불광본'으로 표시하여 주었다.

판본의 약칭

북장본(北藏本) : 명판영락북장(明版永樂北藏) 제156책(冊)에 실려 있는 것.(1421~1440년 판각)

가흥본(嘉興本) : 중국 명판가흥대장경(明版嘉興大藏經) = 대정본과 불광본의 저본.(1589~1676년 판각)

대정본(大正本) : 일본 대정신수대장경(大正新修大藏經) 제47권에 실려 있는 것.

불광본(佛光本) : 대만 불광대장경(佛光大藏經) 선장(禪藏) 어록부(語錄部).

궁내본(宮內本) : 일본 궁내성(宮內省) 도서료장(圖書寮藏)의 오산판(五山版).

덕부본(德富本) : 일본 덕부저일랑씨장(德富猪一郎氏藏)의 오산판(五山版).

3. 번역의 주안점은 다음과 같다. ① 번역문의 편집 체제는 '번역문+원문'으로 하고 한 단락씩 대역(對譯)하는 형식을 취하였다. 단, 내용이 긴밀히 연결되는 경우에는 2, 3단락을 합하여 편집하기도 하였다. ② 문법적 사항, 불교 용어, 선 용어, 인명, 지명 등에 관한 주석은 번역문에 달았고, 원문 판본의 교감(校勘)에 관한 주석은 원문에 달았다. ③ 주석은 가능한 자세히 달아서 읽는 사람이 따로 사전을 찾는 번거로움을 줄였다. ④ 번역본 각 권의 내부에서 몇 번씩 반복하여 등장하는 용어의 주석은 처음은 상세히 해설하고, 다음부터는 조금 간략히

설명하였다. 책의 특성상 순서대로 읽어 나가는 책이 아니므로, 앞에 한 번 나온 주석이라 하여 뒤에서 모두 생략하지는 않고 필요에 따라 다시 간략히 달았다. ⑤ 원문이 고전한문이나 현대중국어와는 다른 송대(宋代) 백화문(白話文)인 까닭에 조금이라도 의심나는 글자나 단어는 가능한한 다양한 사서(辭書)를 이용하여 거듭 확인하여 번역하였고, 각주에 그 뜻을 밝혔다. 극히 드물게 사서에 나오지 않는 단어의 경우 『대일본속장경(大日本續藏經)』과 『대정신수대장경(大正新修大藏經)』 등에 실려 있는 당송대(唐宋代) 선어록(禪語錄)과 논서(論書) 및 송대(宋代) 유학자(儒學者)들의 어록(語錄) 등을 검색하여 그 사용된 사례에서의 뜻을 참고하여 번역하였다. ⑥ 모든 인용문은 인용했으리라 짐작되는 경전(經典), 선적(禪籍), 경서(經書) 등을 찾아서 밝혔다. 경전의 경우에는 『대정신수대장경(大正新修大藏經)』을 검색하였고, 선어록(禪語錄)의 경우에는 대혜종고(1115~1163) 이전 혹은 생존시에 출판된 『조당집』(952), 『경덕전등록』(1004), 『천성광등록』(1036), 『사가어록』(1066), 『건중정국속등록』(1101), 『고존숙어요』(1138~1144년경) 등을 위주로 검색하고, 이들에 없는 것은 대혜종고 사후 가까운 시기에 출판된 『연등회요』(1183), 『가태보등록』(1204), 『오등회원』(1252), 『고존숙어록』(1267) 등에서 찾고, 이들에도 없는 경우에는 『대일본속장경(大日本續藏經)』과 『대정신수대장경(大正新修大藏經)』에 실려 있는 선어록(禪語錄)들에서 검색하였다. ⑦ 난해한 부분의 경우 이해를 돕기 위하여 주석에서 역자의 견해를 간략히 밝혔다. ⑧ 번역은 최대한 현대 한글로 옮기되, 불교에서 일반적으로 사용하는 용어(用語), 고유명사 및 적절한 역어(譯語)가 없는 당시의 상용어(常用語)는 그대로 두었다. ⑨ 원문의 표점은 원칙적으로 한문 원문의 일반적인 표점방식을 따라 찍되, 번역문과 어긋남이 없도록 하였다. ⑩ 각주에서 인용문이 등장할 경우에도 가능한 원문을 함께 첨부하였다. ⑪ 부록의 「대혜연보(大慧年譜)」는 송(宋)의 조영(祖詠) 선사(禪師)가 편찬하여, 효종(孝宗) 순희(淳熙) 10년(1183)(대혜종고의 입적이 1163년이니 1183년은 대혜 사후 20년이 지난 때이다)에 처음 간행하였고, 개희(開禧) 원년(元年; 1205)에 교정하여 중간(重刊)한 『대혜보각선사연보(大慧普覺禪師年譜)』를 원본으로 하여 번역하고, 필요에 따라 생략하거나 상세한 내용을 부가하고 주석을 붙인 것이다. ⑫ 부록의 「대혜어록번역사전」은 역자가 처음 번역을 시작할 때부터 번역의 일관성을 위하여 각주가 필요한 주요한 용어들이나 당송대의 백화문(白話文) 단어를 사전처럼 가나다순으로 정리한 것이다. 번역문을 읽다가 왜 그렇게 번역했는지 궁금하거나 또는 필요할 경우 찾아보면 도움이 될 것이라고 여긴다. ⑬ 부록의 「간화(看話) 용어의 번역에 관하여」는 간화선(看話禪)의 창시자인 대혜가 화두를 어떻게 하라는 것인지 밝히기 위하여 화두를 목적어(目的語)로 하는 서술어들을 모두 모아서 그 뜻을 밝힌 연구논문이다. 특히 우리가 일반적으로 '화두를 든다' 혹은 '화두를 잡는다'라는 말이 올바른 번역이 아님을 밝히고, 올바른 번역이 무엇인지를 논구(論究)한 글이다.

책머리에

대혜는 늘 배우는 사람들에게 말했다.

“죽비라고 부르면 사물을 따라가고, 죽비라고 부르지 않으면 사물을 무시한다. 말을 해서도 안 되고, 입을 다물고 있어서도 안 된다.”

나와서 죽비를 빼앗는 것도 용납하지 않고
명쾌하게 풀이한 이치도 용납하지 않고
소매를 떨치고 곧장 나가는 것도 용납하지 않고
그럴듯한 한 마디를 말하는 것도 용납하지 않고
합장하여 절하는 것도 용납하지 않고
가만히 앉아 있는 것도 용납하지 않고
한 마디 말을 붙잡고 있는 것도 용납하지 않고
밤새워 좌선하는 것도 용납하지 않고

현묘한 도리를 내세우는 것도 용납하지 않고
공안을 제시하여 따지는 것도 용납하지 않고
묵묵히 마음을 관조함도 용납하지 않고
일 없이 한가하게 있는 것도 용납하지 않고
말 없이 그대로 받아들이는 것도 용납하지 않는다.

오직 그대가 참으로 깨달아 중생심에서 벗어나
그대 스스로가 모든 것의 증거가 되는 것만 용납한다.
참된 깨달음이 없으면 대혜에게 휘둘릴 수밖에 없지만
참으로 깨달으면 도리어 대혜를 휘두르게 될 것이다.

2011년 3월
해운대 무심선원에서
김태완

대혜보각선사어록(大慧普覺禪師語錄) 6_ 차례

3 일러두기

8 책머리에

13 1. 대혜종고의 생애와 공부

37 2. 대혜보각선사연보(大慧普覺禪師年譜)

158 3. 대혜의 활동지역 연대표 및 지도

170 4. 대혜어록 판본과 입장(入藏) 상황

176 5. 번역에 사용한 공구서

178 6. 간화(看話) 용어의 번역에 관하여

269 7. 대혜어록 역주(譯註) 용어사전

601 역자 후기

대혜보각선사어록 전체 차례

대혜보각선사어록 1

온문(蘊聞)의 주차문(奏箚文)

덕잠(德潛)의 입장제문(入藏題文)

제1권 대혜보각선사주경산능인선원어록
(大慧普覺禪師住徑山能仁禪院語錄)

제2권 대혜보각선사주경산능인선원어록
(大慧普覺禪師住徑山能仁禪院語錄)

제3권 대혜보각선사주경산능인선원어록
(大慧普覺禪師住徑山能仁禪院語錄)

제4권 대혜보각선사주경산능인선원어록
(大慧普覺禪師住徑山能仁禪院語錄)

제5권 대혜보각선사주육왕광리선사어록
(大慧普覺禪師住育王廣利禪寺語錄)

제6권 대혜보각선사재주경산능인선원어록
(大慧普覺禪師再住徑山能仁禪院語錄)

대혜보각선사탑명(大慧普覺禪師塔銘)

대혜보각선사어록 2

제7권 대혜보각선사주강서운문암어록
(大慧普覺禪師住江西雲門菴語錄)

제8권 대혜보각선사주복주양서암어록
(大慧普覺禪師住福州洋嶼菴語錄)

제9권 대혜보각선사어록(大慧普覺禪師語錄)

제10권 대혜보각선사어록(大慧普覺禪師語錄)

제11권 대혜보각선사게송(大慧普覺禪師偈頌)

제12권 대혜보각선사찬불조(大慧普覺禪師讚佛祖)

대혜보각선사자찬(大慧普覺禪師自讚)

병거(秉炬)와 입탑(入塔)

대혜보각선사어록 3

제13권 대혜보각선사보설(大慧普覺禪師普說)

제14권 대혜보각선사보설(大慧普覺禪師普說)
제15권 대혜보각선사보설(大慧普覺禪師普說)
제16권 대혜보각선사보설(大慧普覺禪師普說)
제17권 대혜보각선사보설(大慧普覺禪師普說)
제18권 대혜보각선사보설(大慧普覺禪師普說)

대혜보각선사어록 4
제19권 대혜보각선사법어(大慧普覺禪師法語)
제20권 대혜보각선사법어(大慧普覺禪師法語)
제21권 대혜보각선사법어(大慧普覺禪師法語)
제22권 대혜보각선사법어(大慧普覺禪師法語)
제23권 대혜보각선사법어(大慧普覺禪師法語)
제24권 대혜보각선사법어(大慧普覺禪師法語)

대혜보각선사어록 5
제25권 대혜보각선사서(大慧普覺禪師書)
제26권 대혜보각선사서(大慧普覺禪師書)
제27권 대혜보각선사서(大慧普覺禪師書)
제28권 대혜보각선사서(大慧普覺禪師書)
제29권 대혜보각선사서(大慧普覺禪師書)
제30권 대혜보각선사서(大慧普覺禪師書)
대혜선사어록을 입장(入藏)토록 내려 주신 은혜에 감사드리는 주차문(奏箚文)

대혜보각선사어록 6
부록
1. 대혜종고의 생애와 공부
2. 대혜보각선사연보(大慧普覺禪師年譜)
3. 대혜의 활동지역 연대표 및 지도
4. 대혜어록 판본과 입장(入藏) 상황
5. 번역에 사용한 공구서
6. 간화(看話) 용어의 번역에 관하여
7. 대혜어록 역주(譯註) 용어사전
역자 후기

1. 대혜종고의 생애와 공부[1]

1. 출생과 성장

대혜종고(大慧宗杲; 1089~1163)는 임제종(臨濟宗) 양기파(楊岐派)의 선승으로, 자(字)는 담회(曇晦), 호(號)는 묘희(妙喜), 운문(雲門) 등이다. 안휘성(安徽省) 선주(宣州) 영국현(寧國縣) 출신으로 속성(俗姓)은 해(奚)씨이다. 어머니의 꿈에 신인(神人)이 한 승려를 데리고 왔는데 빰이 검고 코가 오뚝하였다. 침실로 들어오길래 그 사는 곳을 물으니 북악(北岳)에 산다고 답하였다. 꿈에서 깨어나니 태기가 있었다. 대혜가 태어난 날에는 흰 빛줄기가 방을 투과하여 동리 사람들이 놀라고 이상하게 여겼는데, 바로 남송(南宋) 철종(哲宗) 원우(元祐) 4년 기사(己巳; 1089년)인 11월 10일 사시(巳時)였다.

---

1 '대혜의 생애'와 공부는 대혜의 제자인 혜연(慧然)이 기록하고 속가제자인 정지거사(淨智居士) 황문창(黃文昌)이 중편(重編)한 『서장(書狀)』에 실린 '대혜선사행장(大慧禪師行狀)' 과 『대혜보각선사연보(大慧普覺禪師年譜)』의 내용을 바탕으로 하여 『대혜보각선사어록』에서 좀 더 자세한 내용을 부가한 것이다.

대혜의 이름은 종고(宗杲)이다. 나이 13세(1101년)에 향교(鄕校)에 들어갔는데, 함께 배우는 아이들과 놀다가 벼루를 던졌는데 그만 잘못하여 선생(先生)의 모자를 맞히고 말았다. 배상금으로 삼백냥을 물어주고 돌아와서 말하기를, "세간의 책을 읽는 것이 어찌 출세간의 법(法)을 궁구(窮究)함만 하겠는가?" 하였다.

2. 출가와 공부

16세(1104년)에 동산(東山)의 혜운원(惠雲院)에서 혜제대사(惠齊大師)에 의지하여 출가하였다. 17세에 머리를 깎고 구족계(具足戒)를 받았다. 19세(1107년)에 여러 곳을 돌아다니다가 태평주(太平州)에 있는 은적암(隱寂庵)에 당도하니 암주(庵主)가 매우 환대를 하며 말하기를 "어제 저녁 꿈에 가람신(伽藍神)이 말하기를 '내일 운봉열(雲峰悅) 선사(禪師)가 절에 올 것이다.'라 하였는데, 당신이 맞습니까?" 하고는, 곧 운봉열 선사의 어록(語錄)을 보여주었다. 대혜가 한 번 보고는 바로 외워버리니, 이로부터 사람들은 대혜를 운봉의 후신이라고 말하였다.

다시 서죽소정(瑞竹紹珵) 화상에게 의지하였는데, 그는 낭야혜각(瑯琊慧覺)의 적손(嫡孫)이었다. 이에 설두(雪竇)의 염고(拈古)와 송고(頌古)[2]를 가르

2 운문종(雲門宗)의 선승(禪僧)인 설두중현(雪竇重顯; 980~1052)이 지은 『염고집(拈古集)』과 『송고집(頌古集)』. 염고(拈古)란 고칙공안(古則公案)에 대하여 자신이 평가하는 말을 붙이는 것이고, 송고(頌古)란 고칙공안에 대하여 자신이 평가하는 말이나 느낌을 시(詩)의 형식으로 붙인 것이다. 설두중현이 『경덕전등록(景德傳燈錄)』을 중심으로 고칙(古則) 100여 가지를 뽑아 여기에 송고(頌古)를 지어 붙인 『설두송고(雪竇頌古)』가 기원이고, 뒤에 원오극근(圜悟克勤)

쳐 달라고 부탁하자, 소정(紹珵)은 스스로 보고 스스로 말하라고 시켰다. 스님이 그 미묘한 뜻에 통달하니, 소정이 대중에게 말했다. "고상좌(杲上座)는 분명 환생(還生)한 사람이로구나."

20세(1108년)에 행각(行脚)할 때에 동산(洞山)[3]의 미(微) 선사(禪師)를 찾아가서 2년 동안 조동종(曹洞宗)의 종지(宗旨)를 모두 공부하여 그 취지를 다 얻었지만 오히려 만족치 못했다. 대혜는 뒷날 방부문(方敷文)을 위한 보설에서 이렇게 말했다.

"미(微) 화상은 도리어 깨달음에 입문(入門)한 바 있었으나, 다만 공훈오위(功勳五位)·편정회호(偏正回互)·오왕자(五王子) 등 여러 가지 조동종의 가문(家門)에 전해오는 것들과 계합하지 못하고 있을 뿐이었다. 내가 한 번 이들을 전해 주자, 그는 종이에다 그것을 적어서 승당 앞에다 붙여 놓았다. 대장부가 선에 참(參)하면서 어찌 종사(宗師)의 입 가로 나아가 여우가 흘린 침을 기꺼이 핥아먹는가? 모두가 염라대왕 앞에서 쇠몽둥이를 맞을 짓들이다."

휘종(徽宗) 대관(大觀) 3년 기축(己丑; 1109년) 대혜 나이 21세에 담당문준(湛堂文準)을 찾아가 7년 동안 시봉하였다. 26세(1114년)에 담당이 여러 차례 대혜의 공부를 점검한 뒤에 어느 날 물었다.

"고상좌(杲上座), 나의 여기의 선(禪)을 너는 일시에 이해하여, 너에게 설법(說法)을 시켜도 너는 설법을 해내고, 너에게 염고(拈古)[4]·송고(頌古)[5]·소참(小參)[6]·보설(普說)[7]을 시켜도 너는 모두 해낸다. 그렇지 않은

이 여기에다 평창(評唱)·착어(著語) 등을 붙여 『벽암집(碧巖集)』을 만들었다.

3 동산(洞山): 강서성(江西省) 예장(豫章) 균주(筠州) 고안(高安)에 있는 산. 동산양개(洞山良价)가 머물던 보리원(普利院)이 있음.

4 염고(拈古): 고칙공안(古則公案)에 나타난 말이나 행위에 대해 자신의 견해를 피력한 것이다.

5 송고(頌古): 선종(禪宗)에서 불조(佛祖)들이 문답(問答) 상량(商量)한 이야기들

일이 단지 하나 있으니, 너는 알겠느냐?"

대혜가 말했다.

"무슨 일입니까? 저는 알지 못하겠습니다."

담당이 말했다.

"흠! 너는 이 하나를 풀지 못하고 있다. 내가 방장 속에서 너에게 말할 때에는 곧 선(禪)이 있다가도 방장을 나오자마자 곧 없어져 버리고, 깨어서 생각할 때에는 곧 선이 있다가도 잠이 들자마자 곧 없어져 버린다. 만약 이와 같다면, 어떻게 생사(生死)와 맞설 수 있겠느냐?"

대혜가 말했다.

"바로 제가 의심하던 것입니다."

27세인 1115년 늦여름에 담당(湛堂)이 병세를 보이더니 곧 위중하게 되었다. 대혜가 물었다.

인 고칙(古則)에 관한 자신의 느낌이나 견해를 운문체(韻文體)의 게송으로 표시한 것. 송고(頌古)의 기원은 설두중현(雪竇重顯; 980~1052)이 『경덕전등록(景德傳燈錄)』을 중심으로 고칙(古則) 100여 가지를 뽑아 여기에 송고(頌古)를 지어 붙여 '설두송고(雪竇頌古)'라 한 것인데, 나중에 다시 원오극근(圜悟克勤; 1063~1135)이 여기에 수시(垂示)·착어(着語)·평창(評唱)를 붙여 '벽암집(碧巖集)'이라 이름 붙였다. '벽암집(碧巖集)'은 지금 『벽암록(碧巖錄)』이라는 책으로 널리 알려져 있다. 이 송고와 염고(拈古)를 집대성한 것으로는 고려 진각혜심(眞覺慧諶)이 엮은 『선문염송(禪門拈頌)』 30권이 있다.

6 소참(小參) : 참(參)은 대중을 모아 법을 설하는 것. 정식의 설법(上堂)에 대하여, 해가 저물 때 장소를 정하지 않고, 혹은 임시로 침당(寢堂)·법당·방장[住持]의 거실에서 법좌(法座)에 올라 설법하는 것. 수시수처(隨時水處)에 주지가 설법하는 것. 원래는 침당에서 약식으로 행해지는 주지의 설법 및 그에 수반되는 문답상량(問答商量)이었음. 그러나 남송(南宋) 때가 되면서 의식적, 정기적인 것으로 되었음. 대참(大參)의 반대.

7 보설(普說) : 선문(禪門)에서 쓰는 말로 널리 정법을 설하여 사람들에게 보인다는 뜻이다. 한 사람 한 사람에 대하여 개별적으로 설(說)하는 입실(入室)과 상대적인 말이다. 다수의 승중(僧衆)을 일당(一堂)에 모아 행하는 설법을 말한다. 상당(上堂)과는 달리 필요에 응하여 수시로 행하는 약식의 설법이다. 법의(法衣)를 따로 착용하지도 않고 상당설법의 형식을 다 갖추지도 않는다.

"스님께서 만약 이 병석에서 일어나지 못하시면, 저는 누구에게 의지하여 큰일을 마칠 수 있겠습니까?"

담당이 잠시 말없이 있더니 말했다.

"천근(川勤)[8]이라는 분이 있는데, 나도 그를 알지 못한다. 네가 만약 그를 만난다면 반드시 이 일을 성취할 수 있을 것이다. 만약 그를 만나지 못한다면, 곧장 수행하고, 내세에 태어나서 참선(參禪)하여라."

대혜는 선화(宣和) 4년 임인(壬寅; 1122년) 나이 34세에 원오극근을 찾아가려고 하였으나, 그때 원오가 멀리 장산(蔣山)에 있었던 까닭에 우선 태평사(太平寺)의 평보융(平普融) 회하(會下)에 의지하였다.

3. 깨달음

『대혜어록』에서 대혜가 스스로 말하는 자신의 깨달음의 체험은 다음의 3가지이다.

첫 번째 깨달음

대혜는 선화(宣和) 7년 을사(乙巳; 1125년) 나이 37세에 비로소 변경(汴京)의 천녕사(天寧寺)로 원오극근을 찾아갔다. 겨우 40일이 지났는데, 하루는 원오가 법당에 올라 말하였다.

8 천근(川勤) : 원오극근(圜悟克勤)을 가리킨다. 원오극근이 사천성(四川省) 출신이기 때문에 천근(川勤)이라 함.

"어떤 중이 운문(雲門)에게 묻기를 '어떤 것이 모든 부처가 몸을 드러내는 곳입니까?'하고 묻자 운문은 '동산(東山)이 물 위로 간다.'고 하였다. 나라면 그렇지가 않아서 다만 그에게 '훈풍이 남쪽에서 불어오니 절 지붕의 모퉁이가 조금 서늘하게 되는구나.'라고 말할 것이다."

대혜는 그 말을 듣고서 홀연 앞뒤의 시간이 끊어졌다. 이에 원오는 대혜를 택목당(擇木堂)에 머물게 하고 시자(侍者)의 일에는 조금도 힘쓰지 말고 보림(保任)에 몰두하도록 하였다.

이 경험에 관한 대혜 스스로의 언급이 『대혜보각선사서(大慧普覺禪師書)』 제29권 '향시랑(向侍郎) 백공(伯恭)에 대한 답서'에 다음과 같이 나와 있다.

보내신 편지의 질문을 보니 바로 제가 36세 때에 의심했었던 것이더군요. 읽어보니 자신도 모르게 가려운 곳을 긁는 것 같았습니다. 저 역시 일찍이 이 문제를 가지고 원오(圓悟) 선사(先師)에게 물었습니다. 이에 대하여 원오 선사는 다만 손으로 가리키며 말씀하셨습니다.

"그만, 그만하고, 망상을 쉬어라. 망상을 쉬어라."

제가 다시 말했습니다.

"제가 아직 잠이 들기 전에는 부처님이 칭찬하신 것에 의지하여 행하고 부처님이 비난하신 것을 감히 범하지 않으며, 이전에 스님들[9]에게 의지하고 또 스스로 공부하여 조금 얻은 것을 또렷하게 깨어 있을 때에는 전부 마음대로 쓸 수 있습니다. 그러나 침상에서 잠이 들락말락할 때에 벌써 주재(主宰)하지 못하고, 꿈에 황금이나 보물을 보면 꿈속에서 기뻐함이 한이 없고, 꿈에 사람이 칼이나 몽둥이로 해치려 하거나 여러 가지 나쁜 경계를 만나면 꿈속에서 두려워하며 어쩔 줄 모릅니다. 스스로 생각해보면 이 몸은 오히려 멀쩡하게 있는데도 단지

9 이전에 의지했던 여러 스승들이란, 보봉(寶峯)의 담당문준(湛堂文準)을 비롯하여 청량덕홍(清涼德洪) 등 여러 스님들을 가리킨다.

잠 속에서 벌써 주재할 수가 없으니, 하물며 죽음에 임하여 육체를 구성하는 지수화풍(地水火風)이 흩어지며 여러 고통이 걷잡을 수 없이 다가올 때에 어떻게 경계에 휘둘리지 않을 수가 있겠습니까? 여기에 이르게 되면 마음이 허둥지둥 바빠집니다."

원오 선사께서는 이 말을 듣고 다시 말씀하셨습니다.

"네가 말하는 허다한 망상이 끊어질 때에, 너는 저절로 깨어 있을 때와 잠잘 때가 늘 하나인 곳에 도달할 것이다."

처음 이 말을 들었을 때에는 믿지 않고 매양 말하였습니다.

"내 스스로를 돌아보면, 깨어 있음과 잠들어 있음이 분명히 둘인데, 어떻게 감히 입을 크게 벌려 선(禪)을 말하겠는가? 다만 부처님께서 설하신 깨어 있음과 잠들어 있음이 늘 하나라는 말이 망녕된 말이라면 나의 이 병을 없앨 필요가 없겠지만, 부처님의 말씀이 진실로 사람을 속이지 않는다면 이것은 곧 내 스스로가 아직 깨닫지 못한 것이다."

뒤에 원오(圜悟) 선사(先師)께서 "모든 부처님이 나타나는 곳에 따뜻한 바람이 남쪽으로부터 불어온다."라고 하시는 말을 듣고서 홀연 가슴에 걸려 있던 것이 내려갔습니다. 그리하여 비로소 부처님의 말씀이 진실한 말이며, 있는 그대로의 말이며, 속이지 않는 말이며, 망녕되지 않은 말이며, 사람을 속이지 않는 참으로 커다란 자비로서, 몸을 가루로 만들어 목숨을 버리더라도 갚을 수가 없음을 알았습니다. 가슴에 걸려 있던 것이 없어지고 나서야, 비로소 꿈꿀 때가 바로 깨어 있는 때이며 깨어 있는 때가 바로 꿈꾸는 때라는 것을 알았으며, 비로소 부처님이 말씀하신 깨어 있을 때와 잠잘 때가 늘 하나라는 것을 저절로 알았습니다. 이러한 도리는 집어내어 남에게 보여줄 수도 없고, 남에게 말해 줄 수도 없습니다. 마치 꿈속의 경계와 같아서 취할 수도 없고 버릴 수도 없습니다.

두 번째 깨달음

뒤에 원오의 방에서 유구(有句)와 무구(無句)가 등나무 덩굴이 나무에 기대어 있는 것과 같다는 말을 듣고서, 대혜가 원오에게 물었다.

"듣자하니 스님께서 오조(五祖) 스님 회하에 계실 때에 이 말을 물었던 일이 있었다고 하던데, 어떻게 말씀하셨는지 모르겠습니다."

원오는 웃기만하고 대답을 하지 않았다. 대혜가 다시 말했다.

"스님은 이미 여러 번 물음에 답하셨는데, 이제 말한들 무슨 상관이 있겠습니까?"

원오가 마지못하여 말했다.

"내가 오조 스님에게 '유구와 무구가 등나무 덩굴이 나무에 기대 있는 것과 같다는 뜻이 무엇입니까?' 하고 물으니, 오조 스님은 '그리려고 하여도 그리지 못하고, 말하려고 하여도 말하지 못한다.'라 하셨다. 다시 내가 '나무가 쓰러지고 등나무 덩굴이 말라버릴 때에는 어떻습니까?' 하고 물으니, 오조 스님이 '서로 따라 온다.'라고 말씀하셨다."

대혜는 그 자리에서 활연히 크게 깨닫고는 말했다.

"제가 알겠습니다."

원오가 차례차례 여러 인연을 가지고 물어보니, 대혜는 모두 답하여 막힘이 없었다. 이에 원오가 기뻐하며 말하기를 "내가 너를 속일 수가 없구나." 하고는, 『임제정종기(臨濟正宗記)』를 부촉하고는 기실(記室)[10]을 담당하게 했다.

이 깨달음에 관한 대혜 자신의 언급이 『대혜보각선사보설(大慧普覺禪師普說)』 제17권 '예시자 단칠이 청한 보설'에 다음과 같이 나와 있다.

10 기록하는 직책.

하루는 방장실에 들어갔는데, 노스님께서 말씀하셨다.

"그대가 이런 경지에 이른 것도 물론 쉽지는 않지만, 그대는 죽어 버리고 살아날 줄을 모르니 안타깝구나. 언구(言句)를 의심하지 않는 것이 곧 큰 병이다. 듣지도 못했느냐? '절벽에 매달려 손을 놓아, 스스로 기꺼이 받아들여, 죽었다가 다시 살아난다면, 그대를 속일 수 없을 것이다.' 반드시 이런 도리가 있음을 믿어야 한다."

나는 혼자 말했다.

"나는 다만 지금 얻은 곳에 의지하여 편하게 지낼 뿐, 다시 알아차리지는[11] 못하고 있구나."

노스님께선 다시 나를 택목료(擇木寮)[12]에 머물게 하시고, 자잘한 시자의 일을 시키지는 않으셨다. 매일 사대부들과 함께 서너 번 입실(入室)[13]하였는데, 노스님께선 다만 "있다는 구절과 없다는 구절은 마치 등나무 덩굴이 나무에 기대어 있는 것과 같다."는 말을 꺼내어 질문하셨는데, 내가 말을 꺼내자마자 노스님께선 곧 "아니다."라고 말씀하셨다. 이와 같이 반 년 동안 나는 다만 참(參)하고 있었다.

하루는 여러 관원들과 함께 방장실에서 약석(藥石)[14]을 먹을 때에, 나는 젓가락을 손에 쥐고 있을 뿐 먹을 생각을 까맣게 잊고 있었다. 노스님께서 말씀하셨다.

"이 자는 황양목선(黃楊木禪)[15]에 참여하더니 도리어 움츠러들어 버렸

---

11 이회(理會) : 이해(理解)하다. 깨닫다. 알아차리다. 따지다. 헤아리다. 처리하다. 요리하다.

12 택목료(擇木寮) : = 택목당(擇木堂). 절을 방문한 관리(官吏)들이 머물며 쉬는 집.

13 입실(入室) : 학인이 방장이나 조실의 방에 들어가 공부를 점검받는 것.

14 약석(藥石) : 총림에서 쓰는 말. 저녁 밥. 본래 오후에는 먹지 않는 법이나 배고픈 병을 고친다는 뜻으로 저녁 밥을 약석이라 함.

15 황양목선(黃楊木禪) : 황양목(黃楊木)은 회양목이다. 회양목은 자라는 것이 극히 느려서 1년에 손가락 한 마디 길이도 자라지 않다가, 윤년(閏年)에는 도리어 한 마디 정도가 줄어든다고 한다. 황양목선이란, 깨달은 자리에 머물러서 공부가 더 이상 나아가지 않고 머물러 있는 것을 가리킨다. 즉, 깨달은 곳에 주저앉아서 자유롭게 활용하는 능력이 없는 경우를 꾸짖는 말이다.

구나."

나는 드디어 한 개 비유를 말씀드렸다.

"스님! 이 도리는 마치 강아지가 뜨거운 기름 솥을 보고 있는 것과 같아서 핥고 싶어도 핥을 수가 없고 버리고 싶어도 버릴 수가 없습니다."

노스님이 말씀하셨다.

"그대의 비유는 지극히 좋구나! 다만 이것이 곧 금강권(金剛圈)[16]이요 율극봉(栗棘蓬)[17]이니라."

하루는 노스님에게 물었다.

"스님께서 그때 오조산(五祖山)에서 오조(五祖)[18] 스님에게 이 이야기를 질문하셨던 적이 있다고 들었습니다. 오조 스님은 어떻게 답하셨습니까?"

스님은 말씀하시지 않으려 하셨다. 내가 말씀드렸다.

"스님, 그때 혼자서 질문하신 것이 아니고 대중 앞에서 질문하셨을 터인데, 지금 다시 말씀하신다고 무슨 거리낄 일이 있겠습니까?"

노스님께서 이에 말씀하셨다.

"내가 '있다는 구절과 없다는 구절이 마치 등나무가 나뭇가지에 기대어 있는 것과 같을 때에는 어떻습니까?' 하고 물으니, 오조께서 말씀

---

16 금강권(金剛圈) : 금강(金剛)은 결코 부서지지 않는 견고한 것이고, 권(圈)은 울타리를 나타내는 말이니, 금강권은 결코 부서지지 않는 울타리나 장벽을 뜻한다. 즉, 분별심으로는 결코 부술 수 없는 언어를 방편으로 시설하여 두고, 배우는 자가 그 언어의 장벽을 스스로 뚫고 나가기를 바라는 것. 선사(禪師)가 학인(學人)을 인도할 때에 사용하는 방편. 율극봉(栗棘蓬)과 같은 뜻.

17 율극봉(栗棘蓬) : 가시투성이인 밤송이. 밤송이라는 뜻의 율봉(栗蓬)에 가시를 강조하여 율극봉(栗棘蓬)이라 함. 입안에 밤송이를 넣으면, 삼키려고 해도 가시가 찔러 아프로 뱉으려고 해도 가시가 찔러 아프니 삼킬 수도 없고 뱉을 수도 없는 진퇴양난의 상태를 가리킨다. 사가(師家)가 학인에게 율극봉같은 화두(話頭)를 시설해 놓고 분별로 이해하지도 못하게 하고 버리지도 못하게 하는 것, 혹은 마치 쥐가 덫에 빠진 것처럼 학인의 공부가 나아갈 수도 없고 물러설 수도 없는 상태에 봉착한 것을 가리킴. 금강권(金剛圈)과 같은 것. 『원오불과선사어록(圓悟佛果禪師語錄)』 제2권에 "율극봉을 삼키고, 금강권을 뛰어넘어서, 분수 밖에서 가풍을 펼친다.(呑底栗棘蓬, 跳底金剛圈, 分外展家風.)"는 구절이 있다.

18 원오극근의 스승인 오조법연(五祖法演).

하셨다. ‘말해도 말이 되지 않고, 그려도 그림이 되지 않는다.’ 내가 다시 물었다. ‘문득 나무가 넘어져 등나무가 말라 죽을 때에는 어떻습니까?’ 오조께서 말씀하셨다. ‘서로 뒤따른다.’”[19]

나는 그 말을 듣자마자 곧 알아차리고는 말했다.

“제가 알겠습니다.”

노스님이 말씀하셨다.

“다만 그대가 공안(公案)[20]을 아직 뚫고 벗어나지[21] 못했을까 봐 걱정이다.”

내가 말씀드렸다.

“스님께서 한번 공안을 말씀해 보십시오.”

노스님께선 이에 연달아 몇몇[22] 까다롭고 난해한[23] 공안을 말씀하셨는데,

---

19 상수래(相隨來) : 서로 뒤쫓는다. 상축(相逐)과 같은 말. 서로 뒤따르다. 서로 의지하고 있다. 서로 뗄 수 없는 한 물건이다.

20 공안(公案) : ① 공무(公務)에 관한 문안(文案). 관청에서 결재(決裁)되는 안건(案件). 공문서(公文書). ② 쟁송(爭訟) 중인 안건. 쟁점이 되고 있는 안건. ③ 공무를 처리할 때에 사용하던 큰 책상. ④ 선문(禪門)에서는 부처와 조사가 열어 보인 불법(佛法)의 도리를 가리키는 말을 뜻한다. 공안은 당대(唐代) 선승들의 문답에서 비롯되었는데, 송대(宋代)에 이르자 앞시대 선승들의 어록(語錄)에 기록된 문답들이 선공부에서 참구(參究)하는 자료로 활용되면서 많은 공안들이 만들어졌다. 공안은 화두(話頭), 고칙(古則)이라고도 한다. 1700공안이라는 말은 『경덕전등록』에 대화가 수록된 선승의 숫자가 1701명이었던 것에서 유래하였다. 최초의 공안집(公案集)은 운문종(雲門宗)의 설두중현(雪竇重顯; 980~1052)이 화두 100칙(則)을 모아 만든 『설두송고(雪竇頌古)』이며, 여기에 원오극근(圜悟克勤; 1063~1135)이 다시 수시(垂示), 착어(著語), 평창(評唱) 등을 붙여서 『벽암록(碧巖錄)』을 만들었다. 무문혜개(無門慧開; 1183~1260)는 고칙공안 48칙을 모아 평창(評唱)과 송(頌)을 붙여 『무문관(無門觀)』을 저술하였다. 『벽암록』과 『무문관』은 임제종(臨濟宗)의 공안집들이다. 한편, 굉지정각(宏智正覺; 1091~1157)이 화두 100칙에 송(頌)을 붙인 것에 만송행수(萬松行秀; 1165~1246)가 평창을 붙여 간행한 『종용록(從容錄)』은 조동종(曹洞宗)의 종풍을 거양한 공안집이다. 우리나라의 공안집으로는 고려시대 진각혜심(眞覺慧諶; 1178~1234)이 고칙 1463칙을 모아 편찬한 『선문염송(禪門拈頌)』이 있다.

21 투득(透得) : 돌파하여 벗어남. 뚫고 지나가다. 깨달음을 가로막는 장애를 뚫고 벗어나 깨달음에 이른다는 말. = 투탈(透脫), 투과(透過), 투출(透出), 투취(透取).

22 일락색(一絡索) : 한 줄의 예화(例話). 일련(一連)의 예화. 일련의 일.

나는 두 번 세 번[24] 끊어 버리고, 마치 태평하여 일없는 때에 길에 들어서 곧장 가는 것과 같이 다시는 막힘이 없었다. 노스님께서 말씀하셨다.

"내가 너를 속일 수 없음을 이제 비로소 알겠구나."[25]

세 번째 깨달음

대혜가 원오의 제자가 되어 얼마 지나지 않아서 원오가 촉(蜀)으로 되돌아가자, 대혜는 자신을 숨기고 암자를 만들어 머물렀다. 뒤에 하호구사(夏虎丘寺)로 건너가 『화엄경(華嚴經)』을 열람하다가 제칠지보살(第七地菩薩)이 무생법인(無生法忍)을 얻는 곳에 이르러 홀연 담당(湛堂)이 보여준 앙굴리마라가 발우를 들고 임산부(姙産婦)를 구원한 인연을 밝게 꿰뚫어 알았다.

여기에 관한 대혜 자신의 언급이 『대혜보각선사보설(大慧普覺禪師普說)』 제15권 '전계의가 청한 보설'에 다음과 같이 나타나 있다.

일찍이 가르침 가운데 있던 다음과 같은 한 개 인연을 생각해 본 적이 있다. 앙굴마라(殃崛摩羅)는 1000명의 사람의 손가락을 잘라 화관(花冠)을 만들어 왕의 자리에 오르려고 하였다. 이미 999명의 손가락을 탈취하고 다만 한 개 손가락이 부족하자 자기 어머니의 손가락을 잘라 1000개를 채우려고 하였다. 부처님께선 그의 인연이 익은 것을 보시고는 그

---

23 효와(誵訛) : ① 글이 까다로와 이해하기 어려움. 글이 난잡하여 오해하기 쉬움. 일부러 어렵게 보이도록 비틀어 말함. ② 난잡하게 뒤섞임. 뒤흔들어 어지럽힘. 뒤섞여 잘못됨. = 오아(聱牙), 효와(淆訛), 효와(殽訛), 요와(譊訛), 오와(聱訛). ③ 고칙공안(古則公案)의 성격을 말함. 고칙공안은 수수께끼 같은 문제를 내어 듣는 이가 자신의 본성(本性)을 놓치고 말에 끌려가 헤매도록 유도하기 때문에 이렇게 말함.

24 삼전양전(三轉兩轉) : 두 바퀴 세 바퀴. 두 차례 세 차례. 두 번 세 번.

25 지도(知道) : 알다, 깨닫다. = 지(知), 지유(知有).

를 교화하러 그의 집으로 가셨다. 앙굴마라가 칼을 꺼내어 어머니의 손가락에 대려고 할 때에 문득 석장(錫杖) 흔드는 소리를 듣고는 어머니의 손가락을 놓고 부처님께 한 개 손가락을 교화하실지를 물었다.

"이미 고오타마께서 여기에 오셨으니 저에게 손가락 한 개를 보시하셔서 제가 원하는 바를 채우도록 해 주십시오."

그리고는 칼을 막 드는데 세존께서는 그곳을 벗어나 곧장 가셨다. 세존께선 천천히 가셨지만 앙굴마라는 급하게 뒤쫓았으나 따라 잡을 수가 없었다. 이에 큰 소리로 고함을 질렀다.

"멈추시오! 멈추시오!"

세존이 말씀하셨다.

"나는 멈춘지 오래 되었는데, 너는 멈추지 못하고 있구나."

앙굴마라는 여기에서 문득 깨닫고는 세존에게 의지하여 출가하였다.

세존께서 앙굴마라를 시켜 발우를 들고 어떤 장자(長者)의 집으로 찾아가도록 하셨다. 그 집 부인이 마침 산고(産苦)를 겪고 있었는데, 장자가 말했다.

"고오타마의 제자시여! 당신은 위대한 성자이시니 마땅히 어떤 법을 가지고 산고의 어려움을 면하게 해 주시겠습니까?"

앙굴마라는 말했다.

"저는 금방 입도(入道)하였으니 아직 이 법을 알지 못합니다. 제가 돌아가 세존께 여쭈어 보고 다시 돌아와 알려 드리겠습니다."

앙굴마라가 돌아와 부처님께 그 일을 말씀드리니, 부처님께서 앙굴마라에게 말씀하셨다.

"너는 속히 가서 이렇게 말하거라. '나는 성인의 법을 따른 이래로 아직 살생(殺生)을 한 적이 없다.'"

앙굴마라는 곧 부처님의 말씀을 받들어 그 집으로 가서 그대로 말했다. 그 부인은 그 말을 듣더니 곧 산고의 어려움에서 벗어났다.

(나 대혜는 말한다. "여기에서 방망이를 휘두르고 고함을 지르고 선상(禪床)을 뒤집어 엎고 경전의 가르침을 인용하고 이치와 사실을 설명하고 부싯돌과 번개를 치듯이 함으로써, 한밤중에 오골계(烏骨鷄)[26]를 붙잡을 수 있을까?")

내가 담당(湛堂) 스님에게 이 이야기를 물었을 때, 이 이야기를 끄집어내자마자 담당 스님께서 말씀하셨다.

"네가 나의 가려운 곳을 긁는구나. 이 이야기는 금시법(金屎法)[27]이니, 알지 못하면 금(金)과 같지만 알고 나면 똥과 같다."

내가 말했다.

"어찌 방편이 없겠습니까?"

담당 스님께서 말씀하셨다.

"나에게 한 개 방편이 있지만, 네가 도리어 알지 못할 뿐이다."

내가 말했다.

"스님께서 자비를 베풀어 주십시오."

담당 스님께서 말씀하셨다.

"앙굴마라가 '저는 금방 입도(入道)하였으니 아직 이 법을 알지 못합니다. 제가 돌아가 세존께 여쭈어 보고 다시 돌아와 알려 드리겠습니다.'라고 말했는데, 앙굴마라가 부처님 계신 곳에 도착하기도 전에 그 부인이 아이를 낳았다면 어쩔거냐? 또 부처님께서 '나는 성인의 법을 따른 이래로 아직 살생(殺生)을 한 적이 없다.'고 하셨는데, 앙굴마라가 이 말씀을 가지고 그 장자의 집에 도착하기도 전에 이미 아이를 낳았다면 어쩔거냐?"

나는 그때에는 알아차리지 못했는데, 뒷날 호구(虎丘)에서[28] 『화엄

26 오계(烏鷄) : 오골계(烏骨鷄). 털이 온통 새까만 닭.

27 금시법(金屎法) : 선(禪)을 알지 못할 때에는 황금처럼 특별하고 귀중하게 여기지만, 알고 보면 똥처럼 일상생활의 평범하고 흔한 일이다. 깨닫기 전에는 진리를 특별한 것이라고 분별하지만, 깨닫고 보면 매일매일의 삶이 전부 진리 아님이 없어서 따로 진리라 할 것이 없다.

경』을 보다가 보살이 제7지에 올라 무생법인(無生法忍)[29]을 깨달은 곳에 이르자 이런 말이 있었다.

"불자(佛子)여! 보살이 이 인(忍)을 성취하면 즉시 보살의 제8부동지(不動地)[30]에 들어가 심행보살(深行菩薩)이 되어, 알기도 어렵고, 차별도 없고, 모든 모습을 벗어나고, 모든 생각을 벗어나고, 모든 집착을 벗어나, 헤아릴 수도 없고 끝도 없게 되니, 모든 성문(聲聞)이나 벽지불(辟支佛)은 미칠 수가 없게 되고, 모든 시끄러운 다툼을 벗어나 적멸(寂滅)이 앞에 나타난다. 비유하면, 비구(比丘)가 신통(神通)을 다 갖추고서 마음의 자재(自在)를 얻고 차례를 밟아 멸진정(滅盡定)에 들어가게 되면 모든 움직이는 마음과 기억과 생각과 분별이 전부 멈추어 사라지듯이, 이 보살도 마찬가지로 부동지(不動地)에 머물면 모든 공용(功用)[31]하는 행위를 버리고 공용 없는 법을 얻어 신구의(身口意)의 삼업(三業)을 생각하고 행하는 일이 모두 쉬어지고 보행(報行)[32]에 머문다. 비유하면, 어떤 사람이 꿈속에서 큰 강물 속에 떨어져서 그 강을 건너려 하기 때문에 큰 용맹을 내고 큰 방편을 베풀었는데, 이 큰 용맹과 베푼 방편 덕분에 곧 꿈에서

28 『대혜보각선사연보(大慧普覺禪師年譜)』에 의하면 대혜가 40세인 1128년의 일이다.

29 무생법인(無生法忍) : 불생불멸(不生不滅). 『유마경(維摩經)』 중권(中卷) 「입불이법문품(入不二法門品)」 제9에 "생멸(生滅)은 이법(二法)이지만, 법(法)은 본래 생하지 않는 것이어서 지금 멸하지도 않습니다. 이러한 무생법인(無生法忍)을 얻는 것이 바로 불이법문(不二法門)에 들어가는 것입니다."(生滅爲二, 法本不生今則無滅. 得此無生法忍, 是爲入不二法門.)라 하고 있다.

30 제8부동지 : 보살의 수행단계인 십지(十地) 중 여덟번째 단계이다. 이 지위에 오른 보살은 수행을 완성하여 흔들림이 없다. 부동(不動)이란 명칭은 바로 여기에서 유래한다. 이곳의 보살은 깊이 있는 실천을 하므로 심행(深行) 보살이라고도 부른다. 세속의 집착에서 완전히 벗어나 성문(聲聞)이나 연각(緣覺)의 무리들은 전혀 깨트릴 수 없는 경지에 머문다. 달리 무공용지(無功用地)라고도 하는데, 무공(無功)은 곧 어떤 의도나 목적이 없다는 뜻이다. 그저 자연의 흐름대로 순리대로 또한 중생의 생김새에 따라 중생을 제도한다.

31 공용(功用) : 몸·입·뜻으로 애써 행하는 행위. 곧 유위행(有爲行).

32 보행(報行) : 과보(果報)로 이루어지는 행위.

깨어나지만 깨어난 뒤에는 행한 일이 모두 쉬어지는 것과 같다. 보살도 역시 그러하여, 중생이 사류(四流)[33] 속에 떨어져 있음을 보고는 구해내려고 하기 때문에 큰 용맹을 내고 큰 정진(精進)을 일으키는데, 용맹과 정진 덕분에 이 부동지에 도달하고, 이곳에 도달한 뒤에는 모든 공용(功用)이 모조리 쉬어지고, 이행(二行)[34]과 상행(相行)[35]이 모두 나타나지 않는다. 이 보살에게는 보살의 마음도 부처의 마음도 깨달음의 마음도 열반의 마음도 오히려 나타나지 않는데, 하물며 세간(世間)의 마음이 나타나겠느냐?'"

여기에 이르자 문득 장애가 사라지고, 담당 스님께서 나에게 말씀해 주셨던 방편이 문득 앞에 드러났으니, 비로소 참된 선지식이 나를 속이지 않았음을 알았던 것이다. 참된 금강권(金剛圈)이란 바로 장식(藏識)[36]임이 밝혀져야 비로소 벗어날 수 있다.

4. 스승 원오의 죽음

소흥(紹興) 7년(1137년)에 조칙을 받아 쌍경사(雙徑寺)에 머물렀는데, 어느 날 스승 원오의 부음(訃音)이 당도하였다. 대혜는 스스로 제문(祭文)을 지어 제사를 지내고, 그날 저녁 소참법문(小參法門)에서 말했다.

33 사류(四流) : 사폭류(四暴流)와 같음. 폭류는 홍수가 나무·가옥 따위를 떠내려 보내는 것처럼, 선(善)을 떠내려 보낸다는 뜻에서 번뇌를 가리킨다.

34 이행(二行) : 번뇌장(煩惱障)과 소지장(所知障)의 둘이 나타나 행해지는 것.

35 상행(相行) : 신구의(身口意) 삼업(三業)의 모습을 가진 행위.

36 장식(藏識) : 제8아뢰야식(阿賴耶識). 진제삼장(眞諦三藏)은 이 식이 중생의 근본 심식(心識)으로 결코 없어지거나 잃어버릴 수 있는 것이 아니라는 뜻에서 무몰식(無沒識)이라 번역하고, 현장(玄奘)은 능장(能藏)·소장(所藏)·집장(執藏)의 세 뜻이 있으므로 장식(藏識)이라 번역하였다.

"어떤 중이 장사(長沙) 스님에게 묻기를 '남전(南泉) 스님은 돌아가신 뒤 어디로 가십니까?' 하고 물었는데, 장사 스님이 말하길 '동촌(東村)에서는 당나귀가 되고 서촌(西村)에서는 말이 되느니라.' 라고 하였다. 이에 그 중이 말하길 '그 뜻이 무엇입니까?' 하니, 장사 스님이 말하길 '올라타고자 하면 바로 올라타고, 내리고자 하면 바로 내려라.'라 하였다. 만약 나 경산(徑山)[37]이라면 그렇지 아니하다. 만약 누가 '원오선사(圓悟禪師)가 돌아가셔서 어디로 가시는가?' 하고 묻는다면, 그에게 말하길 '큰 아비지옥(阿鼻地獄)으로 간다.'고 하겠다. 그 뜻이 무엇이냐고 묻는다면, '배고프면 구리를 먹고 목마르면 쇳물을 마신다.'고 하리라. 이렇게 하여 사람을 구제할 수가 있겠는가? 구할 사람이 없는데 어떻게 구할 수 있겠는가? 이것이 바로 이 노인의 평소 생활이니라."

5. 귀양 살이와 그 후의 활동

소흥(紹興) 11년(1141년) 5월에 간신인 진회(秦檜)가 대혜를 장구성(張九成)과 일당이라 모함하여 승복(僧服)과 도첩(度牒)을 박탈하고 형주(衡州)로 15년 동안이나 귀양보내게 하였다. 15년이 지난 뒤 소흥 26년(1156년) 10월에 조칙(詔勅)으로 매양(梅陽)으로 옮기게 하고 오래 지나지 않아 자격을 회복시켜서 돌아가게 하였다. 그해 11월에 칙명(勅命)으로 아육왕사(阿育王寺)를 주지케 하다가, 28년(1158년)에는 성지(聖旨)를 내려 다시 경산사(徑山寺)를 주지하도록 하였다. 당시 대혜가 원오의 종지(宗旨)를 크게 선양하여 도법(道法)의 성함이 세상을 뒤덮으니, 따르는 무리가

37 대혜종고(大慧宗杲) 자신을 가리킨다.

2000여 인에 이르렀다. 대혜는 신사(辛巳)년(1161년) 봄에 물러나 명월당(明月堂)에 머물렀다. 다음해인 임오(壬午)년(1162년)에 황제가 대혜선사(大慧禪師)라는 호를 내렸다.

6. 입멸

효종(孝宗) 융흥(隆興) 원년(元年; 1163년) 계미(癸未)에 명월당에 머물고 있는데, 대중들이 보니 어느 날 저녁 별 하나가 절의 서쪽으로 떨어지는데 흐르는 빛이 붉게 빛났다. 대혜는 얼마 지나지 않아 약간의 병세를 보이더니 9월 9일에 대중들에게 말하였다.

"내가 내일 갈 것 같다."

이날 저녁 다섯 개의 북에다가 손수 유표(遺表)를 쓰고 더불어 후사(後事)를 부탁하였다. 승려 요현(了賢)이 게송(偈頌)을 청하자, 대혜는 성난 목소리로 말했다.

"게송이 없으면 죽지도 못하겠구나!"

그리고는 크게 썼다.

"살아도 다만 이렇고
죽어도 다만 이렇다.
게송이 있든 게송이 없든
무슨 대단한 일이랴!"

(生也只恁麽, 死也只恁麽. 有偈與無偈, 是甚麽熱大!)

그리고는 기꺼이 눈을 감았다. 세수(世壽)는 75세요, 법랍(法臘)은 58세였다. 황제가 크게 슬퍼하여 마지 않으며 시호(諡號)를 보각(普覺)이라 내리고 탑호(塔號)를 보광(普光)이라 하였다. 오늘날 살아 있을 때의 호와 시호를 합하여 대혜보각(大慧普覺)이라 하는 것은 남악회양(南岳懷讓) 역시 대혜(大慧)라는 호를 사용하기 때문에 그것을 분별하기 위한 것이다. 어록(語錄) 30권이 대장경(大藏經)을 따라 전해지며, 법을 이어 받은 자가 83인이다.

7. 대혜의 사승(師承) 관계와 문하(門下)

대혜가 원오극근(圜悟克勤)의 법을 이은 제자이기 때문에 대혜는 임제종(臨濟宗) 양기파(楊岐派)에 속한다. 임제종의 개조인 임제의현(臨濟義玄)에서 대혜종고까지의 계보는 다음과 같다.

임제의현(臨濟義玄; ?~867)—흥화존장(興化存奬; 830~888)—남원혜옹(南院慧顒; 860~930)—풍혈연소(風穴延沼; 896~973)—수산성념(首山省念; 926~993)—분양선소(汾陽善昭; 947~1024)—자명초원(慈明楚圓; 986~1039)—양기방회(楊岐方會; 992~1049)—백운수단(白雲守端; 1025~1072)—오조법연(五祖法演; 1024~1104)—원오극근(圜悟克勤; 1063~1125)—대혜종고(大慧宗杲; 1089~1163)

대혜종고의 문하는 대혜파(大慧派)라고 불리며 같은 원오극근의 제자인 호구소륭(虎丘紹隆) 문하의 호구파(虎丘派)와 쌍벽을 이루며 번창하였다. 법을 이은 제자로는 졸암덕광(拙庵德光)・만암도안(卍庵道顔)・나안정운(懶安鼎雲) 등 90여 명이 되었고, 그 가운데 졸암의 법계가 가장 번성하여 그 문하에서 묘현지선(妙玄之善)・북석간거간(北石間居簡)・절옹여염

(浙翁如琰) 등이 이름을 떨쳤다. 원(元) 대덕(大德) 연간(年間; 1297~1307)에 성종(成宗)이 묘현지선의 법손인 원수행단(元叟行端)에게 귀의하면서 혜문정변선사(慧文正辯禪師)라는 호를 내렸다. 원수는 그 뒤 경산(徑山)에 머물면서 대혜의 종풍(宗風)을 크게 떨쳤다. 원수의 문하에 뛰어난 선사들이 많이 나왔는데, 그 가운데 초석범기(楚石梵琦)는 복진사(福臻寺)・영조사(永祚寺)・본각사(本覺寺) 등에 머물면서 교선일여(教禪一如)를 주장하였고, 문종(文宗)에게 불일혜변선사(佛日慧辯禪師)라는 호를 하사받았다. 북석간거간의 문하에는 물초대관(物初大觀)・회기원희(晦機元熙) 등이 있다. 대혜파의 문인들 가운데 염상(念常)은 『불조역대통재(佛祖歷代通載)』를, 각안(覺岸)은 『석씨계고략(釋氏稽古略)』을, 보제(普濟)는 『오등회원(五燈會元)』을 지었다. 한편 이참정(李參政)을 비롯한 수많은 거사들이 대혜의 지도 아래 공부하여 깨달음을 얻었고, 진국태부인(秦國太夫人)을 비롯한 몇몇 여성들도 이 대열에 동참하였다.[38]

8. 대혜의 저서와 관련 자료

1) 대혜의 저서

『정법안장(正法眼藏)』 3권 : 종사의 말씀 661칙을 뽑아 평창(評唱) 또는 착어(着語)를 붙이고 마지막에 자신의 시중(示衆)을 붙여 대혜가 직접 저술한 공안집(公案集). 1147년 작. 『신판속장경(新版續藏經)』(대만판) 118 pp.1~155, 『구판속장경(舊版續藏經)』(일본판) 2-23 pp.1a~78b에 수록.

38 『가산불교대사림(伽山佛教大辭林)』 제4권(지관(智冠) 편저. 서울 가산불교문화연구원. 1998년~2009년.) 대혜파(大慧派) 항목 참조.

『대혜보각선사어록(大慧普覺禪師語錄)』 30권 : 대혜의 시중설법(示衆說法)·보설(普說)·게송(偈頌)·찬(讚)·법어(法語)·서(書) 등을 모아 온문(蘊聞)이 편집한 어록. 남송 건도(乾道) 7년(1171)에 편찬. 『신판속장경』 121 pp.47~102, 『구판속장경』 2-26 pp.24a~51d, 『대정신수대장경(大正新修大藏經)』 47 No.1998A에 수록.

『대혜선종잡독해(大慧禪宗雜毒海)』 2권 : 대혜의 제자인 법굉(法宏)과 도겸(道謙)이 편찬한 것으로 온문의 『대혜보각선사어록』에 없는 내용도 들어 있다. 1131년경 편찬. 보각종고선사어록(普覺宗杲禪師語錄)·대혜보각선사어록(大慧普覺禪師語錄)이라고도 함. 『신판속장경』 121 pp.47~102, 『구판속장경』 2-26 pp.24a~51d에 수록.

『종문무고(宗門武庫)』 2권 : 대혜가 말했던 고덕(古德)의 공부에 관한 일화를 대혜의 사후 제자 도겸(道謙)이 엮은 책.[39] 1186년경 편찬. 대혜종문무고(大惠宗門武庫)·대혜무고(大慧武庫)·대혜보각선사종문무고(大慧普覺禪師宗門武庫)·대혜선사종문무고(大慧禪師宗門武庫)라고도 함. 『신판속장경』 142 pp.920~949, 『구판속장경』 2乙-15 pp.460c~475b, 『대정신수대장경』 47 No.1998B에 수록.

『운와기담(雲臥紀談)』 : 대혜와 관련된 일화를 제자인 효영중온(曉瑩仲溫)이 엮은 책. 1183년경 편찬. 운와기담(雲臥紀譚)·감산운와기담(感山雲臥紀譚)이라고도 함. 『신판속장경』 148 pp.1~51, 『구판속장경』 2乙-21 pp.1a~26a에 수록.

---

39 대혜 관련 선적(禪籍)에 관한 자세한 사항은 『新纂禪籍目錄』(駒澤大學圖書館編集, 發行. 昭和 37年.) 191쪽, 288-289쪽 참조.

한편 대혜의 문인 황문창(黃文昌)과 도겸(道謙) 등에 의하여 어록(語錄), 보설(普說), 법어(法語), 서(書) 등이 각각 따로 편찬되어 유통되기도 하였다.[40] 이 가운데 대혜서(大慧書)는 본래의 명칭 『대혜보각선사서(大慧普覺禪師書)』 이외에 『대혜서장(大慧書狀)』·『대혜서(大慧書)』·『대혜서문(大慧書問)』·『서장(書狀)』 등의 명칭으로 불리며 특히 우리나라에서 고려시대 이후로 많이 간행되었는데, 그것은 보조지눌(普照知訥)이 『대혜서장』에 의지하여 공부하여 깨달았다고 하였기 때문이다. 『대혜서장』은 1387년 불봉사판(佛峯寺版)·1604년 쌍계사판(雙溪寺版)과 송광사판(松廣寺版)·1630년 영천사판(靈泉寺版)·1681년 운흥사판(雲興寺版)·1701년 봉암사판(鳳巖寺版) 등 여러 차례 간행되었고, 연담유일(蓮潭有一)의 『서장사기(書狀私記)』(1권)와 인악의소(仁岳義沼)의 『서장사기』(1권) 등의 주석서들도 있으며, 지금까지도 불교강원(佛教講院)에서는 『대혜서장』을 필수과목으로 공부하고 있다.[41]

2) 대혜 관련 자료의 소재

『연등회요(聯燈會要)』 제17권, 『가태보등록』 제15권, 『오등회원(五燈會元)』 제19권, 『불조역대통재(佛祖歷代通載)』 제20권, 『석씨계고략(釋氏稽古略)』 제4권, 『속전등록(續傳燈錄)』 제27권, 『속선림승보전(續禪林僧寶傳)』 제6권, 『대명고승전(大明高僧傳)』 제5권.

---

40 대혜 관련 문헌의 간행사(刊行史)에 관해서는 『韓國看話禪의 源流』(정영식 지음. 서울 한국학술정보. 2007년.) 30~43쪽 참조.

41 자세한 사항은 『韓國佛教所依經典研究』(李智冠 저, 海印寺, 1973), 55~87쪽 참조.

9. 선종사(禪宗史)에서 대혜의 위치와 영향

송대(宋代) 이후 중국을 비롯하여 한국과 일본에서 전개된 선불교에 대혜종고가 끼친 영향은 가히 절대적이다. 그것은 대혜가 같은 조사선(祖師禪)의 계통에서 묵조선(默照禪)을 비판하고 간화선(看話禪)을 제창했기 때문이다. 임제종의 간화선과 조동종의 묵조선은 송대 이후 동아시아의 선불교를 대표하는 두 선법(禪法)이다. 보리달마가 중국에 전하고, 육조혜능 및 그 문하의 마조도일과 석두희천이 기틀을 잡은 조사선은 불립문자(不立文字), 교외별전(教外別傳), 이심전심(以心傳心), 직지인심(直指人心), 견성성불(見性成佛)이라는 특색을 가진 불교이다. 조사선 이전까지는 선(禪)이라고 하면 산 속 깊숙한 곳에 자리잡은 고요한 선원(禪院)에서 정적(靜的)인 깊은 명상의 고된 수행을 통하여 실천되어졌으므로, 오로지 출가수행승의 전유물이었다. 그러나, 조사선은 일상생활 속에서 대화와 설법(說法)을 통하여 선사가 즉각 본래마음을 드러내면, 학인은 그 자리에서 바로 본래마음을 깨닫는 방식이다.

그러므로 조사선은 활발히 살아 움직이는 일상생활에서 보편적으로 행해지는 선이다. 이것은 조사선이 선수행의 방법보다는 깨달음 자체에 온 관심을 기울이는 선임을 말해 준다. 이미 『육조단경(六祖壇經)』에서 혜능이 천명하였듯이, 선정(禪定)을 통한 해탈이라는 수행의 방법에는 관심이 없고 오직 견성(見性)이라는 깨달음에만 관심을 기울이는 것이 바로 조사선이다. 이것은 일상의 삶이 모두 본래 마음이 드러난 것이라는 불교의 가르침을 온전히 실천하는 것이기도 하다. 말하자면, 따로 선수행이라는 행위가 있는 것이 아니라 일상생활 자체가 곧 선의 실천이 된 것이다. 당대(唐代)의 조사선은 이와 같이 승속(僧俗)을 초월하여 아무 격식 없이 일상 속에서 묻고 답하며 깨달음을 추구하였던 것이다. 이때의 선사(禪師)들이 묻고 답한 내용을 기록한 글이 바로 선어록(禪語錄)이다. 당대와 송대(宋代)에 걸친 수백년 동안 이런 선어록은 많은 숫자가 편찬되어 유통되었고, 그 어록을 종합하여 편집한 『전등록(傳燈錄)』도 등장하게 된다.

그런데 송대(宋代)에 이르면서 조사선도 점차 이전의 활력을 상실하게 되는데, 이렇게 되자 어록에 기록된 이전 선사들의 문답을 탐구하여 깨달음을 추구하는 새로운 방식이 등장하게 된다. 말하자면, 화두(話頭)를 가지고 공부하는 방식이 조사선에 도입되는 것이다. 이와 함께 과거에 유행하였던 고요한 곳에 앉아 묵묵히 내면을 관조하는 명상의 방식도 묵조선(默照禪)이라는 이름으로 다시 등장하게 된다. 즉, 대혜가 살았던 12세기에는 조사선에 다시 수행방식이라는 바람이 몰아쳤던 것이다. 조사선은 본래 수행 방식보다는 깨달음 자체에 몰두하는 것이었는데, 이제는 다시 깨달음보다는 수행 방식에 관심을 기울이게 된 것이다. 대혜는 바로 이러한 문제를 직시하고서, 화두공부라는 수행 방식을 취하면서도, 조사선의 근본인 깨달음 자체에 몰두하는 것을 근본으로 해야 한다고 주장하게 된다. 이것이 대혜가 깨달음을 무시하는 묵조선을 배격하고, 화두를 통해 깨달음을 추구하는 간화선(看話禪)을 제창하게 된 이유이다.

이러한 대혜의 가르침은 커다란 반향을 불러 일으켜 임제종의 재흥(再興)이라는 평가를 받게 되며, 이후 중국을 비롯한 동아시아의 선불교는 간화선이 주도하게 된다. 한국의 선불교 역시 그 영향으로 고려 중기 보조지눌(普照知訥) 이후 오늘날에 이르기까지 간화선이 압도적인 주류를 이루고 있다. 보조지눌이 평생 스승으로 삼고 의지하여 공부한 책이 바로 대혜가 간화선을 주창한 내용이 고스란히 들어 있는 대혜서장(大慧書狀)이다.

2. 대혜보각선사연보(大慧普覺禪師年譜)

일러두기

본 대혜보각선사연보는 송(宋)의 조영(祖詠) 선사(禪師)가 편찬하여, 효종(孝宗) 순희(淳熙) 10년(1183년)[1]에 처음 간행하였고, 개희(開禧) 원년(元年; 1205년)에 교정하여 중간(重刊)한 『대혜보각선사연보(大慧普覺禪師年譜)』를 원본으로 하여 번역하고, 필요에 따라 생략하거나 상세한 내용을 부가하고 주석을 붙인 것이다. 『대혜보각선사연보』는 『대혜연보(大慧年譜)』, 『대혜선사연보(大慧禪師年譜)』라고 약칭하기도 하며, 지금은 『가흥대장경(嘉興大藏經)』 제1책과 『불교대장경』 제73책에 수록되어 있다. 『대혜보각선사연보』는 전부 1권이며, 편년체(編年體)로 엮어져, 대혜선사 일

1 대혜종고의 입적이 1163년이니 1183년은 대혜 사후 20년이 지난 때이다.

생의 언행(言行)과 사적(事蹟)을 기록하고 있다. 첫머리에 연사거사(蓮社居士) 장륜(張掄)의 서문이 실려 있고, 끝에 대혜의 법제자인 종연(宗演) 선사의 중간발(重刊跋)이 붙어 있다. 본 연보에서는 번역문 아래에 원문을 배열하여 참고하도록 하였다. 다만 상세히 부가한 내용은 모두 『대혜보각선사어록』에서 발췌한 것이므로 번역문만 싣고 발췌한 권수(卷數)를 표시하기만 하였다.

대혜보각선사 연보(年譜)

1089년(1세) 철종(哲宗) 원우(元祐) 4년 기사(己巳)

출생

대혜는 선주(宣州)[2]의 영국현(寧國縣)[3] 사람이다. 성(姓)은 해(奚)씨이다. 그 어머니가 처음 꿈을 꾸었는데, 신인(神人)이 빰이 검고 코가 오똑한 한 스님을 모시고 자기가 누워 있는 방으로 찾아왔다. 어머니가 그에게 어디에 사느냐고 물으니, 그가 답했다. "악(嶽)의 북쪽에 삽니다." 깨어나니 태기가 있었다. 출산일이 되자 흰 빛이 방을 비추어서 온 읍의 사람들이 기이하였다고 찬탄하였는데, 그때가 11월 10일 사시(巳時)였다.

哲宗皇帝元祐四年己巳 一○八九.

---

2 선주(宣州) : 현재의 안휘성(安徽省) 선성현(宣城縣). 선성군(宣城郡)과 같음.

3 영국현(寧國縣) : 지금의 안휘성(安徽省) 영국현(寧國縣) 남쪽 30리 지점에 있던 옛 성(城). 선주(宣州)에 포함되었다.

師宣州寧國縣人也, 姓奚氏. 其母初夢神人衛一僧, 黑頰而隆鼻, 造于臥室, 問其何所居, 對曰 : "嶽北." 覺而有娠. 及誕之日, 白光透室, 擧邑歎異, 實是年十一月初十日巳時也.

1101년(13세) 휘종(徽宗) 건중정국(建中靖國) 원년(元年) 신사(辛巳)

13세에 향교(鄕校)에 입학하였다. 입학한지 13일째 되는 날 같이 공부하는 아이들과 놀다가 실수로 선생(先生)의 모자를 망가뜨렸다. 그 배상금으로 300냥을 물고서 아버지가 그를 꾸짖자, 스님이 말했다.

"세간(世間)의 책을 읽는 것이 어찌 출세간의 법(法)을 공부하는 것만 하랴?"

아버지가 말했다.

"내 너를 불문(佛門)에 귀의시키려고 원한 것이 오래 되었다."

이에 스님이 출가하기를 청했으나, 어머니가 허락하지 않았다.

徽宗皇帝建中靖國元年辛巳 一一○一. 師年十三.

入鄕校, 十有三日, 因與同牕戲, 以硯投之, 誤中先生帽, 償金三百而去. 父責之, 師曰 : "讀世間書, 曷若究出世法?" 父曰 : "吾欲置兒於空寂中久矣!"師願請行, 而母不允.

1104년(16세) 숭녕(崇寧) 3년 갑신(甲申)

출가(出家)

16세에 스님의 부모는 스님이 세속에 머물 뜻이 없음을 알고서 드디어 영국현(寧國縣)의 서쪽에 있는 절에 머물게 하였다. 그해 9월에 동산(東

山)의 혜운원(慧雲院)을 찾아가 혜제(慧齊) 스님에게 인사하고 스승으로 모셨다.

崇寧三年甲申 一一〇四. 師年十六.

父母知師無處俗意, 遂令寓質縣之西寺. 未幾, 鄙所聞見, 不就槽廠, 棄去. 於是年九月詣東山慧雲院, 禮慧齊爲師.

1105년(17세) 숭녕 4년 을유(乙酉)

구족계(具足戒)를 받다

17세 되는 해 9월에 납승(衲僧)의 옷을 입고, 10월에 경덕사(景德寺)[4]에서 구족계(具足戒)를 청하였다. 그로부터 지혜와 말솜씨가 총명하고 민첩하여 스승의 가르침을 받지 않고도 나날이 선학(禪學)과 친근해졌다.

四年乙酉 一一〇五. 師年十七.

九月納僧服, 十月請具足戒于景德寺. 自爾智辯聰敏, 不假師承, 日親禪學.

육왕사(育王寺) 입원(入院) 보설(普說)에서 말했다:

비록 촌구석의 절에 있었으나, 늘 여러 선사(禪師)들의 어록(語錄)을 사서 보았는데, 곧 운문(雲門)과 목주(睦州)의 이야기를 좋아하게 되었다.

按育王入院普說云 : 雖在村院, 常買諸家語錄看, 便喜雲門、睦州說

4 경덕사(景德寺) : 절강성(浙江省) 영파부(寧波府) 은현(鄞縣) 동쪽 60리 태백산(太白山) 속에 있는 절. 태백산 천동(天童) 경덕사라 한다. 중국 오산(五山) 가운데 제3위.

話.

또 자명(慈明) 대사를 위한 보설에서 말했다:

나는 17세에 곧 종문(宗門)의 일이 있음을 알았다. 이미 머리를 깎고 선지식을 찾아뵈었으나, 오직 이 한 개 일이 밝지 못하여 다음 생에 나귀나 말의 뱃속에 들어갈까 봐 두려워하였다. 일찍이 경전을 보다가 한 개 환희로운 곳을 얻기도 하였다.

又爲慈明大師普說云 : 余十七歲便知有宗門事. 旣落髮, 出去禮拜善知識, 惟恐這一件事不明了, 異時撞入驢胎馬腹中去也. 曾因看經得箇歡喜處.

1107년(19세) 대관(大觀) 원년(元年) 정해(丁亥)

묘원(妙圓) 거사를 위한 보설에서 말했다:

나는 19세에 여러 곳으로 선지식을 찾아 다녔다.

大觀元年丁亥 一一〇七. 師年十九.

按爲妙圓居士普說 : 余十九歲, 遊方尋知識.

스님은 처음 태평주(太平州)[5]에 이르러 은정배도암(隱靜杯渡菴)을 찾았는데, 주지 스님이 매우 반갑게 맞이하며 가람신(伽藍神)을 돌아보고는 말했다.

“어제 밤 삼경(三更)에 꿈을 꾸었는데, 이 사람이 말하기를 오늘 운봉

5 태평주(太平州) : 지금의 안휘성(安徽省) 당도현(當塗縣). 태평부(太平府) 혹은 평남군(平南軍)이라고도 하였음.

열(雲峰悅) 선사가 올 것이라고 하였는데, 이제 삼가 맞이할 뿐입니다."

스님이 그렇지 않다고 사양하였으나, 은정(隱靜) 노숙이 운봉열 선사의 말을 보여 주자, 문득 눈길 가는 대로 외워져서 결코 잊히지 않았다. 이로부터 사람들이 스님을 운봉(雲峰)의 후신(後身)이라 일컬었다.

師初至太平州, 遊隱靜杯渡菴, 主僧迎待甚厚, 且顧伽藍神而言曰: "昨宵將三鼓, 夢此人告以今日雲峰悅禪師來, 且戒其爲待耳." 師謝不敏. 及隱靜老宿以悅語爲示, 恍然過目成誦終不忘. 自此, 人謂是雲峰後身.

또 『종문무고』에서 말했다:

스님은 처음 서죽소정(瑞竹紹珵) 화상에게 의지하였는데, 그는 낭야(瑯瑘)의 적손(嫡孫)이었다. 이에 설두(雪竇)의 염고(拈古)와 송고(頌古)를 가르쳐 달라고 부탁하자, 소정(紹珵)은 스스로 보고 스스로 말하라고 시켰다. 스님이 그 미묘한 뜻에 통달하니, 소정이 대중에게 말했다. "고상좌(杲上座)는 분명 환생(還生)한 사람이로구나."

又按『武庫』曰: 師初依瑞竹紹珵和尙, 乃瑯瑘之的孫, 因請益雪竇拈古頌古. 珵令自見自說, 師洞達微旨, 珵稱於衆曰: "杲必再來人也."

또 자명(慈明) 대사를 위한 보설에서 말했다:

옛날 대중 속에서 현사(玄沙)의 말을 보고, 서암(瑞巖)이 주인공을 부른 이야기를 보았는데, 기쁨을 맛본 곳이 있었다. 이에 소정(紹珵) 화상을 찾아가 그 소식을 말하니…….

又按爲慈明大師普說云: 昔在衆看玄沙語, 見瑞巖喚主人公因緣, 有歡喜處, 遂詣珵, 通消息云云.

이해 가을에 여산(廬山)[6]을 구경하고, 영주(郢州)[7]에 이르렀다.

是年秋, 遊廬阜而至郢州.

1108년(20세) 대관 2년 무자(戊子)

전승무(錢承務)를 위한 보설에서 말했다:
처음 행각(行脚)할 때에 동산(洞山)[8]의 미(微) 선사(禪師)를 찾아가서 2년 동안 조동종(曹洞宗)의 종지(宗旨)를 모두 공부하였다.

二年戊子 一一〇八. 師二十歲.
按爲錢承務普說云 : 初行脚時, 曾參洞山微禪師, 二年之間, 曹洞宗旨一時參得.

또 『종문무고(宗門武庫)』에서 말했다:
영주(郢州) 대양(大陽)에서 원(元) 수좌, 미(微) 화상, 견(堅) 수좌를 만났다. 미 화상은 부용해(芙蓉楷)의 회중(會中)에서 맏이인 수좌(首座)였고, 견 수좌는 10여 년 시자를 살고 있었다. 대혜 스님은 이 세 분을 모시고서 그 지취(旨趣)를 모두 얻었는데, 인가를 주고받을 때에는 모두 비향(臂香)[9]으로 표시하여 헛되이 주지 않도록 하였다. 이에 대혜 스님은 스스로 생각하였다.
"선(禪)이 전해 주는 것이라면, 어찌 부처와 조사가 스스로 증명하고

---

6 여산(廬山) : 강서성(江西省) 파양호(鄱陽湖) 서쪽에 있는 산.
7 영주(郢州) : 지금의 호북성(湖北省) 무창현(武昌縣).
8 동산(洞山) : 강서성(江西省) 예장(豫章) 균주(筠州) 고안(高安)에 있는 산. 동산 양개(洞山良价)가 머물던 보리원(普利院)이 있음.
9 비향(臂香) : = 연비(燃臂). 향불로 팔을 태우는 의식.

스스로 깨달은 법이겠는가?"

이윽고 그곳을 버리고 떠났다.

又按『武庫』曰 : 郢州大陽見元首座、微和尙、堅首座. 微在芙蓉楷會中首衆, 堅爲侍者十餘年. 師周旋三公座下, 盡得其旨趣, 於授受之際, 皆臂香以表不妄付授, 乃自惟曰 : "禪有傳授, 豈佛祖自證自悟之法?" 遂棄之.

또 방부문(方敷文)을 위한 보설에서 말했다.

미(微) 화상은 도리어 깨달음에 입문(入門)한 바 있었으나, 다만 공훈오위(功勳五位)·편정회호(偏正回互)·오왕자(五王子) 등 여러 가지 조동종의 가문(家門)에 전해오는 것들과 계합하지 못하고 있을 뿐이었다. 내가 한 번 이들을 전해 주자, 그는 종이에다 그것을 적어서 승당 앞에다 붙여 놓았다. 대장부가 선에 참(參)하면서 어찌 종사(宗師)의 입 가로 나아가 여우가 흘린 침을 기꺼이 핥아먹겠는가? 모두가 염라대왕 앞에서 쇠몽둥이를 맞을 짓들이다.

又爲方敷文普說云 : 微卻有悟門, 只是不合將功勳五位、偏正回互、五王子之類, 許多家事來傳. 被我一傳得了, 寫作一紙, 牓在僧堂前. 大丈夫參禪, 豈肯就宗師口邊喫野狐涎唾? 盡是閻老子面前喫鐵棒底.

1109년(21세) 대관 3년 기축(己丑)

진공(眞空) 도인(道人)을 위한 보설에서 말했다.

산승은 대관(大觀) 3년에 서주(舒州)[10]에 이르러 해회종(海會從) 선사(禪師)에게 의지하였으니, 이 분은 곧 나한남공(羅漢南公)의 제자이다.

三年己丑 一一〇九. 師二十一歲.

按爲眞空道人普說云 : 山僧大觀三年至舒州, 依海會從禪師, 乃羅漢南公嗣子也.

대혜는 오래지 않아 보봉(寶峯)[11]에 이르러 승당(僧堂)에서 안거(安居)를 지내고[12] 선주(宣州)에서 화주(化主)[13] 노릇을 하였다. 12월 20일 늑담(泐潭)[14]을 떠났다.

師未幾, 至寶峰挂搭, 受宣州化主. 十二月二十日, 離泐潭.

1110년(22세) 대관 4년 경인(庚寅)

선주(宣州)에서 탁발(托鉢)하였다.

四年庚寅 一一一〇. 師二十二歲.

持鉢宣州.

---

10 서주(舒州) : 지금의 안휘성(安徽省) 잠산현(潛山縣). 동안군(同安郡) 혹은 안경부(安慶府)와 같은 지역임.

11 보봉(寶峯) : 강서성(江西省) 홍주(洪州)의 늑담(泐潭) 보봉사(寶峰寺). 당시 그 절의 주지는 담당문준(湛堂文準)이었다. 대혜는 담당문준의 문하에서 공부하였다.

12 괘탑(掛塔) : 괘(掛)는 석장(錫杖)을 거는 것, 탑(搭)은 걸망을 놓아둔다는 뜻. 곧 승당(僧堂)에서 안거(安居)하는 것을 말함. 우리나라에서는 방부(榜付)라 함. = 괘석(掛錫).

13 화주(化主) : 본래 안목을 갖추어 중생교화의 주인이 되는 이를 뜻하는 말이지만, 사찰의 소임으로서는 여러 곳을 다니며 사람들로부터 보시물을 받아 절에 쓸 비용을 마련하는 스님을 가리킨다.

14 늑담(泐潭) : 보봉사(寶峰寺)가 있는 강서성(江西省) 홍주(洪州)의 늑담(泐潭).

연(然) 시자(侍者)를 위한 보설에서 말했다.

4월 8일 봉성초(奉聖初) 화상의 법회에 참석하였는데, 상당하여 문답이 끝나자 처음으로 나를 돌아보고 웃으며 말했다.

"보봉(寶峯)의 화주(化主)는 어찌하여 나오지 않는가?"

나는 곧 나가서 물었다.

"스님께서 말씀하시길, 황금연꽃이 땅에서 솟아나고 보배덮개가 하늘에서 내려온다고 하셨는데, 이것은 신통묘용입니까? 법이 원래 그러한 것입니까?"

봉성초 화상이 답했다.

"황금연꽃이 땅에서 솟아나고, 보배덮개가 하늘에서 내려오는구나."

내가 말했다.

"봉황은 가시덤불에 깃들지 않는데, 참새는 여전히 옛날 둥우리를 그리워하는군요."

봉성초가 답했다.

"3년 동안 서로 만나지 못했더니, 여러 가지 일이 많구나."

내가 물었다.

"그런데 아까 승려가 '옛날은 세존이요, 오늘은 스님.'이라고 한 것은 또 어찌된 것입니까?"

봉성초가 곧 "악!" 하고 일할(一喝)을 하였다. 내가 물었다.

"이 일할(一喝)에는 아직 주인이 없습니다."

봉성초가 머리를 돌리더니 주장자를 쥐고는 약간 머뭇거렸는데, 나는 곧 말했다.

"번개처럼 재빠른 기틀인데, 헛되이 우두커니 생각하는구나."

나는 박수를 한 번 치고는 곧 대중 속으로 돌아갔다. 그대들은 보아라. 내가 그때 어찌 안배(安排)한 적이 있었겠느냐?

按爲然侍者普說：四月八日，遇奉聖初和尚上堂問話畢，初顧視笑曰：

"寶峰化主何不出來?" 我卽出問 : "承和尚有言 : 金蓮從地湧, 寶蓋自天垂. 爲復是神通妙用? 爲復是法爾如然?" 答曰 : "金蓮從地湧, 寶蓋自天垂." 進云 : "鸞鳳不棲荊棘樹, 燕雛猶戀舊時窠." 答曰 : "三年不相見, 便有許多般." 進云 : "只如適來僧道 : 昔日世尊, 今朝和尚. 又作麽生?" 初便喝. 進云 : "這一喝, 未有主在." 初回頭取拄杖稍遲, 我便云 : "掣電之機, 徒勞佇思." 拍手一下, 歸衆. 你看! 我那時何曾安排來?

1111년(23세) 정화(政和) 원년(元年) 신묘(辛卯)

선주(宣州)에서 탁발하였다.

대혜가 시자(侍者)에게 말했다.

"보봉(寶峯)[15]이 거지 노릇하는 것은 1년을 기한으로 잡았다. 내가 목록(目錄)을 아직 충족시키지 못했으니, 8개월을 남겼다."

형님의 집에서 머물 때 어느 날 밤에 오경(五更) 쯤 되어 꿈속에서 마조(馬祖)를 만났는데, 마조가 이렇게 말했다.

"일어나라. 시주(施主)가 서문(西門)에서 너를 기다린 지 오래 되었다."

대혜가 세수를 하고 봉성사(奉聖寺) 앞으로 나아가자, 우연히 읍 사람인 주절부(周節夫)와 하인이 배낭을 짊어지고 와서 여정(旅亭)에서 잠시

15 보봉(寶峰) : 보봉문준(寶峯文準; 1061~1115)을 가리킨다. 보봉문준은 늑담문준(泐潭文準) · 담당문준(湛堂文準)이라고도 불린다. 임제종 황룡파(黃龍派). 자는 담당(湛堂). 섬서성 흥원부(興元府) 출신. 속성은 양씨(梁氏). 8살에 금선사(金僊寺) 허보(虛普)를 따라 머리를 깎은 후에 양산승(梁山乘)에 의하여 사천성 성도(成都)에서 구족계를 받았다. 위산(潙山)의 진여모철(眞如慕喆)을 참학하였다가 계합하였지만, 뒤에 구봉(九峰)과 늑담(泐潭)에서 진정극문(眞淨克文)에게 배우고 그의 법을 이었다. 강서성 예장(豫章)의 태수 이경직(李景直)의 청에 의해 운암사(雲巖寺)에서 법을 열다가, 곧 강서성(江西省) 융흥부(隆興府)의 늑담(泐潭) 보봉사(寶峰寺)로 옮겼다. 정화 5년 10월 22일에 시적하였다. 세수는 55세. 『담당준화상어요(湛堂準和尙語要)』(1권)이 있고 『속고존숙어요(續古尊宿語要)』(1)에 수록되어 있다.

쉬고 있었다. 서로 말을 주고받다가 주절부가 대혜에게 이렇게 행차하는 까닭을 물으니, 대혜는 사실대로 대답하였다. 절부가 이에 대혜를 머무는 곳으로 초대하여 배낭에서 돈을 꺼내어 목록(目錄)을 충족시켰다.

되돌려 보내고[16] 산으로 돌아가니, 이해 8월이었다. 뒤에 대혜가 경산(徑山)에 두 번 머물렀을 때에 절부(節夫)가 끊임없이 왕래하였는데, 대혜는 그를 매우 두텁게 대접하였으니 아마 옛날의 은혜를 잊지 않아서일 것이다.

政和元年辛卯 一一一一. 師二十三歲.

持鉢宣州. 師爲侍者曰:"寶峰作丐, 以一年爲限. 余以目錄未遂, 餘八箇月." 因館于兄之家, 一日夜至五鼓, 睡中見馬祖喚云:"起!施主西門俟汝之久." 師盥沐罷, 將至奉聖寺前, 偶邑人周節夫與僕荷橐而至, 於旅亭少憩. 語次, 詰師此行, 師以實對. 節夫乃邀至其居, 出橐金以足目錄. 津遣回山, 乃是年八月也. 後師兩住徑山, 節夫往來無間, 師待之甚厚, 蓋不忘其往日之惠也.

1112년(24세) 정화 2년 임진(壬辰)

시자료(侍者寮)에 머물렀다.

二年壬辰 一一一二. 師二十四歲.

居侍者寮.

---

16 진견(津遣): ① 돈을 내어 돌려 보내다. ② 되돌려 주었다. 되돌려 보내다.

『종문무고』에서 말했다.

담당(湛堂)이 하루는 시자료에 찾아와 대혜가 경전을 읽는 것을 보고서 물었다.

"무슨 경전을 보느냐?"

대혜가 대답했다.

"『금강경』입니다."

담당이 말했다.

"이 법은 평등하여 높고 낮음이 없는데, 무엇 때문에 운거산(雲居山)은 높고 보봉산(寶峰山)은 낮으냐?"

대혜가 답했다.

"이 법은 평등하여 높고 낮음이 없습니다."

담당이 말했다.

"너는 좌주(座主) 노릇을 하는구나."

按『武庫』曰 : 湛堂一日至寮, 見看經次, 乃問 : "看甚經?" 對曰 : "『金剛經』." 湛堂曰 : "是法平等, 無有高下. 爲什麽雲居山高, 寶峰山低?" 對曰 : "是法平等, 無有高下." 湛堂曰 : "你做得箇座主使下."

어느 날 모시고 있는데 담당이 대혜의 손톱을 보고 말했다.

"동사(東司)[17] 담당을 상으로[18] 내릴 생각이니, 네가 청소하지 않겠느냐?"

대혜는 곧 가르침을 받들어 황룡충(黃龍忠) 도자(道者)와 교대로 9달 동안 정두(淨頭)[19]를 맡았다.

---

17 동사(東司) : 선원의 동쪽에 있는 변소를 동정(東淨)이라 하고 서쪽에 있는 변소를 서정(西淨)이라 하였는데, 뒤에는 위치에 관계 없이 변소를 모두 동사(東司)라 하였다.

18 두주자(頭籌子) : = 두주(頭籌). 제비 추첨의 1등상.

19 정두(淨頭) : 화장실 청소를 담당하는 소임.

보설에서 말하길 "나는 담당 스님의 이 말을 듣고서 죽을 때까지 손톱을 기르지 않았는데, 떡잎만큼이라도 깎지 않고 기르기만 하면, 담당 스님이 곧 손가락 위에 나타났다."라고 하였으니, 이것은 곧 진실로 그 가르침을 받아들인 것이다.

一日, 侍次, 湛堂視師指爪云 : "想東司頭籌子. 不是汝洗?" 師卽承訓, 交代黃龍忠道者作淨頭九箇月. 按普說 : "某自聞湛堂和尙此說, 終身不養爪甲, 纔長一菽不剪, 湛堂和尙便於手指上出現." 此乃誠服其訓導也.

1113년(25세) 정화 3년 계사(癸巳)

정두료(淨頭寮)[20]에서 운봉열(雲峰悅) 화상의 소참법어(小參法語)를 자리 옆에 적어 놓았다. 하루는 광(廣) 도자(道者)가 정두료에 와서 그것을 보고는 몰래 담당에게 말했다.

"선주(宣州)의 고(杲) 사형은 운봉열의 소참법어를 경책(警策)하고 사모(思慕)하는 대상으로 삼고 있으니, 평범한 다른 사람들과는 비할 바가 아닙니다."

이에 담당이 말했다.

"이 자는 훗날 반드시 무거운 일을 떠맡아 멀리 나아갈 것이다."

이해 8월에 시자료(侍者寮)로 되돌아왔다.

三年癸巳 一一一三. 師二十五歲.

在淨頭寮, 因書雲峰悅和尙小參語於座右. 一日, 廣道者至寮, 見之, 乃私語湛堂曰 : "宣州杲兄以雲峰小參爲警慕, 非碌碌餘子之比." 湛堂曰

---

20 정두료(淨頭寮) : 정두(淨頭)는 화장실 청소를 담당하는 소임이니, 정두료는 화장실 청소를 담당하는 승려가 머무는 곳.

:“此子佗日必能任重致遠.” 是年八月, 復歸侍者寮.

1114년(26세) 정화 4년 갑오(甲午)

하루는 담당이 물었다.
“너의 오늘 코는 무엇 때문에 반쪽도 밝지 못하느냐?”
대혜가 답했다.
“보봉(寶峰)의 문하(門下)입니다.”
담당이 말했다.
“제멋대로 말하는 엉터리[21] 선화(禪和)[22]로다.”

四年甲午 一一一四. 師二十六歲.
一日, 湛堂問曰:“你今日鼻孔爲什麽無了半邊?” 對曰:“寶峰門下.” 湛堂曰:“杜撰禪和.”

또 하루는 시왕(十王)[23]을 단장(丹粧)하는 곳에서 물었다.

---

21 두찬(杜撰): 제 나름으로 말하였다, 제멋대로 말하였다. 본래는 시문(詩文)이나 그 외의 저작에서 전고(典故)가 없는 것을 제멋대로 서술하는 것. 송대의 두묵(杜默)이 시를 지으면서 율(律)에 맞지 않게 많이 지었는데, 당시의 사람들이 법식에 맞지 않는 것을 ‘두찬’이라고 한 데서 시작되었다고 한다.

22 선화(禪和): = 선화자(禪和子). 사가(師家)의 입장에 있는 이가 학인(學人)을 대하여 부르는 말. 화(和)는 화상(和尙), 자(子)는 남자의 통칭이니, 선승(禪僧)이란 말과 같음.

23 시왕(十王): ① 욕계(欲界)의 6천(天)과 4선천(禪天)의 임금. ② 지옥에 있어서 죄의 경중(輕重)을 정하는 10위(位)의 왕. (1) 진광왕(秦廣王). (2) 초강왕(初江王). (3) 송제왕(宋帝王). (4) 오관왕(五官王). (5) 염라왕(閻羅王). (6) 변성왕(變成王). (7) 태산왕(泰山王). (8) 평등왕(平等王). (9) 도시왕(都市王). (10) 오도전륜왕(五道轉輪王). 사람이 죽으면 그 날부터 49일까지는 7일마다, 그 뒤에는 백일(百日)·소상(小祥)·대상(大祥) 때에 차례로 각왕(各王)에게 생전에 지은 선악업(善惡業)의 심판을 받는다 함. 불교에는 이 시왕에 관한 이야기가 없으

"이 관인(官人)은 성(姓)이 무엇이냐?"

대혜가 답했다.

"성이 양(梁)씨입니다."[24]

담당은 손으로 자기 머리를 쓰다듬으며 말했다.

"성 양씨에게는 복두(幞頭)[25]가 없으니 어찌하랴?"

대혜가 응대하였다.

"머리는 비록 같지 않으나, 코는 비슷합니다."

담당이 말했다.

"엉터리 선화로다."

又一日, 於糙十王處問曰 : "此官人姓什麼?" 對曰 : "姓梁."(梁乃湛堂姓也.) 湛堂以手自摩頭曰 : "爭柰姓梁底少箇幞頭!" 對曰 : "頭雖不同, 鼻孔髣髴." 湛堂曰 : "杜撰禪和."

다시 어느 날 담당이 물었다.

"고상좌(杲上座), 나의 여기의 선(禪)을 너는 일시에 이해하여, 너에게 설법(說法)을 시켜도 너는 설법을 해내고, 너에게 염고(拈古)·송고(頌古)·소참(小參)·보설(普說)을 시켜도 너는 모두 해낸다. 그렇지 않은 일이 단지 하나 있으니, 너는 알겠느냐?"

대혜가 말했다.

"무슨 일입니까? 저는 알지 못하겠습니다."

담당이 말했다.

"흠! 너는 이 하나를 풀지 못하고 있다. 내가 방장 속에서 너에게 말할 때에는 곧 선(禪)이 있다가도 방장을 나오자마자 곧 없어져 버리고,

---

니, 도교(道敎)에서 주장하는 말인 듯함.

24 (원주 : 양(梁)은 곧 담당(湛堂)의 성씨(姓氏)였다.)

25 복두(幞頭) : 옛날 남자가 쓰던 두건(頭巾)의 일종.

깨어서 생각할 때에는 곧 선이 있다가도 잠이 들자마자 곧 없어져 버린다. 만약 이와 같다면, 어떻게 생사(生死)와 맞설 수 있겠느냐?"

대혜가 말했다.

"바로 제가 의심하던 것입니다."

又一日, 問曰:"杲上座! 我這裏禪, 你一時理會得, 教你說也說得, 教你做拈古·頌古·小參·普說, 你也做得. 只有一件事不是, 你還知麽?" 對曰:"什麽事? 某甲不知." 湛堂曰:"囫! 你欠者一解在. 你不得者一解. 我在方丈裏與你說時便有禪, 纔出方丈便無了; 惺惺思量時便有禪, 纔睡著時便無了. 若如此, 如何敵得生死?" 對曰:"正是某甲疑處."

1115년(27세) 정화 5년 을미(乙未)

담당(湛堂) 입적(入寂)과 원오(圜悟) 추천

이해 늦여름에 담당(湛堂)이 병세를 보이더니 곧 위중하게 되었다. 대혜가 물었다.

"스님께서 만약 이 병석에서 일어나지 못하시면, 저는 누구에게 의지하여 큰일을 마칠 수 있겠습니까?"

담당이 잠시 말없이 있더니 말했다.

"천근(川勤)[26]이라는 분이 있는데, 나도 그를 알지 못한다. 네가 만약 그를 만난다면 반드시 이 일을 성취할 수 있을 것이다. 만약 그를 만나지 못한다면, 곧장 수행하고, 내세에 태어나서 참선(參禪)하여라."

五年乙未 一一一五. 師二十七歲.

26 천근(川勤) : 원오극근(圜悟克勤)을 가리킨다. 원오극근이 사천성(四川省) 출신이기 때문에 천근(川勤)이라 함.

是年季夏，湛堂示微恙，及疾亟．師問曰："和尙若不起此疾，教某甲依附誰可以了大事?" 湛堂良久，乃曰："有箇川勤，我亦不識佗，你若見佗，必能成就此事；若見佗了不得，便修行去，後世出來參禪."

탑명(塔銘)에서 말했다.

정화(政和) 을미(乙未) 7월 22일에 홍주(洪州) 보봉(寶峰)의 주산(住山)[27]인 준공(準公)이 입멸하였다. 사유(闍維)[28]하여 5색의 사리(舍利)를 무수히 얻었는데, 눈알은 부서지지 않고 있었다. 남산의 남쪽에 탑을 세우다. 그를 따랐던 지단(志端), 종고(宗杲)와 동지(同志)인 이팽(李彭) 등이 논의하여 말했다.

"누가 우리 스님의 탑에 명(銘)을 지을 만한가?"

이팽이 말했다.

"무진(無盡) 장공(張公)은 진정(眞淨) 부자(父子)[29]에게서 대법(大法)의 인연을 맺어서 우리 스님과 행해(行解)[30]가 서로 통하니 장공(張公)의 문장이 아니면 후세에 신용을 얻지 못할 것입니다. 대중 속에 장공을 찾아가 만날 만한 사람이 있습니까? 저 팽(彭)은 행장(行狀)[31]을 기록하여 바치길 원합니다."

대혜가 말했다.

"제가 비록 공을 알지는 못하나, 공의 가풍을 들으니 행업(行業)[32]을

---

27 주산(住山) : 절에 머물러 주지(住持)를 하였다. 산(山)은 절을 가리키고, 주(住)는 주지직을 수행한다는 말.

28 사유(闍維) : 팔리어 jhāpita의 음역. 화장(火葬). 다비(茶毗)와 같음.

29 진정(眞淨) 부자(父子) : 황룡혜남(黃龍慧南)의 법을 이은 진정극문(眞淨克文; 1025~1102)과 그 제자인 각범혜홍(覺範慧洪; 1071~1128)을 가리킨다.

30 행해(行解) : ① 참선(參禪) 수행(修行)과 교리에 대한 이해(理解). ② 주관인 심식(心識)이 객관인 대상에 작용하여, 그 모양을 분별하고 환히 깨치는 알음알이.

31 행장(行狀) : 죽은 자의 이력(履歷)과 행적(行蹟)을 기록한 글. 연보(年譜)와 유사함.

32 행업(行業) : 고락(苦樂)의 과보(果報)를 받을 선악(善惡)의 행위.

앞세우고 기변(機辯)[33]은 뒤에 둔다고 하였습니다. 제가 가기를 청합니다."

按塔銘曰 : 政和乙未七月二十二日, 洪州寶峰住山, 準公入滅, 闍維之, 得五色舍利無數, 目睛不壞, 建塔于南山之陽. 其徒志端, 宗杲與同志李彭等, 相與議曰 : "孰能銘吾師之塔?" 彭曰 : "無盡張公於眞淨父子有大法緣, 吾師行解相應, 非張公之文, 不足取信後世. 衆中有可往見公者乎? 彭願錄行狀以獻." 師曰 : "某甲雖不識公, 聞公家風, 先行業而後機辯, 願請以行."

1116년(28세) 정화 6년 병신(丙申)

도솔사(兜率寺)[34]로 가서 조(照) 선사(禪師)에게 소개의 글을 써 달라고 하여, 형남(荊南)[35]으로 가 무진거사(無盡居士) 승상(丞相) 장상영(張商英)에게 담당문준(湛堂文準)의 탑명(塔銘)을 부탁하였다.

六年丙申 一一一六. 師二十八歲.
往兜率, 求照禪師書爲紹介; 之荊南, 求塔銘於無盡居士丞相張公.

대혜와 만났을 때에 장공(張公)이 선 채로 물었다.
"스님은 이렇게 짚신을 신고 먼길을 오셨소?"
대혜 : "저는 수천 리를 와 상공(相公)을 만나고자 합니다."

---

33 기변(機辯) : 응구첩대(應口輒對). 즉석에서 대답을 척척 잘하였다. 말을 척척 잘 받아넘기다.

34 도솔사(兜率寺) : 강서성(江西省) 홍주(洪州)에 있는 절.

35 형남(荊南) : 형주(荊州). 호남성(湖南省) 양자강(揚子江)의 북안(北岸)에 있는 강릉현(江陵縣)의 속칭(俗稱).

장공 : "나이가 몇이오?"

대혜 : "스물 여덟입니다."

장공 : "수고우(水牯牛)[36]의 나이는 몇이오?"

대혜 : "두서넛입니다."[37]

장공 : "어디에서 이러한 헛된 것을 배웠소?"

대혜 : "오늘 상공을 친견(親見)합니다."

장공이 웃으며 말했다.

"앉아서 차나 마십시다."

앉자마자 다시 물었다.

"멀리서 온 것은 무슨 까닭인가요?"

대혜는 인사를 드리고[38] 말했다.

"늑담(泐潭)의 준(準) 화상이 돌아가셨습니다. 다비(茶毗)를 하니 눈동자와 이빨과 염주(念珠)[39]는 모두 부서지지 않았으며, 사리(舍利)가 무수히 나왔습니다. 산중의 장로들이 모두 대문호(大文豪)[40]이신 상공께서 탑명 쓰시기를 원하여 저에게 당부하는 바람에 일부러 멀리서 와 상공(相公)[41]께 폐를 끼치게 되었습니다."

相見次, 立而問曰 : "上人秪麽著草鞵遠來?" 曰 : "某數千里行乞來見相公." 公曰 : "年多少?" 曰 : "二十八." 公曰 : "水牯牛年多少?" 曰 : "兩箇." 公曰 : "什麽處學得這虛頭來?" 曰 : "今日親見相公." 公笑曰 : "且坐

---

36 수고우(水牯牛) : 본래는 물소의 일종으로 암컷 또는 거세된 소를 가리키는 말이지만, 선사들은 마음을 가리키는 말로 사용하였다.

37 양개(兩箇) : ① 몇 개. 몇몇. 두서넛. ② 두 가지. 두 개.

38 추전(趨前) : = 추부(趨赴). ① 뵈러 가다. 찾아 뵙다. ② (편지에서) 찾아 뵙겠습니다. ③ 인사를 드리다.

39 수주(數珠) : 염주(念珠).

40 대수필(大手筆) : ① 대작(大作). 명작(名作). ② 대문호(大文豪). 뛰어난 작가(作家).

41 균엄(鈞嚴) : 황제나 윗사람의 위엄(威嚴)을 높여 부르는 말.

喫茶.” 纔坐, 復問 : “遠來有何事?” 師趨前曰 : “泐潭準和尙示寂, 茶毘, 目睛、牙齒、數珠俱不壞, 舍利無數. 山中耆舊皆欲相公大手筆作塔銘, 激勵後學, 特特遠來, 冒瀆鈞嚴.”

장공이 말했다.

“헛된 이름 때문에 이런 부담을 지게 되었지만,[42] 아직까지 남을 위하여 글을 지은 적이 없소이다. 오늘 스님께 한마디 질문하겠소. 스님이 말할 수 있다면 글을 지을 것이고, 말하지 못하면 다섯 꾸러미의 돈 주머니를 드릴 테니 도솔(兜率)로 돌아가 참선(參禪)하는 것으로 만족하시오.”

대혜가 말했다.

“상공께선 물어 보십시오.”

장공 : “듣건대 준 화상의 눈알이 부서지지 않았다고 하는데 맞습니까?”

대혜 : “그렇습니다.”

장공 : “나는 이 눈알을 물은 것이 아니오.”

대혜 : “어떤 눈알을 물었습니까?”

장공 : “금강(金剛)의 눈알을 물었소.”

대혜 : “금강의 눈알이라면, 상공의 붓 위에 있습니다.”

장공 : “이 늙은이가 그를 위하여 광명(光明)의 불을 붙여 하늘과 땅을 비추도록 하겠소이다.”

대혜가 다시 인사를 드리고 말했다.

“선사(先師)께선 복이 많은 분입니다. 상공께서 탑명을 지어 주심에 감사드립니다.”

장공은 웃을 뿐이었다. 장공이 다시 물었다.

42 피죄(被罪) : 죄를 지어 벌을 받다.

"그대가 짚신을 신고 수천 리를 와 이름을 말하고 나를 만났지만, 그대의 스승 준(準) 화상은 내가 안 지 오래 되었소. 그대가 고생을 마다하지 않고 왔으니, 준 화상에게서도 얻은 것이 있소?"

대혜가 말했다.

"만약 얻은 것이 있다면, 대승상(大丞相)을 만나러 오지 않았을 것입니다."

장공이 말했다.

"쯧쯧! 이 말솜씨나 뽐내는 사람아!"[43]

公曰 : "被罪于茲, 未嘗爲人做文字, 今有一問問上人, 若道得卽做; 若道不得, 與錢五貫裹足歸兜率參禪去." 曰 : "請相公問." 公曰 : "聞準老眼睛不壞, 是否?" 曰 : "是." 公曰 : "我不問者箇眼睛." 曰 : "問什麽眼睛?" 公曰 : "問金剛眼睛." 曰 : "若是金剛眼睛, 在相公筆頭上." 公曰 : "老夫爲佗點出光明, 令教照天照地去也." 師復趨前曰 : "先師多幸, 謝相公作塔銘."公笑而已. 又問曰 : "汝草履行乞數千里, 通名以見余, 爾師準吾知之久矣. 爾不遠辛苦而來, 於準亦有得乎?" 對曰 : "若有得, 則不來見大丞相也." 公曰 : "咄!者掠虛漢."

또 장덕원(張德遠) 승상(丞相)이 쓴 대혜의 탑명에서 말했다.

담당(湛堂)이 입멸하자 스님이 장공(張公) 무진(無盡)을 찾아가 준 화상의 탑명을 부탁하였다. 무진거사의 안목은 천하의 사람들이 감히 넘보지 못할 정도로 높지만, 스님은 한마디로 뜻이 통하니, 거사가 자리에서 내려와 아침저녁으로 대화를 나누었다. 거사가 스님에게 묘희(妙喜)라는 호를 지어 주고, 또 담회(曇晦)라는 자(字)를 지어 주었다.

---

43 약허한(掠虛漢) : = 약허두한(掠虛頭漢). 큰소리 치는 사람. 화려한 말솜씨를 뽐내는 사람. 허풍선이.

又按張德遠丞相作師塔銘曰 : 湛堂歸寂, 師謁張公無盡求準塔銘. 無盡門庭高天下, 少許可見. 師一言而契, 下榻, 朝夕與語, 號之曰妙喜, 字之曰曇晦.

1118년(30세) 정화 8년 무술(戊戌)

예장(豫章)[44]의 장강(章江)에서 잠암원(潛菴源) 선사(禪師)를 찾아뵙다.

八年戊戌 一一一八. 師三十歲.
參潛菴源禪師於豫章之章江.

『종문무고』에서 말했다.

잠암노원(潛菴老源) 화상(和尙)은 장강(章江)으로 물러나 머물렀는데, 대혜가 찾아뵌 지 오래 되었다. 하루는 실중(室中)에서 잠암이 말했다.

"한 승려가 대우지(大愚芝)의 회중(會中)에서 『금강경』을 외우다가 '마땅히 이와 같이 알고, 이와 같이 보고, 이와 같이 믿고 이해하면, 법이라는 생각이 생기지 않는다.'라는 구절에 이르러 문득 깨닫고는 드디어 대우지(大愚芝)에게 깨달은 바를 말했다. 대우지는 이에 손가락으로 선상(禪床) 앞에 있는 개를 가리키며 물었다. '개가 아니냐?' 승려가 대답이 없자, 대우지가 곧 때렸다."

잠암은 이 이야기를 하였다가 '법이라는 생각이 생기지 않는다.'는 곳에 이르러 물었다.

"대우지가 '개가 아니냐?' 하고 물었는데, 그대는 어떻게 이해하느

44 예장(豫章) : 회수(淮水)의 남쪽 양자강(揚子江)의 북쪽 지역을 이르는 말. 예장군(豫章郡)은 당대(唐代) 홍주(洪州)에 해당하고, 현재는 강서성(江西省) 남창현(南昌縣)이다.

냐?"

대혜가 말했다.

"개입니다."

잠암은 이에 대혜를 크게 칭찬하면서 그렇게 법이라는 생각이 생기지 않는다고 하였다. 대혜가 뒤에 말했다.

"대우지 선사의 방편은 훌륭하여, 마치 구슬이 쟁반 위를 구르면서 흔적을 남기지 않는 것과 같았다. 지금 진실한 법을 사람에게 준다면, 어찌 부처와 조사의 마음을 저버리지 않겠는가?"

按『武庫』曰：潛菴老源和尙退居章江，師參扣之久．一日，室中擧 "僧在大愚會中誦『金剛經』，至'應如是知，如是見，如是信解，不生法相.' 驀然有省，遂白芝，通所悟．芝遂指禪床前狗子云：'狗子聻?' 僧無語，芝便打." 潛菴擧前話："至'不生法相.'處 芝云：'狗子聻?' 你作麽生會?" 師對曰："狗子." 潛菴大稱賞之，謂其不生法相也．師後曰："大愚芝禪師方便善巧，如珠走盤，不留影跡．今以實法與人，豈不孤佛祖之心乎?"

그때 해회종(海會從) 선사(禪師)를 예장(豫章)의 관음사(觀音寺)에 머물도록 청하였는데, 대혜가 그와 친근하기 때문에 소(疏)를 쓰게 되었다.

"도(道)는 모름지기 신령스럽게 만나야 하는데, 묘함은 마음이 공(空)한 곳에 있으니, 그것을 체득하려면 총명함에 기대지 말아야 한다. 보고 듣는 곳에서 문득 초월하여 머뭇거림을 용납하지 않는다면, 어찌 제시(提撕)할 필요가 있으랴?"

時請海會從禪師住豫章觀音，師以親近故，乃述疏云："道須神會，妙在心空，體之不假於聰明，得之頓超於聞見，無容擬議，豈用提撕?"

1119년(31세) 선화(宣和) 원년(元年) 기해(己亥)

도솔조(兜率照) 선사의 문하에 의지하였는데, 일찍이 시자(侍者)에게 말했다.

"나는 선화(宣和) 개원(改元) 2월에 관음사(觀音寺)에서 용안(龍安)의 도솔사(兜率寺)를 찾아갔는데, 도중에 언제나처럼 덕 높은 선비들을 찾아 뵙고 이윽고 한 산사(山寺)에서 쉬면서 차림새를 바꾸었다. 산 속에서 갑자기 파는 옷감이 없어서 이윽고 홑이불[45]을 가지고 멋진 옷[46]을 만들었다."

宣和元年己亥 一一一九. 師三十一歲.

依兜率照禪師席下, 嘗語侍者 : "余宣和改元二月, 自觀音而往龍安兜率, 至路中, 例經改德士, 遂憩一山院, 以易冠裳. 山中卒無布賣, 遂以被單製鶴氅."

초당(草堂) 화상은 그때 황룡(黃龍)[47]에 머물렀고, 영원(靈源) 화상은 소묵당(昭默堂)으로 물러나 있었으니, 강서(江西)[48]의 법석(法席)은 이들을 으뜸으로 여겼다. 대혜는 세 번 산을 찾았는데, 영원(靈源)은 귀찮아 하지 않고 대혜와 이야기를 나누고는 그를 따르는 무리들에게 말했다.

"고(杲) 선객은 신통하게도 우리 회당(晦堂) 노화상(老和尙)과 매우 비슷하니 그를 말리지 말라."

그리고 게송 4수를 써 대혜에게 주어 말세(末世)에 고해(苦海)를 건너는 뗏목으로 삼기를 기약하였다.

---

45 피단(被單) : 홑이불. 침상 덮개.

46 학창(鶴氅) : 학의 깃털로 만든 옷. 좋은 옷. 멋진 옷.

47 황룡(黃龍) : 황룡산(黃龍山). 강서성(江西省) 홍주(洪州) 무령현(武寧縣) 서쪽 180리에 있는 산. 보산(輔山)이라고도 함. 황룡혜남(黃龍慧南)이 머물렀던 산.

48 강서(江西) : 양자강 중류의 남쪽 지역.

草堂和尙時住黃龍, 靈源和尙退居昭默堂, 江西法席以此爲冠. 師三至山, 靈源與語不倦, 謂其徒曰 : "杲禪神全似我晦堂老和尙, 莫之挽留." 乃作四頌以贈師, 期爲叔世之舟筏.

여러 번 초당(草堂)의 실중(室中)으로 찾아갔는데, 초당이 말했다.
"선주(宣州)의 고(杲) 스님은 견처(見處)가 밝고 말씀이 뛰어나니, 우리 집안의 천리마(千里馬)로다."

而屢造草堂室中, 堂嘗曰 : "宣州杲兄見地明白, 出語超邁, 乃吾家千里駒耳!"

그때 한자창(韓子蒼)은 분령(分寧)[49]의 수령이었고, 홍각범(洪覺範)은 운암(雲巖)[50]에 머물렀는데, 대혜는 이 두 사람과 사귄 지 오래 되었다.

時韓子蒼宰分寧, 洪覺範寓雲巖, 師與二公從遊久之.

(그때 대혜는 진형중(陳瑩中)의 편지를 받고서 다시 형주(荊州)[51]로 가서 무진(無盡) 거사를 찾아뵙고자 하였다.)(원주(原註)임)

(時師得陳瑩中書, 欲再往荊州訪無盡居士.)

---

49 분령(分寧) : 강서성 홍주 분령현(分寧縣). 지금의 강서성(江西省) 수수현(修水縣).
50 운암(雲巖) : 운암사(雲巖寺). 강소성(江蘇省) 오현(吳縣)의 호구산(虎丘山)에 있는 절. 호구소륭(虎丘紹隆)이 머물렀다.
51 형주(荊州) : 호남성(湖南省) 양자강(揚子江)의 북안(北岸)에 있는 강릉현(江陵縣)의 속칭(俗稱). 형남(荊南), 형저(荊渚) 등은 형주(荊州)를 가리키는 말.

1120년(32세) 선화 2년 경자(庚子)

이해 봄에 다시 형저(荊渚)[52]로 무진거사를 찾아가서, 당자서관(唐子西館)과 함께 부제(府第)의 서재(西齋)에서 법(法)을 가지고 교유하였다. 하루는 거사가 물었다.

"부처님은 정편지(正遍知)[53]를 갖추셨는데, 다시 알지 못하는 곳이 있습니까?"

대혜 : "무슨 말씀입니까?"

거사 : "우리 유가(儒家)에서 일찍이 말하길 '서방(西方)에 큰 성인(聖人)이 계신데, 다스리지 않아도 혼란하게 되지 않고, 말하지 않아도 저절로 교화된다.'고 하였습니다. 그런데 요(堯)·순(舜)·우(禹)·탕(湯) 임금 등은 모두 성인입니다만, 부처님께선 무슨 까닭에 이 분들을 전혀 언급하지 않습니까?"

대혜 : "그럼 요(堯)·순(舜)·우(禹)·탕(湯) 임금과 범왕(梵王)·제석(帝釋) 사이에 우열(優劣)이 있습니까?"

거사 : "요(堯)·순(舜)·우(禹)·탕(湯) 임금을 어찌 범왕·제석과 비교할 수 있겠습니까?"

대혜 : "부처님께선 범왕과 제석을 범부(凡夫)로 여기시니, 그 나머지야 말할 필요도 없겠지요."

거사 : "어찌하여 그런 줄 압니까?"

대혜 : "우리 불교의 가르침에서 다 말하길 '부처님께서 외출하시면 범왕이 앞에서 인도하고 제석은 뒤에서 따른다.'고 하였습니다."

거사는 동의하면서 격조 높은 대화라고 여겼다.

二年庚子 一一二〇. 師三十二歲.

---

52 형저(荊渚) : 형주(荊州).

53 정편지(正遍知) : 바르게 두루 아는 지식.

是年春, 再謁無盡居士於荊渚, 同唐子西館于府第之西齋, 爲法喜之遊. 一日, 居士問曰 : "佛具正徧知, 亦有漏網處?" 師曰 : "何謂也?" 居士曰 : "吾儒尙云 : '西方有大聖人, 不治而不亂, 不言而自化.' 然堯・舜・禹・湯皆聖人也, 佛何故略不言及之耶?" 師曰 : "且堯・舜・禹・湯與梵王・帝釋有優劣否?" 居士曰 : "堯・舜・禹・湯豈可比梵王・帝釋哉?" 師曰 : "佛以梵・釋爲凡夫, 餘可知矣." 居士曰 : "何以知之?" 師曰 : "吾敎備言 : 佛出則梵王前引, 帝釋後隨." 居士擊節以爲高論.

헤어지길 청하자 거사는 대혜에게 부탁하였다.

"그대는 반드시 원오(圜悟)를 만나보아야 합니다. 그대가 만나러 가는 것을 내가 도우겠습니다."

이윽고 서울로 갈 짐을 꾸려서, 대혜는 이해 10월에 저궁(渚宮)[54]을 떠났는데, 무진은 11월에 세상을 떠났다.

旣而請違, 無盡囑師曰 : "子必見圜悟, 吾助子往." 遂津致行李來京師, 師於是年十月離渚宮, 無盡乃十一月薨背.

당립부사인(唐立夫舍人)에게 주는 글에서 말했다 :

나는 선화(宣和) 경자년(庚子年) 존장(尊丈)과 함께 무진서재(無盡書齋)에 머물며 8개월 동안 서로 사귀었는데 매우 즐거웠다. 서울로 가게 되자 이별하였는데, 이윽고 영원히 헤어지게 되었다.

按與唐立夫舍人書云 : "某宣和庚子同尊丈居無盡書齋及八箇月, 從遊甚樂. 因作京師之行, 自玆分攜, 遂成契闊."

---

54 저궁(渚宮) : 형저(荊渚)와 같음. 즉 형주(荊州).

1121년(33세) 선화 3년 신축(辛丑)

관무당(關無黨)에 대한 답서(答書)에서 말했다.

저궁(渚宮)에서 작별하고 양주(襄州)[55]와 면현(沔縣)[56]을 두루 구경하고 남양(南陽)[57]으로 발길을 돌렸다. 겨울과 봄에는 비와 눈이 연달아 내려 길이 질퍽질퍽하니 여행의 힘듦이란 말로 다 할 수 없었다. 2월 17일 비로소 향엄사(香嚴寺)[58]에 도착하여 조금 쉬고 있으니 천녕(天寧) 노인이 심부름꾼을 보내어 불렀다. 이미 오래된 친구이므로 애초에 사양하지 않고 벽돌길을 돌아 여기로 와서 여름을 보낼 계획이다.

三年辛丑 一一二一. 師年三十三歲.

按答關無黨書曰 : 伏自渚宮作別, 徧遊襄沔, 取道南陽. 以冬春, 雨雪連作, 沒溺道塗, 其勞有不可勝言者. 二月十七日, 始至香嚴, 少此息肩, 偶天寧老子遣价相邀. 旣是道舊, 初不苦辭, 因卷祴此來, 作度夏計.

정성충(鄭成忠)을 위한 보설에서 말했다.

내가 옛날 행각(行脚)할 때가 생각나는구나. 서울[59]로 들어가는 길에 등주(鄧州)[60]의 천녕사(天寧寺)에 도착하니, 채주(蔡州)의 도사(道士)[61]가 있

55 양주(襄州) : 지금의 호북성(湖北省) 양양(襄陽).

56 면현(沔縣) : 지금의 섬서성(陝西省) 한중도(漢中道)에 속하는 곳.

57 남양(南陽) : 하남성(河南省) 서남부의 도시. 성내(城內)의 용흥사(龍興寺)는 하택신회(荷澤神會)가 머문 곳이고, 서남쪽 백애산(白崖山) 당자곡(黨子谷)의 향엄사(香嚴寺)는 남양혜충(南陽慧忠)이 40년간 머물던 도량이고, 북방(北方) 남소현(南召縣)에는 단하천연(丹霞天然)의 도량인 단하산(丹霞山) 서하사(棲霞寺)가 있고, 여주(汝州)에는 풍혈연소(風穴延沼)가 개창한 풍혈산(風穴山) 백운사(白雲寺)와 수산성념(首山省念)이 개창한 수산사(首山寺)가 있음.

58 향엄사(香嚴寺) : 남양(南陽)의 서남쪽 백애산(白崖山) 당자곡(黨子谷)에 있는 절. 남양혜충(南陽慧忠)이 40년간 머물던 도량이고, 향엄지한(香嚴智閑)이 깨달음을 얻은 장소.

59 서울 : 북송(北宋 ; 960~1127)의 수도인 변경(汴京; 지금의 개봉(開封)).

었다. 그의 이름은 잊었지만, 의원(醫員)으로서 남양(南陽)으로 왔다고 하였다. 어느 날 그가 사람을 시켜 장사(藏司)[62]에 가서 『보적(寶積)』과 『화엄(華嚴)』 두 경(經)을 빌려 오게 하는 것을 보고는, 나는 그가 좋은 사람이라는 것을 알아차렸다. 다음날 만나 함께 이야기를 나누어 보니 과연 말이 통했다.

又按爲鄭成忠普說云: 山僧往年行脚, 將入京師, 至鄧州天寧, 有一蔡州道士, 遣人至藏司借『華嚴』·『寶積』二經, 余竊知其爲佳士. 翌日相見與語, 果然符合也.

1122년(34세) 선화 4년 임인(壬寅)

처음 서울에 도착하여 법운불조고(法雲佛照杲) 화상 회하(會下)에 의지하려 하였으나, 마침 불조(佛照)가 경덕(景德)의 철라한사(鐵羅漢寺)로 물러나 머물고 있었기 때문에 반 달 동안이나 머뭇거리며 떠나야 할지 머물러야 할지를 결정하지 못하고 있었다.

담당(湛堂)의 유훈(遺訓)을 따르려 하였을 때에 마침 불과(佛果) 화상은 장산(蔣山)[63]에 머물고 있었기 때문에 마침내 그곳으로 가려고 하였으나, 동지(同志)가 권하였다.

"강회(江淮)[64]에 어찌 이 노인이 오래 머물겠는가? 서울에 자리가 나

---

60 등주(鄧州) : 등주(鄧州) 남양군(南陽郡). 지금의 하남성(河南省) 등현(鄧縣) 외성(外城) 동남쪽 지역.

61 도사(道士) : 출가득도(出家得度)하여 도교의 교단에 속하며 도관(道觀)이나 사당에서 거주하는 사람.

62 장사(藏司) : 선원(禪院)에서 경장(經藏)을 관리하는 장주(藏主)가 거처하는 곳.

63 장산(蔣山) : 강소성(江蘇省) 남경(南京)에 있는 산.

64 강회(江淮) : ① 양자강(揚子江)과 회수(淮水). ② 강소성(江蘇省)과 안휘성(安徽省) 일대.

면 반드시 이리로 올 것이네."

드디어 함평(咸平)[65] 평보융(平普融) 선사의 법석에 의지하였다.

四年壬寅 一一二二. 師三十四歲.

初至京師, 擬依法雲佛照杲和尙會下, 適佛照退居景德鐵羅漢寺, 躊躇將半月, 未決去留. 因追繹湛堂遺訓, 時佛果和尙居蔣山, 乃竟欲往焉, 而同志勉之曰 : "江淮豈此老久留? 都下有闕, 必此來也." 遂依咸平普融平禪師法席.

함평(咸平)은 곧 태재(太宰) 왕공(王公) 대관(大觀)의 공덕사(功德寺)로서 태재가 쉼 없이 왕래하였으나, 오직 대혜와 더불어 말하는 것만을 즐겨하였다. 대혜가 말하는 태도는 주인과 손님을 꼼꼼하게 구분하지 않으니 그 무리 가운데 남몰래 싫어하는 자가 있어서, 대혜는 그곳에 머물 뜻이 전혀 없었다. 태재는 이 때문에 관사(官舍)[66] 뒤의 화원(花園)을 암자(庵子)로 고쳐서 대혜가 옮겨 머물게 하였다.

咸平, 乃太宰王公大觀功德寺, 太宰往來無間, 而獨喜與師談論. 師之酬酢, 闊略主賓, 其徒有陰忌之者, 師頗無奠居意, 太宰由是以府第後花圃易菴, 遷師居之.

1123년(35세) 선화 5년 계묘(癸卯)

태재암(太宰菴)에 머물렀는데, 합부(閤府)[67]가 공경히 모시는 것이 친분

65 함평(咸平) : 지금의 하남성(河南省) 통허현(通許縣).
66 부제(府第) : ① 관저(官邸). 관사(官舍). ② 저택(邸宅). = 부저(府邸).
67 합부(閤府) : 태재(太宰)를 가리킴.

관계 이상이며, 사사(四事)[68]가 풍부하고 아름다우니 대혜의 뜻에 알맞았다.

五年癸卯 一一二三. 師三十五歲.

居太宰菴, 閤府敬事過於所親, 四事豐美, 用適師意. 菴中不事煙爨二饍, 及賓客往還, 凡有所須, 皆府中應給, 旣親以道, 遂爾佚居.

1124년(36세) 선화 6년 갑진(甲辰)

9월에 원오(圜悟)에게 천녕사(天寧寺)[69]에 머물라는 명령의 조서(詔書)가 내려지자, 대혜는 홀로 기뻐하며 말했다.

"이 노사(老師)를 참으로 하늘이 나에게 내리시는구나! 다행히 이미 도성에 다다라 있으니, 얼른 소원대로 해야겠다."

여러 번 담당(湛堂)과 무진거사가 부탁한 말을 태재에게 알리고, 미리 천녕사로 가서 원오(圜悟)가 오기를 기다리겠다고 하였다. 그러나 합부(閤府)가 만류하는 뜻이 매우 두터워, 몰래 하인을 시켜 대혜의 짐을 자기 집 창고로 옮겨 놓도록 하고는, 원오가 도성의 문에 가까이 와서야 비로소 관무당(關無黨)[70]에게 부탁하여 약리(鑰吏)[71]에게 사사로이 알려서 홀로 사부(祠部)[72] 몰래 가게 하였다.

대혜는 이에 스스로 생각하였다.

---

68 사사(四事) : 수행승의 일상에 필요한 4종의 물건. 음식, 의복, 침구, 탕약.

69 북송(北宋)의 서울인 개봉(開封)에 있던 절.

70 관무당(關無黨) : 인명(人名). 원오극근의 저서인 『벽암록(碧巖錄)』에 후서(後序)를 쓴 사람이다.

71 약리(鑰吏) : 관문(關門)의 열쇠를 담당하는 관리(官吏).

72 사부(祠部) : 당송대(唐宋代) 예부(禮部)에 속하는 관서(官署). 승니(僧尼)의 도첩(度牒) 등을 관장하였다.

"9년을 기다려 왔다. 이 분의 선(禪)이 만약 여러 곳의 선과 다르지 않고 헛되이 나를 옳다고 여긴다면, 나는 '선(禪)이란 없다'는 무선론(無禪論)을 지을 것이다. 자신을 속이고 공연히 정신을 허비하며 세월을 낭비한 것이니, 널리 한 권의 경(經)이나 한 권의 논(論)을 붙잡고 수행(修行)하여 후생(後生)에 불법(佛法) 속의 사람이 되는 것을 놓치지 않도록 하는 것이 더 나을 것이다."

이윽고 청량징관(淸涼澄觀)의 『화엄소초(華嚴疏鈔)』 1부(部)를 사 가지고 천녕사로 갔다.

六年甲辰 一一二四. 師三十六歲.

九月, 圜悟有天寧之命, 詔旣下, 乃私自慶曰 : "此老實天賜我也!幸早屆都城, 速慰所願." 屢以湛堂、無盡委寄之語以白太宰, 欲預往天寧俟圜悟之來. 其闔府挽留之意愈篤, 乃密令僕役移行李於宅庫, 及圜悟將次國門, 始託關無黨私喩鑰吏, 獨竊祠部而往. 乃自惟曰 : "當以九夏爲期. 其禪若不異諸方, 妄以余爲是, 我則造無禪論去也. 謾自枉費精神, 蹉跎歲月, 不若弘一經一論, 把本修行, 庶他生後世不失爲佛法中人也." 遂贖淸涼『華嚴疏鈔』一部, 齎之天寧.

1125년(37세) 선화 7년 을사(乙巳)

깨달음

4월에 천녕사(天寧寺)에 도착하여 방부(榜付)[73]를 들였다.

73 괘탑(掛塔) : 괘(掛)는 석장(錫杖)을 거는 것, 탑(搭)은 걸망을 놓아둔다는 뜻. 곧 승당(僧堂)에서 안거(安居)하는 것을 말함. 우리나라에서는 방부(榜付)라 함. = 괘석(掛錫).

七年乙巳 一一二五. 師三十七歲.

四月, 抵天寧挂搭.

예시자(禮侍者)를 위한 보설(普說)에서 말했다.[74]

5월 13일 장강국부인(張康國夫人)이 청하여 원오(圜悟) 선사가 상당(上堂)하여 말했다.

"어떤 승려가 운문(雲門)에게 묻기를 '어떤 것이 모든 부처님이 나타나는 곳입니까?' 하자, 운문은 '동산(東山)이 물 위로 간다.'고 했는데, 만약 나라면 그렇지 않다. 어떤 것이 모든 부처님이 나타나는 곳이냐? 따뜻한 바람이 남쪽에서 불어오니, 전각(殿閣)이 조금 시원하구나."

나는 이 말을 듣자 문득 앞뒤의 시간이 끊어졌다. 비유하자면 마치 한 타래 엉킨 실뭉치를 칼로써 한 번에 몽땅 잘라버린 것과 같았다. 그 당시 온몸에 땀이 솟았다. 비록 그렇지만, 활동하는 모습[75]은 생기지 않고 도리어 깨끗이 벗어난 곳에 머물러 있었다.

하루는 방장실에 들어갔는데, 노스님께서 말씀하셨다.

"그대가 이런 경지에 이른 것도 물론 쉽지는 않지만, 그대는 죽어버리고 살아날 줄을 모르니 안타깝구나. 언구(言句)를 의심하지 않는 것이 곧 큰 병이다. 듣지도 못했느냐? '절벽에 매달려 손을 놓아, 스스로 기꺼이 받아들여, 죽었다가 다시 살아난다면, 그대를 속일 수 없을 것이다.' 반드시 이런 도리가 있음을 믿어야 한다."

나는 혼자 말했다.

"나는 다만 지금 얻은 곳에 의지하여 편하게 지낼 뿐, 다시 알아차리지는[76] 못하고 있구나."

---

74 이 부분은 『연보(年譜)』에는 간략히 소개하고 있으나, 좀 더 자세한 『어록』의 보설(普說)을 소개한다. 『대혜보각선사보설(大慧普覺禪師普說)』 제17권에 있는 「예시자 단칠을 위한 보설」에서 인용한다.

75 동상(動相) : 활동하는 모습. 움직이는 모습. 능동적으로 활용하는 모습.

76 이회(理會) : 이해(理解)하였다. 깨닫다. 알아차리다. 따지다. 헤아리다. 처리하

노스님께선 다시 나를 택목료(擇木寮)[77]에 머물게 하시고, 자잘한 시자의 일을 시키지는 않으셨다. 매일 사대부들과 함께 서너 번 입실(入室)하였는데, 노스님께선 다만 "있다는 구절과 없다는 구절은 마치 등나무 덩굴이 나무에 기대어 있는 것과 같다."는 말을 꺼내어 질문하셨는데, 내가 말을 꺼내자마자 노스님께선 곧 "아니다."라고 말씀하셨다. 반 년 동안 나는 다만 이와 같이 공부하고 있었다.

하루는 조표(趙表) 등 여러 관원들과 함께 방장실에서 저녁밥을 먹을 때에, 나는 젓가락을 손에 쥐고 있을 뿐 먹을 생각을 까맣게 잊고 있었다. 노스님께서 말씀하셨다.

"이 자는 황양목선(黃楊木禪)[78]에 참여하더니 도리어 움츠러들어 버렸구나."

나는 드디어 한 개 비유를 말씀드렸다.

"스님! 이 도리는 마치 강아지가 뜨거운 기름 솥을 보고 있는 것과 같아서 핥고 싶어도 핥을 수가 없고 버리고 싶어도 버릴 수가 없습니다."

노스님이 말씀하셨다.

"그대의 비유는 지극히 좋구나! 다만 이것이 곧 금강권(金剛圈)[79]이요 율극봉(栗棘蓬)[80]이니라."

였다. 요리하였다.

77 택목료(擇木寮) : = 택목당(擇木堂). 절을 방문한 관리(官吏)들이 머물며 쉬는 집.

78 황양목선(黃楊木禪) : 황양목(黃楊木)은 회양목이다. 회양목은 자라는 것이 극히 느려서 1년에 손가락 한 마디 길이도 자라지 않다가, 윤년(閏年)에는 도리어 한 마디 정도가 줄어든다고 한다. 황양목선이란, 깨달은 자리에 머물러서 공부가 더 이상 나아가지 않고 머물러 있는 것을 가리킨다. 즉, 깨달은 곳에 주저앉아서 자유롭게 활용하는 능력이 없는 경우를 꾸짖는 말이다.

79 금강권(金剛圈) : 금강(金剛)은 결코 부서지지 않는 견고한 것이고, 권(圈)은 울타리를 나타내는 말이니, 금강권은 결코 부서지지 않는 울타리나 장벽을 뜻한다. 즉, 분별심으로는 결코 부술 수 없는 언어를 방편으로 시설하여 두고, 배우는 자가 그 언어의 장벽을 스스로 뚫고 나가기를 바라는 것. 선사(禪師)가 학인(學人)을 인도할 때에 사용하는 방편. 율극봉(栗棘蓬)과 같은 뜻.

하루는 노스님에게 물었다.

"스님께서 그때 오조산(五祖山)에서 오조(五祖)[81] 스님에게 이 이야기를 질문하셨던 적이 있다고 들었습니다. 오조 스님은 어떻게 답하셨습니까?"

스님은 말씀하시지 않으려 하셨다. 내가 말씀드렸다.

"스님, 그때 혼자서 질문하신 것이 아니고 대중 앞에서 질문하셨을 터인데, 지금 다시 말씀하신다고 무슨 거리낄 일이 있겠습니까?"

노스님께서 이에 말씀하셨다.

"내가 '있다는 구절과 없다는 구절이 마치 등나무가 나뭇가지에 기대어 있는 것과 같을 때에는 어떻습니까?' 하고 물으니, 오조께서 말씀하셨다. '말해도 말이 되지 않고, 그려도 그림이 되지 않는다.' 내가 다시 물었다. '문득 나무가 넘어져 등나무가 말라 죽을 때에는 어떻습니까?' 오조께서 말씀하셨다. '함께 간다.'"[82]

나는 그 말을 듣자마자 곧 알아차리고는 말했다.

"제가 알았습니다."

노스님이 말씀하셨다.

"다만 그대가 공안(公案)을 아직 뚫어내지 못했을까 봐 걱정이다."

내가 말씀드렸다.

"스님께서 한번 공안을 말씀해 보십시오."

---

80 율극봉(栗棘蓬) : 율(栗)은 밤송이, 극(棘)은 가시나무, 봉(蓬)은 쑥. 모두 그대로 삼키기는 거의 불가능한 것들. 즉, 사가(師家)가 학인에게 언어를 시설해 놓고 그 언어를 익숙한 분별로는 이해하지 못하도록 함으로써, 학인이 스스로 언어 밖의 법을 터득하도록 유도하는 방편. 금강권(金剛圈)과 같은 것. 『원오불과선사어록(圓悟佛果禪師語錄)』 제2권에 "율극봉을 삼키고, 금강권을 뛰어넘어서, 분수 밖에서 가풍을 펼친다.(吞底栗棘蓬, 跳底金剛圈, 分外展家風.)"는 구절이 있다.

81 원오극근의 스승인 오조법연(五祖法演).

82 상수래(相隨來) : 서로 뒤쫓는다. 상축(相逐)과 같은 말. 서로 뒤따르다, 서로 의지하고 있다, 서로 뗄 수 없는 한 물건이다.

노스님께선 이에 연달아 일련(一連)의 어려운 공안을 말씀하셨는데, 나는 두 번 세 번 끊어 버리고, 마치 태평하여 일없는 때에 길에 들어서 곧장 가는 것과 같이 다시는 막힘이 없었다. 노스님께서 말씀하셨다.

"내가 너를 속일 수 없음을 이제 비로소 알겠구나."

드디어 『임제정종기(臨濟正宗記)』를 저술하여 대혜에게 주고는 기실(記室)을 담당하도록 하고, 법좌(法座)를 나누어 대중을 지도하게 하였다.

遂著『臨濟正宗記』以付之, 俾掌記室, 分座訓徒.

대혜는 이에 향을 피우고 서원(誓願)하여 말했다.

"차라리 이 몸이 중생을 대신하여 지옥의 고통을 받을지언정, 끝내 불법(佛法)을 가지고 인정(人情)에 따르지는 않겠다."

그리하여 죽비를 쥐고 근기에 따라 교화하니, 그 명성(名聲)이 자자하여 총림에서는 모두들 대혜를 받들어 존중하였다.

師乃炷香爲誓曰: "寧以此身代衆生受地獄苦, 終不以佛法當人情." 乃握竹篦爲應機之器, 於是聲譽藹著, 叢林咸歸重之.

원오(圜悟)는 발문(跋文)에서 대혜에게 보여 주는 법어 뒤에 말했다.

고(杲) 수좌(首座)는 이전에 총림을 돌아다니면서 도덕(道德)이 높은 사람들을 두루 만나며 위풍당당하게 성큼성큼 걷고 얽매이지 않았다. 일찍이 저궁(渚宮)에서 무진거사와 뜻이 맞았는데, 무진거사는 수좌의 그릇을 소중하게 여겨 매양 "불과(佛果)를 만나야 한다."라고 권했다.

선화(宣和) 연간에 그 뜻에 따라 나를 만나려고 천녕사(天寧寺)로 왔는데, 그는 나 보다 하루 앞서 절로 들어왔다. 그 뒤[83] 실중(室中)에 들어

와서는 말하는 것이 과연 남달랐는데, 내가 상당(上堂)하여 "모든 부처님이 나타나는 곳에 훈풍(薰風)이 남쪽에서 불어온다."는 말을 인용하는 것을 듣고는 곧 대강 깨달았다.

그로부터 방장 곁에 머물게 하고는, 백운(白雲) 노사(老師)께서 이전에 보여 주신 유구무구(有句無句)를 가지고 아침저녁으로 그를 단련(鍛鍊)하였다. 그가 온갖 솜씨를 다 발휘하였지만 모두 미치지 못하여,[84] 거의 마음이 요행히 바뀌리라고 여기게까지 되었다. 처음에는 진실하게 여기지 않았기 때문에, "이전에 불감(佛鑑)과 내가 시비와 비방을 일으켰을 때에, 다시 생각을 끊고 찾아내도록 하였다." 하고 정성을 다하여 말해 주었으나, 썩 좋은 효과를 보지는[85] 못했다. 뒤에 문득 맹렬히 반성하여 계책과 지견(知見)과 현묘(玄妙)를 모조리 벗어났기 때문에 그에게 말했다. "이것이 바로 잘 참선(參禪)하는 것이다."

곧 앞으로 기세좋게 뛰어나가며 빠짐없이[86] 하나하나 송곳으로 찌르니, 비로소 드넓고 크게 통달하였다. 나는 사람 얻은 것을 기쁘게 여기는 것이 아니라, 다만 이 정법안장(正法眼藏)을 꿰뚫어 본 사람이 있어서 임제(臨濟)의 정종(正宗)을 일으킬 수 있음을 기뻐하였다. 이윽고 많은 사람들 속에서 법좌를 나누어 대중을 가르치게 한 지 오래 되었다.

按圜悟跋示師法語後云: 杲首座昔遊叢林, 偏見大有道之士, 軒昂騰踏, 不可羈縻. 曾於渚宮與無盡居士投契, 公雅重其器, 每囑曰: "應須見佛果." 宣和中, 會余被旨領天寧, 渠卽先一日入堂. 已而造室中, 發語果異, 嘗陞座, 擧: "諸佛出身處, 薰風自南來." 卽大瞥然. 自爾, 命於方丈側, 寅夕與之鍛煉, 以白雲老師昔所示有句無句. 渠盡伎倆百種, 開展悉

83 이이(已而): (접속사) 그 뒤.
84 열하(列下): 뒷줄이 있다. 성적이 남보다 못하였다. = 열후(列後).
85 교다(較多): 썩 좋다. 매우 좋다. ↔ 교사(較些).
86 종두(從頭): 하나하나. 모조리. 빠짐없이.

列下，幾乎以爲心倖移換．初無實地，因志誠語之："昔佛鑑與余正興是謗，使更絶意探賾．" 當不較多．後來驀然猛省，盡脫去機籌知見玄妙，因爲渠云："正好參禪也．" 卽踴躍向前，從頭一一加針錐，始浩然大徹．余不喜得人，但喜此正法眼藏有覷得透底，可以起臨濟正宗．遂於稠人中，指令分座，訓徒久之．

고공(杲公) 묘희(妙喜)는 선화(宣和) 말년에 천녕사 밀실(密室)에서 42일간 정성을 들이다가 한마디 말 아래에 깨달았다.

杲公妙喜，宣和末投誠於天寧密室四十二朝昏，而於一言之下領略．

이 두 발(跋)로써 보건대, 대혜는 4월 1일에 천녕사에 방부를 들이고, 원오는 2일에 절로 부임해 왔으며, 5월 13일에 도를 깨달았다. 4월 1일에서 5월 13일까지는 42일이다. 도를 깨달은 후에는 발우를 들고 걸식하며 교화하는 일을 그만두고, 서기료(書記寮)에 들어간 것이 분명하다.

按此二跋，師乃是四月初一日挂搭，圜悟初二日入院，五月十三日悟道．自四月初一日至五月十三，乃四十二日．悟道後，持鉢化緣畢，入書記寮明矣．

1126년(38세) 흠종(欽宗) 정강(靖康) 원년(元年) 병오(丙午)[87]

천녕사 기실(記室)에 머물면서 법좌(法座)를 나누어 원오극근과 함께 대중을 가르쳤다.

87 금(金)나라가 북송(北宋)을 침략하여 이해에 수도인 개봉이 함락됨. 이후를 남송(南宋)이라 한다.

欽宗皇帝靖康元年丙午 一一二六. 師三十八歲.
居天寧記室, 分座訓徒.

4월에 황제가 자의(紫衣)와 사호(師號)를 내렸다.

四月, 賜紫衣師號.

탑명(塔銘)에서 말했다.[88]

하루는 원오 스님이 상당(上堂)하여 설법을 하셨는데, 스님은 확 뚫리며 신통하게 깨달았다. 이에 원오 스님에게 말씀드리니, 원오 스님이 말씀하셨다.

"아직 아니다. 그대가 비록 얻은 것은 있으나, 대법(大法)은 아직 밝히지 못했다."

다시 어느 날 원오 스님이 법연(法演) 스님의 '있다'는 말[有句]과 '없다'는 말[無句]에 대한 말씀을 들어서 말씀하셨는데, 스님은 말을 듣고서 대안락법(大安樂法)을 얻었다. 원오 스님이 손을 어루만지며 말씀하셨다.

"이제야 내가 너를 속이지 못함을 알겠구나."

이로부터 어떤 경우에도 힘차고 날카로와 마음에 의심이 없어 거침없이 마음대로 말하니, 마치 소진(蘇秦)과 장의(張儀)의 웅변과도 같고, 손무(孫武)와 오기(吳起)의 용병(用兵)과도 같아서, 마치 천 길 비탈에서 항아리의 물을 쏟는 듯하고, 둥근 바위를 굴리는 듯하여, 여러 노숙(老宿)들이 옷깃을 거두고 그 날카로운 창끝을 감당하지 못했다. 지난날의 현사(賢士)와 대부(大夫)들이 흔히 앞다투어 스님과 더불어 교유(交遊)하였는데, 우승상(右丞相)인 여공(呂公) 순도(舜徒)는 그 교제를 귀중하게 여겨,

88 연보의 인용은 간략하여 『대혜어록』 제6권 위국공(魏國公)인 장준(張浚)이 쓴 '대혜보각선사탑명(大慧普覺禪師塔銘)'에서 자세히 인용한다.

임금님께 글을 올려 자의(紫衣)와 불일대사(佛日大師)라는 호를 하사하시게 하였다. 여진(女眞)의 사변(事變)[89]을 만나자, 그 우두머리가 선승(禪僧) 10명을 붙잡으려 하였는데, 스님도 그 명단 속에 뽑혀 있었으나, 그 뒤에 화를 면하게 되었다.

대혜는 이해 8월에 서울을 떠났다.

師於是年八月出京.

1127년(39세) 고종(高宗) 건염(建炎) 원년(元年) 정미(丁未)[90]

양주(楊州)[91]의 천녕사(天寧寺)에 머물고, 10월에 임(琳), 보명(普明)등과 함께 강을 건너 금산(金山)[92]에서 원오(圜悟)를 찾아 뵙고 모시며, 이틀 밤을 머물다가 떠났다. 융장주(隆藏主)와 함께 오문(吳門)[93]으로 가서 보화(寶華)에서 잠시 쉬고, 이어서 호구(虎丘)[94]로 가 이윽고 전자(前資)[95]에서 묵었다.

---

89 금(金)나라가 북송(北宋)을 침략한 것. 1126년 북송의 수도인 개봉(開封)이 함락되었다.

90 임안(臨安; 지금의 항주(杭州))으로 도읍을 옮겨 남송(南宋; 1127~1279)이 시작됨.

91 양주(楊州) : 곧 양주(揚州)이다. 현재의 강소성(江蘇省) 강도(江都). 양자강 북부의 도시.

92 금산(金山) : 곧 금단(金壇). 지금 강소성(江蘇省) 금릉도(金陵道)에 속함.

93 오문(吳門) : 강소성(江蘇省) 오현(吳縣). 태호(太湖) 동쪽에 있는 현재의 소주시(蘇州市).

94 호구(虎丘) : 강소성(江蘇省) 소주부(蘇州府) 오현(吳縣) 서북쪽 7리에 있음. 호구(虎邱)라고도 함. 원오극근(圜悟克勤) 문하의 호구소륭(虎丘紹隆)이 소흥(紹興) 연간(1131~1162)에 이 산에서 임제의 종풍을 크게 떨쳤다.

95 전자(前資) : 선종(禪宗) 사찰에서 부사(副寺) 이하의 사무직을 3안거(安居) 동안 종사하고나서 물러난 이를 가리킴. 전에 사무를 도왔던 사람이란 뜻.

高宗皇帝建炎元年丁未 一一二七. 師三十九歲.
居楊州天寧, 十月, 同琳、普明渡江, 省侍圜悟于金山, 信宿而別. 偕隆藏主之吳門, 少憩寶華, 次虎丘, 遂館于前資.

1128년(40세) 건염(建炎) 2년 무신(戊申)

호구(虎丘)에 머물다.

二年戊申 一一二八. 師四十歲.
居虎丘.

전계의를 위한 보설에서 말했다.[96]

일찍이 가르침 가운데 있던 다음과 같은 한 개 인연을 생각해 본 적이 있다. 앙굴마라(殃崛摩羅)는 1000명의 사람의 손가락을 잘라 화관(花冠)을 만들어 왕의 자리에 오르려고 하였다. 이미 999명의 손가락을 탈취하고 다만 한 개 손가락이 부족하자 자기 어머니의 손가락을 잘라 1000개를 채우려고 하였다. 부처님께선 그의 인연이 익은 것을 보시고는 그를 교화하러 그의 집으로 가셨다. 앙굴마라가 칼을 꺼내어 어머니의 손가락에 대려고 할 때에 문득 석장(錫杖) 흔드는 소리를 듣고는 어머니의 손가락을 놓고 부처님께 한 개 손가락을 교화하실지를 물어 말했다.

"이미 고오타마께서 여기에 오셨으니 저에게 손가락 한 개를 보시하셔서 제가 원하는 바를 채우도록 해 주십시오."

그리고는 칼을 막 드는데 세존께서는 그곳을 벗어나 곧장 가셨다.

---

96 『대혜보각선사보설』 제17권 「전계의가 청한 보설」에서 상세히 인용함.

세존께선 천천히 가셨지만 앙굴마라는 급하게 뒤쫓았으나 따라 잡을 수가 없었다. 이에 큰 소리로 고함을 질렀다.

"멈추시오! 멈추시오!"

세존이 말씀하셨다.

"나는 멈춘 지 오래 되었는데, 너는 멈추지 못하고 있구나."

앙굴마라는 여기에서 문득 깨닫고는 세존에게 의지하여 출가하였다. 세존께서 앙굴마라를 시켜 발우를 들고 어떤 장자(長者)의 집으로 찾아가도록 하셨다. 그 집 부인이 마침 산고(産苦)를 겪고 있었는데, 장자가 말했다.

"고오타마의 제자시여! 당신은 위대한 성자이시니 마땅히 어떤 법을 가지고 산고의 어려움을 면하게 해 주시겠습니까?"

앙굴마라는 말했다.

"저는 금방 입도(入道)하였으니 아직 이 법을 알지 못합니다. 제가 돌아가 세존께 여쭈어 보고 다시 돌아와 알려 드리겠습니다."

앙굴마라가 돌아와 부처님께 그 일을 말씀드리니, 부처님께서 앙굴마라에게 말씀하셨다.

"너는 속히 가서 이렇게 말하거라. '나는 성인의 법을 따른 이래로 아직 살생(殺生)을 한 적이 없다.'"

앙굴마라는 곧 부처님의 말씀을 받들어 그 집으로 가서 그대로 말했다. 그 부인은 그 말을 듣더니 곧 산고의 어려움에서 벗어났다.[97]

담당(湛堂) 스님에게 물었을[98] 때, 이 이야기를 끄집어내자마자 담당 스님께서 말씀하셨다.

"네가 나의 가려운 곳을 긁는구나. 이 이야기는 금시법(金屎法)[99]이니,

---

97 『불설앙굴계경(佛說鴦崛髻經)』에 나오는 내용을 약간 변형시켰다.

98 청익(請益) : 가르침을 받고서 모르는 부분에 대하여 거듭 질문하는 것.

99 금시법(金屎法) : 선(禪)을 알지 못할 때에는 황금처럼 특별하고 귀중하게 여기지만, 알고 보면 똥처럼 일상생활의 평범하고 흔한 일이다. 깨닫기 전에는 진리를 특별한 것이라고 분별하지만, 깨닫고 보면 매일매일의 삶이 전부 진

알지 못하면 금(金)과 같지만 알면 똥과 같다."

내가 말했다.

"어찌 방편이 없겠습니까?"

담당 스님께서 말씀하셨다.

"나에게 한 개 방편이 있지만, 네가 아직도[100] 알지 못할 뿐이다."

내가 말했다.

"스님께서 자비를 베풀어 주십시오."

담당 스님께서 말씀하셨다.

"앙굴마라가 '저는 금방 입도(入道)하였으니 아직 이 법을 알지 못합니다. 제가 돌아가 세존께 여쭈어 보고 다시 돌아와 알려 드리겠습니다.'라고 말했는데, 앙굴마라가 부처님 계신 곳에 도착하기도 전에 그 부인이 아이를 낳았다면 어쩔 거냐? 또 부처님께서 '나는 성인의 법을 따른 이래로 아직 살생(殺生)을 한 적이 없다.'고 하셨는데, 앙굴마라가 이 말씀을 가지고 그 장자의 집에 도착하기도 전에 이미 아이를 낳았다면 어쩔 거냐?"

나는 그때에는 알아차리지 못했는데, 뒷날 호구(虎丘)에서 『화엄경』을 보다가 보살이 제7지에 올라 무생법인(無生法忍)을 깨달은 곳에 이르자 이런 말이 있었다.

"불자(佛子)여! 보살이 이 인(忍)을 성취하면 즉시 보살의 제8부동지(不動地)에 들어가 심행보살(深行菩薩)이 되어, 알기도 어렵고, 차별도 없고, 모든 모습을 벗어나고, 모든 생각을 벗어나고, 모든 집착을 벗어나, 헤아릴 수도 없고 끝도 없게 되니, 모든 성문(聲聞)이나 벽지불(辟支佛)은 미칠 수가 없게 되고, 모든 시끄러운 다툼을 벗어나 적멸(寂滅)이 앞에 나타난다. 비유하면, 비구(比丘)가 신통(神通)을 다 갖추고서 마음의 자재(自在)를 얻고 차례를 밟아 멸진정(滅盡定)에 들어가게 되면 모든 움직이

리 아님이 없어서 따로 진리라 할 것이 없다.

100 잔지(剗地) : ① 여전히. 변함없이. 아직도. ② 공연히. 까닭 없이. ③ 도리어.

는 마음과 기억과 생각과 분별이 전부 멈추어 사라지듯이, 이 보살도 마찬가지로 부동지(不動地)에 머물면 모든 유위행(有爲行)을 버리고 유위행 없는 법을 얻어 신구의(身口意)의 삼업(三業)을 생각하고 행하는 일이 모두 쉬어지고 보행(報行)[101]에 머문다. 비유하면, 어떤 사람이 꿈속에서 큰 강물속에 떨어져서 그 강을 건너려 하기 때문에 큰 용맹을 내고 큰 방편을 베풀었는데, 이 큰 용맹과 베푼 방편 덕분에 곧 꿈에서 깨어나지만 깨어난 뒤에는 행한 일이 모두 쉬어지는 것과 같다. 보살도 역시 그러하여, 중생이 사류(四流) 속에 떨어져 있음을 보고는 구해내려고 하기 때문에 큰 용맹을 내고 큰 정진(精進)을 일으키는데, 용맹과 정진 덕분에 이 부동지에 도달하고, 이곳에 도달한 뒤에는 모든 공용(功用)이 모조리 쉬어지고, 이행(二行)[102]과 상행(相行)[103]이 모두 나타나지 않는다. 이 보살에게는 보살의 마음도 부처의 마음도 깨달음의 마음도 열반의 마음도 오히려 나타나지 않는데, 하물며 세간(世間)의 마음이 나타나겠느냐?"[104]

대혜가 말했다.

"여기에 이르자 문득 장애가 사라지고, 담당 스님께서 나에게 말씀해 주셨던 방편이 문득 앞에 드러났으니, 비로소 참된 선지식이 나를 속이지 않았음을 알았던 것이다. 참된 금강권(金剛圈)이란 바로 장식(藏識)임이 밝혀져야 비로소 벗어날 수 있다.

10월에 운거산(雲居山)[105]에서 원오(圜悟)를 찾아 뵙다. 금릉(金陵)[106]을

101 보행(報行) : 과보(果報)로 이루어지는 행위.
102 이행(二行) : 번뇌장(煩惱障)과 소지장(所知障)의 둘이 나타나 행해지는 것.
103 상행(相行) : 신구의(身口意) 삼업(三業)의 모습을 가진 행위.
104 『대방광불화엄경(大方廣佛華嚴經)』 제38권 「십지품(十地品)」 제26-5에 있는 내용.
105 운거(雲居) : 운거산(雲居山) 운거사(雲居寺). 강서성(江西省) 남강부(南康府) 건창현(建昌縣) 서남쪽 30리에 있음.
106 금릉(金陵) : 강소성(江蘇省) 강녕부(江寧府) 양자강(揚子江) 하류에 있는 큰

거쳐가는 길에 한자창(韓子蒼) 대제(待制)를 찾아가 5일 머물고 작별하여, 배를 타고 흐름을 거슬러 올라가 성저(星渚)에 이르러 운거산(雲居山)에 도착하였다. 다음 날 수좌료(首座寮)에 들어갔다.

十月, 省覲圜悟於雲居. 道由金陵訪韓子蒼待制, 留五宿而別, 泛舟泝流以抵星渚, 至山. 次日入首座寮.

그때 대중 가운데 여러 스님들이 원오(圜悟)가 오래도록 좌원(座元)[107]을 비워놓고 대혜가 오기를 기다렸기 때문에 자못 불만스런 마음을 가지고 있었는데, 한 번 대혜의 설법을 듣기만 하면 굴복하지 않는 자가 없었다.

會中時多龍象, 以圜悟久虛座元, 俟師之來, 頗有不平之心, 一聞提唱, 無不屈服.

1129년(41세) 건염 3년 기유(己酉)

운거(雲居)의 수좌료(首座寮)에 하루는 불이 나서 주렴(珠簾)을 태워 버렸다. 다음 날 설법을 청하자[108] 개에게는 불성이 없다는 이야기를 인용하여 말했다.

"불성(佛性)의 뜻을 알고자 한다면, 응당 그때그때 찾아오는 인연을

도시. 현재의 남경(南京). 종산(鐘山) 영곡사(靈谷寺), 섭산(攝山) 서하사(棲霞寺), 봉산(鳳山) 천계사(天界寺), 석두산(石頭山) 청량사(淸涼寺), 상하(上下) 와관사(瓦官寺), 우두산(牛頭山) 홍각사(弘覺寺), 유서산(幽棲山) 조당사(祖堂寺) 등 선종(禪宗)의 큰 절들이 이곳에 많이 있다.

107 좌원(座元) : 수좌(首座). 제일좌(第一座).

108 고향(告香) : 스승에게 향을 사루면서 설법을 청하는 것.

보아야 한다. 운문(雲門) 대사가 말했다. '만약 얻은 사람이라면, 도의 불꽃이 어찌 그 입을 태웠겠는가?'"

三年己酉 一一二九. 師四十一歲.
雲居首座寮, 一日因遺火燒卻簾, 次日告香, 拈狗子無佛性話云 : "欲識佛性義, 當觀時節因緣. 雲門大師道 : '若是得底人, 道火何曾燒著口?'"

그때 원오는 촉(蜀)으로 돌아갈 뜻이 있었다. 대혜는 한여름에 찾아온 무리들을 운거산(雲居山) 뒤쪽으로 보내어 운문(雲門)의 옛터를 찾아보게 하였는데, 암자(庵子)를 세워 머물려 하였기 때문이다.

時圜悟有歸蜀意, 師於中夏遣參徒於雲居山後, 尋得古雲門舊址, 欲刱菴以居.

원오는 이해 윤8월에 운거(雲居)에서 물러났다.

圜悟是年閏八月退雲居.

1130년(42세) 건염 4년 경술(庚戌)

이 해 봄에 해혼(海昏)[109]의 운문암(雲門菴)으로 옮겼다. 그때 개선겸(開先謙), 천복본(薦福本), 동림안(東林顏), 설봉공(雪峯空) 등 무려 20여 인이 대혜를 모시고 가서는 아침저녁으로 찾아 뵙고 가르침을 청하니 그 명성

109 해혼(海昏) : 해혼현(海昏縣). 지금의 강서성(江西省) 영수현(永修縣).

이 자자했다.

9월에 도적(盜賊)이 어지럽게 날뛰어서 호남(湖南) 지방으로 피난을 가서 장사(長沙)[110]에 이르러 곡산(谷山)의 불성태(佛性泰) 선사를 찾았다. 대혜와 불성태 선사는 비록 문중(門中)에서 형제 사이이지만 아직 서로 알지는 못하고 있었다. 한 번 만나자 과연 서로 마음이 맞아서 오늘을 헤아리고 과거를 확인하며, 말을 했다 하면 날이 어두울 때까지 하였고, 앉았다 하면 밤을 새우고 새벽이 되었다. 불성태는 양기(楊岐)의 정종(正宗)이 대혜에게 부촉된 것을 기뻐하여, 일부러 조당(祖堂)[111]을 치워 대혜를 머물게 하였다.

四年庚戌 一一三〇. 師四十二歲.

是年春, 遷海昏雲門菴. 時開善謙, 薦福本, 東林顔, 雪峰空, 凡二十餘人, 侍師而往, 朝參暮請, 聲譽藹著. 九月, 以盜賊猖獗, 避地湖湘, 抵長沙, 訪佛性泰禪師於谷山. 師與之雖法門昆季, 而未之識. 一見, 果合符契, 商今確古, 語必終日, 坐必達旦. 佛性喜楊岐正宗有賴於師, 特揭振祖堂以館之.

하루는 대혜가 말했다.

"향엄(香嚴)의 오도송(悟道頌) 가운데 '한 번 때림에 알던 것을 잊었다.'는 다섯 글자는 그 묘함이 지극하여, 그 뒤 7구(句)는 모두 이 다섯 글자의 주석일 뿐입니다."

불성이 말했다.

---

110 장사(長沙) : 중국 동정호(洞庭湖) 남쪽 상수(湘水) 하류의 동쪽 기슭에 있는 도시. 수륙 교통의 요충지이며 호남성(湖南省)의 성도(省都)이다.

111 조당(祖堂) : 조사당(祖師堂). 조당(祖堂)이라 줄여 부르고, 개산당(開山堂)이라고도 함. 하나의 종파(宗派)를 세운 사람이나 한 종파의 계통에 참예하여 후세의 존경을 받는 이, 혹은 절을 창건한 이나 역대 주지 등의 영(影)이나 위패를 모신 집.

"오조(五祖) 사옹(師翁)이 '개에게는 불성이 없다.'는 말을 송(頌)한 가운데 '다만 조주(趙州)가 드러낸 칼을 받는 것으로 충분하였다.'는 구절의 나머지 말은 모두 쓸데없는 말들입니다."
두 사람은 즐거이 위로하면서 각자 그럴 듯이 여겼다.

一日, 師曰 : "香嚴悟道頌, '一擊忘所知'五字, 曲盡其妙, 後七句皆注脚耳." 佛性曰 : "五祖師翁頌狗子無佛性, 只消趙州露刃劍足矣, 餘皆剩語." 二人欣慰, 各以爲然.

변경(邊境)의 도적들이 평정되고나서 이윽고 강서(江西)를 향하여 출발하였다.

邊境旣肅, 遂作江西之行.

1131년(43세) 소흥(紹興) 원년(元年) 신해(辛亥)

앙산(仰山)[112]에 올라가서 동림규(東林珪) 선사와 다시 만났다.

紹興元年辛亥 一一三一. 師四十三歲.
登仰山, 邂逅東林珪禪師.

동림(東林)이 송고(頌古)를 발(跋)하여 말했다.
"나는 정강(靖康) 원년(元年) 분녕(分寧)의 서봉(西峰)에 암자를 지었다가, 건염(建炎) 4년 앙산(仰山)으로 옮겼다. 다음 해 묘희(妙喜)가 호외(湖外)에

112 앙산(仰山) : 강서성(江西省) 원주부(遠州府) 의춘현(宜春縣)의 남쪽에 있는 산. 앙산혜적(仰山慧寂)이 머물렀다.

서 찾아왔는데, 한 번 보자 서로 뜻이 통하여, 드디어 양기(楊岐)의 종지(宗旨)를 정했다."

按東林跋頌古云:"余靖康元年結茅分寧西峰. 建炎四年, 遷仰山. 明年, 妙喜自湖外來, 一見相契, 遂定楊岐宗旨."

2월 다시 운문암(雲門菴)으로 돌아가 『고암오선사어요(高菴悟禪師語要)』에 머리말을 쓰고, 「운문거기죽비오송(雲門擧起竹篦五頌)」을 학도(學徒)들에게 보여 주었다.

二月, 復還雲門菴, 題『高菴悟禪師語要』, 示學徒, 「雲門擧起竹篦五頌」."

1132년(44세) 소흥 2년 임자(壬子)

깊은 산 속 고요한 곳에 머무는 것은 모두 도를 배우는 선비를 위한 때문이니, 대혜는 쉼 없이 죽비를 치고 불자(拂子)를 흔들며 아침저녁으로 그들을 단련(鍛鍊)하였다. 하루는 대중에게 말했다.

"이 일은 모든 사람이 빠짐없이 갖추고 있으며 각자가 두루 이루고 있으니, 다만 자기에게서 취하라. 세존께서 처음 탄생하여 한 손으로는 하늘을 가리키고 한 손으로는 땅을 가리키며 두루 일곱 걸음을 걷고는 사방을 돌아보고 말했다. '하늘 위 하늘 아래 오직 내가 홀로 존귀하다.' 이 말씀의 뜻은 어디에 있을까? 그 뜻은 낚시바늘에 있으니, 각자 스스로 홀로 존귀하기만 하면 된다. 예컨대 장경혜릉(長慶慧稜) 화상이 도를 깨닫고나서 게송을 지었는데, '삼라만상 속에 홀로 드러난 몸이여, 오직 사람이 스스로 긍정해야 비로소 가깝다. 예전에는 잘못하여 진흙 속에서 찾았으나, 오늘 보니 불길 속에 얼음이 있네.' 이것은 모름지기 스스로 긍정해야 한다. 내가 말하는 것은 모두 진흙 속의 일이다. 선상(禪床)의 모서리를 떠나 찾으며, 부처를 말하고 법을 말하고 묘함을 말하고 현함을 말한다면, 사리(事理)와 심성(心性)이 모두 진흙 속의 일이다. 어떤 것이 홀로 드러난 몸인가? 대장부라면 모름지기 스스로 긍정해야 한다. 어찌하여 옛사람의 혓바닥 위에서 찾는가? 남이 옳다고 말하는 것을 보기만 하면 그대도 옳다고 말하고, 남이 옳지 않다고 말하는 것을 보기만 하면 그대도 옳지 않다고 말한다. 소리와 색깔 위에서 다니기만 하니, 무슨 관계가 있겠느냐?"

二年壬子 一一三二. 師四十四歲.

深山闃寂所處, 皆正因學道之士, 而師不倦椎拂, 日夕與之鍛煉. 一日, 爲衆曰: "此事人人具足, 各各圓成, 只向自己分上辨取. 世尊初生下, 一手指天, 一手指地, 周行七步, 目顧四方云: '天上天下, 唯我獨尊.' 意在那裏? 意在鉤頭, 只要各各自知獨尊. 只如長慶稜和尙悟道了, 有頌云: '萬象之中獨露身, 唯人自肯乃方親. 昔年謬向途中覓, 今日看來火裏冰.' 這箇須是自肯始得. 我說底盡是塗中事. 去禪床角頭覓說佛說法, 說妙說玄, 事理心性, 盡是塗中事. 且那箇是獨露底身? 大丈夫漢須是自肯始得. 那裏去古人舌頭上覓? 纔見人道是, 你也道是; 道不是, 你也道不是. 只在聲色上走, 有什麽交涉?"

1133년(45세) 소흥 3년 계축(癸丑)

동림규(東林珪) 선사가 앙산(仰山)으로부터 와서 함께 머물며 각자 송고(頌古) 110편씩을 지었다.

三年癸丑 一一三三. 師四十五歲.

東林珪禪師自仰山來同居, 各作頌古一百一十篇.

임천(臨川) 태수(太守) 증공(曾公) 우(紆)가 광수사(廣壽寺)에 자리를 비워 놓고 대혜를 청했으나 가지 않고 있었다. 드디어 대제(待制) 한공(韓公) 자창(子蒼)과 사인(舍人) 여공(呂公) 거인(居仁)이 편지로써 권하고 타이르며 기꺼이 가기를 바랐으나, 대혜는 굳은 뜻을 굽히지 않았다.

臨川太守曾公紆以廣壽虛席, 請師莫之得, 遂託待制韓公子蒼及舍人呂公居仁, 以書勸諭, 庶幾肯就, 而師堅志莫屈.

9월에 동림규(東林珪) 선사와 함께 임천(臨川)[113]으로 가서 자창(子蒼)과 거인(居仁)을 방문하고, 초당(草堂) 화상을 소산(疎山)[114]으로 찾아뵈었다. 그리하여 자창(子蒼)의 서재(西齋)에 머물렀다.

九月, 同珪禪師之臨川, 訪子蒼、居仁, 謁草堂和尙於疏山, 因館子蒼之西齋.

1134년(46세) 소흥 4년 갑인(甲寅)

이해 2월 칠민(七閩)[115]으로 갔다.

---

113 임천(臨川) : 강서성(江西省) 홍주(洪州; 지금의 남창(南昌))의 동남쪽에 있는 임천현(臨川縣).

114 소산(疎山) : 강서성(江西省) 무주부(撫州府) 금계현(金谿縣) 서북쪽 50리에 있음. 소산광인(踈山匡仁)이 개창한 소산사(疎山寺)가 있음.

115 칠민(七閩) : ① 복건성(福建省)과 절강성(浙江省)의 남쪽 지방에 살았던 민족(閩族). 7종족으로 구성되었기 때문에 칠민(七閩)이라 한다. ② 복건성(福建省)을 가리키는 말.

四年甲寅 一一三四. 師四十六歲.
是年二月, 作七閩之行.

3월에 장락(長樂)[116]에 도착하여 광인사(廣因寺)에 머물다.

三月, 至長樂, 館于廣因寺.

설봉(雪峰)[117]을 여행하였다가 마침 보리회(菩提會) 만드는 것을 보았는데, 진헐청료(眞歇淸了) 선사가 대혜에게 대중을 위하여 보설(普說)을 해 달라고 청하였다.

因遊雪峰, 適建菩提會, 眞歇了禪師請爲衆普說.

임적가(林適可) 사법(司法)[118]이 양서(洋嶼)[119]에 암자(庵子)를 창건하여 대혜를 초청하여 머물게 하였다. 그때 종사(宗師)라는 사람들이 묘한 깨달음은 내버려두고 배우는 자들로 하여금 고요한 침묵 속에 갇혀 있도록 하니, 이 까닭에 대혜는 「변정사설(辨正邪說)」을 지어 그들을 공격하여 당시의 폐단을 구제하고자 하였다.

林適可司法刱菴於洋嶼, 延師居之. 時宗徒撥置妙悟, 使學者困於寂默, 因著辨正邪說而攻之, 以救一時之弊.

---

116 장락(長樂) : 복건성(福建省) 장락현(長樂縣). 복청현(福淸縣) 동북쪽 해변가에 있음.
117 설봉(雪峰) : 복건성(福建省) 복주(福州)에 있는 산. 상골봉(象骨峰)이라고도 함. 설봉의존(雪峰義存)이 개창한 숭성사(崇聖寺)가 있음.
118 사법(司法) : 형법(刑法)을 관장하던 벼슬 이름.
119 양서(洋嶼) : 복건성(福建省) 민후현(閩侯縣) 동남쪽 민강(閩江) 남안(南岸)에 있는 지역.

미광(彌光) 선인(禪人)이란 자는 총림(叢林)에서 광장원자(光狀元者)라고 호칭하는데, 아마 양서(洋嶼)에서 최초로 법을 얻은 자일 것이다. 하루는 미광이 입실(入室)하자 대혜가 물었다.

"죽도 먹었고, 발우도 씻었고, 향도 살랐고, 행도(行道)[120]도 하였으니, 먹지 말아야 할 약[121]은 내버리고 한마디 하라."

미광이 말했다.

"찢어졌습니다."

대혜가 성난 목소리로 말했다.

"그대는 또 여기 와서 선(禪)을 말하는구나!"

미광이 말을 듣자 곧 깨닫고는 게송을 지어 보였다. 이에 대혜는 곧 북을 울려 게송을 말하여 인가(印可)하였다.

有彌光禪人, 叢林號光狀元者, 蓋在洋嶼最初得法. 一日入室次, 師問曰 : "喫粥了也, 洗鉢盂了也, 燒香了也, 行道了也, 去卻藥忌, 道將一句來." 光云 : "裂破." 師厲聲曰 : "你又來這裏說禪也!" 光於言下契悟, 呈頌. 師卽撾鼓說偈以證.

또 정수(鼎需) 선인(禪人)이 입실하자 대혜가 물었다.

"안에서 내보내지 않고, 밖에서 들여보내지 않는다. 바로 이러한 때에는 어떻느냐?"

정수가 대답하려 하는데, 대혜가 죽비로 때렸다. 3대째 이르자 정수는 문득 깨닫고는, 자기도 모르게 외쳤다.

"스님 벌써 많이 맞았습니다."

---

120 행도(行道) : 줄을 지어 길을 걸어감. 여러 스님들이 경을 읽으면서 불상(佛像)의 주위를 도는 것. 불상의 오른쪽으로부터 등 뒤를 돌아서 왼쪽으로 돌아가는 것이 원칙.

121 약기(藥忌) : 꺼려야 할 약(藥). (임신 중에, 어떤 질병에서) 먹지 말아야 할 약.

대혜는 다시 1대 더 때리고는 이어서 게송 하나를 보여 주었다.

又鼎需禪人入室, 師問曰 : "內不放出, 外不放入. 正當恁麽時如何?" 需擬對, 師以竹篦打. 至三下, 需忽大悟, 不覺叫曰 : "和尙已是多也." 師又打一下, 乃示一偈.

또 대비한(大悲閑) 장로(長老)는 나이가 84세였는데, 대중을 따라 입실하였다. 대혜가 물었다.

"만법과 짝하지 않는 것은 어떤 사람입니까?"

대비한이 말했다.

"부축해도 일어서지 못합니다."

대혜가 말했다.

"부축해도 일어서지 못하는 자는 어떤 사람입니까? 얼른 말하세요. 얼른 말하세요."

대비한이 대답하려고 하는데, 대혜는 곧 때렸다. 대비한은 문득 크게 깨닫고는 다시 게송을 지어 보였다.

又大悲閑長老, 年八十有四, 隨衆入室. 師問 : "不與萬法爲侶是什麽人?" 閑曰 : "扶不起." 師曰 : "扶不起是什麽人? 速道! 速道!" 閑擬對, 師便打, 忽然大悟. 復示以頌.

암자엔 겨우 53인이 머물렀는데, 50일이 채 되지 않았는데도 법을 얻은 자가 13인이나 되었다.

증천유시랑(曾天游侍郎)과 오원소제형(吳元昭提刑)이 도를 물은 편지에 답하였다.

조원선인(祖元禪人)과 담의장로(曇懿長老) 등에게 13수의 송(頌)을 보여 주었다.

요연거사(了然居士) 정거지(鄭擧之)를 게송으로 조롱하였다.

규죽암(珪竹菴)의 찬(讚)을 지었다.

의천대도(擬泉大道)가 약저가(蕩苴歌)를 지어 문기도자(文紀道者)를 탁발 내보냄.

菴居纔五十三人, 未五十日, 得法者十三輩. 答曾天游侍郎, 吳元昭提刑問道書. 示祖元禪人, 曇懿長老等十三頌. 以頌戲了然居士鄭擧之. 作珪竹菴讚 擬泉大道作蕩苴歌, 送文紀道者持鉢.

묵조선을 믿는 민(閩)의 선비인 정앙조(鄭昂早) 상명(尙明)이 묵조선을 비판하는 대혜에게 따지고자 찾아왔으나, 대혜와의 대화를 통하여 상명은 대혜를 믿게 되고 바른 공부의 길로 이끌어졌다.[122]

이해 겨울 욕사(浴司)[123]가 관청의 인부들이 벌채하고 내버린 나뭇가지들을 주워서 목욕물을 데웠는데, 현위(縣尉)가 제 개인의 생각으로 암자 주위에서 소란을 피웠다. 대혜는 곧 옷소매를 뿌리치고 보양(莆陽)으로 건너갔다. 헌사독위(憲使督尉)가 몸소 청하니 마지못하여 장난삼아 게송을 지어 그에게 주었다.

是冬, 以浴司拾官夫所伐棄樹梢焵浴, 縣尉私意追擾菴鄰, 師卽拂衣過莆陽, 憲使督尉躬請不已, 戲作偈寄檀越.

---

122 여기에 관한 자세한 이야기는 『대혜보각선사보설』 제15권 '전계의가 청한 보설'에 자세히 소개되어 있다.

123 욕사(浴司) : = 욕주(浴主), 지욕(知浴). 선원(禪院)에서 목욕실을 관리하는 소임. 6두수(頭首)의 제5위(位).

1135년(47세) 소흥 5년 을묘(乙卯)

1월 채자응(蔡子應) 낭중(郎中)의 천궁암(天宮菴) 명령을 집행하였다.[124] 천남(泉南)[125]의 급사(給事) 강공(江公) 소명(少明)이 소계(小谿)의 위에 새로운 암자[126]를 창건하여 대혜를 초청하여 머물게 하였다.

五年乙卯 一一三五. 師四十七歲.

正月, 赴蔡子應郎中天宮菴之命. 泉南給事江公少明刱新菴於小谿之上, 延師以居.

대혜가 군왕(郡王)인 맹공(孟公) 인중(仁仲)과 추밀(樞密) 서공(徐公) 사천(師川)에게 답한 편지에서 말했다:

작년 봄에 민(閩)에 들어가 광인(廣因)[127]과 양서(洋嶼)에서 8개월을 쉬다가, 채자응(蔡子應)이 보중(莆中) 영암(靈巖)의 천궁암(天宮菴)으로 초청하였는데, 앉은 자리가 아직 따뜻해지기도 전에 강소명(江少明)이 다시 사람을 보내어 새로 지은 암자로 초청하여서, 드디어 장락(長樂)의 53납자들을 이끌고 이곳으로 왔습니다. 4월 초하루에 암자에 들어가 지금 안팎에서 여름을 지내는 이가 200인이니, 모두 총림에서 오래 지낸 이들로서 따라다니는 사부(士夫)와 당대의 명사(名士)들이었습니다. 예컨대 이참정(李參政) 한로(漢老), 강급사(江給事) 소명(少明), 채자응(蔡子應) 낭중(郎中), 저언륜(儲彥倫), 이단우(李端友), 채춘경(蔡春卿) 등의 정경(正卿) 여러분들이 질문하며 게으름 없이 열심이었습니다. 비록 암자가 궁벽한 곳에 있었으나, 서투른 자에게는 꼭 알맞았습니다.

---

124 부명(赴命) : 명령을 집행하다.

125 천남(泉南) : 천주(泉州), 복주(福州), 민주(閩州) 등으로 불림. 지금의 복건성(福建省) 민후현(閩侯縣).

126 운문암(雲門菴)이다.

127 광인(廣因) : 장락(長樂)의 광인사(廣因寺).

又按師答郡王孟公仁仲, 樞密徐公師川書云: "去春入閩, 憩廣因, 洋嶼及八箇月, 而蔡子應以莆中靈巖天宮菴見招, 坐席未煖, 江少明復以今新菴遣人相延, 遂領長樂五十三衲子卷祴此來. 四月初一入菴, 見今內外度夏者二百人, 皆叢林老成, 從遊士夫, 一時名士, 如: 李參政漢老、江給事少明, 蔡子應郎中, 儲彥倫, 李端友, 蔡春卿正卿諸公, 咨問扣擊, 拳拳不倦. 雖菴居幽僻, 正拙者之所宜也."

하루는 대혜가 시중(示衆)할 때에 조주(趙州)의 '뜰앞의 잣나무 이야기'에 대하여 스스로 붙인 송(頌)을 들어서 말했다.

"뜰앞의 잣나무를 오늘 거듭 새롭게 말하여 조주의 관문을 부수고 일부러 말의 뜻을 헤아려 본다. 대중에게 묻겠다. 이미 조주의 관문을 부수었는데 무엇 때문에 일부러 말의 뜻을 헤아리는가?"

잠시 말없이 있다가 말했다.

"애초에 풀이 길고 짧은 줄 알았었는데, 풀을 태우고 보니 원래 땅이 울퉁불퉁하구나."

이참정(李參政)이 그 말을 듣고는 문득 깨달았다. 그리하여 대혜에게 말했다.

"만약 뒷말이 없었다면, 저 역시 깨닫지 못했을 것입니다."

나중에 이참정은 대혜에게 이런 편지를 보냈다.[128]

"제가 얼마 전 조실 스님을 방문했을 때, 스님께서 꽉 막혀 있던 저를 분발시켜 주신 덕분에 문득 깨우친 바가 있었습니다. 돌이켜 보면 저는 근기가 어둡고 둔하여 일생 배운 견해가 모두 정식(情識)의 견해에 떨어져 있었습니다. 그리하여 매번 취하고 버림이 마치 옷이 해지고 엉킨 채로 가시덤불 속을 지나가는 것과 같아서 걸을수록 스스로를 더 잡아매는 것과 같았습니다. 그러나 이제 한 번 웃음에 문득 풀려나니

128 『대혜보각선사서』 '이참정(李叅政) 한로(漢老)가 묻는 편지(1)'

기쁘고 다행스러움을 말로 할 수 있겠습니까? 대종장(大宗匠)께서 자상한 자비를 드리우지 않으셨다면, 어찌 이러한 곳에 도달했겠습니까?

성(城) 속에 도착한 이래로 옷 입고 밥 먹고 손자 아이를 안고 노는 것이 하나하나 옛날 그대로입니다만, 이미 구속되고 막히는 정(情)도 없고 기이하고 특별하다는 생각을 하지도 않습니다. 그 나머지 오래된 습관과 장애도 점점 가벼워지고 있습니다. 작별할 때 간곡히 당부하신 말씀은 잊을 수가 없습니다. 거듭 생각해보니, 비로소 선문(禪門)에 들어왔지만 큰 법(法)에는 아직 밝지 못하여, 때에 따라 사물을 대하고 일을 처리함에 아직 장애가 없지 않습니다. 다시 가르침을 주셔서 마침내 지극함을 얻도록 해 주셔야 스님의 법석(法席)에 흠이 없을 것입니다."

一日, 因師示衆, 擧自頌趙州庭前柏樹子話, 拈云 : "庭前柏樹子, 今日重新擧, 打破趙州關, 特地尋言語. 敢問大衆 : 旣是打破趙州關, 因甚特地尋言語?" 良久, 云 : "當初將爲茅長短, 燒了元來地不平." 李參政聞之, 忽然有省, 乃謂師曰 : "若無後語, 邴亦領略不得." 別後, 以書與師曰 : "近扣籌室, 伏蒙激發蒙滯, 忽有省入, 顧惟根識暗鈍, 平生學解, 盡落情見, 一取一捨, 如衣壞絮, 行草棘中, 適自纏繞. 今一笑頓釋, 欣幸可量, 非大宗匠委曲垂慈, 何以致此? 自到城中, 著衣喫飯, 抱子弄孫, 色色仍舊. 旣亡拘滯之情, 亦不作奇特之想, 其餘夙習舊障, 亦稍輕微. 臨別叮嚀之語, 不敢忘也, 重念始得入門. 而大法未明, 應機接物, 觸事未能無礙, 更望有以提誨, 使卒有所至, 庶不玷於法席矣."

채자응(蔡子應) 낭중(郎中) 역시 얻은 바를 편지로 대혜에게 알렸는데, 그 대략은 다음과 같다.

"제가 요즈음 '개에게는 불성이 없다.'는 한마디를 살펴보면 마치 평지에 한 개 나귀 매는 말뚝을 박아 놓은 듯하였는데, 한 번 제거함에 완전히 제거하고 문득 깨달으니 확 트여서 본래 가로막는 장애가 없고, 모든 문자언어가 이미 상관없어졌습니다. 그러므로 죽비(竹篦)를 철저하고 분명하게 보았으니, 앞서 불조(佛祖)께서 간절히 사람을 위하려 하신 곳에 많은 것이 없음을 확실히 알겠습니다. 곧장 자기의 발밑에 있는 한 개 대사(大事)를 보면, 밝은 해처럼 밝고 큰 허공처럼 드넓으며, 본래부터 생겨나지도 않고 없어지지도 않고 변하지도 않고 바뀌지도 않고, 감춤없이 드러나 털끝 하나도 붙일 수 없습니다. 설사 천 분의 부처님이 세상에 나오셔도 더듬을 곳이 없고, 보리·번뇌·진여·열반이 모두 쓸데없는 사족입니다."

蔡子應郎中亦以書通所得於師, 略曰 : "某近看狗子無佛性一語, 恰似平地釘簡繫驢橛子, 一除除卻, 頓覺廓然, 本無罣礙, 一切文字語言已沒交涉. 故見得竹篦子徹底分明, 信知從上佛祖切要爲人處, 尤無多子. 便見自己脚根下一段大事, 明如皎日, 廓若太虛, 從本已來, 不生不滅, 不變不易, 赤骨歷地, 著一絲毫不得. 直饒千佛出世, 亦無摸索處, 菩提煩惱, 眞如涅槃, 皆爲剩法."

1136년(48세) 소흥 6년 병진(丙辰)

천주(泉州) 운문암(雲門菴)에 머물다. 4월 16일 원오(圜悟) 화상의 부음(訃音)이 도착하였다. 거애(擧哀)[129]하며 향을 사르고는 지진(指眞)[130]하여 말

129 거애(擧哀) : 선종(禪宗)에서 스승이 죽었을 때, 그 관 앞에서, 혹은 진영(眞影)을 걸어 놓고 그 앞에서 슬퍼하는 뜻을 나타내는 소리. 애! 애! 애!(哀哀哀)라고 세 번 소리친다.

130 지진(指眞) : 죽은 선사(先師)의 장례식이나 제사에서 선사(先師)의 진영(眞影)을 가리키며 행하는 설법. 장례식이나 제사에서 재(齋)를 지낼 때에, 죽은 스님의 진영(眞影)을 걸어 놓고, 대중이 함께 모여, "애(哀)!" "애(哀)!" "애(哀)!"

했다.

"이 노스님은 일생 많은 말을 하여 총림(叢林)을 뒤흔들어 놓더니, 요즈음 들으니 벌써 촉(蜀)에서 돌아가셨다고 하니, 이제 천하가 태평하여 좋겠구나. 운문은 이전에 비록 그를 가까이에서 모시고 있었지만, 그의 말은 기역자 뒷다리도 듣지 않았다. 그렇기 때문에 오늘 이렇게 한 차례 공양을 올리고, 차 한 잔을 붓고, 이 한 자루 향을 태워서, 그의 코에 연기를 피운다면, 이것은 그분의 덕(德)과 은혜에 보답하는 것이 아니라, 단지 그분을 욕보이면 된다는 짓이다."

대중을 부르고는 말했다.

"이미 그의 말을 기역자 뒷다리도 듣지 않았고, 또 갚을 만한 은덕(恩德)도 없는데, 무슨 까닭에 일부러 이러한 한 바탕 우스갯짓을 할까? 잘 알겠는가? 원한(怨恨)에는 실마리가 있고, 부채(負債)에는 채권자가 있다. 우연히 발을 헛딛는 바람에 땅에 넘어져, 지금까지 원한이 뼛속 깊이 사무치는구나."

드디어 향을 불살랐다.

六年丙辰 一一三六. 師四十八歲.

住泉州雲門菴. 四月十六日, 圜悟和尙訃音至. 擧哀拈香, 指眞云: "這箇老和尙, 一生多口攪擾叢林, 近聞已在蜀中遷化了也, 且喜天下太平. 雲門昔雖曾親近, 要且不聞他說著箇元字脚. 所以今日作一分供養, 點一盞茶, 燒此一炷香, 熏他鼻孔, 卽非報德酬恩, 只要辱他則箇." 召大衆云: "旣不聞他說箇元字脚, 又無恩德可報, 何故特地作這一場笑具?還委悉麽? 冤有頭, 債有主, 偶因失脚倒地, 至今怨入骨髓." 遂燒香.

저녁의 소참(小參) 법회에서 인용하여 말했다.

세 번 외치는 거애(擧哀)를 하고, 진영(眞影) 앞으로 가서, 향(香)을 들고 진영을 가리키며[指眞], 설법을 하고, 향을 불사른다.

"승려가 장사(長沙)에게 물었다. '남전(南泉) 스님은 천화(遷化)하여 어디로 가셨습니까?' 장사가 말했다. '동쪽 집에서는 당나귀가 되고, 서쪽 집에서는 말이 된다.' 승려가 말했다. '그 뜻이 무엇입니까?' 장사가 말했다. '올라타려면 곧장 올라타고, 내리려면 즉시 내려라.'"

대혜가 말했다.

"오늘 누가 운문에게 '원오 노스님께선 천화하여 어디로 가셨습니까?' 하고 묻는다면, 곧 그에게 '아비지옥(阿鼻地獄)으로 들어가셨다.'라 할 것이고, '그 뜻이 무엇입니까?'라 한다면, '뜨겁게 녹인 구리쇳물을 마시고, 뜨거운 쇠구슬을 삼킨다.'라 할 것이다. 혹시 묻기를 '구해낼 수 있습니까?' 한다면, '구해낼 수 없다.'고 할 것이고, '무엇 때문에 구해낼 수 없습니까?' 한다면, '이 노인네가 늘 행하는 다반사(茶飯事)이기 때문이니라.'라고 할 것이다.

當晩小參 擧 : "僧問長沙 : '南泉遷化向甚麼處去?' 沙云 : '東家作驢, 西家作馬.' 僧云 : '未審意旨如何?' 沙云 : '要騎便騎, 要下便下.'" 師云 : "今日或有人問雲門 : '圜悟老師遷化向甚麼處去?' 卽向他道 : '入阿鼻大地獄去也', '未審意旨如何?', '飮烊銅汁, 呑熱鐵圓.' 或問 : '還救得也無?' 云 : '救不得', '爲甚麼救不得?', '是這老漢家常茶飯.'"

10월에 이참정(李參政) 한로(漢老), 여사인(呂舍人) 거인(居仁), 정편수(鄭編修) 상명(尙明)이 함께 대혜를 방문하여, 보전(莆田) 정원량(鄭元亮)으로 하여금 대혜의 정상(頂相)[131]을 그리게 하고는 3공(公)이 그 위에 찬(讚)을 써 넣었다.

---

131 정상(頂相) : 원래는 정계(頂髻)의 상(相)이란 뜻으로, 선종 특유의 초상화. 반신상이 많지만, 곡록(曲彔)에 앉은 전신상도 있다. 찬(讚)도 써 넣는다. 송대(宋代) 이후에는 그것에 자찬(自讚)하여, 스승이 제자에게 불법의 깊은 뜻을 전달할 때의 표시로 사용되게 되었다.

十月, 李參政漢老, 呂舍人居仁, 鄭編修尙明同訪師, 令莆田鄭元亮寫師頂相, 三公述讚書其上.

석가출산상(釋迦出山相)에 찬(讚)을 지었다.
조주(趙州) 화상과 원오(圜悟) 화상의 진찬(眞讚)[132]을 지었다.

作釋迦出山相讚、趙州和尙、圜悟和尙眞讚.

1137년(49세) 소흥 7년 정사(丁巳)

소계(小谿) 운문암(雲門菴)[133]에 머물다.

七年丁巳 一一三七. 師四十九歲.
住小谿雲門菴.

탑명(塔銘)에서 말했다.[134]

처음 급사(給事)인 강공(江公) 소명(少明)의 청에 응하여, 소계(小溪)의 운문암(雲門庵)에 머무르셨다.[135] 준(浚)[136]이 촉(蜀)에 있었을 때, 원오 스님

---

132 진찬(眞讚) : 고승(高僧)의 진영(眞影)에 써 넣는 찬양하는 게송(偈頌).

133 소계(小谿) 운문암(雲門菴) : 천주(泉州) 소계(小谿)의 운문암(雲門菴).

134 『대혜어록』 제6권 「위국공(魏國公)인 장준(張浚)이 쓴 '대혜보각선사탑명(大慧普覺禪師塔銘)'」에서 자세히 인용함.

135 대혜종고는 남송(南宋) 고종(高宗) 건염(建炎) 3년(1129)에 운거산(雲居山)에서 원오(圜悟)를 모시고 있다가 원오가 촉(蜀)으로 돌아간 뒤에, 운거산 뒤편에 옛날 운문문언(雲門文偃) 선사가 머물던 암자의 터를 찾아서, 그 자리에 암자를 세우고 운문암(雲門庵)이라 하였다. 다음해에 암자로 거주지를 옮겼는데, 개선겸(開先謙) · 동림안(東林顔) · 설봉공(雪峯空) 등 20여명이 암자로 따라와 공부를 하였다. 뒷날 소흥(紹興) 5년(1135)에 강급사(江給事) 소명(少明)이 천남(泉南) 소계(小溪)에 암자를 짓고 대혜를 초빙하였는데, 이 암자 역시 운문

이 직접 대혜 스님에게 부촉(咐囑)하시면서, 스님을 일러 법의 골수를 진실로 얻었다고 말씀하셨다. 준(浚)이 조정(朝廷)으로 갔다가, 이윽고 임안(臨安)의 경산(徑山)으로 스님을 모시니, 도법(道法)의 성대함이 한 세월을 뒤덮었고, 고생을 마다 않고 먼 길을 걸어 찾아오며, 오직 스님을 남늦게 찾아뵙지 않을까 봐 걱정하고, 오직 만나뵙지 못할까 봐 걱정할 뿐이었다. 찾아오는 사람들을 더 이상 수용할 수 없게 되자, 천 명의 스님들을 수용할 수 있는 널찍한 집을 지어 그들을 머물게 하니, 무릇 2000여 대중이 되었다.

불등순(佛燈珣) 선사 제문(祭文)의 머리말 뒷부분에서 말했다:
나는 소흥(紹興) 정사(丁巳) 봄에 임안부윤(臨安府尹)의 명을 수행하여 국일(國一)의 법석(法席)을 주재(主宰)하였다.

按題佛燈珣禪師祭文後云 : 余紹興丁巳春赴臨安府尹之命, 主國一法席.

천수(泉守) 유공(劉公)에 대한 답서에서 말했다:
5월 초에 천남(泉南)[137]을 떠나 무더위를 무릅쓰고 온갖 고초를 다 겪으며 7월에야 비로소 삼구(三衢)[138]에 도착하였다. 여승상(呂丞相)이 소첩(疏帖)을 바꾸어 사람을 보내 삼구에 이르러 기다리게 하였다.

又按答泉守劉公書云 : 五月初離泉南, 冒大暑, 艱苦備嘗, 七月方抵三衢. 呂丞相易疏帖遣人至衢相候.

암(雲門庵)이라 불렀다.

136 이 탑명(塔銘)을 쓴 장준(張浚) 자신.

137 천남(泉南) : 천주(泉州).

138 삼구(三衢) : 절강성(浙江省) 구주부(衢州府).

초연거사(超然居士) 조표지(趙表之)는 앞서 대혜와 대량구부(大梁歐阜)에서 법석(法席)을 함께하였는데, 매번 벼슬자리를 찾아 돌아다니지 않고 세상을 떠나 계(戒)를 지켰다. 그때 표지(表之)는 우연히 남외종정사(南外宗正司)로 초빙되었고, 대혜는 경산(徑山)으로 가는 중이었는데, 마침 삼구(三衢)의 역관(驛館)에서 만났다.

超然居士趙表之, 曩與師同法席于大梁歐阜, 每以不宦遊、出世爲戒. 時表之偶辟南外宗正司, 師赴徑山, 適會衢之官驛.

17일 임안(臨安)[139]에 도착하였다.
21일 명경사(明慶寺)에서 개당(開堂)하였다.

十七日, 至臨安. 二十一日, 開堂於明慶寺.

24일 절로 들어와 9월에 수업원(受業院)[140]으로 돌아가, 대중이 소참(小參)을 청함에 게송을 말했다.

二十四日入院, 九月歸受業, 衆請小參, 說偈.

이어서 영국현(寧國縣)[141]의 대중(大衆) 도우(道友)들이 승좌(陞座)를 청하여 게송을 말했다.

---

139 임안(臨安) : 남송(南宋)의 수도(首都). 절강성(浙江省) 임안부(臨安府). 남송(南宋) 건염(建炎) 3년(1129) 항주(杭州)에 행궁(行宮)을 두어서 임안부(臨安府)로 승격하였고, 소흥(紹興) 8년(1138)에 수도로 정하였다.

140 수업원(受業院) : 선종(禪宗)에서 처음으로 출가 득도(得度)한 절을 가리킴. 대혜의 수업원은 영국현(寧國縣) 동산(東山)의 혜운원(慧雲院)이다.

141 영국현(寧國縣) : 안휘성(安徽省) 선주(宣州)의 영국현(寧國縣). 대혜가 태어난 고향.

次, 寧國衆道友請陞座, 說偈.

겨울에 인근 군(郡)을 탁발(托鉢)하였다.
연시(璉市)에 있는 쌍괴거사(雙槐居士) 정우공(鄭禹功)을 방문하였다.
불등순(佛燈珣) 선사의 진찬(眞讚)을 지었다.
금화성자(金華聖者)의 화상(畵像)에 찬(讚)을 지었다.
오씨(吳氏)의 육담당(六湛堂)에 제(題)[142]하였다.

冬, 持鉢鄰郡. 訪雙槐居士鄭禹功於璉市. 作佛燈珣禪師眞讚, 金華聖者畵像讚. 題吳氏六湛堂.

1138년(50세) 소흥 8년 무오(戊午)

선원에 들어온 이듬해 대중이 1천명을 헤아리게 되었는데, 모두 여러 곳에서 두각을 드러낸 사람들이었다. 대혜는 수산(首山)의 명령을 내리고 임제(臨濟)의 종지를 일으키느라 바쁘게 오갔다. 그 문(門)이 시장(市場)의 문처럼 배우는 무리들이 모여 묻고 가르침을 청하여 하루가 다르게 공부가 깊어졌다. 청규(淸規)는 세우지 않았으나 법사(法社)[143]는 엄숙하고 여여하였으니, 이로 말미암아 종풍(宗風)이 크게 떨쳐져 임제의 재흥(再興)이라고들 하였다. 그때 급사(給事) 풍공(馮公) 제천(濟川)과 무착도인(無著道人) 묘총(妙總)이 함께 절에서 하안거(夏安居)를 보냈는데, 풍(馮)은 부동헌(不動軒)에 머물며 하루에 한 끼만 먹고서 눕지 않고 늘 앉아 있었다.

142 제(題) : 편액(扁額)을 지었다. 현판(懸板)을 지었다. 시문(詩文)을 전각(殿閣)의 벽면에 쓰거나, 현판에 써 전각에 걸다.
143 법사(法社) : 수도(修道)를 위하여 맺은 단체.

八年戊午 一一三八. 師五十歲.

乃入院之明年, 衆將一千, 皆諸方角立之士. 師行首山令, 起臨濟宗, 憧憧往來. 其門如市, 學徒咨扣, 日入玄奧. 規繩不立, 而法社肅如也, 由是宗風大振, 號臨濟再興. 時給事馮公濟川, 無著道人妙總, 同坐夏山中, 馮館不動軒, 日只一食, 長坐不臥.

영녕군부인(永寧郡夫人)에게 주는 법어에서 말했다.[144]

하루는 노승이 법좌(法座)에 올라 약산(藥山) 스님이 처음 석두(石頭)를 찾아갔을 때의 이야기를 하였습니다. 약산이 석두에게 물었습니다.

"3승12분교는 제가 대략 익혔습니다만, 일찍이 들으니 남쪽에는 직지인심(直指人心; 사람의 마음을 곧장 가리킨다)·견성성불(見性成佛; 본성을 보아 깨닫는다)이 있다고 하였는데, 아직 전혀 알지 못하겠습니다. 스님께서 가리켜 주십시오."

석두가 말했습니다.

"이러하여도 안 되고, 이렇지 않아도 안 되고, 이러하면서 이렇지 않아도 모두 안 된다."

약산이 계합(契合)하지 못하자, 석두가 말했습니다.

"그대는 강서(江西)로 가서 마대사(馬大師)에게 물어 보아라."

약산은 가르쳐 준 대로 마대사가 있는 곳에 이르러 앞서와 같은 질문을 하였습니다. 마대사가 말했습니다.

"어떤 때에는 그에게 눈썹을 찡그리고 눈을 깜박이게 하고, 어떤 때에는 그에게 눈썹을 찡그리고 눈을 깜박이게 하지 않는다. 어떤 때에는 그에게 눈썹을 찡그리고 눈을 깜박이게 하는 것이 옳고, 어떤 때에는 그에게 눈썹을 찡그리고 눈을 깜박이게 하는 것이 옳지 않다."

약산은 말을 듣자[145] 크게 깨달았는데, 다시는 보여 줄만한 솜씨도

---

144 『대혜보각선사법어』 제22권 「영녕군부인(永寧郡夫人)에게 보임」을 상세히 인용한다.

없고 다만 머리 숙여 절할 뿐이었습니다. 마대사가 말했습니다.

"그대는 무슨 도리를 보았기에 곧 절을 하는가?"

약산이 말했습니다.

"제가 석두 스님이 계신 곳에서는 마치 모기가 무쇠로 만든 소 위에 앉은 것과 같았습니다."

마조는 그렇다고 수긍하였습니다.

그때 법좌에 올라서 막 다시 말을 꺼내는데, 무착(無著)이 말을 듣고서 문득 깨달았습니다만, 법좌에서 내려간 뒤에는 소식을 전해오지 않았습니다. 그때 풍제천이 노승을 뒤따라 방장(方丈)으로 올라와서 말했습니다.

"제가 알았습니다."

노승이 그에게 물었습니다.

"거사(居士)께선 어떠십니까?"

풍제천이 말했습니다.

"'이러하여도 안 되고'는 소로사바하(蘇嚧娑婆訶)요, '이렇지 않아도 안 되고'는 실리사바하(悉哩娑婆訶)요, '이러하면서 이렇지 않아도 모두 안 된다'는 소로실리사바하(蘇嚧悉哩娑婆訶)입니다."

노승은 그에게 옳다고도 말하지 않고, 옳지 않다고도 말하지 않았습니다. 도리어 풍제천의 이 말을 무착에게 전해 주었더니, 무착이 말했습니다.

"일찍이 곽상(郭象)이 주석(註釋)한 『장자(莊子)』를 본 적이 있었는데, 어떤 식자(識者)가 말했습니다. '도리어 장자(莊子)가 곽상(郭象)을 주석하는구나.'"

노승은 그의 말이 남다르다고 여겼으나 그에게 묻지는 않고, 도리어 암두(巖頭)의 노파 이야기[146]를 꺼내어 그에게 물었습니다. 무착은 이윽

145 언하(言下): 말하는 사이에. 바로 그 자리에서. 즉시. 말을 들으며. 말을 듣고서.
146 『선문염송』 고칙 830에 소개된 암두와 노파 이야기는 다음과 같다: 암두(巖

고 게송 하나를 지었습니다.

"한 척의 작은 배를 아득한 물에 띄우고
짧은 노를 바치고 긴 노로 춤을 추니 독특한 곡조(曲調)로다.
구름 덮인 산과 달빛 비친 바다를 모두 내버리고
장주(莊周)의 나비꿈[147]을 길이 남기는구나."

노승은 역시 더 이상 말하지 않고 그만두었습니다. 일년 뒤에 풍제천이 그가 참되지 않는 것이 아닐까 하고 의심하여, 일부러 평강(平江)으로부터 무착을 그의 배[148] 안으로 초청하여 물었습니다.

"노파는 일곱 자식 가운데 여섯 자식은 지음(知音)을 만나지 못했고, 다만 이 한 놈마저 만나지 못하는구나 하고는 곧 아기를 강물에 내던졌습니다. 노사(老師)[149]께선 도인(道人)[150]이 알아차렸다고 하셨는데, 어

頭)가 한양에서 뱃사공 노릇을 할 때, 강 양쪽에다 목판 하나씩을 걸어 놓고, "강을 건너려는 이는 이 목판을 한 번 치시오." 하고 써 놓았다. 하루는 어떤 노파가 아기 하나를 안고 와서 목판을 쳐서 강을 건너려고 하였다. 암두(巖頭)가 초막에서 긴 노를 흔들며 춤을 추며 나오니, 그 노파가 곧 물었다. "짧은 노를 바치고 긴 노로 춤을 추는 것이라면 우선 그만 두고, 말해 보시오. 이 노파의 손에 있는 아기는 어디서 얻었는가?" 이에 암두(巖頭)가 긴 노를 가지고 곧장 때리니, 그 노파가 말했다. "내가 일곱 아이를 낳아 여섯 놈까지는 서로 통하는 이를 만나지 못했는데, 이 한 놈에게서도 만나지 못했구나!" 드디어 아이를 물에다 던져 버렸다.(巖頭在漢陽, 作渡子, 兩岸各懸木板 : "索渡者! 扣板一下." 一日有婆子, 抱一孩兒, 扣板索渡. 師於草舍中, 舞棹而出, 婆便問 : "呈橈舞棹卽且止, 且道. 婆手中一子, 甚處得來?" 師以橈便打, 婆曰 : "婆生七子, 六箇不遇知音, 只這一箇, 也不消得!" 遂抛向水中.)

147 『장자(莊子)』「내편(內篇)」 '제물론(齊物論)'에 나오는 다음 이야기 : 옛날 장주(莊周)가 꿈에 나비가 되었는데, 훨훨 날아다니는 나비가 되어 즐기면서 자기가 장주라는 것을 알지 못했다. 그러나 문득 꿈을 깨니 틀림없는 장주였다. 장주가 꿈에 나비가 된 것인지, 나비가 꿈에 장주가 된 것인지 알 수가 없었다.(昔者, 莊周夢爲胡蝶, 栩栩然胡蝶也, 自喩適志與, 不知周也. 俄然覺, 則蘧蘧然周也. 不知周之夢爲胡蝶, 胡蝶之夢爲周與?)

148 풍제천(馮濟川)의 이름에서 제천(濟川)은 강을 건너다는 뜻이므로, 아마 풍제천은 배를 가지고 사람을 실어나르는 일을 한 사람일 것이다.

149 대혜종고를 가리킨다.

떻게 아셨습니까?"

무착이 말했습니다.

"지금까지 자백(自白)한 것은 모두 사실입니다."

풍제천은 크게 놀랐습니다.

또 일찍이 방장(方丈)으로 찾아왔길래 노승이 그에게 물었습니다.

"옛사람은 방장을 벗어나지 않았는데, 무엇 때문에 도리어 농장(農莊)으로 가서 인절미를 먹었는가?"

무착이 말했습니다.

"스님이 저를 눈감아주시면,[151] 제가 이제 소식(消息)을 말씀드리겠습니다."

노승이 그에게 말했습니다.

"내가 그대를 눈감아줄 터이니 그대는 한번 말해 보아라."

무착이 말했습니다.

"저 역시 스님을 눈감아드리겠습니다."

노승이 말했습니다.

"인절미는 어찌 하겠는가?"

무착은 "악!" 하고 일할(一喝)을 외치고는 곧 나가 버렸습니다.

그때 한 무리의 대중이 모두 그가 이렇게 응대하는 것을 듣고는, 그가 한 방울의 물을 얻자마자 곧 큰 물결을 일으킬 수 있는 것을 보았습니다. 그는 세속의 인연을 벗어나 벌써 이 한 수를 믿었던 것입니다. 비록 일찍이 삿된 스승에게 인가를 받은 적도 있었지만, 도리어 물러나 잘못됨을 알고는 결정적으로 깨달음을 원칙으로 삼았기 때문에, 선지식[152]이 일깨워 주는 것을 듣자마자 곧 그 말을 듣고서 완전히 들어

150 무착을 가리킨다.

151 방과(放過) : 여유가 있다, 여유를 두다. 눈감아주다, 보아주다, 용서해주다, 놓아주다.

152 여기에서는 대혜 자신을 가리킴.

맞게 된 것입니다.

형상좌(瑩上座)를 위한 보설(普說)에서 말했다:

그로 말미암아 도겸(道謙)을 영릉(零陵)으로 보내어 자암거사(紫巖居士)에게 물어보게 하였는데, 도겸은 도중에 대사(大事)를 찾아내었다. 도겸이 돌아올 때에 노승(老僧)은 산 중턱의 정자에서 내려다 보고는 곧 말했다.

"이 사람의 골수가 완전히 바뀌었군."

도겸이 듣고서 크게 놀랐다. 이처럼 사람을 시험하는 것은 설사 석가나 달마가 오더라도 사양하지 않았을 것이다.

按爲瑩上座普說云 : 因遣道謙往零陵問訊紫巖居士, 謙中途打發大事. 及歸, 老僧半山亭望見, 便云 : "這漢和骨都換了也." 謙聞之大驚." 這些驗人處, 設使釋迦、達磨來亦不讓.

부동헌기(不動軒記)를 지었다.

추밀(樞密) 부공(富公) 계신(季申)이 도를 물은 것에 답하는 편지를 썼다.

겨울에 오문(吳門)에서 교화를 행했다.

혜일아(慧日雅) 선사의 진찬(眞讚)을 지었다.

作不動軒記. 答樞密富公季申問道書. 冬, 行化吳門. 作慧日雅禪師眞贊.

1139년(51세) 소흥 9년 기미(己未)

이해에 뛰어난 스님들이 열을 지어 모여들어 하안거를 지낸 자가

1700명 남짓 되었다. 오본(悟本)과 도안(道顔) 두 명의 수좌(首座)가 무리를 나누어 지도하였다.

九年己未 一一三九. 師五十一歲.

是年龍象駢集, 坐夏者一千七百, 有奇擧. 悟本、道顔二座元分座訓徒.

사안(四安)[153]으로 승상(丞相) 장공(張公) 덕원(德遠)을 찾아가서 원오 화상의 탑명(塔銘)을 부탁하였다. 화상찬(畫像讚)에서 말했다: "처음 서울에서 공(公)을 만났고, 15년 뒤에 오(吳)의 사안(四安)에서 다시 만났다."

謁丞相張公德遠于四安, 求圜悟和尙塔銘. 按畫像讚曰: "初識公于京師, 後十五年, 再會吳之四安."

진계임(陳季任) 소경(少卿), 조도부(趙道夫) 대제(待制), 유언수(劉彦脩) 보문(寶文), 유언충(劉彦沖) 통판(通判) 등이 도(道)를 물은 편지에 답하였다.

포대화상(布袋和尙), 임제화상(臨濟和尙) 등의 화상(畫像)에 찬(讚)을 지었다.

의사(醫師) 왕공(王公) 계선(繼先)과 참정(參政) 유공(劉公) 대중(大中)에게 송(頌)을 선물하였다.

초연거사(超然居士)의 육법도(六法圖)에 제(題)를 지었다.

보조영(普照英) 선사의 진찬(眞讚)을 지었다.

한자창(韓子蒼) 대제(待制)와 강소명(江少明) 급사(給事)를 추도하는 제문(祭文)을 지었다.

答陳季任少卿, 趙道夫待制, 劉彦脩寶文, 彦沖通判問道書. 作布袋和尙, 臨濟和尙畫像讚. 贈醫師王公繼先, 參政劉公大中頌. 題超然居士六

153 사안(四安): 사안진(四安鎭). 절강성(浙江省) 장흥현(長興縣) 서남쪽 7리 사안산(四安山) 아래 사안계(四安溪) 옆에 있다.

法圖. 作普照英禪師眞讚. 祭韓子蒼待制, 江少明給事文.

1140년(52세) 소흥 10년 경신(庚申)

천승각(千僧閣)을 새로 지었다. 그때 시랑(侍郎) 장공(張公) 구성(九成)과 장원(狀元) 왕공(汪公) 응진(應辰)이 산을 올라와 대혜에게 도를 물었다.

十年庚申 一一四○. 師五十二歲.
剏建千僧閣. 時侍郎張公九成, 狀元汪公應辰登山問道於師.

유대중(劉大中) 참정(參政), 장중양(張仲暘) 제형(提刑), 허수원(許壽源) 사리(司理) 등의 도를 묻는 편지에 답하였다.
유미타(喩彌陀)의 제문(祭文)을 지었다.
불등순(佛燈珣) 선사의 탑문(搭文)을 지었다.
초당(草堂) 화상의 화상(畵像)에 찬(讚)을 지었다.

答劉大中參政, 張仲暘提刑, 許壽源司理問道書. 作祭喩彌陀文. 佛燈珣禪師塔文. 讚草堂和尙像.

1141년(53세) 소흥 11년 신유(辛酉)

형주로 유배됨
천승각(千僧閣)을 준공하였다. 천남(泉南)으로 심부름꾼을 보내어 이한로(李漢老) 참정(參政)에게 기(記)를 부탁하였다.

十一年辛酉 一一四一. 師五十三歲.
千僧閣告成. 師遣介泉南求記於李漢老參政.

이해 4월 시랑(侍郎) 장공(張公) 구성(九成)이 아버지의 장례가 끝나자[154] 산으로 올라와 수숭(修崇)하므로, 대혜가 상당(上堂)하여 설법하였다.

夫是年四月, 侍郎張公九成以父卒哭, 登山修崇, 師陞座.

오래지 않아 시비에 휘말렸는데,[155] 장좌의(張坐議)[156]가 조정(朝廷)에서 3명의 군대 지휘관의 관직을 임명하였던 일 때문에, 경산(徑山)의 주승(主僧)인 대혜도 그 일을 찬성하고 도왔다고 하여 함께 죄를 받았다. 5월 25일 조칙(詔勅)을 승인하니,[157] 구성(九成)은 집에서 상복(喪服)을 입고 상(喪)을 치르다가 상이 끝나면 따로 지휘(指揮)를 받기로 하고, 경산(徑山)의 주승(主僧) 종고(宗杲)는 도첩(度牒)을 빼앗고 형주(衡州)[158]로 귀양을 보냈다.

未幾, 遭論列, 以張坐議朝廷除三大師事因, 及徑山主僧應而和之. 五月二十五日, 准勑九成居家持服, 服滿別聽指揮, 徑山主僧宗杲追牒責衡州.

(장구성은) 이날 산에 올라 18일에 산을 내려갔고, 장수들은 월말에 임명

154 졸곡(卒哭) : 옛날 상례(喪禮)에서 무시곡(無時哭)을 끝마치는 것. 사대부는 죽은 뒤 3개월만에 장사(葬事)를 지내고, 그달에 졸곡(卒哭)한다고 한다.
155 논열(論列) : 시비(是非)와 곡직(曲直)을 논하여 정하였다.
156 장좌의(張坐議) : 시랑(侍郎) 장구성(張九成).
157 준래(准勑) : 조칙(詔勅)을 승인하였다. 래(勑)는 칙(勅)의 이체자(異體字).
158 형주(衡州) : 지금의 호남성(湖南省) 형양(衡陽). 북쪽으로 오악(五嶽)의 하나인 형산(衡山)이 있고, 상수(湘水)와 소수(瀟水)에 닿아 있어서 교통의 요지이다.

을 받았으니, 일의 앞뒤가 분명하여 마땅히 운명을 따를 수밖에 없었다.

是日登山, 十八下山, 而除帥在月末, 事理昭灼, 當益安命義.

대혜가 풍급사(馮給事) 제천(濟川)에게 답한 편지에서 말했다.

장자소(張子韶)는 4월 14일 선친(先親)을 졸곡(卒哭)하고, 16일 나에게 법좌에 오를 것을 청하였고, 18일 산을 내려갔으며, 3명의 장수를 임명한 일은 다시 월말(月末)에 있었다. 지금 여기에 앉아 죄를 얻음에 일의 앞뒤가 분명하니, 어찌 우연한 일이겠는가? 이 모두는 전생(前生)의 과보(果報)로서 만난 인연이니 모두를 즐거이 받아들이고, 충분히 갚아 주어 저절로 안정되어야만 한다.

(원주: 28일 태보(太保) 한공(韓公) 세충(世忠), 소사(小師) 장공(張公) 준충(俊允) 추밀사(樞密使), 소보(少保) 악공(岳公) 비충(飛允) 추밀부사(樞密副使) 등 3인을 임명하였다.)

按師答馮給事濟川書云: 張子韶四月十四日以父卒哭, 十六日請陞座, 十八下山, 除三大帥卻在四月末. 今坐此得罪, 事體昭明, 豈偶然哉? 皆前報世中, 因緣會遇, 一切歡喜順受, 償足自定矣!(二十八日, 除太保韓公世忠、少師張公俊允樞密使, 少保岳公飛允樞密副使.)

앞서 원풍(元豐) 무오(戊午)[159]에 혜운(慧雲)이 석가모니의 상(像)을 조각하였는데, 정생(丁生)이라는 어떤 이인(異人)이 그 절의 스님에게 말하기를 "만약 이 불상(佛像)이 부서진다면, 여기 사람이 화(禍)를 당할 것이다."라 하였다. 그때 혜운의 후손들이 정생의 예언을 잊고서 그 불상을 부수고 새 불상을 조성하였는데, 바로 이날 대혜가 형주로 귀양을 가서 7월에 유배지에 도착하였다. 그때 소원(昭遠)이 임천(臨川)을 다스렸

159 원풍(元豐)은 북송(北宋) 6대 임금인 신종(神宗)의 연호. 원풍 무오년은 1078년이다.

는데, 대혜는 게송을 지어 그를 희롱하였다. 소원(昭遠) 역시 장난으로 게송을 지어 대혜에게 답했다.

先是元豐戊午, 慧雲塑釋迦文像, 有異人丁生語寺僧曰: "若像之毁, 是人嬰禍." 于時慧雲後昆忘丁生之讖, 毁像新之, 正此日, 師責衡州, 七月至貶所. 時昭遠知臨川, 師以偈戲之. 昭遠亦戲以偈酬師.

이해 겨울 이참정(李參政) 태발(泰發)이 절구(絶句)를 대혜에게 보내니, 그것을 인용하면 이렇다:

형주에 도착하여 들으니, 주군(州郡)에서 대혜 스님의 순정(旬呈)[160]을 면제해 주려고 하였는데, 스님은 굳게 그렇게 할 수 없다고 하면서 말하셨다. "나 때문에 남에게 누를 끼쳐서는 안 됩니다." 이러한 뜻을 어찌 세속의 평범한 자가 엿볼 수 있겠는가?

是年冬, 李參政泰發以絶句寄師, 其引云: 適衡, 聞州郡欲免旬呈, 師毅然不可, 曰: "無以我累人." 此意豈流俗泛泛者所能窺之哉?

노시용(盧時用)을 위한 보설에서 말했다:

처음 형양(衡陽)의 이곳에 도착하니, 도우(道友)가 돈을 부쳐왔는데, 이로 말미암아 두 시자(侍者)를 악산(嶽山)과 위산(潙山)으로 보내어 각지로 흩어져서 재승(齋僧)[161]하도록 시켰다. 형양 사람들은 처음 이 말을 알지 못했는데, 보설에서 비로소 말한다. 선율사(宣律師)가 위타천신(韋馱天神)에게 물었다. "세간의 공덕 가운데 무엇이 가장 큽니까?" 위타천신이 말했다. "재승(齋僧)하는 공덕이 가장 크다." 사람들이 곧 곧이듣고는

160 순정(旬呈): 유배된 죄인이 열흘에 한 번씩 관아(官衙)에 출두하여 점호를 받는 것.

161 재승(齋僧): 많은 음식을 준비하여 승가(僧家)의 대중에게 베푸는 것.

점차 여기로 돌아올 줄 알았다.

按爲盧時用普說云 : 初到衡陽諸處, 道友送錢來, 因遣兩侍者往嶽山潙山散處齋僧, 衡人初不知是說, 因普說, 方與言 : "宣律師問韋馱天神 : 世間功德, 何者最大?" 曰 : "齋僧功德最大云云." 人卽聽信, 稍知歸向焉.

1142년(54세) 소흥 12년 임술(壬戌).

형주(衡州)의 요계역(寥季繹) 통직(通直)이 소유한 서원(西園)에 머무니, 사방에서 납자(衲子)들이 구름처럼 모여들었다. 학인들이 식량을 짊어지고 모여들었으나, 암자가 찾아오는 학인들을 다 수용하지 못하여 곳곳에 작약꽃처럼 흩어져 있다가, 복이산(福伊山)에서 개당(開堂)하니 소참(小參)의 입실(入室)에 참여하려고 그곳으로 모였다. 대혜는 곧 남여(籃輿)를 타고 가 방장실(方丈室)에 머물렀다.

十二年壬戌 一一四二. 師五十四歲.
居衡州, 廖季繹通直之西園, 四方衲子雲委川會. 擴糧景從, 菴無以容來學, 散處花藥, 開福伊山遇小參入室, 會集其所. 師則籃輿往而據丈室.

대혜는 돈과 비단을 떠나가는 승려 온문(蘊聞)에게 주면서 말했다.
"아마도 네가 보봉(寶峰)에 이르면 이 노인(초당화상)은 세상을 떠났을 것이다. 성찬(盛饌)을 차려서 글을 읽고 제사를 지내 드려라."
도착하니 초당(草堂)은 이미 원적(圓寂)한 뒤였다. 승 온문은 시킨 대로 하였다.

師仍以金帛囑去僧蘊聞曰 : "恐汝到寶峰, 而此老去世, 可設盛饌, 以書讀而祭之." 旣至, 草堂已圓寂, 僧如所教也.

1143년(55세) 소흥 13년 계해(癸亥)

『기담(紀談)』에서 말했다:

명(明) 선사(禪師)는 신유(辛酉)부터 시자로서 대혜를 따라 형양(衡陽)으로 건너갔는데, 매일 저자에서 교화하였다. 계해(癸亥) 가을에 대혜를 떠나 서부 절강성(浙江省)으로 가서 탁발하고 다음 해 정월 대보름에 돌아올 예정이었다.

十三年癸亥 一一四三. 師五十五歲.

按『紀談』云: 明禪師自辛酉隨侍過衡陽, 日化於市. 癸亥秋, 辭往浙西持鉢, 期明年上元回.

그렇게 대혜를 따른 자들이 흔히 온 힘을 다 쏟는 것이 이와 같았다.

거듭하여 여러 번 화상찬(畫像讚)을 지어 주었으니, 승상(丞相) 장공(張公) 덕원(德遠)과 향(向) 선경(宣卿) 직각(直閣)에게 화상찬(畫像讚)을 지어 주었다.

내한(內翰) 왕공(汪公) 언장(彦章)·사인(舍人) 여공(呂公) 거인(居仁)·융례(隆禮) 낭중(郎中)·하지굉(夏志宏) 운사(雲師) 등이 도를 물은 편지에 답하였다.

『초당화상어록』에 발(跋)을 썼다.

『유마경』을 읽다 느낀 바를 게송으로 지어 전(傳) 선사에게 보였다.

其隨師者, 多効勞如此. 仍作畫像讚付之, 作丞相張公德遠, 向宣卿直閣畫像讚. 答內翰汪公彦章, 舍人呂公居仁, 隆禮郎中, 夏志宏運使問道書. 跋『草堂和尙語錄』. 閱『維摩經』有感, 以頌示傳禪師.

1144년(56세) 소흥 14년 갑자(甲子)

제거(提擧) 이헌신(李獻臣)에게 보이는 법어 26단을 지었다.
왕성석(汪聖錫) 장원(狀元)과 종직각(宗直閣)이 도를 묻는 편지에 답하였다.
부계신(富季申) 추밀(樞密)의 묘고당명(妙高堂銘)을 지었다.
연홍사(延鴻寺)의 종명(鐘銘)을 지었다.
채지현(蔡知縣)의 소암(小菴)에 제(題)[162]를 지었다.
장소원(張昭遠) 휘유(徽猷)가 청하여 유마(維摩)의 찬(讚)을 지었다.
육조(六祖)의 화상(畫像)에 찬(讚)을 지었다.
위사승(衛寺丞)의 제문(祭文)을 지었다.

十四年甲子 一一四四. 師五十六歲.
示提擧李獻臣法語二十六段. 答汪聖錫狀元, 宗直閣問道書. 作富季申樞密妙高堂銘. 延鴻寺鐘銘. 題蔡知縣小菴. 張昭遠徽猷請作維摩讚. 作六祖畫像讚. 祭衛寺丞文.

1145년(57세) 소흥 15년 을축(乙丑)

설날 아침에 글도 쓰고 그림도 그리다.
한사간(韓司諫)의 악곡(樂谷)의 제(題)을 지었다.
인정언(藺庭彦) 지현(知縣)이 청하여 입정관음찬(入定觀音讚)을 지었다.

---

162 제(題) : 편액(扁額)을 지었다. 현판(懸板)을 지었다. 시문(詩文)을 전각(殿閣)의 벽면에 쓰거나, 현판에 써 전각에 걸다. = 제게(題偈).

적음존자(寂音尊者)의 찬(讚)을 지었다.

위방달(魏邦達) 시랑(侍郎)의 정심각(淨心閣)과 왕성석(汪聖錫) 장원(狀元)의 연좌헌(燕坐軒)에 제(題)를 지었다.

요계역(廖季繹) 지현(知縣)·진여도인(眞如道人)·공혜도인(空慧道人)에게 보이는 법어(法語)를 지었다.

임소첨(林少瞻)·엄자경(嚴子卿)·진부경(陳阜卿)이 도를 묻는 편지에 답하였다.

게송을 대신 써 장승상(張丞相)이 보내 준 도라면(兜羅綿)[163]에 사례하였다.

여여암(如如菴)에 장난삼아 제(題)를 지어 주었다.

十五年乙丑 一一四五. 師五十七歲.

正旦試筆, 題韓司諫樂谷. 藺庭彦知縣請作入定觀音讚. 作寂音尊者讚. 題魏邦達侍郎淨心閣, 汪聖錫狀元燕坐軒. 示廖季繹知縣, 眞如道人, 空慧道人法語. 答林少瞻, 嚴子卿, 陳阜卿問道書. 以頌代書謝張丞相惠兜羅綿. 戲題如如菴曰 : "契此如如理, 豈論皮與髓? 打破枯髑髏, 百花生碓觜."

1146년(58세) 소흥 16년 병인(丙寅)

해공거사(解空居士) 시랑(侍郎) 유공(劉公) 계고(季高)가 손으로 쓴 『화엄경』 1부를 보시하여 대혜가 받아 두었고, 이어서 거사의 청으로 대중에게 보설(普說)을 행하여 현묘한 뜻을 밝히다.

대혜는 의발(衣鉢)을 화약사(花藥寺)의 방장에게 마련해 주고, 감상(龕像)을 만들어 보시받은 경전을 그 위에 봉안(奉安)하였다.

163 도라면(兜羅綿) : 침대 속에 넣는 솜의 일종.

진여도인(眞如道人)이 청하여 보타대사찬(補陁大士讚)과 문수문질찬(文殊問疾讚)을 지었다.

사심(死心) 화상, 보융평(普融平) 선사, 불성태(佛性泰) 선사의 진찬(眞讚)을 지었다.

진차중(陳次仲) 통판(通判)에게 보이는 법어를 썼다.

호명중(胡明仲) 시랑(侍郎) · 서명숙(徐明叔) 낭중(郎中)의 화상(畫像)에 찬(讚)을 지었다.

서치산(徐稚山) 시랑(侍郎) · 증천은(曾天隱) 종승(宗丞)이 도를 묻는 편지에 답하였다.

등관거사(等觀居士) 요계역(廖季繹)이 편지로 병들었음을 알리자, 대혜는 게송을 보여 주었다.

十六年丙寅 一一四六. 師五十八歲.

解空居士侍郎劉公季高手寫『華嚴經』一部, 施師受持, 仍請爲衆普說, 發明奧旨. 師以衣盂建閣於花藥寺之方丈, 設龕像, 以所施經奉安其上. 眞如道人請作補陁大士讚, 文殊問疾讚. 作死心和尙, 普融平禪師, 佛性泰禪師眞讚. 示陳次仲通判法語. 作胡明仲侍郎, 徐明叔郎中畫像讚. 答徐稚山侍郎, 曾天隱宗丞問道書. 等觀居士廖季繹以書告疾, 示之頌.

1147년(59세) 소흥 17년 정묘(丁卯)

시자(侍者)가 대혜와 납자들이 옛과 오늘의 어구(語句)를 놓고 묻고 답한 것들을 모아 책으로 만들어 그 이름을 대혜에게 부탁하였다.

十七年丁卯 一一四七. 師五十九歲.

侍者以師與衲子問答古今語句請名.

그 머리말의 앞부분은 이렇다:

내가 죄를 얻어 형양(衡陽)에 머물며 문을 닫고서 바깥을 살피면서 마음을 씀이 없었는데, 때때로 납자가 찾아와 가르침을 구하기라도 하면 마지못하여 그와 하나하나 주고받았다. 선승 충밀(沖密)과 혜연(慧然)이 즉석에서 받아 적어서 날이 가고 달이 감에 하나의 큰 두루마리가 되니, 가지고 와서 이름을 붙여 줄 것을 요구하였다. 그 제목은, 후손들에게 밝게 보여 주어 불조(佛祖)의 정법안장(正法眼藏)이 사라지지 않도록 하려는 것이기 때문에 나는 그 이름을 『정법안장(正法眼藏)』이라고 지었다.

按題篇首云: 余因罪居衡陽, 杜門循省外, 無所用心, 間有衲子請益, 不得已與之敘酢. 禪者沖密, 慧然隨手抄錄, 日月浸久, 成一巨軸, 持來乞名. 其題欲昭示後來, 使佛祖正法眼藏不滅, 余因目之曰『正法眼藏』.

서치산(徐稚山) 시랑(侍郎)의 화상(畫像)에 찬(讚)을 지었다.
향림거사(薌林居士) 향백공(向伯恭)의 무열헌(無熱軒)에 제(題)하였다.

作徐稚山侍郎畫像讚. 題薌林居士向伯恭無熱軒.

그때 이한로(李漢老) 참정(參政)이 죽었는데, 대혜는 글을 지어 승려를 보내어 영정 앞에 바치도록 하였다.

時李漢老參政薨背, 師作文遣僧致奠.

승려가 아직 도착하지도 않았는데, 채공(蔡公)이 죽었으므로, 다시 이어서 사(詞)를 지어 그를 추도(追悼)하였다.

僧未至, 而蔡公卒, 復系之以詞而祭之.

성공도인(性空道人)이 성(城)의 서문(西門) 밖에 집을 지어 요씨산당(廖氏山堂)이라 이름 붙이고는, 대혜를 그곳으로 옮겨 머물도록 하였다.

性空道人築屋於城之西門外, 謂之廖氏山堂, 遷師居之.

1148년(60세) 소흥 18년 무진(戊辰)

설날 아침에 글을 써 무구거사(無垢居士)에게 주었다.
황자여(黃子餘) 지현(知縣)에게 보이는 법어를 지었다.
이왕(李王)이 법안(法眼)을 만나는 화상(畫像)의 찬(讚)을 지었다.
보화(普化) 화상의 화상(畫像)에 찬을 지었다.
장령탁(長靈卓) 선사의 진찬(眞讚)을 지었다.
유계고(劉季高) 시랑과 이언가(李彦嘉) 보문(寶文)이 도를 묻는 편지에 답하였다.
유자재(喩子才) 낭중(郎中)의 관아암(觀我菴)에 제(題)를 지었다.
이태발(李泰發) 참정(參政)의 전물헌(轉物軒)의 명(銘)을 지었다.
환주도인(幻住道人) 지상(智常)에게 보이는 법어를 지었다.
천복본(薦福本) 장로(長老)의 제문(祭文)을 지었다.

十八年戊辰 一一四八. 師六十歲.
正旦書事寄無垢居士. 示黃子餘知縣法語. 作李王見法眼畫像讚. 普化和尙畫像. 長靈卓禪師眞讚. 答劉季高侍郎. 李彦嘉寶文問道書. 題喩子才郎中觀我菴. 作李泰發參政轉物軒銘. 示幻住道人智常法語. 作祭薦福本長老.

1149년(61세) 소흥 19년 기사(己巳)

무구거사(無垢居士)가 『정법안장』을 논한 편지에 답하였다.

향백공(向伯恭) 시랑이 꿈에 관하여 물은 편지에 답하였다.

이태발(李泰發) 참정과 사표(似表) 낭중이 도를 묻는 편지에 답하였다.

등자립(鄧子立) 직전(直殿)에게 보이는 법어를 지었다.

주자충(周子充)이 손으로 쓴 『화엄경』에 발(跋)을 지었다.

마대사(馬大師)와 방거사(龐居士)의 찬(讚)을 지었다.

노언첩(路彦捷) 사승(寺丞)의 화상(畫像)에 찬(讚)을 지었다.

유언수(劉彦脩) 보문(寶文)과 유언례(劉彦禮) 직각(直閣)의 제문(祭文)을 지었다.

자신의 정상(頂相)에 제(題)를 지었다.

계명선인(繼明禪人)에게 보이는 법어를 지었다.

十九年己巳 一一四九. 師六十一歲.

答無垢居士論『正法眼藏』書, 向伯恭侍郎問夢書, 李泰發參政, 似表郎中問道書. 示鄧子立直殿法語. 跋周子充手書『華嚴經』. 作馬大師, 龐居士讚, 路彦捷寺丞畫像讚, 祭劉彦脩寶文, 彦禮直閣文. 題自頂相. 示繼明禪人.

1150년(62세) 소흥 20년 경오(庚午)

자찬(自讚)을 지었다.

"몸에는 유마(維摩)의 옷을 걸치고
머리에는 방거사의 모자를 썼네.

타고난 자질은 부드러운 것 같은데
마음속은 실제로 성급하고 사납다.
입을 열면 곧 남을 욕하면서
희고 검고 푸른 것을 구분하지 않는다.
형양(衡陽)에 유배되니
구업(口業)의 과보가 아닐 수 없다.
영원토록 풀려나지 못하니
비로소 하늘의 도(道)와 합하는구나."

二十年庚午 一一五○. 師六十二歲.

師自讚: "身著維摩裳, 頭裹龐公帽. 資質似柔和, 心中實躁暴. 開口便罵人, 不分靑白皁. 編管在衡陽, 莫非口業報. 永世不放還, 方始合天道."

시세(時勢)에 순응하는 자가 거짓으로 헐뜯는 말을 교묘하게 덧붙여 세력있는 사람의 사랑을 받으려고 하였기 때문에, 이해 6월 25일 매주(梅州)[164]로 옮기라는 명령이 내려졌다.

침양(郴陽)[165]을 거쳐 곡강(曲江)[166]에 이르러 사인(舍人) 주공(朱公) 익(翊)을 서원(西園)으로 방문하고, 운문광진(雲門匡眞) 선사의 화상(畫像)에 찬(讚)을 지었다.

7월 14일 조계(曹溪)[167]에 이르러 이틀 밤을 연달아 머물고, 병(昺) 선

164 매주(梅州): 광동성(廣東省)의 매현(梅縣). 매양(梅陽)이라고도 함.
165 침양(郴陽): 지금 호남성(湖南省)의 침현(郴縣). 침주(郴州)라고도 함.
166 곡강(曲江): 광동성(廣東省) 소주부(韶州府) 곡강현(曲江縣). 소주(韶州), 소양(韶陽)이라고도 한다. 대유령(大庾嶺)을 경계로 하여 영남(嶺南)과 영북(嶺北)을 나누는 경계지점에 있다. 강서성(江西省)에서 광동성(廣東省)으로 통하는 유일한 길목이다. 육조혜능(六祖慧能)과 연고가 있는 남화산(南華山) 보림사(寶林寺; 남화사(南華寺)), 『육조단경(六祖壇經)』을 설법한 대범사(大梵寺), 운문문언(雲門文偃)이 머물렀던 운문산(雲門山) 광태원(光泰院) 등의 사찰이 있다.
167 조계(曹溪): 광동성(廣東省) 소주부(韶州府) 곡강현(曲江縣)에 있는 계곡. 이

사의 진영(眞影)에 찬(讚)을 지었다.

爲趨時者巧加誣訕之語, 取憐勢位, 以是年六月二十五日准命移梅州. 取道郴陽, 抵曲江, 訪舍人朱公翊於西園, 作雲門匡眞禪師畫像讚. 七月十四日, 至曹谿, 留信宿, 作禺禪師眞讚.

그 어록(語錄)에 제(題)하여 말했다.

"소흥(紹興) 경오(庚午) 여름에 회안(回鴈)[168]으로부터 매양(梅陽)으로 옮겨갔는데, 소석(韶石)[169]을 지나다가 탑(塔)[170] 아래에서 혜능 조사에게 예를 올리고, 마침 당두(堂頭)인 명질(明姪) 선사가 종지(宗旨)를 거양(擧揚)하는 곳에 참여하였다."

按題其語錄云: "紹興庚午夏, 自回鴈遷梅陽, 道過韶石, 禮老盧於窣堵波下, 適遇堂頭明姪禪師擧揚宗旨."

26일 남해(南海)[171]에 이르러 광효사(光孝寺) 방장(方丈)의 서헌(西軒)에 머물러 32일을 지냈다.

하문수(何文綬) · 팽언상(彭彦祥) · 정자수(鄭子壽) · 고정미(顧廷美) · 장언

계곡에 육조혜능(六祖慧能)이 머물렀던 보림사(寶林寺)가 있다.

168 회안(回鴈) : 형주(衡州)를 가리킨다. 회안(回鴈)은 곧 회안봉(回鴈峰)이니, 형주(衡州)의 남쪽에 있는 형산(衡山)의 가장 높은 봉우리를 회안봉이라 한다. 기러기가 가을에 남쪽으로 날아와 형산을 넘지 않고 있다가 봄에 다시 북쪽으로 날아간다고 하여 회안봉(回鴈峰)이라 한다.

169 소석(韶石) : 광동성(廣東省) 곡강현(曲江縣) 북쪽 80리에 있는 바위. 소주(韶州)라는 이름은 이 바위의 이름에서 유래하였다.

170 솔도파(窣堵波) : stūpa의 음역. 탑파(塔波), 부도(浮屠), 탑(塔)이라고 한다.

171 남해(南海) : 광동성(廣東省) 남해현(南海縣). 현재의 광동성 광주(廣州). 남해(南海)에 있는 광효사(光孝寺)는 육조혜능이 사냥꾼을 따라 숨어 살다가 비로소 세상에 나와 "바람이 흔들리는 것도 아니고 깃발이 흔들리는 것도 아니고, 마음이 흔들린다."라고 말하며 동산법문(東山法門)을 제창한 곳이다.

청(張彦淸)・원람등(元覽等)에게 보이는 법어(法語)을 지었다.

장언질(莊彦質)이 아직 그리지 않은 대혜의 초상(肖像)에 대하여 미리 흰 비단에 찬(讚)을 써 달라고 부탁하였다.

二十六日, 至南海, 館于光孝方丈之西軒, 凡三十二日. 示何文綬、彭彦祥、鄭子壽、顧廷美、張彦淸、元覽等法語. 莊彦質未畫師像, 預以素縑求讚.

8월 29일 오양(五羊)[172]을 떠나, 9월 15일 나부(羅浮)[173]에 도착하고, 10월 3일에 유배지 매양(梅陽)[174]에 이르렀다.

八月二十九日, 離五羊, 九月十五日, 抵羅浮, 十月初三日, 至貶所.

1151년(63세) 소흥 21년 신미(辛未)

매주(梅州)에 머물다.

태수(太守)가 그 아들 사순수(謝純粹)를 보내어 도에 들어가는 지름길을 알려 달라고 하여, 법어(法語) 8편을 그에게 보여 주었다.

『설당행선사어록(雪堂行禪師語錄)』의 서문(序文)을 지었다.

안무(安撫) 유공(劉公) 방명(方明)의 제문(祭文)을 지었다.

二十一年辛未 一一五一. 師六十三歲.

---

172 오양(五羊) : 남해(南海)를 가리킨다. 오양(五羊)은 곧 오양성(五羊城)이니, 오양성은 곧 광주(廣州)에 있는 광동성성(廣東省城)이다.

173 나부(羅浮) : 나부산(羅浮山). 광동성(廣東省) 증성현(增城縣) 동쪽에서 박라현(博羅縣)으로 넘어가는 경계에 있는 산. 길이가 북동으로 500리에 이른다.

174 매양(梅陽) : 곧 광동성(廣東省) 매주(梅州)이다.

居梅州. 太守遣其子謝純粹求入道捷徑, 示之以法語八篇. 作『雪堂行禪師語錄』序. 祭安撫劉公方明文.

1152년(64세) 소흥 22년 임신(壬申)

장관찰(張觀察)에게 보이는 법어를 지었다.

송(頌)을 대신 써 장성자(張聖者)에게 주어 복성장로(福聖長老)의 출세(出世)를 축하하였다.

불이거사(不二居士)가 『금강경』을 주석하여 인증(印證)을 구한 편지에 답하였다.

화심거사(華心居士)가 수륙의문(水陸儀文)을 두찬(杜撰)[175]한 편지에 답하였다.

송(頌)으로 민종피(敏棕皮)가 촉(蜀)으로 돌아간 것을 풍자하였다.

각명거사(覺明居士) 하지굉(夏志宏)의 화상(畫像)에 찬(讚)을 지었다.

二十二年壬申 一一五二. 師六十四歲.

示張觀察法語, 以頌代書寄張聖者, 賀福聖長老出世, 答不二居士注『金剛經』求印證書, 華心居士杜撰水陸儀文書, 以頌滑稽敏棕皮歸蜀, 作覺明居士夏志宏畫像讚.

1153년(65세) 소흥 23년 계유(癸酉)

용천(龍川)으로 돌아가는 여문회(黎文晦)를 보내는 서(序)를 지었다.

175 두찬(杜撰) : 제 나름으로 말하였다, 제멋대로 말하였다. 본래는 시문(詩文)이나 그 외의 저작에서 전고(典故)가 없는 것을 제멋대로 서술하는 것.

남안암주(南安巖主)의 화상(畵像)에 찬(讚)을 지었다.
『설봉공선사어록(雪峰空禪師語錄)』의 발(跋)을 지었다.
이녀(嫠女) 사군(使君) 이공(李公) 헌신(獻臣)에게 부치는 고시(古詩)를 지었다.
쌍림(雙林)으로 돌아가는 입선인(立禪人)을 보내는 고시(古詩)를 지었다.

二十三年癸酉 一一五三. 師六十五歲.

作送黎文晦歸龍川序, 南安巖主畵像讚, 跋『雪峰空禪師語錄』. 書古寄嫠女使君李公獻臣. 書古送立禪人歸雙林, 曰 : "空手把鋤頭, 油瓮捉泥鰍. 步行騎水牛, 紙人火上遊. 人從橋上過, 猛虎當路坐. 橋流水不流, 高峰駕鐵舟. 立禪歸到雙林寺, 說與渠儂且罷休, 妙喜爲君重說破. 咄!且莫瞌睡."

『운와서(雲臥書)』에서 말했다 :

대혜가 이 해에 앉아 있는 가운데 말한 것이 있기만 하면, 법굉(法宏) 수좌가 그 말을 기록하였는데, "대려(大呂) 신공(申公) 집정(執政)"에서 "보령영(保寧永) 선사(禪師) 사명인(四明人)"까지 55문단(文段)을 얻고 그만두었다. 법굉은 이윽고 대혜가 양서암(洋嶼菴)의 중료(衆寮)에 써 붙였던 "형제들이 참선을 하지 못하는 것은 대개 잡독(雜毒)이 마음에 들어온 까닭이다."라는 구절을 취하여 『잡독해(雜毒海)』[176]라는 이름을 붙였다. 지금 『무고(武庫)』라는 이름으로 간행한 책은 소흥(紹興) 10년[177] 봄에 신무언(信無言) 등이 대혜가 옛날을 말하고 지금을 언급한 말을 듣고 모아서 책으로 편집한 것으로서, 복청진형(福淸眞兄)이 장난삼아 『두예전(杜預傳)』 속에 있는 "무고(武庫)"라는 2글자를 가지고 이름으로 삼은 것이다. 경오(庚午)년[178]에 이르러 대혜가 우연히 이 책을 보고서 말하길 "그 속

176 『운와기담』에 의하면 『잡독해』가 곧 『무고』이다.
177 1140년.
178 소흥(紹興) 20년인 1150년.

에도 내가 말한 것이 있는데, 어찌하여 이름을 무고(武庫)라 하였는가?" 라 하였으니, 무고(武庫)라는 이름은 대혜의 뜻이 아님을 알 수 있다.

按『雲臥書』云 : 師是年坐間, 凡有所說, 則法宏首座錄之. 自"大呂申公執政", 至"保寧永禪師, 四明人", 得五十五段而罷輿. 宏遂以老師洋嶼衆寮牓其間, 有"兄弟參禪不得, 多是雜毒入心"之語, 取稟而立爲『雜毒海』. 今刊本名『武庫』者, 乃紹興十年春, 信無言等, 聞師語古道今, 聚而成編, 福清眞兄戲以『杜預傳』中"武庫"二字爲名. 及庚午, 師偶見是集曰 : "其間亦有是我說話, 何得名爲武庫?" 以是知武庫之名, 實非師意也.

1154년(66세) 소흥 24년 갑술(甲戌)

태수(太守) 양공(楊公) 왕휴(王休)가 화엄회(華嚴會)를 건립하여 대혜에게 보설(普說)을 청하였다.

二十四年甲戌 一一五四. 師六十六歲.
太守楊公王休建華嚴會, 請爲衆普說.

당언거(唐彦擧) 각헌(覺軒)에게 보이는 법어(法語)를 지었다.
송(頌)으로 편지를 대신하여 귀종화질(歸宗華姪) 장로에게 답하였다.
원오(圜悟) 화상이 준 『능가경(楞伽經)』에 제(題)하여 고산종체(鼓山宗逮) 장로에게 주었다.
임제정종법어(臨濟正宗法語)에 제(題)하였다.
『고탑주어록(古塔主語錄)』에 발(跋)을 지었다.
위참군(韋參軍)이 꽃밭에 암자를 건립하여 대혜를 초빙하여 머물게 하였다.

示唐彦擧覺軒法語. 以頌代書答歸宗華姪長老. 題圜悟和尙所付『楞伽經』授鼓山宗逮長老. 題臨濟正宗法語. 跋『古塔主語錄』. 韋參軍以花圃建菴, 遷師居之.

1155년(67세) 소흥 25년 을해(乙亥)

유배에서 해방됨

설날 아침에 임안(臨安)의 정공거사(淨空居士) 진안상(陳安常)과 불공거사(不空居士) 장처준(張處俊)이 각자 100개의 문답(問答)을 갖추어 심부름꾼을 보내 인증(印證)을 구하였다.

二十五年乙亥 一一五五. 師六十七歲.

正旦臨安淨空居士陳安常, 不空居士張處俊, 各具一百問答, 遣价求印證.

대혜가 형양(衡陽)에서 매양(梅陽)으로 옮긴 뒤 6년 동안, 궁벽한 곳에서 속세를 멀리하는 자로서 대혜의 섭화(攝化)를 반드시 따르며 집에는 대혜의 초상을 그려 놓고 경건하고 엄숙하게 모신 자들이 있었으니, 임준(臨准)의 대사(大士)와 남안암(南安巖)의 정광(定光) 같은 이들이다.

師自衡遷梅六年之間, 遐陬遠俗靡不從其攝化, 家繪其像, 敬事虔肅, 有若臨淮之大士, 南安巖之定光.

12월에 임금의 은혜를 입어 자유를 얻었다.[179]

179 자편(自便) : 자기 편한 대로 함. 제멋대로 행동함.

十二月, 蒙恩自便.

용왕전기(龍王殿記)에서 말했다:

25년 겨울 천자(天子)가 맑고 밝은 도량(度量)으로 국가를 다스리는 큰 권한을 홀로 쥐고서, 사리원(司理院)[180]에서 누명을 씌워 매양(梅陽)으로 보낸 일이 있다고 조칙(詔勅)을 내렸다. 매양은 남쪽 지방의 말라리아[181]가 창궐하는 지방이고 의약품을 매우 부족하니 많은 이들이 동쪽으로 되돌아가지 못하고 그곳에서 죽었다.

按龍王殿記云: 二十五年冬, 天度淸曠, 權綱獨攬, 詔有司理冤枉還之梅陽. 梅爲南方煙瘴之郡, 醫藥絶少, 多有不及東歸者.

1156년(68세) 소흥 26년 병자(丙子)

1월 21일 매양(梅陽)을 떠났다. 태수(太守) 등공(鄧公)이 손님으로 대접하고 관병(官兵)에게 물길로 이송(移送)하도록[182] 하였다. 거주하는 백성들이 노인을 부축하고 아이를 이끌고 길을 가로막고 송별하며 그리워하는 정을 이기지 못하는 것은 모두 그 도(道)가 그렇게 만드는 것이었다.

정주(汀州)[183]를 거쳐서 2월에 공천(灨川)[184]에 도착하였다. 그때에 무구거사(無垢居士) 시랑(侍郎) 장공(張公) 자소(子韶)는 횡포(橫浦)에서 영가(永

180 사리원(司理院): 송대(宋代) 형법(刑法)을 관장하던 관부(官府).

181 연장(煙瘴): 중국 서남부 지역 산림지대에서 발생하는 열병. 악성 말라리아.

182 진발(津發): 물길로 운송하였다.

183 정주(汀州): 복건성(福建省) 정주(汀州). 강서성(江西省)과 경계를 이루는 무이산(武夷山) 기슭에 있다.

184 공천(灨川): 공주(贛州)이다. 지금의 강서성(江西省) 건주(虔州)를 가리킨다. 공천(灨川)은 곧 공강(贛江)이니, 장수(章水)와 공수(貢水) 두 지류가 공주(贛州)에서 만나 공강(贛江)이 된다.

嘉)를 지키라는 성지(聖旨)를 받았는데, 대혜는 배를 붙들어 매어 놓고 기다림으로써 오래도록 헤어져 있었음을[185] 위로하였다. 만나고 보니 헤어지기가 섭섭해 머물면서[186] 마음을 터놓고 이야기를 나누고,[187] 이름난 산을 두루 구경하였다가 마조암(馬祖菴)에 시(詩)를 써 남겨 놓았는데, "그 속에 기이한 도인(道人)이 있으니, 기봉(機鋒)이 칼날이나 살촉과 같다."는 구절은 대혜를 일컫는 말이다.

공(公)이 그때 자기의 화상(畫像)에 찬(讚)을 부탁하자 대혜는 붓을 쥐고 재빨리 써 내려갔는데, "가난한 사람이 옛 빚을 갚으라고 독촉한다."는 구절이 포함되어 있었다.

二十六年丙子 一一五六. 師六十八歲.

正月二十一日, 離梅陽, 太守鄧公酢賓禮, 委官兵津發. 居民扶老攜幼遮道, 祖餞眷戀, 有不勝情者, 蓋其道使之然也. 取道汀州, 二月至瀨川. 時無垢居士, 侍郎張公子韶自橫浦蒙旨守永嘉, 師維舟俟之, 用慰契闊. 旣見留連款語, 遍賞名山, 留題馬祖菴詩云: "中有奇道人, 機鋒如劈箭." 謂師也. 公因以自畫像需讚, 師點筆疾書, 有"貧兒索舊債"之句.

그 뒤 계속하여 배를 타고 동쪽으로 내려와 여릉(廬陵)[188]에 이르러 대중들이 청하여 상부사(祥符寺)에서 설법하였다.

여릉(廬陵)의 쌀값에 대한 게송[189]을 지었다.

---

185 계활(契闊): = 구활(久闊). 오랫동안 떨어져 있다. 오래도록 헤어져 있다.

186 유연(留連): (헤어지기가 섭섭해) 계속 머물다. 유연망반(留連忘返)의 준말. 계속 머물며 돌아가는 것을 잊다는 뜻.

187 관어(款語): 마음을 터놓고 이야기하였다.

188 여릉(廬陵): 여릉현(廬陵縣). 길주(吉州)라고도 한다. 지금의 강서성(江西省) 길안현(吉安縣; 길안시(吉安市))이다. 쌀 생산지로 유명하다.

189 『대혜보각선사어록』 제10권 송고(頌古) 가운데 92. 청원(靑原)에 나오는 다음의 게송이다: 청원행사(靑原行思) 화상에게 어떤 승려가 물었다. "어떤 것이 불법(佛法)의 큰 뜻입니까?" 청원(靑原)이 말했다. "여릉(廬陵)의 쌀값은 얼마

태화(太和)에 이르러 청원산(清源山)[190]을 구경하였다.
임강(臨江)의 신감(新淦)[191]에서 헤어져 호상(湖湘)[192]으로 향하였다.

已而聯舟東下, 至廬陵, 衆信請說法于祥符寺. 作廬陵米價頌. 次太和遊青原, 分袂於臨江之新淦, 作湖湘之行.

읍재(邑宰) 황공(黃公) 원수(元綬)가 대혜를 영접하여 동산사(東山寺)에 머물게 하였다.
3월 11일 교지(敎旨)에 의하여 승적(僧籍)을 회복하고는 은혜에 감사하며 상당(上堂)하여 설법하니, "푸른 양탄자[193]는 본래 내 물건인데, 오늘 다시 옛날의 승복을 입는구나. 진중(珍重)[194]하여 임금님의 은혜를 갚을 수 있을까? 만년 된 소나무 위의 한 개 등나무 넝쿨이로다."라는 구절을 말하였다.[195]

邑宰黃公元綬迎師館于東山寺. 三月十一日, 被旨復僧, 謝恩陞座, 有"青氈本是吾家物, 今日重還舊日僧. 珍重聖恩何以報? 萬年松上一枝藤"

냐?" 대혜가 송했다. "늙은 청원(青原)은 빈틈이 없어, 불법(佛法)을 물으니 쌀값으로 대꾸하네. 털끝만큼 차이가 나도 이야깃거리가 되어 버리니, 인정사정 없이 사람을 두렵게 만든다."(僧問青原思和尙 : "如何是佛法大意?" 原云 : "廬陵米作麼價?" 頌云 : "老青原沒縫罅, 問佛法酬米價. 差毫釐成話欛, 無面目得人怕.")

190 청원산(清源山) : 강서성(江西省) 길주(吉州)에 있는 산. 이곳에 청원행사(青原行思)가 머물던 정거사(靜居寺)가 있다.

191 임강(臨江)의 신감(新淦) : 강서성(江西省) 임강군(臨江軍) 신감현(新淦縣). 지금은 신간(新干)이라 함.

192 호상(湖湘) : 호남(湖南). 호남성(湖南省) 지방.

193 청전(青氈) : 푸른 양탄자. 스님들이 사용하던 일용품 가운데 하나.

194 진중(珍重) : 큰 일을 위하여 자신을 소중히 여기는 것. 헤어질 때의 인사말로 쓴다.

195 『대혜보각선사보설』 제17권 11. 신감현의 여러 관원이 청한 보설에 나오는 내용이다.

之句.

황원수(黃元綬) 여시거사(如是居士)에게 법어(法語)를 보였다.

황세영(黃世永) 주부(主簿)의 정지암(淨智菴)에 명(銘)을 지었다.

의춘(宜春)[196]에 이르러 광효사(光孝寺)에서 쉬었는데, 도우(道友) 전자허(錢子虛) 계의(計議)가 청하여 대중에게 설법하였다.

示黃元綬如是居士法語. 作黃世永主簿淨智菴銘. 至宜春, 憩于光孝寺, 方外道友錢子虛計議請爲衆說法.

그때 승상(丞相) 화국(和國) 장공(張公) 덕원(德遠)이 장사(長沙)에 머물렀는데, 그 어머니 진국부인(秦國夫人)이 대혜에게 도(道)를 물었다. 용왕전기(龍王殿記)에서 말했다.

"저 장준(張浚)이 돌아가신 어머니 진국태부인(秦國太夫人)을 생각해 보면, 만년에 경산(徑山)의 불일대사(佛日大師)가 자재(自在)하고 두려움 없는 법을 얻었다는 말을 들으셨다. 종고(宗杲) 스님에게는 임금에게 충성하고 백성을 사랑하는 뜻이 있었으니, 성문(聲聞)이나 독각(獨覺)의 사사로움과는 같지 않았으며, 생사(生死)를 싫어하고 적멸(寂滅)을 좋아하셨다. 이 까닭에 장준(張浚)은 그와 더불어 노닐었는데, 어떤 이들은 세속의 그물에 얽혀서 이익을 따르고 의로움을 저버리며 자기와 다른 이를 배척하여 대혜 스님에게 분풀이를 하지만, 아는 자라면 그 일에 분개(憤慨)한다."

진국부인은 병이 지극해지자 말했다.

"묘희(妙喜) 노사(老師)를 이번 생에 다시 보지는 못하겠으니, 내가 받은 은혜를 갚지 못하겠구나."

196 의춘(宜春) : 강서성(江西省) 원주(袁州) 의춘현(宜春縣). 지금의 강서성(江西省) 의춘시(宜春市).

화국공(和國公)은 모두 3번 의춘(宜春)으로 심부름꾼을 보내어 대혜가 오기를 재촉하였다. 이 때문에 밤낮을 쉬지 않고 길을 가 도착하니 진국(秦國)에서 객사(客舍)를 제공하였다. 화국공이 대혜에게 말했다.

"돌아가신 어머니께서 스님을 공양(供養)하기를 1년이나 원하셨으나 은덕을 갚는 일을 이제 다시는 할 수 없게 되었습니다. 저는 삼가 어머니가 남기신 가르침을 좇고자 하는데, 스님께서 약간 머무시는 은총을 내리신다면 여름 3달 동안[197] 공경히 모심으로써 첫째 돌아가신 어머니의 소원을 들어 드리고 둘째 자식의 마음을 표현하고 싶습니다."

이에 대혜는 사양할 수 없어 어쩔 수 없이 광효사(光孝寺)의 동당(東堂)에 머물렀다.

時丞相和國張公德遠居長沙, 其母秦國夫人問道於師. 按殿記曰 : "浚竊惟先妣秦國太夫人, 晩聞道于徑山佛日大師, 得自在無畏法. 杲有忠君愛物之志, 非若聲聞獨覺之私, 厭生死而樂寂滅也. 是以浚與之遊, 或者迷惑世網, 循利背義, 排斥己異, 移怒於師, 有識者憤之." 秦國臥疾將亟, 曰 : "妙喜老師, 此生無復見也, 老婆有私恩未報." 和公凡三走介之宜春, 趣師之行, 由是兼程而至, 秦國捐舘矣. 和國公語師曰 : "先妣願供養和尙一年, 爲報德之私, 今無復得. 某謹遵遺訓, 師幸少留, 以九夏之期盡其敬奉, 一慰先妣之願, 二伸人子之心." 師不可得而辭, 遂舘于光孝寺之東堂.

6월에 요주(饒州) 천복(薦福)으로 돌아가라는 명(命)을 받고는 게송을 4명의 전사(專使)[198]에게 주었다.

"구사일생으로 말라리아의 소굴을 벗어났지만

197 구하(九夏) : 하안거 90일 동안. 여름 3달 90일.
198 전사(專使) : 특사(特使). 특별히 모든 일을 맡아 심부름하는 사람.

앞날에 다가올 고통은 또 얼마이랴?
빼만 남은 몸을 겨우 수습하여 숲속으로 들어가니
누가 대중들에게 다시 입을 놀릴 수 있겠는가?"

六月, 卻饒州薦福之命, 以偈遣四專使云: "萬死一生離瘴網, 前程來日苦無多. 收拾骨頭林下去, 誰能爲衆更波波?"

『대위지선사어록(大潙智禪師語錄)』의 말미에 제(題)하였다.
나맹필(羅孟弼)에게 보이는 법어를 지었다.

題『大潙智禪師語錄』後. 示羅孟弼法語.

7월 진국부인의 관(棺)[199]이 촉(蜀)으로 돌아가니, 대혜 역시 이어서 배를 타고 형남(荊南)에 이르렀다. 화공(和公)이 힘써 붙잡고서 함께 가기를 청하였으나, 대혜는 촉으로 들어갈 뜻이 없었기 때문에 이윽고 상재(桑梓)를 향하여 출발하였다.
비구니 혜각(慧覺)이 대혜의 정상(頂相)에 찬(讚)을 부탁하였다.

七月, 秦國喪靈歸蜀, 師亦次舟至荊南. 和公力挽同往, 師無入蜀意, 遂作桑梓之行. 尼慧覺以師頂相求讚, 故有"雖然未即過江東, 且隨覺禪看西蜀"之句.

중서사인(中書舍人) 당공(唐公) 문약(文若)은 자(字)가 입부(立夫)인데, 스스로 도(道)에 취미가 있다고 말하였다. 대혜에게 언어 이전의 체험이 있다는 말을 여러 번 촉(蜀)의 승려에게 들었으므로, 입부는 그때 불려 가

199 상령(喪靈): 시체 또는 관(棺).

서 배를 매어 놓은 곳에서 대혜를 만나 뵙고는 함께 악저(鄂渚)로 갔다.

中書舍人唐公文若, 字立夫, 於道自謂有所趣向. 每聞蜀僧言師有未語已前之驗, 立夫時召赴行, 在維舟謁師, 遂連檣而之鄂渚.

무당군절도사(武當軍節度使) 이공(李公) 사안(師顔)이 관저(官邸)에서 설법을 청하였다.

서돈제(徐敦濟) 제형(提刑)에게 보이는 법어를 지었다.

그 뒤 적벽(赤壁)[200]을 내려가고, 임고(臨皐)에 이르러 동파설당(東坡雪堂)[201]을 바라보고는 게송을 지었다.

武當軍節度使李公師顔請說法于府第. 示徐敦濟提刑法語. 已而下赤壁, 次臨皐望東坡雪堂, 因作頌.

구강(九江)[202]에 이르자, 태수(太守) 주공(朱公)이 능인사(能仁寺)에서 설

---

200 적벽(赤壁) : ① 호북성(湖北省) 가어현(嘉魚縣) 동북, 양자강(揚子江) 남안에 있는 산 이름. 삼국 시대 오(吳)의 주유(周瑜)가 위(魏)의 조조(曹操)를 격파한 곳. ② 호북성 황강현(黃岡縣) 성 밖의 명승지. 적비기(赤鼻磯)라고도 함. 소동파(蘇東坡)가 적벽(赤壁)으로 잘못 알고 적벽부(赤壁賦)를 지은 곳.

201 임고(臨皐)와 동파설당(東坡雪堂) : 중국 북송(北宋) 때 정치가·문학자인 소동파(蘇東坡) 즉 소식(蘇軾; 1036~1101)이 황주(黃州)에서 머물렀던 집 이름들. 소동파는 호주(湖州) 지사(知事)로 있던 44세 때 시문(詩文)으로 조정을 비방하였다 하여 사형을 받을 위기에 놓였으나 황제의 은총으로 죽음을 면하고 호북(湖北)의 황주(黃州)로 유배되었다. 소동파는 처음 황주에 내려왔을 때 정혜원(定慧院)이라는 선사(禪寺)에 머물렀으나, 그 뒤 강변에 있는 임고(臨皐)라는 정자(亭子)로 거처를 옮겼다. 또 소동파는 친구의 도움으로 황주 동쪽 성밖의 버려진 땅을 받아 그 곳에서 농사를 지었는데, 그 땅의 언덕진 곳에 초가집을 지었다. 초가집은 원풍(元豐) 5년(1082년) 봄에 시작하여 그해 겨울 큰 눈이 내릴 때 완공하였는데, 사방 벽에 설경을 그려 넣고 항상 설경을 감상하면서 초당의 이름을 '동파설당(東坡雪堂)'이라고 했다. 소동파는 임고(臨皐)와 설당(雪堂) 사이를 오가며 살았다.

202 구강(九江) : 강서성(江西省) 구강현(九江縣). 강주(江州) 혹은 덕화(德化)라고

법할 것을 청하였다.

또 여산(廬山)의 원통사(圓通寺)에서 주지(住持)해 달라고 간곡히 청하였다. 세 번이나 사양하였으나 듣지 않으니, 이에 도안(道顔) 장로(長老)를 천거하여 그곳에 주지토록 하고난 연후에야 배를 풀고 출발하였다.

10월에 선성(宣城)[203]에 도달하여 경정산(敬亭山)에 머물렀다.

보명림(普明琳) 선사(禪師)의 진찬(眞讚)을 지었다.

도우(道友)인 태수(太守) 추밀(樞密) 누공(樓公) 중휘(仲暉)를 방문하였다.

안(顔) 간경(簡卿) 간(簡)의 실명(室銘)을 지었다.

탕(湯) 승사(承事) 경령(慶齡)의 암명(菴銘)을 지었다.

마침 명주(明州) 아육왕산(阿育王山)에서 특사(特使)가 도착하여 조정에서 대혜를 주지(住持)로 임명하였다고 전했다.

17일 임명을 받고 영국(寧國)[204]에 이르러 산동(山東)으로 들어와 쉬는데, 슬프게도 3일을 지내고는 작별하였다.

11월 전당강(錢塘江)[205]을 건너니 회계(會稽)의 쌍괴거사(雙槐居士) 정우공(鄭禹功) 참의(參議)가 여정(旅亭)에서 시(詩)로써 대혜를 영접(迎接)하였는데, "이 일은 병마(病魔)에도 전혀 오염되지 않으니, 다만 정견(正見)을 가지고 더러운 그을음을 씻어낼 뿐이다."라는 구절이 있다.

수좌(帥座) 참정(參政) 위공(魏公) 양신(良臣)이 능인사(能仁寺)에서 설법을 청하였다.

13일 명주(明州)[206] 광효사(光孝寺)로 가서 개당(開堂)을 하였다.

도 하였다. 양자강 남쪽 파양호(鄱陽湖) 북쪽에 있다. 현재의 강서성 구강시(九江市).

203 선성(宣城) : 현재의 안휘성(安徽省) 선성현(宣城縣). 선주(宣州)와 같음.

204 선주(宣州) 영국현(寧國縣)은 곧 대혜종고가 태어난 고향이다.

205 전당강(錢塘江) : 절강성(浙江省)에 있는 강. 지금의 부춘강(富春江) 하류(下流)로서 항주만(杭州灣)과 만나는 지점을 전당강(錢塘江)이라 한다. 강 어귀에 항주시(杭州市)가 있다.

206 명주(明州) : 지금의 절강성(浙江省) 은현(鄞縣) 동쪽에 있었다. 송초(宋初)에 명주(明州) 봉화군(奉化郡)이라 하다가 뒤에 경원부(慶元府)라 고쳤다.

15일 육왕산(育王山)[207] 광리선사(廣利禪寺)에 들어오다.
12월에 천동각(天童覺) 선사(禪師) 및 여러 이웃 절들을 방문하였다.

抵九江, 太守朱公請說法于能仁寺. 而以廬山圜通敦請住持. 三辭而不獲, 因擧道顔長老補其處, 然後解維. 十月, 至宣城, 館于敬亭山. 作普明琳禪師眞讚. 謁方外道友太守樞密樓公仲暉. 作顔簡卿簡室銘、湯承事慶齡菴銘. 適明州阿育王山專使至, 准朝命住持. 十七日, 祗受, 次寧國, 入山東安存, 悼往三宿而別. 十一月, 渡錢塘, 由會稽雙槐居士鄭禹功參議以詩迎師於旅亭, 有"底事病魔渾不染, 只將正見洗蠻煙"之句. 帥座參政魏公良臣請說法于能仁寺. 十三日, 就明州光孝寺開堂. 十五日, 入院. 臘月, 訪天童覺禪師及諸鄰峰.

1157년(69세) 소흥 27년 정축(丁丑)

육왕산 광리선사에 머물다. 양식을 짊어지고 와서 도를 묻는 자가 1만 2천[208] 명이나 되었다. 내버려 두었던 온갖 것들을 한꺼번에 처리함에 보시(布施)가 잇따르니 고금에 으뜸이었다.
운암전우유(雲巖典牛游) 선사가 송(頌)을 대혜에게 보내왔다.

二十七年丁丑 一一五七. 師六十九歲.
住育王, 裹糧問道者, 萬二千指. 百廢並擧, 檀度響從, 冠於今昔.
雲巖典牛游禪師以頌寄師.

207 아육왕산(阿育王山) : 절강성(浙江省) 영파부(寧波府) 은현(鄞縣)에 있는 산. 육왕산(育王山)이라고도 함.
208 만 이천은 정확한 숫자라기 보다는 많은 숫자를 가리킨다.

여기서 주방(廚房)을 증축(增築)하고 우물 2개를 새로 파 묘희(妙喜), 몽(蒙)이라 이름 붙였다.

천명(泉銘)을 간략히 말하면 이렇다:

육왕(育王)은 절동(浙東)의 대도량(大道場)인데, 땅이 높아 물이 없어서 대중들이 힘들어 하였다. 소흥(紹興) 병자(丙子)에 불일대사(佛日大師)가 청을 받아들여 그곳을 돌아보다가 승려 광공(廣恭)에게 이 땅에 구덩이를 파서 큰 연못으로 만들라고 시켰다. 삽으로 한 번 파니 물이 솟아났다. 지군사(知軍事) 비감(秘監) 강공(姜公)이 그 광경을 보고 기이하게 여기고는 그 이름을 묘희(妙喜)라고 불렀으니, 무구거사(無垢居士)가 지었던 이름이다.

於是增修廚屋, 鑿二新泉, 曰妙喜、曰蒙.

按泉銘略曰 : 育王爲浙東大道場, 地高無水, 僧衆苦之. 紹興丙子, 佛日受請, 周旋其間, 令僧廣恭穿穴茲地爲大池. 鍬鍤一施, 飛泉坌湧. 知軍事秘監姜公見而異之, 名曰妙喜, 無垢居士爲之銘.

대혜는 그 끝머리에 게송을 짓고는 이어서 몽천명(蒙泉銘)을 지었다. "광리선사(廣利禪寺)의 동쪽에 우물이 있으니 이름이 몽(蒙)이다. 물이 영롱하여 온갖 구멍에 다 통한다. 졸졸졸 소리를 내며 끝없이 나온다. 잘 만들었으니 마르지 않을 것이다. 우물의 이름을 지은 자 누구인가? 산승(山僧) 묘희 늙은이로다."

師因說偈於其後, 仍作蒙泉銘曰 : "廣利東, 泉曰蒙. 源玲瓏, 萬竅通. 聲淙淙, 出無窮. 良施工, 不落空. 銘泉者爲誰? 山僧妙喜翁."

절에 대중은 많은데 음식은 모자랐으며 늘 머무는 자들의 살림살이도 제공하지 못하자, 관(官)에 진정(陳情)하여 청원(請願)하였다. "해안(海

岸)의 노는 땅이 거의 1천 경(頃)입니다. 일꾼들을 시켜 도로를 내고 전답(田畓)을 만들고자 합니다. 십만 냥 정도의 비용이 필요합니다."

대혜는 8만 4천[209]명을 거느리고 반야승회(般若勝會)를 결승(結繩)하였는데, 사람들이 돈을 내어 부족한 옷과 발우를 충족시키고 예산을 이루어 식량을 보충하는데 사용하였다.

좌승상(左丞相) 탕공(湯公) 사퇴(思退)가 상소(上疏)를 올려, 반야(般若)라는 장원(莊園)의 이름을 임금이 하사하게 하였다.

寺以衆多食貧, 常住伏臘不給, 陳請:"海岸閑地僅千頃, 命工開築以爲南畝, 費緡錢十萬餘."

師率八萬四千人結般若勝會, 人出緡錢, 餘竭衣盂, 以成歲入, 用贍齋廚.

左丞相湯公思退敷奏, 詔賜其莊名般若.

6월 형양(衡陽)의 태수(太守) 석공(石公) 언화(彦和)를 조문(弔問)하였다.

불지선사(佛智禪師)의 탑(塔)을 신창(新昌)으로 옮기다.

『정당변선사어록(正堂辯禪師語錄)』에 서문(序文)을 지었다.

광복사(廣福寺) 종(鐘)의 명(銘)을 지었다.

동파(東坡) 선생의 화상(畫像)에 찬(讚)을 지었다.

문수도(文殊道) 선사(禪師)의 게송(偈頌)에 발(跋)을 지었다.

추밀(樞密) 누공(樓公) 중휘(仲暉), 절사(節使) 조공(曹公) 공현(功顯), 시랑(侍郞) 증공(曾公) 길보(吉甫), 시랑(侍郞) 영공(榮公) 무실(茂實), 묘덕거사(妙德居士) 황공(黃公) 절부(節夫) 등이 도를 물은 편지에 답하였다.

장진언(張晉彦) 운사(運使), 나종약(羅宗約) 참의(參議), 조사후(趙師厚) 관사(觀使), 손장문(孫長文) 통판(通判), 포몽부(鮑夢符) 교수(敎授), 여순원(呂舜元) 기의(機宜), 곽중감(郭仲堪) 지현(知縣), 증숙지(曾叔遲) 기의(機宜) 등에게 보

---

209 8만 4천은 숫자가 아니라 매우 많다는 뜻.

이는 법어(法語)를 지었다.

내도(內都)의 지사(知事)인 동덕(董德)에게 보이는 입도송(入道頌)을 지었다.

양기(楊岐)의 5세(世)에 대한 찬(讚)을 지었다.

황룡충(黃龍忠) 도자(道者)와 천동각(天童覺) 선사(禪師) 두 노장(老長)의 읍양도(揖讓圖)에 찬(讚)을 지었다.

六月, 弔衡陽太守石公彦和. 于新昌遷佛智禪師塔. 作『正堂辯禪師語錄』序. 廣福寺鐘銘. 東坡先生畫像讚. 跋文殊道禪師偈頌. 答樞密樓公仲暉, 節使曹公功顯, 侍郎曾公吉甫, 侍郎榮公茂實, 妙德居士黃公節夫問道書. 示張晉彦運使, 羅宗約參議, 趙師厚觀使, 孫長文通判, 鮑夢符教授, 呂舜元機宜, 郭仲堪知縣, 曾叔遲機宜法語. 示內都知董德之入道頌. 作楊岐五世讚. 黃龍忠道者, 天童覺禪師二老揖讓圖讚.

어느 날 태학(太學) 상사(上舍)의 학생(學生)인 양린(楊麟)이 제복(制服)을 입고 법당 위에서 대혜에게 절을 하고는 눈물을 흘리며 말했다. "스님을 따라 출가하고 싶습니다." 말을 마치기도 전에 모자를 벗어 던지고는 소매 속에서 칼을 꺼내어 스스로 머리털을 잘랐다. 대혜는 얼른 곁의 사람들을 불러서 그 손을 붙들게 하고 그 까닭을 물었는데, 진실한 대답을 듣자 그를 받아들였다.

時有太學上舍生楊麟冠帶拜師於堂上, 垂泣云: "願從和尙出家." 語未訖, 擲下巾帽, 袖中出剪刀, 自落其髮. 師疾呼左右執手問其故, 乃以實對, 因攝授之.

12월에 천동각(天童覺) 선사의 장례식을 주관(主管)하였다.

十二月, 主天童覺禪師喪.

1158년(70세) 소흥 28년 무인(戊寅)

1월 10에 교지(敎旨)에 의하여 경산(徑山)[210]으로 옮겨갔다.

2월 28일 영은사(靈隱寺)로 가서 개당(開堂)하였다.

3월 9일에 경산(徑山) 능인선원(能仁禪院)[211]으로 들어오니, 하안거를 지낸 대중이 1천여 명이나 되었다.

二十八年戊寅 一一五八. 師七十歲.

正月初十日, 被旨遷住徑山. 二月二十八日, 就靈隱寺開堂. 三月初九日, 入院坐夏, 千餘衆.

탑명(塔銘)에 말했다:

스님께선 이 산에 두 번째 머무시는 것인데, 도속(道俗)이 스님을 흠모하는 것이 마치 그 부모를 보는 듯 하였다. 비록 연로하셨지만, 후진들을 접하여 가르치는 일에는 조금도 게으르지 않으셨다.

按塔銘 : 師之再住此山, 道俗欽慕, 如見其所親. 雖老, 引接後進不少倦.

하루는 문득 부엌이 무너져 버렸으니, 아마도 대혜가 부엌을 건축하는 시조가 되기를 신룡(神龍)이 바랐기 때문일 것이다. 대혜는 곧 북을 쳐 대중을 모아 말했다.

"작년 육왕산(育王山)에서 부엌을 지었는데, 오늘 경산(徑山)의 부엌이

210 경산(徑山) : 절강성(浙江省) 임안부(臨安府) 여항현(餘杭縣) 북서쪽 50리에 있는 산. 산기슭에 중국 오산(五山) 가운데 제1위인 능인흥성만수선사(能仁興聖萬壽禪寺)가 있다. 원오극근과 대혜종고도 모두 이 절에 머물렀다.

211 능인선원(能仁禪院) : 경산(徑山)에 있는 능인흥성만수선사(能仁興聖萬壽禪寺). 경산사(徑山寺)라고도 한다.

다시 무너져 버렸다. 승당(僧堂)의 대중이 모두 놀랐지만, 노승만은 전혀 알지 못했다. 대중에게 묻는다. 무슨 까닭에 알지 못했는가? 이런 말을 듣지 못했는가? 벙어리도 아니고 귀머거리도 아니라면 귀한 집안의 사람[212]이 되지 못한다고 하였다."

이리하여 그 터를 넓혀서 새로 지었는데, 부우왕(孚佑王)[213]의 전각(殿閣)과 엄상(嚴像)을 고쳐 짓고, 전각의 오른쪽 처마에 동파사상(東坡祠像)을 설치하였다.

一日, 忽廚屋傾仆, 蓋神龍欲師興建之始. 師卽撾鼓示衆云 : "去歲育王方修了, 今日徑山又倒卻. 雲堂大衆一時驚, 只有老僧渾不覺. 敢問大衆 : 因甚不覺? 豈不見道 : 不啞, 不聾, 不做大家公?" 由是廣其址以新之, 重建孚佑王殿及嚴像, 設置東坡祠像於殿之右廡.

불조거사(佛照居士) 정제간(鄭提幹), 내도지(內都知) 장공(張公) 일지(一之), 등백수(鄧伯壽) 직전(直殿), 영녕군부인(永寧郡夫人) 선인(善因) 등에게 보이는 법어(法語)를 지었다.

왕덕조(王德祖) 의사(醫師), 영무실(榮茂實) 시랑(侍郎), 방무덕(方務德) 시랑(侍郎) 등의 화상(畵像)에 찬(讚)을 지었다.

소인중(蘇仁仲) 제거(提擧)가 도를 물은 편지에 답하였다.

손지현(孫知縣)이 『금강경』을 제멋대로 뜯어고친 편지에 답하였다.

계명(繼明) 장로(長老)의 편지에 게송(偈頌)으로 대신하여 희롱하는 답

---

212 대가공(大家公) : 부귀한 집안의 사람. 대갓집의 신분 높은 사람.

213 부우왕(孚佑王) : 수호신(守護神). 월왕(越王) 영(郢)의 셋째 아들인 백마삼랑(白馬三郎)을 모신다. 백마삼랑은 용감하고 힘이 센 장수였는데, 선계(鱔溪)란 강에서 3장(丈)이나 되는 커다란 악어를 활로 쏘아 맞혔는데, 악어가 꼬리를 쳐서 말과 삼랑이 모두 물에 빠져 익사해 버렸다. 그 뒤 그 고을의 사람들이 사당을 세우고 백마삼랑을 마을의 수호신으로 제사지냈다. 사적(史籍)에서는 백마삼랑(白馬三郎)이라 하지만, 민간에서는 보통 백마존왕(白馬尊王) 혹은 부우왕(孚佑王)이라 부른다.

을 하였다.

示佛照居士鄭提幹, 內都知張公一之, 鄧伯壽直殿, 永寧郡夫人善因法語. 作王德祖醫師, 榮茂實侍郎, 方務德侍郎畫像讚. 答蘇仁仲提擧問道書, 孫知縣擅改『金剛經』書. 以頌代書戲答繼明長老.

9월에 문하생(門下生)을 영릉(零陵)으로 보내어 승상(丞相) 장공(張公) 덕원(德遠)에게 부우왕전기(孚佑王殿記)를 부탁하였다.

겨울에 가화군(嘉禾郡)[214]에서 교화(敎化)를 행하고 오문(吳門)에 이르러 도우(道友)인 신안(信安)을 조문(弔問)하였다.

군왕(郡王)인 맹공(孟公) 인중(仁仲)이 호구(虎丘)에 무애회(無礙會)를 설치하여 평소의 도의(道義)를 표명하였다.

장로(長老) 영소(靈沼)가 불지유(佛智裕) 선사의 진찬(眞讚)을 청하였다.

무석(無錫)에 이르자 추밀(樞密) 무공(巫公) 자선(子先)이 머무는 숙소를 석산연사(錫山蓮社)라 불렀는데, 남선사(南禪寺)에서 설법을 청하였다.

진부경(陳阜卿) 시랑(侍郎)이 소(疏)를 찬술하니 "17년 동안 거사의 몸을 드러내었지만, 본래의 면목은 변함이 없네. 나찰(羅刹)의 나라를 몇 만 리나 흘러다녔지만, 옛날 있던 곳의 풍광(風光)으로 되돌아온다네."라는 구절이 있다.

九月, 遣參徒之零陵, 求孚佑王殿記於丞相張公德遠. 冬, 行化嘉禾, 次吳門弔方外道友信安. 郡王孟公仁仲設無礙會于虎丘, 以旌平日道義. 長老靈沼請作佛智裕禪師眞讚. 抵無錫, 樞密巫公子先而次謂之錫山蓮社請說法于南禪寺. 陳阜卿侍郎撰疏, 有"十七年現居士身, 不動本來面目. 幾萬里漂羅刹國, 還歸舊處風光."之句.

---

214 가화(嘉禾) : (송대의 지명) 가화군(嘉禾郡). 가흥부(嘉興府)와 같음. 지금의 절강성(浙江省) 가흥현(嘉興縣).

손상서(孫尙書) 중익(仲益)이 앞서 경산에 머물렀던 눌(訥) 노사(老師)를 위한 탑명(塔銘)을 지었는데, 눌(訥)의 법을 이은 제자인 최로(最老)가 대혜에게 그 뒤에 서명(署名)해 줄 것을 청하였다. 이 까닭에 대혜는 중익(仲益)에게 편지를 보냈다.

孫尙書仲益爲前徑山訥老作塔銘, 訥之嗣法最老, 請師署名其後. 由是, 師致書仲益.

1159년(71세) 소흥 29년 기묘(己卯)

1월에 태호(太湖)[215]에서 배를 띄웠다.

二十九年己卯 一一五九. 師七十一歲.
正月泛太湖.

장로(長老) 원불(元弗)이 대혜를 맞이하여 취봉(翠峰)으로 돌아가 대중에게 설법하였다.

설두명각(雪竇明覺) 선사의 진찬(眞讚)을 지었다.

2월 복주(福州) 서선(西禪)으로 돌아가라는 명령이 내려졌다.

3월 조정에 휴가를 청하는 표(表)를 올리자마자 곧 전당강을 건너 사명(四明)[216]으로 갔다.

임안(臨安)의 부윤(府尹)인 장시랑(張侍郎) 칭(偁)이 대혜에게 편지를 부

215 태호(太湖) : 절강성(浙江省) 상주(常州), 평강부(平江府), 호주(湖州)의 3개 지역에 걸쳐 있는 큰 호수.

216 사명(四明) : 사명산(四明山)이다. 절강성(浙江省) 은현(鄞縣) 남서쪽으로 150리에 있는 산.

쳐왔기에 대혜는 곧 답을 썼다.

4월 경산(徑山)으로 되돌아왔다.

長老元弗迎歸翠峰, 爲衆說法. 作雪竇明覺禪師眞讚. 二月, 卻福州西禪之命. 三月, 求退於朝, 纔進表, 卽渡江之四明. 臨安府尹張侍郎倆致書於師, 師卽答書. 四月再歸徑山.

효종(孝宗) 황제(皇帝)가 보안(普安)에서 황제로 추대되었는데,[217] 7월 2일 내도감(內都監) 황언절(黃彦節)을 보내어 대혜에게 절에서 반야(般若)를 거양(擧揚)하라고 명하였다. 이에 대혜가 게송을 지어 헌상(獻上)하니, 황제가 매우 기뻐하였다.

孝宗皇帝在普安潛藩, 七月二日, 遣內都監黃彦節命師就山中擧揚般若. 說偈獻上, 上嘉歎之.

이 해에 고원(庫院), 행당(行堂), 서료(西寮), 창원(倉院) 등을 중건(重建)하였다.

『적실광선사어록(寂室光禪師語錄)』의 서문(序文)을 지었다.

유마(維摩) 시질(示疾), 구조(九祖) 복타존자(伏馱尊者), 달마(達磨) 면벽(面壁), 이조(二祖) 입설(立雪), 언법화(言法華) 등의 화상(畫像)에 찬(讚)을 지었다.

서돈립(徐敦立) 제형(提刑)에게 보이는 법어를 지었다.

승상(丞相) 탕공(湯公) 진지(進之), 사인(舍人) 장공(張公) 안국(安國) 등이 도를 물은 편지에 답하였다.

5월 해창(海昌)[218]에서 무구거사(無垢居士)를 조문(弔問)하고, 제문(祭文)을 지었다.

---

217 잠번(潛藩) : ① 아직 즉위하지 않은 제왕을 가리키는 말. ② 제왕이 즉위하기 전 왕후(王侯)로 있었을 때의 봉지(封地)를 이르는 말.

218 해창(海昌) : 지금의 절강성(浙江省) 해령현(海寧縣) 남쪽 20리에 있었다. 뒤에 염관현(鹽官縣)으로 고쳤다.

是年, 重建庫院, 行堂, 西寮, 倉院等處. 作『寂室光禪師語錄』序. 作維摩示疾, 九祖伏馱尊者, 達磨面壁, 二祖立雪, 言法華畫像讚. 示徐敦立提刑法語. 答丞相湯公進之, 舍人張公安國問道書. 五月, 弔無垢居士於海昌, 作文以祭之.

6월 삽천(霅川)[219]에서 탁발(托鉢)하였다.

단사자(端獅子)의 찬(讚)을 지었다.

급사(給事) 유공(劉公) 행간(行簡)에게 보이는 입도송(入道頌)을 지었다.

막윤보(莫閏甫)에게 보이는 법어를 지었다.

조숙보(曹叔寶)의 망지헌(忘知軒)에 제(題)하였다.

도량변(道場辯) 선사와 호국원(護國遠) 선사의 진찬(眞讚)을 지었다.

장흠부(張欽夫) 정수학사(定叟學士)에게 편지 대신 송(頌)을 지어 보내다.

겨울에 운간(雲間)[220]에서 교화를 행하였다.

선자화상(船子和尙)의 찬(讚)을 지었다.

내한(內翰) 막공(莫公) 주(儔)가 청하여 보조사(普照寺)에서 보설(普說)을 행하였다.

삼일당(三一堂)의 명(銘)을 지었다.

창거인(昌居仁)이 범사리(范司理)를 보내는 서(序)에 발(跋)하였다.

설령인(薛令人)이 사법(嗣法) 수장로(需長老)의 진영(眞影)에 제(題)할 것을 청하였다. 그 때문에 "늘 수산(首山)의 멋진 말이 기억나는데, 신부가 나귀를 타고 시어머니가 나귀를 잡아끈다고 하였다네."라는 구절이 있다.

六月, 持鉢霅川. 作端獅子讚. 示給事劉公行簡入道頌. 莫閏甫法語. 題曹叔寶忘知軒. 作道場辯禪師. 護國遠禪師眞讚. 以頌代書寄張欽夫定叟學士. 冬, 行化雲間. 作船子和尙讚. 內翰莫公儔請爲衆普說于普照寺.

---

219 삽천(霅川) : 삽계(霅溪)와 같음. 절강성(浙江省) 오흥현(吳興縣) 남쪽에 있었다.
220 운간(雲間) : 강소성(江蘇省) 송강현(松江縣)의 옛 이름.

作三一堂銘. 跋昌居仁送范司理序. 薛令人請題嗣法需長老眞, 故有"常憶首山好言語, 新婦騎驢阿家牽"之句.

곤산(崑山) 장지현(張知縣)에게 보이는 법어를 지었다.

정영지(程詠之) 운사(運使)가 무구거사(無垢居士)와 삼천도인(三川道人)이 "생각이 일어나는 것을 근심하지 않고 오직 깨달음이 늦을까 봐 두려워한다."는 송(頌)을 논한 것을 가지고, 대혜에게 그 뒷말을 써 달라고 청하였다.

示崑山張知縣法語, 程詠之運使以無垢居士與三川道人論"不愁念起, 惟怕覺遲"頌, 請師書其後.

유미타행실기(喩彌陀行實記)에 발(跋)하였다.

내도지(內都知) 이공(李公) 백화(伯和), 묘원도인(妙圓道人) 선보(善寶), 성계공(成季恭) 기의(機宜)에게 보이는 법어를 지었다.

跋喩彌陀行實記, 示內都知李公伯和, 妙圓道人善寶, 成季恭機宜法語.

1160년(72세) 소흥 30년 경진(庚辰)

3월 승상(丞相) 탕공(湯公)이 영지사(靈芝寺)에서의 설법을 청하며 대혜에게 게송을 보내왔는데, 육왕(育王)에서 밭을 개간함에 그 게송의 운(韻)을 빌어 시를 지었다.[221]

221 차운(次韻) : 화답(和答)하는 시(詩)에서 남의 시운(詩韻)을 빌어서 시를 짓다.

三十年庚辰 一一六○. 師七十二歲.
三月, 丞相湯公請說法于靈芝寺, 以偈送師, 育王開田, 次韻.

효종(孝宗) 황제가 건저(建邸)[222]에 머물자, 내도감(內都監) 황언절(黃彦節)이 곁에서 모실 때에 묘희(妙喜)가 있는 곳에서 받은 조사의 게송을 읊었다.

"마음은 온갖 경계를 따라 굴러가는데
굴러가는 곳이 참으로 그윽하도다.
흐름을 따라 본성(本性)을 알아차리면
기쁨도 없고 근심도 없다."

임금이 그것을 듣고는 도리와 정신(精神)으로 합하니 기쁨과 상쾌함이 마음에 가득하여, 내도감(內都監)으로 하여금 대혜를 방문하여 상당(上堂)을 청하게 하였다. 이에 대혜는 게송을 임금께 바쳤다.

"정수리에 있는 눈을 활짝 열고
삼천대천세계를 빠짐없이 비추네.
이미 법 가운데 왕이 되었으니
법에서 자재함도 얻었도다."

임금이 매우 기쁘게 받고는 뒤이어 대중을 위한 설법을 청하였고, 친히 "묘희암(妙喜菴)"이라는 3글자를 쓰고 진찬(眞讚)을 지었으니 제(題)하기를 "문유찬진정묘희(文囿讚眞呈妙喜)"(문학하는 선비가 초상화에 찬사(讚辭)를 지어 묘희에게 주었다)라 하였다.

---

222 건저(建邸) : 남송(南宋)의 수도인 건강(健康)의 북저(北邸)에 있는 건장궁(建章宮).

孝宗皇帝居建邸，內都監黃彦節侍次，誦於妙喜處所授祖師偈："心隨萬境轉，轉處實能幽．隨流認得性，無喜亦無憂．" 上聞之，理與神遇，欣愜盈懷，委內都監訪師，請陞堂．遂說偈以獻曰："豁開頂門眼，照徹大千界．旣作法中王，於法得自在．" 上甚嘉納焉，尋復請爲衆說法，親書"妙喜菴"三字及製眞讚，題曰"文囿讚眞呈妙喜"．

현덕거사(顯德居士) 어대(御帶) 황공(黃公) 중위(仲威)에게 입도송(入道頌)을 지어 보였다.

지성(知省) 장공(張公) 종원(宗元)의 수분루(隨分樓)와 동공(董公) 덕지(德之)의 석가산(石假山)[223]에 제(題)하였다.

왕일휴(王日休)의 『용서정토문(龍舒淨土文)』에 발(跋)을 지었다.

왕양원(汪養源) 운사(運使)가 유마거사(維摩居士)의 찬(讚)을 청하였다.

손장문(孫長文)의 화상(畵像)에 찬(讚)을 지었다.

도단(道端) 선객(禪客)의 단연명(端硯銘)을 지었다.

법음(法音) 수좌(首座)에게 찰간(刹竿)을 세우는 법어(法語)를 보이다.

등자립(鄧子立) 직전(直殿)이 도하(都下)로 돌아감에 송(頌)으로 전송하였다.

명장로(明長老)가 장로(長蘆)로 돌아감에 송으로 전송하였다.

초연거사(超然居士) 조표지(趙表之)의 제문(祭文)을 지었다.

겨울 완릉(宛陵)[224]으로 교화하러 가는 길에 건업(建鄴)[225]에 이르자 유수(留守) 상서(尙書) 한공(韓公) 중통(仲通)이 관속들을 이끌고 보령사(保寧寺)

223 가산(假山) : = 석가산(石假山). 정원 따위에 돌을 모아 쌓아서 조그마하게 만든 산.

224 완릉(宛陵) : 안휘성(安徽省) 동남부에 위치한 도시로서 양자강(揚子江) 남안(南岸) 구릉지대에 위치하고 있음. 휘주(徽州)에서 항주(杭州)에 이르는 교통의 요지. 배휴(裵休)가 황벽희운을 모시고 가르침을 받은 경덕사(景德寺)가 있음.

225 건업(建鄴) : 남경(南京). 강소성(江蘇省) 남서쪽에 있는 도시. 양자강(揚子江) 하류 연안에 있는 수륙 교통의 요충지이며, 역대 왕조의 도읍지로 명승고적이 많다.

에서 설법해 주기를 청했다.

장로(長老) 담화(曇華)가 종산(鐘山)에서 대중에게 보설(普說)해 주기를 청했다.

사법(嗣法) 제자 요명(了明)이 맞이하여 위강(葦江)으로 가서 하인들을 잠시 쉬게 하였다.

여문(呂文) 정공(靖公)의 영당(影堂)[226] 사적(事迹)에 제(題)하였다.

정자산시강(程子山侍講)[227]의 운(韻)을 빌어서 시를 지었다.

가승(可昇) 선인(禪人)에게 법어를 보이다.

유수(留守) 한공(韓公)에게 법어를 보이다.

달마도로(達磨渡蘆)[228]에 찬(讚)을 지었다.

示顯德居士御帶黃公仲威入道頌. 題知省張公宗元隨分樓. 董公德之假山. 跋王日休『龍舒淨土文』. 汪養源運使請作維摩居士讚. 作孫長文畫像讚. 道端禪客端硯銘. 示法音首座豎刹竿法語. 以頌送鄧子立直殿還都下. 明長老歸長蘆. 作祭超然居士趙表之文. 冬, 行化宛陵次, 當途抵建鄴, 留守尙書韓公仲通, 率僚屬請說法于保寧寺. 長老曇華請爲衆普說於鍾山. 嗣法了明迎之葦江, 少休僕役. 題呂文靖公影堂遺事. 次程子山侍講韻. 示可昇禪人. 示留守韓公法語. 作達磨渡蘆讚.

226 영당(影堂) : 조상의 위패를 모신 집. 사당(祠堂). 영전(影殿).

227 송(宋) 소흥(紹興) 연간에 생존했던 이류겸(李流謙)의 시(詩) 「만정자산시강(挽程子山侍講)」을 가리킨다.

228 달마도로(達磨渡蘆) : 양무제(梁武帝)와의 대화에서 말이 통하지 않자 보리달마는 양자강(揚子江)을 건너 위(魏)로 갔는데, 이때 달마는 갈대(= 로(蘆))를 타고 강을 건넜다고 한다. 이러한 설화를 그린 그림.

1161년(73세) 소흥 31년 신사(辛巳)

1월에 배를 타고 여행하였다.

의진(儀眞) 태수(太守) 서공(徐公) 돈립(敦立)이 천녕사(天寧寺)에서 설법을 청하였다.

주학(州學)[229]에 이르자 문선왕전(文宣王殿)[230]의 건축이 아직 완성되지 못하였는데, 학도(學徒)들이 대혜에게 완성할 방법이 있음을[231] 말하니, 대혜가 법을 설하여 보시(布施)된 20만 전(錢)을 가지고 도우다.

다음날 다시 두루마리를 가지고 와서 길잡이로 삼을 법어(法語)를 써 줄 것을 청하니, "조롱박은 반드시 등나무를 만나 얽힌다."는 구절을 지었다.

경구(京口)[232]에 이르러 유공(劉公) 신숙(信叔) 태위(太尉)를 방문하였다.

오부붕(吳傅朋) 낭중(郎中)을 방문하니, "법보륜장(法寶輪藏)" 네 글자를 써 달라고 청하였다.

부옥(浮玉)[233]을 구경하고, 해문(海門)[234]에 이르다.

몽암신(夢菴信) 선사(禪師)의 진찬(眞讚)을 지었다.

금단(金壇)[235]에서 참정(參政) 탕공(湯公) 치원(致遠)을 방문하였다.

율양(溧陽)[236]에서 도우(道友) 유계고(劉季高) 시랑(侍郎)을 방문하였다.

---

229 주학(州學) : 주(州)에 세운 학교.

230 문선왕전(文宣王殿) : 문선왕(文宣王)은 공자(孔子)이니, 공자를 모신 전각(殿閣).

231 유이(有以) : -할 수 있다. -할 방법이 있다.

232 경구(京口) : 지금의 강소성(江蘇省) 단도현(丹徒縣).

233 부옥(浮玉) : 부옥산(浮玉山). 절강성(浙江省) 임안현(臨安縣)에 있는 천목산(天目山)임.

234 해문(海門) : 강소성(江蘇省) 해문현(海門縣). 해문(海門)이란 지역은 양자강과 바다 사이에 돌출되어 나온 모래지역이다.

235 금단(金壇) : 금단현(金壇縣). 지금 강소성(江蘇省) 금릉도(金陵道)에 속함. 구곡산(句曲山)의 금단릉(金壇陵) 때문에 붙은 이름임.

236 율양(溧陽) : 율양현(溧陽縣). 지금의 강소성(江蘇省) 율양현(溧陽縣) 서북쪽 45

형계(荊谿)[237]를 경유하여[238] 돌아오다.

고개지(顧凱之)가 그린 유마(維摩)의 상(像)에 발(跋)을 지었다.

三十一年辛巳 一一六一. 師七十三歲.

正月舟次. 儀眞太守徐公敦立請說法于天寧寺. 適州學文宣王殿建造未圓, 學徒告師, 有以成就, 師以說法施利二十萬而助之. 次日, 復攜軸求書法語以爲引導, 故有“葫蘆必竟遭藤纒”之句. 至京口, 謁劉公信叔太尉, 訪吳傅朋郎中, 請書“法寶輪藏”四字. 遊浮玉, 次海門. 作夢菴信禪師眞讚, 金壇謁參政湯公致遠, 溧陽訪方外道友劉季高侍郎, 取道荊谿而歸. 跋顧凱之所畫維摩像.

4월 경산(徑山)의 주지를 사임(辭任)하고, 5월 1일 청(請)을 허락받았다. 지성(知省) 이공(李公) 백화(伯和)가 돈을 보시하여 명월당(明月堂)을 중건(重建)하여 대혜가 노년(老年)에 편안히 머물 곳을 만들다.

가을에 처음 출가 득도한 절[239]에 찾아가 기꺼이 참회하고[240] 윤장(輪藏)[241]을 돌리다.

四月, 謝事徑山, 五月初一, 遂所請. 知省李公伯和施錢重建明月堂, 爲師佚老之居. 秋往受業慶懺輪藏.

리에 옛성이 있다. 율수(溧水)의 북쪽 언덕에 있다고 하여 율양(溧陽)이라 함.

237 형계(荊谿) : 율양(溧陽)을 거쳐서 태호(太湖)로 흘러드는 강.

238 취도(取道) : 거쳐가다. 경유하였다.

239 수업원(受業院) : 선종(禪宗)에서 처음으로 출가 득도(得度)한 절을 가리킴.

240 경참(慶懺) : 불전(佛殿)에서 참회하여 마음이 깨끗해진 것을 기뻐하는 것. 기쁨을 주는 참회.

241 윤장(輪藏) : = 전륜장(轉輪藏). 경전을 넣어둔 책장으로 회전하도록 만든 책궤. 양나라 쌍림대사(雙林大士) 부흡(傅翕)이 만들었다. 이것을 돌리면 찾는 경권(經卷)을 자유로이 찾을 수 있으니, 속인이 이것을 돌리기만 하고 경문을 읽지 않아도 공덕이 된다고 한다.

행기(行記)에서 말했다.

묘희(妙喜) 노사(老師)는 신사(辛巳) 여름 경산에서 사임하니 조정에서 청을 받아들였다. 9월에는 산동(山東)의 역양(歷陽)[242]으로 가니 장효상(張孝祥)이 선성(宣城)에서 찾아와 경의를 표하고 법요(法要)를 물었는데, 헤어질 때에 의발(衣鉢)을 보시하고 선불당(選佛堂)을 중건(重建)하였다.

按行記 : 妙喜老師辛巳夏謝事徑山, 得請于朝, 九月之山東歷陽, 張孝祥自宣城來致敬請法要, 而別施衣盂, 重建選佛堂.

전처화(錢處和) 시랑(侍郎)에게 찬(讚)을 지어 주었다.

作錢處和侍郎讚.

1162년(74세) 소흥 32년 임오(壬午)

명월당(明月堂)에 머물다. 비록 늙었지만 더욱 건강하여 법(法)을 가지고 사람을 찾고 응대하여 교화하는 일을 자신의 임무로 삼으니 배우는 무리들이 더욱 좋아하고 어진 벼슬아치들이 도(道)를 위하여 찾아오는 자가 빠지는 날이 없었다.

2월 금릉(金陵)[243]으로 가서 승상(丞相) 도독(都督) 장공(張公) 덕원(德遠)을 방문하였다.

242 역양(歷陽) : 지금의 안휘성(安徽省) 화현(和縣).

243 금릉(金陵) : 강소성(江蘇省) 강녕부(江寧府) 양자강(揚子江) 하류에 있는 큰 도시. 현재의 남경(南京). 종산(鐘山) 영곡사(靈谷寺), 섭산(攝山) 서하사(棲霞寺), 봉산(鳳山) 천계사(天界寺), 석두산(石頭山) 청량사(淸涼寺), 상하(上下) 와관사(瓦官寺), 우두산(牛頭山) 홍각사(弘覺寺), 유서산(幽棲山) 조당사(祖堂寺) 등 선종(禪宗)의 큰 절들이 이곳에 많이 있다.

三十二年壬午 一一六二. 師七十四歲.

居明月堂, 雖老而益健, 以法求人, 接物爲己任, 學徒益親, 賢搢紳爲道而至者無虛日. 二月, 之金陵謁丞相都督張公德遠.

효종(孝宗) 황제가 즉위한 9월 대혜에게 불법(佛法)의 대의(大義)를 물었는데, 마침 대혜는 와병(臥病) 중이었기에 황제는 특별히 대혜선사(大慧禪師)라는 호(號)를 내려 포상(褒賞)과 은총으로 삼았다.

28일 명령을 받고서 송(頌)으로써 초토(招討) 이공(李公) 현충(顯忠)이 관음상(觀音像)을 보시한 것에 감사하였다.

영시랑(榮侍郎)의 제문(祭文)을 지었다.

孝宗皇帝卽位之九月, 詔師問佛法大意, 適師臥疾, 特賜大慧禪師號以爲褒寵. 二十八日, 受命以頌謝招討李公顯忠施觀音像. 作祭榮侍郎文.

1163년(75세) 효종(孝宗) 융흥(隆興) 원년(元年) 계미(癸未)

입적(入寂)

설날에 정우공(鄭禹功)에게 쌍괴당(雙槐堂)의 기(記)를 지어 주었다.

3월 왕사(王師)가 개선(凱旋)한 소식을 듣고 게송을 지었다.

孝宗皇帝隆興元年癸未 一一六三. 師七十五歲.

正旦作鄭禹功雙槐堂記. 三月, 聞王師凱旋, 作偈.

의발(衣鉢)을 내놓고 온 산의 대중들을 시켜 『화엄경』 7백여 부(部)를 보도록 함으로써 황제와 태후(太后)의 만수무강과 나라를 지키고 백성을 편안하게 해 줄 것을 빌었다.

6월 영국(寧國)에 이르러 부모의 묘지에 성묘(省墓)하고 7월 1일 절로 돌아왔다.

하사한 임금의 친필 가운데에서 임금이 다시 골라뽑아 황제의 도장으로써 "대혜에게 내리다."라고 표시하였다.

出衣盂, 命闔山淸衆閱『華嚴經』七百餘部, 用祝兩宮聖壽, 保國康民. 六月, 之寧國上冢葺治, 七月初一日還山. 上復取向所賜宸翰, 以御寶識之曰 : "賜大慧."

12일 약간의 아픈 증세를 보이다. 대중이 천승각(千僧閣)에서 설법해 줄 것을 힘껏 청하여 마지막 가르침으로 삼고자 하였다. 대혜는 간곡히 당부하였다.

"노승은 앞으로 살 날이 많지 않다. 그대들이 나를 따른 지 오래 되었지만, 마땅히 각자 인연을 따라서 불법(佛法)을 염두에 두고 처음의 뜻을 저버리지 않는 것이 참으로 내가 원하는 바이다."

지극하고 정성스레 권장하는 그 말에 대중이 모두 슬퍼하며 감복(感服)하였다.

十二日, 師已示微恙, 大衆力請說法於千僧閣, 以爲末後垂訓. 師委曲付囑 : "老僧來日無多, 汝等侍吾之久, 宜各隨所緣, 以佛法爲念, 莫負初志, 實吾所願." 其語懇勵至切, 于時衆皆悲感.

14일 밤에 큰 별이 침실(寢室) 뒤쪽에 떨어졌는데, 흐르는 빛과 소리가 있었다. 대혜가 듣고서 미소를 띠며 말했다.

"내가 이제 갈 것이다."

十四日, 夜有大星隕于寢室之後, 流光有聲. 師聞, 微笑曰 : "吾將行矣."

8월 2일 새벽에 법고(法鼓)가 흔들리다가 찢어졌다.

9일 해질녘에 배우는 무리들이 대혜가 세상을 떠나고자 함을 알고서 침실을 둘러싸다. 대혜는 힘없이 손을 흔들며 말했다.

"나는 내일 갈 것이다."

八月初二日凌晨, 法鼓震裂. 初九日薄暮, 學徒識師無意於世, 環擁寢室, 師以手搖曳曰: "吾翌日始行矣."

오경(五更)이 되자 직접 유주(遺奏)를 지었다.

"신(臣) 종고(宗杲)는 성은(聖恩)을 깊이 입었습니다. 신은 올해 이미 기력이 쇠하여 드디어 성세(聖世)를 이별하게 되었습니다. 엎드려 바라건대, 폐하께선 천하(天下) 백성이 보위(保衛)하는 성스런 몸이오니 힘써 태평세월을 이루시고 영원토록 불법(佛法)을 빛내소서. 신 종고 아룁니다."

至五鼓, 親書遺奏曰: "臣宗杲深荷聖恩, 臣今年已衰, 遂辭聖世. 伏願陛下爲天下生靈保衛聖躬, 力致太平, 永光佛法. 臣宗杲上奏."

이어서 승상(丞相) 장공(張公) 덕원(德遠)에게 보내는 편지를 지었다.

단석연(端石硯)으로 하여금 승상(丞相) 탕공(湯公) 진지(進之)에게 연락하도록 하여 우리 선종(禪宗)을 외호(外護)해 달라고 부탁하였다.

及作丞相張公德遠書. 以端石硯寄別丞相湯公進之, 以外護吾宗爲囑.

이어서 문도(門徒)들에게 간곡히 부탁하는 글을 지었다.

"내가 죽은 뒤에는 총림(叢林)에 본래 있는 관례대로 할 것이고 절대로 과도한 의례(儀禮)를 해서는 안 된다. 제자들은 세속에서 부모의 상을 당했을 때에 입는 상복을 입어서도 안 되고, 통곡하며 지나친 정을 드러내서도 안 되니, 세속과 다름이 없을까 봐 두렵다. 모아 놓은 글과 그림은 노승이 평소 매우 아끼는 것인데, 도우(道友) 언광(彦光)이 각각 한 개씩 보내어 뜻을 드러낼 것이다."

仍書委曲以示參徒曰: "吾歿之後, 叢林自有常典, 切不可過儀. 小師不得披麻戴孝, 慟哭過情, 恐混世俗. 所蓄書畫, 老僧平日至愛, 道友彦光各送一本, 庶以表意."

다시 간곡한 말로써 모든 제자들에게 부탁하였다.

"나는 여름부터 가을까지 음식의 맛을 몰랐다. 비록 심하게 아프지는 않았으나, 헛된 몸이 날로 허약함을 드러내고 있으니, 아마도 세상과의 인연은 여기에서 끝인가 보다. 그대들은 이미 한 번 인연을 맺었으니, 마땅히 다시 원력(願力)을 단단히 가지고 부처님과 조사의 깊은 은혜를 갚아야 한다. 이것이 나의 소망이다. 떠날 때가 되어 몇 마디 말로써 이별하니 각자는 잘 알아야 한다."

口授委曲, 付諸嗣法云: "吾自夏及秋, 不美飮食, 雖無甚疾苦, 而幻體日見羸劣, 蓋世緣止於此也. 汝旣應緣一方, 宜更堅持願力, 以報佛祖深恩, 是吾之望. 臨行以數語爲別, 各宜悉及."

요현(了賢) 등이 게송(偈頌)을 청하자 대혜는 성난 목소리로 말했다.

"게송이 없으면 죽지도 못하겠구나!"

대중의 바람이 이미 간절하였기 때문에 할 수 없이 게송을 써서 요현에게 주어서 대중에게 보이게 하였다.

"살아도 이러할 뿐
죽어도 이러할 뿐.

게송이 있거나 게송이 없거나
무슨 대단한 일이랴!"

붓을 던지고는 누워서 편안히 눈을 감았다.

了賢等請偈, 師厲聲曰 : "無偈便死不得也!" 衆告旣切, 不得已而書付了賢, 呈大衆云 : "生也只恁麽, 死也只恁麽. 有偈與無偈, 是甚麽熱大!" 投筆就寢, 吉祥而逝.

3. 대혜의 활동지역 연대표 및 지도

일러두기

『대혜보각선사연보』에 근거하여 연대순으로 차례차례 도착한 장소를 표시함으로써, 대혜가 일생 동안 이동한 경로를 알 수 있도록 하였다. 첨부된 지도는 『중국역사지도집(中國歷史地圖集)』(담기양(譚其驤) 주편. 북경(北京) 중국지도출판사(中國地圖出版社). 1996년.) 제6책에 있는 북송(北宋)과 남송(南宋)의 지도를 참고하여 대혜와 인연 있는 지역을 표시한 것이다.

1. 대혜의 활동지역 연대표

1089년(1세) 철종(哲宗) 원우(元祐) 4년 기사(己巳). 〈출생〉 – 북송(北宋)

① 선주(宣州)의 영국현(寧國縣) : 지금의 안휘성(安徽省) 영국현(寧國縣) 남쪽 30리 지점에 있던 옛 성(城). 선주(宣州)에 포함되었다.

1105년(17세) 숭녕 4년 을유(乙酉). 〈구족계(具足戒)를 받다〉

① 경덕사(景德寺) : 절강성(浙江省) 영파부(寧波府) 은현(鄞縣) 동쪽 60리 태백산(太白山) 속에 있는 절. 태백산 천동(天童) 경덕사라 한다. 중국 오산(五山) 가운데 제3위.

1107년(19세) 대관(大觀) 원년(元年) 정해(丁亥).

① 태평주(太平州) : 지금의 안휘성(安徽省) 당도현(當塗縣). 태평부(太平府) 혹은 평남군(平南軍)이라고도 하였음.
② 여산(廬山) : 강서성(江西省) 파양호(鄱陽湖) 서쪽에 있는 산.
③ 영주(郢州) : 지금의 호북성(湖北省) 무창현(武昌縣).

1108년(20세) 대관 2년 무자(戊子).

① 동산(洞山) : 강서성(江西省) 예장(豫章) 균주(筠州) 고안(高安)에 있는 산. 동산양개(洞山良价)가 머물던 보리원(普利院)이 있음.

1109년(21세) 대관 3년 기축(己丑).

① 서주(舒州) : 지금의 안휘성(安徽省) 잠산현(潛山縣). 동안군(同安郡) 혹은 안경부(安慶府)와 같은 지역임.

② 보봉(寶峯) : 강서성(江西省) 융흥부(隆興府) 즉 홍주(洪州)의 늑담(泐潭) 보봉사(寶峰寺). 당시 그 절의 주지는 담당문준(湛堂文準)이었다. 대혜는 담당문준의 문하에서 공부하였다.

③ 늑담(泐潭) : 보봉사(寶峰寺)가 있는 강서성(江西省) 홍주(洪州)의 늑담(泐潭).

1116년(28세) 정화 6년 병신(丙申).

① 도솔사(兜率寺) : 강서성(江西省) 홍주(洪州)에 있는 절.

② 형남(荊南) : 형주(荊州). 호남성(湖南省) 양자강(揚子江)의 북안(北岸)에 있는 강릉현(江陵縣)의 속칭(俗稱).

1118년(30세) 정화 8년 무술(戊戌).

① 예장(豫章) : 회수(淮水)의 남쪽 양자강(揚子江)의 북쪽 지역을 이르는 말. 예장군(豫章郡)은 당대(唐代) 홍주(洪州)에 해당하고, 현재는 강서성(江西省) 남창현(南昌縣)이다.

1119년(31세) : 선화(宣和) 원년(元年) 기해(己亥).

① 황룡(黃龍) : 황룡산(黃龍山). 강서성(江西省) 남창부(南昌府) 무령현(武寧縣) 서쪽 180리에 있는 산. 보산(輔山)이라고도 함. 황룡혜남(黃龍慧南)이 머물렀던 산.

② 분령(分寧) : 강서성 홍주(洪州) 분령현(分寧縣). 지금의 강서성(江西省) 수수현(修水縣).

③ 운암(雲巖) : 운암사(雲巖寺). 강소성(江蘇省) 오현(吳縣)의 호구산(虎丘山)에 있는 절. 호구소륭(虎丘紹隆)이 머물렀다.

1120년(32세) : 선화 2년 경자(庚子).

① 형주(荊州) : 호남성(湖南省) 양자강(揚子江)의 북안(北岸)에 있는 강릉현(江陵縣)의 속칭(俗稱). 형남(荊南), 형저(荊渚) 등은 형주(荊州)를 가리키는 말.

1121년(33세) : 선화 3년 신축(辛丑).

① 양주(襄州) : 지금의 호북성(湖北省) 양양(襄陽).
② 면현(沔縣) : 지금의 섬서성(陝西省) 한중도(漢中道)에 속하는 곳.
③ 남양(南陽) : 하남성(河南省) 서남부의 도시.
④ 향엄사(香嚴寺) : 남양(南陽)의 서남쪽 백애산(白崖山) 당자곡(黨子谷)에 있는 절. 남양혜충(南陽慧忠)이 40년간 머물던 도량이고, 향엄지한(香嚴智閑)이 깨달음을 얻은 장소.
⑤ 등주(鄧州) : 등주(鄧州) 남양군(南陽郡). 지금의 하남성(河南省) 등현(鄧縣) 외성(外城) 동남쪽 지역.

1122년(34세) 선화 4년 임인(壬寅).

① 수도(首都) : 북송(北宋 ; 960~1127)의 수도인 변경(汴京; 지금의 개봉(開封)).
② 장산(蔣山) : 강소성(江蘇省) 남경(南京)에 있는 산.
③ 함평(咸平) : 지금의 하남성(河南省) 통허현(通許縣).

1124년(36세~37세) 선화 6년 갑진(甲辰). 〈깨달음〉

① 수도(首都) : 개봉(開封). 개봉의 천녕사(天寧寺)에서 원오극근에게 배워 깨닫다.

1127년(39세) 고종(高宗) 건염(建炎) 원년(元年) 정미(丁未). ―남송(南宋)

① 양주(楊州) : 곧 양주(揚州)이다. 현재의 강소성(江蘇省) 강도(江都). 양자강 북부의 도시.

② 금산(金山) : 곧 금단(金壇). 지금 강소성(江蘇省) 금릉도(金陵道)에 속함.

③ 오문(吳門) : 강소성(江蘇省) 오현(吳縣). 태호(太湖) 동쪽에 있는 현재의 소주시(蘇州市).

④ 호구(虎丘) : 강소성(江蘇省) 소주부(蘇州府) 오현(吳縣) 서북쪽 7리에 있음. 호구(虎邱)라고도 함.

1128년(40세) 건염(建炎) 2년 무신(戊申).

① 호구(虎丘) : 강소성(江蘇省) 소주부(蘇州府) 오현(吳縣) 서북쪽 7리에 있음. 호구(虎邱)라고도 함.

② 금릉(金陵) : 강소성(江蘇省) 강녕부(江寧府). 양자강(揚子江) 하류에 있는 큰 도시. 현재의 남경(南京).

③ 운거(雲居) : 운거산(雲居山) 운거사(雲居寺). 강서성(江西省) 남강부(南康府) 건창현(建昌縣) 서남쪽 30리에 있음.

1130년(42세) 건염 4년 경술(庚戌).

① 해혼(海昏) : 해혼현(海昏縣). 지금의 강서성(江西省) 영수현(永修縣).

② 장사(長沙) : 중국 동정호(洞庭湖) 남쪽 상수(湘水) 하류의 동쪽 기슭에 있는 도시. 수륙 교통의 요충지이며 호남성(湖南省)의 성도(省都)이다.

1131년(43세) 소흥(紹興) 원년(元年) 신해(辛亥).

① 앙산(仰山) : 강서성(江西省) 원주부(遠州府) 의춘현(宜春縣)의 남쪽에 있는 산. 앙산혜적(仰山慧寂)이 머물렀다.

1133년(45세) 소흥 3년 계축(癸丑).

① 임천(臨川) : 강서성(江西省) 홍주(洪州; 지금의 남창(南昌))의 동남쪽에 있는 임천현(臨川縣).
② 소산(疎山) : 강서성(江西省) 무주부(撫州府) 금계현(金谿縣) 서북쪽 50리에 있음. 소산광인(疎山匡仁)이 개창한 소산사(疎山寺)가 있음.

1134년(46세) 소흥 4년 갑인(甲寅).

① 칠민(七閩) : 복건성(福建省)과 절강성(浙江省)의 남쪽 지방에 살았던 민족(閩族). 7종족으로 구성되었기 때문에 칠민(七閩)이라 한다. 복건성(福建省)의 민현(閩縣)을 가리키는 말.
② 장락(長樂) : 복건성(福建省) 장락현(長樂縣). 복청현(福淸縣) 동북쪽 해변가에 있음.
③ 설봉(雪峰) : 복건성(福建省) 복주(福州)에 있는 산. 상골봉(象骨峰)이라고도 함. 설봉의존(雪峰義存)이 개창한 숭성사(崇聖寺)가 있음.
④ 양서(洋嶼) : 복건성(福建省) 민후현(閩侯縣) 동남쪽 민강(閩江) 남안(南岸)에 있는 지역.

1135년(47세) 소흥 5년 을묘(乙卯).

① 천남(泉南) : 천주(泉州), 복주(福州), 민주(閩州) 등으로 불림. 지금의 복

건성(福建省) 민후현(閩侯縣).

② 광인(廣因) : 장락(長樂)의 광인사(廣因寺).

1137년(49세) 소흥 7년 정사(丁巳).

① 소계(小谿) 운문암(雲門菴) : 천주(泉州) 소계(小谿)의 운문암(雲門菴).

② 천남(泉南) : 천주(泉州).

③ 삼구(三衢) : 절강성(浙江省) 구주부(衢州府).

④ 임안(臨安) : 남송(南宋)의 수도(首都). 절강성(浙江省) 임안부(臨安府). 남송(南宋) 건염(建炎) 3년(1129) 항주(杭州)에 행궁(行宮)을 두어서 임안부(臨安府)로 승격하였고, 소흥(紹興) 8년(1138)에 수도로 정하였다.

⑤ 영국현(寧國縣) : 안휘성(安徽省) 선주(宣州)의 영국현(寧國縣). 대혜가 태어난 고향.

1139년(51세) 소흥 9년 기미(己未).

① 사안(四安) : 사안진(四安鎭). 절강성(浙江省) 장흥현(長興縣) 서남쪽 7리 사안산(四安山) 아래 사안계(四安溪) 옆에 있다.

1141년(53세) 소흥 11년 신유(辛酉). 〈유배감〉

① 형주(衡州) : 지금의 호남성(湖南省) 형양(衡陽). 북쪽으로 오악(五嶽)의 하나인 형산(衡山)이 있고, 상수(湘水)와 소수(瀟水)에 닿아 있어서 교통의 요지이다.

1150년(62세) 소흥 20년 경오(庚午).

① 침양(郴陽) : 지금 호남성(湖南省)의 침현(郴縣). 침주(郴州)라고도 함.

② 곡강(曲江) : 광동성(廣東省) 소주부(韶州府) 곡강현(曲江縣). 소주(韶州), 소양(韶陽)이라고도 한다. 대유령(大庾嶺)을 경계로 하여 영남(嶺南)과 영북(嶺北)을 나누는 경계지점에 있다. 강서성(江西省)에서 광동성(廣東省)으로 통하는 유일한 길목이다. 육조혜능(六祖慧能)과 연고가 있는 남화산(南華山) 보림사(寶林寺; 남화사(南華寺)), 『육조단경(六祖壇經)』을 설법한 대범사(大梵寺), 운문문언(雲門文偃)이 머물렀던 운문산(雲門山) 광태원(光泰院) 등의 사찰이 있다.

③ 조계(曹溪) : 광동성(廣東省) 소주부(韶州府) 곡강현(曲江縣)에 있는 계곡. 이 계곡에 육조혜능(六祖慧能)이 머물렀던 보림사(寶林寺)가 있다.

④ 남해(南海) : 광동성(廣東省) 남해현(南海縣). 현재의 광동성 광주(廣州). 남해(南海)에 있는 광효사(光孝寺)는 육조혜능이 사냥꾼을 따라 숨어 살다가 비로소 세상에 나와 "바람이 흔들리는 것도 아니고 깃발이 흔들리는 것도 아니고, 마음이 흔들린다."라고 말하며 동산법문(東山法門)을 제창한 곳이다.

⑤ 나부(羅浮) : 나부산(羅浮山). 광동성(廣東省) 증성현(增城縣) 동쪽에서 박라현(博羅縣)으로 넘어가는 경계에 있는 산. 길이가 북동으로 500리에 이른다.

⑥ 매양(梅陽) : 곧 광동성(廣東省) 매주(梅州)이다. 매현(梅縣)이라고도 함.

1156년(68세) 소흥 26년 병자(丙子). 〈유배에서 해방〉

① 정주(汀州) : 복건성(福建省) 정주(汀州). 강서성(江西省)과 경계를 이루는 무이산(武夷山) 기슭에 있다.

② 공천(灨川) : 공주(贛州)이다. 지금의 강서성(江西省) 건주(虔州)를 가리킨다. 공천(灨川)은 곧 공강(贛江)이니, 장수(章水)와 공수(貢水) 두 지류가 공주(贛州)에서 만나 공강(贛江)이 된다.

③ 여릉(廬陵) : 여릉현(廬陵縣). 길주(吉州)라고도 한다. 지금의 강서성(江西省) 길안현(吉安縣; 길안시(吉安市))이다. 쌀 생산지로 유명하다.

④ 청원산(淸源山) : 강서성(江西省) 길주(吉州)에 있는 산. 이곳에 청원행사(靑原行思)가 머물던 정거사(靜居寺)가 있다.

⑤ 임강(臨江)의 신감(新淦) : 강서성(江西省) 임강군(臨江軍) 신감현(新淦縣). 지금은 신간(新干)이라 함.

⑥ 호상(湖湘) : 호남(湖南). 호남성(湖南省) 지방.

⑦ 의춘(宜春) : 강서성(江西省) 원주(袁州) 의춘현(宜春縣). 지금의 강서성(江西省) 의춘시(宜春市).

⑧ 적벽(赤壁) : ㉠ 호북성(湖北省) 가어현(嘉魚縣) 동북, 양자강(揚子江) 남안에 있는 산 이름. 삼국 시대 오(吳)의 주유(周瑜)가 위(魏)의 조조(曹操)를 격파한 곳. ㉡ 호북성 황강현(黃岡縣) 성 밖의 명승지. 적비기(赤鼻磯)라고도 함. 소동파(蘇東坡)가 적벽(赤壁)으로 잘못 알고 적벽부(赤壁賦)를 지은 곳.

⑨ 구강(九江) : 강서성(江西省) 구강현(九江縣). 강주(江州) 혹은 덕화(德化)라고도 하였다. 양자강 남쪽 파양호(鄱陽湖) 북쪽에 있다. 현재의 강서성 구강시(九江市).

⑩ 선성(宣城) : 현재의 안휘성(安徽省) 선성현(宣城縣). 선주(宣州)와 같음. 선주(宣州) 영국현(寧國縣)은 곧 대혜종고가 태어난 고향이다.

⑪ 전당강(錢塘江) : 절강성(浙江省)에 있는 강. 지금의 부춘강(富春江) 하류(下流)로서 항주만(杭州灣)과 만나는 지점을 전당강(錢塘江)이라 한다. 강어귀에 항주시(杭州市)가 있다.

⑫ 명주(明州) : 지금의 절강성(浙江省) 은현(鄞縣) 동쪽에 있었다. 송초(宋初)에 명주(明州) 봉화군(奉化郡)이라 하다가 뒤에 경원부(慶元府)라 고쳤다.

⑬ 아육왕산(阿育王山) : 절강성(浙江省) 영파부(寧波府) 은현(鄞縣)에 있는 산. 육왕산(育王山)이라고도 함.

1158년(70세) 소흥 28년 무인(戊寅).

① 경산(徑山) : 절강성(浙江省) 임안부(臨安府) 여항현(餘杭縣) 북서쪽 50리에 있는 산. 산기슭에 중국 오산(五山) 가운데 제1위인 능인흥성만수선사(能仁興聖萬壽禪寺) 즉 능인선원(能仁禪院)이 있다. 원오극근과 대혜종고도 모두 이 절에 머물렀다.

② 가화(嘉禾) : (송대의 지명) 가화군(嘉禾郡). 가흥부(嘉興府)와 같음. 지금의 절강성(浙江省) 가흥현(嘉興縣).

1159년(71세) 소흥 29년 기묘(己卯).

① 태호(太湖) : 절강성(浙江省) 상주(常州), 평강부(平江府), 호주(湖州)의 3개 지역에 걸쳐 있는 큰 호수.

② 사명(四明) : 사명산(四明山)이다. 절강성(浙江省) 은현(鄞縣) 남서쪽으로 150리에 있는 산.

③ 해창(海昌) : 지금의 절강성(浙江省) 해령현(海寧縣) 남쪽 20리에 있었다. 뒤에 염관현(鹽官縣)으로 고쳤다.

④ 삽천(霅川) : 삽계(霅溪)와 같음. 절강성(浙江省) 오흥현(吳興縣) 남쪽에 있었다.

⑤ 운간(雲間) : 강소성(江蘇省) 송강현(松江縣)의 옛 이름.

1160년(72세) 소흥 30년 경진(庚辰).

① 완릉(宛陵) : 안휘성(安徽省) 동남부에 위치한 도시로서 양자강(揚子江) 남안(南岸) 구릉지대에 위치하고 있음. 휘주(徽州)에서 항주(杭州)에 이르는 교통의 요지. 배휴(裵休)가 황벽희운을 모시고 가르침을 받은 경덕사(景德寺)가 있음.

② 건업(建鄴) : 남경(南京). 강소성(江蘇省) 남서쪽에 있는 도시. 양자강(揚子江) 하류 연안에 있는 수륙 교통의 요충지이며, 역대 왕조의 도읍지

로 명승고적이 많다.

1161년(73세) 소흥 31년 신사(辛巳).

① 경구(京口) : 지금의 강소성(江蘇省) 단도현(丹徒縣).

② 부옥(浮玉) : 부옥산(浮玉山). 절강성(浙江省) 임안현(臨安縣)에 있는 천목산(天目山)임.

③ 해문(海門) : 강소성(江蘇省) 해문현(海門縣). 해문(海門)이란 지역은 양자강과 바다 사이에 돌출되어 나온 모래지역이다.

④ 금단(金壇) : 금단현(金壇縣). 지금 강소성(江蘇省) 금릉도(金陵道)에 속함. 구곡산(句曲山)의 금단릉(金壇陵) 때문에 붙은 이름임.

⑤ 율양(溧陽) : 율양현(溧陽縣). 지금의 강소성(江蘇省) 율양현(溧陽縣) 서북쪽 45리에 옛성이 있다. 율수(溧水)의 북쪽 언덕에 있다고 하여 율양(溧陽)이라 함.

⑥ 형계(荊谿) : 율양(溧陽)을 거쳐서 태호(太湖)로 흘러드는 강.

⑦ 역양(歷陽) : 지금의 안휘성(安徽省) 화현(和縣).

1162년(74세) 소흥 32년 임오(壬午).

① 금릉(金陵) : 강소성(江蘇省) 강녕부(江寧府) 양자강(揚子江) 하류에 있는 큰 도시. 현재의 남경(南京).

1163년(75세) 효종(孝宗) 융흥(隆興) 원년(元年) 계미(癸未). 〈원적〉

① 역양(歷陽)의 명월당(明月堂)에서 일생을 마침.

2. 대혜의 활동지역 지도

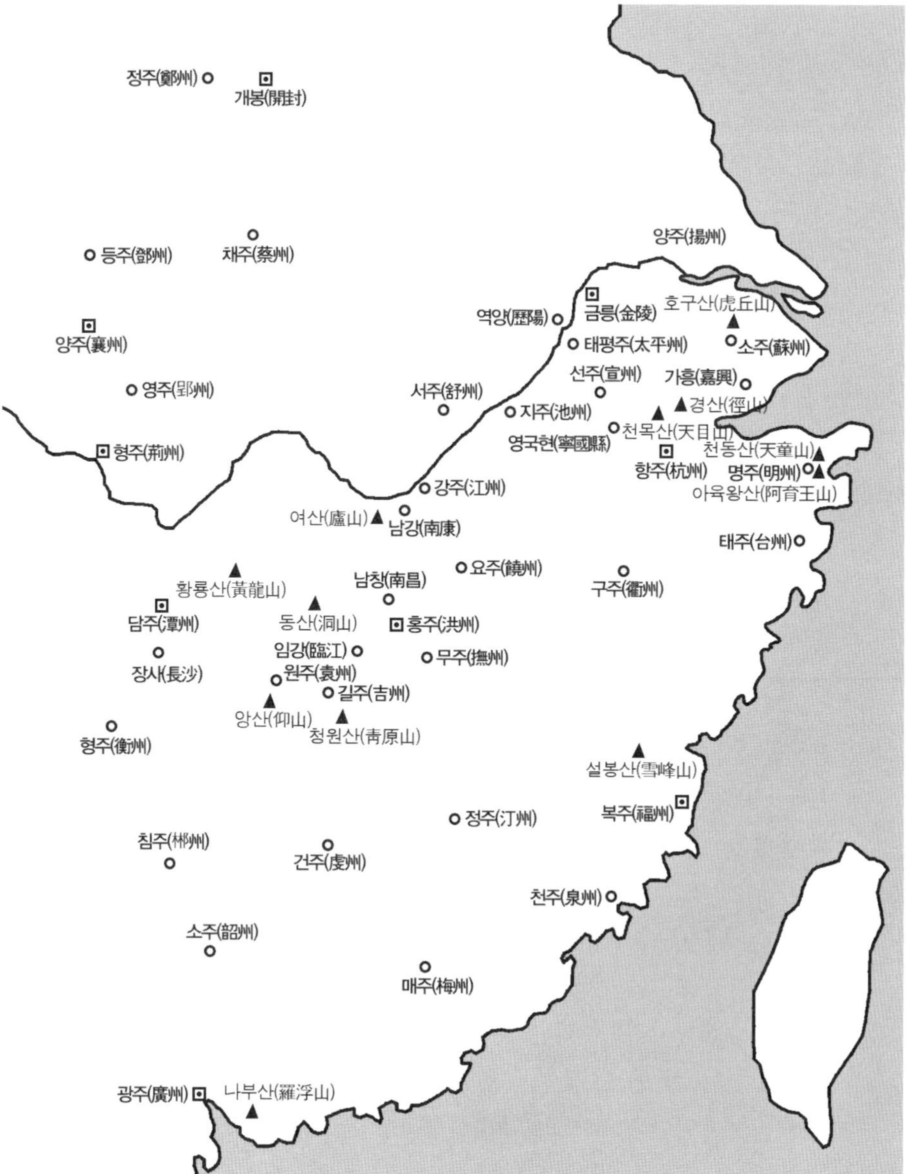
정주(鄭州)
개봉(開封)
양주(揚州)
등주(鄧州)
채주(蔡州)
금릉(金陵)
호구산(虎丘山)
역양(歷陽)
양주(襄州)
태평주(太平州)
소주(蘇州)
선주(宣州)
가흥(嘉興)
영주(郢州)
서주(舒州)
경산(徑山)
지주(池州)
천목산(天目山)
영국현(寧國縣)
형주(荊州)
천동산(天童山)
항주(杭州)
명주(明州)
강주(江州)
아육왕산(阿育王山)
여산(廬山)
남강(南康)
태주(台州)
황룡산(黃龍山)
요주(饒州)
남창(南昌)
구주(衢州)
담주(潭州)
동산(洞山)
홍주(洪州)
임강(臨江)
장사(長沙)
무주(撫州)
원주(袁州)
길주(吉州)
앙산(仰山)
청원산(靑原山)
형주(衡州)
설봉산(雪峰山)
복주(福州)
정주(汀州)
침주(郴州)
건주(虔州)
천주(泉州)
소주(韶州)
매주(梅州)
광주(廣州)
나부산(羅浮山)

4. 대혜어록 판본과 입장(入藏) 상황

1. 번역 원전의 판본 소개

번역의 텍스트는 대혜종고의 제자인 설봉온문(雪峰蘊聞)이 1171년에 편찬한 『대혜보각선사어록(大慧普覺禪師語錄)』 30권이다. 『대혜보각선사어록』 30권은 설봉온문이 남송 건도(乾道) 7년(1171)에 편찬하여 황제에게 올렸고, 그 해 8월에 『비로대장경(毘盧大藏經)』에 입장(入藏)되었던 것이다. 뒤에 명(明) 만력(萬曆) 8년(1580)에 『가흥대장경(嘉興大藏經)』에 수록되었고, 『대정신수대장경(大正新修大藏經)』에는 『대혜보각선사어록』(30권)이란 이름으로 제47권 811~943쪽에 걸쳐 실려 있다.

본래 대혜선사어록이라면, 온문이 편찬한 것과 법굉(法宏)과 도겸(道謙)이 편찬한 것 등 두 종류가 있다. 온문이 편찬한 것은 『대혜보각선사어록』(30권)이란 이름으로 『대정신수대장경』 제47권 811~943쪽에 걸쳐 No.1998으로 실려 있다. 법굉과 도겸이 편찬한 것은 『대혜선종잡독해(大慧禪宗雜毒海)』란 이름으로 일본의 『구판속장경(舊版續藏經)』 제2-26권 24~51쪽 및 대만판인 『신판속장경(新版續藏經)』 제121권 47~102쪽에 실려 있고, 대만판 『만신찬속장경(卍新纂續藏經)』에서는 제69책 621~649쪽에 『보각종고선사어록(普覺宗杲禪師語錄)』이란 이름으로 실려 있다.

온문이 편찬한 것은 모두 30권으로서 상당법문(上堂法門), 법어(法語), 보설(普說), 실중기연(室中機緣), 송(頌), 서(書), 비문(碑文) 등을 모두 싣고 있으니 대혜어록의 결정판이라고 할 만한 것이고, 법굉과 도겸이 편찬한 것은 상하(上下) 2권으로 된 간략한 것이다. 그러나 온문의 판본에 없는 내용이 법굉과 도겸의 판본에는 실려 있으므로 대혜의 가르침을 모두 살피려면 법굉과 도겸의 판본도 따로 번역되어 소개되어야 하고, 나아가 대혜의 저술인 『정법안장(正法眼藏)』도 번역되어야 비로소 대혜의 어록은 완비된다고 할 것이다.

본 번역에서 참고한 판본의 자세한 사항은 다음과 같다.

① 비로대장경(毘盧大藏經) 판본 : 『대혜보각선사어록』 30권을 설봉온문(雪峰蘊聞)이 남송 건도(乾道) 7년(1171)에 편찬하여 황제에게 올렸고, 그 해 8월에 『비로대장경(毘盧大藏經)』에 입장(入藏)함. 최초의 판본으로 일본(日本) 궁내성(宮內省) 도서료(圖書寮)에 남아 있는 판본임. 대정신수대장경의 판본에서 이것을 교감에 이용하였음.

② 영락북장(永樂北藏) 판본 : 명(明) 태조 영락(永樂) 8년(1410)에 시작하여 영종(英宗) 정통(正統) 5년(1441)에 완성한 영락북장 제156책에 수록된 판본. 목판본의 영인본이 있음. 원문 교정에서 대조함.

③ 가흥대장경(嘉興大藏經) 판본 : 명(明) 신종(神宗) 만력(萬歷) 7년(1579)에 시작하여 동 17년(1589)에 간행된 가흥대장경에 만력(萬曆) 8년(1580)에 입

장(入藏)된 판본. 아래 불광대장경본의 저본. 『선종전서(禪宗全書)』 어록부(語錄部) 7, 231~462쪽에 영인본이 있음. 원문 교정에서 대조함.

④ 대정신수대장경(大正新修大藏經) 판본 : 1924~1934에 일본에서 간행한 『대정신수대장경』 제47권에 실려 있는 것이다. 여기에 실린 판본은 일본(日本) 동경(東京) 증상사(增上寺) 보은장(報恩藏)의 명본(明本)을 저본(底本)으로 한다고 되어 있다. 명본은 곧 가흥대장경의 판본이다. 또 여기에서 들고 있는 대교본(對校本)은 일본 궁내성(宮內省) 도서료장(圖書寮藏)의 오산판(五山版; 곧 비로대장경의 판본)과 덕부저일랑씨장(德富猪一郎氏藏)의 오산판(五山版)이다. 본 번역에서 이용한 저본이다.

⑤ 불광대장경(佛光大藏經) 판본 : 1994년 대만(臺灣)에서 간행된 불광대장경의 선장(禪藏) 어록부(語錄部)에 실린 것. 가흥대장경을 저본으로 하여 대정신수대장경과 대일본교정훈점대장경(大日本校訂訓點大藏經)을 참고하여 교감(校勘)한 판본. 표점이 찍혀 있다. 본 번역에서는 원문 교정 및 표점을 참고하였다.

2. 대혜어록의 대장경 입장(入藏) 상황

역대 중국 및 일본에서 판각한 대장경 속에 대혜어록이 수록된 사항은 다음과 같다.[1]

1 불교장경목록수위자료고(佛敎藏經目錄數位資料庫; http://jinglu.cbeta.org/chongning.htm)에서 검색하고, 『이십오종장경목록대조고석(二十五種藏經目錄對照考釋)』(채운진(蔡運辰) 편저(編著). 신문풍출판공사(新文豐出版公司). 대북(台北). 중화

①『崇寧藏』[2] No.1430『大慧語錄(附大慧普覺禪師普說一卷)』

卷數 : 30

千字文 : 多(565)-寔(567)

②『毘盧藏』[3] No.1426『大悲[4]普覺禪師住徑山能仁禪院語錄』宋蘊聞上進

參考年代 : (乾道八. 正)(乾道七. 一二)

千字文 : 多(565)-寔(567)

③『洪武南藏』[5] No.1384『大慧普覺禪師語錄』徑山能仁禪院住持嗣法慧日禪師臣蘊聞 上進

冊數 : 209-210 / 頁數 : 443 / 卷數 : 24

千字文 : 沙 2 (603)-馳 5 (605)

④『永樂南藏』[6] No.1515『大慧普覺禪師語錄』

部別 : 此方撰述

千字文 : 說(557)-武(559)

⑤『永樂北藏』[7] No.1607『大慧普覺禪師語錄』宋宗杲說-蘊聞集

部別 : 此土著述 / 冊數 : 156 / 頁數 : 329 / 卷數 : 30

千字文 : 說-武

⑥『嘉興藏』[8] No.1524『大慧普覺禪師語錄』宋宗杲說-蘊聞集

민국 72년 12월)을 참고한 내용임. 우리나라의 해인사에 보관된『고려대장경(高麗大藏經)』에는『대혜어록』이 입장(入藏)되어 있지 않다.

2 『崇寧藏(崇寧萬壽大藏經)』: 580函, 6108卷, 收經1440部. 北宋神宗・徽宗朝(1080~1104). 福州東禪寺(福建).

3 『毗盧藏』: 595函, 6132卷, 收經1451部. 北宋徽宗至南宋孝宗年間(1112~1176). 福州開元寺(福建).

4 비로장에서는 대혜(大慧)가 대비(大悲)로 오기(誤記)되어 있다.

5 『洪武南藏(初刻南藏)』: 678函, 7000卷, 收經1600部. 明太祖洪武年間(1372~1399). 南京蔣山寺(江蘇).

6 『永樂南藏(明南藏・南藏)』: 636函, 6331卷, 收經1610部. 明成祖永樂年間(1412~1417). 南京禮部(江蘇).

7 『永樂北藏(北藏)』: 693函, 6924卷, 收經1662部. 明成祖・英宗朝(1421~1440). 北京.

8 『嘉興藏(徑山藏)』: 343函, 12600卷, 收經2090部. 明神宗至清聖祖康熙年間(1589

部別 : 此土著述 / 法寶總目錄經號 : 1523

千字文 / 函號 : [正藏] 說(557)-武(559)

⑦『嘉興藏』(新文豐版) [正藏] No.40『大慧普覺禪師語錄』蘊聞上進

冊數 : 1 / 頁數 : 671 / 卷數 : 30

⑧『縮刻藏』[9] No.1806『大慧普覺禪師語錄』宋蘊聞集

部別 : 支那撰述-諸宗部-禪宗 / 卷數 : 30

千字文 : 騰 8 (34)

⑨『卍正藏』[10] No.1539『大慧普覺禪師語錄』宋 蘊聞錄

部別 : 此土著述 / 冊數 : 59 / 頁數 : 697 / 卷數 : 12

原版套數 : 第31套

『卍正藏』No.1541『大慧法語』黃文昌重編

部別 : 此土著述 / 冊數 : 60 / 頁數 : 1 / 卷數 : 3

原版套數 : 第31套

『卍正藏』No.1542『大慧普覺禪師書』黃文昌重編

部別 : 此土著述 / 冊數 : 60 / 頁數 : 45 / 卷數 : 1

原版套數 : 第31套

⑩『大正藏』[11] No.1998A『大慧普覺禪師語錄』宋 蘊聞編

部別 : 諸宗部四 / 冊數 : 47 / 頁數 : 811 / 卷數 : 30

相關經典 : 縮-騰8, 卍-31.4-6

⑪『佛教大藏經』[12] No.2009『大慧普覺禪師語錄』宋 蘊聞編

~1676). 山西五臺山・浙江餘杭徑山・嘉興楞嚴寺.

9 『縮刻藏(日本校訂縮刷大藏經)(弘校藏)』: 40函, 418冊, 8539卷, 收經1916部. 日本明治年間(1880~1885). 東京弘教書院.

10 『卍正藏(卍字藏)(日本校訂訓點大藏經)』: 37函, 357冊, 7082卷, 收經1625部. 日本明治年間(1902~1905). 京都藏經書院.

11 『大正藏(卍大正藏)(日本新修大藏經)』: 85函, 100冊, 13520卷, 收經典圖像3360部. 日本大正・昭和年間(1924~1934). 日本大正一切經刊行會.

12 『佛教大藏經(頻伽藏)(頻伽精舍校刊大藏經)』: 40函, 413冊, 8416卷, 收經1116部. 淸宣統元年至民國二年(1909~1913). 上海頻伽精舍.

部別 : 諸宗部六 禪宗 / 冊數 : 73 / 頁數 : 541 / 卷數 : 30

⑫『中華藏』[13] No.1705『大慧普覺禪師語錄』徑山能仁禪院住持嗣法慧日禪師蘊聞上進

冊數 : 77 / 頁數 : 129 / 卷數 : 30 / 底本 : 明永樂北藏本

⑬『佛光藏』[14]『大慧禪師語錄』宋 蘊聞編

禪藏 語錄部 / 冊數 : 1 / 頁數 : 619 / 卷數 : 30

---

13 『中華藏(中華大藏經)』: 220冊, 收經逾 4200種 23000卷. 1984年至今. 北京中華書局.

14 『佛光藏(佛光大藏經)』: 51冊. 1994年. 佛光出版社.

5. 번역에 사용한 공구서

원빈(袁賓) 외편, 『송어언사전(宋語言詞典)』, 상해교육출판사, 1997.

강람생(江藍生)·조광순(曹廣順) 편, 『당오대어언사전(唐五代語言詞典)』, 상해교육출판사(上海教育出版社), 1997.

고려대 민족문화연구소 중국어대사전편찬실 편, 『중한대사전(中韓大辭典)』, 고려대 민족문화연구소, 1995.

단국대 동양학연구소 편, 『한한대사전(漢韓大辭典)』, 단국대 출판부, 2000~2008.

한어대사전편집위원회 편, 『한어대사전(漢語大詞典)』, 상해(上海) 한어대사전출판사, 1994~2001.

구택대학(駒澤大學) 선학대사전편찬소 편, 『신판선학대사전(新版禪學大辭典)』, 동경(東京) 대수관서점(大修館書店), 1985.

길상(吉祥) 편, 『불교대사전(佛教大辭典)』, 서울 홍법원(弘法院), 1998.

지관(智冠) 편, 『가산불교대사림(伽山佛教大辭林)』, 서울 가산불교문화연구원, 1998~2009.

고하영언(古賀英彦) 편, 『선어사전(禪語辭典)』, 경도(京都) 사문각출판(思文閣出版), 1991.

원빈(袁賓) 편, 『선종사전(禪宗詞典)』, 호북인민출판사(湖北人民出版社), 1994.

용잠암(龍潛庵) 편, 『송원어록사전(宋元語錄辭典)』, 1985.
이동술 편, 『선종저작사어안석(禪宗著作詞語案釋)』·『주해어록총람(註解語錄總覽)』, 서울 여강출판사, 1992.
사수창(謝壽昌) 외편, 『중국고금지명대사전(中國古今地名大辭典)』, 대북(台北) 대만상무인서관(臺灣商務印書館), 1983.
조덕의(趙德義)·왕흥명(汪興明) 주편(主編), 『중국역대관칭사전(中國歷代官稱辭典)』, 북경(北京) 단결출판사(團結出版社), 2002.
공연명(龔延明) 편, 『송대관제사전(宋代官制辭典)』, 북경(北京) 중화서국출판(中華書局出版), 1997.
진화법사(震華法師) 편, 『중국불교인명대사전(中國佛教人名大辭典)』, 상해(上海) 상해사서출판사(上海辭書出版社), 2002.
장휘지(張撝之) 외편, 『중국역대인명대사전(中國歷代人名大辭典)』, 상해(上海) 상해고적출판사(上海古籍出版社), 1999.
상항원(尙恒元) 외편, 『중국인명이칭대사전(中國人名異稱大辭典)』, 태원(太原) 산서인민출판사(山西人民出版社), 2003.
담기양(譚其驤) 편, 『중국역사지도집(中國歷史地圖集)』, 북경(北京) 중국지도출판사(中國地圖出版社), 1996.
목암선경(睦庵善卿) 편, 『조정사원(祖庭事苑)』, 1108.
뇌영해(賴永海) 주편(主編), 『중국불교백과전서(中國佛教百科全書)』, 상해고적출판사(上海古籍出版社), 2000.

6. 간화(看話) 용어의 번역에 관하여

우리는 현재 '화두를 든다' 혹은 '화두를 잡는다'라고 한다. '화두를 든다'와 '화두를 잡는다'는 올바른 번역인가? 대혜는 화두를 어떻게 하라고 하는가? '화두를 어떻게 한다'라고 할 때에, '어떻게 한다'에 해당하는 용어에는 어떤 것들이 있으며, 그 뜻은 무엇인가? '(화두를) 어떻게 한다'에 해당하는 용어의 뜻을 정확히 밝히는 일은 단순히 번역의 문제이기에 앞서 대혜의 간화선을 올바로 이해하기 위하여 매우 중요한 문제이다. 여기에서는 가능한 모든 자료를 빠짐없이 검토하여 '(화두를) 어떻게 한다'에 해당하는 용어의 정확한 뜻을 밝혀보겠다.

1. 『대혜어록』에서 화두를 다루는 용어들

대혜는 간화선을 공부하는 사람에게 화두를 어떻게 취급하라고 말하는가? 대혜가 간화선을 말하면서 화두를 어떻게 하라고 말한 형태를 살펴보면 다음과 같이 몇몇으로 분류된다.

① 다만 놓아 버린 곳에서 화두(話頭)를 간(看)하십시오. 어떤 스님이 조주(趙州) 스님에게 묻되 "개에게도 불성이 있습니까?" 하니, 조주 스님이 말하기를 "없다."라고 하였습니다.(只就按下處 看箇話頭. 僧問趙州. "狗子還有佛性也無?" 州云 : "無.")[1]

② 다만 하루 종일 가고 머물고 앉고 눕는 속에서 늘 제시(提撕)하시고 끊임없이 거각(擧覺)하셔서, "개에게도 불성이 있습니까?" "없다."를 일상의 삶에서 떼어놓지 마십시오.(但向十二時中四威儀內, 時時提撕, 時時擧覺, "狗子還有佛性也無?" 云 : "無." 不離日用.)[2]

③ 단지 '개에게는 불성이 없다'는 화두를 거(擧)하십시오.(但只擧'狗子無佛性話.')[3]

④ 다만 의문이 해소되지 못한 곳에 참(參)하시되, 가고 머물고 앉고 눕는 일상생활 속에서 놓아 버려서는 안 됩니다. 어떤 스님이 조주 스님에게 묻되 "개에게도 불성이 있습니까?" 하니 조주 스님은 "없다."고 말했습니다.(只向疑情不破處參, 行住坐臥不得放捨. 僧問趙州 : "狗子還有佛性

1 『대혜서(大慧書)』 13. 부추밀(富樞密) 계신(季申)에 대한 답서(1).
2 앞과 같은 곳.
3 『대혜서』 15. 부추밀(富樞密) 계신(季申)에 대한 답서(3).

也無?" 州云: "無.")[4]

⑤ 다만 길고 멀리 보는 마음을 갖추고서 '개에게는 불성이 없다.'라는 화두와 시애(廝崖)하십시오. 애(崖)하고 또 애(崖)하다가 마음 갈 곳이 없어지면, 문득 꿈에서 깨어난 듯 하고, 연꽃이 피는 듯 하며, 구름을 헤치고 해가 나온 듯 할 것입니다.(但辦取長遠心 與'狗子無佛性話'廝崖. 崖來崖去 心無所之, 忽然如睡夢覺, 如蓮華開, 如披雲見日.)[5]

⑥ 다만 이와 같이 애장거(崖將去)하십시오. 늘 고요함 속에 있더라도 절대로 "수미산"과 "방하착"의 두 개 화두를 잊어버려선 안 됩니다.(但如此崖將去. 時時於靜勝中 切不得忘了須彌山放下著兩則語.)[6]

이처럼 대혜는 화두를 취급하는 용어를 다양하게 말하고 있다. 『대혜어록』에서 대혜가 화두를 대하는 태도 혹은 취급하는 방법을 말한 용어의 종류와 출현 횟수는 다음과 같다.

간(看) : 총 35회.
  간(看), 거(擧) 동시 언급 : 5회.
  간(看), 거(擧), 제시(提撕) 동시 언급 : 1회.
  간(看), 제시(提撕) 동시 언급 : 3회.
  간(看), 제철(提掇) 동시 언급 : 1회.
  간(看), 제시(提撕), 거각(擧覺), 거(擧) 동시 언급 : 1회.
  간(看), 참(參) 동시 언급 : 1회.
  간(看), 여지시애(與之廝崖) 동시 언급 : 3회.

---

4 『대혜서』 17. 진소경(陳少卿) 계임(季任)에 대한 답서(1).
5 『대혜서』 38. 종직각(宗直閣)에 대한 답서.
6 『대혜서』 2. 증시랑(曾侍郎) 천유(天游)에 대한 답서(1).

간(看), 애장거(崖將去) 동시 언급 : 1회.

제시(提撕) : 총 23회.

제시(提撕), 거각(擧覺) 동시 언급 : 6회.

제시(提撕), 간(看) 동시 언급 : 2회.

제시(提撕), 거(擧), 간(看) 동시 언급 : 1회.

제시(提撕), 거각(擧覺), 간(看), 거(擧) 동시 언급 : 1회.

거(擧) : 총 11회.

거(擧), 간(看) 동시 언급 : 5회.

거(擧), 거기(擧起) 동시 언급 : 1회.

거(擧), 간(看), 제시(提撕) 동시 언급 : 1회.

거(擧), 간(看), 제시(提撕), 거각(擧覺) 동시 언급 : 1회.

거각(擧覺) : 제시(提撕)와 동시 언급으로 총 6회.

여지시애(與之厮崖) : 총 5회.

여지시애(與之厮崖), 간(看) 동시 언급 : 3회.

애장거(崖將去) : 총 5회.

애장거(崖將去), 간(看) 동시 언급 : 1회.

애장거(崖將去), 참(參) 동시 언급 : 1회.

애장거(崖將去), 경경발전(輕輕撥轉) 동시 언급 : 1회.

참(參) : 총 4회.

참(參), 간(看) 동시 언급 : 1회.

참(參), 애장거(崖將去) 동시 언급 : 1회.

거기(擧起) : 1회.(거(擧)와 동시 언급)
제철(提掇) : 2회.
처포(覰捕) : 4회.

오늘날 우리나라에서는 보통 '화두를 든다'라고만 말하지만, 대혜종고는 이처럼 '화두를 간(看)한다', '화두를 제시(提撕)한다', '화두를 거각(擧覺)한다', '화두를 거(擧)한다', '화두를 거기(擧起)한다', '화두를 제철(提掇)한다', '화두를 참(參)한다', '화두를 애장거(崖將去)한다', '화두를 여지시애(與之廝崖)한다'는 등 다양한 말로써 표현하고 있다. 간(看)이 총35회로서 가장 많이 사용되었고, 제시(提撕)가 26회, 거(擧)가 11회, 거각(擧覺)이 6회, 여지시애(與之廝崖)가 5회, 애장거(崖將去)와 참(參)이 각 4회 등의 순서로 사용 빈도가 나타난다.

그 가운데에서 간(看)은 나머지 모든 용어들과 동시에 사용되고 있으므로 이 모든 용어를 대표하는 용어는 간(看)이다. 이로써 보면 대혜가 가르친 화두 공부를 간화선(看話禪)이라는 말로 표현하는 까닭을 알겠다. 그런데 오늘날 우리나라의 간화선에서는 평소 '간화(看話)' 즉 '화두를 본다'는 말은 사용하지 않고, '화두를 든다'라는 말을 사용하고 있다. 왜 '화두를 본다'라고 하지 않고 '화두를 든다'라고 할까? '화두를 든다'라고 할 때에 '든다'라는 말은 이처럼 다양한 말들 가운데 어느 말의 번역일까? 알맞은 번역일까? 이러한 의문은 이들 용어에 대한 번역의 문제를 살펴보아야 알 수 있을 것이다. 이들 용어의 한글 번역이 어떠했는지를 살펴볼 수 있는 가장 초기의 문헌은 15~6세기에 출간된 언해본(諺解本) 선어록(禪語錄)들이다.

여기에선 이들 용어의 뜻을 다음과 같이 조사하여 살펴보겠다.

① 이들 용어의 기존 번역이 어떤지를 조사한다.
② 중국어와 선어록 관련 각종 사전(辭典)에서의 각 용어의 의미를 조

사한다.

③ 대혜 이전 당대(唐代)와 동시대의 송대(宋代) 어록(語錄)에서의 각 용어의 사용 사례와 그 의미를 조사한다.

④ 대혜어록에서의 각 용어의 사용 사례를 살펴본다.

⑤ 이러한 조사를 종합하여 이들 용어의 가장 적절한 뜻을 정한다.

⑥ 마지막으로 훈민정음 창제 후 번역된 언해본 선어록에서 이들 용어가 한글로 어떻게 번역되었는가를 살펴봄으로써 현재 우리가 알고 있는 '화두를 든다'는 문구(文句)가 어떻게 만들어졌으며, 얼마나 대혜의 본래 취지와 부합하는지를 살펴본다.

사전은 일반적인 사전으로는 중국과 일본의 한자(漢字) 사전을 총 망라하여 가장 최근에 편찬된 『한한대사전(漢韓大辭典)』(단국대학교 동양학연구소 편찬. 단국대학교출판부. 2000~2008년 간행)과 당대(唐代) 및 송대(宋代)의 초기 백화(白話)를 수록한 『당오대어언사전(唐五代語言詞典)』(江藍生, 曹廣順 編著. 上海教育出版社. 1997年) 및 『송어언사전(宋語言詞典)』(袁賓 等 4人 編著. 上海教育出版社. 1997年)과 『중한대사전(中韓大辭典)』(고대민족문화연구소 중국어대사전편찬실 편. 고려대학교민족문화연구소. 1995년) 등을 참고하였고, 불교 및 선학(禪學) 전문사전으로는 일본의 『신판선학대사전(新版禪學大辭典)』(駒澤大學 禪學大辭典編纂所 編. 東京 大修館書店. 1985年)과 『선어사전(禪語辭典)』(古賀英彦 編著. 京都 思文閣出版. 1991年), 중국의 『선종사전(禪宗詞典)』(袁賓 編著. 湖北人民出版社. 1994年), 우리나라의 『가산불교대사림(伽山佛教大辭林)』(지관(智冠) 편저. 서울 가산불교문화연구원. 1998년~2009년)과 『주해어록총람(註解語錄總覽)』[7](白斗鏞 編纂, 尹昌鉉 增訂. 朝鮮 京城 翰南書林. 1919年) 등을 참고하였다.

7 『주해어록총람(註解語錄總覽)』은 어록(語錄)에 쓰인 중국어 속어(俗語)와, 이두(吏讀)를 모아 한문과 한글로 설명을 붙인 책이다. 백두용(白斗鏞)이 편찬하고 윤창현(尹昌鉉)이 증정(增訂)하여 1919년 서울 한남서림에서 간행한 1책의 목판본이다. 남이성(南二星)의 『어록해(語錄解)』(1669)를 다시 간행한 『주자어록』과, 소설어록인 『수호지어록』, 『서유기어록』, 『서상기어록』, 『삼국지

2. 기존 번역의 검토

먼저 이들 용어의 지금까지의 번역이 어떠했는지를 살펴보겠다. 지금까지 『대혜어록』 가운데 번역되거나 주석된 것은 오직 『대혜서(大慧書)』뿐이다. 지금까지 국내외에서 번역되거나 주석된 『대혜서』는 다음과 같다.

『사집사기(四集私記)』 이지관(李智冠) 저(著)(경남 합천. 해인총림승가대학. 1968)

『서장(書狀)』 김탄허(金呑虛) 역저(譯著)(서울. 교림(敎林). 1974)

『참선의 길』 장순용 옮김(서울. 고려원. 1997)

『서장(書狀)』 지상(智象) 역해(譯解)(서울. 불광출판부. 1998)

『大慧書』〈禪の語錄17〉 荒木見悟 著(東京. 筑摩書房. 昭和44)

이들 책에서 주요한 용어의 번역을 조사해보면 다음과 같다.

『사집사기(四集私記)』 이지관(李智冠)

① 간(看) : 거(擧)하다.

② 거(擧) : 없음.

③ 거각(擧覺) : 없음.

④ 제시(提撕) : 종사(宗師)가 학인(學人)을 제휴접인(提携接引)해서 정안(正

어록』, 그리고 이두를 수록한 『이문어록』이 순서대로 함께 실려 있다. 이 책에는 이두뿐 아니라, 중국 소설인 『수호지』, 『서유기』, 『서상기』, 『삼국지』등에 나오는 중국어 속어에 대한 설명이 자세히 붙어 있어 당시 이들 소설의 언어를 이해하는 데에도 길잡이 역할을 했을 것으로 추정된다. 이전 시기 간행된 『어록해』의 내용과 일치하는 『주자어록』의 어록에 대해서는, 『어록해』의 그것을 일부 삭제하거나 덧붙여 당대의 필요에 의해 수정을 행하였다.

眼)을 열어주는 것. 공안(公案)을 제창(提唱)하여 후진(後進)을 시도(撕導)하는 것.(잡드리다)

⑤ 여지시애(與之廝崖) : 저(화두)와 더불어 겨루어 갈지어다.

⑥ 애장거(崖將去) : 다다해 가져 가면. 애(崖)

『서장(書狀)』 김탄허(金呑虛)

① 간(看) : 보다.

② 거(擧) : 들다.

③ 거각(擧覺) : 들어 깨닫게 하다.

④ 제시(提撕) : 잡들다.

⑤ 여지시애(與之廝崖) : 더불어 겨루어 닿다.

⑥ 애장거(崖將去) : 닿아 가져 가다.(천인(千仞) 벼랑에 완보(緩步)하여 향전(向前)하는 뜻)

『참선의 길』 장순용

① 간(看) : 살펴보다. 살피다.

② 거(擧) : 제시하다.

③ 거각(擧覺) : 들어서 자각하다. 주시하다.

④ 제시(提撕) : 잡아들다.

⑤ 여지시애(與之廝崖) : 궁리해 나가다. 겨루어 나가다. 겨루어 닿다.

⑥ 애장거(崖將去) : 차근차근 파고들어가다. 일편단심 파고들어가다.

『서장(書狀)』 지상(智象)

① 간(看) : 들다. 살펴보다.

② 거(擧) : 들다.

③ 거각(擧覺) : (화두를) 들어서 깨닫게 하다. 알아차리다.

④ 제시(提撕) : 잡아 이끌다. 붙잡아 겨루다.

⑤ 여지시애(與之厮崖) : 더불어 겨루어가다.

⑥ 애장거(崖將去) : 다잡아가다.

『大慧書』〈禪の語錄17〉 荒木見悟

① 간(看) : 참구(參究)하다.

② 거(擧) : 거(擧)하다. 거시(擧示)하다.

③ 거각(擧覺) : 파지(把持)하다.(꼭 붙잡다. 마음에 간직하다.) 촉발(觸發)하다.

④ 제시(提撕) : 공부(工夫)하다. 명심(銘心)하다.

⑤ 여지시애(與之厮崖) : 끝까지 가다.

⑥ 애장거(崖將去) : 끝까지 파고들어 밝혀내다.

이로써 보면 모두 통일된 의미가 없이 제각각 달리 번역하고 있음을 알 수 있다.

3. 사전에서의 의미 및 당송대 어록에서의 사례 조사

각 단어의 여러 가지 뜻 가운데 목적어(目的語)가 화두(話頭)일 경우에 해당할 수 있는 것을 살펴본다. 화두(話頭)는 화(話)와 같고, 두(頭)는 접미어(接尾語)로서, '말', '이야기', '이야기의 실마리', '이야기의 주제' 등을 뜻한다.[8]

8 화두(話頭)에 대한 사전의 해설은 다음과 같다 : ①『당오대어언사전』= 화제(話題), 화(話)와 같음. 두(頭)는 사철(詞綴). ②『중한대사전』= 말의 실마리. 말의 방향. 화제(話題). ③『한한대사전』= 선종의 화두. 문인들이 문제를 제기하는 말을 두루 이르는 말. 이야기의 첫머리. 머리말. 말, 또는 화제(話題). 이야깃거리. 문제 삼거나 논의할 만한 점. ④『선어사전』= 이야기의 실마리.

1) 간(看)

『한한대사전(漢韓大辭典)』

간(看) : ① 이마에 손을 얹고 바라보다.(『說文』「目部」看, 睎也.「徐鍇繫傳」以手翳目而望也.)

② 보다.(『廣雅』「釋詁」1. 看, 視也. 南朝宋, 劉義慶『世說新語』「規箴」.『水滸傳』103回.)

③ 구경하다. 감상하다.(唐 王建『醉後憶山中故人詩』遇晴須看月. 南唐 李中『寄廬山白大師詩』一秋同看月.)

④ 자세히 살펴보다. 헤아리다.(『晉書』「刑法志」古人有言, 善爲政者, 看人設教. 唐 吳兢『貞觀政要』「論仁義」太宗曰, 朕看古來帝王, 以仁義爲治者, 國祚延長.)

⑤ 가리다. 선택하다.(唐 王建『贈溪翁詩』看日和仙藥, 書符救病人.)

『당오대어언사전(唐五代語言詞典)』

간(看) : ① 보살피다. 돌보다.

② 응대하다. 다루다. 취급하다.

『중한대사전(中韓大辭典)』

간(看) : ① 지키다. 돌보다.

② 맡아보다. 관리하다.

③ 감시하다. 주시하다. 구류하다.

④ 보다. 구경하다.

⑤ 대하다. 취급하다.

이야기의 주제. 문제점. ⑤『선학대사전』= 이야깃거리. 화제(話題). 고칙공안(古則公案).『선종사전』= 화(話)와 같음. 선종의 문답 가운데 실마리가 되는 한 구절. 문제(問題).

⑥ 생각해 주다. 고려해 주다.
⑦ 보살피다.
⑧ 면하다. 향하다.
⑨ 내오다. 가져오다.

『신판선학대사전(新版禪學大辭典)』
간(看) : 간화(看話)에서 화(話) 즉 공안(公案)을 공부한다는 뜻.

『선어사전(禪語辭典)』
간(看) : 간화(看話)에서 화(話)는 화두(話頭) 즉 고칙공안(古則公案)을 말하고, 간(看)은 참구(參究)한다는 뜻.

『선종사전(禪宗詞典)』
간(看) : 참선하는 사람이 옛사람의 몇몇 이야기를 한마음으로 반복하여 자세히 살피고 탐구하는 것을 일러 간(看)이라 함.

『가산불교대사림(伽山佛敎大辭林)』
간(看) : 선종(禪宗) 어록(語錄)에서 '보다, 지키다, 간수하다, 잘 보다'는 뜻.

간(看)이라는 글자는 본래 '이마에 손을 얹고 바라보다'라는 뜻이지만, 이와 같이 다양하게 파생된 뜻도 있다. '화두(話頭)를 간(看)한다' 즉 '화두를 본다'는 것은 어떤 것인가? 화두는 한두 개의 단어 또는 몇 개의 문장으로 이루어진 말이다. 말은 육체의 눈으로 보이는 대상이 아니므로, '화두를 본다'는 것은 마음속으로 화두를 보는 것이다. 마음속으로 화두를 보는 것은 어떻게 하는 것인가? 여기에 관해서는 다음 몇 개의 대혜의 언급을 살펴보면 대혜가 간(看)을 어떤 뜻으로 사용하였는지 알 수 있다.

다만 화두를 들추어내어 (속으로) 말할 때에 잠시 정신을 차리고[9] '무슨 도리인가?' 하고 보십시오.(但擧話頭時, 略抖擻精神, 看是箇甚麽道理?)(『대혜보각선사법어(大慧普覺禪師法語)』 1. 청정거사(淸淨居士)에게 보임)

도리어 덕산(德山)은 무슨 까닭에 승려가 문으로 들어오는 것을 보면 곧 몽둥이를 휘둘렀는지, 또 임제(臨濟)는 무슨 까닭에 승려가 문으로 들어오는 것을 보면 곧 고함을 내질렀는지를 차분하게 자세히 보십시오.(卻緩緩地子細看他德山何故見僧入門便棒? 臨濟何故見僧入門便喝?)(『대혜보각선사법어(大慧普覺禪師法語)』 27. 방기의(方機宜)에게 보임)

평전(平田) 스님은 말했습니다.

"신령스런 빛이 어둡지 않고 영원히 아름답게 빛난다. 이 문으로 들어오려 한다면 알음알이로 이해하지 말라."

또 옛 스님은 말했습니다.

"이 일은 마음을 가짐으로써 찾을 수도 없고 마음을 버림으로써 얻을 수도 없으며, 언어로써 도달할 수도 없고 침묵으로써 통할 수도 없다."

이런 말들은 무엇보다도 진흙에 빠지고 물에 들어가는 노파심에서 나온 말들이지만, 흔히 참선하는 사람들은 다만 "이렇구나." 하고 생각하며 지나칠 뿐, "무슨 도리인가?" 하고 자세히 보지는 결코 않습니다.(平田和尙曰 : "神光不昧, 萬古徽猷. 入此門來, 莫存知解." 又古德曰 : "此事不可以有心求, 不可以無心得, 不可以語言造, 不可以寂默通." 此是第一等入泥入水, 老婆說話, 往往參禪人, 只恁麽念過, 殊不子細看, '是甚道理?')(『대혜보각선사서(大慧普覺禪師書)』 3. 증시랑(曾侍郞) 천유(天游)에 대한 답서(2))

---

9 두수(抖擻) : ① 넘겨 주다. ② 기운을 내다. 정신을 차리다. ③ 흔들어 털다. 떨쳐 버리다. ④ 벗어나다. 빠져나오다.

앞서 말한 어둡고 우둔함을 의지하여 도(道)에 들어간다는 것이 바로 이것입니다. 이 어둡고 우둔함을 능히 알 수 있는 것이 결국 무엇인지를 단지 보기만 하십시오. 단지 여기에서 보기만 하셔야지, 깨달아 초월할 것을 구하면 안 됩니다. 보고 또 보고 하다가 문득 크게 웃을 것입니다. 이 밖에 말할 것은 없습니다.(前所云借昏鈍而入是也. 但只看能知得如是昏鈍底畢竟是箇甚麽. 只向這裏看, 不用求超悟. 看來看去 忽地大笑去矣. 此外無可言者.)(『대혜보각선사서(大慧普覺禪師書)』 45. 이보문(李寶文) 무가(茂嘉)에 대한 답서)

재빨리 마음이 활짝 트이고자 한다면, 다만 행할 수 있음과 행할 수 없음 · 이해함과 이해하지 못함 · 같음과 같지 않음 · 다름과 다르지 않음 등 이와 같이 사량하고 이와 같이 헤아릴 수 있는 것을 몽땅 다른 세계로 쓸어버리십시오. 그리하여, 도리어 쓸어버릴 수 없는 곳에서 있는지 없는지 같은지 다른지를 보시면, 문득 생각과 상념(想念)이 끊어질 것이니, 바로 이런 때에는 저절로 남에게 물어 볼 필요가 없습니다.(要得徑截心地豁如, 但將能與不能, 解與不解, 同與不同, 別與不別, 能如是思量, 如是卜度者, 掃向他方世界. 却向不可掃處看, 是有是無, 是同是別, 驀然心思意想絶, 當恁麽時, 自不著問人矣.)(『대혜보각선사서(大慧普覺禪師書)』 63. 번제형(樊提刑) 무실(茂實)에 대한 답서)

이들 사례로 보건대, 무슨 도리인지를 보고, 무슨 까닭인지를 보고, 무엇인지를 보고, 같은지 다른지를 보는 것이 곧 간(看)이다. 이렇게 보는 것을 우리말로 가장 적당하게 번역하면 '살펴본다'는 것이다. 그러므로 '간화(看話)'는 '화두를 살펴본다'로 번역하는 것이 적당하다.

2) 거(擧)

『한한대사전(漢韓大辭典)』

거(擧) : ① 말하다. 일컫다.(『廣韻』「語韻」擧, 言也. 『正字通』「臼部」擧, 稱引也. 『禮記』「雜記」下, 過而擧君之諱則起. 「鄭玄注」擧, 猶言也. 唐, 韓愈『原道』不惟擧之于其口, 而又筆之于其書.)

② 제기하다. 질문하다.(『禮記』「曲禮」上. 主人不問, 客不先擧. 「孔穎達疏」擧亦問也.)

③ 기록하다. 등록하다.(『左傳』「襄公」27年, 仲尼使擧是禮也, 以爲多文辭. 「陸德明釋文」沈云, 擧謂記錄之也.)

④ 들다.(『廣韻, 語韻』擧, 擎也.)

⑤ 잡다. 가지다.(『詩, 大雅, 烝民』德輶如毛, 民鮮克擧之. 「孔穎達疏」擧者, 提持之, 言旣以重輕爲喩, 故以擧言之.)

⑥ 가지다.(『呂氏春秋, 下賢』錐刀之遺於道者, 莫之擧也. 「高誘注」擧, 猶取也.)

거례(擧例) : 예를 들다. 예를 들어 말하다.

거명(擧名) : 이름을 부르다.

거범(擧凡) : 요점을 들어 말하다.

거사(擧似) : 알려 주다. 말해 주다.

거요(擧要) : 요점을 말하다.

『당오대어언사전(唐五代語言詞典)』

거(擧) : 해설(解說)하다. 설명하다.

『중한대사전(中韓大辭典)』

거(擧) : ① 제시하다. (예 따위를) 들다. 제출하다.

② 일으키다. 홍기하다.

『신판선학대사전(新版禪學大辭典)』

거(擧) : 입으로 말을 한다는 뜻. 선문(禪門)에서는 고칙공안(古則公案)을 제시(提示)한다는 뜻.

거화(擧話) : 고인(古人)의 화두(話頭)를 말하여 제시(提示)하는 것.

거사(擧似) : 고칙(古則)을 말로써 제시(提示)하다. 사(似)는 향(向), 여(與)와 같은 뜻의 조사(助詞).

거칙(擧則) : 거(擧)는 거창(擧唱), 칙(則)은 고칙공안(古則公案). 수좌법전식(首座法戰式)에서 수좌(首座)가 고칙공안을 소리내어 읽는 것.

거념(擧拈) : 거시(擧示), 거사(擧似)와 같음.

『선어사전(禪語辭典)』

거(擧) : 거(擧)하다. 고칙(古則)을 제기(提起; 말함)하다. 혹은 고칙을 제기할 때의 첫 번째 소리.

거향(擧向) : = 거사(擧似).

거사(擧似) : 화두(話頭)를 제시(提示)하는 것.

거창(擧唱) : 선언(宣言)하여 밝히다.

거착(擧著) : 문제(問題)를 제기(提起)하다.

『선종사전(禪宗詞典)』

거(擧) : ① 예를 들어 말하다. 거듭 말하다. ② 선사어록의 기록 방식. 공안을 예로 들어 말함을 표시함.

거고(擧古) : 공안(公案)을 들어서 말하며, 서로 의견을 교환하면서 논하다. 이것은 선사(禪師)가 설법(說法)할 때의 일종의 형식이고, 또 선어록(禪語錄)의 일종의 종류이다.

거양(擧揚) : 들어서 말하다. 천양(闡揚)하다.

거창(擧唱) : 공안을 들어서 말하다. 말하여 보이다.

『가산불교대사림(伽山佛敎大辭林)』

거(擧) : 거시(擧示)의 줄임말. 공안을 드는 것. 거(擧)가 기록하는 사람의 말이라면, 자기자신이 스스로 공안을 드는 것을 말할 때에는 기득(記得; 기억하다)이라 한다.

거기(擧起) : 공안을 제시하는 것. 즉, 공안을 말해 주는 것.

거념(擧拈) : 거시(擧示)와 같음. 공안이나 화두(話頭)를 남에게 말해 주는 것.

거사(擧似) : 거향(擧向), 거념(擧拈)과 같은 말. 고칙이나 화두를 제시하다, 말하다.

거칙(擧則) : 거고(擧古)와 같음. 거(擧)는 거창(擧唱), 칙(則)은 고칙공안(古則公案). 수좌법전식(首座法戰式)에서 수좌(首座)가 고칙공안을 소리내어 읽는 것.

이로써 보면 거화(擧話)라고 할 경우의 거(擧)는 화두(話頭) 즉 이야기를, '말하다', '(옛 이야기를) 말해 주다', '(말을) 끄집어내다', '(예화를 들어) 말하다', '제시(提示)하다', '제출(提出)하다', '제기(提起)하다'는 뜻이다. 선종(禪宗)에서는 종사(宗師)가 상당하여 설법할 때에 경전의 이야기나 옛 조사나 종사의 이야기나 혹은 공안(公案)을 끄집어내어 인용하여 말해 주는 것을 그 설법을 기록하는 자가 거(擧)라는 말로써 표현하였다. 대혜 이전까지의 용례 몇몇을 살펴보면 다음과 같다.

(1) 당송대 선어록에서의 사례

앙산(仰山)이 모시고 서 있을 때에 위산(潙山)이 바야흐로 이 이야기를 하다가, 아직 말을 끝내기도 전에 앙산이 곧장 물었다. "괭이가 황벽(黃檗)의 손에 있었는데, 무엇 때문에 임제에게 빼앗겼습니까?"(潙山因仰山侍立次, 方擧此話未了, 仰山便問 : "钁在黃檗手裏, 爲什麽被臨濟奪卻?")(『경덕전등록』 제12권 '진주임제의현선사'(鎭州臨濟義玄禪師). 1004년 간행)

스님이 뒤에 대전(大顚)에게 이 이야기를 해 주자, 대전이 말했다. "이미 사람을 살리는 화살인데, 무엇 때문에 활줄 위에서 판단하느냐?" 스님이 대답이 없자, 대전이 말했다. "30년 뒤에는 이 이야기를 해 줄 사람을 바라기도 어려울 것이다."(師後擧似大顚, 顚云: "旣是活人箭, 爲什麽向弓絃上辨?" 師無對, 顚云: "三十年後, 要人擧此話也難.")(『경덕전등록(景德傳燈錄)』 제14권 '장주삼평의충선사'(漳州三平義忠禪師))

운문(雲門) 선사(先師)가 말했다. "내가 한 개 고칙공안(古則公案)을 말하여 너희들이 곧장 수긍하도록 하여도, 벌써 똥물을 뿌린 것이다."(雲門先師道: "我擧一則語, 敎汝直下承當, 早是撒屎着.")(『건중정국속등록(建中靖國續燈錄)』 제2권 '성도부향림징원선사'(成都府香林澄遠禪師). 1101년 간행)

상당(上堂)하여 말했다. "옛사람의 한 개 공안(公案)을 말하여 대중에게 보시하겠다."(上堂云: "擧古人一轉公案, 布施大衆.")(『건중정국속등록(建中靖國續燈錄)』 제2권 '원주양기산보통선원방회선사'(袁州楊岐山普通禪院方會禪師))

상당하여 말했다. "나 양기는 한마디 말로써 부처를 꾸짖고 조사를 욕하지만, 눈 밝은 사람 앞에서 잘못 말해선 안 된다."(上堂云: "楊岐一語, 呵佛叱祖, 明眼人前, 不得錯擧.")(『건중정국속등록(建中靖國續燈錄)』 제2권 '원주양기산보통선원방회선사'(袁州楊岐山普通禪院方會禪師))

"여러분에게 부모가 낳기 이전의 구절(句節)을 말해 주겠다."("爲汝等諸人, 擧箇父母未生底句.")(『건중정국속등록(建中靖國續燈錄)』 제24권 '무주명초산문혜선사'(婺州明招山文惠禪師))

"다시 옛사람의 공안(公案)을 말해 준다."("卻擧箇古人公案.")(『원오불과선사어록(圓悟佛果禪師語錄)』 제7권 '상당'(上堂). 1133년 간행)

"지금 비록 한 개 고칙공안을 말하여, 옛과 오늘의 언교(言敎)를 일시에 밝힐 수 있다고 하여도, 바로 진흙에 빠지고 물에 들어가는 격이다."(“如今直饒擧一則語, 盡古今言敎一時明得, 正是和泥合水.”)(『원오불과선사어록(圓悟佛果禪師語錄)』 제7권 '소참'(小參))

상당(上堂)하여 (이야기를 인용해) 말했다. "한 승려가 법안혜초자(法眼慧超咨) 화상에게 물었다. '무엇이 불법(佛法)입니까?' 법안이 말했다. '그대는 혜초이다.'"

이어서 말했다. "알겠느냐? 병든 자가 양의(良醫)를 만나고, 굶주린 자가 임금의 밥상을 만난 것과 같다. 간장 속에서 소금을 얻고, 눈 속에 있는 사람에게 연탄을 보내주는 것과 같다."(上堂擧 : “僧問法眼慧超咨和尙 : '如何是佛法?' 眼云 : '汝是慧超.'” 師云 : “還委悉麽? 病遇良醫, 饑逢王膳. 醬裏得鹽, 雪中送炭.”)(『원오불과선사어록(圓悟佛果禪師語錄)』 제7권 '상당'(上堂))

대혜종고의 스승인 원오극근(圜悟克勤)의 어록에서는 위와 같이 〈법당에 올라 옛 이야기를 인용하여 말하고, 이에 대한 자기의 의견을 말한다.〉(上堂擧 : “……” 師云 : “……”)는 형식이 나타나고 있으며, 이후 선어록(禪語錄)의 기록 방식에는 이러한 형식이 일반화되어 나타난다. 또한 원오극근의 『벽암록(碧巖錄)』에서는 고칙공안(古則公案)을 인용할 때에 반드시 맨 앞에 '거(擧)'를 쓰고 있다.

이처럼 거(擧)는 이전의 이야기나 남의 말을 그대로 인용하여 타인에게 말해 줄 때에 사용하는 것으로서,[10] '말하다', '(옛 이야기를) 말해 주다', '(말을) 끄집어내다', '(예화를 들어) 말하다'라는 뜻이다.

---

10 거(擧)는 그 말을 하는 사람이 직접 말하는 경우가 아니라 제삼자가 그 말을 옮겨 적는 경우에 사용하는 말이고, 자신이 직접 말할 때에는 거(擧) 대신 기득(記得; 기억하다)이라는 용어를 사용한다는 주장도 있으나, 앞서 예로 든 운문(雲門)의 말에서처럼 자신이 말할 때에도 거(擧)를 사용하기도 하였다.

『대혜어록』에서 거(擧)의 사례를 보면 다음과 같다.

(2) 대혜어록에서의 사례

법당에 올라 이야기를 인용하여 말했다.

"반산(盤山)[11]이 말하기를 '마음 달이 홀로 두루하여 그 빛이 삼라만상을 머금었는데, 빛이 경계를 비추는 것이 아니니 경계 역시 있지 않다. 빛과 경계가 모두 없다면, 다시 무슨 물건인가?'라고 하였는데, 동산(洞山)[12]이 이에 대하여 말하기를 '빛과 경계가 아직 없어지지 않았을 때에는 다시 무슨 물건인가?'라고 하였다."

이에 대하여 대혜가 말했다.

"백로(白鷺)가 밭에 내려오니 한 무더기 눈이 내린 것 같고, 누른 꾀꼬리가 나무에 오르니 한 가지에 핀 꽃 같다."

(上堂擧 : "盤山云 : '心月孤圓光呑萬象, 光非照境境亦非存. 光境俱亡, 復是何物?' 洞山云 : '光境未亡 復是何物?'" 師云 : "白鷺下田千點雪, 黃鸝上樹一枝華.")
(『대혜보각선사주경산능인선원어록(大慧普覺禪師住徑山能仁禪院語錄)』 제1권)

어떤 사람은 정식(情識)과 경계(境界)를 벗어 버리고 고정된 형식을[13] 세우지 않는 것을 드나드는 문(門)으로 삼아, 옛사람의 공안(公案)을 말하기만 하면 벌써 알아차려 버립니다. 혹시 사가(師家)[14]가 묻기를 〈마음도 아니고, 부처도 아니고, 물건도 아니니, 그대가 어떻게 알겠는가?〉라고 하면, 곧 말하기를 〈스님께선 활짝 깨어 있음을 거리끼지 마십시오.〉[15]

11 반산(盤山) : 유주(幽州)의 반산보적(盤山寶積; 생몰연대 미상). 마조도일의 법사(法嗣).

12 동산(洞山) : 동산양개(洞山良价; 807~869). 운암담성(雲巖曇晟; 782~842)의 법사(法嗣).

13 과구(窠臼) : 상투(常套). 정형화된 패턴. 고정된 형식.

14 사가(師家) : 선문(禪門)의 종지(宗旨)를 체득한 사람. 종사(宗師).

라 하기도 하고, 혹은 〈스님께선 어디에 갔다 오셨습니까?〉라 하기도 하고, 혹은 〈화살 위에 다시 살촉을 더해선 안 됩니다.〉라 하기도 하고, 혹은 〈얼마나 많은 사람을 속였습니까?〉라 하기도 하고, 혹은 〈마음도 아니고, 부처도 아니고, 물건도 아니다.〉라고 같은 말을 다시 한 번 말하기도 합니다. 저 옛사람들의 인연(因緣)을 물을 때마다, 모두 말을 꺼내는 곳에서 바로 받아들이고, 부싯돌 불꽃이나 번갯불처럼 번쩍 스치는 곳에서 알아차리고, 말을 하면 바로 알아차립니다. 질문을 할 때마다 전혀 받아들이지 않고는, 깨끗이 벗어나 자재하며 큰 안락을 얻었다고 합니다.(或者以脫去情塵, 不立窠臼爲門戶, 凡古人公案擧了, 早會了也. 或師家問: 〈不是心, 不是佛, 不是物, 爾作麽生會?〉 便云: 〈和尙不妨惺惺.〉 或云: 〈和尙甚麽處去來?〉 或云: 〈不可矢上更加尖.〉 或云: 〈謾卻多少人?〉 或再擧一徧云: 〈不是心, 不是佛, 不是物.〉 凡問他古人因緣, 皆向擧起處承當, 擊石火閃電光處會, 擧了便會了. 凡有所問皆不受, 喚作脫灑自在, 得大快樂.)(『대혜보각선사보설(大慧普覺禪師普說)』 제14권. 3. 황덕용이 청한 보설)

남악(南嶽) 화상이 말했다. '비유하자면 소달구지가 있는데, 수레가 가지 않는다면, 수레를 때려야 옳은가? 소를 때려야 옳은가?' 마조는 이 말을 듣고서 문득 크게 깨달았다.(南嶽和尙道: '譬牛駕車, 車若不行, 打車卽是? 打牛卽是?' 馬祖聞擧, 忽然大悟.)(『대혜보각선사보설(大慧普覺禪師普說)』 제14권. 4. 진국태부인이 청한 보설)

비록 가까스로[16] 말을 듣더라도 수긍하기 어려운 것처럼 느껴지니, 만약 자신이 오래전부터 반야의 씨앗을 심지 않았다면,[17] 말하는 것을

15 불방(不妨)- : -는 무방(無妨)하다. -는 괜찮다. -라고 해도 괜찮다. 마음대로 -하다.

16 사(乍) : ① 방금. 이제 막. 마침. 꼭. 처음으로. 겨우. 가까스로. ② 문득. 갑자기. ③ 늘. 항상. 자주. ④ 흡사. 꼭. ⑤ 차라리. 오히려.

17 문맥상 "심었다면"이 아니라, "심지 않았다면"이라고 해야 뜻이 통한다.

듣자마자 곧 눈을 크게 뜨고서[18] 두리번두리번할[19] 뿐입니다.(雖乍聞說, 似難承當, 若當人無始時來種得般若種子, 纔聞擧著, 便兩眉卓豎, 眼睛定動矣.)(『대혜보각선사법어(大慧普覺禪師法語)』 제22권. 19. 영녕군부인(永寧郡夫人)에게 보임)

내가 선사(先師)[20]께서 적수도인(寂壽道人)에게 "마음도 아니고 부처도 아니고 물건도 아니다."는 이야기를 언급하신 것을 말해 주었는데, 문득 화로 가에서 볶은 콩 한 개를 집어 먹었다.(吾擧先師爲寂壽道人擧不是心不是佛不是物話, 驀向火爐邊拾得一粒炒豆喫了.)(『대혜보각선사법어(大慧普覺禪師法語)』 제24권. 38. 충밀선인(沖密禪人)에게 보임)

이전에 원오(圜悟) 노스님에게 간절히 청하였더니 노스님께서는 여섯 마디의 법어(法語)로써 가르쳐 주셨는데, 그 첫머리에서는 곧바로 이 일을 보이셨고, 뒤에는 조주(趙州)의 방하착(放下着)과 운문(雲門)의 수미산(須彌山)이라는 2개의 인연(因緣)을 말씀하셔서 둔근기(鈍根機)에게 공부를 시키셨습니다.(向者, 痛懇圜悟老師, 老師示以法語六段, 其初直示此事, 後擧雲門趙州放下著須彌山兩則因緣, 令下鈍工.)(『대혜보각선사서(大慧普覺禪師書)』 제25권. 1. 증시랑(曾侍郎) 천유(天游)가 묻는 편지)

만약 힘 있는 대장부라면 말하는[21] 것을 듣자마자 즉시 금강왕보검(金剛王寶劍)[22]을 쥐고 한 칼에 이 네 길[23]의 갈등을 잘라내 버릴 것입니다.

---

18 양미탁수(兩眉卓豎) : 두 눈썹을 곧추세우다. 눈을 크게 뜨다.

19 안정정동(眼睛定動) : 눈알을 이리저리 굴리다. 여전히 망설이며 의심하다. 아득하여 깨닫지 못하는 모양.

20 선사(先師)는 곧 원오극근(圜悟克勤)을 가리킨다.

21 거착(擧著) : 말하다. 거(擧)와 같음. 착(著)은 동사 뒤에 붙어서 완료나 조건을 나타내는 조사.

22 금강왕보검(金剛王寶劍) : 일체를 자유자재로 절단할 수 있는 지극히 견고한 칼인데, 온갖 번뇌를 부수는 반야지혜에 흔히 비유된다.

23 네 길은 마음을 둠과 마음을 두지 않음, 말과 침묵이다.

(若是箇有筋骨底, 聊聞擧著, 直下將金剛王寶劍, 一截截斷此四路葛藤.)(『대혜보각선사서(大慧普覺禪師書)』 제25권. 3. 증시랑(曾侍郎) 천유(天游)에 대한 답서(2))

제자백가(諸子百家)의 가르침을 남이 말하는 한 글자라도 듣기만 하면 곧 한 권을 모두 기억해 내어서는 하나라도 모르는 것이 있으면 부끄러워하지만,(諸子百家纔聞人擧著一字, 便成卷念將去, 以一事不知爲恥,)(『대혜보각선사서(大慧普覺禪師書)』 제28권. 33. 여랑중(呂郎中) 융례(隆禮)에 대한 답서)

보통 총명한 사람은 말하는 것을 듣자마자 곧 심의식(心意識)[24]으로 이해하여 추측하고 헤아려 증거를 끌어들이며 당부한[25] 곳이 있음을 말하려 하니,(尋常聰明人, 纔聞擧起, 便以心意識領會, 摶量引證, 要說得有分付處,)(『대혜보각선사서(大慧普覺禪師書)』 제29권. 41. 왕교수(王敎授) 대수(大受)에 대한 답서)

뒤에 원오(圜悟) 선사(先師)께서 "모든 부처님이 나타나는 곳에 따뜻한 바람이 남쪽으로부터 불어온다."라고 하시는 말씀을 듣고서 홀연 가슴에 걸려 있던 것이 내려갔습니다.(後因聞先師擧, "諸佛出身處熏風自南來." 忽然去却礙膺之物.)(『대혜보각선사서(大慧普覺禪師書)』 제29권. 46. 향시랑(向侍郎) 백공(伯恭)에 대한 답서)

---

24 심의식(心意識) : 심(心)은 범어 질다(質多)의 번역, 모여서 발생한다는(集起) 뜻. 의(意)는 범어 말나(末那)의 번역, 헤아려 생각한다는(思量) 뜻. 식(識)은 범어 비야남(毘若南)의 번역, 분별하여 알아차린다는(了別) 뜻. 분별심(分別心)을 말함.

25 분부(分付) : ① 맡기다. 당부하다. ② 주다. 공급하다.

3) 거각(擧覺)

『한한대사전(漢韓大辭典)』

거각(擧覺) 항목은 없으나, 각(覺)은 다음과 같다.

각(覺) : ① 깨닫다. 이해하다. 알다.(『說文』「見部」, 覺, 悟也. 唐, 慧琳『一切經音義』24 覺, 知也.)

② 깨우치다. 계발하다. 일깨우다.(『說文』「見部」, 覺, 發也.「段玉裁注」 卽警覺人之意.『釋名』「釋姿容」, 覺, 告也. 宋, 葉適『題陳壽老論孟紀蒙』豈敬其師之所以覺我, 而謙于我之所以覺人歟.)

③ 느끼다. 감지하다.

④ 알아차리다. 발견하다.

⑤ 밝히다. 드러내다. 표명(表明)하다.(唐, 慧琳『一切經音義 45』覺, 明也.)

『중한대사전(中韓大辭典)』

거각(擧覺) 항목은 없으나, 각(覺)의 뜻은 다음과 같다.

각(覺) : ① 느끼다. ② 깨닫다. 깨우치다. ③ 드러나다. 발각되다. 드러내다.

『신판선학대사전(新版禪學大辭典)』

거각(擧覺) : 거(擧)는 거시(擧示), 각(覺)은 경각(警覺). 사가(師家)가 거시(擧示)하고 학인(學人)이 자각(自覺)함. 스승이 예를 들어 보여주고, 학인이 스스로 깨닫는다.

거각상량(擧覺商量) : 사가와 수행자가 서로 문답을 주고 받는 것.

『가산불교대사림(伽山佛敎大辭林)』

거각(擧覺) : 거양경각(擧揚警覺)의 줄임말. 거(擧)는 스승이 공안(公案)을 말하거나 동작을 해 보이는 것, 각(覺)이란 그것으로 말미암아 학인이 깨닫는 것. 훈계의 말을 하여 자각(自覺)하게 하는 것.

거각상량(擧覺商量) : 종사와 수행자가 서로 상대하여 문답을 주고받는 것.

거각(擧覺)은 선학사전과 불교사전에만 항목이 있을 뿐 일반 사전에는 항목이 없음을 알 수 있는데, 사실 거각(擧覺)은 선어록(禪語錄)에서만 극히 한정되게 등장하는 단어이다. 앞에서 보았듯이 거(擧)는 '-라는 이야기를 말해 주다.'는 뜻이다. 각(覺)은 '① 깨닫다. 이해하다. 알다. ② 깨우치다. 계발하다. 일깨우다. ③ 느끼다. 감지하다. ④ 알아차리다. 발견하다. ⑤ 밝히다. 드러내다. 표명(表明)하다'는 뜻이다. 그러므로 이들을 조합해 보면, '①-라는 이야기를 말하여 알리다. ②-라는 이야기를 말하여 일깨우다. ③-라는 이야기를 말해 주어 느끼게 하다. ④-라는 이야기를 말해 주어 알아차리게 하다. ⑤-라는 이야기를 말하여 드러내다'는 정도의 뜻이 될 것이다.

대혜 생존시를 전후한 송대(宋代) 선어록에서의 거각(擧覺)의 사례를 모아 보면 다음과 같이 매우 소수의 사례가 발견된다. 거각(擧覺)은 대혜어록에서 가장 많이 등장하고, 이후에 대혜어록을 인용하는 경우에도 동일하게 등장한다.

(1) 당송대 선어록에서의 사례

하루는 말했다. "값을 따져[26] 무엇을 말해 줄까?" 스스로 대신 말했다. "소금은 비싸고 쌀은 싸다."(一日云 : "商量**擧覺**箇什麽?" 代云 : "鹽貴米賤.")

(『운문광진선사광록(雲門匡眞禪師廣錄)』 중권(中卷) 「수시대어(垂示代語)」)

26 상량(商量) : 시장에서 물건을 사고팔 때에 저울로 달아 그 값을 따져 헤아리는 것을 말한다. 따지다. 상의하다. 의논하다. 상담하다. 이해하다. 값을 흥정하다. 값을 따지다. 값을 매기다. 헤아리다.

어떤 노숙(老宿)이 상당하여 말했다. "만약 값을 따져 말한다면, 마치 문 앞을 가로막은 날카로운 칼과 같아서, 한마디 말 아래에서 죽이고 살려야만 한다."(一老宿上堂云: "若是商量擧覺, 如當門利劍相似, 一句下須有殺活始得.")(『운문광진선사광록(雲門匡眞禪師廣錄)』 하권(下卷) 「유방유록(遊方遺錄)」)

만약 조계(曹溪) 문하의 선객(禪客)이라면, 곧장 해탈한 곳에 도달하여 다시는 두 번째 세 번째에 떨어지지 않을 것이다. 아직 말을 하기 이전에 벌써 두 번째 세 번째에 떨어졌는데, 하물며 어찌 말을 하고 언어로 설명하여[27] 온통 실패(失敗)[28] 속으로 빠져 들겠는가?(若是箇曹溪門下客, 直到解脫處, 更不落二落三. 未擧覺已前, 早是落二落三了也. 何況擧覺言詮總納敗闕?)(『원오불과선사어록(圓悟佛果禪師語錄)』 제10권)

어떤 부류는 머리를 숙이고 생각에 잠기며 의식으로 헤아리니 육신(肉身) 앞에서 무수한 귀신을 보는 줄 전혀 모르는 것이다. 말해 보아라. 의식에 떨어지지 않고, 얻고 잃음에도 관계하지 않고, 문득 이렇게 말한다면, 어떻게 응대하겠느냐?[29] 한번 말해 보아라.(有般底, 低頭佇思, 意根下卜度, 殊不知髑髏前見鬼無數. 且道. 不落意根, 不抱得失, 忽有箇恁麼擧覺, 作麼生祇對? 試擧看.)(『불과원오선사벽암록(佛果圜悟禪師碧巖錄)』 제4권 제36칙)

장경(長慶)과 보복(保福)은 설봉(雪峰)의 문하에서 늘 서로 말을 하여 값을 매기곤 하였다. 하루는 여느 때처럼 이와 같은 말을 하였다. "어찌 아라한에게는 삼독(三毒)이 있다고 말하면서 여래에게 두 종류의 말이 있다고는 말하지 않는가?"(長慶保福在雪峰會下, 常互相擧覺商量. 一日平常如此說話云: "寧說阿羅漢有三毒, 不說如來有二種語?"(『불과원오선사벽암록(佛果

27 언전(言詮): 말로 설명하다.
28 패궐(敗闕): 손해보다. 실패하다. 좌절하다. 꺾이다.
29 지대(祇對): = 지대(只對). 응대하다. (공경하게) 응대하다. 응답하다.

圜悟禪師碧巖錄)』 제10권 제95칙)

또 어떤 부류는 서로 번갈아 전해 주고 말을 하여 값을 매기는 것을 기특하게 여겨, 마구 입을 놀리며 마음을 더럽히고 있다.(更有一般底, 遞相傳授, **擧覺**商量, 將爲奇特, 爛嚼細嚥, 垢汙心田.)(『연등회요(聯燈會要)』 제28권 '동경정인도해선사(東京淨因道楷禪師)')

한번 입실(入室)하여 고금의 인연을 끄집어내어 말하고 난해한 이야기[30]를 제시하여[31] 이익 얻기를 바란다.(入室一次, **擧覺**古今因緣, 提掇殽訛, 貴得有所滋益.)(『가태보등록(嘉泰普燈錄)』 제25권 '태평불감근선사(太平佛鑒懃禪師)')

만약 진여실제(眞如實際)를 말한다면, 꼭 멀쩡한 살에 상처를 내는 것과 같다. 다시 조사의 뜻을 헤아린다면, 바로 헛것을 보고 진짜로 여기는 짓이다. 석가모니가 49년 동안 꿈 이야기한 것은 우선 놓아두고, 승당 안에서 교진여 상좌가 그대들에게 말한 것은 기억하느냐?[32](若道眞如實際, 大似好肉剜瘡. 更作祖意商量, 正是迷頭認影. 老胡四十九年說夢卽且止, 僧堂裡憍陳如上座, 爲你諸人**擧覺**底, 還記得麽?)(『오등회원(五燈會元)』 제16권 '평강부묘담사니문조선사(平江府妙湛寺尼文照禪師)')

『신찬선학대사전』과 『가산불교대사림』에서는 거각(擧覺)을 거양경각(擧揚警覺)의 줄임말로 보고, 거(擧)는 스승이 공안(公案)을 말하거나 동작

30 효와(殽訛) : ① 글이 까다로와 이해하기 어려움. 글이 난잡하여 오해하기 쉬움. 일부러 어렵게 보이도록 비틀어 말함. ② 난잡하게 뒤섞임. 뒤흔들어 어지럽힘. 뒤섞여 잘못됨. = 오아(聱牙), 효와(淆訛), 요와(譊訛), 오와(聱訛). 공안(公案)으로 제시된 것이나, 고금의 스님들이 불법에 관하여 언급한 이야기들을 가리킨다. 고금인연(古今因緣)과 같은 것.

31 제철(提掇) : 제시(提示)하다. (의견이나 안건 따위를) 내어놓다. 앞의 거각(擧覺)과 같은 뜻. 고금인연(古今因緣)과 효와(殽訛)도 같은 것을 가리킨다.

32 기득(記得) : 기억하다. 기억하고 있다.

을 해 보이는 것이고, 각(覺)이란 그것으로 말미암아 학인이 깨닫는 것이라고 설명하고 있으나, 위의 사례에서 보듯이 일반적으로는 그렇게 이해할 수 있는 것이 아니다. 오히려 '이야기를 꺼내어 말해 주다', '말하여 알려 주다', '말해 주다'는 정도의 뜻이다. 즉, 거각(擧覺)은 거(擧)와 별 차이 없는 뜻으로 사용되고 있다.

그러나 일부러 거각(擧覺)이라고 쓴 것은 역시 각(覺)의 뜻을 부가하고 있다고 보아야 한다. 각(覺)은 '일깨우다', '깨우치다'는 뜻이므로 거각(擧覺)은 '일화 등을 말하여 일깨우다', '예를 들어 말하여 깨우치다', '공안이나 화두를 말하여 일깨우다'는 뜻이다. 『대혜어록』에서는 거각(擧覺)을 항상 제시(提撕)와 더불어 사용하고 있는데, 제시는 '언급하다', '끄집어내어 말하다', '제기(提起)하다', '제출하다'는 뜻인 제(提)와 '일깨우다', '깨우치다'는 뜻인 시(撕)가 합성된 말로서 '(무엇을) 끄집어내어 말하여 일깨우다', '(무엇을) 제시하여 깨우쳐주다'는 뜻이다. 이처럼 거각과 제시는 뜻이 동일하지만, 다수의 사례에서는 거각(擧覺)은 거(擧)와 동일하게 '말하다', '말해 주다', '언급하다'는 뜻이고, 제시(提撕)는 시(撕)와 동일하게 '일깨우다', '깨우치다', '말하여 일깨우다'는 뜻으로 번역하는 것이 자연스럽다.

『대혜어록』에서의 사례들은 다음과 같다.

(2) 대혜어록에서의 사례

요즈음 총림에선 삿된 법이 마구 일어나 중생의 눈을 어둡게 하는 일이 헤아릴 수 없이 많습니다. 만약 옛사람의 공안(公案)을 끄집어내어 말하여 자신에게 일깨워 주지 않는다면, 곧 눈먼 사람이 손에서 지팡이를 놓쳐 버리는 것과 같아서, 한 걸음도 떼놓지 못합니다.(近世叢林, 邪法橫生, 瞎衆生眼者, 不可勝數. 若不以古人公案**擧覺**提撕, 便如盲人放卻手中杖子, 一步也行不得.)(『대혜보각선사법어(大慧普覺禪師法語)』 제19권. 2. 동봉거사(東峰

居士)에게 보임)

믿지 못하는 자가 있을까 염려하여, 세 번 네 번 일깨워 주고 말해 주며 진흙을 묻히고 물에 젖는[33] 일을 마다하지 않으니,(恐有信不及者, 不免再四提撕擧覺, 拕泥帶水,)(『대혜보각선사법어(大慧普覺禪師法語)』 제19권. 2. 동봉거사(東峰居士)에게 보임)

이 도를 배움에, 아직 들어갈 곳을 얻기 전에는 굉장히 어려운 것처럼 느껴지는데, 종사(宗師)가 말해 주는 것을 듣고서는 더욱더 알기가 어렵다고 느낍니다.(學此道, 未得箇入頭處時, 覺得千難萬難, 聞宗師擧覺, 愈覺難會.)(『대혜보각선사법어(大慧普覺禪師法語)』 제19권. 3. 지통거사(智通居士)에게 보임)

다만 하루 종일 가고 머물고 앉고 눕는 속에서 순간순간[34] 자신에게 일깨워 주시고 순간순간 자신에게 말해 주셔서, "개에게도 불성이 있습니까?" "없다."를 일상의 삶에서 떼어놓지 마십시오.(但向十二時中四威儀內, 時時提撕, 時時擧覺, "狗子還有佛性也無?" 云: "無." 不離日用.)(『대혜보각선사서(大慧普覺禪師書)』 제26권. 13. 부추밀(富樞密) 계신(季申)에 대한 답서(1))

33 타니대수(拕泥帶水) : 진흙을 묻히고 물에 젖는다는 뜻인 타니대수(拕泥帶水)는 선가(禪家)에서 가르침을 펼 때, 곧바로 재빠르게 가리켜 주지 않고 말로 설명하고 자세히 일러주는 경우를 가리키는 말이다. 진흙에 들어가고 물에 들어간다는 뜻인 입니입수(入泥入水)라 하기도 하고, 진흙과 섞이고 물과 섞인다는 뜻인 화니화수(和泥和水)라 하기도 한다. 가르침을 펼치려면 법을 세우고 말로 가리키지 않을 수 없으니 이렇게 말하지만, 이것은 반드시 비난받을 일만은 아니니, 노파심이 간절한 자비를 베푸는 것이기 때문이다. 그러므로 가르침은 언제나 자기가 맞을 몽둥이를 짊어지고 나서는 일이라고 하는 것이다. 타니섭수(拕泥涉水)라고도 한다.

34 시시(時時) : ① 때때로. 이따금. ② 순간순간 지나가는 시간을 가리킨다.

4) 제시(提撕)

『한한대사전(漢韓大辭典)』

제시(提撕) : ① 잡아서 이끌어 줌.(『詩經』「大雅」'抑' 匪面命之, 言提其耳. 「鄭玄箋」我非但對面語之, 親提撕其耳.)

② 교도(敎導)함. 깨우침.(北齊 顔之推『顔氏家訓』「序致篇」業以整齊門內, 提撕子孫.)

③ 떨쳐 일으킴. 진작(振作)함.(唐 韓愈『南內朝賀歸呈同官詩』所職事無多, 又不自提撕.)

제(提) : ① 말을 꺼내다. 언급하다.(『西遊記』15回. 『紅樓夢』10回)

② 제시하다.(『紅樓夢』62回)

③ 지적하다. 꼬집어내다.(唐 韓愈『進學解』. 『紅樓夢』46回)

④ 가지다. 꺼내다.(『尙書大傳』)

⑤ 틀어쥐다. 휘어잡다.(『周禮』. 『史記』)

⑥ 들다. 손에 들다.(『國語』. 『禮記』. 『莊子』)

⑦ 당겨 올리다. 위로 잡아당기다.(『詩經』)

시(撕) : ① 일깨우다.(『廣韻』「齊韻」撕, 提撕也. 『正字通』「手部」撕, 提撕警覺. 『詩經』「大雅」'抑' 匪面命之, 言提其耳. 「鄭玄箋」我非但對面語之, 親提撕其耳. 北齊 顔之推『顔氏家訓』「序致篇」業以整齊門內, 提撕子孫.)

② 손으로 얇은 물건 따위를 붙잡고 찢거나 쪼개다.(『集韻』「支韻」. 『正字通』「手部」. 『紅樓夢』31回)

제기(提起) : ① 손에 잡다. 들어 올리다.(『水滸傳, 53回』)

② 말을 꺼내다. 언급하다.(明 高明『(元本)琵琶記』)

제요(提要) : 요점을 제시함.

『송어언사전(宋語言詞典)』

제시(提撕) : ① 일깨우다. 깨우치다. 주의를 환기시키다. 제시(提示)하다. 계발(啓發)하다. ② 탐구하다. 참구(參究)하다.

『중한대사전(中韓大辭典)』

제시(提撕) : ① 귀를 잡아당기다. ② 분발시키다. ③ 돌보다. 보살피다. 육성하다. = 제휴(提攜).

『신판선학대사전(新版禪學大辭典)』

제시(提撕) : ① 제(提)와 시(撕) 모두 '손에 들다'는 뜻. 사가(師家)가 학인(學人)을 지도하고 이끄는 것. ② 고칙공안(古則公案) 등을 한마음으로 공부하는 것.

『선어사전(禪語辭典)』

제시(提撕) : 종사가 학인을 지도하는 것. 『시경(詩經)』의 주(注)에 "나는 얼굴을 마주보고 말해 줄 뿐만 아니라, 직접 그의 귀를 잡아당긴다(提撕)."라는 말에서 유래한다. 귀를 잡아당겨 입을 가까이 하여 깨우쳐 주는 것.

『선종사전(禪宗詞典)』

제시(提撕) : ① 제시(提示)하다. 계발(啓發)하다. ② 탐구(探究)하다. 참구(參究)하다.

『주해어록총람(註解語錄總覽)』

제시(提撕) : 잡들다. 眉訓提而振之也.(유학자(儒學者) 미암(眉巖) 유희춘(柳希

春)은 '붙잡아 떨친다'라고 풀이하였다.)

『한한대사전(漢韓大辭典)』의 경우에 '제시(提撕)'에 대한 설명으로 『시경(詩經)』「대아(大雅)」의 '억(抑)'에 나오는 "匪面命之, 言提其耳."라는 구절에 대한 정현(鄭玄; 127~200)의 주석서인 『정현전(鄭玄箋)』에 있는 "我非但對面語之, 親提撕其耳."라는 구절을 근거로 하여 제시의 뜻을 '잡아서 이끌어 준다'라고 정하고, 다시 『안씨가훈(顔氏家訓)』「서치편(序致篇)」에 있는 "業以整齊門內, 提撕子孫."라는 구절을 근거로 하여 제시의 뜻을 '깨우치다, 교도하다'라고 정해 놓았다. 한편 '시(撕)' 항목에서는 『정현전』과 『안씨가훈』의 두 구절을 사례로 들면서 『광운(廣韻)』「제운(齊韻)」의 "撕, 提撕也."라는 구절과 『정자통(正字通)』「수부(手部)」의 "撕, 提撕警覺."이라는 구절을 근거로 하여 시의 뜻을 '일깨우다'로 정하였다. 『정자통』에서는 '제시(提撕)'와 '경각(警覺)'을 함께 써서 '일깨우다'는 뜻을 보다 분명히 하였다. 『선어사전(禪語辭典)』도 『정현전』에 근거하여 '제시'의 뜻을 '귀를 잡아당겨 입을 가까이 하여 깨우쳐 주는 것'이라고 규정하였다. 이로써 보면 '제시'는 '간곡히 말하여 일깨워 준다'는 뜻이다. '제(提)'에는 '말해 주다'는 뜻이 있고 '시(撕)'에는 '일깨워 주다'는 뜻이 있으니, '제시(提撕)'는 '말해 주다'는 뜻인 '거(擧)'와 '일깨우다'는 뜻인 '각(覺)'이 결합한 '거각(擧覺)'과 동일한 뜻이 된다.

당대(唐代) 불교 문헌 및 송대(宋代) 대혜 생존 전후 시기의 문헌을 살펴보면 제시(提撕)라는 문구가 선어록(禪語錄) 뿐만 아니라 유교의 어록(語錄)에도 여러 곳에서 등장한다. 그 주요한 사례들을 살펴보면 다음과 같다.

(1) 당송대(唐宋代) 불교 문헌에서의 사례

이름은 같으나 뜻이 다름을 허용하지 않는다면, 질문은 하나인데 답이 달라질 수는 없다. 이것이 떠오르면, 저것은 저절로 가라앉는다. 그와 같음을 아직 깨닫지 못했다면, 다시 깨우쳐준다.(若名同不許義異, 則問一不得答殊. 此例既昇, 彼並自沒. 如其未喩, 更爲提撕.)『속고승전(續高僧傳)』 제3권)(645년 간행)

*. 여기에선 제시(提撕)를 '말하다'로 번역해도 뜻이 통한다.

자비로운 마음으로 흥미를 가지고 깊은 문장의 숨은 뜻에 이르러서는, 매번 정성을 다하여 반복하여 그의 귀에다 말하여 깨우쳐줄 뿐이었다. 오직 한스러운 것은 배우는 자가 재빨리 받아들이지 못하고, 읽는 자가 충분히 받아들이지 못하는 것이었다.(情趣慈心至於深文隱義, 每丁寧頻復提撕其耳. 唯恨學者受之不速, 覽者聽之不盡.)『속고승전(續高僧傳)』 제8권)

*. 여기에선 제시(提撕)를 '말하다'로 번역해도 뜻이 통한다.

마가다국에서 숲 속을 거닐다가 한 사미(沙彌)가 불경(佛經)을 외우고 있는 것을 보았는데, 그 문장과 구절이 잘못되고 문자가 어지러웠다. 아난이 이를 듣고서 감동하여 사모하는 생각이 더하여 천천히 그곳을 찾아가 깨우쳐주었다.(在摩揭陀國, 於林中經行, 見一沙彌, 諷誦佛經, 章句錯謬, 文字紛亂. 阿難聞已, 感慕增懷, 徐詣其所, 提撕指授.)『大唐西域記』 제7권)(646년 간행)

물었다. "발을 들어 천길 계곡을 지나 원천(源泉)을 찾을수록 더욱 길을 잃습니다. 그 속의 한 구절(句節)을 스님께서 말씀해 깨우쳐주시기 바랍니다." 선사가 말했다. "천년된 그림자 없는 나무가 오늘 가지를 드러내는구나."(問 : "擧步涉千谿, 尋源轉迷路. 箇中一句子, 請師爲提撕." 師云 : "千年無影樹, 今日見枝何?")『천성광등록(天聖廣燈錄)』(1036년 간행) 제16권 '분주대

중사태자원사자선소선사(汾州大中寺太子院賜紫善昭禪師)')

*. 여기에선 제시(提撕)를 '말하다'로 번역해도 뜻이 통한다.

스님이 지문산(智門山)에 이르러 30여 년이 지났는데, 매번 배우는 사람들이 가르침을 청할 때마다 싫어하지 않고 깨우쳐주었다.(師到智門山三十餘年, 每有學者請益, 不倦提撕.)(『천성광등록』 제20권 '수주지문산법근상좌(隋州智門山法觀上座)')

*. 여기에선 제시(提撕)를 '말하다'로 번역해도 뜻이 통한다.

상당하자 한 승려가 물었다. "사부대중이 모두 보좌(寶座) 앞에 있으니, 스님께서 방편으로 깨우쳐주십시오." 선사가 말했다. "사천(四川)의 노래에 비록 운율이 있지만, 화답하는 사람이 드문 것이 염려스러울 뿐이다."(上堂, 僧問: "四衆齊臨於寶座, 請師方便爲提撕." 師云: "巴歌雖有韻, 秖恐和人稀.")(『천성광등록』 제24권 '담주운암산청조선사(潭州雲巖山清眺禪師)')

*. 여기에선 제시(提撕)를 '말하다'로 번역해도 뜻이 통한다.

"발을 내딛어 천길 계곡을 건너 근원을 찾으니 더욱 길을 잃습니다. 그 속의 한 구절을 스님께서 방편으로 깨우쳐주시기 바랍니다."("擧步涉千谿, 尋源轉路迷. 箇中一句, 子請師方便爲提撕.")(『분양무덕선사어록(汾陽無德禪師語錄)』 상권(上卷))(1020년 이전 초간. 1310년 중간)[35]

*. 여기에선 제시(提撕)를 '말하다'로 번역해도 뜻이 통한다.

---

35 분양선소(汾陽善昭)는 947~1024년 생존.

밝음은 하늘과 땅을 뒤덮고, 뚜렷함은 예와 오늘에 걸쳤고, 천차만별을 꺾어버리고 우뚝하게 솟으니, 천 명의 성인이라도 일깨우지 못한다.[36] 이것이 납자(衲子)가 옷을 내려놓는 곳이다.(明明蓋天蓋地, 歷歷亘古亘今, 坐斷千差壁立萬仞, 千聖提撕不到, 是衲子放下複子處.)(『원오불과선사어록(圜悟佛果禪師語錄)』 제10권)(1133년 초간. 1404년 복간.)[37]

*. 여기에선 제시(提撕)를 '말하다'로 번역해도 뜻이 통한다.

수시(垂示)하여 말했다. "뜻으로 이르지 못하니 바로 일깨우기에 알맞고, 말씀으로 미치지 못하니 마땅히 재빨리 눈여겨보아야 한다."(垂示云 : "意路不到, 正好提撕. 言詮不及, 宜急著眼.")(『불과원오선사벽암록(佛果圜悟禪師碧巖錄)』 제7권)(1125년 이전 초간. 1300년 판본)

편지로써 말했다. "예전에 간절히 일깨워 주신 은혜를 입었으나, 늘 술에 취하여 꿈을 꾸는 것처럼 빛 속에서 어렴풋하였습니다.[38] 아마도 의심이 없어지지 않고 목숨이 끊어지지 않았기 때문에, 절벽을 보고는 뒤로 물러설 뿐이었던 것입니다."(報以書曰 : "往年嘗蒙, 苦苦提撕, 長如醉夢, 依俙在光影中. 蓋疑情不盡, 命根不斷. 故望崖而退耳.")(『오등회원(五燈會元)』 제17권 '태사산곡거사황정견(太史山谷居士黃庭堅)')(1252년 간행)

"소양(韶陽)의 뚜렷한 구절(句節)을 알고자 하느냐? 오늘 얼굴을 마주하고 깨우쳐주겠다." 주장자를 내리치고는 자리에서 내려왔다.("要會韶陽親切句? 今朝覿面爲提撕." 卓拄杖, 下座.)(『오등회원』 제18권 '평강부혜일묵암홍도

36 부도(不到) : = 부도득(不到得). -에 이르지 못하다. -에 미치지 않다. -을 해내지 못하다. 반드시 -라고는 할 수 없다. 도(到)는 동사의 보어로 쓰여 가능이나 목적의 달성을 나타낸다.

37 원오극근(圜悟克勤)은 1063~1125년 생존.

38 의희(依俙) : 어렴풋하다. 희미하다. 아련하다.

선사(平江府慧日默庵興道禪師)')

불감(佛鑑) 선사의 야참(夜參)을 들었는데, 조주의 뜰앞의 잣나무 이야기를 하다가 각철자(覺鐵觜)가 '선사(先師)는 이런 말씀을 하시지 않았으니, 선사를 욕하지 않는 것이 좋을 것입니다.'라고 하는 데에 이르자 크게 의심하게 되었다. 이 의심으로 말미암아 일깨우기를 오래하였는데, 어느 날 저녁에 확 깨달았다.(聞佛鑑禪師夜參, 擧趙州柏樹子話, 至覺鐵觜云: '先師無此語, 莫謗先師好.' 因大疑. 提撕旣久, 一夕豁然.)(『오등회원』 제19권 '상덕부문수심도선사(常德府文殊心道禪師)')

서촉(西蜀)으로 벼슬살이 나간 김에 남당정(南堂靜) 선사를 찾아 심요(心要)를 의논하였다. 남당 선사는 그에게 모든 곳에서 일깨우도록 하였는데, 변소에 갔다가 문득 악취에 급히 손으로 코를 막다가 드디어 깨달음이 있었다.(因官西蜀, 謁南堂靜禪師, 咨決心要. 堂使其向一切處提撕. 適如厠, 俄聞穢氣, 急以手掩鼻. 遂有省.)(『오등회원』 제20권 '막장상서(莫將尙書)')

'개에게는 불성이 없다'는 화두를 가지고, '없다'는 글자를 말하여 일깨웠다. 어느 날 저녁공양 전에 불전(佛殿)의 기둥에 기대어 졸고 있는 사이에 자기도 모르게 입에서 '없다'는 말이 흘러나오자 문득 깨달았다.(以狗子無佛性話, 擧無字而提撕. 一夕將三鼓, 倚殿柱昏寐間, 不覺無字出口吻, 忽爾頓悟.)(『오등회원』 제20권 '요주천복오본선사(饒州薦福悟本禪師)')

한 번은 억누르고 한 번은 띄우고, 한 번은 빼앗고 한 번은 놓아주며, 각자 한 손을 내밀어 이 일을 일깨운다. 말해 보아라. 무슨 일인가?(一抑一揚, 一奪一縱, 各出一隻手, 提撕此事. 且道. 是什麽事?)(『굉지선사광록(宏智禪師廣錄)』 제1권)(1708년 판본)[39]

납승의 수단은 도리어 저 부모를 뺏어버리는 재치이니 은혜를 알아야 은혜를 갚는다. 말씀 속에서 왔다갔다하며 긍정하는 듯 하지만 긍정하지 않고, 테두리 밖에서 일깨우는 것은 동산(洞山)의 것이다.(衲僧手段, 還他奪父之機, 知恩報恩. 句中宛轉, 似肯不肯, 量外提撕, 箇是洞山底.)『굉지선사광록(宏智禪師廣錄)』 제1권)

선사(先師) 노화상을 내가 오래도록 모셨을 때에 여러 번 간곡하게 깨우쳐주시는 은혜를 입었으니, 그 은혜에 감사하는 정성을 어찌 잊겠습니까?(先師老和尙, 某奉侍日久, 多蒙苦口提撕, 追遠之誠, 何可忘也?)(『고존숙어록(古尊宿語錄)』 제27권 '서주용문불안화상어록(舒州龍門佛眼和尙語錄)')(1403년 판본)[40]

물었다. "종승(宗乘) 속의 일을 스님께서 깨우쳐주십시오." 선사가 말했다. "무엇이라고?" 선사는 다시 그를 불러 가까이 오게 하고는 말했다. "이것이 깨우쳐주는 것이다. 네가 종승 속의 일이라고 말한다면 옳지 않다." 학인이 말했다. "종승 속의 일은 어떤 것입니까?" 선사가 곧 한 방망이 때렸다.(問: "宗乘中事, 乞和尙提撕." 師云: "是什麽?" 師卻喚近前. "這箇是提撕. 汝喚作宗乘中事卽不得." 學云: "未審宗乘中事如何?" 師便打一棒.)(『고존숙어록』 제37권 '고산선흥성국사화상법당현요광집(鼓山先興聖國師和尙法堂玄要廣集)')(1403년 판본)[41]

---

39 굉지정각(宏智正覺)은 1091~1157년 생존. 『굉지선사광록(宏智禪師廣錄)』의 초간은 굉지 사후 얼마되지 않았을 때일 것이다.

40 용문불안(龍門佛眼)은 1067~1120년 생존. 『고존숙어록(古尊宿語錄)』은 1403년에 간행되었지만 1403년에 새로 쓰여진 것이 아니라, 모두 그 이전에 존재했었던 어록들을 모아서 편집한 것이다. 그러므로 『고존숙어록』을 구성하는 각 어록의 내용은 그 이전의 내용을 그대로 담고 있다고 보아야 할 것이다.

41 고산신안(鼓山神晏)은 ?~943년 생존.

임금이 말했다. “공부하여 어떻게 투철하게 됩니까?” 선사가 말했다. “공부하는 것은 마음이 있는 것이고, 투철한 것은 마음이 없는 것입니다. 폐하께선 다만 매일 생활 속 인연을 만나는 곳에서 늘 일깨우십시오.”

(上曰 : “做工夫如何得徹?” 師云 : “做工夫是有心, 打徹是無心. 陛下但於日用應緣處, 常常提撕.”)(『고존숙어록』 제48권 ‘불조선사주대록(佛照禪師奏對錄)’)(1403년 판본)[42]

선사가 말했다. “백척이나 되는 장대 위에 앉아 있을 때에 폐하께선 어떻게 한 발 내딛겠습니까?” 수황제(壽皇帝)가 말을 못하고 머뭇거리자, 선사가 “악!” 하고 한 번 소리질렀다. 수황제가 말했다. “스님의 깨우쳐주심에 감사드립니다.”(師云 : “正坐在百尺竿頭, 陛下如何進步?” 壽皇擬議, 師嚗一聲. 壽皇云 : “謝禪師提撕.”)(『고존숙어록』 제48권 ‘불조선사주대록(佛照禪師奏對錄)’)(1403년 판본)

선사가 말했다. “폐하의 질문을 공손히 받드옵니다. 매일 가만히 앉아 있는 것밖에 따로 무엇을 할까요? 폐하께선 다만 가만히 앉아 있는 곳에서 ‘이 무엇인가?’ 하고 일깨워 보십시오. 만약 따로 있다면 그것은 군더더기입니다.”(師答云 : “恭承至尊垂問. 每日止是塊坐, 別做得個什麽? 陛下但於塊坐處, 提撕看是什麽? 若別有, 卽是剩法.”)(『고존숙어록』 제48권 ‘불조선사주대록(佛照禪師奏對錄)’)(1403년 판본)

(2) 송대(宋代) 유교(儒敎) 문헌에서의 사례

주자학(朱子學)의 창시자 주희(朱熹; 1130~1200)가 문인지우(門人知友)들과

42 불조덕광(佛祖德光)은 1121~1203년 생존.

나눈 대화를 분류하여 엮은 책인 『주자어류(朱子語類)』는 1270년 여정덕(黎靖德)이 주자의 어록(語錄)과 어류(語類)를 함께 묶어 편찬한 것인데, 여기에 '제시(提撕)'라는 단어가 10군데 이상 등장하고 있다. 주자는 10대 후반에 대혜종고에게서 선(禪)을 배운 바 있는 유통판(劉通判; 1101~1147)[43] 자휘(子翬)를 스승으로 모시고 공부하였고, 대혜의 수좌인 도겸(道謙)에게 간화선을 지도받기도 하였다.[44] 유학(儒學)에서 주자가 스승으로 모시는 정명도(程明道; 1032~1085)와 정이천(程伊川; 1033~1107)의 문집인 『이정전서(二程全書)』나 주자에게 영향을 끼친 유학자들인 장재(張載;

43 『대혜서(大慧書)』 23. 유통판(劉通判) 언충(彦冲)에 대한 답서(1), (2)에 등장하는 유통판이 바로 이 사람이다.

44 대혜의 제자인 효영중온(曉瑩仲溫)이 지은 『운와기담(雲臥紀談)』 하(下)에 다음 이야기가 나온다: 도겸(道謙)은 뒤에 건양(建陽)으로 돌아가 선주산(仙洲山)에 초가집을 짓고 살았는데, 그의 가풍을 들은 사람들이 좋아하며 그에게 귀의하였다. 증시랑(曾侍郎)) 천유(天游), 여사인(呂舍人) 거인(居仁), 유보학(劉寶學) 언수(彦脩), 주제형(朱提刑) 원회(元晦; 주자)과 같은 사람들이 편지로 도를 묻기도 하고 때로는 산속으로 찾아오기도 하였다. 주원회(朱元晦)에게 답한 편지가 있는데 그 대략을 말하면 이렇다. "하루 24시간 속에서 일이 있을 때에는 그 일을 처리하시고 일이 없을 때에는 곧 생각을 돌려 이 한순간 속에서 화두를 일깨워야 합니다. '개에게도 불성이 있습니까?' 조주가 말했습니다. '없다.' 이 화두를 다만 일깨울 뿐이어야 하고, 생각으로 헤아리지도 마시고, 파고들며 따지지도 마시고, 지견(知見)을 내지도 마시고, 억지로 수긍하지도 마십시오. 마치 눈을 감고 황하(黃河)를 뛰어넘는 것과 같아서, 뛰어넘을 수 있을지 없을지를 묻지 말고 자기의 온 힘을 다하여 한 번 뛰어넘어야 합니다. 만약 참으로 뛰어넘는다면, 이 한 번의 뛰어넘음으로써 곧 모든 것에 다 알맞게 될 것입니다. 만약 아직 뛰어넘지 못했다면, 다만 뛰어넘기만 할 뿐, 성공과 실패를 따지지 마시고, 위태로움도 돌아보지 마시고, 용맹하게 앞을 향할 뿐, 다시 머뭇거리지는 마십시오. 만약 머뭇거리며 생각해 본다면, 곧장 이 일과는 아무런 상관이 없게 될 것입니다."(謙後歸建陽, 結茅于仙洲山, 聞其風者, 悅而歸之. 如曾侍郎天游, 呂舍人居仁, 劉寶學彦脩, 朱提刑元晦, 以書牘問道, 時至山中. 有答元晦, 其略曰: "十二時中, 有事時, 隨事應變, 無事時, 便回頭, 向這一念子上提撕: '狗子還有佛性也無?' 趙州云: '無.' 將這話頭, 只管提撕, 不要思量, 不要穿鑿, 不要生知見, 不要强承當. 如合眼跳黃河, 莫問跳得過跳不過, 盡十二分氣力打一跳. 若眞箇跳得, 這一跳, 便百了千當也. 若跳未過, 但管跳, 莫論得失, 莫顧危亡, 勇猛向前, 更休擬議. 若遲疑動念, 便沒交涉也.")

1020~1077)의 『정몽(正蒙)』과 주돈이(周敦頤; 1017~1073)의 『주자전서(周子全書)』 등의 문헌에서 '제시(提撕)'라는 단어가 전혀 등장하지 않는 것으로 보아, 주자가 사용하는 '제시(提撕)'라는 용어는 대혜종고에게서 배운 것이라고 보아야 할 것이다. 유통판은 비록 대혜종고에게서 지도를 받았으나 묵조선(默照禪)을 좋아하여 주자에게도 간화선(看話禪)과 동시에 묵조선(默照禪)도 가르쳤을 것이다. 그러나 묵조선의 주창자인 굉지정각(宏智正覺)의 어록인 『굉지선사광록(宏智禪師廣錄)』에는 '제시(提撕)'가 불과 3번 정도 등장하고 있을 뿐으로서 별로 중요한 의미를 가진 말이 아니다. 따라서 『주자어류』에 등장하는 '제시(提撕)'의 뜻을 살펴보는 것이 대혜종고의 '제시(提撕)'의 뜻을 이해하는 데에 도움이 될 것이다. 『주자어류』에서 '제시(提撕)'가 등장하는 문장들은 다음과 같다.

대학(大學)의 "밝은 덕을 밝히는 데 있다."는 한 구절을 마땅히 늘 일깨워야 한다. 이와 같이 할 수 있으면, 나아갈 곳이 있게 될 것이니, 대개 그 근원은 이에서 발현되기 때문이다.(大學"在明明德."一句, 當常常提撕. 能如此, 使有進步處, 蓋其原自此發見.)(『주자어류(朱子語類)』 제11권)

사람이 학문을 함에 수많은 갈래가 있겠지만, 어찌 본령(本領)이 없으리오? 이것이 정선생(程先生)이 '지경(持敬)'이라는 말을 둔 까닭이다. 다만 이 마음을 일깨워 저것(=지경(持敬))이 밝게 빛나도록 한다면, 일마다 드러나지 않음이 없을 것이고, 오래 한다면 저절로 강건(剛健)해져 힘이 있을 것이다.(人之爲學, 千頭萬緒, 豈可無本領? 此程先生所以有'持敬'之語. 只是提撕此心, 教他光明, 則於事無不見, 久之自然剛健有力.)(『주자어류』 제11권)

사람이 고요히 앉아 생각이 없을 때도 있고, 도리(道理)를 사량하는 때도 있지만, 어찌 한 개 그림에 두 번 색칠을 하여 고요히 앉는 때와 독서할 때의 공부가 전혀 같지 않다고 말하겠는가? 마땅히 앉아서 함양(涵養)할 때에 바로 도리를 자세히 살펴 생각하여야 한다. 다만 이것이 곧 함양이니, 일깨우고 깨우침에 도리를 가지고 저 삿된 망념(妄念)을 물리친다는 말은 아니다. 다만 스스로 도리를 사량할 때에는 저절로 삿된 생각이 일어나지 않는다.(人也有靜坐無思念底時節, 也有思量道理底時節, 豈可畫爲兩塗, 說靜坐時與讀書時工夫逈然不同! 當靜坐涵養時, 正要體察思繹道理. 只此便是涵養, 不是說喚醒提撕, 將道理去却那邪思妄念. 只自家思量道理時, 自然邪念不作.)(『주자어류』 제11권)

*. 여기에선 환성(喚醒)과 제시(提撕)라는 동의어(同義語)가 반복 사용되고 있다. 환성(喚醒)은 '일깨우다. 비유를 들어 깨우치다', '불러서 잠을 깨우다'는 뜻으로서, 제시(提撕)와 동일한 의미이다.

밝은 덕은 전체의 묘(妙)를 가리키고 그 아래에 여러 절목(節目)이 있는데, 그 모두는 밝은 덕을 의지하여 행하는 것들이다. '밝은 덕을 밝힌다'에서 '밝힌다'는 다만 일깨우는 것이다.(明德是指全體之妙, 下面許多節目, 皆是靠明德做去. '明明德', '明'只是提撕也.)(『주자어류』 제14권)

*. 여기에선 제시(提撕)가 명(明)과 같은 뜻으로 사용되었다. 마음속의 밝은 덕을 '밝힌다'는 것은 곧 밝은 덕을 '일깨운다'는 것이다.

대학(大學)은 모름지기 격물(格物)로부터 들어가고, 격물은 사람을 공경하는 것이 가장 좋다. 단지 공경하기만 하면 곧 격물할 수 있다. 공경함은 곧 사물에 철저히 밝은 것이다. 오늘날 사람은 도리어 꼼짝하지 않고 앉아서 마치 혼미(昏迷)하고 피곤한 것 같으니, 반드시 일깨워야 한다. 일깨움이 곧 공경이고, 혼미하고 피곤함이 곧 방자함이니, 방자함은 곧 공경하지 않는 것이다.(大學須自格物入, 格物從敬人最好. 只敬, 便能格物. 敬是個瑩徹底物事. 今人却塊坐了, 相似昏倦, 要須提撕著. 提撕便敬,

昏倦便是肆, 肆便不敬.)(『주자어류』 제14권)

*. 여기선 제시(提撕)가 혼권(昏倦)의 상대어(相對語)로 사용되었다. 일깨움은 곧 혼미하고 피로함에 반대되는 뜻이다.

사람의 한 마음은 본래 밝다. 늘 그것을 일깨워 일으키고, 물욕(物欲)에 가려막히지 않도록 하라. 바로 이것으로써 본령(本領)을 행한 연후에 격물치지(格物致知)로 나아간다.(人之一心, 本自光明. 常提撕他起, 莫爲物欲所蔽. 便將這個做本領, 然後去格物致知.)(『주자어류』 제15권)

하늘의 밝은 명령이 곧 하늘이 나에게 명령하는 까닭이고, 내가 덕을 행하는 까닭이다. 그러나 하늘이 나에게 준 것이 비록 지극히 선(善)하다고 하여도, 참으로 늘 일깨우고 밝게 살펴서 큰 작용을 전체로 남김없이 드러나게 하지 못한다면, 사람의 욕심은 더욱 불어나고 하늘의 도리는 더욱 어두워진다.(天之明命, 是天之所以命我, 而我之所以爲德者也. 然天之所以與我者, 雖曰至善, 苟不能常提撕省察, 使大用全體昭晰無遺, 則人欲益滋, 天理益昏.)(『주자어류』 제16권)

*. 여기에선 제시(提撕)와 성찰(省察)이 유사한 뜻으로 나란히 사용되었다. 성찰(省察)은 '반성하여 살피다', '자세히 살피다'는 뜻이다.

'고시천지명명(顧諟天之明命)'을 옛 주(註)에서는 "늘 눈을 그것에 둔다."(常目在之)라고 하였는데, 이 말씀이 지극히 좋다. 이것은 한 물건을 늘 눈앞에 놓고서 볼 수 있다는 말이 아니라, 단지 이 마음을 늘 보존한다는 것이다. 이 도리를 밝게 알아 어둡지 않으면 바야흐로 고요히 앉아 사물과 접하지 않을 때에도 이 도리는 흔들림없이 담연하고 맑으며, 일을 만나고 사물을 응대하더라도 이 도리는 역시 바로 그곳에서 드러난다. 사람이 늘 일깨우고 자세히 살펴 생각생각 잊지 않고 보존하고 기르기를 오래하기만 한다면,[45] 이 도리는 더욱 밝아져서, 비록 잊고 싶어도 잊을 수 없는 것이다.('顧諟天之明命.' 古註云: "常目在之." 說得極好. 非謂有一物常在目前可見, 也只是長存此心. 知得有這道理光明不昧, 方其靜坐未接物也, 此理固湛然淸明, 及其遇事而應接也, 此理亦隨處發見. 只要人常**提撕**省察, 念念不忘, 存養久之, 則是理愈明, 雖欲忘之而不可得矣.)(『주자어류』 제16권)

*. 여기에서도 제시(提撕)와 성찰(省察)이 유사한 뜻으로 나란히 사용되었다.

묻는다. "'고시천지명명(顧諟天之明命)'을 '늘 눈을 그것에 둔다.'라고 하는데, 어떻습니까?" 답한다. "고시(顧諟)는 이것을 본다는 것이다. 목재(目在)는 눈이 그것을 가지고 있는 것과 같다는 것이니, 늘 이 도리를 아는 것이지, 직접 눈으로 본다는 말은 아니다. '서면 그 앞에 참여함을 보고, 수레에 있으면 그 멍에에 의지함을 본다'[46]는 것이 바로 이러한 모습이다. 늘 여기에서 일깨워서 어둡에 기대지 않도록 하기만 하면 된다.(問: "'顧諟天之明命.' 言'常目在之.' 如何?" 曰: "顧諟, 是看此也. 目在, 是如目存之, 常知得有此理, 不是親眼看. '立則見其參於前, 在輿則見其倚於衡.' 便是這模樣. 只要常常**提撕**在這裏, 莫使他寄昧了.")(『주자어류』 제16권)

*. 여기에서 제시(提撕)는 어둡지 않도록 한다는 뜻이다.

---

45 지요(只要): ① -하기만 하면 (된다). ② 만약-라면.

46 『논어(論語)』에 나오는 구절이다. 서 있으면 앞에 솔선해서 참여한 것을 볼 수 있고, 수레를 타고 가면 멍에에 의지하는 것을 본다는 것은 솔선수범하는 모습을 말한다. 이렇게 솔선수범하는 자세가 되어야 행실이 옳게 행해진다는 뜻이다.

마치 북을 그렇게 치면 저절로 사람들로 하여금 일어나 춤추게 하는 것과 같다. 그처럼 백성이 감동하는 까닭도 그 근본에 이러한 도리가 있기 때문이다. 뛰어난 사람이 이미 스스로 그 밝은 덕을 밝혀서 늘 일깨우고 경계하여 채찍질을 한다면, 못난 사람들은 그 모습을 우러러보고 감동하여 각자 그와 같은 선한 마음을 일으키기에 마지 않을 것이다.(如擊鼓然, 自然使人跳舞踴躍. 然民之所以感動者, 由其本有此理. 上之人既有以自明其明德, 時時提撕警策, 則下之人觀瞻感發, 各有以興起其同然之善心, 而不能已耳.)(『주자어류』 제16권)

*. 여기에서는 제시(提撕)가 경책(警策)과 통하는 뜻으로서 나란히 쓰였다.

이 한 개 마음을 모름지기 매일 일깨워야 한다. 지금 늘 각성(覺醒)해 있다가 잠시라도 느긋하게 풀어놓는다면, 곧 사물을 따라 흘러가서 다시 수습(收拾)하기가 어렵다.(此一箇心, 須每日提撕. 今常惺覺, 頃刻放寬, 便隨物流轉, 無復收拾.)(『주자어류』 제16권)

*. 여기에선 제시(提撕)가 성각(惺覺) 곧 각성(覺醒)과 통하는 뜻으로 사용되었다.

다만 한 개 경(敬)을 유지한다고 하여도 쉽게 병(病)이 들 수 있다. 만약 단지 경(敬)만 유지한 채 늘 일깨우지 않는다면, 역시 쉽게 정신이 몽롱하며 피곤하게 된다. 모름지기 일깨워서 사욕(私欲)의 생각이 일어나는 것을 보자마자 바로 물리쳐야 한다. 삼가 지키고 있다가 거듭 삿된 생각이 일어나면 다시 물리쳐야 한다. 늘 일깨우면 삿된 뜻은 당연히 사라질 것이다.(只一箇持敬, 也易得做病. 若只持敬, 不時時提撕著, 亦易以昏困. 須是提撕, 才見有私欲底意思來, 便屏去. 且謹守著, 到得復來, 又屏去. 時時提撕, 私意自當去也.)(『주자어류』 제18권)

*. 여기에선 제시(提撕)의 상대어로서 혼곤(昏困) 즉 정신이 몽롱하고 피곤함을 말하고 있다.

하숙경(何叔京)에게 답하는 편지에서 말했다. "양심(良心)이 나타나는 기미가 보일 때에 맹렬하게 살피고 일깨워서 마음이 어둡지 않도록 한다면, 이것이 공부하는 근본입니다."(答何叔京書曰: "因良心發見之微, 猛省提撕, 使心不昧, 則是做工夫底本領.")(『심경부주(心經附註)』 제4권)

*. 여기에선 제시(提撕)와 통하는 뜻으로서 맹성(猛省) 즉 맹렬하게 살피는 것을 말하고, 제시(提撕)함으로써 마음이 어둡지 않도록[심불매(心不昧)] 만든다고 말한다.

(3) 대혜어록에서의 사례

단지 옛사람의 말씀을 한 번[47] 말하여 일깨워 주기만 하면, 말씀 위에 있지 않으니 뜰 앞의 잣나무 · 발우를 씻어라 · 삼베 서근[48]과 같은 부류들은 만약 한 개를 통과할 때에는 나머지 것들도 항복할 것이니 다시는 힘을 들이지 않게 된다고 합니다.[49](只是以古人言句提撕一徧, 喚作不在言句上, 如柏樹子 · 洗鉢盂 · 麻三斤之類, 若過得一箇時, 餘者撥牌子過, 更不費力.) …… 혹은 〈무엇이 조사가 서쪽에서 온 뜻인가?〉 〈뜰 앞의 잣나무이다.〉라고 물으면, 곧 말하기를 〈한 가지는 남쪽을 향하고, 한 가지는 북쪽을 향한다.〉라 하거나, 혹은 〈삼라만상의 주인이 되어 네 계절을 따라 시들지 않는다.〉라 하기도 합니다. 이상은 모두 눈을 부릅뜨거

47 일편(一徧) : 한 번. = 일편(一遍).

48 〈뜰 앞의 잣나무.〉, 〈발우를 씻어라.〉는 조주종심(趙州從諗)의 말이고, 〈삼베 서근.〉은 동산수초(洞山守初)의 말인데, 모두 화두(話頭)로 사용된다.

49 환작(喚作) : -라 여기다. -라 부르다. = 환주(喚做).

나 말하여 일깨워 주는 곳에 머무는 것이며, 그런 뒤에 그럴듯한 말[50]을 하고서 기특하다고 여기는 것입니다. 바보 같은 놈들입니다! 눈을 부릅뜰 때에 곧 선(禪)이 있는 것도 아니고, 눈을 부릅뜨지 않을 때에 곧 선이 없는 것도 아니며, 말하여 일깨울 때에 곧 선이 있는 것도 아니고, 말하여 일깨우지 않을 때에 곧 선이 없는 것도 아닙니다.(或問 : 〈如何是祖師西來意?〉 〈庭前柏樹子.〉 卽下語云 : 〈一枝南, 一枝北.〉 或云 : 〈能爲萬象主, 不逐四時凋.〉 已上盡在瞠眉努眼提撕處, 然後下合頭語, 以爲奇特. 癡漢! 不可瞠眉努眼時便有禪, 不瞠眉努眼時便無禪也; 不可提撕時便有禪, 不提撕時便無禪也.) …… 어떤 사람은 나의 이와 같은 말을 듣고서, 곧 잘못 알아차리고는 말합니다. 〈말하여 일깨울 때에도 옳고, 말하여 일깨우지 않을 때에도 옳으니, 다시 두 가지가 없다.〉 이와 같은 부류의 사람들은 다시는 구제(救濟)할 수가 없습니다.[51](或者見雲門如此說, 便又錯會云 : 〈提撕時也是, 不提撕時也是, 更無兩般.〉 似這般底, 更是救不得.)(대혜보각선사보설(大慧普覺禪師普說) 제14권. 3. 황덕용이 청한 보설)

*. 여기에서의 제시(提撕)는 분명 '말해 주다'와 '일깨우다'의 두 뜻이 다 들어있다.

오늘 한 번 함께 모여 법을 들음에, 모름지기 사람마다 가지고 있는 이 한 개 대사인연(大事因緣)[52]은 옛날이나 지금이나 변동이 없음을 잘

50 합두어(合頭語) : 이치에 맞는 말. 부합하는 말. 그럴듯한 말. 합두(合頭)는 '상응(相應)하다', '서로 부합(附合)하다.'는 뜻.

51 모두 이치로 이해하여 말하기 때문이다.

52 일대사인연(一大事因緣) : 선(禪)을 공부하고 도(道)를 배우는 일. 오직 하나뿐인 큰 일이라는 일대사(一大事)는 깨달음을 얻는 일을 가리킨다. 일대사인연이란, 깨달음을 얻기 위한 인연이 되는 공부를 가리키니, 선(禪)을 공부하고 도(道)를 배우는 일을 말한다.『법화경(法華經)』에 다음과 같은 내용이 있다: 사리불아, 어찌하여 모든 부처님은 오직 일대사인연 때문에 세상에 나오신다고 하는가? 모든 부처님은 중생으로 하여금 깨달음의 지견(知見)을 열어서

알아서, 잊어버리지도[53] 말고 의식하고[54] 있지도 말고, 다만 스스로 순간순간 (대사인연(大事因緣)을) 일깨워야 한다.(今日一會, 同此聽法, 須知人人有此一段大事因緣, 亘古亘今, 不變不動, 也不著忘懷, 也不著著意, 但自時時提撕.)(『대혜보각선사보설(大慧普覺禪師普說)』 제17권. 12. 전계의가 청한 보설)

*. 여기에서 제시(提撕)는 '(대사인연에) 주의를 환기하다'는 뜻이다.

허망한 생각이 일어날 때에도 의도적으로[55] 눌러 막지 않아야 한다. '움직임을 멈추어 멈춤으로 돌아가면, 멈춤이 더욱 심하게 움직인다.'[56] 다만 움직이고 멈추고 하는 곳에서 한 개 화두(話頭)를 살펴보면, 곧 석가 노인과 달마대사가 출현하는[57] 것이 다만 이것이다. 어떤 스님이 조주에게 묻기를 '개에게도 불성이 있습니까?' 하니, 조주가 말하길 '없다.' 라 하였다. 그대들 조대가들은 흔히 파고들기를 좋아하여 말하길 '이것은 있다 · 없다 할 때의 없다가 아니고 참으로 없는 것이니, 세간에서 말하는 텅 비어서 없는 것에 속하지는 않는다.'라고 한다. 이렇게 말할 때에 저 삶과 죽음에 맞설 수 있겠는가? 저 삶과 죽음에 맞설 수 없다면, 아직 옳지 않은 것이다. 아직 옳지 않다면, 모름지기 움직일 때에도 (화

청정함을 얻도록 하시려고 세상에 나오신다. 중생에게 깨달음의 지견을 보여주시려고 세상에 나오신다. 중생으로 하여금 깨달음의 지견을 깨닫도록 하시려고 세상에 나오신다. 중생으로 하여금 깨달음의 지견에 들어가도록 하시려고 세상에 나오신다. 사리불아, 이것이 곧 모든 부처님이 일대사인연 때문에 세상에 나오신다는 것이니라.(『묘법연화경(妙法蓮華經)』 제1권 「방편품(方便品)」 제2)

53 망회(忘懷) : 잊다, 잊어버리다.

54 착의(着意) : 의식하다. 주의를 기울이다. 일부러, 고의로, 의식적으로. 관대(管帶)와 같음.

55 장심(將心) : 일부러. 고의로. 마음먹고. 의도적으로. 존심(存心)과 같음.

56 삼조승찬의 「신심명(信心銘)」의 한 구절.

57 출래(出來) : (안에서 밖으로) 나오다. 출현하다. 나타나다. 얼굴을 내밀다. 나서다. 생기다. 발생하다.

두를) 일깨우고, 앉아 있을 때에도 (화두를) 일깨우고, 즐거울 때나 성날 때나 기쁠 때나 슬플 때에나 일을 하거나 사람을 대할 때나 모두 (화두를) 일깨우는 때이어야 한다. (화두를) 일깨우고 또 일깨우다 보면 맛이 없어져 마음이 마치 한 개 뜨거운 쇳덩이를 놓아둔 것과 같아지는데, 그러한 때가 곧 좋은 때이니 놓아 버리면 안 된다. 문득 마음 꽃이 밝게 피어 온 우주를 비추면, 한 개 털끝에서 보왕(寶王)의 국토[58]를 드러내고 티끌먼지 속에 앉아 커다란 법(法)의 바퀴를 굴리게 될 것이다.(妄念起時, 亦不得將心止遏. 止動歸止, 止更彌動. 只就動止處看箇話頭, 便是釋迦老子・達磨大師出來, 也只是這箇. 僧問趙州 : '狗子還有佛性也無?' 州云 : '無.' 你措大家多愛穿鑿說道 : '這箇不是有無之無, 乃是眞無之無, 不屬世間虛豁之無.' 恁麽說時, 還敵得他生死也無? 旣敵他生死不得, 則未是在. 旣然未是, 須是行也提撕, 坐也提撕, 喜怒哀樂時, 應用酬酢時, 總是提撕時節. 提撕來, 提撕去, 沒滋味, 心頭恰如頓一團熱鐵相似, 那時便是好處, 不得放捨. 忽然心華發明, 照十方剎, 便能於一毛端現寶王剎, 坐微塵裏轉大法輪.)(『대혜보각선사보설(大慧普覺禪師普說)』 제17권. 12. 전계의가 청한 보설)

*. 여기에서 제시(提撕)는 '(화두를) 살펴보다'와 같은 뜻으로서, '(화두에) 주의를 환기하다'는 뜻이다.

조주가 말한 '개에게는 불성이 없다'는 화두(話頭)를 기뻐하고 성내고 고요하고 시끄러운 곳에서 또한 일깨워야 합니다. 무엇보다 신경을 써서[59] 깨달음을 기다리면 안 됩니다. 만약 신경을 써서 깨달음을 기다린다면, '나는 지금 어리석다'고 스스로 여기는 것입니다. 어리석음을 붙잡고 깨달음을 기다린다면, 헤아릴 수 없는 세월이 지나도 깨달을

58 보왕찰(寶王刹) : 부처님의 국토, 즉 불국토(佛國土). 보왕(寶王)은 부처님, 찰(刹)은 찰토(刹土) 즉 국토(國土)를 뜻함.

59 용의(用意) : ① 마음을 쓰다. 신경을 쓰다. 걱정하다. ② 의도적으로. 일부러.

수 없습니다. 다만 화두를 (속으로) 말할 때에 잠시[60] 정신을 차리고[61] '무슨 도리인가?'하고 살펴보십시오.(趙州狗子無佛性話, 喜怒靜鬧處, 亦須提撕. 第一不得用意等悟. 若用意等悟, 則自謂我卽今迷. 執迷待悟, 縱經塵劫, 亦不能得悟. 但擧話頭時, 略抖擻精神, 看是箇甚麽道理?)(『대혜보각선사법어(大慧普覺禪師法語)』 제19권. 1. 청정거사(淸淨居士)에게 보임)

*. 여기서 제시(提撕)는 화두를 속으로 말하고서 '무슨 도리인가?' 하고 살펴보는 일과 통한다.

요즈음 총림에선 삿된 법이 마구 일어나 중생의 눈을 어둡게 하는 일이 헤아릴 수 없이 많습니다. 만약 옛사람의 공안(公案)을 말하여 제시(提示)하지 않는다면, 곧 눈먼 사람이 손에서 지팡이를 놓쳐 버리는 것과 같아서, 한 걸음도 떼놓지 못할 것입니다. 옛 스님이 도에 들어간 인연을 각 문파별로 분류하고는 말하기를 "이들 몇몇은 도안(道眼) 인연이고, 이들 몇몇은 소리와 색을 벗어난 인연이고, 이들 몇몇은 정식(情識)을 잊는 인연이다."라 하면서, 하나하나[62] 차례차례 모범을 따라 따지고 헤아려서 값을 매깁니다.[63](近世叢林, 邪法橫生, 瞎衆生眼者, 不可勝數. 若不以古人公案擧覺提撕, 便如盲人放卻手中杖子, 一步也行不得. 將古德入道因緣各分門類云 : "這幾則是道眼因緣, 這幾則是透聲色因緣, 這幾則是亡情因緣." 從頭依次第逐則搏量卜度, 下語商量.)(『대혜보각선사법어(大慧普覺禪師法語)』 제19권. 2. 동봉거사(東峰居士)에게 보임)

*. 여기에서의 제시(提示)는 거각(擧覺)과 함께 사용되어서, '말하여

60 약(略) : ① 모두. 전부. ② 전혀(부정문). ③ 잠시. ④ 우연히.

61 두수(抖擻) : ① 넘겨 주다. ② 기운을 내다. 정신을 차리다. ③ 흔들어 털다. 떨쳐 버리다. ④ 벗어나다. 빠져나오다.

62 종두(從頭) : 하나하나, 모조리, 빠짐없이.

63 상량(商量) : 값을 흥정하다. 값을 따지다. 값을 매기다.

제시(提示)하다', '말하여 알리다', '말하여 드러내다'는 뜻이다.

믿지 못하는 자가 있을까 염려하여, 세 번 네 번 일깨워주고 말해주며 진흙을 묻히고 물에 젖는[64] 일을 마다하지 않으니, 대개 일찍이 가출하여 방탕한 나그네 생활을 했기 때문에 나그네를 특별히 가엾게 여기기[65] 때문입니다.(恐有信不及者, 不免再四提撕擧覺, 拕泥帶水, 蓋曾爲浪子偏憐客爾.)『대혜보각선사법어(大慧普覺禪師法語)』제19권. 2. 동봉거사(東峰居士)에게 보임)

요즈음은 이 도가 쇠미합니다. 높은 자리에 앉아서 남의 스승 노릇하는 자가 다만 옛사람의 공안(公案)을 칭찬하기도 하고 비난하기도 하고 밀실(密室)에서 전해 주기도 하는 것을 선도(禪道)로 삼기도 하고, 묵묵히 말없는 것으로 위음나반(威音那畔)이요 공겁이전(空劫已前)의 일로 삼는 것을 선도(禪道)로 삼기도 하고, 눈으로 보고 귀고 듣는 것으로 말해주고 일깨워주는 것을 선도로 삼기도 하고, 미쳐 날뛰는 헛된 행동으로 부싯돌 불이 일 듯이 번갯불이 일 듯이 말을 꺼내기만 하면 곧장 이해하고는 모든 것을 싹 없애 버리는 것을 선도로 삼기도 합니다.(近年已來, 此道衰微. 據高座爲人師者, 只以古人公案或褒或貶, 或密室傳授爲禪道者; 或以默然無言, 爲威音那畔空劫已前事爲禪道者; 或以眼見耳聞, 擧覺提撕爲禪道者; 或以猖狂妄行, 擊石火閃電光, 擧了便會了, 一切撥無爲禪道者.)『대혜보각선사법어(大慧普覺禪師法語)』제19권. 3. 지통거사(智通居士)에게 보임)

이미 흥미가 있다면, "개에게는 불성이 없다."는 화두를 남몰래[66] 느

---

64 타니대수(拖泥帶水) : 진흙을 묻히고 물에 젖는다는 뜻인 타니대수(拖泥帶水)는 선가(禪家)에서 가르침을 펼 때, 곧바로 재빠르게 가리켜 주지 않고 말로 설명하고 자세히 일러주는 경우를 가리키는 말이다.

65 증위탕자편련객(曾爲蕩子偏憐客) : 일찍이 가출하여 방탕한 나그네 생활을 해 보았기 때문에 나그네를 특별히 불쌍히 여긴다.『법화경』「신해품(信解品)」의 빈궁한 아들의 이야기가 배경이 되어 있다.

긋이[67] 일깨우면 됩니다.[68](旣有箇趣向, "狗子無佛性."話, 冷地裏謾提撕則箇.)(『대혜보각선사법어(大慧普覺禪師法語)』 제20권. 7. 공혜도인(空慧道人)에게 보임)

이와 같은 자들이곳곳에 흔하게 있지만,[69] 아직 끝내지 못한 일 하나를 진실로 일로 삼는[70] 사람은 한 사람도 없습니다. 낮 세 때 밤 세 때,[71] 쉼 없이 부지런히 일할 때,[72] 차 마시고 밥 먹을 때에, 기쁠 때나 성날 때, 깨끗한 곳이나 더러운 곳, 처자식들과 함께 있는[73] 곳, 손님을 접대하는 곳, 관청의 일을 처리하는 곳, 집안의 시집장가가는 일을 처리하는 곳, 이들이 모두 (끝내지 못한 일 하나를 자신에게) 일깨워주고 말해주는 공부를 하기에 가장 좋은 때입니다.(似這般底, 比比皆是, 無一人眞實把做一件未了底事. 晝三夜三, 孜孜矻矻, 茶裏飯裏, 喜時怒時, 淨處穢處, 妻兒聚頭處, 與賓客相酬酢處, 辦公家職事處, 了私門婚嫁處, 都是第一等做工夫提撕擧覺底時節.)(『대혜보각선사법어(大慧普覺禪師法語)』 제21권. 13. 서제형(徐提刑)에게 보임)

다만 가고·머물고·앉고·눕고 하는 생활 속에서 순간순간 "개에게도 불성이 있습니까?" "없다."를 자신에게 일깨워주십시오. 일깨워주는 것이 익숙해져서, 입으로 따질 수도 마음으로 생각할 수도 없고 마음

---

66 냉지(冷地) : (부) 남몰래. (명) 춥고 후미진 곳. 어두운 곳.
67 만(謾) : 느긋하게. 느릿느릿. 느긋이.
68 즉개(則箇) : -뿐이다. (-하면) 그만이다. 그 정도로 좋다. (보통 문장 끝에 쓰여, 그 정도로 목적이 달성되는 것으로 좋다는 뜻을 나타냄.) = 자개(子箇), 지개(之箇), 지개(只箇).
69 비비개시(比比皆是) : 곳곳에 있다. 흔해 빠졌다. 매우 많다.
70 파주(把做) : -로 삼다. -로 여기다.
71 주삼야삼(晝三夜三) : 주삼시(晝三時)와 야삼시(夜三時). 초일(初日; 오전)·중일(中日; 정오)·후일(後日; 오후)이 주삼시이고, 초야(初夜; 초저녁)·중야(中夜; 한밤)·후야(後夜; 새벽)가 야삼시이다.
72 자자골골(孜孜矻矻) : 자자(孜孜)는 부지런한 모습, 혹은 자세한 모습. 골골(矻矻)은 게으르지 않고 부지런하고 열심인 모습.
73 취두(聚頭) : 모이다, 모여 한 덩이가 되다. 만나다.

속이 안절부절 못하여[74] 마치 무쇠로 만든 말뚝을 물어뜯듯이 맛이 없을 때에 절대로 물러나지 마십시오. 이러한 때가 되면 도리어 좋은 소식입니다.(但行住坐臥時時提撕 "狗子還有佛性也無?" "無." 提撕得熟, 口議心思不及, 方寸裏七上八下, 如咬生鐵橛, 沒滋味時, 切莫退志. 得如此時, 卻是箇好底消息.)(『대혜보각선사법어(大慧普覺禪師法語)』 제21권. 16. 여기의(呂機宜)에게 보임)

그때 법좌에 올라서 거듭 말하여 일깨워주는데, 무착(無著)이 말을 듣고서 문득 깨달았습니다만, 법좌에서 내려간 뒤에는 소식을 전해오지 않았습니다.(是時陞座纔再提撕, 無著於言下忽然省悟, 下座後亦不來通消息.) …… 비록 일찍이 삿된 스승에게 인가를 받은[75] 적도 있었지만, 도리어 물러나 잘못됨을 알고는 결정적으로 깨달음을 원칙으로 삼았기 때문에, 선지식[76]이 일깨워주는 말을 듣자마자 곧 그 말을 듣고서 완전히 들어맞게 된 것입니다.(及雖嘗被邪師印破面門, 卻能退步知非, 決定以悟爲則, 故纔見善知識提撕, 便於言下千了百當.)(『대혜보각선사법어(大慧普覺禪師法語)』 제22권. 19. 영녕군부인(永寧郡夫人)에게 보임)

이 일은 마음을 가지고 구할 수도 없고, 마음을 버리고 얻을 수도 없고, 언어로써 도달할 수도 없고, 침묵으로써 통할 수도 없습니다. 이 4구절에서 마음 쓸 곳이 없어야 비로소 이 소식(消息)을 일깨울 수 있습니다.(此事不可以有心求, 不可以無心得, 不可以語言造, 不可以寂默通. 於此四句無用心處, 方始可以提撕此箇消息也.)(『대혜보각선사법어(大慧普覺禪師法語)』 제

74 칠상팔하(七上八下) : (마음이) 초조하다. 혼란하다. 불안하다. 어수선하다. 두근거리다. 안절부절못하다. 십오개적통타수칠상팔하(十五個吊桶打水七上八下)에서 온 말. 이것은 15개의 두레박으로 물을 긷는데 일곱 개는 올라가고 여덟 개는 내려간다는 뜻.

75 인파면문(印破面門) : 얼굴에다 인가(印可)의 도장을 찍다. 인파(印破)는 깨달음을 인가(印可)하는 증명(證明)의 도장을 찍는 것. 면문(面門)은 얼굴. 공개적으로 인가하여 주다.

76 여기에서는 대혜 자신을 가리킴.

22권. 21. 장태위(張太尉)에게 보임)

다시 덧없이 흘러가는 세월 속에 삶과 죽음의 일이 크다는 사실을 순간순간 자신에게 일깨워주시고, 일이 없을 때에는 모름지기 성인(聖人)의 글을 읽어야 자기의 근성(根性)과 심식(心識)[77]에 보탬이 됩니다.(更以無常迅速, 生死事大, 時時提撕, 無事亦須讀聖人之書, 資益性識.)(『대혜보각선사법어(大慧普覺禪師法語)』 제22권. 22. 증기의(曾機宜)에게 보임)

백수는 다만 매일매일 행동하는[78] 곳과 임금님을 모시는 곳에서 순간순간 끊어짐 없이 언제나[79] (뜰앞의 잣나무를 자신에게) 일깨우시고 늘 말해주십시오. 갑자기 잣나무 위에서 심의식(心意識)이 죽어 버리면, 곧 철두철미한 곳입니다.(伯壽但日用行住坐臥處, 奉侍至尊處, 念念不間斷, 時時提撕, 時時擧覺. 驀然向柏樹子上心意識絶氣息, 便是徹頭處也.)(『대혜보각선사법어(大慧普覺禪師法語)』 제23권. 29. 태허거사(太虛居士)에게 보임)

삶과 죽음에 속박되지 않으려면, 다만 늘 마음속을 텅 비워 버리고, 단지 태어날 때 오는 곳을 알지 못하고 죽을 때 가는 곳을 알지 못하는 마음을 언제나 인연을 만나는 곳에서 일깨우십시오. 일깨우는 것이 익숙해져서 오래되면 저절로 탁 트여서 걸림이 없을 것입니다.(要得不被生死縛, 但常教方寸虛豁豁地, 只以不知生來, 不知死去底心, 時時向應緣處提撕. 提撕得熟久久, 自然蕩蕩地也.)(『대혜보각선사법어(大慧普覺禪師法語)』 제23권. 30. 묘명거사(妙明居士)에게 보임)

---

77 성식(性識) : 중생의 근성(根性)과 심식(心識). 심의식(心意識)과 같은 말.

78 행주좌와(行住坐臥) : 사위의(四威儀). 가고·머물고·앉고·눕는(行住坐臥) 네 가지 동작. 즉, 일상의 행위 동작.

79 시시(時時) : ① 때때로. 이따금. ② 순간순간 지나가는 시간을 가리킨다. 순간순간 끊어짐 없이. ③ 늘. 항상. 언제나.

만약 결정적인 뜻이 있다면, 다만 '노(露)'자(字)를 보시되, 세간의 일을 사량하고 분별하는 마음을 붙잡아 '노'자 위로 옮겨 놓고서 걸어갈 때나 앉아 있을 때나 이 '노'자를 일깨우십시오. 일상생활 속의 기쁘거나 노엽거나 좋거나 나쁜 인연을 만나는 곳, 어른을 모시는 곳, 친구와 사귀는 곳, 성인(聖人)의 경사(經史)를 읽는 곳이 모두 일깨울 때입니다. 갑자기 자기도 모르는 사이에 '노'자 위에서 소식이 끊어져 버리면, 삼교(三敎)[80]의 성인이 말씀하신 법을 하나하나 남에게 물어볼 필요 없이[81] 저절로 하나하나 위에서 분명하고 사물사물 위에서 드러납니다. (若有決定志, 但只看箇露字, 把思量分別塵勞中事底心, 移在露字上, 行行坐坐, 以此露字提撕. 日用應緣處, 或喜或怒, 或善或惡, 侍奉尊長處, 與朋友相酬酢處, 讀聖人經史處, 盡是提撕底時節. 驀然不知不覺, 向露字上絶卻消息, 三教聖人所說之法, 不著一一問人, 自然頭頭上明, 物物上顯矣.)『대혜보각선사법어(大慧普覺禪師法語)』 제24권. 31. 성기의(成機宜)에게 보임)

또 편지에 보니, 방거사의 두 마디 말로써 가고 · 머물고 · 앉고 · 누울 때에 좌우명(座右銘)으로 삼는다고 하시니, 더 이상 좋을 수가 없습니다. 만약 시끄러운 때에 싫어하는 생각을 내면, 이것은 스스로 마음을 어지럽히는 것일 뿐입니다. 생각이 꿈틀거릴 때에는 다만 방거사의 두 마디 말을 (자신에게) 일깨워주십시오. 마치 열 날 때에 해열제[82] 한 봉지를 먹는 것과 같을 것입니다.(又承, 以老龐兩句, 爲行住坐臥之銘箴, 善不可加. 若正鬧時生厭惡, 則乃是自擾其心耳. 若動念時, 只以老龐兩句提撕. 便是熱時一服淸涼散也.)『대혜보각선사서(大慧普覺禪師書)』 제25권. 5. 증시랑(曾侍郞) 천유(天游)에 대한 답서(4))

80 삼교(三敎) : 부처의 가르침인 불교(佛敎), 공자와 맹자의 가르침인 유교(儒敎), 노자와 장자의 가르침인 도교(道敎).

81 불착(不著) : -할 필요 없다. -할 수 없다. = 불용(不用), 불수(不須).

82 청량산(淸涼山) : 해열제(解熱劑).

이 한 글자는 수많은 잘못된 지식과 잘못된 깨달음을 물리치는 무기[83]입니다. 이 무(無) 한 글자는 유(有)니 무(無)니 하고 이해해서도 안 되고, 도리(道理)로서 이해해서도 안 되고, 생각으로 사량하고 헤아려서도 안 되고, 눈썹을 찡그리고 눈을 깜박이는 곳에 빠져 있어도[84] 안 되고, 언어 위에서 살아갈 궁리를 해서도 안 되고, 일없는 곳[85]으로 달려 들어가서도[86] 안 되고, 말을 꺼내는[87] 곳에서 바로 인정해서도[88] 안 되고, 문자 속에서 증거를 끌어와서도 안 됩니다. 다만 하루 종일 가고 머물고 앉고 눕는 속에서 순간순간[89] 자신에게 일깨워주시고 순간순간 자신에게 말해주셔서, "개에게도 불성이 있습니까?" "없다."를 일상의 삶에서 떼어놓지 마십시오. 한번 이와 같이 공부해 보십시오. 한 달이나 열흘쯤 지나면 문득 스스로 볼 수 있을 것입니다. 그때에는 한 개 군(郡)의 천리(千里)에 걸친 일도 전혀 거리낄 것이 없습니다.(此一字子, 乃是摧許多惡知惡覺底器仗也. 不得作有無會, 不得作道理會, 不得向意根下思量卜度, 不得向揚眉瞬目處垛根, 不得向語路上作活計, 不得颺在無事甲裏, 不得向擧起處承當, 不得向文字中引證. 但向十二時中四威儀內, 時時提撕, 時時擧覺, "狗子還有佛性也無?" 云: "無." 不離日用. 試如此做工夫看. 月十日便自見得也. 一郡千里之事 都不相妨.)(『대혜보각선사서(大慧普覺禪師書)』 제26권. 13. 부추밀(富樞密) 계신(季申)에 대한 답서(1))

---

83 기장(器仗) : ① 무기(武器). ② 곤봉(棍棒) 따위의 무기.

84 타근(垛根) : = 타근(探根). 진흙에 발이 빠져 나아가지 못하다. 빠져서 붙잡혀 있다.

85 무사갑리(無事甲裏) : 일없는 곳. 일없는 껍질 속. 일없는 소굴 속.

86 양(颺) : 내던지다. 던져 넣다. 달려 들어가다.

87 거기(擧起) : 거(擧)와 같음. 기(起)는 동사의 뒤에 붙어서 동작이 아래에서 위로 행해짐을 나타내는 조사. 말을 꺼내다. 거기화두(擧起話頭)= 이야기를 꺼내다.

88 승당(承當) : 맡다, 담당하다. 받들어 지키다. 불조(佛祖)에게서 전해져 온 정법(正法)을 받아 지킨다는 뜻으로서, 종지(宗旨)를 깨달아 체득하는 것을 가리키는 말. 곧, 수긍하고 인정한다는 말.

89 시시(時時) : ① 때때로. 이따금. ② 순간순간 지나가는 시간을 가리킨다.

님께서 만약 산승(山僧)을 믿으신다면, 시끄러운 곳에서 한번 '개에게는 불성이 없다'는 화두를 살펴보시되, 아직 깨달았느냐 깨닫지 못했느냐는 말하지 마십시오. 가슴이 어수선한 바로 그때에, 느긋하게[90] 스스로에게 일깨워주고 스스로에게 말해줘 보십시오. 고요함을 느낍니까? 힘을 얻음을 느낍니까? 만약 힘을 얻음을 느낀다면, 곧 놓지 말아야 합니다.(左右若信得山僧及, 試向鬧處看'狗子無佛性話', 未說悟不悟. 正當方寸擾擾時, 謾提撕擧覺看. 還覺靜也無? 還覺得力也無? 若覺得力, 便不須放捨.)(『대혜보각선사서(大慧普覺禪師書)』 제26권. 13. 부추밀(富樞密) 계신(季申)에 대한 답서(3))

적음과 많음 · 얻음과 잃음 · 고요함과 시끄러움을 한꺼번에 묶어서 다른 곳으로 보내 버리고, 일상생활 속에서 많음도 아니고 적음도 아니며 고요함도 아니고 시끄러움도 아니며 얻음도 아니고 잃음도 아닌 바로 그[91] 곳에서[92] "이 무엇인가?" 하고 잠시[93] 자신에게 일깨워 보십시오.(少與多得與失靜與鬧, 縛作一束, 送放他方世界, 却好就日用非多非少, 非靜非鬧, 非得非失處, 略提撕看. "是箇甚麽?")(『대혜보각선사서(大慧普覺禪師書)』 제27권. 23. 유통판(劉通判) 언충(彦冲)에 대한 답서(1))

일상생활의 여러 가지 행동 속에서 다만 막힘없게[94] 하며,[95] 고요한 곳과 시끄러운 곳에서 늘 "똥 닦는 막대기"를 자신에게 일깨워주십시오. 날이 가고 달이 가면 수고우(水牯牛)[96]가 저절로 더욱 익숙하게 될 것입니다.

---

90 만(謾) : ① 느긋하게. 느릿느릿. ② 헛되이. 공연히. ③ 제멋대로. 되는 대로. 마음대로. 마구. 함부로. ④ = 막(莫).
91 각호(却好) : 때마침. 공교롭게도. 막.
92 취(就)-처(處) : 바로-에서. = 취(就)-상(上).
93 약(略) : ① 모두. 온전히. 전부. ② 전혀(부정문). ③ 잠시. 우연히.
94 탕탕지(蕩蕩地) : 거침없이. 막힘없이. 깨끗하게.
95 방교(放敎) : 시키다. -하게 하다. = 사(使), 령(令).
96 수고우(水牯牛) : 본래는 물소의 일종으로 암컷 또는 거세된 소를 가리키는 말이지만, 선사들은 마음을 가리키는 말로 사용하였다.

(日用四威儀中, 但常放教蕩蕩地, 靜處鬧處常以"乾屎橛."提撕, 日往月來水牯牛自純熟矣.)(『대혜보각선사서(大慧普覺禪師書)』 제28권. 33. 여랑중(呂郎中) 융례(隆禮)에 대한 답서)

옛날에 다행히 이와 같은 모범(模範)이 있으니, 여기에서 "무엇인가?"[97] 하고 느긋하게[98] 자신에게 일깨워 보십시오. 다만 이렇게 일깨우는 사람도 또한 다른 사람이 아니라 그저 어둡고 우둔함을 알 수 있는 이 사람일 뿐이며, 어둡고 우둔함을 알 수 있는 사람도 또한 다른 사람이 아니라 바로 이보문(李寶文) 자신[99]일 뿐입니다.(古來幸有恁麽牓樣, 謾向這裏提撕看"是箇甚麽?" 只這提撕底, 亦不是別人, 只是這能知昏鈍者耳, 能知昏鈍者, 亦不是別人, 便是李寶文本命元辰也.)(『대혜보각선사서(大慧普覺禪師書)』 제29권. 45. 이보문(李寶文) 무가(茂嘉)에 대한 답서)

원컨대 거사(居士)께서는 "다만 모든 있는 것을 비워버릴지언정 모든 없는 것을 결코 진실이라고 여기지 말라."[100]라는 방거사(龐居士)의 말을 시험 삼아 느긋하게 스스로에게 일깨워주십시오.(願居士試將老龐語謾提撕. "但願空諸所有, 切勿實諸所無.")(『대혜보각선사서(大慧普覺禪師書)』 제29권. 46. 향시랑(向侍郞) 백공(伯恭)에 대한 답서)

---

97 시개심마(是箇甚麽) : 시개심마(是箇甚麽) 혹은 시심마(是甚麽)는 흔히 '이뭣고?'(이것이 무엇인가?)라고 번역하지만, 정확한 번역은 '무엇인가?'이다. '시(是)'는 '이것'이라는 대명사가 아니라 '-이다'라는 뜻의 동사(動詞)이다. '심마(甚摩)'는 '무엇'이라는 뜻의 의문사이고, '개(箇)'는 헤아릴 수 있는 명사에 붙는 양사(量詞)이다. 그렇지만 우리의 어감(語感)으로는 그냥 '무엇인가?'라고 하기보다는 '이 무엇인가?' 혹은 '이것은 무엇인가?'라고 하는 것이 자연스러울 지도 모르겠다.

98 만(謾) : ① 느긋하게. 느릿느릿. ② 제멋대로. 되는 대로. 마음대로. 마구. 함부로.

99 본명원진(本命元辰) : 본명(本命)은 태어난 해의 간지(干支). 원진(元辰)은 사람의 운명을 좌우한다는 음양(陰陽)의 두 별. 선가(禪家)에서는 본명원진을 본래의 자기, 본성이라는 뜻으로 사용한다.

100 『방거사어록(龐居士語錄)』 상권(上卷)에서 방거사가 우적(于頔)에게 한 말.

다만 삶과 죽음이라는 두 글자를 콧마루[101] 위에 붙여 놓아 잊어버리지 말고,[102] 순간순간 화두(話頭)를 자신에게 일깨워주십시오. 일깨워주고 또 일깨워주면, 낯선 곳은 저절로 익숙해지고 익숙한 곳은 저절로 낯설어집니다.(但把生死兩字, 貼左[103]鼻尖兒上, 不要忘了, 時時提撕話頭. 提來提去, 生處自熟 熟處自生矣.)(『대혜보각선사서(大慧普覺禪師書)』 제29권. 49. 황지현(黃知縣) 자여(子餘)에 대한 답서)

이 밖에 순간순간[104] 조주(趙州)의 무자(無字)를 스스로에게 일깨워주십시오. 오래오래 하여 익숙하게 되면, 문득 자기도 모르게 칠통(漆桶)[105]을 쳐부수게 될 것이니, 여기가 바로 철두철미한 곳입니다.(此外時時以趙州無字提撕. 久久純熟, 驀然無心撞破漆桶, 便是徹頭處也.)(『대혜보각선사서(大慧普覺禪師書)』 제29권. 54. 루추밀(樓樞密) 중훈(仲暈)에 대한 답서(1))

한 승려가 조주에게 묻되 "개에게도 불성이 있습니까?" 하니, 조주가 말하길 "없다."라고 하였습니다. 다만 이 '무(無)' 한 글자를 당신이 가진 모든 솜씨를 다하여 짜맞추어 보고 헤아려 보십시오. 사량하고 헤아리고 짜맞출 수 있는 곳은 없습니다.[106] 다만 가슴 속이 갑갑하

101 비첨아(鼻尖兒) : 코끝. 콧마루. 비공(鼻孔)과 마찬가지로 자신의 본심(本心), 본성(本性), 본래면목(本來面目)을 가리킨다.

102 불요(不要) : -하지 말라.

103 '좌(左)'는 '재(在)'의 오기(誤記). 가홍장본과 북장본에는 모두 재(在)로 되어 있다.

104 시시(時時) : ① 때때로. 이따금. ② 순간순간 지나가는 시간을 가리킨다. 순간순간 끊어짐 없이. ③ 늘. 항상.

105 칠통(漆桶) : 칠통(漆桶)은 가구에 칠하는 새까만 옻나무의 진액을 넣은 통. 아주 까맣고, 또는 아주 캄캄하여 아무 것도 알 수 없다라는 뜻. ① 불법에 대해 아무 것도 모르는 안목(眼目) 없는 승려를 매도하는 말. 무안자(無眼者). 바보 같은 사람. ② 타파칠통(打破漆桶)이라고 할 때에 칠통(漆桶)은 앞을 가로막은 은산철벽(銀山鐵壁)이나 사방을 가로막은 금강권(金剛圈)과 같은 말. 의단(疑團)과도 같은 말.

106 돈방(頓放)은 '방치(放置)하다. 그대로 버려 두다. 두다. 놓다. 놓아 두다.'라는

고[107] 마음이 괴로움을 느낄 때가 바로 좋은 때이니, 제팔식(第八識)이 거의[108] 행하지 않을 것입니다.[109] 이와 같음을 느낄 때에는 놓아버리려고 하지 마시고, 단지 바로 이 무자(無字)에서[110] (스스로를) 일깨우십시오. 일깨우고 또 일깨우면, 낯선 곳이 저절로 익숙하게 되고 익숙한 곳은 저절로 낯설어질 것입니다.(僧問趙州 : "狗子還有佛性也無?" 州云 : "無." 只這一字, 儘爾有甚麽伎倆, 請安排看 請計較看. 思量計較安排, 無處可以頓放. 只覺得肚裏悶心頭煩惱時, 正是好底時節, 第八識相次不行矣. 覺得如此時, 莫要放却, 只就這無字上提撕. 提撕來提撕去, 生處自熟 熟處自生矣.)(『대혜보각선사서(大慧普覺禪師書)』 제30권. 57. 영시랑(榮侍郎) 무실(茂實)에 대한 답서(1))

다만[111] 스스로에게 일깨워주고 스스로에게 말해주기만 할 뿐이어야 하고, 왼쪽으로 가도 옳지 않고 오른쪽으로 가도 옳지 않습니다. 또 의도적으로 깨달음을 기다려서도 안 되고, 말을 꺼내는 곳에서 인정해서도[112] 안 되고, 현묘(玄妙)하다고 이해해서도 안 되고, 있음과 없음으로

뜻으로서 돈치(頓置)와 같다. 이 문장의 직역은 "사량하고 헤아리고 짜맞추는 것을 놓아 둘 만한 곳은 없습니다."이지만, 이렇게 직역하면 뜻이 애매하게 되므로 "사량하고 헤아리고 짜맞출 수 있는 곳은 없습니다."로 고쳐서 번역하였다.

107 두리민(肚裏悶) : 가슴 속이 갑갑하다. 마음속이 어둡고 답답하다. 두리(肚裏)는 마음속, 가슴 속이라는 뜻.

108 상차(相次) : ① 이어가다. ② 거의-에 가깝다. ③ 즉시. 곧.

109 여기서 제팔식이 행해지지 않는다는 뜻은, 분별망상이 행해지지 않는다는 것이다.

110 취(就)-상(上) : 바로-에서. -위에서. -속에서. = 취(就)-처(處).

111 지관(只管) : ① 단지. 오로지. 다만. ② 다만-만 돌보다. ③ 거듭거듭. ④ 아무튼. 어찌되었던. ⑤ 공연히. ⑥-한 채. ⑦ 얼마든지. 마음대로. 주저없이.

112 거기처승당(擧起處承當) : 말을 끄집어내는 곳에서 곧장 받아들이다. 말을 끄집어내는 곳에서 곧장 인정하고 수긍하다. = 향거기처승당(向擧起處承當), 거거기처승당(去擧起處承當). 거기(擧起)는 거(擧)와 같은 뜻으로서 '말하다'는 뜻이고, 기(起)는 동사의 뒤에 붙어서 동작이 아래에서 위로 행해짐을 나타내는 조사이니, 거기(擧起)는 '말을 꺼내다'는 뜻. 승당(承當)은 '받아들이다, 수긍하다, 떠맡다'는 뜻.

따져서도 안 되고, 참된 없음이라고 헤아려도 안 되고, 일없는 방[113] 안에 머물러 있어서도 안 되고, 부싯돌 불꽃이 튀고 번갯불이 치는 곳에서 알아차려서도 안 됩니다. 곧장 쓸 마음이 없고 마음 갈 곳이 없을 때에, 공(空)에 떨어질까 봐 두려워하지 마십시오. 여기가 도리어 좋은 곳이니, 문득 쥐가 소의 뿔 속으로 들어가 바로 멈추는[114] 것과 같습니다.(只管提撕擧覺, 左來也不是, 右來也不是. 又不得將心等悟, 又不得向擧起處承當, 又不得作玄妙領略, 又不得作有無商量, 又不得作眞無之無卜度, 又不得坐在無事甲裏, 又不得向擊石火閃電光處會. 直得無所用心, 心無所之時, 莫怕落空. 這裏却是好處, 驀然老鼠入牛角, 便見倒斷也.) …… 잘 들으십시오. 다만 조주의 한 개 '무자(無字)'를 일상생활 속에서[115] 스스로에게 일깨워주어 끊어지지[116] 않게 하십시오.(千萬相聽. 只以趙州一箇'無字' 日用應緣處提撕, 不要間斷.)(『대혜보각선사서(大慧普覺禪師書)』 제30권. 61. 장사인(張舍人) 장원(狀元)에 대한 답서)

다만 늘 마음을 텅 비우고 활짝 열어서 일상생활 속에서 응당 해야 할 일이라도 분수에 따라 내버리고,[117] 경계에 부딪치고 인연을 만남에

---

113 무사갑리(無事甲裏) : 일없는 껍질 속. 일없는 소굴 속. 참으로 깨달아 마음이 쉬어진 것이 아니라, 지금 있는 그대로가 전체요 완전하여 더할 것도 뺄 것도 없다고 이치로 이해하고는, 이 이해 속에 머물러 있으면서 다시는 참된 깨달음을 찾지 않는 선병(禪病).

114 노서입우각변견도단(老鼠入牛角便見倒斷) : 쥐가 쇠뿔 속으로 들어가 곧장 꼼짝도 못하다. 선공부(禪功夫)하는 사람의 마음이 갈 곳이 없어서 어찌할 바를 모르다. 분별하고자 하나 분별할 수 없고, 붙잡고자 하나 붙잡을 것이 없어서, 더 이상 분별심이 작동되지 못하는 곳에 도달한 것을 가리킨다. 마음이 갈 곳이 없고, 머물 곳이 없는 상태. 여기에서 문득 깨달음의 체험이 일어난다. 금강권(金剛圈)이나 율극봉(栗棘蓬)과 같은 뜻. 노서(老鼠)는 쥐, 도단(倒斷)은 '멈추다. 그치다. 끊다.'는 뜻.

115 일용응연처(日用應緣處) : 일상생활 속에서 경계와 만나는 곳. 일상생활하는 곳. 일상생활 속.

116 간단(間斷) : 끊어져 틈이 생기다.

117 발견(撥遣) : 내버리다. 없애버리다.

순간순간 화두를 자신에게 일깨워주되, 빠른 효과를 바라지는 마십시오. 지극한 이치를 캐려한다면 깨달음을 본보기로 삼아야 합니다.[118] 그러나 무엇보다도 마음먹고 일부러 깨달음을 기다려서는[119] 안 됩니다. 만약 마음먹고 일부러 깨달음을 기다린다면, 기다리는 마음이 도리어 도(道)를 보는 눈을 가로막아 버려 급하게 하려 할수록 더욱 늦어집니다. 다만 화두를 자신에게 일깨워주다가 문득 일깨워주는 곳에서 생사심(生死心)이 끊어지면, 이것이 바로 집으로 돌아가 편안히 앉는 것입니다. 이러한 곳에 이르게 되면 저절로 옛사람들의 다양한 방편을 꿰뚫게 되니, 여러 가지의 다른 이해가 저절로 생겨나지 않습니다.(但常令方寸虛豁豁地, 日用合做底事, 隨分撥遣, 觸境逢緣, 時時以話頭提撕, 莫求速效. "研窮至理, 以悟爲則." 然第一不得存心等悟. 若存心等悟, 則被所等之心障却道眼, 轉急轉遲矣. 但只提撕話頭, 驀然向提撕處, 生死心絶, 則是歸家穩坐之處. 得到恁麽處了, 自然透得古人種種方便, 種種異解自不生矣.)『대혜보각선사서(大慧普覺禪師書)』 제30권. 62. 탕승상(湯丞相) 진지(進之)에 대한 답서)

이런 사례에서 보듯이 제시(提撕)는 거각(擧覺)과 함께 사용되든 단독으로 사용되든 모두 '(말하여) 깨우치다', '(말하여) 일깨우다', '(말하여) 주의를 환기시키다', '자세히 살피다', '각성(覺醒)하다'는 뜻이다. 즉, 간화선(看話禪)에서 '화두(話頭)를 제시(提撕)한다'고 하는 것은 '화두를 말하여 일깨우다', '화두를 말하여 화두에 주의를 돌리다'는 뜻이다. 이때에 상대에게 제시(提撕)할 경우에는 화두를 소리내어 말하여 깨우치는 것이고, 자신에게 제시(提撕)할 때에는 속으로 화두를 상기(想起)하여 깨우치는 것이다.

118 "지극한 이치를 캐려한다면, 깨달음을 본보기로 삼아야 한다."(研窮至理, 以悟爲則.)는 『위산경책(潙山警策)』에 나오는 구절이다.

119 존심등오(存心等悟) : 일부러 깨달음을 기다리다. 마음먹고 깨달음을 기다리다. = 존심대오(存心待悟). 존심(存心)은 '어떤 마음을 먹다', '일부러. 고의로.' 라는 뜻.

이처럼 거각(擧覺)의 경우처럼 제시(提撕)도 제(提)와 시(撕)의 합성어로서의 의미가 있다고 보아야 한다. '말을 꺼내다', '끄집어내어 말하다', '언급하다', '제시(提示)하다', '제출하다'는 뜻인 제(提)와 '일깨우다', '깨우치다'는 뜻인 시(撕)가 합성된 말이다. 그러므로 제시(提撕)는 '(무슨 말을) 끄집어내어 말하여 일깨우다', '(무슨 말을) 제시하여 깨우쳐 주다', '(무슨 말을) 언급하여 주의를 환기시키다'는 뜻이다.

『대혜어록』에서 대혜가 화두(話頭)를 취급하는 말로서 언급하는 용어는 간(看)・거(擧)・거기(擧起)・제철(提掇)・거각(擧覺)・제시(提撕) 등이다. 이 가운데 거(擧)・거기(擧起)・제철(提掇)은 모두 화두를 '말하다', '말해 주다', '제기하다', '제출하다', '언급하다'라는 뜻이고, 거각(擧覺)과 제시(提撕)는 이러한 뜻에 '일깨우다', '깨우치다'라는 뜻이 부가된 것이지만, 이들은 기본적으로 동일한 행위를 가리키고 있다.

이 책에서는 거(擧)・거기(擧起)・제철(提掇)은 문맥에 따라서 화두를 '끄집어내다', '말해 주다', '제기하다', '제출하다', '기억해내다'라고 번역한다. 거각(擧覺)과 제시(提撕)는 둘 다 '말해주어 일깨우다'는 뜻이지만, 거각(擧覺)은 거(擧)에 초점을 두어 '말해 주다', '제시하다'로 주로 번역하고, 제시(提撕)는 시(撕)에 초점을 두어 '일깨우다'로 번역한다. 그러나 문맥에 따라 거각(擧覺)과 제시(提撕)를 모두 '말해 주어 일깨우다', '기억해내어 일깨우다', '제시하여 일깨우다' 등 적절한 번역어를 찾아서 번역하였다.

5) 참(參)

『한한대사전(漢韓大辭典)』

참(參) : ① 참가하다. 간여하다.(『정자통(正字通)』 사부(厶部). 당(唐) 무원형(武

元衡)『추일서회(秋日書懷)』)

② 헤아리다. 따지다. 곰곰이 생각하다.(『집운(集韻)』 담운(覃韻). 『후한서(後漢書)』 낭의전(郎顗傳), <이현주(李賢注)>)

③ 견주어 보다. 검토하다. 참고하다.(송(宋) 목수(穆修)『당유선생집후서(唐柳先生集後序)』)

④ 마주하다. 곧바로 향하다.(『논어(論語)』 위령공, <유보남정의(劉寶楠正義)>)

⑤ 찾아 뵙다.(『옥편(玉篇)』 사부(厶部). 송(宋) 오증(吳曾)『능개재만록(能改齋漫錄)1』)

⑥ 안부를 묻다. 문안하다.

『송어언사전(宋語言詞典)』

참(參) : ① 찾아뵙다. 알현하다. ② 탐구(探究)하다. 사색(思索)하다.

『중한대사전(中韓大辭典)』

참(參) : ① 가입하다. 참가하다. 참여하다.

② 참고하다.

③ 찾아 뵙다. 알현하다.

『신판선학대사전(新版禪學大辭典)』

참(參) : ① 직접 스승을 만나 뵙고 불법(佛法)을 탐구하는 것. 또는 좌선(坐禪)하는 것도 말한다.

② 남들과 섞이다. 남들 사이에 끼이다.

③ 참여하다. 관여하다.

④ 선종(禪宗)에서는 수시(垂示)나 법어(法語)의 끝에 할(喝)이나 돌(咄)이나 노(露) 등의 문자(文字)와 같은 형태로 사용하여 그 자리에 있는 사람들에게 거듭 더욱더 말 밖의 현지(玄旨)에 참

(參)해야 함을 권하는 말. 또는 훈계(訓戒)하는 말. 일자관(一字關)의 하나.

⑤ 소참(小參), 만참(晩參)의 약어(略語).

『선어사전(禪語辭典)』

참(參) : 입문(入門)하여 가르침을 받는 것. 또는 수어(垂語)의 결말에 사용하여 참구(參究)를 재촉하는 성격의 말.

참학(參學) : 참선학도(參禪學道)의 약어(略語).

『선종사전(禪宗詞典)』

참(參) : ① 찾아뵙다. 알현하다. ② 탐구(探究)하다. 사색(思索)하다.

지금은 일반적으로 '화두를 참구(參究)한다'라고 표현하는 경우가 많지만, 당송(唐宋)시대의 선승(禪僧)들은 주로 '참(參)'이라고 하였지 '참구(參究)'라는 표현은 거의 사용하지 않았다. 당시의 문헌을 조사해 보면, '참구(參究)'라는 말은 『조당집』 0번, 『경덕전등록』 1번, 『천성광등록』 0번, 『오등회원』 4번(南嶽下十三世부터 나타남), 『분양무덕선사어록』 0번, 『황룡혜남선사어록』 0번, 『양기방회화상어록』 0번, 『법연선사어록』 0번, 『원오불과선사어록』 2번, 『대혜어록』 1번 등으로 거의 사용되지 않았고, 화두(話頭) 혹은 선(禪)을 공부하라는 의미에서 했던 말은 주로 '참(參)'이라는 표현이었다. 참(參)에는 기본적으로 '(어떤 것, 일, 행사에)참여하다.'와 '(윗사람을)만나뵙다.'의 두 가지 의미가 있다. 참선(參禪; 선에 참여하다), 참구(參究; 탐구에 참여하다), 참학(參學; 배움에 참여하다), 참상(參詳; 자세히 밝힘에 참여하다), 참당(參堂; 법당의 법회에 참여하다) 등의 단어에서는 '참여하다'(동참(同參)하다)는 뜻으로 사용되었고, 참례(參禮; 만나뵙고 인사하다), 참견(參見; 만나뵙다), 참문(參問; 만나뵙고 묻다), 자참(咨參; 물어 보려고 찾아 뵙다), 래참(來參; 와서 만나뵙다) 등의 단어에서는 '만나뵙다'는 뜻으로 사용되었다. 화두(話頭)를 참(參)한다고 하는 경우에, '참(參)'은 참선(參禪)이나 참학(參學)과 마찬가지로 '참여하다', '동참하다.'는 뜻이라고 보아야 하고, 이 뜻은 결국 간화(看話)에 동참하여 간화(看話)를 행하라는 뜻이다.

『대혜어록』에서 참(參)을 말하는 부분을 모아 보면 다음과 같다.

(1) 대혜어록의 사례

법당에 올라 말했다. "정월 대보름 밤은 좋은 시절이니 함께 즐기는데, 곳곳마다 모두 헤아릴 수 없이 등(燈)이 달렸구나. 불빛이 반짝여 얼굴을 뜨겁게 달구지만, 야신(夜神)은 문득 추위로 인한 두통을 앓는구나. 참(參)하라!"(上堂 : "元宵佳節同歡樂, 處處咸然無盡燈. 火光爍破勝熱面, 夜神忽患冷頭疼. 參!")(『대혜보각선사주경산능인선원어록(大慧普覺禪師住徑山能仁禪院語錄)』 제1권.)

여러분들은 모두 말하기를 여기에 와서 참선(參禪)한다고들 하는데, 내가 그대들에게 묻겠다. '선(禪)에 어떻게 참(參)하는가?' 무상한 세월은 빠르게 흐르고, 죽고 사는 일은 큰데, 자기의 일을 아직 밝히지 못했다면, 스승을 찾아 결판을 내어야 한다. 자기의 마음을 밝혀서 안락(安樂)을 얻고자 바라는 것은 어린애 장난이 아니다. 지금 사람들은 각자 '나는 죽음이 두려워 참선(參禪)을 한다.'라고 말하며, 참(參)하고 또 참하여 날이 가고 달이 가면, 분별망상 속에 푹 빠져서, 다만 한 바탕 쓸데없는 말을 지껄이는[120] 솜씨를 얻어서, 자기가 서 있는 곳에 약간의 시끄러움[121]을 더할 뿐이니, 도리어 선원(禪院)에 들어오기 이전에 여러 가지 일이 없는 것만 못하다.(諸人總道來這裏參禪, 我且問你 : '禪作麽生參?' 既

120 구활(口滑) : 입을 함부로 놀리다. 쓸데없는 말을 지껄이다.
121 낭자(狼藉) : 혼란. 번잡. 시끄러움. 어지러움.

爲無常迅速, 生死事大, 己事未明, 求師決擇. 要得自己明白心地安樂, 不是兒戲. 而今人箇箇道 : '我怕死參禪.' 參來參去, 日久月深, 打入葛藤窠裏, 只贏得一場口滑, 於自己分上添得些兒狼藉, 返不如未入衆時卻無許多事.)(『대혜보각선사보설(大慧普覺禪師普說)』 제13권 2. 정광대사(定光大師)가 청한 보설)

묘도 상좌는 이미 대장부의 기개를 갖추고서, 결정코 선(禪)에 참(參)하고자 하니, 다만 이렇게 참(參)하여라. 모름지기 활짝[122] 깨달아, 즉시에 무심(無心)하여야, 비로소 안락할 것이다. 만약 깨닫지 못했는데도, 단지 입으로 몇 번 '무(無)! 무(無)!' 하고 말하고는, 다시 옛사람이 '무(無)'라고 말한 곳을 끌어와 잘못된 증거로 삼고서, 곧 말하기를 '나는 쉬었다. 그대에게 묻노니, 그대는 쉬었는가?'라고 한다면, 이것은 곧 의도적으로 마음을 없애는 것이다.(道上座旣具大丈夫志氣, 決定要參禪, 但恁麽參. 須是豁然悟去, 直下無心, 方得安樂. 若不悟, 只是口頭道得幾箇無無, 更引些古人說無處, 錯證據了, 便道 : '我得休歇. 我且問你, 還歇得也未?' 乃是將心無心.)(『대혜보각선사보설(大慧普覺禪師普說)』 제13권 2. 정광대사(定光大師)가 청한 보설)

매일 사대부들과 함께 서너 번 입실(入室)[123]하였는데, 노스님께선 다만 '있다는 구절과 없다는 구절은 마치 등나무 덩굴이 나무에 기대어 있는 것과 같다.'라는 말씀을 하셨는데, 내가 입을 열자마자 노스님께선 곧 '아니다.'라고 말씀하셨다. 반 년 동안 나는 단지[124] 이와 같이 참(參)하였다.(每日同士大夫須得三四回入室, 只擧 '有句無句, 如藤倚樹.' 纔開口, 便道 : '不是.' 如是半年間, 只管參.)(『대혜보각선사보설(大慧普覺禪師普說)』 제17권 10. 예시자 단칠이 청한 보설)

---

122 활연(豁然) : (마음이) 활짝(탁) 트이는 모양, 확(환히) 뚫리는 모양.
123 입실(入室) : 학인이 방장이나 조실의 방에 들어가 공부를 점검받는 것.
124 지관(只管) : 단지, 오로지, 다만, 다만-만 돌보다.

순원은 여기에 이르러 어떻게 참(參)해야 할까요? 다만 이 어떻게 참(參)하는 것도 둘 곳이 없게 된 연후에는 이 말 역시 받아들이지 못합니다.(舜元到這裏合作麽生參? 只這作麽生參亦無著處, 然後此語亦不受.)(『대혜보각선사법어(大慧普覺禪師法語)』 제21권 16. 여기의(呂機宜)[125]에게 보임)

여기에서 의문(疑問)이 부서지지 않았다면 다만 여기에 참(參)하고 있을 뿐, 다시 스스로 가지와 잎을 만들지는 마십시오. 만약 저를 믿으신다면, 다만 이렇게 참(參)할 뿐, 따로 사람에게 가르쳐 줄 불법(佛法)은 없습니다.(這裏疑不破, 只在這裏參, 更不必自生枝葉也. 若信得雲門及, 但恁麽參, 別無佛法指示[126]人.)(『대혜보각선사서(大慧普覺禪師書)』 제25권 4. 증시랑(曾侍郎) 천유(天游)에 대한 답서(3))

원컨대 공은 다만 궁금한 심정[127]이 해소되지 못한 곳에서 참(參)하시되, 가고 머물고 앉고 눕는 일상생활 속에서 놓아 버려서는 안 됩니다. 어떤 스님이 조주 스님에게 묻되 "개에게도 불성이 있습니까?" 하니 조주 스님은 "없다."[무(無)]고 말했습니다. 이 한 글자는 곧 생사(生死)에 대한 의심을 부수어 버리는 칼입니다.(願公只向疑情不破處參, 行住坐臥不得放捨. 僧問趙州 : "狗子還有佛性也無?" 州云 : "無." 這一字子, 便是箇破生死疑心底刀子也.)(『대혜보각선사서(大慧普覺禪師書)』 제26권 17. 진소경(陳少卿) 계임(季任)에 대한 답서(1))

다만 "개에게도 불성이 있습니까?" "없다"만 살펴보시되, 절대로 생각으로 헤아려서는 안 되고, 말로써 설명하려고 해서도 안 되고, 입을

125 (원주 : 자(字)는 순원(舜元)) 성은 여(呂), 기의(機宜)는 벼슬 이름.
126 시(示) : 덕부본에서는 '사(似)'. 지시(指示)는 '가리켜 보이다'이고, 지사(指似)는 '가리켜 주다'이니 뜻 차이는 없다.
127 의정(疑情) : 의문(疑問). 궁금함. 궁금한 심정(心情). 의단(疑團)과 같음.

여는 곳에서 긍정해서도 안 되고, 번개처럼 번쩍 스치는 곳에서 이해해서도 안 됩니다. "개에게도 불성이 있습니까?" "없다."를 다만 이렇게 참(參)할 뿐, 의도적으로 깨달음을 기다리거나 쉬기를 기다려서는 안 됩니다.(但只看 "狗子還有佛性也無?" 趙州云:"無." 切不可向意根下卜度, 不可向言語上作活計, 又不得向開口處承當, 又不得向擊石火閃電光處會. "狗子還有佛性也無?" "無." 但只如此參, 亦不得將心待悟待休歇.)『대혜보각선사서(大慧普覺禪師書)』 제26권 17. 진소경(陳少卿) 계임(季任)에 대한 답서(1))

6) 여지시애(與之廝崖)

『한한대사전(漢韓大辭典)』

시(廝) : 시(厮)라고도 씀. 상(相)과 같은 뜻. ① 서로. 상호. ② 한쪽이 다른 한쪽에게 행위, 작용함을 나타낸다.

시애(廝捱) : = 시애(廝崖). 시(廝)는 시(厮)와 같고, 애(捱)는 애(崖)라고도 씀. 서로 맞서 버팀.(宋, 羅大經『鶴林玉露 14』 朱文公以書曉之云, 吾人所學, 正要此處呈驗, 已展不縮, 已進不退, 只得硬脊梁與他廝捱, 看如何.)

『중한대사전(中韓大辭典)』

시애(廝挨) : 서로 맞붙어 버티다. 시(廝)는 상(相)과 같이 '서로'라는 뜻. 애(挨)는 애(捱)와 같다.

『주해어록총람(註解語錄總覽)』

시애(厮捱) : (『주자어록(朱子語錄)』) 厮相也. 捱或作崖. 疑相抗之意. 或作啀.(시(厮)는 상(相)이다. 애(捱)는 혹 애(崖)라고도 쓴다. '서로 버티어 저항한다'는 뜻으로 여겨진다. 애(捱)는 애(啀)라고도 쓴다.) 犬欲噬也. 相持相距不聽順之意也.(개가 입으로 씹고자 하는 것이다. 서로 지탱하고 서로 겨루어서 순순히 따라가지 않는다는 뜻이다.)

이로써 보면 애(崖), 애(捱), 애(挨)는 '버티다', '저항하다', '지탱하다'는 뜻으로 서로 바꿔어 쓰이는 글자이고, 애(啀), 애(睚)[128]라고 쓸 경우도 있다. 시(厮)와 시(廝)는 같은 글자로서 '서로'라는 뜻이다. 그러므로 여지시애(與之厮崖)는 '-와 서로 버티다', '-와 서로 지탱하다', '-와 서로 겨루어서 순순히 끌려가지 않는다'는 뜻이다. 물론 여지시애(與之厮崖)는 여지시애(與之厮捱)나 여지시애(與之廝挨)로 쓸 수 있고, 여지시애(與之厮崖)라고도 쓸 수 있다.

(1) 대혜어록의 사례

태어나도 온 곳을 알지 못하고 죽어도 갈 곳을 알지 못하는 의심을 아직 잊지 않았다면, 삶과 죽음이 뒤얽힐[129] 것입니다. 다만 이렇게 뒤얽힌 곳에서 한 개 화두(話頭)를 살펴보십시오. 승려가 조주에게 물었습니다. "개에게도 불성이 있습니까?" 조주가 말했습니다. "없다." 다만 이 태어나도 온 곳을 알지 못하고 죽어도 갈 곳을 알지 못하는 의심을 '없다'는 글자 위에 옮겨온다면, 뒤얽힌 마음이 사라질 것입니다. 뒤얽힌 마음이 사라지고나면, 오고가는 삶과 죽음에 대한 의심이 끊어질 것입니다. 다만 끊고자 하나 아직 끊어지지 않은 곳에서 맞붙어 버티다가 때가 되어 갑자기 단번에 확 깨달으면, 곧 경전에서 말하는 "마음의 삶과 죽음을 끊고, 마음의 선(善)하지 못함을 멈춘다."[130]는 것이 마음의 무성한 번뇌망상[131]을 잘라내고, 마음의 더러움과 혼탁함을 씻어

128 『사법어록』〈동산숭장주송자행각법어(東山崇藏主送子行脚法語)〉에 "晝三夜三애 與他厮睚언뎡"이라는 표현이 나온다.
129 교가(交加) : = 교착(交錯). 뒤얽히다. 서로 뒤섞여 엇갈리다. 엉망이다. 시끄럽다.
130 『화엄경』(80권) 제63권「입법계품」제39-4에 나오는 구절.
131 조림(稠林) : 빽빽한 숲. 중생의 삿된 견해나 번뇌가 무성한 것을 가리킴.

내는 것임을 알 것입니다.(疑生不知來處, 死不知去處底心未忘, 則是生死交加. 但向交加處看箇話頭 : 僧問趙州和尙 : "狗子還有佛性也無?" 州云 : "無." 但將這疑生不知來處, 死不知去處底心移來無字上, 則交加之心不行矣. 交加之心旣不行, 則疑生死來去底心將絶矣. 但向欲絶未絶處與之廝崖, 時節因緣到來, 驀然噴地一下, 便了教中所謂 : "絶心生死, 止心不善." 伐心稠林, 浣心垢濁者也.)『대혜보각선사법어(大慧普覺禪師法語)』 제23권. 30. 묘명거사(妙明居士)에게 보임)

천가지 만가지 의문(疑問)이 다만 하나의 의문일 뿐입니다. 그러므로 화두 위에서 의문이 부서지면 천가지 만가지 의문이 일시에 부서집니다. 화두가 부서지지 않았으면 우선 바로 그 화두에서[132] 화두와 맞붙어 버티고 계십시오. 만약 화두를 버리고 도리어 다른 문자 위에서 의문을 일으키거나, 경전의 가르침 위에서 의문을 일으키거나, 옛사람의 공안(公案) 위에서 의문을 일으키거나, 매일 경계를 상대하는 피곤함 속에서 의문을 일으킨다면, 이것은 모두 삿된 마구니의 권속들입니다.(千疑萬疑, 只是一疑. 話頭上疑破, 則千疑萬疑一時破. 話頭不破, 則且就上面與之廝崖. 若棄了話頭, 却去別文字上起疑, 經教上起疑, 古人公案上起疑, 日用塵勞中起疑, 皆是邪魔眷屬.)『대혜보각선사서(大慧普覺禪師書)』 제28권. 32. 여사인(呂舍人) 거인(居仁)에 대한 답서)

조주의 "개에게는 불성이 없다."라는 화두는, 님에게는 마치 사람이 도둑을 체포함에 이미 숨어 있는 곳을 알면서도 아직 붙잡지 못하고 있는 것과 같습니다. 부디 심혈을 기울여[133] 한순간도 끊어짐 없이 가고·머물고·앉고·눕는 곳에서 순간순간 살펴보십시오. 경서(經書)와

132 취(就)-상(上) : 바로-에서. -위에서. -속에서. = 취(就)-처(處).

133 쾌착정채(快着精彩) : 쾌(快)는 '좋다, 영리하다, 날카롭다, 뛰어나다, 재빠르다, 즐겁다'는 뜻이고, 착정채(着精彩)는 '마음을 쓰다, 주의를 기울이다, 심혈을 기울이다, 노력하다, 애쓰다, 주의하다, 조심하다'는 뜻이다. '주의를 잘 기울이다, 잘 노력하다, 애를 잘 쓰다, 심혈을 기울이다'는 정도의 뜻.

사서(史書)를 읽는 곳과 인의예지신을 닦는 곳과 윗사람을 모시는 곳과 학자를 가르치는[134] 곳과 죽을 먹고 밥을 먹는 곳에서 화두와 맞붙어 버티고 있으면, 문득 분별망상의 장애가 사라지게[135] 될 것이니, 다시 무슨 말을 하겠습니까?(趙州"狗子無佛性."話, 左右如人捕賊已知窩盤處但未捉著耳. 請快著精彩, 不得有少間斷, 時時向行住坐臥處看. 讀書史處, 修仁義禮智信處, 侍奉尊長處, 提誨學者處, 喫粥喫飯處, 與之廝崖, 忽然打失布袋, 夫復何言?)(『대혜보각선사서(大慧普覺禪師書)』 제28권. 37. 왕장원(汪狀元) 성석(聖錫)에 대한 답서(2))

만약 털끝만큼이라도 힘을 써서 지탱한다면, 이것은 반드시 사법(邪法)이고 불법(佛法)이 아닙니다. 다만 길고 멀리 보는 마음을 갖추고서[136] "개에게는 불성이 없다."라는 화두와 맞붙어 버티십시오. 버티고 또 버티다가 마음 갈 곳이 없어지면, 문득 자다가 꿈에서 깨어난 듯 하고, 연꽃이 피는 듯 하며, 구름을 헤치고 해가 나온 듯 할 것입니다. 이러한 때에 도달하면 저절로 한 덩어리가 됩니다.[137] 다만 매일 뒤죽박죽 혼란스런[138] 일상 속에서 '무자(無字)'만 살펴보시되, 깨닫고 깨닫지 못하고 철저하고 철저하지 못하고 하는 것에는 상관하지 마십시오.(若用一毫毛氣力支撑, 定是邪法, 非佛法也. 但辦取長遠心, 與"狗子無佛性."話廝崖. 崖來崖去, 心無所之, 忽然如睡夢覺, 如蓮華開, 如披雲見日. 到恁麼時自然成一片矣.

134 제회(提誨) : 계발(啓發)하다. 깨우치다. 가르치다. 일깨우다. = 제시(提撕).

135 타실포대(打失布袋) : 타실(打失)은 '잃어버리다', 포대(布袋)는 '무능함, 문제, 장애'를 뜻함. 무능함을 벗어나다. 문제를 해결하다. 장애가 사라지다. 이 문맥에서는 앞을 가로막고 있던 분별망상의 포대를 벗어 버렸다는 뜻이다.

136 판취장원심(辦取長遠心) : 판취(辦取)는 취득하다, 얻다, 갖추다는 뜻. 길고 멀리 보는 마음을 갖추다. 길고 오래 가는 마음을 갖추다. 끈기 있는 발심을 가리킴.

137 성일편(成一片) : = 타성일편(打成一片). 한 덩어리가 되다. 한 데 뭉치다.(주로 감정이나 생각이 융합되는 것을 가리킨다.)

138 칠전팔도(七顚八倒) : 뒤죽박죽이 되다. 뒤범벅이 되다. 뒤얽혀 혼란스럽다.

但日用七顚八倒處 只看箇'無字', 莫管悟不悟徹不徹.)『대혜보각선사서(大慧普覺禪師書)』 제28권. 38. 종직각(宗直閣)에 대한 답서)

만약 무상(無常)한 세월이 재빨라서 죽고사는 일이 큰데도 아직 자기의 일을 밝히지 못했다면, 사람이 의지하고 있는 삶과 죽음이라는 소굴[139]을 부술 수 있는 한 사람의 본분작가(本分作家)[140]를 마땅히 한마음 한뜻으로 찾아서, 그와 함께 죽기를 각오한 공부에 착수하여 맞붙어 버티다가 문득 칠통(漆桶)을 때려부수면 바로 철저히 깨달은 곳이 됩니다. (若以無常迅速生死事大己事未明, 當一心一意, 尋一本分作家, 能破人生死窠窟者, 與伊著死工夫廝崖, 忽然打破漆桶, 便是徹頭處也.)『대혜보각선사서(大慧普覺禪師書)』 제30권. 60. 손지현(孫知縣)에 대한 답서)

7) 애장거(崖將去)

『한한대사전(漢韓大辭典)』

애장거(挨將去) : 느린 걸음으로 나아가다(朝鮮『註解語錄總覽, 朱子語錄』挨將去, 如緩步向前去.) 비벼져겨 나아가다.

애(挨) : 애(捱)와 같다. 견디어내다. 애써 지탱하다. 시간을 끌다.

애(捱) : 안간힘을 다하여 버티다. 근근히 버티어 나가다.

애거(捱去) : 근근이 지탱하여 나아감.

『중한대사전(中韓大辭典)』

---

139 과굴(窠窟) : 본래 과(窠)는 날짐승의 보금자리를, 굴(窟)은 길짐승의 소굴을 나타내는 말로, 언제라도 되돌아가는 곳을 뜻한다. 습관화되어 저절로 의지하게 되는 분별망상(分別妄想)을 가리킨다.

140 본분작가(本分作家) : 자신의 본분(本分) 즉 본성(本性)을 찾아서 언제나 본분에서 벗어나지 않고 남까지도 본분으로 이끌어 줄 수 있는 능력 있는 사람.

장(將) : 조기(早期) 백화(白話)에서 동사와 방향보어 중간에 쓰여 그 동작의 지속성이나 개시(開始) 등을 나타냄.

거(去) : 동사 뒤에 쓰여 동작이 화자(話者)가 있는 곳에서 다른 곳으로 옮겨감을 나타내는 방향보어 혹은 동사 뒤에 쓰여 동작 따위가 지속됨을 나타냄.

『선어사전(禪語辭典)』

애(崖) : 애(捱)와 같다. 애(挨)라고 쓰는 경우도 있다.

『주해어록총람(註解語錄總覽)』

애장거(挨將去) : (『주자어록(朱子語錄)』) 如緩步向前去.(느린 걸음으로 나아가다.) 비벼져겨 나아가다.

애거(捱去) : (『주자어록(朱子語錄)』) 견디어 가다.

애거(挨去) : (『주자어록(朱子語錄)』) 애(挨)와 애(捱)는 같다.

이로써 보면, 애(崖), 애(捱), 애(挨)는 '버티다', '저항하다', '지탱하다'는 뜻으로 서로 바꾸어 쓰이는 글자이고, 장(將)은 조기(早期) 백화(白話)에서 동사와 방향보어 중간에 쓰여 그 동작의 지속성이나 개시(開始) 등을 나타내고, 거(去)는 동사 뒤에 쓰여 동작이 화자(話者)가 있는 곳에서 다른 곳으로 옮겨감을 나타내는 방향보어 혹은 동사 뒤에 쓰여 동작 따위가 지속됨을 나타내는 조사이다. 그러므로 애장거(崖將去)는 '지속적으로 버티어 나아가다', '물러나지 않고 지탱하여 나아가다'는 뜻이다. 물론 애장거(崖將去)를 애장거(挨將去) 혹은 애장거(捱將去)로도 쓸 수 있다.

(1) 대혜어록에서의 사례

공(公)께선 깊이 생각하셔서, 다만 이와 같이 버티고 계십시오. 언제나[141] 고요함 속에서도 "수미산"과 "방하착" 두 마디 말을 절대로 잊어버려선 안 됩니다.(公深思之, 但如此崖將去. 時時於靜勝中, 切不得忘了須彌山放下著兩則語.)(『대혜보각선사서(大慧普覺禪師書)』 제25권. 2. 증시랑(曾侍郎) 천유(天游)에 대한 답서(1))

만약 아직 목숨을 버리지 못했다면 우선 다만[142] 궁금한 심정이 해소되지 못한 곳에서 버티고 계십시오. 문득 스스로 기꺼이 목숨을 한 번 놓아 버리면 바로 끝납니다.(若捨性命不得, 且只管在疑不破處崖將去. 驀然自肯捨命一下便了.)(『대혜보각선사서(大慧普覺禪師書)』 제26권. 17. 진소경(陳少卿) 계임(季任)에 대한 답서(1))

세간의 잡다한 일들에 생각을 빼앗길 때마다 애써[143] 배척할 필요는 없습니다. 다만 생각하는 곳에서 화두(話頭)만 살살[144] 놀리십시오.[145] 그러면 무한한 힘을 덜게 될 것이며 또한 무한한 힘을 얻게 될 것입니다. 청컨대 공(公)께서는 다만 이와 같이 버티고 계시되, 일부러 깨달음을 기다리지는[146] 마십시오. 그러면 문득 저절로 깨달을 것입니다.(纔覺思量塵勞事時, 不用著力排遣. 只就思量處, 輕輕撥轉話頭. 省無限力, 亦得無限力. 請公只如此崖將去, 莫存心等悟. 忽地自悟去.)(『대혜보각선사서(大慧普覺禪師

141 시시(時時) : ① 때때로. 이따금. ② 순간순간 지나가는 시간을 가리킨다. 순간순간 끊어짐 없이. ③ 늘. 항상. 언제나.
142 지관(只管) : 단지. 오로지. 다만.
143 착력(著力) : 힘을 쓰다. 힘을 내다.
144 경경(輕輕) : 살짝. 가볍게. 살살.
145 발전(撥轉) : ① 돌리다. 방향을 바꾸다. ② 조종하다. 놀리다.
146 존심등오(存心等悟) : 일부러 깨달음을 기다리다. 마음먹고 깨달음을 기다리다. 존심(存心)은 '어떤 마음을 먹다' 혹은 '일부러, 고의로'라는 뜻.

書)』 제26권. 19. 조대제(趙待制) 도부(道夫)에 대한 답서)

다만 당장[147] 버티고 있다가 죽으면 바로 쉬게 됩니다. 앞뒤를 생각하지도 마시고, 또 번뇌를 일으키지도 마십시오. 번뇌는 도(道)에 장애가 됩니다.(但從脚下崖將去, 死便休. 不要念後思前, 亦不要生煩惱. 煩惱則障道也.)(『대혜보각선사서(大慧普覺禪師書)』 제26권. 20. 허사리(許司理) 수원(壽源)에 대한 답서(1))

공께서도 역시 다만 이와 같이 공부하십시오. 공부가 점차 익어 가면 매일 24시간 속에서 바로 수월함[148]을 느낄 것입니다. 수월함을 느낄 때 공부를 느슨하게 놓지 마십시오. 다만 수월한 곳에서 버티고 계십시오. 버티고 또 버티어서 이 수월한 곳과 잘 어울리게 되면, 또한 때를 알지도[149] 못하고 꼬치꼬치 따지지도[150] 않을 것입니다. 다만 한 개 무자(無字)를 살펴보시되 얻고 얻지 못하고에는 상관하지 마십시오.(願公亦只如此做工夫. 做得工夫漸熟, 則日用二六時中便覺省力矣. 覺得省力時, 不要放緩. 只就省力處崖將去. 崖來崖去, 和這省力處, 亦不知有時, 不爭多也. 但只看箇無字, 莫管得不得.)(『대혜보각선사서(大慧普覺禪師書)』 제27권. 28. 왕내한(汪內翰) 언장(彥章)에 대한 답서(1))

---

147 종각하(從脚下) : 그 자리에서. 당장. 바로. 지금. 목하(目下). 종(從)은 재(在), 우(于)와 같은 개사(介詞).

148 생력(省力) : 힘을 덜어 수월해지는 것. 공부를 할수록 힘이 덜어져 편안하고 수월하게 되는데, 이렇게 하여 힘쓸 수도 없고 힘쓸 일도 없는 곳에 이르러 문득 손을 완전히 놓으면 힘쓰지 않고도 일을 하는 힘이 생기게 된다.

149 지유(知有) : 알다, 깨닫다. = 지(知), 지도(知道).

150 쟁다(爭多) : 쟁다경소(爭多競少). 쟁다논소(爭多論少). 많으니 적으니 하고 옥신각신 다투다. 사소한 일로 옥신각신하다. 하나하나 따지다. 꼬치꼬치 따지다.

8) 거기(擧起), 제철(提掇), 처포(覰捕)

㉮ 거기(擧起) : 거(擧)와 같음. 기(起)는 동사의 뒤에 붙어서 동작이 아래에서 위로 행해짐을 나타내는 조사.

대혜어록에서의 사례

말을 꺼내는 곳에서 바로 받아들여서도 안 된다.(不得向擧起處承當.)(『대혜보각선사보설(大慧普覺禪師普說』) 제13권. 2. 정광대사(定光大師)가 청한 보설)

한 구절을 만들어 보아라는 말을 듣자마자 곧장 말을 끄집어내는 곳에서 이해하지 말지니, 말을 하자 곧장 이해한다면 전혀[151] 이 도리(道理)가 아니다.(莫見道作一句看, 便向擧起處會, 擧了便會了, 且不是這箇道理.)(『대혜보각선사보설(大慧普覺禪師普說)』 제14권. 4. 진국태부인이 청한 보설)

옛사람들의 여러 가지 다양한 뜻을 가진 인연들에 이르면 심성(心性)은 현묘(玄妙)한 듯하지만, 대법이 밝으면 말을 꺼내자마자 곧 알아차리니 마치 자석이 쇠를 만난 것처럼 살짝 한 번 잡아당기면 곧 움직인다.[152] 모름지기[153] 하나를 말하면 셋에 밝아서 맨눈으로도 미세한 저울눈을 읽고[154] 남쪽을 건드려 북쪽을 움직여야만, 말을 끄집어낼 때에 곧장 밝을 수 있다.(以至古人差別異旨因緣, 心性玄妙, 大法若明, 纔擧起時便會得, 恰如磁石見鐵相似, 輕輕一引便動. 須是擧一明三, 目機銖兩, 點著南邊動北

151 차불(且不) : 오랫동안-하지 않다. 좀처럼-하지 않다. 전혀-하지 않다.
152 둘로 나누어지지 않는다.
153 수시(須是) : 반드시-해야 한다.
154 목기수량(目機銖兩) : 눈이 밝다는 뜻. 수(銖)와 양(兩)은 옛날의 무게 단위로서, 24수(銖)가 1량(兩)이고, 16량(兩)이 1근(斤)이다. 맨눈으로 수(銖)와 양(兩)의 세밀한 차이를 읽어낼 수 있다는 뜻이니 눈이 밝다는 뜻.

邊, 擧起時便明得.)(『대혜보각선사보설(大慧普覺禪師普說)』 제15권. 5. 전계의가 청한 보설)

담당(湛堂) 스님에게 물었을[155] 때, 이 이야기를 하자마자 담당 스님께서 말씀하셨다.(因請益湛堂和尙, 纔擧起此話, 湛堂曰:)(『대혜보각선사보설(大慧普覺禪師普說)』 제15권. 5. 전계의가 청한 보설)

이 도리는 남에게 말해 줄 수 없고, 오직 깨달아 밝힌 자만이 말을 꺼내면 곧 귀결점을 압니다.(這箇道理, 說似人不得, 唯證悟者, 擧起便知落處.)(『대혜보각선사법어(大慧普覺禪師法語)』 제20권. 8. 확연거사(廓然居士)에게 보임)

다만 한 승려가 조주에게 "개에게도 불성이 있습니까?" 하고 물으니 조주가 "없다."[무(無)]고 한 것만 말씀하십시오. 이 한 글자[무(無)]를 말하기만 하면, 세간의 감정이나 생각은 저절로 고요해집니다.[156](但只擧僧問趙州 : "狗子還有佛性也無?" 州云 : "無." 纔擧起這一字, 世間情念自怗怗地矣.)(『대혜보각선사법어(大慧普覺禪師法語)』 제21권. 12. 악수(鄂守) 웅사부(熊祠部)에게 보임)

보통 총명한 사람은 말하는 것을 듣자마자 곧 심의식으로 이해하여 추측하고 헤아려 증거를 끌어들이며 당부한[157] 곳이 있음을 말하려 하니,(尋常聰明人, 纔聞擧起, 便以心意識領會, 搏量引證, 要說得有分付處,)(『대혜보각선사서(大慧普覺禪師書)』 제29권. 41. 왕교수(王敎授) 대수(大受)에 대한 답서)

㉯ 제철(提掇) :
『한한대사전(漢韓大辭典)』

155 청익(請益) : 가르침을 받고서 모르는 부분에 대하여 거듭 질문하는 것.
156 첩첩지(怗怗地) : 조용한, 고요한.
157 분부(分付) : ① 맡기다. 당부하다. ② 주다. 공급하다.

① 의견이나 안건 따위를 내어놓다.(明 王守仁 『傳習錄, 中』) ② 손잡아 이끌다.(明 高明 『琵琶記』) ③ 끌어올리다.(『壇經, 行由品』) ④ 일으켜 세우다. 떨쳐 일으키다.(『朱子語類, 44』)

『송어언사전(宋語言詞典)』

선가(禪家)에서 어떤 문제를 제출하여 탐구하는 것.

『중한대사전(中韓大辭典)』

① 서로 돕다. ② 발탁하다. ③ 제멋대로 행동하다.

『신판선학대사전(新版禪學大辭典)』

제(提)는 손에 들다는 뜻, 철(掇)은 주워 올리다는 뜻. 제시(提示)하는 것. 염제(拈提), 거기(擧起)와 같음.

『선어사전(禪語辭典)』

손 위에 올려놓고서 무게를 헤아리는 것.

『주해어록총람(註解語錄總覽)』

(『주자어록(朱子語錄)』)잡드려 掇亦提也.(철(掇)도 제(提)와 같다.)

대혜어록에서의 사례

다만 의심을 없애지 못한 곳에서 한 개 화두(話頭)를 살펴보십시오. "한 승려가 조주(趙州)에게 물었습니다. '개에게도 불성이 있습니까?' 조주가 말했습니다. '없다![무(無)!]'를 가고 · 머물고 · 앉고 · 누울 때에 다만 순간순간 (자신에게) 말해주십시오. 갑자기 단번에 확 깨달으면, 비로소 부모가 낳은 코가 바로 얼굴 위에 있음을 알 것입니다.(只教就未拔

處看箇話頭. 僧問趙州 : "狗子還有佛性也無?" 州云 : "無." 行住坐臥, 但時時提撕. 驀然噴地一發, 方知父母所生鼻孔只在面上.)(『대혜보각선사법어(大慧普覺禪師法語)』 제21권. 13. 서제형(徐提刑)에게 보임)

공께서 급류처럼 흐르는 일상 속에서 순간순간 스스로 이와 같이 (자신에게) 말해주는데도 만약 도업(道業)이 성취되지 못한다면, 불법(佛法)에 영험(靈驗)이 없는 것입니다.(公能向急流中, 時時自如此提撕, 道業若不成就, 則佛法無靈驗矣.)(『대혜보각선사서(大慧普覺禪師書)』 제25권. 6. 증시랑(曾侍郞) 천유(天游)에 대한 답서(5))

㉰ 처포(覷捕) :

『한한대사전(漢韓大辭典)』

처(覷) : ① 보다. ② 엿보다. 주시하다. ③ 망보다. ④ 노리다. 겨누다. ⑤ 눈을 가늘게 뜨고 자세히 살피다.

포(捕) : ① 붙잡다. 사로잡다. ② 찾아내다.

그러므로 처포(覷捕)는 '엿보며 찾다', '자세히 살펴보며 찾다'는 뜻이다.

대혜어록에서의 사례

임제(臨濟)는 승려가 문으로 들어오는 것을 보면 곧 고함을 질렀는데, 이미 양 손으로 나누어준 것이니 다시 살펴보며 찾는다면 눈동자는 이미 땅에 떨어졌다.(臨濟見僧入門便喝, 已是兩手分付, 擬欲覷捕, 則眼睛落地了也.)(『대혜보각선사보설(大慧普覺禪師普說)』 제18권. 13. 정성충이 청한 보설)

이미 세월은 재빠르고 살고 죽는 일이 크다면, 곧장 위없는 깨달음을 얻겠다는 뜻을 확실히 가지고, 세간의 여러 가지 허망하고 진실하지 못한 일들을 단번에 내려놓고,[158] 도리어 취할 수 없고 버릴 수 없는 곳에서 '있는가? 없는가?' 하고 느긋이 살펴보며 찾아 보십시오.(旣爲無常迅速, 生死事大, 決定有志直取無上菩提, 世間種種虛妄不實底事, 一筆勾下, 卻向不可取不可捨處, 謾覷捕看, 是有是無?)(『대혜보각선사법어(大慧普覺禪師法語)』 제24권. 31. 성기의(成機宜)에게 보임)

일찍이 이와 같이 살펴보며 찾았었는지 모르겠군요. 이것이 바로 가장 수월하게 공부하는 곳입니다.(不識曾如此覷捕否? 這箇便是第一省力做工夫處也.)(『대혜보각선사서(大慧普覺禪師書)』 제27권. 29. 왕내한(汪內翰) 언장(彥章)에 대한 답서(2))

원컨대, 공(公)께서는 다만 믿을 수 있는 곳에서 살펴보며 찾기를 오래하면 저절로 뚫고 벗어날[159] 것입니다.(願公只向信得及處, 覷捕久久, 自透脫矣.)(『대혜보각선사서(大慧普覺禪師書)』 제29권. 56. 조태위(曹太尉) 공현(功顯)에 대한 답서)

다만 일상생활 속[160]에서 순간순간 살펴보며 찾되, '내가 남에게 옳고 그름과 바르고 굽음을 결단해 줄 수 있는 것은 누구의 은혜로운 힘을 입은 것이며 결국 어느 곳에서 나오는 것인가?' 하고 살펴보며 찾고 또 살펴보며 찾으면, 평소에 생소하던 길이 저절로 익숙하게 될 것입니다.(但向日用應緣處, 時時覷捕, '我這箇能與人決斷是非曲直底, 承誰恩力, 畢竟從甚麽處流出?' 覷捕來覷捕去, 平昔生處路頭自熟.)(『대혜보각선사서(大慧普覺禪師書)』 제30권. 57. 영시랑(榮侍郎) 무실(茂實)에 대한 답서(1))

---

158 일필구하(一筆勾下) : 단번에 내려놓다. 단번에 내버리다.

159 투탈(透脫) : 돌파하여 벗어남. 뚫고 지나가다. 깨달음을 가로막는 장애를 뚫고 벗어나 깨달음에 이른다는 말. = 투득(透得), 투과(透過), 투출(透出), 투취(透取).

160 일용응연처(日用應緣處) : 일상생활 속에서 경계와 만나는 곳. 일상생활하는 곳. 일상생활 속.

4. 간화(看話)와 관련한 용어의 번역어 정리

이상 살펴본 용어들을 다시 정리하면 다음과 같다. 이 책에서의 한글 번역(飜譯) 역시 이에 따라 번역하였다.

① 간(看) : (화두를) '살펴본다.'

② 거(擧) : '말하다', '(옛 이야기를) 말해 주다', '(말을) 끄집어내다', '(예화를 들어) 말하다', '-라고 말하다', '거론(擧論)하다.'

③ 거각(擧覺) : 거(擧)와 같음. '화두를 말하여 일깨우다', '거론(擧論)하여 깨우치다.'

④ 제시(提撕) : '일깨우다', '깨우치다', '주의를 환기시키다', '말해 주어서 일깨우다', '제시(提示)하여 일깨우다.'

⑤ 참(參) : (간화(看話)에) '참여하다', '동참하다.'

⑥ 여지시애(與之廝崖) : '-와 서로 버티다', '-와 서로 지탱하다', '-와 서로 겨루어서 순순히 끌려가지 않다.'

⑦ 애장거(崖將去) : '지속적으로 버티어 나아가다', '물러나지 않고 지탱하여 나아가다.' 여지시애(與之廝崖)와 같음.

⑧ 거기(擧起) : 거(擧)와 같음.

⑨ 제철(提掇) : '제시(提示)하다', '(의견이나 안건 따위를) 내어놓다.' 거(擧), 거기(擧起)와 같은 말로서 간화선(看話禪)에서 '화두(話頭)를 제철(提掇)하라.'고 할 때에는 '화두를 자신에게 말해주라.'는 뜻이다.

⑩ 처포(覰捕) : '엿보며 찾다', '자세히 살펴보며 찾다.' 간(看)과 통함.

5. '화두를 든다'는 말에 관하여

우리나라의 간화선(看話禪)에서는 '화두를 살펴본다'라고 하지 않고, '화두를 든다' 혹은 '화두를 잡는다'라고 말한다. 여기에서 '든다'나 '잡는다'는 거(擧)·제시(提撕)를 번역한 것인데 정확한 번역이 아니다. 거(擧)·제시(提撕)에서 거(擧)와 제(提)라는 글자에는 본래 (물건을 손으로) '든다' 혹은 '잡는다'라는 뜻이 있으나, 위에서 살펴본 바와 같이 송대(宋代)의 백화문(白話文)에서 거(擧)·제시(提撕)는 '말하다' 혹은 '일깨우다'는 뜻을 가진다. 특히 그 대상이 화두(話頭) 즉 말인 경우에는 '든다'거나 '잡는다'는 뜻보다는, '말하다', '일깨우다'는 뜻이 확실히 옳다.

그러면 우리는 왜 화두를 '말하다'라거나 '일깨우다'라고 하지 않고, '든다'거나 '잡는다'라고 하는가? 아마도 애초에 우리나라에 간화선의 문헌이 소개되었을 때에 우리의 조상들이 그런 뜻으로 번역하고 읽었던 것이 지금까지 전승되어 내려왔을 것이다. 과거 우리나라에 간화선이 도입된 이후에 이들 용어들이 어떻게 번역되어 읽혀졌는지는 문헌을 통하여 확인해볼 수 있다.

간화선(看話禪)에 관련된 선서(禪書)들은 고려의 보조지눌(普照知訥) 이후에 많이 도입되었지만, 훈민정음(訓民正音) 창제(1443년) 이전에는 한글 번역이 없었으므로 어떻게 번역하여 발음하였는지를 알 수 없다. 훈민정음 창제 뒤에 한문(漢文)으로 쓰여진 몇몇 불서(佛書)들이 언해(諺解)라는 이름으로 한글로 번역되었는데, 다행히 이 언해본(諺解本) 불서 가운데에 간화선(看話禪)을 가르치는 선서(禪書)인 『몽산화상법어약록(蒙山和尙法語略錄)』과 『사법어록(四法語錄)』이 들어 있다. 『몽산화상법어약록』과 『사법어록』은 모두 중국 원대(元代)의 임제종(臨濟宗) 선사(禪師)인 몽산덕이(蒙山德異; 1231~1308)[161]와 관련된 선어록(禪語錄)으로서 조선 세조(世祖) 때의 승려 혜각존자(慧覺尊者) 신미(信眉; 1403? ~1480?)가 역해(譯

解)한 것이다.

여기에선 『몽산화상법어약록』 언해본은 1459년경에[162] 간행된 원간본(原刊本)인 간경도감본(刊經都監本)과 1517년에 간행된 고운사본(孤雲寺本)을 조사하였고, 『사법어록』 언해본은 1467년 간행된 원간본인 간경도감본과 1517년 간행된 고운사본(孤雲寺本) 및 1577년 간행된 송광사본(松廣寺本)을 조사하였다. 고운사본이나 송광사본은 원간본인 간경도감본을 그대로 베껴서 판각하거나 필사하였기 때문에 내용에서 차이는 없었다.

『몽산화상법어약록』 언해본과 『사법어록』 언해본에 나타난 화두 관련 용어의 번역을 살펴보면 다음과 같다.

① 『몽산화상법어약록』 언해본의 번역[163]

161 몽산덕이(蒙山德異)에 관해서는 중국 쪽에는 기록이 거의 남아 있지 않고 우리나라에 주로 기록이 남아 있는데, 몽산은 고려 말기 이후 우리나라 불교에 간화선(看話禪)이 정착하는 데에 커다란 영향을 끼친 임제종 소속 선승(禪僧)이다. 고려 충렬왕(忠烈王) 때에는 왕실과 관련된 승속(僧俗) 수십명이 양자강 하류 근방에 있는 그의 암자 휴휴암(休休庵)을 찾아가 그에게 귀의하였고, 또 고려 수선사(修禪社) 승려 요암원명(了庵元明) 장로의 요청으로 충렬왕의 회갑을 축하하는 보설(普說)을 행하기도 하였으며, 그의 어록 『몽산화상법어』와 저서 『직주도덕경(直註道德經)』 및 그가 편집한 『육조법보단경(六祖法寶壇經)』 등을 비롯한 여러 서적들이 고려에서 간행되었고, 그의 사후 제자인 철산소경(鐵山紹瓊)은 고려의 요청으로 3년 동안 고려를 방문하여 고려 불교의 승속을 막론한 여러 유명인사들과 교유하기도 하였다. 이리하여 고려와 조선의 선불교(禪佛教)는 몽산이 가르친 간화선에 크게 영향을 받게 되었는데, 현재까지도 우리나라의 간화선은 보조지눌(普照知訥)이 도입한 대혜종고(大慧宗杲)의 간화선이 아니라 몽산덕이의 간화선의 특색을 드러내고 있다.

162 『역주몽산화상법어약록언해』 김무봉 역주(서울. 세종대왕기념사업회. 2002)의 역주해제에 따름.

163 『몽산화상법어약록』 언해본의 현대 한글 번역은 김무봉 교수가 역주한 『역주몽산화상법어약록언해』(2002년 세종대왕기념사업회 간행)을 참고하여 필자가 하였다.

〈시고원상인(示古原上人)〉

한문(漢文) = 提話頭一二聲

언해(諺解) = 話頭롤 ᄒᆞᆫ 두 소리롤 擧ᄒᆞ야「擧ᄂᆞᆫ ᄆᆞᅀᆞ매 연저 가져실씨라」

현대역 = 話頭를 한 두 소리를 擧하여「擧는 마음에 얹어 가지어 있는 것이다」

한문 = 不用心提話頭 …… 夢中亦記得話頭

언해 = ᄆᆞᅀᆞᆷ롤 ᄡᅥ 話頭롤 擧티 아니ᄒᆞ야도…… ᄭᅮ메도 ᄯᅩ 話頭롤 연즈리니

현대역 = 마음을 써 話頭를 擧하지 아니하여도…… 꿈에도 또 話頭를 얹을 것이니

한문 = 提話頭

언해 = 話頭롤 擧ᄒᆞ야

현대역 = 話頭를 擧하여

한문 = 若涉用力擧話時

언해 = ᄒᆞ다가 히믈 ᄡᅥ 話頭롤 擧호매 干涉ᄒᆞᆫ ᄢᅵᆫ

현대역 = 만약 힘을 써서 話頭를 擧함에 干涉하는 때에는

〈시각원상인(示覺圓上人)〉

한문 = 單單提箇無字

언해 = 다ᄆᆞᆫ다ᄆᆞᆫ 無ㆆ字롤 자바

현대역 = 다만 無字를 잡아

한문 = 疑得重, 話頭不提, 自然現前
언해 = 疑心이 重ᄒᆞ면 話頭ᄅᆞᆯ 擧티 아니ᄒᆞ야도 自然히 알ᄑᆡ 나ᄃᆞ리니
현대역 = 疑心이 重하면 話頭를 擧하지 아니하여도 自然히 앞에 나타날 것이니

한문 = 只管提箇無字看.
언해 = 오직 無ㆆ字ᄅᆞᆯ 擧ᄒᆞ야 보리라.
현대역 = 오직 無字를 擧하여 볼 것이다.

한문 = 正好提撕
언해 = 正히 됴히 잡드롫디니
현대역 = 正히 좋게 잡들을 것이니[164]

한문 = 若着力提撕
언해 = ᄒᆞ다가 힘 두어 잡들면
현대역 = 만약 힘주어 잡들면[165]

〈시유정상인(示惟正上人)〉

한문 = 却提撕他是阿誰
언해 = ᄯᅩ ᄂᆞᄆᆞᆫ 뉘어뇨 호ᄆᆞᆯ 擧ᄒᆞ야
현대역 = 또 남은 누구냐 함을 擧하여[166]

한문 = 惺惺密密提撕

164 김무봉은 '정히(바르게) 좋게 붙들 것이니'로 번역하였다.
165 김무봉은 '만약 힘 두어 붙들면'이라고 번역하였다.
166 김무봉은 '또 남은 누구인고? 함을 거하여'로 번역하였다.

언해 = ᄢᅳᆯ슬비 隱密히 話頭ᄅᆞᆯ 잡드러 ᄒᆞ면

현대역 = 또렷하고 隱密히 話頭를 잡들어 하면[167]

한문 = 保持得話頭，有疑提撕

언해 = 話頭ᄅᆞᆯ 便安히 디녀 疑心ᄋᆞᆯ 잡들면

현대역 = 話頭를 便安히 지녀 疑心을 잡들면[168]

한문 = 但提話頭看

언해 = 오직 話頭ᄅᆞᆯ 擧ᄒᆞ야 보리라

현대역 = 오직 話頭를 擧하여 볼 것이다

〈시총상인(示聰上人)〉

한문 = 單單提箇話頭

언해 = 다ᄆᆞᆫ다ᄆᆞᆫ 話頭ᄅᆞᆯ 자바

현대역 = 다만 話頭를 잡아

한문 = 提擧一二聲話頭

언해 = ᄒᆞᆫ두 소릿 話頭ᄅᆞᆯ 擧ᄒᆞ면

현대역 = 한두 번 소리내어 話頭를 擧하면[169]

〈시각오선인법어(示覺悟禪人法語)〉

한문 = 須盡力提起話頭

167 김무봉은 '깨닫게 은밀히 화두를 붙들면'이라고 번역하였다.

168 김무봉은 '화두를 편안히 지녀 의심을 붙들면'이라고 번역하였다.

169 김무봉은 '한두 소리의 화두를 거하면'으로 번역하였다.

언해 = 모로매 히믈 ᄀᆞ장ᄒᆞ야 話頭를 擧호리니
현대역 = 모름지기 힘을 다하여 話頭를 擧하리니[170]

②『사법어록』 언해본의 번역[171]

〈환산정응선사시몽산법어(晥山正凝禪師示蒙山法語)〉

한문 = 單單提箇無字
언해 = 오직 다ᄆᆞᆫ다ᄆᆞᆫ 無字를 드러
현대역 = 오직 다만 無字를 들어

한문 = 默默提介無字
언해 = 괴외히 無字를 잡드러
현대역 = 고요히 無字를 잡아들어

〈동산숭장주숭자행각법어(東山崇藏主送子行脚法語)〉

한문 = 提起一介無字
언해 = 無字를 잡드라
현대역 = 無字를 잡아들어

한문 = 依前提起
언해 = 아릿양ᄋᆞ로 잡들면

170 김무봉은 '모름지기 힘을 다(크게) 하여 화두를 거할 것이니'로 번역하였다.
171 『사법어록』 언해본의 현대 한글 번역은 정우영 교수가 역주한 『역주목우자수심결언해 · 사법어언해』(2009년 세종대왕기념사업회 간행)을 참고하여 필자가 하였다.

현대역 = 앞서처럼 잡아들면[172]

이상을 다시 정리해 보면 다음과 같다.

提 = 擧하다.(6회) 잡다.(2회) 들다.(1회) 잡들다.(1회)
擧 = 擧하다.(1회)
提撕 = 잡들다.(4회) 擧하다.(1회)
提擧 = 擧하다.(1회)
提起 = 잡들다.(2회) 擧하다.(1회)

이로써 보면 화두(話頭)를 다루는 신미(信眉)의 번역어는 '擧하다.'(총10회) '잡들다.'(총7회) '잡다.'(총2회) '들다.'(총1회) 등으로 정리된다. 또한 신미는 '提, 擧, 提撕, 提擧, 提起' 등에 모두 공통으로 '擧하다'라는 번역어를 사용하고 있다. 우리는 보통 '擧'라는 한자(漢字)를 '들다'로 훈독(訓讀)한다. 그러므로 결국 '화두를 든다'는 말은 '話頭를 擧하다'라는 말에서 온 것임을 알 수 있다. 또 '提, 提撕, 提起'가 모두 '잡들다'로 번역되었는데, '잡들다'는 '잡다'와 '들다'가 합한 말이므로, '화두를 잡다'라거나 '화두를 들다'라는 말도 자연스럽게 사용되었을 것이다.[173]

이처럼 신미는 화두를 다루는 대표적인 번역어를 '擧하다'로 하고는 다시 이를 주석(註釋)하기를 「擧는 ᄆᆞᅀᆞ매 연저 가져실씨라」라고 한다. 현대어로 만들면, 'ᄆᆞᅀᆞ매'는 '마음에'이고, '연저'는 '얹어'이고, '가져실씨라'는 '가지어 있는 것이다'라는 뜻이다. 그러므로 '화두를 거한다'는 '화두를 마음에 얹어 가지어 있는 것이다'라는 뜻이다.

'마음에 얹어 가진다'는 무슨 말일까? 신미는 〈시고원상인(示古原上

172 정우영은 '전에 한 것과 같은 모양으로 잡아들면(= 붙들면)'이라고 번역하였다.
173 『주해어록총람(註解語錄總覽)』에 보면 '提'는 '잡다'로, '提撕'는 '잡들다'로, '提起'는 '잡들다 또는 들어 일으키다'로 번역되어 있다.

人)〉에서 '記得話頭'를 '話頭롤 연즈리니'로 번역하고 있다. 여기의 '연즈리니'는 '모슨매 연저 가져실씨라'의 '연저'와 같은 말이다. '연즈리니'는 '記得'의 번역어인데, '記得'은 '기억하다'라는 뜻이다. 그러므로 '연즈리니'는 '기억하다'라는 뜻이고, '연저' 역시 '기억하다'라는 뜻이다. 이로써 보면 '모슨매 연저 가져실씨라' 즉 '마음에 얹어 가지어 있는 것이다'는 말은 '연저' 즉 '기억하다'는 뜻을 보다 상세히 말한 것임을 알 수 있다. 따라서 신미가 번역한 '話頭를 擧한다'는 말은 결국 '화두를 기억한다'는 뜻이다.

'擧話頭'를 '화두를 기억하다'로 번역하는 것은, 앞서 보았듯이 『대혜어록』에서 화두에 대하여 사용된 '擧, 擧起, 擧覺, 提撕' 등의 뜻과는 다르다. 또 '提話頭一二聲'을 '話頭롤 흔 두 소리롤 擧ᄒ야'라고 할 경우 '擧ᄒ야'는 '말하여'로 번역하는 것이 더욱 자연스러운데도, 신미는 일부러 「擧는 모슨매 연저 가져실씨라」라고 주석하고 있다. 『한한대사전(漢韓大辭典)』이나 『중한대사전(中韓大辭典)』 및 『한어대사전(漢語大詞典)』, 『대한화사전(大漢和辭典)』 등 어디에도 '거(擧)' 항목에 '기억하다'라는 뜻은 없다.

그러면 왜 신미는 '擧'를 이렇게 무리하게 해석하고 있을까? 그 단서는 『몽산화상법어약록』의 몇몇 곳에서 확인할 수 있다. 『몽산화상법어약록』에서 몽산덕이는 다음과 같이 '忘話頭' 즉 '화두를 잊는' 것에 대하여 경고(警告)하고 있다.

〈시각원상인(示覺圓上人)〉

能善用心, 忽然入得定時, 却不可貪定而忘話頭.

마음을 잘 사용하여 문득 선정(禪定)에 들어갈 때에는, 도리어 선정에 집착하여 화두를 잊어선 안된다.

若忘却話頭, 則落空去, 無有妙悟.

만약 화두를 잊어버리면, 공(空)에 떨어져서 묘한 깨달음이 없을 것이다.

〈시유정상인(示惟正上人)〉

不可太緩, 緩則忘却話頭, 入昏沈掉擧去也.

아주 늦추어서는 안되니, 늦추면 화두를 잊어버리고 혼침(昏沈)과 도거(掉擧)에 들어가게 된다.

定中, 却要話頭現前, 不可貪定而忘話頭.

선정(禪定) 속에서는 도리어 화두가 앞에 나타나도록 해야 하고, 선정에 탐착하여 화두를 잊어선 안된다.

忘則落空, 反被定迷, 無有是處.

화두를 잊으면 공(空)에 떨어져 도리어 선정으로 말미암아 어둡게 될 것이니, 이런 경우가 있어선 안된다.

〈시총상인(示聰上人)〉

或忘話頭, 沈空滯寂, 不得大悟, 反爲大病.

만약 화두를 잊고서 공(空)에 빠지고 고요함에 머물면, 큰 깨달음은 얻지 못하고 도리어 큰 병이 된다.

『몽산화상법어약록』에 의하면, 간화선(看話禪)을 공부하는 사람은 선정(禪定) 속에서나 어디에서나 언제든 화두를 잊어선 안 된다. 즉 공부란 언제나 화두를 잊지 않고 기억하는 것이다. 이로써 왜 신미가 '擧話

頭’를 ‘화두를 기억하다’로 번역하였는지를 알 수 있다. 즉, 신미가 ‘擧話頭’를 ‘화두를 기억하다’로 번역한 것은 『몽산화상법어약록』에 나타나 몽산덕이의 간화선의 가르침에 따른 것이었다.

보통 사람들은 ‘擧話頭’를 ‘화두를 기억하다’로 말하지 않고, ‘화두를 든다’고 말하지만, 실제로 현재 간화선을 공부하는 사람들에게 ‘화두를 든다’가 무슨 뜻인지 물어보면, 대개는 화두를 기억하여 잊지 않는 것으로 이해하고 있음을 볼 수 있다. 그러나 위에서 살펴보았다시피 ‘擧話頭’를 ‘화두를 기억하다’로 번역하는 것은 본래 대혜가 가르쳤던 내용은 아니다. ‘擧’를 ‘든다’고 발음하고 ‘기억하다’로 이해한 것은 신미가 잘못 번역한 것이지만,[174] 이 오역의 원인은 바로 몽산덕이의 간화선의 특색에 있음을 알 수 있다.

다시 말하여 대혜종고의 간화선과 몽산덕이의 간화선은 많이 다르

174 혜각존자 신미가 번역한 『몽산화상법어약록(蒙山和尙法語略錄)』과 『사법어록(四法語錄)』의 언해본을 읽어보면, 신미가 당시 중국의 백화문(白話文)을 잘 알았던 것은 아닌 것으로 판단된다. 일례로 아래와 같은 몇몇 어색하거나 잘못된 번역들을 지적할 수 있다.
① 纔覺眼皮重하거든 便著精彩하야 提話頭一二聲하야(ᄌᆞᆷ 눉 두베 므거본 ᄃᆞᆯ 아라ᄃᆞᆫ 믄득 ᄌᆞᄀᆞ지 ᄒᆞ야 話頭ᄅᆞᆯ ᄒᆞᆫ 두 소리ᄅᆞᆯ 擧ᄒᆞ야) 여기서 ‘著精彩’를 ‘ᄌᆞᄀᆞ지’(깨끗이)로 번역하였으나, ‘著精彩’는 ‘정신을 가다듬다’, ‘주의를 기울이다’로 번역하여야 맞다.(『몽산화상법어약록』 〈시고원상인(示古原上人)〉)
② 看來看去하며 疑來疑去하야(옰제 보며 갌제 보며 옰제 疑心ᄒᆞ며 갌제 疑心ᄒᆞ야) 여기서 ‘-來-去’를 ‘옰제-갌제-’(올 때에-갈 때에-)로 번역하고 있으나, ‘-來-去’는 ‘-하고 또-하다’로 번역되어야 맞다. ‘-來-去’는 같은 동사 또는 같은 뜻을 가진 2개의 동사 뒤에 붙어서 동작이 끊임없이 반복됨을 나타내는 말이다.(『몽산화상법어약록』 〈시각원상인(示覺圓上人)〉)
③ 直如老鼠咬棺材하야 只管提箇無字看호리라.(바ᄅᆞ 늘근 쥐 골 너흐로 몰ᄀᆞ티 ᄒᆞ야 오직 無ᅙ字ᄅᆞᆯ 擧ᄒᆞ야 보리라.) 여기서 ‘老鼠’를 ‘늘근 쥐’(늙은 쥐)로 번역하고 있으나, ‘老鼠’는 그냥 ‘쥐’로 번역하여야 한다.(『몽산화상법어약록』 〈시각원상인(示覺圓上人)〉)
④ 晝三夜三애 與他厮睚언뎡(낫 세 ᄢᅴ와 밤 세 ᄢᅴ 뎌와 볼디언뎡) 여기서 ‘與他厮睚’는 ‘여지시애(與之厮崖)’와 마찬가지로 ‘그와 서로 맞붙어 버티다’는 뜻인데도, ‘애(睚)’를 ‘보다’로 잘못 번역하고, ‘시(厮)’는 번역하지도 않았다.(『사법어록』 〈동산숭장주송자행각법어(東山崇藏主送子行脚法語)〉)

다. 몽산덕이가 말하는 간화선(看話禪)은 대혜종고(大慧宗杲)에게서 비롯되어 무문혜개(無門慧開; 1183~1260)나 고봉원묘(高峰原妙; 1238~1295)에게 계승된 간화선과는 분명히 다르다. 현재 우리나라 간화선에서는 대혜종고의 『서장(書狀)』과 몽산덕이의 『몽산법어』를 가장 주요한 지침서로 삼고 있다. 그런데 문제는 우리나라 간화선에서는 이 두 사람의 가르침이 마치 동일한 간화선을 가르치는 것처럼 인식되고 있다는 사실이다. 이처럼 현재 우리나라 간화선이 안고 있는 하나의 중요한 문제는 대혜종고의 가르침과 몽산덕이의 가르침을 동일하게 보고 있는 혼동과 혼란이다. 대혜종고의 간화선이 육조혜능(六祖慧能) 이래 남종(南宗)의 교수법(教授法)과 종지(宗旨)를 충실하게 계승하고 있는 반면, 몽산덕이의 간화선은 그렇지 않다. 예컨대, "활동하면서 영혼을 가진 것들은 모두 불성이 있는데 조주는 무슨 까닭에 개에게는 없다고 말하였는가?"라고 의심하라거나,[175] 단정히 앉아서 화두를 들라고 하거나,[176] 앉은 가운데 다시 선정(禪定)의 힘을 빌어야 화두공부가 묘하게 된다거나,[177] 쥐가 관(棺)의 나무를 이빨로 물어뜯는 것처럼 무자(無字)를 들으라고[178] 하는 등의 말은 대혜가 말하는 취지와는 매우 다르다. 이 점에 관해서는 졸저 『간화선 창시자의 선(禪)』(침묵의향기, 2011년 8월 간행예정)에서 자세히 밝힐 것이다.

175 蠢動含靈, 皆有佛性, 趙州因甚道無?(『몽산법어』 〈시각원상인(示覺圓上人)〉, 〈무자십절목(無字十節目)〉)

176 更要坐得端正.(『몽산법어』 〈시고원상인(示古原上人)〉) 於坐中最易得力, 初坐時, 抖擻精神, 放教身體端正, 不可背曲.(『몽산법어』 〈시유정상인(示惟正上人)〉)

177 於坐中, 更加定力相資, 爲妙.(『몽산법어』 〈시고원상인(示古原上人)〉) 若於坐中, 得妙定力資, 正好提撕.(『몽산법어』 〈시각원상인(示覺圓上人)〉

178 直如老鼠咬棺材, 只管提箇無字看.(『몽산법어』 〈시각원상인(示覺圓上人)〉)

7. 대혜어록 역주(譯註) 용어사전

〈대혜어록을 번역하면서 번역어의 일관성을 위하여 처음부터 가능한 상세한 용어사전을 만들었다. 대부분은 각주로 달았지만, 문법적 용어의 경우에는 당송대(唐宋代) 백화문(白話文)의 번역이므로 현대 중국어와 뜻이 일치하지 않는 용어들도 많이 있기 때문에 일일이 각주로 달지 않은 것들도 이 사전에는 많이 포함되어 있다. 이들 용어의 출전은 대부분 앞에서 언급한 공구서(工具書)들이지만, 공구서들에 나오지 않은 일부 용어들은 백과사전이나 경전(經典)과 어록(語錄)에서 직접 찾아서 그 뜻을 알아낸 것들도 있다. 대혜어록을 읽으면서 원문(原文)의 번역에 관심이 있는 분들이 색인 대신에 찾아볼 수 있도록 부록에 대혜어록 역주 용어사전을 싣는다.〉

가(假) : ① 빌리다. 빌려 주다. ② -해야 한다. = 수(須). ③ 만일. 만약. = 가사(假使). 가여(假如).

가(家) : ① 대명사에 의미 없이 붙이는 접미사. 사람이나 사물을 가리키는 명사 뒤에 붙여서 해당 명사가 대표하는 한 부분을 가리킴. ② 아내를 가리키는 말.

가가(呵呵) : 하하. 허허.(웃음소리)

가가즐즐(呵呵喞喞) : 하하허허.(웃음소리)

가관(假觀) : 천태종(天台宗)에서 말하는 삼관(三觀) 가운데 하나이다. 사실 그대로가 아니라, 가설(假設)로 존재하는 것을 보고 명상하는 일이다. 예컨대, 『관무량수경(觀無量壽經)』에서 말하는 일관(日觀)이나 수관(水觀)과 같은 것이 그것이다. 사물(事物)의 참모습을 공(空)한 것으로 보므로 이 가관을 종공입가관(從空入假觀), 즉 공한 것으로부터 가(假)에 들어가는 관(觀)이라고도 한다. 공관(空觀) · 중관(中觀)과 함께 삼관이라고 한다.

가나제바(迦那提婆) : 제15조 제바보살의 별칭. 용수의 제자. 가나는 애꾸눈이라는 뜻. 제바는 하늘.

가라(迦羅) : kalā의 음역. 시간, 부피, 넓이 등 분량의 이름. 털 하나의 백 분의 일 만큼의 크기. 가라(哥羅), 가라(歌羅)라고도 음역하고, 수절(竪折), 계분(計分), 교량분(校量分), 역승(力勝)으로 한역(漢譯). 시간으로는 순간의 짧은 시간, 넓이나 부피는 극소의 크기와 양.

가련(可憐) : ① 귀엽다. 사랑스럽다. 즐겁다. 기쁘다. 반갑다. 만족스럽다. ② 부럽다. 진귀하다. 귀중하다. 소중하다. ③ 섭섭하다. 아깝다. 아쉽다. 애석하다. ④ 이상하다. 괴상하다. 한탄스럽다.

가련생(可憐生) : 가련(可憐)과 같음. 생(生)은 어조사.

가련허(可憐許) : 가련(可憐)과 같음. 허(許)는 어조사.

가루라(迦樓羅) : garuḍa. 묘시조(妙翅鳥)는 금시조(金翅鳥)라고도 번역되는데, 아름다운 깃털을 가진 커다랗고 신령스런 새를 가리킨다. 용(龍)을 먹고 살며, 양 날개를 펴면 336만리나 된다고 한다. 묘시조왕(妙翅鳥王)은 묘시조 가운데에서도 가장 크고 뛰어난 새라는 말이다.

가리(迦利) : Kali. 가리(歌利 · 哥利) · 갈리(羯利) · 가람부(伽藍浮)라고도 쓰며, 투쟁(鬪諍)이라 번역. 악생무도왕(惡生無道王). 석존이 과거세에 인욕선인(忍辱仙人)이 되어 수도할 때에, 석존의 팔다리를 끊었다고 하는 극악무도한 임금.

가명(假名) : 또는 가(假). (1) 가짜로 이름을 붙인다는 뜻. 온갖 사물(事物)의 이름은 본래부터 있는 것이 아니고, 후천적으로 가정하여 붙인 것이므로, 모든 이름은 실체와는 맞지 않는 가정한 이름에 불과. (2) 다른 것을 가자하여 이름을 얻는다는 뜻. 삼라만상은 모두 인연의 화합으로 생긴 것이며, 하나도 진실한 자체가 있는 것이 아니므로, 진실한 체가 없으면 모든 법도 차별할 수가 없고, 이름을 빌려서만 차별한 모든 법이 있게 됨. 이름을 여의고는 차별한 모든 법이 없으므로 가명이라 함.

가부소아교(家富小我嬌) : 부잣집은 어린아이도 부유한 티가 난다. 훌륭한 종문(宗門)의 문하에서 공부하는 학인은 그 표가 난다. 잘난 체하는 것을 비꼬는 뜻이 있음.

가사(家事) : 기구. 물품. 물건.

가사(袈裟) : 승려가 입는 법의(法衣). 산스크리트의 카사야(Kaṣāya)에서 나온 말로 '부정색(不正色)'이라는 뜻이다. 청 · 황 · 적 · 백 · 흑의 5정색 이외의 잡색으로만 염색하여 쓰도록 규정하였기 때문에 이렇게 부른다.

가산(假山) : = 석가산(石假山).

가산(家山) : 고향.

가살(可煞) : ① = 가살(可殺). ② -인가? -인가 아닌가?

가살(可殺) : 지극히. 매우.

가상(可傷) : 슬프게도. 애처롭게도.

가상(家常) : 일상(日常). 심상(尋常). 늘 하듯이. 일상과 같이.

가섭(迦葉) : 석가의 십대(十大) 제자 중 한 사람. 음을 따서 마하가섭(摩訶迦葉), 의역하여 대음광(大飮光)·대구씨(大龜氏)라고도 한다. 인도 왕사성(王舍城) 마하바드라의 거부였던 브란만 미그루다칼파의 아들로서 비팔라 나무 밑에서 출생하였다. 어린 나이로 비야리성(城)의 가비리라는 바라문의 딸과 결혼하였으나, 12세에 부모를 잃고 세속적인 욕망의 허무함을 깨달아 아내와 함께 출가하였는데, 그 후 석가를 만나 가르침을 받고 제자가 되었다. 8일만에 바른 지혜의 경지를 깨쳐 자기 옷을 벗어 석가에게 바친 후 석가가 주는 마을 밖의 쓰레기 더미에서 주워 온 헌옷의 천으로 만든 분소의(糞掃衣)를 입고 아라한과(阿羅漢果)를 얻었다고 한다. 욕심이 적고 족한 줄을 알아 항상 엄격한 계율로 두타(頭陀 : 금욕 22행)를 행하고, 교단(敎團)의 우두머리로서 존경을 받았으며, 석가의 아낌을 받았다. 어느 날 사위국(舍衛國)의 고요한 숲 속에 오랫동안 머물다가 길게 자란 수염과 머리, 헌옷을 입은 채 기원정사(祇園精舍)를 찾아갔을 때, 사람들은 그를 속으로 경멸하였다. 그러나 석가는 여러 비구(比丘)들의 마음을 알아차리고 "잘 왔다. 가섭이여, 여기 내 자리에 앉아라." 하고는, 가섭존자가 얻은 훌륭한 공덕이 자기자신이 얻은 공덕과 다를 바 없다고 칭찬하면서, 석가는 모든 무상(無上)의 정법(正法)을 가섭에게 부촉(咐囑)하며 자신이 죽은 뒤 모든 수행자의 의지처가 될 것이라고 예언하였다. 그래서 그를 십대 제자 중 '두타제일(頭陀第一)'이라 하였다. 한때 바사성(婆娑城)에 머물다가 돌아오는 도중에 석가가 열반(涅槃)했다는 소식을 듣고, 즉시 쿠시나가라의 천관사(天觀寺)로 달려가 스승의 발에 예배한 후 다비(茶毘)의식을 집행하였다. 이어 그는 500명의 아라한들을 모아 스스로 그 우두머리가 되어, 아난(阿難)과 우바리(優婆離)로 하여금 경(經)과 율(律)을 결집(結集)하도록 하였다. 석가가 죽은 뒤 제자들의 집단을 이끌어 가는 영도자가 되었는데, 선가(禪家)에서는 그를 부법장(付法藏) 제1조(祖)로 높이 받들고 있다.

가야사다(迦耶舍多) : 서천의 28조 중의 제18조.

가여(假如) : ① 설령(설사) -하더라도. = 가사(假使), 가약(假若). ② 예를 들면. 가령(假令). 이를테면.(사례를 열거할 때에 사용)= 예여(例如).

가요(假饒) : 설사 -일지라도. 설령 -라 하더라도.

가인(佳人) : 좋은 사람. 유능한 사람.

가작(可作) : 다시 살아나다. 다시 일어나다. 작(作)은 기(起)와 같음.

가주대상(嘉州大像) : 가주(嘉州)는 지금의 사천성(四川省) 낙산(樂山). 가주의 대상(大像)이란 곧 낙산대불(樂山大佛)이다. 낙산대불은 낙산시 동쪽의 민강, 청의강, 대도하 세 강의 합수목이요, 아미산(峨眉山) 동쪽의 서앵봉(栖鶯峰)에 있다. 강변의 산에 만들어진 낙산대불의 높이는 71m, 머리 너비는 10m, 귀 길이 7m, 코 길이 5.6m, 눈썹 길이 5.6m, 눈 길이 3.3m, 어깨 너비 28m, 손 가락 길이 8.3m, 발등 너비 8.5m여서 백 명이 불상의 발등에 올라 앉을 수 있을 정도이다. 시인들은 낙산대불을 "산이 부처요, 부처가 산이라."라고 묘사했다. 청의강(青衣江)과 대도하(大渡河)는 능운산(凌云山) 아래서 서로 만난 후 민강(岷江)으로 불린다. 전하는 바에 의하면 과거 이 민강에 늘 큰물이 져서 그 피해가 아주 컸다고 한다. 당현종(唐玄宗) 개원초(713년)에 능운사(凌云寺) 석해통(釋海通)스님이 홍수의 피해를 줄이기 위해 사회의 힘을 모아 대불을 조각했다. 90년이라는 긴 시간을 들여 조각을 마친 대불조각은 803년에 완공됐다.

가중(可中) : 만일, 만약.

가지(加持) : 가(加)는 가피(加被), 지(持)는 섭지(攝持)의 뜻. ① 부처님의 큰 자비가 중생에게 베풀어지고, 중생의 신심(信心)이 부처님의 마음에 감명되어 서로 어울림. ② 부처님 3밀(密)의 연(緣)에 의하여 중생의 3업(業)을 밝히는 것. ③

부처님의 가피력을 입어, 병·재난·부정·불길 등을 없애기 위하여 수행하는 기도법.

가추(家醜) : 집안의 허물, 집안의 수치, 집안 망신.

가친(家親) : 부모 또는 가족 중의 어른. 죽은 친척.

가친작수(家親作祟) : 가친(家親)은 죽은 조상. 작수(作祟)는 귀신이 재앙을 입히다는 뜻. 죽은 조상이 자손에게 재앙을 입힌다는 뜻.

가타(伽陀) : gāthā. 9부교(部敎)의 하나. 12부경(部經)의 하나. 가타(伽他)·게타(偈陀) 혹은 게(偈)라고만 쓰기도 함. 풍송(諷誦·諷頌)·게송(偈頌)·조송(造頌)·고기송(孤起頌)·송(頌)이라 번역. 노래라는 뜻을 가진 어근(語根) gai에서 생긴 명사. 가요(歌謠)·성가(聖歌) 등의 뜻으로 쓰임. 지금은 산문체(散文體)로 된 경전의 1절 또는 총결(總結)한 끝에 아름다운 귀절로써 묘한 뜻을 읊어 놓은 운문(韻文). 또 이것을 고기송·부중송게(不重頌偈)라고 함은 본문의 내용을 거듭 말한 중송(重頌)에 대하여, 본문과 관계없이 노래한 운문이란 뜻.

가피(加被) : = 가우(加祐)·가비(加備)·가호(加護). 부처님께서 자비의 힘을 베풀어 중생을 이롭게 하는 것.

가행(加行) : ① 행위를 할 준비. 준비 단계의 노력. ② 어떤 일을 하기 위하여 방편으로 하는 준비의 수행. 정행(正行)에 대한 예비로서 공용(功用)을 가하여 행하는 방편. ③ 가행위(加行位)·가행도(加行道)·방편도(方便道). 오위(五位)의 하나. 십회향(十廻向)의 열 번째인 법계무진회향(法界無盡廻向)의 마지막에 참된 유식성(唯識性)에 머물기 위하여 다시 난(暖)·정(頂)·인(忍)·세제일(世第一)의 사선근(四善根)을 닦는 지위. 앞의 자량위(資糧位)에서 무상보리(無上菩提)를 얻기에 필요한 여러 가지 공덕을 이미 닦았으므로, 이 지위에서는 견도(見道)에 들어 유식의 성(性)에 머물기 위하여 특별히 노력하는 것. ④ 밀교에서는 관정(灌頂)·수계(授戒)·전수(傳授) 등을 받기 전에 행하는 특별한 수행을 말하고, 선종(禪宗)이나 정토종(淨土宗)에서는 부법(付法)이나 수계(授戒)할 때에 그 전단계로 행하는 수행을 가리킨다.

가화(嘉禾) : ① 이삭이 많이 열린 좋은 벼. ② (송대의 지명) 가화군(嘉禾郡). 가흥부(嘉興府)와 같음. 지금의 절강성(浙江省) 가흥현(嘉興縣).

가활(家活) : 가산(家産).

각거(卻去) : 되돌아 가다. 떠나가다. 물러나다. 퇴각하다.

각관(覺觀) : 총체적으로 사고하는 굵다란 사유(思惟)를 각(覺)이라 하고, 분석적으로 상세히 관찰하는 세밀한 사유(思惟)를 관(觀)이라 함.

각근점지(脚跟點地) : 발꿈치가 땅에 닿다. 철저히 깨달아 흔들림 없는 곳에 안착하다.

각근하(脚跟下) : = 각하(脚下). 발밑. 서 있는 곳. 본바탕. 본래면목.

각근하이심삼척(脚跟下已深三尺) : 내 발밑이 함정이다. 내 코가 석 자이다. 내가 서 있는 곳이 이미 불안하여 남 걱정할 처지가 아니다.

각도(卻倒) : 도리어.

각래(卻來) : ① 돌아오다. ② 도리어. 사실은.

각력(角力) : 무예를 겨룸. 맨손으로 서로 치고받는 무술. 무력으로 승부를 겨룸.

각루자(㲉漏子) : 또는 가루자(可漏子). 4대(大)가 화합한 색신(色身). 각(㲉)은 껍질, 누(漏)는 새어나오는 오물, 자(子)는 어조사. 육신(肉身)은 그 속에 온갖 오물을 담고 다니는 가죽 부대라는 뜻.

각립(角立) : ① 우뚝 서다. 두각을 드러내다. ② 나란히 서다. 대치하다.

각범(覺範) : 각범혜홍(覺範慧洪; 1071~1128).

각범혜홍(覺範慧洪 : 1071~1128) : 청량덕홍(淸涼德洪)이라고도 알려져 있다. 송대(宋代)의 스님으로 황룡파(黃龍派)이다. 청량(淸涼)은 주석한 사명(寺名)이다. 자는 각범(覺範)이다. 적음(寂音) 존자라고 불렸고, 혜홍(慧洪)이라고도 한다. 속가의 성은 유(喩)씨이며, 서주(瑞州) 출신이다. 삼봉정(三峯靜) 선사 문하의 행자가 되어 19세에 득도하였다. 늑담극문(泐潭克文)·석문

(石門)에게 참학한 다음, 극문의 법을 이어받았다. 그 후에 제방을 행각하다가 다시 석문을 만나 그의 법을 이어받아 경덕(景德)에서 법을 설하고 청량에서 머물렀다. 저서로는 『임간록(林間錄)』 2권 · 『선림승보전(禪林僧寶傳)』 30권 · 『고승전(高僧傳)』 12권 · 『지증전(智證傳)』 10권 · 『냉재야화(冷齋夜話)』 10권 · 『석문문자선(石門文字禪)』 30권 등이 있고, 『법화경(法華經)』 · 『능엄경(楞嚴經)』 · 『원각경(圓覺經)』 등에 대한 소(疏)가 있다.

각수(脚手) : 손과 발. 행동. 행위. 배역. 역할.

각주구검(刻舟求劍) : 『여씨춘추(呂氏春秋)』에 나오는 말. 중국 초(楚)나라 사람이 배를 타고 강을 건너다가 칼을 물 속에 빠뜨렸다. 그러자 그는 곧 칼을 빠뜨린 뱃전에 표시를 해 두었다. 얼마 후 배가 언덕에 닿자 표시해둔 배 밑에 가서 칼을 찾더라는 고사.

각철자(覺鐵觜) : 혜각(慧覺)으로 알려져 있다. 당말의 사람으로 남악의 문하. 조주종심(趙州從諗)을 이었다. 양주(揚州) 광효원(光孝院)에 주석하였다. 민(閩)의 상국(相國) 송제구(宋齊丘)와 논담(論談)한 것으로 이름을 남기고 있다.

각하(脚下) : ① 발밑. 본바탕. 본래면목. ② 바로. 지금. 목하(目下). 그 자리에서 당장.

각해원(覺海元) : 장산(蔣山) 찬원각해(贊元覺海) 선사. 석상초원(石霜楚圓)의 제자. 남악 문하 11세손.

각행(却行) : 뒷걸음질치다. 뒤로 물러가다.

각호(却好) : 때마침. 공교롭게도. 막.

간(看) : 살펴보다. 대혜가 간화선(看話禪)에서 화두를 취급하는 자세를 말한 단어들 가운데 가장 많은 숫자가 등장하는 간(看)은 화두를 대하는 기본적인 자세를 가리킨다. 간(看)은 본래 '이마에 손을 얹고 바라본다'는 뜻이지만, 대혜가 말하는 문맥에서 간화(看話)는 '무슨 도리인지를 본다', '무슨 까닭인지를 본다', '무엇인지를 본다', '같은지 다른지를 본다'라고 표현되므로 우리말로 번역하면 '살펴본다'는 것이 가장 알맞다. 간화(看話) 참조.

간간(看看) : ① 동사의 뒤에 붙어 한번 시험해 봄을 나타내는 조사. ② 이제 곧. 막. 보아하니. 얼마 안 있으면. 바야흐로. ③ 즉시. 곧. 바로.

간개화두(看箇話頭) : = 간화(看話).

간고비상(艱苦備嘗) : 온갖 고초를 다 겪다. = 비상신고(備嘗辛苦).

간과상대(干戈相待) : 무기를 들고 겨루다.

간단(間斷) : 끊어져 틈이 생기다.

간담(肝膽) : 간과 쓸개. 속마음을 비유적으로 이르는 말.

간두(姦蠹) : 간신(姦臣).

간불용발(間不容髮) : 머리털 하나 만큼의 틈도 없다. 매우 위급하다.

간시궐(乾屎橛) : 똥 닦는 막대기. 작은 대나무 조각으로서, 변소에 두고 똥을 닦는 데 사용하는 물건.

간시궐자(乾屎橛子) : 고집쟁이.

간심마(干甚麽) : 무엇을 하는가?

간심마사(干甚麽事) : 무슨 일을 하는가?

간연(間然) : ① 비난하다. ② 틈이 있는 모양.

간정록(干正錄) : 고산지원(孤山智圓)이 천태(天台)의 관경소(觀經疏)를 해석한 책.

간취(看取) : 살펴보다, 보다, 보아라.(취(取)는 조사)

간파(看破) : 보아내다. 볼 수 있게 되다. 보다. 파(破)는 '요(了), 득(得), 재(在)'와 같이 동사 뒤에서 완료나 발생장소를 나타냄. 그 실상(實相)을 있는 그대로 보게 되다.

간판(幹辦) : (일을) 처리하다.

간화(看話) : = 간개화두(看箇話頭). 간화(看話)란 화두(話頭)를 살펴본다는 말. 대혜가 간화선(看話禪)에서 화두를 취급하는 자세를 말한 단어들은 간(看)과 더불어 거(擧) · 거각(擧覺) · 제시(提撕) · 여지시애(與之廝崖) · 애장거(崖將去) · 참(參) · 처포(覰捕) 등의 용어들이 같은 문맥에서 화두를 공부하는 방식으로서 동시에 언급되고 있다. 이로써 본다면 이들 용어 모두는 간화(看話)라는 동일한 행위를 가리키는 말들이다. 거(擧)와 거각(擧覺)은 '자기에게 화두를 말해 줌'으로써 '화두를 살펴보는' 것이다. 이 경우 때로는 입을 열어 소리내어 말할 경우도 있을 것이고, 때로는 입을 다물고 마음 속으로 말할 경우도 있을 것이다. 제시(提撕)는 '자기에게 화두를 일깨워 주고, 화두에 주의를 환기시켜 줌'으로써 '화두를 살펴보는' 것이다. 여지시애(與之廝崖)와 애장거(崖將去)는 '화두와 맞붙어서 물러남 없이 버팀'으로써 '화두를 살펴보는' 것이다. 이처럼 화두를 자기에게 말해 주고, 화두를 자기에게 일깨워 주고, 화두와 맞붙어 물러나지 않고 버티면서 화두를 살펴보는 일이 곧 간화(看話)이다. 참(參)은 '화두를 보는 일에 참여하라'는 뜻이다. 처포(覰捕)는 '화두의 취지를 살펴보며 찾아라'는 뜻이다. 우리나라의 간화선(看話禪)에서는 '화두를 살펴본다'고 하지 않고, '화두를 든다'고 말한다. 여기에서 '든다'는 거(擧) · 거각(擧覺) · 제시(提撕)를 번역한 것인데 정확한 번역이 아니다. 이 간화(看話) 및 그와 관련된 용어들의 정확한 번역에 관해서는 제7권 부록에 실린 '간화(看話) 용어의 번역에 관하여'를 참조하기 바란다.

갈등(葛藤) : 칡과 등나무 넝쿨이 얽혀 있음. 선(禪)에서는 분별(分別)된 개념(槪念)인 언어문자(言語文字), 혹은 분별망상(分別妄想), 망상번뇌(妄想煩惱)를 가리킴. 언어문자는 학인을 지도하는 수단이지만, 동시에 학인을 묶어서 공부를 막는 장애가 되므로 갈등이라고 한다.

갈등선(葛藤禪) : = 의리선(義理禪).

갈참(喝參) : "참(參)!" 이라고 외치다. 불가(佛家)에서 예불을 드리거나 윗사람을 찾아뵐 때 외치는 소리.

감(龕) : ① 바위 절벽을 파 방으로 만들고 불보살의 상(像)을 안치하는 장소. ② 불상을 안치하는 상자. ③ 시체를 넣는 관(棺).

감각(鑑覺) : 비추어보다.

감감(嵌嵌) : 깊고 깊은 골짜기.

감감고고(嵌嵌枯枯) : 깊고 깊은 골짜기가 바짝 말라 버리다.

감격(感格) : 감동시키다, 감화시키다.

감능(堪能) : 일을 잘 감당하는 능력. 그런 능력이 있는 사람.

감로(甘露) : ① amṛta. 아밀리다(阿密哩多)라 음역. 불사(不死) · 천주(天酒)라 번역. 소마(蘇摩)의 즙, 천신들의 음료. 또 하늘에서 내리는 단 이슬이라 하여 감로라 이름. ② 맛은 달고 마시면 죽지 않는다고 하는 뜻에서 부처님의 가르침을 가리킴. ③ amṛta는 불사(不死)를 뜻하니 불생불멸한 법(法)을 가리킴. ④ 열반(涅槃)과 같은 뜻.

감로멸(甘露滅) : 열반(涅槃). 모든 번뇌가 사라진 불생불멸한 적멸(寂滅)을 가리킨다. 감로(甘露) 즉 amṛta는 불사(不死)라는 뜻.

감변(勘辨) : 선승(禪僧)이 서로의 견해를 점검하고 깨달음의 심천(深淺)을 살펴보는 일.

감보(感報) : 감응(感應)하여 응답(應答)하다.

감사(監寺) : 사원(寺院)의 사무 일체를 주재하는 집사(執事). 감사(監事) · 원주(院主) · 감원(監院)이라고도 한다.

감수자도(監守自盜) : 자기가 관리하는 공공 재물을 훔치다.

감심(甘心) : ① 달가와하다. 기꺼이 원하다. ② 만족해하다. 흡족해하다. ③ 되는 대로 내버려 두다.

감용(紺容) : 검붉은색깔의 얼굴. 검붉은색깔의 모습.

감원(監院) : 선원(禪院)에서 주지스님을 보좌하여 모든 서무를 총괄하는 소임.

감임(堪任) : 임무를 감당하다.

감지(甘旨) : 맛 있는 음식.

감천궁(甘泉宮) : 산시성 센양 감천산에 있던 궁전. 중국 진시황제가 B.C. 220년에 짓기 시작한 궁전으로 뒤에 한무제가 고광궁 · 영풍관 · 통천대 등을 증축하여 감천궁이라고 칭함.

감파(勘破) : 그 내막을 뚜렷하게 알아차림. 분명하게 파악함. 점검(點檢), 간파(看破). 파(破)는 요(了), 득(得), 재(在)와 마찬가지로 동사의 뒤에서 동작의 완성이나 발생 장소를 나타내는 어조사.

감포대(憨布袋) : 포대화상(布袋和尙).

강(强) : ① 일부러. 고의로. ② 매우. 심하게. ③ -남짓하다.(수량의 뒤에서) ④ 간신히. 가까스로. 무리하게. ⑤ 까닭 없이. 이유 없이. 실없이.

강(剛) : ① 지금. 막. 바로. -하자마자. ② 마침. 꼭.

강사(强死) : ① 비명횡사(非命橫死)하다. ② 싫어하지 않고 무리하게 하다.

강서(江西) : 강서(江西)의 마조도일(馬祖道一).

강서의 망아지 : 강서(江西)의 마조도일(馬祖道一)을 가리킨다.

강신(降神) : 부처님이 흰 코끼리의 모습을 하고 내려와 이 세상에 태어난 것.

강약화일(講若畫一) : 잘 조화되고 가지런하게 정돈되어 있다.

강연(剛然), 강(剛), 강재(剛才), 강강(剛剛) : 지금 막. 바로. 마침. 간신히. 겨우. 가까스로. -하자마자.

강요(綱要) : 근본이 되는 요점. 골수가 되는 요처(要處). 중요한 줄기.

강정(江亭) : 강가의 정자(亭子). 정자의 이름(호북성(湖北省) 강릉현(江陵縣)의 현성(縣城) 남쪽 장강(長江) 기슭에 있는 정자의 이름).

강정(剛正) : 강하고 곧다.

강종(綱宗) : 근본. = 강요(綱要).

강지(剛地) : ① 기어코. 일부러. 굳이. 꼭. ② 매우. 전혀. 온통. 극히.

강찬(講讚) : 경문(經文)의 의미를 강의하고, 그 뜻을 명확히 밝히는 것.

강항(彊項, 强項) : (남에게 굴복하지 않고) 강직하다. 목에 힘을 주고 다니다. (벼슬자리에 있다. 부귀한 자리에 있다.)

강호(江湖) : 세속(世俗), 세상(世上), 세간(世間).

개(蓋) : 번뇌를 말함. 번뇌는 수행하는 이의 착한 마음을 내지 못하게 한다는 뜻에서 개(蓋)라 함.

개(箇) : 이 = 저(這). 저 = 나(那).

개구현담(開口見膽) : 입을 열어 남김없이 다 말하다.

개궁(開弓) : 활시위를 당기다. 활을 쏘다.

개니(揩泥) : 문지르다. 쓰다듬다. 친근함, 그리워함을 뜻함.

개당(開堂) : 선승(禪僧)이 법당(法堂)을 열고 공식적인 설법(說法)을 시작하는 것. 남송대(南宋代) 이후의 개당은 방장(方丈)의 부임행사의 일부로 행하여 졌다.

개대(蓋代) : = 개세(蓋世).

개리(箇裏) : 이 속. 그 속. 개(箇)는 저(這)나 나(那)와 같은 뜻.

개사(開士) : 산스크리트 bodhisattva를 한역한 것이다. 원어는 보리살타(菩提薩陀)로 음역한 것이고, 보살은 그것의 약어이다. 정도(正道)를 열고, 중생을 개도(開導)하는 사부(士夫)의 뜻이다. 중생의 명안을 여는 사람, 즉 불 · 보살 등을 말하는데 특히 보살을 말한다. 대승의 수행자를 일컫기도 한다. 고승(高僧)의 존칭으로도 쓰인다.

개사(箇事) : 이 일. 그 일. 개(箇)는 저(這)나 나(那)와 같은 뜻.

개선선섬(開先善暹) : 송대의 사람. 운문종. 임강군(臨江軍; 강서성) 출신. 덕산혜원(德山慧遠)의 법을 이었다. 여산(廬山)의 개선사(開先寺)에 주석하였다. 종장(宗匠)을 두루 참학하고 기봉준민(機鋒俊敏)으로 세상에서 "해상횡행도자(海上橫行道者)라고 일컬어졌다. 법사(法嗣)에 운거요원(雲居了元), 개선해연(開先海淵) 등이 있다.

개세(蓋世) : 세상을 뒤덮는다. 세상에서 으뜸이다. = 개대(蓋代).

개시오입(開示悟入) : 개(開)는 개제(開除), 미정(迷情)을 깨뜨리고 제법(諸法)의 실상(實相)을 보임. 시(示)는 현시(顯示), 번뇌가 사라지고 지혜가 나타나 우주의 만덕이 밝게 나타나 보임. 오(悟)는 각오(覺悟), 우주의 본체 그대로가 현상이고, 현상 그대로가 본체임을 깨달음. 입(入)은 증입(證入), 진리인 그대로의 본체에 실제로 들어가는 것.

개안(開眼) : ① 새로 조각하거나 그린 불상(佛像)에게 처음 공양(供養)하는 것. 개안공양(開眼供養)의 준말. 개명(開明)·개광명(開光明)이라고도 한다. 개안은 불안(佛眼)을 연다는 뜻으로서, 점안(點眼)이라고도 한다. ②안목을 얻다. 깨닫다.

개안뇨상(開眼尿床) : 잠을 깨어서 침상에 오줌을 싸다. 분명히 알고 행하는 까닭에 범죄가 되다.

개암붕(介庵朋) : 능인붕(能仁朋) 선사. 도량변(道場辯) 선사의 제자이다. 육조(六祖) 문하의 17세손이다. 남선(南禪)이라고도 한다.

개양(揩痒) : 가려운 곳을 긁다.

개원자기(開元子琦) : 송나라 때 사람. 임제종의 황룡파. 천주(泉州; 복건성)의 혜안인(惠安人). 속성은 허씨(許氏). 9세에 개원사의 지눌(智訥)에 참가하였다가 출가. 22세에 시경(試經)하여 득도(得度)하였다. 『능엄경』과 『원각경』을 배우고, 뒤에 취암가진(翠巖可眞)에게 참학하여 선학(禪學)을 배웠다. 황룡혜남(黃龍慧南)의 법을 이었다. 또 기주(蘄州; 호북성 기춘현) 사조산(四祖山)의 법연(法演)의 청으로 수좌(首座)가 되고 천주 개원사(開元寺)를 선림(禪林)으로 만들었다.

개인(箇人) : 개인(個人). 나 자신. 그 사람.

개장(開張) : 시작하다, 개업하다.

개정판(開靜板) : 개정(開靜)이란 '잠에서 깨우다', 혹은 '좌선에서 일으키다'는 뜻으로, 아침에 잠을 깨우려고 치는 판(板) 혹은 좌선(坐禪)에서 일어나라고 치는 판(板)을 개정판(開靜板)이라 한다. 아침에 잠에서 깬 뒤에 공양을 하고, 공양시간에 좌선에서 일어나기 때문에 정판은 선원(禪院)에서 곧 공양(供養)이 있다는 신호로도 이해되었던 듯하다.

개중(箇中) : 그 가운데. 그 속에.

개중사(箇中事) : 그 속 사정.

개중인(箇中人) : 그 속의 사람. 관계자.

개축(開築) : 도로를 개통시키다.

객작(客作) : 임시로 고용되다. 타향에서 일을 하다. 객작천인(客作賤人) 참조.

객작아(客作兒) : = 객작천인(客作賤人).

객작천인(客作賤人) : 『법화경』 「신해품(信解品)」에 나오는 "그때 가난한 아들은 비록 이 만남을 기뻐하였으나 여전히 스스로는 임시로 고용된 비천한 사람이라고 여겼다."(爾時窮子, 雖欣此遇, 猶故自謂客作賤人.)는 구절에서 온 말. 본래 주인이지만 스스로 자기가 주인인 줄 모르고, 자기는 손님인데 주인에게 고용되어 있다고 착각하는 사람을 가리킴. 곧 본래 부처인데 스스로 부처인 줄 모르고 중생 노릇하는 범부를 가리킨다. 어리석은 중생이라는 뜻.

객작한(客作漢) : = 객작천인(客作賤人).

객정(客情) : 객지에서 느끼게 되는 울적하고 쓸쓸한 느낌.

객진번뇌(客塵煩惱) : 객진(客塵)은 번뇌를 수식하는 말. 번뇌는 모든 법의 체성(體性)에 대하여 본래의 존재가 아니므로 객(客)이라 하고, 미세하고 수가 많으므로 진(塵)이라 함.

거(渠) : (3인칭 대명사) 그. 그이.

거(擧) : 말하다.(『廣韻, 語韻』 擧, 言也. 『正字通, 臼部』 擧, 稱引也. 『禮記, 雜記 下』 過而擧君之諱則起. 「鄭玄注」 擧, 猶言也. 唐, 韓愈『原道』 不惟擧之于其口, 而又筆之于其書.) 말해 주다. 예를 들다. 일화를 말하다. 인용하여 말하다. 제시(提示)하다. 기억해내다.(= 기득(記得)) 거(擧)는 이전의 이야기나 남의 말을 그대로 인용하여 타인에게 말해 준다는 뜻. 종사(宗師)가 상당하여 설법할 때에 경전의 이야기나 옛 조사나 종사의 인연(因緣) 혹은 공안(公案)을 끄집어내어 인용하여 말해 주는 것을 그 설법을 기록하는 자가 거(擧)라는 말로써 표현하였다. (예) 묘지확(妙智廓)이 상당하여 이 이야기를 들어 말하였다. "말해 보아라. 이 한 사람의 존자에게 무슨 뛰어남이 있는가?"(妙智廓上堂擧此話云 : "且道. 這一尊者, 有甚長處?") 종사 자신이 스스로 말할 때에는 '내가 기억하기로는'(記得)라는 표현을 쓴다. (예) 운문고(雲門杲)가 보설(普說)하였다. "기억하건대, 이조(二祖)가 달마에게 물었다.

……'너의 마음을 편안하게 해 주었구나.'"(雲門杲普說云 : "記得二祖問達磨. (至)'與汝安心竟.'")
간화선(看話禪)에서 '화두(話頭)를 거(擧)하라' 고 할 때에는 '스스로 마음 속에서 화두를 자신에게 말해 주라'는 뜻이다.

거(去)-처(處) : -에서. = 향(向)-처(處).

거각(擧覺) : 거(擧)나 거기(擧起)와 같은 뜻으로서, '말하다', '말해 주다', '제시하다', '제기하다'는 뜻이다. 그러나 일부러 거각(擧覺)이라고 쓴 것은 역시 각(覺)의 뜻을 부가하고 있다고 보아야 한다. 각(覺)은 '일깨우다', '깨우치다'는 뜻이므로 거각(擧覺)은 '일화 등을 말하여 일깨우다', '예를 들어 말하여 깨우쳐 주다', '공안이나 화두를 말하여 일깨워 주다'는 뜻이다. 대혜는 거각(擧覺)을 항상 제시(提撕)와 더불어 사용하고 있는데, 제시는 '언급하다', '끄집어내어 말하다', '제기(提起)하다', '제출하다'는 뜻인 제(提)와 '일깨우다', '깨우치다'는 뜻인 시(撕)가 합성된 말로서 '(무엇을) 끄집어내어 말하여 일깨우다', '(무엇을) 제시하여 깨우쳐 주다'는 뜻이다. 이처럼 거각과 제시는 뜻이 동일하지만, 다수의 사례에서는 거각(擧覺)은 거(擧)와 동일하게 '말하다', '말해 주다', '언급하다'는 뜻이고, 제시(提撕)는 시(撕)와 동일하게 '일깨우다', '깨우치다', '말해 주어서 일깨우다'는 뜻이다.

거각상량(擧覺商量) : 거각(擧覺)은 고칙공안을 말해 주는 것이고, 상량(商量)은 그 고칙공안의 값을 헤아려 매기는 것. 일반적으로 종사가 상당설법할 때에 학인과 공안을 두고 대화하는 것을 말한다.

거관결안(據款結案) : 법령(法令)의 조항(條項)에 의거하여 판결을 내리다. 관(款)은 법령, 규정, 조약 따위의 조항, 조목. 보통 조(條) 다음이 관(款)이다. 여기서 법령(法令)은 곧 부처님과 조사의 가르침 즉 불법(佛法)이요 선도(禪道)를 가리킨다. 즉, 정법(正法)에 의거하여 가르침을 펼친다는 말. = 결안거관(結案據款).

거기(擧起) : 거(擧)와 같음. 기(起)는 동사의 뒤에 붙어서 동작이 아래에서 위로 행해짐을 나타내는 조사. 말을 꺼내다. 집어 들다. ① 거기화두(擧起話頭)= 이야기를 꺼내다. ② 거기불자(擧起拂子)= 불자를 집어 들다. 거기주장(擧起拄杖)= 주장자를 집어 들다.

거기처승당(擧起處承當) : 말을 끄집어내는 곳에서 곧장 받아들이다. 말을 끄집어내는 곳에서 곧장 인정하고 수긍하다. = 향거기처승당(向擧起處承當), 거거기처승당(去擧起處承當). 거기(擧起)는 거(擧)와 같은 뜻으로서 '말하다'는 뜻이고, 기(起)는 동사의 뒤에 붙어서 동작이 아래에서 위로 행해짐을 나타내는 조사이니, 거기(擧起)는 '말을 꺼내다'는 뜻. 승당(承當)은 '받아들이다, 수긍하다, 떠맡다'는 뜻.

거년(去年) : 작년.

거념(擧拈) : 거시(擧示)와 같음. 공안이나 화두(話頭)를 남에게 말해 주는 것.

거농(渠儂) : 그. 그 사람. 그이.

거동(去冬) : 지난 해 겨울.

거득(去得) : 갈 수 있다. 할 수 있다.

거령신(巨靈神) : 원기(元氣)와 함께 태어난 강물의 신. 분수(汾水)의 하류에서 태어났는데, 화산(華山)에서 자신의 능력을 한번 과시하였다. 즉, 황하를 가로막고 있는 화산을 손으로 두 조각을 내서 황하가 곧바로 화산을 지나갈 수 있게 하였다. 지금도 화산에는 거령이 산을 갈랐던 손과 발자국이 완연히 남아있다고 한다.(『수경주(水經注)』 하수(河水).)

거보(擧步) : 발을 내딛다.

거부득(去不得) : 갈 수 없다, 가서는 안 된다. 없앨 수 없다, 없애서는 안 된다.

거사(擧似) : 있었던 일을 그대로 이야기해 주다. 사(似)는 동사의 접미사로서 '-주다(與)'의 뜻을 부가해 주는 어조사. = 설사(說似), 거향(擧向), 거념(擧拈).

거서혼동(車書混同) : 일하는 사람과 글 읽는 사람이 뒤섞여 하나가 되어 있다. 당(唐) 곽자의(郭子儀)가 지은 광운무(廣運舞)라는 다음의 시에서 유래한 말. "혁혁한 황조(皇朝)에서 / 밝게 빛남은 화합이 있으니, / 문(文)의 덕(德)이 있고 / 무(武)의 공(功)이 있으며, / 강과 바다가 고요하고 / 수레와 글이 혼연히 하나 되었으며, / 경건하고 공손하고 효성스럽게 향음하고 / 화목하고 그윽한 바람이 있도다.(於赫皇祖, 昭明有融, 惟文之德, 惟武之功, 河海靜謐, 車書混同, 虔恭孝饗, 穆穆玄風.)

거세(去歲) : 지난 해. 작년. = 거년(去年).

거실이론(據實而論) : 사실대로 말하다.

거실지대(據實支對) : 사실에 근거하여 대응하다.

거애(擧哀) : 선종(禪宗)에서 스승이 죽었을 때, 그 관 앞에서, 혹은 진영(眞影)을 걸어 놓고 그 앞에서 슬퍼하는 뜻을 나타내는 소리. 애! 애! 애!(哀哀哀)라고 세 번 소리친다.

거양(擧揚) : 들어 날리다. 드날리다. 대중을 모아 놓고 문답하고 설법하며 종지(宗旨)를 명백히 들어내는 것.

거의(擧意) : 마음이 움직이다. 생각이 떠오르다. 연상(聯想)하다.

거일반삼(擧一反三) : 한 귀퉁이를 말해 주면, 나머지 세 귀퉁이를 스스로 미루어 알아야 한다. 배우는 자의 태도와 자질을 말하는 것.『논어(論語)』「술이(述而)」에 나오는 공자의 말인 "제자가 분발하지 않으면 스승이 깨우쳐 주지 않으며, 제자가 괴로워하지 않으면 스승이 개발시켜 주지 않는다. 한 귀퉁이를 말해 주었는데, 나머지 세 귀퉁이를 돌이켜 알지 못하면, 다시 말해 주지 않는다."(不憤不啓, 不悱不發. 擧一隅, 不以三隅反, 則不復也.)에서 온 말.

거일우불이삼우반(擧一隅不以三隅反) : = 거일반삼(擧一反三).

거정발산(擧鼎拔山) : = 발산거정(拔山擧鼎).

거좌(擧座) : 동석한 모든 사람. = 거좌(擧坐).

거주(去住) : 떠남과 머무름.

거착(擧著) : 말하다. 거(擧)와 같음. 착(著)은 동사 뒤에 붙어서 완료나 조건을 나타내는 조사.

거창(擧唱) : 말하여 밝히다. 공안을 들어서 말하다. 말하여 보이다.

거처(去處) : 갈 만한 곳. 곳곳. 도처.

거취(去就) : ① 행동거지. 태도. ② 예의(禮儀). 예모(禮貌).

거칙(擧則) : 거(擧)는 거창(擧唱), 칙(則)은 고칙공안(古則公案). 수좌법전식(首座法戰式)에서 수좌(首座)가 고칙공안을 소리내어 읽는 것. = 거고(擧古).

거해(鋸解) : 톱으로 자르다.

거해칭추(鋸解秤鎚) : 저울추를 톱으로 자르다. 저울을 못쓰게 만들다.

거화(擧話) : 고인(古人)의 화두(話頭)를 꺼내어 말하여 제시(提示)하는 것. 거(擧)는 '말하다.'는 뜻.(『廣韻, 語韻』擧, 言也.『正字通, 臼部』擧, 稱引也.『禮記, 雜記 下』過而擧君之諱則起.「鄭玄注」擧, 猶言也. 唐, 韓愈『原道』不惟擧之于其口, 而又筆之于其書.) 간화선(看話禪)에서 '화두(話頭)를 거(擧)하라'고 할 때에는 '스스로 마음 속에서 화두를 자신에게 말해 주라'는 뜻이다.

건각(建閣) : 만들어 주다.

건계(建谿) : = 건계(建溪). 복건성(福建省) 건구현(建甌縣)에 있는 강. 민강(閩江)의 북쪽 원류이며, 차(茶) 생산지로 유명. 이곳에서 생산된 건차(建茶)가 차의 대명사로 쓰이기도 하였다.

건계명(建谿茗) : = 건차(建茶).

건계춘(建溪春) : = 건차(建茶).

건달바성(健闥婆城) : gandharva-nagara. 또는 건달바성(乾達婆城)·건달박성(犍達縛城)이라 음역, 번역하여 심향성(尋香城). 실체는 없이 공중에 나타나는 성곽. 바다 위나 사막 또는 열대지방에 있는 벌판의 상공(上空)에서 공기의 밀도와 광선의 굴절작용으로 일어나는 신기루(蜃氣樓)·해시(海市). 이것을 건달바성이라 하는 것은, 건달바는 항상 천상에 있다는 데서 생긴 것. 또는 서역에서 악사(樂師)를 건달바라 부르고, 그 악사는 환술로써 교묘하게 누각을 나타내어 사람에게 보이므로 이와 같이 부른다.

건룡(乾龍) :『주역(周易)』건괘(乾卦) '구오(九五)

비룡재천(飛龍在天)에서 온 말. 건괘의 제5효(爻)는 천자(天子)가 재위(在位)하는 모습이다. 이 때문에 건룡(乾龍)은 제왕(帝王)을 비유한다.

건명(建茗) : = 건차(建茶).

건봉(乾峯) : 월주건봉(越州乾峯).

건삼련(乾三連) : 건괘(乾卦)의 상형(象形)을 이르는 말. 효(爻)가 연이어진 삼효(三爻)로써 상형을 이룬 데에서 생긴 이름이며 하늘[天]을 상징한다.

건업(建鄴) : 남경(南京). 강소성(江蘇省) 남서쪽에 있는 도시. 양자강(揚子江) 하류 연안에 있는 수륙 교통의 요충지이며, 역대 왕조의 도읍지로 명승고적이 많다.

건저(建邸) : 남송(南宋)의 수도인 건강(健康)의 북저(北邸)에 있는 건장궁(建章宮).

건차(建茶) : 복건성(福建省) 건계(建溪) 일대에서 생산되는 유명한 차(茶). 건명(建茗), 건계명(建谿茗), 건계춘(建溪春)이라고도 한다.

건치(楗稚) : 산스크리트 ghaṇṭā의 음역으로, 종(鍾)·반(磬)·타수(打水)·성명(聲鳴) 등으로 한역한다. 종·목탁·방울·북이라고도 한다. 시각이나 사건을 알려주기 위해 쳐서 소리를 내는 물건을 통칭하는 말이며, 크기와는 관계없다. 인도에서는 주로 목재로 만들지만, 기와나 동, 철로 만든 것들도 있다.

걸반(乞飯) : = 걸식(乞食).

걸식(乞食) : 밥을 빌어 먹다. 밥을 구걸하다.

검인상사(劒刃上事) : 칼날 위의 일. 칼날은 모든 사량분별을 끊어 버린 곳을 가리키니, 칼날 위의 일이란 모든 사량 분별을 떠난 깨달음을 가리킨다. 향상사(向上事)와 같은 말.

검책(檢責) : 점검하여 밝히다.

겁석(劫石) : 한 겁(劫)을 계산할 때 가정하는 돌로, 사방의 둘레와 높이가 40리에 이른다고 한다.

겁외(劫外) : 겁(劫)은 성주괴공(成住壞空)의 무상한 흐름을 가리키니, 겁외(劫外)는 성주괴공(成住壞空)의 변화를 벗어난 시간의 밖. 불생불멸(不生不滅)이고 여여부동(如如不動)인 진여(眞如)를 가리키는 말.

겁전(劫前) : = 겁외(劫外).

겁호(劫壺) : 주객(主客)이 나누어지기 이전의 별천지 같은 세계. 겁(劫)은 영원한 시간. 호(壺)는 항아리 속에 있는 별천지 같은 세계. 위음왕불(威音王佛) 이전의 소식, 본래면목(本來面目)을 가리킨다. 천동(天童)의 게송에 "세간에 들어가기 이전, 인연을 따르기 전, 겁호(劫壺)의 텅 빈 곳에 전하는 가풍이 있다."(不入世, 未循緣, 劫壺空處有家傳)(『경절노인천기직주천동각화상송고(縈絶老人天奇直註天童覺和尙頌古)』 하(下))는 구절이 있다.

겁화(劫火) : 우주의 파괴 시기(壞劫)의 종말에 일어나는 화재를 말함. 이 때문에 초선천(初禪天) 이하 모든 것이 태워진다고 함. 세계 종말의 시기의 큰 화재, 지구 최후의 불, 세계를 다 태우는 대화재를 말한다.

게(偈) : gāthā. 9부교(部敎)의 하나. 12부경(部經)의 하나. 가타(伽他)·게타(偈陀) 혹은 게(偈)라고만 쓰기도 함. 풍송(諷誦·諷頌)·게송(偈頌)·조송(造頌)·고기송(孤起頌)·송(頌)이라 번역. 노래라는 뜻을 가진 어근(語根) gai에서 생긴 명사. 가요(歌謠)·성가(聖歌) 등의 뜻으로 쓰임. 지금은 산문체(散文體)로 된 경전의 1절 또는 총결(總結)한 끝에 아름다운 귀글로써 묘한 뜻을 읊어 놓은 운문(韻文). 또 이것을 고기송·부중송게(不重頌偈)라고 함은 본문의 내용을 거듭 말한 중송(重頌)에 대하여, 본문과 관계없이 노래한 운문이란 뜻.

게양(揭揚) : 중국에 있는 지명(地名), 조주(潮州)에 속해 있는 현이름이다.

겨자씨로 바늘을 맞추다 : 규봉종밀(圭峰宗密)의 『원각경대소석의초(圓覺經大疏釋義鈔)』 제1권 하(下)에 다음의 내용이 있다 : 경(經)에서 말한다. "부처님이 가섭에게 물으셨다. '도솔천에서 겨자씨 한 알을 굴리고, 염부제에 바늘 한 개를 세워 놓는다. 이 겨자씨를 바늘 위로 던져서 바늘을 맞추려고 한다면, 이 일은 쉬우냐 어려우냐?' 가섭이 답하였다. '매우 어렵습니다.' 부처님이 말씀하셨다. '바른 인(因)과 바른 연(緣)이 만나는 것은 이보다도 더욱 어렵다.'"(經說 : "佛問迦葉 : '從兜率天 輥一芥子, 於閻浮提竪一針鋒. 使芥子投於針鋒, 此事難易?' 迦葉答言 : '甚爲難也.' 佛言 : '正因正緣 得相値遇 更難於此.'") 여기에서 말하는 경(經)이 어느 경인지는 알 수 없다. 『원각경』에는 이런 내용이 보이지 않는다.隔江橫趨

격강횡추(隔江橫趨) : 강을 건너지 않고 강가를 걸어가 버리다. 양주(襄州) 고정간(高亭簡) 선사의 일화. 양주의 고정간 선사가 처음 덕산(德山)을 찾아갔다가 강 건너에 있는 덕산을 보고는 멀리서 합장하고는 소리 높여 말했다. "안녕하십니까?" 덕산은 손에 쥐고 있던 부채를 두 번 흔들어 고정선사를 불렀다. 그 모습을 보고 고정선사는 문득 깨달았다. 그리고는 강을 건너지 않고 강가를 걸어가 버리고 다시는 돌아보지 않았다. 뒷날 양주에서 법을 펼칠 때에는 덕산의 법을 이었다.(襄州高亭簡禪師, 初隔江見德山, 遙合掌呼云 : "不審?" 德山以手中扇子再招之. 師忽開悟. 乃橫趨而去, 更不迴顧. 後於襄州開法, 嗣德山.)(『경덕전등록』 제16권)

격발(激發) : 불러일으키다. 끓어오르게 하다. 분발시키다.

격석화섬전광(擊石火閃電光) : 일체의 분별과 헤아림을 용납하지 않고 부싯돌을 치고 번갯불이 번쩍이는 것처럼 지금 이 한순간을 가리켜 선(禪)이라고 하는 것. 분별망상을 일으키지 못하게 하는 효과는 있으나, 분별망상을 배제한다는 치우침이 있다. 『대혜보각선사서(大慧普覺禪師書)』 제29권 '51. 장시랑(張侍郎) 자소(子韶)에 대한 답서'에서 대혜는 이렇게 말하고 있다 : "님께서는 스스로 문득 벗어난 곳을 얻고는 이것을 지극한 도리로 여기고서, 이치의 길로 들어서는 것을 보자마자 진흙에 빠지고 물에 들어가서 사람을 위하는 것이라고 여겨 그 즉시 쓸어내버리고 흔적을 없애 버리고자 합니다. …… 님께서 도(道)를 보시는 것이 이와 같이 꼭 알맞음만을 살피면서, 혜충국사가 노파선(老婆禪) 말하는 것을 기뻐하지 아니하고, 깨끗하고 맑은 곳에 머물러 다만 부싯돌 불과 번갯불같이 번쩍 스치는 한 수만을 좋아할 뿐, 그 밖에는 조금도 다른 도리(道理)를 용납하지 않으니, 참으로 안타까울 따름입니다. …… 사람들에게 종사(宗師)라고 불리고 있다면, 모름지기 중생의 근기에 따라 알맞게 법을 말해야 합니다. 부싯돌 불 같고 번갯불 같은 한 수는 이것을 소화할 만한 근기여야 비로소 떠맡을 수 있을 것이니, 근기가 그렇지 못한 경우에 그것을 쓴다면 싹을 잘라 버릴 것입니다."(左右以自所得瞥脫處爲極則, 纔見涉理路入泥入水爲人底 便欲掃除使滅蹤跡. …… 左右見道如此諦當, 而不喜忠國師說老婆禪, 坐在淨淨潔潔處 只愛擊石火閃電光一著子, 此外不容一星兒別道理, 眞可惜耳. …… 被人喚作宗師, 須備衆生機說法. 如擊石火閃電光一著子 是這般根器 方承當得, 根器不是處 用之 則揠苗矣.)

격쇄(擊碎) : 쳐부수다.

격신구(隔身句) : 표면적으로는 서로 관계가 없는 듯하지만, 내면적으로는 서로 통하는 말. 격수구(隔手句).

격양(激揚) : 북돋우어 불러일으키다. 격려하여 진작시키다.

격외(格外) : 격(格)은 규격 · 법칙 · 규정. 세간적(世間的)인 척도를 멀리 넘어서는 것. 즉, 분별로는 헤아릴 수 없는 것, 불가사의(不可思議)한 실상을 가리키는 말. 조사선(祖師禪)은 격외선(格外禪)이라 한다.

격외(格外) : 격(格)은 규격 · 법칙 · 규정. 세간적(世間的)인 척도를 멀리 넘어서는 것. 즉, 분별로는 헤아릴 수 없는 것, 불가사의(不可思議)한 실상을 가리키는 말. 조사선(祖師禪)은 격외선(格外禪)이라 한다.

격외선(格外禪) : 격(格)은 격식(格式) · 규격(規格)의 뜻이므로, 격외(格外)는 규격의 밖 즉 규격을 벗어난다는 의미이다. 격외선은 규격을 벗어난 선(禪)이라는 말로서, 이 경우 규격은 언어(言語) 문자(文字)의 뜻과 이치를 가리킨다. 따라서 격외선은 언어문자를 초월한 불립문자(不立文字)·직지인심(直指人心)·교외별전(敎外別傳)·이심전심(以心傳心)의 선(禪)을 말한다.

격음사(隔陰事) : 저승을 사이에 둔 일. 저승 저쪽의 일. 전생(前生)의 일. 음(陰)은 저승을 가리킴.

격절(擊節) : 박자를 맞추다.

격절(激切) : 지극히 심하다, (말이) 거칠고 직설적이다.

견(遣) : ① 시키다. = 사(使), 령(令). ② 당하다. = 피(被). ③ 쫓아내다. ④ 하지 못하게 하다. = 사불(使不).

견개(遣价) : 심부름꾼(하인)을 보내다.

견괴(遣怪) : 의심을 풀다. 의심을 없애다.

견기(見機) : ① = 견기(見幾). ② 기회를 보다. 형편을 살피다.

견기(見幾) : 낌새를 알아차리다. 조짐을 알아보다.

견기이작(見機而作) : ① = 견기이작(見幾而作). ② 기회를 보아가며 행동하다. 정세를 살펴가며 일을 진행시키다. = 견기이동(見機而動), 견기이행(見機而行), 견기행사(見機行事).

견기이작(見幾而作) : 기미를 느끼고 바로 조치를 취하다. 낌새를 알아차리고 곧 행동하다.

견도(見道) : -라고 말하는 것을 듣다. -라는 말을 듣다.

견뢰지신(堅牢地神) : 밀교에서 섬기는 지신(地神). 대지를 돌보아 견고하게 하며, 교법과 교법을 수지하는 사람들을 보호해준다고 한다. 태장계만다라(胎藏界曼茶羅)의 외금강부원(外金剛部院)에 자리하고 있다.

견만(牽挽) : 사로잡히다. 붙잡혀 끌려다니다.

견망(見網) : 그물에 갇히다.(견(見)은 피동을 나타내는 접두사)

견별(甄別) : (우열, 진위, 능력을) 심사하여 가리다. 선별하다.

견본(絹本) : 명주에 쓰거나 그린 글씨나 그림.

견설(見說) : 들은 바에 의하면. -라고 듣고 있다. -라고 말하는 것을 듣다. = 견도(見道).

견성(見性) : 견성(見性)이라는 말은 북량(北涼)의 담무참(曇無讖)이 번역한 『대반열반경(大般涅槃經)』에 나타나며, 견성성불(見性成佛)이라는 말은 일찌기 『열반경집해(涅槃經集解)』 33권에 보량(寶亮; 444~509)의 말로서 나타나고 있다. 선종(禪宗)의 문헌에서 보면 우선 견성(見性)이라는 말은 당대(唐代)에 만들어진 것으로 추측되는 위경(僞經)인 『대불정수능엄경(大佛頂首楞嚴經)』에 빈번히 등장하고 있으며, 『능가사자기』에는 "견불성(見佛性)"이라는 말이 여러 차례 등장하며 "見佛性者 永離生死 名出世人"(신수장85~1289a)라 하고도 있다. 그러나 '견성(見性)' 혹은 '견성성불(見性成佛)'이라는 말이 본격적으로 사용되는 것은 『육조단경(六祖壇經)』 이후이다.

견신(見身) : 신견(身見)과 같음. 오온(五蘊)이 가(假)로 화합한 신체를 상일주재(常一主宰)하는 뜻이 있는 아(我)라 망집(妄執)하고, 또 아(我)에 속한 기구·권속 등을 나의 소유라고 여기는 잘못된 견해. 아견(我見)과 같음. 신(身)은 아(我)라는 뜻.

견어(見於) : -에 보이다. -에 나타나다. = 견우(見于).

견유(見有) : = 견(見). 보다.

견처(見處) : 견해처(見解處), 견해(見解), 소견(所見), 안목(眼目)의 뜻으로, 진리를 바라보는 안목의 정도 또는 깨달음의 깊이를 나타내는 말이다.

견처(見處) : 안목(眼目).

견취(見取) : ① 4취(取)의 하나. 3계(界)의 사제(四諦) 아래 일어나는 아견(我見)·변견(邊見)·사견(邪見)·견취견(見取見) 등 모든 견혹(見惑)을 말함. 이에 30혹이 있음. 3계에 각각 고제(苦諦) 아래 신견(身見)·변견(邊見)·사견(邪見)·견취견(見取見)의 4견과 집제(集諦)·멸제(滅諦)·도제(道諦) 아래에 각기 사견·견취견의 2견이 있으므로 30혹이 된다. ② 견취견의 준말.

견취(見趣) : = 견취(見取).

견취견(見取見) : 5견의 하나. 소견을 고집하는 견이란 뜻. 신견(身見)·변견(邊見)·사견(邪見) 등을 일으키고 이를 잘못 고집하여 진실하고 뛰어난 견해라고 하는 망견(妄見).

견현사제(見賢思齊) : 『논어(論語)』「이인편(里仁篇)」에 나오는 구절. 어진 이를 보면 그와 같아지기를 생각하라는 말.

결각나문(結角羅紋) : 뿔에 맺힌 나선형 무늬처럼 뱅글뱅글 돌다.

결감(缺減) : 모자라고 결핍되어 있다는 뜻으로, 번뇌에 싸인 사바세계(娑婆世界)를 가리킨다.

결과(結裹) : ① 벼슬아치가 관직을 얻음. ② 치장함. 단장함. 포장함. ③ 열매를 맺음. 결말을 이룸. ④ 여장(旅裝)을 갖추다.

결사(結社) : 불교수행 혹은 참선수행이라는 공동의 목적을 위하여 단체를 조직함.

결설(結舌) : (두렵거나 논리가 궁하여) 말문이 막히다. 혀가 굳어지다.

결안거관(結案據款) : = 거관결안(據款結案).

결절(結絶) : ① 결말이 나다, 끝나다, 종결하다. ② 끊어 없애다. ③ 영원히 헤어지다. ④ 매우 결연함. 매우 명확함. = 결절(決折).

결정(決定) : 틀림없이, 반드시. 마침내, 결국.

결정성(決定性) : 결정되어 있는 본성(本性).

결첩(訣諜) : 경전의 번역을 명령하고 허락하는 임금의 칙서(勅書).

결촬(結撮) : 거두다. 치우다. 수습하다. 끝내다. 촬(撮)은 촬(繓)과 같다.

결친(結親) : 결혼하다. 혼인하여 인척관계를 맺다.

결택(決擇) : 결판을 내다. 문제를 확실히 해결하다. 의심을 결단하여 이치를 분별하는 것.

겸대(兼帶) : 두 가지를 하나로 묶는다는 뜻이다. 동산양개의 정편오위(正偏五位) 중에서 다섯 번째 '상겸대래(相兼帶來)'를 가리키는 말이다.

겸정(兼程) : 하루에 이틀 길을 가다. 밤낮을 쉬지 않고 가다. 밤낮으로 서두르다. = 겸행(兼行).

겸중도(兼中到) : 동산양개(洞山良价)가 불교 교리의 대강을 '정편오위(正偏五位)'라고 해서 다섯 항목(1. 正位却偏 2. 偏位却正 3. 正位中來 4. 偏位中來 5. 相兼帶來)으로 요약한 것을 그의 제자인 조산본적(曹山本寂)이 다시 이를 개칭(1. 正中偏 2. 偏中正 3. 正中來 4. 偏中至 5. 兼中到)한 것. 내용은 같다.

겸중지(兼中至) : 조산본적의 '편중지(偏中至)'가 아닌가 한다. 동산양개(洞山良价)가 불교 교리의 대강을 '정편오위(正偏五位)'라고 해서 다섯 항목(1. 正位却偏 2. 偏位却正 3. 正位中來 4. 偏位中來 5. 相兼帶來)으로 요약한 것을 그의 제자인 조산본적(曹山本寂)이 다시 이를 개칭(1. 正中偏 2. 偏中正 3. 正中來 4. 偏中至 5. 兼中到)한 것. 내용은 같다.

겸추(鉗鎚) : 겸(鉗)은 모루, 추(鎚)는 쇠망치. 모두 쇠를 단련하는 도구. 쇠를 두드려 단련하고 모양을 내어 쓸모 있는 연장으로 만드는 도구이다. 능력 있는 스승을 비유함. = 본분겸추(本分鉗鎚).

경(徑) : ① (부사)직접. 곧장. 바로. ② 좁은 길.

경(硬) : ① 매우. ② 전혀. ③ 온통. ④ 극히. ⑤ 무리하게. 억지로. ⑥ 고집스러이.

경(頃) : ① 백이랑. 밭 100무(畝)의 지적(地積). ② 이전에. 과거에. 전날에.

경각(警覺) : ① 경계하다. ② 재빨리 깨닫다. 민감하게 눈치채다. ③ 깨닫다.

경경(輕輕) : 살짝. 가볍게. 살살.

경골두(硬骨頭) : 기골(氣骨)이 있고 의지가 굳센 사람.

경권(擎拳) : = 공수(拱手).

경낭(傾囊) : 주머니에 가지고 있는 돈을 다 털다.

경년(經年) : 오랜 세월이 지나다. 여러 해가 지나다.

경년(頃年) : 왕년(往年). 옛날.

경덕전등록(景德傳燈錄) : 30권. 송(宋) 승천도원(承天道原)이 엮음. 경덕(景德) 원년(元年)인

1004년에 이루어져 양억(楊億)이 교정하고 진종(眞宗)에게 상진하여 입장(入藏)이 허락됨. 당대(唐代)에 이루어진 『보림전(寶林傳)』, 『속보림전(續寶林傳)』, 『진문성주집(眞門聖胄集)』 등이 뒤를 이어 달마선(達摩禪)의 전등상승설(傳燈相承說)에 따라 총 1701인에 이르는 스승과 제자의 공부와 깨달음의 이야기를 모아서 엮은 기언체(記言體) 보록(譜錄). 최초의 본격적인 선종 사서이다.

경도(傾倒) : 속에 있는 것을 남김없이 말하다.

경동(傾動) : ① 뒤흔들림. 진동함. ② 마음이 쏠림. 감동시킴. ③ 쓰러지거나 흔들림.

경두(競頭) : 다투다.

경두두(硬斜斜) : = 경방방(硬邦邦). 매우 굳고 단단한 모양, 매우 튼튼하고 견실한 모양. 옹골찬 모양.

경두쟁(競頭爭) : 마음껏 다투다. 마구 다투다. 경두(競頭)와 쟁(爭)은 같은 뜻.

경란(更闌) : 밤 시간이 깊음. 밤이 끝나감.

경론(經論) : 불교 대장경(大藏經)의 경(經) · 율(律) · 론(論) 삼장(三藏) 가운데 경장(經藏) 즉 경전(經典)과 논장(論藏) 즉 논서(論書).

경박(輕薄) : 업신여기다.

경사(京師) : 서울. 수도(首都).

경산(徑山) : ① 절강성(浙江省) 항주부(杭州府) 여항현(餘杭縣) 서북쪽 50리에 있다. 당(唐) 중기(中期) 무렵 우두종(牛頭宗) 계통의 대각선사 도흠(大覺禪師道欽; 715~793)이 개창하였으며, 송대(宋代)에는 능인흥성만수선사(能仁興聖萬壽禪寺)라고 부른 오산(五山)의 하나였다. 뒷날 소흥(紹興) 7년(1137년) 대혜종고는 경산(徑山)의 능인선원(能仁禪院)에 머물렀다. 또 허당(虛堂), 불감(佛鑑) 등이 주석하였으며 임제종(臨濟宗) 발전의 중심지가 되었다. ② 경산도흠(徑山道欽). 운문고(雲門杲).

경산고(徑山杲) : 경산종고(徑山宗杲), 즉 대혜종고(大慧宗杲)를 말한다. 대혜가 경산(徑山)의 능인선원(能仁禪院)에 주석하였을 때 종풍을 크게 드날렸기 때문에 이렇게 부른 것이다.

경산도흠(徑山道欽) : 714~792. 당대(唐代) 선승. 경산(徑山)은 머물렀던 산 이름. 속성은 주(周)씨. 소주(蘇州) 곤산(崑山) 출신. 처음에는 유교(儒敎)를 공부했지만, 28세에 우연히 학림현소(鶴林玄素)를 만나 출가하였다. 임안(臨安)의 경산에 머물며 선풍(禪風)을 날렸다. 당(唐)의 대종(代宗) 황제가 귀의하여 제자가 되었다. 시호는 대각(大覺)이다. 법계(法系)로는 사조도신(四祖道信) 문하의 7세에 해당하고, 금릉(金陵) 우두산(牛頭山)의 충(忠) 선사(禪師)의 자손에 해당한다.

경산홍인(徑山洪諲) : ?~901. 위산영우(潙山靈祐)의 법사(法嗣). 절강성(浙江省) 오흥(吳興) 사람. 속성은 오(吳)씨. 19세에 개원사(開元寺) 무상대사(無上大師)에게 머리를 깎고, 22세에 숭산(嵩山; 河南省 登封縣) 으로 가서 구족계를 받았다. 법제대사(法濟大師)라는 호를 받았다. 광화(光化) 4년 9월 28일 입적했다.

경성(警省) : 경계하고 살펴봄.

경수(經首) : 경전 본문의 첫머리. 불경(佛經)은 경수가 "여시아문(如是我聞)"이다.

경술(經術) : 경학(經學). 중국의 경서(經書), 즉 유가(儒家)고전의 해석학. 경서에는 고대의 성인 · 현인의 정신이 담겨 있다고 믿고 그것을 터득하는 것을 종국적 목표로 삼는 것이 경학이며, 중국철학 · 중국문학의 기초이다.

경안(輕安) : 가볍고 편안함. 심소(心所)의 이름. 착한 마음과 상응하여 일어나서 일을 잘 감당하여 몸이 편안하고 경쾌해지는 작용.

경연(經筵) : 군주에게 유교의 경서(經書)와 역사를 가르치던 교육제도, 또는 그 자리.

경요(徑要) : ① 반드시 경유하는 길. 요로(要路). ② 긴요하고 기본이 되는 골자. 정의(精義).

경요처(徑要處) : 긴요하고 기본이 되는 곳. 요충지.

경원(經院) : 사찰에서 경전을 보관하는 집. 우리나라에서는 장경각(藏經閣)이라고 함.

경위(慶慰) : 축하하고 위로하다.

경유(經由) : 거쳐서 지나가다. 경과하다. 경유하다.

경이(驚異) : 놀라며 이상하게 여기다.

경절(徑截) : ① 곧장 끊어 버리다. ② 빠르다. 민첩하다.

경조미(京兆米) : = 경조부(京兆府) 미(米) 화상. 칠사(七師)라고도 한다. 생몰년 미상. 위산영우(潙山靈祐)의 법을 이은 제자. 남악(南嶽) 문하의 4세손.

경조미호(京兆米胡) : 경조미(京兆米).

경착척량골(硬著脊梁骨) : 결심하다. 분발하다. 정신을 바짝 차리다. 척량골(脊梁骨)은 등뼈.

경찬(慶讚) : 불상 · 경전을 조성하거나, 절 · 탑 등의 건축을 완성하였을 때에 행하는 법사(法事). 그 성공을 경축하고 찬탄하는 것.

경참(慶懺) : 불전(佛殿)에서 참회하여 마음이 깨끗해진 것을 기뻐하는 것. 기쁨을 주는 참회.

경책(警策) : 경계(警戒)하여 채찍질하다.

경청(鏡淸) : 경청도부(鏡淸道怤; 868~937).

경청도부(鏡淸道怤) : 868~937. 온주(溫州; 절강성) 영가인(永嘉人). 속성은 진씨(陳氏). 어릴 때 출가하여 민천(閩川)에 있던 설봉의존(雪峰義存)에게 참학하고 그의 법을 이었다. 뒤에 월주(越州; 절강성) 경청사(鏡淸寺)에 주석하였다. 후진(後晋)의 고조(高祖) 천복(天福) 2년에 시적(示寂)하였다. 사호(賜號)는 순덕대사(順德大師).

경탄(慶誕) : 특히 제왕(帝王)의 탄신(誕辰)을 가리키는 말.

경탈(傾奪) : 힘을 기울여 다투다. 힘써 겨루다.

경파(驚怕) : 두려워하다. 무서워하다.

경행(經行) : vihāra. 행도(行道)라고도 함. 일정한 구역을 거니는 것. 좌선하다가 졸음을 막기 위하여, 또는 병을 치료하기 위하여 가볍게 운동하는 것. 비하라(毘訶羅)라 음역.

경홀(輕忽) : 경솔(輕率)한.

경희(慶喜) : 다문제일 아난다를 말함.

계건(啓建) : 세우다, 건축하다, 만들다. = 건(建).

계경(契經) : 불교의 경전. 계(契)는 계합한다는 뜻. 경(經)은 관천(貫穿) · 섭지(攝持)의 뜻. 경문은 위로는 진리에 계합하고, 아래로는 중생의 마음에 맞고 뜻에 계합하며, 의리를 꿰어 중생을 잡아 거둔다는 뜻으로 경이라 함.

계교(計較) : 서로 견주어 살펴봄.

계구(啓口) : (남에게 부탁하기 위하여)입을 열다. 이야기를 꺼내다. = 계치(啓齒).

계권(契券) : 계약증서. 차용증. 영수증.

계려궐(繫驢橛) : 당나귀를 매어 놓는 말뚝. 당나귀는 분별하고 집착하며 대상으르 따라다니는 중생심을 가리킨다. 당나귀를 매어 놓는 말뚝이란, 중생이 분별로써 그럴듯한 말이나 견해를 집착하고 지키는 것을 말한다.

계봉(雞峰) : 계족산(鷄足山)을 말함. 중인도 마가다국에 있던 가섭존자가 머물던 산.

계봉(啓封) : 편지를 개봉하다. 봉인(封印)을 뜯다.

계서양(雞嶼洋) : 복건성(福建省) 장락현(長樂縣) 반야촌(般若村) 아래에 있는 강 이름.

계선(戒善) : 악행을 하지 말고 선행을 하면 천상에 태어난다 시계천(施戒天)의 가르침. 일반적인 선인선과 악인악과의 가르침을 말한다.

계수(稽首) : 머리 숙여 절을 하다.

계수족(啓手足) : 계수(啓手) 혹 계족(啓足)과 같은데, 천수(天壽)를 다하고 죽는다는 뜻인 선종(善終)과 같다. 의연한 죽음을 이르는 말. 『논어』에서 공자의 제자인 증자(曾子)의 죽음에 관한 일화에서 유래하였다. 큰병이 나자 증자는 제자를 불러 말하기를 “내 발을 벌리고 내 손을 벌려 펴다오. 시경(詩經)에 ‘두려워 떨며 긍긍하여 깊은 연못에 임하는 것같이 하고 얇은 얼음을 밟듯이 하라.’ 하였는데 지금 이후에야 나는 내가 죄를 면하게 되는 것을 알겠다.”라 하였다.(曾子有疾, 召門弟子曰, “啓予足! 啓予手! 詩云, ‘戰戰兢兢, 如臨深淵, 如履薄氷.’ 而今而後, 吾知免夫! 小子!”)(『논어(論語)』「태백(泰伯) 제8」) 이것은 증자의 임종 장면이다. 평생토록 제 몸을 조심하는 자식의 도리에서 어긋날까 봐 전전긍긍(戰戰兢兢)하며 여림심연(如臨深淵) 여리박빙(如履薄氷)으로 살아 왔는데, 이제야 온전한 육신으로 삶을 마치니 '나 소자(小子)'가 죄를 짓는 데서 면제됨을 알겠다는 뜻이다. '내 발을 벌리고 내 손을 벌려 펴달라.'고 한 원문이 '계여족계여수(啓予足啓予手)'인데, 사람이 죽게 되어 병고로 오그라들거나 겹쳐 꼬인 수족을 주물러 펴고 정상으로 벌려 달라는 뜻이다. 사람이 운명(殞命)하면 고통으로 왜곡된 신체가 일그러진 채 경직되지 않도록 수시(收屍)를 할 때 먼저 잘 주물러 원상으로 펴 고정시킨다. 증자는 숨진 뒤의 일을 미리 제자에게 당부하여 마치게 한 것으로 보인다. 옛적에는 의연(毅然)한 임종을 높이 기려 '고종명(考終命)'이라 하였다. 이 '계여족계여수'를 약하여 '계수족(啓手足)'이라 하고, 군자(君子)가 고종명으로 죽는 것을 뜻하는 말이 되었다.

계적(啓迪) : 계발하다. 깨우치다. 인도하다.

계조(啓祚) : 길조(吉兆)가 나타나다, 상서로운 일이 발생하다. 흥기(興起)하다, 발생하다.

계족산(鷄足山) : 가섭존자가 선정에 들었던 산으로 중인도 마갈타국에 있다. 가섭이 이 산에서 선정을 닦고 있을 때에 부처가 입적하였다.

계주(髻珠) : 상투 속의 구슬. 계주유(髻珠喩) 참조.

계주유(髻珠喩) : 『법화경』 7유(喩)의 하나. 『법화경』 제5권에 있는 이야기. 전륜성왕이 여러 나라를 쳐서 항복 받고, 장병 중에 전공이 있는 이에게 논밭 · 집 · 옷 · 보배 등을 줄 적에, 가장 공로가 큰 이에게는 왕이 자기의 상투 속에 있던 보배 구슬을 준다고 하였다. 이는 전륜성왕을 여래(如來)에, 상투를 2승 방편교(方便敎)에, 구슬을 1승 진실교(眞實敎)에 비유한 것. 『법화경』의 설법이 지금까지 2승 방편교에 가리어 있던 1승 진실교를 열어 나타내는 데 비유한 것임.

계증(契證) : 자신의 증거가 들어맞는 것. 제자의 깨달음이 스승의 깨달음과 들어맞는 것. 깨달아 진리에 들어맞는 것. = 증계(證契).

계철(繫綴) : 묶다, 얽어매다.

계침(桂琛) : 지장계침(地藏桂琛). 나한계침(羅漢桂琛).

계하한(階下漢) : 초학자(初學者). 초보자.

계합(契合) : ① 당체와 꼭 들어맞음. 진리에 부합함. ② 뜻이 통하다. 마음이 통하다. 일치하다. 통하다.

계합(洎合) : 거의 -하다. 하마터면 -할 뻔하다.

계행(戒行) : 계를 받은 뒤, 계법(戒法)의 조목에 따라 이를 실천 수행하는 것.

계호(洎乎) : 거의 -하다. 하마터면 -할 뻔하다.

계활(契闊) : = 구활(久闊). 오랫동안 떨어져 있다. 오래도록 헤어져 있다.

고(固) : (부사) 굳이. 단호히. 굳건히. 본래. 본디. 전부터. 물론. 당연히.

고(苦) : (부사) 꾸준히. 극력. 끈기 있게. 지나치게.

고가(告假) : ① 휴가. 또는 휴가를 청함. ② 빌려주기를 청함.

고감(顧鑑) : 뒤돌아 보다.

고감빈신(顧鑑嚬呻) : 고감(顧鑑)은 이리저리 둘러보는 것을 뜻하고, 빈신(嚬呻)은 사자나 코끼리가 피로했을 때 하는 하품을 의미한다. 스승이 학인을 가르치는 수단으로써, 다만 말없이 이리저리 둘러본다든지 하품이나 재채기 등을 해서 그 작용을 드러내는 것에 비유한 말이다.

고개(敲磕) : 서로 부딪치다. 두드리다.

고경(古鏡) : 옛 거울이란, 사람이 본래 갖추고 있는 본심(本心), 본성(本性), 본분(本分)을 가리킨다.

고기(鼓起) : 부풀어 오르다. 불러일으키다.

고기(鼓氣) : 북돋우다. 성내다. 울컥하다.

고담(枯淡) : 활기가 없고 싱겁고 맑음.

고도(靠倒) : ① 기대어 넘어짐. 혹은 기대어 넘어뜨림. 기대고 서 있는 이를 밀어 넘어뜨린다는 뜻. ② 마음을 크게 기울이는 것.

고도(辜倒) : 저버리다.

고롱(鼓籠) : 곧 고롱(鼓弄). 고롱(鼓弄)은 우롱(愚弄)하다는 뜻.

고륙(顧陸) : 고개지(顧愷之; 344~405)와 육탐미(陸探微; 470년 전후). 고개지는 동진(東晋)의 무석인(無錫人)으로 자는 장강(長康), 호는 호두(虎頭)라 했다. 매우 박학했으며 노장철학에 정통하였고 불교를 신봉하였다. 중국 회화사상 처음으로 회화를 과학적으로 평론한 비평가였다. 그는 극히 세밀한 선조화(線條畵) 기법을 사용하여 매우 정치하게 인물화나 동물화, 산수화 등을 그렸다. 중국 회화사에서 양진(兩晋)시대부터 당대에 이르기까지 화론의 품위를 논하는 것이 성행하였는데, 그의 그림은 신품의 경지에 이르는 것으로 평하였다. 남제(南齊)의 회화평론가인 사혁(謝赫)은 그의 그림을 낮게 평하였지만 당(唐)대의 화론가인 장언원(張彦遠)이나 진(晋)의 재상 사안(謝安) 등은 고개지의 그림을 매우 높게 평하였다. 한편, 육탐미는 오인(吳人)으로 남송 명제 때의 궁정화가였다. 그는 인물화와 불화, 초상화 등에 뛰어난 필치를 보여 보는 이로 하여금 생동감과 친근감을 갖게 했다고 한다. 남제의 회화평론가인 사혁에 의하면 고개지가 제3품 이하의 화가라면 육탐미는 제1품의 대화가라고 격찬하였는데 그것은 육탐미의 작품이 고개지보다 신운(神韻)이 더 있기 때문이라고 하였다.

고목법성(枯木法成) : 1071~1128. 송대(宋代) 스님이다. 속가의 성은 반(潘)씨이며, 수주(秀州) 가흥(嘉興) 출신이다. 17세에 운문종 혜림종본(慧林宗本)의 제자인 본각수일(本覺守一)에게서 구족계를 받았다. 33세경에 수주(隨州) 대홍산(大洪山)에 가서 부용도해(芙蓉道楷)의 법을 이었다. 대관(大觀) 원년(1107)에 여주(汝州 : 河南省)의 향산(香山)에서 개당하였고, 또 조칙을 받아 정화(政和) 2년(1112)에 동경(東京) 정인선원(淨因禪院)의 주지가 되었다. 도해의 입적 후, 수많은 신자를 교화하였으며, 나아가 담주(潭州, 湖南省)의 대위밀인(大潙密印) · 도림광혜(道林廣慧) · 소주(韶州, 廣東省) 남화보림(南華寶林) · 진강부(鎭江府, 江蘇省) 초산보제(焦山普濟) 등의 명찰에 주석하였다. 건재(建災) 2년에 입적하니, 세수 58, 법랍 41이었다. '보증(普證)대사'라는 시호를 받았다.

고목성(枯木成) : 고목법성(枯木法成).

고보(故步) : 오랜 관습. 옛 습관.

고부(辜負) : 저버리다.

고부(孤負) : 저버리다. = 고부(辜負).

고불(古佛) : ① 오래된 과거세의 불(과거칠불 · 연등불 등) ② 벽지불의 이칭. ③ 고승 · 조사의 존칭으로도 쓰임. ④ 오래된 불상의 뜻.

고불(古佛) : 모든 과거세의 부처님. 보통 진리나 본성을 가리키는 말로 쓰인다.

고사(高士) : 인품이 고상하여 속세에 나오지 않고 은거하며 벼슬하지 않는 군자(君子).

고사미(高沙彌) : 당나라 사람. 약산유엄(藥山惟儼)의 제자. 초암(草庵)에 머물면서 왕래하는 사람들에게 법을 전하였다. 그에 대해서 자세한 기록이 없다.

고산(鼓山) : 고산신안(鼓山神晏).

고산감원(鼓山監院) : 복주(福州) 고산신안(鼓山神晏) 국사(國師). 설봉의존(雪峰義存)의 제자. 청원 문하 6세손.

고산신안(鼓山神晏) : ?~943. 당말(唐末)·오대(五代)의 스님, 대량이씨(大梁李氏)의 아들. 13세에 신령한 꿈을 꾸고 백록산규(白鹿山規)에 의지해 출가하여 숭악(嵩嶽)에서 구족계를 받았다. 곧 제방의 선덕(禪德)을 두루 찾아다니다가, 설봉의존(雪峰義存; 821~908)에게 의지하여 깨달음을 얻고 법을 이었다. 뒤에 민사왕(閩師王) 연빈(延彬)이 법요(法要)를 묻더니 복주(福州) 고산(鼓山)에 용천선원(湧泉禪院)을 짓고 머물게 하여 종지(宗旨)를 선양케 하였다. 천복년중(天福年中; 936~944)에 77세로 입적하니 홍성국사(興聖國師)라 시호하였다. 저서로는 『고산선흥성국사화상법당현요광집(鼓山先興聖國師和尙法堂玄要廣集)』 1권이 있다.

고선(枯禪) : 말라 버린 선(禪). 죽은 선. 활발히 살아 있는 선이 아니라, 격식과 관념에 빠진 죽은 선.

고성(告成) : 완성을 알리다. 준공하다. 낙성(落成)하다. = 고준(告竣).

고심(苦心) : 몹시 애씀. 몹시 마음을 태움. = 고려(苦慮).

고심망회(枯心忘懷) : 마음을 말려 죽이고 생각을 잊는 것. 삿된 공부.

고안(高眼) : 식견(識見)을 높이다.

고양편피(鼓兩片皮) : 입을 놀리다. 지껄여대다. 수다를 떨다.

고와심운(高臥深雲) : 구름 깊은 산 속에서 숨어 살다.

고원(庫院) : 사찰의 주방(廚房).

고위(孤危) : 홀로 우뚝한. 엉성한, 외로운(↔ 염섬(廉纖)).

고읍(高揖) : 왼손으로 오른손 주먹을 둥글게 말아 쥔 손을 얼굴 앞으로 높이 들고 허리를 앞으로 공손히 구부렸다 펴면서 손을 내리는 인사. 옛날 작별할 때의 예절.

고이(固以) : 물론. 당연히.

고재(苦哉) : 괴롭다. 안타깝다.

고착안(高著眼) : 착안(著眼)은 '눈을 크게 뜨다. 눈을 들어 바라보다. 눈길을 보내다.'는 뜻이니, 고착안(高著眼)은 '높은 통찰력을 가지고 바라보다', '높은 안목을 가지고 바라보다', '상대를 끊은 절대의 진리를 보다.'는 뜻이다.

고초(苦楚) : 고(苦)는 쓴맛이 있는 나물, 초(楚)는 가시나무로서 괴로움을 뜻한다.

고치(叩齒) : 아래윗니를 서로 부딪치다.

고치(姑置) : 잠시(잠깐) 내버려 두자. 우선 이 정도 해 두자.

고칙(古則) : 칙(則)은 본보기, 모범이라는 뜻. 부처나 조사의 어구, 스승과 제자가 주고 받은 말, 스승이 수시(垂示)하거나 보설(普說)한 것 등은 언제라도 후인의 수행에 본보기가 될 수 있기 때문에 '고칙(古則)' 혹은 '고칙공안(古則公案)'이라 한다.

고침(高枕) : 베개를 높이 벤다는 것은 편안한 잠자리를 말하니, 안락(安樂)하고 근심이 없는 생활(生活)을 가리킨다.

고토(顧兎) : 달의 다른 이름.

고표(孤標) : 높은 가지. 풍채가 뛰어나고 출중한 경우를 가리킴.

고하(庫下) : = 고원(庫院). 사찰의 주방(廚房).

고향(告香) : 스승에게 향을 사루면서 설법을 청하는 것.

고황(膏肓) : 심장과 횡격막의 사이. 고는 심장의 아랫부분이고, 황은 횡격막의 윗부분으로, 이 사이에 병이 생기면 낫기 어렵다고 한다.

곡단(曲斷) : 왜곡하여 판단하다. 법을 왜곡하여 해석하다.

곡록상(曲彔床) : 휘어진 나무로 만든 의자. 선상(禪床)과 같음.

곡은온총(谷隱蘊聰) : 965~1032. 임제종. 남해(南海)사람. 속성은 장(張)씨. 출가한 뒤에 백장도상(百丈道常)에게 참학하였다. 천성(天聖) 10년 3월 8일 국동신강자국사(國東神岡資國寺)에서 입적하였다. 세수는 68. 자조선사(慈照禪師)라는 시호를 받았다.

곤곤지(輥輥地) : 그럭저럭 구차하게 살아가다.

곤륜(崑崙) : 곧 곤륜산(崑崙山)이다. 곤륜산은 황하강의 발원지라고 알려진 전설 속의 산. 곤륜산은 땅의 중심으로 여겨지고, 신중의 으뜸인 황제(黃帝)와 여신중의 으뜸인 서왕모(西王母)가 사는 곳이라고 알려져있다. 곤륜산의 주인인 황제는 중국 고대의 전설적 제왕으로서, 성은 공손(公孫), 이름은 헌원(軒轅)이다. 오제(五帝)의 한 사람으로서 치우(蚩尤)의 난을 평정하고 천자(天子)가 되었으며, 집 · 의복 · 배 · 수레 · 활 등을 발명하는 한편 문자 · 음률(音律) · 도량형 · 의술 · 달력 등을 제정 · 도입한 중국문명의 개조(開祖)로 일컬어진다. 여기서 곤륜(崑崙)이 나라의 지도를 준다는 것을 곧 황제가 문명을 가져다 준 것을 비유한 것이다.

곤륜산(崑崙山) : = 곤륜(崑崙).

곤륜아(崑崙兒) : 곤륜노(崑崙奴)라고도 한다. 중국의 부잣집에서 부리던 남지나해(南支那海) 출신의 흑인 노예. 또는 인도나 서역에서 온 사람을 중국인이 경멸하여 부르는 말.

곤륜자(崑崙子) : 인형처럼 만든 노리개.

곤붕(鯤鵬) : 매우 큰 것을 가리키는 말. 『장자』 「내편」 '소요유(逍遙遊)'이 첫머리에 다음 내용이 나온다 : 북쪽 바다 속에 물고기가 있는데, 그 이름이 곤(鯤)이다. 곤의 크기는 몇 천리나 되는지 알 수 없다. 변화하여 새가 되면, 그 이름을 붕(鵬)이라 한다. 붕의 등은 그 길이가 몇 천리나 되는지 알 수 없다.(北冥有魚, 其名爲鯤. 鯤之大, 不知其幾千里也. 化而爲鳥, 其名爲鵬. 鵬之背, 不知其幾千里也.)

곤산원(崑山元) : 소주(蘇州) 곤산(崑山) 천엄선사(薦嚴禪寺) 축원묘도(竺元妙道) 선사. 육왕공(育王珙) 선사의 제자로서, 임제종(臨濟宗) 남악(南嶽) 문하 21세손에 해당한다.

곤수(困水) : 고인 물, 흐르지 않는 물.

곤외(閫外) : 국외. 성 밖. 변방. 『사기(史記)』에 "성문 안은 과인이 다스리고, 성문 밖은 장군이 다스린다.(閫以內者 : 寡人制之　閫以外者 : 將軍制之)"라는 말이 있다.

곤외지권(閫外之權) : 변방 장군의 권력.

곤외지임(閫外之任) : 변방 장군의 직책.

곤중(昆仲) : 남의 형제를 높여 부르는 말.

골강(骨剛) : = 강골(剛骨). 성질이 강하다. 고집이 세다.

골계(滑稽) : 풍자하다.

골골자자(矻矻孜孜) : = 자자골골(孜孜矻矻). 자자(孜孜)는 부지런한 모습, 혹은 자세한 모습. 골골(矻矻)은 게으르지 않고 부지런하고 열심인 모습.

골두(骨頭) : 뼈.

골수여시(骨瘦如柴) : 장작같이 바짝 마르다. 몹시 여위어 뼈만 앙상하다. 피골이 상접하다.

골안미종(鶻眼迷蹤) : 송골매의 날카로운 눈으로도 찾지 못한다.

골좌(骨剉) : 뼈가 꺾어지다. 뼈가 부서지다.

골취삼(鶻臭衫) : = 골취포삼(鶻臭布衫). 중국의 북방에 있는 회골(回鶻; 위구르)이라는 야만인의 냄새가 배어 있는 삼베옷. 수행에 있어서 마음에 자취나 흔적을 떨쳐 버리지 못한 상태를 가리킨다.

골퇴(骨堆) : 묘지. 무덤.

공(恐) : ① 아마도. ② 긍(肯)의 가차자(假借字). 중국 서북지방에서는 공(恐)과 긍(肯)의 음이 같다.

공(空) : 다만, 오직, 홀로, 헛되이.

공가(公家) : 국가나 공공단체.

공간(功幹) : 뛰어난 수완, 재간, 기량, 솜씨.

공겁이전(空劫已前) : 위음나반(威音那畔), 위음왕불(威音王佛) 이전과 같은 뜻. 위음왕불은 공겁(空劫) 때에 맨 처음 성불한 부처인데, 『조정사원(祖庭事苑)』에는 위음왕 이전은 실제이지(實際理地)를 밝힌 것이고, 위음왕 이후는 불사문중(佛事門中)을 밝힌 것이라 하였다. 위음왕 이전 혹은 공겁 이전은 본유(本有)의 본래면목(本來面目)을 가리킨다.

공계(空界) : 허공(虛空).

공공시(共功時) : 동산양개(洞山良价)가 제창한 선 수행의 다섯 단계인 공훈오위(功勳五位) 중에서 네 번째 단계를 가리키는 말이다. 공훈오위는 향(向)·봉(奉)·공(功)·공공(共功)·공공(功功)이다. 공공시란 본래 갖추어진 불성을 투철하게 보는 깨달음의 경지를, 또 그 깨달음을 얻은 공훈의 주변을 지키는 위(位)를 말한다.

공공위(共功位) : 공훈오위(功勳五位) 가운데 하나이다. 공훈오위란, 수행으로 나아가는 단계를 향(向; 趣向, 歸向의 뜻으로 자기가 본래 갖추고 있는 불성을 믿고 여기에 귀향하는 지위), 봉(奉; 奉重, 尊重의 뜻으로 본래 구비하고 있는 불성을 알아서 전일하게 봉중하고 이를 따르는 지위), 공(功; 功果란 말로 수행의 공과가 드러나 만물의 근원인 평등 무차별의 불성에 契當한 경지), 공공(共功; 평등의 한쪽에도 머무르지 않고

萬別 千差인 채로 두고 功의 의식도 초월한 위), 공공(功功; 평등에도 차별에도 치우쳐 떨어지지 않고 각기 자연인 채로 불법을 다하고 있는 境界를 말한다)의 오계급(五階級)으로 나누어 설했던 동산양개(洞山良价)의 교설(敎說).

공과(供過) : 시중들다.

공과(功課) : 일상에서 경전을 외우고 예불하는 행위. 일상생활에서 노동하는 것. 일상 속에서 공부하는 것.

공권지상생실해(空拳指上生實解) : 영가현각(永嘉玄覺)의 「증도가(證道歌)」에 나오는 구절. 앞뒤의 구절은 다음과 같다. "이승(二乘)은 정진(精進)하나 도심(道心)이 없고, / 외도(外道)는 총명하나 지혜가 없다. / 어리석고 또 어리석어서, / 빈주먹의 손가락 위에서 진실하다는 견해를 낸다. / 손가락을 붙잡고 달이라고 여겨 잘못 애를 쓰니, / 육근(六根)과 육경(六境) 속에서 헛되이 괴상한 짓만 한다. / 한 법도 보지 않으면 곧 여래(如來)이니, / 비로소 관자재(觀自在)라 일컬을 만하다." 공권(空拳) 즉 빈주먹이란 무언가를 쥐고 있는 듯이 쥐고 있는 빈주먹을 가리킨다. 이 빈주먹은 불교의 가르침을 믿지 않는 어리석은 범부에게 불도(佛道)라는 무엇인가 중요한 진리가 있는 듯이 보여주는 것으로서 불교를 믿고 공부하게 만드는 방편설(方便說)을 가리킨다. 어리석은 범부에게는 처음에 불도니 불법(佛法)이니 마음이니 하는 물건이 있는 것처럼 말하여 범부가 불교의 가르침을 믿어서 그 물건을 찾도록 이끌어 들이는 방편이 곧 빈주먹이다. 확고한 믿음을 갖추고 진실하게 공부에 임하게 되면 결국 그런 이름에 해당하는 물건이 따로 있지 않다는 사실을 깨닫게 되니 불교의 모든 가르침의 말씀은 빈주먹인 것이다. 『금강경』에서 법(法)이라는 이름에 해당하는 물건을 따로 얻을 수 없다고 말하는 것이 곧 이것을 가리킨다. 『열반경』에서 우는 아이를 달래기 위하여 누른 낙엽을 돈이라고 속여 쥐어 준다는 황엽(黃葉)의 비유와 함께 공권(空拳)은 경전(經典)이라는 방편(方便)의 말씀을 가리킨다. 그러므로 빈주먹의 손가락 위에서 진실하다는 견해를 낸다는 것은 곧 방편의 말씀인 경전의 언구(言句)에 무슨 진리가 있는 듯이 헤아리고 찾는 알음알이를 가리킨다.

공규(孔竅) : 구멍. 막힌 것이 통하는 구멍이라는 뜻에서 두루 통하는 안목(眼目)을 가리킨다.

공덕(功德) : 범어 구나(求那, guṇa)의 번역. 또는 구낭(懼囊) · 우낭(虞曩)이라고도 씀. 좋은 일을 쌓은 공과 불도를 수행한 덕을 말함. 공덕을 해석하는 데 여러 가지 말이 있음. ① 복덕과 같은 뜻으로, 복은 복리, 선(善)을 수행하는 이를 도와 복되게 하므로 복이라 하며, 복의 덕이므로 복덕이라 함. ② 공(功)을 공능(功能)이라 해석. 선(善)을 수행하는 이를 도와 이롭게 하므로 공이라 하고, 공의 덕이란 뜻으로 공덕이라 함. ③ 공을 베푸는 것을 공이라 하고, 자기에게 돌아옴을 덕이라 함. ④ 악(惡)이 다함을 공, 선이 가득 차는 것을 덕이라 함. ⑤ 덕은 얻었다[得]는 것이니, 공을 닦은 뒤에 얻는 것이므로 공덕이라 함.

공덕사(功德寺) : 죽은 사람을 천도하기 위하여 건립한 사찰. = 공덕원(功德院).

공덕원(功德院) : = 공덕사(功德寺).

공동(崆峒) : 공동산(崆峒山). 감숙성(甘肅省), 사천성(四川省), 하남성(河南省) 등지에 있음.

공마(空魔) : 능히 혜명(慧命 : 法身의 수명을 지혜에 비유한 것)을 박탈하여 불법(佛法) · 공덕(功德) · 선본(善本) 등을 파괴하고, 모든 선악의 인과[善惡因果]를 완전히 부정하는 공견(空見)의 악마. 인과와 응보의 이치를 믿지 않고 부정하는 사람은 진리를 부정하는 것이 되고, 따라서 불법을 부정하는 것이 되므로 악마라 한다.

공망(空亡) : 텅 비고 아무것도 없음. 허무(虛無).

공명(共命) : 운명을 같이하다. 운명을 함께하다. 삶과 죽음을 함께하다.

공문(公門) : 관청의 문. 관공서.

공문(空門) : 불법(佛法)의 문중(門中)을 뜻하는 말. 불교는 공법(空法)을 근본으로 삼으므로 공문이라 함.

공봉(供奉) : ① 승직(僧職)으로 황제의 고문을 담당하는 승려. 황제로부터 자색(紫色) 가사(袈裟)를 하사 받는다. ② 불 · 보살에게 시봉(侍奉)하는 것. ③ 중국 당나라 때에 한 가지 재주로써 궁전에서 황제를 보좌하던 벼슬 이름.

공상(共相) : 공통한 모습. 공통점. 같은 모습.

공상언어(恐傷言語) : 꾸짖는 말이 저지당할까봐 염려하다. 언어(言語)는 '지적하는 말', '질책하는 말', '책망하는 말'이라는 뜻.

공생(空生) : 수보리(須菩提). 석가모니의 10대 제자 가운데서 온갖 법이 공(空)인 이치를 깨달은 첫째 가는 이가 수보리였으므로, 그를 가리키는 말로 쓰인다. 해공제일(解空第一). 선길(善吉)이라고도 함.

공수(拱手) : ① 가슴께에서 두 손을 맞잡되, 오른손을 주먹 쥐고 왼손을 그 위에 감싸 쥐어, 공손히 인사하는 것. ② 팔짱을 끼고 가만히 있음. 어찌해 볼 도리가 없음.

공수(空叟) : 공수종인(空叟宗印).

공수종인(空叟宗印) : 송대(宋代) 승려로 서촉(西蜀, 四川省) 사람이다. 육왕덕광(育王德光)의 법을 전해 받았다. 처음에는 호산(湖山, 浙江省) 숭광보수원(崇光保壽院)에 있었으나, 후에는 경원부(慶元府, 절강성) 육왕산(育王山)에 주석하였다. 가희(嘉熙) 2년(1238)에 『공수선사어요(空叟禪師語要)』가 사명(師明)에 의해 편찬되어 『속고존숙어요(續古尊宿語要)』에 수록되었다.

공심(孔甚) : 매우 심하게. 대단히 심하게.

공안(公案) : ① 공무(公務)에 관한 문안(文案). 관청에서 결재(決裁)되는 안건(案件). 공문서(公文書). ② 쟁송(爭訟) 중인 안건. 쟁점이 되고 있는 안건. ③ 공무를 처리할 때에 사용하던 큰 책상. ④ 선문(禪門)에서는 부처와 조사가 열어 보인 불법(佛法)의 도리를 가리키는 말을 뜻한다. 공안은 당대(唐代) 선승들의 문답에서 비롯되었는데, 송대(宋代)에 이르자 앞시대 선승들의 어록(語錄)에 기록된 문답들이 선공부에서 참구(參究)하는 자료로 활용되면서 많은 공안들이 만들어졌다. 공안은 화두(話頭), 고칙(古則)이라고도 한다. 1700공안이라는 말은 『경덕전등록』에 대화가 수록된 선승의 숫자가 1701명이었던 것에서 유래하였다. 최초의 공안집(公案集)은 운문종(雲門宗)의 설두중현(雪竇重顯; 980~1052)이 화두 100칙(則)을 모아 만든 『설두송고(雪竇頌古)』이며, 여기에 원오극근(圜悟克勤; 1063~1135)이 다시 수시(垂示), 착어(著語), 평창(評唱) 등을 붙여서 『벽암록(碧巖錄)』을 만들었다. 무문혜개(無門慧開; 1183~1260)는 고칙공안 48칙을 모아 평창(評唱)과 송(頌)을 붙여 『무문관(無門觀)』을 저술하였다. 『벽암록』과 『무문관』은 임제종(臨濟宗)의 공안집들이다. 한편, 굉지정각(宏智正覺; 1091~1157)이 화두 100칙에 송(頌)한 것에 만송행수(萬松行秀; 1165~1246)가 평창을 붙여 간행한 『종용록(從容錄)』은 조동종(曹洞宗)의 종풍을 거양한 공안집이다. 우리나라의 공안집으로는 고려시대 진각혜심(眞覺慧諶; 1178~1234)이 고칙 1463칙을 모아 편찬한 『선문염송(禪門拈頌)』이 있다.

공양(供養) : pūjanā. 공시(供施) · 공급(供給) · 공(供)이라고도 함. 공급하여 자양(資養)한다는 뜻. 깨끗한 마음으로 음식, 꽃, 향(香), 촛불, 등(燈), 음악 등을 삼보(三寶; 佛, 法, 僧) 혹은 부모나 스승에게 받들어 올리거나, 이웃의 모든 사람들에게 필요한 어떤 물건이나 참다운 진리의 가르침을 베풀어주는 것을 말한다.

공업(功業) : 공훈(功勳), 공적(功績).

공연(空然) : (부사) 공연히. 부질없이. (명사) 텅 빈 모양. 빈말.

공왕(空王) : 과거 공겁(空劫)에 세상에 나온 최초의 부처님을 공왕불(空王佛)이라 함. 공왕(空王)은 일반적으로 붓다를 일컫는 명칭이었으나, 지금은 공겁의 부처님만을 일컬음.

공용(功用) : = 공용행(功用行).

공용행(功用行) : 몸 · 입 · 뜻으로 애써 행하는 행위. 곧 유위행(有爲行). 『화엄경』에서는 초지(初

地)에서 7지(地)까지의 수행을 말함. 초지에서 7지까지의 보살은 이미 진여(眞如)를 깨달았지만 아직 수행하는 공(功)을 쌓아야 하므로 공용지(功用地)라 한다.

공전절후(空前絶後) : 전무후무(前無後無).

공제(空際) : 실제(實際). 공(空)의 극한. 열반(涅槃)의 다른 이름. 열반(涅槃)은 공적(空寂)의 극한이기 때문이다.

공주(公酒) : 공공(公共)의 일 때문에 담는 술.

공주루(公酒樓) : 정부에서 운영하는 술집.

공체량(共體量) : 이해하다. 알아주다.

공취(空聚) : 텅빈 마을. 육체를 가리킴. 육체는 오온(五蘊) · 십팔계(十八界) · 십이처(十二處)가 임시로 모여 이루기 때문에 진실한 주체가 없는 것이 마치 텅빈 마을과 같다는 말.

공통(供通) : 자백(自白)하다.

공판사판(公辦私辦) : 공적인 일은 공개적으로 공평하게 처리하고, 사적인 일은 비공식적으로 은밀히 처리한다.

공행(功行) : 공(功)은 수행으로 나타나는 효과. 공행(功行)은 공을 동반하는 행위이니 곧 수행(修行)과 같다.

공험(公驗) : 관부(官府)가 발행한 증서. 통행증, 신분증 등.

공현(鞏縣)의 차병(茶甁) : 공현은 하남성(河南省)에 있는 현(縣), 차병(茶餠)은 차잎을 굳혀서 벽돌 모양으로 만든 차(茶).

공화(空華) : 허공화(虛空華)의 준말로서, 허공 속의 꽃이란 뜻. 헛꽃이라고 번역. 눈병이 났을 경우 혹은, 눈을 세게 비비거나 눈에 충격이 주어지면 눈앞에서 한순간 꽃 모양의 환상이 번쩍번쩍 나타났다 사라지는 것이 보이는데, 이렇게 헛되이 나타났다 사라지는 모습을 허공꽃이라고 한다. 이것은 곧 유식에서 말하는 변계소집성(遍計所執性)이며, 분별망상으로 나타나는 삼라만상을 가리키는 말이다. = 헛꽃.

공후(箜篌) : 현악기의 일종으로 공후(空侯) 또는 공고(空古)라고도 한다.

공훈오위(功勳五位) : 공훈오위(功勳五位)는 동산양개(洞山良价)가 제창한 것으로서, 선의 수행을 다섯 단계로 나누어 설명한 것이다. 오위(五位)는 향(向) · 봉(奉) · 공(功) · 공공(共功) · 공공(功功)의 다섯이다. 향(向)은 불법을 최고의 진리로 믿는 것. 봉(奉)은 어리석음을 극복하고 깨달음을 얻기 위하여 선을 공부하는 것. 공(功)은 선 공부의 공덕(功德)으로 두루 평등한 진여(眞如)를 투철히 보고 일체가 모두 부처임을 알아차리는 것. 공공(共功)은 일체가 부처이면서 동시에 산은 산, 물은 물로서 하나하나의 사물을 있는 그대로 보는 것. 공공(功功)은 평등[功]도 차별[共功]도, 부처도 중생도, 미혹도 깨달음도 모두 전혀 의식하지 않고 완전히 허심(虛心)한 것. 이와 같은 공훈오위(功勳五位)를 정중래(正中來; 向) · 편중지(偏中至; 奉) · 정중편(正中偏; 功) · 편중정(偏中正; 共功) · 겸중도(兼中到; 功功)와 같이 정편오위(正偏五位)에 대응시키기도 한다.

과(果) : ① 과연. 참으로. ② 혹시. 만약. = 여과(如果). 약과(若果).

과구(窠臼) : 상투(常套). 정형화된 패턴. 고정된 형식.

과굴(窠窟) : 본래 과(窠)는 날짐승의 보금자리를, 굴(窟)은 길짐승의 소굴을 나타내는 말로, 언제라도 되돌아가 의지하는 곳을 뜻한다. 습관화되어 저절로 의지하게 되는 분별망상(分別妄想)을 가리킨다.

과두(過頭) : 지나치다. 도를 넘다. 너무하다.

과두선(過頭禪) : 과두(過頭)는 '지나치다, 도를 넘다'는 뜻. 과두화(過頭話)는 도가 지나친 말, 허풍을 떠는 말. 지나치게 부풀려 허풍떠는 과두화를 말하는 것을 선으로 삼고 있는 잘못된 선. 엉터리 선을 가리킴.

과량(裹糧) : 과후량(裹餱糧)의 준말.

과량(過量) : 보통이 넘는 뛰어난 역량을 가진.

과량인(過量人) : 범성(凡聖) · 미오(迷悟) 등 일체의 범주를 뛰어넘는 것을 '과량(過量)'이라 하니, 세간적인 규격(規格)을 초월한 사람 또는 걸출한 사람을 '과량인'이라 한다. 몰량대인(沒量大人)과 같은 의미이다.

과렴선치(寡廉鮮恥) : 염치(廉恥)가 없다. 부끄러움을 모르다. 파렴치하다.

과문(科文) : 경론(經論)을 해석하기 위해 내용에 따라 문단(文段)을 구별하는 것을 말한다. 경전은 일반적으로 서분(序分)·정종분(正宗分, 本論)·유통분(流通分)의 형식으로 과판한다.

과시(果是) : 참으로 -라면. 진실로 -라면.

과인(過人) : 남을 능가하다. 남보다 뛰어나다.

과자(鍋子) : ① 냄비. ② 일용필수품. ③ 귀중한 것.

과해(果海) : 수행이라는 원인으로 말미암아 도달하는 부처님 지위인 불과(佛果)의 덕이 넓고 큰 것을 바다에 비유한 말.

과화(過話) : 이야기를 주고받다. 말을 전하다.

과환(過患) : 허물과 근심.

과후(裹餱) : 과후량(裹餱糧)의 준말.

과후량(裹餱糧) : 익힌 음식과 마른 양식을 휴대하여 출정(出征)이나 먼 여행을 준비함.

곽광(霍光) : 전한(前漢) 사람. 무제(武帝)의 유조(遺詔)를 받들어 대사마대장군(大司馬大將軍)으로서 소제(昭帝)를 도왔으며, 다음 창읍왕(昌邑王)이 음란하므로 그를 폐위시켜 중기(中期)의 정치 실력자 선제(宣帝)를 세웠다. 금중(禁中) 출입 이십여 년에 기린각(麒麟閣) 공신(功臣)의 으뜸으로 꼽힌다.

곽상(郭象) : ?~312. 중국 진대(晋代)의 현학자(玄學者). 신도가(新道家)의 사상가로 『장자』의 유명한 주석서 『장자주(莊子注)』를 썼다. 『장자주』는 향수(向秀)가 시작한 것을 그가 죽은 뒤 곽상이 계속하여 통합시킨 것으로 짐작된다. 이러한 이유로 『장자주』를 '곽향주석'이라 부르기도 한다.

관(慣) : ① 내버려 두다. 눈감아 주다. ② 습관이 되다. 익숙해지다. ③ -하기를 좋아하다. ④ 응석부리다. 응석부리게 하다.

관(管) : (부사) 틀림없이. 반드시. 필히. 꼭. 기필코.

관견(管見) : 대롱을 통하여 바라보다. 좁은 소견을 나타냄.

관계지한(灌溪志閑) : ?~895. 임제종. 위부(魏府, 하북성) 관도인(館陶人). 속성은 사씨(史氏). 어려서 백암(柏巖)을 따라 출가하였고, 뒤에 임제의현의 법을 이었다. 장사(長沙, 호남성) 관계(灌溪)에 주석하였다. 당, 소종(昭宗) 건녕(乾寧) 2년 5월 29일에 시적하였다.

관남(關南) : 만리장성의 남쪽 지역.

관남도상(關南道常) : 양주(襄州) 관남도상(關南道常) 선사. 염관제안(鹽官齊安) 국사의 제자이다. 남악(南嶽) 문하 제3세손.

관남도오(關南道吾) : 양주(襄州) 관남도오(關南道吾) 화상(和尙). 관남도상(關南道常) 선사의 제자. 남악 문하 제4세손.

관대(管待) : 대접하다.

관대(管帶) : 지니고 있다. ↔ 망회(忘懷).

관대(管帶)와 망회(忘懷) : 관대(管帶)는 지니고 있는 것, 망회(忘懷)는 잊어버리는 것. 삿된 공부의 두 가지 종류. 무엇을 꾸준히 지니고 있거나, 모든 것을 싹 잊어버리고 텅텅 비우는 것은 모두 유무(有無) 양변에 치우친 삿된 공부이다. 바른 공부는 유(有)와 무(無), 색(色)과 공(空)을 나누지 않고, 다만 이렇게 나누는 분별심(分別心)이 부서지는 것이다.

관려자(關捩子) : 마음의 회전축. ① 기관의 회전축. 스스로 이리저리 돌아가는 기관(機關)의 회전축. 실상도 보고 망상도 보며 다양하게 움직이는 마음을 가리킴. 이리저리 돌아가므로 역순(逆順)의 관려자라 한다. ② 관건(關鍵). 문의 빗장. 요처(要處). 관려자(關棙子)라고도 쓴다.

관방(關防) : ① 기밀 누설을 방지하다. ② 세관. 검열소. 관문(關門). ③ 옛날 관청이나 군대에서 사용하던 인신(印信; 도장). 공문서 위조를 방지하기 위하여 사용되었다.

관법(觀法) : ① 법을 관(觀)함. 곧 마음으로 진리를 관념(觀念)하는 것. 불교에 대한 실천 수행을 가리키는 말. 관심(觀心)은 주관인 마음을 관하는 것, 관법은 객관 대상을 관하는 것으로, 불교 관념론 철학에서는 주관과 객관이 서로 융통(融通)하고 상즉(相卽)하므로 관법이 관심과 같다. ② 관심(觀心)을 수행하는 방법이란 뜻.

관불용침사통거마(官不容針私通車馬) : 공적(公的)으로는 바늘 하나도 용납하지 않지만, 사적(私的)으로는 수레나 말도 통과시킨다. 제일의(第一義)에서는 한 마디의 말도 용납하지 않으나, 방편으로는 말로 표현하는 것을 허용한다는 뜻. 『임제록(臨濟錄)』에 위산과 앙산의 다음 대화가 있다 : 위산이 앙산에게 물었다. "부싯돌 빛처럼 재빨라도 미치지 못하고 번갯불처럼 밝아도 통하지 못한다고 하니, 예부터 성인들은 무엇을 가지고 사람들을 위하였는가?" 앙산이 말했다. "스님 생각은 어떻습니까?" "말을 하면 전혀 진실한 뜻이 없네." "그렇지 않습니다." "그럼, 그대 생각은 어떤가?" "공적(公的)으로는 바늘도 용납되지 않으나, 사사(私事)로이는 수레와 말도 지나갑니다."(潙山問仰山 : "'石火莫及, 電光罔通,' 從上諸聖, 將什麽爲人?" 仰山云 : "和尙意作麽生?" 潙山云 : "但有言說, 都無實義." 仰山云 : "不然!" 潙山云 : "子又作麽生?" 仰山云 : "官不容針, 私通車馬.")

관삭(貫索) : 엽전을 꿰어 묶어 꾸러미를 만드는 줄. 단관삭(斷貫索) 참조.

관서(關西) : 함곡관(函谷關) 또는 동관(潼關)의 서쪽 지역. 지금의 섬서(陝西)와 감숙(甘肅) 2개 지역.

관섭(管攝) : 통괄함. 통제함. 단속함.

관어(款語) : 마음을 터놓고 이야기하다.

관용(慣用) : 늘 사용하다, 상투적으로 사용하다, 버릇처럼 사용하다.

관음대사(觀音大士) : 관세음보살을 말함.

관이(管爾) : 틀림없이. 반드시.

관인(官印) : 관서(官署) 또는 관리(官吏)가 직무(職務) 상(上)으로 사용(使用)하는 도장(圖章).

관정(灌頂) : ① 물을 정수리에 붓는다는 뜻. 본래 인도에서 임금의 즉위식이나 입태자식을 할 때 바닷물을 정수리에 붓는 의식. ② 여러 부처님이 대자비의 물로써 보살의 정수리에 붓는 것. 등각(等覺) 보살이 묘각위(妙覺位)에 오를 때에 부처님이 그에게 관정하여 불과(佛果)를 증득케 함. 여기에는 여러 부처님이 정수리를 만져 수기하는 마정관정(摩頂灌頂), 말로 수기하는 수기관정(授記灌頂), 광명을 놓아 이롭게 하는 방광관정(放光灌頂)의 3종이 있다.

관중규표(管中窺豹) : 대롱의 구멍을 통해 표범을 보다. 대롱의 구멍을 통해 표범을 보면 표범 전체가 보이지 않고 그 반점만 보인다. 일부분만 보고서 전체를 헤아린다는 말. = 관중규표가견일반(管中窺豹可見一斑), 일반규표(一斑窺豹).

관차(官差) : 관리(官吏), 벼슬아치. 관청으로부터 의무적으로 할당된 일.

관첩(關捷) : 사물의 요긴한 곳. 관문, 길목, 요처.

관취(管取) : ① 보증하다. ② 틀림없이. 반드시. 꼭.

관타(管他) : -에 관계하지 않고. -하든 간에. 내버려두다. 상관하지 않다. 마음대로 해라. 상관하지 않는다.

관확(寬廓) : 넓다. 넉넉하다. 크다.

괄괄(聒聒) : ① 말이 많고 시끄러운 모양. 미련하고 독선적인 모양. ② 의성어. 물소리. 새소리.

괄조(聒譟) : 시끄럽게 떠들다. 소란스럽다. = 괄조(聒噪).

광란(狂瀾) : 세찬 물결. 격동하는 정세. 맹렬한 추세.

광령조(廣靈祖) : 목주(睦州) 광령(廣靈) 불인희조(佛印希祖) 선사. 혜림원조종본(慧林圓照宗本; 1020~1099) 선사의 제자이다. 운문종(雲門宗). 육조(六祖) 문하 13세손에 해당한다.

광릉산(廣陵散) : 중국 고대의 유명한 거문고 곡조(琴曲). 후한(後漢) 시대 채옹(蔡邕)이 고대 금곡(琴曲)의 곡조와 작자를 해설한 『금조(琴操)』에 실려 있는 '섭정자한왕곡(聶政刺韓王曲)'이 모체가 되어 만들어진 곡이라 한다. 호가십팔박(胡笳十八拍)과 함께 중국 금곡의 2대(大)

명곡 중 하나이다. 배경이 된 이야기는 『사기(史記)』 제86권 「자객열전(刺客列傳) 26」에 나오는 자객 섭정(聶政)에 관한 이야기인데, 섭정은 자기를 알아주는 엄중자(嚴仲子)를 위하여 한(韓)나라 재상인 협루(俠累)를 찾아가 그를 찔러 죽이고는, 스스로 얼굴 가죽을 벗기고 자결함으로써 엄중자에게 해가 돌아가지 않게 하였다고 한다. 광릉산의 연주와 관련된 유명한 이야기는 죽림칠현(竹林七賢)의 한 사람인 혜강의 죽음과 관련한 이야기이다. 혜강은 죽림칠현의 한 사람으로 노장(老壯)에 심취하고 술과 음악을 즐기며 세속의 명리(名利)를 멀리하고 사는 사람으로서 그 명성이 높았다. 진왕(晋王) 사마소(司馬昭)의 부하인 종회(鍾會)는 혜강의 능력과 명성이 후환이 될까 봐 혜강을 사마소에게 모함하여 죽이게 하였다. 혜강은 억울하게 죽으면서도 형장에서 죽음에 앞서 마지막으로 광릉산을 한 번 연주하고 죽을 것을 요구하여 광릉산을 연주하고 칼을 받았다고 한다. 광릉산은 혜강이 화양정(華陽亭)에 머물면서 어느 노인에게서 전수받은 곡이라고 한다. 죽음에 앞서 광릉산 탄주(彈奏)를 끝낸 혜강이 하늘을 우러르며 탄식하기를 "오늘 이렇게 죽어도 여한은 없다. 그러나 '광릉산'아, 너는 이후로 세상에서 사라지게 되었으니 그것이 참으로 원통하구나."라고 하였다고 한다.

광명장(光明藏) : 밝음이 저장된 창고라는 뜻. 『사익경(思益經)』에 "여래의 몸은 한량없는 광명장이다."라고 하였음. 무명(無明)을 타파할 밝음을 본래 가지고 있는 마음을 가리킨다. 여래장(如來藏)과 같은 뜻의 말.

광명종자(光明種子) : 밝은 깨달음을 가져올 씨앗. 불교를 배우는 중생.

광발(狂發) : 미친 듯이 날뛰다. 제멋대로 날뛰다.

광액(廣額) : 『대반열반경(大般涅槃經)』에 다음의 이야기가 나온다. "대왕이여, 바라나국에 백정이 있었는데, 이름이 광액(廣額)이었습니다. 그는 매일 무수한 양을 죽이다가, 사리불을 만나서는 팔계경(八戒經)을 받았습니다. 어느 날 저녁 이 인연으로 목숨이 다하자 북방(北方)의 천왕(天王)인 비사문자여래(毗沙門子如來)의 제자가 되었습니다."(『대반열반경』 제17권 범행품24)

광어(廣語) : 조사의 수시(垂示), 보설(普說), 문답(問答), 게송(偈頌) 등을 두루 기록한 책. 어록(語錄)과 같음.

광엄성(廣嚴城) : Vaiśālī. 비사리(毘舍離)라 음역하고, 광엄(廣嚴)이라 번역한다. 중인도(中印度)에 있는 도시. 『유마경』과 『약사경』의 무대이다.

광영(光影) : ① 빛. 햇빛. ② 세월. 광음(光陰)과 같다. ③ 그림자. ④ 껍데기를 비유한 말. 피모(皮毛).

광장설상(廣長舌相) : 또는 대설상(大舌相). 부처님이나 전륜성왕과 같은 위인이 갖춘 서른 두 가지의 상서로운 신체적 특징인 32상(相)의 하나. 혀가 넓고 길면서도 엷고 유연하여, 길게 펴면 얼굴을 덮고 머리털 부근에까지 이르는 모습. 이는 허망하지 아니한 말을 한다는 모습이다.

광전(光前) : 선조의 이름을 드러내다.

광전유후(光前裕後) : 선조의 이름을 드러내고 자손을 유복하게 하다.

광전절후(光前絶後) : 그 뒤에 유례가 없을 만큼 조상의 이름을 드높이다.

광주(廣州) : 중국 광동성(廣東省)의 성도(省都).

광총(光寵) : 베풀어 준 은총. 영광.

광혜원련(廣慧元璉) : 991~1036. 임제종. 복건성 천주부(泉州府) 진강현(晉江縣) 사람. 속성은 진(陳)씨. 15세에 보구원(報劬院)으로 출가하였다. 민중(閩中)의 50여 스승에게 배웠으며 수산성념(首山省念)으로부터 크게 깨쳤다. 경우(景祐) 3년 9월 26일 입적하였다.

괘석(掛錫) : 석장(錫杖)을 걸어놓고 쉰다는 뜻. (1)예전에 행각(行脚)할 때에는 반드시 석장을 가지고 다니다가, 승당(僧堂)에 들어가 안거(安居)할 때에는 벽에 걸어두므로, 안거하는 것을 괘석이라고도 함. (2)절에서 거주하는 것을 말함. 우리나라 속어로는 방부(榜付).

괘의(掛衣) : = 괘탑(掛塔).

괘조(卦兆) : 점괘에 나타나는 징조.

괘진(掛眞) : 진(眞)은 진의(眞儀)의 약어. 진의(眞儀)는 죽은 고승(高僧)의 초상화로서, 전신상 혹은 반신상이 있고, 찬(讚)을 적어 놓았다. 진영(眞影) 혹은 정상(頂相)이라고도 한다. 괘진(掛眞)은 진의(眞儀)를 건다는 말로서, 고승의 장례식에서 고승의 초상화인 진의(眞儀)를 걸어 놓는 의식(儀式)을 가리킨다.

괘진문(掛唇吻) : 입에 올리다. 언급하다. 입을 대다. 말을 하다.

괘탑(掛塔) : 괘(掛)는 석장(錫杖)을 거는 것, 탑(搭)은 걸망을 놓아둔다는 뜻. 곧 승당(僧堂)에서 안거(安居)하는 것을 말함. 우리나라에서는 방부(榜付)라 함. = 괘석(掛錫), 괘의(掛衣).

괴상(壞相) : 화엄종 6상의 하나. 모든 사물이 서로 서로 맞붙고 스며들어 한 개 법계(法界)를 구성하면서도 각각은 자신의 본성을 잃지 않는 것.

괴위(乖違) : 이반(離反)하다. 배반(背反)하다. 서로 등지고 떨어지다. 어긋나다.

괴장(乖張) : 어긋나다. 삐뚤어지다.

괴차(怪差) : 괴이(怪異)한. 기이한. 특별한.

교(交) : ① 시키다. = 교(敎), 사(使), 령(令). ② 피동을 표시. = 피(被). 교피(交被)로 표기되기도 함. ③ (부사) 모두. 전부. 일제히. 함께. 동시에.

교가(交加) : = 교착(交錯). 뒤얽히다. 서로 뒤섞여 엇갈리다. 엉망이다. 시끄럽다.

교가(敎家) : 교학(敎學)을 연구하는 사람. 교리(敎理)를 공부하는 사람.

교관(交關) : 관련되다, 관계하다. (부사) 매우, 퍽, 대단히.

교다(較多) : 썩 좋다. 매우 좋다. ↔ 교사(較些).

교령(敎令) : ① 교령(敎令). ② 교화(敎化).

교문(敎門) : 교상문(敎相門)의 준말. 불교의 진리인 깨달음에 들어가는 문(門)은 두 가지가 있는데, 언어를 방편으로 사용하여 마음을 가리키는 문과 방편을 사용하지 않고 바로 마음을 가리키는 문이 있다. 교문(敎門)은 언어를 사용하는 방편문(方便門)이다. 말로써 모습을 분별하는 것을 방편으로 삼아 마음의 실상(實相)을 가르치는 것으로서 교학(敎學) 혹은 불교철학과 같은 뜻. 대응하는 말은 관심문(觀心門)인데 마음을 바로 관찰하도록 가르친다는 뜻. 조사선에서 일반적으로 교문(敎門)에 대응하는 것을 말할 때에는 관심문 보다는 선문(禪門)이라는 말을 사용한다. 선문은 불립문자(不立文字) · 교외별전(敎外別傳) · 직지인심(直指人心)의 가르침이므로 교문과는 다르다.

교법(敎法) : 부처님이 설한 일대시교. 곧 삼장십이부(三藏十二部)의 대소승(大小乘) 경전을 말한다.

교분(膠盆) : 아교 그릇. = 교분자(膠盆子).

교분자(膠盆子) : 아교 그릇. 그림을 그릴 때에 물감을 정착시키기 위하여 아교를 녹이던 그릇. 움직임을 가로막는 끈적끈적한 장애물을 비유한다.

교사(較些) : 조금 좋다. 조금 괜찮다. ↔ 교다(較多).

교사사(較些些) : = 교사(較些), 교사자(較些子).

교사자(較些子) : 조금 좋다. 아직 미흡하지만 일단 우선은 좋다. 이제 겨우 조금 좋다. = 유교사자(猶較些子).

교살(較殺) : 조금 심하다.

교설두(咬舌頭) : ① 혀를 깨물다. ② 혀가 잘 돌아가지 않다. ③ 고자질하다.

교수사(敎授師) : = 교수아사리(敎授阿闍梨). 계(戒) 받는 이를 인도하여 수계하는 계단(戒壇)에 대한 여러 가지 작법(作法)과 규모를 가르쳐주는 스님.

교승(敎乘) : 불교에서 경전의 가르침을 일컫는 말로, 교상(敎相)이라고도 한다. 부처님이 말한 경문을 가리키는데, 교법(敎法)과 같은 말이다. 승(乘)은 운반한다는 뜻이니, 교법으로 중생을 실어 열반의 언덕에 이르게 한다는 뜻이 된다. 선승(禪乘)에 대응하는 말. 교(敎)와 선(禪)을 구분하여 교(敎)를 가리킴. 교학(敎學). 즉, 경전에서 펼치고 있는 방편설(方便說).

교외별전(敎外別傳) : 선종(禪宗)에서는 교(敎)는 부처의 언설(言說)이고 선(禪)은 부처의 마음이라 하고, 선(禪)은 교(敎)의 밖에서 따로 마음에서 마음으로 이심전심(以心傳心)으로 전한다고 한다.

교작(咬嚼) : ① 구걸하다. 애걸하다. 간청하다. ② 잘 씹다. 음미하다.

교족(翹足) : 발돋움하다.

교족이대(翹足而待) : 발돋움하고 기다리다. 일이 곧 발생하려 하다.(발돋움하고는 오래 서 있을 수 없다.)

교진여(憍陳如) : 교진여존자(憍陳如尊者). 범어 Kauṇḍinya. 아야교진나의 약칭. 또는 교진나라고도 함. 번역하여 화기(火器)라 한다. 부처님이 성도한 후 최초의 제자로 다섯 비구의 한 사람.

교참(交參) : 서로 만나다.

교치(咬齒) : = 구치(扣齒). 이빨을 딱딱 맞부딪치다. 고대 도교의 양생술 가운데 하나.

교치금인(嚙齒噤忍) : 이를 악물고 견디다. 이를 악물고 참다.

교파(齩破) : 물어 뜯다. 폭로하다. 들추어내다.

교화(敎化) : ① 교도전화(敎導轉化)의 뜻. 사람을 가르쳐 범부를 성인이 되게 하고, 의심하는 이를 믿게 하고, 그릇된 이를 바른 길로 돌아가게 하는 것. ② 교훈. 가르침. ③ 남에게 물건을 보시(布施)하는 것.

구간(苟簡) : 되는 대로 소홀히 하다. 적당히 처리하다.

구견(拘牽) : 속박하다. 구속하다. 얽어매다.

구경(究竟) : ① 최종. 최후. 마지막. ② 마침내. 결국. ③ 끝까지 다하다. ④ 살피다. 따지다. ⑤ 깊이 연구하다. ⑥ 철저히 밝히다. 완전히 파헤치다. 통달하다. ⑦ 끝남. 마침.

구경(九經) : 중국(中國) 고래(古來)의 아홉 가지 경서(經書). 『주역(周易)』, 『시전(詩傳)』, 『서전(書傳)』, 『예기(禮記)』, 『춘추(春秋)』, 『효경(孝經)』, 『논어(論語)』, 『맹자(孟子)』, 『주례(周禮)』.

구고(九皐) : 깊은 연못.

구고(久固) : 장기간 안정됨. 영구히 견고함.

구고자선(口鼓子禪) : 고자(鼓子)는 북. 북치는 것처럼 시끄럽게 입을 놀려 옛 공안을 한 마디씩 서로 주고받으며 하나하나 따지고 설명하는 행위를 선이라고 하는 무리를 비판한 말이다. 『감산노인몽유집(憨山老人夢遊集)』 제17권 '답담복지(答談復之)'에 "만약 요즈음의 구고자선(口鼓子禪)을 본받아서 다만 시끄럽게 말하기만 하고 실제(實際)를 추구하지 않는다면, 어찌 자기의 신령함을 저버리는 것이 아니랴?"(若效當世口鼓子禪, 但資說鈴, 不究實際, 豈不孤負己靈哉?)라는 말이 있고, 또 『여산연종보감염불정행(廬山蓮宗寶鑑念佛正行)』 제6권 '정업도량(淨業道場)'에 "다시 인도말과 중국말로써 걸핏하면 이것은 옳고 저것은 틀렸다고 하고, 불경(佛經)과 밀전(密傳)을 망녕되이 이해하여 가르침을 거짓되게 하고, 입을 북치듯이 놀려서 문자를 논하고, 나를 따지고 남을 따지고 높음을 말하고 낮음을 말한다."(更又胡言漢語動輒是此非他, 妄解佛經密傳僞敎, 打口鼓子弄葛藤頭, 爭我爭人論高論下.)라는 말이 있다.

구공취재(鳩工聚材) : 인부를 모집하고, 자재를 모으다. 공사할 준비를 하다.

구과(口過) : ① 말실수. ② 입냄새.

구괘벽상(口掛壁上) : 입을 벽에다 걸어 놓다. 할 말이 없다.

구구(句句) : 노려보는 모양. 활처럼 구부러진 모양. 한 마디 한 마디.

구구(區區) : 작다. 사소하다. 보잘 것 없다. 시시하다. 분주하고 고생하는 모습. 바삐 지내며 고생하는 모습.

구년(龜年) : 여 년(驢年)과 마찬가지로 없는 해. 12지지(地支)에는 거북이나 나귀는 없다.

구담(瞿曇) : Gautama, Gotama. 인도의 성(姓)의

이름. 가장 훌륭한 소리는 뜻. 석존(釋尊)의 성(姓)으로서 부처님을 말한다.

구대집(九帶集) : 임제종의 부산법원(浮山法遠)이 지은 불선종교의구대집(佛禪宗敎義九帶集)을 말함.

구두(鉤頭) : 갈고리. 낚시바늘.

구두선(口頭禪) : 입으로 이치를 논하는 선(禪). = 의리선(義理禪).

구득(搆得) : = 구득(覯得), 구득(構得). 딱 만나다. 딱 도달하다.

구령(口令) : 군대의 암호(暗號).

구마라다(鳩摩羅多) : ?~22. 인도 스님 서천 부법장 제19조. 월지국 출신. 처음 외도의 법을 믿어 불법을 싫어했으나 서천 전등 제18조 가야사다 존자의 교화를 받고 출가. 교화 활동을 편 뒤 사야다에게 전법. 인과의 도리에 의혹을 품은 사야다에게 "업이 3세에 통함이 마치 그림자가 형체를 따르는 것 같다. 선을 쌓은 집에는 경사가 있고, 악을 쌓은 집에는 재앙이 있다."라고 설함. A.D. 22년 자신의 얼굴을 손으로 갈라 두 쪽으로 만든 뒤 큰 광명을 발하면서 입적했다고 함.

구모(龜毛) : 거북이 털. 존재하지 않는 헛된 것. 토끼 뿔인 토각(兎角)과 같은 뜻.

구문(扣問) : 물음. 가르침을 청함.

구봉도건(九峰道虔) : 당말오대(唐末五代)의 승려로, 후관현(侯官縣, 福建省) 사람이고, 속성은 유(劉)씨이다. 곳곳을 돌아다니며 배움을 구한 후에 석상경저(石霜慶諸)로부터 심인(心印)을 받았다. 후에 균주(筠州, 江西省) 구봉산(九峰山)에 머물었고, 늑담(泐潭, 강서성) 보봉선원(寶峰禪院)으로 옮겼다. 입적하자 '대각선사(大覺禪師)'라는 시호를 받았다.

구분구리(九分九釐) : 백에 구십 아홉. 99%.

구산(丘山) : 산과 언덕. 자연. 세계.

구선(鉤線) : 낚싯줄.

구소(九霄) : 먼 하늘. 구천(九天). 아주 멀거나 높은 곳을 비유할 때 쓰임.

구아(嘔啊) : 불경이 아닌 외도(外道) 경전의 첫머리에 나오는 구절. 아구(阿嘔), 아우(阿優)라고도 한다. 『조정사원(祖庭事苑)』 제1권 '이자(以字)' 항목에 다음과 같은 내용이 있다 : 구아(嘔啊)란, 청량징관(淸涼澄觀)의 『소주(疏注)』에 의하면 다음과 같다. "불경(佛經)은 첫머리에 여시(如是)를 놓아서 외도(外道)와 다름을 나타낸다. 그러므로 외도의 경전 첫머리에는 모두 구아(嘔啊)를 놓거나, 혹 아우(阿優)를 말하여 길(吉)하다고 여긴다. 아(阿)는 없음을 말하고 우(優)는 있음을 말하는데, 만법이 비록 여럿이나 모두 있고 없음을 벗어나지 않으니, 이것은 곧 단상(斷常)으로 헤아리는 것이다. 지금 여여(如如)한 것은 바로 진실로 이와 같으니(如是), 곧 묘유(妙有)로써 사종(邪宗)을 대하여 부수고 중도(中道)를 드러낸다. 석가모니 일생의 가르침은 여시(如是) 두 글자를 벗어나지 않는다."(嘔啊者, 淸涼疏主云 : "經首立如是 謂異外道. 故外道經首皆立嘔啊, 或云阿優 以爲吉. 阿之言無 優之言有, 萬法雖衆 不出有無, 此則斷常之計. 今如卽眞如是, 卽妙有對破邪宗 以彰中道. 一代時敎 不出如是二字.) 이러한 취지의 내용이 청량징관의 『대방광불화엄경수소연의초(大方廣佛華嚴經隨疏演義鈔)』 제17권에 나온다.

구유(九有) : 구중생거(九衆生居) · 구유정거(九有情居)의 준말이며, '구거(九居)'라고도 한다. 중생이 생사윤회하는 아홉 개의 세계를 의미하는데, ① 육계(欲界)의 인(人)과 육천(六天), ② 초선천(初禪天), ③ 이선천(二禪天), ④ 삼선천(三禪天), ⑤ 사선천중(四禪天中)의 무상천(無想天), ⑥ 공처(空處), ⑦ 식처(識處), ⑧ 무소유처(無所有處), ⑨ 비상비비상처(非想非非想處) 등이 그것이다.

구인(蚯蚓) : 지렁이.

구족(具足) : 완전히 갖추다.

구주(拘住) : ① 붙잡다. 체포하다. ② 거북해 하다.

구주(九州) : 중국의 기주(冀州), 연주(兗州), 청주(靑州), 서주(徐州), 양주(楊州), 형주(荊州), 예

주(豫州), 양주(梁州), 옹주(雍州)이다. 중국의 전국토를 가리키는 말로 사용되므로 '온 세상'이란 의미가 된다.

구지(俱胝) : ① 금화구지(金華俱胝). ② 수(數)의 단위로 10의 7승(乘). 십만, 천만, 혹은 억, 만억, 혹은 경(京)이라 함.

구지(久之) : 오랫동안. 지(之)는 조사.

구집(拘執) : 구속(拘束)하다. 구속받다. 구애되다. 장애되다. 고집하다.

구취(口嘴) : 입. 말. 말수. 말솜씨.

구취(究取) : 탐구하여 밝히다.

구치(扣齒) : 위아랫니를 딱딱 맞부딪치다. 고대 도교의 양생술 가운데 하나. = 교치(咬齒).

구퇴(求退) : 휴가를 청하다. 휴가를 얻다.

구피상피(狗被象被) : 도를 닦는 사람이 자기의 분수를 망각하고 사치스럽게 입는 것을 가리킴.

구하(九夏) : 하안거 90일 동안. 여름 3달 90일.

구해(九垓) : 하늘 밖의 세계 또는 땅의 끝. 즉 온 세상을 의미하는 말이다.

구환단(九還丹) : 신선들이 사용했다고 하는 영생불사(永生不死)의 영약이다.

구활(久闊) : = 계활(契闊). 오랫동안 떨어져 있다. 오래도록 헤어져 있다.

구활(口滑) : 입을 함부로 놀리다. 쓸데없는 말을 지껄이다.

국문(國門) : ① 수도의 성문. ② 국경. 변경.

국일(國一) : 경산도흠(徑山道欽).

군미(群迷) : 어리석은 세상 사람들. 중생. 범부.

군상(群象) : = 군상(群像). 온갖 모습들. 삼라만상(森羅萬象).

군신오위(君臣五位) : 조산본적(曹山本寂)이 주창한 설. 군(君)·신(臣)·신향군(臣向君)·군시신(君視臣)·군신도합(君臣道合)의 5항으로 되어 있음. 불교사상의 중요사항을 5가지 항목으로 체계적으로 설명한 것.

군자가팔(君子可八) : 군자라면 여덟 가지 덕(德)을 행해야 한다. 여덟 가지 덕이란, 인(仁), 의(義), 예(禮), 지(智), 충(忠), 신(信), 효(孝), 제(悌).

군주(軍州) : 송대(宋代)의 행정구역인 군(軍)과 주(州)의 통칭.

굴강(倔強) : 고집이 세다.

굴봉(屈棒) : = 굴타(屈打). 죄가 없음에도 불구하고 때리다. 죄가 없음에도 불구하고 때려서 죄를 인정하게 하다. 고문으로 거짓 자백을 받다. 선사가 상대를 시험하는 상황을 가리킨다.

굴순보의(屈眴補衣) : 제 24조 사자존자로부터 전수되어 달마를 거쳐 육조혜능에까지 전해진 7조가사. 굴손은 목면(木綿)으로 짠 베를 말함.

굴타(屈打) : 무고함에도 불구하고 때리다. = 굴타성초(屈打成招).

굴타성초(屈打成招) : 무고한 사람을 때려서 억지로 죄를 인정하게 하다.

굴택(窟宅) : 거처. 집. 의지처.

궁고(窮高) : ① 높이 도달함. ② 매우 높음. 지극히 높음.

궁관(宮觀) : ① 도교의 사원. 도관(道觀). 묘우(廟宇). ② 이궁(離宮). 별궁(別宮). 황제가 놀며 휴식하는 곳. ③ 사당(祠堂). 사묘(祠廟). ④ 송대(宋代)에 궁관(宮觀)을 관리하던 궁관사(宮觀使)의 준말. 퇴임한 재상(宰相)이나 현직 재상을 임명하였고, 실직이 없는 한산관(閑散官)이었다.

궁상(宮商) : 궁(宮)·상(商)·각(角)·치(徵)·우(羽)의 다섯 음계, 즉 오음(五音)을 가리킨다.

궁자유(窮子喩) : 『법화경』 7유(喩)의 하나. 빈궁한 아들의 비유. 『법화경』「신해품」에 나옴. 부자인 장자의 아들이 어려서 집을 나가 수십년 동안 거지가 되어 떠돌아다니다가 마침내 부유한 아버지의 집에도 구걸을 가게 되었는데, 아버지는 한눈에 그가 잃어버린 아들임을 알아 보고는 집에 일하는 하인으로 먼저 채용하여 차차로 집안일을 익히게 하고는 마침내 그가 자기 아들임을 밝힌다는 내용. 부처님이 중생을 제도함에는 이러한 방편을 사용하여 조금씩 본래면목으로 이끌어야 마침내 스스로 자기의 본래면목을 알아차리는 때가 온다는 비유.

권강(權綱) : 권력의 핵심. 국가를 다스리는 큰 권한.
권괴(棬襀) : 두건과 옷끈. 범위(範圍)를 나타낸다.
권괴(圈襀) : 얽어맴. 속박함. 올가미. 함정. = 권궤(圈圓).
권농사(勸農使) : 봄 여름에 지방을 돌면서 농사나 누에치기를 권유하고 점검하던 송대(宋代)의 관직(官職).
권도(勸導) : 권하고 이끌다. 중생을 교화하여 불도(佛道)에 귀의(歸依)시키는 것.
권련(棬攣) : = 권련(圈攣).
권련(眷戀) : 그리워하다. 사모하다. 미련을 두다.
권련(圈攣) : 올가미. 권(圈)은 동그란 올가미를 련(攣)은 올가미에 걸려 꼼작하지 못하는 모습을 말한다. 권(圈)이 원(圓)을 가리키므로, 권련(圈攣)은 선(禪)에서 일원상(一圓相)을 가리키기도 한다.
권병(權柄) : 권력.
권속(眷屬) : ① 권고예속(眷顧隷屬)이라는 뜻. 추종자라는 의미. 부속(付屬)된 사람. 친밀한 수반자(隨伴者)를 말함. 수종예종(隨從隷屬)하는 사람. 따르는자. 수행자. ② 동료 ③ 불·보살을 추종하는 자. 부처님을 따르는 자. 불·보살의 협시(脇侍), 종속하는 제존(諸尊). 단자 삼존불(三尊佛)은 들지 않는다. 약사불(藥師佛)의 십이신장(十二神將)·부동명왕(不動明王)의 팔대동자(八大童子)·천수관음(千手觀音)의 십이팔부중(十二八部衆)의 무리. ④ 일족(一族)인 사람. 배하(配下)인 사람. 추종자라는 뜻으로, 일족낭당(一族郎黨). ⑤ 신내(身內)의 사람. 친족. 자신에게 따르는 사람. 친밀하게 따르는 사람. 처자(妻子)·노예(奴隷)·종자(從者) 등. 왕의 왕비들과 친우들.
권실(權實) : 수단인 방편(方便)을 권(權)이라 하고, 방편이 가리키는 진실(眞實)을 실(實)이라 한다.
궤궤(憒憒) : ① 마음이 산란함. 혼잡하고 어수선함. ② 번민하는 모양. 어수선한 모양. ③ 멍청하고 어리석음. 흐리멍덩함.
궤칙(軌則) : 본보기. 법칙. 규칙. 격식.
귀(貴) : ① -해야 한다. = 수(須). ② -하고자 하다. = 욕(欲). ③ 상대방에 대한 존칭으로 사용. ④ 존중하다. 귀하게 여기다.
귀곡신호(鬼哭神號) : 처절하게 통곡하다. 처참하게 아우성치다. 슬픔 또는 공포의 비명을 지르다. = 신호귀곡(神號鬼哭), 귀곡낭호(鬼哭狼號), 귀곡낭호(鬼哭狼嚎).
귀굴(鬼窟) : = 귀굴리(鬼窟裏).
귀굴리(鬼窟裏) : 귀신이 사는 굴 속. 죽은 사람이 사는 굴 속. 정식(情識)이 활동하지 않는 공적(空寂)에 빠진 묵조선자(默照禪者)가 머무는 곳. = 흑산하귀굴(黑山下鬼窟).
귀숙처(歸宿處) : 귀의처(歸依處), 돌아가 머물 곳.
귀신차반(鬼神茶飯) : 귀신이 먹을 음식, 즉 제삿밥.
귀요(貴要) : 바라다, 희망하다.
귀종(歸宗) : 귀종원(歸宗元). 진정극문(眞淨克文). 황룡혜남(黃龍慧南).
귀종원(歸宗元) : 운거요원(雲居了元). 귀종사(歸宗寺)에 머물렀다.
귀종지상(歸宗智常) : 당대(唐代) 선승. 남악(南嶽) 문하. 여산(廬山) 귀종사(歸宗寺)에 머물렀다. 마조도일(馬祖道一; 709~788)에게 법을 받았다. 시호는 지진선사(至眞禪師).
귀중(歸重) : 받들어 존중하다, 높이 평가하다. = 추중(推重). 도움을 받다, 신세를 지다. = 차중(借重).
귀향(歸向) : -에 기울다. -에 쏠리다.
규구(規矩) : 규(規)는 원을 그리는 콤파스, 구(矩)는 직선과 직각을 그리는 직각자. 곧 형식과 규격(規格)을 뜻한다.
규굴(叫屈) : 억울함을 호소하다. 불평하다.
규봉종밀(圭峯宗密) : 780~841. 중국 당(唐)나라 승려. 청량징관(淸涼澄觀)에게 화엄학을 배웠다. 과주(果州; 四川省) 서충(西充) 출신. 화엄종(華嚴宗) 제5조(第五祖)로, 규봉종밀(圭峰宗

密)·초당선사(草堂禪師)·규산대사(圭山大師) 등으로 불렸다. 속성(俗姓)은 하씨(何氏)로, 소년시절에 유학(儒學)을 배웠고 유교와 도교 등에 정통하여『원인론(原人論)』을 저술했다.『원각경(圓覺經)』을 읽고 여러 주석서(註釋書)를 저술해서『원각경』의 연구를 완성했으며, 또 하택신회(荷澤神會)를 파조(派祖)로 삼는 하택종(荷澤宗)에 속한다고 주장함으로써, 선종 내의 북종(北宗)과 우두종(牛頭宗)·홍주종(洪州宗)의 구별을 분명하게 했으며,『선원제전집도서(禪源諸詮集都序)』를 저술했다. 징관(澄觀; 화엄종 제4조)에게 화엄교학(華嚴教學)을 배우고 선과 화엄을 통합하여 교선일치설(教禪一致說)을 만들어냈다. 시호는 정혜선사(定慧禪師).

규승(規繩) : 청규(淸規). 규칙(規則).

규식(規式) : 본보기. 모범. 규정. 규칙.

균엄(鈞嚴) : 황제나 윗사람의 위엄(威嚴)을 높여 부르는 말.

균축(鈞軸) : 조직에 있거나 국가 대권을 잡은 사람.

균후(鈞候) : 균(鈞)은 (윗사람이나 상급에 대하여) 상대방과 관계있는 사물이나 행동에 존경의 뜻을 나타내는 말. 후(候)는 진맥(診脈)하는 동작. 균후동지(鈞候動止)는 상대방의 행동거지를 살펴보다는 말.

극가(克家) : 집안을 잘 꾸려 나가다.

극가지자(克家之子) : 가문을 일으켜 세울 자식.

극담(劇談) : 막힘없이 이야기하다. 충분히 이야기하다.

극시불이(極是不易) : 지극히 쉽지 않습니다. 매우 어렵습니다.

극유파내(克由叵耐) : 참으로 참기 어렵다. 참으로 싫다.

극칙처(極則處) : 지극한 법칙(法則)의 당처(當處).

근각하사(根脚下事) : 근각(根脚)은 각근(脚根), 각근(脚跟)과 같이 발바닥을 가리킨다. 근각하사(根脚下事)는 발밑의 일이라는 뜻으로서 누구나 자리잡고 서 있는 자신의 근본(根本)을 가리키는 말이다.

근골(筋骨) : 근육과 뼈. 체력. 신체. 체격.

근대(謹對) : ① 책문(策問)에 '삼가 답을 올린다'는 뜻으로 시책(試策)에 쓰던 말. ② '삼가 답을 올린다'는 뜻으로, 답서(答書)의 끝부분에 썼던 말.

근두(筋斗) : 곤두박질(하다).

근량(根量) : 육근(六根)의 범위. 육근의 한계.

근부(斤斧) : 도끼.

근진(根塵) : 육근(六根)과 육진(六塵). 근경(根境)이라고도 한다. 눈·귀·코·혀·몸의 5근(根) 또는 뜻을 더하여 6근과, 빛·소리·냄새·맛·촉감의 5진(塵) 또는 법진을 더하여 6진을 가리킨다.

근착(根着) : 뿌리를 내리다. 뿌리는 내리고 사는 곳. 발을 딛다.

근체시자(近體侍者) : 가까이서 모시는 시자.

금강(金剛) : ① 금강석(金剛石)은 굳고 예리한 두 가지 덕을 가지고 있으므로, 불멸의 진여(眞如)를 가리키는 비유로 씀. ② 금강신(金剛神). 금강신(金剛神)은 불교의 수호신으로 절 문의 양쪽에 안치해 놓은 한 쌍의 신장(神將)을 가리킨다. 손에 금강저(金剛杵)를 들고, 허리만 가린 채 억센 알몸을 드러내는 등 용맹한 형상(形相)을 나타낸다. 금강역사(金剛力士), 혹은 인왕(仁王)이라고도 한다.

금강권(金剛圈) : 금강(金剛)은 결코 부서지지 않는 견고한 것이고, 권(圈)은 울타리를 나타내는 말이니, 금강권은 결코 부서지지 않는 울타리나 장벽을 뜻한다. 즉, 분별심으로는 결코 부술 수 없는 언어를 방편으로 시설하여 두고, 배우는 자가 그 언어의 장벽을 스스로 뚫고 나가기를 바라는 것. 선사(禪師)가 학인(學人)을 인도할 때에 사용하는 방편. 율극봉(栗棘蓬)과 같은 뜻.

금강불괴신(金剛不壞身) : 금강과 같이 견고하여 파괴되지 않는 몸, 즉 불신(佛身), 법성신(法性身) 가리킴.

금강수(金剛水) : 금강서수(金剛誓水) 혹은 줄여서 서수(誓水)라고도 한다. 관정식(灌頂式) 때에 서약을 세우기 위하여 관정을 받는 이가 마시는 향수.

금강심(金剛心) : 어떠한 유혹에도 움직이지 않는 견고한 마음. 금강이 견고하여 어떤 물건으로도 깨뜨릴 수 없는 데 비유한 것. 마음이 불이(不二)의 중도(中道)에 합치하여 조금도 변함이 없는 것.

금강안(金剛眼) : 금강(金剛)은 굳고 예리한 두 가지 덕을 가지고 있으므로, 불멸의 진여(眞如)를 가리키는 비유로 씀. 진여를 볼 수 있는 눈. 진여를 보는 안목(眼目).

금강왕보검(金剛王寶劍) : 만물 가운데 가장 단단한 금강(金剛; 다이아몬드)으로 만든 보검이라는 뜻으로 부처님의 지혜가 일체 번뇌를 끊는 것에 비유한 말이다. 선화본(宣和本)『임제록(臨濟錄)』에 다음의 내용이 나온다 : 임제가 어떤 승려에게 물었다. "어떤 때의 할(喝)은 금강왕(金剛王)의 보검(寶劍)과 같고, 어떤 때의 할은 웅크리고 앉은 금모사자(金毛獅子)와 같고, 어떤 때의 할은 어부가 물고기를 유인하는 장대와 풀 같고, 어떤 때의 할은 할로서 작용하지 못한다. 그대는 어떻게 알고 있는가?" 그 승려가 머뭇거리고 있자 임제가 곧 "악!" 하였다.(師問僧 : "有時一喝如金剛王寶劍, 有時一喝如踞地金毛師子, 有時一喝如探竿影草, 有時一喝不作一喝用. 汝作麽生會?" 僧擬議, 師便喝.)『인천안목(人天眼目)』 제2권에서 이 부분을 주석하면서 "금강왕보검이란 한 번 칼을 휘둘러 모든 정식의 이해를 사라지게 하는 것이다."(金剛王寶劍者, 一刀揮盡一切情解.)라고 하였다.

금계(禁戒) : 금지한 계법. 계율(戒律)과 같음.

금계(金鷄) : 하늘의 별나라에 살고 있다는 전설상의 닭.

금구(金口) : 부처님의 입 또는 부처님의 말씀.

금란가사(金襴袈裟) : 금색의(金色衣) · 금란의(金襴衣) · 금루가사(金縷袈裟) · 금색첩의(金色氎衣) · 황금첩의(黃金氎衣)라고도 함. 금실로 지은 가사.

금란보의(金襴補衣) : 금실로 수를 놓아 기운 가사(袈裟). 금란가사(金襴袈裟). 석가모니가 마하가섭(摩訶迦葉)에게 전법(傳法)의 증표로 준 것이라고 한다.

금륜(金輪) : ① 금성지륜(金性地輪)이라고도 한다. 4륜(輪)의 하나. 수륜 위에 있어 세계를 받들었다는 한 지층(地層). 수륜이 엉기어 맺혀서 이룬 금의 윤위(輪圍)를 말함. 두께 3억 2만 유순, 직경 12억 3,450 유순, 둘레 36억 10,350 유순. 이 금륜 위에 수미산 등 9산(山) 8해(海) 4주(洲)를 실었다 한다. 금륜의 맨 밑을 금륜제(金輪際)라 한다. ② 금륜보(金輪寶) · 윤보(輪寶) · 윤(輪). 전륜왕 7보(寶)의 하나. 전륜왕이 즉위할 때에, 동방에 나타나 광명을 놓으면서 왕에게 와서 그 다스림을 돕는다는 하늘의 금강륜보를 말한다.

금륜보(金輪寶) : 전륜왕 7보(寶)의 하나인 금륜(金輪).

금륜왕(金輪王) : 사천하(四天下)를 통일한다고 여겨졌던 신화적인 군왕(君王) 곧 전륜성왕(轉輪聖王)을 가리킨다. 4종류의 전륜왕 가운데 가장 뛰어난 왕.

금릉보지(金陵寶誌) : 418~514. 위진남북조(魏晋南北朝)의 스님. 금릉은 출신 지명. 속성은 주(朱)씨. 어려서 출가하여 강소성 건강(建康) 도림사(道林寺)에서 선정을 닦음. 태시(泰始; 465~471) 초년에 불시에 일어나 거소를 정하지 않고 음식도 때를 정하지 않으며, 머리도 길게 기르고 냄비를 손에 들고 행각하는 기행(奇行)을 보임. 502년경에 대승찬(大乘讚) 24수를 지어 황제에게 바침. 또 각종 이적을 보여 대중을 교화. 고구려왕도 그 명성을 듣고 사신을 보내어 은모자를 기증했다고 함. 천감(天監) 13년 겨울에 화림원 불당의 금강신장을 밖에 놓게 하고 열흘만에 입적함. 세수 97. 칙령으로 광제(廣濟)대사라 시호함. 후당(後唐)의 장종(莊宗)은 묘각(妙覺)대사라 시호함. 그 후에도 도림진각(道林眞覺)보살 · 도림진각대사 · 자응혜감(慈應惠感)대사 ·

보제성사(普濟聖師)보살 · 일제진밀(一際眞密) 선사 등의 시호가 내려짐.

금마문(金馬門) : 한(漢) 나라의 유명한 궁전인 미앙궁(未央宮)에 있었던 문.

금모사자(金毛師子) : 지혜를 상징하는 문수보살이 타고 다니는 금색 털의 사자. 지혜(智慧) 혹은 지혜가 원만한 선사(禪師)를 가리킨다.

금문(金門) : 금마문(金馬門). 한(漢)의 미앙궁(未央宮)의 문. 문전에 동제(銅製)의 말이 있으므로 이름.

금백(金帛) : 돈과 비단.

금색두타(金色頭陀) : 가섭을 가리키는 말이다. 가섭이 출가하기 전 대장장이였을 때 비바시불(毘婆尸佛)의 사리탑이 무너졌는데, 한 가난한 여인과 함께 이것을 수리하였다. 이 공덕으로 91겁 동안 몸에 금색을 띠게 되었다고 하는 데서 유래한다.

금선(金僊) : 부처님. = 금선(金仙).

금선대각(金僊大覺) : 석가모니 부처님. 황금빛 신선(神仙)도 석가모니를 가리키고, 대각(大覺)도 부처님을 가리킨다.

금성(金星) : ① 샛별. 태백성(太白星), 계명성(啓明星), 장경성(長庚星)과 같은 말. ② 번쩍이는 불꽃. ③ 금(琴)의 금색 기러기발. 또는 음률(音律)을 가리키는 말. ④ 벼룻돌의 일종. ⑤ 머리가 아찔하고 눈이 어질어질할 때에 눈앞에 나타나는 별모양 환상.

금슬(琴瑟) : 금(琴)은 보통 거문고, 슬(瑟)은 큰 거문고. 본래 부부의 두터운 정을 금슬상화(琴瑟相和)라 한다. 『시경(詩經)』에서 유래한다.

금시(今時)와 본분(本分) : 금시(今時)는 바로 지금 현재 눈앞에 펼쳐지는 온갖 경험세계로서, 망상(妄相) 혹은 생멸문(生滅門)이라 하며, 시간과 공간이 분별되는 세계. 본분(本分)은 본래부터 부여 받아 타고난 본성(本性)으로서, 실상(實相) 혹은 진여문(眞如門)이라 하며, 시간과 공간이 없는 불이(不二)의 세계. 금시와 본분을 나누어 말하는 것도 역시 하나의 방편일 뿐, 진실로 금시와 본분이 따로 있는 것은 아니다.

금시법(金屎法) : 선(禪)을 알지 못할 때에는 황금처럼 특별하고 귀중한 무엇이 있다고 여기지만, 알고 보면 똥처럼 일상생활의 평범하고 흔한 일이다. 깨닫기 전에는 진리를 특별한 것이라고 분별하지만, 깨닫고 보면 매일매일의 삶이 전부 진리 아님이 없어서 따로 진리라 할 것이 없다.

금시인(今時人) : 본분인(本分人)에 상대되는 말. 본분인이 분별을 떠난 본성(本性)을 가리킨다면, 금시인은 분별하는 시간 속의 사람을 가리킨다.

금시조(金翅鳥) : garuḍa. 가루라(迦樓羅) · 가류라(加留羅) · 계로다(揭嚕荼)라 음역. 묘시조(妙翅鳥)라고도 번역. 인도 신화의 가공의 대조(大鳥). 이상화된 신령스런 새. 사천하(四天下)의 대수(大樹)에 내려와 용(龍)을 잡아먹고 양 날개를 펴면 336만리나 된다고 한다. 그 날개는 금색이다. 대승경전에서는 천룡팔부중(天龍八部衆)의 하나이고, 밀교에서는 범천(梵天) · 대자재천(大自在天)이 중생을 구하기 위해 이 새의 모습을 빌려 나타난다고 한다. 또는 문수(文殊)의 화신이라고도 함.

금심수구(錦心繡口) : 아름다운 마음과 고운 말.

금어(金魚) : 금어부(金魚符). 금빛 물고기 모양의 패찰(牌札). 물고기 모양에다 도금(塗金)을 한 부절(符節). 당대(唐代) 이후 3품 혹은 5품 이상의 벼슬아치들이 찼다.

금오(金烏) : 태양.

금일(今日) : 오늘이란 곧 깨달음이 드러나 있는 지금 이 순간을 가리킨다.

금조(今朝) : 오늘.

금지(金地) : 불사(佛寺)를 일컫는 말. 급고독(給孤獨) 장자(長者)가 황금을 보시하여 기타태자(祇陀太子)의 정원을 구입하여 석가모니를 위하여 정사(精舍)를 건립하려고 바친 고사에서 유래한 것. 금전(金田)이라고도 한다.

금축(金軸) : ① 화려한 수레. ② 도교(道敎)의 서적(書籍).

금화구지(金華俱胝) : 당대(唐代) 선승. 남악(南

嶽) 문하. 금화산(金華山)에 머물렀다. 무주(婺州) 금화(金華) 출신. 항주(杭州)의 천룡(天龍) 선사에게서 공부할 때, 천룡이 손가락 하나를 세워서 보여주자 홀연 깨달았다. 그 뒤 사람들이 가르침을 청하면 언제나 손가락 하나를 세워 보여서 답하였으므로, 그를 가리켜 구지일지(俱胝一指) 혹은 일지두선(一指頭禪)이라고 부른다.

급급(急急) : 다급하다, 매우 급하다.

급급여율령(急急如律令) : 즉시 명령대로 하다. 원래 한대(漢代)에는 지급(至急)을 뜻하는 공문(公文)의 용어였다. 뒤에 도교(道教)에서 주문을 외울 때에 잡귀(雜鬼)가 빨리 물러가라는 뜻으로 마지막 맺는 말로 쓰였다.

급착(急着) : 초조해 하다. 조급히 서두르다.

급호(及乎) : -에 이르러. = 급우(及于).

긍가사(殑伽沙) : 항하사(恒河沙)와 같음. 강바닥의 모래알 만큼 헤아릴 수 없이 많은.

긍고(亘古) : 옛날. 옛날부터.

긍낙(肯諾) : 승낙하다. 긍정하다. 허락하다.

긍벌(矜伐) : = 긍대(矜大). 거만함, 뽐냄.

긍심(肯心) : 긍정하는 마음. 승낙하는 마음.

기(機) : ① 기관. ② 기틀. ③ 작용. ④ 기회. ⑤ 재치. ⑤ 베틀. ⑤ 때. ⑤ 거짓.

기(幾) : ① 얼마. 몇. ② 어떤. 무슨. 무엇. 어느. ③ 얼마나. 어찌 그토록. ④ 몇몇. ⑤ 기미. 조짐. 낌새. ⑥ 시기. 기회. ⑦ 요점. 정곡. 관건. ⑧ 위태롭다. 위험하다. ⑨ 가까워지다. 거의. ⑩ 대개. 아마도. 어쩌면. ⑪ 미치다. 도달하다. 성취하다. ⑫ 마치다. 다하다. -하면. = 즉(則). ⑬ 살피다. 조사하다. ⑭ 기일. 기간. = 기(期). ⑮ 바라다. = 기(冀).

기감(機感) : 중생의 근기(根機)가 부처님의 교화에 감응(感應)하다. 중생의 근기가 부처님의 교화를 받아들이다.

기감상투(機感相投) : 스승의 가르침과 제자의 배움이 서로 일치함.

기거(寄居) : ① 얹혀살다. 기숙하다. ② 타향에 머물다.

기거만복(起居萬福) : = 만복금안(萬福金安). 그동안 별고 없으셨습니까? 그 사이 안녕하셨습니까?

기관(機關) : ① 기(機)도 관(關)도 특수한 장치가 있는 기계라는 뜻. 고안, 장치. ② 사람의 행동기관. 손발 등. ③ 스승[師家]이 수행자를 이끌기 위한 방편 · 수단의 뜻. 언어 · 문자 등에 의해 계획적 · 조직적으로 주어지는 수단 · 방법. ④ 기봉관쇄(機鋒關鎖). 작용. 살아있는 작략(作略). 장치라고 하는 것. 제법(諸法)의 막힘이 없음. 기교를 통제하는 것을 말함.

기관목인(機關木人) : 관절이 움직이는 나무 인형. 나무로 만든 꼭두각시. 사람의 육체를 가리킨다.

기구(耆舊) : = 기로(耆老). 노인(老人).

기권(機權) : 기회에 알맞게 사용하는 방편.

기내(其奈) : = 기나(其那). ① 어찌하랴? ② 그렇지만. 그러나. 유감스럽게도.

기동(起動) : 폐를 끼치다. 수고를 끼치다.

기득(記得) : 기억하다. 기억하고 있다.

기등(幾等) : 여러 가지. 여러 종류.

기래(起來) : 잠자리에서 일어나다.

기력(氣力) : 힘. 호흡.

기륜(機輪) : 기(機)는 베틀 또는 기계를, 륜(輪)은 회전(回轉)을 뜻하는 말로, 기륜은 본래부터 갖추고 있는 신령한 기틀이나 근기 또는 작용을 의미한다.

기린(麒麟) : 『시경(詩經)』과 『춘추(春秋)』 등 고대 중국의 전설에 나오는 신령스런 짐승으로 기(麒)는 수컷, 인(麟)은 암컷을 말한다.

기린아(麒麟兒) : 슬기와 재주가 남달리 뛰어난 젊은이.

기모화양(起模畫樣) : 기모(起模)는 모형(模型)을 뜨는 것, 화양(畫樣)은 그림의 본 혹은 본떠서 그리다. 모형을 본떠서 따라 그리는 것.

기변(機辯) : 응구첩대(應口輒對)하다. 즉석에서 대답을 척척 잘하다. 말을 척척 잘 받아넘기다.

기변(機變) : 임기응변(臨機應變)하다. 즉시즉시

모든 상황에 잘 대처하다. 간교한 속임수를 쓰다.

기봉(機鋒) : 날카롭고 뾰족한 끝. 정곡을 찌르는 날카로운 말.

기부(欺負) : ① 속이다. 기만하다. ② 저버리다, 배반하다.

기사선화(倚死禪和) : "기사선화(倚死禪和)가 삼대와 좁쌀처럼 많구나."라고 한 능행(凌行) 노파의 말이 널리 인용된다. 기사(倚死)는 기사(徛死), 기사(跂死), 거사(距死), 의사(猗死), 기사(伎死)라고도 씀. 문헌에는 기사(伎死)라고 쓴 경우가 가장 많으나 기사(伎死)는 기사(倚死)의 오기(誤記) 혹은 가차자(假借字)이다. 『조정사원』 제7권에서는 『염팔방주옥집』에 나오는 능행노파의 말인 "距死禪和如麻似粟."를 해설하기를 "'거사'(距死)는 마땅히 '기사'(倚死)여야 한다. '기'(倚)는 '거기절'(巨綺切) -즉 음이 '기'- 로서 '서 있다'는 뜻이다. '거'(距)는 음이 '거'(巨)로서 '닭의 뒷발톱'이라는 뜻이다. 어떤 경우에는 '기'(伎)로 되어 있기도 한데, '기'(伎)는 '함께'(與)라는 뜻이다. 이 둘은 모두 올바른 뜻이 아니다."(距死, 當作倚死. 倚, 巨綺切, 立也. 距, 音巨, 鷄距也. 或作伎, 與也. 竝非義.)라 하고 있다. 『경덕전등록』 제8권(1004년초간. 1316년간판)에는 '기사(倚死)'라 되어 있는데, 기(倚)는 '서다'[立]는 뜻이다. 『염팔방주옥집(拈八方珠玉集)』 상권(上卷)(1125년간. 1257년판)과 『고봉대사어록(高峰大師語錄)』 상권(1599년간판)에는 '기사(跂死)'라 되어 있는데, 기(跂)는 '발돋움하여 서다'는 뜻이다. 『대혜보각선사어록』 제10권(1171년초간. 1589년간판)과 『가태보등록(嘉泰普燈錄)』 제20권(1204년간)에는 '의사(猗死)'라 되어 있는데, 의(猗)는 의(倚)와 통용자(通用字)이며 이 경우 의(倚)는 앞서 본 것처럼 '기(倚)'로 읽히고 '서다'는 뜻이다. 이외의 선서(禪書)에서는 전부 '기사(伎死)'로 표기하고 있는데, 기(伎)는 '기(倚)'의 가차자(假借字)이거나 오자(誤字)로 보아야 할 것이고, 뜻은 역시 '서다.'[立]라고 해야 할 것이다. 그러므로 기사선화(倚死禪和)는 '멍청히 서서 죽은 듯이 있는 선승' 혹은 '죽은 듯이 멍청히 서 있는 선승'이라는 뜻이고, 징일 선사가 말이 막혀 합장하고 서 있으니 능행노파가 '伎死禪和如麻似粟'라고 말한 뜻은 '멍청히 서서 죽은 듯이 있는 선승들이 매우 많다'로 해석해야 한다. 『속간고존숙어요(續刊古尊宿語要)』 제6집 「설당행화상어(雪堂行和尙語)」의 상당(上堂)에 나오는 다음의 게송에서도 이런 뜻이 그대로 보인다. "움직이면 만길 절벽이고, 움직이지 않으면 그 자리에서 파묻힌다. 천겹 만겹으로 잠긴 관문이라도, 한 번의 망치질로 당장 때려 열어라. 멍청히 서서 죽은 선객들이 헤아릴 수 없으니, 여전히 오리가 천둥소리를 듣는 듯하구나."(動則萬丈懸崖, 不動則當處沈埋. 千重萬重關鎖, 一鎚當面擊開. 伎死禪和無數, 依前似鴨聞雷.)

기상(幾喪) : 하마터면 잃을 뻔했다. 기(幾)는 '거의', '하마터면'이라는 뜻.

기색(氣索) : ① 재미없다. 따분하다. ② 쓸쓸하다. 적막하다.

기성(寄聲) : (인편에) 말을 전하다. = 기어(寄語), 전언(傳言).

기세간(器世間) : 중생들이 의지하고 있는 물질적인 세계를 말한다.

기시(豈是) : ① 어찌 -이랴? ② 어찌 -가 아니랴? = 기비(豈非), 기불(豈不).

기식(氣息) : ① 호흡. 숨결. ② 냄새. 향기. ③ 기운. 기백.

기신(紀信) : 한(漢)나라 때 신하로, 한의 고조가 항우에게 고량(高粱)에서 포위되어 급하게 되었을 때 기신이 한의 고조로 가정하여 항복하니, 항우가 그를 취조하는 사이에 고조는 달아났고, 나중에 거짓임을 안 항우는 기신을 태워 죽였다.

기실(記室) : 선원(禪院)의 각종 사무를 담당하는 소임. 서기(書記) 또는 서장시자(書狀侍者)라고도 함.

기심관대(起心管帶) : 마음을 내어 지니고 있다.

마음 먹고 지니고 있다. 일부러 의도적으로 지니고 있다. 장심관대(將心管帶), 존심관대(存心管帶)와 같음. 기심(起心)은 장심(將心), 존심(存心)과 같이 '일부러' '마음 먹고' '의도적으로'라는 뜻.

기야다(祇夜多) : 북인도의 아라한(阿羅漢). 불멸 후 7백 년에 출생. 영명(英名)을 떨쳤으며 월씨 국왕이 상견하고자 신하와 함께 찾아갔지만 정묵단좌(靜黙端坐)하고 맞아들이지 아니하니, 왕이 그의 위덕(威德)을 보고 경모하는 마음이 더욱 생하였다.

기어(寄語) : 말을 전하다. = 기언(寄言).

기언(寄言) : 말을 전하다.

기요(機要) : 기밀(機密). 요점. 본래의 면목을 드러내는 능력.

기우(氣宇) : 기개(氣概)와 도량(度量).

기의(機宜) : 시의(時宜). 그때의 사정에 알맞음. 그때의 사정에 알맞은 것.

기장(器仗) : ① 무기(武器). ② 곤봉(棍棒) 따위의 무기. ③ 제왕(帝王)의 의식에 쓰는 의장(儀仗).

기저(機杼) : 베틀 혹은 베틀의 북을 가리킨다. 베틀인 기(機) 혹은 기저(機杼)는 곧 마음을 가리킨다.

기적마간적대(騎賊馬趕賊隊) : 도적의 말을 뺏어 타고 도적의 무리를 뒤쫓다. 상대의 논리를 이용하여 상대의 주장을 논파하다.

기주(機籌) : 계책. 책략.

기취(記取) : 명심하다. 확실히 기억하다. 기억해 두고 참고로 삼다.

기특(奇特) : ① 기이하고 특별하다. 매우 흡족하다. ② 범어 āścarya. 홀로 우뚝 한 것.

기파(耆婆) : 인도 왕사성(王舍城)의 뛰어난 의원. 태어날 때에 침통과 약주머리를 가지고 있었다고 한다. 탁사실라에서 의학을 배우고 7년만에 왕사성으로 돌아온 후, 불법에 귀의하였다. 장수의 신으로 불리었다.

기하(幾何) : 얼마. 몇.

기호(幾乎) : 거의. 하마터면.

기휘(忌諱) : 임금이나 집안 어른들의 이름을 언급하거나 그 이름을 받아서 작명하는 것을 삼가는 관습. 기휘(忌諱) 또는 피휘(避諱)라고 하며, 줄여서 휘(諱)라고 한다. 여기서 휘(諱)는 피한다는 뜻인데, 나중에는 임금이 살아 생전에 쓰던 이름 그 자체를 휘라 일컫게 되었다. 기휘는 중국에서 시작된 풍습으로 명체불리(名體不離) 관념에 기인한다. 이름은 그것이 대변하는 실체와 생명을 같이하기로 살을 다치면 피가 나듯 이름도 다치면 그 사람의 운명에 상해를 입히며 같은 이름끼리는 서로 공감하여 길흉화복을 더불어 한다고 생각했던 것이다. 그래서 본명이 해를 입거나 다칠까 봐 이를 숨겨 두고, 휘(諱)라 하여 본명(本名)을 철저히 보안하는 문화가 발달했던 것이다. 기휘는 진시황(秦始皇)에게서 비롯되었으니, 자신의 본명인 정(政)자를 피해 당시 모든 인명과 관직명은 물론 심지어 정(政)자 속의 한 획으로 들어가 있는 正(바를 정)자도 쓰지 못하게 하여 정월(正月)을 단월(端月)이라 부르게 했었다. 중국에서 관리 등용 시험에 합격한 사람을 보통 수재(秀才)라 했으나 후한시대 때는 무재(茂才)라 돌려 불렀던 것도 시조(始祖) 광무제(光武帝)의 이름이 유수(劉秀)였기 때문이다. 이후 기휘의 대상은 당대의 제왕(帝王)과 성현(聖賢)과 자기 집안의 존장(尊長) 등으로 확대되었으니, 중국의 사마천은 그의 아버지 이름이 담(談)이므로 그가 편찬한 『사기(史記)』에서는 장맹담(張孟談)을 장맹동(張孟同)으로, 조담(趙談)을 조동(趙同)으로 개칭해 놓기도 하였다.

긴긴지(緊緊地) : 바짝. 꽉. 단단히. 팽팽하게.

긴나라(緊那羅) : 산스크리트로는 kiṃnara이며, 악신(樂神)의 이름이다. 노래를 하고 음악을 연주하며 춤을 추어서 제석천을 섬겼다. 그 형체는 일정하지 않고, 말의 머리에 사람의 몸이라고 하거나, 사람의 머리에 말의 몸이라고 하기도 한다.

긴착(緊着) : ① 서두르다. 다그치다. ② 늘. 언제나. 자꾸. ③ 마음대로. 제멋대로. 거리낌없이. =

긴자(緊自). 진자(儘自).

길료봉(吉撩棒) : 주장자(拄杖子)를 가리키는가? 즐률(楖栗)의 가차가 길료(吉撩)가 아닐까? 현대 중국의 음으로는 즐(楖)과 길(吉)은 같은 음이고, 률(栗)과 료(撩)도 유사한 음이다. 즐률(楖栗)은 주장자의 재료가 되는 나무이니, 곧 주장자를 가리킨다. 즐률과 길료가 같다면, 길료봉은 곧 주장자(拄杖子)이다. 길료봉(吉撩棒)이란 이름은『대혜보각선사어록』제10권 송고(頌古)에 인용된 조주(趙州)와 도오(道吾)의 대화 단 한 곳에서 언급되고 있을 뿐이다 : 조주가 도오(道吾)를 찾아갔는데, 도오는 조주가 오는 것을 보고서, 표범 가죽으로 만든 잠방이를 입고 길료봉(吉撩棒)을 쥐고 삼문(三門) 앞에서 기다리고 있다가, 조주가 오자마자 "야!" 하고 크게 소리 지르고는 서 있었다. 조주가 말했다. "조심스레 보살피시오." 도오는 다시 "야!"하고 한 번 소리 지르고는, 가 버렸다.(趙州訪道吾, 吾見來, 著豹皮裩, 把吉撩棒, 在三門前等候, 纔見州來, 便高聲唱喏而立. 州云 : "小心祇候著." 吾又唱喏一聲而去.)

길상(吉祥) : ① 상서롭다. ② 순조롭다. ③ 편안하다. ④ 사(死)나 관(棺) 대신에 쓰는 말. ⑤ 문수(文殊)를 가리킨다.

길양(吉陽) : 청원행사(青原行思; ?~740)의 별명이다. 청원은 당나라 때의 사람. 길주(吉州; 강서성) 안성인(安城人). 속성은 유씨(劉氏). 어릴 때 출가하였다. 뒤에 육조 혜능에게 나아가 그의 법을 이었다. 얼마 후에 남악회양(南嶽懷讓)과 함께 2대 제자로 일컬어졌다. 청원산(青原山) 정거사(靜居寺; 강서성 길주)에 주석하면서 문도들이 운집하였다. 여기에서 그의 원손(遠孫)인 운문종·조동종·법안종의 세 계통이 출현하였다. 개원 28년 11월 13일 시적하였다. 희종(僖宗)으로부터 홍제대사(弘濟大師)라는 시호를 받았다.

끽교(喫交) : 자빠지다. 넘어지다.

끽료설두(喫嘹舌頭) : = 흘료설두(吃嘹舌頭). 흘(吃)은 끽(喫)과 같고, 료(嘹)는 료(燎)와 같다. (꾸짖고 욕하는 말) 다림질 당하는 혀, 다림질 되는 혀, 혀를 다리다.

끽박(喫撲) : 넘어지다, 두들겨 맞다.

ㄴ

나가(那伽) : nāga. 용(龍)이라는 뜻. 용상(龍象)이라 번역한다. 아라한이나 부처를 가리킨다.

나가정(那伽定) : 나가(那伽)는 용(龍)이라는 뜻이니 부처를 가리킴. 나가정은 부처의 선정(禪定).

나감(那堪) : 하물며. 게다가. 더구나. = 나갱(那更).

나강(螺江) : 부처님이 깨달으신 인도 붇다가야 옆에 있던 강 이름. 네란자라강.

나개(那箇) : 어떤 것. 누구.

나개니(那箇聻) : 어떤 것? 니(聻)는 문장 끝에서 의문문을 나타내는 조사.

나갱(那更) : 하물며. 게다가. 더구나. = 나감(那堪).

나계범왕(螺髻梵王) : 대범천왕(大梵天王)의 이름. 정수리의 머리카락이 소라같이 되었으므로 나계(螺髻)라 함.『유마경』에서 사리불과 문답한 천왕.

나라연(那羅延) : 금강역사(金剛力士)라고도 한다. 나라연은 인도의 옛 신의 이름. 나라연나(那羅延那)·나라야나(那羅野拏). 번역하여 견고(堅固)·구쇄역사(鉤鎖力士)·인생본(人生本). 천상의 역사(力士)로서, 그 힘의 세기가 코끼리의 백만 배나 된다고 함.

나롱(羅籠) : = 농라(籠羅), 농락(籠絡). 수중에 넣고 마음대로 조종함. 본래는 그물과 새장이라는 뜻.

나문결각(羅紋結角) : 곳곳마다. 일마다. 삼라만상. 일체의 사물을 가리킴.

나문계각(螺紋髻角) : 줄여서 나계(螺髻). 소라결처럼 꼬인 머리카락. 나계(螺髻)는 부처님 혹은 범천왕(梵天王)의 머리카락이라는 뜻이지만, 부처님 혹은 범천왕을 가리키는 말. 석가모니는 전생(前生)에 나계선인(螺髻仙人)이 되어 선정(禪定)을 닦았다고 함.

나반(那畔) : 저쪽. = 나변(那邊).

나복(蘿蔔) : 무. = 나복두(蘿蔔頭).

나산도한(羅山道閑) : 오대(五代) 경의 사람. 청원(靑原)의 아래. 암두전활(巖頭全奯)의 법사(法嗣). 복건성의 장계(長谿)출신. 속성은 진씨(陳氏). 귀산(龜山)에서 출가. 구족계를 받고 나서 여러 지방으로 편력. 석상경제(石霜慶諸)에게 알현하여 법을 묻고 그 뒤 암두전활에게 참학하여 안심(安心)을 얻었다. 그 후에 청량산(淸涼山)에서 유력하다가 민왕(閩王)이 그의 법미(法味)에 감화되어 복주(복건성)의 나산(羅山)에 청하고 법보선사(法寶禪師)라고 호(號)하였다.

나시(那時) : 그때, 그 당시. = 나조만(那早晚), 나찰(那咱).

나용(那容) : 어찌(-할 수 있으랴?). 어떻게. = 여하(如何), 심마(甚麽). = 나허(那許).

나유타(那庾多) : nayuta. 인도에서 아주 많은 수를 표시하는 수량의 이름. 아유다(ayuta, 阿由多, 阿諛多)의 백배. 수천만 혹은 천억 · 만억이라고도 하여 한결같지 않다.

나융(懶融) : 우두법융(牛頭法融).

나은추부(羅隱醜婦) : 나은(羅隱; 833~909)은 오대(五代)에 오월(吳越)의 왕공(王公)이다. 자는 소간(昭諫)이고 본명은 횡(橫)이다. 신성(新城; 절강성 부양(富陽) 서남쪽) 사람이다. 얼굴이 매우 못 생겼다. 과거(科擧)에 낙방하자 이에 이름을 바꾸었다. 시(詩)에 능하였고, 승려들과의 교유가 있었다.

나타(那吒) : 북방 비사문천왕의 태자로 얼굴이 셋이고 팔이 여덟이며 큰 힘을 가지고 불법을 호지(護持)하여 수행자를 보호하는 선신(善神)이다. 손에 항상 금강장(金剛杖)을 들고 악인의 무리를 찾아 다닌다고 한다. 『오등회원(五燈會元)』에 "나타태자는 살은 깎아서 어머니에게 돌려주고, 뼈는 아버지에게 돌려준 뒤에, 본 몸을 나타내고 큰 신통을 부리면서 부모를 위하여 설법하였다."라고 하였다.

나한(羅漢) : 아라한(阿羅漢)의 준말. 절에는 나한전(羅漢殿)이 있는데, 나한전은 석가모니 부처님의 제자인 나한을 모신 건물이다. 부처님에게는 열여섯의 뛰어난 제자들이 있었다. 나한은 아라한(阿羅漢, Arhan)의 약칭으로 그 뜻은 성자(聖者)를 의미한다. 아라한은 응공(應供), 응진(應眞)의 자격을 갖춘 분들이다. 응공은 공양 받을 자격이 있는 분들을 의미하며, 응진은 진리로 사람들을 충분히 이끌 수 있는 능력의 소지자를 의미하는 말이다. 따라서 나한전을 응진전(應眞殿)이라고도 한다. 나한전에는 석가모니 부처님이 주존으로 봉안되어 있으며, 좌우에 가섭(迦葉)과 아난(阿難)이 봉안돼 있다. 그 좌우에 열여섯 분의 나한이 웃고, 졸고, 등을 긁기도 하는 자유자재한 형상이 배치되어 있다. 경우에 따라서는 나한의 숫자가 500명인 경우가 있다. 500이란 숫자는 부처님이 열반한 후에 마하가섭이 부처님 생전에 설법하신 내용을 모아 정리하기 위해 회의를 소집했을 때 모인 비구가 500명인 데서 유래하였다.

나허(那許) : = 나용(那容). 어찌. 어떻게. = 여하(如何), 심마(甚麽).

나호(螺號) : 옛날 군대에서 명령을 전달할 때에 사용하던 군대용 나팔.

낙구(樂具) : 생활필수품.

낙락(落落) : ① 영락(零落)하다. 적막(寂寞)하다. 쓸쓸하다. 한산하다. ② 사람을 대하는 것이 냉담(冷淡)하다. 쌀쌀하고 차갑게 대하다.

낙락백백(落落魄魄) : 낙백(落魄)의 강조형.

낙백(落魄) : ① 곤궁해지다. 실의에 빠지다. 쓸쓸하게 되다. ② 성격이 대범하다. = 낙박(落泊).

낙보원안(樂普元安) : = 낙포원안(洛浦元安).

낙수(濼水) : 산동성(山東省)에서 발원(發源)하여 소청하(小淸河)로 흘러들어가는 강.

낙절(落節) : 실수하다. 발을 헛딛다.

낙제이의(落第二義) : 두 번째 뜻에 떨어지다. 제이의(第二義)는 제이의문(第二義門)이니, 제일의제(第一義諦)와 상대되는 용어로, 향상(向上)의 제일의(第一義)에서 향하(向下)의 차별문(差別門)으로 내려가 여러 가지 방편을 통해 중생을 미망에서 깨우고 깨달음으로 가는 도를 나타내는 것이다. 방편문(方便門)에 들어간다는 뜻.

낙착(落著) : 결말. 귀결. 행방. 나올 곳. 의지할 곳. 확실함. 적절함. 착실함.

낙착처(落著處) : 돌아가는 곳. 귀착(歸着)되는 곳. 귀결처(歸結處). 귀결점(歸結點). 요지(要旨). = 낙처(落處).

낙처(落處) : 귀결점(歸結點). 요지(要旨).

낙초(落草) : 양민이 산적(山賊)이 되다. 양민이 천민(賤民)이 되다. 선문(禪門)의 교화(敎化)에서 종사(宗師)가 자비(慈悲)를 베풀어 어리석은 중생 가운데 자신을 떨어뜨려 그들이 알아듣는 말을 하여 교화를 행하는 향하문(向下門)의 방법을 이르는 말. 낙초자비(落草慈悲)라고도 함.

낙초담(落草談) : 수행자나 일반 사람들을 구하기 위해, 정도를 낮추어 제이의문(第二義門)의 법을 설하는 것. 입초담(入草談)과 동일.(『벽암록』 제34칙)

낙초자비(落草慈悲) : = 낙초(落草).

낙추(落槌) : 백추(白槌)를 치다.

낙포원안(洛浦元安) : 834~898. 속성은 담(淡)씨. 섬서성(陝西省) 봉상현(鳳翔縣) 인유(麟遊)의 사람. 20세에 출가하여 생국(生國)의 회은사(懷恩寺)의 우율사(祐律師)에게 구족계를 받고 머리를 깎았다. 뒤에 취미(翠微)·임제(臨濟)에게 도를 구하고 뒤이어 협산선회(夾山善會)의 회하(會下)에서 심요(心要)를 얻었다. 뒤에 풍주(澧州; 호남성)의 낙포(洛浦; 樂普)에 거주하였다. 뒤이어 호남성 낭주(朗州)의 소계(蘇谿)에 머무르면서 사방에서 운집하는 승려들을 제접하여 교화하였다. 임종하면서 언종(彦從) 상좌에게 "고! 고!(苦苦; 쓰다, 쓰다)."라고 말했던 공안(公案)은 예부터 총림에 명성이 높다. 당의 광화(光化) 원년 12월 2일에 시적(示寂)하였다. 세수(世壽)는 65세. 법랍(法臘)은 46세.

낙휘(落暉) : 해가 막 떨어진 뒤의 노을. 낙조(落照).

난(鸞) : 영조(靈鳥)의 이름. 봉황의 일종. 털은 오채를 갖추었고 소리는 오음에 맞는다 함. 일설에는 털에 푸른 빛이 많은 봉새라 함.

난니(爛泥) : 물렁물렁한 진흙.

난니리유자(爛泥裏有刺) : 물렁물렁한 진흙 속에 가시가 있다. 평범한 듯이 보이는 말 속에 정곡을 찌르는 뜻이 숨겨져 있다.

난도(亂道) : 터무니 없는 말을 하다.

난문(難問) : 의문을 제기하다. 질문하다.

난번(瀾翻) : ① 문장이나 말이 끝없이 이어지는 모양. ② 파도가 소용돌이치는 모양. ③ 시세가 등등한 모양.

난삼(襴衫) : 원피스처럼, 치마와 저고리가 하나로 된 옷.

난설(亂說) : 함부로 지껄이다.

난설난도(亂說亂道) : 터무니없는 말을 함부로 지껄이다.

난용(難容) : 용서받을 수 없다. 버려둘 수 없다. 서로 맞지 않다. 잘 지내지 못하다. 난감하다.

난통(亂統) : 뒤죽박죽 얽힌 실.

난형난제(難兄難弟) : 형 노릇하기도 어렵고 동생 노릇하기도 어렵다는 뜻으로, 양자(兩者) 중에 어느 편이 낫다고 판단할 수 없는 경우에 사용된다. 『세설신어(世說新語)』에 나오는 말이다. 중국 한(漢)나라 진원방(陳元方)의 아들 장문(長文)과 그의 사촌, 즉 원방의 동생 계방(季方)의 아들 효선(孝先)이, 서로 자기 아버지의 공덕이 더 훌륭하다고 주장하다가 결말이 나지 않으므로 할아버지인 진식(陳寔)에게 가서, 이에 대한 판정을 내려주실 것을 호소하였다. 그러자 진식은 "원방도 형 되기가 어렵고 계방도 동생 되기가 어렵다.(元方難爲兄 季方難爲弟)"라고 대답하였다고 한 데서 유래한 고사성어이다.

날(捏) : ① 붙잡다. 쥐다. ② 반죽하여 모양을 만들다. 반죽하여 만든 모양. ③ 꼬집어내다. 남의 약점을 잡다. ④ 날조하다. 위조하다.

날괴(捏怪) : 괴상한 짓을 하다.

날목(捏目) : 날목생화(捏目生花)의 준말.

날목생괴(捏目生怪) : 눈을 비벼서 괴이한 것을 만들어내다. = 날목생화(捏目生花).

날목생화(捏目生花) : 눈을 비벼서 헛꽃이 눈에 보이게 하는 것. 눈을 눌러서 비비면 순간 허공 속에 꽃잎 모양의 허상(虛像)이 나타났다 사라지는데, 이것을 헛꽃[공화(空華)]이라고 한다. 그러므로 날목생화(捏目生花)란 실제로 없는 것을 억지로 조작하여 만든다는 말이다. = 날목(捏目).

날살(捏殺) : ① 거짓으로 죽이다. ② 잡아 죽이다.

날하면피(捋下面皮) : 날하(捋下)는 벗기다, 떼내다는 뜻. 면피(面皮)는 체면, 안면, 정실(情實)이라는 뜻. 체면을 차리지 않다. 체면을 팽개치다.

날합(捏合) : ① 날조(捏造)하다. ② 임시로 변통하다. ③ 달라붙다. ④ 사통(私通)하다. ⑤ 긁어모으다.

남곽(南郭) : 『장자(莊子)』 '제물론(齊物論)'에 나오는 인물인 남곽자기(南郭子綦).

남남(喃喃) : 재잘재잘 (말하다).

남당원정(南堂元靜) : 대수원정(大隨元靜).

남돈북점(南頓北漸) : 혜능의 남종은 돈교(頓敎)요, 신수의 북종은 점교(漸敎)라는 말로서, 혜능은 돈오(頓悟)를 주창하고, 신수는 점수(漸修)를 위주로 수행하였음을 나타내는 말.

남명법천(南明法泉) : 송대(宋代)의 스님이다. 속가의 성은 시(時)씨이며, 수주(隨州, 湖北省) 사람이다. 남명(南明)은 주석한 산 이름이다. 출가 후에 운거효순(雲居曉舜)에게 참학하여 그 법을 이었다. 처음에는 대명사(大明寺)에서 머물었고 다음에 천경(千頃) · 영암(靈巖) · 남명(南明) · 장산(蔣山)의 여러 사찰에 머물렀다. 또 대상국사지해선원(大相國寺智海禪院)에도 머물렀다. '불혜(佛慧)선사'라고도 일컬어진다.

남무(南畝) : 산의 남쪽면에 있는 전답(田畓). 전답(田畓).

남산(南山) : 당(唐)의 도선(道宣; 596~667)을 가리킨다.

남섬부주(南贍部洲) : = 염부제(閻浮提).

남양(南陽)의 부자(父子) : 남양혜충(南陽慧忠)과 탐원응진(耽源應眞).

남양혜충(南陽慧忠) : ?~775. 당대(唐代) 스님. 남양(南陽)은 머물렀던 지명. 속성은 염(冉)씨. 절강성(浙江省) 소흥부(紹興府) 제기현(諸暨縣) 출신. 어려서 육조혜능(六祖慧能)에게 수학하고, 그의 법을 이었다. 혜능의 입멸 후 호남성(湖南城) 오령(五嶺), 광동성(廣東省) 나부(羅浮), 절강성(浙江省) 사명(四明), 절강성 천목(天目) 등을 돌아다닌 후, 하남성(河南省) 남양의 백애산(白崖山) 당자곡(黨子谷)으로 들어가, 40여 년간 산문을 나오지 않았다고 한다. 당(唐) 상원(上元) 2년(761) 숙종(肅宗)이 그의 명성을 듣고 중사(中使) 손조진(孫朝進)을 보내 수도로 모시게 하고, 스승의 예를 올렸다고 한다. 처음엔 천복사(千福寺)의 서선원(西禪院)에 머물렀다가, 대종(代宗)이 초청하여 광택사(光宅寺)에 머물렀다. 두 황제가 극진히 환대했지만, 담백한 본성 그대로 늘 천진자연했다고 한다. 항상 남악혜사(南嶽慧思)를 경모하여, 황제께 청하여 호북성(湖北省) 균주(筠州) 무당산(武當山)에 태일연창사(太一延昌寺)를 세웠으며, 또 자신이 머물렀던 당자곡에 향엄장수사(香嚴長壽寺)를 세우게 하고, 두 절에 각각 대장경 한 질씩을 소장하도록 하였다. 혜충은 청원행사, 남악회양, 하택신회, 영각현각과 더불어 혜능 문하의 5대 제자로서, 혜능의 선을 북방(北方)에서 널리 펼쳤지만, 마조도일이 남방(南方)에서 펼친 선에 대해서는 비판적인 입장도 보였다. 혜충의 선은 신심일여(身心一如), 즉심즉불(卽心卽佛)을 특징으로 하며, 무정물(無情物)의 설법(說法)을 일컫기도 하였다. 남방의 선승들이 경전을 중시하지 않고 종지(宗旨)에 따라서 설법(說法)하는 것을 비판하고, 경전과 교학을 중시하여 사설

(師說)에 의거하기를 강조하였다. 숙종(肅宗)과의 10문 10답이 『편년통론(編年通論)』 17권에 실려 있다. 대력(大歷) 10년 12월 9일 입적하여, 당자곡의 향엄사(香嚴寺)에 유골이 모셔졌다. 대종(代宗)이 대증국사(大證國師)라고 시호(諡號)하였다.

남염부제(南閻浮提) : = 염부제(閻浮提).

남원(南院) : 남원혜옹(南院慧顒).

남원혜옹(南院慧顒) : 860~930. 당말(唐末), 오대(五代)의 선승. 임제종(臨濟宗). 홍화존장(興化存奬)에게 배워서 법을 이어 받은 임제종의 제3세. 하남성(河南省) 여주(汝州) 보응원(寶應院)에 머물면서 종풍을 떨침. 풍혈연소(風穴延沼)에게 법을 전하였다.

남전(南泉) : 남전보원(南泉普願).

남전보원(南泉普願) : 748~834. 마조도일(馬祖道一)의 법제자. 속성이 왕(王)씨여서 흔히 '왕노사(王老師)'라고도 한다. 천보(天寶) 7년에 태어났다. 정주(鄭州, 하남성) 신정인(新鄭人). 속성은 왕(王)씨. 지덕(至德) 2년(757) 부모에게 원하여 밀현(密縣, 하남성) 대외산(大隈山)의 대혜(大慧)에게 수업을 받았다. 대력(大曆) 12년(777) 30세 때에 숭악(嵩嶽, 하남성) 회선사(會善寺)의 호율사(호律師)에게 구족계를 받았다. 처음에는 성상(性相)의 학을 닦고, 뒤이어 삼론(三論) 등을 배웠지만 현기(玄機)는 경론(經論)의 밖에 있다는 뜻을 깨닫고, 뒤이어 마조도일에게 참학하여 그의 법을 이었다. 정원(貞元) 11년(795) 지양(池陽, 안휘성) 남전산(南泉山)에 머물렀고, 선원(禪院)을 짓고, 사립(簑笠; 도롱이와 삿갓)을 씌운 소를 기르고 산에 들어가서 나무를 자르고 밭을 경작하면서도 선도(禪道)를 고취하고 스스로 왕노사(王老師)라 칭하면서 30년 동안 산을 내려오는 일이 없었다. 태화(太和; 827~835) 초에 지양의 전 태수인 육긍(陸亘)은 남전을 참예하고 스승의 예를 취하였다. 조주종심(趙州從諗), 장사경잠(長沙景岑), 자호이종(子湖利蹤) 등 많은 제자를 제접하여 교화하였다. 태화 8년 10월 21일 병이 들어 동년 12월 25일 시적(示寂)하였다. 세수 87세이고 법랍(法臘)은 58세였다. 태화 9년 전신(全身)을 탑에 넣었다.

남종(南宗)**과 북종**(北宗) : 육조혜능이 남쪽의 광동 지방에서 활동하였으므로, 육조의 선(禪)을 남종돈교(南宗頓敎) 혹은 남종선(南宗禪)이라 하고, 중앙의 황도(皇都)에서 활동한 대통신수(大通神秀)의 선을 북종선(北宗禪)이라 한다.

남화지병(南華知昺) : 소주(韶州) 남화지병(南華知昺) 선사(禪師). 서주(舒州) 태평불감혜근(太平佛鑑慧懃; 1059~1117) 선사의 법사(法嗣). 광동성(廣東省) 소주(韶州) 곡강현(曲江縣) 남쪽 60리에 있는 남화산(南華山)에 머물렀다. 남화산은 육조산(六祖山), 보림산(寶林山)이라고도 하는데, 육조혜능(六祖慧能)이 머문 보림사(寶林寺)가 이 산에 있다.

납승(衲僧) : 납의를 입은 중이란 뜻. 특히 선종에서 쓴다. = 납자(衲子).

납우(衲祐) : 복을 받다.

납월삼십일(臘月三十日) : 납월(臘月)은 섣달. 납월 30일은 일년의 마지막 날인 섣달 그믐날이니, 곧 생의 마지막 날을 가리킨다.

납의(衲衣) : 선승(禪僧)의 승복(僧服). 법의(法衣)의 일종. 또는 납가사(衲袈裟) · 분소의(糞掃衣)라고 함. 납(衲)은 기웠다는 뜻으로, 세상 사람들이 내다버린 여러 가지 낡은 헝겊을 모아서 누덕누덕 기워 만든 옷. 승려는 이런 것으로 몸을 가리우므로 납자(衲子) · 납승(衲僧)이라 하고, 또 자기를 낮추어서 야납(野衲) · 포납(布衲) · 미납(未衲) · 노납(老衲) · 병납(病衲) 등으로 쓴다. 다른 일설(一說)에는 납(衲)은 납(納)이니, 받아들인다는 뜻으로, 남들이 버린 것이나 하찮게 여기는 낡은 헝겊을 주어서 옷을 만들었다는 의미라 함.

납인(蠟人) : 밀랍으로 만든 인형. 『칙수백장청규(敕修百丈淸規)』 제7권 '절납장(節臘章)' 제8에 다음과 같은 글이 있다 : 인도에는 덥고, 춥고, 비오고 하는 날씨가 일정하지 않다. 그 때문에 4

월, 5월, 12월에 결제(結制)를 하는데, 모두 16일에 시작한다. 이른바 우안거(雨安居)라고 하는 것은, 곳에 따라 때에 따라 단지 편안함을 찾는 것이니, 좌하(坐夏)라고도 하고 좌납(坐臘)이라고도 한다. 계납(戒臘)이라는 말의 뜻은 여기에서 비롯되었다. 납인(蠟人)을 딱딱하게 얼려서 좌납(坐臘)하는 사람을 시험(試驗)한다는 말은, 그 사람의 행동이 얼음처럼 깨끗한지를 시험한다는 뜻이다. 혹은 납인(蠟人)을 땅 속에 묻어서 수행(修行)이 부족한지를 시험해 보았다고도 한다.(而五竺地廣暑寒霖潦氣候之弗齊. 故結制有以四月五月十二月, 然皆始以十六日. 所謂雨安居者, 因地隨時惟適之安, 或曰坐夏或曰坐臘. 戒臘之義始此. 如言驗蠟人冰以坐臘之人, 驗其行猶冰潔. 或謂埋蠟人於地 以驗所修之成虧者.)

납자(衲子) : 납(衲)은 누더기 옷이라는 뜻이다. 도를 닦는 이는 옷을 검박하게 입는 데서 온 말이다. 승려들이 입는 가사(袈裟)는 본래 세상 사람들이 쓰다 버린 천 조각을 주어서 깨끗이 빨아 기워서 만든 것이므로 분소의(糞掃衣) 또는 백납(百衲)이라 하였다. 그래서 참선하는 이를 납자(衲子)라 하고, 각처를 행각(行脚)하는 스님을 운수납자(雲水衲子)라 한다.

낭객(浪客) : 방랑객.

낭당(郎當) : ① '낭당(鋃鐺)'과 같은 말로, 쨍그랑 쨍그랑 하고 금속이 부딪치는 소리이다. ② 곤궁해지다. 곤란해지다. ③ 뜻대로 되지 않다. 뜻을 이루지 못하다. ④ 헐렁헐렁하다. ⑤ 초췌하다. 위축되어 있다. 피로하다. 피곤하다. ⑥ 죄수를 묶던 쇠사슬. ⑦ 혼란하다. 어지럽다.

낭야혜각(瑯琊慧覺) : 송대(宋代)의 스님으로 낭야산(瑯琊山)에 머물렀다. 서락(西洛) 출신으로 분양선소(汾陽善昭; 947~1024)의 법을 이어 받은 다음 저주(滁州) 낭야산(瑯琊山)에서 학인을 지도하였다. 운문종의 설두중현(雪竇重顯)과 함께 세인들에게 그 당시의 2대 감로문(二甘露門)이라고 불렸다. 시호는 광조(廣照) 선사이다. 제자로는 정혜초신(定慧超信) · 장수자선(長水子璿) 등이 있다.

낭자(浪子) : 건달. 망나니. 방탕한 사람. 방탕한 자식.

낭자(狼藉) : 혼란. 번잡. 시끄러움. 어지러움.

낭파(郎罷) : 아버지. = 낭백(郎伯).

낭함(琅函) : ① 책 상자. ② 편지.

낭화(浪花) : 물보라. 풍파.

내(來)-거(去) : -하고 또 -하다. 같은 동사 또는 같은 뜻을 가진 2개의 동사 뒤에 붙어서 동작이 끊임없이 반복됨을 나타냄.

내거(來去) : 생사(生死).

내도(內都) : 천자(天子)의 도읍(都邑). = 제도(帝都).

내명(來命) : 하명(下命). 분부.

내시(乃是) : 즉 -이다. 곧 -이다.

내위선봉거위전후(來爲先鋒去爲殿後) : 앞장서 왔다가 뒤처져 가다. 올 때에는 앞장서고, 갈 때에는 뒤처지다. 쉽게 찾아오지만 쉽게 떠나지는 않는다. 전후(殿後)는 대열에서의 후미(後尾).

내유(來由) : 연유(緣由). 이유. 까닭.

내육처(內六處) : 지각기관인 안이비설신의(眼耳鼻舌身意)의 육근(六根).

내이(乃爾) : 이와 같이. 이처럼.

내전(內典) : 불교에서 불경을 내전이라 부르고, 불교가 아닌 종교의 경전을 외전(外典)이라 부른다.

내참(來參) : 와서 만나다. 와서 만나 보다.

내하(奈何) : = 내하(柰何). ① 애도(哀悼)를 표시하는 말. ② 차라리.(-하는 것이 낫다) 오히려.(-할지언정) 앞에 여기(與其)가 오거나 뒤에 야불(也不)이 옴. ③ 대응하다. 대처하다. 처리하다. ④ 난처하다. 곤란하다. ⑤ 어찌(하다). 어떻게(하다).

내하부득(奈何不得) : 어찌할 수 없다. 어떻게 할 수 없다.

내형(乃兄) : 너의 형. 그대의 형.

냉각면피(冷却面皮) : 냉담하다. 냉담해지다. 무시하다.

냉지(冷地) : ① (부) 남몰래. ② (명) 춥고 후미진 곳. 어두운 곳. 차가운 땅. 궁벽한 곳. 한적한 곳.

냉추추지(冷湫湫地) : 스산한, 썰렁한, 적막한, 냉담한. = 냉청청지(冷淸淸地).

냑허(掠虛) : 큰소리를 뻥뻥 치다. 말로만 큰소리 치다. 헛소리하다. 실속은 없고 말로써 사람을 놀리다.

녁담(瀝膽) : 충성을 다하다. 정성을 다하다.

녕(寧) : ① 차라리. ② 이와 같은, 그와 같은. ③ 어찌 -랴? 설마 -이겠는가?

녕첩(寧怗) : = 녕첩(寧帖), 녕첩(寧貼). 마음이 편안하다. 평온하다.

노견불평(路見不平) : 노상(路上)에서 억울한 일을 당하다.

노고추(老古錐) : 익숙하게 사용해서 끝이 둥글게 된 송곳. 기봉(機鋒)은 예리하지 않지만 원숙한 사가(師家)의 살아있는 솜씨를 가리키는 말. 또는 친애하는 정을 담아 노사가(老師家)를 부르는 호칭.

노공(盧公) : 노행자(盧行者) 즉, 육조혜능(六祖慧能).

노구(鑪鞴) : 본래 풀무를 뜻하지만, 화로(火爐), 용광로(鎔鑛爐)를 가리킴.

노국(魯國) : 중국 주(周)나라 무왕(武王)의 아우인 주공(周公)이 책봉해서 다스리던 나라. 산동성, 강소성 일대.

노권(老拳) : ① 주먹. ② 노련한 주먹.

노노대대(老老大大) : = 노대(老大). 연로하다. 나이가 많다.

노능(盧能) : 육조혜능(六祖慧能).

노대충(老大蟲) : 늙은 호랑이. 노련한 장수(將帥)를 비유한다.

노도(老倒) : ① 초라하게 되다. 영락하다. 가난하게 되다. ② 의욕을 잃다. 타락하다. 자포자기하다. ③ 야물지 못하다. 칠칠맞다.

노동농(老凍膿) : 노동농(老凍齈)이 맞다. 노인이 추위에 흘리는 콧물이라는 뜻. 오fot동안 도(道)를 공부하고도 이룬 것이 없이 나이만 먹었다는 겸양(謙讓)의 뜻이 들어 있다. 또는 반대로 상찬(賞讚)하는 뜻으로도 쓴다.

노두(路頭) : 길. 도로. 흔히 인생을 비유하는 말로 사용됨.

노두(爐頭) : 승당(僧堂)의 화로를 담당하는 역. 총림에서는 매년 10월 1일부터 다음해 2월 1일(『행지궤범(行持軌範)』의 '1년분 行持'에는 11월 1일부터 4월 1일)까지 화로를 열어 난방을 하는데, 그 사이의 화로를 책임지는 자.

노란(鷺鸞) : 백로(白鷺).

노란입설(鷺鸞立雪) : 백로가 눈 속에 서 있다. 둘의 색깔이 비록 같으나 서로 하나로 어울리지는 않음을 나타낸다. 같은 가운데 다름을 말한다.

노래(老來) : ① 노후. 늘그막. ② 나이가 들다.

노려(老驢) : 늙은이. 늙다리.

노련(魯連) : = 노중련(魯仲連).

노련서(魯連書) : 글로써 상대를 제압하여 싸우지 않고도 승리함을 가리킴. 노련(魯連)은 전국시대 제(齊)나라의 노중련(魯仲連)이다. 연(燕)나라 군사들이 국경을 침범하여 위태롭게 되었을 때, 노련이 화살에다 화친서(和親書)를 달아서 쏘자 연나라 군의 장수가 이를 받아 보고 3일 동안 감격하여 울다가 죽어 나라가 평안해졌다는 고사. = 노련전(魯連箭).

노련전(魯連箭) : = 노련서(魯連書).

노로(老盧) : 노능(盧能) 즉 육조(六祖)인 혜능(慧能)을 가리킴. 노(老)는 과거 죽은 사람를 가리키는 접두사.

노로(老盧) : 노려(老驢)와 같음. 늙은이. 늙다리.

노록인(撈摝人) : 노록(撈摝)은 노록(撈漉)과 같은데, 물 속에서 무엇을 건져내려 애쓴다는 뜻이니, 세속에서 중생을 제도하려 애쓴다는 말이다. 세속에서 중생을 제도하려 애쓰는 사람, 즉 좋은 스승을 가리킨다.

노망(鹵莽) : = 망로(莽鹵).

노모(老耄) : ① 노망하다. 망령들다. ② 80세 이상의 노인.

노모(撈摸) : (물 속에서 물건을) 더듬어 찾다.

노부(老夫) : ① 늙은이(노인이 자기를 낮추어 일컫는 말). ② 대부(大夫)의 벼슬에 있던 사람이 70세에 은퇴한 뒤 스스로를 일컫는 말.

노비팽단(鑪鞴烹鍛) : 노(鑪)는 화로, 비(鞴)는 풀무, 팽단(烹鍛)은 삶아서 불린다는 말. 풀무질하여 화로에서 쇠를 삶아 불리는 것. 대장간에서 쇠를 단련(鍛鍊)하는 것.

노사(老師) : 노종사(老宗師), 노화상(老和尙), 노숙(老宿). 학덕과 수행이 높은 스님이라는 뜻의 선승(禪僧)에 대한 경칭.

노사나(盧舍那) : 정만불(淨滿佛)이라고 한역하며 보신불(報身佛)로서 3혹(惑)을 일시에 다하여 묘각(妙覺)의 지위에 있는 부처님이다. = 노사나불(盧舍那佛).

노산(盧山) : 여산(廬山)의 오기(誤記).

노상행인구시비(路上行人口是碑) : 길가는 행인의 입이 비문(碑文)이다. 일을 아무리 은밀하게 하여도 결국 남에게 알려지기 마련이다. 이미 널리 알려진 일이다. "명성(名聲)이 높으면 돌에다 이름을 새길 필요가 없으니, 길가는 행인의 입이 바로 비석(碑石)이기 때문이다."(名高不用鐫頑石, 路上行人口是碑.)의 준말.

노생(勞生) : ① 노고가 많은 인생. ② 중생(衆生). ③ 어렵게 살다.

노서(老鼠) : 쥐.

노서입우각(老鼠入牛角) : 쥐가 덫에 갇히다. 쥐가 쇠뿔 속으로 들어가 꼼짝도 못하다. 선공부(禪功夫)하는 사람의 마음이 갈 곳이 없어서 어찌할 바를 모르다. 분별하고자 하나 분별할 수 없고, 붙잡고자 하나 붙잡을 것이 없어서, 더 이상 분별심이 작동되지 못하는 곳에 도달한 것을 가리킨다. 마음이 갈 곳이 없고, 머물 곳이 없는 상태. 여기에서 문득 깨달음의 체험이 일어난다. 금강권(金剛圈)이나 율극봉(栗棘蓬)과 같은 뜻.

노서입우각변견도단(老鼠入牛角便見倒斷) : 쥐가 쇠뿔 속으로 들어가 곧장 꼼짝도 못하다. 선공부(禪功夫)하는 사람의 마음이 갈 곳이 없어서 어찌할 바를 모르다. 분별하고자 하나 분별할 수 없고, 붙잡고자 하나 붙잡을 것이 없어서, 더 이상 분별심이 작동되지 못하는 곳에 도달한 것을 가리킨다. 마음이 갈 곳이 없고, 머물 곳이 없는 상태. 여기에서 문득 깨달음의 체험이 일어난다. 금강권(金剛圈)이나 율극봉(栗棘蓬)과 같은 뜻. 노서(老鼠)는 쥐, 도단(倒斷)은 '멈추다. 그치다. 끊다'는 뜻.

노성(老成) : 어른스럽다. 노련하다. 세련되다.

노숙(老宿) : 노년숙덕(老年宿德)의 약어로 덕을 쌓은 노인이라는 뜻이다. 덕망 있는 스님에 대한 경칭으로 사용된다.

노씨(盧氏) : 노행자(盧行者) 즉, 육조혜능(六祖慧能). 노씨(盧氏)는 육조혜능(六祖慧能)의 속성(俗姓).

노양(勞攘) : 번뇌하다. 번민하다. 시끄럽다.

노자(老子) : ① 아버지. ② 노부(老夫). 노인이 자기를 낮추어 일컫는 말. ③ 이 몸.(장난삼아 자신을 높여 거만하게 부르는 말)

노자(路子) : 연줄. 연고. 방법. 방식. 기호. 취미.

노주(露柱) : 법당이나 불전(佛殿)의 노출된 둥근 기둥을 가리킨다. 기와나 담벼락, 등롱(燈籠) 등과 함께 무정(無情) 또는 비정(非情)한 것을 가리키는 말이다.

노중련(魯仲連) : 전국시대 제(齊)나라의 높은 절의(節義)를 가진 은사(隱士)의 한 사람. 그는 무도(無道)한 진(秦)나라가 천하를 차지한다면 "나는 동해로 걸어 들어가 죽겠다."(連有踏東海而死耳)고 맹세하여 그 절의를 높인 바 있음.

노토(老兎) : 부엉이.

노파선(老婆禪) : 할머니가 손자를 돌보는 듯한 노파심(老婆心)으로 지나치게 친절하고 자세하게 가르쳐 주는 선(禪).

노포(露布) : ① 격문(檄文). 포고문(布告文). ② 승전보(勝戰報). ③ 봉하지 않은 조서(詔書)나 상주문(上奏文). ④ 알리다. 공표하다.

노행자(盧行者) : 행자(行者) 시절 오조홍인의 의발(衣鉢)을 받은 육조혜능(六祖慧能)을 말한다.

노형(勞形) : (시끄러운 일로 인해) 육신(肉身)이

피로해지다.

노형(露形) : 알몸을 드러내다.

노호(老胡) : 석가모니. 혹은 보리달마.

노호(老虎) : 호랑이.

노후(老朽) : ① 낡다. ② 늙어 쓸모없게 되다. ③ 늙다리. 늙은이(겸칭). = 우로(愚老).

녹록(碌碌) : ① 평범한 모양. ② 사무가 번잡하고 쓸데없이 바쁜 모양. ③ 자신의 의견을 주장하지 않고 남과 타협하여 복종하는 모양.

녹록(漉漉) : (땀, 침 등이) 흠뻑 젖다. 줄줄 흐르다.

녹록지(轆轆地) : ① 덜커덩덜커덩. 덜컹덜컹.(수레바퀴가 돌아가는 소리) ② 걸림 없이 잘 돌아가는 모습.

녹야원(鹿野苑) : 녹야원(鹿野園) · 선인론처(仙人論處) · 선인주처(仙人住處) · 선인타처(仙人墮處) · 선인녹원(仙人鹿園) · 선인원(仙人園) · 선원(仙園) · 녹원(鹿苑) · 시녹림(施鹿林) · 녹림(鹿林)라고도 씀. 석가모니께서 성도(成道)한 지 삼칠일(三七日) 뒤에 처음으로 법륜(法輪)을 굴리어 아야교진여(阿若憍陳如) 등 5비구를 제도한 곳. 중인도 바라내국 왕사성의 동북쪽에 있다. 지금 베나레스시(市)의 북쪽에 있는 사르나트의 유적이 곧 녹야원 터이다.

녹하(綠荷) : 하(荷)는 연(蓮). 녹하(綠荷)는 푸른 연잎.

논량(論量) : 따지다. 토론하다. = 상량(商量).

논열(論列) : 시비(是非)와 곡직(曲直)을 논하여 정하다.

논쟁선(論爭禪) : = 의리선(義理禪).

농(弄) : ① (동사 앞에 붙어) 그 동사를 강조함. ② -한 행동을 하다. ③ -를 행하다.

농가(儂家) : ① (명사) 나의 집. ② (대명사) 너.

농공(農功) : 농사(農事).

농교(弄巧) : 잔꾀를 부리다.

농교성졸(弄巧成拙) : 잔꾀를 부리다가, 서툴게 되었다. 잔꾀를 부리다가, 도리어 어설프게 되었다.

농니단한(弄泥團漢) : 농니단(弄泥團)이란 진흙을 주무르는 것을 말하는데, 전하여 번뇌망집(煩惱妄執)을 짓는 일을 꾸짖어 하는 말로 쓰인다. 따라서, 농니단한이란 분별망상으로 헤아리는 자를 가리킨다. 『보장론(寶藏論)』에서는 진흙을 황금으로 변화시키려고 하는 어리석은 자로 비유되고 있다.

농동(儱侗) : 어리석다. 무지하다. 어둡다.

농두(籠頭) : (소나 말의) 굴레.

농정혼(弄精魂) : 허망한 짓을 하여 쓸데없이 정신을 피로하게 하다. 망상(妄想)하다. = 농정신(弄精神).

농제행(弄蹄行) : 발굽을 놀리며 가다. 재빨리 걷다.

농험(弄險) : 위험한 짓을 하다. 농(弄)은 '-를 행하다'는 뜻.

뇌(賴) : 다행히.

뇌개(腦蓋) : 머리뼈. = 두개(頭蓋).

뇌관(牢關) : 감옥 문의 빗장. 감옥을 벗어날 수 있는 곳.

뇌란(惱亂) : 염려를 끼치다. 번뇌하여 마음이 어지럽다.

뇌뢰(磊磊) : ① 많은 돌이 쌓여 있는 모양. ② 돌이 구르는 모양. ③ 도량이 넓어 작은 일에 구애되지 않는 모양.

뇌뢰락락(磊磊落落) : ① 뚜렷하다. 밝다. ② 도량이 넓다. 공명정대하다.

뇌문(腦門) : (앞)이마.

뇌문(雷門) : 회계(會稽)의 성문(城門). 지금의 소흥성(紹興城) 오운문(五雲門). 이 성문의 누각에는 큰 북이 걸려 있었는데, 한 번 치면 그 소리가 백 리 밖에서도 들렸다고 한다.

뇌문착지(腦門着地) : ① 이마를 땅에 부딪치고 나둥그러지다. ② 자기가 서 있는 입장을 내버리다. ③ 정중하게 사양하는 것. ④ 패하여 항복하는 것.

뇌산(牢山) : 중국의 보살이 산다는 산. 또는 소림사가 있는 산.

뇌우(賴遇) : = 뇌치(賴値). 다행히. 운좋게. 요행으로.

뇌후(腦後) : ① (동) 아랑곳하지 않다. 무시하다. 조금도 주의를 기울이지 않거나 개의치 않음. 관심 밖. ② (명) 뒤통수. 급소.

뇌후견시(腦後見腮) : 시(腮)는 귀 밑 부분의 뺨. 뒤에서 이 뺨이 보일 만큼 튀어나온 사람. 이런 얼굴 모습은 골상학(骨相學) 상으로 도적(盜賊)의 마음을 가지고 고집이 센 사람이라고 여겨지기 때문에, 외골수로 완고하고 고집이 세고 틈이 없는 사람을 가리킨다.

뇌후삼근철(腦後三斤鐵) : ① 뒷머리는 급소. 급소에 서 근의 쇠가 박혀 있다는 말은 깨달음을 가로막는 치명적인 장애물을 가졌다는 말. ② 마음에 부담만 가중시킨다. 마음만 무겁게 한다. ③ 아직 깨달음을 얻지 못했다.

뇌후전(腦後箭) : 뇌후삼근철(腦後三斤鐵)과 같음. 뒷머리 급소에 화살이 박혀 있다는 것은 치명적인 장애를 가지고 있다는 말.

누두(漏逗) : 새다. 터져서 드러나다. 불완전하다, 미숙하다. 허물이 드러나다.

누루(縷縷) : ① 잇따르다. 끊임없다. ② 섬세하다. 상세하다.

누루(壘壘) : 무덤이 빽빽이 들어선 모습.

누망(漏網) : 물고기가 그물을 빠져나가다.

누수(累垂) : ① 아래로 늘어지다. ② 쇠약하고 무력하다. ③ 절구공이. 방망이. 비유하여 빡빡 깎은 맨머리를 가리킴. ④ 돌출하여 튀어나온 모습.

누수(摟擻) : 루(摟)는 끌어모은다는 뜻이고, 수(擻)는 떨쳐 버린다는 뜻이다. 취하고 버린다는 뜻이다.

누항(陋巷) : 좁은 골목. 뒷골목.

눈썹이 빠지다 : 중국에서는 예부터 사법(邪法)을 말하면 눈썹이 빠진다는 말이 있었음.

늑담(泐潭) : 늑담극문(泐潭克文). 진정극문(眞淨克文). 담당문준(湛堂文準).

늑담준(泐潭準) : 융흥부(隆興府) 늑담(泐潭) 담당문준(湛堂文準) 선사. 융흥부(隆興府) 보봉극문(寶峰克文) 운암진정(雲庵眞淨) 선사의 제자. 남악 문하 13세손이다.

늠름(凜凜) : ① 매섭게 춥다. ② 위엄이 있다. 위풍이 있다.

늠연(凜然) : 매우 엄하다. 위엄이 있다. 늠름(凜凜)하다.

능가경(楞伽經) : 부처님이 능가산에 들어가서 설한 내용을 담은 경 이름. 산스크리트 원본에 대한 한역본으로서 능가아발다라보경, 입릉가경 등 여러 가지 한역본이 있다. 『속고승전』에서는 능가경의 심법(心法)이 보리달마에서 혜가에게 전해지고 다시 그 문하에 전해졌다고 하는 능가종(楞伽宗)의 계보가 설해져 있다. 처음 달마가 4권『능가경』을 혜가에게 건너주면서 수행의 기준으로 삼도록 한 사실과 혜가가 이 경을 수행의 심요(心要)로 삼았으며 경의 현묘한 이치를 설했다는 사실이 기록되어 있다. 또 능가종의 법은 혜가의 제자인 나선사(那禪師)와 또 그의 제자인 혜만(慧滿)에게로 전해졌다. 능가종의 계보는 보리달마, 혜가, 나선사, 혜만으로 이어지는 4대의 법계이다.

능릉(稜稜) : 위엄 있는 모양. 표정이 몹시 차가운 모양. 도끼눈을 하다. 앙상하게 마르다.

능봉(稜縫) : 솔기. 이음매.

능삭(凌鑠) : ① 기세가 재빠르고 세참. ② 남을 압도하거나 압박함.

능신(凌晨) : 이른 새벽. 새벽녘. 동틀 무렵.

능엄경(楞嚴經) : 밀교사상과 선종의 사상을 설한 대승경전. 능엄경은 밀교부에 수록되어 있으며 인도 바깥으로 유통되지 못하게 하라는 왕의 엄명이 있어 당나라 이전까지는 중국에 전해지지 않았다고 전해진다. 그러나 내용으로 보아 중국에서 많이 가필되어 거의 중국에서 성립된 것으로 추정되고 있다. 이 경의 내용은 '마음을 다스림으로써 보리심을 얻게 되고 진정한 경지를 체득한다'고 보아 중국 선가의 실천도와 근접하며, 밀교적인 색채가 짙다. 모두 10권으로 구성되어 있는데, 불타의 제자인 아난다(阿難陀)가 마등가 여인의 주술에 의해 마귀도에 떨어지려는 것을 부처(석가)의 신통력으로 구해낸다. 그리고 나서 선정의 힘과 백산개다라니의 공덕력을 찬양하고, 이 다라니에 의해 모든 마귀장을 물리치고 선정에 전념하여 여래의 진실한 경지를 얻어 생사의 고뇌에서 벗어나는 것이 최후의 목적임을 밝혔다. 따라서 이 경은 밀교사상이 가미되기는 하였지만 선정이 역설되고 있기 때문에 밀교 쪽보다는 선가에서 환영을 받아 중국에서의 주석가들은 모두 선문의 비구들에 의해 이루어졌다. 이 경의 한역은 705년(당나라 중종 원년) 인도 승려 반랄밀제(般剌蜜帝)에 의해 전래되고 번역되었다고 한다. 고려시대 보환(普幻)의 『수능엄경환해산보기(首楞嚴經環解刪補記)』는 송나라 계환(戒環)의 『능엄경요해』의 잘못된 곳을 고쳐 산보한 것이다.

능인(能仁) : 개암붕(介庵朋).

능인(能仁) : 석가(釋迦, Sakya) 혹은 석가모니(釋迦牟尼, Sakyamuni)의 한문 번역.

능화(菱花) : 거울. 옛 거울은 흔히 육각형으로 만들고 뒷면에는 능화(菱花)를 새겨 넣었기 때문에 능화(菱花)는 거울을 대신하는 말로 사용되었다.= 능화경(菱花鏡).

니(聻) : ① 의문어조사 니(呢)의 전신(前身). 당오대(唐五代)에 많이 사용되었다. 일부러 가리켜서 묻는 경우에 주로 사용한다. ② 가리키는 모양을 나타내는 의태어.

니건자(尼乾子) : Nirgrantha. 니건자(尼乾子)·니건타자(尼乾陀子)라 음역, 이계자(離繫子)·불계자(不繫子)·무결자(無結子)라 번역. 인도에 있는 외도의 1파. 늑사바(勒沙婆, abha)를 개조(開祖)로 하고, 고행(苦行)으로써 열반에 드는 것을 필수 조건으로 하므로, 항상 몸에 털을 뽑고, 옷을 입지 않고, 나체로 걸식하면서도 부끄러워 할 줄을 모르므로 무참외도(無慚外道)라 한다. 또는 고행외도(苦行外道)·나형외도(裸形外道)·노형외도(露形外道)라고도 한다. 후세에 자이나(Jaina)교(敎)가 되었다.

니다불대(泥多佛大) : 진흙이 많으면 큰 불상이 만들어진다. 도와주는 사람이 많으면 큰일이 이루어진다.

니총지(尼摠持) : 총지(總持) 비구니(比丘尼).

ㄷ

다구(多口) : 수다스럽다. 쓸데없이 말을 많이 하다.

다라니(陀羅尼) : 총지(摠持)·능지(能持)·능차(能遮)라 번역. 불교와 힌두교에서 일반인들이 자신을 보호하기 위한 부적이나 주문(呪文)으로 사용하거나, 요가 수행자들이 정신집중의 상태에 이르기 위해 암송하면 커다란 효험이 있다고 믿는 신성한 글귀. 보통 다라니라 하는 말에 두 가지 뜻이 있다. (1)지혜 혹은 삼매를 말하니, 말을 잊지 않고 뜻을 분별하며 우주의 실상에 계합하여 수많은 법문을 보존하여 가지기 때문이다. (2)진언(眞言)을 말하니, 범문(梵分)을 번역하지 않고 음(音) 그대로 적어서 외우는 것이다. 번역하지 않는 이유는 뜻을 한정시키는 것을 피하기 위한 것이고, 밀어(密語)라 하여 비밀히 전하는 뜻이 있기 때문이다. 본래 불교에서 다라니는 긴 경전에 실려 있는 근본적인 원리를 짧게 요약한 게송(偈頌)으로서, 원래의 경전을 기억하는 데 도움을 주기 위한 것이며 주문과는 다른 것이었다. 그러나 후대에 이르러 형식상의 유사함 때문에 주문까지도 다라니로 통칭되었으며, 길이에 따라 짧은 것은 진언(眞言) 또는 주(呪)라 하고, 긴 것을 다라니 또는 대주(大呪)라 하였다. 다라니를 제대로 암송하면 경전 전체를 읽는 것과 같은 공덕을 가져다준다고 하며, 이러한 점 때문에 다라니를 암송함으로써 공덕을 얻고자 하는 신앙형태가 발생하기도 했다.

다반(茶飯) : 차와 밥. 음식물.

다반사(茶飯事) : '차를 마시고 밥을 먹는 일'이라는 뜻으로, 예사롭게 자주 있거나 늘 하는 일. 항다반사(恒茶飯事)의 준말.

다보여래(多寶如來) : 동방 보정세계(寶淨世界)의 교주(敎主). 보살로 있을 때에 "내가 성불하여 멸도한 뒤, 시방세계(十方世界)에서 『법화경』을 설하는 곳에는 나의 보탑(寶塔)이 솟아나와 그 설법을 증명하리라."고 서원한 부처님. 석존이 영산(靈山)에서 『법화경』을 설할 때에도 그 탑이 솟아나왔다고 함.

다사(多事) : ① 쓸데없는 일을 하다. ② 해서는 안 될 일을 하다. ③ 일이 많다.

다소(多少) : ① (의문사) 얼마? ② (감탄사) 얼마나! ③ (부정수량) 얼마간. 얼마쯤. 조금.

다시(多是) : 아마. 대개. 모두.

다시(多時) : 오랫동안.

다요(茶銚) : 차냄비. 요(銚)는 자루와 귀때가 달린 냄비를 말한다.

다자(多子) : 여러 가지. 많은 것. 자(子)는 어조사.

다자탑(多子塔) : 천자탑(千子塔) · 다자지제(多子支提)라고도 한다. 어떤 자식 많은 바라문이 모든 인연을 끊고 출가수도하여 벽지불이 되었다. 그가 죽은 후에 아들이 탑을 세웠는데, 그것이 바로 다자탑이다.

단(斷) : (부정문에서) 절대로. 결코. 반드시.

단(端) : ① (방위사) 사이, 위, 앞, 주변 등 여러 가지 방향을 나타냄. ② 흔히. 깊이. ③ (부사) 진실로. 과연. 결국. 대체로. ④ 까닭. 이유.

단견(斷見) : 만법은 무상(無常)하게 생멸변화하고 사람도 죽으면 몸과 마음이 모두 없어져버린다고 주장하는 견해(見解). 만법의 실상은 영원히 변치 않아서 이 몸도 죽었다가는 다시 태어나서 끝없이 지속된다고 주장하는 상견(常見)과 더불어 단상이견(斷常二見) 혹은 단상사견(斷常邪見)이라고 한다.

단공(但恐) : 오직 -만 걱정하다. 다만 -만 염려하다.

단관삭(斷貫索) : 단(斷)은 끊어졌다는 뜻이고, 관삭(貫索)은 엽전을 꿰어 꾸러미를 만드는 줄. 단관삭은 엽전을 꿰는 줄이 썩어서 끊어져 쓸모가 없게 된 것을 뜻한다. 즉, 쓸모없는 물건이라는 뜻.

단구(丹丘) : ① 신선이 산다는 곳. 밤도 낮처럼 늘 밝다고 한다. ② 지명. 하북성(河北省) 곡양현(曲陽縣) 북서쪽. 절강성(浙江省) 영해현(寧海縣) 남쪽.

단단(團團) : ① 동그란 모양. ② 겹겹이. 빈틈없이.

단도(檀度) : 단(檀)은 범어 단나(dāna)의 준말, 도(度)는 범어 바라밀(pāramitā)의 번역. 보시바라밀(布施波羅密). 완전한 보시. 보시(布施).

단도직입(單刀直入) : 적진을 마주한 장군(將軍)이 앞뒤 살피지 않고 곧장 칼 한 자루만 빼들고 적진으로 달려 들어감. 생각, 분별, 말에 거리끼지 않고 실상(實相)으로 바로 들어가는 것을 가리킨다.

단란(團欒) : ① (가족이) 단란하게 한 곳에 모임. ② 둥근 모양. ③ 경단(瓊團). ④ 대나무의 수려하고 아름다운 모습. 대나무를 가리키는 말. ⑤ 둥근 달. ⑥ 달빛. ⑦ 빙 둘러싼 모습. ⑧ 달 속의 궁전.

단량(摶量) : 추측하다. 헤아리다.

단미(摶謎) : = 시미(猜謎). 수수께끼를 풀다.

단미자(摶謎子) : 수수께끼. 수수께끼를 풀다.

단반(摶飯) : 주먹밥. = 단반(團飯).

단봉(丹鳳) : 붉은 봉황새. 대궐을 가리키기도 한다. 단봉문(丹鳳門)은 대궐문.

단상(斷常) : 만법은 무상(無常)하게 생멸변화하고 사람도 죽으면 몸과 마음이 모두 없어져버린다고 주장하는 단견(斷見)과, 만법의 실상은 영원히 변치 않아서 이 몸도 죽었다가는 다시 태어나서 끝없이 지속된다고 주장하는 상견(常見)을 말함. 이러한 견해는 곧 분별(分別)에서 생겨난 허망한 견해로서, 단상이견(斷常二見) 혹은 단상사견(斷常邪見)이라고도 한다.

단설재(斷舌才) : 탁월한 변론(辯論)의 재능이 있는 사람. 수(隋)의 변사(辯士) 이지장(李知章)이 변론할 적에는 여러 사람이 모두 혀를 놀리지 못하였으므로 단설재(斷舌才)라 하였다. 남의 입을 다물게 하는 뛰어난 말재주를 가진 사람.

단엄(端嚴) : 단장(端莊)하다. 단정하고 엄숙하다.

단월(檀越) : 보시하는 사람. 시주(施主).

단월가(檀越家) : dāna-pati의 음사. 시주(施主)라 번역. 보시하는 사람.

단유(端由) : 원인. 연유. 실마리.

단작(斷作) : 반드시 행하다. 꼭 이루다.

단장(斷腸) : 진(晉 : 東晉; 317~420) 나라의 환온(桓溫)이 촉(蜀) 땅을 정벌하기 위해 여러 척의 배에 군사를 나누어 싣고 양자강 중류의 협곡인 삼협(三峽)을 통과할 때 있었던 일이다. 환온의 부하 하나가 원숭이 새끼 한 마리를 붙잡아서 배에 실었다. 어미 원숭이가 뒤따라왔으나 물 때문에 배에는 오르지 못하고 강가에서 슬피 울부짖었다. 이윽고 배가 출발하자 어미 원숭이는 강가에 병풍처럼 펼쳐진 벼랑에도 아랑곳하지 않고 필사적으로 배를 쫓아왔다. 배는 100여 리쯤 나아간 뒤 강기슭에 닿았다. 어미 원숭이는 서슴 없이 배에 뛰어올랐으나 그대로 죽고 말았다. 그 어미 원숭이의 배를 갈라 보니 너무나 애통한 나머지 창자가 토막토막 끊어져 있었다. 이 사실을 안 환온은 크게 노하여 원숭이 새끼를 붙잡아 배에 실은 그 부하를 매질한 다음 내쫓아 버렸다고 한다.

단적(端的) : 과연. 정말로. 분명히. 확실히. 도대체.

단전(單傳) : 말이나 글자에 의지하지 않고, 다만 마음으로써 마음에 전하는 선종(禪宗)의 법을 말함.

단전직지(單傳直指) : 말이나 글자에 의지하지 않고, 마음을 곧장 가리켜서 다만 마음으로써 마음에 전하는 선종(禪宗)의 법을 말함. 단전(單傳)이란 오로지 하나만을 전한다는 말이고, 직지(直指)란 이 하나를 즉각 바로 가리킨다는 말이다. 조사선(祖師禪)은 이심전심(以心傳心)으로 오로지 마음 하나만을 전하고, 직지인심(直指人心)으로 이 마음을 바로 가리켜서 전한다.

단정(斷定) : = 결정(決定). 결정코.

단제(斷際) : 임제의 스승인 황벽희운(黃檗希運).

단지(但只) : 다만. 단지.

단청(丹靑) : 집의 벽, 기둥, 천장 따위에 여러 가지 빛깔로 그림이나 무늬를 그림. 또는 그 그림이나 무늬.

단특산(檀特山) : 범어 Dantaloka 또는 단덕(檀德)·단타(檀陀). 번역하여 음산이라 함. 북인도 건타라국에 있는 산이름. 부처님이 전생에 태자로 있을 때 이 산에서 보살행을 닦으면서 처자 권속 등 모든 것을 베풀어 보시의 행업을 완성하였다고 한다.

단판인(短販人) : 장사가 안 되는 사람. 판매가 부족한 사람.

단하(丹霞) : 단하천연(丹霞天然). 단하자순(丹霞子淳).

단하순(丹霞淳) : 단하자순(丹霞子淳).

단하자순(丹霞子淳) : 1064~1117. 송대(宋代) 스님. 조동종. 단하는 주석 산명. 속성은 가(賈)씨. 사천성 검주 재동현 출신. 27세에 삭발, 구족계를 받고, 진여모철(眞如慕哲)·늑담극문(泐潭克文)·대홍법은 등에게서 참구한 후, 대양산 부용도해의 법을 이음. 숭녕 3년(1104) 남양의 단하산에 머물렀고, 그 후 당주의 대승산·대홍산에 머물며 선풍을 진작. 정화 7년 3월 11일 입적. 문하(門下)에 진헐청료(眞歇淸了)와 천동정각(天童正覺) 및 대승이승, 대홍경예 등이 있음. 저술로는 『단하자순선사어록』 2권이 있다.

단하천연(丹霞天然) : 당대의 스님으로 청원(靑原)의 문하이다. 단하는 주석 산명이다. 일찍이 유학을 배우고 과거에 응시하기 위해 장안(長安)으로 가던 중, 한 선승으로부터 관리가 되기 위한 과거보다는 부처가 되기 위한 과거가 훌륭하다는 얘기를 듣고, 마조도일(馬祖道一)을 친견한 후 석두희천(石頭希遷)의 문하에서 3년 동안 참학하였다. 그 후 다시 마조 문하에 이르러 수행하던 어느 날, 법당에 들어가 성상(聖像)의 목에 걸터앉았다. 대중이 크게 놀라 마조에게 고하자, 마조가 법당에 들어가 보고 "천연(天然)하도다."라고 말하자, 바로 내려와 예배드리며 "스님께서 주신 법호(法號) 감사합니다."라고 말했다. 이로부터 천연(天然)이라고 칭해지게 되었다. 그는 천태산 화정봉에 머물기를 3년, 경산도흠(徑山道欽)을 친견하고 원화 연중(806~821)에 낙동의 용문(龍門) 향산에서 복우자재와 사귀었다. 또한 낙양의 혜림사에서는 불상을 태워 추위를 녹이는 등의 기행이 있었다. 후에 하남성의 남양 단하산에 주석하자, 학도 300여 명이 운집하여 대사원을 이루었다. 당 장경 4년 6월에 입적하였다. 그때가 세수 86이었다. 시호는 지통선사(智通禪師)이다.

달관담영(達觀曇穎) : 989~1060. 임제종. 호는 달관(達觀). 절강성(浙江省) 철당(鐵塘) 사람. 속성은 구씨(丘氏). 대양경현(大陽警玄)에게 조동(曹洞)의 종풍을 배웠고, 그 뒤 곡은온총(谷隱蘊聰)에게 참학하여 그의 법을 이었다. 윤주(潤州) 금산(金山)에 주석하였다. 가우(嘉祐) 5년에 입적하였다.

달마편주(達摩篇注) : 알 수 없는 책.

담가(擔枷) : 스스로 칼(죄인의 목에 씌우는 형구)을 쓰다.

담가과장(擔枷過狀) : 스스로 칼을 쓰고 죄를 적은 소장을 지참하다. 스스로 칼을 쓰고 죄를 적은 문서를 제출하다.

담당문준(湛堂文準) : 1061~1115. 늑담문준(泐潭文準) · 보봉문준(寶峯文準)이라고도 불린다. 임제종 황룡파(黃龍派). 자는 담당(湛堂). 섬서성 흥원부(興元府) 출신. 속성은 양씨(梁氏). 8살에 금선사(金僊寺) 허보(虛普)를 따라 머리를 깎은 후에 양산승(梁山乘)에 의하여 사천성 성도(成都)에서 구족계를 받았다. 위산(潙山)의 진여모철(眞如慕喆)을 참학하다가 계합하였지만, 뒤에 구봉(九峰)과 늑담(泐潭)에서 진정극문(眞淨克文)에게 배우고 그의 법을 이었다. 강서성 예장(豫章)의 태수 이경직(李景直)의 청에 의해 운암사(雲巖寺)에서 법을 열다가, 곧 강서성 융흥부(隆興府)의 늑담보봉사(泐潭寶峰寺)로 옮겼다. 정화 5년 10월 22일에 시적하였다. 세수는 55세. 『담당준화상어요(湛堂準和尙語要)』(1권)이 있고 『속고존숙어요(續古尊宿語要)』 제1권에 수록되어 있다.

담락(膽落) : 간담이 떨어지다. 몹시 놀라다. 몹시 두려워하다.

담박(淡薄) : 맛이 싱겁다.

담병(談柄) : 이야깃거리. 화제(話題).

담복(薝蔔) : 치자나무와 그 꽃. 빛이 희고 향내가 매우 좋음.

담연(湛然) : 물이 맑다.

담탕(澹蕩) : 조용하고 편안하다. 한적하다.

담판한(擔板漢) : '널판때기를 짊어진 사람'이란 뜻인데, 널판때기를 어깨에 짊어지면 앞만 보고 뒤를 돌아보지 못하기 때문에, 하나만 알고 둘은 모르는 자를 일컫는다. 완고한 사람. 자기 생각만 하는 사람. 외골수.

담하(擔荷) : 짐을 지다. 책임을 지다. 떠맡다. 승당(承當)과 같은 뜻. 깨달음을 떠맡다. 깨달음을 얻음을 가리킨다.

답번(踏翻) : 밟아서 뒤집다. 발로 차서 뒤집다.

답번관려자(踏翻關棙子) : 관려자(關棙子)에는 다음 두 뜻이 있다. ① 기관의 회전축. 스스로 이리저리 돌아가는 기관(機關)의 회전축. 실상도 보고 망상도 보며 다양하게 움직이는 마음을 가리킴. ② 관건(關鍵). 문의 빗장. 요처(要處). 이리저리 돌아가므로 역순(逆順)의 관려자라 한다. 관려자(關捩子)라고도 쓴다. 마음의 회전축을 밟아 뒤집다 혹은 문빗장을 차서 뒤집다. 도(道)에 통함을 나타내는 표현. 콧구멍을 밟는다는 답착비공(踏着鼻孔)과 같은 뜻이다.

답착비공(踏着鼻孔) : 콧구멍을 밟다. 콧구멍은 본래면목을 가리킨다.

당(倘) : ① 놀라고 의심하여 멈칫하는 모양. ② 멍한 모양.

당(儻) : 만일(혹시) -이라면.

당개(瞠開) : (당황하여) 눈을 휘둥그레 뜨다.

당기(當機) : 당장. 즉시.

당년(當年) : 그때. 그 당시. 그해. 한창 나이. 황금기.

당도(當途) : = 당도(當塗), 당도(當道). ① 정권을 잡다, 권력을 쥐다. ② 길을 가로막다. ③ 도로에 있다.

당두(當頭) : 당장. 즉시. 그 자리에서.

당두(堂頭) : 선원의 어른인 주지(住持)나 방장(方丈).

당랑취선(螳螂取蟬) : 눈앞의 이익에만 급급해 등 뒤의 위험을 모르다. 오(吳)나라 왕은 국력이 커지자 이웃인 형(邢) 나라를 치려고 하였다. 그러나 신하들은 주변 정세로 보아 출병이 불가하다며 반대하였다. 이에 오왕은 자신의 고집을 꺾지 않고 오히려 좌우 신하들에게 이렇게 일렀다. "감히 반대하여 간언(諫言)하는 자는 죽이리라." 그때 오왕의 젊은 태자도 간언을 하고 싶었으나 감히 실행을 하지 못하자 하나의 꾀를 내었다. 태자는 화살을 시위에 매긴 활을 들고서 후원에 가서 옷에 이슬을 적시면서 사흘간이나 아침마다 서성거리고 있었다. 오왕이 이상하게 여겨 물었다. "너는 무슨 까닭으로 옷까지 적시면서 고생함이 이와 같은가?" 그러자 태자는 이렇게 말하였다. "이 뜰에 나무가 하나 있습니다. 그 나무에는 매미가 한 마리 있지요. 그 매미는 나무 높은 곳에 붙어서 슬피 울며 이슬을 먹고 있습니다. 그런데 사마귀가 그 뒤에서 노리고 있다는 것을 모르고 있습니다. 그 사마귀는 몸을 붙이고 숨어서 매미를 덮칠 생각에만 빠져, 그 곁에 참새가 저를 노리고 있는 것을 알지 못하고 있습니다.(螳螂委身曲附欲取蟬, 而不知黃雀在其傍也.) 그러나 그 참새도 역시 목을 늘여 사마귀를 쪼아 먹을 생각에만 눈이 먼 채, 그 아래에 활을 가지고 쏠 준비를 하고 있는 저를 알지 못합니다.(黃雀延頸欲啄螳螂, 而不知彈丸在其下也.) 이 세 마리는 모두가 눈앞에 있는 이익을 얻기에만 급급할 뿐, 그 뒤에 있는 환난(患難)을 돌아볼 줄 모르는 것입니다." 오왕이 이 말을 듣고서 '옳다.' 하고는 드디어 군사를 흩어버렸다.(설원(說苑) 정간편(正諫篇))

당랑포선(螳螂捕蟬) : = 당랑취선(螳螂取蟬).

당래(當來) : ① 미래. 장래. ② 오자마자. 곧장. 바로 올 그때.

당리(黨里) : 고향 마을.

당면(當面) : ① 당장. ② 마주 보고서.

당문(當門) : 문을 마주하다. 문 앞.

당문치(當門齒) : 앞니.

당발(撞發) : 쳐서 움직이다. 부딪혀서 움직이다. 촉발(觸發)시키다.

당번(撞翻) : 충돌하여 뒤집히다.

당병(糖餠) : 꿀떡. 꿀을 넣은 호떡.

당봉(當鋒) : 칼날을 막아서다. 막아내다. 방어하다.

당봉탈득울지장(當鋒奪得尉遲鏘) : 당(唐) 현장(玄奘)이 자은법사(慈恩法師) 규기(窺基)를 얻은 일화를 가리킨다. 자은법사는 당태종(唐太宗) 휘하의 명장인 울지경덕(尉遲敬德) 장군의 아들로, 열 살의 어린 나이에 『전책(戰策)』이란 병서를 저술하였는데, 그의 부친은 이를 장하게 여겼다. 현장(玄奘; 602~664)은 그의 능력을 높이 평가하여 꾀를 써서 그를 출가시켜, 교종(敎宗)을 크게 일으키려 하였다. 그리하여 현장은 그가 지은 『전책』을 훔쳐 내어 나이 어린 행자(行者)에게 외우도록 한 후, 행자를 데리고 울지를 방문하였는데, 울지 장군은 자기 아들이 글을 잘 짓는다고 극구 칭찬하였다. 이에 현장이 그가 지은 글을 한번 보자 하여 읽어 보고는 이런 글은 이 어린 행자도 외울 수 있는 글이라고 하였다. 울지는 깜짝 놀라 행자에게 외우도록 하니 과연 한 글자도 틀리지 않았다. 이에 울지는 버럭 성을 내며, 이놈의 자식이 옛 글을 가지고서 나를 놀렸다면서 당장 죽이려 하자 현장이 그에게 말하였다. "불법(佛法)에 중생을 구제하는 법이 있습니다. 만일 이 아이를 구하지 못하면 나는 불제자가 아닙니다. 이 아이를 출가시키면 어떻겠습니까?" 울지는 그의 말을 따라 아들을 출가시켰다. 현장은 그를 제자로 삼아 공부를 시키니, 그가 곧 법상종(法相宗)의 시조(始祖)인 자은법사(慈恩法師) 규기(窺基; 632~682)이다. 『총림성사(叢林盛事)』에 이 이야기가 실려 있다.
당불(當不) : -할 수 없다. -하면 안 된다.
당상(堂上) : = 당두(堂頭). 조실의 거처.
당양(當陽) : ① 당장(當場). 당하(當下). 즉시(卽時). ② 불상을 가리킴, 당양불(當陽佛; 불상이 남쪽을 향하고 앉아 있기 때문). ③ 햇볕을 대하고 있다.
당연(唐捐) : 헛되이 없애다. 헛되이 버리다.
당인(當人) : 적당한 사람. 적합한 사람. 당사자.
당인불양(當仁不讓) : 옳은 일은 사양하지 않는다.
당전(堂前) : 정방(正房; 본채. 조상의 모신 제단(祭壇)이 있거나, 손님을 모시는 응접실, 혹은 거실임)의 앞. 여성에 대한 존칭.
당주조한(噇酒糟漢) : 술 찌꺼기를 먹는 사람이라는 말로, 순수한 진리를 깨닫지 못한 사람을 욕하는 말.
당착(撞着) : 맞부딪치다. 불의의 사태를 만나다.
당체(當體) : 본체(本體). 그 자체(自體).
당친(黨親) : 친척. 친족.
당파칠통(撞破漆桶) : = 타파칠통(打破漆桶). 칠통을 때려부수다. 문득 깨닫는 돈오(頓悟)를 가리킴. 칠통(漆桶)은 가구에 칠하는 새까만 옻나무의 진액을 넣은 통. 아주 까맣고, 또는 아주 캄캄하여 아무 것도 알 수 없다는 뜻으로서 앞을 가로막은 은산철벽(銀山鐵壁)이나 사방을 가로막은 금강권(金剛圈)과 같은 말. 타파흑칠통(打破黑漆桶) 혹은 폭파칠통(爆破漆桶)이라고도 함.
당하(當下) : 즉각. 바로. 그 자리에서.
당행가(當行家) : 숙련된 사람. 정통한 사람.
당헌(當軒) : 지붕이 있는 높은 수레의 높은 앞 부분. 지붕이 있는 높은 누각(樓閣).
대(代) : 고칙이나 공안을 들고 옛사람을 대신해서 해명(解明)하는 것이다.
대가(大家) : 여러 사람. 많은 사람.
대가공(大家公) : 부귀한 집안의 사람. 대갓집의 신분 높은 사람.
대각회련(大覺懷璉) : 1009~1090. 육왕회련(育王懷璉). 송대(宋代)의 스님으로, 대각(大覺)은 인종(仁宗)이 내린 사호(賜號)이다. 속가의 성은 진(陳)씨이며, 장주(漳州; 福建省) 용계(龍溪) 출신이다. 늑담회징(泐潭懷澄)의 법사이다. 송(宋) 황우(皇祐) 연간(1049~1054)에 인종(仁宗)의 부름에 응하여 불법의 대의를 설하고 '대각선사(大覺禪師)'라는 호를 받았다. 원우 5년에 입적하였으니, 그때 세수 82였다.
대감(大鑑) : 육조혜능(六祖慧能).
대경소괴(大驚小怪) : 하찮은 일에 크게 놀라다. 조금 괴상한 일에 크게 놀라다.
대고준생(大高峻生) : 매우 뛰어난 사람.
대교약졸(大巧若拙) : 『노자도덕경』 제45장에 나오는 구절. 매우 잘 만든 것은 오히려 서툴게 보인다는 말.
대단(大段) : 매우. 특히. 유달리. 충분히. 대단히.
대대(待對) : 상대(相對). 연기법(緣起法)을 말함. 모순개념들이 서로 상대적으로만 성립하는 것을 말한다. 분별되는 모든 모습과 이름은 전부 대대(待對) 속에서 나타난다. 하늘은 하늘 아닌 것과 함께 나타나 하늘이 되고, 땅은 땅 아닌 것과 함께 나타나 땅이라고 분별된다. 중도(中道)란 바로 이러한 대대(待對) 즉 연기법(緣起法)을 뛰어넘은 것이다.
대덕(大德) : 스님을 높여 부르는 경칭(敬稱).
대도(待到) : ① = 대도(待道). ② -까지 기다리다.
대도(大都) : 대개. 대부분. 대체로.
대도(待道) : 만약 -라고 말한다면. -라고 말하고자 하면.
대도사(大導師) : 크게 가르치고 이끄는 스승. 부처님 혹은 보살을 가리킴.
대두(擡頭) : 머리를 들다, 등장하다, 떳떳해 하다.
대로(大老) : 지체 높고 나이 많은 노인.
대루(帶累) : 연루되다, (남의 사건에) 말려들다.
대매영(大梅英) : 명주(明州) 대매(大梅) 조경법영(祖鏡法英) 선사. 구봉감소(九峰鑑韶) 선사의 제자이다. 육조 문하 12세손이다.

대면천리(對面千里) : 얼굴과 얼굴을 서로 마주해도 마음이 통하지 않으면 천리나 떨어져 있는 것과 같다는 뜻이다. "依此修行, 言下見性, 雖去吾千里, 如常在悟邊; 於此言下不悟, 卽對面千里."(『육조단경(六曹壇經)』)

대모(擡眸) : 눈길을 끌다. 돋보이다. = 대안(擡眼).

대목건련(大目揵連) : 목건련. 기원전 6-5세기 인도의 승려. 석가의 10대제자(大弟子)의 한 사람으로, 목건라야나(目揵羅夜那) · 목가략자(目伽略子) 등으로 음사(音寫)하며, 대(大)목건련 또는 마하(摩訶)목건련이라고도 한다. 처음에는 사리불(舍利佛)과 함께 바리사바 외도인 산사야에게서 도를 배우고 그 학문에 정통하여 100명의 제자를 가르쳤다. 그러나 사리불이 석가의 설법을 듣고 법안정(法眼淨)을 얻었다는 말을 듣고는 그 100명의 제자를 이끌고 불문에 집단 귀의한 뒤 석가의 가르침을 받은 후 스승을 잘 도와 신통제일(神通第一)이라는 영예를 얻었다.

대반(臺盤) : ① 연회석상. 잔치상. ② 사람이 많이 모인 자리. 공공연한 장소.

대범(大凡) : ① 일반적으로. 대략. ② 요컨대. 한마디로 말하면. ③ 하여간. 아무튼. 결국.

대비로자나(大毘盧遮那) : 비로자나(毘盧遮那)는 범어로 해[日]의 별명이므로, 곧 대일(大日)을 말함.

대사(大似) : 꼭 -와 같다. 꼭 -처럼.

대사(大士) : 마하살(摩訶薩)의 번역. 보살(菩薩)과 같은 뜻.

대사저인(大死底人) : 완전히 죽은 사람. 철저히 죽은 사람. 아주 죽은 사람.

대산왕(大山王) : 수미산왕(須彌山王). 곧 수미산(須彌山)을 가리킴.

대살(大殺) : = 태살(太殺). ① 매우. 충분히. 꼭. 분명히. ② (부정문에서) 결코. 절대로.

대상(大祥) : 부모가 돌아가신 지 두 돌만에 지내는 제사.

대상국사(大相國寺) : 중국의 유명한 불교 사원(寺院). 하남성(河南省) 개봉시(開封市) 중심에 있다. 북제(北齊) 천보(天寶) 6년(555)에 건설. 원래 이름은 건국사(建國寺). 당(唐) 연화(延和) 원년(元年; 712) 예종(睿宗)이 상왕(上王)으로부터 황위(皇位)에 오른 것을 기념하기 위하여 대상국사(大相國寺)라고 이름을 바꾸었다.

대세지보살(大勢至菩薩) : 아미타불의 우보처보살. 마하살타마발라발다(摩訶薩馱摩鉢羅鉢跢)라 음역. 대정진(大精進) · 득대세(得大勢)라고도 번역. 아미타불에겐 자비문과 지혜문이 있는데, 관세음은 자비문을 표하고, 대세지는 지혜문을 표한다. 이 보살의 지혜 광명이 모든 중생에게 비치어 3도(途)를 여의고 위없는 힘을 얻게 하므로 대세지라 한다. 또 발을 디디면 삼천 세계와 마군의 궁전이 진동하므로 대세지라 한다. 형상은 정수리에 보배병을 얹고 아미타불의 바른쪽에 있으며, 염불하는 수행자를 맞아 갈 때에는 합장하는 것이 통례이다.

대소(大小) : = 대소대(大小大).

대소대(大小大) : ① 이렇게 큰. 이렇게 대단한. ② 얼마나. 진실로. 매우.(감탄문에서 정도가 심함을 나타냄.) = 대소(大小).

대솔(大率) : 대체로. 대개. 대략.

대수(大帥) : 군대의 주장(主將). 사령관. 지휘관.

대수필(大手筆) : ① 대작(大作). 명작(名作). ② 대문호(大文豪). 뛰어난 작가(作家).

대숭(戴崇) : 당대(唐代)의 화가. 소 그림을 잘 그렸다. 〈유우도(乳牛圖)〉가 유명하다.

대승(大乘) : ↔ 소승(小乘). 마하연나(摩訶衍那)라 음역. 사람을 싣고 이상경(理想境)에 이르게 하는 교법 가운데서, 교리 · 교설과 이상경에 도달하려는 수행과 그 이상 · 목적이 모두 크고 깊은 것이므로, 이것을 받는 근기도 또한 큰 그릇인 것을 대승이라 함. 곧 보살의 큰 근기가 불과(佛果)의 대열반을 얻는 법문. 대승(大乘)이라는 이름은 소승(小乘)이라는 이름에 상대하여 지어진 것. 성문승과 연각승을 소승이라 한다.

대시문(大施門) : 크게 베푸는 문. 곧 교화문(敎化門)을 가리킴.

대액(大液) : 한무제가 금원 안에 만든 연못. 태액.
대야(大冶) : 주물공. 주조공. 대장장이.
대양경현(大陽警玄; 943~1027) : 조동종. 강하(江夏; 호북성)인. 속성은 장씨(張氏). 숙부로 있던 금릉(金陵) 숭효사(崇孝寺)의 지통(智通)을 예방하였다가 출가. 여러 지방을 유행하다가 정주(鼎州; 호남성)의 양산(梁山)에 이르러 연관(緣觀)에게 참학하였다가 그의 법을 이었다. 뒤에 영주(郢州; 호북성)의 대양산(大陽山)의 혜견(慧堅)의 회하(會下)에 들어가 법석을 이었다. 대중상부(大中祥符) 연간(1006~1016)에 국휘(國諱)를 피하여 경연(警延)이라고 이름을 고쳤다. 이후 약 30년간 대양산에 주석하였다. 이전에 섭현귀성(葉縣歸省)의 법을 이은 부산법원(浮山法遠)에게 가죽신과 직철(直裰; 우리의 장삼과 비슷한 승려들의 옷)을 주면서 뒷일을 당부하였다. 천성(天聖) 5년 7월 19일 게(偈)를 시랑(侍郞) 왕도(王睹)에게 의탁하고는 시적하였다. 세수는 85세. 법랍은 66세. 명안대사(明安大師)라고 시호하였다. 『대양명안대사십팔반묘어(大陽明安大師十八般妙語)』(1권)이 있다.
대어(代語) : 옛사람이 말하지 않았던 경우를 대신해서 자기의 말을 덧붙이는 것. 착어(着語)의 한 종류.
대언(大言) : 큰소리. 흰소리.
대용직절(大用直截) : 곧장 큰 작용을 펼치는 것.
대우수지(大愚守芝) : 서주(瑞州) 대우산(大愚山) 수지(守芝) 선사. 임제종(臨濟宗) 승려로서, 남악 문하 10세손이다. 태원(太原) 사람. 속성은 왕(王)씨. 어려서 출가하였고 노주(潞州) 승천사(承天寺)에서 법화(法華)를 수학했다. 『금강경(金剛經)』을 강설하여 이름이 났으며, 분양선소(汾陽善昭)의 문하에 들어가 인가를 받았다. 강서성 균주(筠州) 고안현(高安縣)의 대우산(大愚山) 흥교원(興敎院)에 머물다가 강서성 남창(南昌)의 취암(翠巖)으로 옮겼다. 가우(嘉祐; 1056~1063) 초년에 입적했다. 『균주대우지화상어록(筠州大愚芝和尙語錄)』 1권이 남아 있다.
대웅(大雄) : 백장(百丈)을 가리킨다. 백장회해(百丈懷海)는 대웅산(大雄山)에 머물렀는데, 이 산에 솟아 있는 바위가 매우 높아 백장(百丈)이나 된다고 하여 백장산(百丈山)이라고도 불렀다. 한편으로 대웅(大雄)은 석가모니불(釋迦牟尼佛)을 가리키기도 한다.
대원(大願) : ① 한없이 넓고 큰 서원(誓願). 중생이 부처 되려는 소원. 부처가 중생을 구제하려는 서원. ② 아미타불이 세운 48원. 대원경지(大圓鏡智)는 유식법상종에서 설하는 사지(四智), 또는 진언밀교에서 설하는 오지(五智)의 하나로, 유식설에 의하면 제8아뢰야식이 제십지(第十地)를 뛰어 넘어서 불과(佛果)에 이를 때 모든 번뇌와 습기(習氣)를 끊어버리고 순수한 무루지(無漏智)가 된다고 한다. 이는 거울이 모든 형상을 있는 그대로 비추는 것에 비유한 말이다.
대위모철(大潙慕喆) : ?~1095. 취암가진(翠巖可眞; ?~1064)의 법사(法嗣)인 담주(潭州) 대위모철진여(大潙慕哲眞如) 선사(禪師). 위산모철(潙山慕喆)으로도 불린다. 임제종이며, 무주(撫州; 江西省) 임천(臨川) 사람이다. 속가의 성은 문(聞)씨이다. 건창군(建昌軍) 영안원(永安院) 단각율사(丹覺律師)에게 출가하여 구족계를 받았다. 취암가진(翠巖可眞)에게 참학하여 계합하였다. 그 후 담주(潭州; 湖南省)의 악록사(岳麓寺)와 취암산(翠巖山)에 머물렀다. 소성(紹聖) 원년(1094)에 입궐하여 철종(哲宗)으로부터 '진여(眞如)선사'라는 칙호(勅号)를 받았고, 개봉(開封; 河南省)의 대상국(大相國) 지해선원(智海禪院)에 머물렀다. 소성(紹聖) 2년 10월 8일에 입적하였다.
대위회수(大潙懷秀) : 생몰년은 자세하지 않다. 송(宋)대 사람. 임제종. 신주(信州; 현 절강성) 출신. 속성은 응(應)씨. 황룡혜남(黃龍慧南)의 법을 이었다. 담주(潭州; 현 호남성) 대위산(大潙山)에 주석했다. 남악(南嶽) 문하 12세손이다.
대유(大有) : 많이 있다. 수확이 좋다.
대유령(大庾嶺) : 강서성(江西省) 남안부(南安府)

대유현(大庾縣) 남쪽 25리에 있는 고개. 이 고개는 강서성과 광동성(廣東省)의 경계로서, 남쪽을 영남(嶺南), 북쪽을 영북(嶺北)이라 한다. 육조혜능(六祖慧能)이 태어난 고향과 교화를 펼친 활동지는 모두 대유령의 남쪽인 광동성에 있다. 혜능은 이 고개를 넘어 오조홍인을 만나러 갔으며, 인가를 받고는 역시 이 고개를 넘어 도망치다가, 이 고개에서 몽산도명(蒙山道明)에게 붙잡혀 도명을 가르쳤다.

대의(大衣) : 삼의(三衣)의 하나이고, '구조의(九條衣)'라고도 한다. 중의(重衣)·화합의(和合衣)·설법의(說法衣)라고도 번역된다. 긴 베와 짧은 베를 꿰어 맞춘 것을 '일조(一條)'라 하고, 이것을 아홉 개 나란히 꿰매어서 만든 것이다.

대의왕(大醫王) : 부처님을 말함. 어진 의사가 병에 따라 약을 주어 병자를 낫게 하듯이, 부처님께서 중생의 근기에 따라 거기에 알맞는 가르침을 주어, 그 고통을 없애고 편안하게 하므로 대의왕이라 한다.

대인(大人) : 대장부(大丈夫). 전륜성왕이나, 부처, 보살을 가리키는 말.

대일(大日) : 진언종의 본존. 마하비로자나(摩訶毘盧遮那)라 음역. 마하는 대(大), 비로자나는 일(日)의 별명이므로 대일이라 한다. 예전부터 학자들이 마하비로자나를 대일이라 번역한 것은, 세 가지 이유에서이다. ① 제암변명(除暗遍明). ② 능성중무(能成衆務). ③ 광무생멸(光無生滅)의 뜻. 이것은 태양이 가진 세 가지 큰 속성을 나타낸 것이나, 지금 이 여래의 덕성이 태양과 비슷하므로 여기에 대(大)자를 더하여 대일이라 한다.

대적정(大寂定) : ① 대적정삼매(大寂定三昧)·대적정묘삼마지(大寂靜妙三摩地). 정(定)은 선정(禪定)·삼매(三昧)·삼마지(三摩地)라고도 함. 마음을 한 대상에 머물게 하여 산란치 않는 것을 말한다. 대적정은 여래가 드는 선정으로 모든 산란에서 떠나 마침내 적정(寂靜)하다는 뜻으로 대적(大寂)이라 함. ② 대열반(大涅槃)을 말함. 이것은 절대 적정의 경지이므로 이와 같이 말함.

대전보통(大顚寶通) : 732~824. 당대(唐代) 선승. 청원(青原) 문하. 석두희천(石頭希遷)의 법을 이어받아 광동성(廣東省) 조주(潮州)의 영산(靈山)에 머물렀다. 〈논불골표(論佛骨表)〉(819)를 써서 헌종(憲宗)에게 올리고 조주(潮州)에 유배된 배불론자(排佛論者)인 한유(韓愈)와 교류하였다.

대종(代宗) : 당(唐) 8대 황제. 이름은 이예(李豫). 762~779년 재위. 연호는 광덕(廣德).

대좌(大坐) : 턱 하고 당당히 앉다. 털썩 앉다. 쿵하고 엉덩방아를 찧다.

대주차생(大周遮生) : 매우 말이 많은 사람. 주차(周遮)는 말이 많다는 뜻.

대주혜해(大珠慧海) : 당대(唐代) 선승. 속성은 주(朱)씨. 산서성(山西省) 건주(建州) 출신. 절강성(浙江省) 월주(越州) 대운사(大雲寺)의 도지(道智) 화상에게 출가하였다. 마조도일을 찾아서 깨달음을 얻고, 그의 법을 이었다. 저술로 『돈오입도요문(頓悟入道要門)』 1권을 포함한 『대주선사어록(大珠禪師語錄)』 2권이 있다.

대천사계(大千沙界) : 삼천대천세계(三千大千世界)의 모래알만큼 많은 세계.

대천세계(大千世界) : 삼천대천세계(三千大天世界)의 약칭이다. 세계에는 소천(小千)·중천(中千)·대천(大千)의 구별이 있는데, 4대주(大洲)의 해(日)·달(月)과 여러 하늘을 일세계(一世界)라 하고, 그 일세계를 소천세계, 소천세계의 천 배를 중천세계, 중천세계의 천 배를 대천세계라고 한다.

대천제(大闡提) : 매우 심한 천제(闡提). 천제는 일천제(一闡提)를 가리킴. 일천제는 icchantika의 음역. 일천저가(一闡底柯)·일천제가(一闡提伽)·일전가(一顚迦)라고도 음역함. 줄여서 천제라고 함. 단선근(斷善根)·신불구족(信不具足)이라 번역하며, 깨달을 가능성이 없는 이를 뜻함. (1)단선천제(斷善闡提). 본성이 성불할 수 없다는 것. 『유식론』의 무성유정(無性有情)과 같음. (2)대비천제(大悲闡提). 보살이 대비심을 일으켜 일체 중생을 모두 다 제도하기 위하여 예토(穢土)에 일부러 태어나서 활동하므로 성불할 기회를 얻지 못하는 것.

대총지(大總持) : = 총지(摠持). 다라니.

대충(大蟲) : '충(蟲)'은 짐승[獸]을 뜻하고, 대충(大蟲)은 호랑이를 가리킨다. 남전보원(南泉普願)의 제자인 장사경잠(長沙景岑)이 앙산혜적(仰山慧寂)과 더불어 달구경을 할 때에 앙산이 말하기를, "사람마다 모두 이 하나를 가지고 있지만, 단지 쓸 줄을 모른다."고 하자, 경잠이 말했다. "지금 그대가 써 보아라." 앙산이 말했다. "그대는 어떻게 쓰는가?" 경잠이 이에 앙산의 가슴을 발로 차니, 앙산이 말했다. "헉! 꼭 한 마리 대충(大蟲) 같구나." 이로부터 사람들은 그를 일러 잠대충(岑大蟲)이라고 하였다.(『오등회원』 제4권. 장사경잠선사)

대치(對治) : 깨달음의 지혜를 가지고 번뇌의 어리석음을 다스리다. 어리석음을 깨뜨려 끊다. 이것은 상대되는 두 개념을 세우고 그 두 개념이 서로 의지하여 성립하므로 실상은 둘이 아니라는 것을 보임으로써 분별하는 마음이 소멸되도록 하는 것이다. 『육조법보단경(六祖法寶壇經)』의 「법문대시(法門對示) 제9」에 이러한 내용을 자세히 말하고 있다. "내 이제 너희들이 법을 말함에 근본을 잃지 않도록 해 주겠다. 먼저 삼과법문(三科法門)을 들어서, 움직이고 작용함에는 36가지로 상대(相對)시키고, 나고 듦에는 양변(兩邊)을 떠나며, 모든 법(法)을 말하되 자성(自性)을 떠나지 말아야 한다. 만약 누가 너희에게 법(法)을 묻거든, 말을 함에 모두 쌍(雙)으로 하고 대법(對法)을 취하여 오고 감이 서로 인(因)이 되게 하다가, 마지막에는 두 법(法)을 모두 없앰으로써 달리 갈 곳이 없게 하여야 한다."(吾今教汝說法, 不失本宗. 先須擧三科法門, 動用三十六對, 出沒卽離兩邊, 說一切法, 莫離自性. 忽有人問汝法, 出語盡雙, 皆取對法, 來去相因, 究境二法盡除, 更無去處.) 이러한 방편은 나가르주나의 『중론(中論)』의 방편과 동일한 방식이라고 할 수 있다.

대통신수(大通神秀) : ?~706. 중국 당나라 스님. 북종선(北宗禪)의 개조(開祖). 속성은 이씨. 개봉(開封) 사람. 50세에 기주(蘄州) 쌍봉(雙峰) 동산사에 5조 홍인선사(弘忍禪師)를 뵙고 제자가 됨. 홍인이 죽은 뒤에 강릉 당양산에 있으면서 측천무후의 귀의를 받고, 궁중의 내도량(內道場)에 가서 우대를 받았으며, 또 중종황제의 존경을 받음. 신룡 2년에 죽음. 시호는 대통선사(大通禪師). 동문(同門)의 혜능(慧能)이 5조의 법사(法嗣)가 되어 스승의 명으로 남방에 가서 도법을 널리 편 이래로 혜능이 전한 것을 남종(南宗)이라 하고, 신수가 전한 것을 북종(北宗)이라 함.

대통지승불(大通智勝佛) : 『법화경』 「화성유품(化城喩品)」에 나온다. 대통지승불(大通智勝佛)은 과거 한량없고 끝없는 불가사의 아승기겁의 부처님이다. 처음 도량에 있으면서 마군을 물리치고 최상의 깨달음을 얻으려 했지만 쉽지 않았다. 이에 대통지승불은 10소겁 동안 가부좌를 틀고 앉아 몸과 마음을 움직이지 않았으나 불법을 이루지 못했다. 그때 도리천에서 대통지승불을 위해 사자좌를 보리수 아래에 폈다. 그 자리에서 10소겁 동안 다시 부동자세로 앉아 선정에 든 뒤 최상의 깨달음을 이루게 되었다. 그리고 『법화경』을 듣고 믿고 행하는 한편 각기 법석을 열고 이 경을 널리 설했다. 모두 6백만억 나유타 중생들을 교화하여 아뇩다라삼먁삼보리를 얻게 하였고, 현재 시방의 국토에 출현하여 있다고 『법화경』 제7 「화성유품」에서는 설하고 있다. 석가모니불은 과거 대통지승불의 16왕자 중 막내였으며 그때부터 항상 석가모니불이라는 부처님으로 출현하여 『법화경』을 설하게 되었다고 한다. 따라서 대통지승불은 모든 여래의 어버이가 되는 부처님이다. 이 이야기의 핵심은 그가 자신의 깨달음을 완성하고 열반에 들기 전에 중생들의 근기가 익을 때까지 설법하며 기다렸다고 하는 것이다. 그러나, 선종(禪宗)에서는 이 이야기를 본래 두루 완성되어 있는 불성을 가진 중생이 다시 불성을 얻어 부처가 되는 일은 없다고 하는 독창적인 해석을 가하고 있다.

대혜(大慧) : ① 남악회양(南嶽懷讓)의 시호(諡號). ② 대혜종고(大慧宗杲).

대혜종고(大慧宗杲) : 1089~1163. 남송대(南宋代) 스님. 임제종 양기파(楊岐派). 호는 묘희(妙喜) 또는 운문(雲門). 자는 담회(曇晦). 속성은 해(奚)씨. 안휘성 선주(宣州) 영국(寧國) 출신. 13세에 향교에 들어가 유학을 배우고, 16세 때 동산(東山) 혜운사(慧雲寺)의 혜제(慧齊)에게 득도함. 이듬해 구족계를 받고 선적(禪籍)을 연구함. 대관(大觀) 원년(1107) 가을, 여산(廬山)에 올랐으며, 나중에 동산(洞山)으로 가서 잠시 참구하여 조동(曹洞)의 종지를 배움. 뒤이어 보봉(寶峰)의 담당문준(湛堂文準) 회하로 들어감. 정화(政和) 5년(1115) 문준은 자신의 입적이 다가오자, 그에게 원오극근(圜悟克勤)에게 가서 참구할 것을 권함. 청량덕홍(淸涼德洪)을 찾아가 예를 올리고, 그 곳에서 장상영(張商英)을 알현. 선화(宣和) 6년(1124), 원오가 동경(東京) 천녕사(天寧寺)에 칙령을 받고 머물 때 그의 회하에서 참구하여, 각고의 노력 후에 깨달음을 얻고 그의 법을 이음. 승상 궁순도(宮舜徒)의 주상(奏上)으로 불일대사(佛日大師)라는 호를 받음. 원오가 촉(蜀)으로 돌아간 후에는 금(金)과의 전란을 피해 강서성 해혼(海昏)의 운문암(雲門庵)으로 감. 소흥(紹興) 4년(1134)에는 복건(福建)의 양서암(洋嶼庵)으로 가서, 이때부터 조동종(曹洞宗)의 묵조선(默照禪)을 공격하고 간화선(看話禪)을 고취함. 동 7년 장릉(張浚)의 추거(推擧)에 따라 경산(徑山) 능인선원(能仁禪院)에 머물며 종풍을 크게 진작시켜 임제의현(臨濟義玄)의 재홍이라 일컬음. 그러나 금과의 전란에서 화해의 의논이 성립되자, 주전론자인 장구성(張九成)과 함께 누명을 쓰고 의첩(衣牒)을 박탈당한 후 호남성 형주(衡州)로 유배됨. 형주에 기거하기를 10년, 그 사이에 『정법안장(正法眼藏)』 6권을 저술. 그 후 사면되어 육왕(育王)에 머물렀고, 천동산(天童山)의 굉지정각(宏智正覺)과 도교(道交)를 맺음. 나중에 다시 경산에 머물며, 효종(孝宗) 황제의 귀의를 받고 대혜선사(大慧禪師)라는 호를 받음. 융흥(隆興) 원년에 입적. 세수 75, 법랍 58. 시호는 보각선사(普覺禪師). 저술로는 『정법안장(正法眼藏)』 6권, 『대혜어록(大慧語錄)』 30권이 있고, 문하에서 사후에 엮은 『종문무고(宗門武庫)』가 있다. 법을 이은 제자가 90여 명이나 되었다. 교화한 가운데 특히 애쓴 것은 천동정각(天童正覺)이 주장한 묵조선(默照禪)을 격파하고 활구선(活句禪)인 간화선(看話禪)을 강조한 것이다.

대호(大好) : ① 매우 좋다. ② 아름답다. ③ 완쾌하다.

대홍보은(大洪報恩) : 1058~1111. 송대(宋代) 스님. 조동종. 대홍은 주석 산명. 속성은 유(劉)씨. 안휘성 뤼양 출신. 생가는 유교 집안으로서, 약관에 관계에 투신했으나, 조정에 청하여 출가함. 안휘성 서주 투자산(投子山)의 의청(義靑)에게서 참구하여 깨달음을 얻음. 여러 이름난 산을 돌며 참구한 후, 승상(丞相) 공진(公縝)의 요청을 받고 하남설 낙양 소림사에서 설법함. 또 청에 따라 호북성 수주 대홍산 숭녕 보수선원으로 옮겨 율원을 선원으로 개원한 1세가 되어, 조동(曹洞)의 종풍을 크게 선양함. 무진거사 장상영과 친분이 두터웠음. 정화 원년에 입적. 세수 54, 법랍 32. 저서로는 『조동종파록』·『수보리심계분』·『낙발수계의문』이 있다고 하지만 전해지지 않음.

덕산(德山) : 덕산선감(德山宣鑒).

덕산밀(德山密) : 덕산연밀(德山緣密). 운문(雲門)의 법을 이어받은 제자.

덕산삼구(德山三句) : 운문종(雲門宗)의 개조(開祖)인 운문문언(雲門文偃; 864~949)의 법제자인 덕산연밀(德山緣密)이 제창한 삼구(三句). 『오등회원』 제15권 '정주덕산연밀원명선사(鼎州德山緣密圓明禪師)'에 다음의 내용이 있다 : 덕산이 상당하여 말했다. "나에게 세 마디 말이 있는데, 여러분들에게 보여 주겠다. 한 마디는 하늘과 땅을 뒤덮는다. 한 마디는 많은 흐름을 끊어버린다. 한 마디는 물결을 따르고 파도를 뒤쫓는다. 어떻게 판별하겠느냐? 판별해 낸다면, 배움에 참여할 몫이 있다. 판별해내지 못한다면, 장안(長安)의 길 위에서 겨우겨우 구차하게 살아갈 것이다."(上堂 : "我有三句語, 示汝諸人. 一句函蓋乾坤. 一句截斷衆流. 一句隨波逐浪. 作麽生辯? 若辯得出, 有參學分. 若辯不出, 長安路上輥輥地.")

덕산선감(德山宣鑑) : 780~865. 당대 청원(青原) 아래 사천성(四川省) 검남(劍南) 사람으로, 속성은 주씨(周氏)이다. 율(律) 및 성상(性相)을 배웠으며, 『금강경(金剛經)』에 정통하여 '주금강(周金剛)'이라 일컬어졌다. 남방의 선(禪)을 논파하러 갔다가 도리어 선으로 돌아섰고, 용담숭신(龍潭崇信)에게 참학하여 그의 법을 이었다. 이윽고 위산(潙山)에 가서 영우(靈祐)를 뵈었다. 또 풍양(灃陽)에서 30년간 주석하였고, 무종(武宗)의 폐불(廢佛) 법난을 만나서는 독부산(獨浮山)의 석실(石室)로 피신하였다. 대중(大中; 847~859) 초에 무릉(武陵) 태수 설정망(薛廷望)의 청으로 무릉의 덕산(德山)에 주석하여 종풍(宗風)을 드날렸다. 당(唐) 함통(咸通) 6년(865) 12월 3일 86세로 입적하였으며, 견성대사(見性大師)라는 시호를 받았다.

덕산연밀(德山緣密) : 송대(宋代) 선승. 운문종(雲門宗). 운문문언(雲門文偃; 864~949)의 법을 이어받아 덕산(德山)에 머물며 선풍을 고취했다. 운문의 삼구(三句; 함개건곤(函蓋乾坤), 절단중류(截斷衆流), 수파축랑(隨波逐浪))에 송(頌)을 붙였다. 시호는 원명대사(圓明大師).

덕산원명밀(德山圓明密) : 덕산연밀(德山緣密).

덕운비구(德雲比丘) : 『화엄경(華嚴經)』「입법계품(入法界品)」에 등장하는 비구. "여기 남방(南方)에 한 국토가 있는데, 승낙(勝樂)이라고 부른다. 그 국토에는 산이 있는데 이름이 묘봉(妙峰)이고, 그 산 속에는 한 비구가 있는데 이름이 덕운(德雲)이다. 너는 그에게 가서 물어 보아라. '보살은 어떻게 보살행(菩薩行)을 배우며, 보살은 어떻게 보살행을 닦는가?'"(『대방광불화엄경(大方廣佛華嚴經)』 제62권 「입법계품(入法界品) 제39-3」, 실차난타(實叉難陀) 역)

도(度) : (시간을) 보내다.

도(到) : -을 해내다. -에 미치다. -에 이르다. 동사의 보어로 쓰여 가능이나 목적의 달성을 나타낸다.

도(道) : ① -이다. = 시(是). ② 알다. 이해하다. 예상하다. 추측하다. 생각하다. ③ 종류. 부류. 무리. 폄하하는 뜻을 가지고 있다.

도(棹) : 배 젓는 노. 긴 노. 짧은 노는 요(橈)임.

도거(掉擧) : 마음이 가볍게 들떠서 안정되지 못하는 것. 마음이 어둡고 흐리멍덩한 혼침(昏沈)의 반대.

도구(道舊) : 불교에서 옛 친구, 오랜 벗을 가리키는 말.

도단(倒斷) : ① 멈추다. ② 그치다. ③ 끊다.

도달(忉怛) : = 도도달달(忉忉怛怛).

도도달달(忉忉怛怛) : = 도도(忉忉). = 도달(忉怛). = 도달(刀呾). ① 번거롭다. 말이 많다. 수다스럽다. 시시콜콜하다. ② 귀찮다. 지겹다. 싫증나다.

도독고(塗毒鼓) : 독고(毒鼓)라고도 한다. 도리천(忉利天)에 있는 북으로서, 독(毒)을 발라 놓았기 때문에 그 소리를 듣는 사람은 모두 죽는다고 한다. 이것은 부처님의 바른 가르침을 상징한다. 부처님의 바른 가르침을 들으면, 중생의 어리석은 아상(我相)이 모두 죽어 버리기 때문이다.

도두(到頭) : ① 정점에 이르다. 맨 끝에 도달하다. ② 결말이 나다. 끝나다. ③ 결국. 마침내.

도라(兜羅) : 도라면(兜羅綿). = 도라(覩羅).

도라면(兜羅綿) : 침대 속에 넣는 솜의 일종. 도라(覩羅)와 동일하다. 도라는 산스크리트와 팔리어인 tūla의 음역이다. 도라면(兜羅綿)은 도라

(覩羅)의 목면(木綿)으로, 부드럽기 그지없다고 한다.

도래(都來) : ① 전부. 모두. ② 도합. 전부 합하여.

도래(倒來) : 도리어. 오히려.

도령(倒聆) : 귀를 기울이다.

도로(徒勞) : ① 공연히. 쓸데없이. ② 헛수고하다.

도로(都盧) : 모두. 전부.

도룡(屠龍) : 도룡지기(屠龍之技)의 준말. 용을 도살하는 뛰어난 솜씨. 즉 써먹을 길이 없는 뛰어난 솜씨.

도루바(兜樓婆) : turuṣka 또는 투로바(妬路婆). 번역하여 향초(香草). 인도 지방에서 나는 향초의 일종. 바(婆)는 사(娑)의 잘못인 듯하다.

도리천(忉利天) : 범어 Trāyastriṃśa의 음역. 욕계 6천중의 하나. 수미산 정상의 33천을 말함. 그 세계의 왕을 제석천(帝釋天)이라고 한다.

도림(道林) : 숭녕근(崇寧勤) 즉 원오극근(圜悟克勤)을 가리킴. 원오극근은 한때 호남성(湖南省) 담주(潭州) 도림사(道林寺)에 머물렀다.

도번(倒飜) : 뒤집다.

도부(道副) : 464~524. 남제(南齊) 스님. 승부(僧副)라고도 함. 보리달마에게 참학(參學). 달마가 제자들을 감별할 때, "저의 소견으로는 문자에 집착하지도 않고 문자를 떠나지도 않는 것이 도(道)의 쓰임입니다."(如我所見, 不執文字, 不離文字, 而爲道用.)라고 말하자, 달마는 "그대는 나의 피부를 얻었다."(汝得吾皮.)라고 말함.

도사(道士) : 출가득도(出家得道)하여 도교의 교단에 속하며 도관(道觀)이나 사당에서 거주하는 사람. 도류(道流)·우사(羽士)·황관(黃冠) 등의 별칭이 있다. 중국 진·한시대의 방사(方士)가 그 선구이다. 도사가 되기 위해서는 스승을 모시고 그의 제자가 되어 소정의 자격을 얻어야 한다. 그렇게 되면 도록(허가증)과 자호(字號; 법명)를 얻는다. 승려처럼 삭발은 하지 않고 상투를 틀어 관(冠)이나 두건을 쓰고 도복(道服)을 입는다. 여자도 출가하여 여도사가 되는데 이 경우는 도니(道尼)·도고(道姑), 혹은 머리를 기른 채 관을 쓴다고 해서 여관(女冠)이라고도 한다. 정식 도사 외에 속세에 살며 결혼을 하고 육식을 하면서 기도 등에 종사하는 사람이 있는데 이를 화거도사(火居道士)라 불렀다. 출가도사에게는 계급과 직명이 있었다. 예를 들어 전진교(全眞敎)의 경우 장춘진인(長春眞人) 구처기(丘處機) 등과 같이 학덕이 높은 조사(祖師)를 진인이라 높여 불렀고, 정일교(正一敎; 天師道)에서는 역대 관장(管長)을 천사(天師)라 불렀다.

도솔내원(兜率內院) : 도솔천(兜率天)의 내원(內院). 보살의 마지막 몸이 머무는 곳. 석가모니가 보살 시절에 마지막에 이곳에 있다가 죽어서 다시 태어나 성불하였다고 한다.

도솔천(兜率天) : 도사다(覩史多)·도솔타(兜率陀)·도술(兜術)이라고도 쓰며, 상족(上足)·묘족(妙足)·희족(喜足)·지족(知足)이라 번역. 수미산의 꼭대기서 12만 유순 되는 곳에 있는 천계(天界)로서 7보(寶)로 된 궁전이 있고 한량없는 하늘 사람들이 살고 있다고 한다. 여기에는 내외(內外)의 2원(院)이 있는데, 외원(外院)은 천중(天衆)의 욕락처(欲樂處)이고, 내원(內院)은 미륵보살의 정토(淨土)라 한다. 미륵은 여기에 있으면서 설법하여 남섬부주(南贍部洲)에 하생하여 성불할 시기를 기다리고 있다. 이 하늘은 아래에 있는 사왕천·도리천·야마천이 욕정에 잠겨 있고, 위에 있는 화락천·타화자재천이 들뜬 마음이 많은데 대하여, 잠기지도 들뜨지도 않으면서 5욕락에 만족한 마음을 내므로, 미륵 등의 보처보살(補處菩薩)이 있다고 한다.

도솔타천(兜率陀天) : 도솔천. 불교에서 말하는 욕계(欲界) 6천(六天) 중의 제4천. 그중 내원(內院)은 장차 부처가 될 보살이 사는 곳이라고 하며, 석가도 전세에 머물렀으며 현재 미륵보살(彌勒菩薩)이 설법하고 있다고 함.

도수(道樹) : 석가모니가 그 아래에서 깨달음을 얻었던 보리수(菩提樹). 미륵보살의 경우에는 용화수(龍華樹)를 가리킨다.

도심(道心) : ① 도(道)는 보리(菩提)를 번역한 말.

부처님의 정각(正覺), 곧 원만한 지혜를 말하며, 이 보리를 구하는 마음을 도심이라 함. 보리심(菩提心)과 같음. ② 선도(善道) · 정도(正道)를 닦으려는 마음. ③ 집에 있으면서 불도를 수행하는 이를 말한다.

도안(道眼) : 대도(大道)를 보는 안목. 제법실상의 도리를 바르게 파악하는 능력.

도양(禱禳) : 액을 막도록 빌다. 액막이로 제사를 지내다.

도업(道業) : 도 닦는 일. 도에 통하는 일. 도를 깨닫는 일.

도연(徒然) : ① 공연히. 쓸데없이. 헛되이. ② 쓸데없다. 소용없다. 헛되다.

도오오진(道悟悟眞) : 송대 임제종 계통의 승려이다. 담주(潭州; 湖南省) 도오산(道吾山) 흥화사(興化寺)에 주석하였다. 『담주도오진선사어요(潭州道吾眞禪師語要)』 1권이 있고, 『고존숙어요』 권3, 『고존숙어록』 권19에 수록되어 있다.

도오원지(道吾圓智) : 769~835. 예장(豫章; 江西省) 해혼(海昏) 사람. 속성은 장(張)씨. 어렸을 때에 열반화상(涅槃和尙)에게 출가하고 약산의 유엄(惟儼) 아래에서 배웠다. 스승의 심인(心印)을 얻고 법을 이었다. 그 뒤 여러 산을 다니다가 담주(潭州; 湖南省 長沙府) 도오산(道吾山)으로 가서 선풍(禪風)을 진작시켰다. 당(唐) 태화(太和) 9년 9월 11일 열반하였다. 세수 67, 시호는 수일대사(修一大師).

도원(桃源) : = 도원경(桃源境). 별천지. 이상향. 선경(仙境). 무릉도원(武陵桃源)의 준말.

도원경(桃源境) : 동진(東晉) 때의 시인 도잠(陶潛; 자는 淵明)의 『도화원기(桃花源記)』에 나오는 이야기이다. 어느 날 한 어부가 고기를 잡기 위해 강을 거슬러 올라갔다. 한참을 가다 보니 물 위로 복숭아 꽃잎이 떠내려 오는데 향기롭기 그지없었다. 향기에 취해 꽃잎을 따라가다 보니 문득 앞에 커다란 산이 가로막고 있는데, 양쪽으로 복숭아꽃이 만발하였다. 수백 보에 걸치는 거리를 복숭아꽃이 춤추며 나는 가운데 자세히 보니 계곡 밑으로 작은 동굴이 뚫려 있었다. 그 동굴은 어른 한 명이 겨우 들어갈 정도의 크기였는데, 안으로 들어갈 수록 조금씩 넓어지더니, 별안간 확 트인 밝은 세상이 나타났다. 그곳에는 끝없이 너른 땅과 기름진 논밭, 풍요로운 마을과 뽕나무, 대나무밭 등 이 세상 어느 곳에서도 볼 수 없는 아름다운 풍경이 펼쳐져 있었다. 두리번거리고 있는 어부에게 그곳 사람들이 다가왔다. 그들은 이 세상 사람들과는 다른 옷을 입고 있었으며, 얼굴에 모두 미소를 띠고 있었다. 어부가 그들에게 궁금한 것을 묻자, 그들은 이렇게 대답했다. "우리는 조상들이 진(秦)나라 때 난리를 피해 식구와 함께 이곳으로 온 이후로 한 번도 이곳을 떠난 적이 없습니다. 지금이 어떤 세상입니까?" 어부는 그들의 궁금증을 풀어주고 융숭한 대접을 받으며 며칠간을 머물렀다. 어부가 그곳을 떠나려 할 때 그들은 당부의 말을 하였다. "우리 마을 이야기는 다른 사람에게 하지 말아 주십시오." 그러나 어부는 너무 신기한 나머지 길목마다 표시를 하고 돌아와서는 즉시 고을 태수에게 사실을 고하였다. 태수는 기이하게 여기고, 사람을 시켜 그 곳을 찾으려 했으나 표시해 놓은 것이 없어져 찾을 수 없었다. 그 후 유자기라는 고사(高士)가 이 말을 듣고 그곳을 찾으려 갖은 애를 썼으나 찾지 못하고 병들어 죽었다. 이후로 사람들은 그곳을 찾으려 하지 않고, 도원경은 이야기로만 전해진다.

도육(道育) : 생몰연대미상. 수대(隋代) 스님. 보리달마의 문인. 달마가 문인들에게 각자의 깨달음을 말해 보라고 했을 때, 도육이 "4대가 본래 공하고 5음이 있는 것도 아니어서, 제가 보기에는 달리 터득할 도란 존재하지 않습니다."(四大本空, 五陰非有, 而我見處, 無一法可得.)라고 말했다. 그러자 달마는 "그대는 나의 뼈를 얻었다."라고 하였다.

도이(徒爾) : 공연히. 헛되이. 쓸데없이.

도자(道者) : 불도(佛道)를 수행하는 자. 수행자. 도인(道人).

도잠(陶潛) : 도연명(陶淵明; 365~427). 중국의 대표적 시인. 이름은 잠(潛). 호는 오류선생(五柳先生). 연명은 자이다. 동진(東晉) 말기부터 남조(南朝)의 송(宋; 劉宋이라고도 함) 초기에 걸쳐 생존했다. 〈귀거래사(歸去來辭)〉 등 유명한 작품이 많다.

도장(刀杖) : 무기.

도장(都將) : 병력을 통솔하는 관리의 직책.

도장일구래(道將一句來) : 한 마디 말해 보아라.

도재무사갑리(掉在無事甲裏) : 일 없이 편안한 곳에 빠져 들어 있다. = 양재무사갑리(颺在無事甲裏).

도저(到底) : ① 마침내. 끝내. 결국. ② 정점에 도달하다. 철저하다.

도전(倒轉) : ① (동) 서로 바꾸다. 거꾸로 돌리다. 방향을 바꾸다. 본래대로 되돌아가다. ② (부) 도리어. 반대로.

도주(倒走) : 뒤로 달아나다.

도창(刀槍) : 칼과 창. 무기. 전쟁.

도철(途轍) : 조리(條理). 도리(道理).

도첩(度牒) : 또는 도연(度緣)·사부첩(祠部牒). 승니(僧尼)가 출가할 때에 조정에서 발급하는 허가증. 이것은 본디 중국에서 세금을 면하기 위하여 출가하는 이가 많았으므로, 그 폐단을 막기 위하여 시행한 제도. 우리나라에서도 조선시대에 준 일이 있다.

도탁(圖度) : 추측하다. 헤아리다.

도태(道泰) : 행실이 바르다.

도퇴삼천리(倒退三千里) : 삼천리를 물러나다. 땅끝까지 물러나다. 완전히 항복하다.

도피안(度彼岸) : = 바라밀(波羅蜜).

도하(都下) : 도읍. 수도.

도호(塗糊) : ① 칠하다. 바르다. ② 칠해서 지우다. ③ 마구 바르다. 어지러이 갈겨쓰다. ④ 놀리다. 조롱하다. 희롱하다. ⑤ 괴롭히다. 들볶다. ⑥ 소란을 피우다.

도화(道話) : 이야기를 주고받다.

독두(獨頭) : 외톨이. 고독한 사람.

독수(毒手) : 악랄한 수단. 잔혹한 솜씨.

독탈(獨脫) : ① 홀로 남달리 뛰어나다. ② 홀로 남달리 뛰어난 사람.

돈(頓) : ① 안치하다. ② 방치하다. ③ 수립하다. ④ 붙여 세우다. ⑤ 벗어나다. ⑥ 빼앗다.

돈교(頓敎) : 수행의 단계를 말하지 않고 곧바로 부처의 참뜻을 전하는 가르침.

돈교보살(頓敎菩薩) : 화의사교(化儀四敎) 중의 돈교의 가르침을 증득한 보살.

돈기(頓機) : 돈교. 최상승의 근기.

돈방(頓放) : ① 방치(放置)하다. 그대로 버려 두다. ② 두다. 놓다. 놓아두다. = 돈치(頓置).

돈점(頓漸) : 또는 점돈(漸頓). 돈속(頓速)과 점차(漸次)의 뜻. 그 쓰임에 따라 의미가 다르다. 여기에 부처님이 설법한 형식에서 말하는 것과, 사상의 내용에서 말하는 것과, 수행의 과정에서 말하는 것의 3종이 있다. ① 부처님 설법의 형식에서 말하면, 단박에 설법한 『화엄경』은 돈(頓), 근기에 맞추어 점차로 말한 『아함경』·『방등경』·『반야경』 등의 여러 경은 점(漸). ② 사상의 내용에서 말하면, 일정한 차례에 따르지 않고 바로 해탈을 얻는 방법을 말한 것을 돈교, 원칙적으로 차례를 밟아서 점차로 해탈케 하는 가르침을 점교. ③ 수행의 과정에서 말하면, 사상상의 돈교에 의하여 속히 증오(證悟)를 얻는 것은 돈. 점교에 의하여 수행해서 점차로 얕은 데서 깊은 데로 나아가는 것은 점. 앞에 것은 수행하는 점차와 경과하는 시간을 말하지 않으나, 뒤에 것은 그 과정으로 7현(賢)·7성(聖)·52위(位)·3아승지겁·백대겁 등을 말함.

돈점이교(頓漸二敎) : 또는 점돈이교(漸頓二敎). 부처님 일대의 설교를 돈교와 점교로 나눈 것. 이 2교는 사람에 따라 그 뜻을 달리한다. ① 정영(淨影)은 교를 받는 근기에 대해서 판단. 바로 대승에 들어가는 돈오(頓悟)의 근기에 대해서 말한 법인 『화엄경』·『유마경』·『승만경』 등을 돈교, 소승에서 마음을 고쳐 대승에 들어가는 점입(漸入)의 근기를 위하여 말한 법인 『법화경』·『열반경』 등을 점교라 한다. ② 천태(天台)는 부처님 설법의 형식에 대해서 판단. 부처님이 성도한 처음에 보살을 위하여 바로 설한 고상한 대승의 법인 『화엄경』을 돈교, 소승의 근기를 점차로 대승에 이끌기 위하여 설한 법인 『아함경』·『방등경』·『반야경』을 점교라 한다. ③ 현수(賢首)는 설한 법문에 대해서 판단. 언어문자를 초월하여 말과 생각이 끊어진 법문. 이를테면, 『유마경』의 설묵불이(說默不二)와 같은 것을 돈교, 언어로써 지위 점차를 말하여 점점 수학(修學)을 가르친 법문을 점교라 한다. ④ 선도(善導)는 이익의 느리고 빠름에 대해서 판단. 단박에 증오(證悟)를 얻는 법인 『관무량수경』·『아미타경』 등에서 말한 정토염불의 법문을 돈교, 점차로 수학하여 오랜 뒤에 증과를 얻는 법인 『영락경(瓔珞經)』 등을 점교라 한다.

돈착(頓着) : 안치하다. 배치하다.

돌(咄) : ① 떽! 떽끼! 어흠! 꾸짖는 소리. 호통치는 소리. ② 허! 어허! 쯧쯧! 애달프다! 탄식 또는 놀람을 나타내는 소리.

돌돌(咄咄) : 아아!(뜻밖의 일에 놀라서 지르는 소리)

돌돌돌(咄咄咄) : 아아아!(뜻밖의 일에 놀라서 지르는 소리)

돌재(咄哉) : = 돌(咄).

동(同) : ① 함께. 더불어. 같이. ② -처럼. -같이. = 사(似), 여(如).

동가서가(東家西家) : 동가(東家)는 주인, 지주, 혹은 마작(麻雀)에서 선(先)을 잡은 사람을 가리키고, 서가(西家)는 시종, 소작인, 혹은 마작에서 선 잡은 사람 맞은편에 앉은 사람을 가리킨다.

동과인자(冬瓜印子) : 동과(冬瓜)는 박처럼 생긴 일년생 풀로서 열매는 수박과 비슷하고 맛이 좋으며, 동아라고도 한다. 인자(印子)는 도장. 동과인자(冬瓜印子)란 동과를 이용하여 엉터리 도장을 만들어 사용한다는 말로서, 가짜를 가지고 속인다는 말이다.

동과호자(冬瓜瓠子) : 동과(冬瓜)는 박, 호자(瓠子)는 조롱박. 나물의 재료. 모두 속이 텅 빈 물건.

동관(同官) : 같은 관청에서 일하는 동료.

동구(洞口) : 동구(洞口)는 동굴(洞窟)이 입구(入口)라는 말. 절벽으로 둘러싸여 하나의 동굴로 세속과 통하는 무릉도원(武陵桃源), 도원경(桃源境).

동구진인(洞口秦人) : 진(秦)나라 시대에 사람들이 난을 피하여 도원경(桃源境)으로 들어가 진인촌(秦人村)을 만들었는데, 이 진인촌은 사방이 높은 절벽으로 둘러싸여 있고 오직 하나의 동굴을 통과하여 바깥세상과 통한다고 하여 동구(洞口)라 한다. 진인촌은 세속을 떠난 출세간을 가리킨다. 동구(洞口)는 세속과 떨어진 무릉도원(武陵桃源)과 같은 말.

동군(東君) : 봄의 신(神)을 가리킨다.

동기상구(同氣相求) : 같은 기운끼리 서로 찾음. 마음이 맞는 사람끼리 함께 도움. 『주역(周易)』 건괘(乾卦)의 문언(文言) 중 구오(九五)에 대한 설명에 나오는 공자의 말 속에 있는 구절.

동농(凍濃) : 추운 모양.

동당(東堂) : 선원의 전임(前任) 주지로서 계속 그 선원에 머물고 있는 승려. 또는 그가 머물고 있는 방. 동암(東庵)이라고도 함.

동당(東堂)과 서당(西堂) : 동당은 동암(東庵)이라고도 함. 선원의 전임주지로서 계속 그 선원에 은거하고 있는 승려, 또는 그가 머물고 있는 방. 서당은 서암(西庵)이라고도 함. 선원에서 다른 절의 전임주지가 그 절에 와서 머물 때, 그를 말함. 또는 그가 머물고 있는 방.

동동(憧憧) : 오고가며 바쁜 모양.

동라(銅鑼) : 금속제 타악기. 직경 45cm가량의 둥근 대야 모양의 청동제 징. 가장자리에 끈을 징채로 울린다. 선원(禪院)에서 사용하는 법구(法具) 가운데 하나.

동린서사(東隣西舍) : 사방의 이웃. 온 나라 사람.

동림상총(東林常總) : 1025~1091. 송대(宋代) 스님으로 임제종 황룡파(黃龍派)이다. 동림(東林)은 주석한 절 이름이다. 속가의 성은 시(施)씨이고, 복건성 연평(延平) 출신이다. 출가 후 황룡 혜남(黃龍慧南)에게 참구하기를 20년, 대법의 결지(決旨)를 받고 늑담사(泐潭寺)에 머물다가 나중에 강서성 강주(江州) 구강(九江) 동림사(東林寺)로 옮겼다. 동림사는 본래 율원(律院)이었지만, 신종(神宗) 원풍(元豊) 3년(1080)에 조칙에 따라 선찰(禪刹)로 바뀐 절로서, 강서성 남창(南昌)의 수왕소(守王韶)가 황룡조심(黃龍祖心)에게 머물기를 청했으나, 조심이 상총을 대신 천거하여 머물게 되었다. 상총은 활발하게 대법을 드날리고, 많은 운수납자들을 맞아들였으며, 또 60여 명의 제자들을 길러냈다. 후일 대상국(大相國)이 명을 받들어 지해선원(知海禪院)으로 모시려 했으나, 고사하여 받아들이지 않았다. 자의(紫衣)와 광혜(廣慧)라는 호를 받았고, 원우(元祐) 3년 서왕(徐王)의 건의에 따라 조각(照覺)이라는 호를 받았다. 원우(元祐) 6년에 입적하였는데, 그때 나이 예순 일곱이었다. 문하에 늑담응건(泐潭應乾)·개선행영(開先行瑛)·소동파(蘇東坡) 등이 있다.

동목(動目) : 남의 주의나 시선을 끌다.

동몽(童蒙) : 철부지. 어린아이. 초학자(初學者).

동방(東方) : 동쪽 방향. 약사불(藥師佛)이 있는 방향. 대일여래(大日如來)가 있는 아촉불국(阿閦佛國).

동방삭(東方朔) : B.C. 154~93. 중국 전한(前漢)의 문인. 자는 만천. 기언기행(奇言奇行)으로 무제(武帝)의 총애를 받아 수십 년간 측근으로 있으면서 태중대부급사중(太中大夫給事中)까지 올랐다. 재산을 모두 미녀들에게 탕진했으며, 광인(狂人)이라고 불렸다. 한때 부국강병책을 상주했으나 받아들여지지 않자 이를 자조하여 『답객난(答客難)』·『비유선생지론(非有先生之論)』을 비롯한 약간의 시문(詩文)을 남겼다. 한대(漢代)부터 그에게 황당한 글들을 가탁(假託)하는 것이 유행하여 지금도 『신이경(神異經)』·『십주기(十洲記)』가 그의 저서로 전해지지만 모두 진(晉) 이후의 위작이다. 서왕모(西王母)의 복숭아를 훔쳐 먹어 장수하였다는 속설이 전해지므로 삼천갑자(三千甲子) 동방삭이라고 일컫는다.

동부(洞府) : 신선(神仙)이 사는 곳.

동사(東司) : 선원의 동쪽에 있는 변소를 동정(東淨)이라 하고 서쪽에 있는 변소를 서정(西淨)이라 하였는데, 뒤에는 위치에 관계 없이 변소를 모두 동사(東司)라 하였다.

동사라(銅沙羅) : = 동라(銅羅). = 사라(沙羅).

동사섭(同事攝) : 4섭(攝)의 하나. 불·보살이 중생의 근기에 따라 몸을 나타내되, 그들과 사업·이익을 같이하면서, 고락을 같이하고 화복을 함께 함으로써 진리의 길로 이끌어 들이는 것을 말함.

동사여회(東寺如會) : 744~823. 소주(韶州; 현 광동성) 사람. 어려서 출가하여 마조도일(馬祖道一)의 제자가 되었다. 담주(潭州; 현 호남성) 동사(東寺)에 주석했다. 시호(諡號)는 불명대사(佛明大師). 위산영우(潙山靈祐)는 마조의 제자인 백장회해(百丈懷海)의 제자이므로, 동사여회(東寺如會)는 위산영우에게 사숙(師叔; 스승의 형제)이 된다.

동산(洞山) : ① 동산양개(洞山良价). ② 동산수초(洞山守初). ③ 진정극문(眞淨克文).

동산법문(東山法門) : 호북성(湖北省) 기주(蘄州) 동산(東山)에 머물렀던 사조(四祖) 도신(道信)과 오조(五祖) 홍인(弘忍)의 선법(禪法).

동산양개(洞山良价) : 807~869. 조동종(曹洞宗)의 시조(始祖). 어려서 출가하여 『반야심경』을 배우다가 "무안이비설신의(無眼耳鼻舌身意)."라 하는 뜻을 파고 물었다. 그 스승이 대답을 하지 못하고 오설산(五洩山)의 영묵선사(靈默禪師)에게 소개하여 이때부터 참선을 시작했다. 여러 스승을 찾아다니다가 운암(雲巖)을 만나 물었다. "혜충국사(慧忠國師)의 말에 '무정(無情; 생명이 없는 것)이 설법한다.'라고 하였는데 무정(無情)의 설법은 어떤 이가 듣습니까?" "무정(無情)의 설법은 무정(無情)이 듣는다." "스님도 들으십니까?" "내가 듣는다면 너는 나의 설법을 듣지 못할 것이다." 이 말에 깨친 바 있었다. 운암의 임종 법문에 대하여, 강을 건너다가 물에 비친 자기 그림자를 보고 비로소 크게 깨쳐 운암의 참뜻을 알게 되었다. 그 뒤에 강서성(江西省) 여릉도(廬陵道) 고안현(高安縣)에 있는 동산(洞山)의 보리원(普利院)에서 교화하여, 법을 받은 제자가 26명이나 되었다.

동산오위(洞山五位) : 동산양개(洞山良改)가 제창한 것으로 불교교리의 대강(大綱)을 다섯가지의 항목으로 요약하여 설명한 것으로, (1)정위각편(正位却偏); 상대적인 차별을 민절(泯絶)한 평등일여(平等一如)의 실태, 당연히 앉아야 될 바른 위치 (2)편위각정(偏位却正); 현실의 있는 모습 자체가 법의 현현(顯現)과 다름이 없음 (3)정위중래(正位中來); 모든 존재에 보편적으로 널리 퍼져있는 진여(眞如). 법성(法性)이라는 것 (4)편위중래(偏位中來); 현실상(現實相) 그 자체를 분명하게 한 것으로, 인연소생(因緣所生)하는 현실상을 나타냄 (5)상겸대래(相兼帶來)의 오위(五位)로 됨. 후에 조산(曹山)은 그 명칭을, (1)정중편(正中偏) (2)편중정(偏中正) (3)정중래(正中來) (4)편중지(偏中至) (5)겸중도(兼中到)로 개정했으나, 내용은 동산(洞山)의 설을 그대로 계승하고 있음. 정(正)은 우주의 이(理)와 진여(眞如)를, 편(偏)은 사(事)와 모든 현상을 가리킴.

동상(同相) : 화엄종(華嚴宗) 6상(相)의 하나. 만유가 여러 가지 차별이 있으나, 이들은 모두 같은 목적으로 존재하여 그 작용이 충돌하지 않고, 통일되어 있다. 이를테면 책을 든 손과 책을 읽는 눈과 같이 여러 가지로 차별된 사물임에도, 서로 유기적으로 조화 통일된 것과 같은 것을 말함.

동상(動相) : 활동하는 모습. 움직이는 모습. 능동적으로 활용하는 모습.

동서(東西) : 도망가다. 달아나다.

동선제(東禪齊) : 청원(靑原) 문하 10세손으로서, 금릉(金陵)의 청량태흠(淸涼泰欽) 선사의 법사인 홍주(洪州) 운거산(雲居山) 도제(道齊) 선사로 추정된다.

동안(同安) : 황룡혜남(黃龍慧南)을 가리킴. 황룡은 동안원(同安院)에서 개당(開堂)하여 설법하였다.

동안상찰(同安常察) : ?~961. 5대(五代) 스님. 청원 하 6세. 동안은 주석 사명. 상찰은 호. 속성은 팽(彭)씨. 복주 장계현 출신. 구봉 도건의 법을 이음. 홍주 봉서사 동안원에 머뭄. 건륭 2년 입적. 세수 90여 세. 〈동안찰선사십현담〉이 전해지고 있음.

동어서화(東語西話) : 이것저것 이야기하다. 이런말저런말을 주고받다.

동용(動用) : ① 사용하다. ② 일상생활에서 사용하는 기구(器具). = 동사(動使), 동사(動事), 동구(動具), 동기(動器).

동용(動容) : 거동과 표정. 감동한 표정을 짓다, 얼굴에 감동한 빛이 어리다.

동용주선(動容周旋) : 동용(動容)은 거동과 표정이고, 주선(周旋)은 '빈틈없이 준비하다, 상세하고 빠짐없다'는 뜻. 일상생활을 가리킨다.

동이(同異) : 동상(同相)과 이상(異相).

동전(動轉) : 이동전변(移動轉變)의 약자. 변화해 가는 것. 바뀌어 가는 것. 굴러가는 것.

동정호(洞庭湖) : 중국(中國) 호남성(湖南省) 북부(北部)에 있는 중국(中國)에서 가장 큰 민물 호수. 양자강의 흐름을 조절(調節)하는 구실을 하며 예로부터 많은 시인들에 의하여 읊어진 명승지(名勝地)임. 여름철에는 물이 불고 겨울철에는 물이 줄어든다.

동지(動止) : 행동거지(行動擧止).

동진(東震) : 중국을 가리킴.

동진서건(東震西乾) : 동진(東震)은 중국, 서건(西乾)은 인도.

동진주(童眞住) : 보살 수행의 52위 가운데 십주(十住)의 여덟 번째 계위이다.

동체삼보(同體三寶) : 삼보(三寶)의 본체는 동일하다는 뜻으로 법성이 그러함을 말한다.

동탄(動誕) : = 동탄(動彈).

동탄(動彈) : 움직이다. 보통 동탄부득(動彈不得)이라고 써, '움직일 수 없다'는 뜻을 나타냄.

동행(童行) : 행자(行者). 출가를 희망하여 절에 들어왔으나 아직 득도(得度)하지 않은 사람.

동현별곡(動絃別曲) : 거문고 줄을 튕기자마자 곧 곡조를 판별하다. 가르침을 보고 재빨리 깨닫는 것을 비유함.

두각(頭角) : ① 실마리, 단서. ② 뛰어난 기개나 재능.

두리(肚裏) : 마음 속. 가슴 속.

두리민(肚裏悶) : 가슴 속이 갑갑하다. 마음속이 어둡고 답답하다. 두리(肚裏)는 마음 속, 가슴 속이라는 뜻.

두상안두(頭上安頭) : 머리 위에 다시 머리를 얹다. 중첩시키다. 불필요한 짓을 하다.

두선화(杜禪和) : 두찬(杜撰) 선승(禪僧). 제멋대로인 엉터리 선객.

두수(抖擻) : 두수(斗擻), 두수(斗藪)라고도 쓴다. ① 떨다. 바르르 떨다. ② 털다. 손에 들고 먼지를 털다. ③ 떨쳐 버리다. 털어 버리다. 벗어나다. 빠져나오다. ④ 샅샅이 뒤지다. ⑤ 떨쳐 일어나다. 분발하다. ⑥ 드러내 보이다. ⑦ 위풍당당하다. ⑧ 범어 두타(頭陀)의 번역어. 번뇌를 털어 버린다는 뜻이다.

두순(杜順; 557~640) : 중국 화엄종 스님. 옹주(雍州) 만년(萬年) 사람. 속성은 두(杜). 이름은 법순(法順). 18세에 출가. 인성사(因聖寺)의 위진(魏珍)에게 선업(禪業)을 받았다. 뒤에 종남산에 숨어 살며 『오교지관(五教止觀)』·『화엄법계관문(華嚴法界觀門)』을 지음. 일대 불교를 판단하여 5문으로 나누고, 또 10현문(玄門)의 단서를 열어 화엄종의 교망(教網)을 크게 펼쳤다. 당나라 태종이 지성으로 귀의, 제심존자(帝心尊者)란 호를 주었다. 항상 여러 곳으로 돌아다니면서 "아미타불"을 염하라고 권하고, 오회(五悔)란 글을 지어 정토(淨土)를 찬탄하였다. 정관(貞觀) 14년 11월에 나이 84세로 입적함. 후세에 그를 화엄종의 초조라 부름.

두얼얼(頭杌杌) : 머리를 치켜들다. 부끄러운 줄 모르다. 얼얼(杌杌)은 솟구쳐 오르는 모양. 얼(杌)은 얼(蘖)과 같은 글자.

두우(斗牛) : ① 이십팔수(二十八宿) 가운데의 두성(斗星)과 우성(牛星). 북두성과 견우성. ② 옛 형구의 하나. 목과 손발을 매는 기구(器具).

두저(頭抵) : = 두저(頭底). ① 맞다. 어울리다. 적당하다. 알맞다. ② 원수. 적수. 상대. 맞수.

두전(斗轉) : ① 북두(北斗)가 방향을 바꿈. 동이 곧 트려고 함. ② 자루와 몸통이 방향을 바꾸다.

두주(頭籌) : 제비 추첨의 1등상.

두주자(頭籌子) : = 두주(頭籌).

두찬(杜撰) : 제 나름으로 말하다, 제멋대로 말하다. 본래는 시문(詩文)이나 그 외의 저작에서 전고(典故)가 없는 것을 제멋대로 서술하는 것. 송대의 두묵(杜默)이 시를 지으면서 율(律)에 맞지 않게 많이 지었는데, 당시의 사람들이 법식에 맞지 않는 것을 '두찬'이라고 한 데서 시작되었다고 한다. 일설에는 도가(道家)의 책 5천여 권 중에 『도덕경』 2권을 제외하고는 모두 두광정(杜光庭)이 지은 것인데, 허황된 이야기가 많은 것을 이른다. 또 한(漢)의 전하(田何)가 역(易)에 달통하여 두릉(杜陵)을 따라 두전생(杜田生)이라고 일컬었지만, 그의 역학의 사승(師承)이 불분명한 것을 비웃어 두전(杜田) 혹은 두원(杜園)이라고 말하였는데, 이것이 잘못 전해져서 비롯되었다고도 한다.

두찬선사(杜撰禪師) : 제멋대로 말하는 엉터리 선사(禪師). 두찬(杜撰)은 제 나름으로 말하다, 제멋대로 말하다는 뜻. 본래는 시문(詩文)이나 그 외의 저작에서 전고(典故)가 없는 것을 제멋대로 서술하는 것을 가리킨다.

두찬장로(杜撰長老) : 엉터리 승려. 제멋대로 엉터리 불법을 말하는 승려. 두찬(杜撰)은 제 나름으로 말하다, 제멋대로 말하다는 뜻. 본래는 시문(詩文)이나 그 외의 저작에서 전고(典故)가 없는 것을 제멋대로 서술하는 것을 가리킨다.

두출두몰(頭出頭沒) : 물에 빠져 머리가 나왔다

들어갔다 하며 물에서 빠져나오지 못하다. 생사의 바다에 빠져서 빠져나오지 못하다.

두타행(頭陀行) : 무소유와 청빈을 행하는 수행. 의 · 식 · 주에 탐착하지 않으며, 청정하게 불도를 수행하는 것.

두파액렬(頭破額裂) : 혼란에 빠뜨리다. 깜짝 놀라게 하다. 절망하게 하다.

두피(肚皮) : 뱃가죽. 뱃속. 뱃속은 곧 마음을 가리킨다.

두피감(肚皮憨) : 마음이 어리석다는 말. 본래는 뱃가죽이 두껍다는 뜻.

두피선(肚皮禪) : 두피(肚皮)란 뱃가죽이란 뜻이지만, 두피리(肚皮裏)와 마찬가지로 뱃속을 뜻하고, 뱃속은 곧 마음속을 가리킨다. 두피선은 이치(理致)로 선(禪)을 이해하여 선에 관한 온갖 견해(見解)를 마음속에 기억해 두고 있는 것. 『선관책진(禪關策進)』 '앙산고매우선사시중(仰山古梅友禪師示衆)'에 다음의 말이 있다 : "좌복 위에 앉기만 하면 바로 잠이 들고, 눈을 뜨기만 하면 시끄럽게 생각에 잠기고, 좌복에서 내려오면 삼삼오오 모여서 머리를 맞대고 크고 작은 온갖 이야기를 소곤거리며, 마음 속 가득히 기억해 둔 어록(語錄)과 경서(經書)를 뽐내며 풀어낸다. 이렇게 마음을 쓰다가, 죽음이 다가오면 아무 소용이 없는 것이다."(若纔上蒲團, 便打磕睡, 開得眼來, 胡思亂想, 轉身下地, 三三兩兩, 交頭接耳, 大語細話, 記取一肚皮語錄經書, 逞能舌辨. 如此用心, 臘月三十日到來, 總用不著.) 또 『속간고존숙어요(續刊古尊宿語要)』 제4집 「송원악선사어(松源岳禪師語)」 '보설(普說)'에 다음의 말이 있다 : "지금의 형제들은 흔히 옛사람의 공안(公案)을 마음으로 생각하고 이해하여, 뱃속에다 가득 집어넣어 놓고는, 사람을 만나면 쏟아내는 것으로 일생의 공부로 삼지만, 자세히 살펴보면 그대들이 매우 어리석은 것이니, 죽음이 다가오면 그대 스스로를 속이게 될 것이다."(而今兄弟, 多以古人公案心思意解, 築取一肚皮, 逢人撒出來, 以當平生參學, 子細觀來, 你也好癡, 臘月三十日, 賺你去在.)

둔치(鈍置) : ① (심신을) 괴롭히다. 놀리다. ② 속이다. 조롱하다. 농락하다.

득(得) : ① -하게 시키다. = 사(使), 영(令). ② 시간을 나타내는 말 앞에서 이미 시간이 지났음을 표시. ③ -해야 한다. = 수(須). ④ 무엇. = 하(何). ⑤ 행위동작의 완료를 나타내는 조사. ⑥ 있다. = 득유(得有), 유(有). ⑦ 알맞다.

득념(得念) : 정념(正念)을 얻다. 깨달음을 얻다. 깨어 있다.

득도(得度) : ① 도(度)는 범어 바라밀(波羅蜜, pāramitā)을 번역한 말. 이 생사의 고해를 건너 이상향인 열반에 이르는 것. 바라밀을 얻는 것을 득도라 한다. ② 출가하여 승려가 되는 것을 말함. 출가하여 승려가 되고 계행(戒行)을 닦는 것은 생사해를 건너는 시초이고, 미래에 반드시 이상(理想)의 저쪽 언덕에 도달할 것이므로 득도라 함. 제도(濟度)와 같은 말.

득도(得到) : 손에 넣다. 이루어지다. 되다. 얻다. 받다.

득득(得得) : 특히. 일부러.

득미(得味) : 맛이 있다. 맛나다.

득소(得所) : 걸맞은 지위(자리)를 얻다.

득승왕궁(得勝王宮) : 천제(天帝)가 아수라와 싸워 이긴 뒤에 지었다는 궁전이 득승당(得勝堂)인데 이 이름을 본뜬 인도의 궁전.

득실(得失) : 이해득실. 좋고 나쁨. 얻고 잃음.

득실해로(得失解路) : 얻고 잃음을 나누는 길. 해(解)는 '나누다'는 뜻.

득의(得意) : ① 뜻을 얻다. 마음먹은 대로 되다. ② 마음에 들다. ③ 의기양양하다. ④ 시험에 합격하다.

득조(得早) : 득(得)은 시간이 벌써 지났다는 뜻. 조(早) 역시 시간이 이미 지났다는 뜻. 이경(已經), 과료(過了)와 같은 뜻으로서 시간이 지났음을 나타내는 조사.

득편(得便) : 기회를 얻다. 형편이 되다.

등(等) : 기다리다. = 대(待).

등각(等覺) : 보살수행의 52계위 가운데서 51위를 가리킨다. 이것은 십지(十地) 법운지(法雲地) 위에 있으며 최고의 불위(佛位)인 묘각(妙覺)의 아래에 있다.

등각(等覺) : 정각(正覺)과 같은 말. 등정각(等正覺) 혹은 정등각(正等覺)의 준말.

등개인(等箇人) : 등한(等閑)한 사람. 평범한 사람. 실없는 사람.

등견(等見) : 정견(正見)과 같은 말. 올바르고 평등하다는 정등(正等) 혹은 등정(等正)은 정법(正法)을 나타내는 특징이다.

등고제(登高第) : 과거(科擧)에 좋은 성적으로 합격하다. 고제(高第)는 고중(高中)이라고도 하는데 뛰어난 성적을 가리킨다.

등등(騰騰) : ① 어둠 속에서 헤매는 모습. ② 술에 취한 모양. 잠자는 모양. ③ 느릿느릿한 모양. ④ 김이 피어오르는 모양. 새가 날아오르는 모양. ⑤ 둥둥(북치는 소리).

등라(藤蘿) : 등나무.

등롱(燈籠) : 등명(燈明)을 밝히는 데 쓰는 초롱으로 재료와 모양에 따라 여러 종류가 있다. 노주(露柱)와 함께 무정물(無情物)을 가리키는 말로 흔히 사용된다.

등림(登臨) : 산을 오르고 강을 찾다. 명산대천의 명승지를 유람하다.

등왕불(燈王佛) : 연등불(然燈佛)을 가리킨다. 산스크리트로는 Dīpaṅkara-buddha이고, 정광불(錠光佛) · 정광불(定光佛) · 보광불(普光佛) · 등광불(燈光佛) 등으로 음역된다. 과거불(過去佛)의 하나였는데, 석존이 보살로서 최초로 성불의 수기를 받았던 것은 바로 이 연등불 때였다고 한다. 그때, 석존은 바라문 청년의 선혜(善慧)로서 연등불에게 연꽃을 받들어 올리고 진흙길에 자신의 머리칼을 펼쳐 연등불이 지나가시게 하였다. 그 행위로 인해 연등불로부터 장차 석가모니불이 될 것이라는 수기를 받게 되었다.

등은봉(鄧隱峯) : 중국 승려. 속성은 등(鄧)씨, 호는 오대(五臺). 처음 출가하여 마조(馬祖)화상의 문하에 있다가 후에 석두희천(石頭希遷)을 찾아가 수행하였으나, 다시 마조선사를 찾아가 크게 깨달았다. 은봉화상이 어느 날 대중에게 물었다. "여러 곳에서 앉아 죽은 사람은 보았지만 서서 입적한 사람도 있었는가?" 대중이 말했다. "예, 서서 죽은 이도 많습니다." "그러면 거꾸로 서서 죽은 이가 있었느냐?" "그렇게 죽었다는 사람은 보지도 듣지도 못했습니다." 이에 은봉화상이 문득 거꾸로 서서 입적(入寂)하니, 옷자락이 그대로 있고 밑으로 내려오지 않았다고 한다. 사내(寺內) 대중이 찬탄하고 다비(茶毘)를 거행하려 했으나 시체가 움직이지 않아서 어찌할 바를 모르고 있는데 그의 누이동생인 비구니가 곁에 가서 "오라버니는 생전에 계율을 잘 지키지 않고 막행막식(莫行莫食)하더니 죽어서도 또 사람을 현혹케 합니까?" 하며 손으로 밀었더니 넘어졌다고 함.

등지(等持) : samādhi. 삼마지(三摩地) · 삼마제(三摩提) · 삼매(三昧)라 음역. 정(定)의 다른 이름. 정을 닦으면 마음을 한 경계에 머물러 산란치 않게 함을 말함. 평등하게 유지하므로 등지라 한다.

등지(等至) : samāpatti. 삼마발저(三摩鉢底)라 음역. 정(定)의 다른 이름. 마음과 몸이 평등 · 안온해지는 것을 등(等)이라 한다. 정(定)은 사람으로 하여금 이 등의 상태에 이르게 하므로 등지라 함.

등한(等閒) : ① 예사롭다. 보통이다. ② 쉽다. ③ 내키는 대로 하다. ④ 헛되이, 실없이, 공연히. = 등한(等閑).

등환(燈幻) : 등불을 오래 쳐다보면 눈앞에 생기는 불꽃의 환영(幻影).

등후(等候) : (지정된 대상을) 기다리다.

ㄹ

라구(癩狗) : = 라피구(癩皮狗). 비루먹은 개. 시시한 놈. 형편없는 놈. 쓸모없는 놈. 비루는 털이 빠지고 피부가 얼룩덜룩하게 변하는 피부병.

라도(蘿圖) : 국토. 영토.

라라(喇喇) : 의성어(擬聲語). 바람 부는 소리. 부딪치거나 넘어지는 소리. 중얼거리는 소리.

라호라(羅怙羅) : Rāhula. 라후라(羅睺羅) · 할라호라(曷羅怙羅) · 라운(羅云)으로 음역, 번역하여 부장(覆障). 석가세존의 아들. 석존이 태자로 있을 때 출가하여 도를 배우려고 마음을 내었다가, 아들을 낳고는 장애됨을 한탄하여 라후라라 이름하였다. 석존이 깨달은 뒤에 출가하여 제자가 되었다. 밀행제일(密行第一). 사미의 시초.

락(落) : 동사 뒤에 쓰여 동작의 완료를 나타냄.

락(酪) : ① 우유 또는 양유(羊乳)를 끓여 만든 음료. ② 과실을 익혀 짜낸 물.

람비니(藍毘尼) : 석존이 탄생한 고장으로, 중인도 가비라성의 동쪽에 있던 동산이다.

랑(浪) : = 식랑(識浪).

록록지(轆轆地) : ① 덜컹덜컹.(수레바퀴가 돌아가는 소리) ② 빙글빙글(빙빙 도는 모습)

뢰(賴) : 다행히. 마침 -의 덕분으로.

료괄괄(鬧聒聒) : 왁자지껄하고 떠들썩한 모양. 시끄러운 모양.

루(漏) : 6경의 대상세계에 대하여 끊임없이 6근에서 허물을 누출(漏出)한다는 뜻으로 번뇌의 다른 이름.

리차비 : licchavī. 리차(利車) · 리사(離奢) · 률창(栗唱) · 례차(隷車) · 려창(黎昌) · 률차(律車) · 리차비(梨車毘) · 률첩비(栗呫毘) · 리첩비(離呫毘)라 음역, 번역하여 박피(薄皮) · 동피(同皮). 혹은 발지(跋祇, vṛji) · 비제하(毘提訶)라고도 한다. 찰제리 종족의 이름. 혹은 선족왕종(仙族王種)이라고도 한다. 그 조상이 어떤 포육(胞肉) 안에서 나왔다고 하여 이같이 이름하였다. 비야리(毘耶離)에서 북쪽 미제라, 네팔 등지에 살았다. 예전부터 그 이름이 알려졌고, 부처님이 계실 때에 비야리성의 리차족이 부처님께 공양한 적이 있다. 이 종족의 본고장은 지금의 벵갈지방 찬파란주(州)의 Motihari이다.

ㅁ

마가다 : 마갈타.

마갈엄실(摩竭掩室) : 마갈타국(摩竭陀國; Magadha)은 고대 인도에서 불교와 가장 관계가 깊은 나라로서, 석가모니가 성도(成道)한 땅이고 전도(傳道)한 땅이다. 『대지도론(大智度論)』 제34권에서 말하기를, "석가모니는 깨달음을 얻은 뒤 57일 동안 법(法)을 말하지 않았다."(又如釋迦文佛成佛已五十七日不說法)고 한다. 이것을 두고 불립문자(不立文字)요 언어도단(言語道斷)인 법을 침묵으로 가르쳤다고 한다. 마갈타의 법령이라고도 하는데, 보통 마갈엄실과 마갈타의 법령은 곧 불법(佛法), 불도(佛道)를 가리킨다.

마갈타의 법령 : 마갈엄실(摩竭掩室)과 같은 말. = 마갈타의 명령.

마구(馬毬) : 말을 타고 공을 쳐서 문에 넣는 놀이.

마군(魔軍) : 악마들의 군병. 석존이 성도(成道)할 때에 제6천(天)의 마왕이 그의 권속들을 거느리고 와서 성도를 방해함에 신통력으로 이들을 모두 항복받았다고 한다. 이들은 모두 깨달음에 방해가 되는 분별망상의 습들을 가리키는 것이다.

마나라(摩拏羅) : 생몰 연대 미상. 서천(西天) 부법장(付法藏) 제22조. 성은 찰제리(刹帝利). 나제국 출신. 30세에 바수반두 존자를 만나 출가하여 그 법을 잇고, 서인도에서 교화를 떨침. 후에 대월지국에 가서 학륵나에게 법을 전하고 입적함. 『전등록』에 의하면 후한 환제 19년(A.D. 165) 입적했다고 함.

마납가사(磨衲袈裟) : 비단으로 만든 가사(袈裟). 법복(法服)의 한 가지. 마(磨)는 자마(紫磨)로서 붉은색 비단. 705년(당나라 신룡 1) 9월 중종(中宗)이 혜능(慧能)에게 마납 가사와 수정주(水晶珠)를 주었다.

마니주(摩尼珠) : maṇi. 마니(摩尼) · 말니(末尼)로 음역. 주(珠) · 보(寶) · 무구(無垢) · 여의(如意)로 번역. 마니주(摩尼珠) · 마니보주(摩尼寶

珠)·보주(寶珠)·여의주(如意珠)라고 한다. 투명한 구슬. 이 구슬은 용왕의 뇌속에서 나온 것이라 하며, 사람이 이 구슬을 가지면 독이 해칠 수 없고, 불에 들어가도 타지 않는 공덕이 있다고 한다. 혹은 제석천왕이 금강저(金剛杵)를 가지고 아수라와 싸울 때에 부서진 금강저가 남섬부주에 떨어진 것이 변하여 이 구슬이 되었다고도 한다. 또는 지나간 세상의 모든 부처님의 사리가 불법(佛法)이 멸할 때에 모두 변하여 이 구슬이 되어 중생을 이롭게 한다고도 한다. 불법(佛法)을 상징하는 물건이다.

마라(懡懈) : 부끄러움, 치욕, 창피, 불명예 등을 당하는 모양.

마랄(摩捋) : 어루만지다. 손길 닿는 대로 쓰다듬다.

마면(馬面) : ① 성벽 위에 벽 바깥으로 돌출되어 나온 건축물. 망을 보거나 성을 지키는 전투에 사용된다. ② 길다란 얼굴 모양을 가리키는 말. ③ 얼굴이 말 모양인 염라대왕 수하에서 옥을 지키는 귀졸(鬼卒). 『서유기』에 나옴.

마명(馬鳴) : 고대 인도의 불교학자. 범명(梵名) 아슈바고샤(Aśvaghoṣa). 쿠샨 왕조 제3대 카니시카제(帝)와 같은 시대의 사람으로 북인도의 바라문 가문 출신이다. 초기 대승불교 학자로, 불교를 소재로 한 산스크리트의 미문체 문학을 창작하여 인도 문학사상 불후의 업적을 남겼다. 『불소행찬(佛所行讚) Buddhacarita』과 『손타리난타시(孫陀利難陀詩)』는 그의 풍부한 시재를 가장 잘 나타낸 걸작이다. 『불소행찬』은 불타의 생애와 교의를 격조 높게 읊은 불타 서사시이며, 『손타리난타시』는 아난다(阿難陀)가 아름다운 아내 순다리에 대한 애집(愛執)을 버리고 성자의 경계에 들어 대승불교적인 사도가 되기까지의 경위를 유려한 시로 표현한 작품이다. 또 『대장엄논경(大莊嚴論經)』은 경건한 전설을 집록(集錄)하여 이를 운문 및 산문으로 옮겨 놓은 것이다. 그밖에 『대승기신론(大乘起信論)』, 『금강침론(金剛針論)』, 『건추범찬(建椎梵讚)』도 그의 저작으로 전하여지나 확실하지는 않다.

마방(磨坊) : 방앗간. 제분소. 맷돌로 갈아서 탈곡(脫穀)하던 곳.

마삼근(麻三斤) : 동산양개에게 어떤 스님이 '어떤 것이 부처입니까?'라고 물었을 때 '삼이 서 근이다'라고 대답한 말에서 연유하는 화두이다. 『벽암록(碧巖錄)』 12, 『무문관(無門關)』 18 등에 나온다.

마장(魔障) : 마(魔)의 장애. 내외의 온갖 인연들에 끄달리면 이 인연들이 곧 마(魔)가 되어 불도를 닦는 데 장애가 된다.

마전(麻纏) : 번거롭다. 치근덕거리다. 보채다.

마조(馬祖) : 마조도일(馬祖道一).

마조도일(馬祖道一) : 709~788. 당대(唐代) 선승. 남악회양(南嶽懷讓)의 법제자. 신라승 무상(無相)에게서도 공부하였다. 성은 마(馬)씨. 한주(漢州; 사천성(四川省)) 시방(什邡) 사람. 용모가 기이하여 소처럼 걷고 호랑이처럼 노려보며 혀가 길고 발에 두 개의 바퀴무늬가 있었다 함. 어려서 여러 학문을 공부하였고, 근처 나한사(羅漢寺)의 자주처적(資州處寂)에게 출가하였다. 뒤에 남악(南嶽)에서 육조(六祖)의 제자 회양(懷讓)의 깨우침에 의하여 이른바 남악마전(南嶽磨磚)을 통하여 심인(心印)을 얻었다. 천보(天寶) 원년(742) 건양(建陽) 불적암(佛蹟巖)에서 개법(開法)한 후 대력(大曆) 4년(769)에는 종릉(鐘陵; 강서성(江西省)) 개원사(開元寺)에 머물며 종풍(宗風)을 드날렸다. 만년에 늑담(泐潭; 정안현(靖安縣)) 석문산(石門山) 보봉사(寶峰寺)에 머물다가 정원(貞元) 4년 2월 입적하였다. 세수 80세. 문인 권덕여(權德輿)가 '탑명병서(塔銘幷序)'를 짓고 석문산에 탑(塔)을 세웠다. 시호는 대적선사(大寂禪師; 헌종), 조인(祖印; 송(宋) 휘종)이라 하다. 그의 가풍은 '평상심시도(平常心是道)', '즉심시불(卽心是佛)'을 표방하는 대기대용(大機大用)이었다. 당시 사람들이 강서마조(江西馬祖)와 호남석두(湖南石頭)를 선계(禪界)의 쌍벽이라 함. 문하에 백장회해(百丈懷海), 서당지장(西堂智藏), 남전보원(南泉普願), 염관제안(塩官齊安), 대매법상(大梅法常) 등이 뛰어난 종장(宗匠)들이 많다. 설법과 문답을 모은 『마조록(馬祖錄)』이 남아 있음.

마하나가(摩訶那伽) : mahā-nāga. 대용상(大龍象)이라 번역함. 아라한(阿羅漢)이나 부처님을 부르는 말.

마하승기율(摩訶僧祇律) : 불교에서 비구와 비구니의 계율을 정한 경전. 『화엄경』을 번역한 인도 출신 승려 불타발타라(佛陀跋陀羅)와, 파미르 고원을 넘어 인도로 간 최초의 중국 승려 법현(法顯)이 5세기 초에 공동으로 번역한 것이다. 전승되는 여러 소승 율장 중 『사분율(四分律)』, 『오분율(五分律)』, 『십송률(十誦律)』과 함께 내용이 거의 완전하게 전하는 율장이다. 흔히 이 4가지 율을 가리켜 4대율장이라 하며, 불교 교단에서 가장 기본으로 삼는 율장이다. 이 중 마하승기율은 상좌부(上座部)에서 전승된 다른 율장들과 달리 대중부(大衆部)에서 전승되었으며 보수적인 상좌부의 계율보다 진보적이며 엄격하다. 전 40권으로, 제1권부터 제35권까지는 비구와 비구니 모두에 해당하며, 제36권부터 제40권까지는 비구니에게만 해당하는 계율이다. 이 중 비구에 해당하는 부분을 따로 모아서 편찬한 것이 『마하승기율대비구계본(摩訶僧祇律大比丘戒本)』이고 비구니에 해당하는 부분을 따로 편찬한 것이 『마하승기비구니계본(摩訶僧祇比丘尼戒本)』이다. 불제자들이 지켜야 할 생활규칙과 작법, 계율을 제정하게 된 동기, 각 계율의 세칙에 대하여 상세하게 설명하였고, 또 탑을 세우는 작탑법(作塔法)이 있어 불탑 연구에 많은 도움을 준다. 이 율장을 번역함으로써 동진 이후 중국의 율종이 크게 발전하는 계기가 되었다.

마하연법(摩訶衍法) : mahā-yāna의 음역. 대승(大乘)이라 번역.

마혜수라(摩醯首羅) : '대자재천(大自在天)'이라고도 한다. 산스크리트 Maheśvara를 음역한 것으로, 우주의 대주재신(大主宰神) 또는 시바 신의 다른 이름이다. 눈은 셋이고 팔은 여덟으로 흰 소를 타고 흰 불자(拂子)를 들고 큰 위덕을 가진 신. 외도(外道)들은 이 신을 세계의 본체라 하며, 또는 창조의 신이라 하여 이 신이 기뻐하면 중생이 편안하고, 성내면 중생이 괴로우며, 온갖 물건이 죽어 없어지면 모두 이 신에게로 돌아간다고 한다. 이 신을 비자사(毘遮舍)라 부르기도 하고 초선천(初禪天)의 임금이라 하며, 혹은 이사나(伊舍那)라 하여 제6 천주(天主)라고도 한다. 눈 셋을 가진 마혜수라의 정수리에 있는 눈은 탁월한 식견과 안목을 갖추었음을 뜻한다.

마후라가 : 불법을 수호하는 팔부신중(八部神衆)의 하나. 본래 인도신화에 등장하는 신으로, 산스크리트 마호라가(Mahoraga)를 음역한 것이다. '크다'는 뜻의 마하(maha)와 기어다니는 것을 뜻하는 우라가(uraga)의 합성어로, 곧 뱀이나 용을 말한다. 배와 가슴으로 기어다닌다고 해서 대흉복행(大胸腹行)이라고 번역한다. 마호락가·모호락가라고도 음역하며, 동반자로 마호라기(Maharagi)가 있다. 인도신화에서는 건달바(Gandharra; 乾達婆)·긴나라(緊那羅; Kimnara)와 함께 음악의 신이다.

마후려전(馬後驢前) : ① 과전리하(瓜田李下)와 같은 뜻. 의심 받기 쉬운 입장에 처하다. 오이 밭에서는 신발끈을 고쳐 매지 말고, 오얏나무 밑에서는 갓끈을 고쳐 매지 말라고 하는 말처럼, 의심 받기 쉬운 곳에서는 행동을 조심해야 한다는 말. ② 하인(下人). 주인이 탄 말 뒤에서 나귀를 끌고 가는 입장. 곧, 주인을 따르는 하인의 처지. = 여전마후(驢前馬後).

막가(莫可) : -해선 안 된다(= 불가(不可)).

막관(莫管) : 간섭하지 말라. 상관하지 말라. 참견하지 말라.

막괴(莫怪) : ① 탓하지 말라. ② 나쁘게 생각하지 말라. ③ -하는 것도 무리가 아니다. 당연하다.

막교(莫教) : ① 혹시 -일지도 모른다. ② -하지 못하게 하다.

막론(莫論) : 따지지 않는다. 따지지 말라. 고려하

지 않는다.

막만(莫謾)- : 제멋대로 -하지 말라. 함부로 -하지 말라.

막무(莫無) : 없지 않다.

막방(莫謗)-호(好) : -를 욕보이지 않는 것이 좋다. -를 욕하지 않는 것이 좋다.

막수(莫須) : ① 설마 -란 말인가? 설마 -은 아니겠지? ② 혹시 -는 아닐까? ③ 아마 -일 것이다. -임에 틀림없다. 혹시 -일지도 모른다.

막시(莫是) - 마(麽) : -가 아닌가? -인가?

막야(鏌鎁) : 명검(名劍)의 이름. 『효자전(孝子傳)』에 나오는 막야의 칼 이야기가 『조정사원(祖庭事苑)』에 소개되어 있다. 또 『순자(荀子)』「성악편(性惡篇)」에 "간장(干將), 막야(莫耶), 거궐(巨闕), 벽려(辟閭)는 모두 옛날의 좋은 검(劍)이다"라고 하였다.

막여(莫與)- : 함께 -할 만한 사람이 없다.

막요(莫要) : -할 필요가 없다.

만(謾) : ① 느긋하게. 느릿느릿. ② 헛되이. 공연히. ③ 제멋대로. 되는 대로. 마음대로. 마구. 함부로. ④ = 막(莫).

만간(晩間) : 저녁. 밤. = 만한(晩閒).

만구(滿口) : ① 입 안 가득히. ② 하는 말이 모두. ③ 장황하게. ④ 두말 없이.

만기(萬機) : 왕이 나라를 다스리는 여러 가지 일들. 온갖 일들.

만기비단(漫其鼻端) : 코끝에 진흙을 바르다. 『장자』「서무귀(徐无鬼)」편에서 장자가 혜자(惠子)의 무덤 앞을 지나다가 종자에게 한 이야기와 관련이 있다. "영(郢) 사람이 자기 코끝에 백토를 파리 날개만큼 얇게 바르고 장석(匠石)에게 이를 깎아내게 하였다. 장석은 도끼를 바람소리가 나게 휘둘렀으나, 영 사람은 그저 듣기만 하고 그대로 있었다. 백토는 죄다 깎여 떨어졌지만, 코는 조금도 다치지 않았고, 영 사람도 선 채로 모습을 바꾸지 않았다. 송(宋)의 원군(元君)이 이 이야기를 듣고 장석을 불러들여, '어디 시험 삼아 내게도 보여주게'라고 하니, 장석은 '저는 이전에는 그렇게 할 수 있었지만, 지금은 그 기술의 근원이 되는 영 사람이 죽었습니다'라고 대답하였다. 나도 더불어 이야기할 사람이 없어졌구나!"(郢人堊漫其鼻端, 若蠅翼, 使匠石斲之. 匠石運斤成風, 聽而斲之, 盡堊而鼻不傷, 郢人立不失容. 宋元君聞之, 召匠石曰 : 『嘗試爲寡人爲之.』 匠石曰 : 『臣則嘗能斲之. 雖然,臣之質死久矣.』 自夫子之死也, 吾无以爲質矣, 吾无與言之矣.) 본래 이 이야기는 백아와 종자기처럼 이심전심할 수 있는 사이에 대해 말한 것.

만로(謾勞) : 헛수고하다.

만리일조철(萬里一條鐵) : 만리가 한 개 무쇠이다. 온 우주가 변함없이 한결같다. 모든 것이 평등한 견고한 법계(法界)를 가리키는 말. 『경덕전등록』 제20권 '양주봉황산석문사헌선사(襄州鳳凰山石門寺獻禪師)'에 다음 대화가 있다 : 반야사(般若寺)에 화재가 났을 때에 어떤 사람이 물었다. "이미 반야(般若)인데 무엇 때문에 불에 탔습니까?" 스님이 말했다. "만리가 한 개 무쇠 조각이다."(因般若寺遭焚, 有人問曰 : "旣是般若爲什麽被火燒?" 師曰 : "萬里一條鐵.") 『오등회원』 제20권 '임안부정자긍당언충선사(臨安府淨慈肯堂彦充禪師)'에 다음 게송이 있다 : 사람을 위하려면 철저해야 하고, 사람을 죽이려면 피를 보아야 한다. 덕산(德山)과 암두(巖頭)는, 만리가 한 개 무쇠 조각이었다.(爲人須爲徹, 殺人須見血. 德山與巖頭, 萬里一條鐵.) 『속간고존숙어요』 제5집 '둔암연화상어(遯菴演和尙語)'에 다음 구절이 있다 : 내가 있으면 병이 생기고, 내가 없으면 병이 사라진다. 나도 아니고 병도 아니면, 만리가 한 개 무쇠 조각이다.(有我卽病生, 無我卽病滅. 我病兩俱非, 萬里一條鐵.)

만만(漫漫) : (시간, 벌판 따위가) ① 끝없다. 가없다. ② 가득하다.

만송행수(萬松行秀) : 1166~1246. 남송대(南宋代)의 스님으로 조동종(曹洞宗) 계통이다. 만송은 주석한 지명이다. '만송노인'이라고도 칭한다. 속가의 성은 채(蔡)씨이며, 하내현(河內縣, 河南

省) 출신이다. 어려서부터 출가의 뜻을 세웠고 형주(荊州; 河北省) 정토사(淨土寺)의 빈윤(贇允)에게 출가하여 삭발하였다. 담주(潭州; 湖南省) 경수사(慶壽寺)의 승묵광(勝默光)을 참방한 후, 다시 자주(磁州; 河北省) 대명사(大明寺)의 설암만(雪巖滿) 선사를 뵙고 2년간 머물면서 개오(開悟)하였다. 다시 정토사로 돌아와 만송헌(萬松軒)을 짓고 머물렀다. 소희(紹熙) 4년(1193)에 27세의 나이로 금(金) 장종(章宗)의 부름을 받아 법요(法要)를 가르쳤다. 이후 앙산(仰山) 서은사(棲隱寺), 순천부(順天府) 보은(報恩) 홍제사(洪濟寺)에 머물렀으며, 1230년 원(元) 태종(太宗)의 칙명에 의해 중도(中都) 만수사(萬壽寺)의 주지가 되었지만, 곧 종용암(從容菴, 萬壽菴)으로 옮겨 거기서 유명한 『종용록(從容錄)』을 썼다. 원(元) 정종(定宗) 원년(1246) 4월 7일에 입적하였으니, 당시 세수가 81, 법랍이 50이었다. 그의 문하에는 종륜(從倫)·복우(福祐)·이순보(李純甫)·야율초재(耶律楚材) 등 120여 명의 득법(得法) 제자가 있었고, 저술로는 『조등록(祖燈錄)』, 『석씨신문(釋氏新聞)』, 『명도집(鳴道集)』, 『변종설(辨宗說)』, 『선열법희집(禪悅法喜集)』, 『만송노인평창천동각화상송고종용암록(萬松老人評唱天童覺和尙頌古從容庵錄)』 등이 있다.

만수사화(曼殊沙花) : 꽃이름으로, 남화(藍花)·유연화(柔軟花)·여의화(如意花) 등으로 의역(意譯)하기도 한다. 색깔은 희고 선명하다. 제천(諸天)은 이것을 자재하게 비처럼 뿌려 이를 보는 자로 하여금 강한 세 가지 악업[三惡業]을 멀찌감치 떨쳐버리게 한다.

만안(顢頇) : ① 얼굴이 크다. ② 사리에 어둡다. 어리석다.

만자(滿慈) : '부루나(富樓那)'를 가리킨다. 인도 교살라국 사람으로, 바라문 출신이다. 대단히 총명하여 어려서 오명(五明)을 통달하였고, 속세를 싫어하여 입산 수도하였다. 부처가 성도하여 녹야원에서 설법하는 걸 듣고 벗들과 함께 부처에게 귀의하여 아라한과를 얻었다. 변재가 훌륭하여 불제자 가운데 설법제일로 알려졌다. 만자자(滿慈子), 만원자(滿願子), 만축자(滿祝子)라고도 한다.

만자교(滿字敎) : 소승교를 반자교(半字敎)라 하고, 대승교는 의리가 원만하여 글자가 완성된 것과 같으므로 만자교라 한다. 반자교(半字敎) 참조.

만자자(滿慈子) : 부루나(富樓那). = 만자(滿慈).

만행(萬行) : 깨달아 안목을 갖춘 승려가 한 곳에 머물지 않고 자유롭게 돌아다니며 여러 곳의 선지식들을 만나며 더욱 깊이 공부하는 것. 보통은 안거 기간의 수행을 마친 학인이 해제 뒤에 한 곳에 머물지 않고 여러 곳을 돌아다니며 수행을 계속하는 것을 가리킨다.

만호선(萬戶禪) : 만호(萬戶)는 만호천문(萬戶千門)의 축약. 만호선(萬戶禪)이란 만호천문(萬戶千門)이 일시에 열리듯이 문득 깨닫는다는 돈오선(頓悟禪) 즉, 육조혜능(六祖慧能) 문하의 조사선(祖師禪)을 가리킨다.

말과(抹過) : 지워 없애다. 없애 버리다. = 말소(抹消).

말달(抹撻) : 어리석고 우스운 행동을 가리키는 말.

말산요연(末山了然) : ?~1141. 천태종(天台宗). 태주(台州; 현 절강성) 임해현(臨海縣) 사람. 속성은 설(薛)씨. 16세에 출가하여 구족계를 받았고, 안국원혜(安國元惠)에게 참학하여 천태교관을 배웠다.

말상(末上) : 먼저. 최초. 처음.

말세(末世) : 또는 말대(末代). 사람의 마음이 어지럽고 여러 가지 죄악이 성행하는 시대.

말추(末秋) : 말년(末年). 늘그막.

말후(末後) : 최후. 마지막.

말후구(末後句) : '말후일구(末後一句)'라고도 한다. 깨달음의 경계에 대해서 기술한 언구로, 말후(末後)는 참선학도의 최후, 즉 깨닫고 그 깨달음마저 초탈한 참된 깨달음의 경지를 말한다.

말후일구(末後一句) : = 말후구(末後句).

망기(忘機) : 망기(亡機)라도도 함. 기(機)는 분별심. 망기는 분별심을 벗어난 깨달은 마음을 가리킴. 이해타산을 떠난 순수한 마음.

망라신(網羅身) : 그물에 갇힌 몸. 중생의 속박된 몸.

망량(魍魎) : 도깨비.

망로(莽鹵) : ① 수월하게. 간단하게. 가볍게. 함부로. 간단하다. 수월하다. ② 소홀하다. 등한하다. 흐리터분하다. 아둔하다. 건성으로 하다. 거칠다. = 망로(莽魯), 망로(莽路), 망로(漭鹵).

망망(茫茫) : ① 넓고 탁 트임. ② 아득하다. ③ 희미하다. ④ 분잡하다. ⑤ 무성하다.

망망(忙忙) : ① 바쁜 모양. ② 바삐. 급하게.

망망탕탕(莽莽蕩蕩) : ① 끝없이 넓다. 넓고 황량하다. ② 아득하다. 아득하고 막연하다. ③ 사리에 어둡고 실정에 맞지 않다. ④ 행동이 거칠다.

망명보살(罔明菩薩) : 현겁 16존의 한 분으로 금강계 만다라 등의 서방 5존 중 북쪽 제2위에 봉안된 보살이다. 밀호(密號)는 방편금강(方便金剛)·보원금강(普願金剛)이라고 한다.

망상(罔象) : 『장자(莊子)』「외편(外篇)」'천지(天地)'에 다음 이야기가 나온다 : 황제(皇帝)가 적수(赤水)의 북쪽에서 노닐고, 곤륜산(崑崙山)에 올라 남쪽을 바라보고, 돌아오다가 그의 현주(玄珠)를 잃어버렸다. 지(知)를 시켜 찾게 하였으나 찾지 못하고, 이주(離朱)를 시켜 찾게 하였으나 찾지 못하고, 끽후(喫詬)를 시켜 찾게 하였으나 찾지 못했다. 드디어 망상(罔象)을 시켜 찾게 하니 망상이 그것을 찾았다. 황제가 말했다. "기이하도다! 망상이 그것을 찾을 수 있다니?" (皇帝遊乎赤水之北, 登乎崑崙之丘而南望, 還歸遺其玄珠. 使知索之而不得, 使離朱索之而不得, 使喫詬索之而不得也. 乃使象罔, 象罔得之. 皇帝曰 : "異哉! 象罔乃可以得之乎?") 지(知)는 지식이 많은 사람, 이주(離朱)는 눈이 밝은 사람, 끽후(喫詬)는 시비를 잘 따지는 사람, 망상(罔象)은 모습을 잊은 사람을 가리킨다.

망상(妄想) : 망상(妄相)이라고도 쓴다. 분별(分別)하여 아는 것. 분별(分別)과 같은 뜻. 실상을 깨닫기 전에는 우리의 모든 정신세계는 다 망상(妄想)이다. 그러므로 실상을 깨닫기 전에는 망상이 참으로 어떤 것인지를 알 수가 없다. 실상이 이런 것이고 망상이 저런 것이라고 설명하고 이해하는 이것이 바로 분별망상 속에서 이루어지는 행위이다. 따라서 깨달음을 이루는 것만이 유일한 해결책이다.

망아지 : 마조(馬祖)를 가리킨다.

망어(妄語) : 10악(惡)의 하나. 입[口]으로 지은 4과(過)의 하나. 허광어(虛誑語)라고도 한다. 진실치 못한 허망한 말을 하는 것. 거짓말.

망연(茫然) : 어쩔 줄 모르다. 멍청하다. 막연하다.

망정(忘情) : ① 희로애락(喜怒哀樂)의 감정이 없음. 감정에 얽매이지 않음. ② 자기의 감정을 억제하지 못함.

망조(罔措) : 손을 댈 곳이 없다. 손쓸 수가 없다. 어쩔 수 없다, 어쩔 줄 모른다.

망풍(望風) : 몰래 동정을 살피다. 소문을 듣다. 명망을 듣고 흠모하다. 망을 보다.

망회(忘懷) : 잊다. 잊어버리다. 지니고 있다는 뜻인 관대(管帶)의 반대. 관대(管帶)와 망회(忘懷)는 치우친 것으로서 잘못된 공부이다.

망회(忘懷)와 착의(着意) : 잊어버리거나 주의를 쏟고 있음. 이 둘은 양변에 떨어진 것으로서 바른 공부의 길이 아니다. 착의(着意)는 유지하고 있다는 뜻인 관대(管帶)와 같음.

매귀(賣貴) : 비싸게 팔다.

매달(怺㒓) : 어리석고 경박한 행동을 가리키는 말. 매(怺)는 매(昧)와 같다.

매두(埋頭) : 몰두하다. 달라붙다. 정신을 집중하다.

매롱(賣弄) : 자랑하다. 뽐내다. 으스대다.

매매(每每) : 언제나. 항상. 늘. = 시시(時時).

매어(寐語) : 잠꼬대. 헛소리.

매천(賣賤) : 싸게 팔다.

매합(媒合) : ① 함께 계책을 꾸밈. ② 관계를 맺어줌.

맥(驀) : ① 뛰어넘다. 넘어가다. ② 갑자기. 돌연. ③ 바로 앞을 향하여.(동작의 방향을 표시)

맥구(驀口) : 그 자리에서. 바로. 즉각. 정면으로.

맥두(驀頭) : 갑자기. 돌연. 문득. = 맥연(驀然), 맥지(驀地).

맥로(驀路) : 갑자기. 돌연. 문득. = 맥연(驀然), 맥지(驀地), 맥두(驀頭).

맥연(驀然) : 갑자기. 돌연. 문득. = 맥지(驀地).

맥지(驀地) : 갑자기. 돌연. 문득. = 맥연(驀然).

맥직(驀直) : 곧장. 바로.

맹성(猛省) : 갑자기 깨닫다. 문득 생각나다. 문득 정신이 들다. 스스로 깊이 반성하다.

맹팔랑한(孟八郞漢) : 도리에 따르지 않고 난폭하게 행하는 사람. 졸폭한(卒暴漢). 이 유래에 세 가지 설이 있음. ① 진나라 시대의 용사의 이름으로, 도리에 의하지 않고 일을 한 난폭자. ② 망팔랑(忘八郞)의 뜻으로 인의예지(仁義禮智)·효제충신(孝悌忠信)의 8가지를 잃은 남자. ③ 강량맹렬(强梁猛烈)한 놈. 이상 세 가지 설 모두의 도리에 따르지 않는 난폭자라는 뜻.

멱라(汨羅) : 중국 호남성(湖南省)을 흐르는 멱수(汨水)와 나수(羅水)가 합쳐진다 하여서 이렇게 부른다. 멱라는 동정호(洞庭湖)로 흘러들어간다. 전국(戰國) 시대에 굴원(屈原)이 투신한 곳으로 유명하다.

멱라수(汨羅水) : = 멱라(汨羅).

면강(勉强) : ① 간신히. 가까스로. 무리하게. ② 마지못하다. 내키지 않다. ③ 강요하다. 억지스럽다. ④ 힘쓰다. 애쓰다.

면교(免敎) : 그렇게 하는 것을 벗어나다. 벗기다. = 면(免). (교(敎)는 접미사).

면목(面目) : ① 얼굴 생김새. 용모. 몰골. ② 태도. 입장. 경향. ③ 체면. 낯. ④ 본분. 천성. 정체(正體).

면문(面門) : ① 얼굴. 표정. ② 입.

면자(面觜) : 면목(面目). 얼굴.

면피(面皮) : 용모(容貌). 낯가죽. 얼굴.

멸도(滅度) : 열반(涅槃)을 번역한 말. 나고 죽는 큰 환난을 없애어 번뇌의 바다를 건넜다는 뜻. 해탈(解脫)과 같은 뜻의 말.

멸정(滅定) : 마음의 작용을 모두 멸한 무심(無心). 일체의 정신작용을 소멸한 선정(禪定). = 멸진정(滅盡定).

멸진정(滅盡定) : 대승에서는 24불상응법(不相應法)의 하나. 소승에서는 14불상응법의 하나, 또는 2무심정(無心定)의 하나. 마음에서 모든 분별된 모습을 다 없애고 고요하기를 바라며 닦는 선정. 소승에서는 불환과(不還果)와 아라한과의 성자가 닦는 유루정(有漏定)으로, 육식(六識)과 인집(人執)을 일으키는 말나(末那)만을 없애는 것. 대승의 보살이 닦는 멸진정은 무루정(無漏定)으로, 법집(法執)을 일으키는 말나까지도 없앤다.

명근오색색자(命根五色索子) : 목숨의 뿌리인 오색(五色)의 줄. 오색은 색성향미촉(色聲香味觸)의 오경(五境)과 같다. 목숨의 뿌리인 육체. 허망하게 집착하여 목숨이라 여기는 육체.

명당(明堂) : 옛날 임금이 전례(典禮)를 행하고 정교(政敎)를 베풀던 곳. 궁전. 왕궁.

명당와삽첨(明堂瓦揷簷) : 명당(明堂)은 옛날 임금이 전례(典禮)를 행하고 정교(政敎)를 베풀던 곳, 궁전, 왕궁. 명당에서 기와를 처마에 꽂는다는 말은 곧 궁전을 짓는 일을 한다는 뜻.

명명(明明) : 분명하다. 또렷하다.

명명막막(溟溟漠漠) : 어둡고 캄캄한. 명명(溟溟)은 그윽하고 어두워 알 수 없는 모양. 막막(漠漠)은 연기나 안개 등이 짙게 끼어서 캄캄한 모양, 혹은 드넓고 아득한 모양.

명몽(冥蒙) : 어렴풋하다. 흐릿하다.

명상(名相) : 5법 중의 2법. 모든 사물에 명(名)과 상(相)이 있다. 귀로 들어야 하는 것을 명, 눈으로 보아야 하는 것을 상이라 한다. 다 같이 헛된 것으로 법의 실성에는 계합치 않으나 범부는 이 명상을 분별하여 여러 가지 망혹(妄惑)을 일으킨다.

명언(名言) : 모든 법을 나타내는 이름과 언구(言句).

명연(冥然) : 어둡다. 어두컴컴하다. 그윽하다. 깊다. 어리석다.

명월노화(明月蘆花) : 밝은 달이 하얀 갈대꽃에 떨어지면 달빛인지 꽃빛인지 구분이 되지 않는다. 개별적으로 구분된 모습이 소멸된 전체의 통일된 모습을 가리킨다. 다름 가운데 같음을 말한다.

명자(命者) : 목숨이 있는 것. 목숨. 유정(有情).

명조(明朝) : 내일. 앞날. 가까운 장래.

명창정궤(明窓淨几) : 밝은 창 밑에 놓은 깨끗한 책상. 잘 정돈된 서재(書齋)를 가리킴.

명패(銘佩) : 은공을 마음 깊이 새겨 두고 늘 감사하다. 마음속으로 감사히 여기다.

명행(名行) : 이름난. 유명한.

모도(毛道) : ① 또는 모두(毛頭). 범부의 다른 이름. 가벼운 털이 바람을 따라 동요하는 것과 같이, 범부의 마음이 어리석어 일정하지 못한 것을 말한다. ② 선사(禪寺)에서 삭발을 맡은 소임.

모도범부(毛道凡夫) : 어리석은 범부. 모도(毛道)는 가벼운 털이 바람을 따라 동요하는 것과 같이, 범부의 마음이 어리석어 일정하지 못한 것을 말한다.

모두(毛頭) : 창끝. 칼날.

모두성(毛頭星) : 혜성(彗星). 재난의 상징. 재앙.

모색(摸㨹) : 찾다. 더듬어 찾다.

모착(摸着) : 짚어 보다. 더듬어 보다. 어루만지다.

모총(冒寵) : 공로가 없으면서도 은총을 받음.

모추(毛錐) : 붓. = 모필(毛筆).

모추자(毛錐子) : 붓. = 모추(毛錐).

목건련 : 대목건련.

목기수량(目機銖兩) : 눈이 밝다는 뜻. 수(銖)와 양(兩)은 옛날의 무게 단위로서, 24수(銖)가 1량(兩)이고, 16량(兩)이 1근(斤)이다. 맨눈으로 수(銖)와 양(兩)의 세밀한 차이를 읽어낼 수 있다는 뜻이니 눈이 밝다는 뜻.

목돌(木突) : 나막신. '木楔'이라고도 쓴다.

목암법충(牧庵法忠) : 1084~1149. 송대(宋代)의 스님으로 임제종이다. 속가의 성은 요(姚)씨이다. 19세에 출가하여 천태학(天台學)의 일심삼관(一心三觀)을 체득하였다. 용문(龍門)에서 청원(淸遠)을 만나 참학하는 동안 소용돌이치는 물줄기를 보고 마음의 요체를 깨달았다. 후에 황룡산(黃龍山)에 머물면서 종풍을 선양하였다.

목암안영(木庵安永) : ?~1173. 임제종 대혜파(大慧派). 호는 목암(木庵). 속성은 오(吳)씨. 민현(閩縣) 사람이다. 안국자제(安國慈濟)에게 출가하였고, 나암정수(懶庵鼎需)를 뵙고 그의 법을 이었다. 마지막에 복건성 고산(鼓山)에 주석하였고, 건도(乾道) 9년에 입적하였다.

목인(木人) : 사량분별을 떠난 자유자재한 작용을 비유한 말이다. 석녀(石女)와 함께 많이 쓰인다.

목주(睦州) : 목주도명(睦州道明). 진존숙(陳尊宿).

목주도명(睦州道明) : 생몰년대 미상. 당대(唐代) 선승. 황벽희운(黃檗希運; ?~856경)의 법을 이은 제자. 목주(睦州)는 머물렀던 곳의 이름. 도종(道蹤)·진존숙(陳尊宿)·진포혜(陳蒲鞋)라고도 부름. 속성은 진(陳)씨. 강남(江南) 출신으로 황벽희운의 법을 이은 뒤 절강성 목주의 용흥사(龍興寺)에 머물렀다. 대중 1000여 명을 모아 종풍을 떨쳤기 때문에 진존숙이라 하고, 짚신을 팔아서 어머니를 모셨으므로 진포혜라고 한다. 『오등회원』 제4권에서는 세수 98, 법랍 76이라고 기록되어 있다.

목표(木杓) : 나무국자.

몰가파(沒可把) : 붙잡을 만한 것이 없다. 걸릴 것이 없다. = 몰파비(沒巴鼻).

몰교섭(沒交涉) : 아무 상관이 없다.

몰구(沒口) : ① 할 말이 없다. 이의가 없다. 말대꾸하지 않다. ② 입이 쉴새 없다. 끊임없이 말하다.

몰량대인(沒量大人) : 헤아릴 수 없이 큰 사람이라는 말이니, 철저하게 깨달아서 범부의 분별이나 헤아림을 넘어선 사람을 가리킨다.

몰량한(沒量漢) : = 몰량대인(沒量大人).

몰의(沒意) : 무의미하다.

몰자미(沒滋味) : = 무자미(無滋味).

몰파비(沒把鼻) : = 몰파비(沒巴鼻).

몰파비(沒巴鼻) : 파비(巴鼻)는 파비(把鼻), 파비(把臂)라고도 하는데 파(巴)는 파(把)로서 '잡는다'는 뜻이므로, 파비(巴鼻)는 붙잡을 곳, 의지할 근거(根據) 등을 의미한다. 본래 소를 부릴 때 코를 붙잡고서 끌고 가는 것에서 유래하는 말이라 한다. 몰파비(沒巴鼻), 무파비(無巴鼻), 몰가파(沒可把)는 붙잡을 만한 것이 없음을 뜻한다. 임제(臨濟)는 이것을 두고, "조사문중에서 일대사를 펴는 일이란 입을 열기만 하면 곧바로 어긋나니 그대들이 발을 디딜 곳이 없다."(若約祖宗門下, 稱揚大事, 直是開口不得, 無你措足處.)(『四家語錄』「臨濟錄」)라고도 말하고, 또 무의도인(無依道人)이라고도 말하고 있다. 대혜종고(大慧宗杲)는 "살펴보고 또 살펴보다가 붙잡을 것이 없고 맛이 없음을 느껴서 마음이 답답할 때가 바로 힘쓰기에 좋은 때이다."(看來看去, 覺得沒巴鼻, 沒滋味, 心頭悶時, 正好著力.)(『大慧書』)라고 한다.

몰파비가파착(沒巴鼻可把捉) : 붙잡을 만한 것이 없다. 붙잡고 의지할 만한 것이 없다. 파비(巴鼻)는 파비(把臂)라고도 하는데 파(巴)는 파(把)로서 '잡는다'는 뜻이므로, 파비(巴鼻)는 붙잡을 곳, 근거(根據), 의지할 곳 등을 의미한다. 본래 소를 부릴 때 코를 붙잡고서 끌고가는 것에서 유래하는 말이라 한다. 파착(把捉)은 붙잡는다는 뜻.

몰현금(沒絃琴) : = 무현금(無絃琴), 물현금(勿絃琴). 줄 없는 거문고. 줄이 없으므로 손을 대어서 연주할 수는 없지만, 오히려 줄이 있는 거문고에 비하여 못내는 소리가 없는 무한한 음악을 연주한다. 사려분별(思慮分別)로 붙잡을 수는 없지만, 늘 활발하게 작용하고 있는 마음의 실상을 가리키는 말이다.

몰흥(沒興) : 재수가 없다. 불유쾌하다. 어처구니 없다.

몽(蒙) : 입다. 받다. (편지를) 받다.

몽동(懵憧) : 어리석다.

몽몽(懵懵) : 사리에 어둡다. 어리석다. 흐리멍덩하다.

몽몽동동(朦朦朣朣) : 몽롱하다. 흐릿하다. 어렴풋하다. 사리 분별이 분명치 않다.

몽체(蒙滯) : 몽(蒙)은 '덮어 가리다'는 뜻이고, 체(滯)는 '막혀 통하지 못하다'는 뜻.

묘각(妙覺) : 불과(佛果)를 말한다. 보살 수행의 지위 점차인 52위(位)나 41위의 마지막 지위. 등각위(等覺位)에 있는 보살이 다시 1품의 무명을 끊고 이 지위에 들어간다. 온갖 번뇌를 끊어버린 부처님의 자리.

묘길상(妙吉祥) : 산스크리트 Mañjuśrī를 음역한 것이 '문수사리(文殊師利)'이고 의역(意譯)한 것이 '묘길상'이다.

묘년(妙年) : = 묘령(妙齡). 꽃다운 나이. 스물 안팎의 나이.

묘덕(妙德) : 묘덕보살, 즉 문수보살.

묘망(渺茫) : 끝없이 아득하다.

묘묘(杳杳) : 아득하다. 어둡다.

묘묘(渺渺) : 한없이 넓고 아득하다.

묘무소식(杳無消息) : 소식이 감감하다. 소식이 끊어지다.

묘반(猫飯) : 고양이 밥. 하찮은 밥. 적은 양의 밥.

묘봉고정(妙峯孤頂) : 묘봉(妙峰)은 본래 수미산(須彌山)을 가리키지만, 묘봉의 꼭대기란 언어분별이 끊어진 경계, 일체의 사유분별을 끊어버린 경계를 뜻한다.

묘지확(妙智廓) : 대혜종고(大慧宗杲)의 법사(法嗣)인 경원부(慶元府) 육왕대원준박(育王大圓遵璞) 선사의 법사(法嗣)인 녕파(寧波) 육왕묘지확(育王妙智廓) 선사(禪師).

묘희(妙喜) : 대혜종고의 호(號). 묘희(妙喜)라는 호는 무진거사(無盡居士)에게서 받았다. 무진거사(無盡居士)는 승상(丞相)인 장상영(張商英; 1043~1121)인데, 대혜종고가 스승인 담당문준의 탑명(塔銘)을 부탁하여 인연을 맺었다. 무진거사는 대혜와 함께 이야기하고는 크게 기뻐하며 대혜의 자(字)를 담회(曇晦)라 짓고, 호를 묘희(妙喜)라 지어 주었다. 그 때문에 종고는 종종 스스로를 묘희라 부른다. 운문암(雲門庵)에 있을 때에는 스스로를 운문(雲門)이라 부르고, 경산(徑山)에 있을 때에는 스스로를 경산이라고 불렀지만, 때로는 머무는 장소가 아닌 묘희라는 호로써 자신을 나타내기도 하였다.

무가(無暇) : akṣaṇa의 한역(漢譯). 재난(災難). 불운(不運). 불우(不遇). 무가처(無暇處)라고도 함. 부처님을 만나지 못하고 법을 듣지 못한다는 팔난(八難)과 같은 뜻.

무가보(無價寶) : 값을 매길 수 없는 보물. 사람에게 본래 갖추어진 마음을 가리킴.

무각(無脚) : 발 붙일 곳이 없음. 의지할 곳이 없음.

무간업(無間業) : 무간지옥에 떨어질 만한 지극히 악한 업이다. 『구사론』에 의하면 5역죄를 범하면 무간지옥에 떨어져 끊임없이 고통을 받게 된다고 한다. 5역죄란 아버지 · 어머니 · 아라한을 살해하는 것, 화합승단을 깨는 행위, 부처님의 몸에 피를 내게하는 것을 말한다.

무간지옥(無間地獄) : 8열지옥(熱地獄)의 하나. 범어 아비(阿鼻) · 아비지(阿鼻旨, Avici)의 번역. 남섬부주 아래 2만 유순되는 곳에 있다는 지옥. 괴로움을 받는 것이 끊임 없으므로 이같이 이름한다. 아버지 · 어머니 · 아라한을 살해하는 것, 화합승단을 깨는 행위, 부처님의 몸에 피를 내게하는 것 등 5역죄 가운데 하나를 범하거나, 인과를 무시하고 절이나 탑을 무너뜨리거나, 성중(聖衆)을 비방하거나, 시주한 물건을 헛되이 먹는 이는 이 지옥에 떨어진다고 한다. 이 괴로움을 받는 모양이 여러 경전에 기록되어 있다. 옥졸이 죄인을 붙들고 가죽을 베끼며, 그 베껴낸 가죽으로 죄인의 몸을 묶어 불수레에 싣고, 훨훨 타는 불속에 죄인을 넣어 몸을 태우며, 야차들이 큰 쇠창을 달구어 죄인의 몸을 꿰거나, 입 · 코 · 배 · 등을 꿰어 공중에 던진다고 한다. 또는 쇠매[鐵鷹]가 죄인의 눈을 파먹는 등 여러 가지 극심한 형벌을 받는다고 한다. 이 지옥에도 흑승(黑繩) · 등활(等活) 등의 지옥과 같이 16별처(別處)가 있다고 한다.

무공적(無孔笛) : 구멍 없는 피리. 몰현금(沒絃琴)과 같은 뜻. 모양은 없지만 온갖 작용이 자재한 마음을 가리키는 말.

무공철추(無孔鐵鎚) : 자루를 끼울 구멍이 없는 쇠망치라는 뜻이다. 손으로 잡을 수 없다는 뜻에서, 분별로 가려낼 수 없는 반야(般若)를 가리키기도 하고, 또는 자루를 꼽을 수가 없어서 쓸모가 없음을 비유하기도 한다.

무과(無過) : (유일한 조건의 표시) = 제비(除非), 지유(只有). 다만 -함으로써만이 비로소. 오직 -하여야 비로소. -하지 않고서는.

무구칭(無垢稱) : 유마힐의 산스크리트어 이름인 '비말라키르티(Vimalakīrti)'를 의역한 것으로, 비말라는 '깨끗함 · 때가 없음'의 뜻이고 키르티는 '이름 · 명(名) · 칭(稱)'의 의미이다. 비말라키르티에 해당하는 음역어는 '비마라힐저'(毗摩羅詰底) 또는 '비마라계리제'(鼻磨羅鷄利帝)가 있다.

무기(無記) : ① 성질이 선(善)에도 악(惡)에도 속하지 않고, 또 선악의 어떤 과보도 초래하지 않는 것. 수행에 방해가 되는 유부무기(有覆無記)와 그렇지 않은 무부무기(無覆無記)가 있다. ② 세계의 단(斷) · 상(常) · 변(邊) · 무변(無邊) 등과 같은 형이상학적인 문제는 범부의 견해로는 이해가 불가능하므로 '무기'라고 한다. 이때의 무기(無記)란 곧 '이해(理解)가 없다', '알 수 없어서 깜깜하다'는 뜻이다.

무기공(無記空) : 무기(無記)란 '이해(理解)가 없다', '알 수 없어서 깜깜하다'는 뜻. 무기공(無記空)이란 분별의식이 비워져 나무토막이나 돌맹이처럼 깜깜한 마음의 상태.

무내하(無奈何) : ① 어찌 할 수 없다. 어떻게도 할 수 없다. ② 대처할 수 없다. 처리할 수 없다.

무다(無多) : = 무다유소(無多有少). 얼마? 얼마랴?

무다자(無多子) : 얼마 없다. 많지 않다. 자(子)는 접미사. 당오대(唐五代)에 작은 수량을 표시하는 단어의 뒤에 사용됨. 사자(些子; 약간의)와 같음.

무단(無端) : ① 이유 없이. 까닭 없이. 실없이. ② 끝이 없다.

무등등(無等等) : 부처님은 가장 높은 이여서 견줄 이가 없고, 세간 중에서는 이 무등(無等)한 부처님과 같을 이가 없으므로 무등등이라 한다.

무량법문(無量法門) : 중생의 소질과 취향에 맞춰 무수한 방편설(方便說)을 세우는 가르침.

무루(無漏) : ↔ 유루(有漏). 누(漏)는 객관 대상에 대하여 끊임없이 6근에서 허물을 누출(漏出)한다는 뜻으로 번뇌의 다른 이름. 소승에서는 번뇌를 증상(增上)하지 않음을 말하고, 대승에서는 번뇌와 함께 있지 아니함을 말한다. = 무루지(無漏智).

무루지(無漏智) : 무루(無漏)란 일체의 번뇌를 떠나 조금도 번뇌가 남아있지 않은 것을 의미한다. 따라서 무루지란 일체의 번뇌와 망상을 떠난 지혜, 곧 반야지혜를 뜻한다. 소승에서는 4제(諦)의 이치를 깨달은 지혜라 하여 법지(法智)와 유지(類智)의 두 가지를 세우고, 대승 유식(唯識)에서는 무루지에 근본지(根本智) · 후득지(後得智)의 두 가지를 세운다. 근본지는 유식의 성(性)인 진여(眞如)의 이치를 증득한 무분별지(無分別智)를 말하고, 후득지는 그 근본지에서 나와 유식의 상(相)인 인연으로 일어난 모든 삼라만상을 아는 지혜이다.

무면목(無面目) : 체면에 얽매이지 않다. 정실에 구애되지 않다. 속사정을 봐주지 않다.

무면목한(無面目漢) : 체면에 얽매이지 않는 사람. 정실에 구애되지 않는 사람.

무명(無明) : 밝은 지혜가 없이 망상(妄想)의 어둠 속에 있는 것. 불교에서 영원히 변하지 않는 진리라고 하는 고제(苦諦) · 집제(集諦) · 멸제(滅諦) · 도제(道諦)의 근본의(根本義)에 통달하지 못한 마음의 상태. 십이인연(十二因緣)의 하나이다. 현상계의 모든 사물이 무상(無常) · 무아(無我)함을 모르고 갈애(渴愛)를 일으켜 윤회(輪廻) · 상속(相續)의 원인이 되는 것을 말한다. 그러므로 무명은 가장 근본적인 번뇌(煩惱)이다. 불교는 인간의 윤회적 생존을 직시하여, 그 윤회적 생존을 초월함으로써 해탈을 얻는 것을 궁극의 목적으로 한다. 따라서 윤회의 원인이 되는 무명을 멸각함으로써 인간의 고통은 소멸될 수 있다. 『대승기신론(大乘起信論)』에서는 진여법(眞如法)이 본래 평등일미(平等一味) · 무차별(無差別)한 것임을 알지 못하기 때문에 망상심(妄想心)이 생기며 그것이 업(業)이라 하였다. 이 망상심을 근본무명(根本無明)이라 하며, 이 근본무명에서 파생된 것을 지말무명(枝末無明)이라 한다. 그러나 모든 존재에 불성(佛性)이 있다는 사상과 함께, 무명과 불성은 얼음과 물의 관계와 같이, 일체번뇌의 근본인 무명의 실체가 그대로 청정한 불성이라는 사상도 나타났다. 이는 인간실존의 절대긍정이라 할 수 있다.

무문인자(無文印字) : 무문인(無文印) 또는 무문자인(無文字印)이라고도 함. 무늬 없는 도장을 찍는다는 것은 곧 불립문자(不立文字) · 교외별전(敎外別傳) · 이심전심(以心傳心)의 뜻으로서 달마가 전한 선(禪)을 말한다. 『선문강요집(禪門綱要集)』에 보면, 달마(達摩)가 무문인자(無文印字)를 가져와서 눈앞에 제시한 어구(語句)가 제일구(第一句)라 하고, 여기서의 인(印)은 곧 제불(諸佛)의 법인(法印)이요, 조사(祖師)의 심인(心印)이요, 삼요인(三要印)인데, 삼요(三要)는 무문인자(無文印字) 위의 무늬[文彩]라 한다.(『선문촬요(禪門撮要)』 제19장 강요집(綱要集))

무미(無味) : 사량분별을 초월한 말, 즉 제일의제(第一義諦)의 언구를 의미하는 '무미지담(無味之談)'을 가리킨다.

무보(武步) : 반걸음.

무봉탑(無縫塔) : 꿰매 붙인 것이 없는 탑. 조각조각 만들어 붙이지 않은 탑. 분별되지 않고 모습 없는 불이법(不二法)인 본래심(本來心)을 가리킨다.

무분별지(無分別智) : ↔ 유분별지(有分別智). 올바르게 진여(眞如)를 체득하는 지혜, 진여의 모양은 우리들의 언어나 문자로서는 어떻게 형용할 수도 분별할 수도 없으므로, 분별심(分別心)을 가지고는 그 본바탕 자성(自性)에 계합(契合)할 수 없다. 그리하여 모든 생각과 분별을 여읜 모양 없는 참 지혜로만 비로소 알 수 있다. 이런 지혜를 무분별지라 한다.

무불처칭존(無佛處稱尊) : 부처가 없는 곳에서 부처님의 이름을 부르다. 부처가 없는 곳에서 부처를 찾다.

무비공배(無鼻孔輩) : 코가 없는 무리들. 깨달음이 없는 무리들. 본래면목에 어두운 무리들. 비공(鼻孔) 즉 코는 본래면목을 가리킨다.

무사(無事) : ① = 무수(無須), 불필(不必). 반드시 -할 필요는 없다. 꼭 -할 필요는 없다. ② 일 없음. 조작 없음.

무사갑리(無事甲裏) : 일없는 껍질 속. 일없는 소굴 속. 참으로 깨달아 마음이 쉬어진 것이 아니라, 지금 있는 그대로가 전체요 완전하여 더할 것도 뺄 것도 없다고 이치로 이해하고는, 이 이해 속에 머물러 있으면서 다시는 참된 깨달음을 찾지 않는 선병(禪病).

무상보리(無上菩提) : 5종 보리의 하나. 불과(佛果)에 이른 지혜를 5종으로 나눈 중에서 보살이 등각(等覺) · 묘각위(妙覺位)에 이르러서 온갖 번뇌를 끊어 없애고 불과원만(佛果圓滿)한 증오(證悟)를 이룬 것.

무상살귀(無常殺鬼) : 무상(無常)은 덧없는 삶을 말하고, 살귀(殺鬼)는 사람의 목숨을 빼앗는 귀신인 저승사자를 가리킨다. 곧 세월이 지나면 반드시 만나게 되는 죽음을 가리킨다.

무색계(無色界) : 3계의 하나. 색계(色界) 위에 있어 물질을 여읜 순 정신적 존재인 세계. 색계가 색신에 얽매어 자유를 얻지 못함을 싫어하고, 더 나아가서 들어가는 세계. 이 세계에는 온갖 형색(形色)은 없고 수(受) · 상(想) · 행(行) · 식(識)의 4온(蘊)만 있다. 여기에 공무변처(空無邊處) · 식무변처(識無邊處) · 무소유처(無所有處) · 비상비비상처(非想非非想處)의 4천이 있다.

무생곡(無生曲) : 무생법인(無生法忍)의 노래. 깨달음의 노래.

무생법(無生法) : = 무생법인(無生法忍).

무생법인(無生法忍) : 불생법인(不生法忍), 불기법인(不起法忍)이라고도 함. 인(忍)은 인(認)과 같이 인정하고 수용한다는 뜻이니, 법인(法忍)은 법을 인정하고 수용하여 의심하지 않는 것. 『유마경(維摩經)』 중권(中卷) 「입불이법문품(入不二法門品)」 제9에 "생멸(生滅)은 이법(二法)이지만, 법(法)은 본래 생하지 않는 것이어서 지금 멸하지도 않습니다. 이러한 무생법인(無生法忍)을 얻는 것이 바로 불이법문(不二法門)에 들어가는 것입니다."(生滅爲二, 法本不生今則無滅. 得此無生法忍, 是爲入不二法門.)라 하고 있다. 무생법인(無生法忍)은 불생불멸(不生不滅)하는 법(法) 즉 생겨나거나 소멸함이 없는 법을 인정하고 의심없이 수용한다는 뜻이다.

무생화(無生話) : 무생(無生) 즉 불생불멸(不生不滅)인 공(空)에 관한 이야기. 불교의 진리에 관한 이야기.

무아(無我) : ① 몸과 마음을 상일(常一) 주재(主宰)하는 작용이 있는 영구불변하는 주체를 아(我)라고 하나, 이것은 외도와 범부가 잘못 안 것으로 실은 이와 같은 아(我)는 없다. 우리의 몸과 마음은 5온(蘊)이 가정적으로 화합하여 있는 것인데, 범부는 그 작용에 미(迷)하여 실아(實我)를 인정하지만, 실은 특별히 주체라고 인정할 만한 것은 아무것도 없다. 이를 인무아(人無我)라 한다. ② 외도 · 범부는 모든 법에 대해서 실아(實我)가 있고 실법(實法)이 있다는 그릇된 소견을 내고 만상(萬像)은 상주실재(常住實在)라고 잘못 알아 법아(法我)가 있다고 생각하나, 실은 본래 인연 화합으로 생긴 가법(假法)이므로 따로 법아라 할 것이 없다. 이것을 법무아(法無我)라 한다. 또 유정(有情)도 마찬가지로 5온(蘊)에 의하여 성립된 가유(假有)의 존재이므로, 5온을 여의고는 따로 실체나 자성을 가진 아(我)가 없기 때문에 모든 법은 다 무아라 한다.

무여열반(無餘涅槃) : parinirvāṇa. 반열반(般涅槃)이라 음역하고, 원적(圓寂)이라고도 번역한다. 남김 없는 완전한 소멸이란 뜻이다. 살아생전의 깨달음을 아직 육체가 남아 있어 육체의 요구에 응해야 한다는 뜻에서 유여열반(有餘涅槃)이라고 하고, 육체의 구속에서 해방되는 것을 무여열반(無餘涅槃)이라고 한다. 그러므로 무여열반은 육체의 죽음을 가리키기도 한다.

무연(無緣) : 인연(因緣)이 없다. 관계가 없다.

무연자비(無緣慈悲) : ① 3연자비(緣慈悲)의 하나. 5온(蘊)의 공적한 이치를 관하고 일으킨 자비. 지장보살(地藏菩薩)의 자비. 이것을 중생연(衆生緣)·법연(法緣)의 자비에 대해서 대비(大悲)라 한다. 그러나 다음의 무연관심(無緣觀心)에 비하면 아직 연관(緣觀)이 있으므로 소비(小悲)라 한다. ② 심상(心想)을 다 없애어 분별 연관(緣觀)하는 것이 저절로 지어지는 자비. 이것은 부처님의 대무량심(大無量心)으로서, 연관수습(緣觀修習)하는 3관(觀)의 소비(小悲)에 대하여 무연(無緣)의 대비(大悲)라 한다. 이 대비에도 역시 중생연·법연·무연의 3종이 있다. ③ 무연(無緣)이란 것은 마음에 진여를 관하지도 않고, 평등 제일의(第一義) 중에서 자연히 안주(安住)함을 말한다. 부처님의 대비 가운데서의 무연.

무염생(無厭生) : 만족할 줄 모르다. 욕심이 끝이 없다. 생(生)은 조사.

무용정전(無用淨全) : 1137~1207. 남송대(南宋代) 임제종 승려. 속성은 옹(翁)씨이고, 절강성 출신이다. 대혜종고의 법을 이었는데, 대혜가 입멸한 뒤에는 수암사일(水庵師一) 아래에서 수년간 머물렀다. 나중에 영은사(靈隱寺)의 졸암덕광(拙庵德光), 정자사(淨慈寺)의 혼원담밀(混源曇密) 밑에서 참학하였다. 1189년 천동산(天童山) 경덕사(景德寺)에 들어갔다. 세수 71, 법랍 45로 입적하였다.

무우수(無憂樹) : 산스크리트 aśoka를 의역한 것으로, 음역으로는 아수가(阿輸迦)라 한다. 석존은 룸비니 동산의 이 나무 아래서 탄생하였고, 과거의 비바시불도 이 나무 아래서 도를 이루었다고 한다.

무우왕(無憂王) : 아쇼카왕. 인도 마우리아 왕조의 제3대 왕으로서, 전 인도를 통일하고 불교를 보호했던 왕으로 아육왕(阿育王)·아쇼카왕 등으로 불린다. 원래 성품이 거칠고 사나웠던 그는 왕위에 오른 지 9년째 되던 해 인도의 남동부, 오리사 해안의 칼링가 지방을 정복하다 전쟁의 참상에 반성하고 불교를 신봉하게 되었다고 한다. 모든 인간이 지켜야 할 윤리인 법(法)에 의한 정치를 이상으로 삼고 이를 실현하는 데 진력하였다. 36년의 통치가 끝난 뒤 그의 정책은 점차 쇠퇴하였지만 다른 지방에 불교를 전파하는데 크게 공헌하였다.

무위(無爲) : asaṃskṛta. 모든 법의 진실체를 말함. 위(爲)는 위작(爲作)·조작(造作)의 뜻. 곧 분별로 위작·조작을 하지 않아 생·주·이·멸 4상(相)의 변천이 없는 진리를 말한다. 열반·법성·실상 등은 무위의 다른 이름이다.

무위자(無爲子) : 천의의회(天衣義懷; 993~1064)의 문하에서 공부한 거사(居士) 양걸(楊傑). 예부(禮部) 시랑(侍郎)의 벼슬을 지냈으며, 무위(無爲)는 호(號)이다.

무유(無由) : = 무종(無從). -할 길이 없다. 어쩔 도리가 없다.

무유시처(無有是處) : 이런 경우는 없다. 이런 경우는 없어야 한다.

무의(無疑) : 의심할 바 없다. 틀림없다.

무의자(無衣子) : 『선문염송(禪門拈頌)』을 편찬한 진각혜심(眞覺慧諶; 1178~1234).

무일(無日) : ① 하루도 빠짐없이. ② 머지않아. 이윽고. 곧.

무임전작(無任戰灼) : 대단히 황송합니다. 매우 송구스럽습니다. 무임(無任)은 '대단히', '매우'라는 뜻이고, 전작(戰灼)은 '황송하다', '송구스럽다'는 뜻이다.

무자미(無滋味) : 맛이 없다. 분별하거나 느낄 무엇이 없다. 재미가 없다. 느낌이 없다. = 몰자미(沒滋味). 자미(滋味)는 '맛, 재미, 기분, 심정, 감정'이라는 뜻.

무장(無狀) : ① 모습이 없다. ② 공적(功績)이 없다.

선행(善行)이 없다. ③ 예의가 없다. 난폭하다.

무장(撫掌) : 손뼉을 치다.

무쟁(無諍) : ① 공리(空理)에 철저하게 안주(安住)하여 다른 것과 다투는 일이 없는 것. ② 쟁(諍)은 번뇌, 번뇌를 늘게 하지 않는다는 뜻으로 무루법(無漏法)을 말함.

무종(無從) : -할 길이 없다. 어쩔 도리가 없다.

무지(無知) : 아는 것이 없다. 사리에 어둡다.

무진거사(無盡居士) : 도솔종열(兜率從悅; 1044~1091)의 문하에서 공부한 장상영(張商英; 1043~1121)이다.

무진장(無盡藏) : 덕이 광대하여 다하는 일이 없는 창고라는 뜻. 불교를 비유하여 말함.

무차대비(無遮大悲) : 차별하여 제한하는 일 없이 모든 이들에게 평등하게 내려주는 관대한 자비(慈悲).

무착(無着 : 310~390?) : 범어로 Asaṅga. 음역으로 아승가(阿僧伽), 아승. 음역으로 무착, 무장애(無障碍). 4세기에 활약했던 인도의 학승. 처음에는 소승으로 출가하였지만 뒤에 대승으로 전향하고 미륵(彌勒; 『유가사지론(瑜伽師地論)』 등의 저자)을 스승으로 하여 그의 설을 세상에 소개하고 유식설의 조직과 체계화에 진력하였다. 주된 저작은 『섭대승론(攝大乘論)』 『대승아비달마집론(大乘阿毘達磨集論)』 『현양성교론(顯揚聖教論)』 등이 있다. 아우로는 『구사론(俱舍論)』의 저자인 세친(Vasubandhu, 婆修盤頭)이 있고, 그도 대승으로 전향하여 미륵과 무착의 저작을 주석하고, 그것을 선양하는데 노력하여 크게 이룩하였다.

무착문희(無著文喜; 821~900) : 위앙종. 앙산혜적(仰山慧寂)의 법사(法嗣). 가화(嘉禾; 절강성)의 어아인(蓹兒人). 속성은 주씨(朱氏). 7세에 출가하여 당의 개성(開成) 2년(837) 조군(趙郡; 하북성)에서 구족계를 받았다. 처음에 사분율(四分律)을 배우고 회창(會昌)의 폐불(廢佛)을 만나서 일시 환속하고, 대중연대(大中年代)가 시작될 즈음(847) 항주 염관(鹽官; 절강성)의 제풍사(齊豊寺)에 들어가서 뒤에 대자산(大慈山; 절강성)의 성공대사(性空大師) 환중(寰中)에게 참학하였다. 함통 3년(862) 홍주(洪州; 강서성) 관음원에 이르러 앙산혜적을 참학하고 말을 듣고서 돈오(頓悟)하였다고 한다. 천경산(千頃山; 절강성)에 주석하고 광계(光啓) 3년(887) 오월왕(吳越王) 전씨(錢氏)의 청으로 항주 용천원(龍泉院, 뒤의 慈光院)에 주석하였다. 대순(大順) 원년(890)에는 전왕이 표로서 자의(紫衣)를 내렸다. 건녕(乾寧) 4년(897) 무착(無著)이라고 호를 내렸다. 광화(光化) 3년 10월 27일 병으로 시적하였다. 세수 80세. 법랍 60세. 영은산(靈隱山)에 장사지냈다. 뒤에 전군(田頵)이 난을 일으키면서 이 탑을 파헤쳤는데 육신 그대로 털과 손톱이 함께 자라있었다고 한다. 전왕(錢王)은 이를 기서(奇瑞)라고 여겨 후하게 다시 장사를 치렀다고 한다. 오대산(五臺山)에 올라 문수(文殊)와 상견하여 문답을 하였다는 것을 무착문희의 일로 말하지만 정확히 알 수 없다.

무처착혼신(無處著渾身) : 몸뚱이 하나 둘 곳이 없다. 발 디딜 곳이 없다.

무친(無親) : 친척이 없다. 고독하다.

무토파비처(無討巴鼻處) : 의지할 것을 찾을 수 없는 곳. 토(討)는 찾다, 파비(巴鼻)는 의지할 것, 기댈 것, 근거를 뜻함.

무파비(無巴鼻) : = 몰파비(沒巴鼻).

무풍기랑(無風起浪) : 바람 없는 곳에서 물결을 일으킨다. 평지풍파를 일으키다. 생트집을 잡다. 공연히 시비를 걸다.

무하유(無何有) : = 무하유지향(無何有之鄕).

무하유지향(無何有之鄕) : 아무 것도 없는 곳. 『장자(莊子)』「내편(內篇)」〈응제왕(應帝王)〉에 나오는 다음의 구절에서 연유한다 : "나는 지금 조물자(造物者)와 벗이 되려고 한다. 싫증이 나면 다시 저 아득히 높이 나는 새를 타고 이 세계의 밖으로 나아가, 그 무엇도 없는 곳에서 노닐며, 끝없이 넓은 들판에서 살려고 한다."(予方將與造物者爲人. 厭則又乘夫莽眇之鳥 以出六

極之外, 而遊無何有之鄕, 以處壙垠之野.)

묵조사선(默照邪禪) : 말없이 고요히 비춘다고 하는 삿된 선(禪). 대혜종고는 조동종(曹洞宗)의 천동정각(天童正覺)이 제창한 묵조선(默照禪)을 삿된 선이라고 하여 언제나 묵조사선(默照邪禪)이라고 부른다.

묵조선(默照禪) : 조동종(曹洞宗)의 천동정각(天童正覺; 1091~1157)이 제창한 선. 굉지선(宏智禪)이라고도 한다. 좌선(坐禪)과 묵조(默照)를 지표로 하고 있다. 묵조선(默照禪)이라는 말은 대혜종고가 굉지정각의 선을 비판하면서 한 말. 굉지정각은 『묵조명(默照銘)』을 지어, 묵묵히 좌선(坐禪)하며 비추는 그대로가 곧 깨달음이요 지혜라고 주장하였다.

묵지(墨池) : ① 먹물을 담는 그릇. ② 벼루의 물을 담는 오목한 부분. ③ 필연(筆硯)을 씻는 못.

문거취서(問渠取書) : 그에게 편지를 달라 하여 받다. 문(問)은 '-에게'라는 뜻.

문공추향(捫空追響) : 허공을 쓰다듬고 소리를 좇아가다. 쓸데없는 짓을 하다. 허망한 짓을 하다.

문두호구(門頭戶口) : ① 문호(門戶) 즉 출입구(出入口). 깨달음으로 들어가는 출입구. ② 문두(門頭)는 '가정', '집안'이라는 뜻이고, 호구(戶口)는 '가구(家口)', '인구', '호적(戶籍)'이라는 뜻으로서, 집안의 사람들, 가정의 구성원이라는 뜻. ③ 마음에서 출입구란 곧 안이비설신의(眼耳鼻舌身意)의 육근(六根)을 가리킨다.

문사수(聞思修) : 문(聞)은 불법을 청문하여 아는 것이고, 사(思)는 이것을 스스로 사유하는 것이고, 수(修)는 불도의 실천수행을 의미한다.

문선왕전(文宣王殿) : 문선왕(文宣王)은 공자(孔子)이니, 공자를 모신 전각(殿閣).

문선주(文選注) : 중국에 현존하는 가장 오래된 시문총집(詩文總集)으로 남조 양(梁)나라의 소명태자가 편찬한 책. 30권. 선진(先秦)에서 양대(梁代)에 이르기까지 130인 작가의 글을 문체에 따라 분류하여 700여 편의 작품을 수록하고 있다.

문수(文殊) : Mañjuśrī. 문수보살(文殊菩薩). 대승보살. 구역(舊譯)에서는 문수사리(文殊師利) · 만수시리(滿殊尸利)라 하고, 신역(新譯)에서는 만수실리(曼殊室利)라 한다. 묘덕(妙德) · 묘수(妙首) · 보수(普首) · 유수(濡首) · 경수(敬首) · 묘길상(妙吉祥) 등으로도 번역된다. 문수(文殊) 혹은 만수(曼殊)는 묘(妙)의 뜻, 사리(師利) 혹은 실리(室利)는 두(頭) · 덕(德) · 길상(吉祥)의 뜻. 보현보살과 짝하여 석가모니불의 보처로서 왼쪽에 있어 지혜를 맡고 있다. 머리에 5계(髻)를 맺은 것은 대일(大日)의 5지(智)를 표시한다. 바른손에는 지혜의 칼을 들고, 왼손에는 꽃 위에 지혜의 그림이 있는 청련화를 쥐고 있다. 사자를 타고 있는 것은 위엄과 용맹을 나타낸 것. 이 보살은 석존의 교화를 돕기 위하여 일시적인 권현(權現)으로 보살의 자리에 있다고도 한다. 벌써 성불하여 용존상불(龍尊上佛) · 대신불(大身佛) · 신선불(神仙佛)이라 하며, 또 미래에 성불하여 보견여래(普見如來)라고 부른다 한다. 또는 현재 북방의 상희세계(常喜世界)에 있는 환희장마니보적여래라고도 이름한다.

문수당(文殊堂) : 문수사리 보살상을 모셔 둔 집.

문신(問訊) : 합장하고 인사하다.

문유(文囿) : ① 문단(文壇). 문학계(文學界). ② 문학(文學)하는 선비.

문자(文字) : 문건(文件). 서류. 책(冊).

문자선(文字禪) : = 의리선(義理禪).

문정(門庭) : 문과 정원. 가문, 집안.

문친(問親) : 청혼하다. 친척에게 (도움을) 간청하다. 친구에게 도움을 부탁하다.

문호(文虎) : ① 호랑이. 털가죽에 무늬가 있기 때문에 문호(文虎)라 함. ② 화려하게 꾸민 호랑이 모양의 기구. ③ 대보름날이나 추석에 고전(古典)의 문구(文句)나 시구(詩句) 또는 인명(人名)이나 지명(地名) 등을 등(燈)에 적어 놓고 맞추는 놀이인 등미(燈謎)의 별칭. 이 수수께끼를 푸는 것이 호랑이 쏘아 맞추는 것만큼이나 어렵다고 하여 이르는 말.

문황(文皇) : 당(唐) 태종(太宗) 이세민(李世民).

물사(物事) : 일. 사정. 물건.

미관(美官) : 지위가 높고 봉록도 두둑한 좋은 벼슬.

미기(未幾) : 머지않아. 얼마 안 되어서. 오래지 않아서.

미년(彌年) : 여러 해를 지나다.

미두(迷頭) : 갈피를 못잡다. 판단력을 잃다. 정신이 없다. 헷갈리다.

미두인영(迷頭認影) : 헛것을 보고 진짜로 여기다. 매우 어리석다. = 인영미두(認影迷頭), 인영위두(認影爲頭).

미륜(彌綸) : 일괄 취급하다. 통틀어 정리하다.

미륵(彌勒) : Maitreya. 대승(大乘)의 보살. 매달려야(梅咀麗耶)·매달례야(昧怛隷野)라 음역하고, 자씨(慈氏)라 번역한다. 이름은 아일다(阿逸多)인데, 무승(無勝)·막승(莫勝)이라 번역한다. 인도 바라내국의 바라문 집에 태어나 석존의 교화를 받고, 미래에 성불하리라는 수기를 받아, 도솔천에 올라가 있으면서 지금 그 하늘에서 천인들을 교화한다. 석존 입멸 후 56억 7천만 년을 지나 다시 이 사바세계에 출현하여 화림원(華林園) 안의 용화수(龍華樹) 아래서 성도하여, 3회의 설법으로써 석존의 교화에서 빠진 모든 중생을 제도한다고 한다. 석존의 업적을 돕는다는 뜻으로 보처(補處)의 미륵이라 하며, 현겁(賢劫) 천불의 제5불(佛)이다. 이 법회를 용화삼회(龍華三會)라 함.

미륵하생경(彌勒下生經) : 서진의 태안 2년(308)에 축법호(竺法護) 번역한 경전. 미륵보살이 당래세에 도솔천에서 하생하여 용화수(龍華樹) 아래 성도 한 뒤, 3회의 설법으로 모든 중생을 제도한다고 함.

미모시결(眉毛厮結) : 직역하면 눈썹을 서로 매다는 뜻으로, 가까이 마주하여 있음을 가리킨다. 시(厮)는 '서로'라는 뜻의 부사. ① 착 달라붙어 놓지 않고 한 판 겨루다. ② 한 곳에 모이다. 한 곳에서 합하다. = 미모상결(眉毛相結).

미모탈락(眉毛脫落) : 눈썹이 빠지다. 헛된 말을 하다. 쓸데없는 말을 하다. 거짓말을 하다. 옛날 중국에서는 헛된 말이나 거짓말을 하면 눈썹이 빠진다는 속설이 있었다.

미목(眉目) : 용모(容貌). 두서(頭緖). 요점.

미반(米飯) : 쌀밥.

미세만행(微細萬行) : '팔만세행(八萬細行)'이라고도 하는데, 무수(無數) 또는 무량(無量)의 뜻을 지닌 팔만사천의 행지(行持; 대도를 수행하고 지키는 일)를 의미한다.

미앙궁(未央宮) : 한대(漢代) 장안에 있던 궁전. 전한(前漢) 말의 정치가로서 신(新)왕조(8~24)를 건국한 왕망(王莽)이 신하에게 죽임을 당한 곳.

미언(微言) : 깊은 불법의 뜻을 설명한 미묘한 말. 경문(經文)의 숨겨진 본래 뜻.

미우(眉宇) : 눈썹 언저리. 눈썹 윗부분. 표정.

미자(謎子) : 수수께끼.

미조(未兆) : 어떠한 사물도 발생할 조짐조차 보이지 않는, 절대의 경계를 뜻한다.

미종개부(迷蹤蓋覆) : 종적을 잃고 헤매도록 하려고, 흔적을 덮어 버리는 것. 종장(宗匠)이 학인을 가르치는 솜씨 가운데 하나.

미종결(迷蹤訣) : 미자결(迷子訣)이라고도 한다. 사자가 새끼를 교육시키는 비결을 가리킨다. 사자는 새끼를 교육시킬 때, 새끼를 벼랑 끝으로 데리고 가 벼랑 끝에서 밀어 떨어뜨리는데, 새끼가 민첩하게 몸을 되돌려 벼랑 아래로 떨어지지 않고 기어올라오면 다시 밀어 떨어뜨리고 하여, 마지막까지 포기하지 않고 기어올라오는 놈을 거두어 키운다고 한다. 선(禪)에서 제자를 교육시킬 때에도 마지막까지 추궁하여 마침내 어떠한 자극에도 조금의 흔들림도 없고 조금의 의심도 남아 있지 않은 철저한 곳까지 다다른 사람이 되기를 요구하는 것이, 마치 사자가 새끼를 교육시키는 것과 같다고 하여 미종결 혹은 미자결이라는 말을 사용한다.

미증유(未曾有) : 깜짝 놀라다. 깜짝 놀랄만한 일.

미진(微塵) : 미세한 먼지.

미진(迷津) : 생사를 윤회하며 헤매는 차안(此岸)

에서 해탈열반의 피안으로 건너는 나루터. 진(津)은 강이나 바다를 건너는 나루터.

미차가(彌遮迦) : 인도 스님. 서천 부법장 제6조. 처음에는 8천의 대선(大仙)을 이끈 우두머리였지만, 제다가 존자를 만나 무리와 함께 보리심을 발하여 제자가 됨. 법을 얻은 후 북인도를 돌며 교화하다가 바수밀을 만나서 대법을 부촉하고, 사자분신삼매에 들어 몸을 허공에 띄운 다음, 본좌에 돌아오자마자 산화했다고 함.『전등록』에 의하면 주(周) 양왕 17년(B.C. 637)에 입적했다고 함.

미천(彌天) : 하늘에 가득 퍼지다. 대단히 크다.

미천대죄(彌天大罪) : 극악무도한 죄. 크나큰 죄악.

미필불(未必不) : 꼭 -하지 못한다고는 할 수 없다. 반드시 -하지 못하지는 않다.

미횡(眉橫) : 화난 눈초리. 사나운 눈초리. = 횡미(橫眉).

미후(獼猴) : 원숭이.

민(閩) : 복건성(福建省) 지역. 복건성에는 민강(閩江)이 있다.

민연(泯然) : 망하는 모양. 쇠퇴하여 사라지는 모양.

민전(緡錢) : 돈꿰미. 끈에 꿴 엽전(葉錢).

밀밀(密密) : 빽빽하다. 많다. 빈틈없다.

밀실(密室) : 정법(正法). 종지(宗旨). 깨달음을 가리키는 말.

밀실(密室) 속의 사람 : 부처와 조사 등 깨달은 이를 가리키는 말.

밀암함걸(密庵咸傑) : 1118~1186. 남송대(南宋代)의 스님으로, 임제종 양기파에 속한다. 밀암(密庵)은 호이며, 천동함걸(天童咸傑)이라고도 불린다. 천동(天童)은 그가 주석한 산의 이름이다. 속가의 성은 정(鄭)씨이며, 복주(福州; 福建省) 복청(福淸) 출신이다. 여러 선지식을 두루 찾아다니다가 구주(衢州; 浙江省) 명과암(明果庵)의 응암담화(応庵曇華)에게 인가를 받았다. 후에 동주(同州)의 오거암(嗚巨庵)에 주석하였고, 상부(祥符) 장산(蔣山)의 화장(華藏)·경산(徑山)·영은(靈隱)·천동(天童) 등의 큰 사찰을 돌면서 머물렀다. 순희(淳熙) 13년 6월 12일에 입적하였는데, 당시의 세수가 69, 법랍이 52였다. 저서로는『밀암화상어(密庵和尙語)』1권이 있으며, 갈필(葛邲)이 탑명을 지었다.

ㅂ

바라밀(波羅蜜) : pāramitā. 바라밀다(波羅蜜多)·파라미다(播囉弭多)라고도 음역하고, 도피안(到彼岸)·도무극(度無極)·사구경(事究竟)·도(度)라 번역. 피안(彼岸)은 곧 이상(理想)의 경지에 이르고자 하는 보살 수행의 총칭. 이것을 6종·10종으로 나누어 6바라밀·10바라밀이라 하며, 또는 6도(度)·10도(度)라고도 한다.

바사닉(波斯匿) : Prasenajit. 파사닉이라고도 함. 프라세나지트의 음역. 사람 이름. 중인도 교살라국의 사위성의 왕 이름. 석가모니의 재세 당시에 재위에 있었다. 기다(祇多) 태자, 말리(末利) 부인과 함께 불교에 귀의하여 교단의 외호자로서 큰 역할을 하였다. 세수 80세에 타계했다고 함. 발라서나시다(鉢邏犀那恃多)·비선닉(卑先匿)·화열(和悅)·월광(月光)·승군(勝軍)·승광(勝光)이라 함.

바사사다(婆舍斯多) : 서천 부법장 제25조. 계빈국 출신. 바라문 계급. 아버지는 적행, 어머니는 상락. 사자존자에게 심인을 받고 남인도와 중인도에서 대중을 교화함.『전등록』에 의하면 제자 불여밀다에게 법을 부촉하고 동진 명제 태령 3년(325) 화정에 들어서 입적했다고 전함.

바수밀(婆須密) : Vasumitra. 북인도 건타라국 사람으로서 불멸 후 600년 가나색가왕 때에 가습미라국에서『대비비사론』을 편찬하던 제4결집 때에 상좌로 활약했고 학식이 풍부하여 당시에 존중히 여기던 법구·묘음·각천과 함께 파사사 대논사의 한 사람이다. 저서『이부종윤론』1권.

바수반두 : Vasubandhu. 320?~400?. 인도의 승려·불교학자. 세친(世親) 혹은 천친(天親)이라 번역하고, 바수반두(婆數槃豆)·벌소반도(伐蘇

畔度) 등으로 음역한다. 간다라국(國)의 정통 브라만 출신. 형인 무착(無著)과 동생 사자각(師子覺)도 유명한 불교학자이다. 처음에는 소승불교 가운데의 최대 학파였던 설일체유부(說一切有部)와 경량부(經量部)의 사상을 공부하여, 하루에 한 게송(偈頌)씩 600게를 지었다는 명저『아비달마구사론(阿毘達磨俱舍論)』을 저술하였다. 이 책은 소승불교의 특징 있는 여러 사상(불교철학)을 잘 간추려 엮은 것으로서, 인도 · 중국 · 한국 · 일본 등지에서 널리 읽혔다. 뒤에 형 무착의 권유로 대승불교로 전향하여, 미륵(彌勒) · 무착으로 이어져 확립된 유식사상(唯識思想)을 『유식이십론(唯識二十論)』과 『유식삼십송(唯識三十頌)』에 결집하였다. 대승불교에서 그의 위치는, 화엄(華嚴) · 법화(法華) · 열반(涅槃) · 승만(勝鬘) · 무량수경(無量壽經) 등 여러 대승경전(大乘經典)의 연구 발표로, 대승 전반에 걸쳐 개척자적인 지위를 확보하였는데, 특히 중요한 것은 형 무착의 유식학(唯識學)을 계승하여 이를 완성시킨 데 있다. 무착과 세친의 대승불교는 유가행파(瑜伽行派)로 불리어, 용수(龍樹) 등의 중관파(中觀派)와 더불어 인도 대승불교의 양대 주류를 이루었다. 『대승성업론(大乘成業論)』, 『불성론(佛性論)』, 『변중변론(辨中邊論)』 등의 저서도 있다.

박(博) : 바꾸다.

박가범(薄伽梵) : 세존(世尊)이라는 뜻인 bhagavān의 음역.

박극(博極) : 많은 책을 두루 보아 지식이 깊고 넓음.

박량(博量) : 널리 헤아리다. 두루 헤아리다.

박량(搏量) : 박량(博量)과 같음. 두루 헤아리다.

박모(薄暮) : 저녁 무렵. 해질녘. 땅거미가 질 무렵.

박박(嚗嚗) : 와글와글. 여러 소리가 시끄러움.

박지(嚗地) : (의성어) 문득 끊어지는 소리. 뚝.

박지(博地) : 하등(下等)이라는 뜻. 박지(薄地)라고도 쓴다. 범부(凡夫)를 삼류(三類; 내범(內凡), 외범(外凡), 박지(薄地))로 나눈 것 가운데 하나. 가장 하등한 범부.

박지범부(博地凡夫) : = 박지범부(薄地凡夫). 박지저하범부(薄地底下凡夫, 博地底下凡夫)라고도 쓴다. 가장 열등한 범부. 박지(博地)는 하등(下等)이라는 뜻. 박지(薄地)라고도 쓴다. 범부(凡夫)를 삼류(三類; 내범(內凡), 외범(外凡), 박지(薄地))로 나눈 것 가운데 하나. 가장 하등한 범부.

박지저하범부(博地底下凡夫) : = 박지저하범부(薄地底下凡夫). 가장 열등한 범부.

박판(拍版) : 타악기의 하나. 단단한 나무 조각 6~9쪽을 끈으로 연결하여 박자를 맞추는 데에 썼다.= 박판(拍板).

반강(頒降) : 널리 알리다. 반포(頒布)하다.

반근착절(盤根錯節) : 나무의 뿌리가 휘감기고 뿌리가 뒤엉키다. 일이 복잡하여 해결하기가 곤란하다. = 반근착절(槃根錯節), 반근착절(蟠根錯節), 근반절착(根盤節錯).

반라(飯籮) : 밥을 담는 대나무로 만든 바구니.

반랑(潘閬) : 반랑(潘郞). = 반악(潘岳; 247~300).

반랑(潘郞) : 반악(潘岳; 247~300).

반랑도기려(潘閬倒騎驢) : 반랑(潘閬)이 당나귀를 거꾸로 탄 그림은, 화산도(華山圖)에 그려져 있는데, 화산의 36봉우리를 다 구경한 반랑이 산 아래에서 집으로 돌아가면서도 화산을 아름다움을 못 잊어 당나귀를 거꾸로 타고 화산을 바라보면서 집으로 돌아갔다고 한다.

반만(半滿) : 반자교(半字教)와 만자교(滿字教).

반명(拚命) : 목숨을 버리다. 죽을힘을 다하다. 목숨을 내걸다.

반박(盤泊) : 머물다. 배회하다. 함께 놀다.

반반(般般) : 형형색색. 각양각색. 갖가지. 여러 가지. 별의별.

반악(潘岳) : 247~300. 중국 서진(西晉)의 문인. 자(字)는 안인(安仁). 허난성(河南省) 잉양(滎陽) 출생. 어릴 때부터 신동(神童)이라 불렸고, 진(晉)나라 무제(武帝)때 저작랑(著作郞). 산기시랑(散騎侍郞). 급사황문시랑(給事黃門侍郞)등을 역임했다. 조왕(趙王) 사마윤(司馬倫)이 정권을 장악하였을 때, 아버지의 옛 부하인 손수(孫秀)에게 모함당하여 일족과 함께 주살(誅殺)되었다. 그는 정서적인 표현에 뛰어났으며, 철저한 기교주의자로서 감각적인 애상(哀傷)의 시와 산수시(山水詩)의 걸작을 남겨 놓았다. 육기(陸機; 261~303)와 함께 서진문학의 대표적 작가로 병칭되었으며, 가밀(賈謐)의 문객들인 '24우(友)' 가운데 제1인자이기도 하였다. 또 용모가 수려하여 많은 여성들이 따랐다고 한다. 그의 대표작으로 꼽히는 애처의 죽음을 애도하여 지은 〈도망(悼亡)의 시〉 3수는 진정이 넘쳐흘렀고 또한 방향을 모색하던 당시의 수사주의적 문학에 하나의 전기를 마련해 준 것이었다. 그 밖에 〈서정부(西征賦)〉, 〈추흥부(秋興賦)〉 등도 유명하며, 『반악집(潘岳集)』(7권), 『진서(晉書)』(55권), 『금곡시집(金谷詩集)』 등이 있다.

반야(般若) : prajñā. 지혜(智慧)라 번역. 깨달음의 지혜이니 곧 깨달음이다.

반야다라(般若多羅) : 동인도 출신의 비구 이름. 인도 선종의 제26대 조사인 불여밀다(不如蜜多)로부터 선법(禪法)을 전수받았고, 선종의 제27대 조사가 되었다. 제28대 조사인 보리달마에게 선법을 전수한 것으로 알려져 있다. 『경덕전등록』 권2에 전기가 실려 있다.

반야바라밀(般若波羅蜜) : 구족하게는 반야바라밀다(般若波羅蜜多)라 음역. 지도(智度)·도피안(到彼岸)이라 번역. 6바라밀의 하나. 반야는 실상(實相)을 비춰보는 지혜로서, 나고 죽는 이 언덕을 건너 열반의 저 언덕에 이르는 배나 뗏목과 같으므로 바라밀다라 한다.

반야종지(般若種智) : 반야의 씨앗. 지혜의 씨앗. 깨달음의 씨앗.

반연(攀緣) : 인연을 붙잡다. 인연에 응하다. 인연을 대하다. 대하고 있는 인연.

반열반(般涅槃) : parinirvāṇa의 음역. 원적(圓寂)이라 번역한다. 완전한 소멸이란 뜻이다. 석가세존의 살아생전의 깨달음을 유여열반(有餘涅槃)이라고 하고 육체가 사라지는 것을 무여열반(無餘涅槃)이라고 하는데, 무여열반을 보통 반열반이라 한다. 그러므로 반열반은 육체의 죽음을 가리키기도 한다.

반자교(半字敎) : ↔만자교(滿字敎). 소승교를 말한 것. 반자(半字)라 함은 글자가 원만하지 못한 것으로, 소승교의 의리(義理)가 원만하지 못한 것에 비유함. 또 이는 아버지가 어리석은 아들에게 먼저 반자를 가르치고, 만자를 가르치지 않는다고 한 『열반경』의 비유에 의한 것.

반자교(半字敎)와 만자교(滿字敎) : 『열반경』에서는 아버지가 어리석은 아들에게 먼저 반자(半字)를 가르치고 나중에 만자(滿字)를 가르친다고 하여, 반자를 소승(小乘)의 경전에 비유하고, 만자를 대승(大乘)의 경전에 비유하였다. 반자(半字)라 함은 글자가 원만하지 못한 것으로, 반자교를 소승의 가르침이 의리(義理)가 원만하지 못한 것에 비유하고, 대승의 가르침은 의리가 원만하여 글자가 완성된 것과 같으므로 만자교라 한다. 『열반경』의 번역자 담무참은 이에 의하여 부처님의 일대 교설을 반자·만자의 2교로 판별하여 소승은 반자교, 대승은 만자교라 하였다.

반조(返照) : ① 눈길을 돌려 내면을 비추어본다는 반시내조(返視內照)의 준말. 자기 마음을 되돌아보다. 자기의 본성을 되돌아보다. ② 해질녘에 되비치는 석양을 가리킴.

반척(返擲) : 되돌려 던지다.

발(發) : = 발취(發趣). 출발하다. 시작하다. 내다.

발(跋) : 후발(後跋).

발개(撥開) : 밀어젖히다. 밀어 헤치다.

발견(撥遣) : 내버리다. 없애버리다.

발기(發起) : ① 나타나기 시작함. 나타남. 생겨남. ② 마음을 일으키는 것. 결심하는 것. 깨달음을 구하려고 마음을 내는 것. ③ 미혹이 일어남. ④ 발심함. 깨달음을 구하려고 결심함.

발기(發機) : ① 싹을 틔우다. ② 조짐을 드러내다. ③ 쇠뇌를 쏘다. ④ 동력을 일으키다. ⑤ 행동을 개시하다.

발기(撥棄) : 버리다. 쓸어 내버리다.

발낭(鉢囊) : 발우(鉢盂)를 넣는 주머니.

발다라(鉢多羅) : ptra. 파다라(波多羅)·파달라(播怛囉, 波呾羅)·발달라(鉢呾羅)·발화란(鉢和蘭)이라고도 쓰며, 발(鉢)이라 약칭. 응기(應器)·응량기(應量器)라 번역. 비구가 사용하는 밥그릇. 이것을 가지고 돌아다니며 밥을 비는 것을 탁발(托鉢)이라 하며, 비구가 먹는 분량은 이 한 그릇에 한한다. 발에는 철발(鐵鉢)·와발(瓦鉢)이 있다. 우리나라에서는 목발(木鉢)을 사용하는 일이 있으나 부처님의 계율에는 없음.

발명(發明) : 밝히다. 깨닫다.

발무(撥無) : 없애다. 쓸어 내버리다.

발보리심(發菩提心) : 줄여서 발심(發心)이라고도 한다. 깨달음을 얻겠다는 마음인 보리심(菩提心)을 내는 것. 위로는 무상(無上)의 보리를 구하고, 아래로는 중생을 교화하려는 큰 뜻을 일으킴.

발본(拔本) : 손실을 만회하다, 본전을 되찾다.

발산거정(拔山擧鼎) : 산을 뽑고 솥을 들어 올린다는 뜻으로, 힘이 다른 사람들보다 뛰어나게 센 것을 비유한 말. 『사기(史記)』 제7권 「항우본기(項羽本紀)」에서 항우를 묘사한 말에서 비롯된다. 정(鼎)은 청동으로 만든 세 발 달린 큰 솥.

발솔(勃窣) : 발솔(勃捽), 발소(勃素)라고도 씀. 느릿느릿한 모습. 주춤거리는 모습. 지체하며 나아가지 못하는 모습.

발심(發心) : 발심(發心)은 발보리심(發菩提心)의 준말로서, 위 없는 보리(菩提)를 구하는 마음을 내는 것이라는 의미이다. 『대승기신론(大乘起信論)』에서는 발심(發心)을 신성취발심(信成就發心)·해행발심(解行發心)·증발심(證發心)의 3가지로 나누어서 상세히 설명하고 있지만, 선종(禪宗)에서는 일반적으로 초발심(初發心) 즉 비로소 선(禪)의 종지(宗旨)를 배우겠다고 결심하는 정도로 사용되는 경우가 대부분이다. 여기서의 발심(發心)의 의미도 그 정도의 의미이다. 다음과 같은 예들을 보아라. "뒤에 당(唐) 동광(同光) 중에 투자산으로 찾아가 대동선사를 만나보고는 이윽고 발심(發心)이 되어 다시 용아거둔 화상을 찾아갔다."(後唐同光中 游方詣投子山 見大同禪師 乃發心之始 次謁龍牙遁和尙)(『景德傳燈錄』 卷第二十五 天台山德韶國師 大正藏51-407b); "이윽고 부모에게 하직하고 출가하여서 구족계를 받고는 늘 좌선(坐禪)을 실천하며 하루에 오직 한 끼만을 먹고 『법화경』 등 여러 경을 암송하였다. 『묘승정경(妙勝定經)』을 보다가는 선(禪)의 공덕에 찬탄하고 드디어 발심(發心)하여 선지식을 찾았다."(乃辭親入道 及稟具常習坐 日唯一食 誦法華等經滿千遍 又閱妙勝定經 嘆禪那功德 遂發心尋友)(『景德傳燈錄』 卷第二十七 衡岳慧思禪師. 大正藏51-431a); "상주(常主)의 영각(靈覺) 스님이 물었다. '발심(發心)하여 출가한 것은 본래 깨달음을 구하려는 것입니다. 어떻게 마음을 써야 깨달을 수 있습니까?' 혜충국사가 말했다. '쓸 마음이 없어야 깨달을 수 있다.'"(常州僧靈覺問曰 發心出家本擬求佛 未審如何用心卽得 師曰 無心可用卽得成佛)(『景德傳燈錄』 卷第二十八 南陽慧忠國師. 大正藏51-439a)

발양(發揚) : ① 힘차게 떨쳐 일어남. ② 환하게 빛남. 환함. ③ 선포함. 선양함. ④ 들추어냄. 폭로함. ⑤ 추천함. 등용함. ⑥ 흩뿌림. 퍼뜨림. ⑦ 펼쳐 드러냄. ⑧ 드러내어 밝힘. ⑨ 북돋우어 높임. ⑩ 격렬하고 드높음. 높고 우렁참. ⑪ 생각이나 도리를 충분히 표현함. ⑫ 악기 소리가 은은하게 울려퍼짐.

발우(鉢盂) : 불교에서만 쓰는 독특한 식기(食器). 비구(比丘) 6물(物) 또는 18물의 하나로서, 발(鉢)이라고도 하며 발우(鉢盂), 발우라고도 쓴다. 이는 범어의 음사인 발다라(鉢多羅)의 약칭이다. 번역하여 응기(應器) 또는 응량기(應量器)라고도 한다. 즉 부처와 그 제자가 가지는 식기로서, 색과 재질에 관하여는 여러 가지로 언급하고 있다. 『사분율(四分律)』에 의하면 6종의 발우를 열거하였으나 대체로 크게는 철발(鐵鉢)

과 이발(泥鉢)로 나누어진다. 목발(木鉢)이 한국에서도 한때 크게 유행하였으나 이를 외도의 기물이라 하여 금지하기도 하였다. 현재 인도나 남방불교계통에서는 걸식할 때 하나의 발우를 쓰고 있으며, 한국에서는 4개를 합하여 보관하였다가 쓸 때에는 전발(展鉢)하여 쓰게 된다. 또 발우를 가지고 밥을 비는 것을 탁발(托鉢)이라 하여 중요한 수행으로 삼는다. 국내에 남아 있는 발우 가운데 이발은 흔하지 않고, 철발의 경우는 고려시대의 제품이 있어 주목된다.

발원(發願) : 원력을 세움. 일반적으로 부처님이나 보살님들을 본받아 대원을 세우는 것을 말함.

발적(發跡) : 발적(發迹).

발적(發迹) : 발적현본(發迹顯本)의 준말. 모습이라는 흔적을 걷어내고 근본을 드러낸다는 뜻. 적불(迹佛; 드러난 모습으로서의 부처)을 열어 본불(本佛)을 드러낸다는 말. 개적현본(開迹顯本)이라고도 한다.

발전(撥轉) : ① 돌리다. 방향을 바꾸다. ② 조종하다. 놀리다.

발정(撥整) : 정리하다. 정돈하다.

발제하(拔提河) : 석존이 열반에 드신 쿠시나가라 주위에 있던 네란자라 강을 말한다.

발족초방(發足超方) : 발족(發足)은 길을 떠나는 것, 초방(超方)은 여러 지방을 벗어나는 것. 발족초방을 길을 떠나 어떤 곳에도 머물러 있지 않는 것.

발취(發趣) : 시작하다.

발치(撥置) : 옆으로 밀쳐 놓다. 내버려두다. (일부분을) 떼어 놓다. 배치하다.

발화라(鉢和羅) : pravāraṇa. 발화라(盋和羅)·발화란(鉢和蘭)이라고도 하며, 자자식(自恣食)이라 한역. 여름 안거를 마치는 날인 7월 15일, 곧 자자일(自恣日)에 삼보(三寶)에게 공양하는 음식. 또 발다라(鉢多羅)의 잘못된 말이라고도 함.

방(放) : ① 용서하여 눈감아 주다. 용서하여 풀어주다.(= 요(饒)) ② 시키다.(= 사(使), 교(敎)) ③ 어떤 표정을 짓는 것을 가리킨다.

방각(放却) : 놓아버리다.

방개(放開) : = 방행(放行).

방거(放去) : ① 버리다. ② 풀어주어 떠나게 하다.

방거사(龐居士) : 방온(龐蘊; ?~808).

방과(放過) : ① 여유가 있다. 여유를 두다. ② 눈감아 주다. 봐주다. 용서해 주다. 놓아주다.

방과일착(放過一着) : (바둑에서) 한 수 물려주다. 한 수 여유가 있다. 한 번 기회를 주다. 한 번 눈감아주다. 한 번 봐주다.

방관(放寬) : ① 넓히다. 확장하다. ② 완화하다. 늦추다. ③ 마음을 느긋하게 가지다.

방광(放曠) : 놓아서 비우다. 비게 하다. 비우다.

방교(放敎) : 시키다. -하게 하다. = 사(使), 령(令).

방대냉래간(放待冷來看) : 추워지기를 기다려 보아라. 쌀쌀해지기를 기다려 보라. 쓸쓸해지기를 기다려 보라.

방도(放倒) : 거리낌 없이 넘어지다. 제멋대로 넘어지다. 놓아 버리고 넘어지다.

방등(方等) : ① 크게 증광(增廣)발전시켰다는 뜻. ② 대승경전의 총칭. 대승경에 말한 것은 횡(橫)으로 시방(十方)에 두루한 방광보변(方廣普遍)의 실다운 이치이며, 수(竪)로 범부나 성인을 포함한 평등한 교(敎)이므로 이렇게 이른다. ③ 보편평등(普遍平等).

방사(放肆) : ① 제멋대로 하다. 방자하다. ② 난폭하다.

방생(傍生) : 축생(畜生)을 말함. 태(胎)가 옆으로 나 있기 때문에 방생이라고 하며, 인천(人天)의 정도(正道)가 아니므로 방생이라고 한다. 하늘, 땅, 물에 사는 모든 종류의 짐승을 가리킨다.

방시(方始) : 방금, 이제 막, 지금. 겨우, -해서야 비로소.

방신명(放身命) : 자기 목숨에 대한 집착을 놓고 삶과 죽음에 자재하게 되다. 속박에서 벗어나 자유로운 몸이 되다.

방심어물아(放心於物我) : 사물과 나에게서 마음을 놓다. 사물과 나에게 마음을 두지 않다.

방약무인(傍若無人) : 전국시대 말기에 위(衛)나

라 사람 형가(荊軻)는 술과 글을 좋아하고 검술에 뛰어난 비범한 인물이었지만, 위나라에서 자신이 등용되지 않자 연(燕)나라로 가 개 잡는 사람들과 거리에서 술을 마시며 즐기고 또한 축(筑 : 대나무로 만든 악기로 거문고와 비슷함)의 명인인 고점리(高漸離)와 사귀었다. 둘이서 술을 마시고 취하면 고점리가 축을 치며 마치 곁에 사람이 없는 것 같이 행동하였다.[방약무인(傍若無人)](『사기(史記)』「자객열전(刺客列傳)」)

방여삼돈봉(放汝三頓棒) : 너를 방망이로 3대 때려야 할 것을 눈감아 준다.(용서해 준다) 방(放)은 '용서하여 눈감아 주다', '용서하여 풀어 주다.'(= 요(饒))는 뜻. 속뜻은 당장 때리지는 않지만 몽둥이를 맞아야 할 허물이 있다는 뜻. 허물을 지적하는 말.

방여일돈(放汝一頓) : 너를 한번 눈감아 준다.

방온(龐蘊) : ?~808. 당대(唐代)의 거사(居士). 마조도일의 문하에서 공부하였다. 자(字)는 도현(道玄). 호남성(湖南省) 형양(衡陽) 출신. 정원(貞元) 초(785년)에 석두희천을 찾아가 약간의 깨달음을 얻은 다음 마조도일에게 법을 물어서 확실하게 통달하여 자리가 잡혔다. 마조 문하에서 2년 동안 공부하였다. 일생을 거사로 마쳤지만, 견처(見處)가 분명하여 중국의 유마거사(維摩居士)라 불렸다. 양주(楊州) 자사(刺史) 우적(于迪)이 편찬한 『방거사어록(龐居士語錄)』 3권이 있다.

방완(放緩) : 늦추어 놓다. 놓아서 늦추다. 게으름을 부리다.

방외(方外) : 속세를 떠난 곳. 세상 밖.

방외(方外) : 우주 바깥.

방인(方人) : 인물의 우열, 장단점을 비평하다.

방일(放逸) : 해야 할 착한 일이나 방지해야 할 악한 일을 뜻에 두지 않고, 방탕하고 함부로 하는 것.

방자(方子) : 처방전.

방죽(方竹) : = 사방죽(四方竹).

방참(旁參) : 널리 참고함. 폭넓게 참조함.

방참고(放叅鼓) : 방참(放參)은 선원(禪院)에서 방장(方丈)이나 조실(祖室)이 특별한 용무 혹은 임시 기도 등 때문에, 만참(晩參) 설법(說法)을 쉬는 것을 가리킨다. 이 일을 대중에게 알리기 위하여 종을 치는 것을 방참종(放參鐘)이라 하고, 북을 치는 것을 방참고(放叅鼓)라 하며, 또 이 일을 게시하는 패를 방참패(放叅牌)라 한다. 종이나 북은 세 번씩 친다.

방촌(方寸) : 마음. 본래 사방 1촌(寸)의 가슴을 가리키는 데 비유하여 마음이라는 뜻.

방탕(放蕩) : 막힘없이 놓아 버리다. 아낌없이 놓아 버리다.

방편(方便) : ① 방은 방법, 편은 편리니, 일체 중생의 기류근성(機類根性)에 계합하는 방법 수단을 편리하게 쓰는 것. 또 방은 방정한 이치, 편은 교묘한 말. 여러 가지 기류에 대하여 방정한 이치와 교묘한 말을 하는 것. 또 방은 중생의 방역(方域), 편은 교화하는 편법이니, 모든 기류의 방역에 순응하여 적당히 교화하는 편법을 쓰는 것. 곧 중생을 제도하기 위하여 여러 가지 수단 방법을 강구하는 것. 혹은 그 수단 방법을 말함. ② 진실(眞實)의 반대. 근기가 아직 성숙하지 못하여 깊고 묘한 교법을 받을 수 없는 이를 위하여, 그를 깊고 묘한 진실도에 꾀여들이는 수단 방법으로서 권도로 시설한 낮고 보잘 것 없는 법문. 권가방편(權假方便) · 선교방편(善巧方便)이라 함. ③ 권도(權道)로 통달케 하는 지혜. 불 · 보살이 여러 가지로 수단 방법을 써서 중생을 진실한 대도로 이끌어 들이는 권지(權智). ④ 3문(門)의 하나. 정직을 방(方)이라 하고, 나를 돌보지 않는 것을 편(便)이라 하니, 일체 중생을 가련히 여겨 자기의 이익을 따지지 않는 것. ⑤ 진리를 증득하기 위하여 그 전에 닦는 가행(加行).

방하(放下) : ① 내려놓다. ② 내버리다. ③ 임명되다.

방하착(放下著) : 내려놓아라. 놓아라. 그만두어라. 착(著)은 명령을 나타내는 어기조사(語氣助詞).

방할선(棒喝禪) : 몽둥이를 휘두르고 고함을 지르

는 것이 곧 선이라는 견해.

방행(放行) : = 방개(放開). ① 행함을 허락하다. 가도록 허가하다. 가도록 놓아주다. 넓히다. 크게 하다. 상관하지 않다. 방(放)은 허락함, 허가함의 사역의 의미가 있음. ② 학인을 지도하는 수단의 하나로, 파정(把定)과는 달리 일체를 허락하여 자유롭게 하도록 하는 것이다. 파정(把定)과 방행(放行)은 선가(禪家)의 상이한 지도 방식으로서 파정(把定)은 상대의 기량을 꺾어서 꼼짝 못하게 하는 것이고, 방행(放行)은 학인 스스로 참구하게 하는 방식.

방환(放還) : (가두어 놓은 사람이나 가축을) 놓아주다.

방효(倣効) : 흉내내다. 모방하다. 본받다. = 방효(倣效).

배견(排遣) : 배척하다. 배제하다. 축출하다.

배년(排年) : 세배하다. 새해인사를 드리다.

배상(拜相) : 재상(宰相)에 임명되다.

배상국(裵相國) : 배휴(裵休; 797~870)이다.

배수(背手) : 뒷짐을 지다.

배촉(背觸) : 배(背)는 등을 돌리는 것이고, 촉(觸)은 부딪쳐 집착하는 것이다. 반야(般若)를 경험하려면 등을 돌려서도 안 되고 부딪혀 집착해서도 안 된다고 하여 배촉구비(背觸俱非)라 한다. 배촉관(背觸關)이란 놓아서도 안 되고 잡아서도 안 되는 경우에 어떻게 뚫어낼 것인가 하는 공부의 관문(關門).

배촉관(背觸關) : = 배촉구비(背觸俱非). 등져도 옳지 않고, 부딪혀도 옳지 않다. 이래도 안 되고, 저래도 안 된다. 침묵할 수도 없고 말할 수도 없는 것은, 분별심 속에 있는 사람에게는 풀 수 없는 하나의 관문이다. 수산(首山)의 죽비자화(竹篦子話)가 대표적 배촉관(背觸關)이다. 수산(首山)이 죽비를 들고 승려들에게 물었다. "죽비라 부르면 (이름에) 걸리고, 죽비라 부르지 않으면 (사물에) 어긋난다. 말해 보아라. 무엇이라 불러야 하는가?"(首山拈起竹篦子, 問僧云 : "喚作竹篦卽觸, 不喚作竹篦卽背. 且道. 喚作什麽?") (『연등회요』 제12권 '여주섭현귀성선사(汝州葉縣歸省禪師)')

배치(背馳) : 반대 방향으로 가다.

배휴(裵休) : 797~870. 하동(河東; 山西省)의 문희(聞喜) 사람(『당서(唐書)』에는 맹주(孟州)의 제원(濟源) 사람으로 되어 있음). 자(字)는 미(美). 하동대사(河東大士)라고도 한다. 당(唐)의 관리(官吏)이지만 거사(居士)로서 규봉종밀(圭峰宗密)에게 나아가 화엄(華嚴)을 배우고, 황벽희운(黃檗希運)을 임지(任地)의 용흥사(龍興寺)와 개원사(開元寺)로 초빙하여 조석(朝夕)으로 법(法)을 물었다. 그리하여 선(禪)과 교(敎)에 두루 통했다. 『권발보리심(勸發菩提心)』을 저술했고, 황벽(黃檗)의 설법집인 『전심법요(傳心法要)』를 편집했고, 또 규봉(窺峰)의 여러 찬저(撰著)에 서문을 썼다. 벼슬은 병부시랑(兵部侍郎), 중서문하장사(中書門下章事), 선무군절도사(宣武軍節度使)가 되어, 소의(昭義) · 하동(河東) · 봉상(鳳翔) · 형남(荊南) 등지를 역임(歷任)했다. 함통(咸通) 11년 74세로 죽었다.

백(白) : 헛되이.

백납(百衲) : 납의(衲衣). 옷감 조각을 기워서 만든 낡은 법의(法衣). 5색을 섞어서 만들기 때문에 오납의(五衲衣)라 하기도 하고, 많은 색을 섞어서 만들기 때문에 백납의(百衲衣)라 하기도 한다.

백년(百年) : 사람의 일생.

백년후(百年後) : 사후(死後). 죽은 뒤.

백념(白拈) : 도적을 뜻하는 말. 백(白)은 '없다'는 뜻으로 칼을 지니지 않고 물건을 훔치는 것을 말한다. 맨손으로 도둑질하는 노련한 도둑. = 백념적(白拈賊).

백념적(白拈賊) : 날치기. 소매치기. 좀도둑. 날도둑. 백념(白拈)은 맨손으로 도둑질한다는 뜻.

백련(白練) : 흰 명주(明紬).

백료천당(百了千當) : 모든 것이 다 알맞다. 백 가지에 밝고 천 가지에 알맞다. = 천료백당(千了百當).

백마사(白馬寺) : 중국 낙양성(洛陽城) 서쪽에 있는 절. 백마사는 중국 최초의 사찰이다. 후한(後漢) 명제(明帝) 영평(永平) 10년(67)에 가섭마등(迦葉摩騰)·축법란(竺法蘭)이 불상과 경전 등을 백마에 싣고 낙양으로 왔는데, 황제는 두 승려를 홍려시(鴻臚寺)에 머물게 하고 낙양 서쪽 옹문(雍門) 밖에 백마사를 세워서 역경(譯經)하게 하였다. 그 후로도 이곳에서는 역경이 줄곧 이루어졌고, 거듭 수리를 하여 오늘날에도 남아 있다.

백미(白眉) : 흰 눈썹이라는 뜻으로, 여럿 가운데에서 가장 뛰어난 사람이나 훌륭한 물건을 비유적으로 이르는 말. 중국 촉한(蜀漢) 때 마량(馬良)의 다섯 형제가 모두 재주가 있었는데 그 중에서도 눈썹 속에 흰털이 난 량(良)이 가장 뛰어났다는 데서 유래한다.

백봉(白棒) : 깨끗한 방망이. 공짜 방망이. 꾸밈없는 방망이.

백불(百不) : 전혀 -아니다. 어느 것도 -아니다. 어떤 것도 -아니다. 아무것도 -아니다.

백비(百非) : 사구(四句)에 과거·현재·미래의 시간과 이전, 이후 등을 적용하여 더욱 세분하게 분별한 것. 온갖 종류의 분별을 가리키는 말이다.

백사중견(百舍重趼) : 백일 동안 먼 길을 걸으니 발바닥의 굳은살 위에 거듭 굳은살이 생긴다. 고생을 마다 않고 먼 길을 가다.(사(舍)는 하룻밤이란 뜻이고, 견(趼)은 발바닥의 굳은살) 『장자(莊子)』「외편(外篇)」'천도(天道)'에 나오는 구절이다.

백옥(白屋) : 띳집. 모옥(茅屋). 가난한 초가집.

백우거(白牛車) : 『법화경』「비유품」에서 말한 양거(羊車)·녹거(鹿車)·우거(牛車) 가운데 우거(牛車). 양거(羊車)·녹거(鹿車)·우거(牛車)는 성문승(聲聞乘)·연각승(緣覺乘)·보살승(菩薩乘) 혹은 불승(佛乘)을 가리킨다. 즉, 백우거(白牛車)는 보살승(菩薩乘) 혹은 불승(佛乘)을 가리킨다.

백운(白雲) : 해회연(海會演). 백운연(白雲演). 오조법연(五祖法演).

백운단(白雲端) : 백운수단(白雲守端). 백운연(白雲演) 즉 오조법연(五祖法演)의 스승이다.

백운병(白雲昺) : 백운지병(白雲知昺). 남화(南華). 남화지병(南華知昺).

백운수단(白雲守端) : 1025~1072. 임제종 양기파(楊岐派). 형양(衡陽; 호남성)인. 속성은 주씨(周氏). 다릉인욱(茶陵仁郁)에게 득도(得度)하고 여러 지역을 참학한 후에 양기방회(楊岐方會)에게 참학하여 그의 법을 이었다. 강주(江州; 강서성)의 승천선원(承天禪院)·원통숭승선원(圓通崇勝禪院), 서주(舒州; 안휘성)의 법화산증도선원(法華山證道禪院)·용문산건명선원(龍門山乾明禪院)·흥화선원(興化禪院)·백운산해회선원(白雲山海會禪院)에서 개당(開堂)하였고, 희령 5년에 시적하였다. 세수는 48세. 문인인 오조법연(五祖法演)에 의해 『백운수단선사어록(白雲守端禪師語錄)』·『백운단화상광록(白雲端和尙廣錄)』이 편찬되고, 또 『백운단화상어요(白雲端和尙語要)』가 있다.

백운연(白雲演) : 서주(舒州) 백운산(白雲山) 회해연(會海演) 선사. 즉 오조법연(五祖法演). 백운수단(白雲守端)의 제자.

백운지병(白雲知昺) : 남화지병(南華知昺).

백월(百越) : 옛날의 강절(江浙)·민월(閩越) 지방이니, 지금의 절강(浙江)·복건(福建)·강서(江西)·광동(廣東)의 여러 성에서 안남(安南)에 이르는 지역이다.

백의(白衣) : 인도에서 출가한 승려 이외의 재가의 사람을 가리킴. 일반적으로 출가 승려는 검은 옷인 치의(緇衣)를 입고 재가의 신도는 흰옷인 백의(白衣)를 입었다.

백잡쇄(百雜碎) : 산산조각 나다. 산산조각으로 부서지다.

백장야호(百丈野狐) : 백장(百丈)의 어록(語錄)에 있는 이야기. 백장(百丈)의 회상(會上)에 법회(法會) 때마다 한 노인이 법문(法門)을 듣고서 대중이 나가면 따라 나가곤 하였다. 하루는 법회가 끝나고도 그 노인이 가지 않으므로 백장이 누구냐고 묻자, 그 노인은 "저는 과거 가섭불(迦葉佛)의 시대에 이 산에서 주지 노릇을 하였습니다. 그때 어떤 학인이 '대수행인(大修行人)도 인과(因果)에 떨어집니까?'하고 묻기에, 제가 '인과에 떨어지지 않는다[不落因果]' 하고 대답했는데, 그 때문에 500생(生) 동안 여우의 몸으로 살도록 되었습니다. 스님께서 저를 대신하여 한 마디 하셔서 여우의 몸을 벗게 해 주시길 부탁드립니다."라고 하였다. 이에 백장이 "인과에 어둡지 않다.[不昧因果]"라고 말하니, 그 노인이 이 말을 듣고 여우의 몸을 벗어났다.

백장회해(百丈懷海) : 749~814. 복주(福州; 福建省) 장락(長樂) 사람이다. 성은 왕(王)씨이며, 대지(大智) · 각조(覺照) · 홍종묘행(弘宗妙行) 등의 시호가 있으며, 일반적으로는 '백장선사'로 불린다. 20세에 서산혜조(西山慧照)에게 출가하였고, 남악(南岳)의 법조(法朝) 율사에게서 구족계를 받았다. 여강(廬江; 安徽省)에서 대장경을 열람하였고, 마조도일에게 참학하여 인가를 받았다. 그 후 회해에게 귀의한 사방의 승려와 속인들이 상의하여 홍주(洪州; 江西省) 봉신현(奉新縣)의 대웅산(大雄山)에 사찰을 건립하였다. 백장산(百丈山) 대지수성선사(大智壽聖禪寺)에서 회해는 개조가 되었고, 여기에서 선풍을 크게 고취시켰다. 그의 저서 『백장청규(百丈淸規)』는 서문만 전하고 있지만, 그가 선림의 청규를 개창하였음은 중국 선종사상사에서 엄연한 일이다. 그로부터 선은 중국의 풍토와 생활에 알맞은 것이 되었다. 위산영우, 황벽희천 등 수많은 제자들을 배출하였다. 당 원화(元和) 9년에 입적하였으니, 세수 66이었다.

백초두상(百草頭上) : 온갖 풀잎 끝. 삼라만상의 만법(萬法)을 가리킨다.

백추(白槌) : 백추(白椎)라고도 한다. 『조정사원(祖庭事苑)』에 다음과 같은 설명이 있다 : 세존(世尊)의 율의(律儀)에 의하면, 설법(說法)을 하고자 할 때에는 반드시 먼저 대중에게 알리는 말을 하여 대중을 경건하고 엄숙하게 만드는 법을 행하였다. 오늘날 선종(禪宗)에서는 법을 아는 존숙(尊宿)에게 그 소임(所任)을 맡겨서, 장로(長老)가 법좌에 앉자마자 말하기를 "법회에 모인 여러 스님네들이여, 마땅히 제일의제(第一義諦)를 보아야 합니다."라고 한다. 장로가 대중들의 역량을 살펴서 행하는 법회(法會)에서의 문답(問答)이 끝나면, 소임을 맡은 존숙은 다시 알려서 말하기를 "법왕(法王)의 법을 잘 보십시오. 법왕의 법은 이렇습니다."라고 말한다. 이것이 대체로 앞선 분들의 참된 규범(規範)이니, 모두 부처님의 뜻을 잃지 않고 있다.(世尊律儀, 欲辨佛事, 必先秉白, 爲穆衆之法也. 今宗門白椎, 必命知法尊宿以當其任, 長老才據座已, 而秉白云 : "法筵龍象衆, 當觀第一義." 長老觀機, 法會酬唱旣終, 復秉白曰 : "諦觀法王法, 法王法如是." 此蓋先德之眞規, 皆不失佛意.)

백폐대거(百廢待擧) : 내버려 두었던 많은 일들이 다시 손보기를 기다리다.

백폐병거(百廢並擧) : 내버려 두었던 많은 일들을 모두 다시 손보다.(처리하다.)

백향산(白香山) : 낙천(樂天) 백거이(白居易; 772~846)이다.

번(翻), **번**(飜) : (부) 도리어, 반대로.

번사(翻思) : 다시 생각하다. 고쳐 생각하다.

번신(翻身) : ① 몸을 돌림. ② 몸을 훌쩍 솟구침. ③ 곤경에서 벗어남을 비유하는 말.

번신일척(翻身一擲) : 몸을 훌쩍 솟구쳐 한 번 내던지다. 번뇌망상에서 빠져 나오는 것을 형용한 말.

번전면피(翻轉面皮) : 면목(面目)을 되찾다, 체면을 되찾다.

범망경(梵網經) : 대승의 보살계를 설한 경전으로 구마라집이 한역(漢譯)함. 그 중 심지계품(心地戒品)이 유명하다.

범범(泛泛) : 평범한. 피상적인. 천박한. 얕은. 경솔한.

범서(梵書) : 범어(梵語) 즉 산스크리트로 씌어진

책. 곧 불경(佛經)을 가리킨다.

범석용천(梵釋龍天) : 범천(梵天), 제석천(帝釋天), 팔부중(八部衆) 가운데 용중(龍衆)과 천중(天衆).

범성(梵聲) : 범음성(梵音聲)이라고도 함. 맑고 깨끗한 음성. 불 · 보살의 음성이나 경 읽는 소리.

범세(梵世) : 청정한 세계란 뜻. 색계(色界)의 모든 하늘. 음욕(淫欲)을 여읜 범천(梵天)이 있는 세계.

범어(梵語) : 인도 아리아어(語) 계통으로 고대 인도의 표준문장어. 중국 및 한국에서는 산스크리트(Sanskrit)라고 한다.

범여(范蠡) : 춘추시대(春秋時代) 말기 월왕(越王) 구천(句踐)을 섬겨 월이 오(吳)를 멸하는데 결정적인 기여를 한 인물. 『사기(史記)』의 '세가'와 '화식열전'에는 범여가 정치와 경제에서 처세를 잘한 모범적인 인물로 그려져 있다.

범왕(梵王) : 범천왕(梵天王) 혹 범왕천(梵王天)과 같음. 범어 brahmā의 음역으로 몰라함마(沒羅含摩). 범마(梵摩)라 번역하며 범왕(梵王) · 대범천왕(大梵天王)이라고도 한다. 색계 초선천의 주로서 색계 대범천의 높은 누각에 거주하며, 별명을 시기(尸棄) · 세주(世主) 등이라 한다. 불교에서는 제석과 함께 정법을 옹호하는 신(神)이라 하여, 부처님이 세상에 나올 적마다 반드시 제일 먼저 설법 하기를 청한다. 또 항상 부처님을 오른 편에 모시면서 손에는 흰 불자(拂子)를 들고 있다.

범왕천(梵王天) : 범어 brahmā의 음역으로 몰라함마(沒羅含摩). 범마(梵摩)라 번역하며 범왕(梵王) · 대범천왕(大梵天王)이라고도 한다. 색계초선천(色界初禪天)의 주로 부처님의 출세하실 때면 항상 제일 먼저 설법을 청한다 하며, 언제나 부처님을 오른 편에 모시고 손에는 흰 불자(拂子)를 들고 있다고 한다.

범음(梵音) : ① 범성(梵聲) · 범음성(梵音聲)이라고도 한다. 맑고 깨끗한 음성이란 뜻으로 불 · 보살의 음성. 곧 교법을 말씀하시는 소리. ② 경 읽는 소리. ③ 4법요(法要)의 하나. 법회를 할 때에 꽃을 흩어 뿌린 다음에 "시방소유승묘화(十方所有勝妙華)" 등의 게송을 소리 지어 부르며, 깨끗하고 아담한 목소리로 3보에게 공양하는 것. 여래의 범음은 시방(十方)에 두루 들리고, 그 음성을 듣는 이는 모두 도과(道果)를 얻는다고 하므로 법회할 때는 이 범음으로써 불 · 보살에게 공양하는 것.

범지(梵志) : 산스크리트 brāhmaṇa, 즉 바라문(婆羅門)을 뜻으로 번역한 말이다. 범천(梵天)의 법을 구하려는 뜻을 지닌 자, 특히 출가바라문을 지칭하는 경우가 많다.

범찰(梵刹) : 정찰(淨刹) · 보찰(寶刹) · 성찰(盛刹)이라고도 한다. 범(梵)은 깨끗하다는 뜻. 찰(刹)은 깃대란 뜻. 곧 부처님을 모시고 불교를 공부하는 절을 일컫는 말.

범천(梵天) : brahma-deva 바라하마천(婆羅賀麼天)이라고도 쓴다. 색계 초선천(初禪天). 범(梵)은 맑고 깨끗하단 뜻. 이 하늘은 욕계(欲界)의 음욕(淫欲)을 여의어서 항상 깨끗하고 조용하므로 범천이라 한다. 여기에 다시 세 하늘이 있으니 범중천 · 범보천 · 대범천이지만, 범천이라 통칭한다. 보통 범천이라 할 때는 초선천의 주(主)인 범천왕을 가리킴.

범행(梵行) : 범(brahmacara)은 청정(淸淨) · 적정(寂靜)의 뜻, 맑고 깨끗한 행실. 정행(淨行)과 같음. ① 더럽고 추한 음욕을 끊는 것을 범행이라 한다. 곧 범천(梵天)의 행이란 말. ② 공(空) · 유(有)의 양쪽에 치우쳐 물들지 않고, 맑고 깨끗한 자비심으로 중생의 고통을 건지고 낙을 주는 보살행을 가리킨다. 일반적으로는 불교 수행자의 바른 행위를 가리킨다.

법계(法界) : 3종의 뜻이 있다. ① 계(界)는 인(因)이란 뜻, 법(法)은 성법(聖法)이니, 성법을 내는 원인이 되는 것. 곧 진여(眞如). ② 계는 성(性)이란 뜻. 법은 일체 모든 법이니, 만유 제법의 체성이 되는 것. 곧 진여. ③ 계는 분제(分齊)란 뜻. 법은 모든 법이니 분제가 서로 같지 않은 모든 법의 모양. 곧 삼라만상의 만유(萬有)를 말함.

법계연기(法界緣起) : 법계무진연기(法界無盡緣起) · 무진연기(無盡緣起)라고도 한다. 법계 곧 우주만유를 일대연기(一大緣起)라고 하는 것. 법계의 사물이 천차만별하나, 피차가 서로 인과 관계를 가지고 있는 것이며, 하나도 단독으로 존재한 것이 없다. 그러므로 만유를 모두 동일한 수평선 위에 두고 볼 때에는 중생 · 불, 번뇌 · 보리, 생사 · 열반과 같이 대립하여 생각하던 것도 실제는 모두 동등한 것. 그리하여 번뇌가 곧 보리, 생사가 곧 열반이어서 만유는 원융무애(圓融無礙)한 것이다. 그래서 화엄종(華嚴宗)에서는 일즉일체(一卽一切) · 일체즉일(一切卽一)이라 말하며, 혹은 한 사물(事物)은 상식으로 보는 단독한 하나가 아니요, 그대로 전 우주라는 뜻에서 한 사물을 연기의 법으로 삼고, 이것이 우주 성립의 체(體)며, 힘인 동시에 그 사물은 전 우주로 말미암아 성립된 것이라 함. 이와 같이 우주의 만물은 각기 하나와 일체가 서로 연유(緣由)하여 있는 중중무진(重重無盡)한 관계이므로 또 이것을 법계무진연기라고도 한다.

법고(法鼓) : ① 불법을 북에 비유한 것. 법을 말하는 것을 법고를 울린다고 한다. 이는 교법이 널리 세간에 전하는 것을 북소리가 널리 퍼지는 데 비유. 또 교법이 중생의 번뇌를 없애는 것이 마치 진치고 있던 군대들이 전진하라는 북소리가 울리면 적군을 무찌르는데 비유. ② 선사(禪寺)에서 법당의 동북쪽에 달아 놓은 큰 북. 주지의 상당(上堂) · 소참(小參) · 보설(普說) · 입실(入室)등의 법요 의식에 쓰는 것.

법굴(法窟) : 불법(佛法)을 수행하는 도량(道場).

법기(法器) : 법을 담을 만한 그릇. 즉 불도를 수행할 만한 기량을 갖춘 인재.

법난(法難) : 파불(破佛). 국가 권력으로 승니 · 교단을 탄압하여 승니를 환속시키거나 사원을 폐쇄시키는 일.

법당(法堂) : 법(法)을 드러내어 전해주는 집이라는 뜻으로, 불상(佛像)을 모신 불전(佛殿)과는 대비되는 말이다. 조실(祖室)이나 방장(方丈) 등 사찰의 지도자가 대중을 위하여 법(法)을 설하는 장소이다. 본래 중국의 선종 사찰에서는 앞 쪽에 불전을 뒤 쪽에 법당을 배치하여, 불전에서는 불상 앞에서 행하는 사찰의 여러 가지 법식(法式)을 행하고, 법당에서는 주로 설법(說法)을 하여 이심전심(以心傳心)의 장소로 삼았다.

법당(法幢) : 법의 깃발. 법을 상징하는 말. 묘법이 높은 것이 마치 깃발[당(幢)]이 우뚝 솟은 것과 같으므로 법당이라 함. 또는 용맹한 장군이 기를 세우는 것 같이 불 · 보살이 법을 설하여 마군(魔軍)을 항복시키고 승리를 거둠에 비유.

법등(法燈) : 법의 등불. 세상의 어두움을 밝히는 등불과 같다는 뜻으로 불법(佛法)을 말함.

법랍(法臘) : 출가자가 구족계를 받고 비구, 비구니가 된 뒤로부터의 햇수. 비구, 비구니는 매년 하안거를 마칠 때마다 법랍을 하나씩 더한다.

법문(法門) : 법은 가르침 즉 교법(敎法), 문은 드나든다는 뜻. 부처님의 교법은 중생으로 하여금 나고 죽는 고통 세계를 벗어나, 이상경(理想境)인 열반에 들게 하는 문이므로 이렇게 이름.

법보장(法寶藏) : 부처님의 가르침인 법을 보물을 모아 놓은 창고에 비유한 것. 불법(佛法). 부처님의 가르침.

법사(法師) : 경론(經論) 즉 불교철학을 강의하는 승려. 좌주(座主) · 강승(講僧) · 강사(講師)라고도 한다.

법사(法社) : 수도(修道)를 위하여 맺은 단체.

법성(法聖) : 법의 성인은 곧 부처님.

법세(法歲) : = 법랍(法臘).

법시(法施) : 3가지 보시(布施)의 하나. 다른 이에게 교법(敎法)을 말하여 선근(善根)을 자라게 하는 것. 법을 말해줌.

법신(法身) : dharma-kāya. 3신(身)의 하나. 법은 진여(眞如), 법계의 이(理)와 일치한 부처님의 진신(眞身). 빛깔도 형상도 없는 본체신(本體身). 현실로 인간에 출현한 부처님 이상(以上)으로 영원한 불(佛)의 본체. 부처님이 말씀하신 교법, 혹은 부처님이 얻은 계(戒)·정(定)·혜(慧)·해탈(解脫)·해탈지견(解脫知見)을 법신이라 하기도 하나, 일반으로 대승(大乘)에서는 우주의 본체인 진여실상(眞如實相)을 법신이라 말한다.

법안문익(法眼文益) : 885~958. 당말오대(唐末五代) 때 스님으로 법안종의 개조(開祖)이다. 속성은 노(魯)씨이고, 여항(余杭, 浙江省) 출신이다. 일곱 살 때에 전위(全偉) 선사에게 귀의하여 삭발하였고, 월주(越州) 개원사(開元寺)에서 구족계를 받았다. 장경혜릉(長慶慧稜)에게 참학한 후, 나한계침(羅漢桂琛)에게 가서 수년 동안 배우면서 그의 법을 이어받았다. 숭수원(崇壽院)·보은원(報恩院)·청량사(淸涼寺) 등에 머물렀으며, 선교불이(禪敎不二)의 입장을 주장한 법안종의 개조가 되었다. 후주(後周) 현덕(顯德) 5년(968)에 목욕 재계하고 대중에게 고한 다음, 결가부좌한 채 입적하였다. 당시의 나이 일흔 넷, 법랍이 쉰 넷이었다. 저서로는『종문십규론(宗門十規論)』과 어록이 있다. 시호는 '대법안선사(大法眼禪師)'이고, 탑호는 무상(無相)이다. 법안종은 문익의 제자인 천태덕소(天台德韶)의 제자 영명연수(永明延壽; 904~975)에 의해 크게 발달하였다.

법왕(法王) : 부처님은 법에 있어서 자재하고 법을 자유로이 지배하며 부려서 삼계(三界)의 위대한 스승이 되기 때문에 법왕이라 한다.

법운법수(法雲法秀) : 1027~1090. 송대 스님. 운문종. 법운은 주석 사명. 속성은 신(辛)씨. 진주 출신. 17세에 출가하여 수년 동안 경·론을 수학함. 그 후 천의 의회에게 참학하여 그의 법을 이어받음. 여산 서현사에 등에서 머물렀다.

법원(法苑) : 법의 동산. 법의 나라. 불국토(佛國土).

법의(法衣) : 승의(僧衣)·승복(僧服)·법복(法服)이라고도 한다. 비구·비구니가 입는 옷. 처음에는 삼의(三衣) 곧 가사를 일컫던 것인데, 후세에는 가사 밖에 편삼(編衫)·군자(裙子)·직철(直綴) 등을 입게 되니 이것들도 모두 법의라 부름.

법이(法爾) : 법의 자이(自爾)란 뜻. 법이 다른 조작을 가하지 않고, 스스로 본디부터 그러한 것. 법연(法然)·천연(天然)·자연(自然)이라고도 함.

법인(法印) : Dharma-mudrā. 교법의 표시. 인(印)은 인신(印信)·표장(標章)이란 뜻. 세상의 공문에 인장을 찍어야 비로소 정식으로 효과를 발생하는 것과 같다. 3법인·4법인 등이 있어, 외도(外道)의 법과 다른 것을 나타냄.

법좌(法座) : 선승(禪僧)이나 법사(法師)가 올라앉아 설법(說法)하는 좌석. 설법을 행하는 법당(法堂)에 설치되어 있다.

법중(法衆) : 불법(佛法)을 따르는 대중(大衆). 즉, 출가한 오중(五衆)이니, 비구(比丘)·비구니(比丘尼)·식차마나(式叉摩那; 비구니가 되는 대계(大戒)를 받는 준비를 하고 있는 사미니(沙彌尼))·사미(沙彌)·사미니(沙彌尼)를 일컫는다.

법지(法智) : 10지(智)의 하나. 욕계 4제(諦)의 이치를 관하면서, 이 4제의 이치를 미(迷)하여 일어난 번뇌를 끊는 지혜. 즉, 법의 본성을 잘 아는 지혜.

법진번뇌(法塵煩惱) : 법을 경계로 삼아 집착하여 법이 도리어 번뇌가 되는 것. 법에 집착하는 것. 얻을 법이 따로 있다고 여겨서 법에 집착하면 법이 도리어 번뇌가 된다.

법진수일(法眞守一) : 수주(秀州) 본각사(本覺寺)의 법진수일(法眞守一). 수일법진(守一法眞) 혹은 본각수일(本覺守一)이라고도 한다. 청원행사(靑原行思)의 12세 문하로서, 운문종(雲門宗) 혜림종본(慧林宗本; 1020~1099)의 법사(法嗣)이다.

법집별행록주(法集別行錄注) : 선승의 어록, 게송 등을 모아 엮은 하택신회의 법집별행록에 규봉이 주석한 책.

법창의우(法昌倚遇) : 1005~1081. 운문종(雲門宗). 속성은 임(林)씨. 호남성 장주 출신. 삭발·수계 후 북선법원·파초곡천에게 참학하고, 북선지현(北禪智賢)의 법을 이어받음. 세수 77세로 입적함. 『법창의우선사어록』이 있음.

법행(法行) : 법(法)에 합당한 행위.

법화(法化) : 정법(正法)의 교화.

법화(法華) : 최고의 법 또는 『법화경(法華經)』을 일컫는다.

법화거(法華擧) : 서주(舒州) 법화원(法華院) 전거(全擧) 선사. 송대(宋代) 선승. 임제종(臨濟宗). 출가한 후 여러 선사에게 참학했다. 뒤에 분양선소(汾陽善昭)의 법을 이었고 서주(舒州; 安徽省)의 법화원에 머물다가, 백운(白雲)의 해회사(海會寺)에 주석하였다.

법화삼다라니(法華三陀羅尼) : 선(旋)다라니 · 백천만억선(百千萬億旋)다라니 · 법음방편(法音方便)다라니. 천태종에서는 공지(空持) · 가지(假持) · 중지(中持)라 하여, 공(空) · 가(假) · 중(中)의 3관에 배당하여 말함. 선다라니(旋陀羅尼)는 법문에 있어 선전자재(旋轉自在; 온갖 경계를 따라 자유롭게 흐르는 것)의 힘을 얻음을 말함.

법화삼매(法華三昧) : 죄업을 참회하는 수법(修法). 먼저 6시(時) 5회(悔)라 하여 아침 · 낮 · 해질녘 · 초저녁 · 밤중 · 새벽의 여섯 때로 참회 · 권청(勸請) · 수희(隨喜) · 회향(廻向) · 발원(發願)의 다섯 가지 참회를 닦는다. 이 삼매의 방법에 신개차(身開遮) · 구설묵(口說黙) · 의지관(意止觀)의 세 가지가 있으니, 첫째는 다니고 앉는 두 가지를 개(開)하고, 머물고 눕는 두 가지를 차(遮)하며, 둘째는 대승경전을 외우고, 다른 일을 말하지 않으며, 셋째는 유상행(有相行)과 무상행(無相行)이니, 유상행은 『법화경』 「권발품」에 의하여 평상의 산란심으로 『법화경』을 외우며, 선삼매(禪三昧)에 들지 않고, 앉으나 서나 다니거나 일심으로 법화의 문자를 외우며, 밤낮 6시에 6근(根)으로 지은 죄업을 참회하는 것. 무상행은 『법화경』 「안락행품」에 의하여 깊고 묘한 선정(禪定)에 들어가 6정근(情根)을 관하여 실상삼제(實相三諦)의 정공(正空)에 달(達)하는 삼매. 또 글을 따라 관하는 것은 보현보살이 타는 육아백상(六牙白象)을 관하는 것.

법화칠유(法華七喩) : 『법화경』에 말한 일곱 가지 비유. ① 화택유(火宅喩, 「비유품」). ② 궁자유(窮子喩, 「신해품」). ③ 약초유(藥草喩, 「약초유품」). ④ 화성유(化城喩, 「화성유품」). ⑤ 의주유(衣珠喩, 「수기품」). ⑥ 계주유(髻珠喩, 「안락행품」). ⑦ 의자유(醫子喩, 「수량품」).

법희(法喜) : 이식(二食) 가운데 하나로, 부처의 가르침에 대해 기뻐하고 즐거워하는 마음을 일으키는 것을 뜻한다. 불법(佛法)을 듣고 기뻐하는 것이 정신적인 음식물을 섭취하는 것과 같으므로 이를 법희식(法喜食)이라 한다.

법희선열(法喜禪悅) : 법희식(法喜食)과 선열식(禪悅食). 법희식(法喜食)이란, 부처님의 가르침에 대해 기뻐하고 즐거워하는 마음을 일으키는 것이니, 불법(佛法)을 듣고 기뻐하는 것이 정신적인 음식물을 섭취하는 것과 같으므로 이를 법희식(法喜食)이라 한다. 선열식(禪悅食)이란, 선정(禪定)으로써 심신(心身)을 도우며, 선정의 즐거움을 얻어 몸을 길러 지혜를 북돋우는 것이 마치 사람이 음식을 먹어 신체의 모든 기관을 길러 목숨을 보존함과 같으므로 이렇게 이름.

벽각(壁角) : 벽이나 담장의 구석.

벽관(壁觀) : 본래 보리달마(菩提達摩)의 선법(禪法)을 가리키는 말로서, 보리달마의 선법을 계승한 중국 선종(禪宗)의 선법을 통칭하는 말이기도 하다. 보리달마의 제자 담림(曇林)이 기록한 『약변대승입도사행론서(略弁大乘入道四行論序)』에서 제시하고 있는 달마의 선법(禪法)은 이입사행(二入四行)의 법이다. 달마는 도(道)에 들어가는 길에는 이(理)를 통하여 들어가는 이입(理入)과 행(行)을 통하여 들어가는 행입(行入)의 두 가지 길이 있다고 한다. 이입(理入)이란 곧 벽관법(壁觀法)으로서 다음과 같다 : "이입(理入)이란, 교(敎)에 의지하여 종(宗)을 깨닫는 것이니, 중생(衆生)은 모두 같은 하나의 참 성품[一眞性]이지만 객진망상(客塵妄想)에 덮여 있기 때문에 분명하게 알 수가 없다고 깊이 믿는 것이다. 그리하여 망상(妄想)을 버리고 진성(眞性)으로 돌아가 벽관(壁觀)에 굳게 머물면, 자타(自他)가 없고 범성(凡聖)이 같다. (벽관에) 굳게 머물러 움직이지 않아 다시는 문자로 된 가르침을 따르지 않는다면, 곧 이(理)와 그윽히 부합하여 분별이 없고 고요하고 무위(無爲)하다. 이것을 이입(理入)이라 한다."(理入者, 謂籍敎悟宗, 深信含生, 同一眞性, 但爲客塵妄想所覆, 不能顯了. 若也捨妄歸眞, 凝住壁觀, 無自無他, 凡聖等一. 堅住不移, 更不隨於文敎, 此卽與理冥符, 無有分別, 寂然無爲. 名之理入.)(담림『약변대승입도사행론서(略弁大乘入道四行論序)』)

벽관호승(壁觀胡僧) : 벽을 바라보는 오랑캐(인도)의 승려란 뜻, 곧 보리달마.

벽구(劈口) : ① 갑자기. 급작스레. ② 갑자기 입을 열다.

벽담연(碧潭煙) : 벽담(碧潭)은 푸른빛이 감도는 깊은 연못. 연(煙)은 그 연못 위에 감도는 연기 같은 물안개.

벽락천(碧落天) : 푸른 하늘. 천공(天空).

벽립천인(壁立千仞) : 천 길이나 되는 절벽처럼 쉽게 오를 수 없다는 뜻.

벽면(劈面) : 대면(對面)하다. 마주하다.

벽면제지(劈面提持) : 벽면(劈面)은 곧 대면(對面)하는 뜻, 제지(提持)는 들고 있다, 꽉 쥐고 있다는 뜻. 마주하여 꽉 쥐고 놓치지 않고 있다는 말.

벽모(碧眸) : 푸른 눈. = 벽안(碧眼).

벽안(碧眼) : 푸른 눈. 인도 등 서양 사람을 가리키던 말.

벽안호승(碧眼胡僧) : 푸른 눈의 오랑캐 승려. 달마(達磨)를 가리킨다.

벽안호승(碧眼胡僧) : 푸른 눈의 오랑캐 승려. 보리달마(菩提達摩)를 가리킴.

벽암록(碧巖錄) : 중국 송(宋)나라 때의 불서(佛書)인데 정확하게는 『불과원오선사벽암록(佛果圓悟禪師碧嚴錄)』 또는 『불과벽암파관격절(佛果碧嚴破關擊節)』이라 하며, 『벽암집』이라고도 한다. 선종(禪宗), 특히 임제종(臨濟宗)의 공안집(公案集)의 하나로, 10권으로 되어 있고, 1125년에 완성되었다. 설두 중현(雪竇重顯)이 『전등록(傳燈錄)』 1,700칙(則)의 공안 가운데서 100칙을 골라, 하나하나에 게송(偈頌)을 달고 원오극근(圓悟克勤)이 각칙(各則)에 수시(垂示) · 저어(著語) · 평창(評唱)을 덧붙여 이루어졌다. 원오의 제자에 의해 편찬 · 간행된 뒤, 중국과 한국, 그리고 일본에서 여러 차례 간행되었으며, 선종에서는 가장 중요한 전적(典籍)으로 여긴다.

벽지불(僻支佛) : pratyekabuddha. 연각(緣覺) · 독각(獨覺)이라 번역. 꽃이 피고 잎이 지는 등의 외연(外緣)에 의하여 스승 없이 혼자 깨닫는 이. 혹은 십이인연법(十二因緣法)을 통찰하여 깨달음을 얻은 이. = 연각(緣覺).

벽척(劈脊) : 등짝을 후려갈기다.

변(便) : ① 곧. 바로. 꼭. ② 도리어. ③ 비록-일지라도. 설령 -하더라도. ④ 이미. 벌써.

변견(邊見) : 중도(中道)에 있지 못하고 어느 한쪽으로 치우친 견해. 유(有) · 무(無), 단(斷) · 상(常) 등의 변견이 있다.

변경(汴京) : 지금의 하남성(河南省) 개봉(開封). 오대(五代) · 북송(北宋 : 907~1127) 때의 국도(國都). 변량(汴梁)이라고도 하며, 양(梁)은 대량(大梁 : 개봉(開封)의 옛 이름)에서 유래되었다. 변하(汴河)의 강변(江邊)이었기 때문에 이 명칭이 생겼다. 변하(汴河)는 하남성의 형양(滎陽) 부근에서 황하(黃河)로부터 분류하여, 개봉을 지나 남동쪽으로 흘러서 회하(淮河)로 흘러 들어갔다. 현재 이 하천은 매몰되어 없어졌지만, 당 · 송 시대에는 강남(江南)의 미곡(米穀)을 도읍으로 수송하는 데 크게 이용되었다. 이 때문에 당 중기 이후에는 이 운하 연변의 개봉이 크게 번영하였고, 이어 후당(後唐)을 제외한 오대 · 북송의 국도가 되었다. 그러나 금(金)의 공격으로 송왕조가 남천한 뒤로는, 점차 쇠퇴하였다. 금나라 말기에 일시적으로 국도가 되었으나, 원(元)나라 때에 운하의 방향이 바뀌어 지방

도시로 전락하였다.

변계소집성(遍計所執性) : 유식학(唯識學)의 용어. 분별된 존재들로서 언어에 의해 파악된다. 우리가 인식하고 있는 것은 자신(自身)과 세계인데, 이들은 인연으로 생겨나 끊임없이 변화하여 고정적인 것이 아님에도 불구하고 집착으로 인해 자신이 인식하는 그 상태로 자성(自性)을 가지고 존재한다고 허망하게 분별하고 있는 상태를 말한다. 어리석은 중생이 자신과 세계를 보는 것은 마치 눈병에 걸린 사람에게 나타나는 환영으로서의 꽃인 공화(空華)가 실제로 존재한다고 착각하는 것과 같이 허망하게 분별하여 집착하는 것인데, 이것을 일러 변계소집성이라 한다.

변구(辯口) : 말재주가 있다. 말솜씨가 있다. = 이구(利口).

변도(便道) : ① 즉시 행하다. ② 가는 길에(김에). ③ 설사 -일지라도. = 변주도(便做道).

변명(辨明) : 분명하게 밝히다. = 변명(辯明).

변명(辯明) : 사리(事理)를 분별하여 똑똑히 밝히다. = 변명(辨明).

변백(辨白) : 감별(鑑別)하다. 변별(辨別)하다. 판별(判別)하다.

변불(便不) : = 기불(豈不)? 어찌 -가 아니랴?

변상도(變相圖) : 불교에 관한 여러 가지 내용을 시각적으로 조형화한 그림. 변상도는 불교의 교리에 입각하여 표현되는 종교화이다. 즉 진리의 내용을 변화시켜 나타낸 것이므로 변상도라 하며, 또 이는 도상적 성격(圖相的性格)을 지니므로 변상도라고 한다. 대체로 변상도는 석가모니의 전생을 묘사한 본생도(本生圖), 현생(現生)의 전기를 담은 불전도(佛傳圖), 정토(淨土)의 장엄도(莊嚴圖)가 중심이 된다. 따라서 변상도는 이들과 관련된 조각이나 회화 등의 조형체를 포괄하는 명칭이기도 하다. 변상도의 출현은 석가모니의 생존 당시부터라고 보기는 어렵고, 그의 열반 뒤에 발생한 것으로 짐작되는데, 변상이 불교 조형에서 처음으로 확인되기는 불탑(佛塔)의 표면을 장식하는 고대 인도의 여러 탑과 탑문(塔門) 등에서이다. 변상의 종류는 석조조각에 나타난 부조상(浮彫像)의 형태와 일반 불교회화로 구별할 수 있다. 한국의 경우 전자보다는 불교회화 형태에 속하는 것이 많다. 회화형태의 변상도에는 벽화 · 탱화 · 사경화(寫經畵) · 경판화(經板畵) · 단청에 이르기까지 다양하다. 한국의 석탑 등에 나타난 변상으로서의 부조상은 단순히 불탑에 대한 신앙적 표현이나 외호적 또는 장엄적 기능으로서의 부조상이 주류를 이루고 있다. 불화변상의 경우에는 고려 중기 이전의 것은 전래되지 않으나 고려 후기에 속하는 상당수의 작품이 있고, 조선시대의 것은 더욱 사회적 현상과 밀접한 관련을 맺고 이룩된 것을 볼 수 있다. 불보살을 주제로 하는 존상화(尊像畵)를 비롯하여 제자상인 나한상(羅漢像), 사회풍속까지도 반영하고 있는 감로탱(甘露幀)에 이르기까지 다양하게 전개되어 있다. 이들 변상도는 채색을 사용하는 대형 불화, 금이나 은으로 그리게 되는 사경변상(寫經變相), 판화적 성격을 지닌 경전변상(經典變相) 등 다양한 형태가 있다. 이들 변상도의 특징은 장황한 경전의 내용이나 심오한 교리적 의미를 한 폭의 그림, 한 장의 경전변상 속에 요약 · 함축한다는 데 있다. 변상도는 불경의 내용에 입각하여 표현되는 것이므로 그 불경의 중심이 되는 불보살을 중점적으로 표현하는 경우와 불경의 내용을 설명적으로 나타내는 경우가 있으나, 중생교화(衆生敎化)라고 하는 제1차 목적을 전제로 하여 제작되는 것이므로 경전변상이 중심이 된다. 변상도의 종류를 내용별로 분류하면 여러 경전의 내용에 따라 다양하게 나타난다. 이들을 등장인물에 의해 살펴보면 아미타불변상도 · 비로자나불변상도(毘盧遮那佛變相圖) · 석가모니불변상도(釋迦牟尼佛變相圖) · 약사여래변상도 · 관음보살변상도 · 지장보살변상도(地藏菩薩變相圖) 등 매우 다양하다. 이 밖에도 사천왕(四天王)이나 천부중(天部衆) 등 불보살을 외호해주거나 장엄해주는 신중(神衆)을 묘사한 변상도도 있다. 대체로 이들은 불전(佛殿)이나 석굴사원의 내부를 장식하는 벽화나 탱화 또는 단청 등에 묘사된다. 한국 변상도의 중심을 이루는 경전변상도 가운데 대표적인 것으로는 『법화경』, 『화엄경』, 『열반경』, 『아미타경』, 『관무량수경』, 『무량수경』, 『유마경(維摩經)』, 『보은경(報恩經)』, 『능엄경(楞嚴經)』, 『미륵경』, 『약사경(藥師經)』, 『금광명경(金光明經)』, 『금강경』, 『부모은중경』 등의 변상화가 많다. 이 중 특히 많이 남아 있는 것은 법화경변상도 · 화엄경변상도 · 부모은중경변상도 등이다.

변시(便是) : ① 비록 - 이지만. ② 바로 -이다.

변신사명(拚身捨命) : 몸을 내버리고 목숨을 버리다.

변역생사(變易生死) : ↔ 분단생사(分段生死). 3계(界)에 생사하는 몸을 여읜 뒤로 성불하기까지의 성자(聖者)가 받는 3계 밖의 생사. 변역은 그 전 형상을 변하여 딴 모양을 받는 것이니, 이 성자들은 무루(無漏)의 비원력(悲願力)으로 말미암아 분단생사하는 추열(麤劣)한 몸을 변하여 세묘무한(細妙無限)한 몸을 받으며, 무루의 정원력(定願力)의 도움으로 묘용(妙用)이 헤아릴 수 없으므로 변역생사, 또는 부사의변역생사(不思議變易生死)라 함.

변주도(便做道) : 설사 -일지라도. 설령 -하더라도. = 변도(便道), 변주(便做).

변착(便着) : 곧.

변호(便好) : 꼭 알맞다. 마침 형편에 알맞다. 마침 좋다.

변화(變化) : 본래의 형체를 전환하는 것을 변(變)이라 하며, 없던 것이 문득 생기는 것은 화(化)라 한다. 불 · 보살이 중생을 교화하기 위하여 형상을 변하여 여러 가지 모양을 나타내는 것.

별(別) : 옛사람이 한 말과는 다른 말을 제시하여 자기의 견해에서 비평하는 말이다.

별래(別來) : ① 작별한 이래. ② 별도. 따로.

별비사(鼈鼻蛇) : 자라와 같은 모양의 코를 가진 맹독의 뱀을 지칭한다. 사람이 여기에 물리면 반드시 죽기 때문에 상신실명(喪身失命)하는 신속한 수단을 부려 학인(學人)을 교화하는 사가(師家)의 지도를 가리킨다.

별산(鱉山) : 호남성(湖南城) 상덕현(常德縣) 북쪽에 있는 산. 덕산선감(德山宣鑒), 설봉의존(雪峰義存), 문수(文邃) 등 3인이 이 산을 유람하다가 도를 깨달았다고 한다.

별상(別相) : ① 화엄종 6상(相)의 하나. 만유(萬有)의 하나하나가 다른 일체 것과 서로 다른 차별된 모양. 곧 사사물물(事事物物)의 각각 다른 모양. ② ↔ 총상(總相). 총괄적 모양인 총상 위에 있는 부분적 모양. 예를 들면 인간은 총상, 어리석고 어진 것, 가난하고 부자, 귀하고 천한 것, 곱고 미운 것 따위는 총상 위에 있는 별상.

별시(別是) : 혹은. 어쩌면. 아마도.

별어(別語) : 옛사람이 한 말과는 다른 말을 제시하여 자기의 견해에서 비평하는 말. 착어(着語)의 일종.

별연(瞥然) : = 별지(瞥地).

별지(瞥地) : ① 문득 깨닫다. = 돈오(頓悟), 성오(省悟). ② 갑자기. 얼핏. 언뜻. 힐끗(보다). ③ 일별(一瞥)하다.

별지처(瞥地處) : 언뜻 본 곳. 얼핏 본 곳. 힐끗 본 곳.

별처안배(別處安排) : 보통과 다르게 특별하게 대우하는 것. 특별하게 대접하는 것.

별탈(瞥脫) : 별안간 벗어나다. 문득 벗어나다.

병(幷) : ① (동사) -같다. = 여(如), 사(似). ② 비교하다. ③ (부사) 모두. 전부. ④ (부정(否定)하는 말 앞에서 부정을 강조하는 부사) 절대로. 결코. ⑤ (접속사) 또한. 그리고. 아울러. ⑥ (부사) 같이. 함께.

병거(屛居) : 공직에서 은퇴하다. 은거하다. 숨어 살다.

병거(屛去) : 내버리다. 제거하다.

병거(秉炬) : 하거(下炬), 하화(下火)라고도 함. 승려를 화장(火葬)할 때에, 도사(導師)가 횃불을 들고, 법어(法語)를 하는 불사(佛事) 의식(儀式).

병두(並頭) : 같이. 더불어. 함께.

병불(秉拂) : 손에 불자(拂子)를 들었다는 뜻. 선사(禪寺)에서 한 절의 수좌(首座)가 주지(住持)를 대신하여 불자를 들고 법좌(法座)에 올라가 대중에게 설법하는 것. 전당수좌(前堂首座) · 후당수좌(後堂首座) · 동장주(東藏主) · 서장주(西藏主) · 서기(書記)를 병불의 5두수(頭首)라 함.

병사왕(甁沙王) : 중인도 마가다국왕인 빔비사라왕. 죽림정사를 세존께 공양함.

병승(病僧) : ① 병이 든 승려. ② 병통이 있는 승려라는 뜻으로서 승려가 자신을 낮추어 지칭하는 말. 산승(山僧), 야승(野僧)과 같은 말.

병영(屛營) : 황송하다. 두렵다.

병인(幷引) : 서문(序文)을 첨부함. 인(引)은 서문(序文), 머리말.

병제(屛除) : 가려막다. 가려막아 제거하다.

보개(寶蓋) : 보물인 덮개. 우산(雨傘)이나 일산(日傘)의 미칭(美稱). 천개(天蓋)라고도 한다. 원래 인도에서 햇볕을 피하기 위한 비단 일산이었으나, 불상(佛像) 위에 덮는 덮개를 가리킨다.

보광(普光) : 중국 당나라 승으로 현장(玄奘)을 스승으로 삼고 대자은사(大慈恩寺)에 있으면서 역경(譯經)에 참여하여 두각을 드러냈다. 보광은 『구사론기』 80권을 지어서 구사종(俱舍宗)의 기초로 삼았다.

보군지(報君知) : 옛날 점치는 것을 업으로 삼는 맹인(盲人)들이 길을 갈 때, 손에 들고서 두드리던 대나무 판, 혹은 쇠나 청동으로 만든 징. 사람들이 그 소리를 듣고 자기가 길을 가고 있음을 알기를 바란 것이다.

보령원기(保寧圓璣) : 금릉(金陵) 보령사(保寧寺) 원기(圓璣) 선사. 황룡혜남(黃龍慧南)의 법을 이은 제자. 남악 문하 12세손에 해당한다.

보령인용(保寧仁勇) : 송대(宋代) 임제종(臨濟宗) 양기파(楊岐派)의 승려이다. 속성은 축(竺)씨이고, 사명(四明) 사람이다. 천태(天台)를 배웠다가 선(禪)으로 바꾸고 설두중현(雪竇重顯)을 뵙고 배웠다. 후에 양기방회(楊岐方會)가 운개(雲蓋)에서 법을 널리 펴고 있다는 말을 듣고 찾아갔으며 곧바로 선의 종지를 깨쳤다. 방회가 죽은 후, 동학인 백운수단(白雲守端)과 함께 사방으로 돌아다녔다. 나중에 금릉(金陵; 江蘇省)의 보녕사(保寧寺)에 주석하면서 선을 일으켜 널리 폈다. 수성지연(壽聖智淵) · 수성초문(壽聖楚文) · 보적종영(寶積宗映) · 경복일여(景福日余) 등의 제자가 있었다. 원풍(元豊) 원년(1076)에 양걸(楊傑)이 서문을 쓴 『보령용선사어록(保寧勇禪師語錄)』(1권)이 있다.

보리(菩提) : bodhi. 도(道) · 지(智) · 각(覺)이라 번역. 2개의 뜻이 있다. ① 불교 최고의 이상(理想)인 부처님의 정각(正覺)의 지혜. 곧 불과(佛果). ② 부처님의 정각의 지혜를 얻기 위하여 닦는 도(道). 곧 불과에 이르는 길.

보리달마(菩提達磨, Bodhidharma) : ?~528. 중국 선종의 초조(初祖). 서천 28조의 제28. 남인도 향지국왕의 셋째 아들. 본명은 보리다라였으나, 뒤에 보리달마로 고치다. 처음 반야다라에게 도를 배우며, 40년 동안 섬기다가 반야다라가 죽은 뒤에 본국에서 크게 교화하여 당시 성행하던 소승선관(小乘禪觀)의 6종(宗)을 굴복시켜 이름이 인도에 퍼지다. 뒤에 그의 조카 이견왕을 교화하다. 배를 타고 중국으로 향하여 520년(양나라 보통 1) 9월에 광주 남해군에 이르다. 10월에 광주 자사 소앙의 소개로 금릉(金陵)에 가서 궁중에서 무제와 문답하다가 기연이 맞지 아니하다. 낙양으로 가서 숭산 소림사에 있으면서 매일 벽을 향하여 좌선만 하였다. 그래서 세상이 벽관 바라문(壁觀婆羅門)이라 부르다. 이락(伊落)에 있던 신광(神光)이 달마의 풍성을 사모하고 찾아와 밤새도록 눈을 맞고 밖에 섰다가 팔을 끊어 구도(求道)의 정성을 표하니 드디어 곁에서 시봉하도록 허락하고, 혜가(慧可)라 이름을 지어 주다. 효명제가 달마의 이적(異蹟)을 듣고 크게 경앙하여 마랍의가사(摩衲衣袈裟) 2벌 · 금발(金鉢) · 은병(銀甁) · 비단 등을 보냈다. 소림사에서 9년 동안 있다가 혜가에게 깊고 비밀한 종취와 가사불발(佛鉢) 『능가경』을 전하고, 우문(禹門)의 천성사로 갔다가 영안 1년 10월 5일에 죽다. 당나라 대종(代宗)이 원각대사(圓覺大師)라고 시호(謚號)함.

보리심(菩提心) : 보리(菩提)는 곧 깨달음. 위로는 보리(菩提)를 구하고, 아래로는 중생을 교화하려는 마음. 이 마음의 내용은 "중생을 모두 다 제도하리라, 번뇌를 모두 다 끊으리라, 법문을 모두 다 배우리라, 불도를 모두 다 증득하리라."는 사홍서원이다. 보살은 광대한 자리(自利) · 이타(利他)의 서원을 세우고, 3아승기 100대겁 동안 6도(度) 등의 행을 닦아야만 불과를 얻는다 함.

보복(保福) : 보복종전(保福從展).

보복종전(保福從展) : ?~928. 당말 5대의 선승. 청원(青原) 문하. 보복은 주석 사명. 복주 출신. 18세에 대중사에서 구족계를 받음. 설봉의존(雪峰義存) · 장경혜릉(長慶慧稜) · 아호지부(鵝湖智孚) 등에게 참학한 후, 설봉(雪峰)의 법을 이어받음. 후에 장주 보복원(保福院)에 머물면서 대중들에게 법을 설하니, 늘 7백 대중 이상이 운집했다고 한다.

보봉(寶峯) : 늑담준(泐潭準). 혹은 동림총(東林摠).

보봉극문(寶峰克文) : 진정극문(眞淨克文).

보봉문준(寶峯文準; 1061~1115) : 담당문준(湛堂文準).

보사(保社) : 옛날 시골에 있었던 민간조직의 하나. 서로 의지하고 보호하는 단체라는 뜻. 사찰을 보호하는 단체 역시 보사라 하고, 또 사찰 자체를 가리키기도 한다. 다섯집을 보(保)라 하고, 5보(保)가 1사(社)이다.

보설(普說) : 선문(禪門)에서 쓰는 말로 널리 정법을 설하여 사람들에게 보인다는 뜻이다. 한 사람 한 사람에 대하여 개별적으로 설(說)하는 입실(入室)과 상대적인 말이다. 다수의 승중(僧衆)을 일당(一堂)에 모아 행하는 설법을 말한다. 상당(上堂)과는 달리 필요에 응하여 수시로 행하는 약식의 설법이다. 법의(法衣)를 따로 착용하지도 않고 상당설법의 형식을 다 갖추지도 않는다.

보수(保壽) : 보수소(保壽沼) 혹은 보수소(寶壽沼).

보수소(保壽沼) : 진주(鎭州) 보수(保壽) 소(沼) 선사(禪師). 보수(保壽)는 보수(寶壽)의 오기이거나 보수(寶壽)와 보수(保壽)를 통용하는 듯하다. 보수소(寶壽沼)는 삼성혜연(三聖慧然)과 함께 임제의현의 법사(法嗣)이다.

보시(布施) : 보시바라밀(布施波羅蜜). 6바라밀 또는 10바라밀 중 하나. 자신의 것을 아낌 없이 남에게 베풀어 주는 것을 말함. 물질적인 재물 보시뿐 아니라 정신적인 불법을 남에게 베풀어 가르쳐 주는 것도 포함된다. 시바라밀(施波羅蜜).

보신(報身) : Saṃbhoga-kāya 3신(身)의 하나. 인위(因位)에서 지은 한량없는 원과 행의 과보로 나타난 만덕이 원만한 불신. 보통 2종으로 나누어 자기만이 증득한 법열(法悅)을 느끼고, 다른 이와 함께 하지 않는 자수용보신(自受用報身)과, 다른 이도 같이 이 법열을 받을 수 있는 몸을 나타내어 중생을 제도하는 타수용보신(他受用報身)으로 함.

보안도(普安道) : 덕산연밀(德山緣密)의 법사(法嗣)인 정주(鼎州)의 보안도(普安道) 선사(禪師).

보왕(寶王) : 부처님.

보왕찰(寶王刹) : 부처님의 국토, 즉 불국토(佛國土).

보요경(普耀經) : 범어 Lalitavistara. 서진(西晋)의 축법호가 번역하였다(308년). 8권으로 〈방등본기경(方等本起經)〉이라고도 한다. 그 내용은 석존의 탄생, 출가, 행도(行道), 항마, 성정각(成正覺) 내지 초전법륜까지의 행적을 담고 있다.

보임(保任) : 보호임지(保護任持)의 준말. 보호하여 떠맡아 가지고 있다는 말. 깨달음을 얻으면 얻은 깨달음에 머물러 물러남이 없이 잘 유지하여 깨달음에 익숙하게 되어야 하는 것을 가리키는 말이다.

보주인(普州人) : 보주(普州)는 지금의 사천성(四川省) 안악현(安岳縣)에 있었는데, 예부터 도둑들이 소굴로 삼았던 곳이다. 따라서 보주인(普

州人)이라면 곧 도둑을 가리키는 말이다.

보주인송적(普州人送賊) : 도둑이 도둑을 호송하다. 보주(普州)는 지금의 사천성(四川省) 안악현(安岳縣)에 있었는데, 예부터 도둑들이 소굴로 삼았던 곳이다. 따라서 보주인(普州人)이라면 곧 도둑을 가리키는 말이다.

보지(報地) : ① 보살이 과거에 수행한 과보로서 나타나는 경지. ② 보토(報土). 애써서 수행한 결과로 얻은 불토. 보신(報身)이 있는 국토. 아미타불의 정토는 법장 비구 때 세운 원력과 그 소원을 실천 수행하여 얻은 국토이므로 보토라 함.

보처(補處) : 일생보처(一生補處) 보살을 말함. 이전 부처님이 입멸한 뒤에 성불해서 그 자리를 보충하는 보살. 또는 다음 생에 부처를 이룰 보살.

보처존(補處尊) : 미륵보살. 보처보살(補處菩薩), 보처미륵(補處彌勒)이라고도 함. 미륵보살은 56억 7천만년 뒤에 깨달음을 열어 석가여래의 뒤를 이어 부처님의 지위를 보충할 보살이라는 뜻.

보청(普請) : 공덕을 널리 청해 바란다는 뜻. 선림(禪林)에서 승중(僧衆)을 모이게 하여 노역에 종사(作務)시키는 것. 선원(禪院)의 수행자가 모여 노역에 종사하는 것. 대중 울력.

보취(步驟) : 일의 진행 순서.

보특가라(補特伽羅) : pudgala 부특가라(富特伽羅)·복가라(福伽羅)·보가라(補伽羅)·불가라(弗伽羅)·부특가야(富特伽耶)라고도 쓰며, 삭취취(數取趣)라 번역. 윤회하는 유정(有情) 또는 중생이 삶과 죽음을 윤회하는 자아(自我)라고 여기는 것. 중생은 번뇌와 업의 인연으로 자주 육취(六趣)에 왕래하며 윤회하므로 삭취취라고 함.

보행(報行) : 과보(果報)로 이루어지는 행위.

보현(普賢) : 보현보살(普賢菩薩). 문수사리 보살과 함께 석가여래의 협사(脇士)로 유명한 보살. 문수보살이 여래의 왼편에 모시고 여러 부처님들의 지덕(智德)·체덕(體德)을 맡음에 대하여, 이 보살은 오른쪽에 모시고 이덕(理德)·정덕(定德)·행덕(行德)을 맡았다. 또 문수 보살과 같이 일체 보살의 으뜸이 되어 언제나 여래의 중생 제도하는 일을 도웁고 드날린다. 또 중생들의 목숨을 길게 하는 덕을 가졌으므로 보현연명보살, 혹은 연명 보살(延命菩薩)이라고도 한다. 형상은 여러 가지가 있으나, 크게 나누면 흰 코끼리를 탄 모양, 연화대(蓮花臺)에 앉은 모양의 2종이 있다. 예로부터 코끼리에 탄 형상을 많이 만들었고, 연화대에 앉은 모양은 진언밀교(眞言密教)에서 만들었다.

보현문(普賢門) : 연기인분(緣起因分)과 같은 말.

보현행(普賢行) : ↔차별행(差別行). 한 가지 행(行)을 닦으면 모든 행을 두루 갖춘다는 화엄(華嚴) 원융(圓融)의 묘행(妙行).

보화(普化) : 유주(幽州) 반산보적(盤山寶積)의 법을 이은 제자. 임제의현을 도와 진주(鎭州)에서 교화를 하였다. 『임제록(臨濟錄)』에 다음과 같은 이야기가 전한다 : 보화(普化)가 하루는 저잣거리에서 사람들에게 다가가 승복(僧服)을 시주하라고 말하고 있었다. 사람들이 모두 그에게 옷감을 주었으나, 보화는 하나도 받지 않았다. 이때, 임제는 원주(院主)에게 관(棺)을 한 벌 사오라고 시켰다. 보화가 돌아오자 임제가 말했다. "내가 그대에게 줄 옷을 만들어 놓았다." 보화는 이에 스스로 관을 메고 나가 거리를 돌아다니며 외쳤다. "임제가 나에게 옷을 만들어 주었다. 나는 동문(東門)으로 가서 죽을 것이다." 저자에 있던 사람들이 다투어서 그를 따라가 살펴보자, 보화가 말했다. "내 오늘은 죽지 않을 것이다. 내일 남문으로 가서 죽을 것이다." 이렇게 사흘 동안 되풀이하자, 이제 사람들이 믿지 않았다. 나흘째가 되자 그를 따라가서 보려는 사람이 아무도 없었다. 보화는 혼자 성 밖으로 나가 스스로 관 속에 들어가서는, 길 가는 사람에게 못을 박아달라고 하였다. 즉시 이 소식이 알려지자 사람들이 다투어 달려 왔다. 관을 열어 보니 몸은 떠나버리고, 공중에서 요령소리만 은은하게 울릴 뿐이었다.

보화왕좌(寶花王座) : 법당(法堂)에서 설법하는 사람이 앉는 법좌(法座). 혹은 불전에서 불상을 안치하는 수미좌(須彌座).

복(卜) : ① 점치다. ② 예상하다. 예측하다. ③ 선택하다. 고르다. 정하다.

복건자(福建子) : 중원(中原) 사람이 남쪽의 복건(福建) 지방 사람을 경멸하는 뜻을 품고 부르는 호칭.

복두(幞頭) : 옛날 남자가 쓰던 두건(頭巾)의 일종.

복랍(伏臘) : ① 여름 제사인 복사(伏祀)와 겨울 제사인 납제(臘祭). ② 명절로서의 복사(伏祀)날과 납제(臘祭)날. ③ 생활이나 살림에 필요한 살림살이.

복령(茯笭) : 소나무의 뿌리에 기생하는 버섯 종류로 아주 귀한 약재로 쓰인다.

복몽(伏蒙) : 엎드려 받다. 복(伏)은 편지에서 쓰는 공손한 표현으로, '공손히 엎드려'라는 뜻.

복업(福業) : 3업(業)의 하나. 복락(福樂)의 과보(果報)를 받을 욕계(欲界)의 선업(善業).

복역(僕役) : 하인(下人). 고용인. 복인(僕人).

복우선사(伏牛禪師) : 복우산(伏牛山) 자재선사(自在禪師).

복유(伏惟) : 삼가 생각하다. 가만히 속으로 생각하다.(아랫사람이 윗사람에게 공손히 하는 말)

복장(腹腸) : = 고장(臌腸). 배가 부풀어 오르다. 불룩하게 부풀다.

복전(福田) : 복의 씨앗을 뿌린 밭. 여래나 비구 등 공양을 받을 만한 안목이 있는 이에게 공양하면 복이 되는 것이, 마치 농부가 밭에 씨를 뿌려 다음에 수확하는 것과 같으므로 복전이라 한다. 보시(布施)하고, 신봉하는 것에 의해 행복을 가져온다고 하는 대상. 부처님이나 법 또는 교단. 부처님 · 승려 또는 삼보를 가리킴. 이것을 존중하고 공양하는 것이 행복을 낳는다는 뜻으로 밭에 비유되었음. 복덕을 생성하고 복덕을 주는 사람.

복타밀다(伏馱密多) : ?~B.C. 487. 범어 Buddhamitra의 음사. 불타밀다라고도 음사함. 서천 부법장 제9조. 성은 비사라. 서인도 제가국 출신. 나이 50에 불타난제를 만나 출가 수계함. 불타난제의 법을 이어받아 중인도에서 행화함. 협존자에게 법을 부촉하고 멸진삼매에 들어가 입적. 『전등록』에 의하면 주(周) 경왕 35년(B.C. 442)에 입적했다고 전함.

복탁(卜度) : 짐작하다. 추측하다.

복희(宓羲) : 중국의 삼황(三皇) 가운데 으뜸이며, 사람의 머리에 뱀의 몸을 하였다고 한다. 음양의 변화 원리에 근거하여 팔괘(八卦)를 창제하고, 간단하고도 의미심장한 부호를 이용하여 만물을 개괄하였다고 한다.

본각(本覺) : ↔ 시각(始覺). 본래 갖추어져 있는 깨달음. 온갖 유정(有情)과 무정(無情)의 자성(自性)의 본체로서 갖추어져 있는 여래장(如來藏)인 진여(眞如). 이에 대하여 시각(始覺)은 이 본각이 공부를 통하여 비로소 드러나는 것을 가리킨다.

본명원진(本命元辰) : 본명(本命)은 태어난 해의 간지(干支). 원진(元辰)은 사람의 운명을 좌우한다는 음양(陰陽)의 두 별. 선가(禪家)에서는 본명원진을 본래의 자기, 본성, 본래면목이라는 뜻으로 사용한다.

본법(本法) : 근본이 되는 것. 본바탕.

본분(本分) : 본래부터 부여 받아 타고난 본성(本性). 실상(實相) 혹은 진여문(眞如門)이라 하며, 시간과 공간이 없는 불이(不二)의 세계. 금시(今時)의 상대어(相對語).

본분겸추(本分鉗鎚) : 조금의 빈틈도 허용하지 않는 본분(本分)의 근본적인 수단. 겸추(鉗鎚)는 대장간에서 쇠를 단련할 때에 사용하는 도구인 집게와 망치이니, 대장장이가 집게와 망치를 사용하여 쇠뭉치를 쓸모 있는 도구로 만들 듯이, 종사가 어리석은 학인을 지도하여 자신의 본분을 깨닫도록 하는 엄격한 방편을 가리킨다.

본분납자(本分衲子) : 본래 갖추고 있는 본성(本性)을 깨닫고자 공부하는 선승(禪僧). 오로지 본분만을 고수하고 다른 것은 돌아보지 않는 철저한 납승. 본분에 철저한 납자.

본분초료(本分草料) : 수행자를 본분(本分)으로 되돌아가도록 하기 위하여 종사(宗師)가 수행자에게 주먹으로 치거나 몽둥이로 때리거나 할을 하거나 하는 등의 적절한 지도(指導). 수행자를 소나 말에 비유하고 종사의 가르침을 그 먹이에 비유한 말.

본사(本師) : ① 석가모니불, 석존은 불교의 근본 교사이므로 본사라 함. ② 본종(本宗)의 조사. 자기가 믿는 종파의 조사(祖師). ③ 득도(得度)할 때에 계(戒)를 준 스승. 또는 자기가 법을 받은 스승을 일컫는 말.

본색(本色) : 본래의 모습을 지닌.

본색한(本色漢) : 본래의 모습을 지닌 사람.

본연거사(本然居士) : 원오극근(圓悟克勤; 1063~1135) 문하의 거사. 자세한 것은 알 수 없다.

본유(本有)와 신훈(新熏) : 선천적으로 마음에 불성(佛性)을 갖추고 있는 것을 본유(本有)라 하고, 후천적으로 불성을 깨달아 경험 속에서 훈습하는 것을 신훈(新熏)이라 한다. 본래 본유설(本有說)과 신훈설(新熏說)은 유식학파의 설들이다. 본유설이란, 제8아뢰야식에 저장되어 있는 종자(種子)는 모두 본래부터 선천적으로 갖추어진 것이고, 새로 훈습(熏習)하여 붙여진 것이 아니란 학설. 종자는 원래 제8식 본래의 작용이므로 끝없는 옛적부터 갖추어 있는 것이고, 훈습은 다만 그 종자의 작용을 증장(增長)하고 양성하는데 지나지 않는다는 것. 이것은 호월(護月)의 학설이다. 신훈설이란 제8아라야식에 감추어진 종자(種子)는 모두 본래 고유한 것이 아니라 새로이 훈습된 것이라고 하는 설. 난타(難陀)·승군(勝軍) 두 사람의 주장. 종자는 본래 습기(習氣)의 다른 이름이고, 습기는 훈습(熏習)된 기분(氣分)이므로 종자가 신훈인 것이라 함. 아득한 애초부터 훈습되어 왔기 때문에 본유와 같이 보인다고 함. 법상종(法相宗)은 본신합생(本新合生; 본유와 신훈이 합하여 생기함)설을 주장함.

본자(本自) : 본래. 원래. 자(自)는 어조사.

본전(本傳) : 정사(正史)의 열전(列傳). 주로 『사기(史記)』의 열전(列傳)을 가리킨다.

본제(本際) : 근본 자리. 마지막 자리. 진여(眞如), 열반(涅槃), 실상(實相), 깨달음과 같은 뜻.

본지(本地) : 본분(本分). 본성(本性). 본심(本心). 본지풍광(本地風光)이라고도 한다.

본지풍광(本地風光) : 본분사(本分事), 본래면목(本來面目)과 같은 말로서 곧 견성처(見性處)를 가리키고, 본성(本性), 자성(自性), 불성(佛性), 본심(本心) 등과도 같은 말이다.

봉권(奉勸) : 충고하다. 권고하다.

봉림(鳳林) : ① 봉황이 사는 곳. 선경(仙境)을 일컫는다. ② 숲의 미칭(美稱). ③ 호북성(湖北省) 양양현(襄陽縣) 남동쪽 봉황산(鳳凰山)에 있는 절. ④ 임제의현과 법담을 나누었던 선승. 누구인지 자세히 알 수는 없다.

봉림관(鳳林關) : 현 감숙성(甘肅省) 임하현(臨夏縣) 서쪽에 있었던 관문(關門). 양주(襄州) 곡은(谷隱) 지정오공(智靜悟空) 선사에게 다음과 같은 대화가 있다 : 어떤 승려가 물었다. "무엇이 도(道)입니까?" 지정(智靜) 선사가 답했다. "봉림관(鳳林關)이니라." "학인(學人)은 알지 못하겠습니다." "바로 형남(荊南)에 당도하는구나." (『오등회원』 제14권.)

봉망(鋒鋩) : 칼 끝. 칼날. 창 끝. 화살 끝. 검인(劒刃)과 같이 모든 사량 분별을 끊어 버린 곳을 가리킨다.

봉사(奉使) : 사신(使臣)이 되다.

봉상(奉上) : 드리다, 바치다.

봉촉(鳳燭) : ① 봉황 모양의 등(燈). ② 반딧불이의 빛.

봉하(縫罅) : 틈. 틈새. 허점.

봉황대(鳳凰臺) : 강소성(江蘇省) 남경시(南京市) 남쪽에 있는 누대(樓臺).

부(夫) : 문장 끝 또는 중간에 놓여 감탄의 뜻을 나타냄.

부(部) : 통솔하다.

부감(赴感) : 감응(感應)하다.

부강(扶彊) : 강자를 돕다.

부거(芙渠) : 부용(芙蓉). 연화(蓮花)의 이칭(異稱). 연꽃.

부과단교수반귀명월촌(扶過斷橋水伴歸明月村) : 『건중정국속등록(建中靖國續燈錄)』 제6권 '항주영은산운지자각선사(杭州靈隱山雲知慈覺禪師)'에 다음 내용이 나온다 : 상당하여 말했다. "해와 달과 구름과 노을은 하늘의 표시이고, 산과 내와 풀과 나무는 땅의 표시이고, 어진 선비를 초빙함은 덕의 표시이고, 한가하게 머물며 고요함을 즐기는 것은 도의 표시이다." 이어서 주장자를 집어들고 말했다. "말해 보아라. 이것은 무엇의 표시인가? 알겠는가? 집어들면 무늬가 드러나고, 내려놓으면 툭 부딪힌다. 곧장 집어들지도 않고 내려놓지도 않는다면 또 어떻느냐?" 잠시 묵묵히 있다가 말했다. "짚고서 다리 끊어진 물을 건너, 달 밝은 마을로 함께 돌아간다네."(上堂云 : "日月雲霞爲天標, 山川草木爲地標, 招賢納士爲德標, 閑居趣寂爲道標." 乃拈拄杖云 : "且道. 遮箇是什麽標? 會麽? 拈起則有文有彩, 放下則糲糲磕磕. 直得不拈不放, 又作麽生?" 良久云 : "扶過斷橋水, 伴歸明月村.")

부나야사(富那夜奢) : 생몰 연대 미상. 인도 스님. 서천 부법장 제11조. 성은 구담(瞿曇). 화씨국 출신. 출가하여 협존자에게 법을 받은 다음, 마명에게 법을 전함. 전등록에 의하면 주(周) 안왕 14년(B.C. 338)에 입적했다고 함.

부낭(浮囊) : 바다를 건너는 사람이 빠지지 않도록 물위에 띄우는 큰 주머니. 경전에서는 계율(戒律)에 비유.

부대(不待) : ① -할 필요 없다. ② -하고 싶지 않다.

부대사(傅大士) : 497~569. 중국 양(梁)나라 말의 거사(居士). 497년 무주(婺州)에서 출생하였다. 성은 부(傅)이며 이름은 흡(翕), 자는 현풍(玄風)이다. 부대사라는 별칭 이외에 쌍림대사(雙林大師), 동양거사(東陽居士), 선혜대사(善慧大士)라고도 한다. 24세에 숭두타(嵩頭陀)에게 감동받아 송산(松山)에 숨어 살며 수행하였다. 쌍림수(雙林樹) 아래에서 깨달음을 얻었으며, 거침없는 수행으로 출가자와 재가자들로부터 존경을 받았다. 특히 양무제(梁武帝)를 귀의시켜 중국 불교 발전에 기여하였다. 말년에는 종산(鐘山) 정림사(定林寺)에 머물렀다.

부도(不到) : = 부도득(不到得). -에 이르지 못하다. -에 미치지 않다. -을 해내지 못하다. 반드시 -라고는 할 수 없다. 도(到)는 동사의 보어로 쓰여 가능이나 목적의 달성을 나타낸다.

부동소소(不同小小) : = 불통소소(不通小小). 사소한 일과 같지 않다. 보통이 아니다. 사소한 일이 아니다.

부동지(不動地) : 보살의 수행단계인 십지 중 하나이다. 중생이 부처가 되기 위해 닦는 52가지 수행단계 중 하나로, 『화엄경(華嚴經)』의 「십지품」에 나온다. 십지(十地) 중 여덟 번째 단계이다. 이 지위에 오른 보살은 수행을 완성하여 흔들림이 없다. 부동(不動)이란 명칭은 바로 여기에서 유래한다. 이곳의 보살은 깊이 있는 실천을 하므로 심행(深行) 보살이라고도 부른다. 세속의 집착에서 완전히 벗어나 성문(聲聞)이나 연각(緣覺)의 무리들은 전혀 깨트릴 수 없는 경지에 머문다. 달리 무공용지(無功用地)라고도 하는데, 무공(無功)은 곧 어떤 의도나 목적이 없다는 뜻이다. 그저 자연의 흐름대로 순리대로 또한 중생의 생김새에 따라 중생을 제도한다. 이밖에 부동지를 달리 부르는 말이 많다. 지혜가 견고하여 돌아가지 않으므로 부전지(不轉地), 큰 덕을 갖추므로 위덕지(威德地), 색욕이 끊어진 상태이므로 동진지(童眞地), 어디에나 뜻대로 태어날 수 있으므로 자재지(自在地), 완성된 단계이므로 성지(成地), 궁극적으로 알고 있으므로 구경지(究竟地), 항상 큰 서원을 내므로 변화지(變化地), 깨트릴 수 없으므로 주지지(住持地), 선근을 이미 닦았으므로 무공덕력지(無功德力地)라고도 부른다.

부로(剖露) : ① 표백(表白)과 같음. 선종(禪宗) 사찰에서 개백사(開白詞; 법회를 열 때에 그 일을 본존(本尊)에게 고하는 글), 제문(祭文), 회향문(廻向文) 등을 읽는 것. 유나(維那)가 이 일을 주로 맡음. ② 언명(言明)하다. 설명하다. 표명하다.

부루나(富樓那) : Pūrṇa. 구족하게는 부루나미다라니자(富樓那彌多羅尼子)·부라나매저려야부다라(富羅拏梅低黎夜富多羅)·부나만타불다라(富那曼陀弗多羅)라 음역, 만원자(滿願子)·만축자(滿祝子)·만자자(滿慈子)라 번역. 인도 교살라국 사람. 바라문 종족의 출신. 아버지는 가비라성주(迦毘羅城主) 정반왕의 국사. 가정은 큰 부자로서 부처님과 생년월일이 같다. 대단히 총명하여 어려서 4베다(吠陀)·5명(明)을 통달. 진세(塵世)를 싫어하여 입산 수도. 부처님이 성도하여 녹야원에서 설법하심을 듣고 친구들과 함께 부처님께 귀의, 아라한과를 얻다. 말솜씨가 훌륭하여 불제자 중에 설법제일(說法第一). 뒤에 여러 곳으로 다니며 인견과 변재로써 중생 교화에 전력.

부리모벽(扶籬摸壁) : (걸음걸이가 제대로 안 되어) 울타리나 담을 짚고 걷다. = 부장모벽(扶墻摸壁).

부명(負命) : 명령을 거역하다.

부명(赴命) : 명령을 집행하다.

부문(敷文) : 글로 서술하다, 글을 짓다.

부문(負門) : 논쟁에서 패배하는 것. 『대지도론(大智度論)』 제1권에 나오는 용어.

부사의삼매(不思議三昧) : 생각하지 않는 삼매. 사량 분별을 떠난 삼매. 삼매(三昧)는 samadhi의 음역(音譯)으로서, 정(定)·등지(等持)라 번역하는데, 산란한 마음을 한 곳에 모아 움직이지 않게 하며, 마음을 바르게 하여 허망한 생각에서 벗어나는 것. 그러므로 삼매는 곧 부사의(不思議)이다.

부산법원(浮山法遠) : 991~1067. 송대(宋代) 스님. 임제종. 부산은 주석 산명. 속성은 심(沈)씨. 정주 출신. 삼교숭(三交嵩)에게 출가. 분양선소(汾陽善昭)·대양경현(大陽警玄) 등 70여 선사에게 역참한 다음, 섭현귀성(葉縣歸省)의 법을 이어받음. 부산에서 개산하여 머묾. 또 대양경현의 법을 받아 투자 의청에게 대신 부촉(咐囑)함.

부석(剖析) : 낱낱이 밝히다. 분별하다. 판별하다. 분석하다. 구분하다.

부성(賦性) : 천성(天性). 타고난 성격.

부약(扶弱) : 약자를 돕다.

부우(孚佑) : 성심껏 돕다. 믿고 도와주다.

부우왕(孚佑王) : 수호신(守護神). 월왕(越王) 영(郢)의 셋째 아들인 백마삼랑(白馬三郎)을 모신다. 백마삼랑은 용감하고 힘이 센 장수였는데, 선계(鱔溪)란 강에서 3장(丈)이나 되는 커다란 악어를 활로 쏘아 맞혔는데, 악어가 꼬리를 쳐서 말과 삼랑이 모두 물에 빠져 익사해 버렸다. 그 뒤 그 고을의 사람들이 사당을 세우고 백마삼랑을 마을의 수호신으로 제사지냈다. 사적(史籍)에서는 백마삼랑(白馬三郎)이라 하지만, 민간에서는 보통 백마존왕(白馬尊王) 혹은 부우왕(孚佑王)이라 부른다.

부음(覆蔭) : 뒤덮은 그늘. 뒤덮은 은혜. 큰 은혜.

부장(拊掌) : 손뼉치다. 박수치다.

부제(府第) : ① 관저(官邸). 관사(官舍). ② 저택(邸宅). = 부저(府邸).

부주(扶住) : 도와주고 받쳐주다.

부지(扶持) : ① 부축하다. 돕다. ② 보살피다. ③ 유지하다.

부촉(付囑) : 부촉(付蜀)이라고도 함. 다른 이에게 부탁함. 부처님은 설법한 뒤에 청중 가운데서 어떤 이를 가려내어 그 법의 유통(流通)을 촉탁하는 것이 상례(常例). 이것을 부촉·촉루(屬累)·누교(累敎) 등이라 함. 경문 가운데서 부촉하는 일을 말한 부분을 「촉루품(囑累品)」, 또는 부촉단(付屬段)이라 하니, 흔히 경의 맨 끝에 있음. 『법화경』과 같은 것은 예외(例外).

부판(剖判) : 분석 판단하다. 시비를 가리다.

북두(北斗) : = 북두성(北斗星), = 북두칠성(北斗七星). (비유) 남에게 숭앙을 받는 사람.

북두리장신(北斗裏藏身) : 북두(北斗) 속에 몸을 숨긴다는 것은 곧 본래면목 속에 들어 있다는 말.

북울단월 : Uttara-kuru. 울단월(鬱單越)이라 음역. 북승처(北勝處)·북승생(北勝生)·북고상(北高上)이라 번역. 북구로주(北瞿盧洲). 수미(須彌) 4주(洲)의 하나. 수미산의 북방 제칠금산(第七金山)과 대철위산(大鐵圍山) 사이에 큰 바다가 있고, 바다 가운데 있는 인취(人趣) 등이 사는 곳. 모양은 방좌(方座)와 같고, 지반(地盤)은 다른 3주(洲)보다 높으며, 사람의 키는 32주(肘), 목숨은 1000세, 중간에 조사(早死)하지 아니하고 쾌락이 끝이 없어 4주 중에서 중생·처소·재물·물품들이 모두 수승하다고 함.

분(囦) : 분(噴)과 같음. 숨을 내쉬는 모습. 휴! 흠!

분(分) : 분수. 처지. 몫. 자격. 틈.

분나(紛拏) : = 분나(紛挐), 분나(紛拿). ① 혼란한 모양. 뒤섞인 모양. ② 서로 꽉 붙잡음. 혼전(混戰). ③ 번성한 모양.

분단생사(分段生死) : ↔ 변역생사(變易生死). 6도(道)로 윤회하는 범부들의 생사. 분단은 분한(分限)과 형단(形段)이란 뜻. 범부는 각기 업인(業因)을 따라서 신체에 크고 작으며, 가늘고 굵은 형단이 있고, 목숨에 길고 짧은 분한이 있어, 분분단단(分分段段)으로 생사하므로 분단생사라 함.

분메(分袂) : 헤어지다. 이별하다.

분문(分文) : 약간의 돈, 푼돈. 분문불치(分文不値), 불치분문(不値分文)은 '한 푼의 값도 안 된다, 보잘 것 없다.'는 뜻.

분부(分付) : ① 맡기다. 당부하다. ② 주다. 공급하다.

분석(分析) : 설명하다. 해명하다. 변명하다.

분설(分雪) : 변명하다, 해명하다. 설명하다.

분소(分疏) : 일의 시비를 조목조목 설명하거나 해명하다. 변명하다. 밝히다.

분소불하(分疏不下) : 변명(해명)할 수 없다. 불하(不下)는 뒤에 붙어 부득(不得)과 같이 '-할 수 없다'는 뜻을 나타낸다.

분소의(糞掃衣) : 본래 사람들이 입다 버린 헌 옷이나 묘지 등에서 죽은 사람을 싸서 버린 천을 주어서 만든 옷. 무소유와 걸식을 하는 수행자들이 입던 옷으로 뒤에 불법수행자를 상징하는 가사의 시초가 되었다.

분소퇴(糞掃堆) : 쓰레기 더미. 망상 속에서 번뇌하는 중생의 마음을 가리킨다.

분신(奮迅) : 분발하여 재빨리 움직임. = 빈신(嚬呻).

분양(糞壤) : ① 더러운 흙. 썩은 흙. ② 이미 죽은 사람. ③ 쓸모없는 사람. ④ 하찮은 물건.

분양선소(汾陽善昭) : 947~1024. 중국 오대말(五代末) 송대(宋代)의 임제종 승려로, 분양은 주석한 산의 이름이다. 수산성념(首山省念)에게 참학하여 법을 이어받았으며, 시호는 무덕(無德)선사이다. 저서에 『분양무덕선사어록(汾陽無德禪師語錄)』, 『분양선소선사어록(汾陽善昭禪師語錄)』, 『분양소선사어요(汾陽昭禪師語要)』 등이 있다.

분운(紛紜) : (말이나 일 등이) 많고 어지럽다. 분분하다.

분장(分張) : ① 나누다. 분산하다. 분리하다. ② 나누어주다. ③ 해석하다.

분주(汾州) : 분주(汾州)는 분양(汾陽)과 같음.

분지(噴地) : (의태어) 확 뿜어내는 모습. 분지일발(噴地一發)과 같음.

분지일발(噴地一發) : 깨달음을 체험하는 순간을 표현하는 말. 단번에 확 깨닫다. 확하고 단번에 통하다. 확 한 번 뚫리다. 앗하고 한 번 열리다. 사용되는 형태는 분지일하(噴地一下), 분지일발(噴地一發), 화지일하(囦地一下), 화지일성(囦地一聲), 폭지일성(爆地一聲) 등이 있다. 분(噴)은 '뿜다', '뿜어내다.'는 뜻이고, 화(囦)는 '놀라서 별안간 소리를 내지르다.'는 뜻으로서 돌(咄)과 같고, 폭(爆)은 '폭발하다', '터지다.'는 뜻이다. 모두 어떤 상황을 나타내는 말이다. 접미사 지(地)는 어떤 상황을 나타내는 단어에 붙어 동사, 형용사를 수식하는 부사를 만든다. 그러므로 분지(噴地)는 '확 뿜어내듯이.' 화지(囦地)는 '앗 소리 지르듯이.' 폭지(爆地)는 '펑 터지듯이.'는 정도의 뜻이 된다. 한편 일하(一下)는 '단번에 내려놓다.' 일발(一發)은 '단번에 쏘다.' 일성(一聲)은 '단번에 소리 지르다.'는 뜻으로서, 문득 일이 이루어진다는 뜻이다. 따라서 분지일하(噴地一下)는 '확 뿜어내듯이 단번에 내려놓다.' 분지일발(噴地一發)은 '확 뿜어내듯이 단번에 쏘다.' 화지일하(囮地一下)는 '앗 소리 지르듯이 단번에 내려놓다.' 화지일성(囮地一聲)은 '앗 하고 고함치듯이 단번에 소리 지르다.' 폭지일성(爆地一聲)은 '펑 하고 터지듯이 단번에 소리 지르다.'는 정도의 뜻이 되겠지만, 이 모두는 깨달음의 체험이 별안간 단번에 이루어짐을 나타내는 말이다.

분지일하(噴地一下) : = 분지일발(噴地一發).

분파(奔波) : 바쁘게 뛰어다니다.

분혜(分惠) : 혜택이나 이익을 나누어 받음.

분효(分曉) : ① 또렷하다. 분명하다. ② 똑똑히 알다. ③ 일의 진상 또는 결과. ④ 도리. 이치. ⑤ 새벽. 동틀 무렵.

분휴(分攜) : 이별(離別).

불(佛) : Buddha. 불타(佛陀)의 준말. 부도(浮圖 · 浮屠) · 부타(浮陀 · 部陀) · 부두(浮頭) · 발타(勃馱) · 모타(母馱) · 몰타(沒馱)라고도 음역. 각자(覺者)라 번역. 미망(迷妄)을 여의고 스스로 모든 법의 진리를 깨닫고, 또 다른 중생을 교도하여 깨닫게 하는 자각(自覺) · 각타(覺他)의 2행(行)을 원만히 성취한 이. 이 말은 처음 보리수나무 아래서 성도(成道)한 석존에 대한 칭호로 쓴 것. 불타는 석존뿐이었으나, 뒤에 불교의 교리가 발달함에 따라 과거 · 현재 · 미래의 모든 부처님이 있게 되고, 10방(方)의 모든 부처님으로 발전하여 드디어 그 수가 한량없게 되었고, 이것이 처음은 역사적 인물이던 것이 점점 이상화(理想化)되어 유형 무형 온갖 방면으로도 원만한 인격적 존재가 됨.

불가(佛家) : ① 불교, 또는 불교의 교단. ② 부처님이 사는 곳, 즉 깨달음의 세계. ③ 불교도. 불제자. ④ 불도를 수행하는 도량(道場).

불가다득(不可多得) : 보기 드물다. 매우 드물다. 희귀하다. 뛰어나다.

불가득(不可得) : = 불가다득(不可多得).

불각부지(不覺不知) : 모르는 사이에. 뜻밖에.

불각토설(不覺吐舌) : 자기도 모르게 혀를 내두르다.

불감(不敢) : (상대방의 초대나 칭찬이나 인정에 대하여 겸손하게 긍정하는 말)송구스럽게도 그렇습니다.

불감근(佛鑑勤) : 불감혜근(佛鑑慧懃 ; 1059~1117). 태평혜근(太平慧懃)이라고도 한다.

불감불(不敢不) : 감히 - 아니하지 못하다. = 불가불(不可不).

불감혜근(佛鑑慧懃) : 1059~1117. 서주(舒州, 安徽省) 출신으로, 속성은 왕(汪)씨이다. 오조법연(五祖法演)의 법을 이었고, 서주 태평산(太平山) 흥국선원(興國禪院)에 머물렀다. 송(宋) 휘종(徽宗) 정화(政和 : 1111~1118) 초년에 칙명을 받아서 동도(東都)의 지해사(智海寺)에 머물었고, 그 후에는 장산(蔣山)에 머물렀다. 정화 7년에 목욕재계하고 옷을 갈아입은 뒤에 단정하게 앉은 채로 입적하였다. '불감(佛鑑)선사'라는 시호가 내렸다.

불공법(不共法) : 자기와 다른 이가 따로 따로 받는 법(法)으로서, 다른 이와 공통하지 않는 독특한 법. 비유하면, 제 몸은 저 한 사람의 업으로 받는 것과 같은 따위. 부처님께는 18종 불공법이 있음. 10력(力) · 4무소외(無所畏) · 3념주(念住) · 대비(大悲). 이상은 소승의 말. 또 신무실(身無失) · 구무실(口無失) · 염무실(念無失) · 무이상(無異想) · 무부정심(無不定心) · 무부지이사(無不知已捨) · 욕무감(欲無減) · 정진무감(精進無減) · 염무감(念無減) · 혜무감(慧無減) · 해탈무감(解脫無減) · 해탈지견무감(解脫知見無減) · 일체신업수지혜행(一切身業隨智慧行) · 일체구업수지혜행(一切口業隨智慧行) · 일체의업수지혜행(一切意業隨智慧行) · 지혜지과거세무애(智慧知過去世無礙) · 지혜지미래세무애(智慧知未來世無礙)·지혜지현재세무애(智慧知現在世無礙).

불과(不果) : 다하지 못하다. 수행할 수 없다.

불과(佛果) : 불과극근(佛果克勤), 즉 원오극근(圜悟克勤).

불과(佛果) : 수행한 원인이 되어 도달하는 결과인 깨달은 자 즉 부처님의 지위.

불과근(佛果勤) : 원오극근(圜悟克勤).

불관(不管) : 상관하지 않다. 돌아보지 않다. 간섭하지 않다.

불국백(佛國白) : 동경(東京) 법운유백불국(法雲惟白佛國) 선사. 법운법수(法雲法秀) 선사의 제자. 육조(六祖)의 13세손에 해당한다.

불국토(佛國土) : 불국(佛國), 불찰(佛刹), 불토(佛土)라고도 함. 부처님이 계시는 국토. 또는 부처님이 교화하는 국토. 정토(淨土)는 본래 불국토이지만 예토(穢土)도 역시 부처님이 교화하는 곳이므로 불국토라 함. 법계(法界)와 같은 의미. 온 세계 즉 우주를 가리킨다.

불내하(不奈何) : 어찌할 수 없다. 아무런 방도가 없다.

불료의경(不了義經) : 요(了)는 '끝까지'란 뜻. 불법의 이치를 다 말한 것이 요의(了義)이고, 끝까지 다 말하지 못하고 모자라는 것이 불료의(不了義). 요(了)·불료(不了)의 해석에 대하여는 그 경에 말한 이치가 진실하냐 아니냐에 대하여, 또 교리를 표시한 말이 완비하냐 아니냐에 대하여 판단한다. 의(義)는 의리(義理) 즉 도리(道理). 대승(大乘)에서 보면 궁극적 진리를 분명하게 말한 요의경(了義經)은 대승경전이고, 소승의 경전은 다 불료의경(不了義經)이다. 또 대승경전과 소승경전 각각에서도 그 가운데 요의와 불료의를 나눈다.

불민(不敏) : ① 어리석다. 둔하다. ② (1인칭 겸칭) 저. = 불초(不肖), 불영(不佞).

불방(不妨)- : ① -는 무방(無妨)하다. -는 괜찮다. -라고 해도 괜찮다. ② 마음대로 -하다.

불범(不犯) : (속어) 필요가 없다. 할 만한 가치가 없다.

불법무인정(佛法無人情) : 불법은 엄밀하여 인정사정을 봐 주는 틈이 없다. 털끝만큼이라도 어긋나면 천리만리 달라져 버리는 것이다. 오로지 정확히 계합하여 앞뒤 분별이 끊어져야 비로소 자유자재하게 되어 따로 할 일도 하지 말아야 할 일도 없는 것이다.

불법승(佛法僧) : 3보(寶)라 하니, 우주의 진리를 깨달은 불타(佛陀), 불타가 진리를 가르치기 위해 말씀하신 교법(敎法), 교법을 따라 수행하는 승려(僧侶)를 아울러 일컫는 말.

불분(不分) : = 불분(不憤), 불분(不忿). ① 불만스럽다. ② 뜻밖에. 의외에. 스스로 의식하지 못하다. ③ 분이 가라앉지 않다. 불평하다.

불분(不憤) : = 불분(不分).

불분(不忿) : = 불분(不分).

불사(佛事) : 깨달음의 일, 곧 깨달음. 혹은 깨달은 자인 부처님이 잘하는 일인 교화(敎化)를 가리키니, 여러 가지 일을 통하여 불법을 열어 보이는 것. 선원(禪院)에서 개안(開眼)·상당(上堂)·입실(入室)·안좌(安座)·염향(拈香) 등의 일들이나 절을 짓고 불상을 조성하고 경전을 만드는 것을 모두 불사라고 한다. 또 불교에서 행하는 법회를 일반적으로 불사 또는 법사(法事)라 한다.

불석미모(不惜眉毛) : 눈썹을 아까워하지 않다. 옛날에 중국에서는 쓸데없는 말을 하면 눈썹이 빠진다는 속설이 있었다. 눈썹 빠지는 것을 개의치 않고, 억지로 자비방편의 말을 하겠다는 뜻. 불법은 본래 말에 있지 않다는 뜻이 내포되어 있다.

불소(不消) : ① 필요치 않다. -할 필요가 없다. ② 견딜 수 없다.

불소일날(不消一捏) : 불소(不消)는 '필요치 않다, -할 필요가 없다, 견딜 수 없다.'는 뜻, 일날(一捏)은 '한 조각, 한 뭉치, 조금.' 혹은 '한 번 붙잡다.'라는 뜻. '조금도 필요치 않다, 조금도 남지 않다', '한 번 붙잡을 필요도 없다.'는 뜻이다.

불수(拂袖) : (불쾌하거나 화가 나서) 옷소매를 뿌

리치다.

불수(不須) : -할 필요 없다.

불수(佛樹) : 보리수(菩提樹). 도수(道樹)라 번역. 석가모니가 그 밑에서 깨달음을 얻었다고 하는 나무.

불승(佛乘) : 승(乘)은 실어 옮긴다는 뜻. 중생들을 싣고 깨달음의 결과에 이르게 하는 가르침. 부처님이 말씀하신 교법(教法)을 가리키는 말.

불시(不是) : ① = 기불시(豈不是)? 어찌 -가 아니랴? ② = 부대(不對). 틀렸다. 잘못되었다. -가 아니다.

불실고보(不失故步) : 옛 관습을 잃지 않다. 변함이 없다.

불심(不審) : ① 자세하지 않음. 상세하지 않음. ② 확실히 알지 못함. ③ 신중하지 못함. ④ 정확하지 않음. 확실하지 않음. ⑤ 안녕하십니까?(승려가 서로 만날 때에 나누는 인사말)

불심인(佛心印) : 선종(禪宗)의 용어. 불인(佛印)이라고도 함. 불심인증(佛心印證)의 뜻. 선종에서는 수증일여(修證一如)라 하여 깨달음과 깨닫는 마음을 구별하지 않으니, 깨닫는 마음이 있어서 점차로 수행의 공을 쌓은 뒤에 깨닫는 것이 아니고, 깨닫는 마음이 곧 깨달음이다. 깨달음과 깨닫는 마음의 둘이 차이가 없음을 불심인(佛心印)이라 함. 곧 부처님이 스스로 깨달은 마음이요 중생의 본성(本性)을 가리킨다.

불안청원(佛眼淸遠) : 1067~1120. 송대(宋代)의 스님으로 임제종 양기파(楊岐派)이다. 용문청원(龍門淸遠)이라고도 알려져 있는데, 용문은 주석한 절 이름이다. 속가의 성은 이(李)씨고, 촉(蜀, 四川省) 임앙현(臨卬縣) 출신이다. 출가하여 14세에 구족계를 받고, 율(律)과 법화경(法華經)을 배우고 나서 선을 참구하였다. 강회(江淮)의 여러 선사(禪寺)를 두루 편력한 후, 서주(舒州, 安徽省) 태평사(太平寺)의 오조 법연(五祖法演)에게 참구하여 그의 법을 이었다. 서주의 천녕(天寧) 만수사(萬壽寺)에서 개당하고, 용문사(龍門寺), 화주(和州)의 포산사(褒山寺) 등에 머물렀다. 등순무(鄧洵武)가 상주(上奏)하여 자의(紫衣) 및 '불안선사(佛眼禪師)'라는 칙호를 내렸다. 태평혜근(太平慧懃) · 원오극근(圜悟克勤)과 더불어 동산(東山)의 3불(三佛), 또는 동산의 2근1원이라 일컬어졌다. 선화(宣和) 2년 동지 전날 입적하였는데, 그때 세수가 54, 법랍은 40이었다. 선오(善悟)가 『불안선사어록(佛眼禪師語錄)』 8권을 편집하였다.

불약(不若) : -만 못하다. -하는 편이 낫다. = 불여(不如).

불여취계(不與取戒) : 주어지지 않는 것을 취하는 것을 금하는 계(戒). 오계(五戒) 가운데 도둑질을 금하는 계.

불요(不要) : ① -할 필요 없다. = 불수(不須), 불필(不必). ② -하지 말라. 그만 두라.

불용(不用) : ① -할 필요 없다. ② -하지 말라. ③ 듣지 않다. 따르지 않다.

불의(拂衣) : = 불수(拂袖).

불의(不意) : ① 달갑게 그만두지 않다. 기꺼이 그만두지 않다. ② 불만이 가라앉지 않다. 지기 싫어하는 성질이다. 자기를 굽히지 않는 성질이다. 복종하지 않다. 인정하지 않다. ③ 뜻밖에. 상상외에.

불이(不已) : -해 마지 않다. 오로지 -만 하다.

불인요원(佛印了元) : 1032~1098. 자는 각로(覺老)이며, 요주(饒州) 부량(浮梁) 사람이다. 속가의 성은 임(林)씨이다. 두 살 때부터 『논어(論語)』 등을 배웠다. 보적사(寶積寺)의 일용(日用)을 스승으로 삼아 출가하여 구족계를 받았다. 여산(廬山)에 올라 개선선섬(開先善暹)에게 참학하였고, 그 후에는 원통거눌(圓通居訥)에게 참학하였다. 28세에 선섬의 법을 잇고, 강주(江州, 江西省) 승천사(承天寺)에서 출세하였다. 그 후, 여산(廬山)의 개선사(開先寺) · 귀종사(歸宗寺), 홍주(洪州)의 운거사(雲居寺) 등에 두루 머물렀다. 소동파(蘇東坡)와 두터운 교분이 있었고, 정토사상에도 관심을 기울였다. 원부(元符) 원년에 입적하였으니, 세수 67, 법랍은 52

였다. '불인(佛印)선사'라는 시호가 내렸다. '운거요원(雲居了元)'이라고도 일컫는다.

불인지청(佛印智淸) : 동경(東京) 대상국사(大相國寺) 지해선원(智海禪院) 불인(佛印) 선사. 지청(智淸)은 휘(諱)이다. 임제종(臨濟宗) 남악(南嶽) 문하 14세손이며, 운거산(雲居山) 원우(元祐) 선사의 제자이다. 속성은 섭씨(葉氏)로서, 천주(泉州)의 동안(同安) 출신이다.

불일지재(佛日智才) : 남송(南宋) 때의 사람. 운문종(雲門宗). 대주(臺州; 절강성)의 사람. 어릴 때 출가하여 여러 지방을 역참(歷參)한 후에 천의의회(天衣義懷소)에게 참학하고 그의 당오(堂奧)를 구하다가 법을 잇게 되었다. 뒤에 임안부(臨安府; 절강성) 불일산(佛日山)에 주석하면서 운문의 종풍을 드날리고 치백(緇白; 치는 승려, 백은 속인을 말함)을 접득(接得; 수행자를 자신의 곁에 두고 지도하는 것)하였다.

불자(拂子) : 불자는 수행자가 마음의 티끌 · 번뇌를 털어내는 상징적 의미의 법구로 불(拂) 또는 불진(拂塵)이라고도 하며 범어로는 vijana라고 한다. 짐승의 털이나 삼(麻) 등을 묶어서 자루 끝에 맨 것으로 원래는 벌레를 쫓는 데 쓰는 생활용구였다. 생김새는 우리나라의 총채와 비슷하며 인도에서는 일반이 다 사용한다. 『마하승기율』 제6에 관음보살은 왼손에, 보현보살은 오른손에 백불을 잡은 모습으로 그리는 것이 원칙이라고 하였다. 관음보살 40수 중의 하나로서 불자를 지물(持物)로 하는 뜻은 신상의 악한 장애나 환란을 없애기 위함이라고 한다. 우리나라에서는 조사(祖師)의 영정에 백불을 지물로 그리는 경우가 많다. 불자의 자루에는 장식으로 흔히 용의 문양을 새긴다. 중국에서는 특히 선종의 장엄구로서 주지 또는 수좌가 불자를 잡고 법좌에 올라 대중에게 설법을 했다. 이를 병불(秉拂)이라고 한다. 병불의 자격이 있는 사람은 전당수좌(前堂首座) · 후당수좌 · 동장주(東藏主) · 서장주 · 서기(書記)로서 5두수(五頭首)라고 한다. 또 불자는 전법의 증표로 사용되기도 했다.

불전(佛殿) : 불당(佛堂). 불 · 보살의 상(像)을 모신 전당. 인도에서는 향전(香殿)이라 하였다. 중국 선종(禪宗)의 사찰에서는 법을 설하는 법당(法堂)과 구분하여 법당 앞에 불전을 두었다. 중국 선종에서는 당대(唐代)에는 불전을 세우지 않았던 것 같고, 선원(禪院)에 불전이 마련되게 된 것은 송(宋)초기 경인 듯 하다. 중국 선원의 일반적인 구조를 보면, 불상(佛像)을 모신 불전(佛殿), 수행승들에게 설법을 베푸는 법당(法堂), 수행승들이 좌선을 하며 기거하는 승당(僧堂), 주지(住持)가 기거하는 방장(方丈), 식량을 보관하고 음식을 조리하는 고리(庫裏), 삼해탈(三解脫)을 상징하며 사원의 출입문이 되는 삼문(三門), 목욕시설인 욕옥(浴屋), 화장실인 서정(西淨; 혹은 東司)등이 기본적으로 설치되었다. 이 중 승당 · 욕옥 · 서정에서는 일체의 말[言語]을 하지 않기 때문에 이를 삼묵당(三黙當)이라 한다. 삼문 · 불전 · 법당 · 방장을 일렬로 순차적으로 배치하고 삼문의 남쪽에 총문, 방장의 북쪽에 고리를 세운다. 그밖에 장경각 · 객당(客堂) · 종루(鐘樓) 등을 세워서 선원 특유의 가람배치를 이루었다.

불조(佛祖) : 부처와 조사(祖師).

불종(佛種) : 불과(佛果)를 내는 종자. 보살의 수행을 말함.

불종성(佛種性) : 일체 중생에게 본래 갖추어 있는 부처 될 성품. 곧 불성(佛性).

불지(佛地) : 불과(佛果) · 불위(佛位) · 불경계(佛境界)라고도 함. 부처님의 位, 깨달음의 位, 情, 智에 관한 모든 장애[번뇌장(煩惱藏) · 소지장(所知障)]에서 해방된 계위(階位). 보살의 궁극의 계위(階位).

불착(不著) : ① -할 필요 없다. ② -할 수 없다. = 불용(不用), 불수(不須).

불청우(不請友) : = 불청지우(不請之友).

불청지우(不請之友) : 부탁을 받지 않았는데도 자진하여 나아가 도와 주는 친구. 보살은 부탁을 받지 않더라도 자진하여 중생의 친한 벗이 되어 이익을 준다는 뜻에서 불청지우(不請之友)라 한다.

불초(不肖) : 닮지 않았다는 뜻으로, 매우 어리석은 사람을 말하거나 부모에게 자신을 낮출 때 쓰는 말. 『맹자(孟子)』「만장편(萬章篇)」 상(上)에 나오는 말이다.

불출(不出) : -에서 벗어나지 않다. -의 밖에 있지 않다.

불타덕손(佛陀德遜) : 혜림덕손(慧林德遜). 동경(東京) 혜림사(慧林寺) 불타덕손(佛陀德遜) 선사. 황룡혜남(黃龍慧南)의 법사(法嗣)이다. 『속전등록(續傳燈錄)』 제16권에 소개되어 있다.

불통소소(不通小小) : = 부동소소(不同小小).

불퇴전(不退轉) : 수행의 계위(階位)에서 믿음의 확립이나 법안(法眼)의 획득 등의 단계에 이르면 물러나서 악도에 떨어진다거나 이승지(二乘地)로 떨어진다거나 깨달아 얻은 법을 다시 잃게 된다거나 하는 일이 결코 없게 되는 것이다.

불하(不下) : (동사 뒤에 붙어) -할 수 없다.

불해(佛海) : 부처님 세계의 광대함을 바다에 비유한 말.

불혜명(佛慧命) : 부처님의 지혜. 깨달음의 지혜. 깨달음의 지혜를 생명에 비유한 말. 명(命)은 깨달음의 지혜가 이어져서 끊어지지 않는다는 뜻이 담겨 있다.

불휴(不攜) : 떨어지지 않다. 휴(攜)는 분리하다, 떨어지다는 뜻.

비(比) : 본래. 이전에, 종전에. -에 이르러, -에 미쳐서. -와 같은.

비공(鼻孔) : 코. 콧구멍. 비공(鼻孔)은 글자 그대로는 콧구멍이라는 뜻이지만, 콧구멍을 포함한 코 전체를 가리키는 말이다. 파비(把鼻)라는 말이 손잡이를 붙잡는다는 뜻이듯이 코는 손잡이를 뜻하거나, 혹은 비조(鼻祖)라고 하듯이 근원이나 시초를 가리키는 뜻이 있다. 선승들의 어록에서 비공(鼻孔)이라는 말은 근원이나 시초라는 뜻으로서 우리의 본래면목을 가리킨다. 예컨대, 『경덕전등록』에 나오는 "부모가 아직 낳지 않았을 때 코는 어디에 있는가?(父母未生時鼻孔在什麽處)" 혹은 "납승이라면 모름지기 바로 납승의 코를 밝혀내야 한다.(衲僧直須明取衲僧鼻孔)" 등의 말에서 코[鼻孔]는 본래면목을 가리킨다.

비공삭(鼻孔索) : (소의 코를 뚫어 매는) 고삐. = 비승(鼻繩).

비공요천(鼻孔遼天) : 콧구멍이 하늘로 향하다. 콧대가 하늘을 찌르다. ① 매우 오만하고 도도한 모습. ② 깨달음을 얻은 자가 세속을 초탈한 모습.

비공첨두(鼻孔尖頭) : 코끝. 콧마루. 비공(鼻孔)과 마찬가지로 본성(本性), 본래면목(本來面目)을 가리킨다.

비관(非關) : ① -가 아니다. ② -때문이 아니다. ③ -뿐만 아니라.(= 비단(非但).)

비구(比丘) : 팔리어 bhikkhu의 음역. 필추(苾芻)·픽추(煏芻)·비호(比呼)라고 음역(音譯). 걸사(乞士)·포마(怖魔)·파악(破惡)·제근(除饉)·근사남(勤事男)이라 의역(意譯). 남자로서 출가하여 걸식으로 생활하는 승려로 250계를 받아 지니는 이. 걸사라 함은 비구는 항상 밥을 빌어 깨끗하게 생활하는 것이니, 위로는 법을 빌어 지혜의 목숨을 돕고, 아래로는 밥을 빌어 몸을 기른다는 뜻. 포마라 함은 비구는 마왕과 마군들을 두렵게 한다는 뜻. 파악이라 함은 계(戒)·정(定)·혜(慧) 3학(學)을 닦아서 견혹(見惑)·사혹(思惑)을 끊는다는 뜻. 제근이라 함은 계행(戒行)이란 좋은 복전(福田)이 있어 능히 물자를 내어 인과의 흉년을 제한다는 뜻. 근사남이라 함은 계율의 행을 노력하여 부지런하다는 뜻.

비기중생(非器衆生) : 법(法)을 담을 만한 그릇이 못되는 중생.

비나야(毘奈耶) : vinaya. 비나야(鼻那耶)·비니(毘尼)라고도 쓰며, 제복(制伏)·조복(調伏)·선치(善治)·멸(滅)·율(律)이라 번역. 부처님이 제자들을 위하여 마련한 계율의 총칭.

비래(比來) : ① 본래. ② 근래. ③ 앞서. 이전에. 과거에.

비량(非量) : 인명(因明) 3량(量)의 하나. 잘못된 현량(現量)과 잘못된 비량(比量). 사현량(似現量)·사비량(似比量)의 총칭. 곧 잘못된 인식이란 것. 바른 인식인 현량(現量)도 비량(比量)도 다 아니란 뜻.

비량(比量) : 인명(因明) 3량(量)의 하나. 진비량(眞比量)이라고도 한다. 비교하고 헤아려 추측하는 것. 우리가 이미 아는 사실에 의지하여, 비교하고 헤아려서 아직 알지 못하는 사실을 추측하는 것. 예를 들면, 연기가 올라오는 것을 보고, 그 아래에 불이 있는 줄을 미루어 아는 것과 같은 따위.

비력(費力) : ① 애쓰다. 힘을 소모하다. ② 일이 까다롭다. 힘들다.

비로성해(毘盧性海) : 법신불(法身佛)인 비로자나불의 본성(本性)이 무한한 것을 큰 바다에 비유하여 말한 것.

비로인(毘盧印) : 대일여래(大日如來)의 법계정인(法界定印). 태장계대일여래(胎藏界大日如來)의 정인(定印). 양손을 포개어 무릎 위에 놓고 양 엄지손가락의 머리 부분을 서로 지탱한 모양. 곧 비로자나불이 선정(禪定)에 든 모습을 나타낸다.

비로자나(毘盧遮那) : 부처의 진신(眞身)을 높여 부르는 칭호. 비로사나불(毘盧舍那佛)·노자나불·자나불이라고도 한다. 산스크리트로 '태양'이라는 뜻인데, 불지(佛智)의 광대무변함을 상징하는 화엄종(華嚴宗)의 본존불(本尊佛)이다. 무량겁해(無量劫海)에 공덕을 쌓아 정각(正覺)을 성취하고, 연화장(蓮華藏)세계에 살면서 대광명을 발하여 법계(法界)를 두루 비춘다고 한다. 법상종(法相宗)에서는 노사나불(盧舍那佛)·석가불(釋迦佛)·수용신(受用身)·변화신(變化身)으로 쓰고, 비로자나불은 자성신(自性身)이라 하여 구별하고 있다. 또 천태종(天台宗)에서는 비로자나불·노사나불·석가불을 법신(法身)·보신(報身)·응신(應身)에 배치하여 설명하고 있고, 밀교(密敎)에서는 『대일경(大日經)』의 설을 계승하여 대일여래(大日如來)와 동체라고 한다.

비로자나불(毘盧遮那佛) : 법신불(法身佛). 범어로는 바이로차나(Vairocana)이며 비로자나불이라고 음역하고, 최고현광안장(最高顯廣眼藏)·변조왕여래(遍照王如來)·광명변조(光明遍照)·변일체처(遍一切處)·대일변조(大日遍照) 등으로 의역한다. 비로자나불을 변일체처·광명변조·변조 등으로 번역하는 것은 이 부처님의 신광(身光) 또는 지광(智光)이 이사무애(理事無碍)의 법계에 두루 원명(圓明)함을 의미한다. 이러한 해석에는 각 종파마다 차이가 있다. ① 법상종에서는 비로자나불을 법성상주(法性常住)의 이신(理身)으로서 무위법이며 노사나불과는 다르다고 한다. 노사나불은 지혜와 자비를 구족한 색신이 화합한 세신(細身)이며, 석가모니불은 비지화용(悲智化用)인 시현색신의 추신으로 모두 유위법에 속한다고 한다. ② 천태종에서는 법신에 비로자나불, 보신에 노사나불, 화신에 석가모니불을 들면서 이 셋은 원융무애하며 체(體)가 동일하다고 한다. ③ 화엄종에서는 십신구족융삼세간(十身具足融三世間)이라 하여 법계신운(法界身雲)을 세우고 법신이니 보신이니 응신이니 하는 말을 쓰지 않는다. 비로자나불·노사나불·석가모니불은 동일한 불신인데 달리 일컬을 뿐이라고 한다. ④ 밀교에서는 비로자나불을 '대일여래(大日如來)'로 의역하여 부르며 현교에서와는 다른 각도에서 신앙한다. 현교와는 달리 밀교에서는 『대일경』, 『금강정경』 등의 경전에 따라 오직 법신일뿐이라고 한다. 우주 삼라만상의 진리와 법칙을 불격화(佛格化)하여 법신불이라 하고 모든 불보살은 바로 이 법신불을 바탕으로 생기는 것이라고 한다. 또한 밀교의 대일여래에게는 본지법신(本地法身)과 가지수용신(加持受用身)의 두 가지 몸이 있는데 궁극에 가서는 무이무별(無二無別)이라고 한다. 본지법신은 여래의 절대자리인

자증극위(自證極位)를 나타내고 가지수용신은 설법의 교주임을 나타내고 가지수용신은 설법의 교주임을 나타낸다. 진언밀교에서는 대일여래를 금강계와 태장계의 두 만다라에 모두 중존(中尊)으로 모시고 있다. 금강계만다라에서는 오지보관(五智寶冠)을 머리에 얹고 지권인(智拳印)을 하였으며 태장계만다라에서는 오불보관(五佛寶冠)을 쓰고 법계정인(法界定印)을 맺은 채 팔엽의 연화대 위에 결가부좌하고 있다. 비로자나불을 모신 전각을 비로전·대적광전(大寂光殿) 등이라 부른다.

비로장(毘盧藏) : 북송(北宋) 휘종(徽宗) 정화(政和) 5년(1115)에 개원사(開元寺)에서 만들기 시작하여 남송(南宋) 고종(高宗) 소흥(紹興) 20년(1150)에 완성한 대장경. 다시 남송 효종(孝宗) 건도(乾道) 8년(1172)에 선종부(禪宗部)를 추가로 조각하여 넣었다. 동선사(東禪寺), 개원사(開元寺) 2본이 있으나 흔히 합하여 하나의 대장경으로 본다.

비로장해(毘盧藏海) : 비로(毘盧)는 비로자나(毘盧遮那) 즉 법신불(法身佛). 장해(藏海)는 모든 것을 품고 있는 바다. 법신불의 무한함을 바다에 비유하여 말한 것.

비로해(毗盧海) : 비로성해(毗盧性海) 또는 비로장해(毗盧藏海)라고도 하는데, 비로자나불의 본성이 무한한 것을 광대한 바다에 비유한 말이다. 또 비로는 법신여래이기 때문에 비로성해는 법성계(法性界)·불성계(佛性界)·여래장(如來藏)과도 통한다.

비륜(比倫) : 유추하다. 견주어보다.

비목선인(毗目仙人) : 60권 화엄경인 『대방광불화엄경(大方廣佛華嚴經)』 제47권 「입법계품(入法界品) 제34-4」에서는 비목다라(毘目多羅) 선인(仙人)이라 하고, 80권 화엄경 『대방광불화엄경(大方廣佛華嚴經)』 제64권 39 「입법계품(入法界品) 5」에서는 비목구사(毘目瞿沙) 선인(仙人)이라 하고 있다.

비밀장(祕密藏) : 『대방광여래비밀장경(大方廣如來秘密藏經)』에 의하면 여래의 비밀장은 모든 지혜와 마음을 말한다고 한다. 여래의 마음과 지혜는 중생의 마음으로는 알 수 없기 때문에 비밀스레 숨겨져 있다는 뜻인 비밀장(祕密藏)이라 한다.

비바시불(毗婆尸佛) : 불교의 과거 칠불(七佛)중에서 첫 번째 부처를 말한다. 산스크리트 비파신(Vipaśyin)을 음역하여 비바시불(毘婆尸佛)·비발시(毘鉢尸)·빈바시(頻婆尸)라 하고, 의역하여 승관불(勝觀佛)·정관불(淨觀佛)·변견불(遍見佛)·종종견불(種種見佛)이라 부른다. 석가모니 이전에 나타난 과거칠불 중 비사부불·시기불과 함께 과거 장엄겁(莊嚴劫)의 제998위 부처이다. 팔리어본 『마하방사(Mahavamsa)』 제1권에 따르면, 연등불을 필두로 한 24불 중 19불에 해당한다. 과거 91겁에 반두마티성의 왕족으로 태어났으며, 성은 콘단나이고 부친은 반두마, 모친은 반두마티이다. 이때 인간의 수명은 8만 4천 세였다. 파탈리 나무 아래에서 성불하여 세 번 설법하였는데, 첫 번째 설법에서 16만 8천 명, 두 번째 설법에서 10만 명, 세 번째 설법에서 8만 명을 교화하였다고 한다. 그 가운데 칸다와 티싸를 상제자로 삼고, 아소카를 집사제자로 두었다.

비비(悱悱) : 마음속으로는 알고 있으면서도 말로 써 표현해 내지 못하는 모양.

비비개시(比比皆是) : 곳곳에 있다. 흔해 빠졌다. 매우 많다.

비비상천(非非想天) : 무색계의 제4천. 이 하늘은 3계의 가장 높은 곳에 있으므로 유정천(有頂天)이라고도 한다.

비사론(毗沙論) : 아비달마대비바사론(阿毘達磨大毘婆沙論)을 이른다. 2세기 중엽 인도에서 카시니카 왕(王)의 보호 아래 500인의 아라한(阿羅漢)이 편찬한 책이다. 그러나 실제의 성립은 3세경에 편찬된 것으로 보이며 전 200권이다. 대비바사론(大毘婆沙論)으로도 불린다. 현장의 한역본만이 현존하고 있으며 아비달마발지론(阿毘達磨發智論) 이후 설일체유부의 사상과 그 발전상을 상세히 서술하고 있어, 소승불교 연구에 매우 중요한 역할을 담당하고 있다.

비사리(毘舍利) : Vaiśāli. 광엄성(廣嚴城)이라 번역함. 중인도에 있던 나라. 항하를 사이에 두고, 남방으로 마갈타국과 대치하였던 종족의 도성. 『유마힐경』, 『보문다라니경』 등이 설해진 곳으로 유명하다.

비시식(非時食) : 비구가 비시(非時; 정오부터 다음 날 새벽까지)에 먹는 것. 오전 이외의 때에 식사하는 것. 오전 중을 시식(時食)으로 하는 불교 규칙에 반하여, 대낮이후에 식사하는 것. 불비시식계(不非時食戒)를 범하는 것. (다만, 주스와 물은 마셔도 상관없다)정오 이후는 식사를 하지 않는 것이 원시불교 이래 승원(僧院)의 규정이고, 남아시아에서는 오늘날에도 역시 엄수하고 있다. 자이나교의 승려도 이 계율을 엄수하고 있을 뿐만 아니라, 오후에는 물도 마시지 않는다.

비야두구(毘耶杜口) : 『유마힐소설경(維摩詰所說經)』「입불이법문품(入不二法門品)」에 의하면, 비야리에 사는 유마거사가 병으로 누워 있자, 석가모니의 제자 32명이 유마거사를 문병하게 되었다. 문병 온 32명의 보살들에게 유마거사는 불이법을 물어 보는데, 모두 2변(二邊)을 넘어선 하나를 제시하였고, 마지막으로 문수보살은 "일체법에 대하여 말이 없고, 보여 줌도 알음알이도 없어서 문답 자체를 떠난 것이 불이법문에 들어가는 것이다."라고 답했다. 문수보살이 이번에는 유마거사에게 같은 질문을 하였는데, 유마는 입을 다물고 침묵으로 대하였다. 이에 문수보살이 유마의 침묵을 "훌륭하다. 이렇게 문자와 언어가 없는 것에 이르러야 참으로 불이법문에 들어간 것이다."라고 찬탄하였다.

비여척검휘공막론급지불급(譬如擲劍揮空莫論及之不及) : 비유하면 칼을 허공에 휘둘러 던져 허공에 칼날이 닿는지 닿지 않는지를 따지지 않는 것과 같다. 『경덕전등록』 제7권 '유주반산보적선사'(幽州盤山寶積禪師)에 다음 상당설법이 있다. "무릇 대도(大道)는 그 가운데가 없는데, 다시 무슨 앞과 뒤가 있으랴? 영원한 공(空)은 끝이 없으니, 무엇으로 헤아려 보겠는가? 공(空)이 이미 이와 같은데, 도(道)는 또 어떻게 말하겠는가? 마음 달이 홀로 두루하니, 그 빛이 삼라만상을 다 삼킨다. 빛이 경계를 비추지 않으면, 경계도 있는 것이 아니다. 빛과 경계가 모두 사라지면, 다시 무슨 물건인가? 선객(禪客)들이여, 비유하면 칼을 허공에 휘둘러 던짐에 허공에 칼날이 닿는지 닿지 않는지를 따지지 않는 것과 같다. 이것은 곧 허공에는 자취가 없으니 칼날이 상하지 않는 것이다. 만약 이와 같을 수 있다면, 마음 마음에 앎이 없고, 온 마음이 곧 부처요, 온 부처가 곧 마음이다. 사람과 부처가 다름이 없으면 비로소 도(道)인 것이다.(夫大道無中, 復誰先後? 長空絕際, 何用稱量? 空旣如斯, 道復何說? 夫心月孤圓, 光呑萬象. 光非照境, 境亦非存. 光境俱亡, 復是何物? 禪德, 譬如擲劍揮空, 莫論及之不及. 斯乃空輪無跡, 劍刃無虧. 若能如是, 心心無知, 全心卽佛, 全佛卽人. 人佛無異, 始爲道矣.) 공부하는 사람이 깨달아 이 속으로 들어오려면, 마치 칼을 허공에 자유롭게 내던져 칼날이 허공에 닿는지 닿지 않는지를 따지지 않는 것처럼, 망회(忘懷)와 착의(著意)같은 어떠한 분별이나 조작도 없이 그냥 마음놓고 내던져 놓아 버려야 한다.

비원령(飛猿嶺) : 강서(江西)의 여천현(黎川縣) 동쪽 60리에 있는 고개. 비원교(飛猿嶠)라고도 한다.

비인(非人) : ① 사람 같지 않은 사람. 부랑자. 망나니. 폐인. 불구자. ② 사람 이외의 중생(衆生)들.

비인득기편(非人得其便) : 사람이 아니어야 기회를 얻는다. 사람이 아니어야 이익이 있다.

비장(祕藏) : 소중하게 보관하다.

비지(悲智) : 자비와 지혜. 이것은 불 · 보살이 갖추는 한쌍의 덕으로 비지(悲智) 2문(門)이라고 한다. 지혜는 자리(自利)니 위로 보리를 구하고,

비는 이타(利他)니 아래로 중생을 교화하는 것. 사람의 두 손에 배대하면 자비는 왼손, 지혜는 오른손. 또 금강계 · 태장계 양부(兩部)로는 자비는 태장계, 지혜는 금강계. 미타의 두 협사(脇士)로는 자비는 관세음, 지혜는 대세지로 나타남.

비첨아(鼻尖兒) : 코끝. 콧마루. 비공(鼻孔)과 마찬가지로 본성(本性), 본래면목(本來面目)을 가리킨다.

비판(裨販) : ① 소상인(小商人). 소규모 장사. ② 팔다. 팔아먹다.

비향(臂香) : = 연비(燃臂). 향불로 팔을 태우는 의식.

비황(比況) : ① 유사한 사례에 견주어 비교함. ② 비유함.

빈신(嚬呻) : 분발하여 재빨리 움직임. = 분신(奮迅).

빈아사구채(貧兒思舊債) : 거지가 갚을 수도 없는 옛날의 빚을 이리저리 생각해 보듯이 별 도리 없는 헛된 짓을 하다.

빈주구(賓主句) : 선문답(禪問答)에서 주인의 자리에 서느냐 손님의 자리에 서느냐 하는 것을 판별하는 말. 자신의 본심에서 벗어나지 않고 문답하는 것을 주인의 자리에 선다 하고, 상대방의 말을 따라가서 자신의 본래자리에서 어긋나는 것을 손님의 자리에 선다고 한다.

빈척(擯斥) : 쫓아내다. 배척하다.

빙거(憑據) : 증거. 의지처.

빙소와해(冰銷瓦解) : ① 계획이나 조직 따위가 산산히 무너지다. 와해되다. ② (의혹, 오해, 고통 따위가)사라지다. 해소되다.

ㅅ

사(似) : (동사) 주다.

사(使) : = 용(用), 이(以). 개사(介詞)임.

사(乍) : ① 방금. 이제 막. 마침. 꼭. 처음으로. 겨우. 가까스로. ② 문득. 갑자기. ③ 늘. 항상. 자주. ④ 흡사. 꼭. ⑤ 차라리. 오히려.

사(社) : 불교 신앙과 공부를 위하여 사람들이 모여 만든 결사(結社). 대표적으로 백련사(白蓮社)가 있다.

사(詞) : 중국 당(唐)나라 때에 싹트고 송나라 때에 전성기를 이룬 가요문학. "개원(開元) 이래 가자(歌者)는 호이이항(胡夷里巷)의 곡을 잡용하였다."고 하는 『구당서(舊唐書)』「음악지(音樂志)」의 기재 등에서, 당시 서역에서 전래한 서방 음악과 민간의 이요(俚謠) 등의 영향을 받은 악곡이 유행하고 있었던 것을 알 수 있다. 이들 악곡은 당시 '곡(曲)', '곡자(曲子)'라고 하고, 그 가사는 '곡사(曲詞)', '곡자사(曲子詞)'로 불렸으나, 언제부터인가 독립하여 '사(詞)'로 불리게 되었다. 장구(長句) · 단구(短句)가 뒤섞인 구격(句格)을 가진 정형시이므로 '장단구(長短句)', 시의 여기(餘技)이며 보다 이속(俚俗)이므로 '시여(詩餘)', 복잡한 구격(句格)에 문자를 끼워 넣으므로 '전사(塡詞)', 음악과 밀접하게 관계되어 있으므로 '의성(倚聲)', '악부(樂府)' 등으로 불린다. 이 당시 유행한 악곡명은 '패(牌)', '조(調)' 등이라 하며, 그에 따라서 많은 가사가 만들어졌다.

사가(乍可) : (차라리) -는 할 수 있을지언정, (-는 할 수 없다).

사가(師家) : = 종사(宗師).

사가라용왕(娑伽羅龍王) : 8대용왕(大龍王)의 하나. 사가라(沙伽羅)는 큰 바다란 뜻이니, 바다의 용왕이란 말. 불법을 수호하는 역할을 하였다. 『법화경』에서 8세 용녀(龍女)의 성불을 말한 것이 곧 이 용왕이다.

사가어록(四家語錄) : 6권. 남악회양(南嶽懷讓)의 문하인 마조도일(馬祖道一), 백장회해(百丈懷海), 황벽희운(黃檗希運), 임제의현(臨濟義玄) 등 네 사람의 어록(語錄)을 모아 놓은 것. 『사가어록』의 존재를 확인할 수 있는 최고(最古)의 자료는 송(宋) 원풍(元豐) 8년(1085) 11월 1일이라는 날짜를 가진 양걸(楊傑)의 서(序)이다. 그런데 양걸(楊傑)의 서(序)에는 특히, 『사가어록』의 텍스트를 결정한 사람으로 적취노남(積翠老南)의 이름이 나타난다. 적취노남(積翠老南)은 곧 황룡혜남(黃龍慧南; 1002~1069)인데, 황룡혜남(黃龍慧南)은 송초(宋初)에 성립한 오가칠종(五家七宗) 가운데 임제종(臨濟宗) 황룡파(黃龍派)의 종조(宗祖)이다. 황룡혜남(黃龍慧南)에 의한 『사가어록』의 성립은 대강 치평(治平) 3년(1066) 전후의 일이라고 할 수 있다. 그러나 『사가어록』 속에 포함되어 있는 각 선사들의 개별적 어록이 기록은 물론 그 이전 각 선사들이 살아 있을 때에 혹은 입적 직후에 기록된 것일 것이다.

사가행(四加行) : = 사가행위(四加行位).

사가행위(四加行位) : 유식설(唯識說)에서 난(暖)·정(頂)·인(忍)·세(世) 4가지의 가행(加行)을 닦는 지위. 이 지위는 견도(見道)에 들어가기 위한 유효한 행을 더하는 지위이기 때문에 가행위(加行位)라고 함.

사갱(沙坑) : 아이들의 놀이터로 만든 모래밭.

사계(沙界) : 항하(恒河 : 갠지즈강)에 있는 모래알 수만큼 무량무수하게 많은 세계를 뜻한다.

사교(使教) : -하게 만들다.

사교(四教) : 경전의 내용과 형식 등에 따라 4가지 종류로 분류한 것으로 보통 수나라 천태지의의 화법사교(장교, 통교, 별교, 원교)와 화의사교(돈교, 점교, 비밀교, 부정교)가 널리 알려져 있다.

사교(賜教) : 남의 가르침이나 편지를 높여 이르는 말.

사교의(四教儀) : 천태사교의(天台四教儀)의 약칭. 6권 수나라의 지의(智顗)가 저술. 화의화법(化儀化法)의 사교(四教)의 뜻을 밝힌 것. 체관(諦觀)이 지은 『천태사교의』와 구별하기 위하여, 『대본사교의(大本四教儀)』라 한다. 장(藏)·통(通)·별(別)·원(圓)의 사교에 대하여, 석존 교화의 대강을 적은 것. 처음에 사교의 이름을 해석하고, 다음에 사교에 말한 이치를 서술하여, 사문입리(四門入理)·판위부동(判位不同)·권실(權實)·관심(觀心)등의 뜻을 서술한 것이다.

사구(四句) : 분별이 나타나는 4가지 형태. ① A이다, ② A가 아니다, ③ A이기도 하고 A가 아니기도 하다, ④ A도 아니고 A가 아닌 것도 아니다. 분별은 기본적으로 이 4가지 형태를 따라 이루어진다. 그러므로 사구(四句)란 곧 분별을 가리킨다.

사구백비(四句百非) : 사구분별(四句分別)과 백비(百非)를 말하는 것으로, 존재의 본질을 언어로 설명함에 아무리 철저히 하여도 온전히 설명할 수는 없다는 것을 말한다. 사구분별이란, ①「A이다」 ②「非A이다」 ③「A이고 또 非A이다」 ④「A도 아니고 非A도 아니다」의 4가지이다. 백비(百非)는 일(一)·이(異)·유(有)·무(無)의 각각에 사구분별을 적용하여 16가지가 되고, 이것을 과거·현재·미래의 3세(世)에 적용하여 48가지가 되며, 여기에 이기(已起)와 미기(未起)를 적용하여 96가지가 되는데, 여기에 애초의 일(一)·이(異)·유(有)·무(無)를 더하여 100가지 논리적 표현으로 만든 것이다. 그러나 "진제(眞諦)는 사구백비(四句百非)를 넘어선다."(『대승현론(大乘玄論)』 권일(卷一))고 하여, 진리는 어떤 문장으로도 표현할 수 없음을 말하고 있어서, 사구백비를 말하는 의의가 바로 여기에 있음을 알 수 있다.

사군(史君) : 사군(使君)과 같음.

사군(使君) : 원님. 옛날 주(州), 군(郡)의 장관을 통칭하던 말.

사급(死急) : 매우 급하다. 매우 서두르다.

사남(司南) : 중국 고대의 나침반.

사다함과(斯陀含果) : 성문(聲聞) 4과(果)의 하나로, 일래과(一來果)로 푼다. 욕계의 수혹(修惑) 9품 가운데서 상 6품을 끊은 이가 얻는 증과(證果)로, 아직 나머지 3품의 번뇌가 있으므로 그를 끊기 위해 인간과 천상에 각각 한 번씩 생을 받은 후에야 열반에 들 수 있다.

사대(四大) : 육신(肉身)과 물질(物質)을 구성하는 4대원소(大元素). 지(地)·수(水)·화(火)·풍(風). ① 지대(地大). 굳고 단단한(堅) 것을 성(性)으로 하고, 만물을 실을 수 있고, 또 질애(質碍)하는 바탕. ② 수대(水大). 습윤(濕潤)을 성으로 하고, 모든 물(物)을 포용(包容)하는 바탕. ③

화대(火大). 난(煖)을 성으로 하고, 물(物)을 성숙시키는 바탕. ④ 풍대(風大). 동(動)을 성으로 하고, 물(物)을 성장케 하는 바탕. 구사종(俱舍宗)에서는 보통으로 눈에 보이는 현색(顯色)·형색(形色)을 가사대(假四大)라 하고, 사대에 의하여 된 것을 신근(身根)의 소촉(所觸)으로 하여 실사대(實四大)라 하며, 성실종(成實宗)·법상종(法相宗)에서는 지금의 4대도 가법(假法)이라 함.

사대종(四大種) : 물질계를 구성하는 4대원소(大元素). 지(地)·수(水)·화(火)·풍(風). 대종(大種)이라 함은 체(體)·상(相)·용(用)이 모두 커서 물질계를 내는 원인이 되는 뜻. = 사대(四大).

사대주(四大洲) : 수미산(須彌山)의 사방 짠물 바다 가운데 있는 대륙. 남섬부주(염부제)·동승신주(불바제)·서우화주(구야니)·북구로주(울단월).

사덕(四德) : 열반(涅槃)에 갖추어져 있는 상락아정(常樂我淨) 4가지 덕. ① 상(常)은 상주(常住)의 뜻. 대열반은 시간과 공간을 초월하여 생멸 변화가 없는 덕. ② 낙(樂)은 안락의 뜻. 생멸 변화가 없는 세계에는 생사의 고뇌가 없고, 무위안락(無爲安樂)한 덕이 있는 것. ③ 아(我)는 망아(妄我)를 여읜 진아(眞我)를 말함, 대자재(大自在)의 덕을 갖춘 아(我)를 표시하는 것. ④ 정(淨)은 청정의 뜻. 혹(惑)·업(業)의 고통을 여의고, 담연청정(湛然淸淨)한 과덕(果德)이 있음을 말함.

사도(斯道) : 유가(儒家)의 도(道). 인의(仁義)의 도.

사동일가(事同一家) : 일의 성질이 같다. 마찬가지 일. 같은 일이다. = 사동일률(事同一律).

사등(四等) : 사무량심(四無量心).

사래선거(絲來線去) : (일 따위가) 끊임없이 얽히고설키다. = 사래사거(絲來絲去).

사려(闍黎) : = 사리(闍梨). 교수사(敎授師). 고승(高僧). 스승. 스님.

사료간(四料揀) : 곧 임제의 사료간이니, 『임제록(臨濟錄)』에 나오는 다음의 대화를 가리킨다. 요간(料簡)은 '나누어 구분함, 분류의 표준'이라는 뜻이다 : 임제가 저녁설법에서 대중에게 말했다. "어떤 때는 사람은 빼앗으나 경계는 빼앗지 않고, 어떤 때는 경계는 빼앗으나 사람은 빼앗지 않으며, 어떤 때는 사람과 경계를 모두 빼앗고, 어떤 때는 사람과 경계를 모두 빼앗지 않는다." 그때 어떤 승려가 물었다. "어떤 것이 사람은 빼앗고 경계는 빼앗지 않는 것입니까?" "봄볕이 왕성함에 땅을 뒤덮은 비단 같고, 어린아이의 늘어뜨린 머리카락은 하얀 실타래 같구나." "어떤 것이 경계는 빼앗고 사람은 빼앗지 않는 것입니까?" "왕의 명령은 이미 천하에 두루 시행되었고, 장군은 국경 밖에서 전쟁을 멈추었도다." "어떤 것이 사람과 경계를 모두 빼앗는 것입니까?" "병주(幷州)와 분주(汾州)는 소식을 끊고 각기 따로 독립하여 있도다." "무엇이 사람과 경계를 모두 빼앗지 않는 것입니까?" "제왕은 보배궁전에 오르고, 시골 노인은 태평가를 부르는구나."(晩參示衆云 : "有時奪人不奪境, 有時奪境不奪人, 有時人境俱奪, 有時人境俱不奪." 時有僧問 : "如何是奪人不奪境?" 師云 : "煦日發生鋪地錦, 嬰孩垂白髮如絲." 云 : "如何是奪境不奪人?" 師云 : "王令已行天下徧, 將軍塞外絶烟塵." 云 : "如何是人境兩俱奪?" 師云 : "幷汾絶信, 獨處一方." 云 : "如何是人境俱不奪?" 師云 : "王登寶殿, 野老謳歌.")

사류(四流) : = 사폭류(四暴流).

사륜(絲綸) : ① 임금의 조칙(詔勅). ② 낚싯줄. ③ 실.

사릉착지(四楞着地) : = 사릉탑지(四楞塌地).

사릉탑지(四楞塌地) : 네 활개를 땅에 던지고, 두 손을 땅에 짚고 꿇어 엎드려. 붙잡거나 의지함이 전혀 없이. 완전히 손을 놓고. = 사릉착지(四楞着地).

사리(闍梨) : 아사리(阿闍梨)의 준말로 '스승'의 뜻이지만, 여기서는 보통 스님을 지칭하는 말로 쓰이고 있다.

사리(司理) : ① 형법을 관장하다. ② 형법을 관장하는 부서인 사리원(司理院)을 줄인 말. ③ 사리원(司理院)의 벼슬아치인 사리판관(司理判官)의 줄인 말. 형법을 관장하였다.

사리(舍利) : 범어(梵語) śarīra의 음역(音譯). 신체(身體) 혹은 유골(遺骨)이란 뜻.

사리불(舍利弗) : Śāriputra. 석가모니의 제자. 산스크리트의 샤리푸트라, 팔리어(語) 샤리푸타의 음역(音譯)이며, 추자(滄子)·사리자(舍利子)라고도 한다. 인도 중부의 마가다왕국 수도 왕사성(王舍城) 근처의 브라만 출신으로, 젊었을 때부터 학문에 뛰어났는데, 당시 유명한 논사(論師)라고 일컬어지는 육사외도(六師外道)의 한 사람인 산자야 밑에서 출가승이 되었다. 불제자 아사지의 가르침을 듣고 깨달아 목건련(目犍連) 및 250명의 제자들과 함께 불제자가 되었는데, 석가도 그를 높이 평가하였다. 그는 주로 교화 활동에 종사하였는데, 경전 중에는 석가를 대신하여 설법한 경우도 적지 않음을 볼 수 있다. 소위 10대 제자 중 수제자로, 지혜가 가장 뛰어나, 지혜제일(智慧第一)로 칭송되었다고 전한다. 일설에는 석가보다 먼저 죽었다고 하고, 또 다른 파의 옛 설에서는 최초의 불교가 그에 의해 정립되었다는 기록도 있다.

사리원(司理院) : 송대(宋代) 형법(刑法)을 관장하던 관부(官府).

사마(奢摩) : = 사마타(奢摩他).

사마(四魔) : 네 가지 마군(魔軍). ① 번뇌마(煩惱魔). 탐욕을 비롯한 여러 가지 번뇌는 우리의 몸과 마음을 시끄럽게 하므로 마라 함. ② 음마(陰魔). 5중마(衆魔)라고도 하니, 5음은 여러 가지 고통을 만들어내므로 마라 함. ③ 사마(死魔). 죽음은 사람의 목숨을 빼앗으므로 마라 함. ④ 천자마(天子魔). 일명 자재천마(自在天魔). 욕계의 제6천 타화자재천왕이 좋은 일을 방해하므로 마라 함.

사마상여(司馬相如) : 기원전 179~117. 자를 장경(長卿)이라 했으며, 촉군(蜀郡) 성도(成都; 현 四川省 成都) 출신이다. 그는 말더듬이었으나, 부작(賦作)에 뛰어났다. 경제 때에는 무기상시(武騎常侍)가 되었으나, 경제가 사부를 좋아하지 않아 병을 핑계로 양왕(梁王)의 문하가 되었다. 나중에 왕길(王吉)의 소개로 부상(富商) 탁왕손(卓王孫)을 알게 되었는데 탁왕손은 사마상여를 초대한 잔치에서 그에게 거문고 연주를 부탁했다. 탁왕손에게는 과부가 된 딸 탁문군(卓文君)이 있었는데, 음악을 좋아하던 그녀는 마침내 사마상여와 사랑에 빠져 성도로 달아났다. '자허부(子虛賦)', '상림부(上林賦)' 등의 작품이 있다.

사마의(死馬醫) : 사마당작활마의(死馬當作活馬醫)의 준말. 죽은 말을 살아 있는 말처럼 치료한다는 뜻으로서, 안 되는 일을 부질없이 하는 것, 혹은 안될 줄 알면서도 최선을 다하는 것.

사마타(奢摩他) : śamatha. 지(止)·지식(止息)·적정(寂靜)·능멸(能滅)이라 번역. 우리의 마음 가운데 일어나는 망념(妄念)을 쉬고, 마음을 한 곳에 머무는 것.

사무(社舞) : 땅귀신에게 제사할 때 추는 춤. 지신밟기 같은 것.

사무량심(四無量心) : 중생을 어여삐 여기는 한량 없는 네 가지 마음인 자비희사(慈悲喜捨). ① 자무량심(慈無量心). 무진(無瞋)을 체(體)로 하고, 한량없는 중생에게 즐거움을 주려는 마음. ② 비무량심(悲無量心). 무진(無瞋)을 체(體)로 하고, 남의 고통을 벗겨 주려는 마음. ③ 희무량심(喜無量心). 희수(喜受)를 체로 하고, 다른 이로 하여금 고통을 여의고 즐거움을 얻어 희열(喜悅)케 하려는 마음. ④ 사무량심(捨無量心). 무탐(無貪)을 체로 하여 원(怨)·친(親)의 구별을 두지 않고 중생을 평등하게 보려는 마음.

사무소외(四無所畏) : 불·보살이 설법할 적에 두려운 생각이 없는 지력(智力)의 네 가지. (1) 부처님의 4무소외. ① 정등각무외(正等覺無畏)는 일체 모든 법을 평등하게 깨달아, 다른 이의 힐난(詰難)을 두려워하지 않음. ② 누영진무외(漏永盡無畏)는 온갖 번뇌를 다 끊었노라고 하여, 외난(外難)을 두려워하지 않음. ③ 설장법무외

(說障法無畏)는 보리를 장애하는 것을 말하되 악법(惡法)은 장애되는 것이라고, 말해서 다른 이의 비난을 두려워하지 않음. ④ 설출도무외(說出道無畏)는 고통 세계를 벗어나는 요긴한 길을 표시해서, 다른 이의 비난을 두려워하지 않음. (2) 보살의 4무소외. ① 능지무외(能持無畏)는 교법을 듣고 명구문(名句文)과 그 의리(義理)를 잊지 아니하여 남에게 가르치면서 두려워하지 않는 것. ② 지근무외(知根無畏)는 대기(對機)의 근성이 예리하고, 우둔함을 알고, 알맞는 법을 말해 주어 두려워하지 않는 것. ③ 결의무외(決疑無畏)는 다른 이의 의심을 판결하여 적당한 대답을 하여 두려워하지 않는 것. ④ 답보무외(答報無畏)는 여러 가지 문난(問難)에 대하여 자유자재하게 응답하여 두려워하지 않는 것.

사무애지(四無礙智) : 사무애변(四無礙辯) · 사무애해(四無礙解)라고도 함. 마음의 방면으로는 지(智) 또는 해(解)라 하고, 입의 방면으로는 변(辯)이라 함. ① 법무애(法無礙)는 온갖 교법에 통달한 것. ② 의무애(義無礙)는 온갖 교법의 요의(要義)를 아는 것. ③ 사무애(辭無礙)는 여러 가지 말을 알아 통달치 못함이 없는 것. ④ 요설무애(樂說無礙)는 온갖 교법을 알아 기류(機類)가 듣기 좋아하는 것을 말하는 데 자재한 것.

사문과(沙門果) : 수행자의 공덕. 도인의 경지. 수행의 완성. 열반. 깨달음.

사미(沙彌) : 사미는 범어 śrāmaṇeraka 또는 śrāmaṇera의 음역. 불교 교단(승가) 중에서 십계를 받은 7세 이상 20세 미만의 출가한 남자. 같은 여자를 사미니(沙彌尼(범어 śrāmaṇerikā))라 한다. 사미와 사미니는 다같이 비구 · 비구니가 되고자 근책하므로 사미를 근책남, 사미니를 근책녀라 번역한다. 사미는 나이에 따라 3가지 구별이 있다. 7세에서 13세까지는 절에서 식탁의 음식을 보고 날아드는 까마귀나 쫓는 일을 맡았다 하여 구오사미(驅烏沙彌), 14세부터 19세까지는 사미로서의 생활을 할 수 있으므로 응법사미(應法沙彌), 20세가 넘었지만 아직 비구로서 완전한 계[具足戒]를 받지 못하고 사미 상태에 있는 것을 명자사미(名字沙彌)라 한다. 이상의 세 사미를 3사미라 한다.

사민(斯民) : 이 백성. 백성.

사바세계(娑婆世界) : Sabhā. 인토(忍土) · 감이토(堪忍土) · 인계(忍界) · 감인세계(堪忍世界)라 번역. 우리가 사는 이 세계. 이 세계의 중생들은 10악(惡)을 참고 견디며, 또 이 국토에서 벗어나려는 생각이 없으므로 자연히 중생들 사이에서 참고 견디지 않고는 살아갈 수 없다는 뜻으로 하는 말. 또는 보살이 중생을 교화하기 위하여 수고로움을 견딘다는 뜻으로 감인세계라 함.

사바하(薩婆訶) : svāhā. 구경(究竟) · 원만(圓滿) · 성취(成就) · 산거(散去)의 뜻이 있으니, 진언(眞言)의 끝에 붙여 성취를 구하는 말. 또, 부처님들을 경각(敬覺)하는 말이라고도 한다. 원래는 신(神)에게 물건을 바칠 때 인사로 쓰던 어구(語句)라 함.

사방죽(四方竹) : 벼목 대나무과 식물. 원줄기는 높이 5~7m, 지름 3~4㎝이다. 모서리가 둥근 사각형으로 가운데가 비었고, 원줄기 표면에 작고 날카로운 가시가 흩어져 있어 매우 사각거린다. 마디는 두드러지게 융기되었고, 원줄기 기부(基部)의 지면에 가까운 2 · 3마디에는 공기뿌리가 돌려나며, 그보다 위쪽인 원줄기 중부 이하에서는 공기뿌리의 발달이 나빠 사마귀모양 돌기가 된다. 중국이 원산지이며 관상용으로 재배된다.

사법(司法) : 형법(刑法)을 관장하던 벼슬 이름.

사부(祠部) : 당송대(唐宋代) 예부(禮部)에 속하는 관서(官署). 사사(祠祀), 천문(天文), 누각(漏刻), 국기(國忌), 묘휘(廟諱), 복축(卜祝), 의약(醫藥) 및 승니(僧尼)의 도첩(度牒) 등을 관장하였다.

사부대중(四部大衆) : 사부중(四部衆), 사중(四衆)이라고도 한다. 불교의 교단을 형성하는 네 부류의 사람들을 가리킨다. 출가(出家)의 남승(男僧)인 비구(比丘)와 여승(女僧)인 비구니(比丘尼), 재가(在家)의 남신도인 우바새와 여신도인 우바이 등 넷이다.

사부득(使不得) : 쓸 수 없다. 못쓰다. 바람직하지 않다.

사부첩(祠部牒) : 당송(唐宋) 이후로 사부(祠部)에서 승니(僧尼)에게 발급한 도첩(度牒). 출가허가를 표시하는 증명서.

사불착(使不着) : 소용없다. 쓸모없다. 필요 없다. 소용되지 않다. 필요치 않다.

사빈주(四賓主) : 조동사빈주(曹洞四賓主)와 임제사빈주(臨濟四賓主)가 있다. 조동사빈주(曹洞四賓主)는 주중빈(主中賓)·빈중주(賓中主)·주중주(主中主)·빈중빈(賓中賓)의 넷으로 이루어진다. 주(主)는 정(正), 빈(賓)은 편(偏)으로, 주중빈은 정중편(正中偏), 빈중주는 편중정(偏中正), 주중주는 정중래(正中來), 빈중빈은 겸중도(兼中到)로 해석된다.(『인천안목(人天眼目)』 제3권) 임제의 사빈주는 주간객(主看客)·주간주(主看主)·객간주(客看主)·객간객(客看客)의 넷이다. 주(主)는 본래면목의 자리에서 주인노릇하는 사람, 객(客)은 본래면목을 놓치고 밖에서 손님노릇하는 사람을 가리킨다. 즉 주(主)는 안목 있는 종장(宗匠)을, 객(客)은 안목이 없는 엉터리 선객(禪客)을 가리킨다. 간(看)은 간파(看破)한다, 그 정체를 알아본다는 말.

사사(四事) : ① 수행승의 일상에 필요한 4종의 물건. 음식, 의복, 침구, 탕약. ② 설법(說法)이 갖추어야 할 4가지 일. 법을 나타냄, 가르침, 이익, 기쁨. ③ 사바라이법(四波羅夷法). ④ 석가모니 일생의 중요한 4사건. 탄생, 깨달음, 첫 설법, 입멸(入滅).

사사(謝辭) : 감사를 표시하는 인사말.

사사(些些) : 조금.

사사(謝事) : 종사하는 일에서 물러나다. 사임(辭任)하다.

사사무애(事事無礙) : 화엄종(華嚴宗) 세계관의 하나로, 현상계 만유의 낱낱 사물이 서로 장애되지 않고, 중중무진(重重無盡)하게 상융(相融)하며, 낱낱 사물 가운데, 우주의 중중무진한 연기(緣起)를 표현한다는 것.

사사자(些些子) : = 사사(些些).

사산(四山) : ① 사방의 산. ② 인생의 사고(사고; 生·老·病·死). 사방에서 뭉쳐오면 도망할 곳이 없기 때문에 이렇게 말한다. 또 노·병·사·쇠(衰)나 노·병·사·무상(無常)을 말한다. 절박한 곤란을 말하기도 한다.

사삼랑(謝三郞) : 사씨(謝氏)의 셋째 아들, 아무개.

사삼랑(謝三郞) : 사씨네 셋째 아들이니 현사사비(玄沙師備)스님을 가리킨다. 어릴 적에 낚시에 능숙했다 한다. 따라서 그 뒤로는 낚시꾼을 가리키는 말로 쓰인다.

사상(四相) : 아상(我相)·인상(人相)·중생상(衆生相)·수자상(壽者相). ① 아상(我相) = 5온(蘊)이 화합하여 생긴 몸과 마음에 실재의 아(我)가 있다고 하고, 또 아(我)의 소유(所有)라고 집착하는 소견. ② 인상(人相) = 아(我)는 인간이어서 축생(畜生) 등 다른 육도(六道)의 중생들과는 다르다고 집착하는 소견. ③ 중생상(衆生相) = 아(我)는 5온법으로 말미암아 생긴 것이라고 집착하는 소견. ④ 수자상(壽者相) = 아(我)는 일정한 기간의 목숨이 있다고 집착하는 소견.

사새(沙塞) : 중국 서북쪽 변방의 사막 지역.

사색(詞色) : 언사(言辭)와 안색(顔色). 말투.

사생(四生) : 육도(六道)에 살고 있는 모든 중생을 가리키는데, 태어나는 방식에 따라 넷으로 나뉘므로 사생이라 한다. 모태에서 태어나는 태생(胎生), 알에서 태어나는 난생(卵生), 습기 가운데서 태어나는 습생(濕生), 과거의 자신의 업(業)에 의해 태어나는 존재인 화생(化生)이 그것이다. 인간과 짐승은 태생이고, 천인(天人)과 지옥(地獄)의 중생은 화생이다.

사선삼매(四禪三昧) : = 사선정(四禪定).

사선정(四禪定) : 색계(色界)에 있어서 네 가지의 단계적 경지를 일컫는다. 초선(初禪)부터 제4선까지를 말하는데, 욕계의 미혹을 뛰어넘어 색계에 생겨나는 네 단계의 명상을 가리킨다. 즉 네 가지의 선(禪)의 단계, 네 단계의 명상, 네 가지의 마음 통일을 말한다. 먼저 초선은 각(覺)·관(觀)·희(喜)·낙(樂)·일심(一心)의 다섯 가지로 이루어지는데, 심일경성(心一境性)을 체(體)로 삼고, 능심려(能審慮)를 용(用)으로 하여 욕계의 번뇌를 멸하는 수행법으로서, 욕·악·불선법을 제거하고 유각(有覺)·유관(有觀)으로써 번뇌를 끊어 없애는 선이다. 두 번째인 제2선은 내정(內淨)·희(喜)·락(樂)·일심(一心)의 네 가지로 이루어지며, 유각·유관을 없애고 무각(無覺)·무관(無觀)으로써 정생(定生)의 희락, 신근(信根)이 있는 선을 말한다. 제3선은 사(捨)·염(念)·혜(慧)·낙(樂)·일심(一心)의 다섯 가지로 이루어지며, 희를 멸하고 사(捨)를 닦아서 제성(諸聖)이 체득한 법을 억념(憶念)하여 만드는 선이다. 제4선은 불고불락(不苦不樂)·사(捨)·염(念)·일심(一心)의 네 가지로 이루어지는데, 불고불락의 사념청정(捨念淸淨)으로써 드는 선을 뜻한다.

사섭법(四攝法) : 고통 세계의 중생을 구제하려는 보살이, 중생을 불도에 이끌어 들이기 위한 네 가지 방법. ① 보시섭(布施攝); 상대편이 좋아하는 재물이나 법을 보시하여 친절한 정의(情誼)를 감동케 하여 이끌어 들임. ② 애어섭(愛語攝); 부드럽고 온화한 말을 하여 친해서 이끌어 들임. ③ 이행섭(利行攝); 동작·언어·의념(意念)에 선행(善行)으로 중생을 이익케 하여 이끌어 들임. ④ 동사섭(同事攝); 상대편의 근성(根性)을 따라 변신(變身)하여 친하며, 행동을 같이하여 이끌어 들임.

사섭사(四攝事) : = 사섭법(四攝法), 섭사(攝事).

사성(四聖) : 성문·연각·보살·불을 말한다. 또 6범(凡)을 합하여 십계라고 한다.

사성육범(四聖六凡) : 사성(불, 보살, 연각, 성문)과 육범(천상, 인간, 수라, 아귀, 축생, 지옥)을 말한다. 사성육범을 합하여 십법계(十法界)라 한다.

사성제(四聖諦) : = 사제(四諦).

사수(死水) : 고인 물. 갇힌 물.

사수(斯須) : 잠시. 잠깐. = 수유(須臾).

사수장룡(死水藏龍) : 고인 물 속에 숨어 있는 용. 승천(承天)하여 날지 못하고 있는 용.

사승(師承) : 사자상승(師資相承). 제자가 스승으로부터 학문 또는 교법을 이어 받는 것을 말함.

사십구(四十九) : 49라는 숫자는 약사칠불(藥師七佛) 각각에게 7개의 등(燈)을 바치는 것에서 유래한 숫자인데, 이로부터 약사여래를 행도염불(行道念佛)할 때에는 49명의 승려를 청하고, 약사도량을 세울 때에는 49개의 당우(堂宇)를 건축하였다.

사십이자문(四十二字門) : 『반야경』·『화엄경』에 있는 말. 범자(梵字) 42자(字)에 대하여 반야(般若) 무상개공(無相皆空)의 이치를 관하는 것을 표시한 것. 『대반야경』에서는 아자(裒字)에서 택자(擇字)까지 43자이고, 『화엄경』에서는 아자(阿字)에서 타자(陀字)까지 42자임. 선지중예삼매(善知衆藝三昧) 참조. 『대반야바라밀다경(大般若波羅蜜多經)』 제53권 「초분변대승품(初分辯大乘品) 제15-3」에 다음의 내용이 있다 : 그때 구수선현(具壽善現)이 부처님께 아뢰었다. "세존이시여, 무엇이 문자다라니문입니까?" 부처님이 선현(善現)에게 말씀하셨다. "자(字)가 평등한 자성(自性)이고, 어(語)가 평등한 자성이고, 이치(理致)를 설명하는 것이 평등한 자성이면, 모든 자문(字門)에 들어가니, 이것이 곧 문자다라니문(文字陀羅尼門)이다." "세존이시여, 모든 자문(字門)에 어떻게 들어갑니까?" "선현아, 만약 보살마하살이 반야바라밀을 수행할 때에 얻음 없음으로써 방편을 삼는다면, 아자문(裒字門)에 들어간다. 모든 법이 본래 생겨나지 않음을 깨닫는 까닭에 낙자문(洛字門)에 들어간다. 모든 법이 티끌경계에서 벗어났음을 깨닫는 까닭에 파자문(跛字門)에 들어간다. 모든 법이 뛰어나 뜻의 가르침임을 깨닫는 까닭에 자자문(者字門)에 들어간다. 모든 법에 삶과 죽음이 없음을 깨닫는 까닭에 나자문(娜字門)에 들어간다. 모든 법이 이름과 모습을 떠나고 얻음과 잃음이 없음을 깨닫는 까닭에 나자문(砢字門)에 들어간다. 모든 법이 세간을 떠났음을 깨닫는 까닭에 또 갈애(渴愛)의 인연이 영원히 나타나지 않는 까닭에 타자문(柁字門)에 들어간다. 모든 법이 조복(調伏)되어 고요하고 진여(眞如)로서 평등하여 분별이 없음을 깨닫는 까닭에 파자문(婆字門)에 들어간다. …… 모든 법의 모임의 흔적을 얻을 수 없음을 깨닫는 까닭에 타자문(吒字門)에 들어간다. 모든 법이 서로 구박(驅迫)하는 성질을 얻을 수 없음을 깨닫는 까닭에 택자문(擇字門)에 들어가니, 모든 법은 마침내 있는 곳을 얻을 수 없음을 깨닫기 때문이다."(爾時具壽善現白佛言 : "世尊云何文字陀羅尼門?" 佛言善現 : "字平等性, 語平等性, 言說理趣平等性, 入諸字門, 是爲文字陀羅尼門." "世尊, 云何入諸字門?" "善現, 若菩薩摩訶薩修行般若波羅蜜多時, 以無所得而爲方便, 入㝅字門. 悟一切法本不生故, 入洛字門. 悟一切法離塵垢故, 入跛字門. 悟一切法勝義教故, 入者字門. 悟一切法無死生故, 入娜字門. 悟一切法遠離名相無得失故, 入砢字門. 悟一切法出世間故, 愛支因緣永不現故, 入柁字門. 悟一切法調伏寂靜眞如平等無分別故, 入婆字門. …… 悟一切法聚集足跡不可得故, 入吒字門. 悟一切法相驅迫性不可得故, 入擇字門, 悟一切法究竟處所不可得故.")『대방광불화엄경(大方廣佛華嚴經)』 제76권 「입법계품(入法界品) 제39-17」 에 다음 내용이 있다 : 그때 그 동자가 선재에게 말했다. "선남자여, 나는 보살의 해탈을 얻었으니 이름하여 선지중예(善知衆藝)라 한다. 나는 늘 이 자모(字母)를 말하여 기억한다. 아자(阿字)를 말할 때에 반야바라밀문(般若波羅蜜門)에 들어가니, 이름하여 보살의 위력으로써 차별 없는 경계에 들어간다고 한다. 다자(多字)를 말할 때에 반야바라밀문에 들어가니, 이름하여 가없는 차별의 문이라고 한다. …… 차자(佗字)를 말할 때에 반야바라밀문에 들어가니, 이름하여 무아(無我)의 법으로써 중생을 깨우친다고 한다. 타자(陀字)를 말할 때에 반야바라밀문에 들어가니, 이름하여 모든 법륜(法輪)의 차별장(差別藏)이라고 한다. 선남자여, 내가 이와 같은 자모(字母)를 말할 때에 이 42 반야바라밀문을 선두로 삼아 끝없고 헤아릴 수 없는 반야바라밀문으로 들어간다."(時彼童子, 告善財言 : "善男子, 我得菩薩解脫, 名善知衆藝. 我恒唱持此之字母. 唱阿字時, 入般若波羅蜜門, 名以菩薩威力入無差別境界. 唱多字時, 入般若波羅蜜門, 名無邊差別門. …… 唱佗(恥加切)字時, 入般若波羅蜜門, 名以無我法開曉衆生. 唱陀字時, 入般若波羅蜜門, 名一切法輪差別藏. 善男子, 我唱如是字母時, 此四十二般若波羅蜜門爲首, 入無量無數般若波羅蜜門.")

사십이장경(四十二章經) : 후한(後漢)시대에 가섭마등(迦葉摩騰)과 축법란(竺法蘭)이 67년에 백마사(白馬寺)에서 번역하였다. 사문의 수행 · 중생들의 10가지 선과 악 · 참회 · 아라한에게 공양하는 것 · 보배를 돌과 같이 보는 것 등의 여러 가지 교훈들을 42단락으로 나누어 집성한 경전이다. 이 경은 범본으로부터 직접 번역한 것이 아니라 가섭마등과 축법란이 여러 경전에서 요점을 간추려 뽑아 낸 것이 42장(章)이 됨에 따라 『사십이장경』이란 이름을 붙인 것이라고 한다. 이 경은 불교가 중국에 전래된 첫 해에 번역된 것으로, 경의 첫머리에는 이 경이 제작된 경위가 소개되어 있다. 이 경은 서장역도 현존하는데, 그것은 한역으로부터 중역된 것이다.

사아(些兒) : = 사자(些子). 조금. 약간.

사옹(師翁) : 스승의 스승. 계보에서 할아버지 스승에 해당하는 사람.

사우(謝雨) : 기우제를 지내다. 비가 온 후에 하늘에 감사의 예를 드리다.

사위의(四威儀) : 가고 · 머물고 · 앉고 · 눕는(行住坐臥) 네 가지 동작. 즉, 일상의 행위 동작.

사유(闍維) : 팔리어 jhāpita의 음역. 화장(火葬). 다비(茶毗)와 같음. 죽은 이를 화장하는 것.

사유(四維) : 사방의 구석, 즉 건(乾 : 서북) · 곤(坤 : 서남) · 간(艮 : 동북) · 손(巽 : 동남)을 가리킨다.

사유사무(似有似無) : 있는 듯 없는 듯. = 사유약무(似有若無), 사유여무(似有如無).

사의(肆意) : 제멋대로. 방자하게. 제멋대로 하다.

사인(士人) : 선비. 지식인.

사자(些子) : 조금.

사자존자(師子尊者) : ?~259. 중인도 스님. 서천 부법장 제24조. 바라문 출신. 학륵나 존자에게 법을 이어받아 계빈국에서 교화하는 동안 바사사다를 만나 그에게 정법안장(正法眼藏)을 부촉한 후에 입적. 『전등록』에 의하면 위(魏) 제왕 20년에 입적했다고 함.

사자좌(師子座) : ① 부처님이 앉으시는 상좌(牀座). 부처님은 인간에게 가장 높은 지위에 있는 분이므로 사자에 비유. ① 설법할 때 쓰는 높고 큰 상을 말함.

사자후(獅子吼) : 부처님이나 종사(宗師)의 뛰어난 설법(說法)을 사자의 울부짖음에 비유한 말. 사자가 울부짖으면 모든 짐승들이 두려워하고 따르듯이, 부처님이나 종사의 뛰어난 설법은 어떤 외도(外道)의 견해도 두려워하지 않는다는 뜻.

사장(沙場) : 모래밭. 싸움터.

사장(辭章) : 운문(韻文)과 산문(散文)의 총칭. 문장의 창작 기교. 수사(修辭). = 사장(詞章).

사제(四諦) : 사성제(四聖諦)라고도 한다. 고(苦) · 집(集) · 멸(滅) · 도(道)의 네 가지 진리. 어리석음과 깨달음이라는 두 경계의 인과(因果)를 설명한 불교의 근본 가르침으로, 석가세존이 녹야원에서 행한 초전법륜은 이 이치를 설한 것이다. 고제(苦諦)는 사바세계의 삶이 모두 고(苦)라는 것이고, 집제(集諦)는 이 고의 원인이니 망상하여 짓는 업의 모임 때문에 고가 생긴다는 것이고, 멸제(滅諦)는 번뇌와 업을 소멸하여 고가 사라진 열반이고, 도제(道諦)는 이러한 멸에 들어가는 길인 팔정도(八正道)의 수행을 가리킨다.

사조(四祖) : 도신(道信).

사종이류(四種異類) : 조산(曹山)이 처음으로 주장한 교설의 하나. ① 왕래이류(往來異類); 수행자가 수행에 임하여 이류(異類; 인간 이외의 생물의 세계, 아귀 · 축생 등)의 속에까지 도를 찾아 향하는 것. ② 보살동이류(菩薩同異類); 깨달은 후, 다른 이류 속으로 향하여 가서 많은 인간 · 아귀 · 축생 등을 가르쳐 구원하는 것. ③ 사문이류(沙門異類); 깨달음을 열고, 게다가 그것에 의식을 멈추지 않고 담담하게 도를 행하는 것. ④ 종문중이류(宗門中異類); 유무(有無) · 시비(是非) 등의 대립이 있는 현상세계를 부정하는 일 없이, 모든 존재에 입각하면서도, 그것에 사로잡히지 않는 경지에 안주하는 것. 선승이 지켜야하는 4종류인 동시에, 진보의 과정을 4단계로 본 것임.

사주인견대성(泗州人見大聖) : 사주(泗州) 사람이 대성을 본다는 말. 대성(大聖)은 승가대사(僧伽大師)를 가리킨다. 사주 사람이 대성을 본다는 말의 뜻은, 온갖 재난에서 벗어난다 혹은 장애가 사라지고 평화로워진다는 것이다. 이 말은 승가대사를 숭배하는 승가신앙(僧伽信仰)과 관련이 있다. 승가대사는 사후에 관음보살(觀音菩薩)의 화현으로 여겨져서 수많은 설화가 생겨나는데, 질병을 퇴치하거나 홍수를 물러가게 하거나, 적의 침입을 저지하거나 하는 등으로 현세의 사람들을 재난으로부터 구원하는 일을 하였다. 승가대사는 우리나라에서는 약사보살(藥師菩薩)로 여겨지기도 하였다. 여기에 대한 자세한 논의는 졸저『간화선 창시자의 선』부록에 있는 '사주사람이 대성을 본다는 말의 뜻에 관하여'를 참조하기 바람.

사중(社中) : 불교를 배우고 수행하는 집단.

사중(四衆) : 석가의 가르침을 따르는 네 부류의 사람들을 통틀어 이르는 말이다. 출가한 남녀 수행승인 비구 · 비구니와 재가(在家)의 남녀 신도인 우바새(優婆塞 : 거사) · 우바이(優婆夷 : 보살)를 통틀어 가리키는 말이며, 사부중(四部衆)이라고도 한다. 불교 교단인 승가(僧伽)를 이루는 기본 집단이다.

사중금(四重禁) : 구족하게는 사중금계(四重禁戒).

줄여서 사중(四重). 4바라이를 말함. 이 계를 범하면 다시 비구 되는 것을 엄금한 계율이므로 중금이라 이름. 이것을 범하면 사중죄(四重罪)라 하고, 그 행위의 성질상으로 중죄이기 때문에 성중계(性重戒)라 함. 4바라이는 승니(僧尼)로서 지켜야 하는 계율 가운데, 가장 중대한 것 네 가지. 이 계를 범하면 승려의 자격을 잃는다. ① 대음계(大婬戒)는 부정행계(不淨行戒)·비범행계(非梵行戒)·부정행학처(不淨行學處)라고도 하니, 온갖 음란한 행위를 금제(禁制)한 것. ② 대도계(大盜戒)는 불여취계(不與取戒)·투도계(偸盜戒)·취학처(取學處)라고도 하니, 온갖 소유주(所有主)가 있는 줄 알면서 훔치는 것을 금제한 것. 물(物)로는 3보물(寶物)·인물(人物)·비축물(非畜物)을 말함. ③ 대살계(大殺戒)는 살인계(殺人戒)·단인명학처(斷人命學處)라고도 하니, 스님들이 제손으로나, 남을 시켜서 죽이는 것을 금제한 것. ④ 대망어계(大妄語戒)는 망설과인법계(妄說過人法戒)·망어자득상인법학처(妄語自得上人法學處)라고도 하니, 이양(利養)을 얻기 위하여 스스로 성인이라 하며, 성법(聖法)을 얻었노라고 속이는 것을 금제한 것.

사지(四至) : 동서남북 사방의 경계. 한계. 범위.

사지(四智) : 유식종(唯識宗)에서 설하는 네 가지 지혜를 가리킨다. 대원경지(大圓鏡智)·평등성지(平等性智)·묘관찰지(妙觀察智)·성소작지(性所作智) 등이 그것이다. 제8아뢰야식을 바꾸어 얻는 지혜는 마치 거대한 둥근 거울에 사물을 비추는 것과 같아서 모든 것의 진실한 모습을 비추는 지혜가 되니, 그 본체는 부동(不動)이고 다른 세 지혜의 근본이 되므로 이것을 대원경지라 한다. 제7말나식을 바꾸어 얻는 지혜는 자기든 남이든 일체가 평등하다는 것을 깨달아 대자비와 상응하는 것이니 이것을 평등성지라 한다. 제6의식을 바꾸어 얻는 지혜는 모든 대상을 지장없이 관찰하고 모든 의심을 끊어서 자유자재하게 설법을 하는 지혜이므로 이것을 묘관찰지라 한다. 전오식(前五識, 眼耳鼻舌身)을 바꾸어서 얻는 지혜는 오관의 대상에 있어서 자재하게 되고 또 중생을 이롭게 하기 위해 갖가지 불가사의한 행위나 사업을 행하는 것이므로 성소작지라 한다.

사진(斯辰) : 오늘. 지금. 이때.

사집(四集) : 우리나라 사찰의 강원(講院)에서 사미승(沙彌僧)들에게 가르치는 기본 교과목인 4가지 책을 총칭하는 말. 4가지는 대혜종고(大慧宗杲)의 『서장(書狀= 大慧普覺禪師書)』, 규봉종밀(圭峯宗密)의 『도서(都序= 禪源諸詮集都序)』, 고봉원묘(高峰原妙)의 『선요(禪要= 高峰和尙禪要)』, 보조지눌(普照知訥)의 『절요(節要= 法集別行錄節要並入私記)』 등이다.

사천왕(四天王) : 사대천왕(四大天王)·호세사천왕(護世四天王)이라고도 한다. 욕계육천(欲界六天)의 최하위를 차지한다. 수미산 정상의 중앙부에 있는 제석천(帝釋天)을 섬기며, 불법(佛法)뿐 아니라, 불법에 귀의하는 사람들을 수호하는 호법신이다. 동쪽의 지국천왕(持國天王), 남쪽의 증장천왕(增長天王), 서쪽의 광목천왕(廣目天王), 북쪽의 다문천왕(多聞天王:毘沙門天王)을 말한다. 그 부하로는 견수(堅手)·지만(持鬘)·항교(恒憍)가 있는데, 이들은 수미산의 아래쪽에 있다. 또한 사천왕은 이들 외에도 수미산을 둘러싸고 있는 지쌍산(持雙山) 등 일곱 겹의 산맥과 태양·달 등도 지배하고 있다.

사천하(四天下) : 사대주(四大洲). 사주(四洲). 수미산을 중심으로 하는 사방의 4개 대륙. 즉 동쪽의 승신주, 서쪽의 우화주, 남쪽의 섬부주, 그리고 북쪽의 구로주. 사람이 사는 사바세계는 남섬부주(南贍部洲)라고 한다.

사태(沙汰) : 도태(淘汰)하다. 없애다. 쓸모 없게 만들다. 제거하다.

사편(伺便) : 좋은 기회를 기다리다. 유리한 기회를 엿보다.

사폭류(四暴流) : 사류(四流)라고도 함. 폭류는 홍수가 나무·가옥 따위를 떠내려 보내는 것처럼,

선(善)을 떠내려 보낸다는 뜻에서 번뇌를 가리킨다. ① 욕폭류(欲暴流); 욕폭계에서 일으키는 번뇌. 중생은 이것 때문에 생사계에 바퀴돌 듯함. ② 유폭류(有暴流); 색계 · 무색계의 번뇌. ③ 견폭류(見暴流); 3계의 견혹(見惑) 중에 4제(諦)마다 각각 그 아래서 일어나는 신견(身見) · 변견(邊見) 등의 그릇된 견해. ④ 무명폭류(無明暴流); 3계의 4제와 수도(修道)에 일어나는 우치(遇癡)의 번뇌. 모두 15가지가 있음.

사해(四海) : 온 세상. 온 천하.

사향(四向) : 성문(聲聞)의 성자가 수행하는 네 단계의 과정을 뜻하는데, 그 결과 얻은 것을 사과(四果)라 한다. 사향은 수다원(須陀洹; 預流)향 · 사다함(斯陀含; 一來)향 · 아나함(阿那含; 不還)향 · 아라한(阿羅漢)향(無學道)인데, 사도(四道)라고도 한다. 이 네 단계의 수행도에 의해서 수다원과(예류과) · 사다함과(일래과) · 아나함과(불화과) · 아라한과(무학과) 등의 사과가 얻어진다. 사향 가운데서 예류향에서는 일체의 견혹(見惑; 이론적인 번뇌)을 끊고, 일래향 · 불환향 둘에서는 일체의 욕계의 사혹(思惑; 情意에 의한 습관적 번뇌)를 끊고, 이윽고 삼계의 모든 견혹과 사혹의 번뇌가 다 끊어져 없어지니, 이때에 아라한과를 얻게 되며 그러한 성자를 무학(無學)이라 일컫는다. 아라한향 아래의 성자는 유학(有學)이라 한다.

사호(似乎) : 마치 -인 것 같다.

사호석(射虎石) : 전한(前漢)의 명장(名將) 이광(李廣)과 관련된 고사이다. 활의 명수인 이광이 남전(藍田)에서 사냥을 나갔다가 숲 속에 잔뜩 웅크리고 있는 호랑이를 발견하고는 있는 힘을 다해 활을 쏘았다. 화살이 박히는 소리가 났는데도 호랑이는 꿈쩍도 하지 않았는데, 다가가 보니 호랑이가 아니라 바위였다. 놀랍게도 화살은 바위에 꽂혀 있었다. 이광은 자신의 활솜씨에 감탄하며 다시 쏘아 보았으나, 화살은 튕겨 나왔다. 이 바위를 '사호석(射虎石)'이라 한다.(『사기(史記)』 제109권 「이장군열전(李將軍列傳) 제49」에 있는 이야기.) 남전(藍田)은 중국 섬서성(陝西省) 남전현(藍田縣)의 동남에 있는 산으로서, 예부터 아름다운 옥의 산출지로 유명한 곳인데, 이장군이 돌을 쏜 곳이 이곳인지는 확실하지 않다.

삭가라(爍迦羅) : 금강(金剛). vajra의 음역. 매우 단단한 것. 결코 깨어지지 않는 것.

삭가라(爍迦羅)의 눈 : 삭가라는 범어로 금강견고(金剛堅固)라 번역한다. 눈이 금강같이 굳다는 뜻이다. 사(邪)와 정(正)을 바르게 비치어 틀림없이 밝히는 안목이라는 뜻이다.

삭삭(索索) : (형) 무서워 벌벌 떠는 모양. 쓸쓸한 모양. (의성어) 사그락 사그락(나뭇가지가 흔들리는 소리). (의태어) 부슬부슬(눈, 비가 내리는 모양).

산가(山歌) : 남방의 농촌 혹은 산촌에서 일할 때에 흔히 부르던 민요.

산두(山頭) : ① 산문(山門)의 우두머리. ② 장례식을 거행하는 곳.

산등(山藤) : 등나무로 만든 지팡이.

산문(山門) : ① 절의 누문(樓門), 곧 삼문(三門)을 말함. ② 절의 총칭.

산방(山房) : 산 속에 있는 사찰.

산승(山僧) : 승려들이 겸손하게 자기를 가리키는 말.

산야(山野) : ① 민간(民間). 조정(朝廷)에 상대하여 하는 말. ② 승려들이 겸손하게 자기를 가리키는 말. 산승(山僧), 야승(野僧), 병승(病僧)과 같은 말.

산자(山子) : 주(周)의 목왕(穆王)이 탔다고 하는 8준마(駿馬)의 하나. 좋은 말을 두루 이르는 말로도 쓴다.

산자장(山子匠) : 정원사.

산처(散處) : 분산되어 있다. 흩어져 있다.

산초(酸醋) : 식초(食醋).

산탄(散誕) : 조금도 거리낌 없이 방종하다. 거리낌 없이 제멋대로 하다. 탄(誕)은 제멋대로 하다, 방자하다는 뜻.

살(殺) : 살(煞)과 같음. ① 빠르다. 재빨리. ② 동사나 형용사 뒤에 붙어서 '매우 심한', '끝까지', '죽도록' 등 정도가 극히 심함을 나타내는 말. 소살인(笑殺人) = 사람을 죽도록 웃기다, 우스워 죽겠다. 기살인(氣殺人) = 매우 화나게 하다, 화가 나서 죽겠다.

살바야(薩婆若) : 산스크리트 sarva-jña를 음역한 것이다. 일체지(一切智)라고 한역한다. 이것은 모든 것을 아는 사람 또는 일체의 지혜를 갖춘 자, 전지자(全智者)를 의미하므로 곧 부처님을 가리킨다.

살수(撒手) : 손을 놓다. 놓아주다. 손을 떼다. 떠나다.

살인도(殺人刀)와 활인검(活人劍) : 살인(殺人)은 망상 속에 있는 중생을 죽이는 것이요, 활인(活人)은 본분 자리에 있는 부처를 살려내는 것이다. 마치 의사의 칼이 병든 부위를 잘라내고 건강한 부위를 살리듯이, 능력 있는 선의 종장(宗匠)은 본분(本分)의 칼을 휘둘러 중생의 망상을 죽이고 본래면목을 살려낸다는 뜻에서 쓰는 말이다.

삼가촌리성사한(三家村裏省事漢) : 촌구석의 일 없는 사내. 집이 세 채 뿐인 시골에 살아서 세상 물정에 어둡고 배운 것 없는 어리석은 촌놈이지만 탐욕과 집착을 줄여 일 없이 한가한 사람. 많이 배우고 세상물정에 밝은 사대부 지식인을 비판할 때에 지식인과 대비되는 사람을 가리킨다.

삼각려자(三脚驢子) : 다리가 셋인 당나귀. 잘 걷지 못하는 당나귀.

삼각려자롱제행(三脚驢子弄蹄行) : 잘 걷지도 못하는 주제에 뛰려고 한다. 삼각려자(三脚驢子)는 다리가 셋인 당나귀 즉 잘 걷지 못하는 당나귀이고, 농제행(弄蹄行)은 발굽을 놀리며 재빨리 걷는다는 뜻.

삼계(三界) : 아직 해탈하지 못한 중생(衆生)의 정신세계를 셋으로 분류한 것. 욕계(欲界) · 색계(色界) · 무색계(無色界). 욕계는 욕망에 사로잡힌 중생이 거주하는 세계로, 천(天) · 인간(人間) · 축생(畜生) · 아귀(餓鬼) · 지옥(地獄) · 아수라(阿修羅) 등의 육도(六道)가 포함된다. 색계는 욕망은 초월하였지만 물질적 조건[色]에 사로잡힌 수행자의 세계이다. 무색계는 욕망도 물질적 조건도 초월하고 순수한 정신만을 지닌 수행자의 세계이다. 무색계에는 물질인 색(色)은 없고, 수(受) · 상(想) · 행(行) · 식(識)의 4온(蘊)만 있는데, 여기에는 공무변처(空無邊處) · 식무변처(識無邊處) · 무소유처(無所有處) · 비상비비상처(非想非非想處)의 넷이 있다. 공무변처는 물질인 이 육신을 싫어하고 가없는 허공의 막힘없음을 기뻐하는 곳이다. 식무변처는 가없는 공(空)을 싫어하여 마음을 돌려 식(識)과 반응하며, 식과 서로 대응하여 마음이 고정되어 과거 · 현재 · 미래의 식이 다 나타나는 곳이다. 무소유처는 공을 싫어하여 식에 반연했으나, 과거 · 현재 · 미래에 늘 반연하는 식(識)은 실재로 있는 것이 아님을 아는 곳이다. 비상비비상처는 비유상비무상처(非有想非無想處)라고도 하는데, 3계(界)의 맨 위에 있어서 그 아래의 세계와 같은 거친 생각이 없으므로 비상(非想) 또는 비유상(非有想)이지만, 세밀한 생각은 없지 아니하므로 비비상(非非想) 또는 비무상(非無想)이며, 거친 생각이 없는 비유상이므로 외도들은 참된 열반(涅槃)이라 하지만 미세한 생각은 있는 비무상이므로 불교에서는 중생심이라 한다.

삼고(三鼓) : 큰북을 세 번 치는 것. 식사 시간을 알리는 신호 등으로 쓴다.

삼교(三教) : 부처의 가르침인 불교(佛教), 공자와 맹자의 가르침인 유교(儒教), 노자와 장자의 가르침인 도교(道教).

삼교(三教) : 석존 일대의 설교를 세 가지로 나눈 것. 여러 스님들의 견해가 각각 다르다. (1) 남중(南中)의 3교. 중국 제나라(479) 이후로 강남의 여러 분이 주창한 것. ① 점교(漸教); 녹야원에서 처음 설법한 이후로 입멸할 때까지, 소승경으로 대승경에 이르는 점차의 설법을 말함. ② 돈교(頓教); 부처님이 보리 나무 아래에서 깨달으신 뒤, 그 깨달은 내용을 그대로 말씀한 것. 『화엄경』을 말함. ③ 부정교(不定敎); 점교·돈교에 속하지 아니한 것. 불성상주(佛性常住)를 말한 것으로 『승만경』·『금광명경』 등. (2) 광통(光統) 율사의 3교. 중국 남북조 시대 광통 율사의 분류에 의한 것. ① 점교; 미숙(未熟)한 기류(機類)에 대하여, 먼저 모든 법의 무상을 말하고, 다음에 상(常), 다시 공(空)을 말하고, 뒤에 불공(不空)을 말한 것. ② 돈교; 원숙(圓熟)한 기류에 대하여 상(常)·무상(無常)·공(空)·불공(不空)의 교(敎)를 동시에 말한 것. ③ 원교(圓敎); 『화엄경』과 같이 상달자(上達者)를 위하여 사사무애(事事無碍)의 법문을 말한 것. (3) 남산(南山)의 3교. 율종에서 일컫는 말. ① 성공교(性空敎); 소승교와 같이 일체 만법을 분석하여 그 자성이 공(空)함을 관하고, 또 5온(蘊)이 화합한 체(體)의 존재를 허(許)하는 것. ② 상공교(相空敎); 대승교중에 얕은 교리를 말한 데 대하여, 다시 나아가 성공교에서 허(許)한 가화합(假和合)의 법체를 그대로 공하다고 관하여 일체를 부정(否定)하는 것. ③ 유식원교(唯識圓敎); 대승교 중에 물(物)·심(心)의 온갖 현상은 모두 유식(唯識)이 변해서 이룩된 것이라 말하는 것. (4) 삼시교(三時敎)의 약칭.

삼구(三句) : 선의 종지(宗旨)를 드러내는 3귀절을 말한다. 백장회해(百丈懷海)·임제의현(臨濟義玄)·암두전활(巖頭全豁)·운문문언(雲門文偃)·덕산연밀(德山緣密)·파릉호감(巴陵顥鑑)·분양선소(汾陽善昭)·불감혜근(佛鑑慧懃) 등에게 삼구가 있다. 예를 들면, 덕산연밀의 삼구는, "함개건곤(函蓋乾坤)·절단중류(截斷衆流)·수파축랑(隨波逐浪)"인데, 함개건곤은 일체의 법이 모두 진여 자체라는 것이고, 절단중류는 미혹의 근원을 절단하고 즉시 진여 자체가 되는 곳에 참선하는 사람의 요점이 있다는 것이고, 수파축랑은 학인을 지도함에는 각기의 상황에 응하여 적절해야 한다는 말이다. 또 백장삼구(百丈三句)는 초선(初善)·중선(中善)·후선(後善)인데, 초선(初善)에서는 긍정하거나 부정하는 하나의 입장을 지키고, 중선(中善)에서는 초선의 입장을 버리며, 후선(後善)에서는 초선의 입장을 버렸다는 생각[知解]도 버리는 것이다.

삼급랑(三級浪) : 중국 용문에 있는 세 층급의 빨리 흐르는 물인데, 매년 3월 3일 복숭아꽃이 피면 삼급랑을 뛰어 넘는 물고기는 용으로 변하여 하늘로 올라간다 함.

삼대(三臺) : 옛날 중국 업도(鄴都)의 서북쪽에 있었던 산처럼 높은 세 개의 무대로, 후한(後漢) 헌제(獻帝) 건안(建安) 15년(210)에 위무(魏武)가 만들었다. 세 무대는 중앙이 동작대(銅雀臺), 그 남쪽이 금호대(金虎臺), 북쪽이 영정대(永井臺)인데, 주로 연희를 위해 사용되었다.(『독사방여기요(讀史方輿紀要)』권49, 「하남통지(河南通志)」)

삼대아승기겁(三大阿僧祇劫) : 아승기겁(阿僧祇劫)은 셀 수 없을 정도로 큰 무한한 겁이며, 이를 세 배 해서 '삼대아승기겁'이라 한다. 보살이 최초에 보리심(菩提心)을 일으킨 때로부터 성불(成佛)할 때까지는 삼아승기백대겁(三阿僧祇百大劫)의 수행을 요한다고 한다. 보살의 오십위(五十位)의 수행 가운데서, 제1아승기겁에는 십신(十信)·십주(十住)·십행(十行)·십회향(十迴向)의 사십위를, 제2아승기겁에는 십지(十地) 중의 초지(初地)에서 제칠위를, 제3아승기겁에서는 제팔위부터 제십지까지를 수행하고, 이상 세 아승기겁에 걸친 바라밀의 수행 후에 다시 백대겁의 기간 동안 32상의 상호(相好)를 획득하기 위해 수행을 한다고 한다.

삼덕(三德) : 모든 부처가 갖추고 있는 세 가지 덕. 덕(德)은 능력을 가리킨다. ① 지덕(智德); 지혜를 갖추고 실상을 있는 그대로 보는 덕. ② 단덕(斷德); 번뇌를 끊어 버리는 덕. ③ 은덕(恩德); 중생에게 은혜를 베푸는 덕. 이 삼덕을 부처의 삼신(三身)에 짝지으면, 단덕은 법신에, 지덕은 보신(報身)에, 은덕은 응신(應身)에 해당한다.

삼도(三塗) : 화도(火塗; 지옥)·혈도(血塗; 축생)·도도(刀塗; 아귀)의 삼악도(三惡道).

삼독(三毒) : 탐욕(貪欲; 욕심) · 진에(瞋恚; 분노) · 우치(愚癡; 어리석음) 셋을 말한다. 중생을 해롭게 하는 악의 근원이라고 하며, 삼불선근(三不善根), 삼화(三火), 삼구(三垢)라고도 한다.

삼론종(三論宗) : 일명 성종(性宗) · 공종(空宗) · 파상종(破相宗) · 용수종(龍樹宗) · 제바종(提婆宗). 인도 대승불교의 중관계(中觀系) · 유가계(瑜伽系) 중의 중관계에서 시작되어 중국에서 크게 번성한 종파. 용수(龍樹)가 지은 『중론(中論)』 · 『십이문론(十二門論)』과 제바가 지은 『백론(百論)』의 3부를 주요 경전으로 하고 성립한 종파(宗派). 이를 상승(相承)한 것을 말하면 문수 · 마명 · 용수에까지 이르러 2파로 갈림. 그 중 1파는 용수 · 제바 · 라후라 · 청목 · 사거왕자수리야소마 · 수리야발타 · 구마라집(鳩摩羅什)이고, 다른 1파는 용수 · 용지 · 청변 · 지광 · 사자광에 전함. 또 구마라집 문하에서 승조 · 승예 · 도생 · 혜관의 영준(英俊)들이 나오고, 다시 도생 · 담제 · 도랑 · 승전 · 법랑 · 길장으로 차례로 이어왔는데 승전에서 길장까지 동안에 교의(敎義)가 크게 이루어졌다. 길장 이전을 고삼론(古三論), 이후를 신삼론(新三論)이라 구별. 특히 중국에서는 구마라집이 『중론』 · 『백론』 · 『십이문론』 · 『지도론』을 번역하고, 그 제자들이 모두 3론(論) 대의(大義)를 품수하고 가상(嘉祥)에 이르러 크게 번성하다가, 선종(禪宗)이 들어오면서부터 점점 쇠퇴하였음. 우리나라에서는 신라 때 원효가 3론의 종요(宗要)를 짓고, 백제의 혜현(慧顯)이 3론을 강설했으며, 고구려의 혜관(慧灌)이 일본에 이 종을 전함.

삼마발저(三摩鉢底) : samāpatti 정(定)의 일명. 삼마발제(三摩鉢提 · 三摩拔提)라고도 함. 등지(等至)라 번역. 정을 등지라 함은 등(等)은 정력(定力)에 의하여 혼침(昏沈) · 도거(掉擧)의 번뇌를 여의고, 마음이 평등 평정(平靜)함을 말함. 정력이 이런 상태에 이르게 하므로 지(至)라 함.

삼마발제(三摩鉢提) : = 삼마발저(三摩鉢底).

삼마지(三摩地) : 삼매(三昧)의 다른 음역(音譯). 삼매(三昧) 참조.

삼매(三昧) : samādhi. 삼마제(三摩提 · 三摩帝) · 삼마지(三摩地)라 음역. 정(定) · 등지(等持) · 정수(正受) · 조직정(調直定) · 정심행처(正心行處)라 번역. 산란한 마음을 안정(安定)시켜 흔들리지 않게 하여 망념(妄念)에서 벗어나는 것.

삼매왕삼매(三昧王三昧) : 삼매 가운데에서도 으뜸인 삼매.

삼명(三明) : 아라한의 지혜에 갖추어 있는 자재하고 묘한 작용. 지혜가 분명히 대경을 아는 것을 명(明)이라 함. 6신통(神通) 중의 숙명통 · 천안통 · 누진통에 해당하는 숙명명(宿命明) · 천안명(天眼明) · 누진명(漏盡明). ① 숙명명; 구족하는 숙주수념지작증명(宿住隨念智作證明). 자기와 남의 지난 세상에 생활하던 상태를 아는 것. ② 천안명; 구족하게는 천안지작증명(天眼智作證明). 또는 사생지작증명(死生智作證明)이라 하니, 자기나 다른 이의 다음 세상의 생활상태를 아는 것. ③ 누진명; 누진지작증명(漏盡智作證明)이라고도 하니, 지금 세상의 고통을 알아 번뇌를 끊는 지혜. 부처님에 대하여는 3달(達)이라 함.

삼문(三門) : 산문(山門). 선종(禪宗) 사원의 정문인 산문을 삼해탈문(三解脫門)에 비유해서 하는 말. 즉 열반에 들어가는 공(空) · 무상(無相) · 무작(無作)의 삼해탈문(三解脫門)을 사원의 문에 비유한 것이다.

삼보(三寶) : 불보(佛寶) · 법보(法寶) · 승보(僧寶). ① 불보는 부처님의 깨달음. ② 법보는 깨달은 부처님의 가르침인 말씀. ③ 승보는 부처님의 가르침대로 수행하는 이. 보(寶)는 귀중하다는 뜻.

삼보리(三菩提) : ① 정각(正覺) 혹은 등각(等覺). ② 성문보리(聲聞菩提) · 연각보리(緣覺菩提) · 제불보리(諸佛菩提) · 보리(菩提)는 도(道)라 번역. 증과상(證果上)의 지혜에 세 가지를 세운 것. 불과를 세 가지로 나눈 것. 진성보리(眞性菩提) · 실지보리(實智菩提) · 방편보리(方便菩

提).

삼분(三分) : 경전 본문을 3부분으로 나눈 것. ① 서분(序分). 그 경전을 설하게 되는 유서(由序) 인연을 말한 부분. ② 정종분(正宗分). 그 경전 1부의 종요(宗要)를 말한 부분. ③ 유통분(流通分). 그 경전의 이익을 말하여, 후대까지 길이 유전하고, 널리 드날리기를 권한 부분. 교기인연분(敎起因緣分:서분)·성교소설분(聖敎所說分; 정종분)·의교봉행분(依敎奉行分; 유통분)이라고도 한다.

삼사의(三事衣) : 삼사납(三事衲). 납(衲)은 가사(袈裟), 5조(條)·7조·9조 가사를 말함.

삼산(三山) : 삼신산(三神山). 중국 전설에서, 신선(神仙)이 산다는 세 산. 곧, 봉래산(蓬萊山)·방장산(方丈山)·영주산(瀛州山).

삼삼양양(三三兩兩) : 둘씩 셋씩. 삼삼오오(三三五五). = 양양삼삼(兩兩三三).

삼상(參商) : 삼(參)은 서쪽별이고 상(商)은 동쪽별인데, 이 두 별은 동시에 나타나지 않으므로, 서로 사이가 나쁜 형제나 서로 감정이 맞지 않는 친구를 가리킨다.

삼선천(三禪天) : 욕계(欲界)·색계(色界)·무색계(無色界) 속에서 색계의 사선천(四禪天) 가운데에 있는 하늘이다. 여기에서는 깊고 오묘한 선정(禪定)으로 몸과 마음의 쾌락을 낳기 때문에 '정생희락지(定生喜樂地)'라고 한다. 삼계(三界)의 구지(九地) 가운데서 이곳이 쾌락을 받음에 있어 극한이다. 이 하늘 속에는 소정천(少淨天)·무량광천(無量光天)·편정천(遍淨天)이 있다.

삼성(三聖) : ① 화엄(華嚴) 3성; 비로자나불·문수보살·보현보살. ② 미타(彌陀) 3성; 아미타불·관세음보살·대세지보살. ③ 불신(佛身) 3성; 법신·보신·화신.

삼성(三聖) : 삼성혜연(三聖慧然).

삼성혜연(三聖慧然) : 생몰년은 정확하지 않다. 당대(唐代)의 사람. 임제종. 진주(鎭州; 하북성)의 삼성원(三聖院)에 주석하였다. 임제의현(臨濟義玄)에게 종지를 얻고, 뒤에 편력하면서 앙산(仰山)에 이르렀다. 또 덕산(德山)을 참학하고, 설봉(雪峰)도 찾아가 배웠다.

삼세(三世) : 과거·현재·미래. 또는 전세(前世)·현세(現世)·내세(來世), 전제(前際)·중제(中際)·후제(後際). 세(世)는 따로 떨어진다는 격별(隔別)과 바뀌어 흐른다는 천류(遷流)의 뜻이 있다. 현상계의 사물은 잠깐도 정지하지 않고, 생기고 소멸하는 연속이다. 이 사물의 흐름 위에 3세를 가상(假想)하여 세운 것. 불교에서는 시간의 실체를 인정하지 않고 변화하는 법(法)의 흐름을 분별하여 삼세라 한다. ① 현재; 어떤 법이 생겨서 지금 작용하고 있는 동안. ② 과거; 법이 멸했거나 또 그 작용을 그친 것. ③ 미래; 아직 나지 않고, 작용을 하지 않는 것.

삼승(三乘) : 세 가지 탈 것, 세 가지 입장, 3가지 길을 걷는 자 또는 깨달음을 성취하는 세 가지 실천법을 일컫는다. 승(乘)은 사람을 태워 깨달음에 이르게 하는 가르침을 비유한 말이다. 성문(聲聞), 연각(緣覺), 보살(菩薩)에 각각 상응하는 가르침 또는 입장으로서 성문승, 연각승, 보살승이라는 3가지 실천 방법을 말한다. 성문승과 연각승은 소승(小乘), 불승(佛乘)으로도 불리는 보살승은 대승(大乘)이라고 한다. 불도를 닦는 모든 사람 또는 입장을 총괄하는 말이기도 하다.

삼승십이분교(三乘十二分敎) : 삼승(三乘)은 세 가지 탈 것[乘]을 뜻하는데, 탈 것이란 중생을 깨달음으로 이끄는 가르침을 비유한 말이다. 성문승(聲聞乘)·연각승(緣覺乘)·보살승(菩薩乘) 세 가지가 그것인데, 부처는 중생의 근기에 따라 이 세 가지 가르침을 말씀하셨다. 십이분교(十二分敎)는 경·율·론 삼장이 확립되기 전에, 경전의 내용과 형식에 따라 열 두 갈래로 정리한 것을 말한다. 3승12분교는 소승·대승불교의 모든 경론에 담긴 교학(敎學)을 의미한다.

삼신(三身) : 불신(佛身)을 그 성질상으로 보아 셋으로 나눈 것. 법신(法身)·보신(報身)·응신(應身). ① 법신; 법은 영겁토록 변치않는 삼라만상의 본체, 신은 모여 있다는 뜻. 본체에 인격적 의미를 붙여 법신이라 하니, 빛깔도 형상도 없는 이치인 부처. ② 보신; 인(因)에 따라서 나타난 불신. 아미타불과 같음. 곧 보살위(菩薩位)의 곤란한 수행을 견디고, 정진 노력한 결과로 얻은 영구성이 있는 유형(有形)의 불신. ③ 응신; 보신불을 보지 못하는 이를 제도하기 위하여 나타나는 불신. 역사적 존재를 인정하는 석가모니와 같음. 응신을 화신(化身)이라고도 함.

삼신산(三神山) : 중국전설상의 신산(神山). 발해만(渤海灣) 가운데에 있다고 하는 봉래산(蓬萊山)·방장산(方丈山)·영주산(瀛洲山)의 세 산을 가리킨다. 그 발생에는 신기루설(蜃氣樓說)·산악신앙설(山岳信仰說) 등 여러 설이 있고, B.C. 5~B.C. 3세기의 전국시대(戰國時代)에 연(燕)·제(齊)나라의 방사(方士; 神仙의 術을 행하는 사람)가 주장하였는데, 그곳에는 신선이 살며, 불로장생하는 신약이 있다고 믿었다. 전국시대 말기 연·제나라의 여러 임금과 진(秦)나라 시황제(始皇帝) 또는 한(漢)나라 무제(武帝) 등이 사자(使者)를 보내 바다에서 그 신산을 찾아 불사약을 구해 오도록 하였다. 전설에 따르면 삼신산은 해안에서 멀리 떨어져 있지는 않으나, 사람이 접근하면 풍파가 일어나서 배가 가까이 갈 수 없으며, 집은 황금과 은으로 되어 있고, 그곳에 사는 새나 짐승은 모두 희다 한다. 이러한 기록은 사마천(司馬遷)의 『사기(史記)』「봉선서(封禪書)」에 자세히 나와 있는데, 이것은 신선설에 관한 가장 오래된 기록이라고 한다. 그러나 후세에는 설화 속에 전승되어 오히려 신선경의 상징적 존재로 되어 있다. 일설에는 전국시대의 해상교통이 성행했던 것을 뒷받침하는 것이라고도 한다.

삼십삼천(三十三天) : 욕계의 6천의 제2천인 도리천을 가리키는 이름. '도리'는 33의 음사(音寫)이며 삼십삼천(三十三天)으로 의역한다. 도리천은 세계의 중심인 수미산(須彌山 : Sumeru)의 정상에 있으며 제석천(帝釋天: Indra)의 천궁(天宮)이 있다. 사방에 봉우리가 있으며, 그 봉우리마다에 8천이 있기 때문에 제석천과 합하여 33천이 된다. 이 33이란 숫자는 불교 고유의 것이 아니라, 이미 『베다(吠陀 : Veda)』에 천(天)·공(空)·지(地)의 3계에 33신(神)이 있다고 기록되어 있었다. 이러한 사상이 불교에 수용되어 하나의 우주관을 형성하고 있는 것이다. 후세 대승불교의 정토(淨土)신앙은 이 도리천 사상이 발전한 형태라고 볼 수 있다.

삼십칠도품(三十七道品) : 또는 삼십칠조도품(三十七助道品). 열반의 이상경(理想境)에 나아가기 위하여 닦는 도행(道行)의 종류. 4념처(念處)·4정근(正勤)·4여의족(如意足)·5근(根)·5력(力)·7각분(覺分)·8정도분(正道分).

삼십칠보리분법(三十七菩提分法) : = 삼십칠도품(三十七道品).

삼악(三惡) : ① 삼악도(三惡道)의 준말. 지옥·아귀·축생. ② 탐진치(貪瞋癡). 탐냄·성냄·어리석음. ③『대법거다라니경』 제1권에 있는 말. 좋은 말을 듣지 않음. 남이 자기보다 훌륭함을 미워함. 남 자기보다 훌륭한 줄 알면서도 부끄러움을 품고 묻지 않는 것.

삼업(三業) : (1) 신업(身業)·구업(口業)·의업(意業). 곧 신체의 동작·언어·의지(意志)의 작용. (2) ① 복업(福業); 욕계의 선과(善果)를 받을 업. ② 비복업(非福業); 죄업이라 하여 욕계의 악과(惡果)를 받을 악업. ③ 부동업(不動業); 색계·무색계에 태어날 인(因)인 선업. (3) 순현업(順現業)·순생업(順生業)·순후업(順後業). 삼시업(三時業)이라고도 함. (4) ① 선업(善業); 안온(安穩)하게 자기의 뜻에 알맞는 결과를 받을 업. ② 악업(惡業); 자기의 뜻에 맞지 않는 결과를 받을 업. ③ 무기업(無記業); 선악에 치우치지 아니하며, 또 선악의 어떤 결과도 받지 아니할 중간 성(性)의 업. 여기에는 수행을 방해하는 것, 곧 아집(我執)의 근본인 제7식과 같은 유부무기(有覆無記)와 방해하지 않는 것, 곧 자연계나 제8 아뢰야식과 같은 무부무기(無覆無記)가 있다.

(5) ① 곡업(曲業); 아첨에서 일어나는 몸 · 입 · 뜻의 3업. ② 예업(穢業); 진심(瞋心)에서 일어나는 3업. ③ 탁업(濁業); 탐욕에서 일어나는 3업.

삼오(三吳) : 고소(姑蘇) · 광릉(廣陵) · 건업(建鄴) 또는 오흥(吳興) · 오군(吳郡) · 회계(會稽) 지역을 가리킨다.

삼요(三要) : 임제의현(臨濟義玄)이 학인을 상대하여 만든 것으로서, 삼현삼요(三玄三要)라 한다. 삼현(三玄)은 체중현(體中玄) · 구중현(句中玄) · 현중현(玄中玄)이다. 체중현(體中玄)은 말속에 조금의 꾸밈도 없이 사물의 있는 그대로의 진상(眞相)을 드러내고 있는 구(句)를 가리키고, 구중현(句中玄)은 분별정식(分別情識)과 관계없는 진실한 말로서 언어에 구애됨 없이 충분히 그 현오(玄奧)를 깨달을 수 있는 구(句)를 가리키며, 현중현(玄中玄)은 모든 상대적 논리(論理)와 언어의 질곡을 벗어난 현묘(玄妙)한 구(句)를 가리키는데, 용중현(用中玄)이라고도 한다. 삼요(三要)는 제일요(第一要) · 제이요(第二要) · 제삼요(第三要)인데, 분양선소(汾陽善昭)에 의하면, 제일요(第一要)는 분별과 조작이 없는 언어를 말하고, 제이요(第二要)는 천(千)의 성인(聖人)이 그대로 현요(玄要)에 들어가는 것이라 하고, 제삼요(第三要)는 언어를 끊어버린 것이라 한다. 삼현삼요(三玄三要)의 해석은 이 외에도 여러 가지가 있다.

삼자성(三自性) : 삼성(三性)이라고 줄여 말함. 유식(唯識)에서 사이미오(事理迷悟)의 일체 모든 법을 그 성질상으로 보아 셋으로 나눈 것. ① 변계소집성(遍計所執性) = 이리 저리 억측을 내어 집착하는 성(性)이란 뜻. 범부의 미망(迷妄)한 소견으로 실체가 있는 것처럼 잘못 아는 일체의 사물. ② 의타기성(依他起性) = 다른 인연에 의하여 생긴 만유(萬有). ③ 원성실성(圓成實性) = 현상의 본체. 곧 원만 · 성취 · 진실한 진여를 말함.

삼재(三災) : 인도에서 세월을 계산할 적에 산수로 미칠 수 없는 긴 세월을 겁(劫)이라 하고, 그 겁말(劫末)에 일어나는 세 가지 재해(災害). 이에 소삼재(도병재 · 질병재 · 기근재), 대삼재(화재 · 수재 · 풍재)의 구별이 있음.

삼전법륜(三轉法輪) : 두 개의 뜻이 있다. (1) 시전(示轉) · 권전(勸轉) · 증전(證轉)의 삼전법륜. 석존이 세 번 4제(諦)의 교(敎)를 말씀한 것. ① 시전(示轉); 이것은 고(苦), 이것은 집(集), 이것은 멸(滅), 이것은 도(道)라고 그 모양을 보인 것. ② 권전(勸轉); 고(苦)를 알라, 집(集)을 끊으라, 멸(滅)을 증득하라, 도(道)를 닦으라고 권한 것. ③ 증전(證轉); 석존이 스스로 고를 알아 집을 끊고, 멸을 증득하려고, 도를 닦은 것을 보여 다른 이들로 하여금 증득(證得)케 하는 것. (2) 근본(根本) · 지말(枝末) · 섭말귀본(攝末歸本)의 3법륜. 삼론종(三論宗)에서 석존의 50년 동안의 설법을 비판하여, 『화엄경』에 말한 교법을 근본법륜, 다음에 지혜가 얕은 이에게 일불승(一佛乘)의 교법을 열어 3승의 교를 말씀함을 지말법륜, 최후에 법화(法花) · 삼론(三論)의 교와 같이 삼승(三乘)으로 말한 교법을 일불승(一佛乘)에 귀입(歸入)하여 말함을 섭말귀본법륜이라 함.

삼전양전(三轉兩轉) : 두 바퀴 세 바퀴. 두 차례 세 차례. 두 번 세 번.

삼제(三際) : 삼세(三世), 곧 과거, 현재, 미래를 가리킨다.

삼조(三祖) : 승찬(僧璨). 〈신심명(信心銘)〉의 저자.

삼조연하(三條椽下) : 승당 내에서 각자 좌선하는 단위를 가리킨다. 대략 가로 석 자, 세로 일곱 자 정도의 공간에서 좌와(坐臥)한다. 가로 석 자의 공간에는 그 위에 서까래가 셋이 있기 때문에 그 아래에 앉아 있는 한 사람을 가리키는 데에 쓰인다. 그 공간에서 좌선하는 수행자를 '세 개 서까래 아래의 객(客)'이라 부른다.

삼조연하칠척단전(三條椽下七尺單前) : 좌선(坐禪)하는 자리. 한 명의 선승이 승당에서 좌선할 때에 앉는 자리의 폭이 머리 위 지붕의 서까래 세 개 정도의 폭에 해당하기 때문에 삼조연하(三條椽下)라 하고, 한 사람이 앉는 자리는 가로가 3척(尺) 세로가 7척이기 때문에 칠척단전(七尺單前)이라 한다.

삼종병(三種病) : 당(唐)의 현사사비(玄沙師備)가 처음으로 당시 선자(禪者)들의 3가지 악풍(惡風)을 말한 것. 환맹자(患盲者; 봉사)는 다른 사가(師家)의 기발한 언동을 표면적으로 흉내낼 뿐으로 그 취의(趣意)를 모르는 자. 환롱자(患聾者; 귀머거리)는 다른 사가들의 기발한 말을 단지 흉내내고 있는 자. 환아자(患啞者; 벙어리)는 불법을 적절하게 말할 수 없는 자. 『현사광록(玄沙廣錄)』 중권(中卷)에 나옴.

삼종세간(三種世間) : 인간의 세계와 국토환경으로서의 세계와 부처님의 세계를 말한다. ①『대지도론』의 설로 가명세간(假名世間 : 중생세간) · 오음세간(五陰世間) · 국토세간(國土世間)을 말한다. ②『화엄소』의 설로 기세간(器世間 : 세계) · 중생세간(衆生世間) · 지정각세간(智正覺世間 : 부처님의 세계)의 3가지를 말한다. ③ 상캬철학에서 말하는 천상(天上) · 인간(人間) · 수도(獸道)의 3가지이다.

삼천세계(三千世界) : 불교 우주관에서는 수미산을 중심으로 4방에 4대주(大洲)가 있고, 그 바깥 주위를 대철위산(大鐵圍山)이 둘러싸고 있다고 한다. 이것이 1세계 또는 1사천하(四天下)라 함. 사천하를 천개 합한 것을 1소천세계(小千世界), 소천세계를 천개 합한 것이 1중천세계(中千世界), 중천세계를 천개 합한 것이 1대천세계임. 1대천세계에는 소천 · 중천 · 대천의 3가지 천(千)이 있으므로 1대 3천세계, 또는 3천 대천세계라 함. 이 일대천세계(一大千世界)를 삼천대천세계(三千大天世界)라 하며, 또 삼천세계(三千世界)라고도 함.

삼천위의(三千威儀) : 비구의 일상 행동에서 지킬 250계를 행(行) · 주(住) · 좌(坐) · 와(臥)의 4위의(威儀)에 곱하여 천이 되고, 이를 또 3세에 곱한 것.

삼천찰해(三千刹海) : 삼천대천세계(三千大千世界). 우주(宇宙).

삼촌(三寸) : 세 치 혀.

삼추(三秋) : 가을에 해당하는 음력 7, 8, 9월인 맹추(孟秋), 중추(仲秋), 계추(季秋).

삼춘(三春) : 봄철에 해당하는 음력 1, 2, 3월인 맹춘(孟春), 중춘(仲春), 계춘(季春).

삼취정계(三聚淨戒) : 삼취정계는 『보살지지경(菩薩地持經)』에서 대표적으로 설명되고 있다. 삼취정계는 보살이 마땅히 행해야 할 윤리규범을 섭율의계(攝律儀戒), 섭선법계(攝善法戒), 섭요익유정계(攝饒益有情戒)의 셋으로 분류한 것이다. 섭율의계는 모든 악을 완전히 끊는 것이다. 이는 악의 방지를 목적으로 하는 것으로서 비구의 250계와 비구니의 350계를 중심으로 여러 가지 계를 총괄하여 말하는 것이다. 쉽게 말하면 대승 이전에 교단 내에 제시되어 있던 수동적인 온갖 금지조항이라 할 수 있다. 우리가 통상 '하지 말라'라는 의미로서 계율이라고 말하는 개념이다. 섭선법계는 모든 선을 닦는다는 것으로서 적극적으로 선을 행한다는 의미를 지닌다. 즉 보살이 계를 받은 다음 몸과 마음, 언어의 삼업을 통하여 일체의 선을 쌓아 나가는 것을 목적으로 한다. 섭요익유정계 또는 섭중생계는 선을 쌓는 것을 목적으로 하면서 오로지 중생에게 이익을 베푸는 것이다. 쉽게 말하면 자비행이다. 자비에 의해 중생을 돕고 중생이 악에 떨어지지 않도록 하는 활동법칙인 셈이다.

삼타(三墮) : '삼종타(三種墮)'라고도 한다. 조산본적(曹山本寂)이 학인에게 보여준 세 가지 기관(機關)이다. 타(墮)는 무애자재를 뜻한다. 첫째는 피모대각(披毛戴角)으로 사문타(沙門墮; 類墮)이다. 어떠한 격식이나 경지에도 매이지 않고 상황을 따르며 자유로운 것이다. 둘째는 부단성색(不斷聲色)으로 수류타(隨類墮)이다. 육진에 집착하지 않고 절대적인 것을 구하지도 않으면서 철저히 깨달아 자유로운 것이다. 셋째는 불수식(不受食)으로 존귀타(尊貴墮)이다. 식(食)은 본분사를 가리키는데, 그런 존귀한 본분사를 알면서도 취하려 하지 않고 잊어버림으로써 자유로워지는 것이다.

삼탑(三塔) : 승려가 죽으면 그 유골을 모시는 3개의 탑으로서, 가운데 개산조(開山祖)의 탑을 중심으로 하여, 동쪽에 주지의 탑을 만들고, 서쪽에 일반 승려들의 탑을 만들어 놓은 것. 『오등회원』 제17권 '남강군운거진여원원우선사(南康軍雲居眞如院元祐禪師)'에 의하면, "지금 여러 곳의 삼탑(三塔)을 스님이 처음 만든 것이다."(今諸方三塔, 師始創也.)라고 한다. 또, 각범혜홍(覺範慧洪)이 지은 『선림승보전(禪林僧寶傳)』 제25권 '운거우선사(雲居祐禪師)'에 다음의 내용이 있다 : 어디에서든 스님이 죽으면 반드시 탑을 만드는 풍속을 싫어하는 사람이 말했다. "산천(山川)은 유한한데, 스님은 끝없이 죽으니, 훗날 언젠가는 탑을 만드는 것이 용납되지 않을 것이다." 이에 운거산의 개산조(開山祖)인 운거굉각도응(雲居宏覺道膺) 선사의 탑 동쪽에 난탑(卵塔; 돌멩이 하나로 계란처럼 이음매 없이 깎아 만든 탑. 무봉탑)을 만들고는 말했다. "무릇 주지(住持)를 하는 자라 하더라도, 살아 있는 몸으로 죽지 않는 것은 아니다. 불로써 목욕하여 사리가 비오듯이 쏟아지면, 모두 그 유골을 여기에 채우도록 하라." 그 서쪽에 다시 난탑(卵塔)을 만들고서 말했다. "온갖 스님들이 죽으면, 모두 여기에 그 유골을 채워라." 이 세 탑을 일러 삼탑(三塔)이라 하였다.(疾諸方死必塔者曰 : "山川有限, 僧死無窮, 它日塔將無所容." 於是於開山宏覺塔之東 作卵塔曰 : "凡住持者 非生身不壞. 火浴雨舍利者, 皆以骨石塡于此." 其西又作卵塔曰 : "凡僧化, 皆以骨石塡于此." 謂之三塔.) 한편 『백장총림청규증의기(百丈叢林清規證義記)』 제5권 '입탑(入塔)'에는 다음의 내용이 있다 : 증의(證義)에서 말한다. "옛날의 사례에 의하면, 개산조사(開山祖師)와 중흥조사(中興祖師)만이 언제나 그 큰 공을 인정하여, 따로 탑을 만들었고, 보통의 주지(住持)는 보동탑(普同塔; 여러 승려들의 유골을 함께 넣은 탑)에 들어갔다. 그 중간에 시대가 흐르면서 주지의 탑이 들어서자, 탑원(塔院)이 세워졌는데, 3개·5개·7개·9개 등으로 개수가 동일하지 않았다. 만약 오직 3개의 탑만을 세울 때에는, 중간에 주지의 탑이 서고, 왼쪽에 본사(本寺)와 여러 곳의 비구(比丘)가 들어가는 보동탑(普同塔)이 서고, 오른쪽에 본사와 여러 곳의 사미(沙彌)가 들어가는 보동탑(普同塔)이 세워졌다."(證義曰 : "按古例, 唯開山祖師 及中興祖師 於常住大有功者, 方另造塔, 其平常住持 卽入普同塔. 中間 歷代住持塔而已, 凡塔院位, 或三 或五 或七 或九之不同. 若唯造三塔者, 中間住持塔位, 左本寺及十方比邱之普同塔, 右本寺及十方沙彌之普同塔.")

삼학(三學) : 불교에서 깨달음에 이르고자 수행하는 사람이 반드시 닦아야 하는 3가지 항목. 계(戒)·정(定)·혜(慧). 이 세 항목은 불교 수행의 모든 면을 포괄한다. 얕은 분야에서 깊은 분야로 순서대로 열거하면, 몸과 말과 생각으로 범하는 나쁜 짓을 방지하고 덕행을 실천하는 계학(戒學), 선정(禪定)을 닦아 마음의 흔들림을 그쳐 고요하고 평안한 경지에 이르게 하는 정학(定學), 번뇌 없이 평정된 마음에서 진리를 있는 그대로 보도록 하는 혜학(慧學)이다. 계정혜(戒定慧)라고도 불리는 삼학의 상호관계는 서로 보완적이어서 계율을 실천하는 것은 선정에 도움이 되고 선정은 진리를 바로 보는 데 도움이 된다.

삼현삼요(三玄三要) : 임제의현(臨濟義玄)이 학인을 상대하여 만든 것. 삼현(三玄)은 체중현(體中玄)·구중현(句中玄)·현중현(玄中玄)이다. 체중현(體中玄)은 말 속에 조금의 꾸밈도 없이 사물의 있는 그대로의 진상(眞相)을 드러내고 있는 구(句)를 가리키고, 구중현(句中玄)은 분별정식(分別情識)과 관계 없는 진실한 말로서 언어에 구애됨 없이 충분히 그 현오(玄奧)를 깨달을 수 있는 구(句)를 가리키며, 현중현(玄中玄)은 모든 상대적 논리(論理)와 언어의 질곡을 벗어난 현묘(玄妙)한 구(句)를 가리키는데, 용중현(用中玄)이라고도 한다. 삼요(三要)는 제일요(第一要)·제이요(第二要)·제삼요(第三要)인데, 분양선소(汾陽善昭)에 의하면, 제일요(第一要)는 분별과 조작이 없는 언어를 말하고, 제이요(第二要)는 천(千)의 성인(聖人)이 그대로 현요(玄要)에 들어가는 것이라 하고, 제삼요(第三要)는 언어를 끊어버린 것이라 한다. 삼현삼요(三玄三要)의 해석은 이 외에도 여러 가지가 있다.

삼혜(三慧) : 지혜를 수행의 순서에 의해 ① 경전의 가르침을 듣고 생기는 문혜(聞慧) ② 이론을 사유하여 생기는 사혜(思慧) ③ 선정을 닦아 생기는 수혜(修慧)의 셋으로 나눈 것을 의미한다.

삼혹(三惑) : 견사혹(見思惑) · 진사혹(塵沙惑) · 무명혹(無明惑). 삼장(三障)이라고도 함. ① 견사혹; 견도(見道)와 수도(修道)에서 끊는 견혹(見惑) · 수혹(修惑). 견혹은 우주의 진리를 알지 못하여서 일어나는 번뇌. 수혹은 낱낱 사물의 진상을 알지 못하여서 일어나는 번뇌. ② 진사혹; 진사는 많음을 비유한 것. 보살이 중생을 교화할 때에 마음이 어두컴컴하여 무량무수한 법문을 알아 자유자재하게 구제하지 못하는 것을 말함이니, 다만 혹체(惑體)가 수없다는 뜻만이 아니고, 알지 못하는 법문이 많다는 뜻으로 이름한 것이니, 체(體)는 한 열혜(劣慧). ③ 무명혹; 장중도혹(障中道惑)이라고도 하니, 미(迷)의 근본을 이루어 지혜의 밝음이 없는 번뇌. 이 3혹 중 앞의 하나는 성문 · 연각 · 보살이 함께 끊을 수 있는 것이므로 통혹(通惑)이라 하고, 뒤의 둘은 보살만이 끊는 것이므로 별혹(別惑)이라 한다. 또 앞에 하나는 3계 안의 이(理) · 사(事)를 미(迷)하여 3계의 생사를 받으므로 계내혹(界內惑)이라 하고, 뒤에 둘은 3계 안의 사람은 물론이고, 3계 밖에도 있는 번뇌이므로 계외혹(界外惑)이라 함.

삽수(揷手) : ① 끼어들다. 간섭하다. 개입하다. ② 손을 쓰다. 착수하다.

삽자(揷觜) : = 삽취(揷嘴).

삽취(揷嘴) : 참견하다. 주제넘게 이야기에 끼어들다.

상(尙) : ① 오히려. ② 아직도. 여전히. ③ 또한. ④ 더욱이. ⑤ 숭상하다.

상(相) : 동사의 앞에서 상대에 대한 동작, 혹은 경어(敬語)를 나타냄.

상(相) : 상(相)에는 두 가지 뜻이 있다. ① lakṣaṇā. 사물의 모양, 모습. 『반야심경』에서 "是諸法空相"의 상(相). 『금강경』에서 "凡所有相皆是虛妄, 若見諸相非相則見如來."의 상(相). ② saṃjñā. 개념. 상(想)과 같음. 마음이 분별한 사물의 모습. 작상(作相)은 '생각하다'는 뜻. 『반야심경』에서 "無色無受想行識"의 상(想). 『금강경』에서 "離一切相", "無復我相人相衆生相壽者相, 無法相亦無非法相."의 상(相).

상각(商搉) : 의견을 교환하다. 토의하다.

상간(象簡) : = 상홀(象笏).

상간(相干) : ① 관계하다. 상관하다. ② (타인에게 도움을 달라고) 요구하다.

상경(霜磬) : 하얀색 인경(引磬).

상경상탈(相傾相奪) : 서로 힘을 기울여 다투다. 서로 힘을 기울여 겨루다.

상계(相契) : 서로 들어맞다. 서로 통하다.

상고(相顧) : 서로 마주 보다.

상고대(相顧待) : 서로 마주 보다. 서로 마주 보고 응대하다.

상당(上堂) : ① 법당에 들어가서 설법하다. 또는 법상이나 법좌에 오르다는 뜻. 당시 풍습으로는 상당법문 중에는 모든 사람이 일어서서 설법을 들었다고 한다. ② 식사를 하려고 승당(僧堂)에 올라가는 것. ③ 승당 안의 윗칸. 아랫칸을 하당(下堂)이라 함.

상당(相當) : ① 상대(相對)하다. ② 비슷하다. 같다. ③ 적당하다. 알맞다. ④ 희망하다. ⑤ 동의하다. ⑥ 대단히. 꽤. 퍽. 매우.

상대(相對) : ① 서로 대립하다. 서로 마주하다. ② 비교적. 상대적으로.

상대(霜臺) : 어사(御史)에 해당하는 벼슬.

상대인구을기(上大人丘乙己) : 옛날 중국에서 어린아이들이 붓글씨를 처음 배울 때 사용한 습자첩(習字牒)인 홍모자(紅模子)의 처음에 나오는 글자들이 "上大人 丘乙己 化三千 七十四 …… "(훌륭하신 대인 공자께서 삼천 명을 교화하시니, 74명의 뛰어난 제자가 ……)이다. '上大人 丘乙己'로 글자를 연습할 때부터이니, 곧 어린 시절에 글을 배울 때로부터이다.

상두(上頭) : ① 높은 곳. ② 안쪽. ③ 시작. 처음. ④ 위쪽.

상락아정(常樂我淨) : 열반의 4덕(德). ① 상(常). 열반의 경지는 생멸 변천함이 없는 덕. ② 낙(樂). 생사의 고통을 여의어 무위(無爲) 안락한 덕. ③ 아(我). 망집(妄執)의 아(我)를 여의고 8대자재(大自在)가 있는 진아(眞我). ④ 정(淨). 번뇌의 더러움을 여의어 담연청정(湛然淸淨)한 덕.

상래(上來) : ① 이상(以上). ② 상면(上面). ③ 시작(하다). 처음(하다).

상량(商量) : 시장에서 물건을 사고팔 때에 저울로 달아 그 값을 따져 헤아리는 것을 말한다. 따지다. 상의하다. 의논하다. 상담하다. 이해하다. 값을 흥정하다. 값을 따지다. 값을 매기다. 헤아리다.

상령(喪靈) : 시체 또는 관(棺).

상림(上林) : 궁궐 속의 정원.

상문(上聞) : 윗사람에게 알리다. = 상청(上聽).

상반(相伴) : 동무하다. 상대가 되다.

상방(上方) : ① 원래 산 위의 절이라는 뜻인데, 변하여 선원(禪院)의 주지를 말한다.(『선림상기전(禪林象器箋)』 제5권) ② 위쪽. = 향상(向上).

상보(相報) : 보답하다, 사례하다, 알리다.

상부(相扶) : 서로 돕다.

상분(常分) : 타고난 운명. 타고난 몫.

상비고슬시(湘妃鼓瑟詩) : 일반적으로 '湘靈鼓瑟詩'로 알려져 있는데, 당(唐)나라의 전기(錢起)가 지었다. 상비는 순임금의 두 부인 아황(娥皇)과 여영(女英)을 일컫는다. 순임금을 그리워하여 상수(湘水) 근처에 왔다가 순임금이 돌아가셨다는 소식을 듣고는 몸을 던져 죽었는데, 상수의 신이 되었다고 한다. 전기가 일찍이 강호를 떠돌아다니다가 어느 객사(客舍)의 뜰에서 "음악이 끝나도록 사람은 보이지 않고, 강가엔 두어 봉우리가 푸르렀구나"라는 읊조림을 들었는데 주위엔 아무도 없었다. 이듬해 최위(崔暐)가 '상령고슬시'를 지어 보아라 하자 그 마지막 구절을 이것으로 하였다고 한다. 당시 사람들은 '귀신의 노래'라고 하였다.

상사(上士) : 보살. 자기만 해탈하려 하고, 남을 해탈케 하려고 생각하지 않는 이를 중사(中士), 두 가지 생각이 다 없는 이를 하사(下士)라 함에 대하여, 자타를 함께 해탈케 하려고 생각하는 보살을 상사라 함.

상사(常事) : 일상사(日常事). 흔히 있는 일. 늘 하는 일. 당연한 일.

상사선(相似禪) : 상사(相似)란 '닮다', '비슷하다'란 뜻이니, 상사선(相似禪)이란 선(禪)과 비슷하게 닮았지만 선이 아닌 사이비선(似而非禪)을 가리킨다.

상상(想像) : 마치 -인 듯하다.

상세(上世) : = 상대(上代). 윗대. 조상. 선조.

상속심(相續心) : 끊임없이 이어지는 마음. 이어지는 마음이 있다면, 그 마음은 분별된 마음이므로 곧 망상(妄想)이다. 상속심이란 어떤 모습의 망상이 끊임없이 이어져 일어나는 것.

상수(上首) : 한 좌석 중에서 맨 첫 자리에 앉는 이. 또 한 대중 가운데 가장 우두머리. 수좌(首座). 상좌(上座). 상석자(上席者). 장로(長老).

상수래(相隨來) : 상축(相逐)과 같은 말. 서로 뒤쫓는다. 서로 뒤따르다. 서로 의지하고 있다. 서로 뗄 수 없는 한 물건이다.

상식(相識) : ① 서로 알다. 안면이 있다. ② 서로 아는 사람. 알고 지내는 사람.

상신(喪身) : ① 몸을 다치다. ② 몸을 버리다.

상신(相信) : 믿다. 신임하다.

상신(嘗新) : 새로운 곡식이 익으면 임금이 먼저 맛보는 일.

상신실명(喪身失命) : 몸을 다치고 목숨을 잃다. 『임제록』에 이런 구절이 있다 : 임제가 법당(法堂)에 올라 말하였다. "대중들이여, 무릇 법(法)

을 위하는 자는 몸을 상하고 목숨 잃을 것을 두려워해서는 안 된다. 내가 황벽 화상을 모실 때에 세 번 몽둥이를 맞았는데, 마치 쑥대로 스치는 것 같았다."(師上堂云 : "大衆, 夫爲法者, 不避喪身失命. 我於黃檗和尙處, 三度喫棒, 如蒿枝拂相似.)

상아상화(象牙上花) : 코끼리 어금니의 꽃무늬. 담무참(曇無讖)이 번역한 『대반열반경』 제8권 「여래성품(如來性品)제4-5」에 다음의 내용이 있다 : 비유하면 마치 허공에서 번개와 우레가 구름 속에서 일어나면 모든 코끼리의 어금니에 꽃이 생기고, 우레가 없으면 꽃도 생기지도 않고 이름도 없는 것과 같다. 중생의 불성(佛性)도 그와 같아서, 늘 모든 번뇌에 덮여 있기 때문에 볼 수가 없다. 그 까닭에 나는 '중생(衆生)에게는 나라고 할 것이 없다(無我).'라고 말한다. 만일 이 대반열반(大般涅槃)이란 미묘한 경전을 들을 수 있다면, 불성을 보게 되니, 마치 코끼리 어금니의 꽃과 같다. 비록 여러 경전의 온갖 삼매를 들더라도, 이 경을 듣지 못하면 여래의 미묘한 모습을 알지 못하니, 마치 우레가 없을 때에는 코끼리 어금니에서 꽃을 볼 수 없는 것과 같다. 이 경을 들으면 모든 부처님이 말씀하신 바 신비하게 들어 있는 불성을 알게 되니, 마치 하늘에 우레가 있을 때에는 코끼리 어금니의 꽃을 보는 것과 같다. 이 경을 들으면 한량없는 중생에게 모두 불성이 있음을 알게 된다. 이러한 까닭에 대열반을 말한다.(譬如虛空震雷起雲 一切象牙上皆生花, 若無雷震花則不生亦無名字. 衆生佛性亦復如是, 常爲一切煩惱所覆不可得見. 是故我說衆生無我. 若得聞是大般涅槃微妙經典, 則見佛性, 如象牙花. 雖聞契經一切三昧, 不聞是經不知如來微妙之相, 如無雷時象牙上花不可得見. 聞是經已卽知一切如來所說祕藏佛性, 喩如天雷見象牙花. 聞是經已卽知一切無量衆生皆有佛性. 以是義故說大涅槃.)

상암(相諳) : 잘 알다. 자세히 알다.

상왕(象王) : 코끼리의 왕은 부처나 보살을 상징하는 말이다.

상원(上苑) : 궁궐 안에 있는 후원(後苑). = 비원(秘苑). 어원(御苑). 금원(禁苑).

상위(相爲) : ① 서로 이용하다. ② 서로 대체하다. ③ 서로 돕다. ④ 서로 보호하다.

상응(相應) : 서로 맞아떨어지다. 서로 응하다. 응당 -해야 한다.

상인(上人) : ① 부처님. ② 뛰어난 덕을 갖춘 훌륭한 사람. ③ 부처님의 제자. ④ 지혜와 덕을 겸비한 승려를 높여 부르는 말.

상일(常日) : ① 매일. ② 옛날.

상자(尙自) : ① 도리어. ② -조차도. -한데. -까지도. ③ 그래도. 그럼에도 불구하고.

상자(相資) : ① 서로 의지함. 서로 상대를 기반으로 삼음. ② 서로 재물을 내어 도움.

상장(相將) : = 즉장(卽將). ① 곧. 머지않아. 불원간. ② 바로. 즉각.

상전(常典) : ① 상례(常例). 관습화된 법전이나 제도. ② 옛 전적(典籍).

상전(相煎) : 상전대급(相煎大急), 상전하급(相煎何急)으로 쓰임. 몹시 들볶다. 몹시 억누르다.

상제(象帝) : 상제(上帝). 천제(天帝). 하늘.

상제(上帝) : 옥황상제. 제석천을 말한다.

상제보살(常啼菩薩) : 살타파륜(薩陀波崙)이라 음역. 『지도론』 제96에 있는 보살. 어렸을 때 울기를 잘 했고, 또 중생들이 고통세계에 있음을 보고 운다고 하며, 또 부처님 없는 세상에 나서 공한림중(空閑林中)에서 걱정하며 울므로 용귀신이 이렇게 이름지었다고 함. 16선신(善神)의 그림에는 『반야경』의 수호자라 함.

상주(常住) : ① 언제까지나 머물러 있는 것. 영구히 존재하는 것. 항상 주(住)하여 불변하는 것. 영원불변(永遠不變). 사물이 생멸 변화하지 않는 것. 무상(無常)의 반대. ② 진리가 영원한 것. 모든 이법(理法)이 영구히 정해져 있는 것. 이 의미의 상주라면, 불교에서 적극적으로 승인하고 있음. ③ 상주하는 영혼. ④ 사원(寺院) 소속의 소유물. 또는 절의 부엌.

상차(相次) : ① 이어가다. ② 거의 -에 가깝다. ③ 즉시. 곧.

상차(傷嗟) : 슬퍼하며 탄식하다.

상총(上冢) : 성묘하다. 묘지에 가서 제사지내다.

상취(相聚) : 함께 모이다. 화합하다.

상칭(相稱) : 서로 걸맞다. 알맞다. 잘 어울리다.

상타(相打) : 싸움. 싸우다.

상풍(霜風) : ① 살을 에이는 듯한 찬바람. ② 엄격한 풍기(風紀).

상한(傷寒) : 전염성이 있는 열병으로 장티푸스 따위. 단순한 감기(感氣)를 가리키기도 한다.

상행(上行) : 뛰어난 사람의 행위. 훌륭한 행동.

상행(相行) : 신구의(身口意) 삼업(三業)의 모습을 가진 행위.

상허(相許) : ① (부) 아마. = 야허(也許). ② (동) 허락하다. 정혼하다. 약혼하다.

상호(相好) : 용모. 형상. 상(相)은 몸에 드러나게 잘 생긴 부분, 호(好)는 상(相) 중의 세상(細相)에 대하여 말함. 이 상호가 모두 완전하여 하나도 모자람이 없는 것을 불신(佛身)이라 함. 불신에는 32상(相)과 80종호(種好)가 있다 함.

상홀(象笏) : 대신이 조정(朝廷)에서 임금을 알현할 때에 손에 쥐던 상아(象牙)로 만든 홀.

상환(相喚) : ① 인사말을 하며 공손히 읍(揖)함. 읍하며 이름을 말하여 상견례(相見禮)를 행함. ② 서로 부르다.

새(塞) : (가득)채우다. 집어넣다. 쑤셔넣다. 틀어막다.

새단로두(塞斷路頭) : 길목을 꽉 틀어막다.

새북(塞北) : 만리장성의 북쪽 지역.

새외(塞外) : 만리장성 밖의 변방 지역. 국경 관문 밖. 오랑캐와 접하여 전쟁을 하는 곳.

색(色) : 물질. 지(地) · 수(水) · 화(火) · 풍(風)의 4요소로 이루어진다고 여겼다. 여기서 색(色)은 단순히 물질만을 가리키는 것이 아니라, 오온(五蘊)의 경험세계 전체를 대표하여 가리키는 이름이다. 오온은 우리의 경험세계를 5가지 종류로 나누어 본 것으로, 색(色; 물질) · 수(受; 감각) · 상(想; 사유) · 행(行; 의지) · 식(識; 인식) 등이지만, 일반적으로 색(色)을 가지고 오온 전체를 대표하여 말한다. 여기서도 그렇게 색을 가지고 물질적 정신적인 경험 대상 전체를 대표하여 말하고 있다.

색상(色像) : = 색신(色身).

색색(色色) : 가지가지. 여러 가지.

색신(色身) : ① 지수화풍(地水火風)의 사대(四大)로 이루어진 빛깔과 모습이 있는 육신(肉身). 불 · 보살의 상호신(相好身). 빛깔도 형상도 없는 법신(法身)에 대하여 빛깔과 모습이 있는 육신(肉身)을 말함. 산스크리트로는 rpūa-kāya이다. ② 형체를 가진 부처님의 신체를 뜻한다. 밖으로 드러나서 볼 수가 있는 부처님의 육신, 또는 육체를 갖춘 부처님, 화신(化身)과 같은 것이 되는 것을 가리킨다. 32상을 갖춘 부처님의 모습 있고 태어나는 몸(生身)을 말하기도 하다.

색심(色心) : 색(色)은 물질세계, 심(心)은 정신세계. 경계와 마음. 색과 심은 불이(不二)이다.

색자(索子) : 밧줄. 쇠사슬.

색진(色塵) : 5진(塵)의 하나. 6진의 하나. 안근(眼根) · 안식(眼識)의 대경. 곧 물질세계. 진성(眞性)을 더럽히고, 번뇌를 일으키므로 진(塵)이라 함.

색채(索債) : 빚을 독촉하다. 빚을 갚으라고 재촉하다.

색취(索取) : 독촉하여 받아내다.

색타(色吒) : 철썩! 퍽!(방망이를 맞을 때의 소리를 나타내는 의성어(擬聲語))

생력(省力) : 힘을 덜다. 수월하다. 수고롭지 않다. 힘들지 않다.

생력처(省力處) : 힘을 더는 곳. 수월한 곳. 수고롭지 않은 곳. 분별의 갈등을 쉬어 버린 곳. 참선(參禪) 공부는 수월하고 수고롭지 않은 곳에서 공부해야 한다. 즉, 마음에 욕심을 내고 의도적이고 의식적이고 의욕적으로 허둥되며 무엇을 붙잡으려고 스스로를 몰아붙이는 것은 공부가 아니다.

생맹(生盲) : 날 때부터의 장님. 선천적인 맹인(盲

人). 눈뜬 장님. 생맹천제(生盲闡提)의 준말.

생맹천제(生盲闡提) : 부처님이 가르치신 정법(正法)을 의심하고 비난하는 자. 천제(闡提)는 일천제(一闡提)의 약자로서 불법(佛法)에 대한 믿음을 전혀 가지고 있지 않은 자. 불법을 믿지 않는 자는 마치 태어나면서부터 맹인인 사람이 이 세상에 빛이 있음을 믿지 않는 것과 같으므로 생맹천제(生盲闡提)라고 부른다.

생멸(生滅) : 분별망상의 세계를 생멸(生滅)이라 하고, 분별망상에서 벗어난 세계를 적멸(寂滅)이라 한다. 분별망상으로 보면 세계의 모습을 끊임없이 생겨나고 소멸하기 때문이다.

생멸심(生滅心) : = 생사심(生死心).

생반(生飯) : 삼반(三飯)·산반(散飯)·삼파(三把)라고도 씀. 또는 생식(生食)·중생식(衆生食)이라고도 말함. 중생의 밥을 의미. 아귀·귀자모신(鬼子母神)을 봉양하기 위해 식전에 구분해 나눈 적은 양의 밥을 말함.

생사(生死) : = 생멸(生滅). jāti-maraṇa 중생의 일생 시작과 끝을 말함. 선마말랄남(繕摩末剌諵) 사제말랄남(闍提末剌諵)이라 음역. 이에 분단생사(分段生死)·변역생사(變易生死)의 구별이 있음.

생사명근(生死命根) : 삶과 죽음을 흘러다니는 목숨.

생사법(生死法) : = 생사심(生死心).

생사심(生死心) : 분별과 차별 속에서 취하고 버리고 조작하는 중생의 분별심(分別心). 『사가어록(四家語錄)』「강서마조도일선사어록(江西馬祖道一禪師語錄)」에서 말하기를, "도(道)는 닦을 필요가 없으니, 단지 오염되지만 말라. 무엇이 오염인가? 생사심(生死心)이 있기만 하면 조작하고 쫓아다니니, 이들이 모두 오염이다. 만약 곧장 도를 깨닫고자 한다면, 평상심(平常心)이 곧 도이다. 무엇을 일러 평상심이라 하는가? 조작이 없고, 옳고 그름을 따짐이 없고, 취하고 버림이 없고, 단절(斷絶)과 항상(恒常)이 없고, 범부와 성인이 없는 것이다."(道不用修, 但莫汚染. 何爲汚染? 但有生死心, 造作趨向, 皆是汚染. 若欲直會其道, 平常心是道. 何謂平常心? 無造作, 無是非, 無取捨, 無斷常, 無凡無聖.)라고 하였다. 그러므로 생사심(生死心)은 평상심(平常心)과 상대되는 말이니, 조작하고, 옳고 그름을 따지고, 취하고 버림이 있고, 단절과 항상이 있고, 범부와 성인의 차별이 있는 것이 곧 생사심(生死心)이다. 『선문요략(禪門要略)』에서는 "앞의 아홉이 세간심(世間心)이요 생사심(生死心)이며, 뒤의 하나가 출세간심(出世間心)이요 열반심(涅槃心)이요 성인심(聖人心)이요 해탈심(解脫心)이다."(前九是世間心, 是生死心, 後一是出世心, 是涅槃心, 是聖人心, 是解脫心.)하고 하였다.

생주이멸(生住異滅) : 만유의 온갖 법이 생멸하고 변이(變異)하는 모양을 말하는 것으로, 생상(生相)·주상(住相)·이상(異相)·멸상(滅相)을 말한다. ① 제법(諸法)의 생멸(生滅) 변천(變遷)을 나타내는 네 가지 상으로, 생상(生相)·주상(住相)·이상(異相)·멸상(滅相)을 말한다. 또 사상(四相)·사유위상(四有爲相)이라고도 한다. 설일체유부(說一切有部)에서는 색심(色心)의 제법이 생기(生起)하고 변화하고 파멸하는 것은 이 네 가지에 의한다고 하며, 이 네 가지는 삼세(三世)에 걸쳐 실재한다고 한다. 경량부(輕量部) 등에서는 이것을 실재로서 인정하지 않고 사상(四相)은 가립(假立)이라고 설한다. 유식(唯識)학파에서도 설일체유부설에 반하여 유위법(有爲法)이 원래 없어 현재 있는 것을 생(生)이라 하고, 생(生)의 위(位)에 한동안 머무는 것을 주(住), 주(住)의 전후에 다름이 있는 것을 이(異)라고 하며, 한동안 있고 다시는 없는 것을 멸(滅)이라고 한다. 『구사론(俱舍論)』 권5에 자세하게 나와 있다. ② 생(生)·노(老)·병(病)·사(死)를 의미하는 경우도 있다.

생처방교숙숙처방교생(生處放教熟熟處放教生) : 낯선 것을 익숙하게 만들고, 익숙한 것을 낯설게 만든다. 선공부(禪功夫)가 무엇인지를 나타내는 말. 『대혜서(大慧書)』 '영시랑(榮侍郞) 무실(茂實)에 대한 답서(1)'에서 이렇게 말하고 있다. "무엇이 익숙한 것일까요? 5온(蘊)과 6근(根)과 12처(處)와 18계(界)와 25유(有) 위에 무명(無明)의 업식(業識)으로 사량하고 헤아리는 심식(心識)이 밤낮으로 찬란하게 빛나서 마치 아지랑이가 잠시의 틈도 없이 피어오르듯 하는 것이 바로 익숙한 것입니다. 이 한 가닥 얽힌 줄이 사람을 삶과 죽음에 흘러다니게 하고 사람으로 하여금 좋지 않은 일을 하게 합니다. 이 한 가닥 얽힌 줄이 이미 생소해졌다면, 보리열반(菩提涅槃)과 진여불성(眞如佛性)이 곧 앞에 나타날 것입니다." 그러므로 익숙한 것은 중생이 경계에 얽매여 경계를 분별하여 만드는 망상이요, 낯선 것은 깨달음과 해탈이다.

생처이숙숙처이생(生處已熟熟處已生) : 생처방교숙숙처방교생(生處放敎熟熟處放敎生) : 낯선 것을 익숙하게 만들고, 익숙한 것을 낯설게 만든다. 선공부(禪功夫)가 무엇인지를 나타내는 말. 『대혜서(大慧書)』 '영시랑(榮侍郞) 무실(茂實)에 대한 답서(1)'에서 이렇게 말하고 있다. "무엇이 익숙한 것일까요? 5온(蘊)과 6근(根)과 12처(處)와 18계(界)와 25유(有) 위에 무명(無明)의 업식(業識)으로 사량하고 헤아리는 심식(心識)이 밤낮으로 활활 타올라서 마치 아지랑이가 잠시의 틈도 없이 피어오르듯 하는 것이 바로 익숙한 것입니다. 이 한 가닥 얽힌 줄이 사람을 삶과 죽음에 흘러다니게 하고 사람으로 하여금 좋지 않은 일을 하게 합니다. 이 한 가닥 얽힌 줄이 이미 생소해졌다면, 보리열반(菩提涅槃)과 진여불성(眞如佛性)이 곧 앞에 나타날 것입니다." 그러므로 익숙한 것은 중생이 경계에 얽매여 경계를 분별하여 만드는 망상이요, 낯선 것은 깨달음과 해탈이다.

생처자숙숙처자생(生處自熟熟處自生) : 낯선 것은 저절로 익숙해지고, 익숙한 것은 저절로 낯설어진다. 선공부(禪功夫)가 무엇인지를 나타내는 말. 생처방교숙숙처방교생(生處放敎熟熟處放敎生) 참조.

서건(西乾) : 인도를 가리킴.

서경(西京) : 한(漢)나라에서 당(唐)나라에 이르기까지 약 1,000여 년 동안 단속적이었으나 국도(國都)로 번영한 역사적 도시. 장안(長安)이라는 이름으로도 불린다.

서고(書古) : 오언(五言) 고시(古詩) 혹은 칠언(七言) 고시(古詩)를 쓰다. 고체시(古體詩)를 쓰다.

서기(庶幾) : ① -를 바라다. ② 거의-(할 것이다). 대체로-(할 것이다). ③ 괜찮다. 근사하다. ④ 당대의 뛰어난 인재.

서당(西堂) : 서당지장(西堂智藏).

서당지장(西堂智藏) : 735~814. 당대(唐代) 선승. 서당(西堂)의 머물렀던 곳의 지명. 속성은 요(寥)씨. 마조도일의 문하에서 공부하여 마조의 법을 이었다. 건주(虔州)의 서당(西堂)에 머물면서 마조의 종풍(宗風)을 널리 선양하였다. 시호는 대각선사(大覺禪師). 신라말에 명적도의(明寂道義)와 체공혜철(體空惠哲)이 그의 문하에서 공부하여 그의 법을 받아 왔다.

서면(庶免) : ① 바라지 않았다면 -하지 않아도 될 것을. ② 짐작건대 -하지 않아도 되겠습니다.

서미(書尾) : 책의 끝 페이지. 책의 마지막 쪽.

서방정토(西方淨土) : 깨달음의 세계. 정토(淨土)는 부처님이 계시는 깨끗한 땅. 『아미타경(阿彌陀經)』에 "여기서 서쪽으로 10만억 국토를 지나서 한 세계가 있으니, 이름을 극락(極樂)이라 한다."라고 말한 것에서 말미암아 특히 아미타불(阿彌陀佛)의 국토를 서방정토라 한다.

서별(敍別) : 이별의 말을 나누다.

서선(西禪) : 남전보원(南泉普願)의 법사(法嗣)인 소주서선화상(蘇州西禪和尙).

서시(西施) : 춘추시대(春秋時代) 월(越)나라의 미인. 월의 왕 구천(句踐)이 오(吳) 나라와의 싸움에서 패한 뒤 서시를 오나라의 왕 부차(夫差)에게 보냈는데, 부차는 서시에게 반하여 국정을 돌보지 않다가 구천과 범소백(范少伯)의 침공을 받아 망하였다. 경국지색(傾國之色)을 가진

여인이다.

서여(緖餘) : 잔여. 나머지.

서여정단(西余淨端) : 안길주(安吉州)의 서여사자정단(西余師子淨端) 선사. 속성은 구(丘)씨. 처음에 사자를 놀리는 것을 구경하다가 깨달음을 얻고는 용화악(龍華岳)을 찾아가 인가를 받았다. 사자 가죽옷을 입고 다녔기 때문에 단사자(端師子)로 불렸다. 승상(丞相) 장공(章公)이 그의 도를 흠모하여 오산(吳山)으로 청하여 개당(開堂)하게 하였다.

서역기(西域記) : 본래의 이름은 대당서역기(大唐西域記) 또는 서역전(西域傳)이라 한다. 당나라 정관(貞觀) 3(629)년 현장법사가 인도에 갔다가 정관 19년(645)에 돌아왔는데, 태종의 명으로 문인 변기(辯機)와 함께 지어서 다음 해에 궁궐에 바친 천축 여행기. 서역 및 인도의 풍토 · 불적(佛蹟)을 기록한 것. 총12권으로 되어 있다.

서원(誓願) : 결정코 목적을 이루려고 맹세함. 불보살에게는 반드시 총(總)서원 · 별(別)서원이 있으니, 총서원은 4홍서원(弘誓願)으로 모든 불 · 보살이 다 일으키는 것이고, 별서원은 아미타불의 48원, 약사여래의 12원과 같이 한 부처님에게만 국한한 서원.

서원담장(西園曇藏) : 마조(馬祖)의 제자.

서점자(鼠粘子) : 쥐덫에 걸린 쥐.

서제(噬臍) : 배꼽을 깨물다. 서제막급(噬臍莫及)의 준말. 서제막급(噬臍莫及)은 후회막급(後悔莫及)과 같은 뜻이다. 사냥꾼에게 잡힌 사향노루가 배꼽 때문에 잡힌 것을 알고는 배꼽을 물어뜯으려고 해도 입이 배꼽에 닿지 않아 소용없기 때문에, 후회해도 이미 늦다는 말이다.

석가노자(釋迦老子) : 석가(釋迦) 노인. 석가모니.

석가산(石假山) : 정원 따위에 돌을 모아 쌓아서 조그마하게 만든 산.

석공(石鞏) : 마조도일의 제자 석공혜장(石鞏慧藏).

석녀(石女) : 분별을 떠난 법을 나타낼 때 사용하는 비유. 「보경삼매가(寶鏡三昧歌」에 "목인(木人)이 노래하니, 석녀가 일어나 춤을 추네. 정식(情識)으로 이르는 것이 아닌데, 어찌 사량분별을 용납하랴?"(木人方歌, 石女起舞. 非情識到, 寧容思量?)라는 구절이 나온다.

석년(昔年) : 왕년. 옛날. 이전.

석두(石頭) : 석두희천(石頭希遷).

석두희천(石頭希遷) : 700~790. 속성은 진(陳)씨로, 광동성 단주(端州) 출신이다. 육조 혜능에게 참학하여 득도하였으나 혜능이 곧 입적하자 청원행사의 문하에서 참학하였다. 이후 형산(衡山)의 남사(南寺)에 이르러 절 동쪽에 있는 석상(石上)에 암자를 짓고 늘 수도하였으므로 석두화상이라고 부른다. 약산유엄에게 법을 맡기고 세수 91, 법랍 63세로 입적하였다. 시호는 무제(無際)대사이다. 저서에 『참동계(參同契)』 1권, 『초암가(草庵歌)』 1권이 있다.

석론(釋論) : 『대지도론(大智度論)』을 가리킨다. 『대지도론』은 『지도론(智度論)』, 『대지석론(大智釋論)』, 『대지론(大智論)』, 『대론(大論)』, 『석론(釋論)』이라고도 한다. 『대품반야경(大品般若經)』을 용수(龍樹; 약 150~250)가 주석한 것. 후진(後秦) 때에 구마라집(鳩摩羅什)이 번역하면서 제1 서품(序品)만은 원문대로 번역하여 34권을 만들고, 그 나머지 제90 촉루품(囑累品)까지를 간추려 모두 1백 권으로 만들었다.

석루(石樓) : 분주(汾州) 석루(石樓) 선사(禪師). 석두희천(石頭希遷)의 제자.

석문(石門) : 석문산(石門山). 석문산(石門山)에는 홍성사(興聖寺)와 고산사(鼓山寺) 등 두 개의 사찰이 있다.

석문원이(石門元易) : 1053~1137. 조동종. 동주(潼州; 사천성)인. 속성은 세씨(稅氏). 출가한 후에 부용도계(芙蓉道階)에게 참학하여 그의 법을 이었다. 대관(大觀) 4년(1110) 등주(鄧州; 하남성) 초제(招提)에서 세간에 나왔고, 또 양주(襄州; 호북성) 석문사(石門寺) 등의 10찰에 주석하였다. 소흥(紹興) 7년 7월 25일 시적하였다. 세수는 85세.

석문자조(石門慈照) : 965~1032. 석문온총(石門蘊聰), 곡은온총(谷隱蘊聰)이라고도 함. 임제종. 남해(南海, 광동성) 사람. 속성은 장(張)씨. 출가 후에 백장도상(百丈道常)을 찾아 공부하고 다음에 수산성념(首山省念)의 지도로 크게 깨달았다. 뒤이어 양주(襄州, 호북성)의 동산수초(洞山守初), 영주(郢州, 호북성)의 대양산경연(大陽山警延), 수주(隨州, 호북성)의 지문사계(智門師戒) 등을 차례로 찾아뵌 뒤에 경덕(景德) 3년(1006) 양주의 석문산(石門山)에 머물렀다. 천희(天禧) 4년(1020) 곡은산(谷隱山)에 있는 태평흥국선사(太平興國禪寺)로 옮겼다. 두 산에 있을 때 따르는 무리가 천여 명이 되었다. 한림(翰林) 양문억(楊文億), 중산(中山) 유균(劉均) 등과 방외(方外)의 친교를 맺었고, 도위(都尉) 이준욱(李遵勗)을 지도하여 깨우쳤다. 천성(天聖) 10년 3월 8일 국동신강(國東神岡) 자국사(資國寺)에서 시적(示寂)하였다. 세수는 68세. 시호는 자조선사(慈照禪師)이고, 부마도위(駙馬都尉) 이준욱(李遵勗)이 비문을 지었다.

석문총(石門聰) : 양주(襄州) 석문총(石門聰) 선사. 영주(郢州) 대양혜견(大陽慧堅) 선사의 제자이다. 청원(青原) 문하의 8세손에 해당한다.

석상(石霜) : 석상경제(石霜慶諸).

석상경제(石霜慶諸) : 807~888. 당대(唐代) 선승. 석상은 머물렀던 산 이름. 속성은 진(陳)씨. 강서성 길주 신감(新淦) 출신. 13세 때 강서성 홍주 남창현 서산소감(西山紹鑑)에게서 삭발하고, 23세에 영은숭악(靈隱崇嶽)에게 수계하고 계율을 배웠다. 뒤에 도오원지(道吾圓智) 문하에서 공부하여 그의 법을 이었다. 석상산에 20년 동안 머물며 오직 좌선에만 몰두하여 사람들이 그를 고목상(枯木象)이라 불렀다. 시호는 선회대사(善會大師). 문하에 선월관휴(禪月貫休), 남악제이(南嶽齊已), 태포납(泰布衲)이라 부르는 남악현태(南嶽玄泰) 등이 있다.

석상초원(石霜楚圓) : 자명초원(慈明楚圓).

석실선도(石室善道) : 당나라 사람. 석두희천(石頭希遷)의 제자. 담주(潭州;湖南省) 장자광(長髭曠)의 법사(法嗣). 장자광에게서 수계(受戒)한 후에 석두에게 참(參)하여 크게 깨달았다. 『조당집(祖堂集)』 제5권에 의하면, 석실은 무종(武宗)의 법난(法難)을 만나 승복을 벗고 환속하였다가 법난이 끝난 뒤 다시 대중(大衆)이 모여 회상(會上)을 이루었을 때에도 본인은 승복을 입지 않고 매일 방아를 찧어 대중을 공양하였다고 한다.

석실행자(石室行者) : 육조혜능(六祖慧能)을 가리킨다. 석실(石室)은 방앗간을 가리키는 말. 육조혜능은 오조홍인(五祖弘忍)을 찾아가 8개월 행자(行者) 생활을 할 때에 방앗간에서 방아 찧는 일을 하였다.

석연(釋然) : 의문이 풀려 개운하다.

석화(石火) : ① 부싯돌 불. ② (비유)눈 깜짝할 사이. 극히 짧은 시간. = 석화광(石火光).

석화광(石火光) : 눈 깜짝할 사이.

석화전광(石火電光) : = 격석화섬전광(擊石火閃電光).

선가(仙駕) : 황제의 수레.

선객(禪客) : 선승(禪僧).

선경(善卿) : 생몰연대는 알 수 없다. 호는 목암(睦庵)인데, 자신이 존경(尊敬)하던 동성(同姓)의 진목주(陳睦州)로 인해 그렇게 불리어졌다고도 하고, 복건성(福建省)에 그가 머물렀던 암자 이름에서 유래되었다고도 한다. 속가의 성은 진(陳)씨이고, 어렸을 때의 이름은 사절(師節)이다. 동월(東越) 사람이며, 곳곳을 돌아다닌 후 원(元) 부중(符中; 1098~1101) 연간에 노모를 모시기 위해 고향으로 돌아갔다고 한다. 대관(大觀) 2년(1108)에 『조정사원(祖庭事苑)』 8권을 찬술(撰述)하였다.

선계수(仙桂樹) : 달나라에서 자란다는 월계수(月桂樹). 이것을 얻는 것으로 과거(科擧)에서 급제(及第)하는 것을 비유한다.

선고(先考) : 돌아가신 아버지.

선관(禪觀) : 좌선(坐禪)하면서 여러 가지 관법(觀

法)을 행하여 망상(妄想)을 끊는 것. 관법(觀法)은 관심(觀心)과 같은 말로서, 마음을 대상으로 관찰하는 수행 방법.

선교(善巧) : 뛰어나고 교묘하다. 솜씨가 훌륭하다.

선근(善根) : 깨달음을 가져오는 좋은 원인. ① 좋은 결과를 가져올 좋은 원인이란 뜻. 선행(善行)을 나무의 뿌리에 비유한 것. 착한 행업의 공덕 선근을 심으면 반드시 선과(善果)를 맺는다 함. ② 온갖 선을 내는 근본이란 뜻. 무탐(無貪) · 무진(無瞋) · 무치(無癡)를 3선근이라 일컬음과 같은 것.

선기(禪機) : 본래 자리에서 어긋남 없이 행하는 행위. 망상분별 없이 행하는 행위.

선나(禪那) : dhyāna. 6바라밀의 하나. 타연나(馱衍那)라고도 쓰며, 선(禪)이라 약칭. 정려(靜慮) · 사유수(思惟修) · 정(定)이라 번역. 진정한 이치를 사유(思惟)하고, 생각을 안정케 하여 산란치 않게 하는 작용.

선남신녀(善男信女) : 선남(善男), 선남자(善男子), 신사(信士)는 남자 신도. 선녀(善女), 선녀인(善女人), 신녀(信女)는 여자 신도.

선다라니(旋陀羅尼) : ① 천태(天台)의 공(空) · 가(假) · 중(中) 삼관(三觀) 가운데 공관(空觀)에 해당하는 다라니(陀羅尼). 범부가 상(相)에 집착하는 것을 선전(旋轉; 돌리다, 바꾸다)하여, 공(空)의 이치에 도달시키는 지혜의 힘. ②『법화경』에서 말한 3다라니 가운데 하나. 법문에 있어 선전자재(旋轉自在)의 힘을 얻음을 말함.

선대각(先大覺) : 임제의현(臨濟義玄)의 제자인 위부(魏府) 대각(大覺) 화상(和尙).

선덕(禪德) : 선리(禪理)에 깊이 통하여 덕망이 높은 승려를 말함.

선도(善導) : 613~681. 중국 사주(泗州) 사람. 속성은 주(朱)씨. 어려서 출가하여 명승(明勝)을 스승으로 섬기고, 삼론(三論)을 연구. 10여 년 동안 오로지 삼론에 종사하면서 도작(導綽)을 본받아 배우더니, 결국 그 문하에 들어가 정토교(淨土敎)를 듣고는 정토의 행을 전공(專攻). 뒤에 장안 광명사에서 전도에 종사. 자행화타(自行化他)의 방법으로『아미타경』수백 권을 쓰고, 정토 만다라 3백 폭을 그리다. 그의 사상은 담란(曇鸞) · 도작 등의 말을 전승함은 물론, 교상판석(敎相判釋)하는 점으로는 정영(淨影)의 말을 취하여 2장(藏) · 2교(敎)의 교판을 세우고, 또 선배들의 철저하지 못한 점을 고쳐 정토교의(淨土敎義)를 크게 이룸. 곧 옛말이 구구하던 정토의 교주와 불토에 대하여, 보신보토(報身報土)라 결정하고, 교기(敎機) · 구제관(救濟觀)은 오승제입일체범부득생(五乘齊入一切凡夫得生)의 주장을 허락하여 인류의 종교적 능력은 한결같이 범부라고 정하여 구제의 평등관을 확립. 따라서 그 신행(信行)은 종래 여러 사람의 말과 달라서 독창적. 곧 안심(安心) · 기행(起行) · 작업(作業)의 셋으로 나누어 말함. 당나라 고종 영융 2년에 죽음. 나이 69세, 저서는『관무량수경소』4권,『법사찬』2권,『관념법문』1권,『왕생예찬』1권,『반주찬』1권.

선두(禪頭) : 수좌(首座)의 별칭.

선백(禪伯) : 선장(禪匠), 종장(宗匠). 백(伯)은 우두머리, 일가(一家)를 이룬 사람을 가리키니, 선승(禪僧)들이 서로를 존중하여 부르는 말.

선법(善法) : ↔악법(惡法). 좋은 교법(敎法). 5계 · 10선 · 3학 · 6도 등 이치에 맞고, 자기를 이익케 하는 법.

선변화천(善變化天) : 낙변화천(樂變化天), 화락천(化樂天), 화자재천(化自在天), 화자락천(化自樂天)이라고도 번역. 육욕천(六欲天) 가운데 다섯 번째 하늘. 이 하늘에 나면, 자기의 상대가 되는 경계(境界)를 변화시켜 쾌락의 대상으로 삼게 되므로 이렇게 이름한다. 도솔천(兜率天)의 위, 타화자재천(他化自在天)의 아래에 있으며, 이 천인들의 키는 2리 반, 몸에서 항상 광명을 놓으며, 수명은 8천세, 인간세상의 8백년이 이 하늘의 하루에 해당한다. 서로 마주보고 웃는 것으로 남녀의 성교가 이루어지며, 아이는 남녀의 무릎 위에서 화생(化生)하고, 그 크기는 인간의 12세쯤 되는 아이만 하다고 한다.

선불장(選佛場) : 관리를 선발하는 과거시험장인 선관장(選官場)에 비유하여 참선공부하는 선원(禪院)을 부처를 뽑는 과거시험장인 선불장(選佛場)이라고 부른 예는 단하천연(丹霞天然; 739~824)의 다음 이야기에 나온다 : 단하천연은 원래 유학(儒學)을 공부하였는데, 장안(長安)으로 들어가 과거시험에 응시하려고 길을 떠났다가 도중에 한 여관에 머물렀다. 그 여관에서 우연히 어떤 선객(禪客)을 만났는데, 그 선객이 물었다. "그대는 어디로 가십니까?" "관리 선발하는 시험을 보러 갑니다." "관리를 선발하는 것이 어찌 부처를 선발하는 것과 같겠는가?" "부처에 선발되려면 어디로 가야 합니까?" "지금 강서(江西)에 마대사(馬大師)가 이름을 날리고 있는데, 그곳이 바로 선불장(選佛場)이니, 그대가 가 볼 만한 곳이요." 이에 단하는 발길을 돌려 바로 강서로 갔다.(『오등회원』 제5권 '등주단하천연선사(鄧州丹霞天然禪師)')

선사(先師) : 세상을 떠난 스승. 이미 죽은 스승.

선상(禪床) : ① 승당(僧堂) 안에서 좌선을 할 때 앉는 의자(椅子). ② 법당(法堂)에서 상당설법(上堂說法)할 때에 앉는 의자.

선서(善逝) : 부처를 일컫는 십호(十號) 가운데 하나이다.

선선(旋旋) : ① 서서히. 천천히. 느릿느릿. ② 순식간에. 제때에. ③ 계속하여. 점차로. ④ 빙빙 감아도는 모양. ⑤ 둥근 모양.

선설(宣說) : 하나하나 베풀어 상세히 말하다. 교법(敎法)을 자세히 설명하다.

선성(善星) : 『열반경(涅槃經)』 「가섭품」에 나오는 이야기이다. 선성(善星)은 인도의 비구(比丘)로서, 출가하여 12부경을 독송하여 욕계(欲界)의 번뇌를 끊고 제4선정(禪定)을 얻었는데, 그만 나쁜 친구와 사귀어 사견(邪見)을 일으켜 부처님에 대하여 나쁜 마음을 내었기 때문에, 니련선하 언덕에서 대지가 갈라지면서 산 몸으로 아비지옥에 떨어졌다고 한다.

선시(宣示) : ① 드러내 보이다. ② 선포(宣布)하다. 공포(公布)하다. ③ 선양(宣揚)하다. ④ 깨우쳐 주다. 밝혀 주다.

선열(禪悅) : 선정에 들거나 깨달음을 얻으면 마음이 기쁘고 자적하게 되는 것을 가리키는 말이다. 흔히 두 가지 식[二食]을 말하는데, 하나가 선열이고 다른 하나가 법희(法喜)이다. 선열은 음식이 몸을 기르는 것처럼 정신을 존속시키게 하는 것과 같으므로 선열식(禪悅食)이라고 한다.

선요(禪要) : ① 선의 요점. = 선지(禪旨). ② 책 이름. 고봉원묘(高峰原妙)의 법문을 모은 책. 선법(禪法)의 요의(要義)를 적은 책. 우리나라 강원의 사집(四集) 과목의 하나.

선우(單于) : 흉노족(匈奴族)이 그들의 군장(君長)을 일컫던 '샨위'의 한자음 표기.

선우(善友) : = 선지식(善知識). 도반(道伴). 함께 공부하는 동료.

선원(禪院)의 가람 배치 : 중국 선원의 일반적인 구조를 보면, 불상(佛像)을 모신 불전(佛殿), 수행승들에게 설법을 베푸는 법당(法堂), 수행승들이 좌선을 하며 기거하는 승당(僧堂), 주지(住持)가 기거하는 방장(方丈), 식량을 보관하고 음식을 조리하는 주고(廚庫) 혹은 고리(庫裏), 삼해탈(三解脫)을 상징하며 사원의 출입문이 되는 삼문(三門) 혹은 산문(山門), 목욕시설인 욕옥(浴屋), 화장실인 서정(西淨; 혹은 東司) 등이 기본적으로 설치되었다. 이 중 승당 · 욕옥 · 서정에서는 일체의 말(言語)을 하지 않기 때문에 이를 삼묵당(三默當)이라 한다. 삼문 · 불전 · 법당 · 방장을 일렬로 순차적으로 배치하고 삼문의 남쪽에 총문, 방장의 북쪽에 고리(庫裏)를 세운다. 그밖에 장경각 · 객당(客堂) · 종루(鐘樓) 등을 세워서 선원 특유의 가람배치를 이루었다.

선월(禪月) : 선월관휴(禪月貫休). 석상경제(石霜慶諸)의 문하인.

선위(善爲) : (길 떠나는 사람에게 당부하는 말) 잘 가세요. 안녕히 가세요. 조심해 가세요.

선위인(善爲人) : 남과 잘 사귀다. 다른 사람과 잘

지내다.

선이정동후이지발(先以定動後以智拔) : 담무참(曇無讖)이 번역한 『대반열반경』 제31권 「사자후보살품(師子吼菩薩品) 제11-5」에 나오는 구절. 앞뒤의 구절을 소개하면 다음과 같다 : "선남자여, 보살 마하살은 2법을 갖추어서 큰 이익을 얻는다. 하나는 정(定)이고, 또 하나는 지(智)이다. 선남자여, 마치 풀을 자르면서 재빨리 붙잡으면 끊어지듯이, 보살마하살이 이 2법을 닦는 것도 그와 같다. 선남자여, 마치 단단한 나무를 뽑아냄에 먼저 손으로 움직인 이후에는 쉽사리 뽑히는 것처럼, 보살의 정혜(定慧)도 그와 같이 먼저 정(定)으로 움직인 이후에 지(智)로써 뽑아낸다. 선남자여, 마치 더러운 옷을 씻을 때에 먼저 양잿물에 담근 이후에 맑은 물로 씻으면 옷이 깨끗해지듯이, 보살의 정혜(定慧) 역시 그와 같다. 선남자여, 마치 먼저 읽은 이후에 뜻을 이해하듯이, 보살의 정혜도 역시 그와 같다."(善男子, 菩薩摩訶薩具足二法能大利益. 一者定, 二者智. 善男子, 如刈菅草執急則斷, 菩薩摩訶薩修是二法, 亦復如是. 善男子, 如拔堅木先以手動後則易出, 菩薩定慧亦復如是, 先以定動後以智拔. 善男子, 如浣垢衣先以灰汁後以淸水衣則鮮潔, 菩薩定慧亦復如是. 善男子, 如先讀誦後則解義, 菩薩定慧亦復如是.)

선인(善因) : 선근(善根)과 같음. ① 좋은 과보(果報)를 받을 좋은 원인(原因)이란 뜻. 착한 행업의 공덕 선근을 심으면 반드시 선과(善果)를 맺는다 함. ② 온갖 선을 내는 근본이란 뜻. 무탐(無貪)·무진(無瞋)·무치(無癡)를 3선근이라 일컬음과 같은 것.

선인(禪人) : 참선(參禪) 공부하는 선승(禪僧). 선화자(禪和子), 선객(禪客), 운납(雲衲), 납자(衲子) 등과 같은 말.

선자덕성(船子德誠) : 당대(唐代) 선승(禪僧). 약산유엄(藥山惟儼)의 법을 이었으며 그를 30년이나 모셨다. 그 뒤에 절강성(浙江省) 수주(秀州) 화정(華亭)에서 작은 배를 띄워 오가는 사람들을 건네주면서, 인연 있는 사람들에게 법을 설하였다. 그러자 사람들이 그를 화정(華亭)의 선자화상(船子和尙)이라고 불렀다. 협산선회(夾山善會)에게 법을 전한 뒤, 스스로 배를 뒤집어 버리고는 어디론가 사라져 버렸다. 어부사(漁父詞)의 내용을 가진 게송을 남겼다.

선재(善財) : = 선재동자(善財童子).

선재동자(善財童子) : Sudhana. 『화엄경』 「입법계품」에 나오는 구도자(求道者). 53선지식을 두루 찾아 뵙고, 맨 나중에 보현보살(普賢菩薩)을 만나서 10대원(大願)을 듣고, 아미타불 국토에 왕생하여 입법계(入法界)의 지원(志願)을 채웠다 함. 선재의 구법에 의하여 『화엄경』 입법계의 순서가 정해졌다.

선적(禪寂) : 고요히 선정(禪定)에 들어 있는 것.

선적(善寂) : 열반(涅槃), 적멸(寂滅)과 같음.

선정(禪定)과 지혜(智慧) : 『육조단경』에서 말하는 선정과 지혜는 다음과 같다 : 인종(仁宗)이 다시 물었다. "황매산의 오조(五祖)께서 법을 부탁하실 때에 무엇을 가르쳐주셨습니까?" 혜능이 말했다. "가르쳐 주신 것은 없습니다. 다만 견성(見性)을 말할 뿐이고, 선정(禪定)과 해탈을 말하지는 않습니다." 인종이 물었다. "왜 선정과 해탈을 말하지 않습니까?" 혜능이 말했다. "그것은 이법(二法)이어서 불법(佛法)이 아니기 때문입니다. 불법은 둘 아닌 법입니다."(宗復問曰 : "黃梅付囑 如何指授?" 能曰 : "指授卽無. 唯論見性, 不論禪定解脫." 宗曰 : "何不論禪定解脫?" 謂曰 : "爲是二法 不是佛法. 佛法是不二之法.") "여러분, 무엇을 일러 좌선(坐禪)이라 하는가? 이 법문(法門) 속에서 장애가 없어, 밖으로 모든 좋고 나쁜 경계에서 마음에 허망한 생각이 일어나지 않는 것을 일러 좌(坐)라고, 안으로 자기 본성을 보아 흔들림 없는 것을 일러 선(禪)이라고 한다. 여러분, 무엇을 일러 선정(禪定)이라 하는가? 밖으로 분별된 모습을 벗어나는 것이 선(禪)이고, 안으로 시끄럽지 않은 것이 정(定)이다. 밖으로 만약 분별된 모습에 집착하면 안의 마음이 곧 시끄럽고, 밖으로 만약 분별된 모습을 떠난다면 마음이 시끄럽지 않다. 본성(本性)은 스스로 깨끗하고 스스로 안정되어 있지만, 단지 밖으로 경계를 보고 경계를 생각하기 때문에 시끄럽다. 만약 온갖 경계를 보고서도 마음이 시끄럽지 않으면, 이것이 바로 참된 정(定)이다. 여러분, 밖으로 모습을 떠나는 것이 선(禪)이고 안으로 시끄럽지 않은 것이 정(定)이니, 밖으로 선(禪)하고 안으로 정(定)하면 곧 선정(禪定)이다. 『유마경』에서는 '즉시 통하여 본심(本心)을 되찾는다'고 하였고, 『보살계경』에서는 '나의 본성은 원래 스스로 깨끗하다'고 하였다. 여러분, 매순간 스스로 본성이 깨끗함을 보고 스스로 닦고 스스로 행하면, 저절로 불도(佛道)가 이루어질 것이다."(善知識, 何名坐禪? 此法門中 無障無礙, 外於一切善惡境界 心念不起 名爲坐, 內見自性不動 名爲禪. 善知識, 何名禪定? 外離相爲禪, 內不亂爲定. 外若着相 內心卽亂, 外若離相 心卽不亂. 本性自淨自定, 只爲見境思境卽亂. 若見諸境 心不亂者, 是眞定也. 善知識, 外離相卽禪 內不亂卽定, 外禪內定 是爲禪定. 『淨名經』云 : '卽時豁然 還得本心.' 『菩薩戒經』云 : '我本性元自淸淨.' 善知識, 於念念中 自見本性淸淨 自修自行, 自成佛道.") 설간(薛簡)이 말했다. "서울에 있는 선승(禪僧)들은 모두 말하기를 '도를 알려고 한다면 반드시 좌선하여 선정을 익혀야 한다. 선정을 익히지 않고 해탈을 얻은 자는 아직 없었다.'고 하는데, 스님께서 말씀하시는 법은 어떻습니까?" 혜능이 말했다. "도는 마음으로부터 깨닫는 것인데, 어찌 앉는 것에 있겠는가? 경전에서 말했습니다. '만약 여래가 앉거나 눕는다고 말한다면, 이것은 삿된 도(道)를 행하는 것이다. 무슨 까닭인가? (여래는) 어디에서 오지도 않고 어디로 가지도 않기 때문이다.'* 생겨나지도 않고 없어지지도 않는 것이 여래의 깨끗한 선(禪)이요, 모든 법이 텅 비어 고요한 것이 여래의 깨끗한 좌(坐)이니, 결국 깨달을 것도 없습니다. 그런데 하물며 앉겠습니까?"(薛簡曰 : "京城禪德皆云 : '欲得會道 必須坐禪習定. 若不因禪定 而得解脫者 未之有也.' 未審師所說法如何?" 師曰 : "道由心悟, 豈在坐也? 經云 : '若言如來 若坐若臥 是行邪道. 何故? 無所從來, 亦無所去.' 無生無滅 是如來淸淨禪, 諸法空寂 是如來淸淨坐, 究竟無證. 豈況坐耶?)

선종(禪宗) : 보리달마(菩提達摩)가 전한 선법(禪法)으로 언하(言下)에 오도(悟道)를 구하는 종(宗)이다. 불심종(佛心宗) 또는 달마종(達磨宗)이라고도 한다. 초기 중국불교에서는 좌선에 전념하는 사람들의 계통을 일반적으로 선종이라 했다. 그 중에는 달마종만이 아니라 천태종(天台宗) · 삼론종(三論宗) 등도 있었지만, 당대(唐代) 중기 이래로 달마종이 가장 융성하였으므로, 후에는 달마종만을 선종이라 하였다. 일반적으로 선종의 종지(宗旨)를 나타내는 표어로서, 불립문자(不立文字) · 교외별전(敎外別傳) · 이심전심(以心傳心) · 직지인심(直指人心) · 견성성불(見性成佛)을 든다.

선중(禪衆) : 선승(禪僧)의 무리. 청정선중(淸淨禪衆)이라 한다.

선지식(善知識) : 범어 kalyāṇamitra의 번역. 바른 도리를 가르치는 자를 선지식(善知識) · 선우(善友) · 친우(親友) · 승우(勝友) · 선친우(善親友) 등이라 하고, 그릇된 길로 인도하는 자를 악지식(惡知識) · 악우(惡友) · 악사(惡師)라 한다. 단지 지식(知識)이라고 할 때에는 선지식(善知識)의

* 『금강경』 제29 「위의적정분(威儀寂靜分)」 다음 내용을 가리킨다 : "수보리야, 만약 누가 여래는 오기도 하고 가기도 하고 앉기도 하고 눕기도 한다고 말한다면, 이 사람은 내가 말하는 뜻을 이해하지 못한 것이다. 무슨 까닭인가? 여래는 어디에서 오지도 않고 어디로 가지도 않는다. 그 까닭에 여래라 부른다."(須菩提, 若有人言 如來若來若去 若坐若臥 是人不解我所說義. 何以故? 如來者 無所從來 亦無所去 故名如來.)

뜻이다.

선지중예(善知衆藝) : 『대방광불화엄경』 제76권 「입법계품 제39-17(入法界品)」에 소개된 선지중예(善知衆藝) 보살에 관한 내용은 다음과 같다 : 편우(遍友)가 답하였다. "선남자여, 여기에 한 동자(童子)가 있으니, 이름이 선지중예(善知衆藝)인데, 보살의 자지(字智)를 배웠으니, 그대가 물어 보면 그대를 위해 말해 줄 것이다." 그때 선재(善財)는 곧 그곳에 도착하여 절을 하고서 한쪽으로 물러나 서서 말하였다. "성자(聖者)여, 저는 이미 무상정등각(無上正等覺)을 얻겠다는 마음을 내었습니다만, 아직 보살이 어떻게 보살행(菩薩行)을 배워야 하고, 어떻게 보살도(菩薩道)를 닦아야 하는지를 알지 못하고 있습니다. 저는 성자께서 잘 가르치고 일깨워 주시는 말씀을 듣고자 하니, 저에게 말씀해 주시기 바랍니다." 그때 동자가 선재에게 말했다. "선남자여, 나는 보살의 해탈을 얻었는데, 그 이름이 선지중예(善知衆藝)입니다. 나는 늘 이들 자모(字母; 범자(梵字)의 자음과 모음 42자)를 노래하고 있습니다. 아자(阿字)를 노래할 때에, 반야바라밀문(般若波羅蜜門)에 들어가니, 보살의 위력으로써 무차별경계에 들어간다고 말합니다. 다자(多字)를 노래할 때에, 반야바리밀문에 들어가니, 가없는 차별문(差別門)이라고 합니다. …… 타자(陀字; 42번째 자모)를 노래할 때에, 반야바라밀문에 들어가니, 일체법륜차별장(一切法輪差別藏)이라고 부릅니다. 선남자여, 내가 이와 같은 자모(字母)를 노래할 때에, 이 42반야바라밀문(般若波羅蜜門)을 선두로 하여, 헤아릴 수 없이 많은 수의 반야바라밀문으로 들어갑니다. 선남자여, 나는 오직 이러한 선지중예보살해탈(善知衆藝菩薩解脫)을 알 뿐입니다. 이것은 마치 모든 보살마하살이 모든 세간과 출세간의 뛰어나고 교묘한 법을 지혜로써 통달하여 피안(彼岸)으로 건너가는 것과 같고, 다른 지방의 색다른 기예(技藝)를 모두 종합하여 남김이 없는 것과 같고, 문자(文字)와 산수(算數)를 다 배워서 깊이 이해하는 것과 같고, 의술(醫術)과 주술(呪術)로써 온갖 병들을 잘 치료하는 것과 같고, 중생들이 귀신에 들렸거나 원한과 저주를 받고 있거나 나쁜 별이 일으키는 변괴(變怪)를 입었거나 송장에게 쫓기거나 간질병을 앓아 허약하거나 온갖 종류의 질병들에서 모두 구제하여 건강하게 만드는 것과 같고, 또 금(金) · 옥(玉) · 진주 · 조개껍질 · 산호 · 유리 · 수정 · 차거(硨磲) 조개 · 계살라 등 모든 보물들이 나는 곳과 품질과 종류가 같지 않고 가치가 크고 작음을 잘 아는 것과 같고, 마을 · 진영(陣營)과 시골 · 성읍(城邑)과 크고 작은 도성(都城)과 궁전 · 정원(庭園)과 바위 · 샘물 · 늪 · 연못 등 사람들이 살고 있는 모든 곳을 보살이 모두 곳에 따라 거두어 보호하는 것과 같고, 또 천문(天文) · 지리(地理)와 사람 모습의 길흉(吉凶)과 날짐승 들짐승의 소리와 구름과 노을 등 기후와 곡식의 풍년 · 흉년과 국토의 안전과 위험을 잘 관찰하는 것과 같습니다. 이와 같이 세간에 있는 기예(技藝)를 모두 익혀 그 본원을 다 밝히고, 다시 출세간의 법도 잘 분별하여 이름을 바르게 하고 뜻을 가려내며, 본바탕과 모습을 관찰하여 순리에 따라 수행하여 지혜로써 그 속으로 들어가니, 의심도 없고 장애도 없고, 어리석음과 어둠도 없고, 완고하고 아둔함도 없고, 걱정과 번뇌도 없고, 빠져들어감도 없고, 드러나 밝지 않음이 없으니, 내가 어떻게 그 공덕행(功德行)을 다 알고 다 말할 수 있겠습니까?"(遍友答言 : "善男子, 此有童子, 名善知衆藝, 學菩薩字智, 汝可問之 當爲汝說." 爾時善財 卽至其所 頭頂禮敬 於一面立 白言 : "聖者, 我已先發阿耨多羅三藐三菩提心, 而未知菩薩云何學菩薩行, 云何修菩薩道. 我聞聖者 善能誘誨, 願爲我說." 時彼童子 告善財言 : "善男子, 我得菩薩解脫, 名善知衆藝. 我恒唱持此之字母. 唱阿字時, 入般若波羅蜜門, 名以菩薩威力入無差別境界. 唱多字時, 入般若波羅蜜門, 名無邊差別門. …… 唱陀字時, 入般若波羅蜜門, 名一切法輪差別藏. 善男子, 我唱如是字母時, 此四

十二般若波羅蜜門爲首， 入無量無數般若波羅蜜門. 善男子, 我唯知此善知衆藝菩薩解脫. 如諸菩薩摩訶薩 能於一切世出世間善巧之法 以智通達 到於彼岸, 殊方異藝 咸綜無遺, 文字算數 蘊其深解, 醫方咒術 善療衆病, 有諸衆生 鬼魅所持 怨憎咒詛 惡星變怪 死屍奔逐 癲癎羸痩 種種諸疾 咸能救之 使得痊愈, 又善別知金玉珠貝 珊瑚琉璃 摩尼硨磲 雞薩羅等 一切寶藏出生之處 品類不同 價直多少, 村營鄕邑 大小都城 宮殿苑園 巖泉藪澤 凡是一切人衆所居 菩薩咸能隨方攝護, 又善觀察天文地理 人相吉凶 鳥獸音聲 雲霞氣候 年穀豐儉 國土安危. 如是世間 所有技藝 莫不該練 盡其源本, 又能分別出世之法 正名辨義, 觀察體相 隨順修行 智入其中, 無疑無礙, 無愚暗, 無頑鈍, 無憂惱, 無沈沒, 無不現證, 而我云何能知能說彼功德行?")

선지중예삼매(善知衆藝三昧) : 선지중예(善知衆藝) 보살이 들어간 선지중예보살해탈(善知衆藝菩薩解脫)을 가리킨다.

선타파(仙陀婆) : = 선타파(先陀婆). 도솔천에 있는 향(香)의 이름. 『대방광불화엄경』 제67권 「입법계품(入法界品) 제39-8」에 다음의 이야기가 있다 : 선남자야, 도솔천 가운데에는 향(香)이 있는데, 이름을 선타파(先陀婆)라 한다. 일생소계보살(一生所繫菩薩; 미륵보살)의 좌석 앞에서 그 향 한 알을 태우면, 커다란 향의 구름이 일어나 법계(法界)를 두루 뒤덮고, 모든 공양(供養)을 갖춘 비를 두루 내려서, 모든 부처님과 보살님들을 공양한다.(善男子, 兜率天中有香, 名先陀婆. 於一生所繫菩薩座前 燒其一丸, 興大香雲 遍覆法界, 普雨一切諸供養具, 供養一切諸佛菩薩.)

선타파(仙陁婆) : 현명하고 민첩한 사람. 뜻을 잘 알아차리는 사람. 말이 잘 통하는 사람. 『열반경』 제9권에 나오는 이야기에 등장함. 현명한 신하 선타파는 왕이 자신을 부르면 왕의 의중을 잘 알아차려서 소금, 그릇, 물, 말의 네 가지 중 하나를 바쳤다고 하는 고사에서 비롯된 말로 여러 사람 중에서 출중한 사람을 뜻함.

선판(禪板) : 좌선(坐禪)할 때에 몸을 기대어 세우는 도구로 의판(倚版)이라고도 한다. 길이는 1척 7, 8촌이고 넓이는 2촌, 두께는 3, 4푼 정도이다. 위에는 작은 구멍을 뚫었다. 이 구멍에 줄을 꿰어 승상(繩床)의 뒤에 옆으로 새끼줄을 묶어서, 판면(板面)을 비스듬히 하여 몸을 기대어 세우게 한다.

선화(禪和) : = 선화자(禪和子).

선화(禪話) : 선(禪)의 수행에 대한 법화(法話).

선화자(禪和子) : 사가(師家)의 입장에 있는 이가 학인(學人)을 대하여 부르는 말. 화(和)는 화상(和尙), 자(子)는 남자의 통칭이니, 선승(禪僧)이란 말과 같음.

선회자(禪會子) : 참선(參禪) 모임. 선(禪)을 공부하는 모임. 선회(禪會). 자(子)는 어조사.

선흔반(蘚痕斑) : 돌 위에 낀 이끼의 얼룩.

설(設) : ① 만약. 만일. ② 설령 -라 하더라도. 설사 -일지라도.

설공(設供) : 공양(供養)을 마련하다. 식사를 준비하여 드리다.

설굴(雪屈) : 굴욕을 씻다. 억울함을 풀다.

설난(說難) : = 세난(說難).

설도(說道) : 말하다, -라고 말하다.(남의 말을 직접화법으로 인용)

설두중현(雪竇重顯) : 980~1052. 송대(宋代)의 스님으로 운문종(雲門宗) 계통이다. 설두는 그가 주석한 산의 이름이다. 수주(遂州, 四川省) 출신이며, 자는 은지(隱之)이고, 속가의 성은 이(李)씨이다. 어려서 보안원(普安院)의 인선(仁銑)을 따라 출가하여 구족계를 받았고, 대자사(大慈寺)의 원영(元瑩), 석문(石門)의 곡은온총(谷隱蘊聰)에게 나아가 교상(敎相)을 연구하였으며, 수주(隨州, 湖北省)의 지문광조(智門光祚)를 뵙고는 깨달음을 얻고 그 법을 이어받았다. 동정(洞庭)의 취미봉(翠微峰)과 명주(明州) 설두산(雪竇山)의 자성사에 머물렀다. 문풍을 크게 진작시켜 운문종(雲門宗)을 중흥시켰다. 30여 년

간 산에 머물면서 70여 명의 제자를 양성하였으며, 『경덕전등록(景德傳燈錄)』을 중심으로 고칙(古則) 100여 가지를 뽑아 여기에 송고(頌古)를 지어 붙여 『설두송고(雪竇頌古)』를 지었다. 나중에 다시 원오 극근(圜悟克勤)이 여기에 평창(評唱) · 착어(著語)를 붙여 『벽암집(碧巖集)』이라 이름 붙였다. 저술로는 『동정어록(洞庭語錄)』 · 『설두개당(雪竇開堂)』 · 『폭천집(瀑泉集)』 · 『조영집(祖英集)』 · 『송고집(頌古集)』 · 『염고집(拈古集)』 · 『설두후록(雪竇後錄)』 등이 있다. 황우(皇祐) 4년 6월 10일에 입적하였으니, 당시 나이 일흔 셋, 법랍은 쉰이었다. '명각대사(明覺大師)'라는 시호를 받았다.

설두현(雪竇顯) : 설두중현(雪竇重顯).

설몽(說夢) : 꿈속의 일을 말하다. 꿈 이야기를 하다. 꿈같은 이야기를 하다. 어리석고 어두운 말을 하다.

설법(說法) : 창도(唱導) · 설교(說敎) · 법담(法談) · 찬탄(讚歎) · 담의(談義) · 권화(權化) · 설경(說經)이라고도 함. 불교의 가르침을 사람들에게 말해 주는 것.

설본(舌本) : = 설근(舌根). 혀뿌리. 혀.

설봉(雪峰) : 설봉의존(雪峰義存).

설봉도저(雪峰道底) : = 야시설봉도저(也是雪峰道底). 설봉도저(也是雪峰道底)는 '(역시) 설봉이 말한 것이다', '(역시) 설봉이 이미 말한 것이다.'라는 뜻으로서, 당송(唐宋) 시대 선사들이 상투적으로 사용한 말인데, 이런 뜻이 아닌가 한다 : 어떤 새롭고 그럴듯한 말을 하더라도 이미 알려진 말이다.

설봉의존(雪峰義存) : 822~908. 당대(唐代) 스님. 설봉이 주석한 절 이름이다. 복건성 천주(泉州) 남안(南安) 출신으로 속성은 증(曾)씨이다. 12세 때 사미가 되고, 17세 때 의존(義存)이라는 법명을 받는다. 동산양개(洞山良价) 밑에서 반두(飯頭) 일을 맡아보다가 그의 가르침에 따라 덕산선감(德山宣鑒)의 가르침을 받게 된다. 덕산의 제자인 암두전활(巖頭全豁), 흠산문수(欽山文邃)와 함께 행각하다가 호남성(湖南省) 풍주(澧州) 오산(鰲山)에 이르러, 눈 속에 파묻혀 정진하다가 암두에게 한방 맞던 중 크게 깨우쳐 덕산의 법을 잇게 된다. 874년에 그가 주석하던 절을 응천설봉사(應天雪峰寺)라 칭하였다. 882년에 희종(禧宗) 황제로부터 진각(眞覺)대사의 호를 받는다. 그의 문하로는 현사사비(玄沙師備), 장경혜릉(長慶慧稜), 고산신안(鼓山神晏), 운문문언(雲門文偃), 보복종전(保福從展) 등 많은 선승들이 있었다. 강남지역을 중심으로 종풍을 진작하다가 세수 87세로 입적하였다. 저술로는 『설봉진각대사어록』(雪峰眞覺大師語錄) 2권이 있다.

설봉진헐(雪峯眞歇) : 1088~1151. 청료진헐(淸了眞歇) 혹은 진헐청료(眞歇淸了)를 가리킨다. 송대(宋代)의 스님으로 조동종 계통이다. 속가의 성은 옹(雍)씨이며, 좌면(左綿, 四川省) 안창(安昌) 출신이다. 18세에 구족계를 받았고, 성도(成都) 대자사(大慈寺)에서 경론을 수학하였다. 그 후에 단하 자순(丹霞子淳)을 만나서 참학하여 그의 법을 이어받았다. 이후 보타(補陀) · 천봉(天封) · 설봉(雪峰) · 자녕(慈寧) 등에서 머물렀다. 64세에 황태후의 명으로 숭선현효사(崇先顯孝寺)를 개산하여 종풍을 널리 선양하였다. 소흥(紹興) 21년 10월에 입적하였는데, 그때 세수가 63, 법랍이 45였다. 저술로는 『신심명염고(信心銘拈古)』 1권과 문인들이 편집한 『장로요화상겁외록(長蘆了和尙劫外錄)』 1권이 있다. 법제자인 굉지정각(宏智正覺)이 〈숭선진헐료선사탑명(崇先眞歇了禪師塔銘)〉을 지었다.

설사(說似) : 말해 주다. 거사(擧似)와 같은 뜻. 여기서 사(似)는 동사의 접미사로서 '-주다(給)'의 뜻을 부가해 주는 어조사.

설자(碟子) : 주로 요리, 건과류, 마른 해물 등을 담아 먹는 큰 접시.

설죽(設粥) : 죽(粥)을 차리다. 죽상(粥床)을 차리다.

설통(說通) : 스스로 통달한 종지를 명쾌하게 말하

여 보이는 일.

설파(說破) : 숨김없이 말하다. 누설하다. 폭로하다. 내막을 밝혀 말하다.

설화(說話) : ① 이론(理論). 의견. 견해. 언사(言辭). 말. ② 설서(說書). 송대(宋代) 이래의 통속 문예(文藝)의 하나.

섬계(蟾桂) : 달 속의 계수나무, 곧 달을 가리킴.

섬광(蟾光) : 달빛.

섬궁(蟾宮) : 월궁(月宮). 달나라. 과거의 시험장을 비유한다.

섬륜(蟾輪) : 달을 가리킨다.

섬부(陝府)의 철우(鐵牛) : 하남성(河南省) 섬부(陝府; 섬현(陝縣))에 있는, 황하(黃河)의 수호신으로서 주조된 거대한 무쇠소이다. 머리는 하남(河南)에, 꼬리는 하북(河北)에 있다고 하며, 통행하는 사람은 이것에 물을 뿌리고 제사를 지낸다고 한다. 역량이 탁월한 사람을 비유한다.

섬피(閃避) : 재빨리 피하다. 날쌔게 피하다. = 섬개(閃開).

섭도(涉道) : 출발하다. 떠나다. = 섭도(涉途).

섭도정(涉途程) : 출발하다. 길을 떠나다. = 섭도(涉道).

섭로(涉路) : 길에 들어서다.

섭리(燮理) : 잘 다스리다.

섭리음양(燮理陰陽) : 음양(陰陽)을 고루 잘 다스리다. 군주를 보좌하여 국사(國事)를 잘 처리하다.

섭리지공(燮理之功) : 고르게 다스리는 공적(功績).

섭사(攝事) : = 사섭사(四攝事), 사섭법(四攝法).

섭수(攝受) : 섭절이문(攝折二門) 가운데 하나. 절복(折伏)의 반대. 중생의 선(善)을 받아들이고 거두어 참된 가르침에 들어가도록 이끄는 것. 곧 중생을 교화(敎化)하는 순적(順的) 방법. 역적(逆的) 방법은 중생의 악(惡)을 꺾어서 항복시키는 절복(折伏)이다.

섭절이문(攝折二門) : 섭수문(攝受門)과 절복문(折伏門). 중생을 교화하는 두 개의 방법. 섭수문(攝受門)은 중생의 선(善)을 받아들여 중생을 거두고 참된 가르침에 들어가도록 이끄는 중생을 교화(敎化)하는 순적(順的) 방법이고, 절복문(折伏門)은 중생의 악(惡)을 꺾어서 항복시켜 중생을 참된 가르침으로 인도하는 역적(逆的) 방법이다.

섭현귀성(葉縣歸省) : 송대의 사람. 임제종 불광파(佛光派). 기주(冀州; 하북성)인. 속성은 가씨(賈氏). 역주(易州) 보수원(保壽院)에서 출가하여 구족계를 받음. 남쪽으로 유력하여 여주(汝州)의 수산성념(首山省念)에게 참학하고 대사(大事)를 다 마쳤다. 수년 후에 섭현(葉縣) 광교원(廣敎院)에 주석하였다. 『섭현광교성어록(葉縣廣敎省語錄)』(1권)이 있다.

성가(聲價) : 명성(名聲). 평판(評判).

성각(惺覺) : 각성(覺醒).

성각(性覺) : 자성(自性) 자체가 곧 깨달음이다. 진여자성(眞如自性) 스스로가 다른 것을 말미암지 않고 스스로 깨달아 스스로 밝으므로 이렇게 말함.

성괴(成壞) : 성상(成相)과 괴상(壞相).

성기(性氣) : 성격. 성미. 성깔. 성질.

성도(聖道) : ① 성인의 지위에 이르는 길. ② 번뇌의 더러움이 없는 무루(無漏)의 지혜. ③ 부처님이 말씀하신 교법, 곧 불도를 말함. ④ 정토교에서 아미타불 타력의 본원력에 의하여, 왕생을 말하는 정토교에 대하여, 사바세계에서 수행하여 증득하려는 자력교(自力敎)를 말함.

성도(成道) : 깨달음. 대각(大覺)을 이루심.

성도(成都) : 중국 사천성(四川省)의 성도(省都). 전국시대부터 있어온 도시로, 춘추전국시대에는 촉(蜀)의 수도였다. 진(秦) · 전한(前漢) 때는 촉군(蜀郡)이 관할하는 성도현(成都縣)이 설치되었고, 후한(後漢) 때에는 익주(益州)의 통치도 겸하게 하였다. 삼국시대 때 유비(劉備)가 촉한을 통일하고 이곳에다 수도를 건립하였다. 삼국시대에는 촉한(蜀漢)의 중심지로서 번영하였으며 당(唐)의 현종(玄宗)은 안사의 난 때에 이곳으로 피신하였다. 수당(隨唐) 시대 때는 장안(長安), 양주(揚州), 돈황(敦煌)과 함께 4대 도시였다. 옛날부터 방직업이 발달되었고, 군사적으로도 매우 중요시되었다. 부근에는 사적이 풍부한데 그 중에서도 제갈량(諸葛亮)을 모시는 무후사(武侯祠)를 비롯하여 두보초당(杜甫草堂)·망강루(望江樓) 등이 있다.

성두(星斗) : 별 무리.

성량(聖量) : 성인(聖人)의 도량(度量). 도량(度量)은 본래 길이를 재는 자와 양을 재는 되를 가리키는 말로서, 마음을 쓰는 크기나 능력을 가리키는 말이다.

성문(聲聞) : 원래의 뜻은 석가모니의 음성을 들은 불제자를 말함. 대승불교에 상대하여 말할 때에는 성문은 곧 소승불교를 가리킨다. 그 의미는 부처님의 가르침에 의지하여 사성제(四聖諦)의 이치를 이해하고, 차례차례 수행의 단계를 거쳐 아라한이 되기를 바라는 수행자이다. 불이법문(不二法門)에 서서 수행의 단계를 말하지 않는 대승의 보살에 대하여, 출세와 속세, 깨달음과 어리석음을 분별하여 하나를 버리고 하나를 취하는 점차적인 수행의 단계를 거치는 소승불교를 대표하는 것이 바로 성문이다. 그러므로 성문은 분별하여 취하고 버리는 길을 따르는 무리이다.

성문승(聲聞乘) : 삼승(三乘)의 하나. 성문(聲聞)이 증과(證果)에 이르기 위하여 닦는 교법(敎法). 곧 고집멸도(苦集滅道)의 사제(四諦).

성발(省發) : 깨닫다.

성불(成佛) : 작불(作佛)·성도(成道)·득도(得道)라고도 함. 깨달음을 이룸. 깨닫다.

성사(盛事) : 성대한 일. 훌륭한 일.

성상(性相) : 법성(法性)과 법상(法相). 법의 미묘한 자성과 법의 드러난 모습.

성상(聖像) : 불상(佛像)이나 보살상, 혹은 조사(祖師)의 조각상.

성상(成相) : 화엄종 6상의 하나. 만유 제법이 서로 의지하여 동일체를 성립한 형태. 예를 들면 기둥·대들보 등이 서로 의지하여 한 집을 이루는 것과 같은 따위.

성상이종(性相二宗) : 법성종(法性宗)과 법상종(法相宗)을 말함. ① 법성종; 줄여서 성종(性宗). 성(性)은 법성(法性)·불성(佛性)의 뜻. 일체 만유는 동일한 법성에서 생겼으며, 일체중생은 모두 성불할 성품이 있다고 말하는 종지(宗旨). 삼론종·화엄종·진언종·천태종 등. ② 법상종; 줄여서 상종(相宗). 상은 법상(法相)의 뜻. 모든 현상을 5위(位) 75법(法)·5위 100법 등으로 분류한 것을 본뜻으로 하는 종지. 구사종·법상종 등.

성색(聲色) : 말소리와 얼굴 빛.

성성(惺惺) : 총명하다. 맑고 고요하다. 깨어 있다.

성성착(惺惺著) : 활짝 깨어 있어라. 성성(惺惺)은 '깨어 있다'는 뜻이고, 착(著)은 어구(語句) 말미에 붙어서 바람이나 명령을 나타내는 어조사.

성수불루(盛水不漏) : 가득 찬 물이 조금도 새지 않음. 사물이 빈틈없이 꽉 짜여 있음. 또는 지극히 정밀함. 빈틈 없음. 주의가 구석구석까지 미침.

성승(聖僧) : 승당 가운데 안치되어 있는 성상(聖像)이다. 주로 문수보살상이 많지만 마하가섭이나 교진여상도 있다고 한다.

성시(省侍) : 찾아 뵙고 받들어 모심.

성식(性識) : 근성(根性)과 심식(心識). 심의식(心意識)과 같은 말.

성실(成實) : 실상(實相)을 이루는 것. 아(我)와 법(法)이 모두 공(空)이라는 사실이 바로 실상이다.

성아(星兒) : 저울눈. 부스러기. (물)방울.

성예(星翳) : = 백예(白翳). 각막병에 걸린 후 각막에 남은 상처의 흔적.

성요처(省要處) : 성요(省要)는 성략간요(省略簡要). 사려분별을 다 생략한 깨달음의 요점.

성일편(成一片) : = 타성일편(打成一片). 한 덩어리가 되다. 한 데 뭉치다.(주로 감정이나 생각이 융합되는 것을 가리킨다)

성전(聖箭) : 성스러운 화살이란, 곧 무명(無明)의 어둠을 꿰뚫는 지혜를 가진 종장(宗匠)을 가리킨다.

성절(聖節) : 현 황제(皇帝)의 탄생일.

성절상당(聖節上堂) : 현 황제의 탄생일에 성수(聖壽)의 무궁을 비는 의미에서 상당하여 법문하는 것.

성조(性燥) : 재빠르다. 날카롭다. 확실하다.

성주(聖主) : 성군(聖君). 임금.

성주괴공(成住壞空) : 순서대로 우주의 성립 · 존속 · 파괴 · 공무(空無)를 가리키는데, 생멸(生滅)하는 변화(變化)를 의미한다.

성찰(省察) : 살펴보다. 돌이켜보다.

성취중생(成就衆生) : 중생을 부처로 만드는 것, 중생을 제도하는 것. 구마라집 번역의 『유마힐소설경』「불국품제일(佛國品第一)」에 "그 방편을 따르면 중생을 제도하고, 중생을 제도하게 되면 불국토가 깨끗해진다."(隨其方便則成就衆生, 隨成就衆生則佛土淨)는 구절이 있고, 또 「보살행품(菩薩行品) 제 11」에 "설법해서 교화하여 중생을 제도하고 불국토를 깨끗이 한다."(說法教化, 成就衆生, 淨佛國土)는 구절이 있다.

성태(聖胎) : 십주(十住) · 십행(十行) · 십회향(十廻向)의 삼현위(三賢位)를 성태라 함. 성인될 인(因)을 말하는 것으로 자신이 가지고 있는 종자로써 인(因)을 삼고, 좋은 벗으로써 연(緣)을 삼아서 바른 법을 듣고 수습(修習)하여 본성을 길러 초지(初地)에 이르는 것.

성판(成辦) : 잘 갖추다. 완전히 갖추다.

성화(聖化) : 천자(天子)가 덕행으로 백성을 교화(教化)함. 천자의 훌륭한 정치.

세난(說難) : = 설난(說難). 타인을 설득하기가 어렵다는 말. 『한비자(韓非子)』「세난편(說難篇)」에서 이렇게 말한다. "설득의 어려움은 상대를 설득하기 위한 지식이 모자라거나 언변이 능숙하지 못하거나 혹은 주눅이 들어서 마음 먹은 것을 다 말하지 못해서가 아니다. 상대의 마음에 내 말을 맞추는 게 어렵기 때문이다. 상대는 내심 명성을 좋아하는데 내가 이익에 대해 말하면 절조가 낮고 비천한 자로 여겨 귀를 기울이지 않는다. 반면에 상대가 이익을 중하게 여기는데 내가 명성에 대해 떠들고 있으면 생각이 없고 세상 물정에 어두운 사람이라고 할 것이다."

세니(細膩) : ① 보드랍다. 매끄럽다. ② 섬세하다. 세밀하다.

세단(歲旦) : 정월 초하루 아침. 원단(元旦).

세류영(細柳營) : 중국 한(漢)나라 문제(文帝) 때 흉노족의 침략을 막기 위해 주아부(周亞夫)는 군사를 이끌고 변방인 세류영에서 진을 치고 있었다. 문제는 군기를 살펴보기 위해 세류영에 도착하여 성안으로 들어가려 하자, 주아부는 성문을 굳게 닫고서 도읍에서는 천자의 칙령이 제일이나 변방에서는 장군의 명령이 제일이니 장군의 명령 없이는 천자라 할지라도 들어올 수 없다고 버티었다고 한다. 문제가 들어가서 보니 과연 군기가 엄격하였다. 이에 앞서 문제는 패상영(灞上營)에 들렀는데 그 곳의 장수들과 군기는 세류영에 비해 형편없었으므로 문제는 그들을 가리켜 아이들 장난같다고 말했다고 한다.

세면모착비공(洗面摸著鼻孔) : 세수하다가 코를 만지다. 깨달음을 체험하는 것을 가리킨다. 코는 본래면목을 가리킨다. 얼굴을 손으로 씻으면 당연히 코를 만지게 되듯이 깨달음도 당연하고 평범한 일상 속에서 체험하게 됨을 가리킨다. 『선림승보전(禪林僧寶傳)』 제7권 '서록선선사'(瑞鹿先禪師)에 다음 말이 있다. "나는 처음에 천대(天臺) 선사를 만나 뵙고 말을 듣고서 곧 알아차렸다. 그러나 석 달이 되기 전에 일상생활 속에서 마치 앞이 가로막힌 듯하고 원수와 함께 있는 듯이 갑갑하였다. 하루는 문득 분명히 깨달았는데, 비유하자면 세수하다가 코를 만지는 것과 같았다."(吾初見天臺, 言下便薦. 然千日之內, 四威儀之中, 似物礙膺, 如讎同處. 一日忽然猛省, 譬如洗面摸著鼻孔.) 또 『속간고존숙어요(續刊古尊宿語要)』 제2집 「은산찬화상어(隱山璨和尙語)」에 다음 말이 있다. "본래 따져볼 수 있는 불법(佛法)이 없고, 또 귀신의 굴 속에 앉아 있는 것도 아니다. 문득 세수하다가 코를 만지게 되면, 곧 밥은 원래 쌀임을 알게 된다."(本無佛法可商量, 亦不坐在鬼窟裏. 驀然洗面摸着鼻, 便知得飯元是米.)

세사(世師) : 석존(釋尊)을 말한다.

세속제(世俗諦) : 일반적인 진리를 말하는데, 세속적 입장에서의 진리이다. 즉, 세속은 세간 의 통속을 말한다. 세제(世諦) · 속제(俗諦)라고도 한다.

세의(世醫) : 대대로 의업(醫業)에 종사하는 사람, 또는 그 집.

세절(歲節) : 설 명절. 설 전후의 연말연시의 시기. = 연절(年節).

세제(世諦) : 속제(俗諦)라고도 함. 세(世)는 세속이란 뜻이고, 제(諦)는 진실한 도리란 뜻. 세속 사람들이 아는 도리, 곧 세간 일반에서 인정하는 진리. 반대는 진제(眞諦) 혹은 승의제(勝義諦)라고 한다.

세존(世尊) : 부처님 10호(號)의 하나. 부처님은 온갖 공덕을 원만히 갖추어 세간을 이익케 하며, 세간에서 존중을 받으므로 세존이라 하고, 또 세상에서 가장 높다는 뜻으로 이렇게 부른다.

세친(世親) : 바수반두(Vasubandhu)의 번역어. 천친(天親)이라고도 번역.

소(少) : ① 그만 두어라. 작작 하여라. -하지 말라. -해서는 안 된다. ② -가 부족하다.

소(消) : ① 만나다. ② 필요로 하다. ③ 받다.

소(蘇) : 농축(濃縮) 우유(牛乳)인 연유(煉乳)를 정제(精製)한 것. 전통적인 정제법은 우유를 냄비(접시 모양의 철제 냄비)에 넣고 가열하면서 주걱으로 휘저어 수분을 증발시켰다.

소(疏) : 일반적으로는 경론(經論)의 주석서를 가리키지만, 선문(禪門)에서는 보통 사륙변려체(四六騈儷體)를 사용한 표백문(表白文)을 가리킨다. 선문의 소는 크게 나누어 입사소(入寺疏), 임한소(淋汗疏), 간연소(幹緣疏) 등 3종이 있다. 입사소는 새로운 주지의 임기가 시작될 때, 그 선원 또는 그 선원 주변에 있는 여러 절의 주지와 도우(道友) 혹은 동문(同門) 등이 부임(赴任) 즉 입사(入寺)를 배알 또는 축하하는 문장을 가리킨다. 임한소는 선원에서 불사(佛事)를 할 때, 그 비용을 모금하는 문장이다. 간연소는 일반적으로 말하는 권선문(勸善文)으로서, 여러 가지 일로 보시를 권할 때 그 취지를 알리는 문장이다. 여기에서 대혜가 인용하는 소는 대혜가 개당하는 날이므로 입사소이다.

소각사(昭覺寺) : 숭녕만수선사(崇寧萬壽禪寺)와 육조사(六祖寺)는 소각사(昭覺寺)의 다른 이름이다. 『성도현지(成都縣志)』「여지지(輿地志)」'사관(寺觀)'에 의하면, 소각사(昭覺寺)는 본래 한조(漢朝) 미주(眉州)의 사마동상(司馬董常)의 고택(古宅)이었고, 택호(宅號)가 건원(建元)이었다. 당(唐) 정관(貞觀) 연간(627~649)에 이 집을 절로 바꾸어 이름을 건원사(建元寺)라고 하였고, 선종(宣宗) 때에 소각(昭覺)이라는 이름을 하사하였다. 송대(宋代)에는 이름을 육조사(六祖寺)라 하였다가, 숭녕(崇寧) 연간(1102~1106)에 불과극근(佛果克勤; 송(宋) 고종(高宗)이 원오선사(圓悟禪師)라는 이름을 내렸다.)이 이 절에서 설법(說法)하면서, 절 이름을 다시 소각사(昭覺寺; 뒤에 숭녕만수사(崇寧万壽寺)로 이름을 바꿈)라 하였다. 남송(南宋) 소흥(紹興) 초년(初年)에 조칙(詔勅)으로 소각사를 선림(禪林; 우리나라의 총림(叢林))으로 바꾸었다. 명(明) 숭정(崇禎) 17년(1644) 병화(兵火)를 입어 절이 모두 불탔다. 청(淸) 강희(康熙) 2년(1663)에 파산화상(破山和尙)이 중건(重建)하였는데, 석축(石築) 7.5km를 쌓아 지금의 커다란 규모를 만들었다. 주요 건물은, 산문(山門), 팔각정(八角亭), 천왕전(天王殿), 선각당(先覺堂), 원각당(圓覺堂), 어서루(御書樓), 관음각(觀音閣), 열반당(涅槃堂), 장경루(藏經樓), 원오선사묘원(圓悟禪師墓園) 등이다. 그런데 숭녕만수선사의 주지를 하면서, 소각(昭覺)에 머물고, 먼저 육조(六祖)의 청을 받아 시중(示衆)하고, 다음으로 소각(昭覺)의 청을 받아 시중하였다고 되어 있으니, 소각(昭覺)과 육조(六祖)

는 숭녕만수선사에 속하는 두 사찰인 것으로 보인다. 지금은 소각사(昭覺寺)로 통합되었지만, 당시에는 소각과 육조를 합한 전체 사찰을 숭녕만수선사라 하고, 그 각각의 사찰에서 따로따로 시중한 것으로 보인다. 그러나 현재에는 소각사라고 불리는 대형 사찰이 하나 있고, 소각사를 소개하는 기록에 의하면 숭녕만수선사와 육조사는 소각사의 다른 이름이라고 되어 있을 뿐, 그 자세한 내막은 알 길이 없다.

소간(少間) : 잠깐. 잠깐 동안. 잠깐 사이. 곧.

소거(少渠) : 조금이라는 뜻.

소견(消遣) : ① 이해하다. 소화하다. ② 수용하다. 향유하다. ③ 심심풀이하다. 소일하다. 희롱하다.

소결(疏決) : ① 뚜렷이 판결하다. ② 소통시키다. 개통시키다.

소구(笑具) : 우스갯짓.

소근마자(小根魔子) : 근기가 작은 마구니. 근기가 작고 안목이 없는 사람.

소끽(少喫) : ① 조심스럽게 먹다. ② 먹는 것을 삼가다. ③ 먹을 것이 부족하다.

소동파(蘇東坡) : 1037-1101. 중국 북송(北宋) 때 정치가 · 문인. 이름은 식(軾). 자는 자첨(子瞻), 호는 동파거사(東坡居士). 사천성 미산현 출생. 소식은 송나라 때뿐만 아니라 중국의 근세를 대표하는 사대부이며 당송팔대가의 한 사람으로, 이지적 학자이면서 섬세한 감각의 시인이었다. 대표작 「적벽부(赤壁賦)」가 있고, 저서로 『동파칠집』이 있다.

소득(銷得) : = 소득(消得).

소득(消得) : ①-할 만한 가치가 있다. -할 만하다. 걸맞다. 상응하다. ② 누리다. 향유하다. 수용(受用)하다.

소로소로(蘇嚧蘇嚧) : 주문(呪文)의 한 구절. 그 뜻은 보리수(菩提樹)의 잎이 즐겁게 떨어지는 소리. 혹은 모든 보리수가 즐겁게 내는 나무 소리라 한다.

소림(少林) : ① 초조 달마(達摩)를 가리킴. ② 중국의 하남성(河南省) 숭산(嵩山) 소실봉(少室峰)에 있는 사찰 소림사(少林寺)를 말한다. 중국 선종(禪宗)의 초조(初祖) 달마대사가 9년 동안 면벽(面壁)하다 혜가(慧可)에게 전법하여 선법(禪法)을 펼친 곳이다. 이런 연유로 선종(禪宗)을 소림문하(少林門下)라 한다.

소림사(少林寺) : 중국 하남성(河南省) 등봉현(登封縣) 숭산(嵩山)에 있는 사찰. 임제종(臨濟宗)의 대가람(大伽藍)이다. 고루(鼓樓)인 초조암(初祖庵)은 원(元)나라 때 건물이고 본전은 송(宋)나라 때(1125) 건물인데, 본전의 내부에 있는 인왕(仁王) · 용 등을 부각한 석주(石柱)는 유명하다. 이 석주 외에 다수의 당 · 송 이후의 석비(石碑), 동위(東魏)의 삼존불(三尊佛), 북제(北濟)의 조상(造像) 등 200기(基) 이상이 남아 장관을 이루고 있다. 처음에 이 사찰은 496년에 북위(北魏)의 효문제(孝文帝)가 발타선사(跋陀禪師)를 위하여 창건했다고 전한다. 달마(達磨)가 530년부터 9년간 여기서 좌선했다는 사실로도 유명하다.

소매평석(素昧平昔) : 평소 서로 만난 일이 없다. 일면식(一面識)도 없다. = 소매평생(素昧平生), 소매생평(素昧生平), 소불상식(素不相識).

소문(昭文) : 『장자(莊子)』「제물론」에 등장하는 거문고의 달인. 거문고 소리로 자연의 모든 소리를 재현할 수 있었는데, 나중에는 거문고의 소리가 자연의 소리를 가로막는다고 하여 거문고 타기를 그만두었다.

소미(燒尾) : 당대(唐代)에 과거에 급제했거나 승진한 사람이 벌이는 잔치.

소병(掃屛) : 깨끗이 제거하다.

소부(小部) : ① 당대(唐代) 궁중에서 노래하고 춤추던 소년 악대(樂隊). ② 작은 부락.

소부(召赴) : 불러들이다.

소부득(少不得) : ① 피할 수 없다. -하지 않을 수 없다. ② 결단코. 정녕.

소비(素非) : 참으로 -가 아니다. 결코 -가 아니다.

소사(小使) : 심부름꾼.

소사(小師) : 제자. 자신을 겸손하게 일컫는 말.

소살(笑殺) : 우스워 죽을 지경이다. 배를 잡고 웃게 만들다. 살(殺)은 살(煞)로도 쓰며, 동사나 형용사 뒤에 붙어서 '매우 심한', '끝까지', '죽도록' 등 정도가 극히 심함을 나타내는 말.

소상(瀟湘) : 호남성(湖南城) 동정호(洞定湖) 남쪽 영릉현(零陵縣) 북부에서 소수(瀟水)와 상수(湘水)가 합류하는 곳. 예로부터 이 지역은 물이 맑고 경치가 뛰어나 많은 시인묵객들이 찾아 이곳을 주제로 시를 짓고 그림을 그렸다고 한다.

소색(蕭索) : 생기가 없다. 쓸쓸하다. 적막하다. 활기가 없다. 조용하다. 스산하다.

소석(韶石) : 운문문언이 머물렀던 지역 이름. 소주(韶州), 소양(韶陽), 소석(韶石)은 같은 지명. 곧 운문문언(雲門文偃)을 가리킨다.

소석(消釋) : 풀다. 풀리다. 없어지다.

소설대화(少說大話) : 큰소리 작작 쳐라. 흰소리는 그만 해라.

소소(小小) : 사소하다.

소소쇄쇄(蕭蕭灑灑) : = 소쇄(瀟灑).

소쇄(瀟灑) : (모습, 행동이) 소탈하다. 말쑥하다. 산뜻하다. 시원스럽다. 자연스럽고 대범하다. 구속을 받지 않다.

소쇄(蕭灑) : = 소쇄(瀟灑).

소승(小乘) : 범어 hīnayāna(希那衍). 승은 싣고 운반한다는 뜻. 일체 중생이 모두 부처가 되기에는 너무나 작고 보잘것없는 수레라는 뜻. 대승의 대. 이 교법 중에는 교(敎)·리(理)·행(行)·과(果)가 모두 심원광대하고, 따라서 수행하는 사람도 대기리근(大器利根)인 기류를 요하는 것을 대승이라 하고, 이와는 달리 아라한과와 벽지불과를 구하는 것을 소승이라 한다. 소승에는 성문승과 연각승이 있다. ① 성문승(聲聞乘); 사제(四諦)의 이치를 관하여 성문의 사과(四果)를 증득하여 열반에 이르는 것을 교리로 하다. ② 연각승(緣覺乘); 12인연을 관하여 벽지불과에 이르는 것을 교체(敎體)로 한다. 이것은 모두 몸을 태우고 지(智)를 멸하여 공적열반의 깨달음으로 돌아가는 것을 최후 목적으로 생각한다. 부처님이 열반하신 후 100년에 상좌부(上座部)와 대중부(大衆部)로 분열하였고, 이 대중부는 또 다시 9부로, 상좌는 11부로 나뉘어져 결국 도합 20부가 되었다. 스승이나 지역관계가 분열의 원인이 되었는데, 이와 같은 분열은 한편으로 교세의 확장을 의미하기도 한다. 각 부의 교의는 서로 영향을 받았으며, 거기다가 이상적 질서를 부여한 것은 중국의 교판(敎判)으로, 규기(窺基)의 팔종판(八宗判), 법장(法藏)의 십종판(十宗判)등이다. 이 이름은 대승이 유부(有部)의 번역 연구를 소승이라 낮추어 부른 데서 비롯된다. 대표적인 부파는 유부(有部)·경량부(輕量部)·정량부(正量部)·대중부(大衆部) 등이다. 인도의 상좌부·대중부 등의 20분파와 동토(東土)의 구사종·성실종·율종 등이다.

소시(少時) : 잠시. 잠깐. 잠시 후.

소식(素食) : 고기나 생선 따위의 반찬이 없는 초라한 밥. = 소반(素飯), 소밥.

소실봉(少室峰) : 숭악(嵩岳)의 별봉(別峯)을 말하는 것이다. 위나라의 효문(孝文)이 불타(佛陀)선사를 위하여 이곳에 소림사를 세웠다. 곧 초조 달마대사가 9년면벽(九年面壁)한 곳이다.

소실산(少室山) : = 소실봉(少室峰). 소림사는 소실산의 오유봉 아래에 있고, 보리달마의 면벽 9년, 2조 혜가의 참학지.

소심(小心) : 조심하다. 주의하다. 조심스럽다. 주의깊다. 세심하다.

소양(韶陽) : 소주(韶州). 보통 소주의 운문산(雲門山)에 머물렀던 운문문언(雲門文偃)을 가리킨다.

소연(翛然) : 사물에 얽매이지 않고 자유자재한 모양.

소연(蕭然) : 조용하다. 고요하다. 깨끗하다. 쓸쓸하다.

소요(逍遙) : 자유롭게 거닐다. 유유자적하다. 아무 구속도 받지 않다. 자유롭게 즐기다.

소위(所爲) : ① 하는 바. 짓거리. 하는 짓. ② 까닭. 이유. 원인.

소융(銷融) : 녹이다. 녹다. = 소융(消融).

소장공(蘇長公) : 소동파(蘇東坡; 1036~1101).

소존(所存) : 마음가짐. 마음에 둔 뜻.

소지(掃地) : ① 전부. 일체. ② 두루. ③ 없애다. 완전히 제거하다. 완전히 사라지다. 소지구진(掃地俱盡), 소지무여(掃地無餘), 소지이진(掃地以盡)과 같음.

소진(蘇秦)과 장의(張儀) : 『사기(史記)』 제69권 「소진열전」과 제70권 「장의열전」에 소개되어 있는 인물들. 소진과 장의는 전국시대(戰國時代) 가장 말솜씨가 뛰어난 유세객(遊說客)들로서, 이른바 합종책(合從策)과 연형책(連衡策 : 연횡책(連橫策)이라고도 함)을 구사했던 이들이다. 이 둘은 함께 귀곡자(鬼谷子)의 가르침을 받았으나, 세상에 나아가서 중국 천하를 경영할 때에는 서로 대립관계에 있었다. 전국칠웅(戰國七雄)의 시대에는 가장 강성한 진(秦)나라와 상대적으로 힘이 약한 연(燕) · 조(趙) · 한(韓) · 위(魏) · 제(齊) · 초(楚)의 6국이 서로 대립과 협력의 관계를 통하여 힘의 균형을 유지하고 있었지만, 6국들은 언제나 힘이 강한 진나라의 위협에 시달리고 있었다. 이 문제에 대한 해법으로 소진(蘇秦)은 진을 제외한 6국이 서로 동맹을 맺는 합종책(合縱策)을 통하여 진나라와 힘의 균형을 유지해야 진나라의 침략을 막을 수 있다고 유세하여, 6국의 왕들을 성공적으로 설득함으로써 십수년간 6국의 재상을 겸하며 진나라의 진출을 억제하였다. 그러나 진(秦)에서 재상 벼슬을 얻은 장의(張儀)는 6국을 돌아다니며 유세하기를, 오히려 힘이 강한 진(秦)을 중심으로 6국이 동맹을 맺어야 전쟁이 없을 것이라고 설득함으로써 마침내 소진의 합종책을 깨고 진나라를 중심으로 6국이 연횡(連橫)하는 연횡책(連橫策)을 실현하였다.

소참(小參) : 참(參)은 대중을 모아 법을 설하는 것. 정식의 설법(上堂)에 대하여, 해가 저물 때 장소를 정하지 않고, 혹은 임시로 침당(寢堂) · 법당 · 방장(住持)의 거실에서 법좌(法座)에 올라 설법하는 것. 수시수처(隨時水處)에 주지가 설법하는 것. 원래는 침당에서 약식으로 행해지는 주지의 설법 및 그에 수반되는 문답상량(問答商量)이었음. 그러나 남송(南宋)때가 되면서 의식적, 정기적인 것으로 되었음. 대참(大參)의 반대.

소친(疎親) : 친척을 멀리하다. 멀고 가까움.

소파구(笑破口) : 입이 째지게 웃다. = 소파순(笑破脣).

소파순(笑破脣) : 입이 째지게 웃다. = 소파구(笑破口).

소파취순(笑破嘴脣) : 입이 째지게 웃다. = 소파순(笑破脣)

소하(蕭何) : ?~B.C. 193. 중국 전한(前漢) 때 고조(高祖) 유방(劉邦)의 재상. 강소성(江蘇省) 패군(沛郡) 풍현(豊縣) 출생. 한신(韓信) · 장량(張良) · 조참(曹參)과 함께 고조의 개국공신이다. 진(秦)나라의 하급관리로 있으면서, 일찍이 고조 유방이 무위무관(無位無官)일 때부터 접촉을 가졌다. 유방이 진나라 토벌의 군사를 일으키자 종족 수십 명을 거느리고 객원으로서 따르며 모신(謀臣)으로 활약하였다. 진나라 수도 함양(咸陽)에 입성하자 진나라 승상부(丞相府)의 도적문서(圖籍文書)를 입수하여 한(漢)나라 왕조 경영의 기초를 다졌다. 한나라 유방과 초(楚)나라 항우(項羽)의 싸움에서는 관중(關中)에 머물러 있으면서 고조를 위하여 양식과 군병의 보급을 확보했으므로, 고조가 즉위할 때에 논공행상(論功行賞)에서 으뜸가는 공신이라 하여 찬후(似侯)로 봉해지고 식읍(食邑) 7,000호를 하사받았으며, 그 일족 수십 명도 각각 식읍을 받았다. 뒤에 한신 등의 반란을 평정하고 최고의 상국(相國)에 제수되었다. 재상 시절 진나라의 법률을 취사(取捨)하여 『구장률(九章律)』을 편찬하였다.

소한(霄漢) : 하늘.

소향(所向) : 가는 곳마다.

소허(少許) : 소량. 얼마간. 약간.

소허(小許) : 소허(少許)와 같음.

소흥(紹興) : 남송(南宋) 1대 황제인 고종(高宗)의 연호. 1131년에서 1162년까지 32년간이다.

속(贖) : 구입하다. 사다.

속자(屬者) : ① 따르는 사람. ② 근래. 요즈음. ③ 지난 번. 이전.

손빈(孫臏) : 전국시대(戰國時代)의 병가(兵家)의 대가이다. 일찍이 방연(龐涓)과 동학이 되어 병법(兵法)을 공부했다. 방연은 위(魏)나라 혜왕(惠王)의 장군이 되었는데, 손빈의 재주를 시기해서 위나라로 그를 불러들여 빈형(臏刑; 슬개골을 자르는 형벌)에 처했다. 이로 인해 손빈(孫臏)이라는 이름을 얻었다. 손빈은 후에 제나라 위왕(威王)의 군사(軍師 : 참모)가 되었고, 위나라를 공격하여 방연을 죽임으로써 원수를 갚았다. 손빈은 전쟁을 수단으로 삼아 중국을 통일할 것을 주장했고, 전쟁중에 특히 사람의 주관적인 능동작용을 중시하여 '천지간에 사람보다 귀한 것은 없다(天地之間莫貴於人)'고 했다. 단지 좋은 무기에만 의지하는 것으로 강대하다고 할 수는 없으므로, '갑옷의 견고함이 병사를 이롭게 하나 강하게 할 수 있는 것은 아니다(甲堅利兵不得以爲强)'라고 했다. 저서 『손빈병법』은 당나라 이후에 유실되었는데, 1972년 인췌산 한묘에서 그 죽간이 발굴되었다. 『손자병법(孫子兵法)』을 저술한 병가(兵家)의 비조(鼻祖)인 손무(孫武)와는 다른 인물이다.

손빈수포(孫臏收鋪) : 『임천노인평창단하순선사송고허공집(林泉老人評唱丹霞淳禪師頌古虛空集)』 제6권, 제98칙 천녕상당(天寧上堂)에서, "도(道)는 평상(平常)과 합하고 이상한 것이 아니니, / 수행하는 사람이 어찌 꼭 어려운 고생을 해야 할까? / 이제부터는 손빈(孫臏)에게서 점을 치지 말 것이니, / 거북 껍질에는 신령함이 없으니 뚫을 필요가 없다네."(道合平常絶異端, 行人何必歷艱難. 從今莫買孫賓卜, 龜殼無靈不用鑽.)라는 게송에 대한 다음과 같은 해설이 있다 : 손빈(孫臏)이 점을 친다는 것 = 본전(本傳; 『사기』의 열전)에 의하면, 손빈은 손무(孫武)의 후손으로서, 병법(兵法)에 능했다. 손빈은 아궁이의 숫자를 줄이는 술수를 써서 마릉(馬陵)에서 방연(龐涓)을 격파함으로써 천하에 이름을 떨쳤고, 그 병법이 후대에 전해졌다. 오늘날 선문(禪門)에서 말하는 손빈이 저자에 점집을 열고 점을 쳤다는 것은, 무슨 근거로 이런 말을 하는지 알 수가 없다. 학자들은 이에 대하여 밝히기를, 빈(臏)은 그 다리에 빈형(臏刑; 정강이 뼈를 베는 형벌)을 받았기 때문이니, 또 이름을 빈비인절(臏毗忍切; 정강이 뼈를 쓸모없이 끊어내는 고통을 참다)이라고도 한다고 한다. 빈(臏)이란 대개 형벌의 이름으로서, 정강이를 제거한다는 말이다. 거북에 구멍을 뚫는다는 것 = 『장자(莊子)』(「잡편」 '외물')에 이르기를 "송(宋)의 원군(元君)이 꿈을 꾸었는데, 머리를 풀어헤친 사람이 말했다. '저는 재로(宰路)의 연못에서 왔습니다. 저는 청강(淸江)의 사자(使者)로 하백(河伯)이 있는 곳으로 가다가, 어부인 여차(余且)에게 붙잡혔습니다.' 깨어난 뒤에 점을 쳐 보니 신귀(神龜)였다. 어부 가운데 과연 여차라는 자가 있어서, 그물로 흰 거북을 잡았는데, 그 둘레가 5척(尺)이나 되었다. 원군은 그 거북을 살려주려고 하였는데, 점술사가 말하기를 '거북을 죽여서 길흉을 점쳐 보십시오.'라 하였다. 그리하여 거북을 껍질을 벗겨 72번이나 구멍을 뚫어 점을 쳤으나 틀리지 않았다." 아아! 점괘가 나오기 이전에 자세히 알고 있는데, 어찌 산가지를 뽑고 음양(陰陽)을 물을 필요가 있겠는가?(孫賓卜者 : 按本傳, 孫賓孫武子後, 善兵法. 設減灶之術, 敗龐涓於馬陵, 以此名播天下, 世傳其兵法. 今禪門謂設鋪市卜, 不知於何而得是說. 學者詳焉, 賓因臏其足故, 更名臏毗忍切. 臏蓋刑名, 去膝之謂也. 鑽龜者 : 『莊子』云 : "宋元君夢, 人被髮曰 : '予自宰路之淵. 予謂淸江使河伯之所, 漁者余且得予.' 覺而占之神龜也. 漁者果有余且, 網得白龜, 其圓五尺. 君欲活之, 卜之曰 : '殺龜以卜吉凶.' 及刳龜, 七十二鑽而無遺筴." 咦! 眹兆已前如委悉, 何消掐筭問陰陽?)

솔도파(窣堵波) : stūpa의 음역. 탑파(塔波), 부도(浮屠), 탑(塔)이라고 한다.

솔이(率易) : 몸가짐이나 언행이 까다롭지 않고 소탈함.

솔지(窣地) : 늘어져 있는 모양. 드리워 있는 모양. 털어내는 모양.

송고(頌古) : 선종(禪宗)에서 불조(佛祖)들이 문답(問答) 상량(商量)한 이야기들인 고칙(古則)에 관한 자신의 느낌이나 견해를 운문체(韻文體)의 게송으로 표시한 것. 송고(頌古)의 기원은 설두중현(雪竇重顯; 980~1052)이 『경덕전등록(景德傳燈錄)』을 중심으로 고칙(古則) 100여 가지를 뽑아 여기에 송고(頌古)를 지어 붙여 '설두송고(雪竇頌古)'라 한 것인데, 나중에 다시 원오극근(圜悟克勤; 1063~1135)이 여기에 수시(垂示)·착어(着語)·평창(評唱)를 붙여 '벽암집(碧巖集)'이라 이름 붙였다. '벽암집(碧巖集)'은 지금 『벽암록(碧巖錄)』이라는 책으로 널리 알려져 있다. 이 송고와 염고(拈古)를 집대성한 것으로는 고려 진각혜심(眞覺慧諶)이 엮은 『선문염송(禪門拈頌)』 30권이 있다.

송라(松蘿) : '소나무겨우살이'인데, 오줌을 잘 나오게 하므로 약재로 쓰인다. 또 중국 안휘성(安徽省)에서 나는 차의 이름이기도 하다.

송원(松源) : 송원숭악(松源崇嶽). 즉, 영은숭악(靈隱崇嶽).

송원숭악(松源崇岳) : 1132~1202. 임제종(臨濟宗) 양기파(楊岐派) 중 송원파(宋源派)로서 호는 송원(松源)이다. 처주(處州 : 절강성(浙江省)) 용천(龍泉)의 사람이고, 속가에서의 성은 오(吳)씨였다. 어릴 때부터 출가하기를 바랬으나, 23세가 되어서야 대명사(大明寺)에서 오계(五戒)를 받아 사미(沙弥)가 된다. 처음에 영석묘(靈石妙)에 찾아가고, 뒤이어 경산(徑山)의 대혜종고(大慧宗杲), 응암담화(応庵曇華)를 찾아뵈었다. 융흥(隆興) 2년에 임안(臨安) 서호(西湖)의 백련정사(白蓮精舍)에서 득도(得度)하고, 강제(江浙)의 모든 선사를 찾아뵈었다. 또 민(閩 : 지금의 복건성 쪽)의 건원사(乾元寺)에 주석하고 있던 목암안영(木庵安永)을 찾아뵈었다. 뒤에 구주(衢州 : 浙江省) 서산(西山)의 밀암함걸(密庵咸傑)을 찾아가 배워서 그 법을 이었다. 평강부(平江府) 양산(陽山)의 징조선원(澂照禪院)에서 개당(開堂)하였고, 후에는 강음군(江陰軍) 군산(君山)의 보은광효사(報恩光孝寺)·무위군(無爲軍) 야부산(冶父山)의 실제선원(實際禪院)·요주(饒州)의 천복선원(薦福禪院)·명주(明州) 향산(香山)의 지도선원(智度禪院)·평강부(平江府) 호구산(虎丘山)의 운암선원(雲巖禪院) 등에 머물렀다. 경원(慶元) 3년에(1197) 영은사(靈隱寺)에 들어가서 다시 현친보자사(顯親報慈寺)를 열었다. 가태(嘉泰) 2년 8월 4일에 입적했는데, 당시 나이가 이른 하나, 법랍은 마흔이었다. 문인(門人)인 선개(善開)·광효(光曉) 등은 『송원화상어록(松源和尙語錄)』 2권을 엮었고, 육유(陸游)가 탑명(塔銘)을 지었다.

쇄쇄낙낙(洒洒落落) : 쇄쇄낙낙(灑灑落落). 털끝만큼도 막힐 것이 없는. 깔끔한. 깨끗한. = 적나라(赤裸裸).

쇄쇄지(灑灑地) : 털끝만큼도 막힐 것이 없는. 깔끔한. 깨끗한. = 적나라(赤裸裸).

수(酥) : 맑은 버터. 우유를 응고한 것. 오늘날 인도에서는 바뀌어 ghī라 한다. 요구르트와 유사한 시큼한 맛이다. 정제된 버터를 말한다.

수(輸) : (게임에서) 지다. 패하다. 잃다. ↔ 영(贏).

수(數) : 24불상응행의 하나. 물(物)·심(心)의 온갖 법을 헤아려 세는 수. 곧 1·10·100 등의 분위(分位).

수(須) : ① (조동사) 반드시 -해야 한다. = 필(必), 응(應). 부정은 불수(不須)가 아니라, 무수(無須), 불필(不必). ② 비록 -이지만. = 수(雖). ③ 도리어. = 각(却). ④ (부사)반드시. 틀림없이. ⑤ 본래. 원래. ⑥ 아마. ⑦ 기다리다. ⑧ 수염.

수(誰) : ① 무엇(의문 표시. = 何, 什麽). ② 얼마나. 어찌면 그토록(감탄 표시. = 何等, 多麽).

수(數) : ① 양보하다. 사양하다. 피하다. ② 같이 보다. 동일시하다. -로 간주하다. -에 비할 수 있다. ③ 헤아리다. ④ 셈에 넣다. 고려하다. 돌아보다.

수(修) : 책을 편찬하다.

수가(酬價) : ① 값을 내다. 값을 정하다. 입찰(入札)하다. ② 평가하다. 값을 매기다. ③ 값을 치르다. 대가를 지불하다.

수가(誰家) : 누구. 무엇. 어떤.

수각(手脚) : ① 손발. 수족. ② 동작. 거동. 솜씨.

수각(隨覺) : 각(覺)과 같음. 깨닫다.

수경(水鏡) : ① 달[月]의 다른 이름. ② 물을 거울에 비유하여 이르는 말.

수경(修敬) : 교사에게 주는 수업료. 스승에게 드리는 예물.

수고우(水牯牛) : 본래는 물소의 일종으로 암컷 또는 거세된 소를 가리키는 말이지만, 선사들은 마음을 가리키는 말로 사용하였다. 『조당집』 권16의 〈남전보원(南泉普願)〉조에서 수고우와 관련된 대화를 보면 다음과 같다 : 남전(南泉)에게 도리어 물었다. "스님은 돌아가신 뒤에 어디로 가십니까?" "산 아래 단월 집에서 한 마리 수고우(水牯牛)가 될 것이다." 제일좌(第一座)가 말했다. "저도 스님을 따라가려 하는데, 되겠습니까?" "네가 나를 따라오려 한다면, 한 줄기 풀을 입에 물어라."(却問 : "和尙百年後向什摩處去?" 師云 : "向山下檀越家作一頭水牯牛去." 第一座云 : "某甲隨和尙去, 還許也無?" 師云 : "你若隨我, 銜一莖草來.") 조주(趙州)가 물었다. "아는 사람은 어디에서 쉽니까?" 남전이 말했다. "산 아래에서 한 마리 수고우가 된다."(趙州問 : "知有底人向什摩處休歇去?" 師云 : "向山下作一頭水牯牛去.") 수고우에 대한 조산의 언급도 같은 곳에 소개되어 있다 : 다시 물었다. "범부를 벗어나 성인이 되는 것은 묻지 않습니다. 성인을 벗어나 범부가 될 때에는 어떻습니까?" 조산이 말했다. "한 마리 수고우가 된다." 승려 : "어떤 것이 수고우입니까?" 조산 : "흐리멍덩한 것이다." 승려 : "이것은 무슨 뜻입니까?" 조산 : "단지 수초(水草)만 생각하고, 나머지는 아는 것이 없다." 승려 : "어느 쪽의 일을 이룬 것입니까?" 조산 : "다만 물을 만나면 물을 마시고, 수초를 보면 수초를 먹는다."(又問 : "從凡入聖則不問, 從聖入凡時如何?" 曺山云 : "成得个一頭水牯牛." "如何是水牯牛?" 曺山云 : "朦朦朣朣地." 僧云 : "此意如何?" 曺山云 : "但念水草, 餘無所知." 僧云 : "成得个什摩邊事?" 曺山云 : "只是逢水喫水, 逢草喫草.")

수관(守官) : 관직을 지킴. 관직에 근무함.

수굴(受屈) : = 수위굴(受委屈). 사실무근한 일로 누명을 쓰다. 부당한 손해를 입다. 부당하게 욕을 먹다.

수기(輸機) : 기회를 잃다.

수기(授記) : 부처님이 불법에 귀의한 중생에게 어느 시기, 어느 국토에서 어떤 이름의 부처로 태어날 것이며, 그 수명은 얼마나 될 것이라는 것 등을 낱낱이 제시하면서, 미래세의 언젠가는 반드시 부처가 될 것이라고 알려 주는 것. 화가라(和伽羅), 화가라나(和伽羅那), 기별(記別), 수기설(授記說).

수기척량골(竪起脊梁骨) : 등을 곧추세우다. 등을 반듯하게 펴다. 정신을 차려 큰 일을 떠맡다.

수능엄삼매(首楞嚴三昧) : '수능엄정(首楞嚴定)'이라고도 한다. 전륜왕의 장수가 병력의 많고 적음을 알고 강적을 정복하는 것과 같이, 모든 삼매의 행상(行相)의 많고 적음과 깊고 얕음을 알고 번뇌의 마구니를 격파할 수 있는 부처나 보살의 용맹 견고한 삼매나 선정을 가리킨다.

수대(垂代) : 수어(垂語)하고 대어(代語)하다. 수어(垂語)는 색어(索語) 혹은 조어(釣語)라고도 하는데, 선사가 수행자의 역량을 시험해 보기 위한 수단의 하나로 질문을 던지는 것. 대어(代語)는 선사가 학인에게 질문하고 학인이 답을 못하면, 선사 스스로가 학인을 대신하여 답하는 것.

수득(收得) : 얻다. 수확하다.

수령(遂令) : 마침내 -하게 하다.

수례(隨例) : 관례에 따라. 관례에 비추어.

수로(水老) : 수료화상(水潦和尙)을 말한다.

수류(隨類) : 유유상종(類類相從)하다. 같은 부류끼리 서로 어울리다.

수미산(須彌山) : 고대 인도의 우주관에서 세계의 중심에 있다는 상상의 산. 수미 · 소미루(蘇迷漏) 등은 산스크리트의 수메루(Sumeru)의 음사(音寫)이며, 약해서 '메루'라고도 하는데, 미루(彌樓 : 彌漏) 등으로 음사하고 묘고(妙高) · 묘광(妙光) 등으로 의역한다. 이것이 불교에 도입되었다. 세계의 최하부를 풍륜(風輪)이라 하고 그 위에 수륜(水輪) · 금륜(金輪:地輪)이 겹쳐 있으며, 금륜 위에 구산팔해(九山八海), 즉 수미산을 중심으로 그 주위를 8개의 큰 산이 둘러싸고 있고, 산과 산 사이에는 각각 대해(大海)가 있는데 그 수가 8개라고 한다. 또한 가장 바깥쪽 바다의 사방에 섬[四洲]이 있는데, 그 중 남쪽에 있는 섬, 즉 남염부제(南閻浮提)에 인간이 살고 있다고 한다. 수미산은 4보(寶), 즉 황금 · 백은(白銀) · 유리(瑠璃) · 파리(璃)로 이루어졌고, 중허리의 사방에 사천왕(四天王)이 살고 있으며, 정상에는 제석천(帝釋天)이 주인인 33천(天)의 궁전이 있고, 해와 달은 수미산의 허리를 돈다고 한다.

수방(隨方) : 수방취원(隨方就圓)의 준말. 모난 데는 모난 대로, 둥근 데는 둥근 대로 대응하다. 사정의 변화에 잘 맞추다. 자유자재하게 변화하다. 환경에 잘 적응하다.

수방(殊方) : 타방. 다른 지방.

수방(垂芳) : 훌륭한 이름을 후세에 남기다.

수보리(須菩提) : Subhūti. 석가세존의 10대 제자 가운데 한 명. 선현(善現) · 선길(善吉) · 선업(善業) · 공생(空生) 등이라 번역. 온갖 법이 공(空)한 이치를 깨달은 첫째 가는 이라 하여 해공제일(解空第一)이라고 함. 『증일아함경(增壹阿含經)』에 전기가 있음.

수부지(殊不知) : 전혀 알지 못하다. 전혀 모르다.

수분(隨分) : 본분에 알맞게 하다. 자기도 할 수 있는 만큼 한 몫을 담당하다. 힘 자라는 대로.

수불(殊不) : 전혀 -아니다. 전혀 -못하다.

수산(壽山) : 현재 복건성(福建省) 민후현(閩侯縣)의 북쪽에 있는 산. 복건성(福建省) 민후현(閩侯縣)의 송대(宋代) 지명은 천주(泉州)이며, 대혜는 천주 소계(小溪)의 운문암(雲門庵)에서 48세이던 1136년에서 이듬해까지 머물렀다.

수산성념(首山省念) : 926~993. 오대(五代) 말, 송초(宋初)의 선승. 임제종(臨濟宗). 풍혈연소(風穴延沼)의 법제자. 여주(汝州) 수산(首山) 광교원(廣敎院), 보응원(寶應院) 등에 머물면서 임제(臨濟)의 종풍을 널리 날려서 임제종 발전의 초석을 마련하였다. 문하에 분양선소(汾陽善昭), 섭현귀성(葉縣歸省) 등이 있다. 『여주수산염화상어록(汝州首山念和尙語錄)』 1권을 남겼다.

수산주(修山主) : 당말 오대 때의 선사이다. 장주(漳州, 福建省) 나한원(羅漢院) 계침(桂琛)의 법사로, 무주(撫州, 江西省 臨川) 용제산(龍濟山)에 주석하였다. 게송 60여수, 갖가지 명(銘)과 논(論) 및 『군경약요(群經略要)』 등의 저술이 있다고 한다. '소수(紹修)'로도 불린다.

수살(收殺) : ① 끝장내다. 결말을 짓다. 그치다. 끝마치다. 걷어치우다. ② 구속하다. 제한하다. 얽매다.

수살민살(愁殺悶殺) : ① 수살; 대단히 근심하게 함. 살(殺)은 조사(助辭). ② 민살; 근심 · 걱정으로 마음이 괴롭고 답답함.

수서(修書) : 편지를 쓰다. 책을 편찬하다.

수설(修設) : 수설재회(修設齋會)의 준말. 재회(齋會)를 베풀다.

수섭(收攝) : ① 붙잡다. 체포하다. ② 통제하다. 단속하다. ③ 소환하다. 불러들이다. ④ 마음을 가다듬다. 정신을 차리다.

수수(垂手) : 스승이 손을 내밀어 배우는 자를 인도하여 가르치는 것.

수수(授手) : 전해 주다. 전해 받다.

수수(袖手) : 팔짱을 끼다. 손을 대지 않다. 관여하지 않다.

수수(隨手) : 하는 김에 같이 하다. 즉석에서, 즉

시. 손 가는 대로 하다. 손에서 떨어지지 않다.

수순(隨順) : ① 따르다. 순응(順應)하다. ② 합당하다.

수습(修習) : 실천하여 익숙하게 되다.

수시(須是) - 시득(始得) : -해야만 한다. -해야 비로소 일이 된 것이다.

수시(須是) : ① 반드시 - 해야 한다. ② 아마 - 일 것이다.

수시(隨時) : ① 언제나. 때를 가리지 않고. ② 제때에. 그때그때. 즉각즉각.

수시(隨侍) : 곁에서 시중들다. 곁에서 시중드는 사람.

수시(垂示) : 색어(索語), 조어(釣語), 수어(垂語)라고도 한다. 선사가 수행인의 역량을 시험하기 위하여 질문을 던지는 것.

수실(輸失) : 패배하다.

수어(垂語) : 시중(示衆)이라고도 하며, 종사가 학인들에게 설법(說法)하는 것.

수어(壽語) : 장수(長壽)를 비는, 혹은 복을 비는 좋은 말.

수업(受業) : 제자가 스승으로부터 직접 불도를 수행하는 방법을 받는 것.

수업사(受業師) : = 친교사(親敎師). 출가(出家) 득도(得度)와 그 뒤의 공부를 지도받은 스승.

수업원(受業院) : 선종(禪宗)에서 처음으로 출가 득도(得度)한 절을 가리킴.

수요(須要) : ① 반드시 -해야 한다. ② -할 필요가 있다.

수용(受用) : 누리다. 향유하다. 법을 얻어서 그 법을 누리고 향유한다는 말.

수위굴(受委屈) : = 수굴(受屈). 사실무근한 일로 누명을 쓰다. 부당한 손해를 입다. 부당하게 욕을 먹다.

수유(茱萸) : 수유산(茱萸山) 화상을 가리킨다. 남전보원의 법사로, 악주(鄂州 : 湖北省) 수유산에 살았으므로 수유산 화상이라 일컬어진다. 수주(隋州 : 호북성) 호국원(護國院)에 주석하였다.

수의(隨宜) : ① 마음대로. 좋을 대로. 자유로이. 함부로. 제멋대로 (하다). ② 소홀히 하다. 등한히 하다. 건성으로 하다. 흐리터분하다. 무책임하다.

수인(愁人) : 근심하는 사람. 고민 있는 사람. 다정다감한 사람.

수인결과(收因結果) : ① 결과. 결말. 최후의 성과. ② 원인이 있으면 반드시 결과가 있다. 지은 원인에 따르는 결과를 받다. 일생동안 지은 업의 결과를 받아 간다는 뜻으로 죽음을 가리키기도 한다. = 수인감과(修因感果), 수인감과(酬因感果), 수인득과(修因得果).

수작(酬酌) : = 수작(酬酢). 술잔을 돌리다. 상대방에게 응대하다. 반응하다. 교제하다.

수장(愁腸) : 근심어린 마음.

수재(秀才) : 과거(科擧)에 응시할 자격이 있는 선비. 아직 과거에 급제하지 못한 유교(儒敎)를 공부하는 학생.

수정궁(水精宮) : 여룡(驪龍)이 사는 바다 밑.

수족구로(手足俱露) : 빈틈을 보이다. 허점을 드러내다. 서툴다.

수좌(首座) : 선종의 승당(僧堂)에서 한 대중의 우두머리 되는 이. 제일좌(第一座) · 좌원(座元) · 선두(禪頭) · 수중(首衆) 등이라고도 함. 우리나라에서는 선원에서 참선하는 스님들을 수좌라 함.

수좌료(首座寮) : 수좌가 머무는 방.

수주(數珠) : 염주(念珠). 불 · 보살께 예배할 때 손목에 걸거나, 손으로 돌리는 법구(法具)의 하나. 또 염불하는 수를 세는 데 쓰기도 함. 108개로 한 것은 108번뇌 끊음을 표현한 것이라 함.

수주대토(守株待兎) : 『한비자(韓非子)』 「오두(五蠹)」에 나오는 이야기. 송(宋)나라 사람 중에 밭을 가는 농부가 있었다. 밭 가운데에 나무를 베어내고 밑동만 남아있는 그루터기가 있었다. 하루는 토끼 한 마리가 숲에서 나왔는데, 농부를 보고 도망치다가 그만 그루터기에 부딪쳐서 목이 부러져 죽었다. 토끼를 얻은 농부는 다음날부터 밭에 나가서 밭을 갈 생각은 없이 쟁기며 농기구를 팽개치고 또 다른 토끼가 그루터기에 부딪치기를 바라면서 그루터기만 지켜보았다. 그렇지만 토끼는 다시 얻을 수 없었고, 자신은 송나라에 웃음거리가 되고 말았다. 고지식하고 융통성 없이 구습과 전례만 고집한다는 뜻.

수주인(守株人) : 옛날 송(宋)나라의 한 농부가 밭일을 하다가 우연히 나무그루에 부딪쳐 죽은 토끼를 잡은 후, 또 그와 같이 토끼를 잡을까 하여 일도 하지 않고 나무그루만 지켜보았다는 고사에서 수주(守株) 또는 수주대토(守株待兎)라는 말이 나왔는데, 이처럼 융통성 없이 어리석은 짓을 일삼는 자를 여기서는 '수주인'이라고 하였다.

수중(首衆) : = 수좌(首座).

수즉(雖則) : 비록 -이지만.

수지(受持) : 가르침을 받아 기억하는 것.

수지(誰知) : 무엇을 알랴? 누가 알랴?

수착(須著) : 반드시 -해야 한다.

수창(酬唱) : 시가(詩歌)를 서로 부르며 주고받음.

수창선고(水漲船高) : 물이 불어나면 배도 위로 올라간다. 주위 환경이 변하면 그 주변상황도 따라 변하기 마련이다.

수처(隨處) : 도처(到處). 처처(處處). 곳곳.

수탑(壽塔) : 승려가 생전에 세운 자신의 탑인데, 속설(俗說)에 이 탑을 세우면 장수하게 해 준다고 한다.

수탑명서(壽塔銘序) : 수탑(壽塔)에 새긴 명문(銘文)의 서문(序文). 수탑(壽塔)이란 승려가 생전에 세운 자신의 탑인데, 속설(俗說)에 이 탑을 세우면 장수하게 해 준다고 한다.

수파축랑(隨波逐浪) : 자신의 주견(主見) 없이 주변의 정세에만 따라가다. 경계에 끄달림 혹은 남의 말에 끄달림을 말한다. = 수파축류(隨波逐流). 축수류(逐水流).

수파축류(隨波逐流) : = 수파축랑(隨波逐浪).

수후(隨後) : 뒤이어, 뒤따라.

수희(隨喜) : 기쁨을 같이 하다. 선행을 같이 하다.

숙석(宿昔) : ① 옛날. ② 오랫동안. ③ 잠깐 사이.

숙세(叔世) : 말세(末世).

숙심(宿心) : 오래 전에 선근(善根)을 심은 마음.

숙유영골(宿有靈骨, 夙有靈骨) : 영골(靈骨)은 영리하고 뛰어난 자질을 갖춘 사람. 전생부터 오랫동안 반야의 선근(善根)을 심은 결과로 영리하고 근기가 뛰어난 사람을 가리킨다. 오래도록 공부에 뜻을 둔 뛰어난 근기의 사람.

숙장(宿將) : = 노장(老將). 경험 많고 노련한 지휘관.

숙주(宿住) : ① 과거 세상에서 살던 곳. 전생에 살던 곳. ② 전생. ③ 옛날에 이루어진 일.

숙처난망(熟處難忘) : 익숙한 것은 잊기가 어렵다. 새로 좋아하게 된 것은 달지 않고, 익숙한 것은 잊기 어렵다는 뜻인 신기미감숙처난망(新嗜靡甘熟處難忘)의 준말. 오래된 습기(習氣)에서 벗어나기가 어려움을 말하는 것으로서 공부는 이루어지는 것이 쉽지 않다는 말.

순당(巡堂) : 승당(僧堂)을 돌아보는 것. 주지의 순당, 수좌의 순당, 유나의 순당 등이 있고, 그 목적과 작법(作法)도 다르다.

순성(循省) : 살피다. 조사하다. 고찰하다.

순수장범(順水張帆) : 기회를 보아 일을 진행하다. 추세에 따라 행동하다. 바람따라 돛을 달다. = 순수추선(順水推船), 순수추주(順水推舟), 순수행선(順水行船).

순숙(純熟) : 능수능란하다. 매우 익숙하다. 능숙하다.

순정(旬呈) : 유배된 죄인이 열흘에 한 번씩 관아(官衙)에 출두하여 점호를 받는 것.

순타(純陁) : '순타(純陀)'로도 쓴다. 범어 Cunda. 음역으로 주나(周那)라고도 한다. 석가모니 시대에 파파성(波婆城)의 사람으로 대장장이의 아들. 석가모니에게 최후의 공양을 바친 인물. 만년에 석가모니에게 귀의하였는데, 그가 바친 공양(供養)을 먹고 석가모니는 발병하여 열반하였다고 한다. 열반에 들기 직전 석가모니는 순타를 생각하여 부처에게 성도(成道)할 때 바치는 음식물과 입멸(入滅)하기 전에 바치는 최후의 음식물은 최상의 공덕이라고 말씀하시고 그의 공양을 찬탄하였다고 한다.

숭녕(崇寧) : 원오극근(圜悟克勤). 원오(圜悟)는 팽주(彭州) 숭녕(崇寧) 출신이다.

숭승공(崇勝珙) : 백운수단(白雲守端; 1025~1072)의 법사(法嗣)인 원주(袁州) 숭승원(崇勝院) 공(珙) 선사(禪師). 중국 송(宋)나라 때의 승려로, 숭승광조(崇勝光祚) 또는 지문광조(智門光祚)라고도 한다. 지문(智門)은 주석한 산의 이름이다. 운문문언의 법을 이어받았으며 수주(隨州) 지문산에 머물면서 종풍을 널리 선양하였다. 제자로는 설두중현(雪竇重顯)이 있고, 저술에 『어요(語要)』 1권이 있다.

숭악(嵩嶽) : 숭산(嵩山)을 일컬음. 오악의 하나로서, 하남성 등봉현 북쪽에 있는 산.

숭악혜안(嵩嶽慧安) : 642~709. 당대(唐代) 선승. 오조홍인(五祖弘忍)을 만나서 심요(心要)를 얻고, 숭악산(嵩嶽山)에 들어가 머물렀다. 당(唐) 중종(中宗)에게 자의(紫衣)를 하사받고, 입적 후 노안선사(老安禪師)라는 시호를 받았다.

습기(習氣) : 번뇌의 체(體)를 정사(正使)라 함에 대하여, 습관(習慣)의 기분(氣分)으로 남아 있는 것을 습기라 함. 비유하면, 향 담았던 그릇은 향을 비웠어도 여전히 향기가 남아 있는 것과 같다. 버릇. 유식학(唯識學)에서 습기는 종자(種子)의 다른 이름. 모든 식(識)이 나타날 때에 그 기분(氣分)을 제8식에 훈습(熏習)시키는 것이 종자이므로 이렇게 말함.

습득(拾得) : 중국 당나라 때, 천태산 국청사에 있던 이. 풍간(豊干)이 산에 갔다가 적성도(赤城道) 곁에서 주워왔다 하여 이렇게 이름함. 한산(寒山)과 친히 사귀었고 풍간이 산에서 나온 뒤에 한산과 함께 떠난 뒤로 자세한 행적을 알 수 없다.

습마(溜麽) : = 임마(恁麽). 그와 같은. 그렇게. 여차(如此).

습습지(熠熠地) : 밝게 빛나는 모습. 선명한 모습. 반짝이는 모습. 활활 불타는 모습.

승(承) : ① 듣다. ② 죄를 인정하다. ③ 받들어 모시다. 모시다.

승(勝) : 다하다.

승가(僧家) : 승려.

승가난제(僧伽難提) : 서천 부법장 제18조. 인도 실라벌 출신. 보장엄왕의 아들. 7세에 출가하여 나후라다에게 법을 이어받고 마제국에 머물면서 대중을 교화한 후 가야사다를 만나서 전법한 후 입적.

승가리(僧伽梨) : 승복(僧服) 3의(衣)의 하나. 중의(重衣)·합의(合衣)라 번역. 대의(大衣)라고도 함. 설법할 때 또는 마을에 나가 걸식할 때 입는 옷.

승고(承古) : 옛날. 이전. = 승전(承前).

승기율(僧祇律) : 마하승지율(摩訶僧祇律)의 준말로, 대중부(大衆部)의 율장을 가리킨다.

승당(承當) : 맡다. 담당하다. 받들어 지키다. 불조(佛祖)에게서 전해져 온 정법(正法)을 받아 지킨다는 뜻으로서, 종지(宗旨)를 깨달아 체득하는 것을 가리키는 말. 수긍하고 인정한다는 말.

승당(陞堂) : 상당(上堂).

승당(僧堂) : 선승들이 기거하며 좌선하는 선방(禪房). 선당(禪堂)·운당(雲堂)·좌선당(坐禪堂)·좌당(坐堂)·선불당(選佛堂)·성승당(聖僧堂)·고목당(枯木堂) 등이라고도 하며, 칠당가람(七堂伽藍)의 하나. 선종에서 가장 중시하는 장소로, 좌석의 위계와 행동거지가 엄격하다. 온돌이 아닌 의자와 침상 생활을 하는 중국에서는 선방의 형태가 우리나라와는 다르다. 일반적인 형태를 보면, 앞뒷문을 제외한 집 안의 벽을 따라 설치된 ㄷ자 형태의 마루인 선상(禪床)에 좌구(坐具)를 깔고 앉아 좌선을 하고, 뒤에 있는 커튼 안쪽에 누워서 잠잘 수 있도록 되어 있다. 마루 앞의 집 안 중앙은 마루가 없는 벽돌 바닥이고, 그 한가운데에는 보통 성상(聖像)을 모셔 두었다.

승량(乘涼) : 더위를 피하여 시원한 바람을 쐬다.

승문(承聞) : 소식을 듣다.

승사(承事) : 받들어 모시다.

승상(繩床) : ① 와상(臥床). 침대. 줄을 쳐서 만든 것이므로, 이렇게 부름. 원래 인도의 행자(行者)는 이와 같은 의자, 혹은 침대 위에 앉아 있었음. 그것이 오늘날에 이름. ② 환자의 침대. ③ 줄이나 목면을 친 보잘것 없는 의자. 호상(胡床)이라고도 함. 선자(禪者)가 여기에 앉아 좌선하거나, 종사가 여기에 앉아 설법(說法)함. 선상(禪床)과 같음.

승서(承敍) : 말씀을 듣다. 편지를 받았다는 말.

승안(承顔) : 다행히 만나 뵙다. 남의 안색을 살펴가며 기분을 맞추다.

승안접론(承顔接論) : 다행히 만나 뵙고 말씀을 듣다. = 승안접사(承顔接辭).

승요(僧繇) : 중국 남조(南朝) 양대(梁代)의 유명한 화가인 장승요(張僧繇)를 말한다. 오흥(吳興) 출생이며, 관리로서 천감연중(天監年中 : 502~519)에 무릉왕국시랑(武陵王國侍郎)이 되고, 뒤에 우장군(右將軍) · 오흥태수(吳興太守)에 이르렀다. 양의 무제는 당시 융성해진 불교를 장려하여 절을 짓고 그 탑묘(塔廟)를 장식하였는데, 그 장식화를 그린 것이 장승요였다. 그는 불화 · 도석인물(道釋人物)을 장대한 규모로 그렸다. 인물화는 구도의장, 색채조형에 있어 기교가 있고 치밀하며 사실적이었다. 6법을 겸비한 화가로서 고개지(顧愷之) · 육탐미(陸探微)와 함께 칭송되었는데, 3자 가운데서도 감각면에서 가장 빼어났었다. 또 인도와 서역에서 들어온 음영법을 받아들여 요철화(凹凸花)라는 색면(色面)에 의한 입체표현도 하였다. 산수화에서도 윤곽선을 쓰지 않는 몰골적(沒骨的)인 준법(皴法)을 채용하였다고 한다. 도가나 불가의 인물화[道釋人物畵]에 뛰어났고, '장가양(張家樣)'이라는 독자적인 양식을 만들었다. 화룡점정(畵龍點睛)의 고사로도 유명하다.

승유(承諭) : 깨우침을 받들다는 말이나, 삼가 편지를 받아 읽었다는 말.

승의제(勝義諦) : 승의(勝義)는 제일의제(第一義諦)라고도 하는데, 최승진실(最勝眞實)의 도리를 말한다. 진여나 열반과 같다. 세간의 통속(通俗)을 넘어선 진리를 말하는 것이다. 뛰어난 지혜가 작용하는 영역, 궁극적 진리를 가리키기도 한다. 또 승의(勝義)라는 말은 '승의법(勝義法)과 법상법(法相法)', '승의근(勝義根)과 부진근(扶塵根)'으로도 쓰인다. 『성유식론』 권8에는 승의 · 세속을 각기 3종으로 나누어, 3승의 · 3세속을 세운다. 의승의(義勝義 : 뛰어난 지혜의 대상이 되는 것, 곧 진여), 득승의(得勝義 : 증득해야 할 열반), 행승의(行勝義 : 정행승의라고도 한다. 훌륭한 경계에 행해서 이루는 무루지) 등이 그것이다. 이것들은 사승의제(四勝義諦) 가운데서 제4 · 제3 · 제2에 각각 해당된다.

승전(承前) : 이전(以前).

승정(僧正) : 승관(僧官)의 이름. 자기를 바르게 하고, 남도 올바르게 하며, 정령(政令)을 잘 선포하여 승려의 남행(濫行)을 바로잡는 직무(職務). 중국에서는 부진(符秦)의 승략이 처음으로 취임. 위(魏)나라에서는 승통(僧統)이라 개칭.

승조(僧肇) : 384~414. 경조(京兆; 西安) 사람으로 집안이 가난해서 서적을 필사하는 일로 생계를 꾸려나갔기 때문에 널리 경(經) · 사(史) 등에 통달해 있었고, 항상 노장(老莊)을 좋아해서 마음의 요체로 삼고 있었다. 그러나 『노자(老子)』는 미(美)라는 면에서는 대단한 수준에 달해 있지만, 정신을 그윽하게 깊게 한다는 면에서는 완전치 못한 점이 있어서 불만을 가지고 있었다. 오나라 지겸(支謙)이 번역한 『유마경(維摩經)』을 읽은 뒤 "비로소 돌아갈 곳을 알았다."라고 기뻐하고 곧 출가했다. 대소승(大小乘)에 두루 통달해서 20세 무렵에는 이미 명성이 널리 퍼져 대론(對論)하러 오는 자도 많았다고 한다. 구마라집(鳩摩羅什)이 여광 장군에 의해 고장(姑藏)에 와 있다는 것을 알고서 고장으로 가 그의 문하가 되었다. 뒤에 스승을 따라 장안으로 가서 요흥의 명에 의해서 승예(僧叡) 등과 함께 번역을 도왔다. 홍시 7년(405) 『대품반야경』이 번역되었을 때 승조는 『반야무지론(般若無知論)』을 저술해서 구마라집에게 바쳤는데 구마라집으로부터 칭찬을 받았다. 홍시 9년 여산(廬山)으로 돌아가는 도생(道生)에게 『반야무지론』을 보내 혜원(慧遠) 교단의 비평을 구했다. 여산의 은둔자였던 유유민은 이것을 읽고 감격했고 혜원도 감탄해 마지않았다. 그 해에 『유마경주(註)』를 저술했고, 홍시 10년에는 유유민으로부터 『반야무지론』에 대한 질의서를 받고 그 답서에 『유마경주』를 첨부하여 보냈다. 『유마경주』는 오늘날까지 광채를 발하는 명저다. 또 『부진공론(不眞空論)』, 『물불천론(物不遷論)』, 『열반무명론(涅槃無名論)』, 『반야무지론』으로 구성된 『조론(肇論)』을 저술하고 여러 경론의 시문도 썼다. 승조는 반야공(般若空)을 즉색(卽色)·심무(心無)·본무(本無)라고 해석한 격의불교(格義佛教)를 바로잡고, 구마라집으로부터 배운 반야중관 사상에 기초해서 새로운 반야공의 의미를 드러냈다. 구마라집을 고비로 해서 중국불교가 새로운 전기를 맞이하는 데는 승조의 공적이 대단히 컸다. 위의 저술 외에 『백론서(百論序)』, 『장아함경서(長阿含經序)』, 『보장론(寶藏論)』, 『범망경서(梵網經序)』, 『금강경주(金剛經註)』, 『법화경번역후기(法華經飜譯後記)』, 『구마라집법사뢰』가 있다. 『보장론』 이하 5종의 저술은 오늘날 그의 것이 아니라고 하기도 하고, 생몰연대가 378~414년이라는 설도 있다.

승찬(僧璨) : ?~606. 선종 동토(東土)의 제3대 조사. 관향(貫鄕)은 자세하지 않음. 재가(在家) 시절에 풍질(風疾)을 앓았는데, 2조 혜가(慧可)를 만나서 문답을 하다가 풍질이 공불가득(空不可得)한 이치를 깨닫고, 혜가에게 출가하고 서로 만난 지 2년만에 혜가의 법을 받았다. 뒤에 서주(舒州; 안휘성)의 사공산(司空山)에 들어갔는데, 그때 북주(北周) 무제(武帝)의 파불(破佛; 547년)을 만나서 같은 주의 환공산(皖空山)에 은거한 지 10여 년, 그 사이에 얼(嵲)·월(月)·정(定)·암(巖)의 여러 선사가 모여서, 그가 진인(眞人)이라는 것을 상탄(賞歎)하였다. 얼마 지나지 않아 그들과 함께 나부산(羅浮山)에 들어가서 은거한 지 3년, 대재회(大齋會)에 나아가 한 손으로 회중(會中)에서 한 나뭇가지를 들고 엄연히 시적하였다. 『보림전(寶林傳)』 이하의 책에는 그의 시적 연도가 수(隋)의 대업(大業) 2년이라고 되어 있다. 수의 개황중(開皇中; 581~600)에 도신(道信)을 만나 제자로 삼고 8, 9년 후에 정법(正法)을 도신에게 전하였다. 승찬은 두타선정(頭陀禪定)을 늘 하였고, 그의 문기(文記)를 드러내지는 않았지만 『신심명(信心銘)』은 그가 지은 것으로 되어 있다. 당의 현종(玄宗)이 경(감)지선사(鏡(鑑)智禪師)라고 시호하였지만, 보통은 경(감)지승찬(鏡(鑑)智僧璨) 또는 삼조승찬(三祖僧璨)이라고 말한다. 독고급(獨孤及)은 「서주산곡사각적탑고경지선사비명병서(舒州山谷寺覺寂塔故鏡智禪師碑銘並序)」 및 「서주산곡사상방선문제삼조찬대사탑명(舒州山谷寺上方禪門第三祖璨大師塔銘)」을 지었다.

승편(乘便) : -하는 김에. -하는 때를 이용하여. 편리한 때에. 형편이 좋은 때에. 형편이 닿는 대로.

승편하파(乘便下坡) : 내리막을 내려가는 김에. 비탈길을 내려가는 김에. 승편(乘便)은 '-하는 김에', '-하는 때를 이용하여'라는 뜻이고, 하파(下坡)는 '내리막을 내려가다', '비탈을 내려가다'라는 뜻. 여기에서는 '대중의 수준에 맞게 낮추어 말하는 김에'라는 뜻.

승허접향(承虛接響) : 헛된 것을 이어받고 메아리 같은 것을 마주하다. 허망한 일을 이어받다.

승흥(乘興) : 신이 나다. 흥이 돋다.

시(時) : 종종. 때때로. 자주.

시(厮) = 시(廝) : ① (부) 서로. ② (명) 놈. 자식.(남자 종이나 일꾼을 천하게 부르는 말) ③ 부리다. 일을 시키다. 행하다. ④ 나누다. 가르다.

시(是) -시(是) …… : ① -인가? …… 인가? (예) 시동시별(是同是別) : 같은가? 다른가? ② -이든 …… 이든.(선택)

시각(始覺) : ↔ 본각(本覺). 『대승기신론(大乘起

信論)』의 말. 본각(本覺), 곧 모든 의식 있는 것들과 의식 없는 것들의 본바탕인 여래장진여(如來藏眞如)에 상대하여, 수행을 의지하여 확인하는 깨달음을 시각(始覺)이라 한다. 본각과 시각의 본체는 다르지 않으나, 다만 지위가 같지 않으므로 본각과 시각이라는 이름으로 구분한다. 비유하면, 땅 속에 묻힌 금덩이는 본각이고 그 금덩이를 노력하여 파내면 시각이다. 금덩이는 동일한 금덩이이다. 『대승기신론(大乘起信論)』에는 단계가 있는데, 불각(不覺)에서 상사각(相似覺)·수분각(隨分覺)으로 나아가 구경각(究竟覺)에 이르러 최고조에 달한다.

시강(侍講) : ① 천자에게 경학(經學) 등을 강의한 관직. ② 왕에게 학문을 가르치다.

시개심마(是箇甚麽) : 어떤 것인가? 무엇인가? = 시심마(是甚麽). 여기서 시(是)는 '-이다'라는 뜻으로 앞뒤 말을 연결하는 계사(繫辭). 개(箇)는 개수를 헤아릴 수 있는 말 앞에 붙어 '한 개', '하나의'라는 뜻을 가진 양사(量辭).

시개한(是箇漢) : 한 사람 참된 대장부. 한 사람 참된 선자(禪者). = 시개인(是箇人).

시격(廝繳) : 서로 뒤얽히다. 시(廝)는 '서로'라는 부사.

시래(時來) : 때가 되다. 운이 트이다. 기회가 오다.

시로(時路) : ① 세로(世路). 세상을 살아가는 길. 처세의 길. ② 당대(當代). ③ 옥로(玉路). 천자가 타는 수레.

시방(十方) : 동서남북(東西南北) 사방(四方)과 각 간방(間方)을 합쳐 팔방(八方)과 상하(上下)를 합친 것이 시방(十方)이다. 우주 허공을 가리킨다.

시방삼세(十方三世) : 시방은 상하사방의 공간. 삼세는 과거·현재·미래의 시간.

시분(時分) : 시절(時節). 무렵. 때. 철.

시선(廝禪) : 시(廝)는 '서로'라는 뜻. 서로 문답(問答)을 주고받으면서 선(禪)을 이해하는 것. 문답선(問答禪), 설선(說禪)과 같음.

시설(施設) : 방편을 펼치다. 임시로 수단을 설치하다.

시수(試手) : 솜씨나 수완을 시험해 보다. 시험 삼아 해 보다. 시험적으로 일을 시켜 보다.

시시(時時) : ① 때때로. 이따금. ② 순간순간 지나가는 시간을 가리킨다. 순간순간 끊어짐 없이. ③ 늘. 항상. 언제나.

시심마(是甚麽) : (이미 이름은 알고 있으면서 그 내용을 물을 때) 무엇인가? 어떤 것인가? 무엇이냐? 어떻느냐?

시애(廝崖) : 서로 버티다. 함께 견디다. 『주해어록총람(註解語錄總覽)』에서는 '시애(廝崖)'를 이렇게 풀이하고 있다. "시(廝)는 '서로'(相)라는 뜻이다. 애(捱)는 애(崖)라고도 쓰는데, '서로 버틴다'는 뜻이다. 서로 지탱하고 서로 겨루어서 순순히 따라가지 않는다는 뜻이다." 또 『중한대사전(中韓大辭典)』에서는 '시애(廝挨)'라는 항목을 '서로 맞붙어 버티다'라고 번역하고 있다. 앞에서 보았듯이 '애(挨)'는 곧 '애(崖)', '애(捱)'와 같다. 앞서 나온 '애장거(崖將去)'와 '시애(廝崖)'는 모두 공부하는 자세를 말하는 것인데, 해결되지 않은 의문 혹은 화두(話頭)를 붙잡고 느긋이 버티며 끝까지 놓지 않는 끈질긴 자세를 가리킨다. 화두를 '늘 붙들고 있다'는 뜻인 '시시제시(時時提撕)' 혹은 화두를 '느긋이 붙들고 있다'는 뜻인 '만제시(謾提撕)' 역시 이러한 자세를 가리키는 말이다.

시어(時語) : 때에 알맞은 말. 적절한 말.

시왕(十王) : (1) 욕계(欲界)의 6천(天)과 4선천(禪天)의 임금. (2) 지옥에 있어서 죄의 경중(輕重)을 정하는 10위(位)의 왕. ① 진광왕(秦廣王). ② 초강왕(初江王). ③ 송제왕(宋帝王). ④ 오관왕(五官王). ⑤ 염라왕(閻羅王). ⑥ 변성왕(變成王). ⑦ 태산왕(泰山王). ⑧ 평등왕(平等王). ⑨ 도시왕(都市王). ⑩ 오도전륜왕(五道轉輪王). 사람이 죽으면 그 날부터 49일까지는 7일마다, 그 뒤에는 백일(百日)·소상(小祥)·대상(大祥) 때에 차례로 각왕(各王)에게 생전에 지은 선악업

(善惡業)의 심판을 받는다 함. 불교에는 이 시왕에 관한 이야기가 없으니, 도교(道敎)에서 주장하는 말인 듯함.

시유(示諭) : 유고(諭告), 고유(告諭), 윗사람이 아랫사람에게 말하다. 알리다. (편지글에서) 말씀하시기를.

시인(時人) : 그 당시의 사람. 당대의 사람.

시저(廝抵) : 서로 버티다. 서로 맞대어 버티다. 서로 겨루다. = 시애(廝崖).

시절인연(時節因緣) : 때. 알맞은 때. 봄에는 꽃이 피고 가을에는 낙엽이 떨어지듯이, 모든 인연은 때를 만나 나타난다. 이 말은 백장회해(百丈懷海)가 위산영우(潙山靈祐)에게 한 말에 처음 나타난다. 『경덕전등록』 제9권 '담주위산영우선사(潭州潙山靈祐禪師)'에서 백장은 다음과 같이 말한다 : "이것은 잠깐 동안의 갈림길일 뿐이다. 경(經)에서 말하기를 '불성을 보려고 한다면, 시절인연을 만나야 한다'고 하였다. 시절이 도래하면, 어리석은 자가 문득 깨달은 듯하고, 잊고 있던 것을 문득 기억하는 듯하여, 비로소 자기의 물건은 남에게서 얻지 못함을 알게 된다. 그러므로 조사께서 말씀하시길 '깨닫고 난 뒤와 깨닫기 전이 같고, 얻을 마음도 없고 법도 없다'고 하셨다. 다만 범부니 성인이니 하는 허망한 마음이 없기만 하면, 본래 마음이라는 법은 스스로 갖추어져 있다. 그대가 이미 이러하니, 잘 지키도록 하여라."(百丈曰 : "此乃暫時岐路耳. 經云 : '欲見佛性, 當觀時節因緣.' 時節旣至, 如迷忽悟, 如忘忽憶, 方省己物不從他得. 故祖師云 : '悟了同未悟, 無心得無法.' 只是無虛妄凡聖等心, 本來心法元自備足. 汝今旣爾, 善自護持.") '불성을 보려고 한다면, 시절인연을 만나야 한다'는 구절은 이후 여러 선사(禪師)들의 어록에서 인용되고 있지만, 현재 『대정신수대장경』에 수록된 경전에서는 이 구절을 찾을 수 없다. 남악회양(南嶽懷讓)이 마조도일(馬祖道一)에게 말한 "그대가 심지법문(心地法門)을 배우는 것은 마치 종자(種子)를 뿌리는 것과 같고, 내가 법(法)의 요체를 설명하는 것은 저 하늘이 비를 내리는 것과 같다. 그대는 인연이 맞는 까닭에 도(道)를 보게 될 것이다."("汝學心地法門 如下種子, 我說法要 譬彼天澤. 汝緣合故當見其道.")라는 말도 시절인연을 나타내는 말이다. 대혜종고는 『대혜보각선사서(大慧普覺禪師書)』에서 시절인연을 이렇게 말한다. "마치 봄이 오면 나무에 꽃이 피는 것과 같습니다. 꽃나무의 근성(根性)을 갖추고 있는 것은 시절인연(時節因緣)이 다가오면 각각 서로 알지 못하지만, 제각기의 근성(根性)을 따라서 크게 · 작게 · 모나게 · 둥글게 · 길게 · 짧게 혹은 푸른색으로 · 누런색으로 · 붉은색으로 · 녹색으로 혹은 악취를 내며 · 향기를 내며 동시에 꽃을 피웁니다. 이것은 봄이 크게 하거나 · 작게 하거나 · 모나게 하거나 · 둥글게 하거나 · 길게 하거나 · 짧게 하거나 · 푸른색으로 하거나 · 누런색으로 하거나 · 붉은색으로 하거나 · 녹색으로 하거나 · 악취가 나게 하거나 · 향기가 나게 하는 것이 아닙니다. 이 모두는 꽃나무에 본래 갖추어진 성(性)이 인연을 만나 나타나는 것일 뿐입니다."(如春行花木. 具此性者 時節因緣到來 各各不相知, 隨其根性大小方圓長短 或靑或黃 或紅或綠 或臭或香 同時發作. 非春能大能小 能方能圓 能長能短 能靑能黃 能紅能綠 能臭能香. 此皆本有之性 遇緣而發耳.)

시정(施呈) : 나타내 보이다. 발휘하다. 펼치다. = 시전(施展).

시주(施主) : 범어 단월(檀越; dana-pati)의 번역. 보시(布施)하는 사람.

시주(廝拄) : 지탱하다. 시(廝)는 '서로'라는 뜻의 부사.

시중(示衆) : 여러 사람들에게 드러내 보이다. 대중에게 법을 알려주다. 주지(住持) 혹은 종사(宗師)가 대중에게 법을 말하는 대중설법(大衆說法)을 가리킨다. 법당에 올라 법을 말했다는 상당설법(上堂說法)과 같은 말. 수시(垂示), 교시(敎示)라고도 함.

시즉(是則) : 비록 -이만. = 수연(雖然).

시진(時辰) : 시각. 시간.

시타림(屍多林) : Śītavana. 시타벌나(尸陀伐那)라 음역. 한림(寒林)이라 번역. 중인도 마갈타국 왕사성 북문의 북쪽에 있던 숲. 본래 성중(城中)에 사는 사람의 시체를 버리는 공동묘지. 뒤에는 죄인들을 살게 하였다. 시타림(屍陀林) · 시림(屍林) · 한림(寒林) 등으로도 쓴다.

시필(試筆) : 시험 삼아 붓대를 놀린다는 뜻으로, 글씨를 쓰거나 그림을 그려 봄.

식(識) : 분별하여 알아차림. 경계를 대하여 인식하는 마음의 작용. = 〉심의식(心意識).

식견(息肩) : ① 어깨를 쉬다. 잠시 휴식하다. ② 책임을 벗다.

식결(蝕缺) : 파먹어 이지러지다.

식기(食忌) : (임신 중, 혹은 병중에)먹지 말아야 할 음식.

식랑(識浪) : 의식(意識)을 물결에 비유한 것. 마음의 바탕인 진여(眞如)를 바다에 비유하면, 모든 의식(意識)이 인연(因緣)에 따라 움직임은 바다에 일어나는 물결과 같다. 『능가경』에서 말했다. "물이 흐르는 곳이란, 여덟 번째인 장식(藏識)에서 현세에 나타나는 일곱 개의 식이 물결처럼 일어나는 것이다."(水流處, 藏識轉識浪生.)

식성(識性) : 식견(識見)과 성격(性格).

식신(識神) : 의식(意識). 정신(精神). 정식(情識). 분별심(分別心)을 가리킨다.

식심(息心) : 안심하다. 마음을 놓다.

식자(識者) : 식견(識見)이 있는 사람. 학식이 풍부한 사람.

식전일보(識前一步) : 의식(意識) 앞의 한 걸음. 의식(意識)에 매여서 행동하다.

신(伸) : 해명하다. 설명하다. 진술하다.

신각(信脚) : 발길 닿는 대로 가다.

신견(身見) : 5견(見)의 하나. 살가야견(薩迦耶見)을 말함. 5온(蘊)이 가(假)로 화합한 신체를 상일주재(常一主宰)하는 뜻이 있는 아(我)라 망집(妄執)하고, 또 아(我)에 속한 기구 · 권속 등을 나의 소유라고 여기는 잘못된 견해. 아견(我見)과 같음.

신광(神光) : 2조 혜가(慧可).

신구(信口) : 입에서 나오는 대로 (함부로) 말하다.

신근(信根) : 믿음. 불교에 대한 믿음. 불도에 대한 믿음. 불 · 법 · 승 3보와 고(苦) · 집(集) · 멸(滅) · 도(道) 4제(諦)의 이치를 믿음.

신기(神氣) : ① 표정. 기분. 안색. ② 의기양양함. 우쭐댐. ③ 생기가 있다. 기력이 충만하다. 활발하다. 의기양양하다. ④ 으스대다. 뽐내다. ⑤ 훌륭하다. 멋지다.

신미(伸眉) : 미간을 펴다. 환한 얼굴을 하다. 안심하다.

신부기려아가견(新婦騎驢阿家牽) : 신부가 나귀를 타고 시어머니가 나귀 고삐를 붙잡고 이끈다. 주객(主客)이 전도(顚倒)되다. 위치를 거꾸로 하다. 중생이 전도되어 자기를 버리고 사물을 뒤쫓는다.

신사(信士) : 우바새(優婆塞). 불교를 믿고 배우는 재가(在家)의 남자. 청신사(淸信士)와 같음.

신수(信手) : 손 가는 대로 맡기다. 손길 닿는 대로 하다.

신숙(信宿) : 이틀 밤을 연달아 머물다.

신시(信施) : 재가 신자가 불법승(佛法僧) 삼보에게 보시하는 물건.

신식(信息) : 소식(消息).

신식(神識) : 신령스런 의식(意識). 심식(心識). 심의식(心意識).

신어(神御) : 신령스럽게 부리다. 신통하게 다스리다.

신월(新月) : ① 초승달. ② 보름달.

신의(信意) : 마음대로 하다. 임의로 하다.

신자(神姿) : 풍채(風彩).

신정(神情) : 안색. 표정. 기색.

신정홍인(神鼎洪諲) : ?~901. 위산영우(潙山靈祐)의 제자. 절강성(浙江省) 오흥(吳興) 사람. 속성은 오(吳)씨. 19세에 개원사(開元寺) 무상대사(無上大師)에게 머리를 깎고, 22세에 숭산(嵩山; 河南省 登封縣) 으로 가서 구족계를 받았다. 법제대사(法濟大師)란 호를 받았다. 경산(徑山)의 3세가 되므로 경산홍인(徑山洪諲)이라고도 부른다. 광화(光化) 4년 9월 28일 입적했다.

신족변화(神足變化) : 신통변화(神通變化).

신주(新州) : 중국 영남에 있는 혜능의 고향.

신지(信地) : 십신(十信)의 위치에 있는 보살.

신지(信知) : 확실하게 알다.

신채(信彩) : 주사위를 던졌을 때 나오는 숫자에 내맡긴다는 뜻으로, 사량분별을 그치고 무위(無爲)에 내맡기는 것을 비유한 말이다.

신필(信筆) : 붓 가는 대로 맡기다. 붓 가는 대로 글을 쓰다.

신한(宸翰) : 천자(天子)의 친필(親筆).

신해(信解) : 가르침을 믿고 이해하는 것.

신해행증(信解行證) : 가르침을 믿고, 이해하고, 그 가르침에 따라 행하여, 마침내 실상을 깨닫는 것. 불교 공부를 가리킴.

신행(贐行) : 노자돈이나 예물을 주어서 떠나는 사람을 전송하다.

신회(神會) : 하택신회(神會荷澤).

신훈(新熏) : 본유(本有)의 반대. 유식학(唯識學)에서 아라야식에 감추어진 종자(種子)는 모두 본래 고유한 것이 아니라 새로이 훈습된 것이라고 하는 설. 난타(難陀) · 승군(勝軍) 두 사람이 주장했음. 종자(種子)는 원래 습기(習氣)의 다른 이름이고, 습기는 훈습(熏習)된 것이므로 종자가 신훈이라는 주장. 종자가 본유와 같이 보이는 것은, 능훈(能熏)의 법(法)도 소훈(所熏)의 식(識)도 모두 태초부터 있는 것인데, 종자 역시 태초부터 훈습되었기 때문이라고 한다. 선종(禪宗)에서 본유(本有)와 신훈(新熏)을 말할 때에는 엄밀한 의미에서 유식학의 이론을 따르는 것은 아니고, 자성반야(自性般若)가 본래 갖추어져 있는 것이긴 하지만 깨달음을 통하여 밝혀야 그 존재가 드러난다는 정도의 뜻으로 사용한다.

실각(失脚) : 걸음걸이가 산란하다. 걸음걸이가 혼란하다. 비틀거리며 걷다.

실각답착비공(失脚蹋着鼻孔) : 발을 헛디뎌 코를 밟다. 비틀거리며 걷다가 코를 밟다. 헤매다가 본래면목에 발을 딛다. 깨달음이란 늘 일정한 길을 가던 습관적인 마음이 문득 길을 잃고서 한 걸음 곁에 있었지만 한 번도 밟은 적이 없었던 본래면목을 밟는 사건이다. 늘 걸어가던 길을 변함없이 간다면 습관적인 반복만 있을 뿐, 깨달음은 없다. 깨달음은 마음의 발을 헛디뎌 비틀거리다가 밟게 되는 것이다. 습관적인 분별 집착이 문득 벽에 가로막혀서 어디로 가야할지 길이 없는 곳에서 비틀거리다가 문득 자신의 발 아래를 보게 되는 것이다.

실각두(失卻頭) : 머리를 잃다. 목숨을 잃다.

실각비공(失却鼻孔) : 코를 잃다. 본래면목을 잃다.

실념(失念) : 망념(妄念)에 빠지다. 망상(妄想)에 빠지다. 잘못된 생각에 빠지다.

실도(失度) : 정도를 넘어서다. 적당함을 잃어버리다. 지나치다.

실두(實頭) : ① (형용사)확고하다. 견고하다. ② (부사)진실로. 틀림없이. 확실히.

실두처(實頭處) : 확고한 곳. 견고한 곳. 진실한 곳.

실라벌국(室羅筏國) : 사위국(舍衛國). 실라벌(室羅筏)은 śrāvastī의 음역. 중인도 가비라국 서북쪽에 있던 도성(都城).

실상(實相) : 진실한 모습, 참된 본래 모습. 겉으로 보이는 모습을 분별하여 이해하는 망상(妄相, 妄想)의 상대어.

실생허백(室生虛白) : = 허실생백(虛室生白). = 허백(虛白).

실성(實性) : 진실한 자성(自性).

실안인(室安人) : 벼슬아치의 아내를 높여 부르는 말. 실인(室人)은 일반적으로 아내를 뜻하지만, 안인(安人)은 송대(宋代)에 조봉랑(朝奉郎) 이상의 벼슬아치의 부인에게 붙이던 칭호.

실전조죄(失錢遭罪) : 돈도 잃고 죄도 뒤집어쓰다.

실제(實際) : 참된 끝이란 뜻으로 진여법성(眞如

法性)을 가리킴. 이는 온갖 법의 끝이 되는 곳이므로 실제, 또 진여의 실리(實理)를 깨달아 그 궁극(窮極)에 이르므로 이렇게 이름.

실중(室中) : 실내(室內). 종사(宗師)와 학인(學人)이 개별적으로 실내에서 만나는 것. 주로 학인이 종사가 거처하는 조실(祖室)이나 방장(方丈)을 찾아가 이루어지는 만남이다.

실중기연(室中機緣) : 방장실(方丈室) 속에서 여러 기회(機會)에 만난 인연(因緣)들과의 법담(法談)을 적은 글.

심(尋) : ① 뒤이어. 잠시 후. ② 계속하여. 연달아.

심갱(深坑) : 깊은 구덩이. 한 번 빠지면 다시는 나올 수 없는 깊은 수렁이라는 뜻으로, 이승(二乘)의 열반을 얻은 이와 선근(善根)을 끊은 이를 비유함.

심계(瀋溪) : 사천성(四川省)을 흐르는 거강(渠江)의 다른 이름.

심념(尋念) : = 심사(尋思).

심담(心膽) : ① 심장과 쓸개. ② 의지와 담력.

심두민(心頭悶) : 심두(心頭)는 마음, 마음속. 민(悶)은 편치 않다, 갑갑하다, 답답하다, 울적하다는 뜻. 마음속이 갑갑하다. 마음속이 답답하다. 마음속이 불편하다.

심량(心量) : ① 유심(唯心)과 같음. ② 중생이 마음에 미혹을 일으켜 갖가지 외계의 대상을 생각하는 것. ③ 마음의 영역.

심력(甚力) : 매우 힘을 쏟다.

심마(甚麽) : = 심몰(甚沒), 심마(甚摩), 심물(甚物). 십마(什麽). 무엇? 어떤? 무슨? 어느?

심법(心法) : ① 마음. 심왕(心王)이라고도 함. 심소법(心所法)에 대한 심왕. 마음의 본체 · 기능에 따라 심(心) · 의(意) · 식(識)이라 불림 ② 심소(心所)와 같음 ③ 마음의 법. 마음의 모습. 마음으로 이루어지는 존재 ④ 마음 및 마음의 작용 일체 ⑤ 베트남에서는 불교를 이와 같이 말함.

심사(尋思) : 깊이 생각하다. 이모저모로 궁리하다. = 심념(尋念).

심사(深沙) : 심사대장(深沙大將), 혹은 심사대장(尋沙大將). 기괴하고 무서운 모습을 하고 갖가지 고난을 제거하는 호법(護法)의 신(神). 당(唐) 현장(玄奘)이 인도로 여행할 때 수호한 귀신이라고 한다. 사막에서 일어나는 악기(惡氣)나 열풍(熱風)을 신격화한 것이라고 한다. 『반야경』을 수호하는 16선신(善神)과 더불어 나타난다. 봉교귀(奉敎鬼)라고 번역한다. 당(唐) 불공(不空)이 번역한 『심사대장의궤(深沙大將儀軌)』 1권이 전한다.

심상(尋常) : ① 평상(平常). 일상(日常). ② 보통이다. 평범하다. ③ 항상. 언제나.

심성선(心性禪) : 육조혜능이 "바람이 움직이는 것도 아니고 깃발이 움직이는 것도 아니고, 그대의 마음이 움직이는 것이다."라 한 것을 두고 심성선(心性禪)이라 부름.

심술(心術) : 마음씨. 심보.

심시(甚是) : 지극히, 대단히.

심언(尋言) : 말을 탐구하다. 말의 뜻을 헤아리다. = 심언수어(尋言逐語).

심언수어(尋言逐語) : 언구(言句)의 해석만을 문제 삼아 추구하다.

심연(心緣) : 마음에서 대상을 만나 인식하는 것. 마음에 대상이 나타나 분별되는 것. 인식되는 삼라만상은 전부 마음에 나타나는 인연(因緣)들이다.

심요(心要) : 원오극근(圜悟克勤)의 제자인 자문(子文)에 의하여 편집된 『불과원오선사심요(佛果圓悟禪師心要)』. 심법(心法)의 요체라는 뜻을 지니는 이 책은 원오극근이 평생 썼던 편지글을 그 제자들이 모아서 펴낸 것이다.

심월(心月) : 마음의 본성을 달에 비유한 말.

심의(心意) : ① 마음. 성의(誠意). ② 의사(意思). 의향(意向). 생각. 뜻.

심의식(心意識) : 심(心)은 범어 질다(質多)의 번역, 모여서 발생한다[集起]는 뜻. 의(意)는 범어 말나(末那)의 번역, 헤아려 생각한다[思量]는 뜻. 식(識)은 범어 비야남(毘若南)의 번역, 분별하여 알아차린다[了別]는 뜻. 분별심(分別心)을 말함. 구사종(俱舍宗)에서는 심왕(心王; 주관)에 6식(識)을 세우고 심왕의 작용에 대하여 그 이름을 달리 함. ① 심(心). 온갖 심리 작용을 모아서 끌어 일으키므로[引起] 집기(集起)의 뜻이 있음. ② 의(意). 여러 가지 대상경계를 헤아리고 생각하므로 사량(思量)의 뜻이 있음. ③ 식(識). 대상경계를 분별하여 알아차리는 뜻이 있으므로 식(識)이라 함. 이 세 가지는 모두 육식(六識)을 다르게 부르는 이름이라 함. 유식종(唯識宗)에서는 팔식(八識)을 통틀어 심·의·식의 세 뜻이 있다 함. 제8식은 온갖 종자를 모았고, 또 종자로 하여금 활동케 하므로 심(心)이라 하고, 제7식은 대상경계를 항상 살펴 사량하는 뜻이 수승하므로 의(意)라 하고, 전(前) 6식은 자기 앞의 대상경계를 잘 식별(識別)하는 작용이 수승하므로 식(識)이라 이름한다 함.

심인(心印) : 또는 불심인(佛心印). 심(心)은 불심(佛心), 인(印)은 인가(印可)·인증(印證)이란 숙어로서 확증하는 뜻이 있음. 이는 언어·문자로써 표현할 수 없는 부처님 자내증(自內證)의 심지(心地).

심장적구(尋章摘句) : 책을 읽고 깊은 이해도 없이 멋진 구절만 베끼다.

심정(心情) : 흥미. 재미. 기분.

심지법문(心地法門) : 마음을 심(心), 심법(心法), 심지(心地), 심지법(心地法), 심지법문(心地法門)이라고 한다. 심법은 마음이 곧 진리라는 것이고, 심지는 마음은 땅과 같아서 모든 것이 마음에 의지하여 생긴다는 것이다. 심지법문(心地法門)은 황벽(黃檗)의 『전심법요(傳心法要)』에, "이른바 심지법문이란 만법이 모두 이 마음에 의지하여 건립된다는 말이니 경계를 만나면 마음이 있고 경계가 없으면 마음도 없다"(所謂心地法門 萬法皆依此心建立 遇境卽有 無境卽無)라고 그 의미를 밝히고 있다. 그러나 『마조록(馬祖錄)』에서도 이미 같은 의미에서 심지법문을 말하고 있다. "무엇을 일컬어 심지법문이라 하고 무엇을 일컬어 무진등이라고 하는가. 일체법은 모두 마음법이고 일체의 이름은 모두 마음의 이름이다. 만법이 모두 마음으로부터 생겨나므로 마음이 만법의 근본이다."(云何言心地法門 云何言無盡燈 一切法 皆是心法 一切名 皆是心名 萬法皆從心生 心爲萬法之根本)

심체(審諦) : 명백하다. 확실하다. 명백히 밝히다.

심행(心行) : ① 심사(心思). 생각. ② 심의(心意)의 작용. ③ 정토교계(淨土敎系)에서 말하는 안심(安心)·기행(起行).

심행보살(深行菩薩) : 심행(深行)하는 보살. 심행이란 깊고 비밀스럽게 행한다는 뜻으로서, 초지(初地) 이상의 보살의 행동을 가리킨다.

심향성(尋香城) : 건달파는 향을 먹고 살기 때문에 '심향(尋香)'으로도 불린다. 또, 악사가 지어내서 사람에게 보여주는 환상의 성을 '건달파성(乾達婆城)'이라 하는데, 이 때문에 '심향성'이라고 한 것이다.

십개중유오쌍(十箇中有五雙) : 열 가운데 다섯 쌍. 열이면 열 모두.

십력(十力) : (1) 부처님께만 있는 열 가지 심력(心力). ① 처비처지력(處非處智力). ② 업이숙지력(業異熟智力). ③ 정려해탈등지등지지력(靜慮解脫等持等至智力). ④ 근상하지력(根上下智力). ⑤ 종종승해지력(種種勝解智力). ⑥ 종종계지력(種種界智力). ⑦ 변취행지력(遍趣行智力). ⑧ 숙주수념지력(宿住隨念智力). ⑨ 사생지력(死生智力). ⑩ 누진지력(漏盡智力). 이는 『구사론(俱舍論)』 제27권, 『순정리론(順正理論)』 제75권 등에 의함. (2) 보살에게 있는 열 가지 지력(智力). ① 심심력(深心力). ② 증상심심력(增上深心力). ③ 방편력. ④ 지력. ⑤ 원력. ⑥ 행력. ⑦ 승력(乘力). ⑧ 신변력. ⑨ 보리력. ⑩ 전법륜력(轉法輪力). 『화엄경(華嚴經)』 제39권, 『신역화엄경』 제56권에 있음.

십마(什麽) : = 십마(什摩), 십마생(什摩生), 십몰(什沒). 무엇.

십법계(十法界) : 10가지 종류의 법계(法界). 사성(四聖)과 육범(六凡)을 말한다. 사성은 불계(佛

界), 보살계(菩薩界), 연각계(緣覺界), 성문계(聲聞界)를 말하며, 육범은 천상계(天上界), 인간계(人間界), 수라계(修羅界), 축생계(畜生界), 아귀계(餓鬼界), 지옥계(地獄界)를 말한다.

십선(十善) : 십선행(十善行) · 십선업(十善業) · 십선업도(十善業道)라고도 한다. 열 가지의 선한 행위를 말하는데, 십악(十惡)의 반대말이다. 십악이란, 살생(殺生) · 투도(偸盜) · 사음(邪婬) · 망어(妄語 : 거짓말을 하는 것) · 양설(兩舌) · 악구(惡口) · 기어(綺語 : 재미있게 꾸며 만드는 말) · 탐욕(貪慾) · 진에(瞋恚 : 화내고 미워하는 것) · 사견(邪見 : 잘못된 견해를 말함) 등을 말한다. 이상의 십악을 행하지 않는 것을 십선이라고 하는데, 불살생(不殺生)에서 불사견(不邪見)까지를 뜻한다. 즉 죽이지 않는다, 훔치지 않는다, 사음하지 않는다, 망어하지 않는다, 욕하지 않는다, 기어하지 않는다, 양설하지 않는다, 탐욕하지 않는다, 화내지 않는다, 사견을 품지 않는다 등이다.

십선도(十善道) : 십선계(十善戒)라고도 함. 몸, 입, 의식으로 10악(惡)을 범하지 않는 것. 불살생(不殺生), 불투도(不偸盜), 불사음(不邪淫), 불망어(不妄語), 불양설(不兩舌), 불악구(不惡口), 불기어(不綺語), 불탐욕(不貪慾), 불진에(不瞋恚), 불사견(不邪見)의 10가지.

십세(十世) : 화엄(華嚴)에서 시간을 구분하기를, 과거 · 현재 · 미래가 있고, 그 각각에 다시 과거 · 현재 · 미래가 있으며, 이 구세(九世)를 융통하는 것을 일러 일세(一世)라 하는데, 이 모두를 더하여 십세라고 한다.

십송율(十誦律) : 61권. 후진(後秦)의 불약다라(弗若多羅)와 라집(羅什)이 공역(共譯)한 책으로 소승 살바다부의 율장을 말한다.

십신(十信) : 보살이 수행하는 계위(階位) 52위 중 처음의 10위(位). 부처님의 교법을 믿어 의심이 없는 지위. 신심(信心) · 염심(念心) · 정진심(精進心) · 혜심(慧心) · 정심(定心) · 불퇴심(不退心) · 호법심(護法心) · 회향심(廻向心) · 계심(戒心) · 원심(願心).

십신조어(十身調御) : (1) '십신(十身)'은 여래가 얻은 열 가지 몸으로, 보살이 수행을 완성하여 얻은 부처의 몸을 그 덕의 면에서 열 가지로 나눈 것이다. 『화엄경』에 의하면, ① 보리신(菩提身), ② 원신(願身), ③ 화신(化身), ④ 주지신(住持身), ⑤ 상호장엄신(相好莊嚴身), ⑥ 세력신(勢力身), ⑦ 여의신(如意身), ⑧ 복덕신(福德身), ⑨ 지신(智身), ⑩ 법신(法身) 등이 그것이다. '조어(調御)'란 조어장부(調御丈夫)를 줄인 말이며, 여래를 일컫는 호칭이다. 여래는 장부(丈夫)를 잘 제어하고 이끌어서 진실한 도에 들어가게 하기 때문에 붙여진 호칭이다. (2) 여래십호(如來十號) 가운데 하나인 조어장부(調御丈夫). 십신(十身)은 십호(十號). 석가모니의 본래 성은 고타마(Gotama), 이름은 싯다르타(Siddhrtha)였다. 하지만 불교 문헌에서는 다음과 같은 특별한 호칭 열 가지로써 다양하게 표현하고 있다. ① 여래(如來); 완전한 인격을 갖춘 사람. ② 아라한(阿羅漢); 존경받을 만한 사람. ③ 정변지(正遍知), 또는 정등각(正等覺); 바른 깨달음을 얻은 사람. ④ 명행족(明行足); 밝은 지혜와 실천을 구현한 사람. ⑤ 선서(善逝); 윤회의 생사도에 빠지지 않고 피안의 언덕으로 잘 간 사람. ⑥ 세간해(世間解); 세간의 일을 모두 알고 있는 사람. ⑦ 무상사(無上士); 더없이 높은 최상의 사람. ⑧ 조어장부(調御丈夫); 거친 자를 모두 제어하는 사람. ⑨ 천인사(天人師); 천신과 인간들의 스승. ⑩ 세존(世尊); 세상에서 가장 존귀한 사람.

십악(十惡) : 살생(殺生) · 투도(偸盜) · 사음(邪婬) · 망어(妄語 : 거짓말을 하는 것) · 양설(兩舌) · 악구(惡口) · 기어(綺語 : 정말로 재미있게 만드는 말) · 탐욕(貪慾) · 진에(瞋恚 : 화내고 미워하는 것) · 사견(邪見 : 잘못된 견해를 말함)을 말한다. 이상의 십악을 행하지 않는 것을 십선(十善)이라고 한다.

십양만전(十様蠻牋) : '십양만전(十様蠻箋)'으로

도 쓴다. 익주(益州)에서 나오는 종이 이름으로, 심홍(深紅) · 천홍(淺紅) · 행홍(杏紅) · 명황(明黃) · 심청(深靑) · 천청(淺靑) · 심록(深綠) · 천록(淺綠) · 동록(銅綠) · 담운(淡雲) 등 열 가지 색이 있다.

십우(十牛) : 십우란 참선 학도의 수행 계정(階程), 깨달음을 초탈할 때까지의 과정을 10단계로 나누어 설한 것. 남송(南宋) 곽암 사원(廓庵師遠)의 십우도송(十牛圖頌)에 의해서 널리 알려짐. ① 심우(尋牛); 깨달음의 세계를 찾아나서는 단계. ② 견적(見跡); 깨달은 자의 발자국을 발견한 단계. ③ 견우(見牛); 깨침의 첫 장을 연 단계. ④ 득우(得牛); 비로소 얻은 깨침의 경지를 자재로움 속에서 자기화 하는 것. ⑤ 목우(牧牛); 깨달음의 경지를 스스로 자재롭게 다스리는 것. ⑥ 기우귀가(騎牛歸家); 깨달음을 얻어 본래의 자기에게로 돌아가는 단계. ⑦ 망우존인(忘牛存人); 소로 상징된 깨침의 경지까지를 초월한다는 의미. ⑧ 인우구망(人牛俱忘); 깨침의 경지도, 자기라는 인식도 모두 잊은 경계. ⑨ 반본환원(返本還源); 본래로 돌아온다는 뜻. ⑩ 입전수수(入廛垂手); 속세에 들어가 자재무애한 생활 속에서 중생을 구제하는 경계.

십이부경(十二部經) : 석가모니의 교설을 그 성질과 형식에 따라 구분하여 12부로 분류하여 놓은 불교 경전. 십이분경(十二分經) · 십이분교(十二分敎)라고도 한다. (1) 수다라(修多羅) : 계경(契經) · 법본(法本)이라고 번역하는 산문체의 경전. (2) 기야(祇夜) : 중송(重頌), 응송(應頌) 등으로 번역하는, 산문체의 경문 뒤에 그 내용을 운문(韻文)으로 노래한 경전. (3) 수기(授記) : 경의 말뜻을 문답 형식으로 해석하고, 또 제자들의 다음 세상에서 날 곳을 예언한 것. (4) 가타(伽陀) : 풍송(諷頌) · 고기송(孤起頌)이라 번역하는, 4언 · 5언 · 7언의 운문으로 구성된 것. (5) 우타나(優陀那) : 무문자설(無問自說)이라 번역하는 것으로, 『아미타경(阿彌陀經)』 등과 같이 남이 묻지 않는데도 석가모니가 스스로 이야기한 말. (6) 니타나(尼陀那) : 연기(緣起) · 인연(因緣)이라 번역되는, 경 중에서 석가를 만나 법을 들은 인연 등을 설한 것. (7) 아파타나(阿波陀那) : 비유(譬喩)라고 번역하며, 경전 중에서 비유로써 은밀한 교리를 명백하게 풀이한 부분. (8) 이제왈다가(伊帝曰多伽) : 본사(本事)라 번역하는 것으로, 석가나 제자들의 지난 세상에서의 인연을 말한 부분. (9) 사타가(陀伽) : 본생(本生)이라 번역하는 것으로, 석가 자신의 지난 생에서의 보살행(菩薩行)을 말한 부분. (10) 비불략(毘佛略) : 방광(方廣)이라 번역하는, 광대한 진리를 말한 부분. (11) 아부타달마(阿浮陀達摩) : 희유법(希有法)이라 번역하며, 석가가 보인 여러 가지 신통력(神通力)을 말한 부분. (12) 우바제사(優波提舍) : 논의(論議)라 번역하는, 교법(敎法)의 이치를 논하고 문답한 경문 등으로 되어 있다.

십이연기(十二緣起) : 또는 십이인연(十二因緣) · 십이유지(十二有支) · 십이지(十二支) · 십이인생(十二因生) · 십이연문(十二緣門) · 십이견련(十二牽連) · 십이극원(十二棘園) · 십이중성(十二重城) · 십이형극림(十二荊棘林). 3계에 대한 미(迷)의 인과를 12로 나눈 것. ① 무명(無明); 밝은 깨달음이 없음. ② 행(行); 분별의식을 일으킴. ③ 식(識); 분별의식. ④ 명색(名色); 이름과 모습으로 나타난 물질. ⑤ 육처(六處); 안(眼) · 이(耳) · 비(鼻) · 설(舌) · 신(身) · 의(意) 등 6가지 감각기관. ⑥ 촉(觸); 명색(名色)과 육처(六處)가 접촉함. ⑦ 수(受); 분별의식을 받아들임. ⑧ 애(愛); 분별의식을 좋아함. ⑨ 취(取); 분별의식에 집착함. ⑩ 유(有); 의식 속에 분별된 대상이 있는 것으로 됨. ⑪ 생(生); 삶이 있음. ⑫ 노사(老死); 늙음과 죽음이 있음. 이처럼 연기를 해석할 적에 1찰나(刹那)에 12연기를 동시에 갖춘다는 학설과, 업설(業說)을 따라 삼세(三世)에 걸쳐 인과관계이 있다고 설명하는 2종이 있음. 뒤의 뜻을 따르면 양중인과(兩重因果)가 있음. 곧 식(識)으로 수(受)까지의 5를 현재의 5과(果)라 하고, 무명·행을 현재의 과보를 받게 한 과거의 2인(因)이라 함(過現一重因果). 다음에 애·취는 과거의 무명과 같은 혹(惑)이요, 유(有)는 과거의 행과 같은 업(業)이니, 이 현재는 3인(因)에 의하여 미래의 생·노사의 과(果)를 받는다 함(現未一重因果).

십이처(十二處) : 6근(根)과 그 대상인 6경(境). 지각기관인 안이비설신의(眼耳鼻舌身意)의 육근(六根)과 각 지각기관의 지각대상인 색성향미촉법(色聲香味觸法)의 육경(六境). 이 6근과 6경이 접촉하여 온갖 정신 작용이 일어남.

십자가두(十字街頭) : 번화한 거리이다. 전하여, 차별계(差別界)의 뜻으로 사용된다.

십자재(十自在) : 보살이 갖추고 있는 10가지 자재한 능력. 명자재(命自在)·심자재(心自在)·재자재(財自在)·업자재(業自在)·생자재(生自在)·승해자재(勝解自在)·법자재(法自在)·원자재(願自在)·신통자재(神通自在)·지자재(智自在).

십전(十纏) : 전(纏)은 얽어맨다는 뜻이니 번뇌를 가리킨다. 탐진치(貪瞋癡) 등의 근본번뇌에 부수되어 일어나는 열 가지 번뇌. 무참(無慚)·무괴(無愧)·질(嫉)·간(慳)·회(悔)·면(眠)·도거(掉擧)·혼침(昏沈)·분(忿)·부(覆) 등 10가지. 이것들은 중생을 얽매어 생사의 옥(獄)에 가둔다는 뜻에서 이렇게 이름한다.

십주(十住) : 보살이 수행하는 계위인 52위 중에 제11위에서 제20위까지. 10신위를 지나서 마음이 진제(眞諦)의 이치에 안주하는 위치에 이르렀다는 뜻으로 주(住)라고 한다. ① 발심주(發心住); 10신의 종가입공관(從假入空觀)의 관법이 완성되어 진무루지(眞無漏智)를 내고, 마음이 진제의 이치에 안주하는 지위. ② 치지주(治地住); 항상 공관(空觀)을 닦아 심지(心地)를 청정하게 다스리는 지위. ③ 수행주(修行住); 만서(萬善) 만행(萬行)을 닦는 지위. ④ 생귀주(生貴住); 정히 부처님의 기분을 받아 여래 종에 들어가는 지위. ⑤ 구족방편주(具足方便住); 부처님과 같이 자리이타(自利利他)의 방편행을 갖추어 상모(相貌)가 결함이 없는 지위. ⑥ 정심주(正心住); 용모가 부처님과 똑같을 뿐만 아니라 마음도 같은 지위. ⑦ 불퇴주(不退住); 몸과 마음이 한데 이루어 날마다 더욱 자라나고 물러서지 않는 지위. ⑧ 동진주(童眞住); 그릇된 소견이 생기지 않고 보리심을 파하지 않는 것이 마치 동자의 천진하여 애욕이 없는 것과 같아서 부처님의 10신(身) 영상(靈相)이 일시에 갖추어지는 지위. ⑨ 법왕자주(法王子住); 부처님의 가르침을 따라 지해(智解)가 생겨 다음 세상에 부처님 지위를 이을 지위. ⑩ 관정주(灌頂住); 보살이 이미 불자가 되어 부처님의 사업을 감당할만하므로 부처님이 지수(智水)로써 정수리에 붓는 것이, 마치 인도에서 왕자가 자라면 국왕이 손수 바닷물을 정수리에 부어 국왕이 되게 하는 것과 같으므로 이렇게 이름. 또 이것을 탁태(托胎)의 순서를 모방하여 처음 발심주에서 제4 생귀주까지를 입성태(入聖胎), 제5 구족방편주에서 제8 동진주까지를 장양성태(長養聖胎), 제9 법왕자주를 출성태(出聖胎)라고도 한다. 혹은 보살의 10지(地)를 10주라고 한데도 있다.

십주(十洲) : 神仙이 살고 있다는 열 개의 섬. 곧 조주(祖洲)·영주(瀛洲)·현주(玄洲)·염주(炎洲)·장주(長洲)·원주(元洲)·유주(流洲)·생주(生洲)·봉린주(鳳麟洲)·취굴주(聚窟洲)이다. 한(漢) 무제(武帝)가 십주(十洲)에 대하여 서왕모(西王母)로부터 듣고 나서 동방삭(東方朔)을 불러 각 지방의 산천지리·신선(神仙)·이물(異物)·복식(服飾) 등을 기록하게 했다고 하는 『해내십주기(海內十洲記)』라는 책이 전해진다. 여기서 십주(十洲)는 온 세계를 가리킨다.

십지(十地) : 『화엄경』 「십지품(十地品)」에 설해져 있는 보살수행의 52위 가운데서 제41위에서 제50위까지를 가리키는데, 보살로서는 최고의 경지이다. 이 10위는 불지(佛智)를 생성하고 능히 주지(住持)하여 움직이지 아니하며 온갖 중생을 짊어지고 교화 이롭게 하는 것이 마치 대지가 만물을 싣고 이를 기름지게 하는 것과 같으므로 지(地)라 이른다. ① 환희지(歡喜地; 처음으로 참다운 중도지(中道智)를 내어 불성의 이치를 보고 견혹(見惑)을 끊으며 능히 자리이타(自利利他)하여 진실한 희열에 가득찬 지위) ② 이구지(離垢地; 수혹(修惑)을 끊고 범계(犯戒)의 더러움을 제거하여 몸을 깨끗하게 하는 지위) ③ 발광지(發光地; 수혹을 끊어 지혜의 광명이 나타나는 지위) ④ 염혜지(焰慧地; 수혹을 끊어 지혜가 더욱 치성하는 지위) ⑤ 난승지(難勝地; 수혹을 끊고 진지(眞智)·속지(俗智)를 조화하는 지위) ⑥ 현전지(現前地; 수혹을 끊고 최승지(最勝智)를 내어 무위진여(無爲眞如)의 모양이 나타나는 지위) ⑦ 원행지(遠行地; 수혹을 끊고 대비심을 일으켜 2승의 오(悟)를 초월하여 광대무변한 진리 세계에 이르는 지위) ⑧ 부동지(不動地; 수혹을 끊고 이미 전진여(全眞如)를 얻었으므로 다시 동요되지 않는 지위) ⑨ 선혜지(善慧地; 수혹을 끊어 부처님의 10력을 얻고 기류(機類)에 대하여 교화의 가부(可否)를 알아 오묘하게 설법하는 지위) ⑩ 법운지(法雲地; 수혹을 끊고 끝없는 공덕을 구비하고서 사람을 이롭게 하는 일을 행하여 대자운(大慈雲)이 되는 지위)

십지보살(十地菩薩) : 『화엄경』「십지품(十地品)」에 설해져 있는 보살수행의 52위 가운데서 제41위에서 제50위까지의 사이에 있는 보살. 보살로서 최고의 경지에 도달한 자.

십칠사(十七史) : 한대(漢代)에 간행된 『사기(史記)』 이후 송대(宋代)까지의 중국의 정사(正史)를 기록한 17종의 역사서. 『사기(史記)』, 『한서(漢書)』, 『후한서(後漢書)』, 『삼국지(三國志)』(여기까지를 전사사(前四史)라 함), 『진서(晉書)』, 『송서(宋書)』, 『남제서(南齊書)』, 『양서(梁書)』, 『진서(陳書)』, 『위서(魏書)』, 『북제서(北齊書)』, 『주서(周書)』, 『수서(隋書)』(여기까지를 십삼사(十三史)라 함), 『남사(南史)』, 『북사(北史)』, 『신당서(新唐書)』, 『신오대사(新五代史)』 이상 17종의 역사서.

십팔계(十八界) : 십팔계란 우리가 경험하는 세계를 설명하기 위하여 만든 이름. 지각기관인 안이비설신의(眼耳鼻舌身意)의 육근(六根)과 각 지각기관의 지각대상인 색성향미촉법(色聲香味觸法)의 육경(六境)과 각각의 지각기관과 지각대상의 접촉에 의하여 생기는 안식(眼識)·이식(耳識)·비식(鼻識)·설식(舌識)·신식(身識)·의식(意識)의 육식(六識)으로 구성되어 있다. 보통 육근이라는 지각기관과 육경이라는 지각대상의 접촉에 의하여 육식이 생긴다고 하지만, 사실은 반대로 육식이라는 지각작용이 있으므로 육근과 육경이라는 경계가 나타난다고 해야 타당하다. 즉, 육식이라는 지각작용이 바탕이 되어 육근과 육경이라는 경계가 건립된다.

십팔문(十八問) : 분양선소(汾陽善昭)가 선종(禪宗)의 문답(問答)을 내용에 의해서 18종류로 분류한 것. 즉, 청익문(請益問)·정해문(呈解問)·찰변문(察辯問)·투기문(投機問)·편벽문(偏僻問)·심행문(心行問)·탐발문(探拔問)·치문(置問)·고문(故問)·불회문(不會問)·경대문(擎戴問)·차사문(借事問)·실문(實問)·가문(假問)·묵문(默問)·명문(明問)·심문(審問)·징문(徵問)을 말함.

십팔불공법(十八不共法) : 또는 십팔불공불법(十八不共佛法). 부처님께만 있는 공덕으로서 2승이나 보살들에게는 공동(共同)하지 않는 열여덟 가지. 신무실(身無失)·구무실(口無失)·의무실(意無失)·무이상(無異想)·무부정심(無不定心)·무부지이사(無不知已捨)·욕무감(欲無減)·정진무감(精進無減)·염무감(念無減)·혜무감(慧無減)·해탈무감(解脫無減)·해탈지견무감(解脫知見無減)·일체신업수지혜행(一切身業隨智慧行)·일체구업수지혜행(一切口業隨智慧行)·일체의업수지혜행(一切意業隨智慧行)·지혜지견과거세무애무장(智慧知見過去世無礙無障)·지혜지견미래세무애무장(智慧知見未來世無礙無障)·지혜지견현재세무애무장(智慧知見現在世無礙無障).

십행(十行) : 보살이 수행하는 계위를 52위로 한 것 중에서 제21위부터 제30위까지 이타의 수행을 완수하기 위하여 중생제도에 노력하는 지위를 10으로 나눈 것. ① 환희행(歡喜行; 보살이 如來의 妙德으로 十方에 隨順하는 것) ② 요익행(饒益行; 일체 중생을 이익되게 하는 것) ③ 무진한행(無瞋恨行, 無恚恨, 無違逆; 항상 참으며 화내는 사람에게 거스르지 않는 것) ④ 무진행(無盡行; 중생의 근기에 따라 그 몸을 드러내고 중생을 열반에 이르게 發心하는데 해이해지지 않는 것) ⑤ 이치란행(離癡亂行; 無明 때문에 어지럽지 않는 것) ⑥ 선현행(善現行; 어떤 곳에서도 불국토를 이루고자 노력하는 것) ⑦ 무착행(無着行; 空과 有의 두 견해에 집착하지 않는 것) ⑧ 존중행(尊重行, 難得行; 六度 안에서 특히 반야바라밀을 존중하고 난득의 善根을 성취하는 것) ⑨ 선법행(善法行; 법을 설하여 사람들에게 주는 것) ⑩ 진실행(眞實行; 中道의 이치를 깨닫는 것)

십회향(十廻向) : 『화엄경』에서 보살이 수행하는 계위인 52위 중에서 제31위에서 제40위까지. 10행위(行位)를 마치고 다시 지금까지 닦은 자리이타(自利利他)의 여러 가지 행을 일체 중생을 위하여 돌려주는 동시에 이 공덕으로 불과를 향해 나아가 오경(悟境)에 도달하려는 지위. ① 구호일체중생이상회향(救護一切衆生離相廻向) ② 불괴회향(不壞廻向) ③ 등일체제불회향(等一切諸佛廻向) ④ 지일체처회향(至一切處廻向) ⑤ 무진공덕장회향(無盡功德藏廻向) ⑥ 입일체평등선근회향(入一切平等善根廻向) ⑦ 등수순일체중생회향(等隨順一切衆生廻向) ⑧ 진여상회향(眞如相廻向) ⑨ 무박무착해탈회향(無縛無着解脫廻向) ⑩ 입법계무량회향(入法界無量廻向). 십회향까지는 범부의 수행이고, 그 다음 십지부터는 성인이라고 한다.

쌍견(雙遣) : 한 짝을 이루는 둘 모두를 동시에 없애다. 유무쌍견(有無雙遣)의 경우, 유는 무에 의하여 유가 되고 무는 유에 의하여 무가 되니, 유와 무는 동시에 성립하거나 동시에 소멸한다. 이것은 연기법(緣起法)과 중도(中道)를 밝힌 것이다.

쌍경산(雙徑山) : 경산(徑山).

쌍령(雙嶺) : 위(魏)의 사신 송운(宋雲)이 달마(達摩)가 신 한 짝을 들고 서쪽으로 가는 것을 본 곳인 총령(葱嶺)을 가리킨다.

쌍림(雙林) : 사라쌍수(沙羅雙樹). 석존이 그 아래에서 입적(入寂)에 든 나무. 석존의 입적시 시들어 하얗게 되었다고 전해진다.

쌍륙(雙六) : 두 사람 또는 두 편이 15개씩의 말을 가지고 2개의 주사위를 굴려 사위대로 판 위에 말을 써서 먼저 나가면 이기는 놀이. 악삭(握槊) · 십이기(十二棊) · 육채(六采)라고도 한다. 쌍륙을 노는 데는 판 · 말 · 주사위가 필요하다.

쌍조(雙照)와 쌍차(雙遮) : 아울러 비춤. 중도(中道)에는 공(空) · 가(假)를 아울러 인정하는 면과 아울러 부정하는 면이 있으니, 사구(四句)에 적용하면 역유역무(亦有亦無)와 비유비무(非有非無)가 그것이다. 이것에서 전자를 쌍조(雙照) 혹은 쌍조의 중도(中道)라 하고 후자를 쌍차(雙遮) 혹은 쌍차의 중도라 한다.

ㅇ

아(我) : ātman. 주재(主宰) · 자아(自我) · 신체(身體)의 뜻. 자기의 자체, 곧 자기 주관의 중심. 일반 불교에서는 이것을 나누어 실아(實我) · 가아(假我) · 진아(眞我)의 3종으로 분별. ① 실아는 인도 재래의 외도가 주장하는 것으로, 범부의 망정(妄情) 속에 스스로 존재하는 아(我)가 있다는 주장. 이 아는 무상(無常)이 아니고 상주(常住)하여 독존(獨存)하는 것으로, 그 능동(能動)은 국왕 · 재상과 같이 자재한 것. ② 가아는 실제로 나라 할 것이 존재한 것이 아니고 5온(蘊)이 화합하여, 인과가 상속하는 몸이기 때문에 다른 것과 구별하기 위하여 나라고 이름한 것. ③ 진아는 대승에서만 말하는 것으로 열반의 4덕인 상(常) · 낙(樂) · 아(我) · 정(淨)의 아덕(我德)을 말함. 진(眞)으로써 성품을 삼는 뜻으로 진아라 함.

아가(阿家) : 시어머니.

아견(我見) : = 신견(身見). 5가지 잘못된 견해 가운데 하나. 보통 '나'라고 부르는 것은 오온(五蘊)의 화합일 뿐, 오온 밖에 참으로 '나'라고 할 무엇이 없는데도, 오온 밖에 '나'가 따로 있는 줄로 잘못 아는 견해.

아난다(阿難陀) : 석가의 10대 제자 중 한 사람이다. 줄여 아난(阿難)이라고도 한다. 아난다라는 인도말은 환희 · 기쁨(慶喜)을 뜻한다. 아난은 석가의 사촌 동생이다. 불전(佛典)에는 그 아버지의 이름을 곡반왕(斛飯王) · 감로반왕(甘露飯王) · 백반왕(白飯王) 등으로 적고 있어 어떤 것이 옳은지 단정하기는 어려우나, 아난다의 아버지인 왕이 석가의 아버지인 정반왕(淨飯王)과 형제인 것만은 틀림없다. 석가가 성도(成道)하던 날 곡반왕 집안 하인이 정반왕에게 와서 "당신의 동생이 아들을 낳았다."라고 전하였다. 정반왕이 크게 기뻐하여 "오늘은 매우 행복한 날이요, 기쁜 날이다." 하면서, 그 이름을 아난다 즉 '기쁨'이라고 지었다고 한다. 『대지도론(大智度論)』에 따르면 아난다는 용모가 출중하였는데, 이것이 출가 후 아난다가 많은 부녀자들로부터 유혹을 당하는 원인이 되기도 했다. 석가가 성도 후 귀향하였을 때, 난다(難陀) · 아나율(阿那律) 등과 함께 그를 따라 출가하였다고 한다. 대중들의 천거에 의하여 아난다가 20여 년 동안 시자(侍者)를 맡아 가까이서 석가를 모시면서 그의 말을 가장 많이 들었으므로, 다문제일(多聞第一) 아난다로 불렸다. 그가 남긴 업적으로는 석가의 이모 고타미(Gotami)가 출가를 청했을 때 석가를 설득하여 그녀의 출가를 성사시킨 일이 특기할 만한 것이다. 석가가 80세에 숨을 거둘 때 곁에서 지켜보았으며, 석가가 죽은 후 가섭의 지휘 아래 이루어진 경(經)의 편찬, 즉 결집(結集)에 참가하여 지대한 업적을 남겼는데, 경법(經法)이 후대에 전하는 것은 그의 공이 크다.

아농(我儂) : 나.

아뇩다라삼먁삼보리(阿耨多羅三藐三菩提) : anuttara-samyak-saṃbodhi의 음사(音寫). 아누다라삼막삼보리(阿耨多羅三藐三菩提)라고도 읽는다. 줄여서 아뇩삼보리 · 아뇩보제라고도 한다. 무상정등정각(無上正等正覺) · 무상정등각(無上正等覺)이라 번역. 최상의 바르고 평등한 깨달음. 아뇩다라는 무상(無上), 삼먁삼보리는 정변지(正遍智), 또는 정등정각(正等正覺)이라 번역하니 앞의 것은 구역(舊譯)이고 뒤의 것은 신역(新譯)이다. 줄여서 정각(正覺)이라 한다.

아뇩달지용왕(阿耨達池龍王) : 8대룡의 하나. 아뇩달지(池)에 살면서 4대하를 흘러 내어 염부주를 젖게 한다고 함. 보살의 화신이라 하여 존숭을 받는 용왕. = 아누달지용왕, 아뇩달용왕.

아도(我道) : ① 나는 -라고 생각한다. ② 나는 -라고 말한다. ③ 나의 도(道).

아라파좌낭(阿羅跛跓囊) : 아라파차나(阿羅波遮那), 아라파자나(阿羅跛遮那), 아라파사나(阿羅跛捨那)라고도 한다. 『반야경(般若經)』에 소개한 실담(悉曇)의 자모(字母) 42자 가운데 처음 5자모이다.

아란야(阿蘭若) : 음역은 아련야(阿練若), 아란나(阿蘭那)라고도 함. 의역은 무쟁성(無諍聲), 한적(閑寂), 원리처(遠離處). 비구가 머무는 장소로서, 시끄러움이 없는 한적한 곳으로 수행하기에 적당한 삼림(森林) · 넓은 들 · 모래사장 등을 가리키는 말. 한 사람 또는 두, 세 명 소수의 비구가 작은 승방(僧房) 등을 만들어 함께 거주한다. 십이두타행(十二頭陀行) 제일(第一)의 아란야처(阿蘭若處)에 있는 행자(行者)를 아란야비구(阿蘭若比丘)라고 말한다.

아련야(阿練若) : = 아란야(阿蘭若).

아사(阿師) : 아(阿)는 어조사, 화상 · 사(師)라는 말과 같음. 호개아사(好箇阿師)라 하면 약간 경멸하는 뜻이 있음.

아사리(阿闍梨) : ācārya. 아기리(阿祇利), 아차리야(阿遮利夜 · 阿遮梨耶)라고도 쓰며, 교수(敎授) · 궤범(軌範) · 정행(正行)이라 번역. 제자의

행위를 교정하며 그의 사범이 되어 지도하는 스님. 아사리의 호는 『오분율(五分律)』 16에, 출가(出家) 아사리 · 갈마 아사리 · 교수 아사리 · 수경 아사리 · 의지 아사리 등의 5종을 말하였음.

아사세왕(阿闍世王) : 중인도 마갈타국의 왕. 미생원(未生怨)이라 번역. 빈바사라왕을 아버지로, 위제희를 어머니로 태어났다. 왕이 늙도록 아들이 없음을 걱정하여 신에 기원하였는데, 어떤 관상가가 말하기를 "비부라산에 있는 선인이 죽으면 태어난다"고 하였으나, 왕은 그때를 기다리지 않고 선인을 죽이니 부인이 곧 아기를 배었다. 이 애는 나기 전부터 원한을 품었다는 뜻으로 미생원이라 하였다. 탄생할 적에 관상가로 하여금 점치게 하니 "아이가 원한을 품었다" 하였다. 높은 누각을 짓고 그 위에서 낳아 떨어뜨렸으나 한 손가락만 꺾였을 뿐이었다. 장성한 태자는 뒤에 새 교단을 조직하려는 야심을 가진 제바달다의 꾐에 빠져 부왕을 죽이고 어머니를 가두는 등의 역적죄를 감행하였다. 그러나 뒤에 부처님께 귀의하여, 교단의 외호자가 되어 불경을 첫 결집하는 대사업을 완성하고 불멸 후 24년에 죽음.

아상(我相) : '나'라는 생각. '나'라는 개념.

아수(阿誰) : 누구? 묻는 사람.

아수라(阿修羅) : asura. 6도(道)의 하나. 10계(界)의 하나. 아소라(阿素羅) · 아소락(阿素洛) · 아수륜(阿須倫)이라 음역. 줄여서 수라(修羅). 비천(非天) · 비류(非類) · 부단정(不端正)이라 번역. 싸우기를 좋아하는 귀신. 인도에서 가장 오랜 신(神)의 하나. 『리그베다』에서는 가장 우승한 성령(性靈)이란 뜻으로 사용. 중고대(中古代) 이후에는 무서운 귀신으로 인식되었다.

아왕택유(鵝王擇乳) : 아왕별유(鵝王別乳), 아왕끽유(鵝王喫乳)로도 쓴다. 『정법념처경(正法念處經)』 권64에 나오는 이야기로, 그릇에 물과 우유를 섞어 놓으면 아왕(鵝王)은 우유만 마시고 물은 남긴다고 한다. 실상(實相)과 망상(妄相)을 잘 판단한다는 뜻. 아왕(鵝王)은 부처를 가리키는 말인데, 부처의 손가락과 발가락 사이에 수족만망상(手足縵網相)이라는 얇은 막이 있어 그 모습이 거위의 발과 같다는 데서 유래한다.

아육왕(阿育王) : 범어 Aśoka. 인도 마우리아 왕조 제3대 왕(B.C. 268~B.C. 232 재위한 것으로 추정). 구역은 아노가(阿怒伽)라 하며, 신역은 아유가(阿輸伽)라 한다. 무우(無憂)라 번역. BC 2세기에 전 인도를 통일하고 불교를 보호한 왕. 남전과 북전에 그 기록이 꼭 같지 않으나, 왕은 B.C. 321년경에 인도에 공작왕조를 개창한 찬드라굽타 대왕의 손자이며, 빈두사라왕의 아들로 출생하였다. 어려서 성품이 거칠고 사나워서 부왕의 사랑이 없었다. 영토인 덕차시라국에 반란이 일어나자 이를 정복하여 귀순케 하다. 부왕이 죽은 후 배다른 형인 수사마를 죽이고 즉위하다. 광폭함을 그치지 아니하여 신하와 여자들을 마구 죽였다고 한다. 그러다가 어떤 사문(沙門)의 설법을 받았다고도 하며, 돌에 새긴 글에 의하면 즉위 8년에 칼링가를 정복하여 포로 15만, 살륙 10만의 무수한 죽음의 대참사를 목격하고, 부처님께 귀의하였다고도 한다. 그 후로는 무력에 의한 정복을 중지하였다. 그리고 모든 인간이 지켜야 할 윤리인 Dharma(法)에 의한 정치를 이상으로 삼고 이를 실현하는 데 진력하였다. 부모 · 어른에게 순종, 살생을 삼가는 등의 윤리를 백성들에게 장려하고, 지방관이나 신설된 관리에게 명령하여 백성들이 윤리를 철저히 지키도록 하였다. 또 도로 · 관개 등의 공공 사업을 전개하는 등 많은 치적을 남겼다. 당시 인도에는 그에게 대항하는 세력이 없었고, 북서 국경의 그리스 세력도 그들 내분 때문에 다른 지방을 침략할 힘이 없었다. 이와 같은 정세에서 모든 생활양식이 다른 광대한 영토를 현실적으로 지배하기 위해서는 그가 취한 정책은 매우 현명했던 것으로 볼 수 있으며, 그 이면에는 원시불교의 영향이 있음을 볼 수 있다. 또한 그의 정치이념은 인도제국이나 모든 민족에게까지 전파되어 그의 시절이 이집트 · 마케도니아까지 이르렀다. 그리고 왕은 8만 4천의 절과, 8만 4천의 보탑을 건축하고 정법의 선포를 위하여 바위와 석주 등에 글을 새기어 스스로 부처님의 유적을 순례하였다. 그의 영토는 북쪽은 설산, 남쪽은 마이소루, 동쪽은 벵갈만, 서쪽은 아라비아해에 이르는 방대한 영토였다. 또 즉위 17년만에 화씨성에서 제3차의 결집을 하고, 희랍 5국에 전도승을 파견하고, 26년 동안에 26회의 특사를 내리는 등, 정법을 융성케 하였다. 이와 같은 왕의 정책은 36년간 통치 후에는 쇠퇴해 갔으나, 그의 치세 중에는 불교를 비롯한 갠지스강 유역의 고도의 문화가 다른 지방에 급속히 퍼져 문화의 발달을 촉진시켰다. 퇴위한 후에는 매우 불우하였다고 전함.

아이(阿你) : 이(你). 아(阿)는 접두사.

아이(阿爾) : 이(爾). 아(阿)는 접두사.

아인(牙人) : 중매인. 거간꾼.(농어민에게 사서 도시에 파는) = 아보(牙保), 아보인(牙保人), 아자(牙子).

아자자(阿刺刺) : 쭈르르, 후다닥, 씽씽, 획, 탁탁 등 무엇이 미끄러지거나, 불꽃이 타는 것을 형용한 의태어.

아촉불국(阿閦佛國) : 동방으로 일천세계의 불국토를 지나 있다는 대일여래(大日如來)가 주불인 국토의 이름.

아호대의(鵝湖大義) : 746~818. 당대(唐代) 선승. 속성은 서(徐)씨. 남악(南嶽) 문하. 절강성 구주 수강(須江) 출신. 20세에 구족계를 받고, 강서성(江西省) 홍주(洪州)의 마조도일(馬祖道一)에게서 공부하여 그의 법을 이었다. 강서성 신주(信州) 아호산(鵝湖山)에 머물렀다. 효문제(孝文帝)의 부름에 응하여 설법하였고, 덕종(德宗)과 순종(順宗)에게도 설법하였다. 시호는 혜각대사(慧覺大師). 위처후(韋處厚)가 비명을 지었다.

아호설(鵝護雪) : 『조정사원(祖庭事苑)』 제6권에서 말한다 : 『대장엄론(大莊嚴論)』에 있는 내용이다. 옛날 어떤 비구가 걸식(乞食)하며 구슬을 가공하는 집에 이르렀다. 마침 수정구슬(= 마니주(摩尼珠))에 구멍을 뚫고 있던 때였는데, 비구의 붉은 옷이 비추어져 수정구슬도 붉은색을 띄었다. 그때 그 구슬을 다루던 장인(匠人)은 집으로 밥을 먹으러 들어갔는데, 문득 한 마리 거위가 나타나 곧장 그 구슬을 삼켜 버렸다. 장인이 돌아와 구슬을 찾았으나 있는 곳을 알지 못하자 비구에게 물었다. “내 구슬을 가져갔습니까?” 비구는 구슬을 삼킨 거위를 죽일까 봐 염려 되어서 게송을 말했다. “나는 지금 그의 생명을 위하여, 몸에 괴로움을 받으려 하네. 달리 방편이 없으니, 오직 거위를 대신하여 목숨을 걸 수밖에.” 비록 이 게송을 들었지만, 장인은 곧 비구를 묶어서 두들겨 패고는 줄로 묶어 놓으니 입과 코에서 모두 피가 흘러 나왔다. 이에 그 거위가 달려와 그 흐르는 피를 먹으니, 장인은 성이 나서 그 거위도 곧 때려서 죽였다. 비구는 이에 게송으로 말했다. “내가 모든 고통을 견딘 것은, 이 거위를 살리고자 함이었는데, 나는 아직 목숨이 끊어지지 않았는데, 거위가 나보다 먼저 죽었구나.” 장인이 물었다. “거위는 금방 네 앞으로 왔는데, 어찌 그리 친한가?” 비구가 모든 것을 다 말하여, 거위의 배를 갈라 구슬을 찾으니, 장인은 소리 높여 울면서 말했다. “그대가 거위의 목숨을 보호하려 하다가, 내가 이런 비법(非法)한 일을 저지르게 만들었구나.” 설(雪)은 거위의 털색을 가리키는데, 이 구절을 만들 때 글자의 위치가 바뀌었다.(즉, 호설아(護雪鵝; 흰 거위를 지키다)가 되어야 하는데, 아호설(鵝護雪)로 글자의 위치가 바뀌었다.) (昔有比丘。乞食至穿珠家。穿摩尼珠次。比丘衣赤。映珠色紅。時彼珠師入舍取食。忽有一鵝。卽便呑之。珠師尋卽覓珠。不知所在。語比丘言。得我珠邪。比丘恐殺鵝取珠。卽說偈言。我今爲它命。身分受苦惱。更無餘方便。唯以命代彼。雖聞此語。卽便繫縛搥打。以繩急絞。口鼻盡皆血出。彼鵝卽來食血。珠師嗔忿。卽打鵝死。比丘乃說偈言。我受諸苦惱。望使此鵝活。我今命未絕。鵝在我先死。珠師曰。鵝今於汝。竟是何親。

比丘具說。開鵝腹得珠。珠師擧聲號哭。汝護鵝命。使我造此非法之事。雪。言鵝色也。此製句之倒爾)

악(惡) : ① 흉악하다. ② 열악하다. 나쁘다. ③ 추악하다. 보기 흉하다. ④ 조잡하다. 초라하다. 변변치 못하다. ⑤ 대단히. 몹시. 매우.

악구(惡口) : 악랄한 말. 욕설.

악기식(惡氣息) : 더러운 냄새. 기식(氣息)은 냄새.

악도(惡道) : 악취(惡趣)와 같음. 나쁜 일을 지은 탓으로 장차 태어날 곳. 업을 지어 윤회하는 길. 지옥 · 아수라 · 축생 · 아귀 · 인간 · 천상 등 여섯 가지 윤회의 길. 지옥 · 아귀 · 축생을 특히 삼악도(三惡道)라 하여 악도 중에서도 가장 나쁜 길이라고 한다.

악작(鸑鷟) : 봉황(鳳凰)을 가리킨다.

악취(惡趣) : = 악도(惡道). 악한 짓이 원인이 되어 태어나는 곳. 3악취 · 4악취 · 5악취 · 6악취로 분별.

안공사해(眼空四海) : 안중에 없다. 무서움을 모른다. 오만하다.

안공우주(眼空宇宙) : = 안공사해(眼空四海).

안광낙지(眼光落地) : 죽음을 가리킴. = 안광낙(眼光落). 안광입지(眼光入地).

안국사(晏國師) : 고산신안(鼓山神晏).

안국사(安國師) : 숭악혜안(嵩嶽慧安).

안근(眼筋) : 눈. 안목(眼目). = 안정(眼睛), 안력(眼力), 안광(眼光).

안날(按捺) : 참다. 억누르다. 견디다.

안돈(安頓) : 적절하게 배치하다. 안착하다. 안정시키다. 편안하다. 평온하다. 침착하다.

안두(岸頭) : 물가. 해안. 연안.

안락당(安樂堂) : 병든 수행승을 두는 장소. 연수당(延壽堂)과 같음.

안리화(眼裏花) : 안화(眼花, 眼華) 또는 안중화(眼中花)라고도 하는데, 눈병을 앓을 때 공중에 보이는 꽃을 의미한다. 미혹이나 망상을 비유하는 말이다. = 공화(空華).

안립(安立) : 벌려 놓다. 설치하다.

안마미(眼麻彌) : = 안마미(眼麻迷).

안마미(眼麻眉) : = 안마미(眼麻迷).

안마미(眼麻迷) : 눈이 마비되어 잘 보지 못하는 것.

안명(安名) : 이름을 지어 주다. 불교에서 계(戒)를 받은 사람에게 처음 법명(法名)을 지어 주는 일.

안명(安命) : 천명(天命)을 따라 분수에 맞게 살다.

안목정동(眼目定動) : ① 눈을 깜박거리다. ② 눈알을 이리저리 굴리다. ③ 여전히 망설이며 의심하다. ④ 아득하여 깨닫지 못하는 모양. = 안정정동(眼睛定動).

안무(安撫) : ① 위로하다. ② 안무사(按撫使; 수당(隋唐) 시기 사절(使節)의 칭호.)

안배(按排) : = 안배(安排). ① 배치하다. 배분하다. ② 마련하다. 준비하다. ③ 처리하다. 꾸리다. ④ 일부러 적당히 배분하다.

안변수친(眼辨手親) : ① 눈빛. ② 눈이 밝고 손이 빠르다. 동작이 정확하고 신속하다. = 안친수변(眼親手辨), 수변안친(手辨眼親), 수질안변(手疾眼辨), 수친안변(手親眼便), 안판수친(眼辦手親).

안선(安禪) : 좌선(坐禪)과 같음. 좌선하면 몸과 마음이 편안하다는 뜻.

안선정려(安禪靜慮) : 안선(安禪)은 좌선(坐禪), 정려(靜慮)는 선정(禪定).

안승(安僧) : 승가(僧家)를 안정(安定)시키다. 절의 살림을 아무 탈 없이 잘 엮어가다.

안신입명(安身立命) : 몸을 편안히 하고 목숨을 보존하다. 근심 없이 편안히 살다. 안심입명(安心立命)이라고도 한다. 심신(心身)을 천명(天命)에 맡기고 편안히 하는 것. 입명(立命)은 원래 『맹자(孟子)』「진심(盡心) 상(上)」 첫머리에 맹자가 말하기를, "그 마음을 다하는 자는 그 성품을 알 것이니, 그 성품을 알면 곧 하늘을 알게 된다. 그 마음을 보존하고 그 성품을 기르는 것이 하늘을 섬기는 것이요, 요절과 장수를 둘로 보지 아니하고 몸을 닦아서 그것을 기다리는 것이 명(命)을 세우는 것이다."(盡其心者 知其性

也 知其性則知天矣 存其心 養其性 所以事天也 夭壽不貳 脩身以俟之 所以立命也)라는 말에서 온 것이다. 선종(禪宗)에서는 이것을 전용(轉用)하여, 식심견성(識心見性)하여 생사(生死)를 벗어나 심신(心身)이 편안해짐을 가리키는 말로 사용하였다.

안심(安心) : 마음을 품다, 마음을 먹다, 마음을 두다. 마음을 놓다, 몰두하다.

안심입명(安心立命) : = 안신입명(安身立命).

안연(安然) : 무사하다. 무고하다. 태연하다. 마음을 놓다.

안인(安忍) : 마음이 안정되어 안팎의 장애에 흔들리지 않고 끝까지 참고 나아가는 것. 육바라밀의 인욕(忍辱)과 같음.

안정(眼睛) : 글자 그대로는 눈동자를 뜻하지만, 눈 전체를 가리키는 말이다. 선에서는 주로 본래면목을 알아보는 안목(眼目)을 뜻한다.

안정낙지(眼睛落地) : 눈동자가 땅에 떨어지다. 안목이 없다.

안정정동(眼睛定動) : ① 눈을 깜박거리다. ② 눈알을 이리저리 굴리다. ③ 여전히 망설이며 의심하다. ④ 아득하여 깨닫지 못하는 모양. = 안목정동(眼目定動).

안중화(眼中華) : = 공화(空華).

안착(安著) : 안치(安置)하다. 용납하다.

안첩미모(眼睫眉毛) : 안첩(眼睫)은 속눈썹, 미모(眉毛)는 겉눈썹. 합하여 눈썹을 가리킴.

안탕산(鴈蕩山) : 절강성(浙江省) 악청(岳淸)에 있는 산. 산꼭대기에 호수가 있고 갈대가 무성하여 가을 기러기들이 쉬어간다고 하여 안탕(雁蕩)이라 부른다. 안탕산은 해상명산(海上名山), 환중절승(寰中絶勝), 동남제일산(東南第一山) 등으로 불릴 만큼 수려한 경치를 가지고 있다. 또 산 중에 암자나 마애불 등이 많아 불교와 관련이 깊다.

안판수친(眼辦手親) : = 안변수친(眼辨手親).

안하(按下) : ① 눌러 두다. 꽉 누르다. 붙잡다. ② 내버려두다. 놓아두다.

안화(眼花) : 눈이 침침하다. 눈앞이 아물아물하다.

안화(眼華) : 안중화(眼中華) 혹은 안리화(眼裏花)라고도 하는데, 눈병을 앓을 때 공중에 보이는 꽃을 의미한다. 허공꽃 즉 공화(空華)와 같은 뜻이며, 미혹이나 망상을 비유하는 말이다. = 공화(空華).

안회(顔回) : 공자의 제자. 안회는 덕의 실천에서 공자의 제자들 가운데 가장 뛰어났다.

알라라(遏喇喇) : 의성어(擬聲語). 바람 부는 소리. 부딪치거나 넘어지는 소리. 중얼거리는 소리.

알랄(遏捺) : 억압하다. 꼼짝 못하게 눌러 막다. = 알억(遏抑).

알전(斡轉) : 빙빙 돌다. 회전하다.

암두(巖頭, 嵓頭) : 암두전활(巖頭全豁).

암두말후구(巖頭末後句) : 『오등회원』 제7권 '복주설봉의존선사(福州雪峰義存禪師)'에 있는 다음과 같은 이야기 : 하루는 두 승려가 찾아왔는데, 설봉은 손으로 암자의 문을 밀치고 나와 말했다. "무엇이냐?" 승려들도 말했다. "무엇입니까?" 설봉은 고개를 숙이고 암자로 돌아갔다. 승려들이 작별인사를 하자, 설봉이 물었다. "어디로 가느냐?" "호남(湖南)으로 갑니다." "나의 동행(同行)이 암두(巖頭)에 머물고 있는데, 편지를 좀 가져다 주겠느냐?" 그 편지에는 이렇게 씌어져 있었다. "제가 사형에게 편지를 올립니다. 제가 한 번 오산(鼇山)에서 도를 이룬 뒤로 지금까지 배고픔을 모르고 있습니다. 동참(同參)인 제가 편지 올립니다." 승려들이 암두에 도착하니, 암두가 물었다. "어디에서 오느냐?" "설봉에서 옵니다. 스님께 드릴 편지가 있습니다." 암두가 편지를 받고는 이윽고 승려들에게 물었다. "따로 무슨 말이 없었느냐?" 승려들은 앞서 설봉을 만난 이야기를 들려 주었다. 암두가 말했다. "그가 무엇이라고 말했느냐?" "그는 말없이 머리를 숙이고 암자로 돌아갔습니다." 이에 암두가 말했다. "안타깝다! 내가 당초(當初) 그에게 말후구(末後句)를 말해 주지 않은 것이 후회스럽구나. 만약 말후구를 말해 주었더라면, 천하의 누구도 설봉 노인을 어찌할 수 없었을 텐데." 승려들이 하안거(夏安居)가 끝날 무렵 이 말에 대하여 물었다. 암두가 말했다. "어찌하여 일찍이 묻지 않았는가?" "쉽게 물을 수가 없었습니다." "설봉이 비록 나와 같은 가지에서 나왔지만, 나와 같은 가지에서 죽지는 않을 것이다. 말후구를 알고자 하는가? 다만 이것일 뿐이다."

암두전활(巖頭全豁, 嵓頭全奯) : 828~887. 천주(泉州, 福建省) 남안(南安)현 사람으로, 속성은 가(柯)씨이다. 영천사(靈泉寺) 의공(義公)의 문하로 출가하였고, 장안의 서명사(西明寺)에서 구족계를 받았다. 처음에는 교종(敎宗)에 투탁하였으나, 후에 설봉의존(雪峯義存)·흠산문수(欽山文邃) 등과 교유하였고, 앙산혜적(仰山慧寂)에게 배운 후에 덕산선감(德山宣鑑)에게 참학하여 그 법을 이었다. 동정호반(洞庭湖畔)의 와룡산(臥龍山, 巖頭)에서 종풍을 드날렸다. 광계(光啓) 3년 4월 8일, 도적에게 칼을 맞았으나 태연자약하게 한 소리를 지르고는 죽었다. 나이 예순이었다. '청엄대사(淸儼大師)'라는 시호가 내렸다.

암라수원(菴羅樹園) : 인도의 비야리성에 있었던 동산. 암라녀(菴羅女)가 부처님께 바쳤던 동산으로서, 여기에서 『유마경』을 말씀하셨다.

암리(暗裏) : 몰래. 은밀히. 남모르게.

암마라과(菴摩羅果) : 사과와 비슷한 과일을 말하는데, 무구청정(無垢淸淨)의 뜻.

암마륵과(菴摩勒菓) : 인도 등지에서 자생하는 열대성 식물이름. 그 열매.

암상(諳詳) : 자세히 잘 알다.

암예(暗翳) : 어둡게 구름이 낀 모양.

암오질타(暗嗚叱咤) : 남몰래 흐느끼고, 혀를 차며 꾸짖다. 남몰래 탄식하고, 큰 소리로 꾸짖다.

암원(菴園) : 암라수원(菴羅樹園)의 약칭.

암합(暗合) : 우연히 일치하다.

압량위천(壓良爲賤) : 양가(良家)의 자녀를 노비(奴婢)로 팔다.

앙굴리마라(鴦掘利摩羅) : Aṅgulimāla의 음사로, 앙굴마라(央掘摩羅)라고도 한다. 앙굴리마라는 처음에 마니발타라 바라문을 스승으로 섬겼다. 어느 날 스승이 출타하였을 때에 스승의 아내에게 유혹을 당하였으나 거절하였다. 앙심을 품은 스승의 아내는 모함을 하였고, 그 말을 들은 스승은 앙굴리마라에게 여러 나라로 돌아다니면서 천 사람을 죽여 천 개의 손가락으로 머리 장식물을 만들어 오면 법을 일러주겠다고 하였다. 이에 앙굴리마라는 여러 곳으로 다니면서 999명을 죽이고 드디어는 제 모친을 죽이려 하였다. 그때, 석가모니가 그와 마주쳤다. 그는 석가모니를 공격하려 하였으나 오히려 부처의 가르침에 귀의하게 되었다. 앙굴리마라는 사람을 죽여 그 손가락으로 머리 장식물을 만들려 하였기 때문에 '지만외도(指鬘外道)'로도 불린다.

앙산행위(仰山行偉) : 1018~1080. 송대 스님. 임제종 황룡파. 앙산은 주석 산명. 속성은 우(于)씨. 하북성 대명부 출신. 19세에 경사 보상사의 방익(方益)을 뵙고, 13년이 지나서야 삭발 수계함. 뒤에 하남성 낙양에 이르러 화엄을 배우고 다시 황벽의 황룡혜남(黃龍慧南)에게 참학하여 그의 법을 이어받음. 송 원풍 3년 12월 26일에 입적. 세수 63, 법랍 33.

앙산혜적(仰山慧寂) : 807~883. 광동성(廣東省) 소주(韶州)의 회화현(懷化縣) 사람으로 속성은 섭씨(葉氏)이다. 15세에 출가에 뜻을 두었으나 부모의 반대에 부딪쳤다. 17세에 손가락 둘을 잘라서 정법(正法)을 구할 것을 맹세하고는 남화사(南華寺)의 통(通)선사를 찾아가 사미(沙彌)가 되었다. 수계(受戒)한 후에는 율장(律藏)을 배웠고, 후에 암두(巖頭)와 석실(石室)에게 참학하였다. 또 탐원 응진(耽源應眞)에게서 원상(圓相)의 의리를 배웠고, 나아가 위산을 섬긴 지 15년만에 그 법을 이었다. 왕망산(王莽山)에 주석하였고, 후에는 강서성(江西省)의 앙산(仰山)에 머물면서 선풍을 고취하였다. 중화(中和) 3

년—일설에는 정명(貞明) 2년(916) 또는 대순(大順) 2년(891)이라고도 한다—에 입적하였다. 시호는 지통(智通)대사이다. 위앙종은 스승인 위산과 앙산의 머릿글자를 따서 종명(宗名)으로 삼은 것이다. 그의 전기는, 『조당집』 권18 · 『송고승전』 권12 · 『경덕전등록』 권2 · 『연등회요』 권8 · 『오등회원』 권9 · 『불조역대통재』 권17 · 『석씨계고략』 권3 등에 실려 있다.

애(崖) : '애(捱), 애(挨)'와 같은 말로서 '버티다, 지속하다, 지탱하다, 천천히 나아가다'라는 뜻.

애(愛) : 늘. 자주. 쉽사리.

애래애거(崖來崖去) : 버티고 또 버티다.

애시(崖柴) : 이빨을 드러내다. 이빨을 드러내고 으르렁거리다. 싸우다.

애장거(崖將去) : 『한한대사전(漢韓大辭典)』, 『중한대사전(中韓大辭典)』, 『주해어록총람(註解語錄總覽)』, 『선어사전(禪語辭典)』 등에 의하면, 애(崖), 애(捱), 애(挨)는 '버티다', '저항하다', '지탱하다'는 뜻으로 서로 바뀌어 쓰이는 글자이고, 장(將)은 조기(早期) 백화(白話)에서 동사와 방향보어 중간에 쓰여 그 동작의 지속성이나 개시(開始) 등을 나타내고, 거(去)는 동사 뒤에 쓰여 동작이 화자(話者)가 있는 곳에서 다른 곳으로 옮겨감을 나타내는 방향보어 혹은 동사 뒤에 쓰여 동작 따위가 지속됨을 나타내는 조사이다. 그러므로 애장거(崖將去)는 '지속적으로 버티어 나아가다', '물러나지 않고 지탱하고 있다'는 뜻이다. 물론 애장거(崖將去)를 애장거(挨將去) 혹은 애장거(捱將去)로도 쓸 수 있다.

애주(崖州) : 광동성(廣東省) 경산현(瓊山縣) 남동쪽에 있었던 주(州).

앵무주(鸚鵡洲) : 중국 무창현(武昌縣)에 있는 유명한 강변 유원지이다.

야(惹) : ① 물들다. 오염되다. ② 끌어들이다.

야(野) : 제멋대로. 촌스럽게. 거칠게.

야간(野干) : ① 들여우. 푸르고 누런 털빛을 가지고 개와 비슷하게 생겼는데, 떼를 지어 돌아다니며 밤에 우는데 그 울음소리가 이리와 비슷하고, 몸집에 비하여 꼬리가 크고 나무를 잘 탄다고 한다. ② 터무니없는 사람. 엉터리.

야대기(也大奇) : 참으로 기이하다. 정말 기이하다. 매우 희한하다.

야래(夜來) : ① 어제. ② 밤새도록. 밤늦도록.

야마(野馬) : ① 길들이지 않은 야생말. ② 담비의 일종. ③ 아지랑이. 『장자(莊子)』 「소요유(逍遙遊)」에 "아지랑이나 티끌먼지는 생물이 숨쉬면서 서로 내뿜는 것이다."(野馬也, 塵埃也, 生物之以息相吹也.)라는 구절이 있는데, 「곽상주(郭象注)」에는 이것에 대하여 "야마는 떠다니는 기운이다."(野馬者, 游氣也.)라고 하였다. ④ 햇빛을 받아 반짝이며 날리는 먼지. 당(唐) 한악(韓偓)의 「안빈시(安貧詩)」에 "창문 속의 햇빛에 흩날리는 먼지."(窗裏日光飛野馬.)라는 구절이 있다.

야명부(夜明符) : 야명주(夜明珠)라고도 함. 한명제(漢明帝) 때에 만든 구슬로 밤낮으로 광채를 냈다함. 여기서는 모든 사람이 갖고 있는 본래의 자성광명(自性光明)을 의미함.

야반(惹絆) : 얽어매다. 구속하다.

야보(冶父) : 야보도천(冶父道川).

야보도천(冶父道川) : 남송대(南宋代) 선승. 정인성(淨因成) 선사의 제자. 육조 문하의 16세손에 해당한다. 『금강반야경송(金剛般若經頌)』을 지었다.

야사(也似) : (비유를 나타내는 말) -와 같다. -와 같게. -하는 듯. -마냥.

야사(耶舍) : Yaśas. 야수타(耶輸陀) · 야사타(耶舍陀)라 음역. 명문(名聞) · 명칭(名稱)이라 번역. 중인도 바라내국 장자(長者)인 선각의 아들. 인생의 무상함을 통감하고, 염세하는 마음을 내어 집을 떠나 세존에게 와서 교화를 받고 불제자가 됨. 그의 부모와 아내는 야사의 출가함을 슬피 여겨 세존이 있는 데까지 따라왔다가 부처님의 교화를 받고 불문에 귀의하여 첫 우바새 · 우바이가 됨.

야색(夜色) : 밤의 경치.

야시설봉도저(也是雪峰道底) : 역시 설봉이 말한 것이다. 역시 설봉이 이미 말한 것이다. (당송(唐宋) 시대 선사들이 상투적으로 사용한 말인데, 이런 뜻이 아닌가 한다 : 어떤 새롭고 그럴듯한 말을 하더라도 이미 알려진 말이라는 뜻.)

야차(夜叉) : 산스크리트 yakṣa의 음역. 사람을 해치는 사나운 귀신. 두억시니. 8부중(部衆)의 하나. 약차(藥叉)·열차(閱叉)라 음역. 위덕(威德)·포악(暴惡)·용건(勇健)·귀인(貴人)·첩질귀(捷疾鬼)·사제귀(祠祭鬼)라 번역. 나찰과 함께 비사문천왕의 권속으로 북방을 수호. 이에 천야차(天夜叉)·지야차(地夜叉)·허공야차(虛空夜叉)의 3종이 있음. 천야차·허공야차는 날아다니지만 지야차는 날지 못함.

야행인(夜行人) : (옛날 소설 속에 나오는) 낮에는 산 속에 숨어 있다가 밤중에 돌아다니는 협객(俠客) 혹은 도적(盜賊).

야호정(野狐精) : 여우 귀신. 망상 속에 있으면서 엉터리로 흉내만 내는 수행자를 가리킨다.

약(約) : ① (범위) 온전히. 모두. ② (시간) 잠시. 우연히.

약(略) : ① 모두. 온전히. 전부. ② 전혀(부정문). ③ 대략. 대충. ④ 조금. 약간. ⑤ 잠깐. 잠시. ⑥ 우연히. 어쩌다.

약간(若干) : 여러. 여러 가지. 다양한.

약교(若敎) : = 약사(若使), = 약견(若遣). 만약 -하게 한다면. 가령 -한다면.

약기(藥忌) : 꺼려야 할 약(藥). (임신 중에, 어떤 질병에서)먹지 말아야 할 약.

약부(若復) : 만약 다시.

약사(若使) : 만약 -한다면. 만일 -하게 한다면.

약산유엄(藥山惟儼) : 745~828 혹은 775~834. 당대(唐代) 청원(青原) 문하. 강주(絳州; 산서성) 사람. 성은 한(韓)씨. 석두희천(石頭希遷)의 제자. 17세에 조양(潮陽; 광동성) 서산(西山)의 혜조(慧照)에게 출가하여 대력(大曆) 8년(773) 29세에 구족계를 받았다. 후에 석두를 찾아가 대오(大悟)하고 그 법을 이었다. 석두를 시봉하기 13년 뒤 풍주(澧州; 호남성) 작약산(芍藥山)에 머물렀다. 태화(太和) 2년 84세로 시적하였다. 시호는 홍도대사(弘道大師). 제자에 운암담성(雲巖曇晟), 화정덕성(華亭德誠), 도오원지(道吾圓智), 이고(李翶) 등이 있다.

약상(弱喪) : 미혹한 자. 헤매는 중생. 『법화경』의 궁자유(窮子喩)에서 어려서 집을 나가 고향을 잃고 가난하게 떠도는 어리석은 아들을 가리킨다.

약생(若生) : 어떤. 어떠하다. 어떠하냐? 어떻게? 어째서? 왜?

약석(藥石) : 총림에서 쓰는 말. 저녁 밥. 본래 오후에는 먹지 않는 법이나 배고픈 병을 고친다는 뜻으로 저녁 밥을 약석이라 함.

약설(略說) : 요약하여 설명하다. 요점을 설명하다.

약시(若是) : 만약 -라면, 만약 -한다면. 이와 같다.

약약저저(蒻蒻苴苴) : 약저(蒻苴)의 강조형.

약왕보살(藥王菩薩) : ① 25보살의 한 사람. 특히, 『법화경』「약왕보살본사품(藥王菩薩本事品)에서 설명한다. 또는 관약왕(觀藥王). 과거세에 유리광소여래(瑠璃光昭如來)가 있었다. 여래가 멸도한 후에 비구 일장(日藏)이 출현. 총명하여 여러 대중에게 대승(大乘)의 평등 대혜(平等大慧)를 연설하였는데, 대중 가운데 성수광 장자가 아우와 함께 설법을 듣고 마음으로 기뻐하여 과실과 좋은 약으로 비구와 대중에게 공양하고 대보리심을 내었다. 그때의 장자는 지금 약왕보살, 그 아우는 약상보살. 약왕보살은 미래에 성불하여 누지여래(樓至如來) 혹 정안불(淨眼佛)이 되리라고 한다. 이 보살은 항상 대비의 약으로 일체 중생의 혹업(惑業)을 치료하고 즐거움을 주는 데에서 자재를 얻었다 한다. 또 일찍 몸을 태워 부처님께 공양할 적에 그 불이 1천2백세가 되도록 꺼지지 않았다고 한다. 형상은 몸이 단정 화려하고 왼손에 짐대[幢]를 가졌다. ② 양약(良藥)을 주어 중생의 심신(心身)의 병고를 제거하는 보살.

약위(若爲) : 어떻게. 어떠한가? 어찌 -할 수 있으랴? 어떻게 해야?

약이(若爾) : = 여차(如此). 이와 같다면, 이러하다면.

약저(蕺苴) : ① 단정하지 못한. 말끔하지 못한. 깨끗하지 못한. 세심하지 못한. 꼼꼼하지 않은. ② 송대(宋代)에 중원(中原) 사람들은 사천(四川) 사람들이 매우 단정하지 못하다고 여긴 까닭에 그들을 약저(蕺苴) 혹은 천약저(川蕺苴)라 불렀다.

약주(約住) : 가로막다. 저지하다. 꼼짝 못하게 붙잡다.

약차(略借) : 잠시 -에 의지하다, 잠시 -을 빌리다.

약하(若何) : 어떠한가? 어떤?

약허두한(掠虛頭漢) : = 약허한(掠虛漢).

약허한(掠虛漢) : = 약허두한(掠虛頭漢). 큰소리치는 사람. 화려한 말솜씨를 뽐내는 사람. 허풍선이.

양(颺) : ① 내던지다. 던져 넣다. ② 달려 들어가다. ③ 방치하다. 내버려두다. ④ 도망가다.

양(兩) : 두어. 몇몇.

양개(兩箇) : ① 몇 개. 몇몇. 두서넛. ② 두 가지. 두 개.

양걸(楊傑) : 자(字)는 차공(次公) 혹은 무위인(無爲人). 호는 무위거사(無爲居士). 어려서 과거에 급제하여 관직이 상서주객낭중(尙書主客郎中)에 이르렀다. 불법(佛法)을 숭상하여 여러 노숙(老宿)들을 찾아다니다가, 만년에 천의의회(天衣義懷; 993~1064) 선사(禪師)를 만나 방거사(龐居士)의 기어(機語)들을 참구(參究)하였다. 뒤에 태산(泰山)에서 제사를 모시는데, 어느 날 아침 닭소리에 해를 쳐다보는데 마치 쟁반이 솟아오르는 것과 같음을 보고는 홀연 크게 깨달았다. 마조, 백장, 황벽, 임제 등 4선사의 어록을 모은 『사가어록(四家語錄)』에 서문을 썼다.

양고(兩股) : 두 갈래, 두 가지.

양궁(兩宮) : 황제와 태후(太后).

양기방회(楊岐方會; 992~1049) : 임제종 양기파(楊岐派)의 개조이다. 성은 냉씨(冷氏)이다. 어려서부터 명민하여 서주(瑞州, 강서성) 구봉(九峯)에서 놀다가 떠나는 게 싫어서 머리 깎고 출가하였다. 곳곳의 선지식을 찾아다니며 배우다가 석상초원(石霜楚圓; 986~1040)의 문하에서 공부하여 그의 법을 이어 받고는, 원주(袁州)의 양기산(楊岐山)과 담주(潭州)의 운개산(雲蓋山)에 머물면서 선풍(禪風)을 떨쳤다. 황우(皇祐) 원년에 입적하였다. 양기방회의 법계보는 양기방회 – 백운수단(白雲守端) – 오조법연(五祖法演) – 원오극근(圜悟克勤) – 대혜종고(大慧宗杲)로 이어진다.

양두구육(羊頭狗肉) : 양의 머리를 내걸고 개고기를 판다는 뜻으로, 겉과 속이 다름을 의미한다. 『안자춘추(晏子春秋)』에 이런 고사가 실려 있다. 춘추시대 제(齊)나라 영공(靈公)에게는 남장(男裝) 여인을 좋아하는 야릇한 기호(嗜好)가 있었다. 그 결과 도성의 부녀자들이 다투어 남장을 했으므로 이게 도리어 보기에 좋지 않았다. 그래서 영공은 관리를 시켜 엄금하였으나, 쉽게 사라지지는 않았다. 한 번은 재상 안자(晏子)를 만나 이에 대해 불평을 늘어놓으며, "여인들이 남장을 하는 바람에 멀쩡한 옷을 찢어놓고 있도다!"라고 말하니, 안자가 답답하다는 듯이, "왕께서 궁녀들에게 남장을 권하시면서 궁 밖에서는 이를 금하고 계시니, 이는 마치 문에 소머리를 걸어놓고 안에서는 말고기를 파는 것이나 다를 바 없습니다. 먼저 궁녀들의 남장부터 금하신다면 이런 풍조는 자연히 사라지게 될 것입니다"라고 말하였다. 그 후로 이런 풍습이 사라졌다고 한다.

양매(良媒) : 뛰어난 중매쟁이. 중매를 잘하는 사람.

양무제(梁武帝) : 중국 남조(南朝) 양(梁)나라의 초대 황제(재위 502~549). 성명 소연(蕭衍). 묘호 고조(高祖). 소연은 박학하고 문무에 재질이 있어, 남제(南齊)의 경릉(竟陵) 왕자량(王子良)의 집에서 심약(沈約)과 범운(范雲) 등 문인 귀족과 교유하여 팔우(八友)의 이름을 얻었다. 500년 옹주(雍州)의 군단장이던 소연은 남의 황제 동혼

후(東昏侯)에 대한 타도군을 일으켜, 그 도읍인 건강(建康; 南京)을 함락시켜 남제를 멸망시키고 제위에 올라 국호를 양(梁)이라 불렀다. 무제의 치세는 50년에 이르는데, 그 전반은 정치에 정진했으나, 후반에는 그의 불교신앙이 정치면에도 나타나, 불교사상에서는 황금시대가 되었지만 정치는 파국의 징조를 보이기 시작했다. 548년에 일어난 후경(侯景)의 반란으로 병사하여 수도인 건강은 황야로 변했다. 양무제는 중국 역대 황제 가운데 가장 불교를 좋아했던 황제라고 한다. 양무제 때에 보리달마가 중국에 와서 무제를 만났으나 서로 말이 통하지 못했다고 한다. 양무제는 또 지공화상(誌公和尙)과 부대사(傅大士)라는 뛰어난 스님 및 거사와 불교의 인연을 맺고 있었다.

양문공(楊文公) : 974~1020. 양억(楊億). 송대(宋代) 거사(居士). 이름은 억(億), 자(字)는 대년(大年). 복건성 건주(建州) 출신. 송(宋)의 저명한 관리로서 여주(汝州)에서 광혜원련(廣慧元璉)을 만나 선(禪)을 공부하였다. 오래 공부한 끝에 수산성념(首山省念)을 만나 깨닫고는 예리한 선풍(禪風)을 드날렸다. 이유(李維), 왕노(王瑙) 등과 함께 『경덕전등록(景德傳燈錄)』을 재정(裁定)하고, 그 서문을 썼다. 또 왕흠약(王欽若)과 함께 『책부원구(冊府元龜)』도 엮었다.

양미(揚眉) : 눈썹을 치켜뜨다. 기를 펴다. 활개를 펴다.(용맹하거나 험악한 표정을 나타냄)

양미개구(揚眉開口) : 활개를 치면서 할 말을 하다.

양미순목(揚眉瞬目) : 눈썹을 치켜뜨고 눈을 깜박이다. 용맹한 혹은 험악한 표정을 짓다.

양미탁수(兩眉卓豎) : 두 눈썹을 곧추세우다. 눈을 크게 뜨다.

양미토기(揚眉吐氣) : 기를 펴다. 활개를 치다.

양미횡(兩眉橫) : 화난 (사나운) 눈초리를 하다.

양생(孃生) : 어머니가 낳은. 어머니가 만든.

양생비공(孃生鼻孔) : 어머니가 낳은 코. 타고난 코. 본래면목(本來面目). 비공(鼻孔)과 같음.

양식(樣式) : 본보기. 모범.

양양삼삼(兩兩三三) : 둘씩 셋씩 짝을 지어서. 삼삼오오(三三五五). = 삼삼양양(三三兩兩).

양염(陽艶) : = 양염(陽豔). 밝고 아름다운 모습.

양염(陽燄) : 아지랑이. = 양염(陽炎), 양염(陽焰).

양자(樣子) : 본보기, 견본, 표본. 모양. 태도. 형세.

양재뇌후(颺在腦後) : 관심 밖으로 내던져 버리다. 뇌후(腦後)는 관심 밖이라는 뜻.

양재무사갑리(颺在無事甲裏) : 일 없이 편안한 곳에 빠져 들어가 있다. = 도재무사갑리(掉在無事甲裏). 양(颺)은 '내던지다. 던져 넣다. 달려 들어가다. 방치하다. 내버려두다. 도망가다.'라는 뜻이고, 무사갑리(無事甲裏)는 '일없는 상자 속. 일없는 껍질 속. 일 없이 편안한 곳'이라는 뜻. 선병(禪病)의 하나로서, 참으로 깨달아 마음이 쉬어지고 모든 경우에 밝은 것이 아니라, 지금 있는 그대로가 전체요 완전하여 더할 것도 뺄 것도 없다고 이치로 이해하고는, 이 이해 속에 머물러 있으면서 다시는 참된 깨달음을 찾지 않거나, 감정적이고 정서적인 편안함에 머물러 있는 것.

양절(兩浙) : 절동(浙東)과 절서(浙西), 즉 절강성(浙江省)을 가리킨다.

양제(攘除) : 제거하다.

양족존(兩足尊) : 인간 가운데서 가장 존귀하고 가장 위에 있는 자. 부처를 말한다. 또 양족(兩足)이라는 것은 밝음과 행함의 양자를 구족한 자를 말하는 것으로 명행구족(明行具足)의 불세존(佛世尊)을 말하기도 한다.

양주의 학 : 『태평광기(太平廣記)』에 다음과 같은 〈양주의 학〉이란 고사가 있다. 어떤 모임에서 각자의 소원을 말하기로 하였다. 첫 번째 사람이 말했다. "나는 양주의 자사(刺史)가 되었으면 좋겠다." 두 번째 사람이 말했다. "난 십만관(十萬貫)의 돈주머니를 허리에 두르고 싶어." 세 번째 사람이 말했다. "난 학을 타고 하늘로 날아올랐으면 좋겠다." 그러자 마지막 사람이 말했다. "나는 허리에 십만관의 돈주머니를 두르고 학을 타고 양주로 날아가고 싶어!"

양중(兩重) : ① 이중. 양면. ② 중복됨. ③ 이층(二層).

양차공(楊次公) : 양걸(楊傑).

양채일새(兩彩一賽) : = 일채양새(一彩兩賽).

양처(痒處) : 가려운 곳. 근질근질한 곳.

양춘(陽春) : (따뜻한) 봄, 봄날. = 양춘백설(陽春白雪).

양춘백설(陽春白雪) : 전국(戰國) 시대 초(楚) 나라의 고상하고 훌륭한 가곡(歌曲). 통속적이 아닌 고상한 예술작품. 양춘설곡(陽春雪曲), 설곡양춘(雪曲陽春)이라고도 한다.

양춘설곡(陽春雪曲) : = 양춘백설(陽春白雪).

양탕지비(揚湯止沸) : 끓는 물을 끼얹어 비등하는 것을 막으려는 것보다는 불을 끄는 것이 옳다는 뜻으로, 일을 지엽에서 다스리기보다는 근본에서 다스려야 한다는 말이다. 즉, 본말이 전도된 것을 비유한 것으로, 소리를 크게 내서 울림을 막으려 한다는 뜻의 '양성지향(揚聲止響)'과 상통하는 말이다.

양화력(陽和力) : 봄기운이 화창한 것.

어군용(魚軍容) : 남양혜충(南陽慧忠) 국사(國師)와 문답한 거사(居士). 어(魚)는 성(姓)이고, 군용(軍容)은 관찰군용사(觀察軍容使)라는 관직명의 약어.

어록(語錄) : 말씀을 기록한 글이라는 뜻. 석가모니의 가르침을 기록한 것을 경(經)이라 하고, 선승의 가르침을 기록한 것을 어록이라 한다. 선사의 상당설법(上堂說法)과 선(禪)에 관한 문답(問答) 등을 기록한 글이다. 어록 가운데 보다 요점을 기록한 것을 어요(語要)라 하고, 보다 광범위하게 기록한 것을 광록(廣錄)이라 한다. 어록은 애초에는 어본(語本)이라고 불렀다. 어록이라는 이름은 『송고승전(宋高僧傳)』에서 처음 등장한다. 당대(唐代)에는 일상적으로 자연스레 행해진 설법(說法)과 문답을 속어로 기록하였으나, 시대가 흐름에 따라 형식을 갖추게 되어서 남송(南宋) 시대가 되면 일상적인 말보다는 정기적으로 행해지는 의식화(儀式化)된 설법에서의 법어(法語)와 게송(偈頌)이 형식을 갖춘 세련된 말로 표현되게 된다. 즉, 남송 이후의 어록은 입원법어(入院法語), 상당설법(上堂說法), 소참법어(小參法語), 병불법어(秉拂法語), 승좌법어(陞座法語), 소불사법어(小佛事法語), 염고(拈古), 송고(頌古), 게송(偈頌), 시중법어(示衆法語), 보설(普說), 상찬(像讚) 등의 일정한 형태를 갖추고 있다.

어루(御樓) : 궁궐 속의 누각.

어보(御寶) : 황제의 도장.

어부지리(漁父之利) : 『전국책(戰國策)』「연책(燕策)」에 나오는 다음과 같은 내용이다 : 전국시대, 제(齊)나라에 많은 군사를 파병한 연(燕)나라에 기근이 들자 이웃 조(趙)나라 혜문왕(惠文王)은 기다렸다는 듯이 침략준비를 서둘렀다. 그래서 연나라 소왕(昭王)은 종횡가(縱橫家)로서 그간 연나라를 위해 견마지로(犬馬之勞)를 다해 온 소대(蘇代)에게 혜문왕을 설득해 주도록 부탁했다. 조나라에 도착한 소대는 혜문왕을 설득했다. "오늘 귀국에 들어오는 길에 역수(易水 : 연과 조가 국경을 이루는 강)를 지나다가 문득 강변을 바라보니 방합(蚌蛤) 조개가 껍질을 벌리고 햇볕을 쬐고 있었습니다. 이때 갑자기 도요새[鷸(휼)]가 날아와 뾰족한 부리로 조갯살을 쪼았습니다. 깜짝 놀란 조개는 화가 나서 껍질을 굳게 다물고 부리를 놓아주지 않았습니다. 그러자 다급해진 도요새가 '이대로 오늘도 내일도 비가 오지 않으면 너는 말라죽고 말 것이다.' 라고 하자, 조개도 지지 않고 '내가 오늘도 내일도 놓아주지 않으면 너야말로 굶어 죽고 말 것이다.'라 하며 맞받았습니다. 이렇게 쌍방이 한 치의 양보도 없이 팽팽히 맞서 옥신각신하는 사이에 운수 사납게 이곳을 지나가던 어부에게 그만 둘 다 잡혀 버리고 말았습니다. 전하께서는 지금 연나라를 치려고 하십니다만, 연나라가 조개라면 조나라는 도요새이옵니다. 연과 조 두 나라가 공연히 싸워 백성들을 피폐(疲弊)케 한다면, 귀국과 접해 있는 저 강대한 진(秦)나라가 어부가 되어 맛있는 국물을 다 마셔 버리고 말 것이옵니다." 혜문왕은 소대의 말을 다 듣고는 "과연 옳은 말이오." 하며, 당장 침공 계획을 철회했다.

어요(語要) : 말씀의 요점을 기록한 글이라는 뜻. 석가모니의 가르침을 기록한 것을 경(經)이라 하고, 선승의 가르침을 기록한 것을 어록(語錄)이라 한다. 선사의 상당설법(上堂說法)과 선(禪)에 관한 문답(問答) 등을 기록한 글이다. 어록 가운데 보다 요점을 기록한 것을 어요(語要)라 하고, 보다 광범위하게 기록한 것을 광록(廣錄)이라 한다.

어토(菸菟) : 호랑이. = 어토(於菟), 우토(于菟).

어행(魚行) : 생선가게.

어행수탁(魚行水濁) : 물고기가 지나가면 물이 흐려진다. 원인이 있으면 결과가 있다.

억핍(抑逼) : 누르고 몰아붙이다.

언건(偃蹇) : 오만하다, 거만하다, 높다. 몹시 피곤하다, 고달프다.

언어(言語) : 지적하는 말. 질책하는 말. 책망하는 말. 비난하는 말. 험담.

언어삼매(言語三昧) : 삼매(三昧)를 나타내는 언어(言語).

언전(言詮) : 말로 설명하다.

언처(偃處) : 편안히 쉬다. 편안히 머물다.

언하(言下) : ① 말하는 사이에. ② 바로 그 자리에서. 즉시. ③ 말을 들으며. 말을 듣고서.

얼얼(枿枿) : 얼(枿)은 얼(蘖)과 같은 글자. 얼얼은 솟구쳐 오르는 모양.

엄식(掩息) : 숨이 멎다. 죽다.

엄신(嚴身) : 훌륭한 몸. 아름다운 몸. 뛰어난 몸.

엄양존자(嚴陽尊者) : 조주종심(趙州從諗; 778~897) 선사의 법사(法嗣)인 홍주(洪州) 신흥(新興)의 엄양선신존자(嚴陽善信尊者). 조주에게 "한 물건도 가져오지 않았을 때에는 어떠하냐?"고 묻자 조주가 "내려놓아라."라고 답했다는 일화로 유명하다.

엄연(儼然) : 엄숙하고 위엄이 있다. 장엄하다. 가지런하다. 정돈되어 있다. 흡사 -와 같다.

엄정(嚴淨) : 아름답고 깨끗하다. 깨끗하고 아름답게 장식하다.

엄침(淹浸) : ① 물에 잠기다. ② 파묻히다. ③ 못 쓰게 만들다. 파손하다.

업식(業識) : 대략 세 가지 의미로 쓰인다. ① 방황하는 세계에 유전하여 왔다는 것에 의해 일어나는 작용을 말한다. ② 진여의 법이 본래 평등일미하고 무차별이라는 것을 있는 그대로 지각할 수 없는 무명(無明) 때문에, 불각망상심이 가동하는 것을 말한다. 5의(意)의 하나이다. ③ 숙업(宿業)의 인(因)에 의해 감득(感得)한 심식(心識)을 말하는 것으로, 범부의 마음을 말한다. 선업 · 악업에 의해서 초래된 과보로서의 식(識)을 말한다. 한 마디로 분별하여 업을 짓는 버릇에 물든 중생의 망상심(妄想心). 심의식(心意識)과 같은 뜻.

업연(業緣) : 지은 업에 의하여 피할 수 없이 만나는 인연.

업유(業有) : 또는 행유(行有). 7유(有)의 하나. 업(業)을 말함. 몸 · 입 · 뜻으로 지은 선악(善惡)의 행위(行爲)는 반드시 미래에 선악의 과보(果報)를 받게 되어 인과(因果)가 어지럽지 않다는 뜻으로 유(有)라 함.

업인(業因) : 또는 인업(因業). 고락(苦樂)의 과보를 받을 원인인 선악의 행위.

여(與)- 위(爲)- : -에게 -하여 주다. -에게 -가 되어 주다.

여(與) : ① = 이(以). ② = 사(使), 교(敎). ③ = 피(被).

여(如) : ① 시간 · 공간을 초월하여 변하지 않은 자체. 제법(諸法)의 본체(本體). 이체(理體) · 이성(理性) · 진여(眞如) 등을 말하는 경우. ② 현상 그대로의 모양. 으레 그렇다(法爾如然)는 것을 말하는 경우. ③ 평등하여 차별이 없다는 뜻. 일여(一如) · 여동(如同)이라 말하는 경우. ④ 사물이 서로 비슷한 것을 표하는 경우 등에 쓰는 말.

여(如) : 만약.

여금(如今) : 지금, 현재.

여동빈(呂洞賓) : 여동빈은 당(唐)말 경조인(京兆人; 지금의 陝西省 長安縣)으로 이름은 암(巖)이고 자는 동빈(洞賓)이며 호는 순양자(純陽子)이다. 그는 세 차례에 걸쳐 진사시를 쳤으나 낙제하여 실의에 차서 강호를 유람하다가 우연히 장안의 술집에 들러 팔선(八仙)의 수장격인 종리권(鍾離權; 호는 和谷子 · 正陽子 · 雲房)으로부터 도교의 비밀을 배워 신선이 되었다. 그는 중국 팔선 중의 한 사람으로 처음에는 선도에 크게 통하였고 뒤에는 불(佛)에 입문하여 역시 불도에도 통했으므로 여조(呂祖)라고 불리기도 하였다. 그는 종리권으로부터 금단과 검법을 전수받았다. 11세기경부터 점차 신선의 대표로서 지위를 획득하였으며 전진교의 시조인 왕중양(王重陽)에게 비도(秘刀)를 전해준 선인이라고도 전해지고 있다. 이때부터 그는 전진교의 교조로 받들어지기 시작했으며, 영험이 뛰어난 사람으로 알려질 정도로 그에 대한 민중의 신앙은 절대적인 것이었다. 또한 미륵보살의 도교적 전승자라고 전해지기도 한다. 그의 모습은 반드시 검을 등에 지고 있는데 이 검은 탐진, 애욕을 비롯한 모든 번뇌를 끊는다는 진검(眞劍), 혹은 심검(心劍)이라고 한다.

여래(如來) : Tathāgata. 부처님의 10가지 이름 가운데 하나. 다타아가타(多陀阿伽陀) · 다타아가도(多陀阿伽度) · 달타벽다(怛他蘗多)라 음역. 이 말 뜻에 대하여는 이 말을 조성하는 두 단어(單語)로 나누어 볼 수 있음. 첫말을 tathā 또는 tatha, 둘째 말을 gata 또는 agata라고 하는 차이가 있음. tathā는 '진실' · '진리'란 뜻. tatha는 '같이', 곧 '여시'(如是) 또는 '여실'(如實)의 뜻. gata는 '가다'[逝]의 뜻. agata는 '도달' · '오다'[來]의 뜻. 그러므로 만일 tathā+gata라 하면 지금까지의 부처님들과 같이 같은 길을 걸어서 열반의 피안(彼岸)에 간 사람이란 뜻으로 곧 선서(善逝) · 도피안(到彼岸) 등과 같은 뜻이고, tatha+agata라 하면 지금까지의 제불과 같이 같은 길을 걸어서 동일한 이상경(理想境)에 도달한 사람이란 뜻. 또 이 밖에도 agata를 오다[來]의 뜻이라 하면 여래(如來)라는 것은 부처님들과 같은 길을 걸어서 이 세상에 내현(來現)한 사람, 또는 여실한 진리에 수순하여 이 세상에 와서 진리를 보여주는 사람이란 뜻. 한역(漢譯)에서는 이 뜻에 의하여 여래를 해석하되 여실(如實)하게 즉 진실하게 온 사람이라는 뜻.

여래선(如來禪) : = 여래청정선(如來淸淨禪).

여래장(如來藏) : 여래의 태(胎 : 모태와 태아의 어느 쪽을 의미함)라는 뜻. 성장하여 부처님이 될만한 태아도, 그 태에 부처님이 머무른 것이라고도 할 수 있으나, 어느 쪽이든 간단히 마음으로서가 아니라 중생을 그 존재 가능성 전체에서 파악한 표현이다. 동시에 객진번뇌(客塵煩惱 : 우연적이고 외래적인 번뇌, 비본질적인 번뇌)가 따라다니고 있는 상태로 부처님과 같지 않다. 범부의 마음속에 존재하고 있는 여래가 될 만한 요인이고, 부처님이 될 수 있는 청정한 가능성을 가진 것이다. 여래장은 번뇌속에 숨겨져 존재하고 있으나 그것이 노출되어 모습을 나타낸 것을 가리켜 법신(法身)이라 부른다. 여래장과 법신의 상즉(相卽)을 명확히 하며, 여래장을 관찰하는 지혜를 불공(不空 : 如來藏智), 법신을 관찰하는 지혜를 공(空 : 如來空智)이라 부르고 있다. 여래안에 우리가 있고, 우리 안에 여래가 있다는 두 가지 역(逆)의 의의가 있다. 이러한 여래장(如來藏)사상은 『승만경』에 잘 나타나 있다. 승만부인은 『승만경』에서 부처님의 허락을 받고서 중생을 구제하는 부처님의 가르침은 하나뿐이라는 설법을 한다. 그에 따르면 부처님이 되는 가르침을 마음속에 받아들여 닦는 것이 대승의 교리라는 것이다. 성문, 연각, 보살이 제각기 닦는 3교도 성불하기 위한 대승의 교리를 닦기 위함이며, 성문이나 연각이 얻는 결과도 대승의 교리를 닦아서 얻는 것과 다른 것이 아니라고 한다. 성문, 연각이 닦는 교리는 부처님이 방편으로 내놓는 것이며 대승의 가르침을 닦기 위한 사다리이다. 중생을 구제하는 하나의 교리 이외에 또 다른 교리가 있을 수는 없다. 그러므로 성불해서 열반에 드는 대승의 교리야말로 중생을 구제하는 부처님의 유일한 가르침이라는 것이다. 이러한 『승만경』의 핵심 사상이 바로 여래장(如來藏)사상이라고 알려져 있는 것이다. 이 여래장이란 말은 모든 사람들이 여래가 될 수 있다는 가능성을 말하는 것으로, '불성(佛性)'이라고 부르기도 한다. 그러면 승만부인의 입을 통해 여래장이 무엇인지 들어보면 다음과 같다. "세존이시여, 생사는 여래장에 의지하는 것입니다. 여래장을 가지고 있기 때문에 본제(本際)를 알 수 없다고 말합니다. 세존이시여, 여래장이 있기 때문에 생사가 있는 것입니다. 이것을 선설(善說)이라고 합니다. 세존이시여, 생로병사라는 것은 여러 감각기관이 생겨났다가 소멸하는 것입니다. 이것을 생사라고 합니다. 세존이시여, 생사란 이법(二法)을 말하며 이것이 여래장입니다. 세상에 말이 있기 때문에 생이 있고 사가 있는 것입니다. 사란 감각기관이 붕괴되는 일이고 생은 새로이 감각기관이 생겨나는 일입니다. 여래장에 생사가 있는 것은 아닙니다. 여래장은 유위(有爲)의 상을 벗어나 있습니다. 여래장은 상주불변입니다. 그렇기 때문에 여래장은 의지하고 유지하고 건립되는 것입니다." 한마디로 여래장은 생하는 일도 없고 멸하는 일도 없는 무위법(無爲法)이자 생멸하는 유위법(有爲法)의 기반이 되기도 한다는 것이다. 이러한 여래장은 본성이 청정한 존재이기도 하지만 또 번뇌에 물들기도 하는데 이것을 승만부인은 이렇게 말하고 있다. "세존이시여, 여래장이란 법계장이며 법신장(法身藏)이며 출세간의 상상장장(上上藏)이며 자성청정장(自性淸淨藏)입니다. 이 자성청정한 여래장은 그럼에도 불구하고 객진번뇌(客塵煩惱)와 상번뇌(上煩惱)로 오염되기도 하는 불가사의한 경계입니다." 끝으로 승만부인은 그러한 불가사의한 경계는 오직 부처님만이 알 수 있는 영역임을 밝히고 있다.

여래정법륜(如來正法輪) : 여래의 바른 법바퀴. 여래의 바른 가르침.

여래청정선(如來淸淨禪) : 『육조단경(六祖壇經)』에서는 "오는 곳도 없고 가는 곳도 없고 생(生)도 멸(滅)도 없는 것이 여래청정선(如來淸淨禪)이다."라 하였고, 백장회해(百丈懷海)는 "지금 이 땅에 선(禪)이 있다고 한다면 어떤 것입니까?"라는 물음에 대하여 "움직이지도 않고 좌선하지도 않는 것이 여래선(如來禪)이니 선(禪)이라는 생각도 떠났다."(『천성광등록(天聖廣燈錄)』 제9권)라고 답하였고, 『능가아발다라보경(楞伽阿跋多羅寶經)』에서는 소승과 대승의 여러 선법(禪法) 가운데 여래청정선이 최상이라고 하였고, 종밀은 『선원제전집도서(禪源諸詮集都序)』에서 외도선(外道禪)·범부선(凡夫禪)·소승선(小乘禪)·대승선(大乘禪)으로 여러 선법을 분류한 뒤, 여래청정선을 최상승선(最上乘禪)이라 하고 있다. 이처럼 가장 뛰어난 선법(禪法)을 여래선(如來禪) 혹 여래청정선이라 하는데, 뒷날 조사선(祖師禪)이란 이름으로 지칭하는 선이 바로 여래선이다.

여려개개(糲糲磕磕) : 우당탕 부딪치다. 여려(糲糲)는 거친 행동을 가리키고, 개개(磕磕)는 이리저리 부딪힌다는 뜻.

여룡득수(如龍得水) : = 여룡득수사호고산(如龍得水似虎靠山).

여룡득수사호고산(如龍得水似虎靠山) : 용이 물을 만난 것과 같고 호랑이가 산에 의지한 것과 같다는 것은 마음껏 자기의 기량을 펼칠 수 있는 기회를 만났다는 말.

여룡주(驪龍珠) : 여룡의 턱 밑에 있는 구슬. 여룡(驪龍)은 깊은 바다 속에 살고 있는 사나운 용인데, 그 턱 밑에는 귀중한 구슬이 있다고 한다. 이 구슬은 여룡이 잠든 틈에 찾아서 캐내온다고 한다. 원래 출전은 『장자(莊子)』「잡편(雜篇)」〈열어구(列禦寇)〉에 나오는 다음의 구절이다 : "대저 천금의 가치가 있는 구슬은 반드시 아홉 겹 깊은 연못에 있는 여룡(驪龍)의 턱 아래에 있다.

그대가 그 구슬을 얻으려면, 반드시 그 용이 잠든 틈을 타야 한다. 여룡의 잠을 깨운다면, 그대가 어찌 살아날 수 있겠는가?"(夫千金之珠, 必在九重之淵而驪龍頷下. 子能得珠者, 必遭其睡也. 使驪龍而寤, 子尙奚微之有哉?)

여부(廬阜) : = 여산(廬山).

여사미거마사도래(驢事未去馬事到來) : 나귀의 일이 끝나기도 전에 말의 일이 닥친다. 하나의 일이 끝나기도 전에 다음의 일이 닥친다. 잡다한 일들이 연달아 일어난다.

여산(廬山) : 강서성(江西省) 구강(九江) 남쪽에 있는 산. 개선사(開先寺), 귀종사(歸宗寺) 등 유명한 절이 이 산에 있다.

여산귀종(廬山歸宗) : 귀종지상(歸宗智常).

여삼가촌리전구령(如三家村裏傳口令) : 서너집 사는 시골에서 군대의 암호를 전하는 것처럼, 비밀로 할 것도 없는 것을 비밀스럽게 전해 주다. 구령(口令)은 군대의 암호(暗號).

여생원가(如生寃家) : 원수 집안에 태어나는 듯하다. 매우 싫은 일이 벌어지다.

여수전기(如水傳器) : 물을 그릇에 옮겨 붓듯이 부드럽게 전해준다는 말.

여순(驢脣) : 구노슬타(佉盧虱吒)의 번역. 대선인(大仙人)의 이름이다.(『번역명의집(翻譯名義集)』) 대선인(大仙人)은 깨달은 사람 즉 부처를 가리킨다. 『반야등론(般若燈論)』에 의하면 "성문(聲聞)과 보살(菩薩) 등을 선인(仙人)이라 부르는데, 부처는 그 가운데 가장 위대하여 피안으로 건너갈 모든 공덕을 갖춘 까닭에 대선인(大仙人)이라 한다."(聲聞菩薩等, 亦名仙, 佛於中最尊上故, 已有一切波羅蜜多功德善根彼岸, 故名大仙.)고 한다.

여실(如實) : ① 진실한 도리에 들어맞는 것. 깨달음을 얻어 법의 참 모습을 보는 것. ② 진여(眞如)의 다른 이름.

여여(如如) : 진여(眞如). '진리'에 해당하는 말. 생멸(生滅)에 대칭되는 말이면서도, 불교에서는 제법(諸法)의 실상(實相)을 나타내고 있는 '있는 그대로'의 존재양식을 진리로 생각하고, 어떤 특수한 원리에 근거한 진리를 배척한다. 『대승기신론(大乘起信論)』에서는 진여를 이언진여(離言眞如) · 의언진여(依言眞如)로 구분한다. 본래 진여는 인간의 개념적 사유를 초월한 말이지만, 굳이 언어로 설명한다면 여실공(如實空) · 여실불공(如實不空)이 된다.

여의(如意) : 뜻하는 대로 이루어진다. 본래의 모습에서 어긋나지 않는다. 본바탕을 벗어나지 않는다. 여법(如法)하다.

여의주(如意珠) : cintāmaṇi. 또는 여의보주(如意寶珠). 이 구슬은 뜻대로 여러 가지 욕구하는 것을 드러내므로 여의주라 함. 여의륜관음은 두 손에 이 보주를 가졌고 사갈라 용왕(娑竭羅龍王)의 궁전에도 있다고 함. 밀교에서는 이것을 그 종(宗)의 극비밀로 여겨 대비복덕원만(大悲福德圓滿)의 표시로 함. 마니주(摩尼珠)와 같음.

여전마후(驢前馬後) : 당나귀 앞이고 말 뒤라는 것은 말을 탄 귀족의 뒤에서 당나귀를 잡아끄는 사람을 가리키니, 남의 손 아래에서 자질구레한 일을 한다는 뜻. 소인(小人)을 가리킨다.

여주(驪珠) : = 여룡주(驪龍珠).

여지시애(與之厮崖) : 『한한대사전(漢韓大辭典)』, 『중한대사전(中韓大辭典)』, 『주해어록총람(註解語錄總覽)』 등에 의하면, 애(崖) · 애(捱) · 애(挨)는 '버티다', '저항하다', '지탱하다'는 뜻으로 서로 바뀌어 쓰이는 글자이고, 시(厮)와 시(廝)도 같은 글자로서 '서로'라는 뜻이다. 그러므로 여지시애(與之厮崖)는 '-와 서로 버티다', '-와 서로 지탱하다', '-와 서로 겨루어서 순순히 끌려가지 않는다'는 뜻이다. 여지시애(與之厮崖)는 여지시애(與之厮捱)나 여지시애(與之厮挨)로 쓸 수 있고, 여지시애(與之廝崖)라고도 쓸 수 있다.

여지약하(如之若何) : 여지내하(如之奈何). 어찌하랴? 어떻게 하랴?

여지제장(如指諸掌) : 손바닥 위에 놓고 가리키는 것과 같다. 아주 쉽다.

여충어목(如蟲禦木) : 벌레가 나무를 갉아 먹었는데, 그 갉아 먹은 흔적이 우연히 글자가 된 것과 같다. 우연히 일이 되다. 여충어목우이성문(如蟲禦木偶而成文)을 줄인 말.

여탕옥설(如湯沃雪) : 더운물을 눈에 붓는 듯하다. 순식간에 해결되다. 간단히 해결되다.

여하약하(如何若何) : 어떻게 저떻게. 이러쿵저러쿵.

여허(如許) : ① 이와 같다.= 여차(如此). ② 상당한 숫자의. 꽤 많은. 이렇게 많은.

여허다(如許多) : 이렇게 많은. 이만큼. 꽤 많은. 상당한 숫자의.

여허다반(如許多般) : 매우 여러 가지. 꽤 많은 종류. 여허다(如許多)는 '이렇게 많은', '이만큼', '꽤 많은', '상당한 숫자'라는 뜻. 반(般)은 '종류', '방법', '가지'라는 뜻.

여혹(如或) : ① 마치. 꼭. ② 만일 -라면. 만일 -가 있다면. ③ 만일. 만약.

역순(逆順) : 거스러거나 따르다. 부딪치거나 순조롭다. 거역하거나 순응하다.

역연(亦然) : 역시 그렇다.

역일(曆日) : 책력(冊曆). 책력에 정한 날. 세월. 지나간 날.

연(緣) : pratyaya. 순익자생(順益資生)의 뜻. 결과를 내는 데 장애가 되지 않는 힘. 인과 연을 나누어 말하면 직접적인 원인인 것을 인, 멀리 도와주는 간접 원인을 연이라 함.

연(然) : 비록. 연후(然後).

연각(緣覺) : pratyeka-buddha. 벽지불(僻支佛)이라 음역. 부처님의 교화에 의하지 않고 홀로 깨달아 자유경(自由境)에 도달한 성자. 독각(獨覺)이라고도 함. 연각(緣覺)·인연각(因緣覺)이라 하는 것은 12인연의 이치를 관찰하여 홀로 깨달았다는 뜻.

연각승(緣覺乘) : 연각(緣覺)이 깨달음에 도달하는데 의지하는 교법(敎法). 십이인연법(十二因緣法).

연관(捐館) : 집을 버리다. 죽다.

연기(緣起)와 무생(無生) : 세계의 실상(實相)을 가리키는 말. 삼라만상의 모든 법은 다만 인연하여 일어날 뿐, 진실로 생겨나거나 사라지는 것은 없다는 것이 법의 실상(實相)이다. 세계는 이것과 저것이 구분되고, 이것과 저것이 생겨나고 사라지는 것처럼 보이나, 실상은 생겨나고 사라지는 이것과 저것에 그러한 자성(自性)이 없다. 마치 꿈속에 장면을 보듯이, 이것과 저것이 생겨나고 사라지는 것처럼 보이지만, 생겨나고 사라지는 이것과 저것은 없다는 것이 세계의 실상이다. 이것이 따로 있고 저것이 따로 있는 것처럼 보이나, 실상은 이것과 저것은 서로 의지하여 동시에 일어나고 동시에 사라지는 연기(緣起)하는 법일 뿐이다. "이것이 있으므로 저것이 있고, 이것이 없으면 저것도 없다. 이것이 생겨나면 저것도 생겨나고, 이것이 사라지면 저것도 사라진다." 혹은 "생겨나고 사라지는 이것과 저것이 보이지만, 생겨나고 사라지는 이것과 저것은 없다."라고 하는 연기법(緣起法)이 세계의 실상은 나타내는 말이다. 생겨나고 사라지는 모습이 보이지만, 실상은 생겨나는 것도 없고 사라지는 것도 없다는 무생법인(無生法忍) 또한 연기법을 달리 표현한 말이다. 『반야심경』에서 "모든 법은 공(空)인 모습이니, 생겨나지도 않고 사라지지도 않고, 늘어나지도 않고 줄어들지도 않고, 더럽지도 않고 깨끗하지도 않다."고 하는 것 역시, 연기(緣起)와 무생(無生)을 말하는 것이다.

연기인분(緣起因分) : 또는 인분(因分). 화엄종(華嚴宗)의 용어. 부처님이 깨달은 경계의 모양은 부처님 이외의 사람은 알 수 없는 것이라 하여 성해과분(性海果分)이라고 하는데, 이에 대하여 부처님의 깨달은 경계의 윤곽을 말이나 글로 표현할 수 있는 대로 말하여 나타낸 것을 연기인분이라 함.

연대반걸아(沿臺盤乞兒) : 잔치상 곁의 거지. 진수성찬을 앞에 놓고도 마음대로 먹지 못하고, 내려주는 하잘 것 없는 음식만을 먹는 가련한 신세를 가리킨다.

연등불(然燈佛) : 산스크리트로는 Dīpaṅkara-buddha이고, 정광불(錠光佛) · 정광불(定光佛) · 보광불(普光佛) · 등광불(燈光佛) 등으로도 번역한다. 과거불(過去佛)의 하나였는데, 석존(釋尊)이 보살로서 최초로 성불(成佛)의 수기(授記)를 받았던 것은 바로 이 연등불 때였다고 한다. 그때, 석존은 바라문 청년인 선혜(善慧)로서 연등불에게 연꽃을 받들어 올리고 진흙길에 자신의 머리칼을 펼쳐 연등불이 지나가시게 하였다. 그 행위로 인해 연등불로부터 장차 석가모니불이 될 것이라는 수기를 받게 되었다고 한다.

연라(煙蘿) : 풀숲이 빽빽하여 연기 뭉치처럼 휘감겨 있는 모습. 도가(道家)의 수행자가 숨어 살며 수행하는 곳.

연려(緣慮) : 대상을 생각함. 유식학(唯識學)에 의하면 제6식이 대상을 사려(思慮)하는 것을 말한다. 바깥 경계를 대상으로서 생각하는 마음이다.

연려심(緣慮心) : 대상을 연(緣)으로서 사려(思慮)하는 하는 마음으로서, 사물을 보고 생각하는 마음. 유식학에서는 8식 전체를 말한다.

연목(蓮目) : 부처님의 눈을 가리킨다. 부처님의 눈이 청련화(靑蓮華)와 같다고 해서 이렇게 부르며, '연비목(蓮比目)'이라고도 한다.

연비(燃臂) : 향불로 팔을 태우는 수계(受戒) 의식. 계를 받는 마음의 굳은 약속의 징표로서 향불로 자기의 팔을 태우는 의식을 말한다. 즉 연비 의식은 스님들이 득도식을 하거나 재가불자들이 오계를 수지할 때 팔뚝의 일부분이나 손가락을 불로 태우는 의식이다. 연비는 초심지에 불을 붙여 팔부위의 살갗을 태우는 것이지만 최근 들어서는 대부분 향불로 따끔하게 지지는 것으로서 간략으로 의식을 진행한다. 연비를 할 때 계를 받는 사람은 억겁세월동안 지은 악업과 죄업을 참회하기 위해 참회진언(懺悔眞言)을 108번이나 연비가 끝날 때까지 계속하게 된다.

연사(蓮社) : 문인들이 모여 시문(詩文)을 짓고 토론하는 문인들의 단체.

연성(演成) : 도와서 이루다.

연성벽(連城璧) : 진(秦)나라 소왕(昭王)이 조(趙)나라 혜문왕(惠文王)에게 열 다섯 성과 바꾸자고 한 보옥을 가리킨다. 연성보(連城寶)라고도 한다.

연수(煙水) : 김이 자욱하게 서린 수면.

연수당(延壽堂) : ① 화장당(火葬堂) · 다비소(茶毘所). ② 총림에 안거하다가 병에 걸린 승려를 수용하는 당사(堂舍). 원래 무상원(無常院) · 무상당(無常堂) · 열반당(涅槃堂)이라고 하였으나, 병자의 뜻에 따라서 연수(延壽)라는 이름으로 부르게 되었다.

연습(沿襲) : 답습(踏襲)하다. 따라서 이어받다.

연심(蓮心) : 곧 연심(蓮芯)이니, 연꽃 속에 있는 연밥 속의 배아(胚芽)로서, 쓴 맛이 있고 약재로 쓴다. 연심(蓮心)은 찰간(刹竿) 꼭대기에 달린 보주(寶珠)를 가리키는 것이 아닐까?

연심(緣心) : 대상경계에 반연(攀緣)하는 마음이니, 곧 경계와 접촉하여 경계를 분별하는 마음. 연려심(緣慮心), 분별심(分別心)과 같음.

연아불각추(憐兒不覺醜) : 자기 아이만 귀여워 하다가 자신도 모르는 사이에 남에게 폐를 끼친다.

연앙사거(戀仰辭去) : 차마 헤어지기 아쉬워하며 작별하다.

연야(連夜) : 밤새도록, 밤새껏. 그날 밤. 며칠 밤 계속.

연완(軟頑) : 밖으로는 부드럽지만 속으로는 교활하다. 아양을 떨면서 야비한 행동을 하다.

연운(年運) : ① 쉬지 않고 운행하는 세월. ② 수명과 운수.

연운이왕(年運而往) : 수명과 운수가 이미 지나갔다. 늙어 죽을 때가 되었다.

연장(連牆) : 이웃하다.

연장(煙瘴) : 중국 서남부 지역 산림지대에서 발생하는 열병. 악성 말라리아.

연전(軟纏) : 조르다. 자꾸 부탁하다. 자꾸 요구하다. = 연마(軟磨).

연점(連黏) : 붙다. 붙이다.

연좌(宴坐) : 단정히 앉아 몸과 마음을 고요히 하

여 좌선(坐禪)함.

연지(然之) : 그렇다고 여기다. 맞다고 여기다.

연진(煙塵) : 연기와 먼지. 봉화 연기와 전쟁의 먼지. 곧 전란을 가리킴.

연착(戀着) : 탐착. 집착. 부착.

연창(演暢) : 자세히 말하다.

연화(緣化) : 권화(勸化)와 같음. 법을 들을 인연이 있는 이를 권하여 인도함. 인연에 따라 교화하다.

연화(年華) : 연광(年光). 세월.

연화색(蓮華色) 비구니 : 석가모니 부처 생존시 신통제일(神通第一)로 불렸던 비구니이다. 산스크리트로는 Utpalavarṇā인데, '우파라'는 청련화(靑蓮華)를, '반나'는 빛깔을 가리킨다. 어릴 때부터 피부가 아름다운 연꽃처럼 푸른빛 윤기가 났으므로 그런 이름이 붙었고, 연화색이라는 별칭도 붙었다. 북인도 마가다 왕국의 수도 라자그리하에서 장자의 딸로 태어났다. 결혼하여 아반티국 웃제니에서 살 때에 남편이 자신의 어머니와 통정한 것을 알고 딸과 함께 집을 나와 베나레스에서 재혼하였는데, 남편이 다시 자기의 딸을 첩으로 삼자 모든 것을 버리고 출가하였다. 출가해서 슈라바스티의 남쪽 안다바나 숲에서 수행을 하고 있던 중, 진작부터 그녀를 사랑하던 사촌오빠 아난다가 숲으로 찾아와 그녀를 겁탈하였다. 아난다의 완력에 눌려 꼼짝없이 겁탈을 당한 그녀는 이 사실을 숨기지 않고 다른 수행자들에게 고백하였다. 이 일 때문에 수행자들 사이에서 번뇌를 제거한 사람도 정욕에 대한 만족감이 있는가라는 의문이 제기되었다. 이에 대해 부처는 "번뇌를 제거하여 깨달음을 얻은 사람은 애욕에 빠지는 일도 없고 정욕에 만족하는 일도 없다"고 가르쳤다. 또 부처는 이 일이 있은 후 비구니가 숲 속에 머무는 것을 금하고, 코살라국의 파세나디왕에게 청하여 왕성 안의 원림(園林)을 개방하여 비구니들이 그곳에 머물며 수행할 수 있도록 하였다. 그녀는 신통력을 두루 갖추어 부처로부터 칭송을 들었고, 비구니 교단과 재가 신자들로부터도 큰 신망을 얻었다. 그러나 어느 날 사바티의 왕궁에서 나오다가 교단의 배반자인 제바달다에 의해 머리를 맞고 죽었다.

연화장(蓮華藏) : 아나파달다 연못가에 있는 향(香)의 이름. 『대방광불화엄경』 제67권 「입법계품(入法界品) 제39-8」에 다음과 같은 내용이 있다 : 선남자야, 아나파달다(阿那婆達多) 연못가에는 침수향(沈水香)이 나오는데, 연화장(蓮華藏)이라고 부른다. 그 향의 한 알은 마치 삼씨와 같은 크기이다. 만약 그 향에 불을 붙이면, 향기가 염부제(閻浮提)의 세계에 두루 퍼진다. 중생이 그 향기를 맡으면, 모든 죄를 벗어나 계행(戒行)이 청정해진다.(善男子, 阿那婆達多池邊 出沈水香, 名蓮華藏. 其香一丸 如麻子大. 若以燒之, 香氣普熏閻浮提界. 衆生聞者, 離一切罪 戒品淸淨.)

열뇌(熱惱) : 뜨거운 번뇌. 심한 번뇌.

열대(熱大) : 긴요한 큰 일. 중요한 일. 대단한 일.

열대불긴(熱大不緊) : 요긴(要緊)한 대사(大事)를 요긴하게 여기지 않다. 큰 일을 대수롭지 않게 여기다.

열만(熱謾) : 익숙한 거짓말. 익숙한 속임수.

열망(熱忙) : 욕심을 내어 조급해 하다. 느슨하게 놓는다는 방완(放緩)의 반대.

열민(熱悶) : 초조하고 갑갑하다. 초조하고 번민되다.

열반(涅槃) : = 열반적멸(涅槃寂滅).

열반경(涅槃經) : 대반열반경(大般涅槃經). 석가모니불의 열반을 중심으로 설한 불교경전. 초기에 성립된 열반경을 흔히 소승열반경이라 하며, 대승불교 흥기 후 성립된 경전을 『대승열반경』이라 하나 두 경의 이름은 모두 『대반열반경』이다. 부처가 열반하였을 때의 사건을 중심으로 서술된 이 경은 불신(佛身)의 상주(常住), 열반의 상락아정(常樂我淨), 그리고 일체의 중생은 모두 불성을 가지고 있다는 사상에 기초하여 석가의 육신은 곧 법신으로서 상주하고 변하지 않으며 나타남이 아닌 데서 나타남이 있으며 육신의 모습에서 한량 없고 그지없는 법신을 보게 되고, 무아에 한정되지 않은 진아로서의 불성은 깨끗하며 즐거움을 나타내는 것이라 한다. 중도관에 입각하여 일체 중생이 반드시 불성이 있다고 하면 그것은 집착이요, 없다고 하면 그것은 허망한 것이라고 하여 말할 수 없는 이러한 경계 자체는 있다고 하여 일체중생의 성불가능성을 제시하였다.

열반당(涅槃堂) : 선원(禪院)에서 병든 승려를 수용하고, 입멸할 수 있도록 하는 당(堂宇). 보통 연수당(延壽堂)이라고 하는데, 본래는 무상원(無常院) · 무상당(無常堂) · 성행당(省行堂) · 장식료(將息寮) 등으로도 불리움.

열반적멸(涅槃寂滅) : 불교에서 수행에 의해 진리를 체득하여 미혹(迷惑)과 집착(執着)을 끊고 일체의 속박에서 해탈(解脫)한 최고의 경지. 열반이란, 산스크리트의 '니르바나'의 음역인데, 니원(泥洹) · 열반나(涅槃那) 등으로 음역하기도 하며 멸도(滅度) · 적멸(寂滅) · 원적(圓寂), 또는 무위(無爲) · 부작(不作) 무생(無生) 등으로도 의역한다. nir(out)+v(to blow)의 어원으로 해석되는 열반의 본뜻은 '불어서 끄는 것', '불어서 꺼진 상태'를 뜻하며, 마치 타고 있는 불을 바람이 불어와 꺼버리듯이, 타오르는 번뇌의 불꽃을 지혜로 꺼서 일체의 번뇌 · 고뇌가 소멸된 상태를 가리킨다. 그때 비로소 적정(寂靜)한 최상의 안락(安樂)이 실현된다. 현대적인 의미로는 영원한 평안, 완전한 평화라고 할 수 있다. 남방의 팔리 불교에서는 조림(稠林)이 없는 것으로, 이 경우에도 번뇌의 숲이 없어진 상태를 열반이라고 한다. 부파불교(部派佛敎)에 이르러서는 석가불의 이상화 · 신격화에 따라 열반에 대한 생각도 변하여, 수행자가 아무리 노력을 하여도 이 세상에 생존하는 동안에는 완전한 열반을 체득하기란 어려운 것으로 생각하였다. 그래서 이 세상에 생존하는 동안에 얻어진 열반은 불완전한 것[有餘涅槃]이며, 사후에 비로소 완전한 상태에 들어간다[無餘涅槃]고 생각하였다. 그러므로 수행자는 석가불과는 달리 열반의 경지가 아니라 아라한(阿羅漢 : 궁극의 깨달음을 얻은 사람)의 경지에 도달하는 것이라고 보았다. 대승불교에서는 유여 · 무여열반 외에 본래자성 청정열반(本來自性淸淨涅槃) · 무주처열반(無住處涅槃)을 주장하였다. 전자는 일체중생의 심성(心性)이 본래 청정하다는 것으로, 진여(眞如 : 있는 그대로의 진리) 그 자체임을 달관하여 안심의 경지에 이르는 것을 말하며, 후자는 대승불교에서 이상으로 여기는 열반으로서 생사에도 머물지 않고 열반에도 머물지 않는 것, 즉 열반비지원만(悲智圓滿 : 자비와 지혜가 원만함) · 임운무작(任運無作 : 아무런 조작 없이 있는 그대로 운용됨)의 불 · 보살의 상태를 말한다. 결국 열반이 어떤 특별한 경지로서 실재하는 것으로 생각하는 것은 범부(凡夫)의 미혹이며, 열반은 유(有)도 무(無)도 아닌 공(空)으로서 윤회나 열반이나 어떤 구분도 없다는 것이다. 그리하여 이 세상에서의 보살의 활동이 강조되었다.

열완명성(熱盌鳴聲) : 뜨거운 그릇에 찬물을 부어서 나는 소리. 인연에 따라 당연히 나타나는 별 의미 없는 소리.

열자(列子) : 중국 고대의 사상가. 이름은 어구(禦寇). 정(鄭)나라 출신. 도가(道家)의 대표자, 또한 그 서적을 말한다. 노자(老子)의 제자, 또는 관윤자(關尹子)의 제자라고 하며 혹은 노상자(老商子)의 제자라고도 한다. 이 외에 장자(莊子)의 선배라고 말하기도 하는데 그 사적(事績)은 불분명하다. 『열자』와 『장자』의 책 가운데 열어구(列禦寇)의 설화가 실려 있는데, 어느 것도 사실이라고 단정하기는 어렵고, 그 때문에 인물의 실재를 의심하는 설도 있다. 『열자』는 천서(天瑞) · 황제(黃帝) · 주목왕(周穆王) · 중니(中尼) · 탕문(湯問) · 방명(方命) · 양주(楊朱) · 설부(說符) 등 8편으로 되어 있고, 진(晉)나라 장담(張湛)의 주(註)가 달려 있다. 저작을 하였던 시기가 분명하지 않은데, 책 가운데에 전국시대

(戰國時代) 말기의 인물 이름이 들어 있으며, 한(漢)나라 때에 유행했던 위서설(緯書說)과 같은 생성론(生成論)이 나타나기도 하고, 부처를 가리키는 것으로 보이는 '서방(西方)의 성인'이라는 설도 있으므로 명(明)나라 때에 만들어진 것으로 추정할 수도 있다. 그러나 오늘날에는 3세기 무렵인 위(魏) · 진나라 때의 위작이라고 보는 설이 유력하다. 그러나 내용에는 『장자』와 겹쳐지는 부분에서 『열자』 쪽이 더욱 오래되어 보이는 대목이 있는 것으로 보아, 아주 오래된 자료에 의거하면서 수식을 가하였고 또한 새로이 첨가하였으리라고 보고 있다. 열자의 사상은 확실하지 않으나 『여씨춘추(呂氏春秋)』에서 "허(虛)를 숭상했다."라고 밝혀놓은 것을 근거로 한다면 이해득실에 얽매이지 않는 허심처세(虛心處世)의 사상으로 보인다. 『노자』에서 말하는 무위(無爲) · 무지(無知) · 무욕(無欲) 등과 통할 수 있는 사상이다. 『열자』에서는 천지의 생성변화를 형(形)과 기(氣)와 질(質)의 3가지가 섞인 '태역(太易)'을 그 시원(始源)에 두고 생과 사의 왕복(往復)을 말함으로써, 신선적 양생설에도 도달하였으며, 운명을 말하고 꿈을 말하면서 대담한 쾌락설을 주장하는 등 여러 가지 특색이 있는 내용이 있으며, 『장자』를 비롯한 다른 책들과 중복되는 부분도 많다. 열자의 모습은 『장자』에서 "바람을 제어하며 가다."라는 등으로 소개되어, 마치 선인(仙人)과 비슷한 풍모를 지닌 것으로 나타나 있으나, 『열선전(列仙傳)』이나 『신선전(神仙傳)』에서 선인(仙人)으로 쓰여지지는 않았다. 그러나 당(唐)나라 때부터 도교신앙에서 장자나 문자(文子)와 함께 신격화되었으며 충허진인(沖虛眞人)이라고 하여 모시게 되었다. 서적도 『충허진경(沖虛眞經)』이라고 하였으며, 송(宋)나라 때에는 『충허지덕진경(沖虛至德眞經)』이라고 하여 귀하게 여겼다.

열재거사(悅齋居士) : 안오즙(按吳楫). 자(字)는 공제(公濟), 별명(別名)이 열재(悅齋)이다. 성리학자 주희(朱熹; 1130~1200)와 불교를 거론한 남송대(南宋代)의 거사이다. 『주자문집(朱子文集)』 제43권에 「답오공제(答吳公濟)」라는 글에서 주자는 열재거사의 불교에 대한 주장을 비판하고 있다.

열하(列下) : 뒷줄이 있다. 성적이 남보다 못하다. = 열후(列後).

염(拈) : 옛사람의 말이나 행위에 대해 자신의 견해를 피력하는 것.

염각(拈卻) : 집어내다.

염고(拈古) : 고칙공안(古則公案)에 나타난 말이나 행위에 대해 자신의 견해를 피력한 것이다.

염관(鹽官) : 염관제안(鹽官齊安).

염관제안(鹽官齊安) : ?~842. 당대(唐代) 스님. 남악(南嶽) 문하. 염관은 주석 지명. 속성은 이(李)씨. 해문군(海門郡) 출신. 향리의 운종(雲琮)에게로 출가하여, 남악지엄(南嶽智嚴)에게 구족계를 받고, 강서성 남강의 마조도일(馬祖道一)에게 참구하여 그의 법을 이어받음. 절강성 월주 숙산 법락사(法樂寺), 항주 염관 진국 해창원(海昌院)에 머뭄. 회창(會昌) 2년 12월 22일 입적. 선종(宣宗)이 오공(悟空) 대사 · 서심지탑(棲心之塔)이라 시호하고, 추도의 시를 지음.

염근중후(廉謹重厚) : 청렴하고 신중하고 무겁고 두텁다.

염념(念念) : 순간순간. 시시각각. 찰나찰나. 염(念)은 지극히 짧은 시간.

염롱(拈弄) : 가지고 놀다. 선(禪)에서 고칙공안(古則公案)에 대하여 자신의 안목으로 판단하여 나름의 해설이나, 비평이나, 게송을 붙이는 것.

염리(厭離) : 싫어하여 떠나다.

염마왕(閻魔王) : 귀신 세계의 수령으로서 사후의 유명계(幽冥界)를 지배하는 왕이다. 인도의 야마yama신으로 불교에 들어와 두 가지로 발달하였다. 하나는 상계(上界)의 광명세계, 곧 수야마천이고, 다른 하나는 하계(下界)의 염마왕이다.

염방(拈放) : 모든 면에서 잘 생각하는 것. 방하염득(放下拈得)으로 취사(取捨)의 뜻이다.

염부제(閻浮提) : 산스크리트로는 Jambu-dvīpa이다. 수미산 남쪽에 있는 대륙으로 4대주의 하나이다. 수미산(須彌山)을 중심으로 인간세계를 동서남북 네 주로 나누었을 때, 염부제는 남주이다. 인간세계는 여기에 속한다고 한다. 여기 16의 대국, 500의 중국, 10만의 소국이 있다고 하며 이곳에서 주민들이 누리는 즐거움은 동북의 두 주보다 떨어지지만 모든 부처가 출현하는 곳은 오직 이 남주뿐이라고 한다. 북쪽은 넓고 남쪽은 좁은 지형으로 염부나무가 번성한 나라란 뜻이다. 원래는 인도를 가리키는 말이었는데, 후세에는 인간세계를 아울러 지칭하는 말이 되었다.

염불(念佛) : ① 10념(念)의 하나. 부처님의 모습을 보면서 그 공덕을 생각함. ② 입으로 아미타불(阿彌陀佛)의 이름을 말하는 것. 정토교(淨土敎)를 널리 편 선도(善導; 613~681) 이후로는 염불이란 말이 이런 의미로 사용되었다.

염사(厭捨) : 싫어하여 내버리다.

염섬(廉纖) : ① 이슬비. 가늘고 촘촘히 내리는 이슬비. ② 뒤얽히다. 뒤엉키다. ③ 치근덕거리다. 분란을 일으키다. ④ 군소리가 많다, 시끄럽다. ⑤ 번잡한. 뒤엉킨(↔ 고위(孤危)).

염송(拈頌) : 『선문염송(禪門拈頌)』 혹은 『선문염송집(禪門拈頌集)』을 줄여서 말한 것. 30권, 10책. 선림(禪林)의 옛 이야기 1125칙(則)과 이에 관한 여러 선승들의 징(徵) · 념(拈) · 대(代) · 별(別) · 송(頌) · 가(歌) · 착어(着語) · 수시(垂示) · 시중(示衆) · 광어(廣語) 등을 모아 수록한 책. 고려 보조지눌(普照知訥)의 뒤를 이은 진각국사(眞覺國師) 혜심(慧諶; 1178~1234)이 고려 고종 13년(1226) 조계산(曹溪山) 수선사(修禪寺)에 있을 때 편집하였지만, 이 초판본은 몽골의 침입으로 불타버리고, 제자인 몽여(夢如)가 1125칙에 다시 347칙을 더하여 총 1472칙으로 1248년 대장도감(大藏都監) 남해분사(南海分司)에서 재간하여 해인사의 고려대장경 보유판(補遺版)에 수록하여 오늘에 이른다. 이 책은 전편을 통하여 부처의 정법안장(正法眼藏)을 염롱(拈弄)하는 것으로 일관하는데, 그 흐름을 보면 임제(臨濟)의 삼현삼요(三玄三要)와 조동(曹洞)의 오위편정(五位偏正)이 양대 주류를 이루고 있으며, 대기대용(大機大用) 또는 살활(殺活)과 빈주(賓主) 등의 접화수단(接化手段)도 나타난다. 『경덕전등록』에 비견되는 대작이다.

염수(斂手) : 손을 소매에 넣다. 손을 떼다. 손을 거두다. = 염수(歛手).

염연(恬然) : 편안하고 조용하다. 태연하다.

염염(冉冉) : 부드럽게 드리운 모양. 부드럽게 한들거리는 모양. 천천히 움직이는 모양.

염장(鹽醬) : 면장(麪醬)이라고도 하는데, 밀가루로 만든 단맛이 나는 단된장. 단된장은 중국요리에서 중요한 조미료이다.

염제(拈提) : 집어 들다. 언급하다.

염찬(念讚) : 염불(念佛)하고 찬불(讚佛)하다. 염불(念佛)은 부처님을 기억하는 것이고, 찬불(讚佛)은 부처님을 찬탄(讚嘆)하는 것이다.

염철(拈掇) : 집어 들다. 이야기를 꺼내다.

염출(拈出) : 집어내다. = 염철(拈掇).

염칠(念七) : 27. 염(念)은 20이라는 뜻.

염향(拈香) : 향을 집어서 향로에 넣어 사르는 것. 염향(拈香)은 선종(禪宗)에서 개당(開堂)하여 상당설법할 때에 축원(祝願)하는 형식인데, 첫 번째 향 조각으로는 국가(國家) 즉 임금을 축원하고, 두 번째 향 조각으로는 외호(外護)하는 단월(檀越)을 축원하고, 세 번째 향 조각으로는 자신이 법을 얻은 스승을 축원한다. 스승을 축원하는 것은 자신의 뿌리를 잊지 않는 것이니, 그 염향(拈香)하는 것을 들으면 그 스승이 누군지를 알 수 있다.

염혜(念慧) : 『대반열반경(大般涅槃經)』에 다음 내용이 있다 : "만약 대열반경을 듣는다면 지혜를 얻을 것이고, 지혜를 얻기 때문에 곧 전념(專念)을 얻을 것이다. 전념을 얻으면 오근(五根)이 산란하더라도 곧 멈출 수 있다. 왜 그럴까? 이 전념이 곧 지혜이기 때문이다. 선남자여, 마치 소를 잘 먹이는 자가 소를 풀밭에 놓되 동쪽이나 서쪽에 있는 남의 곡식을 소가 먹으려 하면 곧

제지하여 남의 곡식을 먹지 못하도록 하는 것과 같다. 보살마하살 역시 그와 같아서 염혜(念慧)로 인하여 오근(五根)을 잘 지켜서 흩어져 달아나지 않게 한다. 보살마하살에게 염혜가 있으면, 나라는 개념을 보지 않고 내것이라는 개념을 보지 않고 중생과 중생이 받아들이는 것을 보지 않는다. 모든 법을 동일한 성상(性相)이라고 보고서 흙, 돌, 기와, 자갈의 모습을 낸다. 비유하면 집은 여러 가지 인연으로 생겨날 뿐 정해진 본성(本性)이 없는 것과 같이, 모든 중생도 사대(四大)와 오온(五蘊)으로 이루어져 나타난 것일 뿐 정해진 본성이 없다고 본다. 정해진 본성이 없는 까닭에 보살은 그 속에서 탐내거나 집착하지 않는다. 모든 범부는 중생이 있다고 보기 때문에 번뇌를 일으키지만, 보살마하살은 대열반을 닦아 염혜(念慧)가 있기 때문에 모든 중생에 대하여 탐내거나 집착하지 않는다."(若得聞是大涅槃經則得智慧, 得智慧故則得專念, 五根若散念則能止. 何以故? 是念慧故. 善男子, 如善牧者設牛東西噉他苗稼則便遮止不令犯暴. 菩薩摩訶薩亦復如是, 念慧因緣故守攝五根不令馳散. 菩薩摩訶薩有念慧者, 不見我相不見我所相不見衆生及所受用, 見一切法同法性相, 生於土石瓦礫之相. 譬如屋舍從衆緣生無有定性, 見諸衆生四大五陰之所成立推無定性. 無定性故菩薩於中不生貪著. 一切凡夫見有衆生故起煩惱, 菩薩摩訶薩修大涅槃有念慧故於諸衆生不生貪著.)

염화미소(拈花微笑) : 영산회상(靈山會上)의 염화미소(拈花微笑)를 가리킨다. 『오등회원(五燈會源)』 제1권에 보면 세존이 영산회상에서 가섭에게 정법안장을 전한 염화시중의 이야기가 다음과 같이 나온다 : "세존(世尊)이 영산(靈山)의 회상(會上)에서 꽃을 들어 대중에게 보였다. 그 때 대중은 모두 묵묵히 입을 다물고 있었는데 오직 가섭존자(迦葉尊者)만이 빙그레 웃었다. 세존이 말하였다. '나에게 있는 정법안장(正法眼藏)의 열반묘심(涅槃妙心)과 실상무상(實相無相)의 미묘법문(微妙法門)을 불립문자(不立文字)의 교외별전(敎外別傳)으로 마하가섭(摩訶迦葉)에게 부촉(咐囑)하노라.'"

영(逞) : 마음대로 하다. 마음껏 뽐내다.

영(令) : = 정령(正令).

영가현각(永嘉玄覺) : 665~713. 중국 당대(唐代) 스님. 영가는 출신 지명. 자는 명도(明道). 절강성 온주부 영가현 출신. 어려서 출가하여 삼장(三藏)을 두루 탐구했으며, 특히 천태지관(天台止觀)의 법문에 정통하였다고 한다. 좌계현랑(左谿玄朗)의 권고로 무주현책(婺州玄策)과 함께 조계의 육조혜능을 찾아가 문답하여 인가를 받았고, 그 날 혜능의 권고로 하룻밤 묵었는데, 이 때문에 일숙각(一宿覺)이라는 별명을 얻었다. 다음 날 하산하여 온주(溫州)로 돌아와 법회(法會)를 여니, 배우는 사람들이 구름처럼 모여들었다. 당(唐) 예종(睿宗) 선천(先天) 2년에 입적하였다. 시호는 무상대사(無相大師). 저술로는 「증도가(證道歌)」와 『영가집(永嘉集)』이 있다.

영골(靈骨) : ① 화장(火葬)한 뒤에 남는 사리(舍利). ② 영리한 사람.

영기(靈碁) : 영기경(靈棋經). 고대 중국의 신령스런 점서(占書). 윷으로 점을 치는 내용을 담고 있다.

영능(逞能) : 뽐내다, 거들먹거리다. 무리하다, 억지를 쓰다.

영단(永斷) : 번뇌를 영원히 끊다.

영당(影堂) : ① 조상의 위패를 모신 집. 사당(祠堂). 영전(影殿). ② 불조(佛祖)의 진영(眞影)을 모신 집.

영득(贏得) : 이기다. 얻다. 이익을 남기다. ↔ 수(輸).

영람(領覽) : ① 깨닫다. 이해하다. 납득하다. = 영회(領會). ② 삼가 읽다. = 배독(拜讀).

영략(領略) : (체험으로) 이해하다. 깨닫다. 감지하다. 음미하다.

영략문(影略門) : 그림자 없는 문. 즉 선문(禪門)이나 도(道)를 말함. 혹은 선원(禪院)의 정문인 산문(山門)을 가리킴.

영령(英靈) : ① 죽은 사람의 혼령. ② 재능이 뛰어난 사람.

영리(靈利) : 영리(怜悧). 영리하다.

영매(嶺梅) : 대유령(大庾嶺)의 매화. 대유령의 매화는 곧 육조혜능(六祖慧能)을 가리킨다.

영명수(永明壽) : 영명연수(永明延壽)

영명연수(永明延壽) : 904~975. 중국 오대(五代; 907~960)의 승려. 자는 중원(仲元), 속성은 왕(王)이다. 904년 여항에서 태어났다. 일찍이 불법에 뜻을 두어 오신채를 먹지 않았으며, 20세부터는 하루 한 끼를 먹으며 『묘법연화경』을 읽었다. 28세 때 화정진장(華亭鎭將)이라는 관리에 등용되었으나 백성들로부터 거둔 세금을 모두 방생에 사용해 체포되었다. 문목왕(文穆王)은 그의 뜻이 출가에 있음을 알고 출가를 허락하여 불문에 들어섰다. 31세에 취엄(翠嚴)에게 출가하여 수행을 시작한 뒤 천태덕소(天台德韶)의 제자가 되어 법을 이었다. 불사를 잘하여 명주의 보두산에 머물 때는 매일 108종의 불사를 치렀다고 한다. 960년 영은산 신사(新寺), 961년 사주 영명 대도량 등을 맡았고, 천태산에 들어가 1만여 명에게 계를 주었다. 975년 나이 72세, 법랍 42세로 입적하였고 지각선사(智覺禪師)라는 시호가 내려졌다. 저서로는 『종경록(宗鏡錄)』(100권)과 『만선동귀집(萬善同歸集)』(3권)이 유명하며, 정토에 관계된 것으로 『유심송(惟心頌)』·『신루안양부(神樓安養賦)』·『정혜상자가(定慧相資歌)』·『경문(警文)』 등이 있다.

영봉고(靈峯古) : 영봉유고(靈峰惟古) 선사. 융흥부(隆興府) 황룡(黃龍) 영원유청(靈源惟淸) 선사의 제자. 육조 문하 제15세에 해당.

영산회상(靈山會上) : 석존 당시 왕사성 부근의 영취산(靈鷲山)에서의 법회(法會). 『법화경』을 설법(說法)한 곳이며, 선종(禪宗)에선 석가모니가 제1조 마하가섭에게 염화미소(拈花微笑)를 통하여 법을 전해 준 곳이다. 석존이 영취산상(靈鷲山上)의 중회(衆會)에서 꽃을 들어 보여주었을 때, 가섭존자(迦葉尊者)만이 그 의미를 이해하여 파안미소(破顔微笑)하였다. 그때에 부처님의 정법안장열반묘심(正法眼藏涅槃妙心)의 부법(付法)이 행해졌다고 하는데, 불법상승(佛法相承)의 기원으로 전해진다.

영상(靈床) : ① 입관하기 전에 시체를 올려 놓는 침상. ② 죽은 이를 위하여 살아생전처럼 베풀어 두는 자리. ③ 신주(神主)를 모셔 두는 상(牀).

영쇄(零碎) : 자질구레한. 소소한. 세세한. = 영영쇄쇄(零零碎碎).

영숙(令叔) : (숙부의 경칭). (당신의) 숙부님.

영양괘각(羚羊掛角) : 영양(羚羊)은 밤에 뿔을 나무 가지에 걸어서 다리를 허공에 띄운 채로 몸을 숨기고 잠을 잔다고 한다. 발자취를 남기지 않는다는 말. 흔적을 찾을 수 없다는 말.

영영쇄쇄(零零碎碎) : 자질구레하다. 소소하다. 세세하다. = 영영세세(零零細細). 영쇄(零碎).

영우(縈紆) : 감돌다. 맴돌다. 휘감다. = 영회(縈廻).

영우(靈祐) : 위산(潙山)의 법명(法名).

영운(靈雲) : 영운지근(靈雲志勤).

영운지근(靈雲志勤) : 복주(福州) 영운지근(靈雲志勤) 선사. 복주(福州) 장경대안(長慶大安) 선사의 제자. 남악(南嶽) 문하 4세손이다. 복숭아꽃을 보고 도를 깨닫고는 다음과 같은 송(頌)을 지었다. "30년 동안 칼을 찾던 손님이여, 몇 번이나 낙엽지고 또 가지가 나왔던가? 복숭아꽃을 한 번 본 이후로는, 바로 지금에 이르기까지 다시는 의심치 않는다네."(三十年來尋劍客, 幾回落葉又抽枝? 自從一見桃華後, 直至如今更不疑.)(『오등회원』 제4권)

영원유청(靈源惟淸; ?~1117) : 26d. 임제종 황룡파. 자는 각천(覺天), 호는 영원수(靈源叟). 남창(南昌, 강서성)의 무령인(武寧人). 속성은 진씨(陳氏). 어려서 총명하고 민첩하였다. 처음에는 계율을 배웠고, 17세 때 연은원(延恩院)의 법안(法安)에게 참학하였다. 뒤에 홍주(洪州, 강서성) 황룡산의 회당조심(晦堂祖心)에게 참학하여 그의 법을 이었다. 황정견(黃庭堅)을 시작으로 다수의 문인들과 교류하였다. 부름으로 서주(舒州, 안휘성) 태평선원(太平禪院)에 주석하고 뒤에 황룡산에 들어가서 숭은사(崇恩寺)를 감동(監董)하였다. 질병으로 조묵당(照默堂)에 거처하고 15년을 지냈다. 정화(政和) 7년 9월 10일 스스로 '무생상주진귀고명(無生常住眞歸告銘)'을 짓고 동 18일에 시적하였다. 추밀(樞密) 등순무(鄧洵武)의 청으로 불수선사(佛壽禪師)라고 사호(賜號)되었다.

영원청(靈源淸) : 영원유청(靈源惟淸).

영자(影子) : 그림자. 희미한 모습. 거울에 비친 모습.

영정(寧靜) : 편안하고 고요하다.

영조(靈照) : 방거사의 딸. 방거사가 죽으려 할 때에 딸 영조에게 오시(午時)가 되거든 말하라 일렀으나, 영조가 "지금이 오시인데 일식(日蝕)을 합니다." 하니, 거사가 문밖에 나가 보는 사이에 딸이 평상에 올라앉아 먼저 죽어버렸다. 이를 보고 거사가 웃으며, "내 딸이 솜씨가 빠르구나!" 하고 7일 후에 죽었다고 한다.

영종(影從) : 그림자가 형체를 따르는 듯함. 바싹 뒤따르거나 추종하는 사람이 많음을 비유한다.

영질(影質) : ① 옷이나 물건을 미리 붙잡아 두고 다시 오기를 기다림. ② 마음속의 영상(影像)을 근거로 하여 인식되는 외계의 사물. ③ 빛.

영첩(寧怗) : 편안하다. 안정되다.

영초사(影草事) : 영초(影草)란 어부가 물고기를 잡기 위하여 풀을 물에 띄워 두는 것인데, 풀 그림자 속으로 물고기가 들어오면, 풀 아래에 달린 그물을 당겨서 물고기를 잡는다. 흔히 종사(宗師)가 학인의 안목을 알아보기 위하여 사용하는 수단을 가리킨다.

영취산(靈鷲山) : 범어 Gṛdhrakūṭa. 기사굴산(耆闍崛山)의 번역. 중인도 마갈타국 왕사성 부근에 있는 산. 부처님이 설법하시던 곳으로 『법화경』을 설한 곳으로 유명하며, 선에서는 염화미소(拈花微笑)로 정법안장(正法眼藏)을 제1조 가섭(迦葉)에게 전한 곳으로 유명하다. 산 정상에 독수리를 닮은 바위가 있어 붙여진 이름이다.

영화(嬰禍) : 화(禍)를 당하다. 화(禍)에 휘말리다. 재난을 당하다.

영회(領會) : 깨닫다. 이해하다. 파악하다. 납득하다.

예(羿) : 하(夏)나라 때의 제후(諸侯)로, 궁술(弓術)의 명인(名人).

예미영귀(曳尾靈龜) : 살아서 꼬리를 끌며 진흙탕 속을 기어가는 신령스런 거북. 모든 구속을 벗어나 자유롭게 노니는 도인(道人)을 상징한다. 『장자(莊子)』「외편(外篇)」'추수(秋水)'에 다음의 대화가 나온다 : 장자가 복수(濮水)에서 낚시를 하는데, 초왕(楚王)이 대부(大夫) 두 사람을 시켜 먼저 가서 말하게 하였다. "나라의 정치를 맡아주길 바랍니다." 장자는 낚싯대를 쥐고서 돌아보지도 않고 말했다. "내가 듣기로 초나라에는 죽은 지 삼천 년 된 신령스런 거북이 있다고 하더군요. 왕께선 그것을 헝겊에 싸서 묘당(廟堂) 위에 모셔놓고 있지만, 이 거북이 죽어서 남긴 뼈가 귀하게 되길 바라겠습니까? 살아서 진흙탕에서 꼬리를 끌기를 바라겠습니까?" 두 대부가 말했다. "살아서 진흙탕에서 꼬리를 끌기를 바랄 것입니다." 장자가 말했다. "가시오. 나는 진흙탕에서 꼬리를 끌기를 바랍니다." (莊子釣於濮水, 楚王使大夫二人, 往先焉曰 : "願以境內累矣!." 莊子持竿不顧曰 : "吾聞楚有神龜, 死已三千歲矣. 王以巾笥而藏之廟堂之上. 此龜者, 寧其死爲留骨而貴乎? 寧其生而曳尾於塗中乎?" 二大夫曰 : "寧生而曳尾塗中." 莊子曰 : "往矣! 吾將曳尾於塗中.")

예사(禮謝) : 감사의 절을 올리다.

예산(睿算) : 천자(天子)의 나이.

예실(詣實) : 사실에 부합하다. 여실하다. 확실하다. 진실하다.

예전(拽轉) : 잡아당겨 돌리다.

오가(五家) : 당말(唐末)에서 송초(宋初)에 걸친 선종(禪宗)의 황금기에 번성했던 중국 선종의 주요 종파들. 위앙종(潙仰宗), 임제종(臨濟宗), 조동종(曹洞宗), 운문종(雲門宗), 법안종(法眼宗)의 다섯이다.

오가칠종(五家七宗) : 육조혜능(六祖慧能)의 문하에서 꽃피운 중국 선종(禪宗)의 종파(宗派)를 총칭하는 말. 석두희천(石頭希遷) 계통인 조동종(曹洞宗) · 운문종(雲門宗) · 법안종(法眼宗)과 마조도일(馬祖道一) 계통인 임제종(臨濟宗) · 위앙종(潙仰宗)을 합하여 오가(五家)라 하고, 여기에 임제종(臨濟宗)에서 분파(分派)되는 양기파(楊岐派)와 황룡파(黃龍派)를 합하여 오가칠종(五家七宗)이라 한다. 이 시기는 중국 선종이 가장 융성했던 황금기였다.

오계(五戒) : 수행자가 지켜야 할 다섯 가지 계율로, 살생하지 말 것[不殺生戒], 남의 것을 훔치지 말 것[不偸盜戒], 음란한 짓을 저지르지 말 것[不邪淫戒], 함부로 말하지 말 것[不妄語戒], 술을 마시지 말 것[不飮酒戒] 등이 그것이다.

오계(烏鷄) : 오골계(烏骨鷄). 털이 온통 새까만 닭.

오구(烏龜) : 거북.

오구(烏臼) : 당대(唐代) 선승. 마조의 법을 이어받았다.

오구(五九) : 오구육구하변간유(五九六九河邊看柳)의 준말. 동지(冬至) 후 45일에서 54일이면 버드나무에 싹이 돋는다는 말.

오근(五根) : ① 5관(官), 곧 보고 듣고 맡고 맛보고 접촉하는 5감각 기관인 눈 · 귀 · 코 · 혀 · 몸의 5근. ② 5력(力)이라고도 함. 보리에 도달하기 위한 향상기관(向上機關) 방법으로 유력한 5종. 신근(信根) · 진근(進根) · 염근(念根) · 정근(定根) · 혜근(慧根).

오대산(五臺山) : 중국 산서성 대주 오대현(五臺縣) 동북쪽에 있는 산이다. 동 · 서 · 남 · 북 · 중앙의 다섯 봉우리가 높이 솟아 있는데 꼭대기에 나무가 없고 흙이 쌓인 대(臺)와 같다고 해서 붙여진 이름이다. 청량산(淸涼山)이라고도 한다.

오도(五道) : 중생이 윤회하며 흘러다니는 다섯 가지 길. 지옥 · 아귀(餓鬼) · 축생(畜生) · 인간 · 천상(天上)의 세계를 가리키는 말이다. 여기에 수라(修羅)를 더하면 육도(六道)라고 한다.

오등(烏藤) : 옻칠을 하여 새까만 주장자(拄杖子). 오주장(烏拄杖)의 준말.

오등회원(五燈會源) : 송대(宋代)인 1252년에 혜명(慧明) 등이 편찬한 불교서적. 『경덕전등록(景德傳燈錄)』 등 송대에 발간된 다섯 가지 선종사서(禪宗史書)를 압축한 선종의 통사(通史)이다. 책명은 '다섯 가지의 등사(燈史)를 회통(會通)하여 하나로 엮었다'는 뜻이다. 다섯 가지 책은 ① 도원(道原)이 1004년에 지은 『경덕전등록』(전30권), ② 이준욱(李遵勖)이 1036년에 지은 『천성광등록(天聖廣燈錄)』(전30권), ③ 불국유백(佛國惟白)이 1101년에 지은 『건중정국속등록(建重靖國續燈錄)』(전30권), ④ 오명(悟明)이 1183년에 지은 『연등회요(聯燈會要)』(전30권), ⑤ 정수(正受)가 1201~1204년 간행한 『가태보등록(嘉泰普燈錄)』(전30권)을 말한다. 이를 모두 합하면 150권이나 되는데, 20권으로 축약하여 선(禪)의 대의를 밝힌 입문서로 평가된다. 저자는 혜명으로 되어 있으나, 보우본(寶祐本) 『오등회원』의 서문에 따르면 항주(杭州) 영은사의 대천보제(大川普濟; 1179~1253)가 혜명 등 여러 제자에게 명하여 만들었다고 한다. 특히 선종의 법맥을 중심으로 다루지 않고 선종의 오가칠종(五家七宗)을 권별로 분류한 점이 특색이다. 본래는 중국 선종의 각 분파와 법계를 자세히 서술할 예정이었으나, 종문이 많이 나뉘고 또 파도 복잡해지자 오가칠종으로 나누었다. 종파별로 분류되어 있어 열람하기 쉬운 탓에 선종 관계자뿐만 아니라 일반인들에게도 널리 읽혔다. 내용은 오가칠종을 중심으로 각 종파별 선사들을 소개하고, 그들의 기연과 법어 · 게송을 서술한 것이 주를 이룬다. 제1권은 과거칠불에서 동토 6조까지를 소개하고, 제2권은 동토 제4-7조의 법맥을 이은 선사들과 응화성현(應化聖賢)을 소개한다. 응화성현이란 중생들에게 홀연히 나타나 선의 대의를 깨우쳐 준 이들을 말한다. 제3~4권은 남악(南嶽) 문하 제5대 선사까지를 소개하고, 제5~6권은 행사(行思) 문하 제7대 선사들과 법계가 자세하지 않은 선사들의 행적을 소개한다. 제7-8권은 행사 문하 제2-9대, 제9권은 위앙종(潙仰宗)의 선사들, 제10권은 법안종(法眼宗)의 선사들, 제11~12권은 임제종(臨濟宗)의 선사들, 제13~14권은 조동종(曹洞宗)의 선사들, 제15~16권은 운문종(雲門宗)의 선사들, 제17~18권은 임제종 황룡파(黃龍派)의 선사들, 제19~20권은 임제종 양기파(楊岐派)의 선사들을 소개한다. 오가칠종 중 가장 늦게 성립한 법안종을 앞 부분에서 다루고 있는 점이 특이하다. 이러한 분류에 대하여 청(淸)의 영각원현(永覺元賢)은 1651년 발간된 『계등록(繼燈錄)』에서 대천보제가 자신의 사당(祠堂)을 높이기 위한 것이었다고 비판하기도 하였다. 하지만 오가칠종의 사상체계를 알기 쉽게 분류하고, 화제(話題)가 뛰어난 까닭에 선종(禪宗) 승려들뿐만 아니라 사대부와 문인들에게 선을 이해하는 데 좋은 지침서가 되었다. 이 책의 영향을 받아 명의 남석문수(南石文琇; 1354-1418)가 『오등회원보유(五燈會元補遺)』를 펴내고, 청의 원문정주(遠門淨柱)가 1648년에 『오등회원속략(五燈會元續略)』을 펴냈다.

오력(五力) : ① 불교에 대한 실천 방면의 기초적 덕목(德目)이 되는 5종. ㉠ 신력(信力); 불법을 믿고 다른 것을 믿지 않는 것. ㉡ 진력(進力); 선을 짓고 악을 폐하기를 부지런히 하는 것. ㉢ 염력(念力); 사상을 바로 가지고 사특한 생각을 버리는 것. ㉣ 정력(定力); 선정(禪定)을 닦아 어지러운 생각을 없게 하는 것. ㉤ 혜력(慧力); 지혜를 닦아 불교의 진리인 4제(諦)를 깨닫는 것. ② 불가사의한 작용이 있는 5종의 힘. ㉠ 정력(定力); 일체 선정의 힘. ㉡ 통력(通力); 일체 신통의 힘. ㉢ 차식력(借識力); 이선천(二禪天) 이상에는 5식(識)이 없으므로 필요하면 신통으로 자유롭게 초선천(初禪天)의 5식을 일으키는 것. ㉣ 원력(願力); 불 · 보살의 큰 원. ㉤ 법위덕력(法威德力); 불법의 위덕의 힘.

오미(五味) : 근원을 모르고 부차적인 것만 취함. 오미선(五味禪)

오미선(五味禪) : 보통 외도선(外道禪) · 범부선(凡夫禪) · 소승선(小乘禪) · 대승선(大乘禪) · 최상승선(最上乘禪)을 말하나, 문서에 따라서는 순수하지 않은 사선(邪禪) · 잡취선(雜炊禪)의 뜻으로 사용됨. 일미선(一味禪)에 상대한 말. 규봉종밀(圭峰宗密)이 『선원제전집도서(禪源諸詮集都序)』상권(上卷)에서 분류한 외도 · 범부 · 소승 · 대승 · 최상승선의 5종의 선을 말함. 여러 가지의 불순한 요소가 혼입되어 있는 잡연(雜然)한 선. 순수하게 불조상전(佛祖相傳)의 선이 아니라, 5종의 선이 섞인 것을 말한다.

오법(五法) : 심의식(心意識)에 나타나는 온갖 법의 자성(自性)을 분별하여 5종으로 하는 것. 『능가아발타라보경』 제4권 「일체불어심품 제4」에 의하면, 오법(五法)은, 상(相 : 삼라만상의 모양) · 명(名 : 삼라만상의 이름) · 분별(分別 : 망상이라고도 하니 모양과 이름을 만들어내는 허망한 마음) · 정지(正智 : 허망분별을 여의고, 온갖 법의 자성이 없는 진리를 아는 바른 지혜) · 여여(如如 : 진여(眞如)라고도 함. 정지로 증득하는 제법의 본체) 등 다섯이다.

오비토주(烏飛兎走) : 해와 달이 질주하다. 세월이 빨리 흐르다. (해 속에는 다리가 셋인 까마귀가 있고, 달 속에는 옥토끼가 있다는 전설에서 나옴.) = 토주오비(兎走烏飛).

오산(五山) : 선종(禪宗)에서 가장 높은 위치에 있는 5개 관사(정부가 주지를 임명하는 절). 십찰(十刹) 위에 있다. 중국 남송(南宋) 시대에 정부가 특별 보호를 위해 설치한 것이 시초이며, 사미원(史彌遠)의 주상(奏上)에 의해 인도의 오정사(五精舍)를 모방하여 실시하였다. 즉 ① 경산(徑山) 흥성만수사(興聖萬壽寺) ② 북산(北山) 경덕영은사(景德靈隱寺) ③ 태백산(太白山) 천동경덕사(天童景德寺) ④ 남산(南山) 정자보은광효사(淨慈報恩光孝寺) ⑤ 아육왕산(阿育王山) 무봉광리사(貿峰廣利寺) 등 5개 절로서, 관사가운데 가장 높은 지위에 있다.

오상(五常) : 유교에서 변하지 않는 도(道)로 여기는 인(仁) · 의(義) · 예(禮) · 지(智) · 신(信)의 5가지 덕목. 전한(前漢)의 동중서(董仲舒)가 제왕이 닦아야 할 〈오상의 도(道)〉로서 이 5가지 덕목을 든 이래로 오륜(五倫)과 함께 유교의 윤리설을 대표하는 것이 되었다. 이보다 앞서 공자는 여러 덕목을 포함하는 최고의 덕으로 인(仁)을 들었고, 맹자는 인(仁) · 의(義)를 강조하고 여기에 예(禮) · 지(智)를 더한 사덕사단(四德四端)을 주장하며 성선설(性善說)을 전개하였는데, 동중서는 오행사상(五行思想)에 의거하여 여기에 신(信)을 더한 것이다.

오색(五色) : 5종의 색채. ① 청 · 황 · 적 · 백 · 흑의 정색(正色). ② 녹 · 홍 · 벽 · 자 · 유황의 간색(間色).

오석영관(烏石靈觀) : 노관화상(老觀和尙)이라고도 한다. 복건성(福建省) 복주(福州) 오석산(烏石山) 벽로봉(薛老峰)에 머물렀다. 남악(南嶽) 문하 4세손으로서, 황벽희운(黃檗希運)의 제자이다.

오성(五性) : = 오성각별(五性各別).

오성각별(五性各別) : 유식종(唯識宗)에서 중생의 성품에는 선천적으로 보살정성(菩薩定性) · 연각정성(緣覺定性) · 성문정성(聲聞定性) · 삼승부정성(三乘不定性) · 무성유정(無性有情)의 5종 구별이 있다는 것. ① 본래부터 부처가 될 무루 종자를 갖춘 이는 보살정성. ② 벽지불이 될 무루 종자를 갖춘 이는 연각정성. ③ 아라한이 될 무루 종자를 갖춘 이는 성문정성. ④ 두 가지 종자나 세 가지 종자를 갖춘 이는 삼승부정성. (여기에 4종이 있음. 부처가 될 수 있는 종자와 아라한 될 수 있는 종자를 갖춘 이는 보살 · 성문 부정성, 부처가 될 종자와 벽지불이 될 종자를 갖춘 이는 보살 · 연각 부정성, 아라한이 될 종자와 벽지불이 될 종자를 갖춘 이는 성문 · 연각 부정성, 아라한이 될 종자와 벽지불이 될 종자와 부처가 될 종자를 갖춘 이는 성문 · 연각 · 보살 부정성). ⑤ 성문 · 연각 · 보살의 무루 종자는 없고, 다만 인승(人乘)이나 천승(天乘)이 될 유루 종자만을 갖춘 이는 무성유정.

오승(五乘) : 승(乘)은 싣는다는 뜻으로서, 해탈에 도달케 하는 부처님의 가르침을 가리킴. 이를 5종으로 나눈 것을 5승이라 함. 다음과 같이 여러 가지 분류법이 있음. ① 인승(人乘) · 천승(天乘) · 성문승(聲聞乘) · 연각승(緣覺乘) · 보살승(菩薩乘). ② 보살승 · 연각승 · 성문승 · 종종성승(種種性乘) · 인천승. ③ 일승 · 보살승 · 연각승 · 성문승 · 소승. ④ 불승 · 보살승 · 연각승 · 성문승 · 소승(인천승). ⑤ 불승 · 연각승 · 성문승 · 천승 · 범승(梵乘). ⑥ 인승 · 천승 · 이승 · 보살승 · 불승. ⑦ 성문승 · 독각승(獨覺乘) · 무상승(無上乘) · 종종승 · 인천승.

오신채(五辛菜) : 불가(佛家)에서 금하는 다섯 가지 야채. 오훈채(五葷菜)라고도 한다. 곧 파, 마늘, 부추, 달래, 무릇(홍거)을 이른다. 자극성이 강한 이런 것을 먹으면 음욕(淫欲)과 진심(嗔心)을 다스리지 못하여 수행에 방해가 된다는 이유에서이다. 『능엄경』에 "중생들이 선의 삼매를 구하려면 세간의 다섯 가지 신채를 끊어야 하나니, 이 오신채를 익혀 먹으면 음심을 일으키고 생으로 먹으면 분노를 더하느니라."고 말하고 있다.

오신통(五神通) : 5통(通), 5신변(神變)이라고도 함. 5종의 불가사의하고 자재하고 묘한 작용. 천안통(天眼通) · 천이통(天耳通) · 숙명통(宿命通) · 타심통(他心通) · 신족통(神足通)을 말함. 천안통(天眼通)은 지상세계와 하늘세계와 땅밑 지옥의 모든 모습을 막힘없이 보는 눈, 천이통(天耳通)은 지상세계와 하늘세계와 땅밑 지옥의 모든 소리를 막힘없이 듣는 귀, 숙명통(宿命通)은 과거 전생(前生)의 운명을 아는 것, 타심통(他心通)은 타인의 마음을 아는 것, 신족통(神足通)은 어디든 자유롭게 갈 수 있는 능력이라는 뜻. 이 오신통은 누구든 수행을 통하여 얻을 수 있는 능력이지만, 불도의 신통과 외도의 신통은 다르다. 외도의 신통은 분별 속에서 얻음이 있지만, 불도의 신통은 불이(不二)의 법성(法性)을 보는 눈이 밝은 것이다. 부처의 신통을 누진통(漏盡通)이라고 하는데, 누진통은 번뇌망상을 완전히 소멸하고 불이의 법성에 막힘없이 통하여 모든 미혹(迷惑)에서 해탈한 것이다.

오십삼선지식(五十三善知識) : 『화엄경(華嚴經)』「입법계품」에서 선재동자가 복성의 동쪽 장엄당사라림에서, 문수보살의 법문을 듣고 남방으로 향하여 차례차례 찾아가서 법문을 들은 선지식. 1. 덕운비구. 2. 해운비구. 3. 선주비구. 4. 미가장자. 5. 해탈장자. 6. 해당비구. 7. 휴사우바이. 8. 비목구사선인. 9. 승열바라문. 10. 자행동녀. 11. 선견비구. 12. 자재주동자. 13. 구족우바이. 14. 명지거사. 15. 법보계장자. 16. 보안장자. 17. 무염족왕. 18. 대광왕. 19. 부동우바이. 20. 변행외도. 21. 육향장자. 22. 바시라선사. 23. 무상승장자. 24. 사자빈신비구니. 25. 바수밀녀. 26. 비슬시라거사. 27. 관자재보살. 28. 정취보살. 29. 대천신. 30. 안주지신. 31. 바산바연지. 32. 보덕정광야신. 33. 희목관찰중생야신. 34. 보구묘덕야신. 35. 적정음해야신. 36. 수호일체중생야신. 37. 개부수화야신. 38. 대원정진야신. 39. 묘덕원만야신. 40. 구바석종녀. 41. 마야불모. 42. 천주광천녀. 43. 변우동자사. 44. 중예동자. 45. 현승우바이. 46. 견고해탈장자. 47. 묘월장자. 48. 무승군장자. 49. 적정바라문. 50. 덕생동자. 51. 미륵보살. 52. 문수보살. 53. 보현보살.

오안(五眼) : 모든 법의 사(事)·이(理)를 관조하는 5종의 눈. 곧 육안(肉眼)·천안(天眼)·혜안(慧眼)·법안(法眼)·불안(佛眼).

오야(午夜) : 자정 전후의 한밤중.

오역(五逆) : 오역죄(五逆罪), 5무간업(無間業)이라고도 함. 불교에 대한 5종의 역적중죄. (1)소승의 5역 = ① 살부(殺父). ② 살모(殺母). ③ 살아라한(殺阿羅漢). ④ 파화합승(破和合僧). ⑤ 출불신혈(出佛身血). 혹은 1과 2를 합하여 1로 하고, 다시 제5에 파갈마승(破羯磨僧)을 더하여 5로 함. (2)대승의 5역 = ① 탑(塔)·사(寺)를 파괴하고 경상(經像)을 불사르고, 3보의 재물을 훔침. ② 삼승법(三乘法)을 비방하고 성교(聖教)를 가볍고 천하게 여김. ③ 스님들을 욕하고 부려먹음. ④ 소승의 5역죄를 범함. ⑤ 인과(因果)의 도리를 믿지 않고, 악구(惡口)·사음(邪淫) 등의 10불선업(不善業)을 짓는 것.

오열자신(五熱煮身) : 몸 주위 사방에 불을 피우고 앉아 하늘 위 태양의 열을 받는 고행(苦行)을 수행으로 삼는 것. 오늘날에도 이런 수행자가 인도에 있다.

오온(五蘊) : 5취온(取蘊)·5음(陰)·5중(衆)·5취(聚)라고도 함. 온(蘊)은 모아 쌓은 것. 곧 화합하여 모인 것. 무릇 생멸하고 변화하는 것을 종류대로 모아서 5종으로 구별. 경험세계를 5가지로 분류한 것. ① 색온(色蘊); 스스로 변화하고 또 다른 것을 장애하는 지수화풍(地水火風)의 사대(四大). ② 수온(受蘊); 고(苦)·락(樂)·불고불락(不苦不樂)을 느끼는 마음의 작용. ③ 상온(想蘊); 외계(外界)의 사물을 마음속에 받아들이고, 그것을 생각해 보는 마음의 작용. ④ 행온(行蘊); 의지에 따라 실행하는 것. ⑤ 식온(識蘊); 의식(意識)하고 분별하는 것.

오와(聱訛) : ① 글이 까다로워 이해하기 어려움. 글이 난잡하여 오해하기 쉬움. 일부러 어렵게 보이도록 비틀어 말함. ② 난잡하게 뒤섞임. 뒤흔들어 어지럽힘. 뒤섞여 잘못됨. = 오아(聱牙), 효와(淆訛), 요와(譊訛), 효와(誵訛).

오욕(五欲) : 색욕(色欲)·성욕(聲欲)·향욕(香欲)·미욕(味欲)·촉욕(觸欲) 등 다섯 가지 욕망을 가리키거나, 재욕(財欲)·색욕(色欲)·음식욕(飮食欲)·명예욕(名譽欲)·수면욕(睡眠欲) 등의 다섯을 가리킨다.

오위(五位) : 편정오위(偏正五位)·공훈오위(功勳五位)·군신오위(君臣五位)·왕자오위(王子五位) 등 네 가지가 있는데, 일반적으로는 편정오위(正中偏·偏中正·正中來·偏中至·兼中到)를 가리킨다. 동산양개(洞山良价)가 처음으로 제창하였는데, 법의 실태를 분류한 것이다. 조동종(曹洞宗)에서는 대체로 그대로 전승되었지만, 임제종에서는 열위(列位)나 명칭이, 분양선소(汾陽善昭)에 의해 정중래(正中來)·정중편(正中偏)·편중정(偏中正)·겸중지(兼中至)·겸중도(兼中到)로, 석상초원(石霜楚圓)에 의해서는 정중편·편중정·정중래·겸중지·겸중도로 변하였다.

오음(五陰) : 범어 pañca-skandha. 오온(五蘊)이라고도 한다. 색온(色蘊), 수온(受蘊), 상온(想蘊), 행온(行蘊), 식온(識蘊)의 총칭임. 수·상·행은 대체로 마음의 작용을 나타내기 때문에, 오온은 물질계와 정신계의 양면에 걸치는 일체의 유위법(有爲法)을 가리킨다. 불교에서 인간을 구성하는 물질적 요소인 색온(色蘊)과 정신요소인 4온을 합쳐 부르는 말. 온이란 곧 집합·구성 요소를 의미하는데, 오온은 색(色)·수(受)·상(想)·행(行)·식(識)의 다섯 가지이다. 처음에는 오온이 인간의 구성요소로 설명되었으나 더욱 발전하여 현상세계 전체를 의미하는 말로 통용되었다. 오온이 인간의 구성요소를 의미하는 경우에는 '색'은 물질요소로서의 육체를 가리키며, '수'는 감정·감각과 같은 고통·쾌락의 감수(感受) 작용, '상'은 심상(心像)을 취하는 취상작용으로서 표상·개념 등의 작용을 의미한다. '행'은 수·상·식 이외의 모든 마음의 작용을 총칭하는 것으로, 그 중에서도 특히 의지작용·잠재적 형성력을 의미한다. '식'은 인식판단의 작용, 또는 인식주관으로서의 주체적인 마음을 가리킨다. 약해서 명색(名色 : 名은 4온에 해당)이라고도 한다. 이러한 오온은 현상적 존재로서 끊임없이 생멸(生滅)변화하는 것이기 때문에, 상주(常住)불변하는 실체는 존재하지 않는다고 한다. 불교의 근본적인 주장으로서의 무상(無常)·고(苦)·공(空)·무아(無我)를 설하는 기초로서 설명되었다. 부파불교의 아비달마(阿毘達磨) 철학에서는 '식'은 마음의 주체[心王], '수', '상', '행'은 마음의 부분적 작용·상태 등의 속성[心所]이라고 하며, '행'에는 또한 마음의 작용 이외에 물질·마음을 작용시키는 힘[心不相應行]도 있다. '색'의 개념도 원시불교에서의 상식적·구체적 존재에서 물질의 형식·성질로 변화되었다. 이러한 오온설의 철학적 의미는 모든 인간계가 실체가 없는 가화합(假和合)·개공(皆空)으로 이루어진 현상적 존재이기 때문에 집착하지 말아야 할 것을 설명하고 있다. 즉 오온가화합(五蘊假和合), 오온개공(五蘊皆空) 등의 말뜻이 그것이다.

오음(五音) : 중국 음악에서 기본적인 다섯 음률인 궁(宮)·상(商)·각(角)·치(徵)·우(羽)를 말한다.

오잠(誤賺) : 그릇되이 속이다.

오조(五祖) : 오조법연(五祖法演).

오조계(五祖戒) : 오조사계(五祖師戒).

오조법연(五祖法演) : ?~1104. 기주(蘄州) 오조법연(五祖法演) 선사. 남악(南嶽) 문하 13세손에 해당한다. 송대(宋代) 선승. 임제종(臨濟宗) 양기파(楊岐派)의 3대 법손. 면주(綿州)의 등(鄧)씨 아들로 출생. 35세에 출가하여 유식론(唯識論), 백법론(百法論) 등의 교학을 배우다가 회의를 느끼고, 선(禪)을 찾았다. 혜림종본(慧林宗本)을 찾아 가르침을 받고, 다시 부산법원(浮山法遠)을 찾았고, 뒤에 백운수단(白雲守端; 1025~1072)을 스승으로 섬기며 공부하여 크게 깨달았다. 처음에는 사면산에 있다가 만년에 오조산(五祖山)에 머물렀기 때문에 오조법연이라 한다. 문하에 극근(克勤)·혜근(慧勤)·청원(淸遠) 등이 있다.

오조사계(五祖師戒) : 송대(宋代)의 사람이며 운문종(雲門宗) 스님이다. 출가한 후에 쌍천사관(雙泉師寬)에게 참학하고 그의 법을 이었다. 호북성(胡北省) 오조산(五祖山)에서 머무르며 교화를 펼쳤다. 만년(晩年)에는 강서성(江西省) 대우산(大愚山)에 머물렀고, 거기서 입적하였다.

오조연(五祖演) : 오조법연(五祖法演).

오조홍인(五祖弘忍) : 601~674. 중국 당(唐)나라

초기의 선승(禪僧). 중국 선종(禪宗)의 제5조. 호북성(湖北省) 황매현(黃梅縣) 출생. 7세 때 제4조 도신(道信)을 따라 출가하여 51세에 대사(大師)가 되었다. 동산(東山)에 살았기 때문에 그 교단을 동산법문(東山法門)이라 칭하였는데, 700명의 제자를 가르쳐 크게 선풍(禪風)을 선양하였다. 달마(達磨) · 혜가(慧可)로 시작되는 중국 선종의 실제적인 확립자로서, 문하에 신수(神秀) · 혜능(慧能) 등 10대 제자를 배출하였으며, 이 두 제자가 남종선(南宗禪) · 북종선(北宗禪)의 두 계통으로 나뉘어 남북의 각지에서 그 선(禪)을 펼쳤다.

오천축(五天竺) : 인도를 천축이라 부르고, 이 천축이 동 · 서 · 남 · 북 · 중 다섯으로 나뉘어 있다고 보아 오천축이라 하였다.

오체투지(五體投地) : 불교 신자가 삼보(三寶)께 올리는 큰절을 말한다. 고대 인도에서 행하여지던 예법 가운데 상대방의 발을 받드는 접족례(接足禮)에서 유래한 것이다. 자기 자신을 무한히 낮추면서 불 · 법 · 승 삼보에게 최대의 존경을 표하는 방법으로, 양 무릎과 팔꿈치, 이마 등 신체의 다섯 부분이 땅에 닿기 때문에 이 이름이 붙었다.

오추마(烏騅馬) : 검은 털에 흰 털이 섞인 말로서, 옛날 중국의 항우(項羽)가 탔다는 준마(駿馬)인데, 하루에 천리를 달렸다고 한다. 천리마(千里馬) 가운데 하나.

오취(五趣) : 5악취(惡趣) · 5도(道) · 5유(有)라고도 함. 취(趣)는 중생의 업인(業因)에 의하여 나아간다는 곳. 여기에 지옥 · 아귀(餓鬼) · 축생(畜生) · 인간 · 천상의 5종이 있음.

오탁(五濁) : 오재(五滓) · 오혼(五渾)이라고도 함. 나쁜 세상의 5종류 더러움. ① 겁탁(劫濁); 사람의 수명이 차례로 감하여 30 · 20 · 10세로 됨을 따라, 각기 기근(饑饉) · 질병(疾病) · 전쟁(戰爭)이 일어나 흐려짐을 따라 입는 재액. ② 견탁(見濁); 말법(末法)시대에 이르러 사견(邪見) · 사법(邪法)이 다투어 일어나 부정한 사상(思想)의 탁함이 넘쳐 흐름. ③ 번뇌탁(煩惱濁); 또는 혹탁(惑濁). 사람의 마음이 번뇌에 가득하여 흐려짐. ④ 중생탁(衆生濁); 또는 유정탁(有情濁). 사람이 악한 행위만을 행하여 인륜 도덕을 돌아보지 않고, 나쁜 결과를 두려워하지 않는 것. ⑤ 명탁(命濁); 또는 수탁(壽濁). 인간의 수명이 차례로 단축하는 것.

오탁악세(五濁惡世) : 오탁(五濁)의 모양이 나타나 나쁜 일이 많은 세상.

오행(五行) : 유학(儒學)의 기철학(氣哲學)에서 음양(陰陽) 2기(氣)의 운동에 의하여 형성되어 나오는 수(水) · 화(火) · 목(木) · 금(金) · 토(土) 다섯 가지의 원소. 사람과 만물은 이 다섯 가지의 원소가 이합집산(離合集散)하여 만들어진다.

오호(五湖) : 오호사해(五湖四海)의 준말. 전국각지, 방방곡곡.

옥리(屋裏) : 방 안.

옥문관(玉門關) : 감숙성(甘肅省) 안서주(安西州)에 있는 관문(關門). 서역(西域)으로 통하는 관문이다.

옥전(玉殿) : ① 궁전의 미칭(美稱). 조정(朝廷)이나 임금을 이르기도 한다. ② 하늘에 있다는 신선의 궁전.

옥지(玉池) : 신선(神仙)이 사는 세계에 있는 연못.

옥토(玉免) : 달 속에 살고 있다는 토끼.

옥편(玉篇) : 중국의 자전(字典). 남조(南朝) 양(梁)나라 고야왕(顧野王)이 엮었으며 543년 완성되었다. 1만 6900여 자를 542의 부수(部首)로 나누고 고자서(古字書)의 주해와 고전에서의 용례 및 주석 등을 인용하여 문자의 뜻과 용법을 상세하게 기록했다. 『설문해자(說文解字)』가 자형(字形)과 관련시켜 자(字)의 본뜻을 설명한 반면, 옥편은 실제 용법에서 자의(字義)의 해설에 중점을 두었다. 부수도 주로 『설문해자』에 근거하였고, 부수의 배열에는 뜻의 연결을 중시하여 검색의 편의를 도모했다. 현실적이고 우수한 자전이었으나 중국에서는 산일(散逸)되었으며, 일본에 일부 고사본이 전해지고 있다. 뒤에 여러 가지 개정본이 만들어졌으나 중국에 현존하는 것은 북송(北宋)의 진팽년(陳彭年) 등이 칙명에 따라 엮은 『대광익회옥편(大廣益會玉篇)』(1013)으로, 수록된 자수는 증보되었으나 주해는 대폭적으로 간략해졌다.

온당(穩當) : 타당하다. 믿음직하다.

온자(蘊藉) : ① 포용력이 크고 교양이 있음. 너그럽고 얌전함. ② 함축적임.

온축(蘊蓄) : (학문, 교양, 기량 등)을 겉으로 드러나지 않게 축적하다.

올연(兀然) : = 올이(兀爾).

올올(兀兀) : = 올이(兀爾).

올이(兀爾) : ① 고요히 멈춘 모습. ② 아둔한 모습. 어두운 모습. 혼미한 모습. ③ 우뚝 서서 움직이지 않는 모습. ④ (부) 갑자기. 돌연히. = 올연(兀然).

옹용(雍容) : 온화하고 점잖다, 의젓하고 침착하다.

와력(瓦礫) : 깨어진 기와 조각과 자갈. 쓸모없는 물건.

와룡(臥龍) : 몸을 감고 엎드려 있는 용을 말한다. 언제든 비구름을 얻으면 하늘로 올라갈 수 있으나, 지금은 엎드려 있는 용이다. 말하자면 건재해 있는 용이다. 촉(蜀)나라 제갈공명(諸葛孔明)의 고사(故事)에서 영웅(英雄)이 아직 때를 얻지 못해 잠복(潛伏)해 있는 일을 비유한다.

와륜(臥輪) : 생몰 연대 미상. 당초(唐初) 스님. 『와륜선사간심법(臥輪禪師看心法)』·『와륜선사게(臥輪禪師偈)』의 저자. 보리달마 계열 이외의 산성(散聖)으로서 구나·승주와 함께 이름이 높았던 정토(淨土) 계통의 선자. 그의 간심법(看心法)은 6조 혜능에게 비판받음.

와우(蝸牛) : 달팽이.

와해빙소(瓦解冰銷) : ① 모든 의심 덩어리가 몽땅 풀려서 없어진다. ② 공부 하려는 굳은 발심이 몽땅 풀려서 없어지다. 맥이 빠지다. 공부를 포기하다.

완릉(宛陵) : 안휘성(安徽省) 동남부에 위치한 도시로서 양자강(揚子江) 남안(南岸) 구릉지대에 위치하고 있음. 휘주(徽州)에서 항주(杭州)에 이르는 교통의 요지. 배휴(裴休)가 황벽희운을 모시고 가르침을 받은 경덕사(景德寺)가 있음.

완석(頑石) : 돌멩이. 아직 다듬지 않은 돌덩이.

완석점두(頑石點頭) : 돌멩이가 머리를 끄덕이다. 설법(說法)의 공덕이 뛰어나 돌멩이도 머리를 끄덕이며 감동한다는 뜻으로, 축도생(竺道生)이 호구산(虎丘山)에서 『열반경(涅槃經)』을 강설하던 때에 이런 일이 일어났다고 함. 감화력이 매우 뛰어난 것을 말함.

완연(頑然) : 미련하게. 완고하게. 우둔하게.

완완(緩緩) : 느릿느릿. 천천히.

완완지(緩緩地) : 느릿느릿. 천천히. 차근차근. 차분히.

완전(宛轉) : ① 누워서 이리저리 몸을 뒤척이다. 전전(輾轉)하다. ② 노랫소리가 구성지다.

완피단(頑皮靼) : 부끄러움을 모르는 자. 낯 두꺼운 사람.

왕각(枉却) : 헛되게 하다. 저버리다.

왕교(王喬) : 한(漢) 나라 때 신선(神仙)의 이름.

왕노사(王老師) : 남전보원(南泉普願).

왕법(王法) : 심법(心法), 심왕법(心王法)을 말한다.

왕상시(王常侍) : 왕경초(王敬初)를 말한다. 생몰년은 미상. 당대(唐代) 중기 사람. 양주(讓州; 호북성) 출신. 선종(禪宗)에 귀의하여 백장회해의 제자 위산영우에게서 공부하였다. 상시(常侍)의 직책을 맡고 있었기 때문에 왕상시라 불렀다. 임제의현(臨濟義玄)을 초빙하여 개당설법을 하게 한 내용이 『임제록(臨濟錄)』에 나온다.

왕왕(往往) : 흔히. 자주.

왕유(王維) : ?~759. 성당(盛唐) 시대의 대표적 자연시인. 자는 마힐(摩詰). 만년의 관명을 따라 왕우승(王右丞)이라고도 부른다. 벼슬이 상서우승(尙書右丞)에 이르렀다. 시(詩)뿐 아니라 음악의 명수(名手)이기도 하고 남화(南畵)의 시조(始祖)로 일컬어질 정도로 산수화에도 능했다.

왕화(王化) : 왕이 백성에게 미치는 인애(仁愛)의 힘. 군주의 덕화(德化). 국왕의 정치.

왕환(往還) : 왔다갔다하면서 서로 사귀다. 서로 왕래하는 친구.

요(聊) : 잠시. 잠깐. 우선. 약간. 조금. 그럭저럭.

요(了) : 전혀, 조금도. 뒤에 불(不), 무(無) 등이 옴.

요(要) : ① -해야 한다. ② 바라다. ③ 도리어. ④ 만약.

요(橈) : 배 젓는 노. 짧은 노. 긴 노는 도(棹)임.

요(饒) : 비록 - 이지만, 설사 -라 하더라도. 만약 -하면.

요각(了卻) : 해결하다. 마치다. 달성하다. (근심 걱정을) 덜다.

요간(腰間) : 중간(中間). 그 사이.

요경(要徑) : 중요한 통로.

요곡작직(拗曲作直) : 굽은 것을 비틀어 바르게 만들다.

요괄괄(鬧聒聒) : 왁자지껄하고 떠들썩한 모양. 시끄러운 모양.

요달(了達) : ① 철저히 깨닫다. 통달하다. ② 요신달명(了身達命)의 준말. 초탈함. 벗어남.

요도(潦倒) : ① 초라하게 되다. 영락(零落)하다. 가난하게 되다. ② 의욕을 잃다. 자포자기하다. ③ 칠칠맞다. 야물지 못하다. 헐렁하고 긴장이 풀어진 모습.

요도몰교섭(料掉沒交涉) : = 요도무교섭(料掉无交涉), = 요도료무교섭(料掉了无交涉). 아무 관계가 없다. 아무런 상관이 없다. 전혀 계합하지 못했다.

요동학(遼東鶴) : 요동(遼東) 사람인 정영위(丁令威)가 선술(仙術)을 배워서 학(鶴)이 되어 승천(昇天)했다는 고사(故事).

요득(了得) : ① 알다. 깨닫다. 밝히다. ② 보통이 아님. 재능이 뛰어남. ③ 잘 처리함. ④ 완성함. 완결함. ⑤ 놀랍거나 반어, 책망 등의 말투를 나타내는 글귀 끝에 쓰여 상태가 심각함을 표시하는데, 대부분 환(還)의 뒤에 붙여 쓴다.

요락(寥落) : 희소하다. 드물다.

요령(要領) : 요점(要點). 핵심.

요령(曜靈) : 태양의 별칭.

요리(料理) : 처리하다. 처치하다.

요몰교섭(了沒交涉) : 전혀 상관이 없다. 아무런 관계가 없다. = 요도몰교섭(料掉沒交涉), 요도무교섭(料掉无交涉), 요도료무교섭(料掉了无交涉).

요묘문(要妙門) : 긴요(緊要)하고 미묘(微妙)한 문. 가장 중요한 관문. 본지(本旨).

요무교섭(了無交涉) : 아무 관계가 없다. 아무런 상관이 없다.

요문(聊聞) : 한 번 듣다.

요문거착(聊聞擧著) : 말하는 것을 한 번 듣다.

요사(了事) : ① 할 일을 다 하다. 할 일을 마치다. ② 똑똑하다. 총명하다. ③ 솜씨 있다. 능란하다.

요사(寮舍) : 승려들이 묵는 집.

요사불민(聊謝不敏) : 잠깐 사과의 말씀을 드리는 것도 재빠르지 못했다. 사과의 말씀드리는 것이 늦어졌다.

요설(饒舌) : 말을 많이 하다. = 다취(多嘴).

요수(要須) : 반드시. 다만. 도리어.

요수사원(遶樹射猿) : 중국의 전설적인 명궁(名弓) 유기(由基)에 관련된 일화. 『벽암록(碧巖錄)』 제69칙에 다음과 같은 내용이 있다 : 유기는 초(楚)나라 때 사람이다. 성은 양(養), 이름은 숙(叔), 자(字)는 유기(由基)이다. 마침 장왕(楚莊王)이 사냥을 나갔다가 한 마리 흰 원숭이를 발견하고 사람에게 쏘게 하였으나 원숭이가 날아가는 화살을 잡아 희롱하니, 여러 신하들에게 명령하여 쏘게 하였으나 맞히는 사람이 없었다. 마침내 왕이 여러 신하들에게 (활 잘 쏘는 사람을) 묻자 많은 신하들이 "유기(由基)가 활을 잘 쏜다."고 아뢰어, 드디어 그에게 활을 쏘게 하였다. 유기가 활을 당기려 하자 원숭이는 나무를 껴안고 슬피 울부짖었으며, 화살을 쏠 즈음에 이르자 나무를 끼고 돌면서 피하였으나, 화살도 나무를 끼고 돌면서 원숭이를 적중시켰다.

요심(了審) : 밝게 알다. 환히 밝히다.

요연(了然) : 또렷하다. 또렷이.

요예(搖曳) : 아래로 늘어져 흔들거리는 모양.

요와(譊訛) : ① 글이 까다로와 이해하기 어려움. 글이 난잡하여 오해하기 쉬움. 일부러 어렵게 보이도록 비틀어 말함. ② 난잡하게 뒤섞임. 뒤흔들어 어지럽힘. 뒤섞여 잘못됨. = 오아(聱牙), 효와(淆訛), 오와(聱訛), 효와(誵訛).

요요(寥寥) : ① 외롭고 쓸쓸한 모양. ② 공허한 모양. ③ 수량이 아주 적음을 형용한 말.= 요요무기(寥寥無幾). ④ 광활(廣闊)함. 공활(空豁)함. 드넓음. ⑤ 웅장하고 힘참. 소리가 맑음.

요요(了了) : 또렷하다. 또렷이. 명백히. = 요연(了然).

요요(擾擾) : 복잡하고 어지러운 모양. 소란한 모양.

요의(了義) : ↔ 불료의(不了義). 요(了)는 '끝까지'란 뜻. 불법의 이치를 다 말한 것. 요(了) · 불료(不了)의 해석에 대하여는 그 경에 말한 이치가 진실하냐 아니냐에 대하여, 또 교리를 표시한 말이 완비하냐 아니냐에 대하여 판단함. 의(義)는 의리(義理) 즉 도리(道理).

요의경(了義經) : 궁극적 진리를 분명하게 말한 경전. 대승에서 보면 소승은 다 불료의경(不了義經)이다. 또한 대승경전과 소승경전 각각에서도 그 가운데 요의와 불료의를 나눈다. 의(義)는 의리(義理) 즉 도리(道理)로서 경전에서 가르치려는 불법(佛法)을 가리킨다.

요의교(了義教) : ↔ 불료의교(不了義教). ① 진실한 뜻을 분명하게 말한 완전한 가르침. 유식종(唯識宗)에서 주장하길, 설일체유부(說一切有部)의 유교(有教)와 중관(中觀)의 공교(空教)는 아직 완전한 뜻을 설명하지 않고 방편에 그친 불료의교라 하고, 유식중도교(唯識中道教)를 요의교라 함. ② 대승에서는 소승을 부처님의 가르침을 완전하게 드러내지 못했다고 하여 불료의교라 하고, 대승을 부처님의 가르침을 완전하게 드러낸 요의교라 함.

요의법문(了義法門) : 불법(佛法)의 진실한 뜻을 완전히 다 드러낸 가르침. 요의(了義)란 뜻을 완전히 밝힌다는 말.

요자(要自) : ① -해야 한다. ② 도리어. 오히려.

요지(要之) : 요컨대.

요지(了知) : 확실히 알다. 밝게 깨닫다. 깨달아 알다.

요진(要津) : 중요한 나루터. 요충지. 관문.

요차(要且) : 도리어. 각(却).

욕(欲) : ① (조동사)-해야 한다. ② (조동사)바야흐로 -하려 하다. ③ (동사)바라다. 원하다.

욕사(浴司) : = 욕주(浴主), 지욕(知浴).

욕주(浴主) : = 지욕(知浴), 욕사(浴司). 선원(禪院)에서 목욕실을 관리하는 소임. 6두수(頭首)의 제5위(位).

용(用) : -해야 한다. = 수(須), 요(要).

용공(用功) : 힘써 배우다, 열심히 공부하다. 힘을 쏟다, 노력하다.

용광(龍光) : 누구인지 알 수 없다. 임제의현과의 문답이 『임제록』에 나온다.

용궁(龍宮) : 용왕의 궁전.

용녀성불(龍女成佛) : 『법화경(法華經)』「제바달다품」에 있는 이야기. 사갈라 용왕의 딸은 나이 겨우 8세이지만 지혜가 숙성하였다. 문수보살의 교화로 제법 실상(諸法實相)의 진리를 깨닫고, 석가부처님께 와서 변신하여 남자가 되어서, 보살행을 수행한 뒤, 남방 무구세계에 가서 성불하였다고 한다.

용담(龍潭) : 용담숭신(龍潭崇信).

용담숭신(龍潭崇信) : 당대(唐代) 사람. 천황도오(天皇道悟)에게 출가하여 현지(玄旨)를 깨달았다. 뒤에 풍주(澧州; 湖南省) 용담(龍潭)에 암자를 지었다. 문하에서 덕산선감(德山宣鑑)을 배출하였다.

용도(龍圖) : 하도(河圖)의 다른 이름. 중국 복희씨(伏羲氏) 때에, 황허(黃河) 강에서 용마(龍馬)가 지고 나왔다는 쉰다섯 점으로 된 그림. 동서남북 중앙으로 일정한 수로 나뉘어 배열되어 있으며, 낙서(洛書)와 함께 주역(周易)의 기본 이치가 되었다.

용도각직학사(龍圖閣直學士) : 송(宋) 경덕(景德) 4년(1007년)에 용도각(龍圖閣)에 설치한 관직. 용도각의 업무를 관장하였다.

용력(用力) : 힘을 쓰다. 애쓰다. 노력하다.

용루(龍樓) : 태자(太子)의 궁전. 서한(西漢) 때에 태자의 궁전에 있는 누각에 동룡(銅龍)을 만들어 세웠기 때문에 붙여진 이름.

용문(龍門) : 불안청원(佛眼淸遠)을 용문청원(龍門淸遠)이라고도 하는데, 용문사(龍門寺)에 주석했기 때문이다.

용문(龍門) : 중국 황하 상류의 급한 여울목. 잉어가 이곳을 뛰어오르면 용이 된다는 전설이 있다. 용문을 오르다 라는 말인 등용문(登龍門)은, 사람이 과거에 급제하거나 출세하거나 영화를 얻음을 비유하는 말.

용사진(龍蛇陣) : 군진(軍陣)의 이름. 일자진(一字陳). 일자장사진(一字長蛇陣) · 횡렬진(橫列陣)이라고도 한다. 일자(一字) 모양으로 좌우로 길게 늘어선 진형(陣形)으로서 가장 단순한 형태의 진법이라고 할 수 있다.

용상(龍象) : 대중 가운데 뛰어난 승려. 용(龍)은 물 속에 사는 수중 동물의 왕, 상(象)은 뭍에 사는 짐승의 왕. 안목이 뛰어난 승려들을 비유한 말.

용수(龍樹) : 인도의 불교학자. 원이름 Nāgārjuna (Nāga : 용, arjuna : 나무 이름). 남인도 출생. 북인도로 가서 당시 인도의 사상(思想)을 공부하고, 불교 특히 신흥 대승불교(大乘佛敎) 사상을 연구, 그 기초를 확립하였다. 때문에 제21의 서가(書家), 8종(八宗)의 조사(祖師)라고 일컫는다. 『중론(中論)』에서 전개한 공(空)의 사상은 그 이후의 모든 불교사상에 많은 영향을 끼쳤다. 즉, 실체(實體; 자성(自性))를 세우고, 실체적인 원리를 상정(想定)하기 위한 바람직한 자세를, 철두철미한 비판을 가하면서, 일체의 것이 다른 것과의 의존 · 상대(相對) · 상관(相關) · 상의(相依)의 관계인 연기(緣起) 위에서만 비로소 성립된다고 주장하였다. 그 상관관계는 긍정적 · 부정적 · 모순적 상태 등 여러 형태로 나타나지만, 어느 것에서도 독립적으로 존재할 수 없고 공(空)의 상태에 이를 수 없다. 반면에 구극(究極)의 절대적 입장[진제(眞諦) · 제일의제(第一義諦)]은 우리의 일상적 진리[속제(俗諦) · 세속제(世俗諦)]로만 성립할 수 있으며, 이를 초월해서는 논의의 대상이나 표현의 대상이 될 수 없다. 공의 입장에서 본다면 어느 한쪽에도 치우침이 없는 중도(中道)에 있기 때문에, 후세에 그의 학파를 가리켜 중관파(中觀派)라고 불렀다. 주요 저서에 『중론』(4권) 외에 『회쟁론(廻諍論)』 · 『광파론(廣破論)』 · 『십주비바사론(十住毘婆沙論)』 · 『공칠십론(空七十論)』 등이 있으며, 『대지도론(大智度論)』(100권) · 『십이문론(十二門論)』 등은 그의 저작인지 의문점이 있다.

용승(龍勝) : = 용수(龍樹).

용신(容身) : 몸을 두다. 몸을 의탁하다.

용심(用心) : 마음을 쓰다. 심혈을 기울이다. 주의를 집중하다.

용심부도(用心不到) : 심혈을 기울이지 않다. 최선을 다하지 않다.

용약(踊躍) : = 용약(踴躍). ① 뛰어오르다. 펄쩍 뛰다. ② 기뻐하는 모양. ③ 마음이 급한 모양.

용의(用意) : ① 마음을 쓰다. 신경을 쓰다. 걱정하다. ② 의도적으로. 일부러.

용이(容易) : 경솔하다. 신중하지 않다. 등한하다. 힘들이지 않다. 대강대강.

용이(聳耳) : 용인이목(聳人耳目)의 준말. (고의로 과장하여) 놀라게 하다. 주의를 끌다.

용정(龍精) : ① 도가(道家)의 연단(煉丹) 용어로서 물을 가리킨다. ② 누에의 별명. ③ 태양을 가리킨다. ④ 봉성(丰城; 강서성 중부에 있는 현)에서 나는 검(劍)을 가리킨다.

용제소수(龍濟紹修) : 무주(撫州) 용제소수(龍濟紹修) 선사. 나한계침(羅漢桂琛; 867~928)의 제자. 남악 문하 8세손에 해당.

용처(用處) : 쓰는 곳. 쓸모.

용화삼회(龍華三會) : = 용화회(龍華會).

용화회(龍華會) : = 용화삼회(龍華三會). 미륵보살이 성불한 후, 중생을 제도하는 법회. 미륵보살은 56억 7천만 년 후에 용화수 아래서 성불하고, 화림원(華林園)에 모인 대중에게 경을 설함. 제1회의 설법에 의하여 아라한을 얻을 이가 96억, 제2회의 설법에 의하여 아라한을 얻을 이가 94억, 제3회의 설법에 의하여 아라한을 얻을 이가 92억임. 이 미륵의 3회 설법을 용화삼회라 함.

우(偶) : ① 꼭. 딱.(알맞다) ② 만나다. ③ 오직. 다만. 홀로.

우(愚) : 저. 1인칭 겸칭.

우(禹) : 중국 하(夏)나라 시조로 전해지는 인물. 황하(黃河)에 큰 홍수가 났을 때, 치수(治水)에 실패한 곤의 뒤를 이어 아들인 우가 성공하자 그 공적에 의해 황제 순(舜)에게서 황제의 지위를 물려받았다고 『사기(史記)』「하본기(夏本紀)」 등에 전해진다.

우내(牛嬭) : 우유(牛乳). 우내(牛奶), 우이(牛妳)라고도 쓴다. 이(妳)는 내(奶)와 음이 같은 가차자.

우담바라(優曇婆羅, uḍumbara) : 優曇波羅, 烏曇跋羅, 優曇華, 優曇跋羅華, 優鉢華 등 다양하게 표기되고 있다. 영서(靈瑞), 서응(瑞應), 상서운이(祥瑞雲異)의 뜻으로 풀이된다. 인도에서 전륜성왕(轉輪聖王)이 나타날 때 이 꽃이 핀다는 가상의 식물이다. 3천년 만에 한 번 꽃이 핀다는 신령스런 꽃으로 매우 드물고 희귀하다는 비유로 쓰이고 있다. 『법화의소(法華義疏)』 제3권에서는 "하서도랑(河西道郞)이 말하기를 이것은 영서화라 하며 또는 공기화(空起花)라 하고, 인도에 그 나무는 있지만 꽃이 없고 전륜성왕이 나타날 때면 이 꽃이 핀다."라 하였고, 『혜림음의(慧琳音義)』 제26권에서는 "우담바라는 하늘꽃이며 여래가 세상에 태어날 때 피고 무력과 권력을 쓰지 않고서도 이상적인 통치를 하는 전륜성왕이 세간에 표출하면 대복덕으로 말미암아 감득해서 이 꽃이 핀다."고 하였다. 『대반야바라밀다경(大般若波羅蜜多經)』 제171권에서는 "여래의 묘음을 듣는 것은 희유한 것으로 우담바라와 같다."고 하였다. 『연화면경(蓮華面經)』 상권(上卷)에서는 "여래의 32상을 보는 것은 우담화가 3천년 만에 나타나는 것보다 백년만억 더 보기 어렵다."고 했다. 『법화경(法華經)』 제1권 「방편품」에서는 "모든 부처님의 지혜는 끝이 없어 적은 지혜로는 알 수 없으며 마치 우담바라가 때가 되어야 피는 것과 같다."고 하였다. 식물학상의 우담바라는 뽕나무과의 교목인 무화과 속(屬)에 딸린 한 종이다. 남방의 따뜻한 기온에서 자라는 활엽수로서 한 길 이상 되는 은화식물이다. 열매는 엄지손가락만한 것이 보통이며 별미다. 인도에서는 보리수와 더불어 신성한 나무로 취급되고 있다.

우두(牛斗) : 28수(宿) 별들 가운데 우성(牛星)과 두성(斗星). 곧 하늘을 가리킨다.

우두(牛頭) : 우두법융(牛頭法融). 사조도신(四祖道信)의 제자이다.

우두법융(牛頭法融) : 594~658. 우두선(牛頭禪)의 개조(開祖). 『대반야경』을 읽다가 진공(眞空)의 이치를 통달. 뒤에 모산(茅山)의 경법사(炅法師)에게 출가하여 수학(受學)함. 643년(정관 17) 건강 우두산(牛頭山) 유서사(幽棲寺) 북쪽 바위 아래에 선실(禪室)을 짓고 있었다. 하루는 사조(四祖) 도신(道信)이 와서 일러줌을 받고 심요(心要)를 깨닫다. 이로부터 사방에서 도속(道俗)들이 모여와 교화를 받게 되니 문인(門人)이 100인을 넘었다. 652년(영휘 3) 그 고을 수령인 소원선(蕭元善)의 청으로 건초사(建初寺)에서 『대품경』을 강설. 뒤에 그를 이은 법계(法系)를 우두선(牛頭禪)이라 한다.

우문(禹門) : 산서성(山西省) 하진현(河津縣)의 서쪽에 있는 지명. 우(禹)임금이 황하(黃河)의 물길을 뚫은 곳. 용문(龍門)이라고도 한다.

우슬착지(右膝着地) : 인도의 예법. 존경하는 뜻을 표할 때 오른 무릎을 땅에 대고 예배하는 모양.

우시(于時) : 옛날, 지난날.

우언(寓言) : 우화(寓話). 빗대어 하는 말. 빗대어 깨우치는 이야기. 인격화한 동식물이나 기타 사물을 주인공으로 하여 그들의 행동 속에 풍자와 교훈의 뜻을 나타내는 이야기. 『이솝 이야기』 따위가 여기에 속한다.

우우(吽吽) : 눈없는 요정의 무리가 우굴거리면서 사람을 홀린다는 뜻이다. 귀신을 쫓는 진언이니, 설법 도중 법을 표현하는 하나의 수단.

우유(優遊) : 유유자적하다, 우물쭈물하다.

우이(偶爾) : (부사) 간혹, 이따금, 때때로. (형용사) 우연한, 우발적인.

우적(于頔) : 『조당집(祖堂集)』 제4권 '약산유엄(藥山惟儼)'에 우적상공에 관한 다음의 대화가 나온다. 우적상공(于迪相公)이 자옥산(紫玉山) 도통(道通) 선사에게 물었다. "불법의 지극한 이치가 무엇입니까?" 자옥이 상공의 이름을 부르니, 상공이 "예!" 하고 대답하자, 자옥이 말했다. "다시는 따로 찾지 마십시오."

우파리(優婆離) : Upāli. 부처님의 10대 제자 가운데 한 사람이며, 지계제일(持戒第一)이라 불린다. 우바리(優波離) · 오바리(鄔波離 · 鄔波離)라 음역, 근집(近執) · 근취(近取)로 번역되기도 한다. 계율을 지키는 데 있어 제1인자였다. 원래 석가종의 여러 왕자들의 이발사였는데, 아난 등이 교단에 들어가는 것을 보고 따라갔다가 부처님의 허락을 받고 출가하였다. 결집 때에는 계율을 외워냈다.

우해(偶諧) : 내키는 대로 어울리다.

운개지본(雲蓋智本) : 정확한 생몰연대는 알 수가 없고, 북송대의 임제종(臨濟宗) 양기파에 속하는 스님이다. 균주(筠州; 江西省) 출신으로, 속가의 성은 곽(郭)씨이다. 출가한 후에 균주(筠州)의 자운원(慈雲院)에서 구족계를 받았다. 곳곳을 돌아다니다가 해회선원(海會禪院)의 백운수단(白雲守端)에게 참학하여 그의 법을 이었다. 처음에는 서주(舒州; 安徽省) 용문(龍門)에서 법문을 열었고, 후에 남악(南岳)의 법륜사(法輪寺)에 머물었으며, 담주(潭州) 영개산(靈蓋山)에 주석하였다.

운거(雲居) : ① 은거(隱居)함. 은거하는 곳. ② 운거산(雲居山).

운거(雲居) : 운거도응(雲居道膺). 운거도제(雲居道齊). 운거요원(雲居了元). 운거청석(雲居淸錫).

운거도응(雲居道膺) : 남강(南康) 운거도응(雲居道膺) 선사. 동산양개(洞山良价) 선사의 제자. 청원 문하 5세손.

운거도제(雲居道齊) : 홍주(洪州) 운거도제(雲居道齊) 선사. 금릉(金陵) 청량(淸涼) 태흠법등(泰欽法燈) 선사의 제자. 남악 문하 10세손이다.

운거산(雲居山) : ① 강서성(江西省) 영수현(永修縣) 서남쪽. ② 북경시 방산현(房山縣) 서남쪽. ③ 복건성(福建省) 연강현(連江縣) 북쪽.

운거요원(雲居了元) : 불인요원(佛印了元).

운거원(雲居元) : 운거요원(雲居了元). 불인요원(佛印了元)과 동일 인물이다.

운거제(雲居齊) : 운거도제(雲居道齊).

운거청석(雲居淸錫) : 당말(唐末)에서 송초(宋初) 사람. 법안종(法眼宗). 천주(泉州; 福建省) 사람. 출가한 뒤 법안문익(法眼文益)에게 배우고 그의 법을 이었다. 처음에는 용수산(龍須山; 江西省) 운거산(雲居山)의 진여원(眞如院), 천주(泉州)의 서명원(西明院)에 주석하였다.

운거효순(雲居曉舜) : 북송말의 사람. 운문종. 균양(筠陽, 강서성)인. 출가하여 동산효총(洞山曉聰)에게 참학하여 그의 법을 이었다. 균주(筠州, 강서성)의 대우산(大愚山), 여산(廬山)의 서현사(棲賢寺), 남강부(南康府, 강서성)의 운거산(雲居山)에 주석하였다. 치평(治平) 연간(1064~1067)에 시적하였다.

운당(雲堂) : 승당(僧堂). 운수(雲水)들이 모여 사는 집.

운대정(雲臺靜) : 누구인지 알 수 없다.

운도(韻度) : = 풍도(風度).

운문(雲門) : ① 운문종(雲門宗)의 개조(開祖)인 운문문언(雲門文偃; 864~949). ② 대혜종고(大慧宗杲). 대혜는 천주 소계(小溪)의 운문암(雲

門庵)에서 머물렀기 때문에 운문(雲門)이란 호로 불렸다.

운문고(雲門杲) : 운문종고(雲門宗杲). 대혜종고(大慧宗杲), 경산종고(徑山宗杲).

운문문언(雲門文偃) : 864~949. 당말(唐末) 5대(五代) 스님이며, 오가칠종(五家七宗)의 하나인 운문종(雲門宗)의 개조(開祖)이다. 속가의 성은 장(張)씨이며, 절강성 가흥(嘉興) 출신이다. 어려서부터 출가에 뜻을 두어 가흥 공왕사(空王寺)의 지징(志澄) 율사에게 가서 동행(童行)이 되었으며, 17세에 출가하여 20세에 비릉(毘陵, 江蘇省)의 계단(戒壇)에서 구족계를 받고, 다시 지징 문하로 돌아가 사분율(四分律) 등을 배웠다. 그 후 황벽희운(黃蘗希運)의 법을 이은 목주도종(睦州道蹤)에게서 참학하였고, 다시 설봉의존(雪峰義存)에게 가서 배우고 그 법을 이었다. 나중에 설봉을 떠나 여러 곳을 떠돌아다니며 여러 선자들과 교류하다가, 건화(乾化) 원년(911)에 조계(曹溪, 廣東省)로 가서 육조(六祖)의 탑에 예배하였고, 뒤이어 복주대안(福州大安)의 법을 이은 영수여민(靈樹如敏)의 문하로 들어갔다. 정명(貞明) 4년(918)에 영수가 입적하자, 당시 광동을 중심으로 남한(南漢)을 세우고 있던 광주(廣主) 유엄(劉龑)의 청을 받고 그의 법석(法席)을 이었다. 동광(同光) 원년(923)에 운문산에 선찰(禪刹)을 세우고 천여 명의 대중을 이끌었다. 운문산에서 머문 지 30여 년, 남한의 건화(乾化) 7년(949) 4월 10일에 입적하였다. 뇌악(雷嶽)이 〈운문산광태선원광진대사행록(雲門山光泰禪院匡眞大師行錄)〉·〈운문산광태선원고광진대사실성비(雲門山光泰禪院故匡眞大師實性碑)〉를 지었고, 또 사후 17년이 지나 기이한 상서가 나타나자 문언에게 '대자운광성굉명대사(大慈雲匡聖宏明大師)'라는 호를 추시(追諡)하였으며, 진수중(陳守中)에 의해 〈대한소주운문산대각선사대자운광성굉명대사비명(大漢韶州雲門山大覺禪寺大慈雲匡聖宏明大師碑銘)〉이 지어졌다. 수견(守堅)이 엮은 『운문광진선사광록(雲門匡眞禪師廣錄)』 3권이 있다.

운문삼구(雲門三句) : 운문종(雲門宗)의 개조(開祖)인 운문문언(雲門文偃; 864~949)이 제창한 삼구(三句). 『오등회원』 제15권 '소주운문산광봉원문언선사(韶州雲門山光奉院文偃禪師)'에 다음 내용이 있다 : 운문이 상당(上堂)하여 말했다. "하늘과 땅을 뒤덮는다. 세밀한 차이를 읽어낸다. 세속의 인연과 관계하지 않는다. 어떻게 받아들이겠느냐?" 대중이 말이 없자, 스스로 대신 답하였다. "한 개의 화살로 세 겹의 관문을 부수어야 한다."(上堂 : "函蓋乾坤. 目機銖兩. 不涉世緣. 作麼生承當?" 衆無對, 自代曰 : "一鏃破三關.")

운봉문열(雲峰文悅) : 998~1062. 임제종(臨濟宗) 선사. 남창(南昌; 江西省) 사람이며, 속가의 성은 서(徐)씨이다. 7세에 용흥사(龍興寺)에서 머리를 깎고, 19세에 유행(遊行)하였다. 균주(筠州, 강서성)의 대우수지(大愚守芝)를 찾아가서 배워 근본을 크게 깨닫고 법을 이었다. 그 후에 수지(守芝)를 8년 섬겼는데, 수지가 죽자 다시 유행(遊行)하여 홍주(洪州) 동안원(同安院) 혜남(慧南)에게도 찾아가서 수좌가 되었다. 동안(同安)에 있으면서 청(請)을 받아 취암사(翠巖寺)에 먼저 머물렀다. 다음에 남악(南岳) 법륜사(法輪寺)에 머물렀고, 후에 남악(南岳) 운봉사(雲峰寺)에 머물렀다. 『운봉문열선사어록(雲峰文悅禪師語綠)』 2권이 있다. 가우(嘉祐) 7년 7월에 입적하였는데 당시 세수가 65, 법랍이 57이었다. 『선림승보전(禪林僧寶傳)』에는 세수 66, 법랍이 59로 되어 있다.

운봉열(雲峰悅) : 운봉문열(雲峰文悅).

운수(雲水) : 행각(行脚)하는 승려. 운납(雲衲) 즉 운수납자(雲水衲子)라고도 함. 선승(禪僧)이 구름이나 물과 같이 정처 없이 돌아다니며 스승과 도반을 찾아 공부하는 것을 말함.

운수납자(雲水衲子) : 수행승. 물같이 바람같이 다니면서 수행한다는 뜻.

운암담성(雲嵓曇晟) : 782~841. 청원(靑原)문하의

당대(唐代) 스님. 속성은 왕씨. 어려서 출가하여 백장회해(百丈懷海)에게 참학한 후 약산유엄(藥山惟儼)의 법을 이음. 조동종(曺洞宗)의 개조인 동산양개(洞山良价) 스님이 운암담성의 법을 이음. 세수 60세로 입적.

운운(運運) : 떠도는 모습.

운위(雲委) : ① 구름처럼 쌓임. 매우 많음. ② 한 곳에 모임.

운이(云耳) : = 운이(云爾), 운이(云尒). ① 문장 끝에 쓰여 '이와 같을 뿐'이라는 뜻을 나타냄. ② -따름이다. -뿐이다. 제한을 표시하는 말투. ③ 문장 끝에 쓰여 결속(結束)을 나타내는 말. ④ 이와 같이 말함. 그렇게 말함.

운주유악결승천리(運籌帷幄決勝千里) : 장막 안에서 작전계획을 세워 천 리 밖에서 승패를 결정짓는다.

운중(雲中) : 중국의 요동지역의 지명(地名).

운천(雲天) : ① 높은 하늘. ② 구름 낀 하늘. ③ 높은 곳. 천자(天子)가 있는 궁전.

운췌당(雲萃堂) : 운췌(雲萃)는 구름처럼 모인다는 뜻으로 상당설법(上堂說法)을 들으러 모이는 대중을 일컫는다. 그러므로 운췌당은 상당설법이 이루어지는 법당(法堂)을 가리킨다.

운하(云何) : 어떻게? 어찌하여? 어떤?

운한(雲漢) : 은하(銀河). 청명한 날 밤에 공중에 흰구름같이 남북으로 길게 보이는 별의 무리. 천하(天河), 천한(天漢), 하한(河漢), 은한(銀漢).

웅봉(雄峯) : 백장산(百丈山)을 가리킨다.

웅이산(熊耳山) : 섬서성(陜西省) 상주(商州) 남쪽에 있는 보리달마(菩提達摩)의 유해가 묻혔다고 하는 산.

원고(冤苦) : 억울한 죄로 겪는 고통. 억울하게 고통을 당하게 하다.

원도(原道) : 성당(盛唐)의 유학자 한유(韓愈)가 지은 문장 이름이다.

원두(園頭) : 선원(禪院)에서 채소밭을 경작하여 대중에게 채소를 공급하는 소임.

원력(願力) : 무엇을 하기를 원하는 마음이 가진 힘. 부처님의 원력은 스스로 해탈하여 중생을 제도하고자 하는 서원(誓願)이 발휘하는 힘. 본원력(本願力) · 숙원력(宿願力) · 대원업력(大願業力)이라고도 함. 본원의 힘이란 뜻. 부처님이 보살이던 때에 세운 본원(本願)이 완성되어 그 힘을 나타내는 것.

원록공(遠錄公) : '부산법원(浮山法遠; 991~1067)'을 가리킨다. 임제종. 정주(鄭州; 하남성) 사람. 삼교지숭(三交智嵩)에게 출가하고 뒤에 여주(汝州; 하남성) 섭현(葉縣) 광교원(廣敎院)의 귀성(歸省)의 법을 이었다. 구양수(歐陽修)가 회하(會下)에 참석하여 묻고 이야기를 나누었다. 서주(舒州; 안휘성) 부산(浮山)에 주석하면서 종풍을 드날리고 만년에는 불조(佛祖; 부처와 조사)의 오의(奧義; 비밀스런 뜻)를 서술하여 소위 부산구대(浮山九帶)라고 불리워지는 것을 지었다. 또 대양경현(大陽警玄)의 밀촉(密囑; 비밀스런 부탁)을 받고 의리(衣履; 옷과 신발, 법)를 투자의청(投子義靑)에게 대부(代付; 대신하여 맡김)하였다. 치평(治平) 4년 2월 6일에 시적하였다. 세수는 77세. 원감선사(圓鑑禪師)라고 시호하였다.

원명(圓明) : 정주(鼎州) 덕산(德山) 연밀원명(緣密圓明) 선사. 청원(靑原) 문하 7세손이다. 운문문언(雲門文偃)의 법제자.

원몽(原夢) : 해몽하다. = 상몽(詳夢), 원몽(圓夢), 해몽(解夢).

원성실성(圓成實性) : 유식학(唯識學)의 용어. 진여의 세계. 의타기성의 식(識)에서 망상분별인 변계소집성이 멸한 상태. 원성실성은 붓다의 인식의 세계로서 "버들은 푸르고 꽃은 붉다."고 하는 사물 그 자체를 그대로 인식하는 것이다. 원성실성은 의타기성 · 변계소집성과 다른 것으로 별개로 존재하는 것이 아니다. 이 세 가지 자성은 미혹의 세계를 깨달음의 세계로 전환하는 실천을 뒷받침하는 방편의 가르침이다. 따라서 의타기인 식이 공성(空性)임을 아는 것은 무분별지(無分別智)인 반야에 의해서이다. 이 반야에 의해 의타기성이 공성임을 알지 못하는 상태를 변계소집성이라고 하고, 깨달은 상태를 원성실성이라고 부르는 것이다.

원소(元宵) : 정월대보름 밤.

원속(遠俗) : 속세에서 멀리 떨어짐. 속세를 멀리함.

원오극근(圜悟克勤) : 1063~1135. 송대(宋代) 임제종 양기파의 선사로, 속성은 락씨(駱氏)이고, 자는 무착(無着)이다. 남송(南宋)의 고종(高宗)으로부터는 원오(圜悟)를, 북송(北宋)의 휘종(徽宗)으로부터 불과(佛果)를 하사받았으므로 '원오극근', '불과극근' 등으로 일컬어졌다. 어려서 출가하여 오조법연(五祖法演; ?~1104)의 제자가 되었다. 그 후, 금산(金山)에 갔다가 병을 얻고 다시 오조에게 돌아와 그 법을 이어받았다. 육조사(六祖寺)와 소각사(昭覺寺)에서 설법하였는데, 소각사 · 협산사 · 도림사에 주석하는 동안에 '설두송고(雪竇頌古)'를 문인들에게 제창하였고, 그가 수시(垂示) · 착어(着語) · 평창(評唱) 등을 덧붙인 것이 『벽암록(碧巖錄)』이다. 또 『설두염고(雪竇拈古)』를 제창한 것이 『擊節錄』이다. 소흥(紹興) 5년 8월에 73세로 입적하였다. '진각선사(眞覺禪師)'라는 시호가 내렸다. 그의 사후에 제자들에 의해 『원오불과선사어록(圜悟佛果禪師語錄)』(20권)이 편찬되었고, 자문(子文)에 의해 『원오선사심요(圜悟禪師心要)』(2권)가 편록되었다.

원왕(冤枉) : ① 억울하다. 원통하다. ② 억울한 누명을 씌우다. ③ 헛되다. 쓸데없다. ④ 억울한 누명.

원유두채유주(寃有頭債有主) : 원한에는 실마리가 있고, 부채(負債)에는 채주(債主; 채권자)가 있다.

원융문(圓融門) : 원융상섭문(圓融相攝門)의 준말. 화엄종의 교의(敎義). 보살이 수행하여 불과(佛果)에 이를 때에, 그 지위를 차례로 밟아 올라가는 것이 아니라, 하나의 지위를 얻으면 모든 지위가 동시에 얻어진다는 것. 행포문(行布門)의 상대어.

원정계조(元正啓祚) : 새해에 길조가 나타나다. (새해 아침의 인사말)

원조종본(圓照宗本) : 1014~1099. 송대(宋代) 스님. 상주(常州) 무석(無錫) 사람. 성은 관(管)씨. 이름은 종본(宗本) 또는 대본(大本), 호는 혜림(慧林), 원조는 신종(神宗)이 내린 시호. 19세에 소주(蘇州) 영안도승(永安道昇)에게서 출가하다. 10년을 시봉하였고, 구족계를 받고는 선지식을 두루 방문하였다. 뒤에 천의의회(天衣義懷)를 배알(拜謁)하고 법을 잇다. 후에 정자사(淨慈寺)에 머물면서 납자(衲子)를 제접(提接)하고, 만년에 평강(平江) 영암(靈巖)에서 가풍을 드날리다가, 원부(元符) 2년 12월 28일 85세로 입적.

원주(院主) : 사찰의 사무 일체를 주관하는 소임을 맡은 승려를 가리키는 말이다. 감사(監寺) · 감사(監事) · 감원(監院)이라고도 한다.

원타타지(圓陀陀地) : 둥글둥글한 모습. 둥글고 아름다운 모습.

원통(圓通) : ① 원통수(圓通秀). ② 천동정각(天童正覺).

원통(圓通) : ① 절대의 진리는 모든 것에 보편적으로 걸쳐져 있다는 뜻으로 주원융통(周圓融通)의 준말이다. 불 · 보살의 깨달음의 경지이다. ② 관음의 덕을 칭송하여 원통이라고 말한다.

원통수(圓通秀) : 1027~1090. 동경(東京) 법운사(法雲寺) 법수원통(法秀圓通) 선사(禪師). 법운법수(法雲法秀)라고 한다. 운문종(雲門宗). 속성은 신(辛)씨. 진주 출신. 17세에 출가하여 수년 동안 경 · 론을 수학함. 그 후 천의의회(天衣義懷)에게 참학하여 그의 법을 이어받음. 여산 서현사에 등에서 머묾.

원행지(遠行地) : 보살의 십지(十地) 가운데 제7지. 이 지(地)에 이르러 보살은 먼 세간(世間)과 삼승(三乘)에 관계된 유상(有相)의 행(行)을 벗어날 수 있다.

원형이정(元亨利貞) : 하늘이 갖추고 있는 4가지

덕 또는 사물의 근본 원리를 말한다. 『주역(周易)』의 〈건괘(乾卦)〉에서 유래되었다. 『주역』의 〈건괘〉에 "건은 원형이정이다."(乾, 元亨利貞.) 라고 하였다. 「문언전(文言傳)」에선 이에 대하여 다음과 같이 풀이하였다. "원은 착함이 자라는 것이요, 형은 아름다움이 모인 것이요, 이는 의로움이 조화를 이룬 것이요, 정은 사물의 근간이다. 군자는 인을 체득하여 사람을 자라게 할 수 있고, 아름다움을 모아 예에 합치시킬 수 있고, 사물을 이롭게 하여 의로움과 조화를 이루게 할 수 있고, 곧음을 굳건히 하여 사물의 근간이 되게 할 수 있다. 군자는 이 4가지 덕을 행하는 고로 건은 원형이정이라고 하는 것이다."(元者, 善之長也. 亨者, 嘉之會也, 利者, 義之和也. 貞者, 事之幹也. 君子體仁足以長人, 嘉會足以合禮, 利物足以和義, 貞固足以幹事. 君子行此四德, 故曰, 乾, 元亨利貞). 원형이정은 보통 만물이 처음 생겨나서 자라고 삶을 이루고 완성되는, 사물의 근본 원리를 말한다. 여기서 원은 만물이 시작되는 봄(春)에, 형은 만물이 성장하는 여름(夏)에, 이는 만물이 이루어지는 가을(秋)에, 정은 만물이 완성되는 겨울(冬)에 해당된다. 원형이정은 각각 인(仁)·의(義)·예(禮)·지(智)를 뜻하기도 한다.

월주건봉(越州乾峯) : 당말(唐末)의 사람. 조동종(曹洞宗). 동산양개(洞山良价)의 제자. 월주(越州)는 머물렀던 곳의 이름.

월지국(月氏國) : 한대(漢代)에 감숙성(甘肅省)의 서북에 나라를 세웠던 종족. 흉노(匈奴)·오손(烏孫)에게 패하여 일부는 서쪽으로 이주하여 중앙아시아에 옮겨 살았는데 이를 대월지(大月氏)라 하고, 본래의 땅에 머무른 것을 소월지(小月氏)라 한다.

월화(月華) : 달빛. 달무리.

위(爲)-고(故) ······ : - 때문에 ······ 하다.

위(爲)-소(所) ······ : -에 의하여 ······ 당하다. -에 의하여 ······ 가 되다.

위(爲)-위(爲)- : -인가? 아니면 -인가?(선택의문) = 위당(爲當)-위당(爲當)-, 위부(爲復)-위부(爲復)-, 위시(爲是)-위시(爲是)-, 위부시(爲復是)-위부시(爲復是)-.

위(爲)-출기(出氣) : -에게 할 말을 다 하다.

위곡(委曲) : ① 자세함. 상세함. ② 정성스럽고 간곡함.

위물작칙(爲物作則) : 사물의 모범이 되다. 중생의 모범이 되다.

위부시(爲復是)-위부시(爲復是)- : -인가? -인가?

위산모철(潙山慕喆) : ?~1095. 보통 '대위모철(大潙慕喆)'로 불린다. 임제종이며, 무주(撫州; 江西省) 임천(臨川) 사람이다. 속가의 성은 문(聞)씨이다. 건창군(建昌軍) 영안원(永安院) 단각율사(丹覺律師)에게 출가하여 구족계를 받았다. 취암가진(翠巖可眞)에게 참학하여 계합하였다. 그 후 담주(潭州; 湖南省)의 악록사(岳麓寺)와 취암산(翠巖山)에 머물렀다. 소성(紹聖) 원년(1094)에 입궐하여 철종(哲宗)으로부터 '진여(眞如)선사'라는 칙호(勅號)를 받았고, 개봉(開封; 河南省)의 대상국(大相國) 지해선원(智海禪院)에 머물렀다. 소성(紹聖) 2년 10월 8일에 입적하였다.

위산영우(潙山靈祐) : 771~853. 속성은 조씨(趙氏)이고, 복건성(福建省) 복주(福州)의 장계(長溪) 출신이다. 위산에 머물었기 때문에 위산영우라 일컬어졌다. 제자 앙산 혜적(仰山慧寂)과 함께 선풍(禪風)을 크게 드날렸기 때문에 그 법계(法系)를 위앙종(潙仰宗)이라 하고, 위산을 종조(宗祖)라 한다. 15세에 출가하여 절강성(浙江省) 항주(杭州)의 용흥사(龍興寺)에서 경율을 배웠고, 강서성(江西省) 홍주(洪州)의 백장 회해(百丈懷海)의 문하에 출입하여 그 법을 이었다. 같은 문하에 황벽이 동년배로 있었고, 함께 선계(禪界)에서 명성을 떨쳤다. 위산은 호남성(湖南省) 담주(潭州)의 대위산(大潙山)에 주석하면서 종풍을 거양(擧揚)하였고, 수많은 용상(龍象)들을 배출하였다. 입실(入室) 제자만도 41명이나 된다고 하며, 그 가운데서도 앙산 혜적은 특히 빼어났고, 이외에도 향엄 지한(香嚴智閑)·연경 법단(延慶法端)·경산 홍연(徑山洪諲)·영운 지근(靈雲志勤)·왕경초상시(王敬初常侍) 등의 빼어난 인물들이 있었다. 대중(大中) 7년 정월 9일에 입적하였다. 시호는 대원(大圓)선사이다. 그의 가르침은 『위산경책(潙山警策)』(1권)에 수록되어 있으며, 『담주위산영우선사어록(潭州潙山靈祐禪師語錄)』(1권)도 있다. 그의 전기는, 『조당집』 권16·『송고승전』 권2·『연등회요』 권7·『오등회원』 권9·『불조역대통재』 권16·『석씨계고략』 권3 등에 실려 있다.

위산철(潙山喆) : 위산모철(潙山慕喆).

위시실후(違時失候) : 위시(違時)나 실후(失候)는 모두 적당한 때를 놓친다는 뜻.

위신력(威神力) : 부처님에게 있는 존엄하고 측량할 수 없는 불가사의한 힘.

위실(委悉) : 남김없이 잘 알다. 자세히 알다.

위심(爲甚) : 무엇 때문에,

위십마(爲什麽) : 무엇 때문에? 왜?

위아수(爲阿誰) : 누구냐?

위오제기(爲吾提起) : 나에게 제시하라. 나에게 말하라.

위위(痿痿) : 허약한. 마비된.

위위리리(痿痿羸羸) : 몸이 마비되어 동작이 자유롭지 못해서 파리해지는 모습을 말한다.

위음나반(威音那畔) : 위음왕불 저쪽. 일체의 분별이 나오기 이전의 소식을 뜻하는데, '본래면목(本來面目)'이나 '위음왕이전(威音王已前)', '부모미생전(父母未生前)' 등과 같은 말이다. 위음(威音)은 위음왕불(威音王佛)을 가리킨다.

위음왕나반(威音王那畔) : 위음왕불(威音王佛)이 세상에 나오기 이전. 나반(那畔)은 저쪽이라는 뜻. 과거장엄겁(過去莊嚴劫)의 최초불을 위음왕불이라 함. 부모미생전(父母未生前), 천지미분전(天地未分前)이란 말과 같이 태초(太初)를 표시하는 말. 『조정사원(祖庭事苑)』에는 위음왕 이전은 실제이지(實際理地)를 밝힌 것이고, 위음왕 이후는 불사문중(佛事門中)을 밝힌 것이라 하였음.

위음왕불(威音王佛) : 『법화경(法華經)』 「상불경보살품(常不輕菩薩品)」에 나타나는 부처의 이름. 공겁(空劫) 때에 맨 처음 성불한 부처님. 이 부처의 이전에 다른 부처가 없었다고 하여, 이 부처는 태초, 시공(時空) 이전을 뜻하는데, 선문(禪門)에서는 본분향상(本分向上)의 실재(實在)를 가리키는 말로 쓰인다.

위음왕이전(威音王已前) : = 위음왕나반(威音王那畔). 위음왕불이 출세하기 이전. 과거장엄겁(過去莊嚴劫)의 최초불을 위음왕불이라 함. 부모미생전(父母未生前), 천지미분전(天地未分前)이란 말과 같이 태초(太初)를 표시하는 말. 향상제일의제(向上第一義諦)를 표시하는 말. 『조정사원(祖庭事苑)』에는 위음왕 이전은 실제이지(實際理地)를 밝힌 것이고, 위음왕 이후는 불사문중(佛事門中)을 밝힌 것이라 하였음.

위의(威儀) : 위엄 있는 용모. 곧 손을 들고 발을 내딛는 것이 모두 규칙에 맞고 방정하여 숭배할 생각을 내게 하는 태도.

위의당(威義堂) : 도감(都監)이 기거하는 방이다. 도감은 직세(直歲)라고도 하는데 사찰의 보수나 건축, 사찰 소유의 산림과 토지에 관련되는 업무를 관장하는 소임을 말한다.

위차(位次) : 지위. 순위. (좌석의) 순서.

위하(爲何) : 무엇 때문에? 왜?

유(猶) : -까지. -조차.

유(唯) : ① 다만. 단지. 오로지. ② 그러나. 그런데. ③ 예(대답하는 말). ④ 이봐. 이보세요.(부르는 소리)

유(由) : 여전히. 아직까지. 유(猶)와 통용함.

유가(有暇) : 무가(無暇)의 반대. 부처님을 만날 기회와 설법을 들은 기회가 있다.

유가사(有家士) : 재가(在家)의 거사(居士).

유견(有見) : ① 눈에 보이는 것. 색(色)을 유견(有見)이라 함. 무견(無見)의 반대. ② 모든 것이 유(有)라고 주장하는 설(說). 이 세상의 모든 일들이 유(有)라고 집착하는 것. 모든 존재에 고정적

실체(實體)가 있다고 인정하고, 그것을 영원히 자신이 소유할 수 있다고 주장하는 견해.

유계(留係) : 붙잡아 머물게 함. 붙잡히다. 사로잡히다.

유광(流光) : 광음(光陰). 세월.

유교(猶較) : = 유교사자(猶較些子).

유교사자(猶較些子) : 우선은 되었지만 아직 조금 부족하다. 우선 조금 되었다. 그나마 괜찮다. (불만족한 긍정)

유교일선도(猶較一線道) : 우선 조금 되었을(좋을, 가까울) 뿐이다. = 유교사자(猶較些子).

유구무구(有句無句) : 말 있음과 말 없음, 혹은 있다는 말과 없다는 말. 분별된 양쪽을 가리킨다. 유구(有句)와 무구(無句)는 둘이 아니니, 유구나 무구에 치우치면 중도(中道)에서 벗어난다.

유기(有期) : 기약하다, 약속하다.

유기(有奇) : 나머지가 있다. -남짓하다.

유기(由基) : 중국 초나라 사람. 성은 양(養), 이름은 숙(叔), 자가 유기이다. 활을 잘 쏘아 백 보 떨어져서도 버들잎을 정확히 맞힐 정도였다. 한번은 원숭이를 쏘는데, 원숭이가 나무를 돌아 피하니 화살이 나무를 돌아서 원숭이를 맞혔다고 한다. → 요수사원(遶樹射猿).

유나(維那) : 선원(禪院)의 기강(紀綱)을 바로잡는 직책. 범어 Karmadāna의 음역(音譯)이다. 의역(意譯)으로는 열중(悅衆)이라고 한다.

유도지사(有道之士) : 학덕 있는 선비. 덕행이 있는 선비. 덕 있는 선비.

유래(由來) : 원래부터. 본래. 내력. 까닭.

유래(有來) : 이미.

유량루(庾亮樓) : 강서성(江西省) 구강현(九江縣)에 있는 양자강(揚子江) 가의 누각. 동진(東晋)의 정치가인 유량(庾亮)이 정서장군(征西將軍)이 되어 무창(武昌)에 있을 때 세운 건물이라 함. 유량은 정서장군이 되어 무창에서 중원(中原)을 회복하고자 꾀했으나, 뜻을 이루지 못하고 죽었음.

유령(劉伶) : 중국 진(晉)나라 초기에 유교의 형식주의를 무시하고, 노장(老莊)의 허무주의를 숭상하여 죽림에 묻혀 청담(淸談)을 일삼았던 죽림칠현 가운데 한 사람. 죽림칠현은 곧, 유령(劉伶)·완적(阮籍)·혜강(康)·산도(山濤)·상수(向秀)·완함(阮咸)·왕융(王戎)이다. 유령(劉伶)은 「주덕송(酒德頌)」을 지어 술의 덕을 찬미한 것으로 유명하다.

유로(有勞) : -에 수고를 끼치다. 수고스럽겠습니다만. 수고하셨습니다.

유로도용(有勞道用) : 도(道)의 작용에 수고를 끼치다. 수고하셨습니다.

유루(有漏) : ↔무루(無漏). 루(漏)는 누설(漏泄)된다는 뜻. 육근(六根)으로 누설되는 것. 곧 번뇌(煩惱)를 가리킴. 사제(四諦) 가운데 고제(苦諦)·집제(集諦)를 유루라 함.

유리(有理) : 도리(이치, 이유, 근거)가 있다. 도리(이치, 이유, 근거)에 맞다. 옳다. 정당하다.

유리불신(有理不伸) : 옳지만 말하지 못하다.

유마(油麻) : 참깨. = 호마(胡麻), 지마(芝麻).

유문(有聞) : ① 들은 바가 있다.(지식이 있다) ② 이름이 알려졌다.

유반저(有般底) : 어떤 한 부류의 사람.

유분(有分) : ① 몫이 있다. ② 연분(緣分)이 있다. 인연(因緣)이 있다. ③ 정분(情分)이 있다.

유사(遺事) : 앞사람이 남긴 사적(事迹).

유사자(有些子) : ① 조금 있다. ② 조금. 약간. ③ 일부. ④ 어떤.

유상(有相) : 유상(有相)이란 곧 유귀상(有貴相)이니, 유상지자(有相之者)란 귀인의 모습을 한 자, 곧 귀족을 가리킨다.遺像

유상(遺像) : 죽은 사람의 초상화. 승려의 진영(眞影).

유서(幽棲) : = 유거(幽居). 은거(隱居)하다, 은둔(隱遁)하다, 세상을 피하여 홀로 살다.

유소득(有所得) : 얻을 것이 있는 것. 분별하여 버리고 취하는 것. 좋아하고 싫어하는 것.

유소득심(有所得心) : 얻을 것이 있다는 마음. 얻으려고 하는 마음. 자신의 이익이나 일의 성패

(成敗) 등에 구애되는 마음.

유속(流俗) : 세속(世俗).

유순(由旬) : 또는 유사나(踰闍那)·유선나(踰繕那)·유연(由延). 인도의 거리 단위. 성왕(聖王)이 하루 동안 돌아다니는 거리. 40리(혹 30리)에 해당, 또 대유순은 80리, 중유순은 60리, 소유순은 40리라고 함. 1리도 시대를 따라 그 장단이 같지 않음.

유시(有時) : 경우에 따라서(는), 때로(는), 이따금, 간혹. 언젠가는.

유시(猶是) : 여전히 - 이다. 오히려 -이다.

유심(留心) : ① 마음을 쏟다. 관심을 가지다. ② 주의하다. 조심하다. ③ 의심하여 머뭇거리다.

유앵(流鶯) : ① 울음소리가 아름다운 꾀꼬리. ② 나뭇가지를 넘나들며 우는 꾀꼬리. ③ 계절을 잘못 안 꾀꼬리.

유약(有若) : ① 같음. 비슷함. ② 춘추시대 노나라 사람. 공자의 제자. 자(字)는 자유(子有).

유양(揄揚) : 극구 칭찬하다. 찬양하다.

유양(維揚) : 양주(揚州).

유연(留連) : (헤어지기가 섭섭해) 계속 머물다. 유연망반(留連忘返)의 준말. 계속 머물며 돌아가는 것을 잊다는 뜻.

유연(悠然) : 침착하고 여유가 있다.

유위(有爲) : 위(爲)는 위작(爲作)·조작(造作)의 뜻. 분별하여 행위하고 조작하는 모든 일을 가리킨다. 이렇게 분별하여 행위하고 조작하는 모든 일들은 반드시 생(生)·주(住)·이(異)·멸(滅)의 변화를 따르는 허망(虛妄)한 일이다. 구사(俱舍)의 75법 중 72법, 유식의 백법(百法) 중 94법이 곧 유위법(有爲法)이다. 생멸하는 온갖 법의 총칭.

유위법(有爲法) : = 유위(有爲).

유유(悠悠) : ① 그리워하는 모양. 우수가 깃든 모양. ② 끝없이 멂. 가없이 넓고 멂. ③ 유구함. 장구함. ④ 끝없이 이어지는 모양. ⑤ 매우 많은 모양. ⑥ 세속적임. 속됨. 저속함. 황당무계함. ⑦ 세속 사람을 이르는 말. 보통 사람. ⑧ 나부끼는 모양. ⑨ 뒤숭숭함. 종잡을 수 없음. ⑩ 빈둥거리며 노는 모양. 게으른 모양. ⑪ 한적한 모양. ⑫ 소리가 느리고 가냘픔을 나타내는 말. ⑬ 어두컴컴한 모양.

유유(唯有) : 다만. 오직. 오직 -하여야만 -한다. = 유유(惟有).

유의(留意) : 주의하다. 조심하다.

유의기시첨의기(有意氣時添意氣) : 기백이 있을 때에 기백을 더욱 높인다. "기백(氣魄)이 있을 때에 더욱 기백을 더하면, 풍류(風流)를 하지 않는 곳에서도 풍류를 즐기게 된다."(有意氣時添意氣, 不風流處也風流.)(『대혜보각선사주강서운문암어록(大慧普覺禪師住江西雲門菴語錄)』 제7권 '시중설법')

유이(有以) : -할 수 있다. -할 방법이 있다.

유이(猶爾) : 그대로. 이전처럼.

유자(猶自) : (부) 아직, 여전히. (접) -조차도, -인데도, -하여도.

유자(油餈, 油糍) : 찹쌀로 떡을 빚어 기름에 튀긴 것. 인절미.

유재(猶在) : 그렇다, 그와 같다.

유저(有底) : ① 꽤. 상당히. ② 왜. 무엇 때문에. ③ 될 수 있는 대로. 되는 대로. 되도록. ④ 한량이 없음. 끝이 없음. ⑤ (잘 알고 있어서)자신이 있다. 속이 든든하다. 재산이 있다. 돈이 있다. 준비가 되어 있다.

유적(有的) : 어떤 것. 어떤 사람. 있는 것.

유전(流轉) : 유(流)는 상속, 전(轉)은 헤매는 것. 우리들이 3계(界) 6도(度)에 태어나고 태어나서 그치지 않음. 윤회(輪廻)와 같은 뜻.

유정(有情) : 정식(情識)을 가지고 있는 모든 것, 살아 있는 모든 것. 중생(衆生).

유주(遺奏) : = 유표(遺表).

유주(維舟) : 배를 붙들어 매다.

유통분(流通分) : 경전의 이익을 들면서 바른 말씀의 유통을 권장하는 부분.

유표(遺表) : 대신이 죽음을 앞두고 임금에게 올리는 글.

유하(留下) : 남기다.

유하불가(有何不可) : 옳지 않은 무엇이 있겠는가? 전적으로 옳다.

유한(遺恨) : 여한(餘恨).

유한(幽閑) : 평온하고 한가롭다.

유형주세(留形住世) : 육신(肉身)을 보존하여 세상에 머물다. 도교(道敎)에서 주장하는 장생불사(長生不死)를 가리킴.

유화(柔和) : 부드럽다. 순하다.

유화(遺火) : 불이 나다. 실화(失火)하다.

육경(六境) : 인식되는 여섯 가지 대상. 색깔[色] · 소리[聲] · 냄새[香] · 맛[味] · 감촉[觸] · 법[法]. 눈[眼] · 귀[耳] · 코[鼻] · 혀[舌] · 살갗[身] · 의식[意] 등 여섯 가지 인식기관인 육근(六根)에서 인식되는 대상을 가리킨다.

육근(六根) : 대상을 인식하는 여섯 가지 기관, 즉 눈[眼] · 귀[耳] · 코[鼻] · 혀[舌] · 살갗[身] · 의식[意] 등을 가리킨다. 이들은 각각 색깔[色] · 소리[聲] · 냄새[香] · 맛[味] · 감촉[觸] · 법[法] 등의 육경(六境)과 대응하는데, 안식(眼識; 색을 봄) · 이식(耳識; 소리를 들음) · 비식(鼻識; 냄새를 맡음) · 설식(舌識; 맛을 봄) · 신식(身識; 촉감을 느낌) · 의식(意識; 생각으로 알아차림) 등의 육식(六識)이 나타날 때에는 육근과 육경이 만난다고 이해한다. 육근 · 육경 · 육식을 합하여 십팔계(十八界)라 하여, 우리가 경험하고 알아차리는(識) 세계를 종합적으로 나타낸다.

육긍대부(陸亘大夫) : 남전보원(南泉普願; 748~834) 문하의 거사(居士). 자는 경산(景山). 소주(蘇州; 江蘇省) 오군(吳郡) 출신. 어사대부(御使大夫)로서 선종(禪宗)에 입문함. 훌륭한 선근(善根)이어서 여러 선승과 교류함.

육단심(肉團心) : 심장을 말함. 8판(瓣)의 육엽(肉葉)으로 되었다 함.

육대조사(六代祖師) : 중국 선종(禪宗)의 초조(初祖)에서 육조(六祖)까지의 조사들. 제1조 달마, 제2조 혜가, 제3조 승찬, 제4조 도신, 제5조 홍인, 제6조 혜능. 중국 선종에서는 조사(祖師)란 명칭을 전법(傳法)의 신표(信標)인 금란가사(金襴袈裟)를 물려받은 제6조 혜능까지만 붙이고, 그 이하는 선사(禪師)라고 하였다.

육도(六度) : 대승보살 수행의 방편문인 육바라밀(六波羅蜜)의 가르침. 즉 보시, 지계, 인욕, 정진, 선정, 반야바라밀의 가르침.

육도(六道) : 중생의 업인(業因)에 따라 윤회하는 길을 6으로 나눈 것. 지옥도(地獄道) · 아귀도(餓鬼道) · 축생도(畜生道) · 아수라도(阿修羅道) · 인간도(人間道) · 천상도(天上道).

육률(六律) : 1옥타브의 음역을 12개의 음정으로 구분하여 각 음 사이를 반음 정도의 음정차로 율을 정한 십이율(十二律) 가운데 양(陽)을 상징하는 여섯. 십이율은 중국 주(周)나라 때부터 사용된 12음계로서, 저음으로부터 황종(黃鐘 : C) · 대려(大呂 : C#) · 태주(太簇 : D) · 협종(夾鐘 : D#) · 고선(姑洗 : E) · 중려(仲呂 : F) · 유빈(蕤賓 : F#) · 임종(林鐘 : G) · 이칙(夷則 : G#) · 남려(南呂 : A) · 무역(無射 : A#) · 응종(應鐘 : B)의 순으로 되어 있다. 각 율은 황종을 기본음으로 하여 삼분손익법(三分損益法)으로써 음정을 구한다. 십이율은 음양(陰陽)의 원리에 따라 양(陽)을 상징하는 황종 · 태주 · 고선 · 유빈 · 이칙 · 무역 등 홀수의 여섯을 육률(六律)이라 하는데, 양성(陽聲) · 양률(陽律) · 육시(六始) · 육간(六間)이라고도 한다. 또 음(陰)을 상징하는 대려 · 협종 · 중려 · 임종 · 남려 · 응종 등 짝수의 여섯을 육려(六呂)라 하는데, 음성(陰聲) · 음려(陰呂) · 육동이라고도 한다.

육바라밀(六波羅蜜) : 육도(六度)라고 번역하며, 대승의 보살이 실천 · 수행하는 여섯 가지 행을 가리킨다. ① 보시바라밀(布施波羅密); 단나바라밀 · 단바라밀이라고도 하며, 나누어 가지는 미덕이다. 재물 · 진리 · 편안함 등의 보시가 있다. ② 지계바라밀(持戒波羅蜜); 시라바라밀이라고도 하며, 교단의 계율을 준수하고 개인적으로는 5계 내지 250계를 준수하는 것이다. ③ 인욕바라밀(忍辱波羅蜜); 찬제바라밀이라고도 한다. 욕됨을 참는 인내심과 그로 인한 관용을 말한다. ④ 정진바라밀(精進波羅蜜); 비리야바라밀이라고도 한다. 게으름 없이 삼장(三藏)을 공부하고 일체중생을 구원하리라는 서원을 성취하기 위해 노력하는 것이다. ⑤ 선정바라밀(禪定波羅蜜); 선나바라밀이라고도 하며, 마음을 통일시켜 산란하지 않고 본분을 망각하지 않는 것이다. ⑥ 지혜바라밀(智慧波羅蜜); 반야바라밀이라고도 하며 완전한 지혜 즉 인간적인 이성을 초월한 무분별지를 말한다. 지혜바라밀은 앞의 다섯 바라밀의 바탕이 되므로 불모(佛母)라 한다.

육불수(六不收) : 육근(六根)이나 육경(六境)이나 육식(六識)에 속하지 않는다. 법신(法身)을 가리키는 말.

육사외도(六師外道) : 고대 인도의 대표적인 자유 사상가였던 여섯 명을 가리켜 불교에서 부르는 이름. 석가모니는 6사 외도와 그들의 추종자들을 논쟁을 통해서 설복시킴으로써, 당대 최고 스승의 자리에 올랐다. 불교 경전에는 석가모니가 그들과 대론하고, 논박을 통해서 불교가 우위를 차지하는 정황이 상세히 기록되어 있다. ① 푸라나 카쉬야파(Purana Kasyapa)는 무작용설(無作用說)과 도덕 부정설을 주장하였다. ② 막칼리 고살라(Makkhali Gosala)는 영혼, 지(地), 수(水), 화(火), 풍(風), 허공(虛空), 득(得), 실(失), 고통, 쾌락, 태어남, 죽음 등의 12요소설과 결정론을 주장하였다. ③ 아지타 케사캄발린(Ajita Kesakambalin) : 지, 수, 화, 풍 등의 4요소설과 유물론을 주장하였다. ④ 파쿠다 캇차야나(Pakudha Kaccayana)는 무인무연설(無因無緣說)과 지, 수, 화, 풍, 고통, 쾌락, 영혼 등의 7요소설을 주장하였다. ⑤ 니르그란타 갸티푸트라(Nirgrantha Jatiputra)는 나중에 자이나교의 교조가 되었으며, 영혼, 운동, 정지, 허공, 시간, 물질 등의 6요소설을 주장했다. ⑥ 산자야 벨랏티풋타(Sanjaya Belathiputta)는 회의론과 불가지론을 주장했다.

육시(六時) : 하루를 낮 3시 · 밤 3시로 구분. 합하여 6시. 아침[晨朝] · 낮[日中] · 해질녘[日沒] · 초저녁[初夜] · 밤중[中夜] · 새벽[後夜].

육신보살(肉身菩薩) : 육체를 가진 보살. 선지식(善知識)을 아름답게 부르는 말.

육신통(六神通) : 외도(外道)의 오신통(五神通)에 대하여 부처님의 신통인 누진통(漏盡通)을 가리킴. 자재하게 번뇌를 끊는 힘.

육안(肉案) : 푸줏간.

육왕(育王) : 묘지확(妙智廓). 육왕개심(育王介諶). 육왕회련(育王懷璉).

육왕개심(育王介諶) : 경원부(慶元府) 육왕무시개심(育王無示介諶) 선사(禪師). 장령수탁(長靈守卓; 1065~1123)의 법사(法嗣). 현녕(顯寧)이라고도 한다.

육왕련(育王璉) : 육왕회련(育王懷璉). 대각회련(大覺懷璉).

육왕심(育王諶) : 육왕개심(育王介諶).

육왕혜심(育王慧諶) : 육왕개심(育王介諶)의 오기(誤記)인 듯하다.

육왕홍통(育王弘通) : 형주(衡州) 육왕산(育王山) 홍통(弘通) 선사. 조산본적(曹山本寂) 선사의 제자. 청원 문하 6세손.

육왕회련(育王懷璉) : 대각회련(大覺懷璉).

육욕천(六欲天) : 욕계(欲界)에 있는 사왕천(四王天) · 도리천(忉利天) · 야마천(夜摩天) · 도솔천(兜率天) · 화락천(化樂天) · 타화자재천(他化自在天) 등을 가리킨다.

육우(陸羽; 733~804) : 당나라 복주(復州) 경능(競陵, 지금의 호북성) 사람이다. 최초의 차(茶) 전문서를 펴내 다성(茶聖)이라는 추앙을 받고 있다. 호(號)는 경능자(竟陵子), 상저옹(桑苧翁), 동강자(東岡子) 등이고, 일명 질(疾)이라고도 한다. 차의 명산지인 호주(湖州)에 정착한 육우는 어린시절 용개사(龍蓋寺)에서 터득한 차에 관한 지식을 십분 활용하여 차에 대한 공부를 계속하는 한편, 당대의 시인이자 차에 관한 지식이 풍부한 비구승 교연(皎然)과 교분을 갖는다. 교연(皎然)의 적극적인 권유에 따라 육우는 지방을 돌아다니면서 차에 관한 자료를 수집 정리하여 28세 때 다경(茶經)의 초고(草稿)를 쓰고, 41세에 다경(茶經)을 완성하였다. 육우의 『다경(茶經)』은 중국 다도의 선구자로 후세의 모든 다도의 지침이 되었으며 차문화를 보급하는데 가장 큰 역할을 하였다. 『다경』은 당 이전 차와 관련된 모든 내용을 수록한 차의 박물지라고 해도 지나친 말이 아니다. 송나라 때 학자 진사도(陳師道)는 "이런 책이 세상에 나온 것은 육우가 처음이며 차에 대한 큰 업적을 남겼다"라고 그 서문에 적고 있다. 육우는 『다경』 외에도 많은 저술을 남겼다고 하나 아쉽게도 거의 전해지지 않고 있다.

육이(六耳) : 엿듣다.

육이부동모(六耳不同謀) : 육이불통모(六耳不通謀)라고도 하는데, 중요한 일을 말할 때에 당사자들(= 사이(四耳))끼리만 비밀리에 말하고 제삼자(= 육이(六耳))에게는 말해 주지 않는다는 뜻이다. 엿듣는 사람이 있어서 함께 의논할 수 없다.

육적(六賊) : 색(色) · 성(聲) · 향(香) · 미(味) · 촉(觸) · 법(法)의 여섯 대상 즉 육경(六境)을 말함. 육경은 눈 · 귀 등의 여섯 지각기관인 육근(六根)을 매개(媒介)로 하여 중생이 깨달음을 얻는 것을 방해하고 번뇌를 일으키므로 도적이라 한다.

육조혜능(六祖慧能) : 638~713. 중국 선종(禪宗) 제6조. 중국 남해(南海) 신흥(新興; 광동성 조경부 신흥현) 사람. 속성은 노(盧)씨. 어려서 아버지를 여의고, 땔나무를 해서 팔아 어머니를 봉양하였다. 어느 날 장터에서 『금강경』 읽는 것을 듣고 문득 깨닫고는 출가할 발심을 하였다. 어머니의 허락을 얻어 당나라 함형(咸亨) 년간(670~674)에 소양(韶陽)으로 갔다가 무진장(無盡藏) 비구니가 『열반경』 읽는 것을 듣고 그 뜻을 알아차리고 해설하였으며, 뒤에 선종 제5조 홍인(弘忍)을 찾아가 제6조로 인정받았다. 676년 남방으로 내려가 15년여를 숨어 지내다가, 마침내 조계(曹溪) 보림사(寶林寺)에서 대법(大法)을 선양하였다. 당(唐) 선천(先天) 2년 8월에 76세를 일기로 입적하였다. 시호는 대감(大鑑). 혜능은 보리달마에 의하여 중국에 전해졌다고 하는 조사선(祖師禪)의 실질적 정립자이며, 그의 행적과 가르침을 기록한 『육조대사법보단경(六祖大師法寶壇經)』은 중국 조사선(祖師禪)의 출현을 알리는 중요한 책이다.

육종진동(六種震動) : 부처님의 설법이나 신통력 등에 의하여 대지가 감응하여 진동하는 여섯 가지 상서를 가리키니, 동(動) · 기(起) · 용(踊) · 진(震) · 후(吼) · 격(擊) 등이 그것이다.

육진(六塵) : 육근(六根)에 대응하는 색(色) · 성(聲) · 향(香) · 미(味) · 촉(觸) · 법(法) 등의 육경(六境)을 말한다. 이 육경이 본래청정한 마음을 오염시키기 때문에 '티끌(塵)'이라 한다.

육취(六聚) : 육도(六道), 육취(六趣)와 같음. 중생이 삶과 죽음을 반복하여 윤회하는 여섯 가지 길.

육취(六趣) : 육도(六道)와 같음. 중생이 삶과 죽음을 반복하여 윤회하는 여섯 가지 길.

육침(陸沈) : 은거(隱居)하다. 『장자(莊子)』 「잡편(雜篇)」 '칙양(則陽)'에 다음 이야기가 나온다 : 공자가 초나라로 가다가 의구(蟻丘)의 주막에서 쉬었는데, 그 이웃에 있는 부부와 첩들이 지붕 위로 올라가 있었다. 자로가 물었다. "옹기종기 모여 있는 사람들은 무엇하는 자들입니까?" 공자가 말했다. "그들은 성인(聖人)의 하인들이다. 성인은 스스로 백성들 속에 파묻히고 밭두둑에 숨어 있다. 그 명성은 사라졌지만 그 뜻은 다함이 없고, 그 입은 비록 말을 하지만 그 마음은 아직 말한 적이 없다. 바야흐로 세상을 떠나 세상과 함께하는 것을 마음으로 달갑게 여기지 않는다. 이것이 곧 땅에서 숨는 것[육침(陸沈)]이다."(孔子之楚, 舍於蟻丘之漿, 其隣有夫妻臣妾登極者. 子路曰 : "是稯稯何爲者邪?" 仲尼曰 : "是聖人僕也. 是自埋於民, 自藏於畔. 其聲銷, 其志無窮, 其口雖言, 其心未嘗言. 方且與世違而心不屑與之俱. 是陸沈者也.") 곽상(郭象)은 『장자주(莊子注)』에서 육침(陸沈)을 "사람들 속에 숨는 것을 물 없는 땅에서 가라앉는다고 표현한 것이다."라 하였다.

육합(六合) : 『초학기(初學記)』에서 하늘과 땅과 동서남북을 가리키는 말. 우주(宇宙).

윤수(輪手) : 부처님의 손을 의미하는데, 부처님의 열 손가락 끝과 손바닥에 바퀴무늬가 있기 때문에 이렇게 일컫는다.

윤장(輪藏) : = 전륜장(轉輪藏).

율극봉(栗棘蓬) : 가시투성이인 밤송이. 밤송이라는 뜻의 율봉(栗蓬)에 가시를 강조하여 율극봉(栗棘蓬)이라 함. 입안에 밤송이를 넣으면, 삼키려고 해도 가시가 찔러 아프고 뱉으려고 해도 가시가 찔러 아프고 삼킬 수도 없고 뱉을 수도 없는 진퇴양난의 상태를 가리킨다. 사가(師家)가 학인에게 율극봉 같은 화두(話頭)를 시설해 놓고 분별로 이해하지도 못하게 하고 버리지도 못하게 하는 것, 혹은 마치 쥐가 덫에 빠진 것처럼 학인의 공부가 나아갈 수도 없고 물러설 수도 없는 상태에 봉착한 것을 가리킴. 금강권(金剛圈)과 같은 것. 『원오불과선사어록(圓悟佛果禪師語錄)』 제2권에 "율극봉을 삼키고, 금강권을 뛰어넘어서, 분수 밖에서 가풍을 펼친다.(呑底栗棘蓬, 跳底金剛圈, 分外展家風.)"는 구절이 있다.

율령(律令) : 도교(道敎)의 신(神). 매우 빠르게 돌아다닌다고 한다.

율의(律儀) : 계율(戒律)을 말함. 부처님이 제정한 규모를 지켜 위의(威儀)를 엄정하게 하는 율법.

은근(慇懃) : = 은근(殷勤). 성실하다. 간절하다. 간청하다. 수고스럽지만 -를 부탁드립니다. 부지런하다. 빈번하다. 안부를 묻다. 문안 인사를 드리다.

은부(隱覆) : 숨기다.

은산철벽(銀山鐵壁) : 은과 철은 뚫기가 아주 힘든 것으로 높은 산과 견고한 성벽은 오르기 어려움을 나타낸 것. 곧 사량분별이 끊어져 생각의 손을 쓸 수 없는 반야(般若)를 가리킴.

음간(陰間) : 저승. 귀신이 사는 곳. = 명토(冥土), 음계(陰界), 음사(陰司).

음광대사(飮光大士) : 마하가섭 존자.

음광존자(飮光尊者) : 마하가섭을 일컫는 말이다.

음기탄성(飮氣呑聲) : 숨을 죽이고 소리를 삼킴. 두려워하거나 황공해 하는 모습을 나타낸다.

음마(陰魔) : 온마(蘊魔). 오음(五陰) 즉 오온(五蘊)이 화합하여 이룬 몸은 여러 가지의 고통을 낸다는 의미로 마(魔)라 함. 번뇌의 원인인 오온(五蘊)을 가리킴.

음사(陰司) : = 음간(陰間).

음사(陰事) : ① 비밀한 일. 은밀한 일. ② 궁중에서 임금의 잠자리 시중을 드는 일.

음양(陰陽) : ① 봄, 여름, 가을, 겨울의 사계절. ② 음양가(陰陽家). 점성술사. 점쟁이.

읍양(揖讓) : 읍(揖)하는 동작과 사양하는 동작. (손님과 주인이 만날 때의 예의)

읍재(邑宰) : 현령(縣令). = 읍후(邑侯), 읍존(邑尊), 읍령(邑令).

응기(應機) : 때에 따라. 그때그때. 즉시즉시. 시시각각.

응류(凝留) : 꾸물대고 머뭇거림.

응시(應時) : ① 때에 맞다. 시기 적절하다. ② 즉시. 당장. 곧.

응신(應身) : 중생을 제도(濟度)하기 위하여 시처(時處)에 따라 여러 몸을 나투는 불신(佛身). 화신(化身).

응심렴염(凝心斂念) : 마음을 모으고 생각을 거두어들이다. 억지로 조작하는 유위(有爲)의 수행을 가리킨다.

응연(凝然) : 단정하고 점잖다. 진중하다. 단단하다. 꿈쩍도 하지 않다. 변함없다.

응정등각(應正等覺) : 응공(應供)과 정등각(正等覺). 응공(應供)은 마땅히 인천(人天)의 공양(供養)을 받을 만한 자란 뜻, 정등각(正等覺)은 바르고 평등한 깨달음. 부처의 열 가지 이름 가운데 2번째와 3번째 이름이다.

응진(應眞) : 탐원응진(耽源應眞).

의(擬) : ① 장래를 위하여 준비함을 가리킴. -하려

하다. -할 예정이다. = 욕(欲). ② 재다. 헤아리다. 추측하다.= 의의(擬議). ③ 판단(判斷)하는 말을 가리킴. -을 가지고. = 장(將). ④ 밀어내다. ⑤ 무기(武器)를 가지고 핍박(逼迫)함.

의(猗) : 아아! (감탄사)

의구(依舊) : 여전히, 이전처럼, 예전과 같이.

의구첨신(意句尖新) : 뜻과 말이 날카롭고 신선하다.

의기(意氣) : 기백(氣魄).

의륜(意輪) : 삼륜(三輪)인 신륜(身輪) · 구륜(口輪) · 의륜(意輪) 가운데 하나이다. 이 삼륜(三輪)은 부처의 화도(化道)의 차제(次第)에서, 신륜은 신통륜(神通輪) · 신족륜(神足輪), 구륜은 교계륜(敎誡輪) · 설법륜(說法輪), 의륜은 기심륜(記心輪) · 억념륜(憶念輪)이라고 한다.

의리(義理) : ① 사람으로서 마땅히 지켜야 할 도리. ② 뜻과 이치.

의리선(義理禪) : 뜻으로 이치를 말하는 선. 갈등선(葛藤禪), 구두선(口頭禪), 논쟁선(論爭禪), 문자선(文字禪)과 같음.

의문방호(倚門傍戶) : 자신의 주견 없이 오로지 남의 주장만을 따르다. 남에게 붙어 사는 하인.

의발하(衣鉢下) : 승려가 거주하는 방.

의보(依報) : ↔ 정보(正報). 우리들의 심신(心身)에 따라 존재하는 국토 · 가옥 · 의복 · 식물 등.

의부(依附) : 의지하여 따르다. 의존(依存)하다. 종속되다.

의사선화(猗死禪和) : 멍청히 서서 죽은 선승. 죽은 듯이 멍청히 서 있는 선승. = 기사선화(倚死禪和).

의색(意色) : 기색(氣色). 안색(顔色).

의세기인(倚勢欺人) : 세력에 기대어 사람들을 못살게 굴다. 권세를 믿고 남을 업신여기다. = 의세능인(倚勢凌人), 의세장세(倚勢仗勢).

의실(依實) : ① 성의로 알고 받아들이다. ② 진실에 입각하다. 사실에 따르다.

의실공통(依實供通) : 사실대로 자백하다.

의심(擬心) : ① 마음으로 헤아리다. ② 마음을 내어 -하려 하다.

의양(依樣) : 본Em다. 모방하다.

의양화호로(依樣畵葫蘆) : 그대로 모방하다. 아무 창의성 없이 단순히 모방만 하다.

의어취학(依語就學) : 말에 의지하여 배우다.

의오(疑誤) : ① 현혹하여 그르치다. ② 오해. ③ 불분명하거나 잘못된 곳.

의요(意樂) : aseya. 아세야(阿世耶)의 번역. 의념요욕(意念樂欲)하는 뜻. 어떤 목적을 향하여 나아가려는 취지(趣旨). 의욕(意欲).

의우(衣盂) : 의발(衣鉢). 5조, 7조, 9조 등 3장의 가사와 발우(鉢盂).

의의(擬議) : 머뭇거리다. 망설이다.

의의(依依) : 연약한 나뭇가지가 바람에 한들거리는 모양. 아쉬워하는 모양. 섭섭해 하는 모양. 그리워하는 모양. (달빛 같이 약한 빛이) 어리다.

의의불래(擬議不來) : 머뭇거림 없이. 머뭇거리지 않고.

의이행지(依而行之) : 따라서 그렇게 행하다.

의전(依前) : 이전 그대로. 여전히.

의정(疑情) : 의문(疑問). 궁금함. 궁금한 심정(心情).

의정(依正) : 의보(依報)와 정보(正報). 과거의 업에 의하여 받는 심신(心身)을 정보(正報)라 하고, 그 심신이 의지하여 살아가는 세상을 의보(依報)라 한다.

의존(義存) : 설봉(雪峰)의 법명(法名).

의주유(衣珠喩) : 『법화경(法華經)』 7유(喩)의 하나. 「오백제자수기품(五百弟子授記品)」에 있는 비유. 어떤 가난한 사람이 친구의 집에 가서, 술에 취하여 자는데 주인 친구는 공사로 외출하게 되어 값비싼 보주(寶珠)를 그의 옷 속에 매어 주고 떠났다. 그 사람은 그것을 모르고, 돌아가는 길에 다른 나라로 유랑하면서 품을 팔아서 의식을 이어 간신히 세월을 보냈다. 얼마 후에 우연히 옛 친구를 만나, 그 말을 듣고 담박 빈궁을 벗었다는 비유. 이는 2승(乘)이 과거 대통지승불(大通智勝佛) 때에 대승교의 종인(種因)을 받았으나, 무명(無明) 번뇌 때문에 그것을 알지 못하고, 지금 법화회상에 참여하여 처음으로 깨달은 것에 비유.

의지(依止) : ① 의지하여 머무름. ② 힘과 덕이 있는 곳에 의지하여 떠나지 않음.

의천(倚天) : 하늘에 기대다. 하늘에 비끼다. 하늘에 걸치다.

의천장검(倚天長劍) : 하늘에 걸려 있는 긴 칼. 송옥(宋玉)의 「대언부(大言賦)」에 그 출전이 있다. "네모난 땅은 수레가 되고, 둥근 하늘은 덮개가 되나니, 장검은 밝게 하늘 밖에 걸려 있도다.(方地爲車, 圓天爲蓋, 長劍耿耿依天外.)"

의타기성(依他起性) : 유식학(唯識學)의 용어. 다른 것에 의지하여 생겨난다는 연기(緣起)의 세계로 사물의 본래의 모습이다. 사물은 식(識)에 의해 나타나는 것이기 때문에 의타기성은 분별(分別)인 식(識)이다. 경험세계인 식을 유일한 연기법인 의타기성으로 표현한 것이다. 만물은 연기(緣起)하여 나타나기 때문에 무자성(無自性)이고 공(空)이다.

의희(依俙) : 어렴풋하다. 희미하다. 아련하다.

이(爾) : -일 뿐이다. -일 따름이다. = 이(耳), 이이(而已).

이(耳) : -일 뿐이다. -일 따름이다. = 이(爾), 이이(而已).

이(伊) : ① (송대(宋代)) 그대(이인칭 대명사). = 이(你). ② (송대(宋代)) 나(일인칭 대명사). ③ (당대(唐代)) 그(삼인칭 대명사).

이(咦) : 주의를 주거나 꾸짖을 때에 내는 고함소리. 웃는 모습.

이가(伊家) : 너. 그대.(이인칭 대명사)

이간(你看) : 이것 봐라!

이견왕(異見王) : 생몰 연대 미상. 남인도 향지왕의 아들. 월정다라의 장자로서 보리달마가 그의 숙부임. 처음에는 불교를 탄압했지만, 후에 달마에게 감화를 받아 불교를 외호(外護)하게 됨.

이광(李廣) : = 이장군(李將軍).

이광(李廣) : 서한(西漢)의 명장(名將). 무제(武帝) 때에 북평(北平) 태수가 되었다. 흉노(匈奴)와 70여 차례의 싸움에서 모조리 이겼다. 흉노는 그를 비장군(飛將軍)이라 하며 두려워하였다.

이금(而今) : 현재. 지금.

이금이후(而今而後) : 지금부터 앞으로. 이후. 금후.

이기방인(以己方人) : 자기의 기준을 가지고 남의 장단점을 비평하다.

이기탁인(以己度人) : 자기의 기준을 가지고 남을 헤아리다.

이노(狸奴) : = 이노(貍奴). 고양이.

이노(移怒) : 다른 사람에게 화풀이하다. 아무에게나 분풀이하다.

이노군(李老君) : 『도덕경』의 저자인 노자(老子). 노자의 성(姓)은 이(李), 이름은 이(耳), 자는 백양(伯陽), 또는 담(聃). 노군(老君) 또는 태상노군(太上老君)이란 이름으로 신성화되었다.

이두(裏頭) : 안, 속, 내부, 안쪽. 대궐 안.

이란(伊蘭) : 산스크리트어 eraṇḍa의 음역. 일반적으로 피마자를 말한다. 고약한 악취를 풍기므로 향기로운 전단향(栴檀香)과 상반되는 개념으로 쓰인다.

이래(邇來) : 근래(近來). 요사이.

이로(理路) : 조리(條理). 이치(理致). 도리(道理).

이류(異類) : 중생(衆生). 부처의 입장에서 그 종류가 다른 중생(衆生)을 가리키는 말.

이류중행(異類中行) : 중생을 이롭게 하리라는 발원을 한 보살이 성불한 후에 열반의 본성(本城)에 안주하지 않고 생사의 미혹한 세계, 육도윤회 속으로 몸을 던져 일체의 유정(有情)을 제도하는 것을 의미한다. 즉, 중생인 이류(異類)들 가운데에 몸을 던져서 이타행(利他行)을 하는 것.

이릉(李陵; ?~B.C. 74) : 중국 전한(前漢)의 무장. 자 소경(少卿). 농서(隴西 : 甘肅省) 출생. 젊어서부터 기마와 궁사에 능하였다. B.C. 99년 이광리(李廣利)가 흉노를 쳤을 때 보병 5천을 인솔하여 출정, 흉노의 배후를 기습하여 이광리를 도왔다. 그러나 귀로에 무기 · 식량이 떨어지고 8만의 흉노군에게 포위되어 어쩔 수 없이 항복하였다. 무제(武帝)는 그 사실을 듣고 크게 노하여 그의 어머니와 처자를 죽이려 하였다. 이때 사마천(司馬遷)은 이릉을 변호한 탓으로 무제의 분노를 사서 궁형(宮刑)에 처해졌다. 이릉은 흉노에 항복한 후 선우(單于)의 딸을 아내로 맞아들였고, 우교왕(右校王)으로 봉해져 선우의 군사·정치의 고문으로서 활약하다 몽골고원에서 병사하였다. 이릉의 분전, 항복의 비극은 중국인 사이에서 시와 이야기로 전해지고 있다.

이리(羸羸) : 여윈. 병약한.

이리(離離) : 초목이 무성한 모양. 이상이 번성한 모양.

이면(裏面) : 속, 안, 가운데.

이문(夷門) : 하남성(河南省)에 있는 송나라 수도 개봉(開封)의 다른 이름.

이문화(李文和) : 부마도위(駙馬都尉) 이준욱(李遵勗). 석문자조(石門慈照; 965~1032)의 문하에서 공부하여 깨달았다. 부마도위(駙馬都尉)인 이준욱(李遵勗)이 곡은온총(谷隱蘊聰; 석문자조)을 찾아가 출가하는 일에 관하여 물었는데, 온총은 최공(崔公)과 조공(趙公)이 경산도흠(徑山道欽)에게 "저희들이 지금 출가하고 싶은데 되겠습니까?" 하고 묻자, 도흠(道欽)이 "출가는 대장부가 하는 일이지 장군과 재상이 할 수 있는 일이 아닙니다."라고 답한 일을 들려주었다. 이 말을 듣고서 이준욱은 크게 깨달았다. 『오등회원』 제12권 '부마도위이준욱거사(駙馬都尉李遵勗居士)'에 실려 있다. 1036년에 『천성광등록(天聖廣燈錄)』(전30권)을 저술하였다.

이미(離微) : 『경덕전등록』 제13권 '여주풍혈연소선사(汝州風穴延沼禪師)'에 다음과 같은 이미(離微)의 설명이 나온다 : 조법사(肇法師)의 『보장론(寶藏論)』 「이미체정품(離微體淨品)」에서 말한다 : '그 들어감은 이(離)이고, 그 나옴은 미(微)이다. 들어가는 이(離)를 알면 바깥 경계에 의지함이 없고, 나오는 미(微)를 알면 안 마음에 할 일이 없다. 안 마음에 할 일이 없으면 모든 견해가 바뀔 수 없고, 바깥 경계에 의지함이 없으면 만유(萬有)가 고동칠[機] 수 없다. 만유가 고동칠 수 없으면 생각이 달려나가지 않고, 모든 견해가 바뀔 수 없으면 적멸하여 헤아림이 없다. 그러므로 본래 깨끗한 바탕은 이미(離微)라고 할 수 있는 것이다. 들어감에 의지하는 까닭에 이(離)라 부르고, 붙잡아 써는 까닭에 미(微)라 부른다. 이 둘이 뒤섞여 하나가 되면, 이(離)도 없고 미(微)도 없다. 바탕이 깨끗하여 더럽힐 수 없고, 더러움이 없기 때문에 깨끗함도 없다. 바탕이 미(微)함은 있을 수 없고, 있음이 없기 때문에 없음도 없다.'(肇法師『寶藏論』「離微體淨品」云 : '其入離其出微. 知入離 外塵無所依, 知出微內心無所爲. 內心無所爲 諸見不能移, 外塵無所依 萬有不能機. 萬有不能機 想慮不乘馳, 諸見不能移 寂滅不思議. 可謂本淨體離微也. 據入故名離, 約用故名微. 混而爲一, 無離無微. 體淨不可染, 無染故無淨. 體微不可有, 無有故無無.')

이발(李渤) : 강주(江州)의 자사(刺史). 독서를 좋아해 만 권의 책을 읽었다고 하여 이만권(李萬卷)이라는 별명으로 불렸다.

이변(二邊) : 서로 대립하는 두 가지 입장 또는 상반하는 두 견해를 이르는 말로, 유와 무, 득과 실 등이 그것이다.

이변견(二邊見) : = 변견(邊見).

이사(理事) : 이(理)와 사(事)를 아울러 일컫는 말. 이(理)는 절대 평등한 본체. 사(事)는 상대 차별한 현상.

이사구절백비(離四句絶百非) : 사구(四句)를 떠나고 백비(百非)를 끊다. 사구와 백비는 곧 분별을 가리키므로, 사구를 떠나고 백비를 끊는다는 것은 분별을 떠나는 것을 말함.

이산충밀(伊山沖密) : 경산(徑山) 대혜종고(大慧宗杲) 선사의 제자. 육조 문하 17세손에 해당한다.

이상(異相) : 화엄종 6상의 하나. 사물을 서로 대조하여 그 사이에 존재한 모양의 다른 것. 같은 형태의 눈·코 등이 있으나 아름답고 추함이 서로 다른 것과 같은 것.

이생(異生) : 범부 중생의 다른 이름. 성자(聖者)와 다른 생류(生類)라는 뜻.

이성(理性) : 이(理)와 성(性)은 동일한 뜻. 본성(本性). 법성(法性). 진여자성(眞如自性). 일심(一心). 만상(萬象)의 체성(體性). 본래 갖추어 있는 이체(理體)로서 시종(始終) 변하지 않는 본성.

이숙과(異熟果) : 5과(果)의 하나. 이숙인(異熟因)으로 받는 과보. 선(善) 또는 악(惡)의 업력(業力)이 원인이 되어 생겨나는 무기(無記)의 결과. 원인은 선악(善惡)이지만 결과는 무기(無記)이므로 이숙(異熟)이라고 한다. 예컨대 우리의 존재는 선도 악도 아닌 무기이지만, 선 또는 악의 원인에 의하여 존재하게 되었으므로 이숙과이다. 이것은 종자에서 싹이 나와 과실이 익을 때까지 시간이 걸리듯이, 원인으로부터 시간이 경과한 후에 생긴다. 『구사론』에서는 5근(根) 또는 7심계(心界)를 말하고, 『유식론(唯識論)』에서는 총보(總報) · 별보(別報)를 모두 말함.

이승(二乘) : 성문승(聲聞乘)과 연각승(緣覺乘). 소승(小乘)을 가리킴.

이신전보(移身轉步) : 이전(移轉)은 바꾼다는 뜻. 몸과 걸음을 바꾸다. 깨달은 부처 노릇을 한다는 뜻. 깨달음이 따로 있고 부처가 따로 있다는 격식을 세웠다는 말. 이신환보(移身換步), 환보이신(換步移身)이라고도 함.

이신환보(移身換步) : = 이신전보(移身轉步).

이십오유(二十五有) : 유(有)는 존재(存在)란 뜻. 중생이 삶과 죽음으로 돌고도는 존재를 25종으로 나눈 것. (1) 4악취(지옥 · 아귀 · 축생 · 아수라). (2) 4주(동불바제 · 남염부주 · 서구야니 · 북울단월). (3) 6욕천(사왕천 · 도리천 · 야마천 · 도솔천 · 화락천 · 타화자재천). (4) 색계(초선천 · 범왕천 · 제2선천 · 제3선천 · 제4선천 · 무상천 · 5나함천). (5) 무색계(공무변처천 · 식무변처천 · 무소유처천 · 비상비비상처천). 이를 줄여서 3계(界)와 6도(道)라 함.

이역(移易) : 움직이다. 변경하다. 바꾸다.

이연(犂然) : 시원한. 상쾌한. 밝은.

이왕(而往) : 이상(以上)으로,

이위(以謂) : 말하자면. 생각컨대.

이이(已而) : ① (접속사)그 뒤. ② (조사)그만두다, 내버려 두다.

이일(異日) : ① 다른 날. 뒷날. ② 과거. 앞날.

이자불성팔자불시(以字不成八字不是) : 이자(以字)도 아니고 팔자(八字)도 아니다. 이것도 아니고, 저것도 아니다. 선(善)도 아니고 악(惡)도 아니니, 유(有)도 아니고 무(無)도 아니니, 앞도 아니고 뒤도 아니니, 어떻게도 분별할 수 없으니, 본래 이자(以字)도 아니고 팔자(八字)도 아닌 무늬는 경전의 겉표지 제목 위에 그려진 문양(紋樣)을 가리킨다. 『조정사원(祖庭事苑)』 제1권에서 이것에 관한 설명은 다음과 같다 : '이자(以字)가 되지 않는다'에는 세 가지 설(說)이 있다. 첫째는 구아(嘔啊) 두 글자라는 것이고, 둘째는 음(音)과 자(字)를 번역하지 않는다는 것이고, 셋째는 범서(梵書)의 심자(心字)라는 것이다. 이 모두가 경전 표지의 제목 위에 있는 이자(以字)를 가리킨다. 구아(嘔啊)에 대해서는 청량(淸凉)이 소주(疏注)에서 이렇게 말하고 있다. "경(經)의 첫머리에 여시(如是)를 두는 것은, 외도(外道)와는 다름을 말하는 것이다. 외도의 경(經) 첫머리에는 모두 구아(嘔啊)를 둔다. 구아(嘔啊)는 아우(阿優)라고도 하는데, 길(吉)함을 나타낸다. 아(阿)는 '없다'는 말이고, 우(優)는 '있다'는 말이니, 만법(萬法)이 비록 많지만, '있음'과 '없음'을 벗어나지 않으니, 이것은 곧 '단절됨'과 '항상됨'이라는 분별이다. 지금 당장의 진실은 여시(如是)이니, 그렇다면 묘유(妙有)로써 외도의 삿된 종지(宗旨)를 물리치고, 중도(中道)를 드러내는 것이다. 그러므로 일대시교(一代時敎)가 여시(如是) 두 글자를 벗어나지 않는다." 한편 『고승전(高僧傳)』에서는 경(經)을 번역하는 새로운 뜻으로 6가지 예를 들고 있는데, 그가운데 하나가 자(字)와 음(音)을 번역하는 예로서, 그 안에 4가지의 구분이 있다. 첫째는 자(字)는 번역하고 음(音)은 번역하지 않는 것이니, 다라니(陀羅尼)를 일컫는다. 둘째는 음(音)은 번역하고 자(字)는 번역하지 않는 것이니, 불상(佛像)의 앞가슴에 찍혀 있는 만자(卍字)를 일컫는다. 셋째는 음(音)과 자(字)를 모두 번역하는 것이니, 경(經)·율(律)·론(論) 삼장(三藏)을 일컫는다. 넷째는 음(音)과 자(字) 모두를 번역하지 않는 것이니, 경(經) 제목에 있는 이자(以字)를 일컫는다. 이것은 구아(嘔啊)를 말하는 것이니, 경 첫머리의 여시아문(如是我聞)이라면 경(經) 바깥 표지의 제목 위에는 있지 않기 때문이다. 음(音)과 자(字)를 모두 번역하지 않는다고 하는 말은, 누구에게서 비롯된 말인지 알 수 없다. 이 두 가지 설(說)을 살펴보면, 고려할 만한 가치가 없는 것 같다. 어떤 사람은 이자(以字)가 범서(梵書)의 심자(心字)를 가리킨다고 망녕되이 주장하지만, 범본(梵本)에는 이런 말이 없으니, 매우 잘못된 것이다. 나는 일찍이 홍국(興國)의 전법원(傳法院)으로 건너가, 인도에서 온 패엽(貝葉) 경전 진본(眞本)을 본 적이 있다. 조사해 보니 그것은 아직 번역되지 않은 책이었는데, 경의 제목조차도 아직 없었으니, 어찌 이자(以字)라는 글자가 있었겠는가? 대개 옛날부터 잘못 익혀서 망녕되이 그런 말을 한 것이니, 선성(先聖)의 법문(法門)은 여기에 있지 않다. 만약 경의 첫머리의 모습이 어찌하여 그렇게 되었느냐고 묻는다면, 아마도 당시에 고용되어 글을 쓴 사람이 붓을 놀려 경의 제목 위에 덮어씌운 것이 틀림없을 것이다. 그러나 종장(宗匠)은 이 모양(이자도 아니고 팔자도 아닌 모양)을 빌려 찾아오는 학인들을 지도하니, 어찌 지식으로 헤아리겠는가?(以字不成 其說有三. 一謂是嘔啊二字, 二謂是音字不譯, 三謂是梵書心字. 竝指經籤題上以字也. 嘔啊者 清涼疏主云 : "經首立如是, 謂異外道. 故外道經首皆立嘔啊. 或云阿優, 以爲吉. 阿之言無, 優之言有, 萬法雖衆, 不出有無, 此則斷常之計. 今如卽眞如是, 卽妙有對破邪宗, 以彰中道. 一代時教 不出如是二字." 『高僧傳』有譯經新意六例, 一譯字譯音例, 內分四. 一譯字不譯音, 謂陀羅尼. 二譯音不譯字, 謂佛胸前卍字. 三音字俱譯, 謂經律論. 四音字俱不譯, 謂經題以字. 所謂嘔啊, 經首如是我聞 卽不在經外籤題之上. 所謂音字俱不譯, 未詳起自於誰. 考其二說, 似乎無稽. 或者妄指爲梵書心字, 梵本且無此說, 尤謬. 愚嘗過興國之傳法院, 竊取西竺貝葉眞書. 考之其未譯之書, 經題尙且未立, 何有以字之文. 蓋自古習謬妄爲其說, 先聖法門不在斯焉. 或問經首以形自何而得, 蓋當時傭書者運筆以覆經題 固無疑矣. 然宗匠假此以接來學, 豈知識擬議哉?)

이자삼점(伊字三點) : '이(伊)'는 산스크리트 'i'의 음역인데, 그 형태가 품(品)을 뒤집어 놓은 것과 같이 세 점으로 이루어져 있으므로 이렇게 부른다. 이 세 점은 가로로도 세로로도 나란하지 않고 삼각형을 구성하고 있기 때문에, 셋이 일체가 되어 떨어지지 않는 관계를 상징한다. 『열반경』에서는, 법신(法身)·반야(般若)·해탈(解脫)의 세 가지 덕이 일체가 되어 분리되지 않는다고 하는 것이 참된 열반이라고 하는 것을 비유하는 데에 쓴다.

이장군(李將軍) : 서한(西漢)의 무장(武將) 이광(李廣). 무제(武帝) 때에 북평(北平) 태수가 되었다. 흉노와 대소 70여 전투에서 승리한 바가 많아 흉노는 그를 비장군(飛將軍)이라고 부르며 매우 두려워하였다. 이광은 뛰어난 장수로서 무공을 많이 세웠으나, 벼슬 운은 없어서, 높은 벼슬을 하지는 못했다. 활을 매우 잘 쏘아서 돌을 호랑이로 착각하여 쏘아 맞혔다는 사호석(射虎石)의 일화가 있다.

이장군(李將軍)**이 돌을 쏘다** : 전한(前漢)의 명장(名將) 이광(李廣)과 관련된 고사이다. 활의 명수인 이광이 사냥을 나갔다가 숲 속에 잔뜩 웅크리고 있는 호랑이를 발견하고는 있는 힘을 다해 활을 쏘았다. 화살이 박히는 소리가 났는데도 호랑이는 꿈쩍도 하지 않았는데, 다가가 보니 호랑이가 아니라 바위였다. 놀랍게도 화살은 바위에 꽂혀 있었다. 이광은 자신의 활솜씨에 감탄하며 다시 쏘아 보았으나, 화살은 튕겨 나왔다. 이 바위를 '사호석(射虎石)'이라 한다.(『사기(史記)』 제109권 「이장군열전(李將軍列傳) 제49」에 있는 이야기.)

이장즉취(理長卽就) : 누구의 도리가 묘하고 뛰어나면 그것을 뒤따른다. 뛰어난 이치라면 뒤따라 간다. 훌륭한 것이 있으면 배운다.

이조대사(二祖大師) : 이조혜가(二祖慧可).

이조혜가(二祖慧可) : 487~593. 신광(神光)은 혜가(慧可)의 어렸을 때 이름이다. 혜가는 수나라 때의 선승. 낙양의 무뢰(武牢, 하남성 낙양부근)인. 성은 희씨(姬氏). 어릴 때의 이름은 신광(神光)이다. 선종의 2조. 젊어서 노장과 불전을 배웠고, 뒤에 낙양의 용문(龍門)의 향산(香山)에 있다가 보정(寶靜)에 의해서 출가하여 영목사(永穆寺)에서 수계(受戒)하였다. 그 후 각지를 돌아다니며 배우다가 32세에 다시 향산에 돌아와서 8년간 수행에 힘썼다. 북위 정광(正光) 원년(520년) 40세 때 숭산 소림사의 보리달마를 방문하고 제자가 되어 6년 간 수행에 힘썼다. 처음에 혜가가 달마를 찾아갔을 때 눈이 허리를 덮을 정도로 쌓였지만 달마는 혜가를 제자로 받아들이지 않았다고 한다. 그래서 혜가는 자신의 팔뚝을 잘라 자신의 굳은 마음을 보였다고 한다. 뒤에 달마에게 전법을 받고 업도(鄴都, 하남성)에서 34년간 설법하여 크게 종풍을 드높였다. 북제 천보 3년(550년)에 제자인 승찬(僧璨)에게 법을 전하였다. 북주의 파불(破佛; 574~578)을 만나 환공산(皖公山, 안휘성)에 은거하였다가 파불의 어두운 때 다시 업도에 돌아왔다. 뒤에 승려 변화(辯和)의 미움을 받아 읍재(邑宰)인 적중간(翟仲侃)에게 고초를 겪다가 수나라 개황 13년 계축 3월 16일 입적하였다. 정종보각대사(正宗普覺大師) · 대조선사(大祖禪師)라고 시호하였다.

이종광(二種光) : 상광(常光)은 제불(諸佛)의 신체에서 항상 발하는 광명. 신통광(神通光)은 제불이 특수한 중생에 대하여 신력(神力)으로 특히 풀어 놓은 광명.

이종무아(二種無我) : 『능가아발타라보경』 제1권 「일체불어심품 제1-1」에 의하면, 이종무아란 곧 인무아(人無我)와 법무아(法無我)이다. 인무아(人無我)는 중생무아(衆生無我) · 생공(生空) · 인공(人空) · 아공(我空)이라고도 하는데, 5온(蘊)이 화합하여서 된 심신(心身)에 상일주재(常一主宰)의 실아(實我)가 없다는 말이다. 법무아(法無我)는 만유 제법은 모두 연기(緣起)로 말미암아 생겨나는 일시적인 가짜 존재이므로 실다운 체성(體性)이 없다는 말이다.

이중(耳重) : 청각이 민감하지 못하다. 청각이 예민하지 않다. 잘 듣지 못하다.

이지(利智) : 날카로운 슬기.

이타(耳埵) : 귀. = 이타(耳朶).

이통현(李通玄) 장자(長者) : 당나라 사람으로 출신은 알 수 없다. 혹은 당나라 종실(宗室)이라고도 하고, 사람들이 물으면 창주 사람이라고 답하였다. 키가 7척 2촌, 형상이 다른 이와 달랐고, 고금의 학문을 연구하였으며, 유교 · 불교의 경전에 정통함. 당나라 사람으로서 고금의 학문을 연구하여 유교 · 불교의 경전에 정통하였다. 719년 『신화엄경(新華嚴經)』의 논(論)을 지어 경을 해석하였는데, 3년 동안 마당에 나오지 않고 매일 대추 10개와 숟가락만한 잣나무 떡잎 하나를 먹었으므로 사람들이 극백대사(棗栢大師)라 하였다. 후에 남곡(南谷) 마(馬)씨의 고불당(古佛堂) 곁에 작은 초막을 짓고 편안히 앉아 10년을 침묵하다, 다시 경론을 가지고 관개촌 한(韓)씨의 집으로 갔다. 도중에 경론을 호랑이의 등에 싣고 감중(龕中)에 들어가 두 여자에게서 지묵(紙墨) 등 도구와 매일 먹을 것을 받으면서, 이 감중에서 40권 『신화엄경론(新華嚴經論)』을 지었고, 뒤에 결의(決疑) 4권을 지었다. 730년(개원 18년 3월) 감중에서 나이 96세로 입적하였다.

이피(離披) : 분산되다. 흩날리다. 꽃이 활짝 핀 모양.

이행(伊行) : ① 그녀가 있는 곳. ② 그녀들. ③ 당신이 있는 곳. ④ 당신네들. 너희들.

이행(二行) : 번뇌장(煩惱障)과 소지장(所知障)의 둘이 나타나 행해지는 것.

이허(裏許) : 안. 속. 가운데. 허(許)는 장소를 뜻한다.

이회(理會) : ① 이해(理解)하다. ② 깨닫다. 알아차리다. ③ 따지다. 헤아리다. ④ 처리하다. 요리하다.

인(印) : = 인자(印子).

인(因) : ① -할 때에. -하자. ② -하기 때문에. -때문에. -한 까닭에. ③ -에서. -을(= 어(於). = 우(于)). ④ -을 따르다. 답습하다. ⑤ 의거하다. 의지하다.

인(因) : 만물이 생기는 직접 원인. 간접 원인은 연(緣)이라 함.

인(仁) : 비슷한 신분의 사람, 혹은 약간 윗사람을 상대하여 일컫는 호칭. 2인칭.

인(引) : 서문(序文). 머리말.

인가(人家) : 사람. = 인(人).

인간(認看) : 알아 보다.

인경(引磬) : 작은 종 모양에 손잡이를 붙여 손에 잡고 의식(儀式)을 집행하거나 무리를 이끌어 가는데 사용하는 불구(佛具)의 하나이다.

인계(印契) : 관인(官印)이 찍힌 부동산 등기필증.

인공인수인니(印空印水印泥) : 최초로 등장하는 곳은 『천성광등록(天聖廣燈錄)』 제18권 '원주남원산초원선사(袁州南源山楚圓禪師)'의 다음 상당법어(上堂法語)이다. "조사의 마음 도장은 한 번 찍어서 허공에 찍고, 한 번 찍어서 물에 찍고, 한 번 찍어서 진흙에 찍는다. 지금 도장을 찍지 않은 자가 있느냐? 진실로 발 아래에서 도리어 한 마디 말해 보아라. 설사 그대들이 호방하고 분명하게 말할 수 있다고 하더라도, 결코 납승(衲僧)의 문하를 지나갈 수는 없다. 말해 보아라. 납승에게 어떤 뛰어난 곳이 있는가?"("祖師心印, 一印印空, 一印印水, 一印印泥. 如今還有印不着者麽? 誠向脚跟下, 倒道將一句來. 設汝道得倜儻分明, 第一不得行過衲僧門下. 且道. 衲僧有什麽長處?") 허공에 도장을 찍는 인공(印空)은 이름은 있으나 모습은 없으니 곧장 진실의 자리에 선 것이고, 물에 도장을 찍는 인수(印水)는 이름에 따라 모습이 드러나는 듯하다가 곧 사라지니 방편을 통하여 법을 가리키는 것이고, 진흙에 도장을 찍는 인니(印泥)는 이름과 모습이 그대로 남아 있으니 뜻과 이치로 설명하는 것이다. 이는 불법(佛法)이라는 도장은 하나이나, 그 가르침을 받아들이는 사람은 각자의 근기에 따라 셋으로 나눌 수 있다는 말이다. 백파긍선(白坡亘璇)의 『선문수경(禪門手鏡)』에서는 이에 대하여 다음과 같이 말한다. "본분종사(本分宗師)가 달마(達摩)가 서쪽에서 가져온 진공묘유(眞空妙有)라는 무문인자(無文印字)의 인공(印空)·인수(印水)·인니(印泥)를 가지고 사람을 시험할 때에, 만약 상근기(上根機)가 듣는다면 허공에 도장을 찍듯이 제일구(第一句)의 향하삼요(向下三要= 妙有)와 향상일규(向上一竅= 眞空)를 요달(了達)하여 조짐과 흔적이 없이 견성성불(見性成佛)하는 까닭에 불조(佛祖)의 스승이 된다. 만약 중근기(中根機)가 듣는다면 물에 도장을 찍듯이 한다. 그러나 여기에도 두 가지 종류가 있으니, 위앙종(潙仰宗)과 법안종(法眼宗)의 사람은 삼현(三玄= 有)과 본분일구(本分一句= 空)를 얻고, 조동종(曹洞宗)의 사람은 권실(權實)의 향상(向上)을 얻었다. 그리하여 이 둘 모두 존귀(尊貴)의 드러남은 있으나, 다만 진공(眞空)만을 볼 뿐 성불(成佛)하지는 못했다. 그러므로 인천(人天)의 스승이 될 뿐인 것이다. 만약 하근기(下根機)가 듣는다면 진흙에 도장을 찍듯이 자취를 온전히 드러내니, 다만 유무삼구(有無三句)를 깨달을 뿐 진공(眞空) 속의 사람은 보지 못한 까닭에, 자기자신도 구제하지 못하는데 하물며 남의 스승인들 되겠는가?"

인드라망 : = 제망(帝網). 제석천에 있는 보배 그물. 낱낱의 그물코마다 보배구슬을 달았고, 그 보배구슬의 한 개 한 개 마다 각각 다른 낱낱의 보배구슬의 영상(影像)을 나타내고, 그 한 보배구슬의 안에 나타나는 일체 보배구슬의 영상마

다 또 다른 일체 보배구슬의 영상이 나타나서 중중무진(重重無盡)하게 되었다 함. 화엄에서는 일(一)과 다(多)가 상즉상입(相卽相入)하는 예로써 이 용어를 사용하고 있음.

인득(引得) : -를 야기하다.

인력(因力) : 사물이 생겨나는 데에 원인이 되는 사물 스스로에게 있는 힘. 연력(緣力)의 반대. 연력은 외부에서 도와주는 힘.

인사(人事) : 인간사(人間事). 세상 물정. 세속의 일.

인순(因循) : ① 소홀하다. 데면데면하다. 건성건성하다. 등한하다. 무책임하다. ② 느릿느릿하고 한가하다. ③ 이리저리 배회하다. ④ 머물다. 묵다. ⑤ 지연하다. 지체하다. ⑥ 시간을 허비하다.

인아(人我) : ① ↔ 법아(法我). 5온(蘊)이 화합하여 이루어진 신체에 실재한 것같이 생각되는 상일주재(常一主宰)의 아(我)를 말함. 이런 견해를 인아견(人我見), 또는 아견(我見)이라 함. ⇒ 인아견(人我見) ② 다른 이와 자기라는 뜻.

인아견(人我見) : 5온(蘊)이 화합한 신체에 대하여 상일주재(常一主宰)하는 아(我)가 있다고 생각하는 잘못된 견해.

인아상(人我相) : ① 타인에 대하여 자기를 주(主)로 생각하고 집착하는 상태. 아집(我執). ② 아상(我相). 아견(我見). 5온이 화합하여 조직된 것을 실아(實我)가 있다고 하고 또 내 것이 있는 줄로 생각하는 것.

인연(夤緣) : ① 끊어지지 않고 죽 이어져 있음. ② 무엇을 잡거나 감고 기어오름. 달라붙다. ③ 권력에 빌붙어 자신의 이익을 꾀함. 아첨하다. ④ 따라가다.

인연(因緣) : 결과를 내는 직접 원인은 인(因), 결과를 내는 데 도움이 되는 간접 원인은 연(緣). 쌀과 보리는 그 종자를 인으로 하고, 노력(勞力)·우로(雨露)·비료(肥料) 등을 연으로 하여 생긴다. 인연이란 일이 이루어짐에 개별적 실재성은 없고 상호 관계되어 나타나는 상대적인 것들을 가리킴. 연기(緣起)는 인연에 의하여 나타남.

인우(因又) : = 인유(因由). 까닭.

인원(因源) : 산 속 시냇물들이 흘러가 합하여 큰 바다를 이루듯이, 여러 가지 수행을 차츰 완성하여 깨달음이라는 결과(結果)를 얻을 때에 원인이 되는 수행을 인원(因源)이라 함.

인위(忍位) : 4선근(善根)의 하나. (1) 소승에서는 제3위. 번뇌 중의 지혜로 다시 나아가 4제(諦)의 도리를 분명하게 이해하고 아는 자리. 이 자리에 상·중·하의 3품(品)이 있다. 하품·중품은 정위(頂位)와 같이 4제의 도리를 구족하게 관하여 욕계의 4제와 색계·무색계의 4제에 향하여 각각 16행상(行相)이 있다. 곧 상·하 8제 32행상을 닦음. 그러나 중품위(品位)에서는 점차로 그 행상을 감하여 상품위로 나아가는 것. 그러나 상품은 세제일위에 인접하였으므로 욕계의 고제(苦諦)만을 관한다. (2) 대승에서는 제10회향의 만심(滿心)에서 4선근을 세우는데 명득정(明得定)·명증정(明增定)·인순정(印順定)·무간정(無間定)의 4정(定) 가운데 인순정에 의하여 4여실지관(如實智觀)을 일으키고, 하인위(下忍位)에서는 소취(所取)의 경계가 공무(空無)한 것을 확실히 승인하고, 중인위(中忍位)에서는 능취(能取)의 식(識)도 공무한 것으로 관하며, 상인위에서는 중인위에서 관하던 능취의 식이 공무한 것을 확실히 승인하고서 다음 단계인 무간정(無間定)에 들어간다.

인유(引喩) : 증거를 인용하여 이해시키다(깨우치다).

인의(仁義) : 어짊과 의로움. 측은(惻隱)해 하는 마음이 인(仁)이고, 부끄러워하고 미워할 줄 아는 마음이 의(義)라고 『맹자(孟子)』에서 말했다.

인자(仁者) : 상대방을 높여 부르는 말. 당신.

인자(印子) : 흔적, 자취.

인정(人情) : ① 사람의 상정(常情). ② 안면, 개인적인 정분, 연고(緣故). ③ 은혜, 호의, 선심. ④ 인사, 예물(禮物), 선물.

인정(認定) : 굳게 믿다. 주장하다. 인정하다.

인조(寅朝) : 아침 3시~5시. 아침예불을 시작하는

시간. = 인단(寅旦).

인조(印造) : 인쇄하여 만들다.

인준(忍俊) : 웃음을 삼키다. 웃음을 참다.

인준불금(忍俊不禁) : 웃음을 참지 못하다. 웃음을 참을 수 없다.

인준부주(忍俊不住) : = 인준불금(忍俊不禁).

인증(印證) : 검증하다. 증명하다. 점검하다.

인증(引證) : 과거의 예를 인용하여 증명하다.

인지(忍地) : 무생법인(無生法忍)과 같은 말.

인지(因地) : 성불(成佛)하기 위해 수행하는 지위. 이에 비하여 부처님의 지위는 과지(果地) · 과상(果上)이라 함.

인지법행(因地法行) : 성불하기 위하여 수행하는 지위에서의 여법(如法)한 행위.

인천(人天) : 인간세계와 하늘세계에 사는 사람과 신령 등 여러 중생들.

인천안목(人天眼目) : 3권본, 6권본이 있다. 송(宋) 회암지소(晦巖智昭) 편. 순희(淳熙) 15년(1188) 서간(序刊). 1258, 1317, 1368년에 각가 중수(重修). 중국선(中國禪) 오가(五家:臨濟 · 潙仰 · 曹洞 · 雲門 · 法眼)의 종요(宗要)를 알리기 위하여 각파의 선덕(先德)이 제창한 종강(宗綱)과 그것에 대하여 고덕(古德)이 붙인 게송(偈頌) 등을 모아서 편찬함.(『續藏經』 2, 『新修藏』 48)

인통불금(忍痛不禁) : 고통을 참지 못하다. 고통을 참을 수 없다.

인파면문(印破面門) : 얼굴에다 인가(印可)의 도장을 찍다. 인파(印破)는 깨달음을 인가(印可)하는 증명(證明)의 도장을 찍는 것. 면문(面門)은 얼굴. 공개적으로 인가하여 주다.

인필행묵(引筆行墨) : 붓을 잡고 글을 쓰다.

인행(因行) : 갈 때.

인행(印行) : 책을 간행(刊行)하다.

인허(隣虛) : 물질(物質)을 부수어서 미진(微塵)으로 하고 더욱더 부수어서, 이제는 이것 이상으로는 부술 것이 없을 때의 대부분 허공과 동일한 극미소(極微小)를 말한다. 완전히 허공과 같다라고 하는 것은 아니기 때문에 인허라고 한다.

일가유사백가망(一家有事百家忙) : 한 집에 변고가 생기면 백 집이 바쁘다. 이웃이 편안해야 내 집도 편하다.

일개(一概) : ① 전부. 모조리. ② 일절. 전혀.(부정문에서)

일개반개(一箇半箇) : 한 개 반 개. 진(秦)의 임금인 부견(付堅)이 진(晋)을 정벌하여 도안(道安)과 습착치(習鑿齒)를 얻고는 돌아와서 "나는 10만의 병력을 가지고 양양(襄陽)을 정벌하여 한 개와 반 개를 얻었다."라고 말한 데에서 비롯된 것이다. 반 개라는 말은 습착치가 한쪽 다리가 없는 사람이었기 때문에 한 말이다.

일구검(一口劍) : 한 자루 칼.

일구월심(日久月深) : 오랜 세월이 흐르다. = 일구년심(日久年深), 일구천장(日久天長), 일구세장(日久歲長), 일구세심(日久歲深).

일기(一氣) : 단숨에, 단번에, 잠시, 한바탕.

일기(一期) : 한 때. = 일시(一時).

일기지사(一期之事) : 한 때의 일. 일시적인 일. 당장의 일.

일념(一念) : 한순간. 한 생각. 극히 짧은 시간. 머리카락 한 올을 세로로 열 등분 내지는 백 등분, 천 등분으로 가른다. 그리고 그 가른 것 하나를 옥판(玉板) 위에다 놓고, 날카로운 칼날을 갖다 대어서 자른다. 그 날카로운 칼날이 옥판에 도달할 때까지의 시간이 일념(一念)이다.(竪析一髮爲十分乃至白分千分. 以其一分置玉板上, 擧利刃斷. 約其利刃至板時爲一念也.)(『화엄일승법계도총수록(華嚴一乘法界圖叢髓錄)』)

일단(一段) : 한 개의 마디. 문장이나 노래의 한 단락. 한 구역. 한 매듭.

일대반(一大半) : 태반(太半), 과반(過半).

일대사인연(一大事因緣) : 선(禪)을 공부하고 도(道)를 배우는 일. 오직 하나뿐인 큰 일이라는 일대사(一大事)는 깨달음을 얻는 일을 가리킨다. 일대사인연이란, 깨달음을 얻기 위한 인연이 되는 공부를 가리키니, 선(禪)을 공부하고 도(道)를 배우는 일을 말한다. 법화경(法華經)』에 다음과 같은 내용이 있다 : 사리불아, 어찌하여 모든 부처님은 오직 일대사인연 때문에 세상에 나오신다고 하는가? 모든 부처님은 중생으로 하여금 깨달음의 지견(知見)을 열어서 청정함을 얻도록 하시려고 세상에 나오신다. 중생에게 깨달음의 지견을 보여 주시려고 세상에 나오신다. 중생으로 하여금 깨달음의 지견을 깨닫도록 하시려고 세상에 나오신다. 중생으로 하여금 깨달음의 지견에 들어가도록 하시려고 세상에 나오신다. 사리불아, 이것이 곧 모든 부처님이 일대사인연 때문에 세상에 나오신다는 것이니라. (『묘법연화경(妙法蓮華經)』 제1권 「방편품(方便品) 제2」)

일대장경(一大藏經) : = 일대장교(一大藏教).

일대장교(一代藏教) : 경(經) · 율(律) · 론(論) 삼장(三藏)을 가리키는데, 일대시교(一代時教)라고도 한다.

일도(一道) : ① -하는 김에. -하는 기회에. ② 한 벌. 한 세트.

일도진언(一道眞言) : 한 편(篇)의 다라니.

일등(一等) : ① 일종의. 한 부류의. ② 같은 모습의. 같이. 함께. ③ 무엇보다 먼저. 첫째로.

일락색(一絡索) : ① 한 줄의 예화(例話). 일련(一連)의 예화. ② 일련의 일. 한 가닥 얽힌 일들.

일래(日來) : 요사이. 요즈음.

일례(一例) : 일률적으로. 똑같이. 한결같이.

일로(一路) : 함께. 모두.

일면불(日面佛), 월면불(月面佛) : 『불명경(佛名經)』에 등장하는 수많은 불명(佛名) 가운데 하나. 청량징관(清凉澄觀)이 지은 『대방광불화엄경수소연의초(大方廣佛華嚴經隨疏演義鈔)』 제28권에서 『불명경』 제6권(현재 남아 있지 않음)을 인용하여, 일면불(日面佛)은 1800세를 살고, 월면불(月面佛)은 하루 낮 하루 밤을 산다고 기록하고 있다.

일모두상(一毛頭上) : ① 터럭 하나. 터럭 하나 위에서. = 향일모두상(向一毛頭上). ② 하찮은 일로. 사소한 일로.

일미(一味) : ① 그저. 단순히. ② 줄곧. 덮어놓고. 오로지. 어디까지나.(부정적 문맥에서 사용)

일미선(一味禪) : 여래선(如來禪) · 조사선(祖師禪) 등의 순일(純一)하고 잡스러움이 없는 최상승(最上乘)의 선을 가리키는 말이다.

일반(一般) : ① 같다. 비슷하다. ② 한 가지. ③ 보통이다.

일반(一半) : 절반.

일발(一發) : ① 한 번. ② 한꺼번에. 함께. ③ 점점. 더욱더.

일발변전(一撥便轉) : 일발(一撥)은 조금 알려 주다, 한 번 깨우쳐 주다는 뜻. 한 번의 깨우침에 곧장 깨닫다. 한 번 깨우쳐 주자 곧장 깨닫다.

일사(一似) : = 일여(一如). -와 똑같다.

일상(一上) : ① 한 차례. 한 번. ② 단숨에. 단번에.

일석(日夕) : ① 저녁 무렵. 해질 무렵. ② 밤낮. 주야. 매일. ③ 순간. 잠깐. ④ 점점. 점차.

일선(一線) : 한 줄기. 한 가닥.

일선도(一線道) : 한 오라기 실. 지극히 짧은 거리를 나타내는 말.

일성(一星) : 작은 한 점을 형용함.

일성사(一星事) : 한 개 조그만 일.

일성아(一星兒) : 아주 조금. 약간. = 일성반점아(一星半點兒), 일성일점(一星一點).

일순(一巡) : ① 한 바퀴. 한 차례. 한 번. ② 한 번 돌다.

일승(一乘) : 일불승(一佛乘)과 같음. 승(乘)은 타는 것, 곧 수레나 배(船)를 말하며, 우리들을 깨달음으로 실어나르는 불교의 가르침 즉 교법(教法)을 가리킴. 교법에는 소승 · 대승 · 3승 · 5승의 구별이 있는데, 일체 중생이 모두 성불한다는 입장에서 그 구제하는 교법이 하나뿐이고, 또 절대 진실한 것이라고 주장하는 것이 일승(一乘)이다. 『법화경』에서 일불승(一佛乘)을 주장한다.

일시(一時) : ① 한 철. 한 계절. ② 한 시대. 같은 시대. 동시대. ③ 한 시. 한 시간. ④ 잠시. 잠깐. ⑤ 만나기 어려운 기회나 시간. ⑥ 즉시. 당장.

곧. ⑦ 갑자기. 별안간. ⑧ 일제히. 같은 때에. ⑨ 한 번. 잠깐.

일신(一身) : ① 한 몸. 한 사람. ② 온몸. 전신(全身).

일용(日用) : 매일 사용하는. 일상생활의.

일용공부(日用工夫) : 일상생활의 공부.

일용응연처(日用應緣處) : 일상생활 속에서 경계와 만나는 곳. 일상생활하는 곳. 일상생활 속.

일용진로(日用塵勞) : 일상생활에서 부딪치는 번뇌들. 일상생활에서 부딪치는 피곤한 경계들. 진(塵)은 육진(六塵), 노(勞)는 노권(勞倦). 색성향미촉법(色聲香味觸法)의 육진(六塵) 경계를 따라 마음의 번뇌가 일어나서 피곤하게 되므로 번뇌를 진로라 함.

일용현행(日用現行) : 일상생활에서 행하는.

일월(日月) : ① 시절. 시대. ② 생활. 살림. 형편. ③ 하루나 한 달. ④ 왕과 왕비.

일음교(一音敎) : 부처님은 항상 한 가지 음성으로 설법할 뿐이다. 불교에 대승(大乘)·소승과 돈교(頓敎)·점교(漸敎)의 구별이 있는 것은 법을 듣는 중생의 근기에 지혜롭거나 지혜롭지 못한 차별이 있어 각기 견해를 달리하여 받아들이기 때문임.

일응(一應) : 모든. 모두. 한꺼번에.

일인전허만인전실(一人傳虛萬人傳實) : 한 사람이 거짓을 퍼뜨리면 뭇 사람이 사실로 퍼뜨린다. 없는 일도 뭇 사람이 말하면 있는 사실로 받아들여진다.

일임(一任) : 자유에 맡기다. 마음대로 하게 하다.

일자입공문구우발불출(一字入公門九牛拔不出) : 공문(公文)이 관청(官廳)에 한 번 들어가면, 아홉 마리 소도 끌어내지 못한다. 소장(訴狀)이나 자백 내용이 관아(官衙)에 접수되면, 바꿀 방법이 없다. 발(拔; 빼내다)과 철(撤; 거두어들이다, 치우다)은 같은 뜻임.

일장(一場) : 한바탕. 한 번.

일장영과(一狀領過) : 한 장의 결재 서류로 여러 사람을 같은 죄로 처리하는 것. 영과(領過)는 죄를 인정하는 것.

일장영과일도행견(一狀領過一道行遣) : = 일장영과(一狀領過). 한 장의 결재 서류로 여러 사람을 같은 죄로 함께 처리하는 것. 영과(領過)는 죄를 인정하는 것. 일도(一道)는 한 벌, 한 세트, 함께, 더불어. 행견(行遣)은 처리하는 것.

일장패궐(一場敗闕) : 한바탕 손해보다. 한 번 실패하다. 한 번 좌절하다. 한 번 꺾이다.

일전어(一轉語) : 그때그때의 상황에 따라 말을 자유자재하게 사용하여 선지(禪旨)를 가리키는 것. 심기(心機)를 바꾸어서(一轉) 깨닫게 하는 힘이 있는 말이라는 뜻이기도 하다.

일정(日精) : ① 태양의 정기(精氣). ② 국화(菊花)의 다른 이름.

일조(一遭) : 한 번.

일주(一周) : 두루 행하다. 두루 미치다.

일지두선(一指頭禪) : 금화구지(金華俱胝)가 질문을 받을 때마다 언제나 엄지손가락을 세워 보인 것에 유래하는 선이다. 구지는 중국의 당(唐)나라 때 남악문하의 선사로, 늘 구지준제관음주를 외웠다고 해서 구지라 한다. 구지스님이 항주천룡(杭州天龍)에게 참학할 때 천룡이 손가락 하나를 세워서 보여주자 깨달았다고 한다. 이 때문에 천룡일지두선(天龍一指頭禪)이라고도 한다.

일착(一著) : = 일착자(一著子). ① (바둑에서) 한 수 두다. ② 손을 한 번 쓰다. 한 번 행동하다.

일착(一錯) : 한 번 어긋나다. 한 번 잘못되다.

일착자(一著子) : ① (바둑에서) 한 수 두다. ② 손을 한 번 쓰다. 한 번 행동하다.

일채양새(一彩兩賽) : 양채일새(兩彩一賽)와 같다. 두 번 주사위를 던졌는데, 이긴 눈금 하나가 연달아 나왔다. '두 사람의 승부가 나지 않았다', '둘 다 이겼다.'라는 뜻. 새(賽)는 주사위, 채(彩)는 이긴 눈금을 가리킨다.

일척안(一隻眼) : 한 개의 눈. ① 온전한 두 눈이 아닌 치우친 한 개의 눈. 애꾸눈. 이(理)에 치우치거나 사(事)에 치우쳐서 이사(理事)에 무애

(無碍)하지 못한 눈. ② 둘로 보는 육안(肉眼)이 아닌 둘 아닌 불법(佛法)을 보는 유일한 눈. 법을 보는 바른 안목(眼目) 또는 그것을 갖춘 사람을 뜻한다. 정문안(頂門眼), 정안(正眼), 활안(活眼), 명안(明眼) 등과 같은 말.

일천제(一闡提) : icchantika 또는 일천저가(一闡底柯)·일천제가(一闡提伽)·일전가(一顚迦), 줄여서 천제(闡提)라고 하며, 단선근(斷善根)·신불구족(信不具足)이라 번역. 성불(成佛)할 성품이 없는 이를 뜻함. ① 단선천제(斷善闡提). 본성이 성불할 수 없다는 것. 『유식론』의 무성유정(無性有情)과 같음. ② 대비천제(大悲闡提). 보살을 가리킴. 보살이 대비심을 일으켜 일체 중생을 모두 다 제도하기 위하여 예토(穢土)에 일부러 태어나서 활동하므로 성불할 기회를 얻지 못하는 것.

일체종지(一切種智) : ① 일체를 그 구체적인 특수성에 있어서 아는 지혜, 모든 것의 개별성을 아는 지혜를 말한다. 산스크리트로는 sarva-ākāra-jña-tā이다.(『구사론(俱舍論)』 권27) ② 일체지(一切智)의 지(智), 곧 부처님의 일체지(一切智)를 가리킨다. 또는 전지자의 지혜를 말한다. 산스크리트로는 sarvajña-jñānu이다.(『법화경(法華經)』 권1) ③ 최고의 완전무결한 깨달음, 부처님의 지혜를 말한다. 산스크리트로는 samyak-sambodhi이다. ④ 모든 존재에 관해 평등의 상(相)에 즉(卽)하여 차별의 상(相)을 상세히 아는 지혜를 말한다.

일체지(一切智) : 모든 법의 전체 모습을 개괄적으로 아는 지혜. 천태(天台)에서는 성문·연각(緣覺)의 지혜라 하고, 구사(俱舍)에서는 부처님의 지혜라 함.

일체지지(一切智智) : 살바야나(薩婆若那)를 번역한 말. 모든 지혜 중에서도 가장 뛰어난 지혜. 즉 부처님의 지혜, 깨달음이 지혜.

일초(一超) : 한 번 뛰어 넘다.

일편(一偏) : 한 번. = 일편(一遍).

일편(一偏) : 한쪽으로 치우쳐서.

일필구소(一筆勾銷) : 빚 따위를 단번에 갚다. 일소하다. 무효로 하다. 취소하다.

일필구하(一筆勾下) : 단번에 내려놓다. 단번에 내버리다.

일필말살(一筆抹殺) : 단번에 말살하다. 전부 부정하다.

일하(一下) : ① 한 번. 한 차례. ② 갑자기. 갑작스레. 돌연. 홀연. 문득.

일할(一喝) : "악!" 하고 한 번 고함을 지르다.

일합상(一合相) : 하나로 합해진 모습. 한덩어리. 분리할 수 없는 하나의 전체.

일해(一解) : 한 번 풀려남. 한 번 결정적으로 풀려남. 하나의 근본적인 해결(解決). 해결해야 할 한 개 근본 문제.

일향(一向) : ① 요즘. 근래. 최근. ② 지난 한때. ③ (이전부터 오늘까지) 줄곧. 내내. ④ 본래. 원래.

일화(日華) : 태양. 햇볕. 햇빛.

임(任) : ① 따르다. 의지하다. ② 마음대로. 제멋대로. ③ 가령 -라 할지라도.

임간록(林間錄) : 2권. 송(宋) 각범 혜홍(覺範慧洪, 淸凉德洪 1071~1128)이 도속(道俗)의 제자를 위하여, 고래의 고승 대덕 등의 일화 및 참선 유훈 등에 대해서 말한 300여 편의 담화를 문인 본명(本明)이 필서하여 하나의 책으로 만든 것. 서명은 숲속에서 청담(淸談)한 어록이라는 의미이며, 대관 원년에 사일(謝逸)이 서를 썼음. 별도로 임간 후록이 있어 상찬·명·서에 대해 서술하고 있음.

임고(臨皐)와 동파설당(東坡雪堂) : 중국 북송(北宋) 때 정치가·문학자인 소동파(蘇東坡) 즉 소식(蘇軾; 1036~1101)이 황주(黃州)에서 머물렀던 집 이름들. 소동파는 호주(湖州) 지사(知事)로 있던 44세 때 시문(詩文)으로 조정을 비방하였다 하여 사형을 받을 위기에 놓였으나 황제의 은총으로 죽음을 면하고 호북(湖北)의 황주(黃州)로 유배되었다. 소동파는 처음 황주에 내려왔을 때 정혜원(定慧院)이라는 선사(禪寺)에 머물렀으나, 그 뒤 강변에 있는 임고(臨皐)라는 정자(亭子)로 거처를 옮겼다. 또 소동파는 친구의 도움으로 황주 동쪽 성밖의 버려진 땅을 받아 그곳에서 농사를 지었는데, 그 땅의 언덕진 곳에 초가집을 지었다. 초가집은 원풍(元豐) 5년(1082년) 봄에 시작하여 그해 겨울 큰 눈이 내릴 때 완공하였는데, 사방 벽에 설경을 그려 넣고 항상 설경을 감상하면서 초당의 이름을 '동파설당(東坡雪堂)'이라고 했다. 소동파는 임고(臨皐)와 설당(雪堂) 사이를 오가며 살았다.

임굴(臨屈) : 무고한 죄를 뒤집어쓰다.

임금(林檎) : 능금나무.

임마(恁麽) : = 임(恁), 임적(恁的), 임지(恁地). 그와 같은, 그렇게, 여차(如此).

임마불임마(恁麽不恁麽) : 이렇든 이렇지 않든.

임성(任性) : 제멋대로 하다. 마음 내키는 대로 하다.

임시(恁時) : 그때.

임시(任是) : 비록 -라 하여도. 설사 -라 하여도.

임운(任運) : 운(運)에 맡기다. 되는 대로 따라가다.

임정(任情) : 제멋대로(하다). 마음껏(하다).

임제(林際) : 곧 임제(臨濟)이다.

임제의현(臨濟義玄) : ?~867. 당대(唐代) 남악하(南岳下). 임제종(臨濟宗) 개조(開祖). 조주(曹州; 하남성) 남화인(南華人) 성은 형(邢)씨. 어려서는 재주있다고 말을 듣더니 커서는 효자(孝子)라 칭찬받았다. 불교를 좋아하여 출가(出家), 수구(受具)하고는 제방(諸方)의 고승(高僧)에게 배우고 삼장(三藏)을 공부하는 가운데 율(律)과 화엄(華嚴)을 연구하였다. 나중에 불교의 진수를 찾고자 유방(遊方)하여 황벽희운(黃檗希運)을 찾아가 비범(非凡)한 기틀을 인정받고 선지(禪旨)를 참구하다가 황벽의 지시(指示)로 고안대우(高安大愚; 귀종지상(歸宗智常)의 제자)를 찾아뵙고 깨달음을 얻어서 황벽에게 돌아왔다. 희운은 증표로 백장(百丈)의 선판(禪板)과 안(案)을 주고 인가(印可)하였다. 그 뒤 제방의 존숙을 찾아다니다가 대중(大中) 8년(854) 진주(鎭州 ; 하북성) 동남쪽 강변 근처의 작은 절에 머물렀다. 그후 태위(太尉) 묵군화(默君和)는 자신의 거택(居宅)을 절로 만들어 임제를 모시고 임제원(臨濟院)이라 불렀다. 임제의 선풍(禪風)을 흠모하는 이가 사방에서 모여들어 끊이지 않으니 사숙(師叔)인 보화(普化)와 극부(克符)도 임제의 교화(敎化)를 도왔다. 그 뒤 전란을 피해 하남부(河南府)로 오니 부주(府主) 왕상시(王常侍)가 스승의 예로 영접하다. 그 뒤 대명부(大名府; 하북성)의 홍화사(興化寺) 동당(東堂)에 머물렀다. 임제는 아무런 병 없이 지내다가 어느 날 옷을 단정히 하고 앉아서 삼성(三聖)과 문답(問答)하고는 고요히 입적하니, 함통(咸通) 8년 정월 10일이었다. 제자들이 임제의 전신(全身)으로 대명부(大名府) 서쪽에 탑을 세우니, 시호는 혜조(慧照)선사, 탑호는 징령(澄靈)이라 하였다. 문하 상족(上足)으로 삼성혜연(三聖慧然), 홍화존장(興化存奬), 관계지한(灌谿志閑), 유주담공(幽州譚空), 보수소(寶壽沼), 위부대각(魏府大覺) 등 22인이 있다. 삼성은 『진주임제혜조선사어록(鎭州臨濟慧照禪師語錄)』을 편찬하였다. 그의 선풍(禪風)은 대자유(大自由)와 활발발지(活潑潑地)의 살활자재(殺活自在)로운 가풍이며, 선문대종장(禪門大宗匠)의 면목을 약여(躍如)하게 전하고 있다. 그의 법계(法系)는 송대(宋代)에 크게 홍하더니 청대(淸代)에는 일대주류(一代主流)를 형성하였다.(全唐文920 塔記, 臨濟錄 碑銘, 조당집19, 송고승전12, 전등록12, 전법정종기7, 통기42, 廣燈錄10, 속등록1, 회요9, 회원11)

임종(任從) : 제멋대로 하게 하다. 자유에 맡기다.

임행(臨行) : 출발할 때가 되다.

입당(入堂) : 승당(僧堂) 또는 법당(法堂)에 들어감.

입두(入頭) : 입문(入門). 깨달아 들어가는 첫걸음.

입변(立便) : 즉시. 즉각. 당장.

입수(入手) : ① 착수하다. 손을 대다. ② 손에 넣다.

입수견장인(入水見長人) : 힘든 일에 맞닥뜨렸을 때에 비로소 그 사람의 됨됨이를 알 수 있는 뜻으로, 다음과 같은 고사에서 유래한다. 당(唐) 측천무후(則天武后)는 자신이 여자이므로 옆에 남자를 두기가 걱정스러웠다. 그래서 당대 고승인 숭악혜안(嵩嶽慧安)과 대통신수(大通神秀) 두 분을 궁으로 초대해서 한 사람을 골라 국정을 의논하기로 했다. 측전무후는 두 분을 벌거벗은 궁녀들이 시중을 들 준비를 하고 있는 목욕탕으로 들어가게 하고는, 유리문을 통해서 동태를 살폈다. 신수는 당황하여 목욕탕 물을 넘치게 하였는데, 혜안은 여여(如如)하여 조금도 흔들림이 없었다. 이를 본 측천무후가 "물에 들어가서야 뛰어난 사람을 알겠구나."(入水見長人)라고 말하고는, 혜안을 모시고 국정을 의논했다고 한다.

입수지인분외장(入水知人分外長) : '입수견장인(入水見長人)'과 같은 말.

입승(立僧) : 선원(禪院)의 기강(紀綱)을 맡은 소임. 대중의 진퇴(進退)와 동작을 지시하는 소임. 유나(維那)와 비슷.

입신(立身) : 사람답게 처세하다, 사람의 구실을 제대로 하다. 출세하다.

입실(入室) : 학인이 방장이나 조실의 방에 들어가 공부를 점검받는 것.

입실제자(入室第子) : 입실(入室)은 학인이 단독으로 조실(祖室)이나 방장(方丈) 등에 들어가 지도를 받는다는 뜻이다. 입실제자란 입실하여 지도 받고서 선지(禪旨)에 눈뜬 제자란 말이다.

입실청익(入室請益) : 장로(長老)의 방에 들어가 가르침을 받는다는 것, 참선수행에서 개인지도를 받는 것이다. 『전등록』 제6권의 선문규식(禪門規式)에서는 입실청익(入室請益)을 선문(禪門)의 본무(本務)라 하고 있다.

입정(立定) : 단단히 서다. 똑바로 서다.

입지(立地) : ① (부사) 당장. 즉시. ② (동사) 서 있다. 서다.

입탑(入塔) : 죽은 승려의 시신이나 화장한 유골(遺骨)을 탑 안에 넣어 안치하는 의식(儀式). 시신을 화장하지 않고 그대로 넣는 것을 전신입탑(全身入塔)이라 하고, 화장하여 유골을 넣는 것을 영골입탑(靈骨入塔)이라 한다.

입하(立下) : 세우다. 정하다. 체결하다.

입향수속(入鄕隨俗) : 다른 지방에 가면 그 지방의 풍속을 따라야 한다.

잉구(仍舊) : 예전과 같다. 전과 다름없다.

잉법(剩法) : 쓸데없는 법. 쓸데없이 덧붙이는 법. 사족(蛇足).

잉어(剩語) : 쓸데없는 말. 쓸데없이 덧붙이는 말. 사족(蛇足).

ㅈ

자가(自家) : 자기(自己). 본인(本人).

자결(咨決) : 의논하여 결정하다. 의논하다.

자고(鷓鴣) : 꿩과에 소속된 메추라기 비슷하게 생긴 새. 봄에 날씨가 따뜻하면 나타나 운다.

자구(咨扣) : 묻고 가르침을 청함.

자기(子期) : 종자기(鐘子期). 거문고를 잘 타는 백아(伯牙)의 친구로서 백아의 거문고 소리를 들으면 백아가 무슨 생각을 하는지 다 알았다고 한다. 지음(知音)의 고사.

자기(自期)의 거문고(琴) : 지음(知音)의 고사를 가리킨다. 중국 춘추시대 거문고의 명수 백아(伯牙)와 그의 친구 종자기(鍾子期)와의 고사(故事)에서 비롯된 말이다. 『열자(列子)』 「탕문편(湯問篇)」에 나오는 말.

자당(自當) : 물론. 당연히. 응당.

자두(刺頭) : 몰두하다. 달라붙다. 집중하다.

자득(自得) : 스스로 만족하다.

자래(自來) : 원래, 본래.

자량(資粮) : = 자량(資糧). ① 준비, 소재라는 뜻. 불도(佛道)를 실천하는 근본이 되는 선근공덕(善根功德)을 말함. ② 재료를 뜻함.

자량위(資糧位) : 유식설(唯識說)에서 수도오위(修道五位)의 첫 번째. 깨달음을 실천하기 위한 자량(資糧)인 복지(福智)의 행을 수집하는 위. 불도의 양식(糧食)을 준비하여 깨달음으로 나아가는 위치.

자령출거(自領出去) : 스스로 자기의 죄를 인정하고 형장으로 나아가다. 자발적으로 죄를 인정하고 처벌을 달게 받다. 영(頷)은 '죄를 인정하다', '복죄(服罪)하다', '죄에 따라 처분을 받다'라는 뜻을 가진 영죄(頷罪)의 준말.

자로도지(觜盧都地) : = 취로도지(嘴盧都地). (화가 나서, 불만이 있어서)입을 삐죽 내밀다. 입을 꽉 다물다. 입을 내밀고 재잘재잘 씨부리다.

자륜(字輪) : 범자(梵字) 42자를 가리킴. 범자 42자를 굴려 헤아릴 수 없이 많은 뜻을 만들어내므로 이렇게 부른다. = 차별자륜(差別字輪). 청량징관(淸涼澄觀)이 찬술한 『대방광불화엄경소(大方廣佛華嚴經疏)』 제56권에서 자륜(字輪)을 다음과 같이 설명하고 있다 : 이른바 자륜(字輪)이라고 하는 것은, 이로부터 바퀴가 돌듯이 모든 글자의 바퀴가 생겨나오니, 생(生)한다는 뜻이다. 예컨대, 아보리(阿菩提)라는 글자에서 곧 4글자가 차례로 생겨나오니, 첫째는 아자(阿字)니 수행의 바퀴로서 이미 발심했다면 반드시 모든 수행을 해야 하는 것이요, 둘째는 암자(闇字)로서 보리(菩提)를 이루는 바퀴이니 이미 수행했다면 반드시 보리를 깨닫는 것이요, 셋째는 오자(噁字)로서 대적멸(大寂滅) 열반(涅槃)의 바퀴이니 곧 보리(菩提)가 이르는 곳이고, 넷째는 악자(惡字)이니 방편(方便)의 바퀴이다. 바로 아자(阿字) 속에 네 글자가 아자(阿字)를 둘러싸고 있다. 아래로부터 차례차례 오른쪽으로 돌아가는 것이 마치 바퀴의 모습과 같다. 하나를 예로 드니, 나머지 글자도 그와 마찬가지이다.(所謂字輪者, 從此輪轉而生諸字輪, 是生義. 如從阿菩提字卽轉生四字, 謂一阿字是修行輪 旣已發心必修諸行, 二闇字是成菩提輪 旣修行已必證菩提, 三噁字是大寂滅涅槃輪 卽菩提所至, 四惡字是方便輪. 而阿字當中四字繞之. 從下次第右旋亦如輪相. 擧一爲例, 餘字準之.) 한편 밀교(密教)에서는 자륜관(字輪觀)을 행하는데, 자륜관 (字輪觀)은 밀교에서 심장(心臟)인 심월륜(心月輪) 위에 글자를 자재하게 관하는 관법으로서, 본존(本尊)의 의밀(意密)과 중생의 의밀이 일체무이(一體無二)라고 관하는 것이다. 이것은 법계정인(法界定印)이나 미타정인(彌陀定印)에 머물러서, 나의 심월륜 위에 아(阿) · 바(縛) · 라(羅) · 하(賀) · 카(佉)의 다섯 자가 오른쪽으로 돌아간다고 명상하는 것이다. 아자(阿字)가 제법본불생불가득(諸法本不生不可得)인 까닭에 바자(縛字)는 자성언설불가득(自性言說不可得)이고, 바자가 자성언설불가득이므로 라자(羅字)는 진구불가득(塵垢不可得)이고, 라자가 진구불가득이므로 하자(賀字)는 인업불가득(因業不可得)이고, 하자가 인업불가득이므로 카자(佉字)는 등허공불가득(等虛空不可得)이라고 순관(順觀)하고, 다음 카자가 등허공불가득이므로 하자는 인업불가득이고, 이렇게 하여 아자제법본불생불가득이라고 역관(逆觀)하여 드디어 아자인 본불생(本不生)의 도리에 들어가는 것이다. 이것을 통관(通觀)이라 한다. 이에 비해 별관(別觀)에는 본존의 소주(小呪)를 관하는 것과, 본존의 종자(種子)를 관하는 것과, 제존(諸尊)의 범명(梵名)을 관하는 것이 있다.

자명원(慈明圓) : 자명초원(慈明楚圓). 곧 석상초원(石霜楚圓).

자명초원(慈明楚圓) : 986~1040. 석상초원(石霜楚圓)이라고도 한다. 담주(潭州) 석상초원자명(石霜楚圓慈明) 선사. 분양선소(汾陽善昭)의 법제자. 육조 문하의 11세손에 해당한다. 석상은 그가 주석한 산이름이다. 사호가 자명이라서 '자명초원'으로 널리 알려져 있다. 속가의 성은 이(李)씨이며, 전주(全州; 廣西省) 출신이다. 22세 때 상산(湘山; 광서성)의 은정사(隱靜寺)에서 출가하였고, 수계 후에 총림을 편력하다가 분양선소(汾陽善昭)에게 참학하여 그의 법을 이어받았다. 담주(潭州) 도오산(道吾山) · 석상산(石霜山) 숭승선원(崇勝禪院) · 담주 흥화선원(興化禪院) 등에 머물렀다. 보원(寶元) 2년에 입적하였으니 세수 54였다. 자명의 선풍은 엄한 것으로 세상에 알려졌지만, 문중이 번창하여 황룡혜남과 양기방회 등을 배출하였다.

자문(咨問) : 묻다. 상담하다. 자문을 구하다.

자미(滋味) : ① 맛. ② 재미. ③ 기분. 심정. 감정.

자미궁(紫微宮) : 고대 중국의 천문학에서, 삼원(三垣)의 하나인 별자리. 큰곰자리를 중심으로 한 170여 개의 별로 이루어지며, 천제(天帝)가 거처하는 곳이라고 전해 옴. 자미원(紫微垣).

자미성(紫微星) : 북두성(北斗星)의 북쪽에 있는 별로, 천제가 머물고 있다고 한다.

자복(紫服) : 황제가 하사하는 자줏빛 옷. 당(唐)나라 제도에서는 3품 이상의 벼슬아치가 자주빛 관복을 하사 받아 입었다.

자비(慈悲) : 중생에게 즐거움을 주는 것을 자(慈), 고통을 없애 주는 것은 비(悲). 또는 고통을 없애 주는 것을 자, 즐거움을 주는 것을 비라 하기도 함.

자사(自捨) : -를 제외하고는, -가 아니고는, -말고는.

자사(刺史) : 한(漢)나라 때 군(郡)·국(國)을 감독하기 위하여 각 주(州)에 둔 검찰관.

자성(自性) : 그 자체 독립적으로 존재하는 고유한 본성. 각각의 개별적인 사물은 제각각 다른 존재와는 독립적으로 존재하는 고유한 본성을 가진다는 견해를 가진 사람에게는 자성(自性)이란 본래 없다고 가르치고, 모든 사물은 자성이 없이 모두가 텅 빈 허공과 같다는 견해를 가진 사람에게는 진실한 자성(自性)은 항구불변하니 진실한 자성을 찾으라고 가르친다. 자성에 관하여 있느니 없느니 하는 분별을 떠날 때, 비로소 참된 자성에 도달한 것이다. 아니, 참된 자성에 도달하여야 비로소 자성에 관한 허망한 분별이 소멸한다.

자세(仔細) : 자세(子細). 상세하다. 진실을 알다. 분명하다. 삼가다. 조심하다. 또렷하다.

자소(自小) : 어려서부터.

자수용(自受用) : ↔타수용(他受用). 자기가 닦아서 얻은 공덕(功德)이나 법의 즐거움을 스스로 수용(受用)하여 즐김. 그 반대인 타수용은 자기가 닦아서 얻은 공덕이나 법을 즐거움을 타인에게 주는 것.

자수용삼매(自受用三昧) : 불조(佛祖)가 전하는 심안(心眼)을 말하며 만법(萬法)은 자수용(自受用)이어서 밖에서 온 것은 하나도 없다.

자수회심(慈受懷深) : 1077~1132. 장로숭신(長蘆崇信) 선사의 법사(法嗣)인 동경(東京) 혜림회심자수(慧林懷深慈受) 선사(禪師). 혜림(慧林)은 머물렀던 절 이름이다. 혜림회심(慧林懷深) 또는 자수선사(慈受禪師)라고도 한다. 송대(宋代) 스님이고 운문종에 속한다. 속가의 성은 하(夏)씨이다. 수춘부(壽春府, 安徽省) 육안(六安) 출신이며 14세에 삭발하여 장로숭신(長蘆崇信)에게 참학하고 그의 법을 이어받았다. 선화(宣和) 3년(1121) 5월 23일 대상국사(大相國寺)에서 개당하였다. 소흥 2년 4월 20일에 입적할 당시의 나이는 56, 법랍은 36이었다. 저술로는 『자수심화상광록(慈受深和尙廣錄)』 4권이 있다.

자시(自是) : ① 자연히. 원래. 당연히. ② 스스로 제멋대로 옳게 여기다. ③ 이로부터. 이제부터. 지금부터. ④ 다만. 오직.

자시한(自是漢) : 스스로 제멋대로 옳게 여기는 사람.

자씨(慈氏) : 미륵보살(彌勒菩薩).

자암(紫巖) : 자줏빛 산벼랑. 은자(隱者)가 사는 곳을 가리킴.

자언(自言) : 혼잣말을 하다. 중얼거리다.

자여(自餘) : 그 나머지. = 기여(其餘).

자여(自如) : 마음대로. 자유자재하게.

자연(資緣) : 의식주(衣食住)를 가리킨다. 수행의 밑거름이 되기 때문에 이렇게 부른다.

자옥(紫玉) : 당주(唐州) 자옥산(紫玉山) 도통(道通) 선사(禪師). 마조도일(馬祖道一)의 법사(法嗣)이다.

자외(自外) : ① 일부러 외면하거나 반대하다. ② 이 밖에. 이 이외에. 그 밖에. 그 나머지.

자유(自有) : 저절로 -이 있다. 자연히 -이 있다. 응당 -이 있다.

자의(恣意) : 제멋대로. 방자하게.

자이(自爾) : ① 이제부터. 그로부터. ② 자연히. 저절로.

자익(資益) : 이익. = 자익(滋益).

자자(刺字) : 옛날 중국에서, 얼굴이나 팔뚝에 죄명을 먹칠하여 넣던 형벌. 자문(刺文). 자청(刺靑).

자자(自恣) : 하안거(夏安居)가 끝나는 날에 대중(大衆)이 서로 견(見)·문(聞)·의(疑)의 세 가지 일에 대해서 과실을 지적하고 함께 참회하는 것을 말한다.

자자골골(孜孜矻矻) : 자자(孜孜)는 부지런한 모습, 혹은 자세한 모습. 골골(矻矻)은 게으르지 않고 부지런하고 열심인 모습.

자종(自從) : -로부터. -이래로.

자지(炙脂) : 기름때에 절다.

자지곡(柘枝曲) : 고대에 우조(羽調)의 '자지곡'이 있었고, 이에 맞추어 춤을 추었는데, 그 춤을 '자지무(柘枝舞)'라 하였다. 이 춤은 연꽃처럼 생긴 큰 도구 속에 숨어 있던 여자아이 둘이 꽃이 피듯이 도구가 열리면 뛰쳐나와 마주 춤을 추는데, 여자아이의 모자에는 금방울이 달려 있어 서로 빙글빙글 돌면 소리가 났다. 송나라 때에는 이것이 발전하여 무리를 지어 추는 춤으로 바뀌었다.

자지기(資持記) : 원제목은 『사분율초자지기(四分律鈔資持記)』이다. 송대(宋代) 원조가 편찬한 것으로, 모두 16권이다. 도선(道宣)이 편찬한 『사분율산번보궐행사초(四分律刪繁補闕行事鈔)』에 대한 허다한 주석서 가운데서 의미의 해석이 가장 상세한 것으로 알려져 있다.

자찬(自讚) : 송대(宋代) 이후 선종에서 종사(宗師)가 자신의 초상화에 써 넣어 제자에게 불법의 깊은 뜻을 전달하는 표시로 삼은 찬(讚). 자기의 초상화에 자기가 쓴 자신을 찬양하는 글.

자참(咨參) : 물어 보려고 찾아뵙다.

자천(資薦) : -에 힘입어 -를 천도(薦度)하다.

자침(滋浸) : 적시다.

자편(自便) : ① 자기 편한 대로 함. 제멋대로 행동함. ② 스스로 편안하게 여김. ③ 자기의 이익만 꾀함.

자허(子虛) : 헛된 일, 거짓, 허구.

자호이종(子湖利蹤 : 800~880) : 남악의 문하. 전주(澶州; 하북성) 사람. 속성은 주씨(周氏). 유주(幽州; 하북성) 개원사(開元寺)에서 출가하여 20세에 구족계를 받았다. 남전보원(南泉普願)의 법사(法嗣)다. 구주(衢州; 절강성)의 마제산(馬蹄山)에서 연거(宴居; 아무 것도 하지 않고 편안하게 쉼)한 후에 개성(開成) 2년(837) 옹천귀(翁遷貴)의 귀의로 자호암(子湖巖)에서 원(院)을 건립하고 함통(咸通) 2년(861) 안국선원(安國禪院)이라는 칙액(勅額)을 받았다. 광명(廣明) 원년에 시적하였다. 세수는 81세. 신력선사(神力禪師)라고 시호하였다. 『자호산신력선사어록(子湖山神力禪師語錄)』(1권)이 『고존숙어요』(4)·『고존숙어록』(12)에 수록되어 있다.

자후(自後) : 금후(今後), 이후(以後).

작가(作家) : 작자(作者)라고도 한다. 진실한 뜻을 체득하고 수행자를 대함에 있어 노련하게 방편을 사용하는 선(禪)의 종장(宗匠)을 일컫는다.

작마(作麽) : = 작마생(作麽生).

작마생(作麽生) : 어째서? 왜? 어떻게? 어떠하냐? 무엇하려? = 작마(作麽), 즉마(則麽), 자심마(子甚麽), 자마(子麽).

작수(作祟) : ① 귀신이 재앙을 일으키다. ② 훼방을 놓다. 방해하다. 나쁜 영향을 주다. 몰래 나쁜 짓을 하다.

작심마(作甚麽) : 무엇을 하겠는가?

작액(斫額) : (높은 곳에서) 이마에 손을 얹고 (멀리 바라봄).

작연(灼然) : 확실히.

작의(作意) : ① 유의하다. 주의하다. 신경쓰다. 관심을 쏟다. ② 『구사론』 대지법(大地法)의 하나. 『유식론』 5변행(遍行)의 하나. 선(善)·불선(不善)·무기(無記)의 일체 심왕(心王)에 따라 일어나는 마음의 작용. 마음을 일깨워 바깥 대상을 향하여 발동케 하는 정신 작용.

작자(作者) : = 작가(作家).

작적인심허(作賊人心虛) : 도둑질한 사람이 제 발 저리다. = 적인심허(賊人心虛).

작활계(作活計) : 활계(活計)는 생계(生計) 즉 살아

갈 수단. 살림을 살다. 살림을 꾸리다. 살아가다.

잔자(盞子) : 차나 술 혹은 국을 담아 먹는 작은 잔.

잔지(剗地) : ① 여전히. 변함없이. 아직도. ② 공연히. 까닭없이. ③ 도리어.

잔향(殘香) : ① 남아 있는 향기. ② 다 타고 얼마 남지 않은 향.

잠(賺) : ① 속이다. ② 이익을 얻다. 이윤을 남기다.

잠가(暫假, 暫暇) : 선원에서 수행 중인 승려가 일 때문에 잠깐 선원을 떠나는 것. 보통 15일 이내로 한다.

잠번(潛藩) : ① 아직 즉위하지 않은 제왕을 가리키는 말. ② 제왕이 즉위하기 전 왕후(王侯)로 있었을 때의 봉지(封地)를 이르는 말.

잠찬(潛竄) : 몰래 내쫓다. 몰래 몰아내다. 몰래 쫓아내다.

잡독(雜毒) : 잡다한 독(毒).

잡잡(匝匝) : 가득한 모양.

잡잡지(眨眨地) : 눈을 깜빡이며. 눈을 껌뻑껌뻑하며.

잡화포(雜貨鋪) : 온갖 잡동사니 일상적인 물건을 파는 상점. 진금포(眞金鋪)와 상대적인 말. "석두는 진금포(眞金鋪)이고 나는 잡화포(雜貨鋪)이다."라는 말이 『경덕전등록』 제11권 '앙산혜적(仰山慧寂)'에 나온다. 진금포가 오직 선(禪)만을 선양한다면, 잡화포는 일상생활 모두가 선 아님이 없으므로 생활을 할 뿐이라는 말.

장(將) : 동사와 방향보어 사이에 사용되어, 그 동작의 지속성이나 성취를 나타내는 어조사.

장(藏) : 지장(智藏). 서당지장(西堂智藏).

장거(將去) : 지속(持續)을 나타내는 조사.

장건(張騫) : ?~B.C.114. 한나라의 한중(漢中) 성고인(成固人). 건원(建元) 2년에 낭(郎)으로 모집에 응하여 월지(月支)에 사신으로 갔는데, 흉노(匈奴)를 지나다가 붙잡혀 10여 년을 보낸 뒤 도주하여 돌아왔다. 또 교위(校尉)로서 대장군 위청(衛青)을 좇아 흉노를 쳤다. 장건은 사막 가운데 수초(水草)가 있는 곳을 알아 군대가 곤란을 겪지 않게 하였다. 공훈으로 박망후(博望侯)에 봉해졌다. 원정(元鼎) 2년에 또 중랑장(中郎將)으로 오손(烏孫)에 사신으로 갔고, 부사(副使)로서 대완(大宛), 강거(康居), 월지(月支), 대하(大夏) 등의 나라에 분견(分遣)되었다. 오손에서는 사례를 표하였고, 서북의 여러 나라에서 비로소 한나라와 통하게 되었다. 중원(中原)의 철기와 사직품(絲織品) 등이 서역으로 들어갔고, 서역의 음악과 포도(葡萄) 등이 중원으로 들어왔다. 한서(漢書)에 그의 전기가 있다.

장경혜릉(長慶慧稜) : 854~932. 당말(唐末) 오대(五代) 때 스님으로 설봉(雪峰) 문하에 있었다. 장경은 주석한 절의 이름이다. 속가의 성은 손(孫)씨이고, 항주(杭州; 浙江省) 염관(鹽官) 출신이다. 13세 때 소주(蘇州; 江蘇省) 통현사(通玄寺)에서 출가하여, 영운지근(靈雲志勤)·설봉의존(雪峰義存)·현사사비(玄沙師備) 등을 뵙고, 후에 설봉의 법을 이었다. 천우(天祐) 3년(906)에 천주(泉州; 福建省)의 자사(刺史)인 왕정빈(王廷彬)의 청에 따라 초경원(招慶院)에 머물었고, 그 후에 복주(福州) 장경원(長慶院)에 머물렀다. 초각대사(超覺大師)라는 시호를 받았다. 당(唐) 장흥(長興) 3년 5월 17일에 입적하였다.

장공(長空) : 가없이 넓은 하늘.

장공(將功) : 공을 세우다.

장괘(張挂) : (그림, 휘장을) 내걸다.

장괴(張乖) : 어긋남.

장구(張口) : 입을 열다. 말하다. 하품하다. 아가리가 열리다.

장궁(張弓) : 활시위를 얹다. 활짱에 활시위를 메우다. 활시위를 당기다. 활의 숫자를 세는 단위.

장궤(長跪) : 오랫동안 땅 위에 무릎을 꿇고 있다는 뜻. 양쪽 무릎을 땅에 대고 양쪽 발가락을 땅에 지탱하고 절하는 것.

장난(障難) : 가로막는 재앙. 장애물.

장두전(杖頭錢) : 술값. 완선자(阮宣子)가 항상 지팡이에 백전(百錢)을 걸어 놓고 술집에서 그것으로 술을 마셨다는 『세설신어(世說新語)』의 고사에서 유래한 말.

장락궁(長樂宮) : 중국 낙양에 있던 궁전. 토사구팽 당한 한신(韓信)이 살해당한 곳.

장래(將來) : -장래(將來)에서 장(將)은 지속 혹은 개시를 나타내는 조동사, 래(來)는 방향보어로서 동작의 방향을 나타낸다.

장량(張良) : 전한(前漢)때의 공신. 소하(蕭何) · 한신(韓信)과 함께 한(漢)나라 삼걸. 자는 자방(子房). 집안은 대대로 한(韓)나라 대신이었는데 한(韓)나라가 망하자 그 원수를 갚고자 박랑사(博浪沙)에서 역사(力士)를 시켜 철퇴로 진시황을 쳤으나 실패하였다. 후에 하비(下邳)의 이상(圯上)에서 황석공(黃石公)으로부터 태공(太公)의 병서를 받고, 한고조 유방의 모신(謀臣)이 되어 진(秦)나라를 멸망시키고 초(楚)나라를 평정하여 한(漢)을 세우고 그 공로로 유후(留侯)로 봉후되었다.

장련상(長連床) : 승당(僧堂) 속에 있는 기다란 평상(平床). 이 위에서 보통 10여 명 정도가 좌선을 하기도 하고, 누워 자기도 하고, 앉아 식사를 하기도 한다. 승당 내에 설치된 선승(禪僧)들이 생활 공간이다.

장령수탁(長靈守卓) : 1065~1123. 송대(宋代) 스님. 임제종 황룡파. 속성은 장(莊)씨. 복건성 청주 출신. 경사의 천성사에서 득도. 절강성 삼구의 남선아(南禪雅)를 찾아가 참구하고, 뒤이어 동오의 정혜식(定慧式)에 가서 화엄을 배움. 황룡유청(黃龍惟淸)이 태평사에서 설법하자, 찾아가 예를 올리고 그의 법을 이어받음. 불감혜근(佛鑑慧懃) 문하에서 제1좌를 지낸 후, 안휘성 서주 감로선원에서 개당하였음. 안휘성 여주 능인자복선원을 거쳐, 하남성 동경의 천녕만수선사에 머묾. 선화 5년 12월 27일 입적. 『장령화상어록(長靈和尙語錄)』 1권 및 『장령화상어요(長靈和尙語要)』 1권이 있음.

장로(張老) : 고대 중국의 환타지 작품. 제목은 장로(張老)이고, 소재는 신선(神仙) 장로(張老)와 속세인 위가(韋家)와의 꿈같은 인연이고, 시간 배경은 중국 양나라 천감연간(天監年間; 502~519)이고, 공간 배경은 양주(揚州)의 육합현(六合縣)이다. 『속현괴록(續玄怪錄)』에 실려 있다. 등장인물인 장로는 양나라 때의 일화에 나오는 인물로, 채소를 심는 노인이지만, 본래 신선(神仙)으로서 자신이 원하는 여인과 결혼한 후 젊고 아름다운 신선의 풍모로 돌아가며, 위씨(韋氏)는 양나라 때의 가난한 선비 집안의 딸로서 노인의 모습을 한 장로를 마다하지 않고 아버지의 약속을 지킨 신의 있는 여인인데, 장로와 결혼 후 신선처럼 살게 된다. 줄거리는 이렇다. 신선 장로(張老)는 인간 세상에 내려와 채소를 가꾸며 살아가는 노인이다. 어느 날 장로는 이웃집 위가(韋家)에서 사윗감을 구한다는 소식을 듣고 청혼을 한다. 위서(韋恕)는 겉으로 보기에 천하고 나이 많은 장로를 거절하지만, 그가 가져온 재물에 눈이 어두워 혼인을 승낙하고 만다. 장로가 그의 아내를 데리고 산 속으로 들어간 후에도, 위가 사람들은 재물 욕에 사로잡혀 장로를 찾아다닌다. 그러나 장로는 이미 속계를 떠난 후였다.

장리(將理) : 휴양하면서 조리(調理)함.

장무(臟誣) : (본인이 없는 데서) 험담하여 그를 함정에 빠뜨리다. 모함하다. 무고하다.

장무진(張無盡) : 무진거사(無盡居士) 장상영(張商英).

장미수(薔薇水) : 장미꽃을 증류하거나 장미기름을 물에 녹이거나 하여 얻는 투명한 액체. 냄새나 맛을 조절하는 방향제(芳香劑)로 쓰임.

장사(長史) : 벼슬 이름. 한대(漢代)의 상국(相國) 또는 삼공(三公)의 아랫 벼슬. 후대에는 주(州) 자사(刺史)의 관부(副官).

장사(藏司) : 선원(禪院)에서 경장(經藏)을 관리하는 장주(藏主)가 거처하는 곳.

장사(長沙) : 장사경잠(長沙景岑).

장사(長沙)의 잠대충(岑大蟲) : 남전보원(南泉普願)의 제자인 장사경잠(長沙景岑). 경잠(景岑)

이 앙산혜적(仰山慧寂)과 더불어 달구경을 할 때에 앙산이 말하기를, "사람마다 모두 이 하나를 가지고 있지만, 단지 쓸 줄을 모른다."고 하자, 경잠이 말했다. "지금 그대가 써 보아라." 앙산이 말했다. "그대는 어떻게 쓰는가?" 경잠이 이에 앙산의 가슴을 발로 차니, 앙산이 말했다. "헉! 꼭 한 마리 대충(大蟲)같구나." 이로부터 사람들은 그를 일러 잠대충(岑大蟲)이라고 하였다.(『오등회원』 제4권. 장사경잠선사) 대충(大蟲)은 호랑이를 가리킨다.

장사경잠(長沙景岑) : ?~868. 당대의 사람. 남악의 문하. 어려서 출가. 남전보원(南泉普願)에게 참학하고 법을 이었다. 처음에는 장사(長沙; 호남성)의 녹원사(鹿苑寺)에 주석하였다(一世). 한때 거소를 정하지 않고 여러 지방을 유력하고 또 여러 무리들과 성대히 교유하였다. 장사를 중심으로 교화를 폈기 때문에 장사화상(長沙和尚)이라고 불려졌다. 기봉준초(機鋒峻峭)하여 어떤 때는 앙산혜적(仰山慧寂)을 상대하여 순식간에 쓰러뜨려, 앙산이 대충(大蟲, 호랑이)과 같은 난폭자라고 말하는 것처럼 잠대충(岑大蟲)이란 별명이 붙었다. 초현대사(招賢大師)라는 시호를 받았다.

장산근(蔣山勤) : 원오극근(圜悟克勤).

장산찬원(蔣山贊元) : ?~1086. 무주(婺州; 浙江省) 의오(義烏) 사람으로, 속성은 부(傅)씨이며, 쌍림(雙林)의 부대사(傅大士) 후손이다. 세 살 때에 출가하였고, 일곱 살 때에 승려가 되었다. 열다섯 살 때에 석상산(石霜山)으로 가서 자명초원(慈明楚圓)을 뵙고 그 밑에서 10여 년 동안 물 긷고 땔나무 하면서도 배웠는데, 조금도 싫어하는 내색이 없었다. 드디어 자명의 법을 이었고, 그 후로도 소대(蘇臺), 천봉(天峰), 용화(龍華), 백운(白雲) 등지를 돌아다니며 도를 구하였다. 승상 왕안석(王安石)과 교의가 두터웠는데, 장산이 죽자 왕안석이 시를 지어 바쳤다. 원우(元祐) 원년에 죽었다. 각해(覺海)라는 시호가 내렸다.

장산혜근(蔣山慧懃) : 불감혜근(佛鑑慧懃).

장삼이사(張三李四) : 평범한 사람, 아무나, 누구나.

장상영(張商英) : 1043~1121. 자는 천각(天覺)이며, 시호는 문충(文忠)이다. 보통 무진거사(無盡居士)라 한다. 촉(蜀 : 四川省)의 신진(新津) 사람으로, 19세 때 과거에 응시하여 중책을 두루 역임하였으며, 재상까지 지냈다. 소식(蘇軾)과 교유가 있었고, 또 선종의 황룡파(黃龍派) 선승들과도 사귀었는데, 특히 원오극근과는 밀접한 관계를 맺었다. 선에 심취하여 깊이 이해하였다. 불교를 믿게 된 동기는 다음과 같다. 어느 날 절에 갔다가 불경이 비단 위에 금은으로 장식된 것을 보고서, 우리 공자님의 서적은 종이로 장식되어 있는데 불교의 책은 저같이 사치스러운가 하는 시기심이 일어나 집에 와 삼경(三更)이 지나도록 불교를 배척하는 논(論)을 지으려고 했다. 이것을 본 부인이 무엇을 하느냐고 묻자, 거사는 "부처가 없다는 무불론(無佛論)을 지으려고 한다."라고 대답하였다. 이에 부인 향(向)씨가 웃으며 "이미 부처가 없으면 그만이지, 논을 지어 무엇합니까?" 하였다. 거사는 그 말에 의심이 나서 말이 없었는데, 잠시 후 부인이 불경(佛經)을 읽어보았느냐고 묻자 거사는 읽어보지 않았다고 하였다. 부인이 "경을 읽어보지도 않고 어떻게 논(論)을 쓰려고 하십니까? 불경을 한번 읽고 쓰시지요."라고 하였다. 거사는 다음 날 인근 절에서 불경을 빌려왔는데 그 책은 바로 『유마경』이었다. 읽어 나가다가 「문수사리문병품(文殊師利問病品)」의 제5구절에 이르러 불교의 깊은 이치를 깨달았다. 참회하면서 쓴 글이 『호법론(護法論)』(구양수의 불교 비방을 공격한 내용) 1권이다.

장식(藏識) : 제8아뢰야식(阿賴耶識). 아뢰야식(阿賴耶識)은 범어 ālaya-vijñāna의 음역이다. 무몰식(無沒識)·장식(藏識)이라 번역하고, 제8식·본식(本識)·택식(宅識) 등의 명칭이 있다. 진제삼장(眞諦三藏)은 이 식이 중생의 근본 심식(心識)으로 결코 없어지거나 잃어버릴수 있는 것이 아니라는 뜻에서 무몰식(無沒識)이라 번역하고, 현장(玄奘)은 능장(能藏)·소장(所藏)·집장(執藏)의 세 뜻이 있으므로 장식(藏識)이라 번역하였다. 무몰식이란 제법을 유지하여 잃어버리지 않는다는 뜻이며, 장식이라 함은 제법이 전개되는 데 있어서 의지할 바탕이 되는 근본 마음이란 의미다. 또한 8식 가운데서 마지막에 두기 때문에 제8식이라하고, 제법의 근본이기 때문에 본식이라 한다. 따라서 식 중에서도 식주(識主)라 한다. 아뢰야식은 과거의 선업과 불선업의 결과에 이끌리는데, 이것을 제8식의 과상(果相)이라 한다. 그래서 아뢰야식을 이숙식(= 과보식) 이라 한다. 또한 제법이 생기하는 종자를 저장하고 있다는 의미에서 일체종자식이라고도 한다. 이것을 일러 아뢰야식의 인상(因相)이라 한다. 유식(唯識)은 이상의 구조 아래 일체 세계는 아뢰야식이 나타내는 것이라 간주하고 유심론(唯心論)을 수립한다.

장심(將心) : 일부러. 고의로. 마음먹고. 의도적으로. 존심(存心)과 같음.

장심관대(將心管帶) : 일부러 마음을 내어 지니고 있다. 의도적으로 지니고 있다. 삿된 공부.

장심등오(將心等悟) : 일부러 마음을 내어 깨달음을 기다리다. 의도적으로 깨달음을 기다리다. 존심등오(存心等悟)와 같은 뜻으로서 삿된 공부임.

장안(長安) : 중국 섬서성(陝西省)의 성도이며, 관중분지(關中盆地)의 중앙부, 북쪽으로 위하(渭河)가 동류(東流)하고 남쪽에 종남산(終南山)이 솟아 있는 곳에 위치한다. 장안은 주(周)나라 무왕(武王)이 세운 호경(鎬京)에서 비롯되며, 그 뒤 한(漢)나라에서 당(唐)나라에 이르기까지 약 1,000여 년 동안 국도(國都)로 번영한 역사적 도시이다. 지금의 섬서성(陝西省) 장안현(長安縣) 서북쪽에 있다. 서경(西京)으로도 불린다.

장엄(莊嚴) : ① 건립하다. 배열하다. 배치하다. ② 꾸미다. 장식하다. 좋고 아름다운 것으로 국토를 꾸미고, 훌륭한 공덕을 쌓아 몸을 장식하고, 향과 꽃들을 부처님께 올려 장식하는 일. 또 『관무량수경』에서는 "모든 악업(惡業)으로써 스스로 장엄한다."라고 하며 악한 업을 몸에 쌓아 모으는 것을 장엄(莊嚴)이라고 표현하기도 함.

장엄겁(莊嚴劫) : vyuha-kalpa. 과거·현재·미래의 3대겁 가운데서, 현재를 현겁(賢劫), 미래를 성수겁(星宿劫)이라 함에 대하여 과거의 대겁을 장엄겁이라 하며, 이 장엄겁의 주겁(住劫) 동안에 화광불(華光佛)로부터 비사부불(毘舍浮佛)까지의 천 불이 나셨다 함.

장옥(場屋) : ① 과거 시험장. ② 농기구를 보관하거나 사람이 휴식하려는 목적으로 지어 놓은 작은 집.

장위(將謂) : -라고 여겼는데(결국 그렇지 않다는 뜻을 내포함). -라고 잘못 알다.

장위(將爲) : ① -라고 여기다. -라고 알다. -라고 인정하다. ② -라고 잘못 알다. = 장위(將謂).

장위호수적갱유적수호(將謂胡須赤, 更有赤須胡.) : 수염이 붉은 줄 알았었는데, 이제 보니 붉은 수염을 가진 오랑캐가 있었구나.

장육(丈六) : 일장(一丈) 육척(六尺)이라는 뜻으로 보통 화신불(化身佛) 즉 석가모니의 신장(身長)으로 여겨진다. 보통 사람의 키는 팔척(八尺)인데, 부처님의 키는 이의 두 배로 여겨지므로, 장육(丈六)이라 한다.

장육금신(丈六金身) : 일장(一丈) 육척(六尺)이라는 뜻으로 보통 화신불(化身佛) 즉 석가모니의 신장(身長). 금신(金身)은 황금색의 몸으로 불신(佛身)을 가리킴. 장육금신은 불신(佛身)이라는 말이니, 불법(佛法)을 가리킨다.

장자(長者) : 범어 śreṣṭha, gṛhapâti. 호족·부귀한 사람이나 덕행이 수승한 사람을 존칭하는 말이다. 인도에서 좋은 집안에 나서 많은 재산을 가지고 덕을 갖춘 사람을 가리키는 말.

장자(莊子) : 중국 고대의 사상가, 제자백가(諸子百家) 중 도가(道家)의 대표자. 성은 장(莊). 이름은 주(周). 송(宋)의 몽읍(蒙邑; 河南省商邱縣 근처) 출생. 정확한 생몰연대는 미상이나 맹자

(孟子)와 거의 비슷한 시대에 활약한 것으로 전한다. 관영(官營)인 칠원(漆園)에서 일한 적도 있었으나, 그 이후는 평생 벼슬길에 들지 않았으며 10여 만 자에 이르는 저술을 완성하였다. 초(楚)나라의 위왕(威王)이 그를 재상으로 맞아들이려 하였으나 사양하였다. 저서인 『장자』는 원래 52편(篇)이었다고 하는데, 현존하는 것은 진대(晉代)의 곽상(郭象)이 산수(刪修)한 33편(內篇 7, 外篇 15, 雜篇 11)으로, 그 중에서 내편이 원형에 가장 가깝다고 한다.

장자광(長髭曠) : 담주(潭州) 장자광(長髭曠) 선사. 석두희천(石頭希遷)의 제자. 청원 문하 2세 손이다.

장장지(椿椿地) : 하나하나. 이것저것 모두. 연달아. 계속하여. 장(椿)은 건(件)과 같이 수량을 헤아리는 뜻.

장전(張顚) : 생몰연대는 자세하지 않다. 당(唐)의 소주(蘇州) 오인(吳人). 본명은 장욱(張旭). 자는 백고(伯高). 벼슬이 금오장사(金吾長史, 일설에는 率府長史)여서, 사람들이 장장사(張長史)라 불렀다. 시서(詩書)를 잘하였으며, 해서(楷書)에 밝았고, 특히 초서(草書)로서 이름이 높았다. 술을 매우 좋아하여 이백(李白), 하지장(賀知章)과 더불어 "주중팔선(酒中八仙)"이라 하였다. 전하기로는 그는 항상 술에 취하면 머리를 먹물에 적셔 큰 글자를 썼다고 하는데, 그로 인하여 세상에서 "장전(張顚)"이라 불렀다.

장졸상공(張拙相公) : 장졸수재(張拙秀才)라고도 한다. 선월(禪月) 대사(大師)의 권유로 석상경제(石霜慶諸; 807~888)를 찾아갔는데, 석상(石霜)이 물었다. "수재(秀才)는 성이 무엇이요?" "성은 장(張)이고 이름은 졸(拙)입니다." "교(巧; 솜씨 좋음)를 찾아도 오히려 찾을 수가 없는데, 졸(拙; 솜씨 없음)이 스스로 어디서 오는가?" 상공(相公)이 홀연 깨달은 바가 있어서, 이윽고 게송을 지어 드렸다. "광명은 고요히 비추어 항하사 세계에 두루하고, 범부와 성인과 모든 중생들이 나의 집에 함께 있네. 한 생각이 일어나지 않으면 전체가 드러나지만, 육근이 움직이면 바로 구름에 막힌다. 번뇌를 끊으면 병이 더욱 더하고, 진여를 좇아가는 것 역시 삿되다. 세간의 인연을 따라도 장애가 없고, 열반과 생사가 함께 헛꽃이라네."(光明寂照遍河沙 凡聖含靈共我家 一念不生全體現 六根纔動被雲遮 斷除煩惱重增病 趣向眞如亦是邪 隨順世緣無罣礙 涅槃生死等空花)(『오등회원』 제6권)

장졸수재(張拙秀才) : 장졸상공(張拙相公).

장종(莊宗) : 885~926. 중국 오대(五代) 후당(後唐)의 시조(재위 923~926). 성명 이존욱(李存勖). 산서성(山西省) 태원(太原) 출생. 돌궐(突厥) 사타족(沙陀族) 출생의 진(晉)나라 왕 이극용(李克用)의 장자로서 908년 왕위를 계승, 914년 연(燕)나라 유수광(劉守光)을 멸하고 이어 후량(後梁)을 쳤다. 923년 하북성(河北省) 위주(魏州)에서 제위에 올라 국호를 당(唐)이라 칭하였으며, 같은 해 후량을 멸하고 도읍을 낙양(洛陽)에 정하였다. 925년 전촉(前蜀)도 병합하여 하북의 땅을 평정하였다. 뛰어난 무장이었으나 측근들에게 정치를 맡기고 사치에 빠진 탓으로 반란이 일어나 부하에게 살해당하였다.

장주(藏主) : 또는 지장(知藏). 선원에서 대장경을 봉안한 창고를 관리하는 소임.

장주(莊周) : 장자(莊子).

장준(張浚) : 진국태부인(秦國太夫人)의 아들로서, 송(宋) 고종(高宗) 소흥(紹興)때에 재상(宰相)에 임명되고 위국공(魏國公)으로 봉해졌다. 이름은 준(浚), 자(字)는 덕원(德遠), 호(號)는 자암(紫巖)이다. 『거사분등록(居士分燈錄)』 상권(上卷)에 행적이 소개되어 있다. 본 『대혜어록』 제27권 「대혜보각선사서(大慧普覺禪師書)」에 '장승상(張丞相) 덕원(德遠)에 대한 답서'라는 대혜의 편지가 실려 있다.

장지화상(張志和尙) : 수주(秀州; 浙江省) 화정(華亭)의 선자덕성(船子德誠).

장차(將次) : ① 머지않아. 곧. ② 점차.

장착취착(將錯就錯) : 잘못인 줄 알면서도 계속

잘못을 저지르다. 잘못을 거듭 범하다.

장처(長處) : 장점(長點). 뛰어난 점. 좋은 곳.

장천각(張天覺) : 무진거사(無盡居士) 장상영(張商英; 1043~1121).

장화(張華) : 232~300. 서진(西晉) 시대의 대신(大臣), 문학가(文學家). 방성(方城) 사람. 자(字)는 무선(茂先). 저서에 『박물지(博物志)』가 있음.

재(在) : = 차(此). = 본(本). = 자(自). (지시대명사)

재(齋) : upoṣadha, poṣadha. 오포사타(烏脯沙陀)라 음역. 본래는 신·구·의 3업(業)을 깨끗하게 하여 악업을 짓지 않는 것을 의미하였다가 차츰 식사를 법도에 맞게 하는 뜻으로 쓰이게 되어 정오를 지나지 않은 식사를 의미하게 되었다. 또한 법회 때 스님네나 속인들에게 음식을 대접하는 것을 의미하는 말로 되었다. 특히 우리나라에서는 부처님께 공양하는 것을 재라 하고, 후세에는 성대하게 불공하는 것을 재라고 하였으며, 죽은 이를 위하여 천도하는 법회를 재라고 부르게까지 되었다.

재(纔) : 막, 방금, 비로소, 이제 막.

재감(纔堪) : 재장(纔將).

재관(宰官) : 관리. 현(縣)의 지사(知事).

재량(齎糧) : 양식을 휴대하다. 양식을 가지고 다니다.

재방(纔方) : 방금, 이제 막. -해서야 비로소.

재송도자(栽松道者) : 소나무 심는 도인(道人)이란 뜻.

재승(齋僧) : 많은 음식을 준비하여 승가(僧家)의 대중에게 베푸는 것.

재심(在心) : 유념하다. 마음에 새기다. 잊지 않다.

재장(纔將) : 금방. 방금. 이제 막.

재전(在前) : 이전. 종전.

쟁내(爭乃) -하(何) : -를 어찌하리오? -인 것을 어떻게 하겠는가? = 쟁내(爭奈), = 쟁내(爭奈) -하(何).

쟁내(爭奈) : -를 어찌하리오? -는 어떻게 하랴? = 무내(無奈), 쟁내(爭耐), 쟁내(爭乃).

쟁다(爭多) : 쟁다경소(爭多競少). 쟁다논소(爭多論少). 많으니 적으니 하고 옥신각신 다투다. 사소한 일로 옥신각신하다. 하나하나 따지다. 꼬치꼬치 따지다.

쟁득(爭得) : (동) 얻으려 애써다. (의문대) 어떻게?

쟁사(爭似) : 어찌 -와 같으랴?

쟁여(爭如) : 쟁사(爭似)와 같음. 어찌 -와 같으랴? -만한 것이 또 있으랴?

쟁영(崢嶸) : 높고 험준한 모양. 뛰어난 모양. 지독히 심한 모양.

쟁인쟁아(爭人爭我) : 나를 따지고 남을 따지다.

저(底) : ① 어떤. 무엇. (의문) ② 어떻게 그렇게. (감탄) ③ 적(的)과 같음. -의. -인 것. -한 것. ④ 지(地)와 같음. -하게.

저(抵) : 도달하다. 이르다.

저리(這裏) : 이곳. 여기.

저사(底事) : 무슨 일로? 어떤 일로?

저사(佇思) : 우두커니 생각에 잠기다.

저사자(這些子) : 이런 것들. 이러한. 이만한.

저사정기(佇思停機) : 저사(佇思)는 우두커니 생각에 잠기는 것. 정기(停機)는 움직이지 않고 가만히 있는 것.

저시(底時) : 어느 때? 언제?

저읍(低揖) : 머리를 숙이고 공손히 인사하다.

저인(底人) : 누구, 어떤 사람.

저주(抵住) : 버티다. 팽팽히 서로 맞서다.

저처(底處) : 어느 곳? 어디?

적(聻) : = 니(聻).

적(適) : ① 때마침. ② 우연히. ③ 방금. 이제 막. ④ 만나다. 당하다. ⑤ -이다. 바로 -이다. ⑥ 가령. 만약.

적가(適可) : ① 적합하다. 적당하다. ② 다만 -할 수 있다.

적골(赤骨) : 적골력(赤骨力)의 축소형. ① 벌거벗다. 벌거벗은 몸. ② 활짝 드러내다. 조금도 감춤이 없다.

적골력(赤骨力) : ① 벌거벗다. 벌거벗은 몸. ② 활짝 드러내다. 조금도 감춤이 없다. = 적골립

(赤骨立), 적골력(赤骨靂), 적골률(赤骨律).

적골력지(赤骨力地) : 벌거벗고서. 활짝 드러내고서. 말끔하게. 적골력지(赤骨靂地)라고도 씀. 적골력(赤骨力)은 ① 벌거벗다. 벌거벗은 몸. ② 활짝 드러내다. 조금도 감춤이 없다는 말. ③ 깨끗이. 말끔하게. = 적골립(赤骨立), 적골력(赤骨靂), 적골률(赤骨律)이라고도 쓴다.

적구독설(赤口毒舌) : 입에서 나오는 대로 거친 말을 하다. 남을 몹시 욕하다. 중상모략하다.

적념(寂念) : 고요하게 가라앉아서 마음을 하나의 대상에 맞추는 일. 곧 선정(禪定).

적막지빈(寂寞之濱) : 공한적막지빈(空閑寂寞之濱)이라고도 하며, 사람 없는 고요하고 쓸쓸한 곳이라는 뜻. 비구가 머물며 공부하는 장소로서 시끄러움이 없는 한적한 곳이라는 아란야(阿蘭若)와 같은 뜻. 시끄럽지 않고 한적한 곳으로 공부하기에 적당한 곳을 가리키는 말.

적면(覿面) : 맞대면하다. 직접 만나다.

적멸(寂滅) : 고요히 사라짐. 열반(涅槃; nirvāṇa)을 번역한 말. 망상인 번뇌가 모두 소멸하여 시끄러움이 없이 고요한 것.

적멸선(寂滅禪) : 적멸(寂滅)한 선정(禪定)에 들어가는 선. 번뇌망상의 불이 완전히 꺼진 적멸한 삼매(三昧)에 들어가는 선.

적몰(籍沒) : 죄인의 재산을 기록하여 몰수하다.

적미적(赤眉賊) : 적미(赤眉)의 난(亂). 적미의 난은 중국 왕망(王莽)이 세운 신(新; 9~24)나라 말기에 일어난 대규모 농민반란. 왕망의 정책이 내정이나 대외정책에 있어서 모두 실패한데다 대기근이 겹치자 유수(劉秀 : 光武章) 등 호족들의 반란을 비롯해 전국 각지에서 반란이 일어났다. 18년(天鳳 5) 청 · 서(靑 · 徐 : 지금의 산동성(山東省) 동부와 강소성(江蘇省) 북부) 일대에 큰 기근이 닥치자, 낭야(瑯琊 : 지금의 산둥 성 제성(諸城)) 사람인 번숭(樊崇)이 산동(山東)의 거현(莒縣)에서 무리를 모아 난을 일으켰다. 무리의 수는 몇만 명에 이르렀고 그들은 신나라 군대를 크게 무찔렀다. 반란군은 눈썹을 붉게 물들여 그들의 표식으로 삼아 '적미'라고 불렸다. 24년 겨울 관중(關中) 지역을 향해 2갈래 길로 출발하여 다음해 홍농(弘農 : 지금의 허난 성[河南省] 링바오[靈寶] 북쪽)에서 합류했는데, 이때 무리가 30만 명으로 늘어났다. 그들은 한(漢) 황실의 일족이라 칭하는 유분자(劉盆子)를 황제로 추대하고, 연호를 건세(建世)라고 했다. 얼마 후 장안(長安)을 공격하여 경시제(更始帝) 유현(劉玄)을 항복시켰으나, 26년 겨울 기근으로 인해 동쪽으로 돌아갔다. 도중에 후한을 세운 유수의 부대에게 저지당했고, 다음해 신안(新安) · 의양(宜陽) 일대에서 포위당해 번숭 등이 사로잡혔다.

적벽(赤壁) : ① 호북성(湖北省) 가어현(嘉魚縣) 동북, 양자강(揚子江) 남안에 있는 산 이름. 삼국 시대 오(吳)의 주유(周瑜)가 위(魏)의 조조(曹操)를 격파한 곳. ② 호북성 황강현(黃岡縣) 성 밖의 명승지. 적비기(赤鼻磯)라고도 함. 소동파(蘇東坡)가 적벽(赤壁)으로 잘못 알고 적벽부(赤壁賦)를 지은 곳.

적수성빙(滴水成冰) : 물방울이 얼다. 몹시 심한 추위를 가리키는 말.

적심(赤心) : 참마음. 진실한 마음.

적안(赤眼) : 귀종(歸宗)의 눈이 평소에 붉었기 때문에 붙은 별명이다.

적오(赤烏) : 적오(赤烏)는 중국 오(吳)나라의 연호(238~250)이다. 이 적오 연간에 교지(交趾)에서 강승회(康僧會)가 건업(建鄴; 南京)으로 건너왔고, 처음으로 강남(江南)에 사탑(寺塔)을 세우고 경전을 번역하였다고 한다.

적육단(赤肉團) : 붉은 고깃덩이. 육신. 몸.

적인심허(賊人心虛) : 도둑이 제 발 저리다. = 작적인심허(作賊人心虛).

적적(寂寂) : 고요한 모양. 꼼짝하지 않는 모양.

적정(寂定) : = 대적정(大寂定). ① 대적정삼매(大寂定三昧) · 대적정묘삼마지(大寂靜妙三摩地). 정(定)은 선정(禪定) · 삼매(三昧) · 삼마지(三摩地)라고도 함. 마음을 한 대상에 머물게 하여 산란치 않는 것을 말한다. 대적정은 여래가 드는 선정으로 모든 산란에서 떠나 마침내 적정(寂靜)하다는 뜻으로 대적(大寂)이라 함. ② 대열반(大涅槃)을 말함. 이것은 절대 적정의 경지이므로 이와 같이 말함.

적정(寂靜) : 고요하고 평화로움. 마음에 번뇌가 없고, 몸에 괴로움이 없는 편안한 모양.

적지모(炙脂帽) : 구운 고기처럼 시커멓게 때가 낀 더러운 가죽 모자. 골취삼(鶻臭衫)처럼 선 수행의 자취가 남아 있는 상태를 가리키는 말.

적체(赤體) : 알몸.

적토(赤土) : ① 초목이 나지 않는 붉은 흙. ② 적토국(赤土國). 옛날 수(隋)나라 양제(煬帝) 때 남방에 있던 나라. ③ 흉년이 들어 거두어들일 농작물이 전혀 없는 땅. ④ 검(劍)의 이름. ⑤ 운남성(雲南省) 등충현(騰沖縣) 동쪽에 있는 산. ⑥ 감숙성(甘肅省) 성현(成縣) 북서쪽에 있던 성(城).

전(轉) : ① 더욱더. 한층 더. ② 다루다. 조종하다. 부리다.

전(專) : ① 특히. 특별히. 일부러. ② 오로지. 다만. 단지. 전문적으로. ③ 전부. 모두. 다.

전(轉)-전(轉)- : -할수록 더욱더 -하다.

전경(轉經) : = 전독(轉讀). 전(轉)은 옮겨간다는 뜻. 경문(經文)의 글자를 처음부터 끝까지 한 글자 한 글자 다 읽는 것이 아니고, 권마다 처음과 가운데와 끝에서 몇 줄씩만을 읽고, 나머지는 책장만 넘기며 읽는 시늉을 함.

전관(錢貫) : 돈꿰미.

전기(全機) : 가지고 있는 전체 작용, 모든 솜씨, 온전하고 자연스런 모습.

전년(前年) : 재작년.

전뇌(轉腦) : 머리를 굴리다. 생각을 굴리다. 머리를 쓰다.

전단(栴檀) : candana. 전단(栴檀) · 전단나(栴檀娜) · 전탄나(栴彈那)라고 음역. 여약(與藥)이라 번역. 향나무 이름. 상록수로, 보통 20~30피트(?)의 크기, 향기를 머금고 있어서 조각도 하고, 뿌리와 함께 가루를 만들어 향으로 쓰거나, 향유를 만들기도 한다. 1~2마디 되는 칼끝모양의 잎이 마주 나고, 꽃은 주머니 모양이며, 씨가 굳고 둥근 열매가 연다. 인도의 남쪽 데칸 고원 지방에서 많이 난다.

전당강(錢塘江) : 절강성(浙江省)에 있는 강. 지금의 부춘강(富春江) 하류(下流)로서 항주만(杭州灣)과 만나는 지점을 전당강(錢塘江)이라 한다. 강 어귀에 항주시(杭州市)가 있다. 전당강 어귀는 조수(潮水)에 의한 간만의 차이가 심하고 흐름이 빠르다. 대혜가 주석한 경산(徑山)과 전당강은 같은 절강성으로서 멀지 않은 곳에 있다.

전도(顚倒) : 뒤집힘. 뒤바뀜. 세계의 실상을 보지 못하고 망상을 진실이라고 잘못 아는 것. 번뇌의 다른 이름.

전두(轉頭) : ① 머리를 돌리다. ② 짧은 시간. 재빠름을 비유하는 말. 시간을 재촉함을 비유하는 말. ③ 생각을 바꾸다. ④ 바꿀 기회.

전두(前頭) : ① 앞쪽. 면전. ② 이전. ③ 금후(今後).

전등(傳燈) : 전법(傳法)과 같은 의미. 등(燈)이 꺼지지 않고 차례차례 켜지듯이 정법의 등불이 계계승승하여 끊어지지 않는 것. 법을 이어 전수하는 의식을 전등식이라 하고 법을 상승하는 순서를 기록한 것을 전등록 · 전등총계보 등의 이름으로 부른다.

전등록(傳燈錄) : 경덕전등록(景德傳燈錄)의 준말. 전30권. 송(宋)의 진종 경덕(景德) 원년(1004년)에 오나라의 사문 도원(道原)이 석가모니 이래 조사(祖師)들의 법맥(法脈)을 체계화하고 조사들의 언행과 법어를 기록한 글. 선종(禪宗) 전등(傳燈)의 계보를 밝히고 있는데 총 1701인의 이야기를 싣고 있다. 중국 선종 연구의 기본 자료이다. 이후에 이것을 본받아 여러 가지의 등록(燈錄)이 생겨났다.

전륜왕(轉輪王) : 전륜성왕(轉輪聖王) · 전륜성제(轉輪聖帝)라고도 함. 줄여서 윤왕(輪王), 또는 비행(飛行) 황제라고도 한다. 수미(須彌) 4주(洲)의 세계를 통치하는 대왕. 이 왕은 몸에 32상을 갖추었으며 즉위할 때에는 하늘로부터 윤보

(輪寶)를 감득(感得)하는데, 이 윤보를 굴리면서 사방을 위엄으로 굴복시키므로 전륜왕이라 불린다. 또한 공중을 날아다니므로 비행황제라고도 불린다. 증겁(增劫)에 인수(人壽) 2만세 이상에 이르면, 이 왕이 세상에 나고, 감겁(減劫)에는 인수 무량세에서 8만 세까지의 사이에 나타난다 함. 윤보에는 금·은·동·철의 네 종류가 있어 이들 윤보의 종류에 따라 왕의 이름이 나뉨. 즉 금륜왕은 수미 4주를 통치, 은륜왕은 동·서·남 3주를, 동륜왕은 동·남 2주를, 철륜왕은 남섬부주의 1주를 통치한다고 함.

전륜장(轉輪藏) : 또는 윤장(輪藏). 경전을 넣어둔 책장으로 회전하도록 만든 책궤. 양나라 쌍림대사(雙林大士) 부흡(傅翕)이 만들었다. 이것을 돌리면 찾는 경권을 자유로 찾을 수 있고, 속인은 이것을 돌리기만 하고 경문을 읽지 않아도 공덕이 된다고 한다.

전미(轉彌) : 더욱 심하다. 더욱 더하다. 전(轉)도 미(彌)도 더욱더 심하다는 뜻.

전박판(氈拍板) : 박판(拍板)은 나무판으로 만든 타악기. 전박판이란, 짐승의 털인 모전(毛氈)으로 만든 담요를 박판에 둘러서 쳐도 소리가 나지 않게 한 것. 구멍 없는 피리와 전박판은 모두 분별할 수 없고 손댈 수 없는 본래면목을 가리키는 말.

전배(前輩) : 선배(先輩).

전사(展事) : 일을 펼치다. 일을 나타내다.

전사(專使) : 특사(特使). 특별히 모든 일을 맡아 심부름하는 사람.

전사(展似) : 펼쳐 보여 주다.

전삭(搌索) : 비끄러매는 줄.

전살(顚殺, 攧殺) : 전(攧)은 '흔들리다', '떨어지다', '걸려 넘어지다', '내던지다', '발을 동동 구르다'는 뜻. 살(殺)은 살(煞)로도 쓰며, 동사나 형용사 뒤에 붙어서 '매우 심한', '끝까지', '죽도록' 등 정도가 극히 심함을 나타내는 말.

전삼삼후삼삼(前三三後三三) : 본래 이 이야기는 청량산(淸涼山) 대화엄사(大華嚴寺)의 사문(沙門)인 연일(延一)이 중편(重編)한 『광청량전(廣淸涼傳)』 중권(中卷)의 '무착화상입화반야사(無著和尙入化般若寺)' 제13에 나온다. 『광청량전』에는 송(宋) 가우(嘉祐) 5년(1060)에 쓴 서문이 붙어 있다. 『오등회원』 제9권에서는 이 이야기가 앙산혜적(仰山慧寂)의 제자인 항주무착문희선사(杭州無着文喜禪師)의 이야기로 되어 있는데 그 내용은 다음과 같다. : 무착(無著)이 오대산(五臺山) 화엄사(華嚴寺)로 곧장 가서 금강굴(金剛窟)에 이르러 참배하는데 소를 몰고 가는 한 노인이 무착을 맞이하여 함께 절로 들어갔다. 노인이 "균제(均提)야!" 하고 부르니, 왠 동자가 대답을 하고 나와 응접하였다. 노인은 소를 놓고서 무착을 인도하여 법당에 올라갔는데, 법당이 집이 전부 금빛으로 빛나고 있었다. 노인은 법상에 앉아 수 놓은 의자를 가리키며 앉으라고 하였다. 노인이 물었다. "최근 어디에서 왔습니까?" "남쪽 지방에서 왔습니다." "남쪽 지방에선 불법(佛法)을 어떻게 주지(住持)하고 있습니까?" "말법(末法) 시대라서 계율(戒律)을 지키는 비구가 적습니다." "대중(大衆)은 얼마나 됩니까?" "삼백 명 아니면 오백 명 정도입니다." 무착이 다시 물었다. "이곳에선 불법을 어떻게 주지하고 있습니까?" "용과 뱀이 뒤섞여 있고, 범부와 성인이 함께 있습니다." "대중은 얼마나 됩니까?" "전삼삼후삼삼(前三三後三三)." 노인은 동자를 불러 차와 소락(酥酪)을 가져오라고 하였다. 무착이 그 맛을 보니 기분이 상쾌하였다. 노인이 파리잔(玻璃盞)을 들고서 물었다. "남쪽 지방에도 이런 것이 있습니까?" "없습니다." "그럼 평소 무엇을 가지고 차를 마십니까?" 무착은 대답하지 못했다. 무착이 해가 서쪽으로 기우는 것을 보고서 노인에게 물었다. "하룻밤 자고 가도 되겠습니까?" "그대에게는 집착하는 마음이 있으므로 자고 갈 수 없습니다." "저에게는 집착하는 마음이 없습니다." "그대는 계(戒)를 받지 않았는가?" "계를 받은 지 오래 되었습니다." "그대에게 만약 집착하는 마음이 없다면, 계를 받을 필요가 무엇 있는가?" 무착이 작별인사를 드리고 물러나오자, 노인은 동자에게 전송해 주도록 하였다. 무착이 동자에게 물었다. “전삼삼후삼삼(前三三後三三)은 얼마나 됩니까?” 동자가 “스님!” 하고 무착을 불렀다. 무착이 대답하자 동자가 말했다. “얼마나 됩니까?” 무착이 다시 물었다. “여기는 어디입니까?” 동자가 말했다. “여기는 금강굴(金剛窟)의 반야사(般若寺)입니다.” 무착은 뒤늦게 그 노인이 문수보살임을 깨달았지만, 다시 볼 수는 없었다.(師直往五臺山華嚴寺, 至金剛窟禮謁, 遇一老翁牽牛而行, 邀師入寺. 翁呼 : “均提!” 有童子應聲出迎. 翁縱牛, 引師陞堂, 堂宇皆耀金色. 翁踞床指繡墩命坐. 翁曰 : “近自何來?” 師曰 : “南方.” 翁曰 : “南方佛法如何住持?” 師曰 : “末法比丘, 少奉戒律.” 翁曰 : “多少衆?” 師曰 : “或三百, 或五百.” 師卻問 : “此間佛法如何住持?” 翁曰 : “龍蛇混雜, 凡聖同居.” 師曰 : “多少衆?” 翁曰 : “前三三, 後三三.” 翁呼童子致茶, 幷進酥酪. 師納其味, 心意豁然. 翁拈起玻璃盞, 問曰 : “南方還有這箇否?” 師曰 : “無.” 翁曰 : “尋常將甚麼喫茶?” 師無對. 師睹日色稍晩, 遂問翁 : “擬投一宿得否?” 翁曰 : “汝有執心在, 不得宿.” 師曰 : “某甲無執心.” 翁曰 : “汝曾受戒否?” 師曰 : “受戒久矣.” 翁曰 : “汝若無執心, 何用受戒?” 師辭退, 翁令童子相送. 師問童子 : “前三三, 後三三, 是多少?” 童召 : “大德!” 師應諾, 童曰 : “是多少?” 師復問曰 : “此爲何處?” 童曰 : “此金剛窟般若寺也.” 師悽然悟彼翁者卽文殊也, 不可再見.)

전식(轉識) : ① 8식에서 장식(藏識)인 제8아뢰야식을 제외하고 현재 드러나 작용하는 안·이·비·설·신·의·말나(末那)의 7식. 이 7식은 제8식으로부터 전생(轉生) 변현(變現)하는 식이므로 전식이라 함. ② 제8아뢰야식의 다른 이름. 이 식이 안식 등의 여러 식을 전생(轉生)하는 것이므로 전식이라 함. ③ 오식(五識)의 하나. 거울에 형상을 비치는 작용이 있는 것같이, 무명으로 생긴 업식(業識)은 다시 전(轉)하여 능견(能見) 초동(初動)하는 상(相)을 이루고, 여러 가지 경계에 대하여 반연하려는 작용을 나타내므로 전식이라 함. ④ 전식득지(轉識得智).

전식득지(轉識得智) : 유루(有漏)의 8식을 돌이켜[轉] 무루(無漏)의 8식과 상응하는 4지(智)를 얻는 것. 견도위(見道位)에 들어갈 때에 제8식을 돌이켜 대원경지(大圓鏡智)를 얻고, 제7식을 돌이켜 평등성지(平等成智)를 얻고, 제6식을 돌이켜 묘관찰지(妙觀察智)를 얻고, 전(前) 5식을 돌이켜 성소작지(成所作智)를 얻음.

전신(轉身) : 몸을 바꾸다, 미혹한 중생의 몸에서 부처의 몸으로 바꾸다. 미혹한 자신을 깨달은 사람으로 바꾸다.

전신동뇌(轉身動腦) : 돌아서서 머리를 쓰다. 몸과 마음을 바꾸다.

전신처(轉身處) : 자신을 자재하게 굴려서 어떤 장애에도 걸리지 않다. 선사의 자유자재한 솜씨. 미혹에서 빠져나오는 것.

전어(轉語) : 그때그때의 상황에 따라 말을 자유자재하게 사용하여 선지(禪旨)를 가리키는 것. 심기(心機)를 바꾸어서(一轉) 깨닫게 하는 힘이 있는 말이라는 뜻이기도 하다. = 일전어(一轉語).

전업(轉業) : 업(業)을 부리다. 업의 부림에서 벗어나 업을 자유롭게 부리다. 업에 얽매이지 않고 뜻대로 자재하다.

전의(傳衣) : 선종(禪宗)에서 법을 전수한 신표(信表)로 전해 받은 법의(法衣)를 말함. 옛적 석존께서 가섭에게 대법을 부촉할 때에 금란가사를 함께 주었는데, 그 뒤로 그것을 스승이 제자에게 대대로 전하여 보리달마에 이르고, 달마가 중국에 와서 6조(祖) 혜능(慧能)에게까지 전하였다. 그러나 혜능이 5조에게서 이것을 전해 받을 때에 빼앗으려는 이가 있었으므로, 혜능은 이것을 조계산에 두고 다시 전하지 않았다.

전자(前資) : 선종(禪宗) 사찰에서 부사(副寺) 이하의 사무직을 3안거(安居) 동안 종사하고나서 물러난 이를 가리킴. 전에 사무를 도왔던 사람이란 뜻.

전전(展轉) : = 전전(輾轉). 엎치락뒤치락하다, 몸을 뒤척이다. 여러 사람의 손이나 여러 장소를 거치다.

전전(專專) : 오로지, 전적으로.

전정(前定) : ① 미리 정하다. ② 전생에 이미 정해진 운명.

전정(前程) : 다가올 앞길. 앞일. 앞날.

전정각산(前正覺山) : = 정각산(正覺山).

전제(前際) : 과거. 과거 · 현재 · 미래 삼세(三世)를 전제(前際) · 중제(中際) · 후제(後際) 삼제(三際)라 한다.

전좌(典座) : 6지사(知事)의 하나. 선원에서 중승의 방실(房室) · 이부자리 · 음식 등을 담당하는 소임.

전주(殿主) : 지전(知殿)의 별칭. 선원(禪院)에서 불전(佛殿)을 관리하는 소임.

전처(轉處) : = 전신처(轉身處).

전패(顚沛) : 넘어지다, 엎어지고 자빠지다.

전향(專向) : 오로지 -로만 나아가다.

전후(殿後) : 행군할 때에 군사대열의 맨 뒤에 서는 것. 후미.

절각당(折脚鐺) : 다리 부러진 솥. 가난한 절의 살림.

절곤(折困) : 꺾여서 괴로워하다. 굴복하여 괴로와하다.

절기(切忌) : 극력 피하다. 극력 삼가다. 절대 -해서는 안 된다.

절도(絶倒) : ① 몸이 땅에 넘어지다. ② 배를 젖히다. ③ 배를 잡고 웃다. 배를 잡고 뒹굴다.

절동(浙東) : 절강성의 동부.

절량(絶粮) : 식량이 떨어지다. 단식하다.

절령(節令) : 절기(節氣). 계절. 철.

절류기(截流機) : 중류(衆流)를 절단(截斷)할 수 있는 근기(根機)라는 뜻인데, 중류(衆流)란 여러 가지의 번뇌망상(煩腦妄想)을 말한다. 따라서 절류기(截流機)란 번뇌망상을 끊고 해탈할 수 있는 대근기의 범부(凡夫)를 가리킨다.

절륜(絶倫) : = 절등(絶等). 같은 것이 없다. 견줄 만한 것이 없다. 비교할 바가 없다. 절대적으로.

절문(節文) : 예절. 예의. 품행. 문장.

절본(折本) : 본전을 까먹다. 밑지다. 손해보다.

절사(節使) : 절도사(節度使)의 준말.

절서(浙西) : 절강성(浙江省)의 서부.

절선부앙(折旋俯仰) : (몸을) 뒤집고, 구르고, 앞으로 구부리고, 뒤고 젖히다. 몸의 자세를 이리저리 바꾸며 발버둥치다.

절외생지(節外生枝) : 뜻밖의 문제가 발생하다. 또 다른 사태가 발생하다. 뜻밖의 생각을 일으키다.

절요(折腰) : ① 굽은 허리. 허리를 굽힘. ② 허리를 굽혀 절함. ③ 몸을 굽혀 남을 섬김. ④ 춤추는 모양. ⑤ 허리를 옷감으로 감싸다.

절의(絶意) : ① 생각을 끊다. 단념하다. ② 절망하다.

절절(切切) : ① 가볍고 작은 소리를 형용함. ② 확실함. ③ 간절한 모습.

절제(絶際) : 가장자리가 없다. 끝이 없다.

절좌(折挫) : 다치게 하다. 손해를 끼치다.

절중(折中) : = 절충(折衷). 서로 다른 사물이나 의견, 관점 따위를 알맞게 조절하여 서로 잘 어울리게 함.

절차(切磋) : 갈고 닦다. 학문을 서로 토론하고 연구하다.

절찰(折拶) : 꺾을 절, 핍박할 찰. 다그치다. 몰아세우다.

절치(切齒) : 이를 갈다. 증오하다. 앞니.

절합(折合) : 대응(對應)하다.

절후(絶後) : 대가 끊어지다. 앞으로 그런 예를 볼 수 없다. 공전절후(空前絶後).

절후재소(絶後再蘇) : 죽었다가 다시 살아나다.

점과(點過) : 조사하여 넘기다. 불을 붙여 지나가다. 점검하다.

점교(漸教) : 수행의 단계를 밟아가 깨달음에 이른다는 가르침. 선종(禪宗)에서는 북종(北宗) 신수(神秀)의 가르침.

점다(點茶) : 차를 끓이다.

점안(點眼) : 또는 개안(開眼). 부처님을 모신 뒤에

경(經)을 독송하면서 불상의 눈에 동자를 그려 넣는 의식을 점안이라 하며, 점안 등의 법요식을 통해 종교적 생명을 부여하는 의식을 점안식이라고 한다.

점액(點額) : 이마를 찍다. 용문(龍門)을 오른 물고기는 용이 되지만, 오르지 못한 물고기는 이마만 다치고 되돌아간다는 말. 과거에 낙방한다는 말로도 쓰인다.

점오(點汚) : 오점을 남기다. 더럽히다.

점정(點淨) : 일일이 하나하나 조사하다. 세밀하게 점검하다. 손을 씻다.

점족(霑足) : 빗물이 토양을 흠뻑 적심. 두루 흡족함.

점출(點出) : ① 하나하나 가리켜 주다. ② 불을 붙이다.

점파(點破) : ① 끝이 뾰족한 것으로 톡 건드려 터뜨리다. ② 한두 마디로 일의 감추어진 실상(實相)을 지적하다. ③ 폭로하다. 갈파하다. ④ 꿈을 깨우다.

점파국(占波國) : Campa의 음역. 첨파국(瞻婆國)이라고도 한다. 중인도 폐사리국의 남쪽에 있는 나라 이름.

점필(點筆) : 붓에 먹물을 묻힘. 곧 붓을 들어 글을 씀.

점흉(點胸) : 가슴을 가리키며 (자랑하다, 뽐내다.)

점흉자허(點胸自許) : 가슴을 가리키며 자부하다. 자신하다. 점흉(點胸)이나 자허(自許)는 모두 자랑하고 뽐내고 자부하는 것을 가리키는 말.

접득(接得) : 받다.

접물이생(接物利生) : 중생을 만나 교화하여 이익을 준다.

접성(接聲) : 말소리에 응답하다. 뒤를 이어 말하다.

접수구(接手句) : 접수(接手)는 공수(拱手)의 예를 차림, 서로 손을 맞잡음, 서로 솜씨를 겨룸, 손으로 물건을 받음 등의 뜻. 접수구는 예를 차린 인사말.

접인(接引) : 종사(宗師)가 방편(方便)을 써서 학인(學人)을 가르쳐 이끄는 것.

접자(楪子) : = 설자(碟子).

접취(接嘴) : 남의 말을 이어 말하다.

접화(接化) : 응접하여 교화(敎化)하다. 종사가 학인을 가르치는 것.

정(精) : ① 순수한. 정제한. ② 순수한 것. 정화(精華). 정수(精髓). ③ 훌륭하다. 우수하다. 뛰어나다. ④ 정밀하다. 정교하다. ⑤ 총명하다. 똑똑하다. 영리하다. ⑥ 정통하다. 능통하다. ⑦ 정신. 정력. 원기. ⑧ 정액. ⑨ 요정(妖精). 요물. ⑩ 몹시. 매우. 대단히.

정(程) : 거리의 단위. 역참(驛站) 등 머물러 쉬는 곳을 기준으로 하여 정한 노정(路程)의 길이. 보통 일일정(一日程)이라 할 때는 걸어서 하루 정도 걸리는 거리를 말함.

정(定) : 반드시. 꼭.

정각산(正覺山) : 중인도 마갈타국에 있는 산. 석존께서 6년 동안 고행을 한 뒤에도 아직 깨달음을 얻지 못하였으므로 고행을 버리고, 소 치는 여인에게서 유미죽(乳?粥)을 받아 잡수시고는 이 산에 이르러 깨달음을 얻으려고 하셨으나 땅이 진동하여 금강정(金剛定)에 들 수 없으므로 결국 이 산을 내려와 보리수 아래에 이르러 정각(正覺)을 이루셨다고 함. 전정각산(前正覺山)이라고도 함.

정나라(淨倮倮) : 벌거벗은 듯이 깨끗하다. 깨달음을 얻은 뒤 모든 구속에서 벗어난 자유로운 상태. 적쇄쇄(赤灑灑)와 같은 뜻. 정나라적쇄쇄(淨倮倮赤灑灑)라고 함께 쓰기도 한다. 정나라(淨裸裸), 정나라(淨躶躶)라 쓰기도 함.

정나라적쇄쇄(淨裸羅赤灑灑) : 정나라(淨裸裸)는 벌거벗은 듯 숨김없이 깨끗하다는 뜻이고, 적쇄쇄(赤灑灑)는 물로써 청소한 듯이 깨끗하다는 뜻. 티 없고 걸림 없이 깨끗하다는 뜻. 깨달음을 얻은 뒤 모든 구속에서 벗어난 자유로움을 비유한 말.

정녕(頂顊) : 정수리와 이마. 고인(古人)이나 불조(佛祖)의 진면목(眞面目)을 비유함.

정녕(叮嚀, 丁寧) : 재삼 부탁하다. 신신 당부하다.

정당(定當) : (부) 반드시, 꼭. (형) 타당하다, 알맞다, 순조롭다. (동) 판별하다, 판단하다.

정동(定動) : 눈을 깜박거리다. 눈알을 이리저리 굴리다. 좌우로 흔들다. 추측하고 헤아리는 모습을 형용함.

정두(淨頭) : 화장실 청소를 담당하는 소임.

정래(定來) : 반드시. 꼭. 래(來)는 태도를 나타내는 조사.

정령(精靈) : 도깨비.

정령(正令) : 불조(佛祖)의 바른 법령(法令). 일반적으로 불법(佛法)을 가리키며, 선에서는 교외별전(敎外別傳)의 종지(宗旨)를 뜻한다.

정명(正命) : 불조(佛祖)의 바른 명령(命令). 일반적으로 불법(佛法)을 가리키며, 선에서는 교외별전(敎外別傳)의 종지(宗旨)를 뜻한다. = 정령(正令).

정명(淨名) : 유마힐(維摩詰)의 이름이다.

정반성(定盤星) : 반성(盤星)은 저울 눈금, 정반성(定盤星)은 눈금을 정하는 기점이 되는 첫 번째 눈금이다. 표준이나 기준점 혹은 일정한 주장을 나타낸다.

정법안장(正法眼藏) : 대혜종고의 공안집(公案集). 3권, 6책. 이전의 선사가 설한 어구(語句) 661칙을 뽑아 평창(評唱) 또는 착어(着語)를 붙이고, 마지막에 대혜종고의 시중(示衆)을 붙인 것. 대략 소흥(紹興) 17년(1147) 무렵 대혜가 형양(衡陽)에 은거할 때, 납자들과 더불어 고금(古今)의 어구(語句)를 가지고 묻고 답한 것을 시자인 충밀(沖密)과 혜연(慧然) 등이 수록하여 책으로 만들고, 대혜에게 제목을 부탁하여 정법안장(正法眼藏)이라고 붙였다.

정법안장(正法眼藏) : 선(禪)의 종지(宗旨), 불법(佛法)의 진의(眞意). 불법(佛法)의 진수(眞髓)를 뜻한다. 안(眼)은 일체의 것을 비추고, 장(藏)은 일체의 것을 포함한다는 의미이다. 그리하여 안장(眼藏)은 모든 것을 비추고 일체를 포함하는 무상(無上)의 정법(正法)의 공덕(功德)을 나타낸 말이다. 청정법안(淸淨法眼)이라고도 하며, 선가에서는 이로써 교외별전(敎外別傳)의 심인(心印)을 삼음. 『오등회원(五燈會源)』 권제일(卷第一)에 보면 세존이 영산회상에서 가섭에게 정법안장을 전한 염화시중의 이야기가 다음과 같이 나온다. "세존(世尊)이 영산(靈山)의 회상(會上)에서 꽃을 들어 대중에게 보였다. 그때 대중은 모두 묵묵히 입을 다물고 있었는데 오직 가섭존자(迦葉尊者)만이 빙그fp 웃었다. 세존이 말하였다. '나에게 있는 정법안장(正法眼藏)의 열반묘심(涅槃妙心)과 실상무상(實相無相)의 미묘법문(微妙法門)을 불립문자(不立文字)의 교외별전(敎外別傳)으로 마하가섭(摩訶迦葉)에게 부촉(咐囑)하노라.'" 석존이 깨달은 정법(正法)을 깨달으면 눈이 모든 것을 밝게 보듯이 진실을 남김없이 보게 되므로 안장(眼藏)이라 한다. 『정법안장』의 가장 오래된 주석서인 『정법안장어초(正法眼藏御抄)』에서는 "정법안장은 그대로 불법(佛法)을 가리키는 이름이다." 라고 하였다. 정법안장이라는 말의 출전은 『대범천왕문불결의경(大梵天王問佛決疑經)』이다.

정병(淨缾) : 출가사문의 용구(用具)로 손 등을 씻을 물을 담아 두는 병.

정보(正報) : ↔ 의보(依報). 과거에 지은 업인(業因)으로 받게 되는 과보(果報). 부처님이나 중생들의 몸.

정비정(情非情) : 감각지각의 작용이 있는 것을 정(情) 또는 유정(有情)이라 하고, 없는 것을 비정(非情)이라 한다. 따라서 이 둘은 일체의 존재를 가리키는 말이다.

정사(呈似) : 말해 주다. 드러내 보이다.

정삭(井索) : 두레박줄.

정산(定山) : 남악(南嶽) 문하의 4세손으로서 위산영우(潙山靈祐)의 법사(法嗣)인 저주(滁州) 정산신영(定山神英) 선사.

정상(頂相) : 원래는 정계(頂髻)의 상(相)이란 뜻으로, 선종 특유의 초상화. 반신상이 많지만, 곡록(曲彔)에 앉은 전신상도 있다. 찬(讚)도 써 넣는다. 송대(宋代) 이후에는 그것에 자찬(自讚)하여, 스승이 제자에게 불법의 깊은 뜻을 전달할 때의 표시로 사용되게 되었다.

정성(正性) : ① 바로 그 성질. 그 자체. ② 정성이생(正性離生). 번뇌를 남김없이 끊어버리는 것. 열반을 말함. ③ 정성정취(正性定聚)와 같음.

정성(鼎盛) : ① 바야흐로 한창 홍성하다. ② 혈기가 왕성한 한창 나이.

정성(定性) : 움직일 수 없는 본성(本性), 자성(自性).

정성(定省) : 자식이 조석(朝夕)으로 부모를 잘 섬기다. 혼정신성(昏定晨省)의 준말. 이 말은 『예기(禮記)』의 「곡례편(曲禮篇)」에 나오는 말로 "밤에 잘 때 부모의 침소에 가서 밤새 안녕하시기를 여쭙는다."는 뜻의 혼정(昏定)과 "아침 일찍 일어나 부모의 침소에 가서 밤새의 안후(安候)를 살핀다."는 뜻의 신성(晨省)의 결합으로 이루어진 말.

정수(正受) : ① 삼매(三昧). 정신통일. 정(定)을 바르게 받아들임. ② 맹서(盟誓). 서계(誓戒). ③ 대상경계를 보는 마음과 보이는 대상경계가 일치되어, 바른 마음으로 대상경계를 거두어들이는 상태.

정수장지(停囚長智) : ① 감옥에 오랫동안 갇혀있어서 차차로 나쁜 지혜가 발달하다. ② 우물쭈물하며 방심하다.

정시(正是) : 바로 -이다. 바로 -하다.

정식(情識) : 감정과 의식을 통한 분별(分別). 미망심(迷妄心). 중생심. 분별심.

정안방제(正按傍提) : 정방(正傍)은 정면과 측면. 안제(按提)는 '칼을 잡다', '칼을 들다'는 뜻인 안검(按劍)과 제도(提刀). 선사가 학인을 지도할 때에 어떤 때에는 제일의제(第一義諦)를 곧장 제시하여 정면으로 공격하고, 어떤 때에는 측면으로 비켜서서 기습 공격하는 등 접화(接化)의 수단이 능수능란함을 가리킨다.

정업(定業) : ① 반드시 과보를 불러올 업. 과보를 반드시 받되 받는 시간에는 현세에 업을 지어서 현세에 과보를 받는 순현업(順現業), 현세에 지어서 다음 생에 받는 순생업(順生業), 현세에 지어서 다음 생이후에 받는 순후업(順後業)의 세 가지가 있다. ② 결정된 업보. 과거에 지은 업에 의하여 당연히 현세에서 받게 되는 과보를 말한다.

정요(正要) : 바로 -하려고 하다. 마침 -하려던 참이다.

정위(正位) : 동산오위설(洞山五位說)에서 말하는 것으로, 상대 차별을 끊어버린 평등일여(平等一如)의 상태를 뜻한다. 말하자면, 이치나 본체를 가리킨다.

정위(庭闈) : 부모가 거처하는 방, 즉 부모를 가리킨다.

정위지성(鄭衛之聲) : 정성(鄭聲)은 정(鄭) 나라의 음탕한 음악을 가리키고, 위성(衛聲)은 천진(天津) 사람들의 시끄러운 수다를 가리킨다. 위(衛)는 천진(天津)의 준말인데, 예부터 천진 사람들은 수다쟁이로 소문나 있었다.

정장(釘樁) : 말뚝을 박다.

정재(淨財) : 탐욕을 벗어난 깨끗한 재화(財貨). 시주(施主)가 절에 보시하는 돈이나 물건을 가리키는 말.

정적(正賊)과 초적(草賊) : 정적(正賊)은 본래 도둑질하는 기질을 타고나 도둑을 업으로 삼는 도둑이고, 초적(草賊)은 재산이 없어 먹고 살기 힘든 평민이 집을 떠나 산에 들어가 도둑이 된 것. 정적은 환경과 관계없이 스스로 도둑이 된 자이고, 초적은 환경에 몰려서 어쩔 수 없이 도둑이 된 자. 선가(禪家)의 대화에서 본다면, 초적(草賊)은 종지(宗旨)를 몰라서라기보다는 종풍(宗風)을 거양(擧揚)할 목적으로 일부러 종장(宗匠)에게 질문을 던지는 역할을 맡은 자를 가리킨다. 그렇다면, 정적(正賊)은 정말로 몰라서 종지를 묻는 범부를 가리킨다고 해야 할 것이다.

정전백수자(庭前栢樹子) : 조주종심에게 어떤 스님이 "조사께서 서쪽에서 오신 뜻이 무엇입니까?"라고 물었을 때 "뜰 앞의 잣나무니라."라고 대답한 말에서 연유한다. 『무문관(無門關)』 37,

『종용록(從容錄)』 47 등에 나온다.

정조(正朝) : 정월 아침.

정종(正宗) : 바른 종지. 석존 이래 역대의 조사가 대대로 전해온 정법(正法).

정종분(正宗分) : 경전의 글을 세 부분으로 나눌 때, 경문의 종요(宗要)를 말한 부분.

정주(鄭州) : 중국 하남성(河南省)의 성도(省都). 황하(黃河) 남안 가까이에 위치함. 배의 산지로 유명함.

정주출조문(鄭州出曹門) : 정주망조문(鄭州望曹門)이라고도 한다. 너무 멀리 돌아간다, 혹은 아무 관계가 없다는 뜻. 조문(曹門)은 북송(北宋)의 서울인 개봉(開封)의 동문(東門)의 이름이고, 정주(鄭州)는 개봉의 서쪽 하남성(河南省)에 있는 도시이다. 정주로 가려면 개봉의 서문(西門)을 나서야 하는데, 정주로 가는 사람이 동문인 조문(曹門)을 나서면 너무 돌아가거나 잘못 가는 것이다. 송(宋) 장뢰(張耒)가 편집한 『명도잡지(明道雜誌)』에 실린 '오도원(誤桃源)'이라는 시에 "꼭 정주로 가면서 조문을 나서는 것과 같다."(恰似鄭州去出曹門)라는 구절이 있고, 또 청(淸) 연경(燕京) 소양산(小楊山) 조원초명(祖源超溟)이 지은 『만법귀심록(萬法歸心錄)』 상권(上卷)에 "만약 이것에 의지하여 수행하여 부처의 도와 같고자 한다면, 꼭 정주에서 조문을 바라보는 것과 같아서 더욱더 멀어질 뿐이다."(若依斯修, 與佛之道同者, 大似鄭州望曹門, 遠之遠矣.)라는 구절이 있다.

정중(鄭重) : 정중하다. 신중하다. 엄숙하다. 심각하다. 중대하다.

정지(淨地) : ① 음식물을 두는 곳. ② 승려들이 생활하는 깨끗한 곳.

정지(情知) : 확실히 알다.

정진(情塵) : ① 육근(六根)과 육진(六塵). 정(情)은 근(根)의 옛날 번역. ② 마음의 때. 번뇌.

정진(精進) : 수행(修行)을 게을리 하지 않고 항상 용맹하게 나아가는 것.

정채(精彩) : 뛰어나다. 근사하다. 훌륭하다. 생기발랄함. 빛남.

정촉(叮囑) : 신신당부하다. 재삼 부탁하다. 단단히 부탁하다. 거듭 당부하다.

정취(情趣) : ① 흥취. 정취. ② 취미. 흥미. 취향.

정탈(定奪) : 가부(可否)나 취사(取捨)를 결정하다.

정토(淨土) : ↔ 예토(穢土). 부처님이 계시는 청정한 국토. 성불을 말하는 대승 불교에서 인정하는 불국토.

정판(靜板) : 개정판(開靜板). 개정(開靜)이란 '잠에서 깨우다', 혹은 '좌선에서 일으키다'는 뜻으로, 아침에 잠을 깨우려고 치는 판(板) 혹은 좌선(坐禪)에서 일어나라고 치는 판(板)을 개정판(開靜板)이라 한다. 아침에 잠에서 깬 뒤에 공양을 하고, 공양 시간에 좌선에서 일어나기 때문에 정판은 선원(禪院)에서 곧 공양(供養)이 있다는 신호로도 이해되었던 듯하다.

정편지(正遍知) : 바르게 두루 아는 지식.

정한(程限) : 한계. 일정한 격식과 제한. 정해진 범위.

정호(正好) : ① (시간, 위치, 수량, 정도가) 꼭 알맞다. 딱 좋다. ② (부사) 마침. 때마침. 공교롭게도.

정호착력(正好著力) : 힘을 쓰기에 꼭 알맞다. 힘을 내기에 딱 좋다.

제(除) : ① = 제시(除是). (이것을) 제외하고는. (이것이) 아니라면. ② = 제비(除非). 다만 -함으로써만이 비로소. 오직 -해야 비로소. -아니고는. -하지 않고서는. ③ 제수(除授)하다. 관직을 주다. 임관(任官)하다. ④ 궁전의 계단. 층계. 섬돌.

제(第) : ① 그러나. 그런데. ② 다만. 오직. ③ 우선. 잠시.

제(題) : 편액(扁額)을 쓰다. 현판(懸板)을 쓰다. 시문(詩文)을 전각(殿閣)의 벽면에 쓰거나, 현판에 써 전각에 걸다. = 제게(題偈).

제(除)-방(方)- : 오직 -이어야 비로소-. 오직 -해야 비로소-.

제각(蹄角) : 짐승의 무기(武器)인 발굽과 뿔.

제갈량(諸葛亮) : 181~234. 중국 삼국시대 촉(蜀)

나라의 승상. 산동성(山東省) 기수현(沂水縣) 출신. 본명이 양(亮)이어서 제갈량이지만 자(字)인 공명(孔明)으로 더욱 유명하다. 위와 싸우기 위해 출진할 때 올린 〈출사표〉와 마속(馬謖)의 일화가 유명하다. 시호는 충무(忠武) · 무후(武侯).

제강(提綱) : ① 그물의 벼릿줄을 들어 올림. ② 요점을 잡음. ③ 요점. 대강(大綱). ④ 당송(唐宋) 시대에 지방에서 서울로 물자를 운송하던 일을 가리키는 말.

제거(提擧) : ① 어떤 문제에 대하여 말을 꺼내다. ② 관리하다. 맡아보다. 주관하다.

제게(題偈) : 전각의 벽면이나 현판에 게송을 지어 쓰다.

제경(提警) : 경계하다. 주의를 주다.

제기(提起) : 제시(提示)하다. 말하다. 들어내 보이다.

제도(濟度) : 미혹한 세계에서 생사만을 되풀이하는 중생들을 건져내어, 생사 없는 열반의 저 언덕에 이르게 함. = 득도(得度).

제득(提得) : ① 말하다. 말해내다. 말할 수 있다. ② 끄집어내다. 집어 들다.

제륜(臍輪) : 배꼽.

제륜기해(臍輪氣海) : 단전(丹田). 배꼽 한 치 아래 부분.

제망(帝網) : '망주(網珠)'라고도 한다. 제석천궁에 길게 드리워진 보옥 그물을 가리킨다. 여기에 그물코마다 하나하나 구슬이 매달려 있는데, 이것들이 서로를 비추고 있기 때문에 수많은 사물이 중중무진(重重無盡)하게 서로 교섭하는 것을 비유한다. = 인드라망.

제바(提婆) : 삼론종조(三論宗祖)의 하나. 3세기 경 세일론 사람. 한 눈이 멀었으므로 가나제바(迦那提婆 : 片目天)라고도 함. 인도의 용수보살에게 불교를 배워, 중인도 남인도의 외도들과 소승을 논파하고, 대승의 공론(空論)을 주장하였다. 저서는 『백론(百論)』 2권, 『백자론(百字論)』 1권, 『광백론(廣百論)』 1권, 『대장부론(大丈夫論)』 2권, 『외도소승열반경(外道小乘涅槃經)』 1권 등.

제바종(提婆宗) : = 삼론종(三論宗). 공종(空宗). 용수종(龍樹宗). 제바(提婆)는 3세기 경 세일론 사람. 한 눈이 멀었으므로 가나제바(迦那提婆 : 片目天)라고도 함. 인도의 용수(龍樹)에게 불교를 배워, 중인도 남인도의 외도들과 소승을 논파하고, 대승의 공론(空論)을 주장하였다. 저서는 『백론(百論)』 2권, 『백자론(百字論)』 1권, 『광백론(廣百論)』 1권, 『대장부론(大丈夫論)』 2권, 『외도소승열반경(外道小乘涅槃經)』 1권 등. 중국에서는 용수의 『중론(中論)』, 『십이문론(十二門論)』과 제바의 『백론』을 번역한 구마라집(鳩摩羅什)의 문하에서, 이 삼론(三論)에 의지한 삼론종(三論宗)이 성립되었다. 선종(禪宗)에서는 용수를 서천(西天) 제14조로 하고 제바를 제15조로 하고 있다.

제발(提拔) : 등용하다, 발탁하다, 깨우치다, 일깨우다.

제방(諸方) : 여러 지방. 여러 곳.

제법(諸法) : 개체를 구성하는 모든 요소. 존재하는 모든 것. 모든 사물. 모든 것. 제사상(諸事象). 현상(現象)하고 있는 것. 모든 존재하는 것. 모든 물체.

제법무아(諸法無我) : 삼라만상 모든 것은 연기하여 나타나는 것이고 독자적인 존재가 없다는 말.

제부득(提不得) : 말하지 못하다. 말할 필요가 없다.

제북(濟北) : 하남성(河南省)에 있는 황하(黃河)의 지류인 제수(濟水)의 이북 지방. 또는 산동성(山東省)에 있는 군(郡) 이름.

제비(除非) : 다만 -함으로써만이 비로소. 오직 -해야 비로소. -아니고는. -하지 않고서는.

제사(濟事) : ① 쓸모가 있다. 도움이 되다. ② (일 따위를) 이룰 수 있다. 해낼 수 있다. 성공할 수 있다.(주로 부정형으로 쓰임)

제석(帝釋) : 석제환인다라(釋提桓因陀羅) · 석가제바인다라(釋迦提婆因陀羅). 제(帝)는 인다라의 번역. 석(釋)은 석가(釋迦)의 음역. 한문과 범어를 함께 한 이름. 수미산 꼭대기 도리천의 임금. 선견성(善見城)에 살면서 4천왕과 32천을 통솔하면서 불법과 불법에 귀의하는 사람을 보호하며 아수라의 군대를 정벌한다는 하늘 임금.

제석천(帝釋天) : 산스크리트 Indra의 역어인데, '석가제환인다라(釋迦提桓因陀羅)'를 줄인 말로 "제천을 주재하는 샤크라"라는 뜻이다. 능천주(能天主) · 천주제석(天主帝釋) · 천제석(天帝釋) · 천제(天帝) · 제석(帝釋) 등으로도 쓴다. 우레의 번갯불을 신격화한 것으로, 베다 시대에는 신들 가운데서 가장 강력한 존재로 간주되었고, 항상 악신인 아수라들과 싸워서 깨뜨렸다고 한다. 그러다가 불교 시대가 되자, 제석을 대신하여 범천(梵天)이 세계를 지배하는 최고신이 되었고, 제석은 지상 최고인 수미산에 있는 삼십삼천(三十三天, 忉利天)의 최고궁인 선견성(善見城)에 머물면서 지상을 지배하는 존재가 되었다. 범천과 함께 불교를 수호하는 신으로 간주된다.

제시(除是) : (이것을) 제외하고는. (이것이) 아니라면. = 제비(除非). 다만 -함으로써만이 비로소. 오직 -해야 비로소. -아니고는. -하지 않고서는.

제시(提撕) : 한문 전적(典籍)에서 제시(提撕)의 사례를 보면 다음과 같다. ① 일깨워 주다.(『詩經, 大雅, 抑』匪面命之, 言提其耳. 「鄭玄箋」親提撕其耳.) ② 교도(敎導)하다. 깨우쳐 주다.(北齊 顔之推『顔氏家訓, 序致篇』業以整齊門內, 提撕子孫.) ③ 떨쳐 일으키다. 진작(振作)하다.(唐 韓愈『南內朝賀歸呈同官詩』所職事無多, 又不自提撕.) 이처럼 제시(提撕)는 '(마음을) 일깨우다', '(양심을) 일깨우다', '깨우쳐 주다', '주의를 환기시키다'는 뜻이다. 간화선(看話禪)에서 '화두(話頭)를 제시(提撕)한다'고 하는 것은 '화두를 일깨우다', '화두에 주의를 돌리다'는 뜻이다. 그러나 거각(擧覺)의 경우처럼 제시(提撕)도 제(提)와 시(撕)의 합성어로서의 의미가 있다고 보아야 한다. '말을 꺼내다', '끄집어내어 말하다', '언급하다', '제시(提示)하다', '제출하다'는 뜻인 제(提)와 '일깨우다', '깨우치다'는 뜻인 시(撕)가 합성된 말이다. 그러므로 제시(提撕)는 '(무슨 말을) 끄집어내어 말하여 일깨우다', '(무슨 말을) 제시하여 깨우쳐 주다', '(무슨 말을) 언급하여 일깨우다'는 뜻이다.『대혜어록』에서 대혜가 화두(話頭)를 취급하는 말로서 언급하는 용어는 간(看) · 거(擧) · 거기(擧起) · 제철(提掇) · 거각(擧覺) · 제시(提撕) 등이다. 이 가운데 거(擧) · 거기(擧起) · 제철(提掇)은 모두 화두를 '말하다', '말해 주다', '제기하다', '제출하다', '언급하다'라는 뜻이고, 거각(擧覺)과 제시(提撕)는 이러한 뜻에 '일깨우다', '깨우치다'라는 뜻이 부가된 것이지만, 이들은 기본적으로 동일한 행위를 가리키고 있다. 이 책에서는 거(擧) · 거기(擧起) · 제철(提掇)은 문맥에 따라서 화두를 '끄집어내다', '말해 주다', '제기하다', '제출하다', '기억해 내다'라고 번역한다. 거각(擧覺)과 제시(提撕)는 둘 다 '말해 주어 일깨우다'는 뜻이지만, 거각(擧覺)은 거(擧)에 초점을 두어 '말해 주다', '제시하다'로 주로 번역하고, 제시(提撕)는 시(撕)에 초점을 두어 '일깨우다'로 번역한다. 그러나 문맥에 따라 거각(擧覺)과 제시(提撕)를 모두 '말해 주어 일깨우다', '기억해 내어 일깨우다', '제시하여 일깨우다' 등 적절한 번역어를 찾아서 번역하였다.

제암(題菴) : 암자(庵子)의 이름을 짓다. 암자의 편액(扁額)을 쓰다.

제연(諦緣) : 소승 수행의 방편문인 사성제(四聖諦)와 십이인연(十二因緣)의 가르침.

제유(諸有) : 모든. 모든 이. 모든 것.

제유취(諸有趣) : 육취(六趣). 육도(六道). 육도윤회(六道輪迴). 제유(諸有)는 '모든'이라는 뜻. 취(趣)는 중생이 번뇌로 말미암아 말 · 행동 · 생각 등으로 악업을 짓고, 그 업인(業因)으로 인하여 가게 되는 국토(國土). 5취 · 6취의 구별이 있음. 도(道)라고도 함.

제유해(諸有海) : 삼유(三有) 또는 이십오유(二十

五有)를 바다에 비유한 것. 유(有)는 '있다'는 뜻으로 삼유는 욕유(欲有)·색유(色有)·무색유(無色有)로서 삼계(三界)와 같고, 이십오유는 중생이 태어나고 죽으며 헤매는 존재를 25종으로 나눈 것으로 ① 4악취(지옥·아귀·축생·아수라), ② 4주(동불바제·남염부주·서구야니·북울단월), ③ 6욕천(사왕천·도리천·야마천·도솔천·화락천·타화자재천), ④ 색계(초선천·범왕천·제2선천·제3선천·제4선천·무상천·5나함천), ⑤ 무색계(공무변처천·식무변처천·무소유처천·비상비비상처천) 등인데 이를 줄여 3계6도라 한다.

제이(第二) : '제이의(第二義)'와 같은 말이다.

제이(齊已) : 남악제이(南嶽齊已). 덕산선감(德山宣鑒; 782~865)의 제자.

제이념(第二念) : 한 번 일어난 망상(妄想)에 연속된 망상(妄想). 다음 생각.

제이수(第二手) : ① 제2인자. ② 조수(助手). ③ 중고품.

제이의(第二義) : = 제이의문(第二義門).

제이의문(第二義門) : 제일의제(第一義諦)와 상대되는 용어로서 세속제(世俗諦)와 같음. 향상(向上)의 불이문(不二門)인 제일의(第一義)와 상대되는 향하(向下)의 차별문(差別門)임. 또는 여러 가지 방편을 통해 중생을 미망에서 깨우고 깨달음으로 가는 도를 나타내는 방편문(方便門)과 같은 뜻.

제일의(第一義) : 제일의제(第一義諦). 승의제(勝義諦)와 같음.

제자(諸子) : 제자(諸子)란 각 학파의 대표적인 인물로 보통 중국 선진(先秦) 시대의 여러 학파의 스승을 가리킨다. 예를 들면 유가에는 공자(孔子)·순자(荀子), 도가에는 노자(老子)·장자(莊子), 묵가(墨家)에는 묵자(墨子), 법가(法家)에는 상앙(商鞅)·한비자(韓非子), 명가(名家)에는 혜시(惠施)·공손룡(公孫龍) 등을 들 수 있다.

제지(提持) : 들고 있다. 꽉 쥐고 있다. = 파주(把住). 상대어는 평전(平展)임.

제철(提掇) : 제시(提示)하다. (의견이나 안건 따위를) 내어놓다. 거(擧), 거기(擧起)와 같은 말로서 간화선(看話禪)에서 '화두(話頭)를 제철(提掇)하라'고 할 때에는 '화두를 자신에게 말해주라'는 뜻이다.

제팔부동지(第八不動地) : 보살의 수행단계인 십지(十地) 중 하나이다. 중생이 부처가 되기 위해 닦는 52가지 수행단계 중 하나로, 『화엄경』의 「십지품」에 나온다. 십지(十地) 중 여덟 번째 단계이다. 이 지위에 오른 보살은 수행을 완성하여 흔들림이 없다. 부동(不動)이란 명칭은 바로 여기에서 유래한다. 이곳의 보살은 깊이 있는 실천을 하므로 심행(深行) 보살이라고도 부른다. 세속의 집착에서 완전히 벗어나 성문(聲聞)이나 연각(緣覺)의 무리들은 전혀 깨트릴 수 없는 경지에 머문다. 달리 무공용지(無功用地)라고도 하는데, 무공(無功)은 곧 어떤 의도나 목적이 없다는 뜻이다. 그저 자연의 흐름대로 순리대로 또한 중생의 생김새에 따라 중생을 제도한다. 이밖에 부동지를 달리 부르는 말이 많다. 지혜가 견고하여 돌아가지 않으므로 부전지(不轉地), 큰 덕을 갖추므로 위덕지(威德地), 색욕이 끊어진 상태이므로 동진지(童眞地), 어디에나 뜻대로 태어날 수 있으므로 자재지(自在地), 완성된 단계이므로 성지(成地), 궁극적으로 알고 있으므로 구경지(究竟地), 항상 큰 서원을 내므로 변화지(變化地), 깨트릴 수 없으므로 주지지(住持地), 선근을 이미 닦았으므로 무공덕력지(無功德力地)라고도 부른다.

제호(醍醐) : ① 다섯 가지 맛(乳·酪·生酥·熟酥·醍醐)의 하나. 우유를 정제한 유제품으로 맛이 최고라고 일컬어진다. ② 불심·진실교(眞實教)·불성, 혹은 열반에 비유함. ③ 천태교학(天台教學)에서는 석존 설법을 다섯 시기로 나눈 제 5인 법화열반시를 가리킨다.

제회(提誨) : 계발(啓發)하다. 깨우치다. 가르치다. 일깨우다. = 제시(提撕).

조(朝) : ① -을 향하여. ② (물줄기가 큰 물에) 흘러

들어간다. ③ 모여든다.

조(造) : ① 만들다. ② 날조하다. 조작하다. ③ -에 도달하다. ④ 성취하다. 이룩하다. ⑤ 시작하다.

조감(藻鑑) : 사람이나 사물을 품평하다. 감정하다. 평가하다. = 조경(藻鏡).

조계(曹溪) : 조계는 곧 육조혜능(六祖慧能)을 가리킨다. 원래는 중국 광동성(廣東省) 소주부의 동남쪽 30리 쌍봉산(雙峰山) 아래 있는 땅이름. 667년 조숙량(曹叔良)으로부터 이 땅을 희사(喜捨)받아 보림사(寶林寺)를 짓고 선풍(禪風)을 크게 떨쳤다. 입적한 뒤에 전신(全身)을 이곳에 묻었으므로 육조의 별호가 되었다. 육조혜능을 조계고불(曹溪古佛) 혹은 조계고조(曹溪高祖)라고 존칭한다.

조계대사(曹溪大師) : 육조 혜능의 별칭.

조고(照顧) : ① 조심하다. 주의하다. ② 관심을 두다. 돌보다. ③ 처리하다. 뒷바라지하다. ④ 비추다. 비추어 보다.

조관(照管) : 조심하다. 주의하다.

조달(調達) : Tevadatta. 일반적으로 제파달다(提婆達多)라고 음역(音譯)한다. 줄여서 제파(提婆) · 조달(調達) 등으로 부른다. 석가모니의 종제(從弟)로 아난(阿難)의 형이라고도 하고, 또는 선각장자(善覺長者)의 아들로 야수타라비(耶輸陀羅妃)의 아우라고도 한다.

조당(祖堂) : 조사당(祖師堂).

조당집(祖堂集) : 20권. 현존하는 선종사서(禪宗史書) 중 가장 오래된 것. 오대(五代) 남당(南唐) 보대(保大) 10년인 952년 천주(泉州) 초경사(招慶寺)의 정(靜) · 균(筠) 두 선승(禪僧)이 펴냄. 현존하는 판본은 고려(高麗) 고종(高宗) 32년(1245년)에 개판(開版)되어 고려대장경(高麗大藏經)에 들어있는 것이다. 그 내용은 『보림전(寶林傳)』의 조통설(祖統說)을 계승하여 과거(過去) 7불(佛)로부터 시작하여 서천(西天) 28조(祖)를 거쳐 동토(東土) 6조(祖)인 혜능(慧能) 이하 청원행사(靑原行思)와 마조도일(馬祖道一)의 법손(法孫)들 총 253인의 전등(傳燈)의 법계(法系)를 서술해 놓은 것이다. 서술에 있어서는 각 조사(祖師)의 전기(傳記)를 충실하게 전달하기 보다는 문답(問答) · 게송(偈頌) · 시중(示衆) 등을 통하여 정법(正法)이 어떻게 전달되고 실현되는지에 주안점을 두고 있다. 결국 이렇게 정법(正法)의 사자상승(師資相承)을 서술하는 것은 그 목적이 청원행사(靑原行思)와 마조도일(馬祖道一) 계통의 남종선(南宗禪)의 전등계보(傳燈系譜)를 확립하는 것이다. 특히 청원행사 계통을 마조도일 계통보다 앞세워 서술하고 있는 것은 이 책의 편자(編者)인 정 · 균 2인이 행사(行思)의 법손(法孫)이기 때문일 것이다. 『조당집(祖堂集)』의 편자(編者)인 정(靜) · 균(筠) 두 사람에 관해서는 천주(泉州) 초경사(招慶寺)에 머물렀다는 『조당집』 서문(序文)의 기록 외에는 알려진 자료가 없다. 초경사(招慶寺)는 그 주지(住持)가 『조당집』의 서문을 쓴 정수문등(淨修文僜)인데, 정수(淨修)선사는 행사(行思)의 후손인 설봉의존(雪峰義存; 822~908)의 제자인 보복종전(保福從展; 867~928)의 법사(法嗣)이므로 정(靜) · 균(筠) 두 사람도 그 계통임에 틀림없을 것이다.

조대가(措大家) : 조대(措大)라고도 하는데, 조대란 '큰일을 처리하다'란 뜻이니 조대가(措大家)는 '큰일을 처리할 수 있는 사람'이란 뜻이 된다. 이 말의 유래를 보면, 한무제(漢武帝)가 반고(班固)에게 명하여 한나라의 역사를 쓰게 했는데, 반고는 이 저작을 완성하지 못하고 죽었고, 그 뒤 반고의 딸인 조수(曹守)의 처(妻)가 문장에 능하고 배운 것이 많다는 사실을 알고 무제(武帝)가 그 딸에게 명하여 아버지의 작업을 완성하도록 하고는 그 딸을 일러 '큰일을 할 만한 사람' 즉 조대가(措大家)라 하였다. 그 뒤로 문장에 능하고 배운 것이 많은 사대부(士大夫)를 조대 혹은 조대가라 일컬었다. 조대가에 이처럼 긍정적인 뜻이 있지만, 한편으로는 '생각만 크고 실제 행동은 따르지 못하는 사람' 혹은 '글만 읽고 세상 경험이 없는 서생(書生)'을 조롱하거나 스스로 겸손의 뜻으로 사용하기도 한다.

조도(鳥道) : 동산삼로(洞山三路)의 하나. 새가 공중을 나는 길. 새가 난 뒤에는 종적을 남기지 않기 때문에 몰종적(沒蹤跡), 단소식(斷消息)에 비유한 것이다.

조동(躁動) : = 조동(燥動). ① 조급하게 움직이다. ② 쉬지 않고 돌아다니다.

조동오위(曹洞五位) : 편정오위(偏正五位) · 공훈오위(功勳五位) · 군신오위(君臣五位) · 왕자오위(王子五位) 등 네 가지가 있는데, 일반적으로는 편정오위(正中偏 · 偏中正 · 正中來 · 偏中至 · 兼中到)를 가리킨다. 동산양개(洞山良价)가 처음으로 제창하였고 조산본적(曹山本寂)이 주(註)를 덧붙임으로써 조동종(曹洞宗)의 중심사상이 된 것인데, 법의 실태를 분류한 것이다. 조동종(曹洞宗)에서는 대체로 그대로 전승되었지만, 임제종(臨濟宗)에서는 열위(列位)나 명칭이, 분양선소(汾陽善昭)에 의해 정중래(正中來) · 정중편(正中偏) · 편중정(偏中正) · 겸중지(兼中至) · 겸중도(兼中到)로, 석상초원(石霜楚圓)에 의해서는 정중편 · 편중정 · 정중래 · 겸중지 · 겸중도로 변하였다.

조등록(祖燈錄) : 조동종(曹洞宗) 제19세손인 만송행수(萬松行秀; 1166~1246)가 편찬한 책. 『종통편년(宗統編年)』에는 만송행수가 『조등록(祖燈錄)』 32권을 편찬하였다고 나와 있지만, 현재 이 책이 남아 있는지는 알 수 없다.

조리(笊籬) : 쌀을 이는 조리.

조림(稠林) : 빽빽한 숲. 중생의 삿된 견해나 번뇌가 무성한 것을 가리킴.

조만(早晚) : ① 언제. 어느 때. 어느 날(의문사). ② 어찌 - 하랴? 어찌 - 했으랴?(반문). ③ 언제나. 언제든지. 즉시. 제 자리에서(부사). ④ 얼마나 오래(의문사). ⑤ 조만간. 마침내(부사).

조문(曹門) : 곧 조계(曹溪)를 가리키니, 조계는 광동성(廣東省) 곡강현(曲江縣).

조물견련(造物見憐) : 조물주가 사랑해 주다. 타고난 천성이 그러하다는 말.

조박(糟粕) : 찌꺼기. 쓸모없는 것.

조법사(肇法師) : 승조(僧肇). 384~414년 생존. 중국 동진(東晋)의 장안(長安) 출신. 가난한 집에서 태어나 일찍이 노장(老將) 사상에 기울었다가, 유마경을 읽고서 불문(佛門)에 귀의하여, 구마라집(鳩摩羅什) 문하에서 공부하고, 역경(譯經)에 힘썼다. 414년에 세수 31세의 나이로 죽음을 당하였다. 저서에 『조론(肇論)』, 『주유마힐경(注維摩詰經)』이 있다.

조복(調伏) : 깨달음으로 얻는 반야의 힘에 의하여 몸 · 입 · 뜻이 조화(調和)하여 이것들로 짓는 3업(業)이 사라져서 모든 악행(惡行)을 굴복시키는 것.

조사당(祖師堂) : 조당(祖堂)이라 줄여 부르고, 개산당(開山堂)이라고도 함. 하나의 종파(宗派)를 세운 사람이나 한 종파의 계통에 참예하여 후세의 존경을 받는 이, 혹은 절을 창건한 이나 역대 주지 등의 영(影)이나 위패를 모신 집.

조사서래의(祖師西來意) : 인도 28대 조사(祖師)요 중국 1대 조사인 보리달마(菩提達磨)가 서토(西土; 인도)에서 온 본래 뜻이란 말. 선종의 초조 달마가 전한 불법의 취지(趣旨)란 뜻. 곧 불법의 근본의(根本義), 선의 진면목(眞面目)을 말한다. 조의(祖意) · 조사의(祖師意) · 서래의(西來意)라고도 한다.

조사선(祖師禪) : 보리달마가 전하고, 육조혜능이 완성한 조사(祖師)의 선(禪). 조사선(祖師禪)이라는 명칭 조사선은 실천수행이라는 형식적 과정을 거부하고 곧바로 깨달음의 자리에 서는 것이다. 이전까지의 불교는 깨달음을 저 멀리 있는 목표로 두고서 좌선(坐禪)이니 선정(禪定)이니 관법(觀法)이니 하는 이름의 실천수행을 어떻게 올바르고 정밀하고 철저하게 하느냐에 온 관심을 기울이고 있었다. 깨달음이라는 목표를 얻기 위해선 수행이라는 과정을 통과하는 것이 필수적이라고 여기고, 깨달음은 저 멀리 있는 목표이므로 우선 수행을 얼마나 올바르고 철저하게 하느냐에 관심을 주로 기울였던 것이다. 말하자면, 깨달음과 수행을 인과관계로 여기고 원인인 수행에 모든 힘을 기울였던 것이다. 그러나 이러한 사고방식은 육조혜능(六祖慧能)에 의하여 그 문제점이 지적되면서 비로소 교정된다. 혜능이 황매(黃梅)의 오조홍인에게 인가를 받고 의발을 건네받은 뒤 남쪽으로 도망하여 몇 년 동안 숨어 살다가 마침내 광주(廣州) 법성사(法性寺)의 인종법사(印宗法師) 회상에 나타나 '바람이 움직이는 것도 아니고 깃발이 움직이는 것도 아니고 마음이 움직이는 것이다'고 말하여 자기의 존재를 드러내었을 때, 인종은 혜능에게 묻기를 '황매가 부촉한 법(곧 조사선이다)은 어떻게 가르쳐 줍니까?'라고 하자, 혜능은 답하기를 '가르쳐 줄 만한 것은 없습니다. 다만 견성(見性)을 말할 뿐이고, 선정과 해탈을 말하지는 않습니다'라고 하였다. 이에 인종법사가 이해하지 못하고 다시 묻기를 '어찌하여 선정과 해탈을 말하지 않습니까?'라고 하니, 혜능은 답하기를 '그것은 이법(二法)이고 불법(佛法)이 아니기 때문입니다. 불법은 불이법(不二法)입니다'라고 하였다. 혜능은 선정을 수행하여 해탈을 성취하는 인과적 과정을 이법(二法)이라고 물리치고, 언제나 다만 견성(見性)이라는 불이법을 말할 뿐이라고 하는 것이다. 바로 이것이 돈교(頓敎) 최상승(最上乘)이라고 하는 조사선의 가장 큰 특징이다. 수행하여 깨닫기를 원하는 사람들은 언제나 바른 수행을 강조하겠지만, 혜능은 단지 깨달음인 견성을 말할 뿐인 것이다. 그리하여 좌선과 선정에 대해서도 새로운 가르침을 펼친다. "여러분, 무엇을 일컬어 좌선이라 하는가? 이 법문(法門) 속에서 장애가 없어서, 밖으로 모든 좋고 나쁜 경계에서 마음에 생각이 일어나지 않는 것을 일러 좌(坐)라 하고, 안으로 자성(自性)을 보아 움직이지 않는 것을 일러 선(禪)이라 한다. 여러분! 무엇을 일러 선정이라고 하는가? 밖으로 상(相)에서 벗어나는 것이 선(禪)이고, 안으로는 어지럽지 않는 것이 정(定)이다. 밖으로 상(相)에 집착하면 안으로 마음이 어지러워지고, 밖으로 상(相)을 떠난다면 마음이 어지럽지 않다. 본성은 본래 깨끗하고 본래 안정되어 있다. 다만 경계를 보고 경계를 생각하기 때문에 곧 어지럽게 된다. 만약 온갖 경계를 보고서도 마음이 어지럽지 않다면, 이것이 참된 정(定)이다. 여러분! 밖으로 상(相)을 벗어나는 것이 곧 선(禪)이고, 안으로 어지럽지 않는 것이 곧 정(定)이다. 밖으로 선(禪)하고 안으로 정(定)하면 바로 선정(禪定)이다. 『유마경』에서 말하기를 '즉시 활짝 통하여 본심을 되찾는다'고 하고 『보살계경』에서 이르기를 '나의 본성은 원래 깨끗하다'고 하였다."(『육조법보단경』) 좌선에 의지하는 수행의 문제에 대해서는 이미 『유마경』에서 언급되고 있지만, 육조혜능에 와서 비로소 이 문제가 더욱 철저히 밝혀지고 교정되는 것이다. 그러면 애초에 망상분별에 습관이 들어 있는 범부가 선정이라는 수행을 거치지 않고 어떻게 깨달음을 이룰 수 있는가? 단지 견성을 말할 뿐이라고 하지만 애초에 견성에 어두운 사람은 어떻게 하여야 하는가? 그것은 직지인심(直指人心)이라는 선지식의 가르침을 통하는 것이다. 즉 스승이 마음을 바로 가리켜 주면[直指人心], 제자는 스승의 가르침에 따라 문득 자기의 본성을 보아 깨닫는[見性成佛] 것이다. 이것이 바로 문자를 세우지 않고[不立文字] 경전 밖에서 따로 전하는[敎外別傳], 마음에서 마음으로 전하는(以心傳心) 조사선인 것이다. 이처럼 조사선 공부는 좌선과 선정을 실천하는 것이 아니라, 설법(說法)과 문답(問答)을 통하여 깨우쳐 주고 깨닫게 되는 공부이다. 그러므로 조사선에서는 일반적으로 깨우쳐 주는 한마디 말을 듣고 혹은 깨우쳐 주는 하나의 행위를 보고 문득 깨달음이 온다. 『육조단경』에서 혜능은 이것을 이렇게 말하고 있다. "생각으로 헤아리면 알맞지 않다. 견성하는 사람은 말끝에 모름지기 보는 것이니, 만약 이와 같은 사람이라면 칼을 휘두르며 적진으로 돌진하더라도 역시 그것(自性)을 볼 수 있다." 말끝에 문득 깨우치는 것이야말로 가장 견고하고 흔들림 없는 확실한 깨달음임을 밝힌 것이다. 여기에 기술되고 있는 마조가 깨닫는 과정 역시 이러한 내용을 드러내고 있다. 조사선의 선사들이 제자를 깨우쳐 주거나 마음을 바로 가리키는 이러한 말과 행위들이 뒷날 화두(話頭)로 정착이 되면서 조사선은 간화선(看話禪)이라는 이름으로 불리게 된다.

조사선(祖師禪)과 여래선(如來禪) : 조사선(祖師禪)과 여래선(如來禪)의 문제를 처음 들고 나온 사람은 앙산혜적(仰山慧寂)이다. 대나무에 돌멩이가 부딪치는 소리를 듣고 깨닫게 된 향엄지한(香嚴智閑)의 견처(見處)를 확인하기 위하여 앙산(仰山)이 향엄(香嚴)에게 견처를 보일 것을 요구하자 향엄은 다음과 같은 게송(偈頌)을 지었다. "지난해의 가난은 가난이 아니고, 올해의 가난이 비로소 가난이네. 지난해의 가난에는 오히려 송곳 꽂을 땅은 있었는데, 올해의 가난에는 송곳조차도 없네."(去年貧未是貧 今年貧始是貧 去年貧 猶有卓錐之地 今年貧 錐也無) 이에 앙산이, "여래선(如來禪)이라면 그대가 알았다고 할 수 있으나, 조사선(祖師禪)은 아직 꿈에도 보지 못했다."(如來禪許師弟會 祖師禪未夢見在) 라고 말하자, 향엄은 다시 게송을 지었다. "나에게 하나의 기틀이 있으니, 눈을 깜짝여 그것을 드러내 보인다. 그래도 사람들이 알지 못하면, 다시 사미(沙彌)를 불러보리라."(我有一機 瞬目視伊 若人不會 別喚沙彌) 앙산은 드디어 향엄이 조사선(祖師禪)을 알았다고 인정했다.(『오등회원』 제9권 '향엄지한선사')

조산본적(曹山本寂) : 840~901. 당대(唐) 선승. 조산은 주석 산명. 탐장(耽章)이라고도 함. 속성은 황(黃)씨. 복건성 천주(泉州) 포전현(蒲田縣) 출신. 19세에 출가하여 25세에 구족계를 받음. 동산 양개(洞山良价)에게 참학하여 그의 종지를 이어받고, 길수(吉水)로 돌아가 개당한 다음, 조계(曹溪) 6조 혜능(慧能)을 흠모하여 산명을 조산(曹山)으로 바꿈. 처음에는 무주(蕪州) 조산에 머물다가 뒤에 하옥산(荷玉山)으로 옮김. 조동종이라는 종명은 동산 양개의 동(洞)과 조산 본적의 조(曹)에서 한 자씩 따와서 명명했다고 함. 동산의 5위현결(五位顯訣) 종지를 전승해서, 이것을 대성함. 저술로는 무주조산본적선사어록(蕪州曹山本寂禪師語錄) 2권이 있음. 세수 62, 법랍 37세로 입적. 시호는 원증(元證) 대사. 탑호는 복원(福圓).

조산탐장(曹山耽章) : 조산본적(曹山本寂).

조생(朝生) : (곤충) 하루살이. 목숨이 짧은 것을 비유함.

조생요자(朝生鷂子) : 갓 태어난 매의 새끼.

조세(蚤歲) : 젊은 시절. = 조일(蚤日).

조수(措手) : 손을 쓰다. 조처하다. = 조수족(措手足).

조수불급(措手不及) : 일이 갑자기 일어나 미처 손 쓸 틈이 없다. 어찌할 바를 몰라 당황하다.

조수족(措手足) : 손을 쓰다. 조처하다. 대처하다. = 조수(措手).

조순(調順) : 얌전하게 따르는 것.

조시(措施) : 조치. 대책. 시책.(하다)

조양(助揚) : 도와서 드날리다. 도우다.

조왕신(竈王神) : 부엌을 주재하는 신령(神靈). 무속(巫俗)의 신령이다.

조용(照用) : 임제의현(臨濟義玄)이 학인을 대하여 가르치던 수단으로, 네 가지가 있다. 조(照)는 상대방이 어떤 태도로 나오는지를 살펴보는 것이고, 용(用)은 상대방의 태도에 대응하는 행위이다. 조(照)는 알아차리는 것이고, 용(用)은 행동하는 것이다. 『임제록(臨濟錄)』 가운데 사조용(四照用)을 언급한 부분은 다음과 같다 : 나는 어떤 때에는 먼저 비추고 뒤에 작용하며, 어떤 때에는 먼저 작용하고 뒤에 비추며, 어떤 때에는 비춤과 작용을 동시에 하며, 어떤 때에는 비춤과 작용을 동시에 하지 않는다. 먼저 비추고 뒤에 작용하는 때에는 사람이 있을 뿐이고, 먼저 작용하고 뒤에 비출 때에는 법(法)이 있을 뿐이다. 비춤과 작용을 동시에 할 때에는 밭가는 사내의 소를 몰고 가고, 배고픈 사람의 밥을 빼앗으며, 뼈를 두드려서 골수를 뽑아내고, 침으로 아프게 찌르는 것이다. 비춤과 작용을 동시에 하지 않을 때에는 물음도 있고 대답도 있고, 주인도 있고 손님도 있으며, 물에 들어가고 진흙에 빠지면서 근기(根機)에 따라서 교화를 펼친다. 테두리를 벗어난 대근기라면, 말을 꺼내기도 전에 일어나서 곧장 가 버릴 것이니, 이래야 비로소 조금은 괜찮은 것이다.(我有時先照後用, 有時先用後照, 有時照用同時, 有時照用不同時. 先照後用有人在, 先用後照有法在. 照用同時 驅耕夫之牛奪飢人之食, 敲骨取髓, 痛下鍼錐. 照用不同時 有問有答, 立賓立主, 合水和泥, 應機接物. 若是過量人, 向未擧已前撩起便行, 猶較些子.)(『사가어록』「임제록(臨濟錄)」시중(示衆))

조용동시(照用同時) : 비춤과 작용이 동시라는 말은, 상대방의 태도를 살펴봄과 그 태도에 응대하는 행위가 동시에 행해지는 것. 임제는 이것을 "밭가는 사내의 소를 몰고 가고, 배고픈 사람의 밥을 빼앗으며, 뼈를 두드려서 골수를 뽑아내고, 침으로 아프게 찌르는 것"이라고 하였다. = 조용일시(照用一時).

조의(朝議) : ① 조의대부(朝議大夫). 당송대(唐宋代)의 산관(散官; 실제 직책은 없는 명예직 관리) 명칭. ② 조정에서 국정을 의논하다.

조의(措意) : 유의하다, 주의하다, 염두에 두다.

조인(助因) : 주변에서 도우는 원인. 간접적 원인.

조작(造作) : ① 행동하다. 행위하다. ② 의도적으로 행동하다. 일부러 행위하다.

조장(條章) : 조례(條例)와 규정(規程). 조약(條約). 정해진 격식(格式)을 가리킴.

조전(祖餞) : 전별(餞別)하다. 송별(送別)하다.

조정(祖庭) : 조정사원(祖庭事苑). 8권. 송나라의 목암(睦庵)이 저술한 책으로 운문록(雲門錄)이하의 기록 가운데서 숙어 고사에 대해서 난해한 점을 해석하고 그 전거와 사연을 기록한 책. 선록(禪錄) 가운데 유일한 자전(字典)이다.

조종(朝宗) : 모여들다. 집중되다.

조주(趙州) : 조주종심(趙州從諗).

조주대전(潮州大顚) : 조주(潮州) 영산(靈山)의 대전보통(大顚寶通) 선사.

조주종심(趙州從諗) : 778~897. 남악(南嶽)의 아래. 조주전심(曹州全諗)이라고도 한다. 산동성(山東省) 조주(曹州) 학향(郝鄕)의 사람. 성은 학씨(郝氏). 어릴 때 조주의 호통원(扈通院)에 출가하였다. 지양(池陽)에 이르러 남전보원(南泉普願)에게 알현하고 계오(契悟)하였다. 그 뒤에 황벽(黃檗)·보수(寶壽)·염관(鹽官)·협산(夾山) 등을 역참(歷參)하다가, 여러 사람들의 청에 의하여 조주(曹州; 하북성) 관음원(觀音院)에 주석하여 40년 간 독자의 선풍(禪風)을 선양하였다. 문답(問答)과 시중(示衆)의 공안(公案)으로 전하는 것이 많다. 당의 건령(乾寧) 4년 11월 2일 시적하였다. 세수(世壽)는 120세. 진제대사(眞際大師)라고 시호하였고, 저술에는 『조주록(曹州錄)』, 『진제대사어록(眞際大師語錄)』 3권이 있다.

조중(粗重) : 굵다, 굵직하다, 굵직하고 진하다.

조지(詔旨) : 임금의 조서(詔書). 어명(御命).

조직(調直) : 고르고 바르다, 일정하고 바르다, 알맞고 바르다.

조진(早辰) : 이른 아침. 새벽. 오전.

조차(造次) : ① 급작스럽다. 황망하다. 다급하다. ② 경솔하다. 덤벙대다. ③ 품행. 언행. ④ 빠르다. 급하다. ⑤ 마음대로. 좋을 대로. 형편 닿는 대로. 함부로. 제멋대로(하다).

조차방과(造次放過) : 조차(造次)는 '경솔하게'라는 뜻이고, 방과(放過)는 '눈감아 주다'라는 뜻이다.

조차전패(造次顚沛) : 제멋대로 엎어지고 넘어지다. 함부로 행동하다.

조판(遭判) : 재판을 받다.

족가(足可) : 충분히 -할(될) 수 있다. = 족가이(足可以).

족가이(足可以) : = 족가(足可).

존귀(尊貴) : 존귀(尊貴)하다는 분별. 깨달음과 깨

달은 자는 존귀하다는 지견(知見). 극복해야 할 견해요 분별이다.

존귀해(尊貴解) : 존귀해(尊貴解)란 이른바 조산 본적(曹山本寂 840~901)의 삼종타(三種墮) 가운데 존귀타(尊貴墮)와 같은 것인데, 타(墮)는 무애자재(無礙自在)라는 뜻이다. 존귀타(尊貴墮)란 본래 불성(佛性)을 가지고 있음을 알고 있더라도 구태여 그 불성(佛性)에 계합(契合)하려 하지 않는 것인데, 그렇더라도 저절로 불성에 계합하게 된다는 의미이다. 존귀(尊貴)는 하나의 격식(格式)으로서 벗어나야 할 경계이므로, 존귀타(尊貴墮)나 존귀해(尊貴解)는 모두 존귀(尊貴)라는 격식(格式)을 벗어나 자재함을 의미한다. 따라서 여래선(如來禪)을 존귀해(尊貴解)라고 하면 이것은 여래선이 격외선(格外禪)이라는 의미가 된다.

존성(尊性) : 존귀한 성(性)은 곧 불성(佛性), 본성(本性), 자성(自性).

존숙(尊宿) : '기숙(耆宿)'이라고도 한다. 종문에서 도(道)와 덕망이 높은 이를 일컫는 말이다. 학덕(學德)을 겸비한 선사나 장로를 가리킴.

존심(存心) : ① 조심하다. 주의하다. ② 마음씨. 근성. ③ 어떤 마음을 먹다. ④ 일부러. 고의로.

존심대파(存心待破) : 일부러 부서지기를 기다리다. 마음먹고 일부러 부서지길 기다리다. 존심(存心)은 '어떤 마음을 먹다', '일부러. 고의로.'라는 뜻.

존심등오(存心等悟) : 일부러 깨달음을 기다리다. 마음먹고 깨달음을 기다리다. = 존심대오(存心待悟). 존심(存心)은 '어떤 마음을 먹다', '일부러. 고의로.'라는 뜻.

존심상조(存心相照) : 주의하여 잘 돌보다. 상(相)은 동사 앞에 붙어 상대방에게 친절하고 경건하게 행하는 동작을 나타내고, 조(照)는 돌보다, 보살피다라는 뜻.

존자(尊慈) : 남의 어머니를 높여 이르는 말. = 자당(慈堂). 모당(母堂).

존후(尊候) : (보통 서신(書信) 중간에서) 상대방의 여러 상황을 살피고 묻는 공경의 말.

졸(卒) : 결국. 드디어. 마침내.

졸곡(卒哭) : 옛날 상례(喪禮)에서 무시곡(無時哭)을 끝마치는 것. 사대부는 죽은 뒤 3개월 만에 장사(葬事)를 지내고, 그 달에 졸곡(卒哭)한다고 한다.

종(從) : = 임(任), 임종(任從). 제멋대로 하게 놓아두다, 자유에 맡기다.

종(縱) : 설사. 설령. 만일.

종각근하주장거(從脚跟下做將去) : 종각근하(從脚跟下)는 '그 자리에서, 당장, 바로, 지금'이라는 뜻이고, 장거(將去)는 지속성(持續性)을 나타내는 조사. 그 자리에서 즉시 지속하다.

종각하(從脚下) : 그 자리에서. 당장. 바로. 지금. 목하(目下). 종(從)은 재(在), 우(于)와 같은 개사(介詞).

종경록(宗鏡錄) : 선(禪)과 교(敎)에 관하여 종합적으로 정리한 책. 법안종(法眼宗)의 제3조인 영명연수(永明延壽; 904~975)가 지었다. 영명연수는 선사(禪師)이면서도 일심선정(一心禪定)이 아닌 만선생정토(萬善生淨土)의 삶을 살았다. 아침에는 방생(放生)하고, 저녁에는 귀신에게 보시(布施)하고, 6시에 산화(散華)하고 『법화경』을 독송하며, 오직 정업(淨業)을 두루 닦았다. 『종경록』은 전체를 표시장(標示章), 문답장(問答章), 인증장(引證章)의 3부로 구성한다. 표시장은 총론이며 제1권에 해당된다. 문답장은 심(心)에 관한 교선제종(敎禪諸宗)의 같음과 다름에 대하여 문제를 제기하고 경이나 논의 내용을 들어 자세히 서술한 것으로서 제2권부터 93권까지이다. 인증장은 앞의 논술을 다시 강조하기 위해 300여 문구를 통하여 인증한 것으로서 94권 이하 100권까지이다. 『종경록』은 송대 이후 두드러진 교선일치의 종합불교(會通佛敎)적 경향을 보여주고 있다. 일심(一心)을 들어 으뜸(宗)으로 삼으면서도, 일심이 모든 법을 비추는 것이 거울(鏡)과 같다고 해서 '종경(宗鏡)'이라고 한다는 것이다. 여기에는 화엄학의 깊은 영향도 엿보인다. 선과 교의 회통만이 아니라 유교와 도교까지도 불교의 입장에서 이끌어 들이고, 불교 가운데 포함된다고 인식한다. 특히 그는 노장사상(老莊思想)이 일심(一心)의 파악과 깊이 관련을 맺고 있다고 본다. 이러한 입장은 규봉종밀과 다소 유사한 점이 있다. 고려의 광종은 43인의 승려를 영명에게 유학시켜 법안종의 사상을 수입하여 한국불교에도 깊게 영향을 주었다. 임제종(臨濟宗) 황룡파의 선사(禪師)인 심문담분(心聞曇賁)이 『종경록촬요(宗鏡錄撮要)』를 지었다.

종공(宗工) : ① 종장(宗匠). ② 높은 관직.

종관(從寬) : 너그러이 봐주다. 관대히 처리하다.

종교(從教) : ① 따라서. 덩달아. ② 좋을 대로 내맡기다. 마음대로 하게 하다. 자유에 맡기다.

종두(從頭) : 하나하나. 모조리. 빠짐없이.

종래의착저한(從來疑着這漢) : 애초부터 이 자를 심상치 않게 여겼다.

종명루진(鐘鳴漏盡) : 때를 알리는 종이 울리고 물시계의 물이 다 빠져나갔다는 말로서, 밤이 자꾸 깊어감을 나타낸다. 이것은 곧 노쇠하여 여명이 얼마 남지 않은 것을 가리킨다. 종명루진(鐘鳴漏盡)의 비난(譏)이 있다는 것은, 나이가 들어도 벼슬자리에서 물러나지 않고 명리에 연연하는 사람을 세상 사람들은 비난한다는 말이다. 『위지(魏志)』에 "전예(田豫)가 벼슬을 사양하면서 말하기를 '나이가 70에 이르러도 그칠 줄 모르고 종이 울리고 물시계의 물이 다 빠지도록 밤 깊이 돌아다니며 쉬지 않으면, 그를 일러 죄인(罪人)이라고 합니다.'라 하고는, 병을 핑계로 나아가지 않았다."는 내용이 있다.

종문(宗門) : 선종(禪宗)을 일러 종문이라고 하며, 모든 것의 근본인 문(門)이라는 뜻.

종문통요(宗門統要) : 송(宋)의 종영(宗永)이 편찬한 '종문통요집(宗門統要集)'을 가리킨다. 이 책은 소흥(紹興) 3년(1133)에 간행되었다. 모두 10권이며, 선종의 대표적인 공안(公案)과 염고(拈古)를 집성한 책이다. 본연(本然)거사 정심(鄭諶)이 송(宋) 소흥(紹興) 5년에 지은 중간본(重刊本)이 있고, 이어서 대각세존석가문불(大覺世尊釋迦文佛)로부터 남악(南嶽) 문하의 11대, 청원(青原) 문하 10대에 이르기까지 부처와 조사의 기연(機緣)과 여러 선사의 염제(拈提) 11107칙을 수록하였다. 『宗門聯燈會要』(30권)의 성립에 큰 영향을 끼쳤다.

종사(縱使) : 비록 -이지만. 설사 -라 하더라도.

종사(宗師) : 일반적으로 종지를 체득하여 만인의 사범(師範)이 될 만한, 학덕(學德)을 겸비한 고승을 의미한다. 이에 더하여 경 · 율 · 논 삼장을 닦아 체득한 자를 법사(法師) · 율사(律師) · 논사(論師) 등으로 칭하는 것에 대해, 선문(禪門)의 종지를 체득한 사람을 종사(宗師) 또는 종사가(宗師家)라고 하기도 한다.

종상(從上) : 종전. 이전.

종성(種姓) : = 종성(種性).

종성(種性) : 혈통. 가문. 씨족. = 종성(種姓).

종승(宗乘) : 선종의 교법. 종(宗)은 본가(本家) · 종가(宗家)라는 뜻이고, 승(乘)은 운반한다는 뜻이니, 중생을 운반하여 불지(佛地)에 이르게 한다는 의미이다. 소승과 대승에 대해서 달마 문하의 종지나 선(禪)의 극치를 이를 때에 쓴다. 후대에는 각 종이 분립하여 각 종파가 자신의 종의(宗義)나 종지(宗旨), 종학(宗學)을 종승이라고 칭하고, 다른 종파의 종의는 여승(餘乘)이라고 칭하게 되었다.

종시(終始) : 시종(始終). 끝끝내.

종요(鍾繇) : 삼국시대 위(魏)나라의 서예가이면서 정치가. 처음에 후한(後漢)의 상서복사(尙書僕射)였으나, 위태조 조조를 좇아 공로가 컸으므로 위나라 건국 후 태위(太尉)를 거쳐 태부(太傅)에 이르렀다. 글씨를 유덕승(劉德昇)에게 배워 특히 팔분(八分)을 잘 썼다.

종요(縱饒) : 설사 -라 하더라도. = 즉사(卽使), 즉혹(卽或), 즉령(卽令), 즉약(卽若), 즉시(卽是), 종연(縱然).

종용(從容) : (태도가) 여유가 있다. 태연하다. 넉

넉하다. 침착하다.

종유(從遊) : ① 수행하여 유람함. ② 서로 왕래함. 교제함. ③ 스승을 따라다니며 학문을 익힘.

종지(宗旨) : 근본되는 뜻. 깨달음, 견성, 반야, 본래면목 등과 같은 말.

종탈(縱脫) : 예의범절을 무시하고 제멋대로 굴다.

종통(宗通) : 종지의 근본을 깨닫는 것이다.

종횡(縱橫) : 가로 세로. 자유자재하다. 거침이 없다. 거침없이 내닫다.

좌각(坐卻) : 꺾어 버리다. 찢어 버리다. 부수어 버리다. = 좌단(剉斷).

좌간(坐間) : ① 경각(傾角). 금시(今時). ② 앉아 있는 중에.

좌관(左官) : 천자(天子)를 섬기다가 제후(諸侯)의 나라로 가서 벼슬하는 일.

좌구(坐具) : 절을 하거나 앉을 때 쓰는 도구, 즉 돗자리나 방석 등을 말한다. 비구가 소지하는 6물(物) 중의 하나. 베를 가지고 사각형 모습으로 만든 자리 깔개.

좌단(坐斷) : = 좌단(挫斷), 좌단(剉斷). 꺾다. 꺾어 끊다. 쪼개다. 꺼꾸러뜨리다.

좌단천성정녕(坐斷千聖頂顙) : 수많은 성인(聖人)들의 머리를 꺾다. 자유자재한 깨달음을 가리킨다. 좌단(坐斷)은 좌단(挫斷), 좌단(剉斷)이라고도 쓰며, '꺾다, 꺾어 끊다, 쪼개다, 꺼꾸러뜨리다'는 뜻.

좌단천하인설두(坐斷天下人舌頭) : 천하 사람들의 혀를 꺾다. 천하 사람들이 입을 다물게 만들다. 좌단(坐斷)은 좌단(挫斷), 좌단(剉斷)이라고도 쓰며, '꺾다, 꺾어 끊다, 쪼개다, 꺼꾸러뜨리다'는 뜻.

좌우(左右) : (편지에서 상대를 높여 부르는 말) -님. 좌우(左右)란 본래 곁에서 시중드는 집사(執事)를 가리키는데, 귀인(貴人)을 직접 부르지 않고 그 곁에서 시중드는 집사를 부름으로써 존경을 나타낸다.(上海 漢語大詞典出版社 『漢語大詞典』 제2권)

좌우(座右) : 자리의 오른쪽. 옛사람들은 일반적으로 진귀한 물건을 여기에 놓아두었다.

좌원(座元) : 수좌(首座). 제일좌(第一座).

좌조봉대부(左朝奉大夫) : 좌(左)는 좌우(左右)의 좌(左). 조봉대부(朝奉大夫)는 송대(宋代) 품계(品階)의 이름.

좌주(座主) : 선가(禪家)에서 교학(教學)을 강의하는 강사(講師)를 일컫는 말.

좌주유악(坐籌帷幄) 결승천리(決勝千里) : 진중(陣中)의 장막 안에 앉아서 천리 밖 싸움의 승패를 결정짓다.

좌하(坐夏) : 하안거(夏安居)를 지내다.

주각(註脚) : 풀이하여 따로 한 마디 언급하는 말. 본문의 어떤 부분을 설명하거나 보충하기 위하여 본문의 아래쪽에 따로 베푼 풀이. 주각(注脚). 각주(脚註·脚注).

주개(走介) : 심부름꾼을 보내다. = 주개(走价).

주공(周公) : B.C. 11세기 무렵 중국 주왕조(周王朝)의 개국공신. 이름은 단(旦). 문왕(文王)의 아들이다. 무왕(武王)을 도와 은(殷)나라를 멸망시켰고 무왕이 죽은 뒤에는 어린 나이로 즉위한 성왕(成王)을 섭정(攝政)하게 되었는데, 하남(河南) 땅에 새 도읍 낙읍(洛邑)을 건설하고, 주나라 왕실을 견고하게 다졌다. 주공은 후에 충신과 성인(聖人)으로 추앙받게 되었으며 『시전(詩傳)』, 『서전(書傳)』과 청동기명문(青銅器銘文)에 그 공적이 기록되어 있다. 또 예악(禮樂)을 창시했다고도 하며, 주나라의 제도를 기록한 『주례(周禮)』도 그가 지었다고 전해진다.

주금강(周金剛) : 당대(唐代)의 선승인 덕산선감(德山宣鑑 : 780~865)이다. 사천성(四川省) 검남(劍南) 사람으로, 속성은 주씨(周氏)이다. 율(律) 및 성상(性相)을 배웠으며, 『금강경(金剛經)』에 정통하여 '주금강(周金剛)'이라 일컬어졌다. 남방의 선(禪)을 논파하러 갔다가 도리어 선으로 돌아섰고, 용담숭신(龍潭崇信)에게 참학하여 그의 법을 이었다.

주대(酒臺) : 술집. 술상.

주루(酒樓) : 요릿집. 술집. 요정.

주맹(主盟) : ① 어떤 일을 발의(發意)하고 주관(主管)함. ② 회맹(會盟)을 주관함. ③ 중매(中媒)하다.

주문공(周文公) : 주자(朱子). 이름은 희(熹). 중국 남송(南宋)의 유학자(儒學者)로서 신유학인 성리학(性理學)을 완성한 사상가. 자는 원회(元晦)·중회(中晦), 호는 회암(晦庵). 복건성(福建省) 우계(尤溪) 출신. 주자학을 구축하였다. 주자(朱子)는 그의 존칭이다. 시호는 문공(文公). 성리학(性理學)이라고 하는 신유학을 완성하였다. 주희의 철학은 이기철학(理氣哲學)이라 하는데, 형이하학인 기(氣)에 대해서 형이상학인 이(理)를 세워 이(理)와 기(氣)의 관계를 명확하게 하고, 생성론(生成論)·존재론(存在論)에서 심성론(心性論)·수양론(修養論)에 걸쳐 이기(理氣)에 의하여 일관된 이론체계를 완성시켰다. 그의 학문수양법은 인간이 본래 지니고 있는 것을 회복한다는 형식을 취하고, 이를 위한 공부·노력이 〈거경궁리(居敬窮理)〉이다. 양자는 서로 보완해 나가는 것인데, 〈거경(居敬)〉이란 마음이 정욕에 사로잡혀 망녕된 생각이나 행동을 하는 일이 없도록 할 것, 〈궁리(窮理; 格物致知)〉는 모든 사물에 내재하는 이치를 규명해 나갈 것이며, 그 노력을 거듭 쌓아서 모든 이치를 깨달아, 근원이 되는 한 이치의 파악을 목표로 하는 것이다.

주박(湊泊) : 한곳에 모이다, 모여들다. 머물다.

주병(做病) : 병이 들다.

주사(主事) : = 지사(知事). 선원의 사무를 총괄하는 주사직(主事職). 송초(宋初) 무렵까지는 감원(監院), 유나(維那), 전좌(典座), 직세(直歲) 등 4지사(知事)였다가, 뒤에 부사(副寺; 副院)가 추가되어 5지사가 되고, 다시 도사(都寺)가 추가되어 6지사가 되었다.

주산(住山) : ① 산림 속에 은거(隱居)하는 것. ② 절에 머물러 주지(住持)를 하다. 산(山)은 절을 가리키고, 주(住)는 주지직을 수행한다는 말.

주살(走殺) : 죽도록 쫓아다니다. 심하게 헤매 다니다. 말을 따라서 심하게 헤매다는 뜻인 수언주살(隨言走殺)로 씀.

주삼야삼(晝三夜三) : ① 선원(禪院)에서 하루에 밤낮으로 6번 행하는 일. 주삼(晝三)은 순당(巡堂; 승당(僧堂)을 돌아다니는 것)·방선(放禪; 좌선(坐禪)을 쉬는 것)·행선(行禪; 승당 주위를 산책하는 것)을 말하고, 야삼(夜三)은 조석예불(朝夕禮佛)·취침(就寢)·기침(起寢)을 말한다. ② 주삼시(晝三時)와 야삼시(夜三時). 초일(初日; 오전)·중일(中日; 정오)·후일(後日; 오후)이 주삼시이고, 초야(初夜; 초저녁)·중야(中夜; 한밤)·후야(後夜; 새벽)가 야삼시이다.

주선(周旋) : ① 빈틈없이 준비하다. 상세하고 빠짐없다. ② 시봉하다. 모시다. 응접하다. ③ 이리저리 돌아다니다.

주성(做聲) : 소리를 내다. 말을 하다. 입을 떼다.

주실(籌室) : 인도 제4대 조사(祖師) 우바국다 존자가 많은 사람들을 교화하여 제도하였는데, 한 사람을 제도할 적마다 산가지[주(籌)] 하나씩을 둔 것이 높이와 넓이 6장(丈)되는 방에 가득하였다 한다. 이 옛일에 의하여 후세에 수행인을 교화 지도하는 방장(方丈) 화상(和尙)을 주실(籌室)이라 하게 되었으며 우리나라에서는 “조실스님”으로 변하며 불리게 됨.

주안(朱顔) : 홍안(紅顔). 동안(童顔).

주예(走譽) : 명예를 드날리다.

주자(朱紫) : ① 옛날 귀인(貴人)의 복장. ② 고관대작(高官大爵). ③ 선과 악. 정(正)과 사(邪).

주작(走作) : 본래의 규범에서 벗어나다. 원래의 모양을 바꾸다. = 조작(造作).

주장거(做將去) : 지속하다. 지속해 가다.

주정(周正) : 단정하다.

주조(做造) : 제조(製造). 조성(造成). 만들다.

주중주(主中主) : 이치의 본체가 현상과 교섭하지 않는 것을 주중주라 하는데, 제왕이 구중궁궐 속 깊은 곳에 거하는 것으로 비유하기도 한다. 조동사빈주(曹洞四賓主)의 하나이다. 사빈주는 주중빈(主中賓)·빈중주(賓中主)·주중주(主中主)·빈중빈(賓中賓)의 넷으로 이루어진다. 주(主)는 정(正), 빈(賓)은 편(偏)으로, 주중빈은 정중편(正中偏), 빈중주는 편중정(偏中正), 주중주는 정중래(正中來), 빈중빈은 겸중도(兼中到)로 해석된다. 『人天眼目』 3권 참고.

주지(住持) : ① 사찰의 주권자(主權者). 절에 거주하면서 그 재산과 법려(法侶)들을 보호 유지하는 이. ② 부처님의 가르침이 잘 머물고 잘 간직하여 흩어지거나 잃어버리지 않음.

주지(住持) : 보호하다. 머물러 떠나지 않다. 지키다.

주차(周遮) : ① 말이 많다. 되풀이하여 말하다. 시끄럽게 떠들다. ② 두루 뒤덮다. 덮어 가리다. ③ 저지하다.

주차(舟次) : ① 배가 머물다. ② 선박 여행 중에 배가 머무는 곳. ③ 선박 여행 도중.

주침(晝寢) : 낮잠.

주편(周遍) : 골고루 미치다.

주하(做下) : -를 행하다. 하(下)는 동작의 완성이나 결과를 나타내는 접미사.

주학(州學) : 주(州)에 세운 학교.

주해(注解) : 주석(註釋)을 달아 풀이하다.

죽반승(粥飯僧) : 아침의 죽과 점심의 밥만 축내는 승려. 공부는 하지 않고 밥만 축내는 무능한 승려.

죽암사규(竹庵士珪) : 1083~1146. 용상사규(龍翔士珪)라고도 한다. 임제종 양기파의 선사이다. 호는 죽암(竹庵)이고, 성도(成都; 四川省) 사람이다. 속성은 사씨(史氏)이다. 대자종아(大慈宗雅)에게서 『화엄경』을 배웠고, 용문(龍門)의 불안청원(佛眼淸遠)의 법을 이었다. 소흥(紹興) 16년 7월 19일에 입적하였다. 안탕산(鴈蕩山)을 개산(開山)하여 진헐청료(眞歇淸了)를 방장으로 추대하였다. 대혜종고(大慧宗杲)와 서로 창화(唱和)한 『동림화상운문암주송고(東林和尙雲門庵主頌古)』(1권)와 『죽암사규화상어요(竹庵珪和尙語要)』(1권) 등을 남겼다.

준동함령(蠢動含靈) : 꿈틀거리고 움직이며 영혼을 가진 것들. 모든 생물. 중생(衆生).

준래(准勑) : 조칙(詔勅)을 승인하다. 래(勑)는 칙(勅)의 이체자(異體字).

준명(准命) : 명령을 승인하다. 명령을 내리다.

준적(準的) : 표준. 기준.

준전(准前) : 이전처럼. 이전과 마찬가지로.

줄탁동시(啐啄同時) : 어미닭이 품고 있는 달걀에서 병아리가 나올 때에는, 먼저 나올 때가 다 된 병아리가 안에서 알껍질을 쪼면[줄(啐)], 밖에서 어미닭이 동시에 알껍질을 쪼아서[탁(啄)] 쉽게 병아리가 껍질을 깨고 나올 수 있도록 한다는 것으로, 시절인연이 도래한 제자가 스승의 도움으로 깨어나는 것을 비유하는 말이다.

중경(重輕) : ① 가벼운 죄에 무거운 형벌을 가함. ② 무거움과 가벼움. 높낮이. ③ 품평함. 평론함. ④ 전체의 국면에 끼치는 중대한 영향. 전체의 국면에 관련된 중요한 요소. ⑤ 중시함. 중요시함.

중니(仲尼)의 소(韶) : 소(韶)는 순(舜) 임금 때의 악곡(樂曲) 이름인데, 공자(孔子=仲尼)는 〈논어(論語)〉 팔일편(八佾篇)에서 "소는 지극히 아름답고, 지극히 선하다(子謂韶 盡美矣 又盡善也)"라 하였다. 공자가 소의 가치를 알아줌을 가리킨다.

중도(中道) : 정립(定立)과 반정립(反定立)의 양쪽 어디에도 머물지 않는다는 뜻. 단멸(斷滅)과 상주(常住), 유(有)와 무(無), 고(苦)와 낙(樂) 등 두 상대적 대립에 머물지 않는다는 불교의 근본적 입장. 석가모니의 깨달음도 중도에 의해 이루어진 것이다. 원시불교와 부파불교에서는 괴로움과 즐거움의 양쪽을 떠난 실천인 팔정도(八正道)를, 또 단멸과 상주, 유와 무 등의 편견을 떠난 십이연기(十二緣起)의 이치를 가리킨다. 중관불교에서는 성멸(成滅)·단상(斷常)·일이(一異)·거래(去來) 등의 여덟 가지 대립적인 견해에서 떠나는 팔불(八不) 중도가 곧 공(空)임을 말하고, 법상(法相)과 유식(唯識)에서는 비유비공(非有非空)을, 천태종에서는 실상(實相)을,

화엄종(華嚴宗)에서는 법계(法界)를 중도라고 한다.

중로(中路) : 길의 한가운데. 도중(途中).

중변(中邊) : 중(中)은 중도(中道), 변(邊)은 양변(兩邊). 대립하는 양변을 떠난 중도를 가리킴. 중도(中道)와 같은 뜻이다.

중상지하필유용부(重賞之下必有勇夫) : 큰 상 아래에는 반드시 용기 있는 자가 있다. 큰 상을 준다 하면 있는 힘을 다한다.

중양(重陽) : 음력 9월 9일이다. 9는 양(陽)의 수인데, 이것이 거듭되는 날이므로 중양이라 하였다.

중자(中子) : 부처님을 가리키는 재궁(齋宮)의 기사(忌詞). 불상(佛像)이 불당(佛堂)의 중심에 자리 잡고 있기 때문에 이를 가리켜 중자(中子)라 한다.

중자법문(中字法門) : 중자(中字)는 중도(中道)의 중자(中字). 중도(中道)는 불도(佛道)이니 중자법문이란 불문(佛門), 불법(佛法)을 뜻한다.

중중무진(重重無盡) : 우주만유 일체의 사물이 서로 무한한 관계를 맺고 얽히고설켜 일체화되어 있음을 가리키는 말.

중중법계(重重法界) : 법계연기(法界緣起)를 말함. 법계 곧 우주만유를 일대연기(一大緣起)라고 하는 것. 법계의 사물이 천차만별하나, 피차가 서로 인과 관계를 가지고 있는 것이며, 하나도 단독으로 존재한 것이 없다. 그러므로 만유를 모두 동일한 수평선 위에 두고 볼 때에는 중생·불, 번뇌·보리, 생사·열반과 같이 대립하여 생각하던 것도 실제는 모두 동등한 것. 그리하여 번뇌가 곧 보리, 생사가 곧 열반이어서 만유는 원융무애(圓融無礙)한 것이다. 그래서 화엄종(華嚴宗)에서는 일즉일체(一卽一切)·일체즉일(一切卽一)이라 말하며, 혹은 한 사물(事物)은 상식으로 보는 단독한 하나가 아니요, 그대로 전 우주라는 뜻에서 한 사물을 연기의 법으로 삼고, 이것이 우주 성립의 체(體)며, 힘인 동시에 그 사물은 전 우주로 말미암아 성립된 것이라 함. 이와 같이 우주의 만물은 각기 하나와 일체가 서로 연유(緣由)하여 있는 중중무진(重重無盡)한 관계이므로 또 이것을 법계무진연기(法界無盡緣起)라고도 한다.

중회(衆會) : 대중 법회.

즉가(則可) : -라면 좋다.

즉개(則箇) : -뿐이다. (-하면) 그만이다. 그 정도로 좋다.(보통 문장 끝에 쓰여, 그 정도로 목적이 달성되는 것으로 좋다는 뜻을 나타냄.) = 자개(子箇), 지개(之箇), 지개(只箇).

즉고시(則故是) : 그렇다 하더라도.(어기가 전환될 경우, 앞 절의 어기(語氣)를 이어주고, 뒷 절을 이끌어 준다)

즉극(則劇) : 즐기다. 희롱하다. 장난하다. 가지고 놀다.

즉시(卽是) : ① 계사(繫辭). -이다. (다른 것이 아니라)바로 -이다. ② 즉차(卽此)와 같은 뜻. 바로 그것이다. ③ 즉가(則可)와 같은 뜻. -라면 좋다.

즉장(卽將) : 곧. 당장. 머지않아.

즐류(喞溜) : 총명한. 영리한. 즐류(喞嚠)라고도 씀.

즐률(楖栗) : 주장자의 재료가 되는 나무. 곧, 주장자를 가리킨다.

즐즐(喞喞) : 소곤소곤(속삭이는 소리) 허허.(웃음소리)

즘생(怎生) : 어떤? 어떻게? 어떻게 하면? = 작마생(作麼生).

즙치(葺治) : ① 다스리다. ② 정리하다. ③ 세우다. 짓다. ④ 마련하다. 준비하다.

증병(烝餠) : 증편. 여름에 먹는 떡의 하나. 멥쌀가루를, 막걸리를 조금 탄 뜨거운 물로 묽게 반죽하여 더운 방에서 부풀려 밤, 대추, 잣 따위의 고명을 얹고 틀에 넣어 찐다.

증상(增上) : ① 증진(增進)·증가(增加)와 같다. 더 늘어감. 발달하는 것. ② 힘을 주어 증진케 함. 조장(助長)하는 것.

증상과(增上果) : 어떤 유위법이 생길 때에 자기 이외의 다른 일체법이 직접으로 힘을 주거나, 또는 방해하지 않거나 하여 이 같은 도움을 받는 관계로 생기게 되는 것. 곧 다른 일체 것이 능작인(能作因)이 되어서, 그 증상력(增上力)에 의하여 생긴 결과.

증상만(增上慢) : 훌륭한 교법(敎法)과 깨달음을 얻지 못하고서 얻었다고 생각하여 제가 잘난 체하는 거만함. 분별하고 이해하여 개념으로 불법을 아는 사람을 가리킴.

증상선과(增上善果) : 어떤 좋은 유위법(有爲法)이 생길 때에 자기 이외의 다른 일체법이 직접으로 힘을 주거나, 또는 방해하지 않거나 하여 이 같은 도움을 받는 관계로 생기게 되는 좋은 결과. 곧 다른 일체 것이 능작인(能作因)이 되어서, 그 증상력(增上力)에 의하여 생긴 좋은 결과.

증상심(增上心) : 강력하고 열심인 마음.

증어(增語) : 명칭. 별명. 동의어. 비유어.

증위탕자편련객관해탐배석취인(曾爲蕩子偏憐客慣愛貪盃惜醉人) : 일찍이 가출하여 방탕한 나그네 생활을 해 보았기 때문에 나그네를 특별히 불쌍히 여기고, 일찍이 술을 좋아하는 버릇이 있었기 때문에 취한 사람을 불쌍히 여긴다. 『법화경』「신해품(信解品)」의 빈궁한 아들의 이야기가 배경이 되어 있다.

지(智) : Jnañā 사나(闍那) · 야나(若那)라 음역. 결단(決斷)하는 뜻. 앎. 지식. 모든 사상(事象)과 도리에 대하여 그 옳고 그름을 분별 판단하는 마음의 작용. 지는 혜(慧)의 여러 작용 가운데 하나이나, 지혜(知慧)라 붙여서 쓴다. 불교에서는 오계(悟界)의 진인(眞因)은 지를 얻는 데 있다 하고, 불과(佛果)에 이르러서도 지를 주덕(主德)으로 한다.

지(止) : 단지. 다만.

지(知) : 주재하다. 주관하다. 다스리다. 예) 지사(知事). 지현(知縣). 지주(知州). 지객(知客).

지각(知覺) : 느끼다. 알다. 알아차리다.

지객(知客) : 선원에서 손님맞이를 담당하는 소임. 6두수(頭首)의 제4위.

지견(支遣) : ① 대응하다. 대처하다. 다루다. 맞서다. ② 지출하다. 지불하다. ③ 임금의 일부를 미리 받아 쓰다.

지견(知見) : ① 지혜로써 보는 것. ② 지식으로써 아는 것.

지견(智見) : 인과(因果)의 이법(理法)에 대한 올바른 인식. 정지견(正知見) · 지견(知見)과 같음.

지고간(指顧間) : = 지고지간(指顧之間). ① 잠깐 사이. ② 매우 가까운 거리.

지공(誌公) : 금릉보지(金陵寶誌).

지관(只管) : ① 단지. 오로지. 다만. ② 다만-만 돌보다. ③ 거듭거듭. ④ 아무튼. 어찌되었던. ⑤ 공연히. ⑥-한 채. ⑦ 얼마든지. 마음대로. 주저없이.

지관(止觀) : 지(止)는 범어로 사마타(śamatha), 관(觀)은 비파사나(vipaśyanā). 지(止)를 통하여 정(定)을 닦고, 관(觀)을 통하여 혜(慧)를 닦는 불교의 2가지 수행법. 지(止)는 '멈춘다'는 뜻으로, 마음이 고요히 생각을 쉬고 흔들림 없이 한곳에 머무는 것으로, 충분히 흔들림 없이 머물면 정(定)이라 한다. 관(觀)은 '바라본다'는 뜻으로, 마음에 나타나는 대상을 거울이 비추어 보듯이 끄달림 없이 바라보는 것으로, 충분히 끄달림 없이 바라보게 되면 혜(慧)라 한다. 이 둘은 서로 떨어질 수 없이 함께 수행되고 함께 성취되어서 해탈을 이루므로 지관(止觀)이라 한다.

지귀(知歸) : 돌아갈 곳을 알다. 귀결점을 알다. 낙처(落處)를 알다.

지기(志氣) : 기개(氣槪). 의기(意氣). 기백(氣魄).

지녕(只寧) : 그러할 뿐이다. 그와 같을 뿐이다.

지대(祇對) : = 지대(只對). 응대하다. (공경하게) 응대하다. 응답하다.

지도(智度) : 반야바라밀(般若波羅蜜).

지도(知道) : 알다. 깨닫다. = 지(知), 지유(知有).

지동도서(指東道西) : = 지동설서(指東說西).

지동설서(指東說西) : 동쪽을 가리키며 서쪽을 말하다. ① 무관한 이야기만 하고 본 주제에 관해서는 언급하지 않다. ② 빗대어 욕하다. 빈정대다. = 지동획서(指東畫西).

지동화서(指東話西) : = 지동설서(指東說西).

지동획서(指東畫西) : 동쪽을 가리키며 서쪽을 그음. 함께 일을 논의할 때 주제를 회피하여 그 언저리에 대해서만 이러쿵저러쿵 호도(糊塗)하는 일. = 지동설서(指東說西).

지로(地爐) : 승당(僧堂)의 흙 사이에 묻어 둔 화로이다.

지록위마(指鹿爲馬) : 전국(戰國) 시대를 통일한 진시황(秦始皇)이 갑자기 죽자 환관이던 조고(趙高)가 재상인 이사(李斯)를 설득하여 진시황의 둘째 아들인 호해(胡亥)를 천자로 앉히고 자신이 정권을 농단하였는데, 신하들 가운데에 자신을 지지하는 자와 반대하는 자를 가려내기 위해 새로 등극한 천자와 함께 동산을 거닐면서 사슴을 가리켜 말이라 하였다. 이에 신하들은 조고의 말이 옳다고 하는 자들과 그르다고 하는 자들로 나뉘었는데, 그르다고 한 자들은 그날 밤에 조고가 보낸 자객들에 의해 죽음을 당하였다.

지리(支離) : 흩어져 있다. 무질서하다. 조리가 없다.

지마(只麽) : = 지마(秖麽), 지마(只摩), 지마(只磨), 지몰(只沒), 지저(只宁), 지임(只恁). 모두 '이와 같이' 즉 여차(如此)라는 뜻.

지만(枝蔓) : ① 가지와 마디. ② 번잡함. 잡다함.

지문광조(智門光祚) : 생몰연대는 알 수 없고, 송대(宋代)의 스님으로 운문(雲門) 문하에 있었다. 지문(智門)은 그가 주석한 산이름이다. 절동(浙東) 출신으로 향림징원(香林澄遠)에게 참학하여 그의 법을 이어받았다. 그 후에 수주(隨州) 지문산(智門山)에 머물면서 종풍을 널리 선양하였다. 제자로는 설두중현(雪竇重顯)이 있고, 저술로는 『어요(語要)』 1권이 있다.

지발(持鉢) : = 탁발(托鉢). 스님이 발우(鉢盂)를 가지고 걸식하는 것.

지방(知方) : 예법을 알다.

지방고사(知方高士) : 예법을 아는 인품이 고상한 선비.

지복(持服) : 상복(喪服)을 입다. 거상(居喪)하다. 상례(喪禮)를 치르다.

지사(知事) : ① 선원의 사무를 총괄하는 주사직(主事職). 송초(宋初) 무렵까지는 감원(監院), 유나(維那), 전좌(典座), 직세(直歲) 등 4지사였다가, 뒤에 부사(副寺; 副院)가 추가되어 5지사가 되고, 다시 도사(都寺)가 추가되어 6지사가 되었다. 도사(都寺), 감사(監寺), 부사(副寺)는 총칭하여 고사(庫司)라고 하는데 모두 절 안의 모든 서무(庶務)를 맡는 소임이고, 유나(維那)는 대중의 기강(紀綱)을 관리하는 소임이고, 전좌(典座)는 대중이 생활하는 방실(房室)과 이부자리와 음식을 담당하는 소임이고, 직세(直歲)는 사찰의 건축과 보수 및 산림 토지에서의 보청(普請)을 일 년간 당직(當直)하는 소임이다. = 주사(主事). ② 송대(宋代) 지방행정장관(地方行政長官)의 명칭으로서, 보통 지(知)-군주사(軍州事)라는 식으로 칭한다.

지사(知事)와 두수(頭首) : 선원(禪院)에서 감원(監院)·유나(維那)·전좌(典座) 등을 지사(知事)라 부르고, 수좌(首座)·서기(書記)·장주(藏主)·지객(知客)·욕주(浴主) 등을 두수(頭首)라 부른다. 중국의 선종 사찰에서 조정(朝廷)의 문무(文武) 양반(兩班)을 본떠 지사와 두수의 양반을 설치한 것이다.

지상선사(智常禪師) : 여산(廬山) 귀종사(歸宗寺)의 지상(智常) 선사. 귀종지상(歸宗智常).

지성(志誠) : 성심성의(誠心誠意)로. 정성을 다하여.

지숙(止宿) : 숙박하다. 머물다.

지시(只是) : ① 다만. 오직. 오로지. ② 그런데. 그러나.

지시(指示) : 가리키다.

지시(止是) : 단지 -이다. 다만 -이다.

지식(止息) : ① 고통이 멈추어 사라지는 것. ② 사마타(奢摩他, śamatha)의 역어(譯語). 망념(妄念)이 쉬어지는 것.

지여(只如) : = 지우(至于), 약부(若夫), 지여(秖如). -에 대하여는. -과 같은 것은. 예컨대. 그런데.

지요(只要) : ① -하기만 하면 (된다). ② 만약 -라면.

지원(志願) : ① 마음을 쏟는 것. ② 뜻. 마음가짐. 바램. ③ 서원(誓願)과 같음.

지유(知有) : 알다, 깨닫다. = 지(知), 지도(知道).

지음(知音) : 소리를 알아듣는다는 뜻으로 자기의 속마음을 알아주는 친구를 이르는 말. 지기지우(知己之友)와 같은 뜻으로 쓰인다. 중국 춘추시대 거문고의 명수 백아(伯牙)와 그의 친구 종자기(鍾子期)와의 고사(故事)에서 비롯된 말이다. 『열자(列子)』 「탕문편(湯問篇)」에 나오는 말인데, 백아가 거문고를 들고 높은 산에 오르고 싶은 마음으로 이것을 타면 종자기는 옆에서, "참으로 근사하다. 하늘을 찌를 듯한 산이 눈앞에 나타나 있구나."라고 말하였다. 또 백아가 흐르는 강물을 생각하며 거문고를 타면 종자기는 "기가 막히다. 유유히 흐르는 강물이 눈앞을 지나가는 것 같구나." 하고 감탄하였다. 종자기가 죽자 백아는 거문고를 부수고 줄을 끊은 다음 다시는 거문고를 타지 않았다고 한다. 이 세상에 다시는 자기 거문고 소리를 들려 줄 사람이 없다고 생각하였던 것이다.

지의(遲疑) : 망설이며 결정하지 못하다. 머뭇거리다.

지인(至人) : 대도인. 진리를 확연히 깨친 사람. 본래 『장자(莊子)』에 나오는 말. 『장자』에서는 지인(至人)을 다음과 같이 말한다 : "지인에게는 자기가 없다."(至人无己), "지인의 마음씀은 거울과 같다."(至人之用心若鏡), "지인은 무위(無爲)하다."(至人无爲), "진실을 벗어나지 않으면 일러 지인이라 한다."(不離於眞謂之至人)

지장(知莊) : 농장(農莊)을 책임지고 있는 승려.

지장(智藏) : 서당지장(西堂智藏).

지장(地藏) : 지장계침(地藏桂琛), 곧 나한계침(羅漢桂琛).

지적(指摘) : 가리켜 비판하다.

지전(紙錢) : 사당(祠堂)에서 신에게 기도할 때에 향(香)과 더불어 태우는 노란색 종이돈. 실제 생활에서 사용할 수는 없다.

지전(知殿) : 전주(殿主). 선원(禪院)에서 불전(佛殿)을 관리하는 소임.

지제지설(止啼之說) : 울음을 멈추게 하는 말. 방편(方便)의 말. 『대반열반경(大般涅槃經)』 제21권 '영아행품(嬰兒行品)'에 "영아행(嬰兒行)이란 어린 아이가 큰소리로 보채며 우는 것을 이른다. 이때 부모는 서둘러 버드나무의 노란 잎을 따가지고 와 우는 아이에게 주면서 '울지 마라. 내가 금을 줄께.'라고 달랜다. 아무것도 모르는 아이는 그것이 진짜 금인 줄 알고 곧 울음을 그친다. 그러나 이 노란 잎은 진짜 금이 아니다."라는 구절이 있는데, 우는 아이는 자기 머리를 가지고 자기 머리를 찾는 어리석은 중생을 뜻하고, 울음을 멈추게 하는 가짜 금인 나뭇잎은 중생의 갈증을 멈추게 하는 가르침인 방편설(方便說)을 뜻한다. 번뇌는 본래 허망한 것이어서, 번뇌가 사라지면 그만이지, 다시 얻을 법은 없다. 방편은 단지 망상에서 깨어나게 하는 가르침일 뿐, 본래 없었던 새로운 무엇을 제공하는 것은 아니다.

지존(至尊) : 임금. 천자(天子).

지진(指眞) : 죽은 선사(先師)의 장례식이나 제사에서 선사(先師)의 진영(眞影)을 가리키며 행하는 설법. 장례식이나 제사에서 재(齋)를 지낼 때에, 죽은 스님의 진영(眞影)을 걸어 놓고, 대중이 함께 모여, "애(哀)!" "애(哀)!" "애(哀)!" 세 번 외치는 거애(擧哀)를 하고, 진영(眞影) 앞으로 가서, 향(香)을 들고 진영을 가리키며[指眞], 설법을 하고, 향을 불사른다.

지차(只遮) : ① = 지자(只者), 지저(只這). 오직 이-. ② = 지(只), 지시(只是). 오직, 다만.

지처주군주사(知處州軍州事) : 처주(處州; 절강성 여수시(麗水市) 남동쪽에 있던 주(州))의 군(軍)과 주(州)의 일을 관장하는 관직. 군주(軍州)는 송대(宋代) 행정구역인 군(軍)과 주(州)의 통칭. 지사(知事)는 송대(宋代) 지방행정장관(地方行政長官)의 명칭으로서, 보통 지(知)-군주사(軍州事)라는 식으로 칭한다.

지축(地軸) : 대지의 회전을 지탱하고 있는 중심축

을 가리킨다. 천관(天關)과 함께 천지운행의 중심축에 해당된다.

지취(只就) : 오직. 다만,

지해(只解) - 요차(要且) - (부지(不知)) : 다만 -만 할 줄 알고, 도리어 -는 알지 못하다.

지해본일(智海本逸) : 송대(宋代) 운문종의 선승. 복건성 사람으로 속성은 팽(彭)씨다. 여산(廬山)의 개선선섬(開先善暹)에게 참학하여 그의 법을 이었으며, 강서성 요주(饒州)의 천복사(薦福寺)에서 학인들을 지도하였다.

지해종도(知解宗徒) : 당말 오대의 법안종의 개조인 법안문익(法眼文益; 885~958)이 하택신회(荷澤神會; 685~760)를 '지해종도(知解宗徒)'라고 칭한 말에서 비롯된다. 선(禪)을 실제로 체험하지 못하고 알음알이로 이해하는 데 그치는 사람을 일컫는 말이다.

지해청(智海清) : 동경(東京) 지해불인지청(智海佛印智淸) 선사. 임제종(臨濟宗). 남악(南嶽) 문하 13세손이다. 운거우(雲居祐) 선사의 제자이다.

지현(知縣) : 현(縣)의 우두머리. 현령(縣令).

지호자야(之乎者也) : 지호자야의언재(之乎者也矣焉哉)의 준말. 지호자야의언재(之乎者也矣焉哉)는 문어(文語)의 어조사(語助辭)들인데, 곧 옛날 말투나 케케묵은 지식을 자랑하는 경우를 가리킨다.

지후(祗候) : 시중들다. 보살피다.

지후인(祗候人) : 비첩(婢妾). 계집종.

직(直) : = 치(値). 수량을 평가하다. 가치를 평가하다.

직료성불(直了成佛) : 직료(直了)는 곧장 깨닫다는 말. 성불(成佛)은 깨닫다는 말. 곧장 깨달아 부처가 되다. 곧장 깨닫다.

직발(直拔) : 곧장 목청을 높여. 곧장 붙잡고. 곧장 고개를 돌려.

직세(直歲) : 도감(都監)이라고도 하는데 사찰의 보수나 건축, 사찰 소유의 산림과 토지에 관련되는 업무를 관장하는 소임을 말한다.

직솔(直率) : 솔직하게.

직수(直須) : 반드시. 마땅히.(-해야 한다)

직시(直是) : ① 그야말로. 전혀. 정말. 실로. ② 차라리. 아예. ③ 솔직하게. 숨김없이. 명백히. ④ 설령(설사) -하더라도.(뒤에 야(也)가 따라옴.) ⑤ 다만. 오직. ⑥ 그러나. 그런데.

직요(直要) : 반드시 -해야만 한다.

직요(直饒) : 비록 -라고 하여도. 설사 -라고 하여도.

직절(直截) : ① 곧장. 단도직입적으로. 단순 명쾌하게. 시원시원하게. ② 곧장 끊다. ③ 선종(禪宗)의 경절문(徑截門)을 가리킴.

직지인심(直指人心)과 견성성불(見性成佛) : 조사선의 특징을 잘 나타내는 문구. 조사선의 특징을 간단히 요약하면, 문자(文字)를 수단으로 삼지 않고[불립문자(不立文字)], 가르침의 말씀 밖에서 따로 진리를 전하니[교외별전(敎外別傳)], 마음을 가지고 마음을 직접 전하는 것이라[이심전심(以心傳心)], 마음을 바로 가리켜서[직지인심(直指人心)], 마음의 본성을 보아 깨닫게 한다[견성성불(見性成佛)]라는 것이다. 조사선 이전까지의 불교는 문자언어를 달을 가리키는 손가락으로 삼아 문자언어인 경전을 방편(方便)으로 하여 불교의 진리를 전하였는데, 조사선은 애초에 방편을 세우지 아니하고 이 자리에서 바로 즉각 진리인 마음을 가리켜 깨닫게 만드는 것이다. 경전을 통한 방편의 불교가 둘러가는 먼 길이라면, 조사선은 질러가는 지름길이다.

직하(直下) : ① 바로. 즉시. ② 아래. 아래로.

진(塵) : ① 대상. 경(境). 경계(境界). 육진경계(六塵境界). ② 더러움. ③ 번뇌. ④ 결함. 결점. ⑤ 국토. 세계. 찰진(刹塵). ⑥ 티끌. 많은 숫자를 가리킴.

진(儘) : 마음껏.(마음대로 하게 하다. 자유에 내맡기다.)

진개(眞箇) : = 진(眞). 참된. 개(箇)는 적(的), 지(地)와 같은 조사(助詞).

진견(津遣) : ① 돈을 내어 돌려보내다. ② 되돌려주다. 되돌려 보내다.

진결(眞訣) : 비법(秘法). 비결(秘訣).

진구(塵垢) : 마음을 어지럽게 하는 티끌과 때라는 뜻. 번뇌를 말함.

진념(軫念) : 비통한 마음으로 걱정하다.

진량(津梁) : ① 강을 건너는 뗏목. 도제(道諦)에 비유됨. 이를테면, 자운존자(慈雲尊者)가 지은 『범학진량(梵學津梁)』이라는 것이 있음. 또 진은 나루터, 량은 다리라고도 풀이 됨. ② 구세주. 제불성승(諸佛聖僧)을 말함.

진력취열(陳力就列) : 재력(才力)을 공헌할 수 있으면, 상응하는 관직을 담당할 수 있다. 능력에 따라서 해당하는 직위를 담당하다. 자신의 직분(職分)을 다하다. 자신의 능력을 한껏 발휘하다.

진로(塵勞) : 번뇌의 다른 이름. 두 가지 뜻이 있다. ① 진(塵)은 육진(六塵), 노(勞)는 노권(勞倦). 객관세계인 6진의 경계를 따라 마음의 번뇌가 일어나서 피곤하게 되므로 번뇌를 진로라 함. ② 진은 오심(汚心), 노는 근고(勤苦). 번뇌는 마음을 어지럽게 하여 우리들로 하여금 괴롭고 애쓰게 하므로 진로라 함. 이것은 종밀(宗密)이 지은 『원각경소초』 제1권에 풀이되어 있다.

진로지심(塵勞之心) : 육진경계(六塵境界)를 따라 번뇌가 일어나서 피로해진 마음.

진발(津發) : ① 물길로 운송하다. ② 운반비용.

진색력강건(趁色力彊健) : 색(色; 물질경계)을 따르는 힘이 셀 때란 곧 젊을 때를 가리킨다.

진색력미쇠시(趁色力未衰時) : 색(色; 물질경계)을 따르는 힘이 아직 노쇠하지 않을 때란 곧 젊을 때를 가리킨다.

진수(進修) : 연수하다. 수행하다.

진습(陳習) : 오래된 습기(習氣). 숙습(宿習)과 같은 말. 진(陳)은 오래되었다는 뜻.

진승(眞乘) : 진실한 수레, 즉 진실한 교법(敎法). 방편(方便)으로 말한 교법에 대하여, 방편이 가리키는 진실한 교법을 말함.

진시(趁時) : ① 때맞추어. 제때에. 적시에. ② 수시로. 때를 가리지 않고.

진시탁력찬(秦時轆轢鑽) : 쓸모없는 물건이나 사람을 가리키는 말이다. 탁력찬(轆轢鑽)이란 진시황(秦始皇)이 아방궁(阿房宮)을 건립할 때 쓸려고 만들었다는 터무니없이 커다란 땅 파는 기계인데, 정작 공사를 할 때에는 이것이 전혀 쓸모가 없었다고 한다.

진신(搢紳) : 벼슬아치. 현재 재직 중이거나 퇴직한 관리의 총칭.

진애(儘崖) : ① 마침내. 끝내. ② 늘. ③ 최대한.

진여(眞如) : 진실하고 변함없다는 뜻. 만법(萬法)의 실상(實相)을 가리키는 말. 진여의 다른 이름으로는 법계(法界)·법성(法性)·평등성(平等性)·실제(實際)·허공계(虛空界)·부사의계(不思議界)·무상(無相)·승의(勝義)·실상묘유(實相妙有)·여여(如如)·불성(佛性)·여래장(如來藏)·중도(中道)·제일의제(第一義諦) 등이 있다.

진영(眞影) : 조사나 고승대덕의 초상화. 조사(祖師)나 고승대덕(高僧大德)의 초상을 그린 것으로, 영정(影幀)이라고도 한다. 진영이나 영정 모두 인물을 그린 일반 초상화를 가리키는 말이지만 불교미술에서는 승려의 초상화만을 이렇게 부른다.

진장(鎭長) : 장구(長久). 영원함.

진점겁(塵點劫) : 지극히 긴 시간을 뜻하며, '진겁(塵劫)'이라고도 한다. 삼천진점겁(三千塵點劫)과 오백진점겁(五百塵點劫) 두 가지가 있다. 삼천진점겁은 삼천대천세계의 모든 것을 갈아서 먹물을 만들고 이것을 한 방울씩 1천 국토마다 떨어뜨려 그 먹물이 다할 때, 또는 지금까지 경과한 모든 세계를 부수어 미세한 먼지로 만들어 그 먼지 하나를 일겁(一劫)으로 계산한 총수를 말한다. 오백진점겁은 오백천만억 나유타아승지의 삼천세계를 문질러 미세한 먼지로 만들었을 때 그 먼지 하나를 일겁(一劫)이라고 한다.

진정(盡情) : ① 마음껏 하고 싶은 바를 다하다. ② 정성을 다하다.

진정극문(眞淨克文) : 1025~1102. 늑담극문(泐潭克文)이라고도 한다. 송대(宋代)의 스님으로 임제종 황룡파(黃龍派)이다. 늑담(泐潭)은 주석산의 이름이다. 호는 운암(雲岩)이며, 동산(洞山)이라고도 한다. 보봉극문(寶峰克文) · 진정극문(眞淨克文)이라고도 한다. 속가의 성은 정(鄭)씨이다. 하남성 섬부 문향(閿鄕) 출신이다. 호북성 복주(復州) 북탑(北塔) 광공(廣公)의 설법을 듣고 사사하여 극문이라고 한다. 25세에 득도하여 구족계를 받고, 처음엔 경론을 배웠지만 선이 있음을 알고 남유(南遊), 치평(治平) 2년(1065) 대위산(大潙山)에서 수도하였다. 한 스님이 들려 주는 운문문언(雲門文偃)의 이야기를 듣고 크게 깨달았다. 적취(積翠) 황룡혜남(黃龍慧南)에게 참학하여 그 법을 이었다. 고안(高安)에 돌아가 구봉(九峰) 아래에 투로암(投老庵)을 세워서 한거하였다. 6년간 여산(廬山)의 귀종사(歸宗寺)에 머물고 또 장상영(張商英)의 청에 의해 늑담에 머물렀다. 황룡조심(黃龍祖心) 동림상총(東林常總)과 함께 임제종 황룡파 발전의 기초를 세운 중진이다. 운암(雲庵)에 퇴거하여 숭녕(崇寧) 원년 10월 16일에 입적하였다. 『운암진정선사어록(雲庵眞淨禪師語錄)』 6권이 있으며, 청량덕홍(淸涼德洪)이 〈운암진정화상행장(雲庵眞淨和尙行狀)〉을 지었다.

진제(眞諦) : 2제의 하나. 제일의제(第一義諦) · 성제(聖諦) · 승의제(勝義諦)라고도 한다. 열반 · 진여 · 실상(實相) · 중도(中道) · 법계(法界) · 진공(眞空) 등 깊고 묘한 진리를 말한다. 이 진리는 모든 법 가운데 제일이라는 뜻에서 제일의제(第一義諦)라고 한다.

진존숙(陳尊宿) : 목주도명(睦州道明). 생몰년대 미상. 당대(唐代) 선승. 황벽희운(黃檗希運; ?~850)의 법을 이은 제자. 목주(睦州)는 머물렀던 곳의 이름. 도종(道蹤) · 진존숙(陳尊宿) · 진포혜(陳蒲鞋)라고도 부름. 속성은 진(陳)씨. 강남(江南) 출신으로 황벽희운의 법을 이은 뒤 절강성 목주의 용흥사(龍興寺)에 머물렀다. 대중 1000여명을 모아 종풍을 떨쳤기 때문에 진존숙이라 하고, 짚신을 팔아서 어머니를 모셨으므로 진포혜라고 한다. 『오등회원』 제4권에서는 세수 98, 법랍 76이라고 기록되어 있다.

진중(珍重) : 헤어질 때의 인사말. "안녕히 (계셔요, 가세요)!" 진중(珍重)의 본래 뜻은 큰 일을 위하여 자신을 소중히 여기라는 것.

진찬(眞讚) : 고승(高僧)의 진영(眞影)에 써 넣는 찬양하는 게송(偈頌).

진찰(塵刹) : 티끌 같은 세계. 무수한 세계.

진채절량(陳蔡絶糧) : 기원전 489년에 오나라가 진(陳)나라를 공략하고 초나라가 진나라를 지원하여 오나라 군대와 성보(城父, 지금의 한휘 호현 동남쪽)에서 대치하였다. 전란이 임박하자 공자는 제자들을 거느리고 3년간이나 머물렀던 진(陳)나라를 떠나 남쪽의 채(蔡)나라로 피신하였다. 피난을 가던 중 오나라와 초나라의 병사들에게 잡혀 진퇴양난의 지경에 이르렀다. 가지고 온 양식도 다 떨어졌고 함께 가던 제자들은 굶주리고 지쳤으며, 어떤 제자는 병으로 쓰러지기까지 했다. 7일간을 밥도 먹지 못한 채 극심한 괴로움에 시달렸다. 공자는 자공을 파견하여 초나라 군대와 교섭을 성공적으로 마치고 위험한 지경에서 벗어나게 되었다. 이 어려운 때에도 함께 길을 나섰던 제자들은 끝까지 남아 공자의 정치적 이상을 믿고 따랐는데 그들을 흔히 공문십철(孔門十哲)이라 부른다. 이와 관련된 언급이 『논어』 「선진(先進)」과 『맹자』 「진심(盡心)」에 나와 있다.

진헐청료(眞歇淸了) : 1088~1151. 설봉진헐(雪峯眞歇)을 가리킨다. 송대(宋代)의 스님으로 조동종 계통이다. 속가의 성은 옹(雍)씨이며, 좌면(左綿, 四川省) 안창(安昌) 출신이다. 18세에 구족계를 받았고, 성도(成都) 대자사(大慈寺)에서 경론을 수학하였다. 그 후에 단하자순(丹霞子淳)을 만나서 참학하여 그의 법을 이어받았다. 이후 보타(補陀) · 천봉(天封) · 설봉(雪峰) · 자녕(慈寧) 등에서 머물렀다. 64세에 황태후의 명으로 숭선현효사(崇先顯孝寺)를 개산하여 종풍을 널리 선양하였다. 소흥(紹興) 21년 10월에 입적하였는데, 그때 세수가 63, 법랍이 45였다. 저술로는 『신심명염고(信心銘拈古)』 1권과 문인들이 편집한 『장로요화상겁외록(長蘆了和尙劫外錄)』 1권이 있다. 법제(法弟)인 굉지정각(宏智正覺)이 〈숭선진헐료선사탑명(崇先眞歇了禪師塔銘)〉을 지었다.

질려(蒺蔾) : 산의 계곡에서 자생하는 나무로 곧게 자라며, 가지와 줄기가 없고, 위에는 가시가 있으며 약용으로 쓰인다. 엄목(奄木).

질혁(疾革) : 병세가 위독하다, 위급하다.

집장(執藏) : 제8식의 다른 이름. 제8아뢰야식의 "아뢰야"는 장(藏)의 뜻을 지녔는데 장에는 능장(能藏) · 소장(所藏) · 집장(執藏)의 세 뜻이 있다. 집장은 이 식이 항상 끊임없이 상속(相續)하여 중생의 주체가 되므로 제7말라식이 이것을 참으로 아(我)가 있는 줄로 집착하므로 이 식을 집장이라 함.

징(徵) : 옛사람의 문제점을 들어 수행자에게 하는 질문을 가리킨다. 분양선소(汾陽善昭)는 학인이 스승에게 질문하는 방식을 모두 18가지로 정리하였는데, 이에 따르면 '징(徵)'은 16번째에 해당한다.

ㅊ

차(且) : ① 아직도. 여전히. 또한. 더욱이. ② 도리어. ③ 바로. 꼭. 때마침. ④ 다만. 겨우. ⑤ 본래. ⑥ 결국-? 마침내-? ⑦ 대략. 대강. ⑧ = 가(可).

차(次) : ① 이르다. 도달하다. ② 머물다. 숙박하다. ③ 여행 중 잠시 머무는 숙소. ④ 속. 가운데.

차(箚) : 푹 찌르다. 푹 찌르는 행위를 표시하는 의태어.

차각(蹉卻) : 실패하다. 헛되이 보내다. 헛다리 짚다.

차과(蹉過) : ① 과오. 허물. 잘못. 실패. ② (기회를) 놓치다. 스치고 지나가다. 실패하다.

차당(茶堂) : 중국의 옛날 다방(茶房). 차관(茶館).

차득몰교섭(且得沒交涉) : 전혀 관계가 없다. = 차희몰교섭(且喜沒交涉).

차막(遮莫) : = 차불(遮不), 종연(縱然), 진관(盡管), 설사 -라 하더라도. = 첩막(輒莫), -하지 말라, -할 필요 없다.

차막(且莫) : 당분간 -하지 말아라.

차문(借問) : 시험 삼아 묻다. 한번 물어 보다. 말씀 좀 여쭙겠습니다.

차배(差排) : ① 명령하다. 지시하다. 시키다. ② 배치하다. ③ 처리하다. ④ 보내다.

차배(差背) : 착오. 뜻하지 않은 것.

차별인연(差別因緣) : 차별되는 여러 가지 인연들. 중생이 처음으로 발심하여 궁극의 깨달음을 얻기까지 여러 단계에 따라 불보살이 중생의 근기에 응하여, 혹은 부처님의 모습을 보여 준다든지, 혹은 부처님의 법을 믿을 수 있게 해 주는 여러 인연들을 보인다든지, 혹은 중생의 부모형제가 되어 사랑을 베푼다든지, 혹은 중생의 친구나 동료가 되어 공부를 격려하고 도운다든지, 혹은 중생의 원수가 되어 두려움에 떨게 한다든지, 그 밖에 여러 가지 방편을 이용하여 중생을 이끄는 것. 『대승기신론』에 나와 있다.

차별자륜(差別字輪) : = 자륜(字輪).

차불(且不) : 오랫동안 - 하지 않다. 좀처럼 -하지 않다. 전혀 -하지 않다.

차비(且非) : 좀처럼 -아니다.

차사(差事) : ① 쓸모없다. 기준 미달이다. 품질이 나쁘다. ② 이상한 일.

차설(且說) : 각설(却說)하고. 그런데. 한편.

차수(借手) : 남의 손을 빌다.

차수(叉手) : 두손을 붙여 합장(合掌)하는 것. 혹은 차수당흉(叉手當胸).

차수당흉(叉手當胸) : 선문(禪門)의 예법. 왼손의 엄지를 구부리고 다른 네 손가락으로 주먹을 만들어 가슴에 붙이고, 오른손으로 감싼 모습. 합장(合掌)에 뒤따르는 예법. 선원(禪院)에서는 이런 모습이 예의에 맞고, 그냥 양손을 내려뜨리고 있는 것은 무례한 모습이다. 차수(叉手)라고도 함. 이것은 세속 선비의 공손한 예법이기도

하다.

차시(且是) : ① 바로. ② 다만. ③ 오히려. ④ 그런데. 그렇지만. ⑤ 그러나.

차아(嗟訝) : 감탄하다. 의아해하다.

차어표어(遮語表語) : 차어(遮語)는 부정표현, 표어(表語)는 긍정표현을 가리키는데, 종밀(宗密)의 해설을 보면 다음과 같다. "여섯째, 차전(遮詮)과 표전(表詮)이 다른 것. 차(遮)란 그 그른 바[所非]를 버리는 것을 말하고, 표(表)란 그 옳은 바[所是]를 드러내는 것을 말한다. 또 차(遮)란 모든 나머지를 가려내는 것이고, 표(表)란 그 당체(當體)를 바로 보여주는 것이다. 예컨대 모든 경전에서 참되고 묘한 이치와 성품을 말할 때, 생기지도 않고 사라지지도 않는다 · 더럽지도 않고 깨끗하지도 않다 · 원인도 없고 결과도 없다 · 모습도 없고 함도 없다[無爲] · 범상치도 않고 성스럽지도 않다 · 성(性)도 아니고 상(相)도 아니다 라고 말하는 등은 모두 차전(遮詮)이다. 만약 지견(知見)의 깨달음으로 비추니 신령스런 거울의 빛이 밝다 · 맑고도 밝다 · 또렷하고 고요하다 등처럼 말한다면 이들은 모두 표전(表詮)이다. …… 소금을 말하면서 싱겁지 않다고 하면 차(遮)요, 짜다고 하면 표(表)이며, 물을 말하면서 마르지 않다고 하면 차(遮)요, 축축하다 하면 표(表)이니, 여러 가르침에서 백비(百非)를 절(絶)한다 하면 모두가 차사(遮詞)요, 일진(一眞)을 바로 드러내는 것이 곧 표어(表語)이다. 그러므로 공종(空宗)의 말은 다만 차전(遮詮)일 뿐이지만, 성종(性宗)의 말에는 차(遮)도 표(表)도 있으니, 차(遮)만 가지고는 부족하고 표(表)를 겸해야 적당한 까닭이다."

차여(且如) : = 즉여(卽如). 바로 -와 같다. 즉 -와 같다.

차요(且要) : 우선 -하고자 하다. 먼저 -를 요구하다.

차운(次韻) : 화답(和答)하는 시(詩)에서 남의 시운(詩韻)을 빌어서 시를 짓다.

차제(次第) : ① 순서. ② 순차적으로. 차례차례.

차차(借借) : ① 의지하다. 빌리다. ② 질펀하다. 낭자하다.

차치(且致) : = 차치(且置).

차치(且置) : 우선 놓아두다. 우선 내버려두다. 일단 그대로 두다.

차타(蹉跎) : 세월을 헛되이 보내다, 시기를 놓치다. 헛디뎌 넘어지다.

차파피자배파년(借婆帔子拜婆年) : 할머니의 치마를 빌려 입고 할머니에게 세배를 드리다. 상대방의 주장을 이용해 상대방의 허점을 드러내다.

차허(借許) : 너그럽게 허락하다.

차호(遮護) : (흉이나 약점을) 덮어 주다. 감싸 주다.

차호(差互) : 차별. 불일치. 어긋남.

차희(且喜) : ① 무엇보다 기쁜 일은. 매우 다행스럽게도. ② (부정문) 전혀 - (아니다).

차희몰교섭(且喜沒交涉) : 전혀 관계가 없다. 털끝만큼도 상관이 없다. 전혀 그런 것이 아니다. = 차득몰교섭(且得沒交涉).

차희불간이사(且喜不干爾事) : = 차희몰교섭(且喜沒交涉).

착(著) : ① 떨어지다. 내려가다. ② 따르다. 당하다. 견디다. 받다. ③ -을. -으로써.(개사) ④ 행하다. 이루다. ⑤ 좋아하다. ⑥ 이르다. 있다. 입다. 놓지 않다. 가지다. 붙잡다. ⑦ 동사 뒤에 붙어서 지속을 나타내는 조사. ⑧ 어구(語句) 말미에 붙어서 바람이나 명령을 나타내는 어조사. ⑨ -하게 하다. ⑩ -해야 한다.

착거(錯擧) : 잘못 말해 주다. 말을 잘못 전하여 주다.

착도(著到) : -에 도달한 채로 있다. -에 머물러 있다.

착도(著倒) : 넘어지다.

착력(著力) : 힘을 쓰다. 힘을 내다.

착료(錯了) : 잘못 알다. 오해하다.

착망(著忙) : 마음이 조급해지다.

착수각(著手脚) : 조치를 취하다. 손을 쓰다. = 주수각(做手脚).

착실(著實) : 확실히. 참으로. 단단히.

착심(着甚) : 어찌하여?(= 여하(如何)) 무엇 때문에?(= 위십마(爲什麽))

착안(著眼) : 눈여겨보다. 눈을 크게 뜨다. 눈을 들어 바라보다. 눈길을 보내다.

착안정(著眼睛) : = 착안(著眼). 눈여겨보다. 눈을 크게 뜨다. 눈을 들어 바라보다. 눈길을 보내다.

착어(著語) : '착어(著語)'로도 쓴다. 선종에서 고인의 문답이나 행동에 대해서 자기의 견해를 펴는, 근원적인 입장에서 행하는 비평의 말이다. 몇 가지 방법이 있는데, 고인(古人)이 말로써 나타낼 수 없었던 경우를 대신해서 자기의 말을 덧붙이는 대어(代語), 고인이 한 말과는 다른 말을 제시하여 자기의 견해에서 비평하는 별어(別語) 등이 있다. 또 때에 따라 고인의 문제점을 들어 수행자에게 질문하는 거어(擧語) 또는 징어(徵語) 등도 있다.

착의(著意) : ① 일부러. 고의로. 의식적으로. ② 생각을 하다. ③ 주의를 기울이다. 신경쓰다. 마음을 쏟다.

착일성아(著一星兒) : 조금도.

착정채(著精彩) : ① 정신을 가다듬다. ② 주의를 기울이다. 심혈을 기울이다. 노력하다. 애쓰다. ③ 주의하다. 조심하다.

착주(捉住) : 붙잡다. 꽉 붙잡다.

착처(着處) : ① 이르는 곳. 도처(到處). ② 발 딛는 곳.

착패(捉敗) : 범인을 붙잡아 그의 나쁜 범행을 폭로하다.

착편(著鞭) : ① 채찍질을 하다. ② 일을 적극적으로 열심히 하다. ③ 손을 대다.

착편(着便) : ① 편의(便宜; 이익, 적절함, 좋음)를 얻다. ② 적당하다. 알맞다. ③ 편안하다. 안정되다. ④ 마음대로 되다.

찬(讚) : 시문(詩文)으로 행과 공덕을 칭송하는 것.

찬고지(鑽故紙) : '낡은 종이를 파고든다'는 뜻. 복주(福州)의 고령신찬(古靈神贊) 선사가 자신의 은사스님을 깨우치기 위하여 한 말 가운데 나오는 구절이다. 『경덕전등록』 제9권 및 『오등회원(五燈會元)』 제4권에 의하면, 신찬(神贊)은 고향에 있는 대중사(大中寺)로 출가하였다가 뒤에 백장회해(百丈懷海)를 찾아가 공부하여 깨달음을 얻고는 다시 본절로 돌아와 대중 속에 섞여 있었다. 어느 날 은사스님이 창문 아래에서 경전을 읽고 있을 때에 마침 벌 한 마리가 그 창문의 창호지(窓戶紙)를 뚫고서 밖으로 나가려고 몇 번씩이나 창호지를 머리로 들이박고 있었다. 신찬이 곁에서 그 광경을 보고는 말하기를 "세계가 이렇게 넓은데 기꺼이 나가려고 하지 않고 도리어 저 낡은 종이를 뚫고 있으니 나귀해에나 나가려나?"(世界如許廣闊不肯出, 鑽他故紙驢年去?) 하고는 드디어 시를 읊었다. "열린 문으로는 나가려 하지 않고, 창호지에 부딪치니 참으로 어리석구나. 백 년을 낡은 종이를 뚫더라도, 어느 날에 나갈 때가 있겠는가?"(空門不肯出, 投窗也大癡. 百年鑽故紙, 何日出頭時.) 은사스님은 이 말을 듣고는 비로소 신찬을 알아보고서 바른 공부의 길로 갔다고 한다.

찬귀타와(鑽龜打瓦) : 거북껍질을 뚫고 기왓장을 때려 부수다. 거북껍질을 뚫고 기왓장을 때려 부수는 일은 곧 점치는 것을 가리킨다. 『두주(杜注)』에 따르면, 옛날 무왕이 병이 들었을 때 성왕이 거북이로 점을 치니 여러 신하들이 말하기를 "거북이가 뚫어지지 아니하면 길하고 뚫어지면 흉하다." 하고, 또 초나라 때 신당(神堂)이 있었는데 누구나 길흉을 알고자 하면 그곳에 나아가 기왓장을 던졌다. 기왓장이 엎어지면 흉하고 뒤집어 지면 길하다 하였다.

찬녕(贊寧) : 918~999. 송대(宋代) 승려. 982년(65세)에 칙명으로 절동(折東)에 들어가 『송고승전(宋高僧傳)』 30권을 편찬하여 988년에 완성하였고, 다시 『취령성현록(鷲嶺聖賢錄)』 100권을 지었다. 시호는 원명대사(圓明大師).

찬려(讚勵) : 격려하다. 힘쓴다고 칭찬하다.

찬미(攢眉) : 기분이 나빠 눈을 찡그리다. 눈살을 찌푸리다.

찬반(饡飯) : 다섯 가지 채소로 만든 비빔밥.

찬반(鑽飯) : 찬반(饡飯).

찬반전(饡飯錢) : 찬반을 공양하는데 드는 돈. 법

의 싸움에서 졌을 경우에 그 벌로 대중에게 찬반을 공양하는데 드는 돈.

찬복(竄伏) : 도망가서 숨다.

찬성(贊成) : 성공하도록 도와주다.

찰(刹) : kṣetra. 체다라(掣多羅)·차다라(差多羅)·찰다라(刹多羅)·흘차달라(紇差怛羅)·찰마(刹摩)라 음역. 토전(土田)·국(國)·처(處)라 번역. 곧 국토(國土). 불국토(佛國土)를 불찰(佛刹)이라 함과 같음. = 찰토(刹土).

찰간(刹竿) : 절의 당탑 앞에 세워 두는 긴 장대로, 그 위에 보주(寶珠)가 붙어 있다. 사원에서 설법이 있는 것을 표시하기 위해 세우는 깃발을 건 장대이다. 설법할 때에 문 앞에 이것을 세워서 깃발을 건다.

찰경(刹境) : 세계. 국토. 찰(刹)은 ksetra의 음역으로서 토지, 육지라는 뜻. 경(境)은 경계(境界).

찰제리(刹帝利) : 인도의 네 계급 가운데 하나이다. 정치나 전쟁을 담당한 왕족이나 무사 계급을 지칭하는데, 보통 바라문(사제나 승직자) 다음에 위치한다. 석존(釋尊)이 출생한 석가족(釋迦族)은 찰제리에 속한다.

찰토(刹土) : 국토(國土)를 말한다.

찰해(刹海) : 세계. 찰(刹)은 ksetra의 음역으로서 토지, 육지라는 뜻. 찰해(刹海)는 육해(陸海) 즉 육지와 바다라는 뜻으로 세계를 말한다.

참(參) : 지금은 일반적으로 '화두를 참구한다'라고 표현하는 경우가 많지만, 당송(唐宋)시대의 선승(禪僧)들은 주로 '참(參)'이라고 하였지 '참구(參究)'라는 표현은 거의 사용하지 않았다. 당시의 문헌을 조사해 보면, '참구(參究)'라는 말은 『조당집』 0번, 『경덕전등록』 1번, 『천성광등록』 0번, 『오등회원』 4번(南嶽下十三世부터 나타남), 『분양무덕선사어록』 0번, 『황룡혜남선사어록』 0번, 『양기방회화상어록』 0번, 『법연선사어록』 0번, 『원오불과선사어록』 2번, 『대혜어록』 1번 등으로 거의 사용되지 않았고, 화두(話頭) 혹은 선(禪)을 공부하라는 의미에서 했던 말은 주로 '참(參)'이라는 표현이었다. 참(參)에는 '(어떤 것, 일, 행사에)참여하다.'와 '(윗사람을)만나뵙다.'의 두 가지 의미가 있다. 참선(參禪; 선에 참여하다), 참구(參究; 탐구에 참여하다), 참학(參學; 배움에 참여하다), 참상(參詳; 자세히 밝힘에 참여하다), 참당(參堂; 법당의 법회에 참여하다) 등의 단어에서는 '참여하다'(동참(同參)하다)는 뜻으로 사용되었고, 참례(參禮; 만나뵙고 인사하다), 참견(參見; 만나뵙다), 참문(參問; 만나뵙고 묻다), 자참(咨參; 물어보려고 찾아 뵙다), 내참(來參; 와서 만나뵙다) 등의 단어에서는 '만나뵙다'는 뜻으로 사용되었다. 화두(話頭)를 참(參)한다고 하는 경우에, '참(參)'은 참선(參禪)이나 참학(參學)과 마찬가지로 '참여하다', '동참하다.'는 뜻이라고 보아야 하고, 이 뜻은 결국 간화(看話)에 동참하여 간화(看話)를 행하라는 뜻이다. 대혜가 간화선(看話禪)에서 말하는 '애장거(崖將去; '화두와 더불어 지속적으로 겨루고 버티어 물러나지 않는다')', '시애(廝崖; 화두와 서로 맞붙어 버틴다)', '간(看; 화두를 본다)', '제시(提撕; 마음 속으로 화두를 끄집어내어 스스로에게 일깨우다)', '거(擧; 마음 속에서 화두를 끄집어내어 말하다)' 등의 표현들 역시 화두에 동참하고 있음을 나타내고 있다. 특히 대혜는 다만 화두에 동참하고만 있고, 깨달음을 기다리지는 말라고 하는데, 참(參)의 진정한 뜻이 바로 여기에서 드러난다.

참괴(慚愧) : 감격스러운, 요행인, 희유한, 얻기 어려운. 부끄럽다.

참구(參究) : 참고(參考)하여 연구(研究)함.

참당(參堂) : 승당(僧堂; 선방)에 참여하여 함께 공부하다.

참도(參徒) : 찾아와 공부하는 무리. 문하생(門下生).

참동계(參同契) : 당나라 석두 희천지음. 5언 44구 220자로 된 장편의 고시. 선림, 특히 조동종에서는 이것을 중히 여겨, 아침마다 불전에서 독송, 선종 학문의 기초가 되는 것으로, 그 줄거리는 현상이 곧 실재라는 이치를 기록한 것. 참은 만법 차별의 현상, 동은 만법 평등의 본체, 계는 차별이 곧 평등, 평등이 곧 차별인 묘용.

참마(懺摩) : kṣama. 인서(忍恕), 참회(懺悔)라 번역. 현장 이전에는 회(悔)라 번역. 다른 사람에게 용서를 비는 것, 혹은 다른 사람을 용서하는 것.

참정절철(斬釘截鐵) : 결단성 있고 단호하다.

참차(參差) : ① 마치 -인 듯하다. 유사하다. 비슷하다. ② 분명하지 않다. 희미하다. 어렴풋하다. ③ 들쑥날쑥하다. 가지런하지 못하다. 차이가 있다.

참청(參請) : 스승에게 찾아가 질문을 하고, 그 가르침을 청하는 것.

참초사두락(斬草蛇頭落) : 풀을 베니 뱀 대가리가 떨어지다. 풀을 베니 뱀의 대가리가 떨어진다는 말은, 종사가 방편을 사용하니 학인이 깨달음을 얻는다는 말. 풀은 분별망상을 가리키고, 독을 가지고 사람을 물어 죽이는 뱀은 그 분별망상 속에 있는 아상(我相)이다. 종사가 방편을 사용하여 학인의 분별망상을 깨부수니, 학인의 아상(我相)이 사라진다는 말. 타초사경(打草蛇驚) 참조.

참탑(懺塔) : 부처님 앞에서 자기의 죄를 회개하고 용서를 비는 참법(懺法) 가운데 하나인 탑참법(塔懺法). 탑 앞에서 참회의 의식을 거행한다.

참학(參學) : 문하(門下)에 참여하여 배우다.

참황(慚惶) : 부끄러워하고 두려워하다.

창도사(唱道師) : 설법할 때 대중들 가운데 첫 자리에 앉은 이가 경의 한 구절을 먼저 크게 외워서 대중들에게 알려주고 그에 따라 법사가 법을 설하는데, 이때 맨 먼저 경을 외우는 사람을 창도사라 한다.

창룡(蒼龍) : 『회남자(淮南子)』 〈천문훈(天文訓)〉에 나오는 동방(東方)을 상징하는 짐승이름. 청룡(靑龍).

창연(摐然) : 많은 사람이나 사물이 어지럽게 있는 모습.

창창(蒼蒼) : ① 머리카락이 희끗희끗한 모습. ② 색깔이 분명하지 않은 모습. ③ 급하게 재촉하는 모습.

창천창천(蒼天蒼天) : 아이고! 아이고!(곡(哭)하는 소리.)

창포(瘡皰) : 부스럼. 여드름. 발진(發疹). 헌 상처.

채련가(採蓮歌) : 연꽃을 따면서 부르는 노래.

채석(采石) : 안휘성(安徽省)의 당도현(當塗縣) 서북쪽에 있는 우저산(牛渚山) 기슭 북부의 강변. 송(宋)나라 우윤문(虞允文)이 금나라 군사를 격파한 곳.

채유두원유주(債有頭寃有主) : 빚진 데에는 시작이 있고, 원한에는 책임질 사람이 있다. 모든 일에는 실마리, 까닭이 있다.

채주(蔡州) : 도적이 사는 마을을 가리킨다.

채취(採取) : = 채취(采取). (방침, 정책, 조치, 수단, 태도를) 취하다. 채택하다.

책(策) : 사각사각(의성어).

책기(策起) : = 책기(拺起). 부기(扶起). 붙들어 일으키다.

처(處) : ① 곳. 군데. ② 것. 일. ③ 부분. 점. ④ (방위를 표시) 중(中), 전(前), 상(上), 하(下) 등 여러 방위를 표시함. 앞뒤 문장을 보고서 뜻을 정함. ⑤ (시간을 표시) -할 때. -하는 때. ⑥ 어기사(語氣詞). 니(呢), 아(啊)에 해당한다.

처간(覰看) : 자세히 살펴보다.

처면(覰面) : 마주 보다. 얼굴을 마주 보다.

처분(處分) : ① 처치. 처리. ② 분부. 명령. 부탁.

처착(覰着) : 엿보다. 살피다. 자세히 보다.

처처(萋萋) : 풀이 우거지다.

처포(覰捕) : 엿보며 찾다. 자세히 살펴보며 찾다.

척(剔) : ① (저돌적인 행동을 나타내는 의태어) 불쑥. 발딱. 확. 곧장. ② 세우다. 곧추서게 하다.

척기(剔起) : 세우다. 곧추서게 하다. 벌떡 일어나다.

척당(倜儻) : 호방하다. 뜻이 크고 기개가 있다. 소탈하다. 호방하여 구속을 받지 않다.

척두(尺頭) : 옷감. 피륙.

척량골(脊梁骨) : 등뼈.

척팔(尺八) : 피리의 일종으로, 길이가 한 자 여덟

치이므로 이렇게 부른다. 구멍이 정면에 여섯 개, 뒷면에 하나가 있다.

천(薦) : 알아차리다. 인식(認識)하다.

천각인비공(穿卻人鼻孔) : 소의 코에 코뚜레를 하여 자유자재하게 소를 부림. 자기의 마음을 조복시켜 마음대로 사용함을 가리키는 말.

천감(天監) : 천감(天鑑; 502~519)은 양무제(梁武帝)의 연호(年號). 중국 남북조(南北朝) 시대 양(梁)나라의 임금인 무제(武帝)는 502년~549년을 제위에 있었다. 그의 치세에 중국 남조 문화는 최전성기를 누렸다. 무제는 스스로 유학이나 문학의 학식을 깊이 연마했고, 중국의 역대 어느 왕보다도 불교에 대해 깊은 신심을 가졌던 것으로 유명하다. 그는 불교를 깊이 연구하여 스스로 강의나 저술을 할 정도였으며, 그의 초청에 응해서 많은 불교학자가 모여들었다. 양나라의 수도인 건강은 처음으로 남중국의 여러 지방 중에서 사원의 수가 가장 많았고, 통치자와 백성이 모두 불교행사에 참가했다. 당시에는 전체 인구의 대부분이 불교도였다고 한다. 이에 반하여 보수적인 관리들은 유교의 학자였고 민간에는 도교의 도사가 있었는데, 전자에게는 발언을 막고 후자에게는 517년에 환속을 명해서 전국의 도교 사원을 폐지시켰다고 한다. 무제는 스스로 사원에 가서 『반야경』, 『열반경』 등을 강의하였고, 『어주대품반야경(御注大品般若經)』을 저술했다. 측근에 광택사의 법운(法雲)과 같은 『법화경』 학자가 있었고, 달마 · 담란 · 진제도 그와 인연이 깊다. 무제는 중국 역대 황제 가운데 불교를 가장 독실히 믿었고, 불교를 가장 열심히 공부하였다고 평해진다.

천고(天鼓) : 도리천(忉利天)의 선법당(善法堂)에 있는 큰 북. 치지 않아도 저절로 묘하고 깊은 소리를 낸다고 한다.(天鼓自鳴妙聲深遠)(『묘법연화경(妙法蓮華經)』 「분별공덕품(分別功德品)」 제17)

천고(薦考) : 죽은 아버지의 제사를 차려 주다. 제사를 지내 주다.

천관(天關) : 하늘의 고동이라는 뜻으로, 북두성(北斗星)을 가리킨다.

천균지로(千鈞之弩) : 전쟁을 승리로 이끈다는 매우 크고 무거운 활을 말함. 천균(千鈞)은 매우 무거운 무게를 말한다. 옛날에는 30근을 1균(鈞)이라 했음.

천근(川勤) : 원오극근(圜悟克勤)을 가리킨다. 원오극근이 사천성(四川省) 출신이기 때문에 천근(川勤)이라 함.

천남천북(天南天北) : ① 아득히 멀리 떨어져 있다. ② 여기저기, 이곳저곳. ③ 온 나라, 방방곡곡. ④ 잡다한 이야기.

천녀(倩女) : 혼이 빠진 여자. 천녀이혼(倩女離魂) 참조.

천녀이혼(倩女離魂) : 『태평광기(太平廣記)』(978년 편찬)에 실려 있는 진현우(陳玄祐)가 지은 전기(傳奇) 「이혼기(離魂記)」에 다음과 같은 천녀(倩女)이야기가 있다. 「중국 형양(衡陽) 당에 장감(張鑑)이라는 사람이 살고 있었다. 그에게는 예쁜 딸 천녀(倩女)가 있었는데, 장감은 농담으로 가끔 외조카인 왕주(王宙)에게 천녀를 데려가라는 말을 했다. 그런데 그 지방의 고관이 그녀의 미모에 반했다. 장감은 전날의 약속을 잊어버리고 천녀를 그 고관에게 시집보내려고 하였다. 왕주를 연모하던 천녀는 깊은 상심에 빠지게 되었다. 왕주 또한 운명을 한탄하면서 모든 것을 잊으려 그곳을 떠나기로 했다. 왕주가 배를 타고 막 떠나려고 하는데 저편 언덕에서 '오라버니'라는 천녀의 목소리가 들렸다. 그리하여 두 사람은 멀고 먼 촉(蜀)나라로 도망가서 행복하게 살았다. 아이도 둘이나 낳고 5년 동안 행복하게 꿈같은 세월을 보내던 어느 날 천녀가 시름시름 앓기 시작했다. 그녀는 부모의 가슴에 못을 박고 떠나오면서 생긴 마음의 병이라고 생각했다. 두 사람은 늦게나마 부모님께 용서를 빌고 결혼허락을 받겠다고 다시 고향을 찾았다. 집 근처의 나루터에 도착한 왕주는 천녀를 배에 남겨 두고 혼자 장감의 집을 방문했다. 왕주는 장감에게 지금까지 촉에서 두 사람이 살아온 이야기를 하자 장감은 눈이 휘둥그레졌다. 장감은 말했다. '이 사람아 그게 무슨 소린가? 내 딸은 지금 저 규방에서 오랫동안 병으로 앓고 누워 있는데.' 이 말을 듣고 더욱 충격을 받은 것은 왕주였다. 온몸에 소름이 끼쳤다. '아니 천녀는 저와 함께 살다가 지금 나루터 배에서 기다리고 있는데, 그게 무슨 말씀입니까?' 장감의 가족들은 규방에서 앓고 있는 천녀에게 이 소식을 전하고, 또 한편 장감은 천녀가 타고 있다는 배에 사람을 보냈다. 배에서 내려 수레를 타고 온 천녀가 집안에 들어서고, 규방의 병석에서 털고 일어난 또 다른 천녀가 마당에서 서로 마주치는 순간, 둘은 거짓말같이 하나로 합쳐졌다.」『무문관(無門關)』 제35칙을 보면 오조법연(五祖法演)이 이 이야기를 들어 이렇게 질문하고 있다. "천녀는 혼이 나갔다는데 어느 것이 진짜인가?"(五祖問僧云 : "倩女離魂, 那箇是眞底?")

천녕사(天寧寺) : 북송(北宋)의 서울인 개봉(開封)에 있던 절.

천도(天度) : ① 천체가 궤도를 한 바퀴 도는 도수(度數). ② 천자(天子)의 도량(度量).

천도(天道) : 천지자연의 도리(道理). 자연현상이 나타내는 길흉화복의 징조. 날씨, 기후.

천동각(天童覺) : 명주(明州)의 천동굉지정각(天童宏智正覺; 1091~1157). 천동정각(天童正覺). 굉지정각(宏智正覺).

천동정각(天童正覺) : 1091~1157. 천동(天童)은 주석한 산이름이고, 조동종(曹洞宗) 계통의 선사이다. 습주(濕州, 山西省) 출신이며, 속가의 성은 이(李)씨이다. 11세에 정명사(淨明寺) 본종(本宗) 문하에서 득도(得度)하였고, 14세에 진주(晋州) 자운사(慈雲寺)의 지경(智瓊)에게서 구족계를 받았다. 18세에 여러 곳의 노숙(老宿)을 찾아서 참구할 뜻을 세웠고, 여주(汝州, 河南省) 임여현(臨汝縣) 향산사(香山寺)의 고목법성(枯木法成)에게 참학하였다. 23세에 단하산(丹霞山)의 자순(子淳)에게 참학하여 깨닫고 그의 법을 이어받았다. 34세에 사주(泗州) 보조사(普照寺)에서 개당하였고, 1129년 천동산(天童山)에 머문 이래로 30여 년간 천동산 중흥에 진력하였다. 그래서 "천동산 중흥의 조(祖)"로 불려졌다. 당시의 선종은 당말(唐末) 오대(五代)의 난세를 거치면서 병폐가 극심했는데, 정각은 이를 타파하여 바른 종풍을 크게 선양하기 위해 노력했다. 이 활약상이 세상에 크게 인정되고 좌선(坐禪)·묵조(黙照)가 그 지표가 됨으로써 묵조선(黙照禪)·굉지선(宏智禪)이라 일컬어졌다. 그래서 '굉지정각(宏智正覺)'이라는 이름으로 알려지게 되었다. 그는 또 문사(文辭)에도 뛰어나 설두중현(雪竇重顯)과 쌍벽을 이루었으며, 공문(孔門)의 유(游)·하(夏) 그리고 시단의 이(李)·두(杜)에도 비견된다. 또 임제종의 대혜종고(大慧宗杲)와 함께 선문의 2대 감로문(甘露門)이라 칭해진다. 소흥(紹興) 27년 10월 7일에 입적하였고, "夢幼空華, 六十七年. 白鳥煙沒, 秋水天蓮"이라는 유게(遺偈)를 남겼다. 그때가 세수 67, 법랍이 56이었다. 시호는 '천동굉지선사(天童宏智禪師)'이며, 탑호는 묘광(妙光)이다. 저술로는『굉지각화상어(宏智覺和尙語)』1권과『천동굉지각선사어록(天童宏智覺禪師語錄)』4권,『굉지선사광록(宏智禪師廣錄)』9권, 그리고『천동백칙송고(天童百則頌古)』가 있다.

천득(薦得) : 알아차리다. 인식하다. 깨닫다. 득(得)은 가능 혹은 완료를 나타내는 조사.

천량(天亮) : 동이 트다. 날이 밝다.

천료백당(千了百當) : 천 가지에 밝고 백 가지에 합당하다. 모든 것이 다 알맞다. 깨달음이 모자람 없이 확고하다. = 백료천당(百了千當).

천마(天魔) : 천자마(天子魔). 또는 마천·마왕(魔王). 욕계의 꼭대기에 있는 제6천의 주인으로 파순(波旬)이라는 이름으로 경에 등장함. 수행하는 사람을 보면 자기네 권속들을 없애고 궁전을 파괴할 것이라 생각하고, 마군을 이끌어 수행하는 이를 시끄럽게 하며 정도를 방해하므로 천마라 한다. 부처님이 보리수 아래 앉아 수도할 때에 천마가 와서 성도를 방해하려 하였으나, 부처님이 자정(慈定)에 들어 항복받았다 함.

천만(千萬) : 어기(語氣)를 강하게 하기 위하여 사용하는 부사. 신신당부하는 말.

천망(天網) : 악한 자를 벌주고, 선한 자에게 복을 주는 하늘의 그물.

천성광등록(天聖廣燈錄) : 30권. 송(宋) 이준욱(李遵勗)이 지은 중국 선종의 열전체(列傳體) 사서(史書). 경우(景祐) 3년인 1036년 완성. 경덕전등록이 뒤를 이어 남악(南嶽) 문하 9대, 청원(靑原) 문하 12대까지를 증보한 사서. 이준욱은 임제(臨濟) 문하 7대에 해당하는 곡은온총(谷隱蘊聰)에게서 공부한 거사이다.

천승(川僧) : 사천(四川) 지방의 승려. 송대(宋代)에는 중원(中原)에서 변방인 사천(四川) 사람을 보통 지저분하다고 여겼기 때문에, 천승(川僧)이라 하면 사천 출신의 승려라는 말도 있지만, 지저분하고 정리되지 않은 승려라는 비난의 뜻도 들어 있다. 절승(浙僧) 참조.

천안(天眼) : 5안의 하나. 선정(禪定)을 닦아서 얻게 되는 눈. 미세한 사물까지도 멀리 또 널리 볼 수 있으며, 미래의 일도 미리 알 수 있다고 함.

천애(天涯) : 하늘 끝. 하늘가. 아득히 먼 곳.

천연(天然) : 단하천연(丹霞天然).

천연외도(天然外道) : = 자연외도(自然外道). 사람은 본래 신령스런 자성(自性)을 갖추고 있기 때문에, 수행을 하지 않아도 자연히 열반을 얻는다고 주장하는 외도(外道). 이치만 주장하고 인과법(因果法)을 무시하는 치우침이 있다.

천의의회(天衣義懷) : 993~1064. 운문종(雲門宗) 선사. 속성은 진씨(陳氏)이다. 어려서 부친을 따라 고기잡이를 하였지만, 잡은 물고기를 모두 놓아주었다고 한다. 부모의 허락을 얻어 천성(天聖) 연간(1023~1031)에 출가하였다. 처음에는 법화지언(法華志言)을 좇아 배웠고, 또 금란선(金鑾善)과 섭현귀성(葉縣歸省)에게서 참학(參學)하였다. 후에 취봉사(翠峰寺)의 설두중현(雪竇重顯)의 가르침을 받고 그의 법을 이었다. 치평(治平) 원년 9월 25일에 입적하였다. 숭녕(崇寧) 중(1002~1006)에 '진종대사(振宗大師)'라는 시호가 내렸다. 『회선사전록(懷禪師前錄)』·『회선사후록(懷禪師後錄)』·『지양백문(池陽百問)』 등의 어록이 있었다고 하지만, 전하지는 않는다.

천자(天子) : 욕계(欲界)의 꼭대기에 있는 제6타화자재천의 임금을 말함.

천자(天姿) : 타고난 자태. 타고난 소질. 뛰어난 용모.

천제(闡提) : 일천제(一闡提)라고도 한다. Icchantika의 음사. 번역하여 단선근(斷善根)·신불구족(信不具足). 성불할 가망이 없다는 사람.

천조(天弔) : 천조경풍(天弔驚風). 무엇에 놀라 고개를 젖히고 눈을 멀거니 떠서 하늘을 쳐다보며 아파도 울 줄도 모르는 경기(驚氣)와 비슷한 어린애의 병.

천진(天眞) : 인위나 조작을 가하지 않은 본래 그대로의 것을 뜻한다.

천취(薦取) : 알아차리다. 깨닫다. = 천득(薦得).

천친(天親) : 320?~400?. 인도의 승려·불교학자. 세친(世親)이라고도 한다. 산스크리트는 바수반두(Vasubandhu). 바수반두(婆數槃豆)·벌소반도(伐蘇畔度) 등으로 음역한다. 간다라국(國)의 정통 브라만 출신. 형인 무착(無著; Asanga)과 동생 사자각(師子覺)도 유명한 불교학자이다. 처음에는 소승불교 가운데의 최대학파였던 설일체유부(說一切有部)와 경량부(經量部)의 사상을 공부하여, 하루에 한 게송(偈頌)씩 600게를 지었다는 명저 『아비달마구사론(阿毘達磨俱舍論)』을 저술하였다. 이 책은 소승불교의 특징 있는 여러 사상(불교철학)을 잘 간추려 엮은 것으로서, 인도·중국·한국·일본 등지에서 널리 읽혔다. 뒤에 형 무착의 권유로 대승불교로 전향하여, 미륵(彌勒)·무착으로 이어져 확립된 유식사상(唯識思想)을 『유식이십론(唯識二十論)』과 『유식삼십송(唯識三十頌)』에 결집하였다. 대승불교에서의 그의 위치는, 『화엄(華嚴)』, 『법화(法華)』, 『열반(涅槃)』, 『승만(勝鬘)』, 『무량수(無量壽)』 등의 여러 대승경전(大乘經典)의 연구 발표로, 대승 전반에 걸쳐 개척자적인 지위를 확보하였는데, 특히 중요한 것은 형 무착의 유식학(唯識學)을 계승하여 이를 완성시킨 데 있다. 무착과 세친의 대승불교는 유가행파(瑜伽行派)로 불리어, 용수(龍樹) 등의 중관파(中觀派)와 더불어 인도 대승불교의 양대 주류를 이루었다. 『대승성업론(大乘成業論)』, 『불성론(佛性論)』, 『변중변론(辨中邊論)』 등의 저서도 있다.

천태덕소(天台德韶) : 891~972. 당말(唐末) 송초(宋初) 스님. 법안종(法眼宗). 천태산(天台山)에 머물렀다. 속성은 진(陣)씨. 천주 출신. 17세에 출가하여 18세에 구족계를 받고, 50여 선사들에게 역참한 다음 법안문익(法眼文益)의 법을 이어받음. 천태산에 들어가서 지자대사(智者大師) 지의(智顗)의 도량 수십 곳을 부흥함. 북송 개보 5년 6월 28일 입적.

천태산(天台山) : 절강성(浙江省) 태주부(台州府) 천태현(天台縣) 북쪽에 있는 산. 태산(台山)이라고도 함. 천태종 본산(本山)으로서 지자(智者)대사가 개창한 국청사(國淸寺)가 있다. 국청사는 수(隋) 개황(開皇) 18년(598)에 양제(煬帝)가 천태 지의(天台智顗)를 위해서 창건한 절. 관정(灌頂)과 형계 담연(荊溪湛然)이 머문 천태종의 근본 도량. 현사 사비(玄沙師備)의 제자인 사정(師靜) 등도 여기에 머뭄. 당나라 때 천태산 국청사에 숨어 살던 습득 · 풍간 · 한산거사를 일컬어 국청(國淸) 3은(隱)이라고 한다.

천태삼관(天台三觀) : 천태종의 공관(空觀) · 가관(假觀) · 중관(中觀). 밝은 지혜로 공제(空諦) · 가제(假諦) · 중제(中諦)의 이치를 관하는 관법. 이 관하는 방법에 2종이 있음. (1) 차제(次第) 3관. 또는 격력불융(隔歷不融)의 3관. 공간적으로는 공은 공, 가는 가, 중은 중으로 독립되어 서로 관계가 없고, 시간적으로는 이 이치를 증득하여 아는 과정에 차례를 세워서 관하는 방법. 곧 먼저 공제의 이치를 관하여 견혹(見惑) · 사혹(思惑)의 추혹(麤惑)과 정의(情意)의 미혹을 끊어서 공지(空智)를 얻고, 다음에 가제의 이치를 관하여 진사(塵沙)의 혹인 세혹(細惑)을 끊어서 가지(假智)를 얻고, 다시 나아가 중제의 이치를 관하여 견사와 진사의 근본인 무명(無明)의 세혹을 끊어서 중지(中智)를 얻는 것. (2) 일심(一心) 3관. 또는 불차제(不次第) 3관, 부종불횡(不縱不橫)의 3관. 자기의 일념 망심 위에 3제를 따로따로 하지 않고 동시에 관하는 방법. 공제 · 가제 · 중제는 서로 다른 것에 관계없는 단공(但空) · 단가 · 단중이라 하지 않고, 이 셋이 서로 원융무애한 것이라 하여, 공에 즉하여 가와 중을 관하고, 가에 즉하여 공과 중을 관하고, 중에 즉하여 공과 가를 관하는 것. 이것을 즉공(卽空) · 즉가(卽假) · 즉중(卽中)의 관법이라 하여 천태종의 정의(正義)로 삼는다.

천태소(天台韶) : 천태덕소(天台德韶).

천태지의(天台智顗; 538~597) : 중국 수나라 스님. 천태종의 개조(開祖). 자는 덕안(德安), 속성은 진(陳)씨. 형주 화용현 사람. 18세 과원사에서 법서(法緖)에게 출가. 혜광(惠曠)에게 율학과 대승교를 배우고, 560년(진(陳) 천가(天嘉) 1) 광주 대소산에 혜사(慧思)를 찾아 심관(心觀)을 받다. 30세에 남악혜사(南嶽慧思; 515~577)의 명으로 금릉에서 전도. 32세에 와관사에서 『법화경』을 강하다. 38세에 천태산에 들어가 수선사를 창건. 『법화경』을 중심으로 불교를 통일하여 천태종을 완성. 585년(수(隋) 개황(開皇) 5) 다시 금릉에 가서 진소주(陳少主)의 청으로 태극전에서 『지도론』 · 『법화경』을 강설. 591년 여산에 있으면서 진왕 양광(楊廣)에게 보살계를 주고, 지자대사(智者大師)의 호를 받다. 당양현에 옥천사를 창건하고 『법화현의(法華玄義)』 · 『마하지관(摩訶止觀)』을 강하다. 개황 17년 천태산 석성사에서 나이 60세로 입적. 후주 세종이 법공보각존자(法空寶覺尊者), 송 영종(寧宗)이 영혜대사(靈慧大師)라 시호. 살아 있을 때에 절과 탑을 세운 것이 36, 불상을 조성하기 80만, 대장경

쓰기를 15장(藏)에 달하며 법을 전한 제자가 32인이고, 장안관정(章安灌頂)이 그 상수 제자임. 저서로는 『법화현의(法華玄義)』·『법화문구(法華文句)』·『마하지관(摩訶止觀)』·『관음현의(觀音玄義)』·『관음의소(觀音義疏)』·『금광명현의(金光明玄義)』·『금광명문구(金光明文句)』·『관무량수경소(觀無量壽經疏)』 등 30여 부. 이 대부분의 저술은 관정이 필수(筆授)한 것.

천화(遷化) : 천이화멸(遷移化滅). 승려의 죽음을 가리키는 말. 귀적(歸寂)·입적(入寂)과 같음.

천황(天皇) : 천황도오(天皇道悟).

천황도오(天皇道吾) : 748~807. 당대(唐代) 스님. 천황사(天皇寺)에 머물렀다. 속성은 장(張)씨. 절강성 무주 금화현(金華縣) 출신. 14세에 절강성 명주(明州)의 스님에게 출가하여, 25세에 절강성 항주 죽림사에서 구족계를 받음. 경산도흠(徑山道欽)을 찾아 공부하고 대력(大曆) 연간(766~779)에 대매산(大梅山)으로 들어갔다가, 건중(建中; 780~783) 초에 강서성 종릉(鐘陵)에 이르러 마조도일(馬祖道一)을 찾아가 공부한 후, 석두희천(石頭希遷)을 친견하고 그의 법을 이었다. 그 뒤 형주성(荊州城) 동쪽 천황사(天皇寺)로 옮겨 머물며 선풍(禪風)을 드날렸다.

철(徹) : ① 꿰뚫다. 관통하다. ② 치우다. 제거하다. ③ 부수다. 무너뜨리다.

철(掇) : 뛰다. 도약하다.

철곤(徹悃) : 마음에 사무치도록 성실하게 애쓰는 것. = 철곤(徹困).

철두(徹頭) : 명백한. 철저한 깨달음.

철륜(鐵輪) : = 철위산(鐵圍山).

철륜왕(鐵輪王) : 4전륜왕(轉輪王)의 하나. 철로 된 윤보(輪寶)를 얻어서 그것을 굴리면서 남섬부주를 통솔하는 임금. 증겁(增劫)의 인수(人壽) 2만 세 때에 출현한다고 하며, 또는 감겁(減劫)의 인수 8만 세 이상 되는 때에 출현한다고도 함.

철륜천자(鐵輪天子) : 철륜왕(鐵輪王). 철륜왕은 4전륜왕(轉輪王)의 가운데 하나로서, 철로 된 윤보(輪寶)를 얻어서 그것을 굴리면서 남섬부주를 통솔하는 임금이다. 증겁(增劫)의 인수(人壽) 2만 세 때에 출현한다고 하며, 또는 감겁(減劫)의 인수 8만 세 이상 되는 때에 출현한다고도 한다. 전륜왕(轉輪王)은 수미(須彌) 4주(洲)의 세계를 통솔하는 대왕으로서, 이 왕은 몸에 32상을 갖추었으며 즉위할 때에는 하늘로부터 윤보(輪寶)를 감득(感得)하는데, 이 윤보를 굴리면서 사방을 위엄으로 굴복시키므로 전륜왕이라 불린다. 또한 공중을 날아다니므로 비행황제라고도 불린다. 증겁(增劫)에 인수(人壽) 2만 세 이상에 이르면, 이 왕이 세상에 나고, 감겁(減劫)에는 인수 무량세에서 8만 세까지의 사이에 나타난다고 한다. 윤보(輪寶)에는 금·은·동·철의 4종류가 있어 이들 윤보의 종류에 따라 왕의 이름이 나뉜다. 즉 금륜왕은 수미 4주를 통치하고, 은륜왕은 동·서·남 3주를, 동륜왕은 동·남 2주를, 철륜왕은 남섬부주의 1주를 통치한다고 한다.

철마(鐵馬) : 철갑(鐵甲)으로 무장한 전쟁용 말.

철안(鐵眼) : 무쇠로 된 눈. 납승의 바른 안목(眼目)을 가리킨다.

철안동정(鐵眼銅睛) : 무쇠로 된 눈과 구리로 된 눈동자. 납승의 바른 안목(眼目)을 가리킨다.

철위산(鐵圍山) : 작가라바라(斫迦羅婆羅)라 음역. 금강산(金剛山)·금강위산(金剛圍山)·철륜위산(鐵輪圍山)이라 번역. 불교의 세계관에서는 수미산을 중심으로 9산(山) 8해(海)가 이것을 둘러싸는데, 그 가장 바깥쪽의 철로 된 산을 이르고, 특히 그 외 바닷속에 있는 섬이 우리들이 사는 세계인 염부제주(閻浮提洲)라고 함. 수미산을 중심으로 하는 아홉 겹의 산 가운데서 아홉 번째 산으로, 대철위산(大鐵圍山)·소철위산(小鐵圍山)의 둘로 이루어져 있고, 전부 쇠로 되어 있다고 한다. 지변산(地邊山)을 둘러싸고 있다.

철작면피(鐵作面皮) : 얼굴에 철판을 깔다. 뻔뻔스럽게도 부끄러움을 모르다. 낯가죽이 두껍다. = 후안무치(厚顔無恥).

철편(鐵鞭) : 쇠채찍. 옛날 전쟁에서 사용하던 무

기의 일종.

철효(徹曉) : 밤새워.

첨곡(諂曲) : 아첨하고 왜곡하다.

첨자(檐子) : 어깨에 메는 가마. 당대(唐代) 초기에 성행하였다.

첩(帖) : 품등(品等)이 높은 관청에서 7품 이하의 관원에게, 또는 관청의 책임자가 관속에게 내리는 문서. 관원을 임명하거나, 어떤 일의 시행을 허가할 때, 또는 훈령(訓令)을 발할 때 사용되었다. 수령(守令)이 향리나 제관(祭官)을 임명할 때에도 사용되었다.

첩이(輒爾) : ① 늘. 항상. ② 곧. 바로. 즉시.

첩재액두상(貼在額頭上) : 염두(念頭)에 두다. 잊지 않다.

첩첩지(怗怗地) : 조용한. 고요한.

첩칭(貼稱) : 거래에서 파는 쪽이 값을 깎아서 사는 쪽에 이익이 되게 팔다. 값을 깎아 주다.

청(聽) : ① 듣다. ② 받아들이다. 따르다. ③ -하는 대로 내맡기다. 제멋대로 하도록 내버려두다. 자유에 맡기다.

청광(淸光) : 환하게 밝은 빛. 의젓한 풍채.

청규(淸規) : 청규는 율장을 선원생활에 맞추어 재조직하면서, 중국에서 발달된 총림(叢林) 제도의 여러 가지 현실적인 제도가 융합된 것이다. 청규가 처음 제정된 것은 백장(百丈)의 『백장청규(百丈淸規)』이다. 백장은 여기에서 "하루 일하지 않으면 하루 먹지 않는다."고 하였다. 그러나 아쉽게도 『백장청규』는 전하지 않고 『선원청규(禪苑淸規)』가 현존 최고(最古)가 된다. 저자인 장로종색(長蘆宗賾)이 『선원청규』를 쓴 것은 1102~1106년 사이라고 한다. 『선원청규』의 판본은 현재 일본에 6종이 보관되어 있으나, 고려본을 제외한 나머지는 모두 1202년에 중각(重刻)한 보주본(補註本)이다. 고려본만이 1111년의 판본으로, 『선원청규』가 지어지고 난 뒤 얼마 지나지 않아서 고려에 수입, 판각 되었음을 보여주고 있다. 이후의 판본들과는 본문의 구성 등에서 여러 가지로 차이점이 지적된다. 『선원청규』는 고려본의 존재로 말미암아 우리 불교에 미친 영향이 지대함을 알 수 있는데, 보조의 『정혜결사문』과 봉효가 찬술한 『수선결사문』 등에 인용이 보인다.

청담(淸談) : = 청의(淸議).

청라(靑蘿) : 소나무의 겨우살이. 송라(松蘿).

청량(淸凉) : 청량징관(淸凉澄觀). 중국 화엄종(華嚴宗)의 승려.

청량산(淸凉散) : 해열제.

청량익(淸凉益) : 청량문익(淸凉文益). 곧 법안문익(法眼文益).

청량징관(淸凉澄觀) : 738~839. 중국 당(唐)나라 때 화엄종(華嚴宗)의 승려. 속성(俗姓)은 하후씨(夏侯氏). 절강성(浙江省) 월주산음(越州山陰) 출신. 중국 화엄종의 제4조이며 청량대사(淸凉大師)라고 불리었다. 11세에 출가하여 법장(法藏)-혜원(慧苑)-법선(法詵)으로 계승되는 화엄교학(華嚴敎學)을 배웠으나 혜원의 교학을 이단이라고 판단하였다. 현벽(玄壁)·잠연(湛然)·담일(曇一)·유충(惟忠)·도흠(道欽)·혜운(慧雲) 등 당시의 걸출했던 학승 밑에서 배웠으며 율종(律宗)·삼론종(三論宗)·천태종(天台宗)·남북선종(南北禪宗)까지도 화엄종 속에 융합시켰다. 776년에 오대산(五臺山)과 아미산(峨眉山)에서 문수보살(文殊菩薩)과 보현보살(普賢菩薩)을 만나 비로자나불(毘盧舍那佛)을 중심으로 하는 삼성원융관(三聖圓融觀)의 화엄신앙을 확립하였다. 우타이산의 대화엄사(大華嚴寺)에 머물면서 『화엄경(華嚴經)』(80권)을 주석한 『화엄경소(華嚴經疏)』(60권)와 이 소를 주석한 『화엄경수소연의초(華嚴經隨疏演義抄)』를 저술하였다. 이 2대 저서는 법장의 『화엄경탐현기(華嚴經探玄記)』(20권)와 함께 권위 있는 저서로 꼽힌다.

청명한식(淸明寒食) : 청명(淸明)은 24절기의 하나로서, 태양의 황경(黃經)이 15°에 있을 때를 말하며, 춘분(春分)과 곡우(穀雨) 사이의 절기이다. 양력 4월 5-6일 무렵이고 음력으로는 3월이다. 농가에서는 이날을 기하여 논농사의 준비작업인 논둑의 가래질을 시작한다. 중국에서는 청명 15일 동안을 5일씩 3분하여 처음 5일에는 오동나무가 꽃피기 시작하고 다음에는 들쥐 대신 종달새가 나타나며 마지막 5일에는 무지개가 처음으로 보인다고 하였다. 청명은 대개 한식(寒食)과 겹쳐진다. 한식(寒食)은 동지로부터 105일째 되는 날로서, 음력 2월 또는 3월에 들고 양력 4월 5-6일 무렵에 해당된다. 24절기에 들지는 않지만 습속으로 전해 내려오며 설날 · 단오 · 추석과 함께 4대 명절의 하나이다. 한식은 중국의 개자추전설(介子推傳說)에서 기원한다고 하는데, 중국 진(晉)나라 문공(文公)이 자기의 목숨을 구해 준 개자추에게 벼슬을 주려고 면산(綿山)에 들어가 나오지 않는 개자추를 나오게 하려 산에 불을 질렀는데, 끝내 나오지 않고 타 죽은 개자추를 애도하는 뜻에서 불을 금하고 찬 음식을 먹는 풍속이 생겼다고 한다. 한식이 되면 나라에서는 종묘와 각 능원(陵園)에 제향하고 민간에서는 여러 가지 음식으로 절사(節祀)를 지낸다. 또한 주과(酒果)를 마련하여 성묘하고, 주위에 식수나 사초(莎草)를 한다.

청백안(青白眼) : 친하게 대하는 눈초리와 미워하는 눈초리, 또는 기쁜 눈빛과 성난 눈빛을 의미한다.

청사(青絲) : 여자의 머리카락. 검은 머리카락. 청사흑발(青絲黑髮).

청사(青蛇) : 청사검(青蛇劍)을 가리킨다. 칼에서 나오는 광채가 푸른 뱀과 같아서 붙인 이름이다.

청성(聽聲) : ① 소리를 듣다. ② 남의 말을 몰래 엿듣다. 염탐하다.

청수(聽受) : 말을 들어주다. 말을 듣고 받아들이다.

청신(聽信) : 남의 말을 믿다. 듣고 믿다. 곧이듣다.

청안(青眼) : 따뜻한 눈. 친근한 눈길.

청운(青雲) : ① 높은 공중. 고공. ② 높은 지위. 고관. ③ 덕망 높은 사람.

청원산(青原山) : 강서성(江西省) 길안부(吉安府) 여릉현(廬陵縣)에 있는 산. 이 산에 청원행사(青原行思)가 주석한 절인 정거사(靜居寺)가 있다.

청원산(淸源山) = 청원산(青原山).

청의(淸議) : 청담(淸談)이라고도 한다. 중국의 위(魏) · 진(晉) · 육조(六朝) 시대에 유행한 철학적 담론(談論). 후한(後漢) 때 당고(黨錮)의 화(禍)로 많은 고절(高節)의 선비가 횡사한 이래 귀족적 지식인들은 난세에 생명을 부지하고자 세속(世俗)에서 도피, 예절의 속박을 버리고 정치적 비판, 인물 평론을 중심으로 한 청의(淸議)를 일삼았다. 위(魏)나라에 들어와 정치적 언론탄압(言論彈壓)과 유학(儒學)의 쇠퇴를 계기로 노장(老莊)의 공리(空理)에 바탕한 철학적 담의(談議)로 발전하였다. 청언(淸言)이라고도 하였다.

청익(請益) : 가르침을 받고서 모르는 부분에 대하여 거듭 질문하는 것. = 입실청익(入室請益).

청전(青氈) : 푸른 양탄자. 선승들이 사용하던 일용품 가운데 하나.

청주(青州) : 중국 산동성(山東省)의 청주(青州).

청주삼(青州衫) : 청주(青州)는 산동성(山東省)에 있는 지명. 청주에서 나는 옷감이 유명하다.

청중(淸衆) : 대중(大衆)을 선원(禪院)에서 이르는 말. 대중(大衆)과 같음.

청추(淸秋) : 늦가을.

청평(淸平) : 평화롭다. 태평하다.

청향(聽響) : 메아리를 듣다. 남의 말을 듣다. 남의 말을 듣고 따라가다.

체(遞) : 차례차례. 순서대로. 차츰차츰.

체(諦) : 찬찬히. 상세히. 곰곰이. 자세히.

체각미봉(滯殼迷封) : 껍질에 막히고 봉인(封印)에 속다. 겉모습에 끄달려 머물러 있다.

체격(體格) : ① 체격. ② 양식. 격식.

체구(體究) : 자세히 고찰하고 연구하여 밝히다.

체당(諦當) : ① 합당함을 살피다. 적합함을 살피다. ② 합당함. 적당함. 정확함.

체도(體道) : 정도(正道)를 몸소 실천함.

체로(體露) : 몽땅 드러내다. 온통 나타내다. 빠짐없이 표현하다.

체성(體性) : 본바탕을 체(體)라 하고, 변함없는 것을 성(性)이라 하니, 체가 곧 성이다.

체신(諦信) : 분명히 믿다.

체실(體悉) : 자기의 몸과 마음을 꿰뚫어 보고 분명하게 깨닫는 것을 의미한다. 일반적으로는 상대의 심중을 충분하게 파악하고, 또 자신을 그 사람의 처지에 두어서 상세하게 그 마음을 살펴서 아는 것을 뜻한다. 같은 입장이 되어 사정을 이해하다는 뜻.

체실(諦實) : 자세하고 진실함. 독실한 언행 속에 진실함이 있다.

체악(棣萼) : 꽃과 꽃받침이 어우러진 모습. 형제간의 우애.

체재(體裁) : ① 문장의 결구(結構)와 시문(詩文)의 문채(文彩). 표현양식. ② 제도. 체계. ③ 태도. 풍격.

체전(掣電) : 번갯불이 번쩍하는 순간. 찰나. 전광석화(電光石火).體裁

체풍광(掣風狂) : 미치광이 짓을 하다.

체합(體合) : 빠짐없이 합하다. 딱 들어맞다.

체화(滯貨) : 팔리지 않아 남은 재고, 팔다 남은 물건.

초(稍) : ① 매우(정도 부사). ② 마침. 막. 바로. 하자마자(시간 부사). ③ 이미. 벌써(시간 부사). ④ 그 뒤. 얼마 후(시간 부사).

초기(初機) : 초학자(初學者). 공부에 들어선지 얼마 되지 않은 신참.

초두(草頭) : 풀잎.

초랑자(梢郞子) : 뱃사공. = 초자(梢子). 초공(梢公).

초리(草裏) : 풀숲 속. 풀숲은 번뇌망상을 가리킴. 본래면목을 잃고 분별망상에 떨어짐.

초리한(草裏漢) : 망상 속을 헤매는 사람. 풀숲은 번뇌망상을 가리킴.

초명(蟭螟) : 매우 작은 것을 가리키는 말. 초명은 모기의 속눈썹에 집을 짓고 사는 작은 벌레라고 한다. = 초명충(蟭螟虫).

초미(焦尾) : 초미금(焦尾琴)의 준말.

초미금(焦尾琴) : 좋은 거문고. 후한(後漢) 채옹(蔡邕)이 오동나무가 탈 때에 나는 소리를 듣고, 그 나무를 가져다 만들었다고 하는 금(琴). 한쪽 끝이 불에 그을린 흔적이 있어 붙여진 이름이다.

초발심(初發心) : 깨달음을 구하는 마음을 처음 일으킴. 천태종에서는 10주위(住位)의 초위(初位), 화엄종에서는 10신위(信位)의 최후위(最後位)를 말함.

초방안(超方眼) : 모든 테두리와 격식을 벗어난 눈. 한계를 벗어난 진실을 볼 수 있는 안목(眼目).

초불월조(超佛越祖) : '부처와 조사를 넘어선다'는 화두이다. 운문문언 선사에게 어떤 스님이 물었다. "부처도 조사도 초월한 말은 무엇입니까?" 선사가 대답하였다. "호떡이다." 이 문답에서 연유한다. '운문호병(雲門餬餠)'이라고도 한다. 『벽암록(碧巖錄)』 77, 『종용록(從容錄)』 78 등에 나온다.

초서(草書) : 한자(漢字)의 여섯 서체(書體)의 하나. 전자(篆字)와 예서(隸書)를 간략하게 한 서체로, 흔히 행서(行書)를 풀어서 점과 획을 줄여 흘려 쓴 글씨.

초연(悄然) : 고요한 모습. 이전과 다름없는 모습. 여전하구나.

초오(超悟) : ① 초월하여 깨달음. 세간을 뛰어넘어 깨달음. ② 철저히 깨달아 깨달음조차 뛰어넘음.

초옹(醋甕) : ① 식초 항아리. ② 까다로운 사람.

초자(梢子) : 뱃사공. = 초공(梢公).

초적(草賊) : 초야(草野)의 도적이라는 뜻으로 도적질하며 몰려다니는 난민(亂民)을 일컫는 말이다.

초적대패(草賊大敗) : 도둑질하러 들어왔다가, 들켜서 도둑질을 실패한다. 수작을 걸었다가, 속내가 탄로나 실패하다. 낚시를 드리웠으나, 물고기가 알아차리는 바람에 실패하다. 종사가 학인을 시험해 보려 하나, 학인은 속지 않는다는 말.

초절(勦絶) : 섬멸하다. 철저히 토벌하다.

초준(峭峻) : 빼어나게 높음.

초지(初地) : 보살이 수행하는 단계인 52위 가운데 10지(地)의 첫 단계인 환희지(歡喜地). 10지 가운데 처음이란 뜻으로 초환희지(初歡喜地)라고도 함. 보살이 수행한 결과로 이 자리에 이르면, 진여의 이(理)의 일부분을 증득하여, 성인의 지위에 올라 다시는 물러나지 않고, 자리이타(自利利他)의 행을 이루어서 마음에 기뻐함이 많다는 뜻으로 이렇게 이름.

초초(悄悄) : ① 고요한 모양. 조용한 모양. ② 근심하는 모양.

초초(迢迢) : 멀리. 아득히. 까마득히.

초초(稍稍) : 점점. 차츰차츰. 차차로.

초초(草草) : 허둥지둥. 대강대강. 함부로.(고생하는 모습. 시끄러운 모습. 불안정한 모습.)

초탁(超卓) : 탁월하다. 걸출하다.

초파(蕉芭) : 파초(芭蕉).

초해(草鞋) : 삼으로 삼아 가죽을 바닥에 댄 신발.

초현납사(招賢納士) : 초현납사굴기대인(招賢納士屈己待人)의 준말. 현사(賢士, 어진 선비)를 초빙하여 자신을 굽혀 손님을 환대한다는 뜻.

촉도(觸途) : 어디서든지. 곳곳마다. = 촉도(觸塗).

촉도광견(觸塗狂見) : 곳곳에서 제멋대로 어리석은 견해를 내다. 촉도(觸塗)는 '곳곳마다, 어디서든지'라는 뜻.

촉도성체(觸途成滯) : 어디서든지 막히다. 곳곳에서 막히다. 촉도(觸途)는 '곳곳마다, 어디서든지'라는 뜻.

촉루(髑髏) : ① 해골(骸骨). ② 시신(屍身). 깨달음이 없는 사람의 육신을 가리킴.

촉루(髑髏)의 정식(情識) : 깨달음이 없는 사람에게 있는 육체에 얽매인 감정(感情)과 의식(意識). 촉루(髑髏)는 해골(骸骨), 시신(屍身)이라는 뜻으로서 깨달음이 없는 사람의 육신을 가리킴.

총령(葱嶺) : 중앙아시아 파미르 고원을 말함. 중국에서 서역으로 통하는 교통로이며 중국사신 송운이 서천으로 돌아가는 보리달마와 만난 땅이라고 함.

총림(叢林) : 선승(禪僧)들이 모여 공부하는 절. 범어 Vindhyavana를 중국에서 빈다바나(貧陀婆那)로 음역(音譯)하고, 총림(叢林) 혹은 단림(檀林)이라고 의역(意譯)한 것이다. 수행자가 화합하여 일처에 주함이 마치 수목이 우거진 숲과 같다고 하여 붙여진 이름. 지금의 선원(禪苑)·선림(禪林)·승당(僧堂)·전문도량(專門道場) 등과 같이 많은 승려들이 모여 수행하는 곳을 총칭하는 말. 일반적으로 선종(禪宗) 교단에서 선승(禪僧)이 참선수행하는 도량을 가리키고, 선찰(禪刹)의 경우 특히 공덕총림(功德叢林)이라고도 한다. 선종(禪宗)의 본격적인 총림은 백장(百丈; 749~814)에 의하여 개척되었으며, 그의 사후(死後) 중국 각지에 선승들의 정주수도원(定住修道院)이 활발하게 설립되었다. 『백장청규(百丈淸規)』는 선종의 총림규범(叢林規範)이다.

총별(總別) : 총상(總相)과 별상(別相).

총상(總相) : ① 화엄종(華嚴宗) 6상(相)의 하나. 삼라만상(森羅萬象)의 제법(諸法)이 저마다 다른 일체제법을 포함한 것. ② 모든 유위법(有爲法)에는 총상(總相)과 별상(別相)이 있음. 무상(無常)·무아(無我)와 같이 일체에 통하는 것이 총상이고, 땅의 굳은 것, 물의 젖는 것 같은 것은 별상.

총시(總是) : 전부 -이다. 전부.

총지(總持) : 다라니(陀羅尼)라 음역. 한량없는 뜻을 포함하여 잃어지지 않게 하는 것. 또 선법(善法)을 잃지 않고, 악법(惡法)을 일어나지 않게 하는 것.

총총(怱怱) : = 총총(悤悤). 성급한 모습.

쵀지(啐地) : (의성어) 문득 꺾어지는(부러지는) 소리를 형용한 말. 뚝딱, 탁, 우지끈.

쵀지파박지단(啐地破曝地斷) : 우지끈 부서지고 뚝딱 끊어지다. 분지일발(噴地一發)처럼 깨달음을 체험하는 순간을 표현하는 말. 단번에 확 깨닫다. 확하고 단번에 통하다. 확 한 번 뚫리다. 앗하고 한 번 열리다.

최초구(最初句) : 최초의 한 마디 말. 마지막 한 마디 말이라는 말후구(末後句)와 마찬가지로 본분(本分)의 진여(眞如)를 나타낸다.

추구(推求) : ① 찾다. 탐색하다. ② 추구(推究)하다.

추궁(推窮) : 궁극(窮極)을 찾다. 마지막 진실을 찾다. 끝까지 찾아 보다.

추기(樞機) : 사물의 요긴한 곳. 추(樞)는 지도리, 기(機)는 쇠뇌의 방아쇠. 기추(機樞).

추기지여(推己之餘) : 자기의 마음으로 미루어 그 나머지를 헤아리다.

추도(推倒) : ① 밀어 넘어뜨리다. ② = 추번(推翻). 뒤집다.

추두(抽頭) : 몸을 빼다. 빠져 나가다. 도망치다. 달아나다. 탈피하다.

추려(麤糲) : ① 현미. 거친 쌀. ② 엉성함. 세밀하지 못함.

추령(秋令) : 가을철. 가을의 기후. 가을 날씨.

추륜(椎輪) : ① 바퀴살이 없는 원시적인 수레. ② 사물의 (아직 완벽하지 못한) 시초.

추마(推磨) : 맷돌을 돌리다.

추면(推免) : 거절하다. 사양하다. 물리치다.

추밀원(樞密院) : 당(唐)나라 때 처음으로 둔 기관으로서 오로지 기밀문서(機密文書)를 취급하였다가 후당(後唐)에 이르러 추밀원의 장관인 추밀은 재상(宰相)과 동등(同等)하게 되었고 송(宋)나라에 이르러서는 오로지 병마(兵馬)의 추기(樞機)를 관장(管掌)하여 재상(宰相)과 대립하였음.

추부(趨赴) : ① 뵈러 가다. 찾아뵙다. ② (편지에서) 찾아뵙겠습니다. ③ 인사를 드리다.

추산(推山) : 추산전해(推山塡海)의 준말. 산을 밀어 바다를 메우다. 혼신의 힘을 다하다.

추색(追索) : 재촉하다.

추수(醜搜) : ① 얼굴이 추함을 형용하는 말. ② 과분함을 이르는 말. 과하게. 지나치게.

추수(追修) : 죽은 자를 위하여 공양(供養)하여 그의 명복(冥福)을 비는 것. = 추천(追薦), 추선(追善). 우리나라의 천도재, 49재 등.

추시(趨時) : 유행을 따르다. 시대의 흐름을 따르다. 시세(時勢)에 순응하다.

추심(麤心) : ① (생각하는 것이) 데면데면하다. 건성건성하다. 세심하지 못하다. ② 번뇌망상하는 범부의 거친 마음.

추요(追擾) : (세금 납부의 기한을 어겼을 때에) 가혹한 방법으로 독촉하며 소란을 피움.

추자(鶖子) : 사리불(舍利佛)을 가리킨다. 부처의 십대 제자 가운데 한 사람으로, 지혜제일로 일컬어진다. 신통제일로 일컬어지는 목건련(目犍連)과 함께 제일의 쌍제자로 불린다.

추전(趨前) : = 추부(趨赴).

추주(搊住) : 붙들어 세우다.

추주대보(麤走大步) : 성큼성큼 재빠르게 지나가다. 대강대강 얼른 지나치다.

추즐(啾喞) : ① 시끄러운 소리. ② 안절부절못하다. 불안해하다.

추지(抽枝) : ① 곁가지를 치다. 가지치기를 하다. ② 가지를 뻗다.

추징(推徵) : 미루어 찾다. 미루어 따지다. 미루어 검증하다.

추천(推遷) : ① 구실을 대고 시간을 질질 끌다. ② 변화하여 가다. 지나가다. 흘러가다.

추천(追薦) : 추선(追善). 또는 추복(追福) · 추수(追修) · 추엄(追嚴). 죽은 이의 명복을 빌기 위하여 좋은 일을 행하는 것. 혹은, 죽은 이의 명복을 빌기 위하여 그 죽은 날에 불사(佛事)를 행하는 것.

추첩(追牒) : 조정에서 발행하는 출가 허가증인 도첩(度牒)을 빼앗다. 승려를 환속시키다.

추추(啾啾) : 찍찍. 짹짹. 조잘조잘(조그만 새가 많이 모여 우는 소리).

추탁(推托) : ① 핑계를 대고 거절하다. ② 추천하여 맡기다.

추풍(趨風) : 바람처럼 빨리 가다.

추호(追呼) : 서리(胥吏)가 세금을 내라고 독촉하며 호령하는 소리.

축(軸) : 두루마리로 된 서화(書畵)를 세는 단위.

축건(竺乾) : 인도(印度)의 별칭. 천축(天竺)과 서건(西乾)을 합한 말.

축구(軸求) : 완고하게 구하다. 고집스레 찾다.

축선(逐旋) : 점점, 점차.

축성(祝聖) : 황제(皇帝)의 만수무강을 빎.

축수류(逐水流) : 수파축류(隨波逐流), 수파축랑(隨波逐浪)과 같은 말. 자신의 흔들림 없는 주견이 없이, 주변의 정세에만 따라가는 것을 일컫는다.

축융봉(祝融峯) : 형산(衡山)의 72봉우리 가운데서 가장 높은 봉우리이다.

축일(逐日) : 날마다, 매일매일.

축착(築著) : 축(築)은 '부딪치다' 또는 '단단히 다지다'는 뜻. 착(著)은 조사(助詞). 들이받다. 부딪치다. 쥐어박다. 치다. 때리다. ≒ 찰파(拶破). 괵(摑). 일설(一說)에 축(築)은 축(築)과 같은 뜻으로서, '틀어막다, 채우다'는 뜻.

축착개착(築著磕著) : ① 축(築)은 축(築)과 같은 뜻으로서, '빈틈없이 틀어막아 채운다'는 뜻. 눈에 가득하고 귀에 가득한 것. 불성(佛性)이 법계(法界)에 가득하여 틈이 없는 것. 빈틈없이 가득하다. 빈틈없이 들어맞다. ② '여기 저기 마구 부딪치다'는 뜻인데 긍정적인 뜻과 부정적인 뜻이 있다. 긍적적으로는 행동이 자유자재하여 걸림이 없는 것이고, 부정적으로는 소인들이 서로 시끄럽게 다투는 것을 돌이 부딪치는 소리에 비유한 말. 개(磕)는 돌멩이 같은 것이 부딪치는 소리, 또는 부딪치는 것.

축칙(逐則) : 모범을 따르다.

춘행(春行) : 봄나들이.

춘행동령(春行冬令) : 봄나들이하는데 겨울 날씨이다.

춘행추령(春行秋令) : 봄나들이하는데 가을 날씨이다. 따뜻한 봄에 싸늘한 가을 날씨.

출격(出格) : ① 남다르다. 특별하다. 독특하다. ② 일반적인 규범을 벗어나다. ③ 격식(格式)을 벗어나다.

출기(出氣) : ① 화풀이를 하다. 분노를 발설시키다. ② 숨 쉬다. ③ 탄식하다. ④ 기백(氣魄)을 드러내다. ⑤ 할 말을 하다.

출두(出頭) : ① 곤경에서 빠져나오다. ② 얼굴을 내밀다. ③ 책임을 지다.

출래(出來) : (안에서 밖으로) 나오다. 출현하다. 나타나다. 얼굴을 내밀다. 나서다. 생기다. 발생하다.

출래저인(出來底人) : 본래부터 있는 사람. 본래인(本來人). 본래 타고난 사람.

출산(出山) : 산속에서 수행하던 사람이 다시 속세로 나오다. 벼슬길에 오르다.

출신(出身) : 자신을 모든 속박에서 빼내다.

출신지로(出身之路) : 자신을 모든 속박에서 빼낼 길. 모든 격식과 구속에서 빠져나오는 길.

출신처(出身處) : 몸을 빼내는 곳. 자신을 모든 속박에서 빼낼 곳.

출장입상(出將入相) : 나가면 장수이고 들어오면 재상. 문무(文武)를 겸비한 인재.

출취(出就) : ① -를 떠나 -로 나아가다. ② 꺼내어 내놓다.

출향귀(出鄕歸) : 출대귀(出隊歸)라고도 한다. 출향(出鄕) 혹은 출대(出隊)는 선종(禪宗)의 사찰에서 주지가 한 무리의 대중을 이끌고 밖으로 나가 양식이나 재물 등의 보시(布施)를 받는 것을 말한다. 출향에서 돌아와 상당(上堂)하여 설법하는 것을 출향귀상당(出鄕歸上堂), 출향귀시중(出鄕歸示衆) 혹은 출대귀상당(出隊歸上堂), 출대귀시중(出隊歸示衆)이라고 한다.

충개(衝開) : 힘차게 열다. 힘차게 열어젖히다.

충국사(忠國師) : = 남양혜충(南陽慧忠; ?~775).

충밀(沖密) : 대혜종고의 시자(侍者).

췌골(揣骨) : 사람의 골격을 손으로 더듬어 그 모양을 보고서 그 사람의 운명을 판단하는 관상법.

췌골청성(揣骨聽聲) : 사람의 얼굴은 보지 않고 골격을 손으로 더듬고 목소리를 듣고서 그 운명을 판단하는 관상법. 견강부회(牽强附會)하여 함부로 비평함을 비유하는 말이기도 하다.

췌마(揣摩) : 따져 보다. 헤아리다. 재어 보다. 시험해 보다.

췌마궁힐(揣摩窮詰) : 췌마(揣摩)는 '따져 보다. 헤아리다. 재어 보다. 시험해 보다.'는 뜻이고,

궁힐(窮詰)은 '끝까지 따져 밝히다. 끝까지 탐구하다'는 뜻.

취(取) : 12연기의 하나. 애(愛)를 연하여 일어나는 집착(執着). 또 애의 다른 이름. 번뇌의 총칭.

취(就) : ① '시(是)' 앞에서 쓰여 더욱 강하게 지시하는 역할을 하는 부사(副詞). ② -로부터. = 종(從). 개사(介詞). ③ 동행하다. 따라가다. 동사(動詞).

취(趣) : 재촉하다. = 촉(促).

취(趣) : 중생이 번뇌로 말미암아 말·행동·생각 등으로 악업을 짓고, 그 업인(業因)으로 인하여 가게 되는 국토(國土). 5취·6취의 구별이 있음. 도(道)라고도 함.

취(就)-상(上) : 바로 -에서. -위에서. -속에서. = 취(就)-처(處).

취(就)-처(處) : 바로 -에서. = 취(就)-상(上).

취골두(臭骨頭) : ① 몹쓸 놈. 망나니. ② 육신(肉身). 더러운 뼛조각. 더러운 냄새나는 육체.

취도(取道) : 거쳐가다. 경유하다.

취두(聚頭) : 모이다. 모여 한 덩이가 되다. 만나다.

취련(取憐) : 사랑을 받으려고 하다.

취로도(嘴盧都) : 입을 뾰족이 내밀고 있다. 입을 삐죽 내밀다. 입을 꽉 다물고 있다. 입을 내밀고 재잘재잘 씨불이다.

취로도지(嘴盧都地) : 입을 꽉 다물고. 입을 꽉 다물어 입술이 뾰족 나온 모습. 입술을 내밀고 말이 많은 모습. = 자로도지(觜盧都地).

취모검(吹毛劍) : 파릉모검(巴陵毛劍)이라고도 한다. 불어서 날린 터럭을 자를 정도로 예리한 칼을 뜻하는데, 분별망상의 번뇌를 단박에 절단하는 자성반야(自性般若)의 능력을 가리키는 말로 쓰인다. 한 스님이 파릉호감(巴陵顥鑑) 화상에게, "사람마다 다 갖추고 있다는 반야지검(般若智劍, 吹毛劍)이란 무엇입니까?" 하고 물으니, 파릉 화상이, "산호(珊瑚) 가지마다 영롱한 달빛으로 흠뻑 젖은 것과 같지"라고 대답했다는데서 유래한다.

취미무학(翠微無學) : 당(唐)나라 선승. 석두희천(石頭希遷)의 법을 이은 단하천연(丹霞天然)의 법제자(法弟子)이다. 경조(京兆; 陝西省) 종남산(終南山)의 취미사(翠微寺)에 주석하였다.

취봉(翠峯) : 설두중현(雪竇重顯; 980~1052)

취불(取不) : -하지 못하다.

취상(就上) : = 취재(就在). 바로 -.

취소(取笑) : 농담하다. 희롱하다. 놀리다. 조롱당하다. 남의 웃음거리가 되다.

취신(取信) : 신용을 얻다. 신임을 받다.

취암가진(翠嵓可眞) : ?~1064. 임제종(臨濟宗) 승려이다. 복주(福州; 福建省) 장계(長谿) 사람이다. 석상초원(石霜楚圓; 986~1040)에게 참학하고 그 법을 이었다. 강서성(江西省) 융흥부(隆興府)의 취암산에 주지로 있었다. 치평(治平) 원년(元年)에 입적(入寂)하였다. 『취암진선사어요(翠巖眞禪師語要)』 1권이 있는데, 『속고승숙어요(續古僧宿語要)』 1에 수록되어 있다.

취암문열(翠嵓文悅; 998~1062) : 운봉문열(雲峯文悅)이다. 운봉이 취암사(翠嵓寺)에 주석한 적이 있으므로 이렇게도 부른다.

취암사종(翠嵓嗣宗) : 1085~1153. 조동종(曹洞宗)의 승려로, 호는 문암(聞庵)이다. 휘성(徽城; 安徽省) 사람이며, 속성은 진(陳)씨이다. 출가하여 구족계를 받은 후에 묘담사혜(妙湛思慧)에게서 배웠고, 또 불안청원(佛眼靑原)·원오극근(圜悟克勤)에게서도 배웠다. 훗날 대홍산(大洪山)에서 수좌인 굉지정각(宏智正覺)에게 참학하여 그 법을 이었다. 사주(泗州; 안휘성) 보조사(普照寺)에 주석하였고, 이어서 선권(善權)·취암(翠嵓) 등으로 옮긴 후 설두산(雪竇山)에 머물렀다. 머리칼이 희었던 까닭에 종백두(宗白頭)라고도 불리었다.

취암열(翠嵓悅) : 운봉문열(雲峰文悅; 998~1062)을 가리킨다. 운봉은 취암사에 머물렀던 적이 있으므로 취암열이라 불렀다.

취우(驟雨) : 소나기.

취입(趣入) : 재촉하여 들어가다. 서둘러 들어가다.

취중(就中) : 그중에서도 특히.

취지(就只) : 다만, 오직.

취지좌우봉기원(取之左右逢其源) : 곁가지를 골라내고 그 근원과 만나다.

취차(取次) : ① 순차적으로. 순서대로. 차례차례. ② 창졸간. 별안간.

취피대(臭皮袋) : 몸뚱이. 냄새나는 더러운 가죽부대라는 뜻으로 사람의 몸뚱이를 가리킴.

취피대자(臭皮袋子) : 몸뚱이. 냄새나는 더러운 가죽부대라는 뜻으로 사람의 몸뚱이를 가리킴. = 취피대(臭皮袋).

취향(趣向) : ① 향하여 다가가다. ② 하고 싶은 마음이 생기는 방향. 또는 그런 경향. 의향. 지향. ③ 취미. 흥미. ④ 행방. 가는 방향. ⑤ 경로나 수단. ⑥ 마음이 그쪽으로 기울어지다.

측천무후(則天武后) : 625~705. 중국 역사상 유일한 여제(女帝). 본명은 무조(武照). 무후(武后), 무측천(武則天)이라고도 한다. 당나라 고종(高宗; 649~683)의 비(妃)로 들어와 황후(皇后)의 자리에까지 올랐으며, 40년 이상 중국을 실질적으로 통치했다. 생애 마지막 15년(690~705) 동안은 국호를 당(唐)에서 주(周)로 변경하고 천수(天授)라는 연호를 썼다. 무후는 당조의 기반을 튼튼하게 해 제국을 통일했다.

측측평평(側側平平) : 측측(側側)은 많은 모습, 추운 모습, 코끼리 소리, 숨쉬는 소리. 평평(平平)은 고르다, 치우침 없다, 평범하다. 수많은 평범한 것들.

치경(致敬) : 경의를 표하다.

치경진례(致敬盡禮) : 경의를 표하며 예를 다하다.

치광(癡狂) : ① 정신이 돌거나 미치다. ② 무지하여 멋대로 날뛰다. ③ (어떤 사람이나 일이나 물건에)정신없이 열중하다. 매혹되다.

치구(馳求) : 찾아서 다니다. 찾아서 헤매다.

치문(致問) : 묻다.

치빙(馳騁) : ① 말을 몰아 빨리 달림. ② 말을 몰아 달리면서 사냥함. ③ 출세를 위해 뛰어다님. ④ 종횡무진 재능을 마음껏 발휘함. ⑤ 부리다. ⑥ 기운이 넘치다. ⑦ 두루 살피다. ⑧ 드날리다. 드러내다. ⑨ 뜻을 이루다.

치사(致使) : -한 탓으로 -하게 되다.(부정적 결과)

치사(致謝) : 감사드리다. 사의(謝意)를 표하다.

치생(治生) : 생계를 유지하다. 먹고살다.

치서(致書) : 편지를 보내다.

치성(馳聲) : 명성을 떨치다.

치소(緇素) : ① 의복의 검은 색과 흰색. 치(緇)는 검은색. 소(素)는 흰색으로, 승의(僧衣)와 속의(俗衣)를 말함. ② 출가자는 검은 의복을 입으므로, 출가자를 치(緇)라 하고, 재가자는 하얀 의복을 입으므로 소(素)라고 함. 출가 · 재가의 병칭으로, 도속(道俗) · 승속(僧俗) 등의 말과 같다. 출가인과 세속인. ③ 흑백 · 정사(正邪) · 미오(迷悟) 등 서로 대립하는 두 가지의 것을 의미함.

치연(熾然) : 불이 세차게 타오르다. 왕성하다.

치올(癡兀) : 어리석고 어두운 모양. 어리석고 완고한 모양. 유치하고 어리숙한 모양.

치인설몽(痴人說夢) : 바보가 꿈 이야기를 함. 허망한 말을 지껄임. 황당무계한 말을 하다. = 치아몽화(癡兒夢話), 치인원몽(癡人原夢).

치인원몽(癡人原夢) : 바보가 꿈을 해몽(解夢)하다. 허망한 말을 지껄임. 황당무계한 말을 하다. = 치인설몽(痴人說夢).

치전(致奠) : ① 장례식 또는 제사에서 영정 앞에 제물을 바치다. ② 대신(大臣)이 죽었을 때에 황제가 관원에게 대신 제사지내도록 하는 것.

치정사업(致政司業) : 치정(致政)은 치사(致仕)와 같은 말로서, 관직에서 물러났다는 말. 치정관(致政官)은 나이가 많거나 병이 들어 관직에서 물러난 사람을 가리킴. 사업(司業)은 관직 이름으로서, 국자사업(國子司業), 사업박사(司業博士) 혹은 사업제주(司業祭酒)를 가리킴.

치치(哆哆) : 콕콕. 종알종알.

칙(則) : 고칙(古則), 고칙공안(古則公案). 칙(則)은 본보기, 모범이라는 뜻. 부처나 조사의 어구, 스승과 제자가 주고 받은 말, 스승이 수시(垂示)

하거나 보설(普說)한 것 등은 언제라도 후인의 수행에 본보기가 될 수 있기 때문에 '고칙(古則)' 혹은 '고칙공안(古則公案)'이라 한다. 고칙공안을 헤아릴 때에는 1칙, 2칙 등으로 표시한다.

칙고시(則故是) : 앞을 본받아 뒤를 가르치다. 앞사람에게 배워 뒷사람을 가르치다.

칙황(敕黃) : 칙서(勅書). 황색 종이에 썼기 때문에 이렇게 부른다.

친구(親口) : 자기의 입.

친근(親近) : 가깝다. 친해지다.

친자(親炙) : 스승을 가까이 모시고 친히 그 가르침을 받음.

친적(親的) : 육친. 가까운 친척.

친절(親切) : 가깝다. 뚜렷하다. 분명하다.

칠각지(七覺支) : '칠각(七覺)'이라고도 하는데, 깨달음의 지혜를 돕는 일곱 가지를 뜻한다. 마음의 상태에 따라 존재를 관찰함에 있어서의 주의 · 방법을 일곱 가지로 정리한 것으로, 깨달음에 도움이 되는 일곱 가지 또는 깨달음으로 이끄는 일곱 가지 항목, 깨달음의 지혜를 돕는 일곱 가지의 수행을 말한다. ① 택법각지(擇法覺支) : 가르침 가운데서 진실된 것을 선택하고 거짓된 것을 버리는 것. ② 정진각지(精進覺支) : 한마음으로 노력하는 것. ③ 희각지(喜覺支) : 진실의 가르침을 실행하는 기쁨으로 사는 것. ④ 경안각지(輕安覺支) : 심신을 발랄하고 쾌적하게 하는 것. ⑤ 사각지(捨覺支) : 대상에 대한 집착이나 속박을 버리는 것. ⑥ 정각지(定覺支) : 마음을 집중하여 흔들리지 않는 것. ⑦ 염각지(念覺支) : 생각을 평탄하게 하는 것.

칠금산(七金山) : 인도인의 상상의 산. 수미산을 둘러싸고 있는 7겹의 산으로 쌍지산(雙持山) · 지축산(持軸山) · 담목산(擔木山) · 보현산(普見山) · 마이산(馬耳山) · 장애산(障礙山, 象鼻山) · 지지산(持地山, 持邊山)을 말한다. 어느 것이나 광명(光明)이 있기 때문에 금산(金山)이라고 말한다.

칠민(七閩) : ① 복건성(福建省)과 절강성(浙江省)의 남쪽 지방에 살았던 민족(閩族). 7종족으로 구성되었기 때문에 칠민(七閩)이라 한다. ② 복건성(福建省)을 가리키는 말.

칠보(七寶) : 크게 두 가지 의미로 사용된다. ① 7종의 귀금속이나 보석을 지칭하는데, 금, 은, 유리(瑠璃), 파려(頗黎 : 水晶이라고도 한다), 차거(硨磲 : 車磲라고도 하며, 조개의 일종이다), 산호(珊瑚 : 赤珠라고도 한다), 마노(瑪瑙) 등이 그것이다. 다만, 경전에 따라 차이가 많으며, 순서도 일정하지 않다. 초기 불전(佛典)에 이미 보이지만, 특히 정토계 경전이나 『법화경』 등의 대승경전에 나오며, 불국토 · 극락정토를 묘사하는 데에 이용되었다. 예를 들면, 정토의 숲은 칠보(七寶)의 나무로 이루어졌다고 하면서, '칠보수림(七寶樹林)'이라든가 '칠보행수(七寶行樹)'라 한 것이 그렇다. ② 이와는 달리, 전륜성왕(轉輪聖王)이 소지하고 있다는 일곱 가지 탁월한 보물을 뜻하기도 한다. 윤(輪 : 통치에 이용되는 차크라의 수레 바퀴), 상(象 : 흰 코끼리), 마(馬 : 감색 말), 주(珠 : 神珠, 골고루 비추는 구슬), 여(女 : 玉女), 거사(居士 : 資産家), 주병신(主兵臣 : 탁월한 장군) 등의 칠보(七寶)가 그것이다. 부처의 설법을 전륜성왕의 윤보(輪寶)에 비교하여, '전법륜(轉法輪)'이라고 한다.

칠불(七佛) : 과거칠불을 가리키는데, 석존 이전의 여섯 부처에 석존을 더해서 칠불이라 한다. 비바시불(毘婆尸佛) · 시기불(尸棄佛) · 비사부불(毘舍浮佛) · 구류손불(拘留孫佛) · 구나함모니불(拘那含牟尼佛) · 가섭불(迦葉佛) · 석가모니불 등이다.

칠상팔하(七上八下) : (마음이) 초조하다. 혼란하다. 불안하다. 어수선하다. 두근거리다. 안절부절못하다. 십오개적통타수칠상팔하(十五個吊桶打水七上八下)에서 온 말. 이것은 15개의 두레박으로 물을 긷는데 일곱 개는 올라가고 여덟 개는 내려간다는 뜻.

칠전팔도(七顚八倒) : 뒤죽박죽이 되다. 뒤범벅이 되다. 뒤얽혀 혼란스럽다.

칠조가사(七條袈裟) : '울다라승(uttara-asanga)'이라 하며, 상착의(上着衣)라 번역함. 삼의(三衣) 가운데 중의(中衣)를 말한다. 그 조수(條數)를 계산하여 칠조(七條)라 함.

칠조의(七條衣) : 삼의(三衣)의 하나이며, 상의(上衣)·상착의(上著衣)·입중의(入衆衣)·원중의(院中衣) 등으로 번역된다. 긴 베 두 조각과 짧은 베 한 조각, 또는 긴 베 세 조각과 짧은 베 한 조각을 일조로 하고 이것을 가로로 일곱 번 나란히 꿰어 맞춘 것을 기본으로 한다.

칠종팔횡(七縱八橫) : 이리저리 마구 혼란스럽다.

칠처구회(七處九會) : 80권본 『화엄경』에서 1부(部) 39품(品)을 일곱 곳의 아홉 회상에서 말하였다고 하는 것. 제1회 6품은 보리도량(菩提道場), 제2회 6품은 보광명전(普光明殿), 제3회 6품은 도리천(兜利天), 제4회 4품은 야마천(夜摩天), 제5회 3품은 도솔천(兜率天), 제6회 1품은 타화천(他化天), 제7회 11품은 보광명전, 제8회 1품은 보광명전, 제9회 1품은 중각강당(重閣講堂). 이에 비해 60권본 『화엄경』은 34품을 7처 8회에서 말하였다고 함.

칠척단전(七尺單前) : 승당(僧堂)에서 자기가 앉는 자리. 승당에서 한 사람이 앉는 자리는 가로가 3척(尺) 세로가 7척이다.

칠통(漆桶) : 칠통(漆桶)은 가구에 칠하는 새까만 옻나무의 진액을 넣은 통. 아주 까맣고, 또는 아주 캄캄하여 아무것도 알 수 없다라는 뜻. ① 불법에 대해 아무것도 모르는 안목(眼目) 없는 승려를 매도하는 말. 무안자(無眼者). 바보 같은 사람. ② 타파칠통(打破漆桶)이라고 할 때에 칠통(漆桶)은 앞을 가로막은 은산철벽(銀山鐵壁)이나 사방을 가로막은 금강권(金剛圈)과 같은 말. 의단(疑團)과도 같은 말.

침구(浸久) : 오래도록 젖어들다. 점차 오래되다.

침란(浸爛) : 부패하다. 부식하다.

침릉(侵凌) : 침범하다.

침안어(針眼魚) : 바늘로 찌른 구멍 속에 살 수 있을 만큼 작은 물고기. 침안(針眼)은 바늘로 찌른 자국, 바늘구멍.

침음(沈吟) : ① 망설이다. 주저하다. ② 깊이 생각하다. 심사숙고하다. ③ 입속으로 웅얼거리다.

침조(侵早) : 동틀 무렵. 새벽. = 침신(侵晨).

침추(針錐) : 송곳. 송곳으로 찌르다.

칭존(稱尊) : 스스로 제일이라고 여기다. 최고라고 자칭하다.

칭추(稱鎚) : 저울추.

칭추잠초(秤鎚蘸醋) : 식초는 사물을 부드럽게 녹이는 것이지만, 저울추는 식초에 담가 두어도 부드러워지지 않는다. 효과가 없다는 말이다.

ㅋ

쾌(快) : ① 좋다. ② 영리하다. 날카롭다. ③ 뛰어나다. ④ 재빠르다. ⑤ 편안하다. ⑥ 즐겁다.

쾌락천궁(快樂天宮) : 영원한 즐거움이 있는 극락정토(極樂淨土).

쾌변(快便) : 재빠르다. 민첩하다. 날래다.

쾌착정채(快着精彩) : 쾌(快)는 '좋다, 영리하다, 날카롭다, 뛰어나다, 재빠르다, 즐겁다'는 뜻이고, 착정채(着精彩)는 '마음을 쓰다, 주의를 기울이다, 심혈을 기울이다, 노력하다, 애쓰다, 주의하다, 조심하다'는 뜻이다. '주의를 잘 기울이다, 잘 노력하다, 애를 잘 쓰다, 심혈을 기울이다'는 정도의 뜻.

쾌활(快活) : ① 기분이 좋다. 쾌적하다. ② 편하다. 잘 지내다. ③ 막힘없이 잘 통하다. 원활하다. ④ 통달하다. 환히 꿰뚫다. ⑤ 재빠르다. ⑥ 신령스럽게 깨닫다.

ㅌ

타(打) : ① (어떤 동작을) 하다. ② (개사) -로부터. -에서.

타가(他家) : 남. 딴 사람. = 타(他).

타갈등(打葛藤) : 강설(講說)하다. 설명해 주다. 말의 그물속으로 얽어 들이다.

타개지요(打箇之遶) : = 타지요(打之遶).

타개출래(打箇出來) : = 타출래(打出來). ① (안에서 밖으로) 치고 나오다. ② (싸움 따위를 해서) 소동을 일으키다. ③ (생각 따위를) 결정하다.

타경(打硬) : ① 매우 굳다. 굽힐 줄 모르다. 완강하다. ② 일종의 잡기(雜技).

타교철(打敎徹) : 밝게 통하도록 하다. 철저히 밝히도록 만들다. 타(打)는 행위동작을 행함을 나타내고, 교(敎)는 사역(使役)을 나타냄.

타귀(打鬼) : 귀신을 물리치다. 마귀를 퇴치하다.

타근(垜根) : = 타근(搩根), 타근(椝根). 진흙에 발이 빠져 나아가지 못하다. 빠져서 붙잡혀 있다.

타근한(垜根漢) : 무른 흙에 발이 빠져서 잘 나아가지 못하고 머뭇거리는 사람.

타니대수(拖泥帶水) : 진흙을 묻히고 물에 젖는다는 뜻인 타니대수(拖泥帶水)는 선가(禪家)에서 가르침을 펼 때, 방편(方便)으로 언어(言語)를 사용하여 가리켜 주는 경우를 말한다. 진흙에 들어가고 물에 들어간다는 뜻인 입니입수(入泥入水)라 하기도 하고, 진흙과 섞이고 물과 섞인다는 뜻인 화니화수(和泥和水)라 하기도 한다. 가르침을 펼치려면 법을 세우고 말로 가리키지 않을 수 없으니 이렇게 말하지만, 이것은 반드시 비난받을 일만은 아니니, 노파심이 간절한 자비를 베푸는 것이기 때문이다. 그러므로 가르침은 언제나 자기가 맞을 몽둥이를 짊어지고 나서는 일이라고 하는 것이다. 타니섭수(拖泥涉水)라고도 한다.

타리예파(拖犁拽耙) : 쟁기질을 하고 써레질을 하다. 쟁기를 초벌로 논밭을 갈아엎는 농기구이고, 써레는 쟁기로 갈아놓은 논밭을 더 부드럽게 가는 농기구. 쟁기질을 하고 써레질을 한다는 것은 중생을 교화(敎化)하는 행위를 말함.

타미(妥尾) : 타결하다.

타발(打發) : 보내다. 파견하다. 내쫓다. 돌보아 주다. 도와주다. 찾아내다.

타백(拕白) : = 타백(拖白). 과장(科場)에서 답안(答案)을 적지 못하고 백지(白紙) 그대로 제출함.

타생초전(垜生招箭) : 과녁을 세워 화살을 불러들이다. 답을 들으려고 질문을 던지다. 자업자득(自業自得)이다.

타성일편(打成一片) : 한 덩어리가 되다. 한데 뭉치다.(주로 감정이나 생각이 융합되는 것을 가리킨다)

타실(打失) : 잃어버리다. 타(打)는 행위가 발생함을 나타내는 조사.

타실비공(打失鼻孔) : 코를 잃어버리다. 근거를 놓치다. 잡을 곳을 잃다. 의지할 곳을 잃어버리다.

타실포대(打失布袋) : 타실(打失)은 '잃어버리다', 포대(布袋)는 '무능함, 문제, 장애'를 뜻함. 무능함을 벗어나다. 문제를 해결하다. 장애가 사라지다.

타심지(他心智) : 소승(小乘) 10지(智)의 하나. 다른 이가 마음속으로 생각하는 것을 아는 지혜. 소승십지(小乘十智)란 ① 세속지(世俗智). 세속의 일에 대하여 일어나는 지혜. ② 법지(法智). 욕계(欲界)의 고(苦) · 집(集) · 멸(滅) · 도(道)에 대하여 일어나는 지혜. ③ 유지(類智). 색계 · 무색계의 고 · 집 · 멸 · 도에 대하여 일어나는 지혜. ④ 고지(苦智). ⑤ 집지(集智). ⑥ 멸지(滅智). ⑦ 도지(道智). ⑧ 타심지(他心智). 남의 마음을 아는 지혜. 다만 하지(下智)의 타심지(他心智)는 상지(上智)를 알지 못하고, 열지(劣智)는 승지(勝智)를 가진 이의 마음을 알지 못하고 현재의 모든 법을 아나, 과거 · 미래의 모든 법을 알지 못함과 같이, 어떤 부분에만 유효(有效)한 지혜이고, 온갖 것에 효력을 내는 것은 아님. ⑨ 진지(盡智). 일체 번뇌를 다 끊었을 때 생기는 지혜. ⑩ 무생지(無生智). 승지이근(勝智利根)의 보살이 일으키는 지혜. 고(苦)를 알고 집(集)을 끊으며, 멸(滅)을 증득하려고 도(道)를 닦는 것을 마치고, 다시 지(知) · 단(斷) · 증(證) · 수(修)할 것이 없음을 자각하여, 자기에게 다시 지 · 단 · 증 · 수 할 것이 없음을 아는 지혜.

타야(打野) : ① 밖으로 싸다니다. ② 야외에서 유

숙하다. ③ 상스럽다. 야하다. 저속하다. ④ 광대가 거리에서 기예(技藝)를 팔다. = 타야가(打野呵).

타야가(打野呵) : 광대가 거리에서 기예(技藝)를 팔다. = 타야(打野).

타야채(打野㮊) : 타야(打野)는 광대가 거리에서 기예(技藝)를 파는 것. 채(㮊)는 고목의 뿌리가 드러난 모습.(『조정사원』 제1권) 흉한 모습을 드러내다. 채신머리없이 속의 말을 함부로 하는 것. 쓸데없이 속의 생각을 밖으로 떠드는 것. 삼가지 못하고 함부로 말하는 것.

타와찬귀(打瓦鑽龜) : 기와를 때려 부수고 거북의 껍질에 구멍을 내는 것은 점을 치는 행위이다. 부서진 기와조각과 깨진 거북껍질의 모양을 보고서 점괘를 낸다.

타일조(打一遭) : 한 번 건너가다. 한 번 지나가다.

타주(打住) : 멈추다. 억제하다.

타지요(打之遶) : = 타개지요(打箇之遶). 갈지자[之]처럼 같은 자리를 왔다 갔다 하며 빙빙 돌다. 진척이 없고 제자리걸음을 하다. 문득 깨닫지를 못하고 제자리걸음하는 수행자를 꾸짖는 말.

타초경사(打草驚蛇) : = 타초사경(打草蛇驚). 풀을 베어 풀 속의 뱀을 놀라게 한다는 것에는 ① 갑(甲)을 징벌함으로써 을(乙)을 경계하도록 함, ② 경솔한 행동으로 비밀이 누설되어 상대방을 대비하게 만든다는 두 개의 뜻이 있다. 종사가 학인을 가르치는 수단을 나타내는 말로서는 ①번의 뜻이다. 풀은 벤다는 것은 방편을 베푼다는 것이고, 뱀이 놀란다는 것은 방편의 목적이 깨달음을 일으키는 곳에 있다는 말. 방편을 베풀어 마음을 일깨운다. 『경덕전등록』 제13권 '여주수산성념선사'(汝州首山省念禪師)에 다음 대화가 있다 : 물었다. "사부대중이 둘러싸고 있습니다. 스님께선 무슨 법을 말씀하십니까?" 스님이 답했다. "풀을 베어 뱀을 놀라게 한다."(問 : "四衆圍繞, 師說何法?" 師曰 : "打草蛇驚.") 또 제30권 '천동굉지화상선'(天童宏智和尙譔)에 다음 내용이 있다 : 번개가 치듯 하는 기지와 바람이 몰아대는 듯한 문답과 풀을 베어 뱀을 놀래키는 구절과 탐간영초(探竿影草)의 공력(功力)으로 스승과 제자가 동시에 두드려서 마음의 눈이 서로 비추게 한다.(電卷之機輪, 風馳之問答, 打草驚蛇之句, 探竿影草之功, 啐啄同時心目相照.) 『오등회원』 제20권 '임안부정자긍당언충선사'(臨安府淨慈肯堂彦充禪師)에 다음 내용이 있다 : 하루는 어떤 승려가 남전(南泉)이 말한 "요즈음 사람들이 이 한 그루 꽃을 보는 것은 마치 꿈속의 일과 같다."를 들먹이는 것을 듣고서 남몰래 깨달은 바가 있어서 말했다. "풀을 베는 것은 다만 뱀을 놀래키려 함이로구나."(一日聞僧擧南泉道 : "時人見此一株花, 如夢相似." 黙有所覺曰 : "打草祇要蛇驚.")

타초사경(打草蛇驚) : = 타초경사(打草驚蛇).

타추천(打鞦韆) : 그네를 뛰다.

타취(打就) : 나아가다. 좇다. 따르다. 이루다.

타파(打破) : 때려부수다. 깨뜨리다.

타파면피(打破面皮) : 안면을 몰수하다. 체면을 차리지 않다. 인정으로 흐르지 않다.

타파칠통(打破漆桶) : 칠통을 때려부수다. 문득 깨닫는 돈오(頓悟)를 가리킴. 칠통(漆桶)은 가구에 칠하는 새까만 옻나무의 진액을 넣은 통. 아주 까맣고, 또는 아주 캄캄하여 아무 것도 알 수 없다라는 뜻으로서 앞을 가로막은 은산철벽(銀山鐵壁)이나 사방을 가로막은 금강권(金剛圈)과 같은 말. 타파흑칠통(打破黑漆桶) 혹은 폭파칠통(爆破漆桶)이라고도 함.

타파흑칠통(打破黑漆桶) : = 타파칠통(打破漆桶).

타화자재천(他化自在天) : Paranirmitava-śavarti deva. 파라유마바사(波羅維摩婆奢)라 음역. 타화천(他化天)·제6천이라고도 함. 6욕천(欲天)의 하나. 욕계의 가장 높은 데에 있는 하늘. 욕계천의 임금인 마왕이 있는 곳. 이 하늘은 남이 변해 나타내는 즐거운 일을 자유롭게 자기의 쾌락으로 삼는 까닭에 타화자재천이라 함. 이 하늘의 남녀는 서로 마주 보는 것만으로 음행이 만족하고, 아들을 낳으려는 생각을 일으키기만 해도 아들이 무릎 위에 나타난다고 함. 또 이 하늘 사람의 키는 3리(里), 수명은 1만 6천세. 이 하늘의 1일은 인간의 1천 6백 년에 해당.

탁(卓) : 세우다.

탁기(托起) : 받쳐 들다.

탁려(踔厲) : 분발하여 일어나다. 탁월하고 날카로워 당해낼 자가 없다. 힘차고 날카롭다.

탁립(卓立) : 세우다.

탁마(琢磨) : ① (옥이나 돌을)갈다. 다듬다. ② (학문이나 덕행을)닦다.

탁삭(卓朔) : 곧게 세우다. 앞으로 튀어나오다. 옆으로 활짝 벌리다. = 탁수(卓竪).

탁삭지(卓朔地) : 곧게 선 모습. 앞으로 튀어나온 모습. 옆으로 활짝 열린 모습.

탁생(託生) : 어머니의 태에 의탁하는 것. 형체가 구비되어 태어나는 것. 또 극락세계에서 연꽃에 의탁하여 태어남.

탁석(卓錫) : 석장(錫杖)을 세우다.

탁수(卓竪) : = 탁삭(卓朔).

탁일하(卓一下) : 주장자를 집어 아래를 한 번 쿵 두드리고는 주장자를 세워서 붙잡다.

탁탁(卓卓) : = 탁연(卓然). 탁월하다. 뛰어나다.

탁탁(逴逴) : 아득히 멀다. 아득히 먼.

탁탁지(卓卓地) : 뛰어난 모습. 탁월한 모습.

탄연(坦然) : 『조당집(祖堂集)』에는 탄연(坦然)이 남악회양(南嶽懷讓)의 법을 이은 제자로 되어 있고, 『경덕전등록(景德傳燈錄)』에는 탄연이 숭악혜안(嵩嶽慧安) 국사(國師)의 법을 이은 제자로 되어 있고, 『오등회원(五燈會元)』에는 탄연이 남악회양의 동학(同學)으로서 함께 숭악혜안에게 법을 물은 것으로 되어 있다.

탄연(坦然) : 평탄하여. 편안하여.

탄탄(坦坦) : 넓고 평탄(平坦)한 모양.

탄하복기(呑霞服氣) : 저녁놀을 삼키고, 아침 기운을 마신다. = 탄복하기(呑服霞氣).

탈(脫) : 만약. 만일. 가령.

탈공(脫空) : ① 허사가 되다. 허탕치다. 헛되이 되다. 수포로 돌아가다. ② 헛소리. 거짓말(을 하다).

탈쇄(脫灑) : 산뜻하고 속됨이 없다. 말쑥하고 깨끗하다. 소탈하다.

탈연(脫然) : 경쾌하게. 느긋하게.

탈의(奪意) : 선변화천(善變化天)에 있는 향(香)의 이름. 『대방광불화엄경』 제67권 「입법계품(入法界品)」 제39-8에 다음의 이야기가 있다 : 선남자야, 선변화천(善變化天)에는 향(香)이 있는데, 이름하여 탈의(奪意)라 한다. 만약 이 향한 알을 태우면, 7일 동안 모든 장엄(莊嚴)을 다 갖춘 비가 두루 내린다.(善男子, 善變化天有香, 名曰奪意. 若燒一丸, 於七日中 普雨一切諸莊嚴具.)

탐간영초(探竿影草) : 탐간(探竿)과 영초(影草)는 모두 어민들이 물고기를 모여들게 한 뒤에 그물로 한꺼번에 잡는 어로법(漁撈法)이다. 『인천안목(人天眼目)』에 의하면, 탐간은 두견새의 깃을 엮어서 장대 끝에 꽂아서 물속에 넣어 더듬어 고기를 모이게 하는 것이고, 영초는 풀더미를 베어 물속에 가라앉혀 그곳에 물고기가 모여들게 하는 것이다. 그렇게 물고기를 모여들게 한 뒤 그물을 던져 한꺼번에 몽땅 잡는 방법이다. 선종(禪宗)에서 종사가 학인을 다루는 솜씨를 가리키는 말. 종사가 방편의 말을 하여 학인의 관심이 한곳에 모이도록 한 뒤에 문득 한꺼번에 그 관심을 부수어 버리는 것이다. 임제는 사할(四喝)을 말하면서 어떤 때의 일할(一喝)은 탐간영초(探竿影草)와 같다고 말한다.

탐기(探騎) : = 탐마(探馬).

탐마(探馬) : 척후하는 기병, 기마 정찰병.

탐색(探賾) : = 탐색(探索). 깊은 뜻을 탐구하여 찾아내다.

탐원(耽源) : 탐원응진(耽源應眞).

탐원응진(耽源應眞) : 탐원진응(耽源眞應)이라고도 함. 남양혜충(南陽慧忠; ?~775)의 시자(侍者)로 있었으며, 원상(圓相)의 참뜻을 탐구하여 법을 이었다. 길주(吉州, 江西省) 탐원산(耽源山)에 주석하였다. 『조당집』 권4 · 『경덕전등록』 권13 · 『오등회원』 권2 등에 나온다.

탑(塔) : 산스크리트 stūpa의 음역인 솔탑파(率塔婆)의 약자(略字)이다. 고현처(高顯處) · 공덕취(功德聚) · 방분(方墳) · 원총(圓塚) · 분릉(墳陵) 등으로 의역(意譯)되기도 하며, 불도(佛圖) · 부도(浮圖) · 부도(浮屠) 등으로 일컬어지기도 한다. 불사리(佛舍利)를 안치하기 위해 벽돌 등으로 높이 쌓은 건조물을 의미한다.

탕사(湯使) : 탕약(湯藥). = 탕하(湯下).

탕연(蕩然) : 텅 빈. 싹 사라진. 완전히 없어진 모양.

탕옥(湯沃) : 씻어내다.

탕탕지(蕩蕩地) : 거침없이. 막힘없이. 깨끗하게.

탕하(湯下) : 탕약(湯藥). = 탕사(湯使).

태고추(太古錐) : 추(錐)는 송곳이니, 송곳은 주머니에 넣어 놓아도 삐져 나오는 것처럼, 뛰어난 사람은 숨어 있어도 드러난다는 뜻이다. 태고추는 오래 수양한 뛰어난 사람을 가리키는 말.

태말충(太末蟲) : 파리.

태살(太殺) : = 대살(大殺). 매우. 충분히. 꼭.

태살(太煞) : = 태살(太殺).

태추생(太麤生) : 매우 엉성하다. 매우 조잡하다. 매우 경솔하다. 매우 촌스럽다.

태평광기(太平廣記) : 중국 송(宋)나라 학자 이방(李昉) 등이 편찬한 설화집. 977년 『태평어람(太平御覽)』과 같이 칙명으로 편찬을 시작, 이듬해 완성하였다. 내용은 475종류의 고서에서 골라낸 이야기를 신선 · 여선(女仙) · 도술 · 방사(方士)로부터 동식물에 이르기까지 92개 항목 아래 분류 · 수록하고 있다. 송나라 이전 소설 가운데 원형태로 완전하게 전해진 것이 없어, 그 일부를 보존하는 역할을 하는 가치 있는 책이다. 간본(刊本)으로는 명(明)나라 담개(談愷)가 출판한 것(談本), 허자창(許自昌)이 출판한 것(許本), 청(淸)나라 황성(黃晟)이 건상본(巾箱本)으로 출판한 황씨 건상본(黃本) 등이 전해진다. 500권.

태평어람(太平御覽) : 중국 송초(宋初)인 977년(太平興國 2)에 태종(太宗)의 칙명을 받아 이방(李昉) 등이 편찬한 유서(類書). 모두 1,000권이며, 이 책을 완성하는 데 6년 9개월이 걸렸다. 『역(易)』 계사편(繫辭篇)에 기초하여, 전체를 천(天) · 시서(時序) · 지(地) · 황왕(皇王) · 편패(偏覇) · 주군(州郡) 등의 55문(門)으로 나누어, 모든 사류(事類)를 망라하고 있다. 각 문은 나아가 유(類)로 나뉘는데 모두 4,558류가 된다. 인용서는 1,660종에 달하지만, 현재는 70~80%가량이 실전(失傳)되었다. 이 책은 자료의 보고로서 학문적으로 매우 중요한 서적이다. 본래 인용서 전부가 송초에 남아 있지 않아 전대에 만들어진 『수문전어람(修文殿御覽)』 · 『예문류취(藝文類聚)』 · 『문사박요(文思博要)』 등의 유서에서 다시 인용한 것도 많다. 또 책이름의 표기가 통일되어 있지 않으며, 간혹 잘못된 경우도 있기 때문에 이용할 때 주의해야 한다. 송초에는 이 책 외에 『태평광기(太平廣記)』 · 『문원영화(文苑英華)』 · 『책부원구(冊府元龜)』가 편찬되었는데, 이것들을 합하여 '송4대서'라고 한다.

태평연(太平演, 大平演) : 오조법연(五祖法演; 1024~1104). 서주(舒州) 태평연(太平演) 선사는 곧 오조법연(五祖法演)이다.

태평혜근(太平慧懃) : 불감혜근(佛鑑慧懃).

태포납(泰布衲) : 남악현태(南嶽玄泰). 석상경제(石霜慶諸)의 문하인.

태행산(太行山) : 하남성(河南省) · 하북성(河北省) · 산서성(山西省) 3성에 걸쳐 있는 산을 태행산맥(太行山脈)이라 하고, 그 주봉(主峰)을 태행산(太行山)이라 하는데, 하남성(河南省) 박애현(博愛縣)에 있다.

태호(太湖) : 중국(中國) 양자강 하류(下流) 강소성 남부(南部)에서 절강성에 이어지는 큰 담수호. 섬들이 많은 데, 예로부터 경승지로서 유명(有名)하여, 그 동서쪽에 동정산이 있음. 옛 이름은 진택. 오호. 면적 2천 210km. 둘레 약 432km. 호면 표고 2~4m. 평균(平均) 수심3m.

태화(太華) : 중국 섬서성(陝西省) 화음현(華陰縣)의 남쪽에 있는 산, 곧 화산(華山)이다. 서악(西嶽)이라고도 한다.

택목당(擇木堂) : 절을 방문한 관리(官吏)들이 머물며 쉬는 집. = 택목료(擇木寮).

택목료(擇木寮) : = 택목당(擇木堂).

택채(擇菜) : 나물을 가리다. 반찬을 가려먹다.

토(討) : 초래하다. 야기하다. 받다. (고생을) 사서 하다.

토각구모(免角龜毛) : 이름만 있고 실질(實質)은 없는 것. 이름만 있고 대상은 없는 것. 『화엄경』, 『열반경』, 『능가경』 등에서 허망한 개념을 가리키는 말로 사용된다.

토기(吐氣) : 울분을 토해내다, 기운을 토해내다.

토두(討頭) : = 토두비(討頭鼻). 일의 관건(關鍵)을 찾다. 사리(事理)의 열쇠를 찾다. 사건의 해결책을 찾다.

토두비(討頭鼻) : = 토두(討頭).

토만두(土饅頭) : 흙으로 빚은 만두란 곧 무덤을 가리킨다.

토설(吐舌) : 혀를 내두르다.(놀라움, 감탄의 표시)

토심토담(吐心吐膽) : 속마음을 남김없이 드러내 보이다. 속의 생각을 숨김없이 털어놓다. = 토간로담(吐肝露膽), 토담경심(吐膽傾心).

토지(土地) : ① 토지. 영토. ② 토지신. 마을수호신.

토파비(討巴鼻) : 의지할 것을 찾다. 파비(巴鼻)는 의지할 것, 기낼 것, 근거.

토편의(討便宜) : 자기 이익만을 꾀하다. 이기적인 짓을 하다.

통(通) : 알리다. 말해주다.

통(痛) : 철저히. 깊이. 간절하게. 엄격하게. 힘을 다하여.

통기(通氣) : ① 숨을 쉬게 하다. ② 연락을 취하다. 의사소통을 하다.

통령(痛領) : 철저히 깨닫다.

통양(痛痒) : 아픔과 가려움. 고통. 아픔.

통여수단(痛與手段) : 힘을 다하여 손을 쓰다. 철저히 손을 쓰다. 엄격하게 솜씨를 발휘하다.

통적적(痛的的) : 몹시 분명하다. 매우 또렷하다. 통(痛)은 '몹시, 매우'라는 부사.

통태(通泰) : ① 활달하고 너그러움. ② 상쾌하고 후련함.

통효(通曉) : 명확히 알다. 밝게 알아차리다.

퇴고(退鼓) : 물러나다. 손을 떼다.

퇴굴(退屈) : 굴복하여 물러나다. 불도를 구하는 마음이 퇴조하는 것. 불도의 공부가 싫게 되는 것.

퇴보(退步) : 한 걸음 물러나다. 양보하다. 참다.

퇴실(退失) : 물러나 잃어버림.

퇴안(堆案) : 책상에 수북이 쌓인 문서.

퇴원(退院) : 선원(禪院)의 주지가 그 직위에서 물러나는 것. 또는 그 사원(寺院)의 동당(東堂)으로 돌아가는 것.

퇴자(饋子) : 찐떡.

퇴퇴지(堆堆地) : 꼼짝하지 않고. 움직이지 않고.

투(偸) : 남몰래. 슬그머니. 가만히. 살짝.

투(透) : 돌파하여 벗어남. 뚫고 지나가다. 깨달음을 가로막는 장애를 뚫고 벗어나 깨달음에 이른다는 말. = 투탈(透脫), 투득(透得), 투과(透過), 투출(透出), 투취(透取).

투과(透過) : = 투탈(透脫).

투기(投機) : 기틀에 들어맞다. 선기(禪機)에 계합하다.

투득(透得) : = 투탈(透脫).

투루(透漏) : ① 뚫고 새어나가다. 드러나다. 폭로되다. 허점이 드러나다. ② 허점(虛點). 허물. 어긋남.

투망금린(透網金鱗) : 그물을 뚫고 나간 황금빛 물고기. 그물은 장벽을 가리키니, 그물을 뚫고 나간 황금빛 물고기는 곧 장벽을 돌파하고 깨달음을 얻은 뛰어난 선객을 가리킨다.

투명(投明) : 새벽녘. 날샐녘.

투백초(鬪百草) : 단옷날에 행하던 놀이. 풀밭을 밟으며 온갖 풀들을 잘 가려내기 시합을 하는 것.

투성(投誠) : ① 성심을 다 바침. ② 항복하다. 귀순하다.

투자대동(投子大同) : 819~914. 당대(唐代) 선승. 청원행사의 문하. 투자산(投子山)에 머물렀다. 속성은 유(劉)씨. 서주(舒州) 회령(懷寧) 출신. 어린 시절에 보당만(保唐滿)에게 의지하여 출가함. 취미무학(翠微無學)에게서 공부하여 심인(心印)을 얻고, 여러 곳을 돌아다닌 뒤에 투자산에 은거하였다.

투자의청(投子義靑) : 1032~1083. 송대(宋代)의 스님으로 조동종(曹洞宗)이다. 투자(投子)는 주석 산명이다. 속가의 성은 이(李)씨. 청주(靑州) 출신. 7세에 출가하여 15세에 득도하였다. 처음에는 교학(敎學)을 수학했지만 나중에는 장로지복(長蘆智福)·장산찬원(蔣山贊元)·부산법원(浮山法遠) 등에게 참학하여 부산(浮山)의 인가를 받았다. 그러나 부산은 대양경현(大陽警玄)에게서 받은 대양(大陽)의 정상(頂相)·피리(皮履)·포직철(布直綴) 등을 주고는 투자(投子)를 대양(大陽)의 제자로 삼았다. 백운산(白雲山)·투자산(投子山)에 머물면서 대양(大陽)의 종풍을 널리 선양하였다. 원풍 6년 5월 4일 입적하였다. 그 당시의 세수가 52, 법랍이 37이었다.

투주(鬪湊) : 한곳에 모이다. 가까이 오다. 보조를 맞추다. 양보하다. 아쉬운 대로 지내다. 친하다. 의좋다.

투탈(透脫) : 돌파하여 벗어남. 뚫고 지나가다. 깨달음을 가로막는 장애를 뚫고 벗어나 깨달음에 이른다는 말. = 투득(透得), 투과(透過), 투출(透出), 투취(透取).

특살(忒殺) : 매우. 대단히. 아주.

특우(特牛) : 수소. 수놈인 소.

특의(特意) : 특지(特地).

특지(特地) : ① 일부러. 특별히. 각별히. ② 갑자기. 문득. ③ 도리어. ④ 단지 - 뿐. ⑤ 더하다.

특특(特特) : 특지(特地).

ㅍ

파(叵) : (불가(不可)의 합음(合音)으로서 뜻이 같다) -할 수 없다. -해서는 안 된다. -하기 어렵다.

파(破) : ① 동사의 뒤에서 동작의 완성이나 발생한 장소를 표시함. 요(了), 득(得), 재(在)와 같은 용법. ② 모두다. 두루. 전부. ③ 초과하다. ④ 비용. 경비. ⑤ 깔보고 욕하는 말.

파가(巴歌) : 파현(巴縣)은 지금의 중국 사천성(四川省)을 가리키니, 곧 사천성의 민요(民謠)를 파가라고 한다. 속세 사람들에게도 쉽게 가르침을 전할 수 있는 수단을 의미하기도 한다.

파기(簸箕) : 키. 쓰레받기.

파내(叵耐) : 참을 수 없다. 파(叵) = 불가(不可), 불능(不能).

파단(把斷) : 요충지를 지키다. 눌러 지키다. 제압하고 있다. 장악하고 있다.

파단요진(把斷要津) : 요진(要津)은 중요한 나루터 즉 요충지. 요충지를 지키다. 요충지를 장악하고 있다.

파두(巴豆) : 대극과(大戟科)에 속하는 상록관목(常綠灌木). 씨는 변비약으로 사용된다. 파두상(巴豆霜)은 파두의 껍질을 벗기고 기름을 뺀 가루로서 설사를 나게 하는 변비약이다. 밥 속에 파두가 들어 있다는 것은 밥 속에 설사를 하게 하는 약이 들어 있다는 말.

파득정(把得定) : = 파득주(把得住).

파득주(把得住) : 물샐틈없이 지키다. 제압하다. 장악하다. = 파주(把住), 파정(把定).

파락호(破落戶) : ① 몰락한 집안. 몰락한 집안의 자녀. ② 무뢰한. 불량배.

파로(把路) : 길을 차지하다.

파릉호감(巴陵顥鑑) : 생몰 연대 미상. 파릉(巴陵)은 머물렀던 곳의 지명. 운문문언(雲門文偃; 864~949)의 법을 이은 선사로서 악주(鄂州) 파릉(巴陵) 신개원(新開院)에 머묾. 신개호감(新開顥鑒)이라고도 함.

파모개두(把茅蓋頭) : 파모(把茅)는 띠풀로 지붕을 엮은 초가집. 개두(蓋頭)는 머리에 쓰는 두건. 승려가 독립하여 개당(開堂)함으로써 일가(一家)를 이룬다는 뜻이다.

파발(擺撥) : ① 물리치다. 뿌리치다. ② 흔들거리다. 구속받지 않다.

파비(把鼻) : = 파비(巴鼻).

파비(巴鼻) : ① 유래(由來). 근거(根據). ② 요지

(要旨). ③ 자신(自信). ④ 의지할 곳. 기댈 곳.

파사(怕死) : 몹시 두려워하다. 무서워 견딜 수 없다. 죽음을 두려워하다. 죽기 싫다.

파사(婆娑) : 천천히 도는 모습. 흔들리는 모습. 천천히 걷는 모습. 흩어져 있는 모습.

파사닉(波斯匿) : = 바사닉.

파수공행(把手共行) : 손을 맞잡고 함께 걷다. 같은 입장이 되다. 같은 자리에 서다.

파순(波旬) : 산스크리트로는 papīyaś이다. 의역하면 악자(惡者)·살자(殺者)·극악(極惡)·악마(惡魔) 등이 된다. 그래서 마파순(魔波旬)·천마파순(天魔波旬)·마왕파순(魔王波旬) 등으로도 불린다. 항상 부처를 삿된 길로 유혹하려 하였고, 또 불제자들의 수행을 방해하려고 하였다.

파심(波心) : 물결 속. 물결의 중심.

파양편피(簸兩片皮) : 입술을 놀리다. 함부로 말하다. 경솔하게 말하다.

파위(頗爲) : 제법. 상당히. 꽤. 어지간히.

파유(頗有) : 흔히 있다. 적지 않다. 상당히 많이 있다.

파적(破的) : ① 화살이 과녁에 적중하다. ② 말이 요령 있고 이치에 맞다.

파정(把定) : ① 물샐틈없이 지키다. 제압하다. 장악하다. = 파득주(把得住). ② 스승이 수행자를 가르칠 때에 수행자가 그때까지 마음에 품고 있던 사상·신념·견해 등 모든 것을 타파부정하여 수행자를 곤혹 절망의 깊은 늪으로 몰아넣음으로써 오히려 생생한 향상 진보의 결과를 가져다주려고 하는 것. 마음을 빼앗음. 방행(放行)의 반대.

파정(把呈) : 드리다. 올리다. 바치다.

파조타(破竈墮) : 당(唐)의 개원(開元; 713~741) 연간의 선승(禪僧). 『경덕전등록』에는 숭악혜안(嵩嶽慧安)의 제자라 되어 있고, 『오등회원』에는 북종신수(北宗神秀)의 제자라 되어 있으니, 북종(北宗)에 속하는 선승이었다. 선법(禪法)에 잘 통했다고 하는데, 그의 말과 행동은 상규(常規)를 벗어나서 다른 사람들이 예측할 수 없게 하였다고 전해진다. 『경덕전등록』 제4권, 『오등회원』 제2권 등에 전하는 파조타의 행적은 다음과 같다 : 파조타(破竈墮) 화상(和尚)은 숭악(嵩嶽)에 머물렀는데, 산 중턱에 사당(祠堂)이 하나 있어서 매우 영검(靈驗)하였다. 사당 속에는 다만 한 개 부엌 아궁이가 안치되어 있을 뿐이었는데, 멀고 가까운 곳에서 제사지내는 사람들의 발길이 끊어짐이 없었고, 제물로 살아 있는 동물을 솥에 넣어 끓이는 일이 매우 많았다. 스님이 하루는 시자(侍者)들을 이끌고 사당 안으로 들어가 주장자로 아궁이를 가리키며 말했다. "너는 본래 진흙과 기와가 합하여 이루어진 것인데, 영험(靈驗)은 어디에서 오고 성스러움은 어디에서 일어나느냐?" 그리고는 주장자로 아궁이를 몇 차례 두드리면서 말했다. "부서져라. 무너져라." 그러자 그 아궁이가 곧 부서지고 잠깐 사이에 푸른 옷에 높은 모자를 쓴 모습 하나가 나타나 절을 하고는 말했다. "저는 본래 이 사당의 조왕신(竈王神)으로서 오래도록 업보(業報)를 받고 있었는데, 이제 스님이 무생법(無生法)을 말씀하시는 것을 듣고 해탈(解脫)하게 되어, 이렇게 감사의 인사를 드리러 왔습니다." 스님이 말했다. "그것은 너에게 있는 본성(本性)이지 내가 억지로 말한 것이 아니다." 조왕신은 거듭 절을 하고는 없어졌다. 그 뒤 따르는 무리들이 말했다. "저희들은 오랫동안 곁에서 모셨는데도 아직 깨우쳐 주시는 은혜를 입지 못했는데, 조왕신은 무슨 설법(說法)을 들었기에 바로 해탈할 수 있었습니까?" 스님이 말했다. "나에게 따로 무슨 도리(道理)는 없다. 다만 그에게 말하길 '진흙과 기와가 합하여 이루어진 것인데, 신령함은 어디에서 오고 성스러움은 어디에서 일어나느냐?'라고 하였다. 너희들은 어찌하여 절하지 않느냐?" 무리들이 이에 절을 하자, 스님은 주장자로 머리를 두드리며 말했다. "부서져라. 무너져라." 무리들은 일시에 크게 깨달았다.

파주(把做) : -로 삼다. -로 여기다.

파주(把住) : 파정(把定)과 같은 뜻으로, 선지식이

수행자를 가르칠 때에 수행자가 그때까지 마음에 품고 있던 사상 · 신념 · 견해 등 모든 것을 타파부정하여 수행자를 곤혹절망(困惑絶望)의 깊은 늪으로 몰아넣음으로써 오히려 생생한 향상(向上)으로 나아가는 결과를 가져다주려고 하는 것. 모든 망상을 빼앗아 손을 쓸 수 없도록 만드는 것이다. 방행(放行) 혹은 방개(放開)의 반대.

파주(把做) A 간(看) B : 마땅히 A에게(로서, 를) B 해야 한다.

파초(芭蕉) : 관상용의 여러해살이풀. 구경할만하지만 실용적인 열매를 얻을 수 없으므로, 실체가 없는 헛된 모습에 비유하기도 한다.

파초(芭蕉) : 파초계철(芭蕉繼徹). 파초청(芭蕉淸).

파초계철(芭蕉繼徹) : 송대(宋代)의 스님으로 위앙종(潙仰宗)이다. 처음에 풍혈(風穴)에게 있었고, 후에 영주(郢州) 파초산(芭蕉山) 혜청(慧淸)을 좇아 그의 법을 이었다. 이후에 파초산에서 머물면서 왕성하게 교화했다.

파초혜청(芭蕉慧淸) : 당나라 때의 사람. 위앙종(潙仰宗). 삼국시대의 신라인(新羅人). 남탑광용(南塔光涌)의 법을 이음. 영주(郢州, 호북성)의 파초산(芭蕉山)에 주석하였다. 문하에 파초계철(芭蕉繼徹)을 배출하였다.

파타(波吒) : 비단, 견(絹). 『번범어(翻梵語)』 제10권 '중아함(中阿含) 제21권'에 "파타(波吒)는 견(絹)이다."라고 나와 있고, 『범어천자문(梵語千字文)』의 부록인 「범당소식(梵唐消息)」에도 파타(波吒)를 견(絹)이라 하고 있다.

파타(波吒) : 팔한지옥(八寒地獄)에서 추운 고통을 겪으며 내는 소리. 지옥의 고통을 겪으며 내는 소리.

파파(吧吧) : 수다스러운 모양.

파파지(波波地) : 분주하게. 촐싹거리며. 바삐.

파하(破夏) : 하(夏)는 하안거(夏安居). 90일 동안의 하안거에는 금족(禁足)의 규정이 있는데, 이 규정을 지키지 않고 마음대로 외출하여 돌아다니는 것을 말한다. 또는 중도에 산을 내려가는 것을 이르기도 한다.

파화행(把火行) : 손에 횃불을 쥐고 길을 가다.

판(辦) : ① 이루다. ② 준비하다.

판(瓣) : 조각. 판향(瓣香)을 세는 단위. 판향(瓣香)은 외씨 비슷하게 생긴 향으로서, 선종 사찰에서 선승이 사람을 축복할 때에 이 향을 피웠다.

판공(辦供) : 보시(布施)하다.

판두(板頭) : 승당내의 상연(床緣)을 가리키는 경우와 당내각판(堂內各板)의 초위(初位;頭)를 나타내는 경우가 있다. 후자는 수좌위(首座位) · 후당위(後堂位)등이 그에 해당함.

판부(判府) : 판부사(判府事)의 약칭. 송대(宋代) 부(府)의 장관(長官). 부의 민정(民政)과 군정(軍政)을 관장하였다.

판사(辦事) : 일을 보다. 일을 처리하다. 일을 수행하다.

판취장원심(辦取長遠心) : 판취(辦取)는 취득하다, 얻다, 갖추다는 뜻. 길고 멀리 보는 마음을 갖추다. 길고 오래 가는 마음을 갖추다. 끈기 있는 발심을 가리킴.

판치생모(板齒生毛) : 판치(板齒)는 앞이빨, 대문니. 판치생모란 앞이빨에 털이 난다는 뜻으로 터무니없는 생각, 헛된 환상을 가리킨다. 『고존숙어록』 제14권 '조주진제선사어록지여'(趙州眞際禪師語錄之餘)에 이런 대화가 등장한다. "무엇이 조사가 서쪽에서 온 뜻입니까?" 조주가 말했다. "앞이빨에 털이 났구나."(問 : "如何是西來意?" 師云 : "板齒生毛.") 또 『오등회원』 제14권 '등주단하보월선사(鄧州丹霞普月禪師)'에 이런 시가 나온다. "그대 마음대로 앞니에 털이 생기도록 하는 것은 좋으나, 눈으로 돌아보지는 말아라. 보고 알게 되면 헛꽃이 어지럽게 얽힐 것이고, 그것을 말하게 되면 말의 앞뒤가 맞지 않을 것이다."(任使板齒生毛, 莫敎眼睛顧着. 認着則空花繚亂, 言之則語路參差.)

팔각맷돌 : 팔각형의 맷돌판. 팔각형 모양으로 된 금강저(金剛杵) 혹은 금강장(金剛杖). 고대 인도에서 쓰였던 무기의 일종. 인도 신화에서 인드라(Indra) 신은 뇌전(雷電) 즉 천둥과 번개의

신이다. 천둥과 번개는 곧 인드라 신의 무기로서 형상화되기도 하는데, 그와 같이 형상화된 결과물이 바로 금강저이다. 따라서 금강저는 인드라 신이 휘두르는 벽력(霹靂)과 같은 무기를 가리킨다. 천둥과 번개, 그 강력함과 예리함은 곧 지고의 신 인드라의 상징이고, 그 신이 지니고 있다고 상정된 금강저 또한 대적할 바 없는 최상의 무기이다. 인도인들은 인드라 신이 금강저를 휘둘러서 온갖 사악한 무리들을 제거한다고 믿었다. 그러한 신화에 근거하여 인도인들이 고안한 무기가 금강저이다. 불교에서는 상징적인 법구의 하나로 쓰이며, 번뇌를 깨뜨려서 보리심(菩提心)을 성취시켜 주는 기능을 한다.

팔괘(八卦) : 8가지의 괘. 주역(周易)의 산목(算木)에 그려진 8가지의 점상(占象)인 건(乾)·태(兌)·이(離)·진(震)·손(巽)·감(坎)·간(艮)·곤(坤) 등이다. 운명 판단의 기본 원리이며 점(占)·역(易)·복점(卜占)의 뜻으로 변하였다. 『사기(史記)』의 「삼황기(三皇紀)」에 의하면 팔괘는 중국 최초의 제왕 복희(伏羲)가 천문지리(天文地理)를 관찰해서 만들었다고 한다. 뒤에 이 괘 2개씩을 겹쳐 중괘(重卦) 64괘를 만들어 사람의 길흉화복을 점치게 되었다.

팔극(八極) : = 팔굉(八紘), 팔황(八荒). 팔방의 온 우주.

팔난(八難) : 팔무가(八無暇). 부처님을 보지도 법을 듣지도 못하는 여덟 가지 장애. ① 지옥(地獄)·② 축생(畜生)·③ 아귀(餓鬼) (이 삼악도(三惡道)는 고통이 심해서 불법(佛法)을 듣지 못한다). ④ 장수천(長壽天; 오래도록 살고 죽지 않기 때문에 구도심(求道心)이 일어나지 않는다)·⑤ 울단월(鬱單越; 변지(邊地)라고도 함. 이곳은 즐거움이 너무 많아서 불법을 듣지 않는다)·⑥ 농맹음아(聾盲瘖瘂; 귀먹고 눈멀고 말 못하는 결함 때문에 불법을 배우지 못한다)·⑦ 세지변총(世智辨聰; 세속의 지혜와 판단력이 뛰어나 불법을 들으려 하지 않는다)·⑧ 불전불후(佛前佛後; 부처님을 만나지 못하기 때문에 불법을 배우지 못한다).

팔냥반근(八兩半斤) : 1근은 16냥이니, 8냥이나 반근이나 똑같다. 피장파장이다. 어슷비슷하다. 도토리 키재기. = 반근팔냥(半斤八兩).

팔도(八倒) : 또는 팔전도(八顚倒). 범부와 소승 등이 어리석은 고집으로 바른 이치를 뒤바꿔게 아는 여덟 가지 그릇된 견해. 유위 생멸하는 법을 상(常)·낙(樂)·아(我)·정(淨)하다고 고집하는 범부의 4도(倒)와 무위 열반의 법을 무상(無常)·무락(無樂)·무아(無我)·부정(不淨)이라고 고집하는 2승(乘)의 4도(倒).

팔만사천(八萬四千) : 인도에서 많은 수를 말할 때에 흔히 8만 4천의 수를 들며, 줄여서 8만. 번뇌의 많은 것을 8만 4천 진로(塵勞), 법문이 많은 것을 8만 4천 법문(法門), 수미산의 높이를 8만 4천 유순, 비상비비상천(非想非非想天)의 수명과 겁초(劫初) 사람들의 수명을 8만 4천 세라 하는 따위. 반드시 그 실수(實數)를 고찰할 수 없다.

팔만세행(八萬細行) : 8만은 곧 8만 4천이다. 행주좌와(行住坐臥)의 4행(行)에 각각 250계(戒)가 있어 모두 1천이 되며, 섭률의계(攝律儀戒) 등의 삼취(三聚)에 대하여 각각 1천이 있어 3천이 되며, 살(殺)·도(盜)·음(淫)·양설(兩舌)·악구(惡口)·망언(妄言)·기어(綺語) 등 7지(支)에 각 3천으로 2만 1천이 되며, 탐(貪)·진(瞋)·치(癡)의 3독(毒)과 등분(等分)을 합한 4번뇌에 각각 2만 1천으로 모두 8만 4천이 된다. 이것이 8만 4천 가지 번뇌에 대한 8만 4천 가지 율의(律儀)이다.

팔무가(八無暇) : 팔난(八難). 부처님을 보지도 법을 듣지도 못하는 여덟 가지 장애. ① 지옥(地獄)·② 축생(畜生)·③ 아귀(餓鬼) (이 삼악도(三惡道)는 고통이 심해서 불법(佛法)을 듣지 못한다). ④ 장수천(長壽天; 오래도록 살고 죽지 않기 때문에 구도심(求道心)이 일어나지 않는다)·⑤ 울단월(鬱單越; 변지(邊地)라고도 함. 이곳은 즐거움이 너무 많아서 불법을 듣지 않는다)·⑥ 농맹음아(聾盲瘖瘂; 귀먹고 눈멀고 말

못하는 결함 때문에 불법을 배우지 못한다)·⑦ 세지변총(世智辨聰; 세속의 지혜와 판단력이 뛰어나 불법을 들으려 하지 않는다)·⑧ 불전불후(佛前佛後; 부처님을 만나지 못하기 때문에 불법을 배우지 못한다).

팔법(八法) : ① 이(利)·예(譽)·칭(稱)·낙(樂)의 4순(順)과 쇠(衰)·훼(毁)·기(譏)·고(苦)의 4위(違). ② 지(地)·수(水)·화(火)·풍(風)의 4대(大)와 색(色)·향(香)·미(味)·촉(觸)의 4미(微). ③ 일체의 법을 8종으로 나눈 것. 교(敎)·이(理)·지(智)·단(斷)·행(行)·위(位)·인(因)·과(果).

팔부신중(八部神衆) : 불법(佛法)을 수호하는 8종의 신장(神將). 팔부중·천룡팔부(天龍八部)라고도 한다. ① 천(天) : 천계(天界)에 거주하는 제신(諸神). 천은 삼계(三界 : 欲界·色界·無色界) 27천(天)으로 구분되나, 지상의 천으로는 세계의 중심에 있는 수미산(須彌山) 정상의 도리천(忉利天 : 三十三天)이 최고의 천이며, 제석천(帝釋天)이 그 주인이다. ② 용(龍) : 물속에 살면서 바람과 비를 오게 하는 능력을 가진 존재. 호국의 선신(善神)으로 간주되며 팔대용신(八大龍神) 등 여러 종류가 있다. ③ 야차(夜叉) : 고대 인도에서는 악신(惡神)으로 생각되었으나, 불교에서는 사람을 도와 이익을 주며 불법을 수호하는 신이 되었다. ④ 건달바(乾達婆) : 인도신화에서는 천상의 신성한 물 소마(Soma)를 지키는 신. 그 소마는 신령스런 약으로 알려져 왔으므로 건달바는 훌륭한 의사이기도 하며, 향만 먹으므로 식향(食香)이라고도 한다. ⑤ 아수라(阿修羅) : 인도신화에서는 다면(多面)·다비(多臂), 즉 얼굴도 많고 팔도 많은 악신(惡神)으로 간주되었으나, 불교에서는 조복(調伏)을 받아 선신(善神)의 역할을 한다. ⑥ 가루라(迦樓羅) : 새벽 또는 태양을 인격화한 신화적인 새로서 금시조(金翅鳥)라고도 한다. 불교 수호신이 되었다. ⑦ 긴나라(緊那羅) : 인간은 아니나 부처를 만날 때 사람의 모습을 취한다. 때로는 말의 머리로 표현되기도 한다. 가무(歌舞)의 신이다. ⑧ 마후라가(摩睺羅迦) : 사람의 몸에 뱀의 머리를 가진 음악(音樂)의 신. 땅속의 모든 요귀를 쫓아내는 임무가 있는 것으로 알려져 있다. 천룡팔부중(天龍八部衆)에 관한 기록은 『법화경(法華經)』 등의 대승불교 경전에 보이며, 사천왕(四天王)의 권속으로 기술되고 있다.

팔사(八邪) : 팔미(八迷)·팔계(八計)·팔류(八謬)·팔사(八事). 모든 법의 진상(眞相)을 어기어 일어나는 생(生)·멸(滅)·거(去)·래(來)·일(一)·이(異)·단(斷)·상(常) 등 여덟 가지 미혹한 집착.

팔식(八識) : 대승의 유식에서는, 심식(心識)을 설하면서 안(眼)·이(耳)·비(鼻)·설(舌)·신(身)의 오식(五識)과, 제6의 의식(意識), 제7의 말나식(末那識), 제8의 아뢰야식(阿賴耶識) 등 여덟을 세운다. 앞의 육식(六識)으로는 제법(諸法)을 설명하는 것이 충분하지 못하기 때문에 여러 식의 근본으로서 아뢰야식을 세웠다. 말나식은 그것을 따라서 생겨난 식이다.

팔식장(八識藏) : 마음의 모든 종자(種子)를 품어 간직하기 때문에 제8 아뢰야식(第八阿賴耶識)을 장식(藏識)이라고 한다.

팔자개(八字開) : 팔자타개(八字打開)의 준말.

팔자타개(八字打開) : 활짝 열어젖히다. 마음을 열고 숨김없이 말하다.

팔전도(八顚倒) : = 팔도(八倒).

팔표(八表) : 팔방(八方).

팔풍(八風) : 수행자의 마음을 흔들리게 하는 8가지 장애. 이(利)·쇠(衰)·훼(毁)·예(譽)·칭(稱)·기(譏)·고(苦)·낙(樂)을 합쳐 8풍이라 한다. 이(利)는 뜻에 맞는 것, 쇠(衰)는 뜻에 거스르는 것, 훼(毁)는 뒤에서 비방하는 것, 예(譽)는 뒤에서 칭찬하는 것, 칭(稱)은 면전에서 칭찬하는 것, 기(譏)는 비방하는 것, 고(苦)는 신심(身心)을 괴롭히는 것, 낙(樂)은 신심(身心)을 즐겁게 하는 것.

팔해탈(八解脫) : 또는 팔배사(八背捨). 8종의 관

념(觀念). 이 관념에 의하여 5욕(欲)의 경계를 등지고, 그 탐하여 고집하는 마음을 버림으로 배사라 하고, 또 이것으로 말미암아 3계의 번뇌를 끊고 아라한과를 증득하므로 해탈이라 한다. ① 내유색상관외색해탈(內有色想觀外色解脫). 안으로 색욕(色欲)을 탐하는 생각이 있으므로, 이 탐심을 없애기 위하여 밖의 부정인 퍼렇게 어혈든(靑瘀) 빛 등을 관하여 탐심을 일어나지 못하게 하는 것. ② 내무색상관오색해탈(內無色想觀外色解脫). 안으로 색욕을 탐내는 생각은 이미 없어졌으나, 이것을 더욱 굳게하기 위하여 밖의 부정인 퍼렇게 어혈든 빛 등을 관하여 탐심을 다시 일으키지 않게 하는 것. ③ 정해탈신작증구족주(淨解脫身作證具足住). 깨끗한 색을 관하여 탐심을 일으키지 못하게 함을 정해탈(淨解脫). 이 정해탈을 몸안에 완전하고 원만하게 증득하여 정(定)에 들어 있음을 신작증구족주라 함. ④ 공무변처해탈(空無邊處解脫). ⑤ 식무변처해탈(識無邊處解脫). ⑥ 무소유처해탈(無所有處解脫). ⑦ 비상비비상처해탈(非想非非想處解脫). 이 넷은 각각 능히 그 아랫자리의 탐심을 버리므로 해탈이라 한다. ⑧ 멸수상정해탈신작증구족주(滅受想定解脫身作證具足住). 이것은 멸진정(滅盡定)이니, 멸진정은 수(受) · 상(想) 등의 마음을 싫어하여 길이 무심(無心)에 머무르므로 해탈이라 함.

팔환(八還) : 『수능엄경』 정종분(正宗分)에서 경계(境界)의 모습을 8가지로 분류하여 구체적인 예를 든 것. ① 밝음은 태양으로 돌아가고, ② 어둠은 그믐달로 돌아가고, ③ 통함은 창문으로 돌아가고, ④ 막힘은 담벼락으로 돌아가고, ⑤ 까닭은 분별로 돌아가고, ⑥ 텅 빔은 허공으로 돌아가고, ⑦ 빽빽함은 티끌로 돌아가고, ⑧ 맑음은 비 갠 하늘로 돌아간다.

패궐(敗闕) : 손해보다. 실패하다. 좌절하다. 꺾이다.

패병(欛柄) : = 패병(欛柄). ① 자루. 손잡이. ② 꼬투리. 약점. ③ 이야깃거리. 화제.

패선근(敗善根) : 깨달음을 이루는 바탕이 되는 좋은 뿌리를 부수다는 뜻.

패엽(貝葉) : 패다라엽(貝多羅葉)의 약어. Pattra 또는 패다(貝多)는 나무잎이라는 뜻. 인도에서 종이 대신으로 글자를 쓰는 데 사용하는 나무잎. 옛적부터 인도에서는 일반적으로 다라(多羅) 나뭇잎에 글자를 새겼으며, 3장(藏)의 경전은 이 잎에 썼다. 일설에는 패(貝)는 잎이라는 뜻, 다라나무의 잎을 패다라라 한다고도 함. 다라나무는 모양이 종려나무와 비슷하고, 그 잎은 바탕이 곱고 빽빽하고 길며, 글 쓰는 데 사용하려면 말려서 일정한 규격으로 끊은 뒤에 칼이나, 송곳 같은 것으로 글자 획을 만들고 먹을 넣기도 하며 또는 먹과 붓으로 쓰기도 한다. 그 크기는 넓이가 두 치, 길이가 두 자쯤으로 하는 것이 보통이며, 두 군데에 구멍을 뚫어 실로 몇십 장씩 꿰어 묶어서 흩어지지 않게 함.

패왕(霸王) : 초패왕 항우(項羽)를 말함.

패자(牌子) : 팻말. 간판. 현판.

편(偏) : ① -할 수 있다.(조동사) = 능(能). ② 가장. 매우.(정도 부사) ③ 알맞게. 적당하게.(시간 부사) ④ 다만. 홀로. 오직.(범위 부사) ⑤ 많은. 깊은.(형용사)

편(便) : 기회.

편고(偏枯) : 반신불수이다. 불공평하다. 치우쳐 있다.

편관(編管) : 송대(宋代)에 관리(官吏)가 좌천(左遷)되면 좌천된 곳의 관리가 좌천되어 온 관리를 그곳의 관청에 편입시켜 감독한 일.

편교(偏教)**와 원교**(圓教) : 편교(偏教)는 한편에 치우친 가르침, 곧 방편 수단으로 말한 권교(權教). 원교(圓教)는 치우침 없는 원만한 가르침. 『화엄경(華嚴經)』에 "원만인연수다라(圓滿因緣修多羅)" 또는 "원만경(圓滿經)"이란 말이 있는 데서 기인하였다. 『화엄경(華嚴經)』을 원교라 한 것은 북위(北魏)의 혜광(惠光)이 처음이다. 그 후 천태종, 화엄종 등 각 종파(宗派)의 교상판석(教相判釋)에 이러한 분류를 사용하여, 자기

종파가 의지하는 경전을 원교에 배당하였다.

편단우견(偏袒右肩) : 오른쪽 소매를 벗어서 오른 어깨를 드러내는 것. 인도 예법의 하나. 이것은 자진하여 시중을 들겠다는 의미임.

편량(遍量) : 두루 헤아리다.

편원(偏圓) : 편교(偏教)와 원교(圓教).

편위(偏位) : 동산오위설(洞山五位說) 중의 1위(位). 온갖 것이 각자 있는 그대로 드러나는 차별이나 현상을 뜻한다. 말하자면 사상(事象)이나 작용을 가리킨다.

편의(便宜) : 이익. 좋은 것.

편정(偏正) : 편위정위(偏位正位)의 준말. 동산양개(洞山良价)의 법을 이은 조산본적(曹山本寂)의 오위지결(五位旨訣)에서 편위는 현상의 존재계 · 현상계를 말하며, 정위는 모든 존재가 존재하기 이전의 실태, 즉 경험 이전의 현상을 말함.

편차(編次) : 편집(배열) 순서. 순서대로 편집(배열)하다.

편청(便請) : 편리할 대로 하세요.

폄소(貶所) : 귀양지. 유배지.

평등성지(平等性智) : 일체를 구별하지 않고 한결같은 것으로 보는 지혜를 뜻한다. 제7말나식은 아견(我見) · 아애(我愛) · 아만(我慢) · 아치(我癡) 등의 심소(心所)를 지녀 자아 중심으로 차별하고 아집으로 가득찬 것이지만, 무아(無我)의 이치를 알고 무아를 실천하는 성위(聖位)에 있어서는 이 아집이 제거되어 제7식은 나와 남, 이것과 저것의 차별을 보지 않는 평등성지로 전변한다.

평명(平明) : 새벽.

평부(平復) : (질병이나 상처가) 회복되다. 편안한 상태로 되돌아가다.

평상(平常) : ① 평소(平素). 평시(平時). ② 평범(平凡).

평상화(平常話) : 평범한 말. 평상시의 말.

평석(平昔) : ① 지난날. ② 평소. ③ 원래. 본래.

평인(平人) : 보통 사람.

평전(平展) : ① 넓게 펼치다. ② 가없이 넓다.

평지(平地) : ① 맨땅. 평탄한 곳. ② 아무 것도 없는 곳. ③ 특별하거나 괴이함이 없는 곳. ④ 뜻밖에. 까닭 없이. 엉뚱하게. 갑자기.

평지기골퇴(平地起骨堆) : 멀쩡한 땅에 헛무덤을 만들다. 쓸데없고 공연한 짓을 하다. 골퇴(骨堆)는 무덤. = 평지골퇴(平地骨堆), 평지생퇴(平地生堆).

평지끽교(平地喫交) : 아무 까닭도 없이 고꾸라지다. 평지에서 까닭 없이 넘어지다.

평지상사인(平地上死人) : 평지에서 아무 까닭 없이 죽는 사람.

평지생퇴(平地生堆) : = 평지기골퇴(平地起骨堆).

평침(平沈) : 침몰(沈沒). 은몰(隱沒). 빠져서 사라짐.

평탄(平坦) : 평평하고 고르다.

평탄탄(平坦坦) : 평평하다. 고르다.

폐구의(弊垢衣) : = 납의(衲衣).

폐납의(弊衲衣) : = 납의(衲衣).

폐미합안(閉眉合眼) : 눈을 꼭 감다.

폐질(廢疾) : 고칠 수 없는 병. 고질(痼疾).

포각(抛却) : 내버림. 내팽개침.

포고(布鼓) : 베를 발라서 쳐도 소리가 나지 않게 만든 북. 줄을 제거하여 소리가 나지 않게 만든 몰현금(沒絃琴)과 같은 뜻이다.

포고뇌문(布鼓雷門) : 포고무과뇌문(布鼓毋過雷門)의 준말로써, 베를 바른 북을 가지고는 뇌문을 통과하지 말라는 뜻이다. 옛날 회계(會稽)의 뇌문(雷門)에 있는 북은 소리가 커서 온 낙양(洛陽)에 들릴 만하였는데, 베를 발라 소리가 나지 않는 북을 가지고 뇌문을 지나면 웃음거리가 된다는 말로써, 공자 앞에서 문자를 쓰면 웃음거리가 된다는 뜻이다.

포납(布衲) : 목화나 마(麻)로 만든 조잡한 가사. 이 가사를 입은 승려.

포납자(布衲子) : 포납은 목화나 마(麻)의 조잡한 가사(袈裟)로 포납의(布衲衣)와 동일하게 쓰이고, 변하여 보통 이것을 입는 스님을 이른다.

포대화상(布袋和尙) : 중국 스님. 이름은 계차(契

此). 명주(明州) 봉화현(奉化縣) 사람. 몸집이 뚱뚱하고 이마는 찡그리고, 배는 늘어진 이상한 모양을 하고 있으며, 말이 일정치 않고, 아무데서나 눕고 자고 하였다. 언제나 지팡이에 자루를 걸어 메고, 소용되는 물건은 모두 그 속에 넣어 가지고 거리로 다니면서 무엇이든 보기만 하면 달라고 하여, 먹을 것은 무엇이나 주기만 하면 받아먹으면서 조금씩 나누어 그 자루에 넣곤 하였으므로 사람들이 별호를 지어 장정자(長汀子) 또는 포대화상(布袋和尙)이라고 불렀다. 사람들의 길흉화복이나, 날씨 등을 미리 말하는데 맞지 않는 일이 없었다 한다. "일발천가반 고신만리유 청일도인소 문로백운두(一鉢千家飯 孤身萬里遊 靑日覩人少 問路白雲頭)"라고 읊은 그의 게송을 보더라도 그 평생을 짐작할 수 있다. 916년(양 정명 2) 3월에 명주(明州) 악림사 동쪽 행랑 밑 반석에 단정히 앉아서 "미륵진미륵 분신백천억 시시시시인 시인자불식(彌勒眞彌勒 分身百千億 時時示時人 時人自不識)"이라는 게송을 남기고 죽었다. 그때 사람들은 포대화상을 미륵 보살의 화현이라 하여, 그 모양을 그려서 존경하여 받드는 사람이 많았다 한다.

포삼(布衫) : 무명 적삼. 무명 윗도리 홑옷.

포오(布襖) : 무명 적삼. 선승이 입는 허름한 승복. = 포삼(布衫). 포납(布衲).

포진(鋪陳) : 자세히 진술하다.

포집(裒集) : 널리 모으다.

포참(飽叅) : 수행을 충분히 쌓는 것. 참선을 배부르게 한다는 뜻.

포참객(飽參客) : 선수행을 충분히 한 수행자. 오래도록 선원에서 참구(參究)하여 수행한 구참납자.

폭지일성(爆地一聲) : = 분지일발(噴地一發).

폭출(爆出) : 뜻밖에 나타나다.

폭출냉회(爆出冷灰) : 뜻밖의 결과가 나타나다. = 폭출냉문(爆出冷門).

폭파칠통(爆破漆桶) : = 타파칠통(打破漆桶).

표격(標格) : 표준이 되는 격식이나 법식을 뜻한다.

표묘(縹渺) : 멀어서 분명하지 아니한 모양. 아득한 모양.

표백(表白) : 선종(禪宗) 사찰에서 개백사(開白詞; 법회를 열 때에 그 일을 본존(本尊)에게 고하는 글), 제문(祭文), 회향문(廻向文) 등을 읽는 일. 유나(維那)가 이 일을 맡기도 함. 개백(開白), 계백(啓白), 개계(開啓)라고도 한다.

표법(表法) : 법을 나타내다. 법신불(法身佛)을 나타내다. 천태지의(天台智顗)가 『법화경』을 주석하여 지은 『묘법연화경문구(妙法蓮華經文句)』 제8권 하(下) 「석견보탑품(釋見寶塔品)」에서 "다보여래(多寶如來)는 법신(法身)을 나타내는 표법불(表法佛)이고, 석가여래는 보신(報身)을 나타내는 표보불(表報佛)이고, 다보여래가 분신(分身)한 것은 응신(應身)을 나타내는 응신불(應身佛)이다. 이 세 부처가 비록 셋이나 같지도 않고 다르지도 않다."(多寶表法佛, 釋尊表報佛, 分身表應佛. 三佛雖三, 而不一異.)고 말한 것에서 유래한 말이다. 표법(表法)이란 화신(化身)과 보신(報身)에 상대하여, 순수한 법만을 나타낸다는 법신(法身)의 뜻.

표변(豹變) : 표범의 무늬가 가을이 되면 아름다워진다는 뜻으로, 허물을 고쳐 말과 행동이 뚜렷이 달라짐을 이르는 말. 『주역(周易)』의 〈혁괘(革卦)〉에 다음의 구절이 나온다 : 상육(上六)은, 군자(君子)는 모습을 바꾸고[豹變], 소인(小人)은 얼굴을 바꾸니[革面], 흉함을 이기고, 곧고 길함에 머문다. 상(象)에서 말한다. '군자가 표변(豹變)한다'는 것은 그 무늬가 아름다워지는 것이요, 소인이 혁면(革面)한다는 것은 순순히 군자를 따르는 것이다.(上六, 君子豹變, 小人革面, 征凶, 居貞吉. 象曰, "君子豹變", 其文蔚也, "小人革面", 順以從君也.)

풍간(豊干) : 천태 풍간(天台豊干). 생몰연대 미상. 당대(唐代)거사. 천태는 주석 산명. 천태산 국청사에 숨어 살던 사람으로 국청은 3은의 한 사람. 부처의 뜻을 물으면 단지 '수시(隨時)'라고만 대답하였으며, 국청사 부엌에서 일하는 천태

한산·천태 습득과 특별히 친했다고 함. 여구윤이 법요를 묻자 문수와 보현을 만나서 물어보라고 하였다고 함. 여기서 문수와 보현은 주방에서 불을 지피고 식기를 씻는 한산과 습득을 지칭함.

풍도(風度) : 풍모(風貌). 풍격(風格). 인품. 태도. 훌륭한 태도. = 운도(韻度).

풍두초경(風頭稍硬) : 바람이 좀 강하다.

풍류(風流) : 우아하고 멋스러운 정취(情趣). 또는 선인(先人), 성현(聖賢)들의 유풍(遺風)이나 가풍을 말함.

풍륜(風輪) : 풍륜(風輪)·수륜(水輪)·금륜(金輪) 3륜의 하나. 불교의 세계관에서 이 세계를 붙들어 받치고 있는 3륜의 맨 밑에 있는 윤(輪). 넓이는 무수(無數). 두텁기는 16억 유순(由旬), 이 풍륜의 밑은 허공인데, 허공을 공륜(空輪)이라 하면 모두 합하여 4륜임.

풍양(風恙) : 중의학(中醫學)에서 바람의 삿된 기운을 맞아서 일어난다고 하는 여러 가지 질병.

풍월(風月) : ① 풍류. 경치. ② 남녀 간의 정사(情事).

풍전한(風顚漢) : 상식에서 벗어난 행동을 하는 사람. 때로는 격식을 벗어난 선의 종장(宗匠)을 가리킨다.

풍질(風疾) : 풍병(風病). 풍양(風恙). 전풍양(纏風恙). 온몸에 부스럼이 나고 고름이 흐르는 병.

풍행초언(風行草偃) : = 풍취초동(風吹草動), 초언풍행(草偃風行). 『논어(論語)』 제12편 「안연(顔淵)」에 있는 "군자의 덕은 바람이고, 소인의 덕은 풀이니, 풀 위에 바람이 불면 풀은 반드시 눕는다."(君子之德風 小人之德草 草上之風必偃)라는 구절에서 온 말로서, 종사(宗師)의 가르침이 있으면 학인이 교화되는 것을 가리킨다.

풍혈연소(風穴延沼) : 896~973. 송대(宋) 스님. 임제종. 풍혈은 주석 사명 속성은 유(劉)씨. 항주(杭州) 출신. 진사(進士) 시험에 실패한 뒤 개원사(開元寺)에서 출가함. 지공(智恭)에게 삭발 수계하여 천태(天台)를 수학하다가 경청도부(鏡淸道怤)·남원혜홍(南院慧顒) 등에게 참학한 후 남원의 법을 이어받고 여주(汝州)에서 풍혈사(風穴寺)를 개당하자 학승들이 운집함으로써 임제의현(臨濟義玄)의 종풍이 더욱 성해짐. 세수 78세로 입적.

피단(被單) : 홑이불. 침상 덮개.

피대(皮袋) : 가죽 자루. 육체를 가리키는 말 혹은 마음을 천하게 가리키는 말. = 피대자(皮袋子).

피대자(皮袋子) : 가죽 자루. 육체를 가리키는 말.

피마대효(披麻戴孝) : 부모의 상(喪)을 당했을 때에 입는 상복(喪服). 삼베로 만든 옷과 모자를 쓰는 것.

피맹어조채(疲氓於凋瘵) : 도탄에 빠진 피곤한 백성.

피모(皮毛) : ① 모피(毛皮). ② 겉껍데기. 겉모양. 피상적인 것. ③ 외모. 모습.

피자(帔子) : 쓰개치마. 치마.

피죄(被罪) : 죄를 지어 벌을 받다.

피중(被中) : 이불 속.

피지(避地) : 난을 피하여 타향에 거주하다.

피체(披剃) : 삭발하고 승복을 입다. 출가하여 스님이 되다.

피초(皮草) : 가죽제품. 가죽.

필단(筆端) : 붓의 놀림새. 문장의 날카로움.

필라(饆饠) : 밀가루를 반죽하여 속을 넣어 만든 떡.

필력가(畢力迦) : pṛkkā의 음역(音譯). 목숙향(苜蓿香), 촉향(觸香)이라고 번역.

필수(必須) : ① 꼭. 반드시. 기필코. ② 틀림없다. 확정적이다. 명확하다.

필추(苾芻) : 비구(比丘)의 다른 음역(音譯).

핍새(逼塞) : ① 가득 채우다. ② 붐비다. 혼잡하다.

ㅎ

하(荷) : 은혜를 입다. 은혜에 감사하다.(주로 편지에 쓰이는 겸어(謙語)).

하가(何假) : = 하필(何必). 어찌 반드시 -해야 하는가? 반드시 -해야 할 필요는 없다.

하강(下江) : 양자강(揚子江)의 하류 지방. 안휘성

(安徽省)을 상강(上江), 강소성(江蘇省)을 하강(下江)이라 하였다.

하거(下炬) : = 병거(秉炬).

하교(下橋) : ① 다리에서 떨어지다. ② 타락하다. 떨어지다.

하구(下口) : 입을 열다. 말을 하다. = 개구(開口).

하담(荷擔) : 짊어지다. 떠맡다.

하락(下落) : ① 결말. 행방. 간 곳. 귀결점. ② 떨어지다.

하래(下來) : ① 내려오다. ② 물러나오다. 돌아오다. ③ 동사나 형용사 뒤에서 방향, 계속, 결과, 완료 등을 나타내는 조사.

하마(蝦蟆) : 두꺼비.

하마(蝦蟆) : 풀머구리. 개구리와 비슷한 양서 동물의 이름.

하사(何似) : 어찌하여? 어떤가? 어떻게? 어떻게 하겠는가? 왜 -하지 않는가? = 여하(如何), 하사생(何似生).

하사생(何似生) : 어찌하여? = 여하(如何), 하사(何似).

하상(何嘗) : = 하증(何曾).

하수(何須) : = 하필(何必). 구태여 -할 필요가 있는가? -할 필요가 없다.

하수(下手) : 착수하다. 손을 대다. 시작하다.

하어(下語) : ① 언급하다. ② 말 끝. 말꼬리.

하용(何用) : 어찌 -할 필요가 있겠는가? -할 필요가 없다. 무엇하는가? 어디에 쓰는가? 무슨 도움이 되는가?

하인불긴(下刃不緊) : 칼을 대어 칼질을 할 때에 확실하게 하지 않다.

하인요긴(下刃要緊) : 칼을 대어 칼질을 할 때에 확실하게 하다.

하증(何曾) : 언제 -한 적이 있었느냐?(-한 적이 없다. 반어적 표현) = 하상(何嘗).

하초(下梢) : 끝. 말미. 결말. 결국.

하추(遐陬) : 멀리 떨어진 곳. 변방. 시골.

하탑(下榻) : 숙박하다. 유숙하다. 묵다.

하택신회(神會荷澤) : 668~760. 당대(唐代)의 선승. 선종의 일파인 하택종(荷澤宗)의 개조(開祖)이다. 속성은 고(高)씨이고, 상양(襄陽) 출신이다. 14세에 출가하여, 유 · 불 · 도 3교를 공부하고, 후에 북종선(北宗禪)의 신수(神秀) 아래서 3년간 배운 뒤, 다시 선종의 제6조(祖) 혜능(慧能)에게 사사, 인가(印可)를 받았다. 그 후 남양(南陽)의 용흥사(龍興寺)를 거쳐, 낙양(洛陽)으로 나가 혜능이 주장하는 '돈오(頓悟)의 선풍'[南宗禪]을 펴다가 한때 추방되었으나, 뒤에 형주(荊州) 개원(開元)의 반야원(般若院)에 거주하였다. 북종선을 배격하고 남종선의 정통성을 주장한 사람으로, 그의 사상은 '지(知)'를 중시하였는데, 하택종에서는 후일 징관(澄觀) · 종밀(宗密) 등이 활약하였다. 저서에 『현종기(顯宗記)』가 있다.

하파(下坡) : ① 언덕(비탈, 내리막)을 내려가다. 떨어지다. ② 세력이 약해지다.

하풍(下風) : ① 바람이 불어 가는 곳. ② (전쟁이나 시합에서) 불리한 처지. 불리한 입장. 열세.

하허(何許) : 어디? 어떤? 어떠한?

하화(下火) : = 병거(秉炬).

학늑나(鶴勒那) : 생몰 연대 미상. 서천 부법장 제23조. 월지국 출신. 바라문의 가정에서 태어남. 아버지는 천승, 어머니는 금광이라고 하며, 7불에게 기도하여 수미산정의 한 동자를 꿈에 보고 잉태했다고 함. 22세에 출가하여 30세에 마나라에게 득법함. 중인도에 이르러 국왕의 귀의를 받고 무외해(無畏海)라고 불림.

학록(學錄) : 송대(宋代)에 국자감(國子監)에 설치된 관직(官職)의 하나. 명(明), 청대(淸代)까지 존속됨.

학창(鶴氅) : 학의 깃털로 만든 옷. 좋은 옷. 멋진 옷.

한(罕) : 좀처럼 - 아니다. 드물게 -하다.

한간(韓幹) : 한간(韓干; 701~761). 당대(唐代)의 화가. 말 그림을 잘 그렸다. 달빛 아래의 흰 말을 그린 〈조야백도(照夜白圖)〉가 대표작이다.

한견(罕見) : 보기 드물다. = 한지(罕知).

한고조(漢高祖) : 항우(項羽)와의 싸움에 이겨서 중국을 통일한 유방(劉邦).

한광(寒光) : 섬뜩한 빛. 차가운 빛.

한기(閑氣) : 하찮은 일로 내는 공연한 분노. 쓸데없는 노기(怒氣).

한로축괴(韓獹逐塊) : 한로(韓獹)는 전국시대 한(韓)나라의 털이 검은 명견(名犬)이다. 한로축괴(韓獹逐塊)는 사자교인(獅子咬人; 사자는 사람을 문다)과 짝을 이루는 말로서, 사자는 흙덩이를 던진 사람을 물지만, 사냥개는 도리어 흙덩이를 쫓는다는 의미로, 헛되이 언구(言句)의 뜻에 집착하여 그 말이 가리키는 진실을 보지 못한다는 말.

한로축괴사자교인(韓獹逐塊獅子咬人) : 사람이 흙덩이를 던지면, 한나라 개는 흙덩이를 좇아가지만, 사자는 몸을 돌이켜 흙덩이를 던진 사람을 문다는 말. 개가 흙덩이를 쫓는다는 것은 헛되이 언구(言句)의 뜻에 집착하여 그 말이 가리키는 진실을 보지 못한다는 말.

한림원(翰林院) : 중국에서 8세기에 설립된 고급 학문연구기관. 중국에서 황실의 문서작성을 담당하고, 고위관료가 되기 위해서는 반드시 과거시험을 거쳐야 했다. 한림원은 이 시험의 기본이 되는 유교경전을 연구한 곳이다. 이 기관을 처음 설립한 이는 당나라 현종(玄宗 : 712~756 재위)이었다.

한마(汗馬) : ① 전쟁터에서 땀 흘려 애쓴 말. ② 아라비아에서 나는 명마(名馬).

한만(汗漫) : ① 끝없이 드넓다. ② 천천히 노닐다.

한문자(閑文字) : = 한언어(閑言語). 쓸데없는 말.

한문파호(閑門破戶) : 왕래하는 사람이 드문 한적한 문과 부서진 문짝. 쇠락한 가문을 가리킴.

한사(閑事) : 자기와 상관없는 일. 남의 일. 중요하지 않은 일. 쓸데없는 일.

한산(寒山) : 중국 당나라 때 사람으로 성명은 알 수 없고, 항상 천태 시풍현(始豊縣)의 서쪽 70리에 있는 한암(寒巖)의 깊은 굴속에 있었으므로 한산이라 함. 몸은 바싹 마르고, 보기에 미친 사람 비슷한 짓을 하며, 늘 국청사(國淸寺)에 와서 습득(拾得)과 함께 대중이 먹고 남은 밥을 얻어서 댓통에 넣어 가지고 둘이 서로 어울려 한산으로 돌아가곤 하였다 함. 미친 짓을 하면서도 하는 말은 불도의 이치에 맞으며, 또 시를 잘하였다 함. 어느 날 태주 자사(台州刺史) 여구윤(閭丘胤)이 한암(寒巖)에 찾아가서 옷과 약 등을 주었더니, 한산은 큰 소리로 "도적놈아! 이 도적놈아! 물러가라." 하면서 굴 속으로 들어간 뒤에는 그 소식을 알 수 없었다 함. 그가 입적한 때도 혹은 당 현종의 선천 때(712~713)라 하고, 태종의 정관 때(627~649)라고도, 또는 헌종의 원화 때(806~820)라고도 함. 세상에서 한산 · 습득 · 풍간(豊干)을 3성(聖)이라 부르며, 또 한산을 문수보살의 재현(再現)이라 함. 『한산시』 3권이 있음.

한산자(寒山子) : 한산(寒山).

한수(漢水) : 섬서성(陝西省) 영강현(寗强縣)에서 흘러나와 호북성(湖北省) 무한시(武漢市)에서 양자강(揚子江)으로 흘러들어가는 양자강 최대의 지류(支流).

한시외전(韓詩外傳) : 한나라 때 학자 한영이 '시경'(詩經)을 풀이한 책. 춘추와 민간잡설, 제자백가의 여러 고사(故事)들을 폭넓게 인용하고 있다.

한신(閑神) : 엉터리 신령(神靈).

한신(韓信) : 중국 한(漢)나라 초의 무장. 회음(淮陰; 江蘇省) 출생. 진(秦)나라 말 난세에 처음에는 초(楚)나라의 항량(項梁) · 항우(項羽)를 섬겼으나 중용되지 않아 한왕(漢王 : 漢高祖 劉邦)의 군에 참가하였다. 승상 소하(蕭何)에게 인정을 받아 해하(垓下)의 싸움에 이르기까지 한군을 지휘하여 제국(諸國) 군세를 격파, 군사면에서 크게 공을 세움으로써 제왕(齊王), 이어 초왕(楚王)이 되었다. 그러나 한제국(漢帝國)의 권력이 확립되자 유씨(劉氏) 외의 다른 여러 왕(王)들과 함께 차차 밀려나, BC 201년 회음후(淮陰侯)로 격하되고, BC 196년 진희(陳)의 난에 통모(通謀)하였다 하여 여후(呂后)의 부하에게 참살당하였다. 불우하던 젊은 시절에 시비를 걸어오는 시정(市井) 무뢰배의 가랑이 밑을 태연히 기어나갔다는 일화는 유명하다.

한신야귀(閑神野鬼) : ① 엉터리 같은 신령(神靈)이나 귀신(鬼神). 잡귀신. ② 무책임한 인간. 실없는 놈.

한언장어(閑言長語) : 쓸데없이 주저리주저리 길게 하는 말. 한언(閑言)은 쓸데없는 말, 장어(長語)는 길게 많이 하는 말.

한원(翰苑) : = 한림원(翰林院).

한인(閑人) : ① 한가한 사람. 볼일이 없는 사람. ② 상관없는 사람.

한제(限劑) : 한량(限量).

한지(罕知) : = 한견(罕見). 보기 드물다.

한처(閑處) : 놀리고 있는 땅. 공한지(空閑地).

한처작제방(閑處作隄防) : 놀리고 있는 땅이라 하더라도 수해(水害)를 예방하기 위하여 미리 둑을 쌓아 놓아야 한다. 홍수가 들이닥치면 놀리고 있는 땅만 침수되는 것이 아니라 논밭도 함께 침수되기 때문이다.

한팽(韓彭) : 한대(漢代)의 명장(名將)인 회음후(淮陰候) 한신(韓信)과 건성후(建成候) 팽월(彭越).

할주(喝住) : 큰소리로 꾸짖다. 큰소리로 불러 세우다.

함생(含生) : 중생(衆生).

함연(咸然) : 모두.

함주(頷珠) : 함하지주(頷下之珠)의 준말. 함(頷)은 턱. 여룡(驪龍)의 턱 아래에 있다고 하는 보배구슬. 여룡이 잠든 틈에 찾아서 캐내어 온다고 한다. 손에 넣기 어려운 귀중한 보배를 가리킨다. 원래 출전은『장자(莊子)』「열어구(列禦寇)」편이다.

함준연동(含蠢蠕動) : 모든 꿈틀거리며 움직이는 것들. 중생(衆生).

함초(鹻草) : 삶은 콩.

함하지주(頷下之珠) : = 여룡주(驪龍珠).

함호기(陷虎機) : 호랑이를 함정에 빠뜨리는 솜씨. 선가에서 호랑이는 역량 있는 선사, 위풍 있는 선사를 가리킨다. 따라서 호랑이와 같은 고승대덕을 시험해보는 일에는 '고도의 언행과 솜씨'[機]가 필요하다.

합(合) : = 당(當). 응당 -해야 한다. 마땅히 -해야 한다.

합두(合頭) : 상응(相應)하다. 서로 부합(附合)하다.

합두어(合頭語) : 이치에 맞는 말. 부합하는 말. 그럴듯한 말. 합두(合頭)는 '상응(相應)하다', '서로 부합(附合)하다.'는 뜻.

합살(合殺) : ① 악곡(樂曲)의 마지막 마디를 가리킴. ② 결말. 끝남. ③ 죽어 마땅함.

합취구(合取口) : 입을 다물다.

합취피대(合取皮袋) : 합취(合取)는 다물다는 뜻이고, 피대(皮袋)는 가죽으로 만든 자루라는 뜻으로 사람이나 짐승의 몸뚱이를 가리키는 말이지만, 합취피대(合取皮袋)는 입을 다물라는 뜻.

항아(姮娥) : 남편이 비장(秘藏)한 불사약을 훔쳐서 달로 달아났다는 예(羿)의 아내. 전(轉)하여 달의 이칭(異稱).

항지(抗志) : ① 지조가 고상하여 굴하지 않다. ② 불의에 굴하지 않는 높은 지조.

해(該) : ① 두루 미치다. 모두 포섭하다. 두루. 모두. ② 상세히 알다.

해(海) : 회해(懷海).

해공제일(解空第一) : 수보리(須菩提). 수보리는 석가모니의 제자들 가운데 공(空)을 가장 잘 알아서 해공제일(解空第一)이라고 불렸다.

해모(楷模) : 본보기. 모범.

해약(奚若) : 어찌 이보다 더한 것이 있으랴? = 해여(奚如), 해사(奚似).

해위(奚爲) : 무엇 하는가?

해의(解衣) : 옷을 벗다.

해인(海印) : 해인삼매(海印三昧).

해인삼매(海印三昧) : 해인정(海印定)이라고도 함. 부처님이『화엄경』을 설하려 할 때에 들어간 선정(禪定)의 이름. 바다에 풍랑이 쉬면, 삼라만상이 모두 바닷물에 비치는 것같이, 번뇌가 끊어진 부처님의 안정된 마음 가운데에는 과거 · 현재 · 미래의 모든 법이 밝게 나타나므로 해인정(海印定)이라 한다.

해장(海藏) : ① 바다가 어머니의 모태처럼 품고 있는 것. ② 부처님의 설법. ③『화엄경』.『화엄경』은 용수(龍樹)가 용궁(龍宮)에서 가져왔다고 한다.

해탈(解脫) : vimokṣa, vimuki, mukti. 인간의 속세적(俗世的)인 모든 속박으로부터 벗어나 자유롭게 되는 상태. 인간의 근본적 아집(我執)으로부터의 해방을 의미한다. 인도사상(印度思想)과 불교(佛敎)는 해탈을 종교와 인생의 궁극 목적으로 생각하였다. 즉 범부는 탐욕 · 분노 · 어리석음 등의 번뇌 또는 과거의 업(業)에 속박되어 있으며, 이로부터의 해방이 곧 구원이라고 한다. 그러나 구원은 타율적으로 신에게서 오는 것이 아니라 자신의 본래면목을 깨달아 얻는 지혜, 즉 반야(般若)를 실현함으로써 이루어지는 것이다. 결국 번뇌의 속박을 떠나 삼계(三界 : 欲界 · 色界 · 無色界)를 벗어나 무애자재(無碍自在)의 깨달음을 얻는 것을 가리킨다.

해탈지견(解脫知見) : 해탈지견(解脫智見)이라고도 씀. 해탈했다는 사실을 스스로 알 수 있는 지혜. 해탈하면 저절로 나타나는 지혜.

해탈지견신(解脫知見身) : 5분법신(分法身)의 하나. 부처님은 자신이 참으로 일체번뇌의 속박에서 벗어난 자유자재한 몸인 줄을 알므로 해탈지견신이라 함.

해하(解下) : ① 풀다. 풀어놓다. ② 알다. 이해하다.

해해(咍咍) : 하하. 기뻐하며 웃는 모양.

해회(解會) : 이해(理解)하다. 알다. 해석하다.

해회단(海會端) : 백운수단(白雲守端). 서주(舒州) 백운산(白雲山) 해회선원(海會禪院)에 머물렀다.

해회연(海會演) : 서주(舒州) 백운산(白雲山) 해회연(海會演). 곧 오조법연(五祖法演).

행(幸) : ① 바로. ② 본래. ③ 만약. ④ 그럼에도 불구하고. 그래도. 여전히. ⑤ 더구나. 게다가.

행각(行脚) : 선종의 승려가 공부하기 위하여 여러 지방의 안목(眼目) 있는 고승(高僧)을 찾아 여행하는 것. 선승의 행각에는 일정한 규범이 있으며, 선의 중요한 기연들이 행각 중에 성립된다.

행간(行看) : ① 다음을 보다. 언뜻 보다. 잠깐 보다. ② 다시 보다. 또 보다.

행도(行道) : 줄을 지어 길을 걸어감. 여러 스님들이 경을 읽으면서 불상(佛像)의 주위를 도는 것. 불상의 오른쪽으로부터 등 뒤를 돌아서 왼쪽으로 돌아가는 것이 원칙.

행도염불(行道念佛) : 여러 스님들이 염불(念佛)을 하면서 불상(佛像)의 주위를 도는 것. 불상의 오른쪽으로부터 등뒤를 돌아서 왼쪽으로 돌아가는 것이 원칙.

행령(行令) : ① 명령을 내리다. ② 절기에 맞게 행하다. ③ 술자리에서 술을 권하는 놀이를 하다.(= 행주령(行酒令))

행리(行李) : ① 행장. 여행짐. 수화물. ② 행적(行蹟). 삶. 생활. = 행리(行履).

행리(行履) : 행(行)은 궁행(躬行)을, 리(履)는 실천을 의미한다. 행주좌와(行住坐臥) · 어묵동정(語默動靜) · 끽다끽반(喫茶喫飯) 등으로 기거동작(起居動作)하는 일체의 행위를 가리키거나, 행위가 남긴 실적(實績)이나 자취를 가리킨다. 행적(行蹟). 삶. 생활. = 행리(行李).

행리처(行李處) : 생활. 삶. = 행리처(行履處).

행문(行門) : 실행의 방면. 신구의(身口意)의 계행(戒行)을 실행하는 것.

행반(行飯) : 조리하다. 요리하다. 음식을 하다.

행사(行事) : 행위(行爲). 행동(行動).

행상(行相) : 마음의 작용. 마음의 작용이 행하여져서 상을 분별하는 것. 분별심이 대상을 이해하는 것. ① 소승(小乘)에서는 주관의 인식 대상, 곧 객관의 사물이 주관인 마음 위에 비친 영상(影像)을 말함. ② 대승(大乘)에서는 주관의 인지하는 작용을 말하니 곧 마음에 비친 객관의 영상을 인식하는 주관의 작용.

행시(行市) : 시가(時價).

행식(行食) : ① 놀고먹다. ② 잡담과 산보로 소화

시키다. ③ 음식을 권하다.

행업(行業) : 고락(苦樂)의 과보(果報)를 받을 선악(善惡)의 행위. 몸 · 입 · 뜻으로 나타내는 동작 · 언어 · 생각. 지은 업.

행원(行願) : 몸으로 하는 행(行)과 마음으로 바라는 원(願). 곧 실천과 바람.

행유(行有) : 업유(業有)와 같음. 업(業)을 말함.

행익(行益) : 행(行)은 차례차례 나누어주는 것. 익(益)은 음식을 담아주는 것. 공양 때에 대중의 발우에 음식을 나누어주는 것.

행인구시비(行人口是碑) : = 노상행인구시비(路上行人口是碑).

행자(幸自) : 본시(本是). 원래(原來). 본래(本來). = 행시(幸是).

행자가련생(幸自可憐生) : 본래 만족스럽다. 행자(幸自)는 '본래, 원래'라는 뜻이고, 가련생(可憐生)은 '만족스러운, 사랑스러운, 안타까운, 민망한'이라는 뜻이다. 다음의 두 사례가 있다. "탐원이 물었다. '스님께서 돌아가신 뒤에 누가 지극한 일을 물어 보면, 어떻게 할까요?' 충국사가 말했다. '본래 만족스러운데, 몸을 지킬 부적(符籍)을 찾아야 한다면, 어찌하나?'(耽源問 : "百年後, 有人問極則事, 作麽生?" 師曰 : "幸自可憐生, 須要箇護身符子, 作麽?")(『경덕전등록』 제5권 '서경광택사혜충국사(西京光宅寺慧忠國師)') "취미무학(翠微無學) 선사가 처음 단하에게 물었다. '어떤 것이 모든 부처님의 스승입니까?' 단하가 '떽!' 하고는 말했다. '본래 만족스러운데 빗자루와 걸레를 쥐어야 한다면, 어찌하나?'(翠微無學禪師, 初問丹霞 : "如何是諸佛師?" 丹霞咄曰 : "幸自可憐生, 須要執巾帚, 作麽?")(『경덕전등록』 제14권 '경조종남산취미무학선사(京兆終南山翠微無學禪師)')

행장(行狀) : 죽은 자의 이력(履歷)과 행적(行蹟)을 기록한 글. 연보(年譜)와 유사함.

행포(行布) : 차별. 깊고 얕은 단계를 두고 원인에서 결과로 차례차례 진행하는 것.

행포문(行布門) : 차제행포문(次第行布門)의 준말. 화엄종에서 수행에 열 가지 단계를 차례로 두고, 마지막으로 십지(十地)의 단계가 있다는 견해. 원융문(圓融門)의 반대.

행해(行解) : ① 참선(參禪) 수행(修行)과 교리에 대한 이해(理解). ② 주관인 심식(心識)이 객관인 대상에 작용하여, 그 모양을 분별하고 환히 깨치는 알음알이.

행화(行貨) : ① 상품. 물품. ② 불량품.

향(向) : ① 도달하다. 이르다(= 도(到)). ② -에서(= 재(在)). ③ -에 대하여. -을(= 대(對)). ④ -로부터. -로 말미암아(= 종(從)). ⑤ 전. 이전. 종전. 지난번.

향거기처승당(向擧起處承當) : 말을 꺼내는 곳에서 바로 받아들이다. 말하는 곳에서 바로 수긍하다.

향래(向來) : 종전(從前). 이전(以前). 아까. 지금까지의.

향배(向背) : 향하거나 등지다. 나아가고, 물러남. = 진퇴(進退).

향상(向上) : ① 미혹의 경계에서 깨달음의 경계로 들어가는 것을 향상문(向上門), 깨달음의 경계에서 미혹의 경계를 거두어들임을 향하문(向下門)이라고 한다. 참된 도는 향상과 향하를 구족한다고 함. ② 향상사(向上事), 향상일규(向上一竅), 향상일로(向上一路)와 같음. 구극(究極)의 종지(宗旨) 또는 대오(大悟)를 가리킨다.

향상(香象) : 향기 좋은 코끼리라는 뜻으로, 교미기(交尾期)의 코끼리를 가리킨다. 교미기가 되면 코끼리는 그 몸에서 향기가 있는 분비물을 내기 때문이다.

향상본분진여(向上本分眞如) : 향상(向上)은 아래에서 위로 올라가는 것이고, 향하(向下)는 위에서 아래로 내려오는 것이다. 선종(禪宗)에선 미혹(迷惑)의 경계(境界)에서 깨달음의 경계로 들어가는 것을 향상문(向上門)이라 하고, 깨달음의 경계에서 미혹의 경계로 나아가는 것을 향하문(向下門)이라 한다. 본분(本分)은 본래(本來)의 분수(分數= 分限= 分際)라는 말인데, 깨달음의 유무(有無)에 관계 없이 날 때부터 불성(佛性)을 가지고 있는 인간의 본모습이라는 의미로서 본심(本心)이나 본성(本性)이라고도 할 수 있다. 진여(眞如)는 사물의 영원불변한 있는 그대로의 참모습. 따라서 본분진여(本分眞如)라 하면, 영원불변한 부처의 마음과 동일한 개개 인간의 마음의 본래모습을 가리킨다.

향수해(香水海) : 수미산 주위를 에워싸고 있는 큰 바다.

향엄지한(香嚴智閑) : ?~898. 당대(唐代)의 선승. 향엄은 주석 산명이다. 청주(靑州) 출신으로, 어렸을 때에 백장회해(百丈懷海) 선사에게 출가하였고, 그 후 위산영우(潙山靈祐)에게 참학하였다. 남양(南陽) 무당산(武當山)에 있는 남양혜충(南陽慧忠) 국사가 주석하였던 퇴락한 도량에서 은거하던 어느 날, 뜰을 청소하다가 던진 기왓장이 대나무에 부딪치는 소리를 듣고 홀연히 깨달아 위산의 법을 이어받았다. 그 후 향엄산(香嚴山)에 머물면서 위산의 종풍을 널리 선양하였다. 광화(光化) 원년에 입적하였다. 게송(偈頌) 200여 편이 있다. 시호는 '습등(襲燈)대사'이다.

향응(響應) : 호응(呼應)하다. 응답(應答)하다. 공명(共鳴)하다. 메아리가 울리다.

향적(香積) : ① 향적대(香積臺)라고도 함. 선원(禪院)의 부엌. ② 여러 가지의 향기로운 음식을 합친 것.

향적반(香積飯) : 향반(香飯)이라고도 한다. 유마(維摩)가 향적여래의 세계로부터 가져와서 여러 승려들에게 공양했다고 말하는 식사. 『유마경』「향적불품(香積佛品)」에 의하면, 유마힐은 상방세계 42 항하사에 있는 향적불(香積佛)이 다스리는 중향(衆香)이라는 불국토로 가서 발우에 향적반(香積飯)을 가득 담아와서 보살들을 먹였다고 한다. 불법(佛法)을 상징하는 말이다.

향적세계(香積世界) : 향적여래가 머무는 불국(佛國). 중향국(衆香國)이라고도 함. 사바세계의 위쪽 42항하사의 국토를 지나서 있으며, 모든 국토 가운데 향기가 으뜸이라고 함. 선림(禪林)에서는 식사를 조리하는 부엌을 가리키는 말로도 쓰인다.

향적여래(香積如來) : 사바세계의 상방(上方) 43 항하사의 국토를 지난 저쪽에 있는 중향국(衆香國)의 여래이다.

향적주(香積廚) : 선가(禪家)에서 부엌을 가리키는 말. 향적세계(香積世界)는 향기가 충만해 있는 세계로서, 그곳에 머무는 여래를 향적불(香積佛)이라고 한다. 『유마경』에서 유마는 향적불의 세계로부터 향적반(香積飯)을 가져와 방 안에 모인 사람들에게 공양했는데, 이로 말미암아 선가에서는 공양을 조리하는 부엌을 향적세계라 하고, 먹는 밥을 향적반(香積飯) 혹은 향반(香飯)이라고 한다.

향전(向前) : ① 이전(以前). 종전(從前). 지난번. 얼마 전. ② 앞으로. 장래. ③ 앞으로 나아가다. 전진하다.

향전(香錢) : 절이나 사원에 향을 피우러 가서 보시하는 돈. = 향분(香分).

향정(鄕情) : 고향을 그리워하는 마음.

향하(向下) : 향상(向上)의 반대말. 향상(向上)이 곧 불이(不二)의 차별없는 본분(本分)을 가리킨다면, 향하(向下)는 이원적(二元的) 차별의 금시(今時)를 가리킨다.

향화(向火) : 불을 쬐다.

허공화(虛空華) : 공화(空華), 허화(虛華), 안중화(眼中華)라고도 함. 허공 속의 꽃이라고 하여 허공꽃이라고도 한다. 눈병이 났을 경우 혹은, 눈을 세게 비비거나 눈에 충격이 주어지면 눈앞에서 한순간 꽃 모양의 환상이 나타났다 사라지는 것이 보이는데, 이렇게 헛되이 나타났다 사라지는 모습을 헛꽃이라고 한다. 우리가 분별하여 집착하는 삼라만상을 가리키는 말이다. 허공 속에는 본래 헛꽃이 없고 우리 눈이 병이 들어 헛꽃이 나타나듯이, 분별망상도 본래 세계에 있는 것이 아니라 우리의 참된 깨달음의 마음에서 망녕되이 나타난다.

허구(許久) : 시간이 매우 오래다.

허다(許多) : ① 대단히 많은. ② 좋은. 상당한.

허당(虛堂) : 사방이 넓고 장식이 없는 대청. 높은 집.

허대(許大) : 이렇게 크다.

허두(虛頭) : 헛된. 진실하지 못한. 두(頭)는 접미어.

허두한(虛頭漢) : 허풍선이.

허설(虛設) : 유명무실(有名無實)하다. 명목(名目)뿐이다. 형식뿐이고 내용은 없다.

허실생백(虛室生白) : 허실(虛室)은 사람이 거처하지 않는 빈방, 장식을 하지 않은 빈방을 가리킨다. 허실생백(虛室生白)이란, 방을 비우면 저절로 모든 것이 명백(明白)해진다는 뜻으로, 마음을 비우면 (잡념이 없으면) 저절로 진리에 도달한다는 말.

허심(虛心) : 겸허(謙虛)하다. 겸손하다. 경건하다. 마음을 비우다.

허현(虛玄) : 인간의 지식이나 생각으로서는 알 수 없을 만큼 깊고 깊은 진리를 나타내는 말. 선가에서는 우리의 본래 면목 · 우주 만물의 본질을 말한다.

허활활지(虛豁豁地) : 텅 비어서 걸림이 없는 모습. 걸릴 것 없이 탁 트인 모습.

헌앙(軒昂) : ① 위풍당당하다. 기상이 드높다. ② 번성하다. 왕성하다.

헌원(軒轅) : 삼황(三皇) 가운데 하나이다. 배와 수레 등을 만들어 문화를 크게 일으켰다고 한다.

험(險) : ① (형)위험하다. 교활하다. ② (부)하마터면. 아슬아슬하게. 자칫하면.

현겁(賢劫) : bhadra-kalpa. 발타겁(跋陀劫) · 파타겁(波陀劫)이라 음역. 현시분(賢時分) · 선시분(善時分)이라 번역. 3겁의 하나. 세계는 인수(人壽) 8만 4천세 때부터 백 년을 지낼 때마다 1세씩을 줄어들어 인수 10세에 이르고, 여기서 다시 백 년마다 1세씩 늘어나서 인수 8만 4천세에 이르며, 이렇게 1증(增) 1감(減)하는 것을 20회 되풀이하는 동안, 곧 20증감(增減) 하는 동안에 세계가 성립되고[成], 다음 20증감하는 동안에 머물러[住] 있고, 다음 20증감하는 동안에 무너지고[壞], 다음 20증감하는 동안은 텅 비어[空] 있음. 이렇게 세계는 성(成) · 주(住) · 괴(壞) · 공(空)을 되풀이하니, 이 성 · 주 · 괴 · 공의 4기(期)를 대겁(大劫)이라 함. 과거의 대겁을 장엄겁(莊嚴劫), 현재의 대겁을 현겁(賢劫), 미래의 대겁을 성수겁(星宿劫). 현겁의 주겁(住劫) 때에는 구류손불(拘留孫佛) · 구나함모니불(拘那含牟尼佛) · 가섭불(迦葉佛) · 석가모니불(釋迦牟尼佛) 등의 1천 부처님이 출현하여 세상 중생을 구제하는데 이렇게 많은 부처님이 출현하는 시기이므로 현겁이라 이름.

현견(現見) : ① 직접 보다. 현재 보는 것. 현량(現量)의 특징 중 하나. ② 경험하는 바. ③ 감각적 지각. ④ 현재 앞에 드러나 있음.

현관(玄關) : 옛날 중국의 선종 사원에서는 절의 입구에 '현관(玄關)'이라는 글을 써서 편액으로 걸고, 선원의 성격을 내외에 표명하였다. 그래서 불교에서는 불도(佛道)의 오묘한 이치에 들어가는 관문의 뜻으로 사용한다.

현관금쇄(玄關金鎖) : 현관(玄關)은 깨달음에 들어가는 관문. 금쇄(金鎖)는 현관에 걸려 있는 황금 쇠사슬로서 깨달음의 경험을 가리킴. 현관에 걸린 황금 쇠사슬을 벗기고 현관을 통과하여 자유로와야 한다. 만약, 현관과 금쇄가 중요하다고 그곳에 머물러 집착하고 있으면, 깨달음이 오히려 자신을 구속하는 쇠사슬이 된다. 『경덕전등록』 제29권 '동안찰선사십현담(同安察禪師十玄談)'의 전위(轉位)에 "금쇄와 현관에 머물러 있지 않는다."(金鎖玄關留不住)는 구절이 있다.

현기(玄機) : 현묘한 기틀. 도가(道家)에서 도(道)를 가리키는 말.

현량(現量) : 인명(因明) 3량인 현량(現量) · 비량(比量) · 비량(非量)의 하나. 심식(心識) 3량의 하나. 드러난 그대로 아는 것. 비판하고 분별함을 떠나서 경계의 사상(事象)을 그대로 각지(覺知)하는 것. 예를 들면, 맑은 거울이 어떤 형상이든 그대로 비치듯, 꽃은 꽃으로 보고, 노래는 노래로 듣고, 냄새는 냄새로 맡고, 매운 것은 매운

대로 맛보고, 굳은 것은 굳은 대로 느껴서, 조금도 분별하고 미루어 구하는 생각이 없는 것.

현려(玄慮) : 깊이 생각하다.

현로(玄路) : 현도(玄途)라고도 한다. 동산삼로(洞山三路)의 제이(第二). 현묘(玄妙)한 길을 말한다. 유무(有無)나 미오(迷悟) 등의 이견(二見)을 초월한 공적(空寂)의 길을 가리킨다.

현면(賢面) : 재물에 욕심이 많았던 장자(長者)의 이름. 죽어서 독사(毒蛇) 즉 독룡(毒龍)이 되었다고 한다. 『찬집백연경(撰集百緣經)』 제6권에 나온다.

현사사비(玄沙師備) : 835~908. 청원의 아래. 민현(閩縣; 복건성) 사람. 속성은 사씨(謝氏). 어려서 낚시를 좋아하였다. 함통(咸通) 초년에 하루는 홀연히 발심하여 복주 부용산(芙蓉山)의 영훈(靈訓)에게 참학하여 출가하였다. 5년(864)에는 예장(豫章; 강서성) 개원사(開元寺)의 도현율사(道玄律師)에게 구족계를 받았다. 같은 해 가을에 옛 마을로 돌아와 수행에 힘쓰고, 7년에 설봉산(雪峰山)의 의존(義存)에게 참학하여 그의 법을 이었다. 설봉의 회하에 있을 때는 지율(持律)을 엄격히 지켜 비두타(備頭陀)라고 존칭되고, 사씨 집안의 3남이어서 사삼랑(謝三郎)이라고 불리기도 하였다. 보응산(普應山)에서 암자 생활을 하다가 후관현(侯官縣)의 현사원(玄沙院)에 주석하였다. 광화(光化) 원년(898) 민왕 왕심지(王審知)의 명으로 안국원(安國院)에 주석하였다. 명종(明宗)은 종일대사(宗一大師)를 하사하였다. 개평(開平) 2년 11월 27일에 입적하였다. 세수는 74세. 법랍은 45세(혹은 44). 12월 10일에 이르러 민현(閩縣) 회현리(懷賢里)의 비산(飛山)의 언덕에 장사지냈다. 임징(林澂)이 '唐福州安國禪院先開山宗一大師碑文'을 지었다.

현성(現成) : ① 마침 그 자리에 있다. 현재 이루어지다. ② 원래부터 있었다. 이미 갖추어져 있다. 이미 만들어져 있다. ③ 간단하다. 용이하다. 힘이 들지 않다. 현성(見成)이라고도 씀.

현성공안(現成公案) : 공안현성(公案現成)이라고도 씀. 현성(現成)은 '현재 이루어져 있다', '이미 갖추어져 있다', '이미 만들어져 있다.'는 뜻. 공안(公案)은 본래 관청에서 결재(決裁)를 기다리는 공적(公的)인 안건(案件) 혹은 소송(訴訟)에서 다투고 있는 쟁점이 된 안건(案件)을 가리킴. 그러므로 현성공안 혹은 공안현성은 이미 결재가 이루어진 안건 혹은 이미 판결이 난 안건을 가리킴. 선종(禪宗)에서 결재를 기다리는 공적인 안건이란 곧 깨달음을 이루었는지 아닌지의 여부(與否)를 가리키므로, 결재가 났다는 의미의 현성공안이란 곧 깨달음이 이루어진 본래 면목의 입장을 가리킨다.

현성수용(現成受用) : 쉽사리 누리다. 힘들이지 않고 즐기다. 현성(現成)은 '간단하다, 용이하다, 힘이 들지 않다'는 뜻이고, 수용(受用)은 '누리다, 향유하다, 즐기다'는 뜻.

현식(現識) : ① 경계(境界)를 나타내는 식. 아뢰야식이 여러 가지 객관세계의 모든 현상을 나타내는 것. ② 현행(現行)하는 식. 아뢰야식 가운데에 들어 있는 종자에서 발현하는 이숙식(異熟識)과 능훈식(能熏識).

현업(現業) : 금생(今生)에 업을 지어 금생에 그 과보를 받는 업. 순현수업(順現受業)의 준말.

현증(現證) : ① 진실을 꿰뚫어 보고 있음. ② 깨달음. ③ 현실의 증거. 현실의 증명. 앞에 나타나 있는 증거.

현천(玄泉) : ① 폭포(瀑布). = 현천(懸泉). ② 깊은 샘물. ③ 황천(黃泉). ④ 침(타액).

현행(現行) : 현재 드러나 행해지는 것. 현재 드러나 작용하는 것. ① 유식(唯識)의 용어. 우주를 개발하는 근본 마음인 제8아뢰야식이 갖추고 있는 마음의 세력 또는 마음의 작용을 종자라 하고, 이 종자가 삼라만상으로 드러나는 것을 현행이라 함. ② 현행법(現行法)의 준말. 종자에서 개발되어 나타나는 모든 삼라만상.

혈맥도(血脈圖) : 조사(祖師)들의 사자상승(師資相承)의 계보를 기록한 그림. 역대의 조사들이 스승과 제자가 법을 계승하여 내려온 계보를 계통적으로 그린 그림.

협산선회(夾山善會) : 805~881. 한광(漢廣; 河南省) 현정(峴亭) 사람. 속성은 요(廖)씨. 어려서 담주(潭州; 湖南省) 전아산(電牙山)으로 출가하였으며, 윤주(潤州; 江蘇省 鎭江府) 경구(京口)에 머물렀다. 도오(道吾)의 천거로 제중(淛中; 江蘇省) 화정현(華亭縣)의 오강(吳江)에 나가 선자덕성(船子德誠)에게 배웠으며, 약산의 법을 이었다. 함통(咸通)11년 (870) 풍주(灃州; 湖南省) 협산에 머물면서 선풍을 진작시켰다. 당(唐) 중화(中和) 원년 11월 7일 입적하였다. 세수는 77, 법랍은 57세였다. 시호는 전명대사(傳明大師).

협의(愜意) : 만족하다. 흐뭇하다. 흡족하다. 개운하다.

협존자(脇尊者) : 생몰 연대 미상. 인도 스님. 서천 부법장 제10조. 성은 난생(難生). 중인도 출신. 복타밀다 존자를 만나서 그의 법을 전수 받음. 일생을 장좌불와하므로 협(脇)이라고 불림. 화씨국에 머물면서 대중을 교화하다가 부나야사를 만나 법을 부촉한 다음, 화광삼매에 들어 입적.

협종(脅從) : 위협하여 복종하게 함. 위협에 못 이겨 복종한 사람.

형(迥) : = 심(甚), 심(深). 매우. 심히.

형단(形段) : 모양. 형태.

형령(形靈) : 형(形)은 모습을 갖춘 육체, 영(靈)은 영혼. 심신(心身)을 갖춘 사람을 가리킨다.

형문(荊門) : = 시문(柴門). 사립문. 가난한 집의 나뭇가지로 엮어 만든 문. 가난한 집.

형연(迥然) : 매우. 심하게.

형이상자(形而上者) : 『주역』 「계사상(繫辭上)」에 "형이상을 길이라 하고, 형이하를 그릇이라 한다(形而上者, 謂之道; 形而下者, 謂之器)"라는 대목이 나온다.

형적(形迹) : ① 고지식하다. 지나치게 조심스럽다. 어색하다. ② 예의가 바르다. 정중하다. 겸손하다. ③ 예도(禮度). 격식.

형철(瑩徹) : 맑고 빛나다. 투명하고 반짝이다. = 형철(瑩澈).

형초세시기(荊楚歲時記) : 중국 육조시대 호남성(湖南省)·호북성(湖北省)을 중심으로 하는 형초지방의 풍속을 기록한 연중세시기. 6세기 무렵 양(梁)나라 종름이 지은 『형초기』 10권을 7세기초 수(隋)나라 두공섬(杜公贍)이 주(註)를 달아 1권으로 엮은 것이다. 현존하는 중국의 세시기 가운데 가장 오래된 것으로 민간의 풍속뿐 아니라 4월 관불회(灌佛會), 7월 우란분회(盂蘭盆會), 12월의 추나(追儺) 등 불교적인 행사를 포함하고 있다. 유교적인 수식없이 순수하게 민중의 생활을 묘사한 중국민속 연구의 귀중한 자료이다.

혜(慧) : prajñā의 의역(意譯). 반야(般若)라 음역. 사물의 이치를 추리하는 정신작용. 심소(心所)의 이름. 우주간의 일체만법을 『구사론』에서는 75, 『유식론』에서는 100으로 분류하며, 『구사론』에서는 혜(慧)라는 심소를 대지법(大地法)의 하나로 하여 모든 심식(心識)에 따라서 일어난다 하고, 『유식종』에서는 어리석고 우매한 마음에는 이 심소가 없다 하며, 바깥 경계에 대하여 사(邪)·정(正)과 득·실을 판단하여 좋은 것은 취하고 나쁜 것은 버리는 작용이 있다고 한다.

혜가(慧可) : 487~593. 이조혜가(二祖慧可). 중국 남북조(南北朝)시대의 승려. 속성 희(姬). 처음 이름은 신광(神光). 하남성(河南省) 낙양(洛陽) 부근 무로(武牢) 출생. 중국 선종(禪宗)의 제2조(祖)로, 젊어서는 노장(老莊)과 유학(儒學)을 공부하였으나 후에 출가하였다. 520년 선종의 개조(開祖)인 달마(達磨)의 제자가 되어 6년간 수행한 끝에 스승의 선법(禪法)을 계승하여 각지에서 포교하다가 사람들의 미움을 받아 처형되었다. 제자에 선종 제3조 승찬(僧璨)이 있다. 달마의 제자가 되었을 때, 눈 속에서 왼팔을 절단하면서까지 구도(求道)의 성심을 보이고 인정을 받았다는 전설로 유명한데, 이것은 후에 〈혜가단비(慧可斷臂)〉라는 화제(畵題)가 되었다.

혜거삼매(慧炬三昧) : 『법화경』에서 말하는 60삼매 가운데 하나. 이 삼매에 들어가면 지혜의 등불을 비추어 험난한 세간의 모습을 보여준다.

혜교(惠敎) : 가르쳐 줌. 가르침을 내려 줌. 남의 편지를 높여 이르는 말. = 사교(賜敎).

혜안국사(慧安國師) : 숭악혜안(嵩嶽慧安).

혜적(慧寂) : 앙산(仰山)의 법명(法名).

호(好) : (조동) ① -해야만 한다. ② -할 수 있다.

호가곡(胡家曲) : 『조정사원(祖庭事苑)』 제1권의 설명은 다음과 같다 : 호가(胡家)는 응당 호가(胡笳)라고 해야 한다. 가(笳)는 적(笛; 피리)의 한 종류이다. 호인(胡人)들이 그것을 불어 만든 곡조이다. 한(漢)의 이릉(李陵)이 소무(蘇武)에게 답한 글에서 이렇게 썼다. "호가(胡笳) 소리가 서로 진동을 하니, 키우는 말들이 구슬피 웁니다. 지금 이것을 빌어 우리의 형편을 비유해 봅니다." 신풍(新豐)은 말했다. "호가곡(胡笳曲)은 오음(五音)에 갇혀 있지 않고 운율이 깨끗하게 나오니, 그대 마음대로 불어 보아라." 어떤 사람은 세존이 살았던 인도의 나라를 가리켜 호가(胡家)라고 하니, 어찌 크게 잘못된 것이 아니랴?(胡家當作胡笳. 笳笛之類. 胡人吹之爲曲. 漢李陵答蘇武書云 : "胡笳互動, 牧馬悲鳴. 今借此以況吾道." 新豐云 : "胡笳曲子, 不墮五音, 韻出淸霄, 任君吹唱是也." 或者指世尊梵國爲胡家, 豈不大謬妄乎?)

호가곡(胡笳曲) : 호가(胡笳)는 호인(胡人)이 갈잎을 말아 만든 피리이므로, 호가곡은 호가로 부는 곡조(曲調)이다. 오음(五音)의 격식을 벗어난 곡을 가리킨다. = 호가곡(胡家曲).

호가십팔박(胡笳十八拍) : 호가십팔박은 208년 전후하여 채염(蔡琰; 채문희(蔡文姬) 177년경생)이 호가(胡笳)의 소리를 참고하여 쓴 금곡(琴曲)이다. 호가(胡笳)는 채염(蔡琰)의 일을 기록한 『채염별전(蔡琰別傳)』에 의하면 "가(笳)는 호인(胡人; 중국 북쪽과 서쪽 지역의 소수 민족)들이 갈대잎을 불어서 음악을 연주하는 것이다. 그러므로 호가(胡笳)라 한다."고 하였다. 호가십팔박의 내용은 208년 이전 채염 자신의 경험과 관련이 있다. 채염은 후한(後漢) 말의 대학자인 채옹(蔡邕)의 딸로서 봉건 관료 집안 출신이다. 채염은 후한 말의 혼란 와중에 흉노족에게 포로로 잡혀가 흉노 좌현왕(左賢王)의 왕후가 되었다. 흉노에 12년 동안 살면서 아이 둘을 낳았다. 약 208년 부친을 흠모했던 조조(曹操)가 사람을 보내어 흉노에게서 몸값을 주고 채염을 사왔다. 호가십팔박은 돌아오는 도중이나 돌아온 후에 지었을 것이다. 이 곡에 원래 가사가 있었는지 현존하는 호가십팔박 가사가 채염의 작품인지는 지금 확인하기 어렵다. 다만 우리는 가사를 참고하여 금곡이 언급한 사상을 추측할 수 있을 뿐이다. 이 가사는 채염의 말투로 먼저 자신이 난세에 처하여 얼마나 불행했으며, 다른 민족의 포로가 되어 고향을 얼마나 그리워하였는지, 흉노의 생활이 얼마나 힘들었는지를 서술하였다. 그리고 두 아이를 낳아서 얼마나 애지중지하였는지를 말한다. 돌아올 희망이 보이자 반가우면서도 한편 사랑하는 자식을 떼어놓을 수 없었음을 말한다. 돌아온 후 그들이 꿈에도 그리워 새로운 원한이 깊이 생겼음을 노래한다. 마지막으로 호가(胡笳)의 소리를 중국의 금곡(琴曲)으로 바꾸어 우주에도 넘칠 원한을 표현하였다.

호가조(胡家調) : = 호가곡(胡家曲).

호간(好看) : ① 아름답다. 보기 좋다. ② 재미있다. ③ 당당하다. ④ 망신당하다. 난처하다. 웃음거리가 되다. 창피당하다. ⑤ 잘 살피다. 조심하다.

호구(戶口) : ① 가구(家口)와 인구의 총칭. ② 호수(戶數). ③ 인구(人口). ④ 호적(戶籍). ⑤ 입구(入口). 문 입구.

호구소륭(虎丘紹隆) : 1077~1136. 송대(宋代) 선승. 임제종. 안휘성(安徽省) 화주(和州) 함산현(含山縣) 출신. 고향의 불혜원(佛慧院)으로 출가하고, 장로(長蘆)의 정조숭신(淨照崇信)을 찾아 뵙고, 강서성(江西省) 보봉(寶峰)의 담당문준(湛堂文準)과 황룡(黃龍)의 사심오신(死心悟新)을 찾아가 공부하였다. 다시 호남성(湖南省)

예주 협산(夾山)의 원오극근(圜悟克勤)을 찾아가 공부하여 그의 법을 잇고 20년간 시봉하였다. 그 뒤 고향으로 돌아와 화주(和州) 개성선원(開聖禪院)에서 개당(開堂)하고, 나중에 복건성 선주 창교선원(彰敎禪院), 강소성 소주부 호구산(虎丘山)의 운암선사(雲巖禪寺)에 머물렀다. 약평(若平)과 함께 원오극근의 어록(語錄)을 편찬하였다. 소흥(紹興) 6년 입적. 세수 60. 문인인 사단(嗣端)이 호구소륭선사어록(虎丘紹隆禪師語錄) 1권을 편찬하고, 서림(徐林)이 탑명(塔銘)을 지었다.

호귀(虎鬼) : 민속, 풍수, 점복(占卜) 등에서 말하는, 집안에 사람이 죽는 흉한 일을 일으키는 귀신.

호념(護念) : 모든 불 · 보살 · 하늘 · 귀신들이 선행을 닦는 중생이나 수행자에 대하여 온갖 마장을 제하고 보호하며, 깊이 기억하여 버리지 않는 것. 가피(加被), 가지(加持)와 비슷함.

호대중(好大衆) : 자, 여러분! 호(好)는 감탄사로서 자, 그럼, 좋아, 아이, 아이고.

호도(好道) : ① 좋은 행실. ② 바람직한 일. ③ 좋은 길.

호란(胡亂) : ① 어지럽다. ② 실없이. ③ 아쉬운 대로 참고 견디다. 그럭저럭 살아가다. ④ 마음대로 하다. 형편 닿는 대로 하다. 좋을 대로 하다. ⑤ 자유로이. 함부로. 제멋대로. 마구. 아무렇게나. ⑥ 소홀하다. 데면데면하다.

호로(葫蘆) : 조롱박. 표주박.

호리(戶裏) : 문 안. 집 안.

호리(狐狸) : 여우의 통칭.

호마(胡麻) : 참깨.

호명보살(護明菩薩) : 호명보살은 석존(釋尊)이 일생보처(一生補處)의 보살로서 도솔천(兜率天)에 있을 때의 이름이다.

호미(狐媚) : 여우처럼 알랑거려 남을 홀리다. 남을 속이다.

호법선신(護法善神) : 또는 호법신(護法神). 불법(佛法)을 수호하는 선신(善神)들. 금강역사(金剛力士) · 4천왕(天王) · 호세(護世) 8방천(方天). 10라찰녀(羅刹女) · 12신장(神將) · 16선신(善神) · 26부중(部衆) · 30번신(番神) · 36신왕(神王) 등 불법을 좋아하며 존중하고 옹호하는 모든 천인 · 귀신 · 용왕들을 말함.

호법신(護法神) : 나타(那吒; Nata). 머리 3개와 팔 6개를 가지고 있는 매우 무서운 아수라(阿修羅). 비사문천왕(毘沙門天王)의 맏아들로서 불법(佛法)을 수호하는 호법신(護法神)이라고 함.

호상(胡床) : 등받이와 팔걸이가 있고 다리를 접을 수 있는 옛날 의자. 교상(交牀).

호상(湖湘) : 호남(湖南).

호석(護惜) : 보호하고 아낌.

호설난도(胡說亂道) : 엉터리로 말하다. 터무니없는 말을 하다. 허튼 소리를 하다. = 호설패도(胡說霸道), 호설팔도(胡說八道).

호세사천왕(護世四天王) : = 사천왕(四天王).

호손(猢猻) : = 호손자(猢猻子).

호손승자(猢猻繩子) : 원숭이를 묶은 밧줄. 원숭이줄.

호손자(猢猻子) : 원숭이. 잠시도 가만있지 못하고 이리저리 헤매는 중생의 마음을 비유함.

호수(好手) : 솜씨가 좋은 사람. 명수(名手).

호수(胡須) : 수염.

호수적(胡須赤) : 수염이 붉다.

호신부자(護身符子) : 몸을 보호하는 부적(符籍). 호신용 부적.

호언란어(胡言亂語) : 외국인이 지껄이는 엉터리 중국어.

호언한어(胡言漢語) : 외국인과 중국인의 말. 외국인과 중국인이 섞여 살고 있는 지역의 말. 외국말과 중국말이 뒤섞여 있는 말. 여기에서 호(胡)는 주로 인도(印度)를 가리킴. 외국인이 지껄이는 엉터리 중국어.

호연(浩然) : 넓고 성대한 모양.

호월(胡越) : 호(胡)는 중국 북쪽 민족, 월(越)은 중국 남쪽 민족. 그러므로 호월(胡越)은 아주 멀리 떨어져 있거나 상반되는 것을 지칭함.

호인(好人) : ① 훌륭한 사람. ② 건강한 사람.

호장삼흑이사(胡張三黑李四) : 장삼이사(張三李四)와 같음. 장삼이사(張三李四)는 평범한 사람, 아무나, 누구나라는 뜻. 범부(凡夫) 중생(衆生)을 가리키는 말. 터무니없다는 뜻인 호(胡)와 사악하다는 뜻인 흑(黑)은 범부중생의 특성을 부처와 비교하여 말한 것이다.

호종(胡種) : 호종족(胡種族)의 준말. 석가모니나 보리달마와 같은 석가종족(釋迦種族), 곧 바른 불법(佛法)의 종자를 이어오는 불자(佛子)의 모임인 승가(僧家) 혹은 바른 불법(佛法)을 가리킨다.

호중(壺中) : = 호중천(壺中天).

호중천(壺中天) : 별천지(別天地)나 선경(仙境). 한대(漢代)에 신선(神仙) 호공(壺公)이 항아리 속의 선계(仙界)에서 살았다는 고사에서 유래한 말. = 호중천지(壺中天地).

호지(護持) : 보호하여 지니다.

호풍(好風) : 대단한 바람. 바람이 많이 불다. 바람이 세게 불다.

호한(胡漢) : 오랑캐와 한인(漢人). 오랑캐는 야만인을, 한인은 문명인을 의미한다. 거울에 오랑캐가 오면 오랑캐로 비치고, 한족이 오면 한족으로 비치듯이 사물의 본질을 있는 그대로 파악하는 식견을 의미한다.

호현한현(胡現漢現) : 맑은 거울에 사물이 비칠 때와 같이, 한인(漢人)이 오면 한인(漢人)이 나타나고, 서북 오랑캐[胡人]가 오면 오랑캐가 나타난다는 뜻이다. 곧 감추거나 속이지 않는 작용을 가리키는 말이다.

호호(好好) : ① 노력하다. 힘쓰다. ② 진지하다. 성실하다. ③ 정말로. 모조리.

호호(浩浩) : 가없이 넓고 크다. 물살이 대단하다.

혹(或)- 혹(或)- : -일 때도 있고, -일 때도 있다. -이거나 -이다. -하거나 -하다.

혹란(惑亂) : 혼란하게 만들다. 현혹(眩惑)시키다.

혼강(渾綱) : 대강(大綱). 요점(要點). 핵심.

혼곤(昏困) : 정신이 몽롱하고 피곤함.

혼달(昏怛) : 어둡고 근심하다.

혼돈(混沌) : 『장자(莊子)』 「응제왕(應帝王)」 편에 그 출전이 있다. 혼돈은 서양에서 부정적으로 쓰이는 'chaos'와는 달리, 모든 것의 근원, 모든 가능성의 총체로서 긍정적인 의미로 쓰인다. 『노자도덕경』 25장의 "뒤섞여 이루어진 것 있었으니, 하늘과 땅보다 먼저 생겼도다"(有物混成, 先天地生)라고 할 때의 그 '뒤섞여 이루어진 것'과 같다. 즉, 무극(無極)이나 태극(太極)을 의미한다. 불교에서의 '부모미생시(父母未生時)'와 상통한다.

혼륜(渾崙) : 혼돈(混沌)과 같은 말. 천지가 아직 개벽되지 않은 상태를 말함.

혼몰(渾沒) : 전혀 -가 없다.

혼불(渾不)- : 전혀 - 아니다.

혼침(昏沈)과 도거(掉擧) : 혼침(昏沈)은 어둡고 답답한 마음이고, 도거(掉擧)는 마음이 안정되지 않고 생각을 따라 이리저리 흘러가는 것. 두 개의 대표적인 선병(禪病).

혼탈(渾脫) : ① 자연적으로 이루어져 다듬은 흔적이 없음을 이름. ② 짐승의 가죽으로 만든 가죽 주머니. ③ 모양이 가죽 주머니와 비슷한 주머니. ④ 가죽 주머니와 비슷한 모양의 모자를 쓴 사람들이 하는 무용, 혹은 그런 무용단.

홀(笏) : 중국의 관복제도에서 유래된 것으로 관복을 입고 손에 드는 도구로 직책에 따라 재료가 달랐다. 선승들도 이와 비슷한 모양의 법구(法具)를 소지하였다.

홍문지회(鴻門之會) : 홍문지연(鴻門之宴)이라고도 한다. 홍문(鴻門)은 섬서성(陝西省) 임동현(臨潼縣)의 지명(地名). 홍문지회 혹은 홍문지연은 홍문에서 한고조(漢高祖) 유방(劉邦)과 초왕(楚王) 항우(項羽)가 베푼 잔치. 항우가 범증(范增)의 권유로 잔치를 열어 유방을 불러 죽이고자 하였으나, 장량(張良)이 계책을 잘 써서 유방이 번쾌(樊噲)를 데리고 무사히 도망하였다. 그러므로 홍문지회 혹은 홍문지연은 남을 모함하여 죽일 목적으로 차린 잔치를 가리킨다.

홍심(紅心) : 과녁 한가운데의 붉은 점.

홍원(弘願) : 넓고 큰 서원(誓願). 시방의 중생을

널리 구제하려는 부처님의 높고 크신 희망과, 반드시 구제하리라 하는 견고한 서원. 곧 아미타불의 48원을 말함. 정토종에서는 48원을 모두 홍원이라 하나, 때로는 제18 · 제19 · 제20 · 제35의 4원을 가리키는 것이며, 이 가운데서도 제18원을 특히 중요하다 함.

홍홍(哄哄) : 시끄럽고 복잡한 모습.

화(和) : ① 위로하다. 달래다. ② 쌍방이 상의하여 일을 매듭짓다. ③ 떠들썩하게 말에 뛰어 올라타다. ④ -까지 더하여. -조차. ⑤ -와 함께. 더불어. -와. ⑥ -을(를).

화(話) : ① 담론(談論). 의론(議論). 논의(論議). 대화(對話). 이야기. ② 고사(故事).

화광동진(和光同塵) : 노자(老子)의 『도덕경(道德經)』 56장에 나오는 구절. ① 빛을 감추고 티끌 속에 섞여 있다는 뜻으로, 자기의 뛰어난 지덕(智德)을 나타내지 않고 세속을 따름을 이르는 말. ② 불보살이 중생을 깨우치기 위하여 속인들 사이에 태어나 중생과 인연을 맺어 중생을 불법으로 인도함.

화근(火筋) : 부젓가락.

화남(和南) : vandana의 음역. 예배(禮拜). 머리 숙여 절함. 인사.

화니합수(和泥合水) : 타니대수(拖泥帶水).

화단(話端) : = 화두(話頭).

화당(畫堂) : 그림 같은 집. 화려한 집.

화동(和同) : 화목하다. 화합하다. 함께. 다같이.

화두(話頭) : 화(話)와 같음. 두(頭)는 접미어(接尾語). ① 말. 말씀. 이야기. 대화. 담론. ② 이야기의 주제. 화제(話題). ③ 고사(故事).

화라반(和羅飯) : 화라(和羅)는 발우(鉢盂)라는 뜻이므로, 화라반은 발우에 담긴 밥. = 발화라(鉢和羅).

화라추(和羅槌) : = 화라추(和囉槌). 거지가 동냥할 때에 연화락(蓮花落) 등의 창(唱)을 하며 박자를 맞추느라고 두드리는 나무판. 전하여 생계의 수단을 가리킨다. 각설이의 동냥 깡통.

화림원(華林園) : 미륵보살이 미래에 성불(成佛)한 후 3회의 설법을 한다는 동산. 용화수(龍華樹)가 있기 때문에 이렇게 부른다.

화명(和鳴) : 음조가 알맞다. 소리가 잘 어울리다.

화벽(華擘) : 쪼개다. 나누다. = 화벽(花擘).

화불단행(禍不單行) : 재앙은 늘 겹쳐 오게 마련이다. 엎친 데 덮친다. 설상가상(雪上加霜). 뒤에 주로 복무쌍지(福無雙至)가 이어진다.

화산덕보(禾山德普 : 1025~1091) : 임제종의 황룡파. 면주(緜州, 사천성) 사람. 속성은 포씨(蒲氏). 부락산(富樂山)의 정선사(靜禪師)를 만나 뵙고 사사하였다. 18세에 구족계를 받고 뒤에 촉(蜀)으로 나아가서 형주(荊州, 호북성)에 있다가 한 승려를 만나서 선종의 존재를 듣고 희령(熙寧) 원년(1068)에 황룡혜남(黃龍慧南)에게 참학하여 법을 이었다. 동 8년에 혜운원(慧雲院)에 주석하기를 7년, 다음으로 길주(吉州) 화산(禾山)으로 옮겼다. 원우(元祐) 6년 정월 원일에 시적하였다. 세수는 67세. 법랍은 49세.

화서(華胥) : 화서국(華胥國). 옛날 신화 속에서 무위(無爲)로 다스렸다는 이상국가(理想國家).

화성(和聲) : 말에 호응하다.

화성유(化城喩) : 『법화경(法華經)』에서 설해진 일곱 가지의 비유 가운데 하나이다. 신통력으로 변화시켜 만든 성으로, 신통력으로 위로 들어 올려진 도성(都城)이다. 즉 초자연력에 의해 형성된 도성이다. 일체 중생이 성불하는 곳을 보배가 있는 장소라 하는데, 이곳을 가는 길은 멀고 험하므로 행인이 피로하여 되돌아갈까 두려워하여 도중에 한 성곽을 변작(變作)하여 그곳에서 휴식하게 하고, 이곳에서 힘을 길러 보배가 있는 곳에 이르면 부처님께서 일체 중생을 대승의 불과(佛果)에 이르게 하고자 한다는 것이다. 『법화경(法華經)』 화성유품(化城喩品)에 나온다. 깨달음으로 이끌기 위하여 임시로 만든 방편을 가리키는 말이다.

화시(畫時) : 즉시. 곧. 당장. 냉큼.

화신(化身) : nirmāṇa-kāya 변화신(變化身). ① 3신의 하나. 각 취(趣)의 중생들에게 알맞는 대상으로 화현(化現)하는 것. 부처님 형상이 아닌 용(龍)·귀(鬼) 등으로 나타내는 몸. ② 3신의 하나. 없다가 홀연히 나타내는 형상. 근기에 응하여 홀연히 화현한 부처님 형상. ③ 구족하게는 변화신(變化身). 3신의 하나. 중생들을 구제하기 위하여 부처님이 스스로 변현(變現)하여 중생의 모습이 되는 것. 석가가 중생을 구제하기 위해서 여러 모습으로 이 세상에 나타난 일이다. 응신(應身)이라고도 한다. 불보살이 중생을 교화하기 위하여, 여섯 갈래 중생들에게 보이기 위하여 신통력으로 상대자에게 적당하게 변화하여 나타내는 몸을 말한다.

화신(和身) : 온몸.

화씨벽(和氏璧) : 초(楚)나라 사람 변화(卞和)는 어느 날 초산(楚山)에서 커다란 박옥(璞玉 : 구슬의 원석)을 주웠다. 그는 그것을 초(楚)의 여왕(厲王)에게 바쳤다. 여왕은 옥장(玉匠)에게 그것을 감정해 보라고 하니, 옥장은 그것을 옥(玉)이 아니라 그냥 돌이라고 하였다. 왕은 변화가 거짓말을 하였다고 하여 왼쪽 발꿈치를 베는 처벌을 하였다. 여왕을 이어서 무왕(武王)이 즉위하자, 변화는 다시 그 박옥을 왕에게 올렸다. 무왕이 옥장을 불러 그것을 감정해 보라고 하자, 옥장은 다시 그것을 옥이 아니라 돌이라고 하였다. 무왕도 변씨(卞氏)가 거짓말을 하였다고 하여 이번에는 오른쪽 발꿈치를 베는 형벌을 내렸다. 세월이 흘러 문왕(文王)이 즉위하자 변씨는 그 박옥을 품에 안고 초산(楚山) 아래로 가서 3일 낮 3일 밤을 울다가 나중에는 입에서 피를 토하였다. 왕이 그 소식을 듣고는 사람을 보내어 까닭을 물었다. "천하에 발꿈치가 베인 사람은 많은데, 너만 어찌 그렇게 슬피 우느냐?" 이에 변화가 말했다. "나는 발꿈치가 베이어서 우는 것이 아닙니다. 보옥(寶玉)을 돌이라고 하고 정직한 사람을 거짓말쟁이라고 하는 것이 슬퍼서 우는 것입니다." 이에 왕이 옥장(玉匠)에게 시켜 그 박옥(璞玉)을 벗기니 과연 천하에 둘도 없는 커다랗고 훌륭한 보물이 되었다. 그리하여 그 옥을 화씨지벽(和氏之璧)이라고 불렀다. 『한비자(韓非子)』에 나오는 이야기이다.

화악(華嶽) : 섬서성(陝西省)에 있는 화산(華山). 오악(五嶽)의 하나.

화약(花藥) : 작약(芍藥).

화엄오위(華嚴五位) : 보살이 수행해 나아가는 다섯 계위(階位). 십신(十信), 십주(十住), 십행(十行), 십회향(十廻向), 십지(十地)의 순서이다. 십회향까지는 범부의 수행이고 십지부터 성인이라고 한다.

화음산(華陰山) : '화음(華陰)'은 섬서성(陝西省)에 있는 현인데, 화산(華山)의 북쪽에 있다. 그러므로 화음산은 곧 화산을 가리킨다.

화작양궐(話作兩橛) : 한 입으로 두 말 하다.

화정(花情) : 꽃의 정취(情趣). 꽃의 운치. 꽃의 멋.

화정봉(華頂峰) : 절강성(浙江省) 천태현(天台縣) 북동쪽에 있는 천태산(天台山)의 봉우리 가운데 하나.

화주(化主) : 본래 안목을 갖추어 중생교화의 주인이 되는 이를 뜻하는 말이지만, 사찰의 소임으로서는 여러 곳을 다니며 사람들로부터 보시물을 받아 절에 쓸 비용을 마련하는 스님을 가리킨다.

화지일성(囮地一聲) : = 분지일발(噴地一發).

화지일하(囮地一下) : = 분지일발(噴地一發).

화타(話墮) : ① 타언구중(墮言句中)과 같이 말속에 떨어졌다, 즉 말속으로 말려 들어갔다는 뜻. 말의 뜻 속으로 말려 들어감으로써 본지(本旨)를 잃은 것을 가리킨다. 즉, 분별에 머물고 있다는 말. ② 말이 성립되지 않는다. 말의 앞뒤가 모순되다. 말의 앞뒤가 맞지 않는다. 말하여 스스로의 모순을 드러낸다.

화택(火宅) : 『법화경』 7유(喩)의 하나인 화택유(火宅喩)에 나오는 말. 3계가 탐욕 등의 번뇌로 어지러운 것을 불타는 집에 비유한 것. 곧 고뇌가 가득찬 이 세계.

화택유(火宅喩) : 법화칠유(法華七喩)의 하나. 『법화경』「비유품」에 있다. 어느 마을에 자식 많고 나이 많은 억만장자가 있었다. 그는 넓고 큰 저택에 살고 있었는데 그 집은 이미 낡아서 폐가처럼 황폐해 있었다. 새들이 집을 짓고 있었으며 뱀들도 서식하고 있었다. 큰 저택이지만 무슨 까닭인지 출입구는 오직 하나뿐이었다. 그런데 어느 날 이 집에 불이나 순식간에 불바다가 되었다. 장자는 재빨리 문밖으로 뛰쳐나왔으나 그가 사랑하는 수많은 아이들은 불이 난 것도 모르고 집안에서 놀이에만 정신이 팔려 있었다. 아이들은 자기들의 몸에 닥쳐오는 위험을 알지 못하므로 피할 마음도 없었다. 아버지인 장자의 마음은 안타깝기 짝이 없었다. "위험하니 빨리 밖으로 나오너라."고 밖에서 크게 소리쳤으나, 아이들은 아버지의 말을 귀담아 들으려 하지 않았다. 그들은 불이 났다는 것이 무엇이며, 불이 집을 태운다고 하는데 그 집이란 무엇인지, 또 불에 타서 죽는다는 것은 어떠한 것인지를 전혀 알지 못했으므로, 그저 집안에서 이리 뛰고 저리 뛰면서 문밖의 아버지를 힐끔힐끔 쳐다보기만 할 뿐이었다. 장자인 아버지는 어떻게 해서라도 아이들을 구해야겠다고 생각했으므로 아이들이 평소에 원했던 것을 이것저것 생각한 끝에 "너희들이 항상 원하던 양(羊)이 끄는 수레, 사슴(鹿)이 끄는 수레, 소(牛)가 끄는 수레가 문밖에 있으니 빨리 밖으로 나와라."고 소리쳤다. 양이 끄는 수레와 사슴이 끄는 수레와 소가 끄는 수레는 모두 아이들이 꿈에서나 그리던 것들이었다. 아이들은 아버지의 말을 듣자 손에 가지고 놀던 장난감을 내던지고 앞을 다투어, 오직 하나뿐인 좁은 문을 통해 밖으로 나왔다. 그러나 그곳에는 아버지가 말한 양의 수레, 사슴의 수레, 소의 수레는 그림자도 없었다. 아버지는 아이들이 무사한 모습을 보고 안도의 숨을 쉬었으나 아이들은 이에 승복하지 않았다. "아버지가 거짓말을 하셨다."며 막무가내로 아버지에게 항의했다. 그러자 아버지는 약속한 양·사슴·소가 끄는 수레보다 더 크고 훌륭하며 날쌘, 흰 소(白牛)가 끄는 수레를 아이들에게 전부 나눠 주었으므로 아이들은 모두 만족했다. 이상이 장자화택(長者火宅), 삼거화택(三車火宅), 삼계화택(三界火宅)의 비유라고 불리는 것이다. 불난 집(火宅)은 3계(三界) 즉 사바 세계를, 아이들은 중생을, 장자는 부처님을 비유한 것이다. 양·사슴·소의 세 가지 수레는 각각 성문승·연각승·보살승인 3승을 비유한 것이며, 대백우거(大白牛車)는 1불승(一佛乘)에 비유한 것이다. 모든 부처님은 중생을 교화하는 방편으로 1불승을 3승으로 나누어 설한다고 하시며 앞의 「방편품」에서 설한 3승방편(三乘方便) 1승진실(一乘眞實)의 가르침을 밝히고 있는 것이다.

화파(話把) : 이야깃거리. = 화패(話霸).

화패(話欛) : = 화패(話霸), 화파(話把). 이야깃거리.

화회(話會) : 말하다.

화회(和會) : 조화하다. 절충하다. 서로 모순된 듯한 경론(經論)을 하나로 통하게 해석(解釋)함.

확연(廓然) : 확 트이다. 텅 비다.

확주(廓周) : ① 범위. ② 둘러싸다.

확청(廓淸) : ① 깨끗이 쓸어 없애 맑게 함. ② 넓고 깨끗함.

확탕로(鑊湯爐) : 기름이나 구리를 넣어 펄펄 끓고 있는 지옥에 있다는 큰 가마솥.

환(還)-야무(也無) : -인가? -이냐?

환각인안정(換卻人眼睛) : 사람의 눈동자를 바꾸다. 이전의 분별사량하는 눈을 바꾸어서 실상을 보는 안목을 얻게 하다.

환기(喚起) : ① 불러일으키다. ② 새 이름.

환득(還得)-야미(也未) : -하게 되었습니까? -하게 됩니까?

환보이신(換步移身) : 이환(移換)은 바꾼다는 뜻. 몸과 걸음을 바꾸다. 깨달은 부처 노릇을 한다는 뜻. 깨달음이 따로 있고 부처가 따로 있다는 격식을 세웠다는 말. 이신환보(移身換步), 이신전보(移身轉步)라고도 함.

환수(換手) : 양손을 바꾸어 (들다, 치다).

환안(換眼) : = 환각인안정(換卻人眼睛).

환여(還如) : ① 만일. 만약. ② 도리어 -와 같다. ③ 마치 -같다.

환우(寰宇) : 온 세계. 천하.

환유(宦遊) : 벼슬자리를 찾아 돌아다니다.

환인(幻人) : 본래 '나'라고 하는 모습은 허망한 망상(妄相)이고, 진실한 것이 없으므로 환인(幻人)이라 한다.

환작(喚作) : -라 여기다. -라 부르다. = 환주(喚做).

환전(還錢) : 돈을 돌려주다. 빚을 갚다.

환전(換轉) : 여기저기 옮겨 다니다.

환혹(幻惑) : 홀리다. 미혹(迷惑)되다. 현혹(眩惑)되다.

환화(幻化) : 실체가 없는 것이 환술(幻術)로 나타나 있는 것처럼 됨. 공화(空華)와 같은 경우.

활계(活計) : ① 살림. 생계. 살림살이. ② 일. ③ 수공예품. 기성품.

활달(豁達) : ① 확 트이다. 확 트여 통하다. ② 통이 크다. 너그럽다.

활두(猾頭) : = 활두(滑頭).

활두(滑頭) : ① 교활한 사람. 약빠리. ② 사기꾼. ③ 교활하다. 약삭빠르다. ④ 반들거리다. 반질거리다. ⑤ 불성실하다.

활략(闊略) : 꼼꼼하지 못하다. 거칠다. 소홀하다.

활발발지(活鱍鱍地) : 활발발지(活潑潑地)라고도 씀. 물고기 물을 튀기면서 펄떡이는 모습처럼 생기발랄한 모습을 가리킴. 활발하게. 생기발랄하게.

활여(豁如) : 널찍하게 트여 있다. 도량이 넓다.

활연(豁然) : (마음이) 활짝(탁) 트이는 모양. 확(환히) 뚫리는 모양.

활활(豁豁) : ① 넓고 큰 모양. ② 마음이 거리낌 없이 탁 트임.

황각(黃閣) : ① 재상(宰相)의 관서(官署). 한대(漢代)에 승상(丞相)·태위(太尉)와 한대 이후 삼공(三公)이 집무하는 관청의 문을 황색으로 칠한 것에서 유래한다. ② 당대(唐代)에 문하성(門下省)을 일컫던 말. ③ 재상(宰相)을 이르는 말.

황고(簧鼓) : 피리를 불고 북을 치다.

황금진인(黃金眞人) : 금인(金人). 불상(佛像)에 금박을 입힌 것에서 나온 말로 불상(佛像) 혹은 부처를 가리킨다.

황련(黃連) : 깽깽이풀. 중국 원산의 약용 풀. 줄기와 땅속줄기의 단면이 짙은 황색인데서 붙여진 이름이다. 맛이 쓰다.

황룡사심(黃龍死心 : 1043~1114) : '사심오신(死心悟新)'으로 알려져 있다. 임제종 황룡파(黃龍派). 호는 사심(死心). 속성은 황씨(黃氏). 경력(慶曆) 3년 2월 29일 태어남. 광동성 곡강(曲江)의 사람. 불타원덕수(佛陀院德修)에서 축발진구(祝髮進具; 머리를 깎고 구족계를 받음)하였다. 여러 지방을 유력하다가 희령(熙寧) 8년(1075) 황룡사에 이르러 회당조심(晦堂祖心)을 알현하고 인가증명(印可證明)을 받아 법을 잇고, 황룡(黃龍)으로 분좌(分座)를 받게 되었다. 뒤에 여러 지역을 유력하고 원우(元祐) 7년(1092) 운암(雲巖)에서 세상 교화에 나서고, 소성(紹聖) 4년(1097) 취암(翠巖)에 이르렀고, 정화(政和; 1111~1118)의 초기에 황룡(黃龍)에 거주하였다. 정화 4년 12월 14일 시적하였다. 세수는 72세. 법랍은 46세였다. 『보등록(普燈錄)』에는 시적한 해가 정화 5년으로 나와 있고 세수도 맞지 않다.

황룡삼관(黃龍三關) : 『오등회원』 제17권 '융흥부 황룡혜남선사(隆興府黃龍慧南禪師)'에 다음이 내용이 나온다 : 황룡은 방장 안에서 늘 승려들에게 묻곤 했다. "사람마다 모두 태어난 인연이 있는데, 스님의 태어난 인연은 어디에 있는가?" 바로 묻고 답하고 하며 서로 겨루다가, 다시 손을 펼치며 물었다. "내 손이 어찌하여 부처님의 손과 같은가?" 다시 말했다. "여러 곳에서 찾아와, 종사(宗師)가 얻은 것를 요구한다." 다시 발을 내려뜨리고 말했다. "내 발이 어찌하여 나귀의 발과 닮았는가?" 30여 년 동안 이 세 가지 질문을 던졌지만, 그 뜻에 계합하는 학승(學僧)이 없었다. 만약 응수(應酬)하는 자가 있었더라면, 황룡이 옳다고 여긴 적이 있지 않았을까? 총림(叢林)에서는 이것을 일러 황룡삼관(黃龍三關)이라고 한다.(師室中常問僧曰 : "人人盡有生緣, 上

座生緣在何處?" 正當問答交鋒, 卻復伸手曰: "我手何似佛手?" 又問: "諸方參請, 宗師所得." 卻復垂脚曰: "我脚何似驢脚?" 三十餘年示此三問, 學者莫有契其旨. 脫有酬者, 師未嘗可否? 叢林目之爲黃龍三關.)

황룡오신(黃龍悟新) : '황룡사심(黃龍死心)' 또는 '사심오신(死心悟新)'이라고도 부른다.

황룡혜남(黃龍慧南) : 1002~1069. 송대(宋代) 스님. 임제종 황룡파의 개조. 적취노남이라고도 함. 속성은 장(章)씨. 강서성 신주 옥산 봉절현 동쪽 배제성 출신. 11세 때 정수원 지란(智鑾)을 따라 출가하여 귀종사(歸宗寺)에서 행각하고 삼각산의 회징(懷澄)을 만나 수학함. 후에 당시 불교의 성지라고 알려져 있는 여산(廬山)에 들어가 운봉문열(雲峰文悅) 참학함. 그 후에 석상초원(石霜楚圓)에게 참학하여 그 법을 잇고, 조주감파(趙州勘婆)의 얘기를 듣고 깨달은 후 여러 산을 행각하다가 동안원(同安院)에서 개당설법함. 귀종사에 돌아온 후에 당우에 불이 나서 죄를 쓰고 감옥에 갇혔으나 곧 풀려나 황벽으로 은거함. 이후 융홍부의 황룡산에 머물면서 크게 종풍을 드날림. 이로부터 공안(公案)이 활발히 사용되고 황룡혜남의 접화(接化)하는 수단이 그의 종풍과 함께 호남·호북·강서를 중심으로 널리 퍼짐. 희녕 2년 3월 17일 입적. 세수 68, 시호는 보각(普覺) 선사. 제자로 회당조심(晦堂祖心)·보봉극문(寶峰克文) 등을 배출함.

황매(黃梅) : 중국 당나라 때의 오조 홍인(五祖弘忍)을 말함. 중국 선종(禪宗)의 제5조. 동산(東山)에 살았기 때문에 그 교단을 동산법문(法門)이라고도 한다.

황면구담(黃面瞿曇) : 석가모니. 황면(黃面), 황두(黃頭)라고 약칭. 석가의 탄생지인 카필라성의 카필라는 황색(黃色)이라는 뜻이고, 석가의 씨족명은 고오타마(Gotama. 구담(瞿曇)으로 음역)이므로 이렇게 부른다. 황면노자(黃面老子)라고도 한다.

황면노자(黃面老子) : 석가모니. 황면(黃面), 황두(黃頭)라고 약칭. 석가의 탄생지인 카필라성의 카필라가 황색(黃色)이라는 뜻이므로, 이와 같이 말한다. 석가의 씨족명인 고오타마를 붙여 황면구담(黃面瞿曇)이라고도 한다.

황번작(黃幡綽) : 이름은 번작(旛綽). 번작(幡綽)은 자(字). 당대(唐代)의 연극 배우. 광대. 현종(玄宗) 개원(開元) 초에 궁중(宮中)으로 들어가서, 현종을 30년 동안 모셨다. 성질이 익살스럽고, 듣기 좋은 말로 사람을 대하고, 조롱하는 농담으로 당시의 정치를 꾸짖기도 잘하였다. 안사(安史)의 반란 때에는 반군(叛軍)에 붙잡혀 위협에 못 이겨 따라다녔다. 난이 평정되고 구속되었으나, 현종이 불쌍히 여겨 풀어 주었다.

황벽(黃蘗) : ① 황벽희운. ② 황룡혜남. 황룡혜남(黃龍慧南)은 머물던 귀종사(歸宗寺)에 불이 나서 그 죄로 감옥에 갇혔다가 풀려나 황벽(黃蘗)에서 은거한 적이 있음.

황벽희운(黃蘗希運) : ?~856년경. 남악(南嶽)의 아래. 민현(閩縣; 福建省 福州) 사람이다. 복주의 황벽산(黃蘗山)에서 출가하였다. 그 후 천태(天台)에 유력하다가 다시 백장산(百丈山; 강서성)의 회해(懷海)의 제자가 되어 그의 현지(玄旨)를 얻었다. 대안사(大安寺)에서 주석할 때 그 회하(會下)에 많은 제자들이 모였다. 또 상국(相國) 배휴(裴休)의 청에 응하여 종릉(鍾陵; 강서성)에 가서 옛 산을 그리워하여 황벽산의 이름을 따서 개조(開祖)하였다. 그후 회창 2년(842)에 용흥사(龍興寺)로 옮기고, 대중 2년(848) 완릉(宛陵; 안휘성)의 개원사(開元寺)에 주석하였다. 대중 10년(856) 경에 입적하였다. 제자로는 중국 임제종(臨濟宗)의 시조인 임제의현(臨濟義玄)이 있다. 배휴가 집록한 법어집인 『전심법요(傳心法要)』가 있고, 선가(禪家)의 '심(心)'에 대하여 자세하게 설명한 것이 있다. 단제선사(斷際禪師)라는 시호를 받았다.

황성(隍城) : 해자(垓字)로 둘러싸인 성(城). 안전한 곳. 편안한 곳.

황약(恍若) : 마치 -인 것 같다. = 황약(怳若), 황여

(恍如), 황여(怳如).

황양목선(黃楊木禪) : 황양목(黃楊木)은 회양목이다. 회양목은 자라는 것이 극히 느려서 1년에 손가락 한 마디 길이도 자라지 않다가, 윤년(閏年)에는 도리어 한 마디 정도가 줄어든다고 한다. 황양목선이란, 깨달은 자리에 머물러서 공부가 더 이상 나아가지 않고 머물러 있는 것을 가리킨다. 즉, 깨달은 곳에 주저앉아서 자유롭게 활용하는 능력이 없는 경우를 꾸짖는 말이다.

황여(怳如) : 마치 -인 것 같다. = 황약(恍若).

황엽(黃葉) : 버드나무의 누런 잎을 금이라 하여 어린이에게 주어서 울음을 그치게 한 것. 방편을 가리킴.

황작(黃雀) : 꾀꼬리.

황제(皇帝) : 고대 중국의 전설상의 제왕. 이름은 헌원(軒轅). 문명을 발전시켰으며 도교의 시조로 추앙받고 있다. B.C. 2704년경에 태어나 B.C. 2697년 제왕이 되었다고 전해진다. 통치기간 중 목조건물 · 수레 · 배 · 활 · 화살 · 문자를 만들어냈고, 통치기구와 동전의 사용법을 도입했다고 전해진다. 황제는 그의 통치 기간이 황금시대로 불릴 정도로 지혜의 화신으로 알려져 있다.

황초(荒草) : 거친 풀밭. 잡초밭. 아무렇게나 생겨나는 번뇌망상의 거친 풀.

황학루(黃鶴樓) : 호북성 무창현(武昌縣)의 서쪽 황학산(黃鶴山) 서북쪽 강가에 있는 고루(高樓)이다. 비문위(費文褘)가 신선이 되어 하늘로 날 때 황학을 타고 가다가 여기에서 쉬었다고 전해진다.

황합(黃閤) : = 황각(黃閣).

황홀(恍惚) : 얼떨떨하고 불안하다. 흐리멍덩하고 불안하다. 아득하고 불안하다.

회(回) : ① 바꾸다. 변화시키다. ② 사다. ③ 번(횟수).

회광반조(迴光反照) : ① 저녁에 태양이 지기 직전 잠시 반짝이는 빛. 죽을 무렵에 잠시 정신이 맑아지다. 소멸 직전에 잠시 왕성해지다. ② 자아성찰(自我省察).

회당노인(晦堂老人) : 회당조심(晦堂祖心).

회당심(晦堂心) : 회당조심(晦堂祖心). 황룡조심(黃龍祖心).

회당조심(晦堂祖心) : 1025~1100. 황룡심(黃龍心). 황룡조심(黃龍祖心)이라고도 한다. 융흥부(隆興府) 황룡조심보각(黃龍祖心寶覺) 선사. 남악 문하 12세손. 황룡혜남(黃龍慧南)의 법제자. 송대(宋代) 스님. 임제종 황룡파. 황룡은 주석 산명. 호는 회당(晦堂). 속성은 오(鄔)씨. 광동성 남웅 출신. 10세에 용산사 혜전(慧全)에게 득도하고, 운봉문열(雲峰文悅) · 황룡혜남(黃龍慧南)에게 참구하여 황룡혜남의 법을 이어받음. 황룡에 머물다가 송(宋) 원부 3년에 입적함. 세수 75. 시호는 보각(寶覺) 선사. 황정견(黃庭堅)이 탑명(塔銘)을 씀.

회두(回頭) : ① 고개를 돌리다. 머리를 돌리다. ② 개심(改心)하다.

회두전뇌(回頭轉腦) : 머리를 돌리고 생각을 바꾸다.

회리(懷裏) : ① 품속. ② 자기 앞. 자기 쪽.

회심(灰心) : 실망하다. 낙심하다. 낙담하다.

회양(懷讓) : 남악회양(南嶽懷讓).

회자(劊子) : 망나니. 도부수(刀斧手). 사형 집행인. = 회자수(劊子手).

회자수(劊子手) : = 회자(劊子).

회장(恢張) : 크게 넓히다. 확장하다. 확대하다.

회전(回轉) : ① 방향을 돌리다. ② 마음을 돌리다. 생각을 바꾸다.

회취(會取) : 알아차리다. = 회(會). 취(取)는 '득(得)'처럼 동사 뒤에 붙어 그 동작의 완료를 나타내는 조사(助詞).

회해(懷海) : 백장회해(百丈懷海).

회향(回向) : = 회향(廻向). 회전취향(廻轉趣向)의 약자. (깨달음으로) 향하여 돌린다는 뜻. 자기가 닦은 선근(善根) 공덕을 다른 중생이나 깨달음으로 향하여 돌림.

회호(回互) : 둘 이상이 서로 섞여 들어가 관계를 맺으면서 서로 기대고 함께 존재하는 모양이 되면서도 각각이 독자적인 뜻을 잃지 않는 것을 의미한다.

회환(回換) : 바꾸다. 교환하다.

횡미(橫眉) : 화난 눈초리. 사나운 눈초리. = 미횡(眉橫).

효로(效勞) : 충실하게 힘쓰다. 충성을 다하다. 온 힘을 다하다.

효빈(效顰) : = 동시효빈(東施效顰). 남의 결점을 장점인 줄 알고 본뜨다. 맥락도 모르고 덩달아 흉내 내다. 미녀 서시(西施)가 병이 있어서 아픔을 참느라고 눈썹을 찡그리고 있었는데, 같은 마을의 추녀가 보고서 아름답다고 여기고 그 찌푸림을 흉내 내니 도리어 더욱 추하게 보였는데, 훗날 사람들이 이 추녀를 동시(東施)라 불렀다. 모방한 효과가 같지 않고 도리어 더욱 추함을 가리킨다.

효상(爻象) : 『주역(周易)』에서 길흉(吉凶)의 점괘를 나타내는 64괘(卦)를 이루는 음양(陰陽)의 효(爻)의 배열. 괘상(卦象)과 같은 말.

효와(誵訛) : ① 글이 까다로워 이해하기 어려움. 글이 난잡하여 오해하기 쉬움. 일부러 어렵게 보이도록 비틀어 말함. ② 난잡하게 뒤섞임. 뒤흔들어 어지럽힘. 뒤섞여 잘못됨. = 오아(聱牙), 효와(淆訛), 효와(殽訛), 요와(譊訛), 오와(聱訛). ③ 고칙공안(古則公案)의 성격을 말함. 고칙공안은 수수께끼 같은 문제를 내어 듣는 이가 자신의 본성(本性)을 놓치고 말에 끌려가 헤매도록 유도하기 때문에 이렇게 말함.

효와(淆訛) : = 효와(誵訛).

후가(後架) : 선원(禪院)에서 승당(僧堂)의 뒤쪽에 설치된 세면대. 세수와 빨래를 하던 곳.

후곤(後昆) : 후손(後孫). 자손.

후물(候物) : ① 기후에 따라 변하는 만물의 상태를 살피다. ② 계절에 따라 나오는 농산물.

후발(後跋) : 발문(跋文). 책의 끝에 그 책의 내용과 그 책과 관계되는 이야기를 간단하게 적어 첨부한 글.

후백후흑(侯伯侯黑) : 다음과 같이 두 개의 고사가 있다. ① 『회해집(淮海集)』에 나오는 이야기 속의 인물들. 중국 민(閔) 땅에 후백(侯伯)이란 사람이 남을 잘 속이므로 이웃들이 두려워하여 사귀는 이가 없었다. 하루는 후백이 후흑(侯黑)이라는 여자를 우물가에서 만났는데, 무엇인가를 잃어버린 듯하였다. 후백이 이상하게 여겨 묻자 후흑이 말했다. "내가 귀고리를 우물속에 빠뜨렸는데, 그 값이 백금(百金)어치입니다. 만일 찾아주는 이가 있으면, 그 반 값을 쳐 줄 것입니다. 당신이 찾아주시겠습니까?" 이에 후백은 귀고리를 찾으면 못 찾았다고 속이고 주지 않으리라 생각하고는 옷을 벗고서 우물 안으로 들어갔다. 그러나 후백이 우물 바닥에 이르자 후흑은 후백이 벗어놓은 옷을 가지고 달아나 버렸다. 뛰는 도둑 위에 나는 도둑이 있다는 말. ② 송(宋)의 이방(李防)이 978년에 편찬한 『태평광기(太平廣記)』 제263권에 다음의 내용이 있다. "진(陳) 나라에서는 일찍이 후백(侯伯)을 수(隋) 나라에 사신으로 보냈는데, 수왕(隋王)은 사자(使者)인 후백의 지혜가 어떤지를 알지 못하여서, 몰래 후흑(侯黑)으로 하여금 옷을 바꿔 입어 천한 신분으로 위장하여 후백을 시중들라고 시켰다. 후백은 그를 미천한 사람으로 여기고서 마음 속으로 매우 경멸하여 마침내 비스듬히 누워 방귀를 뀌면서 말하기를 '너희 나라 말의 가격은 비싸고 싼 것이 어느 정도냐?'고 물었다. 후흑이 말했다. '비싸고 싼 것이 같지는 않으니, 기량이 만족스럽고 모양이 좋으며 탈 만한 놈은 가격이 십만 전이고, 모양이 나쁘고 기량이 없어도 근골(筋骨)이 실하여 물건을 실을 만한 놈은 가격이 사오천 전은 나가지만, 꼬리털이 더부룩하고 근골은 약하면서 성질만 내고 기량도 없이 옆으로 누워 방귀나 뀌는 놈은 반푼도 주지 않습니다.' 후백이 크게 놀라서 그 이름을 물어 후흑임을 알고는 부끄러워 하며 말하기를 '후백뿐일 줄 알았는데, 또 후흑도 있었구나.'라고 하였다."

후수(後手) : ① 여유(餘裕). 여지(餘地). ② 대비(對備). ③ 후임(後任).

후야(後夜) : 자정(子正) 이후의 늦은 밤.

후후(齁齁) : 쿨쿨. 코고는 소리.

후후지(齁齁地) : 대단히. 매우. 지독하게.

훈련(熏鍊) : = 훈련(訓練). 가르쳐서 길들이다.

훈발(熏發) : 훈습(熏習)하여 계발(啓發)함.

훈습(薰習) : 범어 vāsanā의 번역. 향내가 옷에 배듯이 미오(迷悟) 제법의 영향력이 마음에 남는 현상을 말한다.

훌연(欻然) : 문득.

훔(吽) : 훔(吽)은 범어(梵語) hum의 음역. 아(阿)가 개구음(開口音)인데 반하여 훔(吽)은 입술을 다물고 숨을 막을 때의 음이다. 아(阿)는 실담자모(悉曇字母)의 첫째이고, 훔(吽)은 마지막이다. 아(阿)는 만유(萬有)가 발생하는 이체(理體)이고, 훔(吽)은 만유가 귀착하는 지덕(智德)이다. 그러므로 일체의 교의가 훔(吽)에 담긴다고 한다.

훙배(薨背) : 왕후의 죽음을 이르는 말.

휘(諱) : 왕이나 어른들이 생전에 쓰던 이름. 본래 죽은 사람의 이름을 살아있는 사람들이 감히 입에 올리지 않는다는 데서 시작되었으나 나중에는 생전의 이름 자체를 휘라 하였다. 청(淸)나라 조익(趙翼)은『해여총고』에서 휘의 사용풍습이 동주(東周; B.C. 770년 이후) 때부터 시작되었다고 고증하였다. 진(秦)나라 때부터는 피휘(避諱)만이 아니라 생휘(生諱; 살아 있는 사람의 이름을 피하는 것)도 행하여져 진시황(秦始皇)의 이름인 정(政)과 비슷한 정(正)을 피휘한다든지 2세 황제인 호해(胡亥)의 호(胡)를 피휘한 예가 있다. 처음에는 천자(天子) · 제후(諸侯)의 이름에 한정해 쓰였으나 후대에 이르러 차차 사용범위가 넓어지면서 더욱 엄격해져 이름과 함께 자(字) · 시호(謚號) · 제호(帝號) · 연호(年號) 등도 피휘의 대상이 되었다. 피휘를 행하는 방법으로는 대자(代字) · 개자(慨字) · 결자(缺字) · 결획(缺劃) 등이 있으며 심한 경우에는 관직명 · 물건명 · 지명 등을 고치거나 바꾸어 버리기도 하였다.

휘금(揮金) : 돈을 낭비하다. 돈을 아낌없이 쓰다.

휘금여토(揮金如土) : 돈을 물 쓰듯 하다.

휘유(徽猶) : 양책(良策). 좋은 방책(方策). 좋은 길. = 유(猶), 도(道).

휘종(徽宗) : 1082~1135. 중국 북송의 8대 황제(1100~1125년 재위). 연호는 선화(宣和). 그의 재위기간은 북송(北宋)의 급격한 쇠퇴기였다. 그는 황실에 도교를 장려하고, 정원을 사치스럽게 꾸몄다. 황제가 총애하던 환관들이 조정에서 유례없이 막강한 실권을 장악하자, 보수파와 개혁파 간의 정치적 갈등은 계속되었다. 북쪽의 요(遼)나라가 세력을 뻗치며 위협하자, 그는 만주[東北]의 여진족과 동맹을 맺었다. 요와의 전투에서 이기기는 했으나, 여진족(女眞族)의 세력이 점차로 커지게 되자 이에 두려움을 느낀 그는 1125년 아들 흠종(欽宗)에게 제위를 물려 주었다. 그러나 흠종이 제위에 오른 지 2년이 지난 1127년 여진족은 수도 카이펑[開封]을 점령하고 북송을 멸망시켰다. 휘종과 흠종은 만주에서 비참한 귀양살이 끝에 죽었다.

휴(休) : = 막(莫), = 불요(不要).

휴(休) : 의문 · 주의 · 반문 · 나무람 · 찬동 · 금지 · 명령 · 정돈 등을 나타내는 문말(文末)에 사용되는 어기사(語氣詞).

휴구(休咎) : 길흉(吉凶). 좋고 나쁨. 복과 재앙.

휴흠(虧欠) : 빚지다.

흉차(胸次) : 마음속. 가슴속. 심정(心情).

흑만만지(黑漫漫地) : 어둠으로 가득 찬. 칠흑처럼 어두운. 새까맣게 어두운.

흑산하귀굴(黑山下鬼窟) : 검은 산 아래의 귀신소굴. 까마득히 정식(情識)을 잊고 아득한 어둠 속에 빠져 있는 것을 삼매(三昧)니 적멸(寂滅)이니 하고 부르며 공부라고 착각하는 것. 정식(情識)이 활동하지 않는 공적(空寂)에 빠진 묵조선자(默照禪者)가 머무는 곳.『대혜보각선사서(大慧普覺禪師書)』 제26권 '부추밀(富樞密) 계신(季申)에 대한 답서(2)'에 다음 구절이 있다 : "오로지 공(空)에만 빠진다든지 고요함으로만 나아가는 짓은 절대로 하지 마십시오. 옛사람은 이것을 일컬어 검은 산 아래 귀신굴의 살림살이라고 했습니다."(切不可一向沈空趣寂. 古人喚作黑山下鬼家活計.)

흑월(黑月) : 그믐달.

흑칠칠지(黑漆漆地) : 새까맣게 어두운. 칠흑처럼 어두운.

흘료(吃嘹) : = 끽료(喫了). 흘(吃)은 끽(喫)과 같고, 료(嘹)는 료(了)와 같다. ① 먹어 치우다. 다 먹다. ② 말을 더듬다. 말을 잘 못하다.

흘료설두(吃了舌頭) : 말을 더듬다. = 흘료설두(吃嘹舌頭). 끽료설두(喫嘹舌頭).

흘료설두삼천리(吃嘹舌頭三千里) : 더듬는 말이 삼천리나 간다. 명료하게 분별하지는 않으나 종지(宗旨)를 드러내는 말이 힘 있게 나오는 것을 형용함. 칭찬의 말.

흠료(欠了) : 모자람. 부족함.

흠산문수(欽山文邃) : 당대의 사람. 조동종. 동산양개의 법사. 복건성 복주(福州) 출신. 절강성 항주(杭州)의 대자산(大慈山) 환중(寰中)에서 수업하였다. 뒤에 동산에 의해 계오(契悟)하였다. 27세 때 풍주(澧州)의 흠산(欽山)에서 멈추어 주석하며 성대하게 선풍을 부르짖었다. 당의 대중(大中)·함통(咸通) 연간(847~874)을 살았다. 암두전활(巖頭全豁)·설봉의존(雪峰義存)과 함께 행각(行脚)하면서 많은 일화를 남겼다.

흠소(欠少) : 모자라다, 부족하다, 결핍하다.

흠채(欠債) : 빚지다.

흡(恰) : 마침. 알맞게. 바로. 꼭. 딱.

흡시(洽是) : ① 마침. 바로. 즉시. 그 자리에서. ② 흡사. 마치.

흡시(恰是) : 그렇다. 맞다.

흡호(恰好) : ① 바로. 마침. 꼭. 마침 잘. ② 적당하다. 알맞다.

흡흡(恰恰) : ① 마음을 쓰는 모양. ② 서로 잘 어울리는 모양. ③ 꾀꼴꾀꼴.(꾀꼬리가 지저귀는 소리) ④ 꼭. 바로. 때마침. ⑤ 빽빽한 모습. 두루한 모습.

흥교홍수(興教洪壽) : 944~1022. 법안종. 전당(錢塘; 절강성)의 사람. 속성은 조씨(曹氏). 어릴 때 천룡사(天龍寺)의 낭지(朗智)에게 참학하여 출가하여 구족계를 받고 여러 지방을 유력하고 또 비니(毘尼)를 배웠다. 천태산(天台山)의 덕소(德韶)에게 참학하여 그의 법을 이었다. 고리(故里)의 대자산(大慈山)에서 암자를 지어 주석하였다. 대중상부(大中祥符) 9년(1016) 지주(知州)의 마량(馬亮)의 청에 의하여 항주(杭州; 절강성)의 홍교사(興教寺)에서 법을 폈다. 주석하기를 5년, 상방사(上方寺)에 퇴거하였다. 건흥(乾興) 원년 3월 20일 시적하였다. 세수는 79세. 법랍은 62세. 영명연수(永明延壽)가 '대수(大壽)'라고 불려진 것에 대하여 '소수(小壽)'라고 달리 불려졌다.

흥송(興訟) : 소송(訴訟)을 제기하다.

흥화존장(興化存獎) : 830~888. 임제의현(臨濟義玄)의 법을 이은 위부(魏府) 흥화산(興化山)의 존장(存獎) 선사. 산동성 궐리(闕里)의 사람. 속성은 공씨(孔氏). 임제의 회상에서 시자(侍者)로 있다가 임제가 죽은 뒤에 삼성(三聖)의 회상에 가서 수좌(首座)가 되었다. 항상 말하기를 "남방으로 아무리 돌아다녀도 주장자 끝에 불법 아는 놈이 하나도 걸리지 않는군." 하고 큰소리를 쳤다. 그러다가 대각(大覺)의 회상에서 원주(院主)를 보다가 그의 법문(法門)을 듣고 비로소 크게 깨쳤다. 위부(魏府)의 흥화사(興化寺)에서 개당(開堂)하였는데 향을 피워들고 말하기를 "삼성(三聖) 스님은 나에게 너무 무정하였고, 대각(大覺) 스님은 너무 사정을 보아 주셨다. 그러므로 돌아가신 임제(臨濟) 스님을 공양하기로 한다." 하고는 임제의 법을 이었다. 후당(後唐)의 장종(莊宗)이 깊이 귀의하여 법호와 법복을 올렸으나 받지 않았다. 『임제록』의 교감자(校勘者)로서 알려져 있다. 그의 문하에서 남원혜옹(南院慧顒)을 배출하였다. 문덕(文德) 원년에 시적하였다. 세수는 59세. 광제대사(廣濟大師)라고 시호하였다.

희론(戲論) : 희롱(戲弄)의 담론(談論). 부질없이

희롱하는 아무 뜻도 이익도 없는 말. 여기에는 사물에 집착하는 미혹한 마음으로 하는 여러 가지 옳지 못한 언론인 애론(愛論)과 여러 가지 치우친 소견으로 하는 의론인 견론(見論)의 2종이 있다. 둔근인(鈍根人)은 애론, 이근인(利根人)은 견론, 재가인(在家人)은 애론, 출가인(出家人)은 견론, 천마(天魔)는 애론, 외도(外道)는 견론, 범부(凡夫)는 애론, 2승(乘)은 견론을 고집함.

희약(喜躍) : 기뻐 날뛰다. 매우 기뻐하다.

희위(喜慰) : 기쁘고 위로가 됨. 기쁘고 안심이 됨.

희현미우(喜見眉宇) : 기쁨이 눈썹 언저리에 드러나다. 희색이 만면하다. 억제할 수 없는 기쁨이 얼굴에 나타나다. = 희현어색(喜見於色), 희형우색(喜形于色).

힐아(黠兒) : 총명한 사람. 영리한 아이. 교활한 사람.

힐아낙절(黠兒落節) : 영리한 사람이 제 꾀에 빠지다. 영리한 사람이 도리어 실수하다. 힐아(黠兒)는 '총명한 사람', '영리한 아이', '교활한 사람'이라는 뜻이고, 낙절(落節)은 '실수하다', '발을 헛딛다'는 뜻이다.

역자 후기

1

한여름 오후였다. 낡은 선풍기가 덜덜거리며 돌아가고, 창문 너머 마당에선 매미 노래 소리가 시끄럽게 들려왔다. 스승님은 여느 때와 마찬가지로 나직하고 느린 목소리로 설법을 하고 계셨고, 대여섯 명의 도반은 눈을 감거나 방바닥을 내려다보면서 묵묵히 듣고 있었다. 늘 그렇듯이 아무 생각 없이 목소리에 귀를 열어 놓고 앉아 있는데, 돌연 스승님의 말씀이 귀에 확 들어왔다. "이것이 선이다."라고 하시며 방바닥을 손가락으로 톡톡 치시는데, 귀를 막고 있었던 무언가가 싹 사라진 듯이 그 말씀이 귀속을 파고 들어왔다. 그 순간 지금까지 뒤엉켜 꽉 막혀 있었던 것들이 문득 시원하게 뚫리는 듯하였다. 갑갑했던 의심이 사라져버리고 모든 것을 알 것 같았다. 그렇지만 아무런 생각도 일어나지 않았고, 어떤 일이 일어났는지 판단도 되지 않았다.

법회가 끝나고 집으로 돌아오는데, 어떤 짐을 내려놓은 듯이 가볍고 상쾌하였다. 지금까지 몇 년을 마치 영혼이 없는 시체가 설법을 듣는 듯이 왔다갔다 하기만 했는데, 이제 다시 생명을 얻은 것 같았다. 오랫동안 어둠 속에서 헤매던 방황이 끝나고 이제 비로소 길을 찾은 것 같은 안도감이 찾아왔다. 밑바닥이 없는 허공 속에 자리 잡은 것 같기도 하였는데, 그 허공 속에선 모든 것이 안정되고 평화로웠다.

며칠이 지난 어느 날 저녁 식구들은 모두 잠자리에 들고, 홀로 서재에 앉아 가끔 보던 책을 펼쳤다. 몇 줄을 읽어가자 "온 세계가 신의 축복으로 가득하다."는 구절이 눈에 들어왔는데, 그 순간 다시 강렬한 느낌이 찾아왔다. 내가 사라지고 우주와 하나가 되는 듯하였다. 그날 이후로는 생각으로 이해하는 것도 없었고 말로써 설명할 것도 없었지만, 이제는 스승님과 같은 곳에 발을 딛었다는 느낌이 들었다. 이제 길을 찾았다는 안도감이 왔다. 이렇게 안락하고 자유로운 여기가 내 본래의 마음자리라고 여겨졌다. 지금까지는 법회에 참석하긴 하였어도, 그저 알 수 없는 어둠 속에 갇혀 있었을 뿐이었다.

시간이 지나면서 선사들의 어록이 조금씩 이해되고 소화되기 시작하였다. 그러나 아직은 새로 발을 들여놓은 이 자리에 익숙하지 못하였고 힘이 부족하였으며, 지금까지 익숙해 있는 사고방식과 좋아하고 싫어하는 습관의 지배력이 여전히 강하였다. 문득문득 온전히 이 자리에 있는 듯할 때에는 너무나 좋았다. 우주 속에 혼자 있는 듯하고, 거리낌 없이 자유로왔고, 갓 태어난 아이처럼 순박하였다. 다만 아직 완전히 성숙하지 못한 것이 안타깝고 아쉬웠다. 스승님께선 늘 완전히 하나가 되어야 완전히 편안해질 것이라고 말씀하셨는데, 언젠가는 분명히 그럴 것이라는 믿음은 있었으나 아직 완전히 하나가 되지는 못하고 틈이 있음을 느꼈다. 그리하여 이 틈을 극복하고 완전히 하나가 되려는 열망이 늘 지배하였다.

그렇게 몇 년이 흐른 어느 날 그날도 법회에 앉아서 설법을 듣고 있는데, 문득 마치 우주가 점차 줄어들어 하나의 점이 되더니 마침내 그 점마저 사라져 버리는 듯한 체험이 왔다. 틈이 사라지고 하나가 된 것 같았다. 훨씬 더 자신감도 생겼고, 더욱 자유롭게 된 것 같았다. 그리하여 중국 조사선(祖師禪)에 관한 박사논문도 작성하였고, 불교계 신문에 마음공부와 선에 관하여 글을 연재하기도 하였다. 그 글들을 보고 찾아온 사람들과 인연이 되어 함께 공부하면서 설법도 하게 되었고, 설법을 듣고 이 길로 들어서는 체험을 하는 사람들도 나오게 되었다. 시간이 지나면서 공부하는 도반들이 많아지자 조그만 공간도 마련하여 무심선원이라는 이름을 달고 정기적으로 법회를 열었다.

그러나 아직 완전히 만족스럽지는 못했다. 생각은 앞서가나 마음이 따라가지 못한다고 할 그런 불편함이 있었다. 분명히 번뇌망상의 마음에서 벗어나 평화롭고 자유로운 자리에 있었으므로 그 힘으로 설법을 하고 있긴 하였으나, 아직 이 자유로운 자리에 충분히 익숙하지 못하여 힘이 부족한 불편함이 있었다. 그리하여 새로 얻은 이 평화롭고 자유롭고 걸림 없는 자리에 더욱 익숙해지려는 욕구에 여전히 매달려 있었다. 또 많이 가벼워지긴 하였으나 여전히 예전의 익숙한 관념과 좋아하고 싫어하는 마음의 습관에서 해방되지 못하고 있었다. 분명히 법의 힘에 의지하여 설법을 하고 있었으나, 바른 법과 삿된 법을 구분하여 보는 세밀한 눈은 아직 충분히 갖추어지지 못하고 있었다. 나의 지도로 이 자리를 체험한 사람과는 서로 걸림 없이 통하는 강한 유대감이 있었으나, 아직 이 자리에 들어오지 못한 사람을 대하면 전혀 다른 정신세계에 있는 듯한 이질감 때문에 불편하기도 하였다. 특히 집에서 아내와의 관계에서 그러한 이질감은 더욱 부담스러웠다.

다시 몇 년이 흐른 어느 날 저녁 언제나 그렇듯이 혼자서 온천천 산책길을 걸어 집으로 돌아가고 있었다. 선원에서 하루일을 마치고 느지막이 저녁을 먹고 돌아갈 때에는 온천천 산책길을 한 시간 정도 걸어서 집으로 갔다. 운동도 할 겸이었지만 혼자서 산책길을 걷는 것이 좋기도 하였다. 혼자서 산책할 때에는 아무런 방해 없이 저절로 이 자리에 온전히 머물게 되니 그 점이 좋았다. 그날도 언제나처럼 그렇게 산책길을 걷고 있는데, 연산교 무지개다리 밑을 지나는 순간 갑자기 마음이 사라져버렸다. "어! 마음이라는 것이 원래 없는 것이구나." 하는 생각이 불현듯 일어났다. 어딘지 모르게 늘 불편했던 그 무엇이 사라져버리고 없었다. 완전히 빠져나온 느낌이었다. 훨씬 더 가볍고 말끔하였다. "마음이라는 것이 원래 없는 것이로구나." "나라는 것이 원래 없구나." 집으로 돌아가 아내를 만났는데, 평소와 다르게 전혀 부담스럽지가 않았다. 아하, 이렇게 자유롭구나! 온갖 일들을 경험하는데 하나하나의 경험은 있는 것도 아니고 없는 것도 아니고, 마음도 아니고 세계도 아니었다. 생각하고 있어도 생각이 실재가 아니고, 말하고 있어도 말이 실재하지 않고, 행동을 하여도 행동이 없었다. 그야말로 있는 것이 곧 없는 것이요, 없는 것이 곧 있는 것이었다.

이날 이후로 불교 경전과 선사들의 말씀을 보면 이전보다 더욱 확실히 공감되고 소화가 되었다. 이전까지는 공감되고 소화되는 것도 있고 그렇지 못한 것도 있었는데, 이제는 모두 이해되고 소화가 되었다. 경전의 말씀이 이토록 평범하고 쉬운 말씀일 줄이야! 이제는 경전 보는 것이 즐거운 일이었다. 선사들의 어록을 보니 선사들의 공부의 깊이가 저절로 보였다. 다만, 이렇게 분명하고 변함없는 이 자리는 행주좌와(行住坐臥) 어묵동정(語默動靜)에 늘 한결같고 어떻게 말할 수도 없고 생각할 수도 없는데, 이른바 선객(禪客)이라는 사람들이 마치 무슨 현묘한 도리나 숨은 뜻이 있는 듯이 선을 말하거나 또는 오로지 좌선수행에만 몰두하고 있는 사람들을 보면 납득이 되지 않았다. 그리하여 불법(佛法)과 선(禪)을 더욱 분명하게 알고 싶은 욕구가 생겼고, 예전의 유명한 선사들이 선을 어떻게 말했는지를 더욱 자세히 알고 싶었다. 이전부터 보아 왔던 선어록들 가운데 마조록(馬祖錄), 전심법요(傳心法要), 임제록(臨濟

錄), 원오심요(圓悟心要), 대혜서장(大慧書狀) 등에 특히 관심이 갔다.

2

그 가운데에서도 대혜종고의 서장에 더욱 관심이 갔다. 서장에서 대혜가 말하는 깨달음의 체험, 법을 보는 안목, 방편을 보는 자세, 주의해야 할 삿된 길 등은 모두 공감이 가고 불교와 선을 소화하는 데에 크게 도움이 되는 것이었다. 서장에서 간화(看話)를 말하는 것은 단지 하나의 방편을 제시한 것일 뿐, 서장의 참된 가르침은 깨달음의 체험과 법을 보는 안목과 방편에 대한 바른 이해와 깨달음에서 어긋나게 하는 삿된 공부에 대한 경계(警戒)이다. 서장이 단지 간화선(看話禪)을 가르치는 책으로서만 이해되는 것은 못내 아쉬운 일이다. 그리하여 대혜종고의 선(禪)을 남김없이 알고 싶어졌다.

드디어 총 30권인 대혜보각선사어록 전체의 번역에 착수하였다. 3년 이상이 걸린 번역을 통하여 많은 것을 얻었다. 대혜어록의 번역은 전적으로 나 자신의 공부를 위한 것이었다. 나를 이 마음 자리로 들어오게 이끈 스승님은 훈산 거사님이고, 나에게 불법을 가르치고 선을 알려준 또 한 분의 스승님은 대혜종고이다. 대혜가 스승인 원오극근의 상당설법을 듣고 문득 앞뒤가 끊어진 깨달음 이후 말끔히 벗어난 자리에 머물러 있다가, 원오의 유무(有無)에 대한 가르침으로 분별언어를 극복하고 말과 침묵에서 변함없이 하나인 자리에 계합하는 깨달음은 나의 공부 경험으로 공감되었다. 특히 화엄경을 읽다가 앙굴리마라가 임산부 집에 탁발간 공안을 소화시킨 뒤에 대혜가 말하기를 "참된 금강권(金剛圈)이란 바로 자기의 마음임이 밝혀져야 비로소 벗어날 수 있다."라는 구절에서 대혜의 선이 어떤지를 확실히 알았다.

마음 밖으로 벗어나려고 하므로 마음은 감옥이다. 마음 안에 머물러 있으려고 하므로 마음은 감옥이다. 마음이 감옥이 아닌 경우는 어떤 경우인가? 마음 속에 있지도 말고, 마음 밖에 있지도 말아라. 마음과 하나가 되지도 말고, 마음과 둘이 되지도 말아라. 내가 나를 속이고 내가 나에게 속는다. 내가 나의 감옥이고 내가 나의 해탈문이다. 문득 마음이 사라지면 안도 없고 밖도 없고, 나도 사라지고 감옥도 사라져서 걸림이 없을 것이다. 티끌 하나라도 마음이라고 할 무엇이 있다면, 아직 마음이 있는 것이다. 마음이 없다면 보고 듣고 느끼고 생각함에 어떤 물건이 있어서 장애가 되겠는가?

법이니 마음이니 나니 타인이니 하는 온갖 것들은 아직 깨달음이 원만하지 못하여 생긴 그림자이다. 마치 여름날 정오에 곧은 막대기를 태양을 향하여 세우는 것과 같다. 막대기가 조금만 기울어져도 그 모습이 그림자로 생겨서 차별되는 무엇이 있는 것 같다. 그러나 막대기가 정확히 태양과 일치하면 그림자는 사라지고 온통 태양의 밝음이 있을 뿐 어떤 차별되는 물건도 없다. 이와 같이 정확히 계합되면 둘이 없다. 나와 세계가 둘이 아니고, 나도 없고 세계도 없다. 변함없이 이전처럼 생활하지만 나도 없고 세계도 없다. 나도 없고 세계도 없지만, 당장 앞에 드러나는 보고·듣고·느끼고·아는 일들은 너무나 생생하다. 생생하면서도 앞도 없고, 뒤도 없고, 안도 없고, 바깥도 없고, 이것도 없고, 저것도 없다. 사물 하나하나가 마음이니 사물과 마음에 차별이 없고, 사물과 사물에 차별이 없다. 마음이 따로 없고 경계가 따로 없고, 경계가 곧 마음이요 마음이 곧 경계이다. 사물사물이 마음이고 마음마음이 사물이다. 사물도 없고 마음도 없어서 마음에도 막히지 않고 사물에도 막히지 않는다. 대혜어록 전체는 단지 이 하나의 선을 말하고 있다.

3

선(禪)을 공부하는 사람에게 대혜어록은 마치 선의 백과사전과 같다. 대혜어록에는 선 공부에 관한 거의 모든 가르침이 다 언급되어 있다고 해도 과언이 아니다. 아직 깨달음의 문에 들어오지 못한 사람에게는 삿된 공부에 속지 않고 바른 공부의 길을 찾아가는 데에 도움이 될 것이고, 이미 깨달음의 문에 들어온 사람에게는 바른 공부를 완성시키는 데에 무한한 도움이 될 것이다. 특히 말 있음에 떨어져도 안 되고, 말 없음에 떨어져도 안 된다는 경책은 요즈음 선공부하는 이들에게 반드시 필요한 약이다. 도리를 따져 그럴듯한 말 한 마디 하는 것을 선(禪)으로 삼고 있는 사람들과 입을 다물고 생각을 멈추고 묵묵히 앉아 캄캄한 어둠 속에 머물러 있는 것을 선으로 삼고 있는 사람들이 많이 눈에 띄기 때문이다.

대혜 당시의 선계(禪界)의 상황도 역시 이 두 삿된 쪽에 치우쳐 있는 사람들이 많이 있었기 때문에 대혜는 이러한 지적을 여러 곳에서 되풀이하고 있다. 당시 임제종(臨濟宗)의 선승들은 고칙공안(古則公案)을 제시하고는 그 값어치를 따져 그럴듯한 한 마디를 말하는 거각상량(擧覺商量)을 선이라고 행하는 풍조가 유행하였고, 조동종(曹洞宗)의 선승들은 반대로 말도 없고 생각도 없는 깜깜한 어둠 속에 묵묵히 앉아 좌선하면서 마음을 비추어보는 것을 선이라고 행하는 풍조가 유행하였다. 대혜는 이 둘이 하나는 말 있음에 떨어졌고 하나는 말 없음에 떨어진 삿된 선이라고 지적하면서, 그 극복의 방안으로서 간화선(看話禪)을 제시하였던 것이다.

그러므로 있음과 없음의 양변에 떨어지지 않고, 말과 침묵의 양변에 떨어지지 않고, 붙잡고 있음과 잊어버림의 양변에 떨어지지 않고, 얻는다거나 버린다는 생각을 하지 않는다면, 꼭 간화선을 행할 필요도 없다. 대혜의 문하에서 깨달음을 얻은 사람들도, 화두를 살펴보다가 깨달은 사람보다도 대혜가 가르치는 말 한 마디를 듣고 홀연 깨달은 사람이 더 많았다. 요컨대 대혜의 말처럼 공부에 굳은 뜻이 있고, 불법에 참된 믿음이 있고, 스승의 가르침을 의심없이 받아들일 수 있다면 깨달음은 어렵지 않은 것이다.

대혜가 가장 강조하는 것은 깨달음이다. 대혜가 거각상량의 선과 묵조선을 비난한 근본적인 이유도, 그들에게는 선(禪)이 어떤 도리(道理)인가 하는 이해와 어떻게 수행해야 하는가 하는 형식은 있었지만, 도리어 깨달음이 없었기 때문이었다. 선에는 무슨 이치나 도리가 있는 것도 아니고, 힘써 행해야 할 수행이 있는 것도 아니다. 선은 다만 깨달음일 뿐이다. 깨달음은 어떤 형식이나 격식도 아니고, 원리나 도리도 아니고, 애써 갈고 닦을 일도 아니다. 깨달음은 오로지 스스로 직접 체험하여 확인하는 것이고, 밖에서 얻는 것이 아니라 자신에게서 저절로 드러나 증명되는 것이므로, 긍정할 필요도 없고 부정할 수도 없는 것이며, 모든 것에 앞서는 가장 진실한 것이다. 반드시 이런 체험을 하여야 이런 일이 있는 줄 안다.

선의 깨달음은 문득 불이법문(不二法門)에 들어오는 돈오(頓悟)이며, 선의 가르침은 이 불이법문을 곧장 가리키는 직지(直指)이다. 불이법문을 곧장 가리킬 때에는 반드시 이법(二法)을 배제해야 하므로, 직지는 곧 분별을 배제한 가르침이다. 육조단경에서 혜능이 "오직 견성을 말할 뿐, 선정과 해탈을 말하지 않는다."거나, "마음이 갈 곳이 없도록 마음의 길을 막아버리면 중도(中道)에 이른다."는 가르침이 바로 불이법문을 직지하는 선의 가르침이다. 마조의 "한 입에 서강의 물을 다 마시면 말해준다."는 말이나, 남전의 "평소의 마음이 도이지만, 향하려고 하면 어긋난다."는 말이나, 조주의 "뜰앞의 잣나무." 등 선사들이 법을 말하는 모든 말들이 모두 불이법문을 바로 가리키면서 분별을 배제하는 가르침이다. 그러므로 헤아려 이해하는 것을 배제하고, 주의를 기울여 무엇을 붙잡고 있는 것을 배제하고, 무조건 놓아버리는 것을 배제하고, 말의 길과 침묵의 길을 배제하는 것이다. 또 좌선이나 선정이나 장좌불와나 마음을 관찰하는 일 등을 행하지 않는 것도 모두 어딘가에 머무는 것을 배제하는 것이며, 깨달음을 기다리지 말라고 하고 애써 공부하지 말라고 하는 등도 모두 분별을 배제하는 것이다.

“개에게는 불성이 없다.”라고 하거나 “똥 닦는 막대기.”라고 하여 불이법문을 곧장 가리키면서 분별을 배제하는 선의 가르침을 접한 학인은, 마치 길을 가다가 넘을 수 없는 벽에 부딪힌 것처럼 혹은 빠져나올 수 없는 함정에 빠진 것처럼 손쓸 수 없는 막막함에 떨어지게 되는데, 여기가 바로 깨달음이 발생할 수 있는 곳이다. 대혜는 이런 상황을 말하기를 마치 쇠뿔 속으로 기어들어간 쥐가 오도가도 못하고 갇혀버린 듯하다고 하고, 또 손쓸 수 없는 곳에서 마음이 갑갑하고 답답하다고 하고는 다시 말하기를 바로 이런 때가 좋은 때이니 깨달음이 일어나 문득 온갖 망상번뇌를 벗어나는 곳이라고 하였다. 이렇게 곧장 법을 가리키고 분별을 배제함으로써 깨달음이 일어날 수 있는 상황으로 몰고가는 것이 선에서 사람을 구제하는 본질적인 특징이다.

깨달음은 하나하나를 갈고 닦아서 점차적으로 이루어 가는 과정이 아니라, 단번에 확 반응이 일어나는 돈오(頓悟)이다. 마치 휘발유 같은 인화물질이 어떤 온도와 압력의 상태로 일정 시간이 지나면 갑자기 펑 하고 폭발하는 것과 같다. 폭발은 휘발유 스스로 폭발하듯이, 깨달음의 반응 역시 마음에서 저절로 일어나는 일이다. 가르침과 공부는 이런 반응이 일어날 환경을 조성하는 일이다. 이런 환경조성은 첫째로 생각을 따라 흘러가는 것을 차단하는 것이다. 즉 무엇을 분별하지도 못하게 하고 어디에 머물지도 못하게 하는 일이 깨달음의 반응이 일어날 첫 번째 환경조성이다. 사구백비(四句百非)라든지, 중도(中道)라든지, 의단(疑團)이라든지, 은산철벽이라든지, 금강권(金剛圈)·율극봉(栗棘蓬) 같은 말들이 이것을 가리킨다. 이것을 대혜는 쥐가 쇠뿔 속에서 오도가도 못하게 갇히는 것이라고 하였다. 쇠뿔은 쥐를 잡는 덫으로서 그 안쪽에 쥐가 좋아하는 고기를 놓아두면, 쥐는 고기냄새를 맡고 쇠뿔 속으로 들어가 스스로를 꼼짝 못하게 만들어버린다.

이렇게 쥐를 유인하는 고기냄새가 바로 화두(話頭)이고 직지인심(直指

人心)의 가르침이다. 쥐는 그 고기냄새가 자신을 사로잡기 위한 것인 줄 모르고 쇠뿔 속으로 들어간다. 즉 아무런 분별 없이 아무런 생각 없이 오직 그 냄새에 취하여 자기도 모르게 함정 속으로 들어가서 앞뒤가 꽉 막히고 손발을 쓸 수 없어 죽은 시체와 같은 갑갑한 상황에 빠지는 것이다. 자기도 모르게 스스로 함정 속으로 들어가는 것은 무위(無爲)이지만, 자신이 이렇게 해야 한다고 알고서 행하는 행위는 유위(有爲)이다. 깨달음은 무위 속에서 발생하고, 유위는 조작된 결과가 만들어져 나올 뿐이니 깨달음이 아니다. 이 점이 선에서는 대단히 중요하다. 아무것도 알지 못하고 어떻게도 손을 쓸 수 없는 죽은 시체와 같은 갑갑한 상황에서 문득 확 통하여 다시 살아나는 것이 깨달음이다. 이것이 바로 한 번 크게 죽었다가 다시 살아난다는 것이며, 절벽에 매달려 손을 놓는다는 것이다. 이것이 바로 선의 정통적인 가르침과 깨달음의 방식이다.

대혜의 간화선 역시 바로 이런 정통을 따르고 있다. 다만 원래 선에서는 스승이 그때그때 임기응변하면서 직지(直指)와 분별차단을 가지고 가르쳤다면, 대혜의 간화선은 화두라는 방편을 정하고 그 방편을 가지고 스스로 직지하고 분별차단하라고 가르치는 것이 다른 점이다. 즉, 화두라는 방편을 이용하여 스스로 자신에게 직지와 분별차단을 행하는 것이 간화선의 다른 점이다. 물론 대혜도 조실에서 학인들을 직접 지도할 경우에는 늘 죽비를 들고 학인들에게 "죽비라고 부르면 사물을 따라가고, 죽비라고 부르지 않으면 사물을 무시한다. 말을 해서도 안 되고, 입을 다물고 있어서도 안 된다."라고 말하여 직지와 분별차단을 행하면서 가르쳤다.

간화선이 비록 직지와 분별차단이라는 선종의 전통적인 가르침의 길을 따르고 있긴 하나, 화두라는 방편을 가지고 스스로 직지와 분별차단이라는 행위를 하라고 시킨 것은 일종의 수행형식을 세운 것이었다. 육조 이후에 어떤 정해진 수행의 형식도 없이 그때그때 직지와 분별차단으로 지도하였던 선에 다시 하나의 수행형식을 세운 것은 대혜의 의도와는 달리 잘못된 방향으로 흘러갈 가능성을 만든 측면도 있다. 수행의 형식이 일단 세워지면 그 형식에 매달리는 경향이 생긴다. 그 형식에 충실하려 하고, 그 형식을 다시 여러 가지로 세밀하게 만드는 경향이 생기는 것이다. 이렇게 수행의 형식에 매달리면 수행이라는 방편에 사로잡혀 도리어 깨달음을 저 멀리에 도달해야할 목표로 정해놓는 우를 범하거나, 깨달음을 수행의 형식 속에서 하나의 격식으로 만드는 잘못을 범할 가능성이 크다. 이렇게 되면 "불이법(不二法)인 견성(見性)을 곧장 말할 뿐 수행을 통하여 깨달음에 이른다는 이법(二法)을 말하지는 않는다."는 직지인심·견성성불의 전통에서 벗어나게 된다. 대혜가 간화를 말할 때마다 경고했듯이, 간화(看話)를 수행하면서 깨달음을 기다리면 절대로 깨달음은 없다고 하는 말이 바로 이러한 문제를 지적한 것이다.

대혜어록에서 더욱 가치 있는 보물은 간화선이 아니라, 깨달은 자로서 대혜가 말하는 여러 가지 가르침들이다. 불교와 선에서 깨달음은 첫 번째 일이자 마지막 일이다. 모든 가르침은 깨달음을 중심으로 이루어진다. 깨달음이 일어나는 상황으로 이끌어가는 좋은 가르침, 깨달음이 일어나는 상황으로 가지 못하게 막는 잘못된 공부에 대한 지적, 방편을 진실이라고 여기지 말라는 가르침, 하나의 법이라도 분별하거나 얻을 법이 있다거나 머물 곳이 있다거나 하면 곧 망상이라는 가르침, 법을 보는 눈은 언제나 분별을 떠난 불이(不二)의 눈이라는 가르침, 깨달음을 얻은 뒤에 어떤 변화와 효험을 경험하는가에 대한 가르침, 깨달음을 얻은 뒤에 습관을 조복하고 더욱 깨달음에 익숙하라는 가르침, 병이 나으면 그뿐 따로 건강을 찾을 필요가 없는 것처럼 분별과 집착에서 벗어나는 깨달음이 있으면 그뿐 다시 깨달음이라는 이름으로

언을 경지나 법은 없다는 가르침, 있음과 없음·지속됨과 끊어짐·취함과 버림·말과 침묵 등의 양쪽에 떨어지지 말라는 가르침, 티끌 하나라도 분별되는 무엇이 있기만 하면 곧 망상이라는 가르침 등 공부하는 사람들에게 꼭 필요한 가르침이 남김없이 들어 있는 것이 바로 대혜어록이다.

4

이 책이 나오기까지에는 많은 분들의 도움을 받았다. 먼저 선의 길로 인도해주신 스승이신 훈산 거사님께서 대혜종고를 역자에게 소개해 주셨다. 그 큰 은혜는 갚을 길이 없다. 부산대학교 철학과에서 불교를 가르쳐주신 지도교수 김용환 교수님과 십여 년 동안 불교 한문을 함께 읽어주신 이진오 교수님께도 깊이 감사드린다. 이 책을 번역할 수 있게 지원해준 한국연구재단과 번역을 여러 차례 심사하면서 많은 점을 지적해 주셔서 번역의 완성도를 높여주신 한국연구재단의 심사위원님들께도 이 자리를 빌려 감사드린다. 여러 차례 원고를 보면서 교정을 보아주신 이혜경, 조정원, 주경림, 김현주, 김영희, 조연호, 정영희 등 도반님들의 노고에도 깊이 감사드린다.

5

홀로 있으면
한 물건도 없고,
인연을 만나면
둘이 아니네.

순간순간
둘이 없고,
찰나찰나

끊어짐이 없다.

손 안에는 언제나
우주가 몽땅 들어 있고,
발 아래는 언제나
밟을 곳이 없다네.

선이 어디에 있는가?
죽비 한 번 칠 뿐이고,
부처가 누구인가?
차 한잔 마실 뿐이로다.

눈알만 굴려도
이미 어긋났지만,
아무리 어긋나도
다른 것은 없다네.

늘 보는 것을 보고
늘 듣는 것을 들으니,
늘 새로운 가운데
늘 한결같도다.

물 속에서 물을 찾는다지만
찾지 않으면 목마름이 가시질 않고,
주머니 속에 든 보물도
꺼내어 써야 제값을 한다.

어떻게 찾고
어떻게 꺼내어 쓸까?
대혜종고의 우렁찬 목소리가
지금 온 우주에 가득하구나.

들을 줄 아는 자는
대혜와 자기가 둘이 아닐 것이고,
아직 듣지 못하는 자는
간절히 귀를 기울여 보라.

가을비가 후두둑 후두둑
파아란 나뭇잎을 두들기니,
나뭇잎이 까딱까딱
손짓을 하는구나.

2011년 3월
해운대 무심선원에서
김태완